小金井良精日記

明治篇

1883－1899

クレス出版

明治13（1880）年7月　東京大学医学部卒業生（17名）
前列左二人目から弘田長、小金井良精、浜田玄達、石川公一
後列左二人目から緒方正規、ベルツ博士、榊俶

まえがき

本書は、小金井良精《よしきよ》（一八五八〜一九四四）の六十年間に及ぶ日記（一八八三〜一九四二）を明治篇二巻、大正篇、昭和篇の全四巻として刊行するものである。

小金井は、安政五年越後国古志郡長岡（現新潟県長岡市）の今朝白で生れ、東大医学部の前身に入学、ドイツに留学して帰国後に解剖学の草創期を築き、アイヌの人骨研究などの人類学、考古学にも大変熱心であった。一般社団法人日本解剖学会会頭を数期務めている。

家族を簡単に紹介すると、初めの妻小松八千代が結婚後一年弱で病死、二年後に森鷗外の妹喜美子（一八七〇〜一九五六、随筆家・歌人）と再婚する。長男良一（一八九〇生）は海軍々医少将、昭和大学教授、妻素子は哲学者桑木厳翼の娘。次男三二（一八九九生）は生化学者、癌研究所勤務の後、昭和大学教授、元日本癌学会会長。長女田鶴（一八九三生）の夫は、東京大学医学部の生化学教授柿内三郎、現在公益社団法人日本生化学会にその名を冠した賞がある。次女精（一八九六生）の夫は星製薬社長、衆議院議員（戦後は参議院議員）の星一、その長男が作家星新一である。

星新一は小金井の日記を素材として、『祖父・小金井良精の記』（一九七四年二月、河出書房新社刊）を上梓し、その冒頭に次のように書いていた、

小学生のころ、こんなことがあった。学校で各人に紙がくばられ、家族のなかでだれが最も好きかを記入せよというのだった。私はそれに〈おじいさん〉と書いた。祖父のことである。

父や母と書かずに、祖父と書いたことにより、特別な尊敬する人物であることが窺える。

この日記の大部分は小金井のその日の行動や訪問者、郵便の授受などを簡潔に記録したもので、主観的な記述は少なく、子どもや孫の様子についても「面白し」などの一言で終わることが多い。しかし、その淡々とした記述が累積されることによって、小金井の人となり、研究者として一貫した姿勢が明らかとなるとともに、特異稀な家族《ファミリー》の歴史《ヒストリー》の輪郭がしだいに浮かび上がってくる。「明治篇」では、ドイツ留学、北海道アイヌ調査探検旅行、巴里の万国医学会参列後の欧米大学医学部や病院の参観、体育授業の視察など貴重な記録がある。そして、東京大学や日本全国の医学界や解剖学、人類学等の学会、学士院の実態、さらには御前講演の場面（昭和篇）など、断片的ではあるが、近代史の史料としてユニークで見逃せない証言が散見される。また、小金井の几帳面な性格を反映した旅行時の出費の記述や年賀に訪れた人数と年賀の封書やはがきの明細などは、社会史の史料としても興味深いものがあろう。本日記が小金井の伝記資料にとどまらず、幅広い分野の近代史の史料として活用されることを願うゆえんである。

なお、小金井良精の日記は、縦一二〇～一六〇ミリ、横八〇～一〇〇ミリほどの手帳にペンで記されている。基本的に縦書きだが、昭和十六、十七年は横書きである。通常年一冊だが、海外渡航がある時などは二、三冊の場合もある。また、手帳は年末に銀座伊東屋で購入していることが時々日記に記されている。星新一氏の前掲書によって明治十三年からの日記が存在したことが確認できるが、十三年から十五年のものは現在所在不明で、残念ながら翻刻することができなかった。

また、本来なら「明治篇」から刊行するのが穏当であるが、この時期に小金井は長期間の留学に加え、二度海外へ渡航しており、時には日記本文をドイツ語で書くなど、その間は欧文が頻出する。しかも、欧文の量が多いばかりではなく、不鮮明な箇所やメモ風に綴りを省略した箇所も少なからずあり、判読・翻訳には多くの時間を要したため、まず「大正篇」、「昭和篇」の刊行を先行させたことをご了承いただきたい。
本書を読んでいただくにあたり、小金井良精のことをご存じない方のために、参考に略年譜（年齢は数え年）を掲げる。

一八五八（安政5年）十二月十四日（新暦の一月十五日）越後国長岡今朝白町に生る。
一八七〇（明治3年）十三歳、大学南校に入学。在学一年半。
一八七二（同　5年）十五歳、九月第一大学区医学校入学。
一八八〇（同　13年）二十三歳、五月東京大学医学部雇医員。七月医学全科卒業医学士となる。十月解剖学及び組織学修業のため満三ヵ年ドイツ国に留学。Reichert, Rabl, Waldeyer 先生等に就き、特に Waldeyer 先生からはベルリン大学において助教を命ぜられる。
一八八五（同　18年）二十八歳、六月二十日帰朝、九月十一日から Disse の後をうけて系統解剖学の講義を開始。
一八八六（同　19年）二十九歳、三月医科大学教授。
一八八八（同　21年）三十一歳、五月森林太郎妹喜美子を娶る。六月医学博士の学位を受く。
一八九三（同　26年）三十六歳、九月補医科大学長。解剖学第二講座を担任。
一八九六（同　29年）三十九歳、九月依願免医科大学長。
一九〇〇（同　33年）四十三歳、フランス巴里における万国医学会開設につき委員として参列を命ぜられ六月二日出発。独、英、米をめぐって翌三十四年三月十一日帰朝。
一九〇四（同　37年）四十七歳、四月解剖学第一講座分担。
一九〇六（同　39年）四十九歳、七月解剖学第一講座担任。
一九一〇（同　43年）五十三歳、三月ベルリン大学百年祭に招待あり、七月六日出発、式典参列に先立ち英、仏歴訪。巴里では万国博覧会開会式に列席、名誉会頭に推さる。百年祭では東京大学を代表して祝辞を呈す。十二月二十九日帰朝。

一九二〇（大正9年）　六十三歳、十一月学術研究会議会員。

一九二一（同　10年）　六十四歳、十二月にこの時初めて設けられた定年制の申合せに従い依願免本官。

一九二二（同　11年）　六十五歳、二月名誉教授となり、医学部講師嘱託となる。

一九二四（同　13年）　六十七歳、十月に講師嘱託を解かる。

一九二七（昭和2年）　七十歳、六月二十日「本邦先住民族の研究」について御前講演。

一九三六（同　11年）　七十九歳、四月二日東京人類学会・日本民族学会第一回聯合大会第二日に「日本民族中の南方要素の問題について」を講演。これが先生最後の学術講演となる。

一九四四（同　19年）　八十七歳、十月十六日午後六時半薨去。高輪泉岳寺に葬る。

（『日本医事新報』一八〇六号 昭和三十三年十二月六日「小金井良精先生を偲ぶ」より）

本書の翻刻にあたり、東京大学史史料室（現東京大学文書館）で日記原本を撮影したマイクロフィルムを底本として使用させていただいた。また、ご遺族の岡本洋子様、志水禮子様、故星協一様、故岸敬二様には、出版を快くご了解いただいた。ここに心より御礼申し上げる。

なお、日記中のくずし字、変体かな、英語等については北村孝一氏、ドイツ語については藤村美織氏にそれぞれご協力いただいた。欧文や読み難い文字も多く出版の見通しがなかなか立たなかったが、以上の方々のお力添えで公刊する運びとなったことを記して、あらためて感謝したい。

平成二十八年十二月

株式会社クレス出版編集部

凡　例

一、本巻『小金井良精日記　明治篇　一八八三～一八九九』は、小金井良精の明治十六年から明治三十二年までの日記を全文翻刻し、収録する。

一、本日記の原本は岡本洋子様（小金井良一氏令孫）が所蔵している。翻刻は、原本を撮影したマイクロフィルム（東京大学史史料室所〔現東京大学文書館〕蔵）を底本とした。

一、原本は、基本的に漢字（旧）とカタカナで記されている（一部外来語などはひらがな）が、漢字は現行通用の字体（新）とし、カタカナはひらがなにして（外来語などはカタカナ）翻刻した。

一、原本には句読点がごくわずかなので、句点はごくわずかなので、適宜読み易いように句点の代わりに一字空きとした。また、一日の末尾に一部読点があるが、すべて削除し、統一した。原本の改行は、いちじるしく長文になる場合を除き、一字空きで続けた。ただし、改行して「社会の動き」などを記述している場合は原文どおりとした。

一、原本の誤字や脱字などは、適宜訂正し（「除々」→「徐々」、「吊詞」→「弔詞」など）、疑問が残るものは「ママ」とした。また、同一の語の表記が異なる場合は、一般的なものに統一した場合（「ころ」は「比」と「頃」を混用しているが、後者に統一）がある。

一、人名などの固有名詞の誤りは、可能なかぎり確認し、訂正した。ただし、孫の星親一（本名）を「新（一）」とするなど、近親者の人名表記は、資料的な意義を考慮し、「ママ」を付して原本どおりとした。

一、欧文の箇所は、文献、論文、演説（演舌）などは原文のままとし、人名や地名などは、原則として近代の慣用に従い、カタカナで表記した。小金井によるカナ表記（発音よりも綴りを重視する傾向がある）もある程度考慮したが、一部表記が異なる場合がある。また、その他の語や短文は、翻訳するかカタカナで表記（必要に応じ［＊］内に翻訳を付す）し、いずれもゴチック体で示した。

なお、原文が判読困難な箇所や意味が確認できない箇所は［＊未詳］とし、必要に応じ簡単な説明を加えた。

目　次

小金井良精日記

明治篇

一八八三〜一八九九

明治十六年　二千五百四十三年
1883　良精満二十四年

一月一日　月　曇雨
前十一時迄眠る　午後牧子と共に例のカヒーに至り玉新年の祝としてオランジを出す　茶代一マルクを投す晩食後又玉一時過ぎ眠に就く昨夜ガンベッタ死す

一月二日　火　曇
両三日此方大に暖気なり十二三度位　午十二時起く午後も荏苒たり　永井渡辺伊東緒方藤山の諸君より年賀到る亦た永井伊東榊の三子賀札を出す晩食後玉

一月三日　水　曇
今日ワルダイエル及びレックリングハウゼン両先生講義を始むと承ふ併し良精欠課す　午後髪を切り入浴す　歴史等の書悉く書棚に納む専ら事務に従事するを決す　終日在宿す

一月四日　木　曇雨
出勤す　尿を験せしにカタルの大に増進するを認む　尿水は前日に倍して濁なり蛋白の量は別状なし午後は在宿す　今日より画学を始むユッヒユス君に年賀

一月五日　金　晴
ワルダイエル先生講義より直に読室え行きW・ミユルレルを調ぶ　午食して宿に帰る　今日仏語学始むべき処行き違あつて止む　家婦の進めに依て断然他の師を選ぶを決す　晩食はチユルクより取寄せ食す　ビシー〔＊ミネラル・ウォター〕は今日止む

一月六日　土　晴雨
今日よりレックリングハウゼン先生の講義に出る　午食後読室に行き四時帰る　晩景より在宿す　E子より手紙到る

一月七日　日　好天気
終日一切出外せず

一月八日　月　同
寒威稍甚だし道路固く氷る　午後は読室四時帰宅す　是より在宿す晩食は婦より得る

一月九日　火　大晴
本国より手紙到る雄叔家族国元へ引越すと亦た棚橋山形両氏に礼書を出す

一月十日　　水　晴

ベルリンパイゼルえ新聞催促のはがきを投す

一月十一日　　木　晴

Centralblatt〔＊雑誌〕始て来る

一月十二日　　金　晴

午後読室　帰路フィクサチフ〔＊定着剤〕を求む直に此術を施す　今日より牛乳一リーテルつつ午後服用することを始む

一月十三日　　土　晴

Land u.Meer〔＊週刊誌〕今日より来る　午後直に帰宅氷ぐつを携て新大学校後え行き一時間程遊走して帰る晩在宿　今日より新教師仏語を始む

一月十四日　　日　晴

午後牧子と亦た氷遊に出掛けたり米人数名同行　晩食後劇 Robert d.Teufel〔＊オペラ〕を見る

一月十五日　　月　晴

伊東子より手紙（二百マルク借用の）来る　家婦十一十二月宿料等二百五十一マルクを払ふ亦た銭入（六マルク）を進ず食後独りボッカチオを見る

一月十六日　　火　曇雨

出勤以来カタルの糞増進するを覚ふ晩在宿

一月十七日　　水　半晴

シヤツ代五十七マルク六十を払ふ晩在宿

一月十八日　　木　曇

午後直に帰宅し画を習ふ　五時頃婢一客来るを報す入り来るを見れば梅子なり久々にて大に悦び談話限りなし次で牧佐々木子帰り来る晩食し茶を喫し談適々　同氏旅行大に困難の旨に至る不得已良精二十五マルク牧子同断　佐々木子五十合せて百を出す　議論終りなし終に五時過に至る暫時眠る　起れば八時五分前なり大に驚く速に出づ停車場に至る八時二十分発車を送る帰りて直に眠りに附くこと終日　四時起き始て人様の思を成せり是れ則ち

一月十九日　　金　曇天なり

宿にて食す外出せず

一月廿日　　土　曇

今朝入院治療と決す病愈増進して日々課業を務むる甚だ困難なり　午前アナトミーえ行き仕事を片附け午食し且つ今晩食事を断して帰る　昨日使人に命じ兎二疋を求む外出せず　伊東ホフマン両氏に手紙を出す　亦た伊東子

に二百マルクを送るパイゼルえ新聞代十一マルク（六月迄の分）

一月廿一日　日　曇

午食後佐子家婦の間に事あり　午後入浴す外出せず

一月廿二日　月　曇

前九時半クスマゲル先生の診察を受くパピローム〔＊乳頭腫〕ならさるやの説を述べられたり　リユツケ先生に行くべきを諭さる　午食にプレトリユスに面会し談話す又リユツケ先生のことに付相談す直に先生の宅に至り面談す則ち明後日クリニツクにて診察のことを約して帰る晩玉撞の陪観す　今日より宿に食事するを決す亦た晩食は牛乳二リーテルと定む

一月廿三日　火　晴

記すべきことなし終日在宿す

一月廿四日　水　晴

前十時起き彼是し十時半外出しスピタールに至る暫時してリユツケ先生の診察を受く更に新説を得ることあたわず　苦病に堪へ兼ねプレトリユス君の室に行き休息す午食三時共に帰る　午後雄叔よりの手紙到る家計心配せざるべき高意《ママ》あり　今日百倍石炭酸水を以て洗ふ是より毎二日に一回つつ洗ふべしと　明日よりズルツマツト水〔＊ミネラル・ウォーター〕を一瓶つつ飲む

一月廿五日　木　曇

今日より右水を飲む　午後は全く手紙に時を費す　小松横田小林権君母上等えの年始状なり

一月廿六日　金　曇

午前十時起きて病院に行前回の通り先生診す又た独りネラトンを試る　至極よし帰路解剖局え立寄り解剖書を持帰る　前日の手紙を出す

一月廿七日　土　半晴

午後一寸出す　イリガートル及其他の器械を求む

一月廿八日　日　晴

一月廿九日　月　晴

午後牧子の助けを以て始て療法を施す

一月卅日　火　曇

終日読書

第二の療治を午後八時に行ふ

一月卅一日　水　晴

当今は歴史神経学等を読書す

二月一日　木　晴
第三の治療　昨夜煩ふに痛を覚ふ　牧子に依頼してカイネルトに兎のことを言ふ

二月二日　金　晴
昨夜大に痛あり　カタルの少しく悪くならざるかをうたがう　漏水すること毎三十分十五分乃至十分甚処に至ては五分なり　歎ずべきことにこそ　往時を彼是と考ひ是を調べて記せんと欲す且つ日記をも改良するに終日を費せり　病気に付一切外出せざるを以て故郷の事どもを思ひ出だすのみ　今日よりブロムカリを服用する5－150一日六食匕

二月三日　土　曇
昨夜は格別に痛はなかりし　第四の治療ズルツマット水は止む　是迄の履歴を参考して記す終日を費す夜二時過ぎ眠りに就く

二月四日　日　半晴
石炭酸其功を奏するを見ず　知咸《ママ》性反て増進するを覚ふ
今日よりガム溶液に阿片丁幾を加へて洗法を施す　但し毎日　ブロムカリは是を増し8－150とし一日六食匕
漏尿の度数を数ふ即ち午前十一時より午後十一迄十二時間に二十四回

二月五日　月　晴
小説Nana〔＊ゾラ「ナナ」〕を読み始むる　漏尿の度前十一時十五分より午後十一時迄二十七度
尿量50－100g　80－100g（洗浄時）
昨今明三日間ファストナハト〔＊謝肉祭〕なりと人々異形をなす　牧子に托してメートガラス一箇を求む

二月六日　火　晴
漏尿三十三回但し十二時間になり尿量百二十瓦に至る
今日はファストナハトなり　施療の際百二十五瓦

二月七日　水　晴
疼痛は平常漏尿の際共に少しく減ず　漏尿十二時間に二十二回　量百瓦内外百三十五瓦に極る　施療の際百四十瓦に至る

二月八日　木　曇
画学伝習功なり　エストンプ〔＊擦筆〕の用法を習ふ
尿度数は失念せり量は五十より百三十五瓦百四十瓦に極る　施療の際百五十より百六十五瓦に至る

二月九日　金　曇
ナナを読み終る　漏尿十二時間に二十三回量八十より百

三十五瓦百六十五に極る　施療の際百五十より百八十瓦
に至る

　二月十日　　土　晴

疼痛は大に減す　漏尿十二時間に十八回　量百十より百
七十に至る二百五瓦に止る　洗法の際二百十より二百六
十瓦に至る

　二月十一日　　日　曇

今日は別して快きを覚ふ　漏尿十二時間に十七回　量百
四十五より二百十五瓦二百二十に止る　施療の際二百四
十五より二百六十瓦に至る　ブロムカリは今日にて止む
十日間用ゆ

　二月十二日　　月　半晴

追日快し是れ只に阿片の功なる乎　漏尿十二時間に八度
量百九十より二百三十五瓦に至る　施療の際二百五十よ
り二百六十五瓦を容る　カイネルトより昨夜兎の子を産
し報知あり　今日ウヰベル氏の歴史を読み終る　是に於
て万国の沿革の大意を知るを得たり

　二月十三日　　火　晴天

朝九時起き外出しアナトミーに至る兎子を料理し十二時
帰宅す　久々にて外出せり十六日間一切他出せざりき
午後雄七郎様えの返書を認む　漏尿十二時間に十二回
尿量二百より二百五十五瓦に至る二百六十瓦に極る　施
療の際二百七十瓦を容る　其後十分を経て尿を漏せば奇
なる白き沈澱物を見尤も之は二三回先日見しことあり
顕微鏡を以て験するに是れ精水なり甚だ了し難し

　二月十四日　　水　半晴

午前昨日の手紙を出さしむ　漏尿十二時二十二回程　尿
量は百九十より二百六十瓦迄（即ち前日の通り）洗法の
際三百七十瓦の大量に至る　本国出発の際求めし熊の金
具を失ひしこと今日始て知る

　二月十五日　　木　曇天

疼痛は殆ど全く去る　漏尿十二時間に十五回　量二百三
十より三百瓦に至る　皓礬を以て洗し後は四十瓦の小量
に下る雖も直に前量に復す　洗法の際二百八十より二
百九十瓦　今日よりゴム溶液を捨て皓礬を始む（1/3%）
痛を覚ふと雖も暫時にして全く去る　緒方子より著述を
送らる

　二月十六日　　金　曇雨

明治十五年七月より同十二月迄申報書左の如し
明治十五年四月十六日より独乙国ストラスブルク　カイ

ゼル・ウィルヘルム大学
明治十五年四月より　ワルダイエル教授
明治十五年四月より八月迄　リュッケ教授、イエッセル教授
明治十五年十月より　フォン・レクリングハウゼン教授
明治十五年四月十六日より八月十五日迄
記載解剖学、総論解剖学、〔＊一語未詳〕、局所解剖学、感覚器官、手術〔＊後半未詳〕、特殊顕微鏡実習
明治十五年十月十六日より
記載解剖学、胎生学、比較解剖学、特殊顕微鏡実習、病理解剖学〔＊数語未詳〕
独貨千九百四十三マルク十ペンニヒ　但し明治十六年前半ヶ年分　明治十五年十二月十四日公使館より受領
右認め直に函に投せしむ
漏尿十二時間に十一回　量二百四十五より三百十瓦　洗法後は三十瓦に下る　併し直に復す　洗法の際三百六十五瓦　小説 Schwester Anna を読始むる

二月十七日　土　曇天

日一日より快方に赴く喜悦して止まず併し尿水の湯なること未た減ぜざる以て出勤せず　漏尿十二時間に十一回量三百五十五瓦に極る　洗法の際四百より四百十五瓦に至る　夜 Schwester Anna を読に古郷の事を思ひ出し涕泣し止まざりき　Kl.Plötz〔＊語学書〕終る

二月十八日　日　曇天

漏尿十二時間に十一回　量三百六十五瓦に至る　治療の際三百八十五瓦　Schwester Anna を読み終る

二月十九日　月　半晴

午前十一時アナトミーえ行き兎子を料理す一時帰宅す
緒方子より書翰写真到る　直に返書を認め函に投ず
尿量三百五十迄度数は不数　治療の際三百九十より四百二十瓦に至る　晩牧子と共に劇 Armida を見る　昨今は大に快きを以て漸々出勤すべし

二月廿日　火　晴天

此頃はペリネウム〔＊会陰〕の辺に奇痛あり又膀胱弱を起せし如し　尿量は少し減す三百十五瓦に止る　治療の際四百十五瓦　午後アナトミーえ行き比較解剖学を聞き帰る

二月廿一日　水　半晴

尿量四百十五瓦に至る　治療の際四百〇〇瓦　夕刻比較解剖学を聞く

其節 Evangelistin 及ひ Hertwig, Coelomtheorie を求む又右ロマンを読み始む

二月廿二日　木　曇天

尿量は三百瓦なり　治療の際三百九十瓦なり　膀胱弱起せし様なれば左程ヅビンゲン〔＊無理〕せず　夕刻は比較解剖学

二月廿三日　金　晴天

終日在宿す　漏尿十二時間に十回　量三百五十迄　洗法の際四百二十五瓦を容る　Evangelistin を読む

二月廿四日　土　晴天

今日より洗法は一時止む　九日間同法を施せり　午後斬髪入浴す同時コンタード迄散歩す　夕刻独り劇トルバドゥールを見る　今日より仏語学は Grand Plötz〔＊語学書〕を以てせり

二月廿五日　日　曇天

病気のことを記すべきことなし　午後はブログリーにて玉久々にて是を遊ぶ　晩在宿

二月廿六日　月　晴天

今日より出勤す　兎子鶏卵等を料理す　榊子より手紙到る直に返書を出す　晩一昨両日外出せし為めか加答児亦た再進す尤も昨日午後より少々其気味あり　今日より亦た洗法を施す三百八十瓦を容る

二月廿七日　火　晴天

漏尿八回　尿量二百六十五瓦　但し水は左程不飲　施療の際三百三十瓦　今日より明礬を用ゆ

二月廿八日　水　曇天

漏八回量三百五瓦　治療の際三百九十五瓦　兎子網膜を切る甚た良なり　ワルダイエル先生旅行に付今日比較解剖学及ひ明朝解剖講義なし

三月一日　木　曇雨

今日は亦た少しく快し　療法は閑暇なきを以て休む　尿度数を不数　比較解剖学はなし

三月二日　金　晴天

施療の際三百九十五及ひ四百五瓦を容る　晩食後久々にてサンテチアンえ行き牧子と玉を撞く

三月三日　土　晴天

今日より亦た皓礬を用ゆ　治療の際三百八十五瓦

三月四日　日　晴天

稍寒し　書籍館より返納催促を受け四十ペンニヒを科せ

らる　午後サンテチアンえ行き玉　治療の節三百五十より四百二十瓦を容る

三月五日　　月　晴天

午後リユツケ先生の元え病気快きを以て礼を述に行く　次でアナトミーえ行書籍を持ちビブリヲテークえ悉く返す　治療の際三百五十五及ひ四百十瓦を容る　晩牧子と共に劇 Tête du linotte を見る

三月六日　　火　曇雪

昨今は甚寒し　洗法は休みたり

三月七日　　水　曇雪

洗法の際四百瓦　エクハルトを読終る

三月八日　　木　雪

レツクリングハウゼン先生病理顕微鏡を閉つ　網膜成生《ママ》論は今日書き終る　洗法は間《ママ》暇なきを以て休む　本国小松維直君より書面到る留学延期願のことなり

三月九日　　金　晴天

ワルダイエル先生記載及ひ比較解剖を閉つ　亦た同先生にアブメルデンす　亦た同先生に前日書し仕事の分を出す　今日は明礬を以て洗ふ四百十瓦　晩は共に玉を撞く

三月十日　　土　曇雪

レツクリングハウゼン先生病理解剖学実習を閉づ　ワルダイエル先生胎生学尚ほ一週間講義す　夕刻エーベルハルト君と共に美術室（銅版画）を見る　仏語学は来週より二時間つつと定む（火金両日）今日寒気甚だ敷を以て治療を休む

三月十一日　　日　雪

昨夜より雪降る寒気随て甚たし　終日在宿す昨日来病気不宜が故なり　治療の際只三百瓦を容る（皓礬）

三月十二日　　月　半晴

昨夜大に雪降る二寸程に至る　病気昨日の通り尿量亦た為に減す　洗法の際三百四十五瓦

三月十三日　　火　曇雪

洗法の際三百五十瓦を入る　ワルダイエル先生講義中尿満る四百瓦を漏す　終日雪降る　今日より仏語学毎週二回

三月十四日　　水　曇雪

和氏先生講義中又た尿に苦む三百九十瓦を漏す　洗法の際只二百五十瓦を容る　緒方子え延期願の事に付手紙を出す

三月十五日　　木　曇雪

病不宜を以て出勤せず　洗法の際三百十瓦を入る　画学は先生に差支ありて休む

三月十六日　金　曇雪

午前出勤又午後も同断　病気は甚だ悪し依て旧方ゴム水を以て洗ふ　洗方の際三百及ひ三百五瓦　榊子より手紙到る二百マルクを求む

三月十七日　土　晴天

ワルダイエル先生胎生学を閉づ　病気前日の通り　榊子の元え前日の全て送る

施療の際三百十及三百五十瓦　ドクトルエーベルハルト君より C. L. Bulner's Werk: Devereux（小説）を借用し読始むる

三月十八日　日　晴天

天気は好く成ると雖も病は更ることとなし　終日在宿す

施療の際三百三十五瓦

三月十九日　月　晴天

午前アナトミー出勤休暇中連日出勤すべし　一月及二月の住食料二百四十三マルク七十五ペンニヒを払ふ　施療の際三百六十瓦　晩食後牧子と共サンテチアンに行玉を遊ぶ

三月廿日　火　曇天

病は天気と共に宜し　施療の際三百五十瓦但し今日より前方皓礬に復す　榊子より金子受取の端書到る　仏学教師に一月十三日より本月十三日迄十回分の謝料を払ふ（十マルク）晩食後玉

三月廿一日　水　曇天

施療の際三百八十瓦　晩在宿

三月廿二日　木　晴天 聖木曜日、皇帝誕生日

施療の際三百八十五瓦　画学の日なれども先生不来休日の故なるか　依て牧子とカヒーに行き玉

三月廿三日　金　晴天　聖金曜日

今朝緒方子より返書到る併し一件判然せず　施療の際三百八十五及ひ四百瓦　病気前日に稍復せり　晩食後寺院に行き次でカヒーえ行く

三月廿四日　土　晴天

施療の際三百八十五瓦　晩食後佐々木子と議論に及ひ十一時過に至て臥床に入る

三月廿五日　日　晴天　復活祭祝日

午後仏語学先生来て誘出し同子の宅に至る又一家を見舞ふ　施療の際三百九十五瓦　晩在宿す

三月廿六日　　月　晴天

午後二時チーゲル君を停車場に迎ふ　施療の際四百十瓦

三月廿七日　　火　半晴

午前リユツケ先生に尿水を持ち行けり　施療の際三百六十五瓦　Grammaire française〔＊フランス語文法〕を求む亦た之を読始むる晩食後玉

三月廿八日　　水　晴

施療の際四百十瓦　今日より亦た明礬を試る

小説 Devereux を読終る　晩食後在宿す

三月廿九日　　木　晴天

施療の際三百九十五瓦　水一リーテルに明礬一茶匕を用ゆ　画学先生来る

三月三十日　　金　晴天

施療の際四百瓦　晩食玉

三月三十一日　　土　曇

午前ワルダイエル先生に胎生網膜 色素形成に付質問す　良精の考ひ諾さること知る　治療の際四百瓦

四月一日　　日　半晴

午前アナトミーえ行く　午後牧子と共に久々にてケールえ行くはみがきを求め帰る　施療の際三百七十五瓦

四月二日　　月　晴天

午後ワルダイエル先生アルバイトを校正す　是より独り散歩して帰る　先日注文せし刀出来る（八マルク）　晩食後玉　施療の際四百瓦

四月三日　　火　晴天

午前アナトミーにてアルバイトの図の事に付ワルアツリ君に面会す　亦たシュテファンスフェルト君同室にて仕事する　午後独りコンタードに散歩す　施療の際四百瓦

四月四日　　水　晴

施療の際四百瓦　明日是は記せず近頃異状なきを以てなり

四月五日　　木　晴

記すべきことなし

四月六日　　金　晴

午後アナトミーに至り網膜錐体および桿状体の図に付差《ママ》図す皆全く終る

四月七日　　土　晴

前日の図を和氏先生に出す是にて仕事は刊行するのみ

今日より洗法を止む　クラウス動物学を求む

四月八日　　日　晴

文部省え留学延願書並に三総理宛の書面石黒小松維直君等え書状認め終日す

晩独り劇 Rattenfärger v. Hammeln〔＊ハーメルンのネズミ取り〕を見る

四月九日　　月　晴

前日の書面終て書留を以てポストに投ず　午後画師来る

過日二回の欠を補ふものなり亦た同氏にカヒーを餐す

晩三人玉

四月十日　　火　半晴風

治療を止めてより尿量少しく増す（三百瓦程に止る）

仏語学日の処何故にや教師来らず

四月十一日　　水　晴

記すべきことなし

四月十二日　　木　晴

記すべきことなし　仏学教師来る

四月十三日　　金　晴

記すべきことなし

四月十四日　　土　晴

画学師来る

四月十五日　　日　晴

晩食後独り劇を見る是処にて不斗姉小路君逢ふカヒーに行き亦たミュンヘネルオンドルに入る次て大に時を消し二時過帰宅す

四月十六日　　月　晴

夕刻姉小路君来る酒を餐す是より玉

四月十七日　　火　晴

前八時頃高橋茂君日本より着す床中て面会す　是よりアナトミーえ行く掃除に付仕事するあたはず依て姉小路君を見舞ひ共に散歩す　オランジエリーに至る大に暖気にして快し　午後高橋君再ひ来る当地在留と決せらる　午後五時頃より同氏と外出し諸物を斉ふ　晩食後姉子と玉

四月十八日　　水　晴

午後高橋子を導きバンク等に至る次て姉子を見舞ふ　晩食後在宿

四月十九日　　木　晴

高橋順太郎君書面到る写真一葉を送らる　晩食高橋子と共に劇を見舞ふ

四月廿日　　金　晴

午前高橋子と共にループレヒトザウに至りブルートアンシ

ユタルト〔＊人工孵化場〕を一見す　晩姉小路君来る玉高橋及ひ榊伊東子に書面を出す

四月廿一日　土　晴

午後画師の誘に依てウヰレヂフシユ君の宅に至る油絵を見る

四月廿二日　日　晴風

午後高橋子と共に姉子に至る是より玉　ラブル君に書面を出す　晩在宿

四月廿三日　月　晴風

シユミツト先生動物学を始む　午後高橋子を導て時計を求む共に散歩して帰る

四月廿四日　火　曇晴風

晩四人劇に到るPariser Leben〔＊パリの生活〕を見る緒方子民辺え移転の手紙到る　ウヰン渡辺君より写真一葉送らる

四月廿五日　水　曇晴風

シユミツト先生講義休む　ラブル先生より返書到る亦た同氏の仕事を送らる　ホツペザイレル先生健全学を始む

四月廿六日　木　晴

仏学師に十六日迄の分十マルクを払ふ　今日より画学毎木曜日に復す　ワルダイエル先生記載解剖を始む

四月廿七日　金　晴

午後読室に行く　月謝を払系統解剖学、特殊実習、動物学、衛生学（無償、歴史〔＊二語未詳〕）九十六マルク及ひ客冬期失念せし特殊実習三十マルク

四月廿八日　土　半晴

オーベナース先生講義を始む　午後裁髪入浴す

四月廿九日　日　雨

午後バーンホーフに至り周遊券に付き問ふ是よりブログリーにて玉　晩食後芝居ウィンザーの陽気な女房たちを見る

四月卅日　月　雨

記すべきことなし　ホツペ、シユミツト両先生にメルデンす

五月一日　火　晴

午前十一時閲覧室に至り創立記念祭の儀式を見る　晩チボリーコンメルスえ行く十二時帰宅す

五月二日　水　晴

午食後家婦を携て車上散歩す

五月三日　木　曇

午後小松彰殿え借金手紙を認む

五月四日　金　晴

前日の手紙を出す亦た榊伊東両子え返金催促のはがきを出す　Ramrier, Lec. d'anat. gén. を求む　晩先生方の会議を傍聴す　ワルダイエル先生気管枝演舌あり

五月五日　土　晴

ウヰゲル先生医学歴史を聞くオベナス講義検す　晩玉是より姉子伴ひ魚に行き十二時過帰る

五月六日　日　晴

ワグネル氏来る美術展に至る　同氏に一月以来の謝礼を払ふ十六時間四十八マルク　午後佐々木子と散歩し玉を遊ぶ

五月七日　月　晴

今日ワルダイエル先生にメルデンす　午後仏学の日なれども生帰宅の時少処遅るるを以て止む

五月八日　火　曇晴

今日ワルダイエル先生仕事室に来る以来毎火曜日と定む　午後仏学師来る前日の欠を補ふ為めなり亦た生旅行するに付暫時休日するを約す　亦た独りケールえ行き渡辺子え見揚《ママ》の日本茶を求む　次で姉子を問ひ過日魚の費十マルクを進す　榊子より手紙及び金百マルク来る直に返書を出す

五月九日　水　曇晴

午前午後アナトミーえ行き諸器片付ける　バーンホーフに至り周遊券を求む百三十九マルク十ペンニヒ　高橋子より三百マルク借用す　ベデカー〔＊旅行案内書〕（北イタリア）を求む六マルク　夕景荷物等を斉ふ此時熊金具を見出せり　緒方子へ明十日ミユンヘン着しはがきを出す晩は玉を遊ぶ十一時半帰宅す

五月十日　木　雨

朝八時半起き彼是用意し九時馬車を命しバーンホーフに至る九時三十分発車す　ワイセンブルクに三十分間を費す　カルルスルーエにても同断且つ汽車甚だ遅し漸く五時頃シュツットガルトに着す　是より先き汽車の都合悪きを以て此処に一泊と決す人足に荷物を持せホテル・テクトルに登る　直に外出し市中を見物す八時頃宿に帰り晩食し次で眠に就く

五月十一日　金　曇雨

午前二時起き二時半の速車（パリスよりウヰン行）を以

てシュツットガルトを発す　ウルム、アウグスブルクを通る九時ミュンヘンに着す人足を雇ひ緒方子の宅に至る同氏不在衛生研究所え行　未来不得已独り市中を散歩しカヒーを喫し十時過ぎ再ひ衛生所に至り緒方子に面会す十一時より十二時迄ペッテンコーフエル先生の講義を聞く次で両人出でて午餐を喫す　是より五時面会の約を為し同子に別れ市中を縦横散歩し亦た馬車を命し約時に同氏の宅に至る　亦た同子に茶を送る共に出てて晩餐す次てカフェ・オリエントに入る　此処にて小藤子に逢ふ玉を遊び一時頃緒方子の宿に帰る　昨今両日甚た寒し

五月十二日　　土　曇

十一時頃迄眠る　午食後新ピナコテークを見る傘を失念す　夕刻カフェ・オリエントに於突然原田子に逢ふ是より緒方子と共にベステンドハレえ行く　十時頃同処を出て再ひ右カヒーに至る原田小藤二子在り玉突盛になり一時過帰る　此日或るカヒーに於てプロフェッサー・リュドマイエル先生に逢ふ亦た古人類学博物館え行く空く来る

五月十三日　　日　晴　聖霊降臨祭

午前十時起直に外出しピナコテークに至り傘を求めんとす併休日なるを以て閉館是より馬車を以てイギリス庭園を遊覧す　午食してカフェ・オリエントに至る原田小藤二子来り居る緒方及良精約あるを以て五時前辞して帰る是より外両人と水族館を一見す次で亦たカヒー行き一時過ぎ宿に帰る原田子明日出発すと

五月十四日　　月　好天気

午前十一時外出十二時十五分汽車発一時間を経てシュタルンベルクに達す　一湖あり景色良快楽を求むるに過当の処なり　先づ午食を喫し次で汽船て湖水を遊週《ママ》す快を極めて八時ミュンヘンえ帰る晩食し大に労れしを以て直に宿に帰る

五月十五日　　火　晴天

前七時起き支渡を斉ひ馬車を以て油絵館に至り傘を取り再び宿に帰り荷物を以て停車場に至る九時十分頃発車す是よりベルリン、ローム間の速車なり十一時十分クフシ《ママ》ユタインに着す此地既にチロールなり荷物の験査あり一時二十二分インスブルック着車是より谷狭く汽車登る景色良　マートレイ迄に十三箇のトンネルを数ふ　グレンネルは最高の地にて河水の境介なり鉄道大に下る此地及ひステルチング間大湾曲を為す是即ち有名のブレンネル鉄道なり亦た数箇のトンネルあり　六時四十五分ボーツ

エンに達す　アラにて亦た荷物を改む且つ汽車替る是にて伊太利亜領に入る　十時四十五分ベローナに着す　ホテル・オムニバスに乗してコロンバ・ドーロに下る晩食し直に眠に就く　今日車中にて炎熱甚しかりし

五月十六日　　水　晴天

独貨百マルクをホテルにて両替す即ち百二十三リーラ余を得る　午前九時外出す先最初ピアッツア・ブラに至るアレーナ、ビットリオ・エマヌエルの像等あり　V・S・フェルモ・マジョーレを通りポンテ・ナビを渡り博物館を見る一リイラを払ふ是よりピアッツア・デル・シニョーリに至る　途中にて巻煙草を買ふ言語更に不通依て書て漸く弁す此場処にアルケ・デリ・スラリエン、パラッツオ・デル・コンシッリョ（ラ・ロッジャ）あり　ピアッツア・デレ・エルベ是に接す　炎熱甚た変恰も印度地方に在りし心地せりカヒーにて休息し氷を飲む　是より　コルソカボウルに出ず　当地真影数枚を求む進でアナスタシア（聖女）に至る　ピエトロ橋にてカステル・サン・ピエトロをながむ　亦た帰てコルゾを通る　ボルサーリ門あり次でピアッツア・ブラに出でカヒー（カフェ・ビットリオ・エマヌエレ）に休息し宿に帰る時一時なりき　午食を喫し払をなし車を命じて発す即ち三時頃なりき

七時頃、ベニスに到着。ゴンドラでサンマルコ広場わきのホテル・オリエンターレ・エ・カペッロ・ネーロへ向かう。広場は人々であふれ、中央で軍隊が演奏している。ほぼ八時となり、すぐにマルコ広場に出る。私の驚きは何と大きかったことか！　広場をしばらく歩きまわってから、海辺に行く。満月と海、そこに数多くのゴンドラと二艘のボートが浮かび、音楽や歌が聞こえる。ああ、何という歌なのだろう、筆舌に尽くしがたい。十時頃、夕食をとるためにホテルに戻る。一日中歩き回り、かなり疲れた。おやすみなさい。

五月十七日　　木　晴

八時起床。紅茶を飲み始めた。コーヒーはどこもひどくまずいからだ。美術アカデミーに行き、長沼氏と会う。中に入り（入場料、一リラ）、共に昼食をとる。総督の邸宅（ドゥカーレ宮殿）へ、入場料一リラ。牢屋もあった（二〇セント）。マルコ教会。ひどく暑くて、アイスクリームを食べ、しばらく休む。その後、蒸気船でカナル・グランデ運河を渡り、マルコ広場に戻る。女性用の鏡を買う（一五リラ）。さらに、ベニスの風景画も（五リラ、安い！）。夜になったので食事に行き、長沼氏にご馳走する。そしてふたたびマルコ広場に戻る。少し雨が降る。

広場は、昨夜とは対照的に人がいなくて音楽もなし。十時ごろまでカフェにいて、帰る。さようなら！　おやすみなさい！

五月十八日　金　晴

八時起床。九時に長沼氏が来る。共に出て兵器庫へ。昼食を共にす。長沼氏と別れ、ホテルに戻る。時に十二時。請求書は六リラ九五。ゴンドラ。駅。十二時一八分、ベニス発。検札。九時一五分、トリエステ着。乗合自動車でカセルマ広場のホテル・ヨーロッパへ。夕食は庭でとる。ここでは、イタリアの通貨は好まれない。

五月十九日　土　晴

十時起床。庭のカフェへ、とても暑い。外出、まずビア・デル・コルソへ。残ったイタリア通貨をオーストリア通貨に換金（約六〇リラ―二五フラン）。城に向かい、城を過ぎて山の上へ。見知らぬ道を通り（尋ねてみたが、ハイルという挨拶以外言葉は何も通じない）、幸運なことに兵器庫に出た。親切にも旧市街まで連れて行ってもらう。五〇クローネ、チップを渡す。海岸に沿って町へ向かい、途中で馬車に乗りビール醸造所に向かった。昼食をとるためであったが、無駄だった。その後、歩いてホテルに戻る。時に三時。港を見るため再び外出。魚市場へ、さらにピアッツァ・グランデにあるカフェで一時間過ごす。六時頃、ホテルに戻る。請求書は二フラン二〇。駅で検札、鏡のために二〇クローネ払わなければならなかった。八時、急行列車でウィーンに向かって出発。できるだけ眠ろうと努める。

五月廿日　日　曇

六時に目覚める。すでにグラーツは過ぎていた。まもなくミュルツツーシュラークに到着し、十九分停車。コーヒーを飲む。ここからゼメリング峠を越える有名な路線が始まる。すぐ長いトンネルに入り、標高最高地点に達し、道は大きく傾斜する。九時四〇分、ウィーン着。一頭立ての馬車でホテル・ゴルデネス・ラムに向かう。一フラン七〇の部屋に決め、外出して、すぐ公使館へ。渡辺はいなかった。近くのカフェに入ってから、渡辺のもとに再び行くが不在。リング通りを散歩し、フランツ・ヨーゼフ駅そばで昼食。その後、シュテファン広場、ケルントナー通りへ。公使館の渡辺は又も不在。ホテルに戻る。とても疲れて休む。七時頃、Wが私の元に来た。一緒に外出。公使館裏で夕食。十時に帰宿。おやすみなさい！

五月廿一日　月　曇風

九時起床。ホテルでコーヒーを飲む。すぐ公使館へ。Wと外出。芸術ハウスを訪問し（三〇クローネ）、絵画館に行った後、市立公園へ。シュタインの講演。昼食。二時すぎ、鉄道馬車でウルツマン博士のもとへ。すべて順調。歩いて帰る。マルクをグルデンに交換（二〇〇イコール一八七グル）、これはウィーンでも買った。公使館に行って上野と話す。Wと大学へ行き、その後、一人でカフェ・ローターへ。夕食を食べていなかったので、お腹がとてもすいた。十一時過ぎ帰宿。おやすみなさい。

五月廿二日　火　半晴風

十一時起床。ロカール〔＊飲食店〕で昼食、その場所でWと会う。三時すぎにウルツマン博士のもとへ〔＊一語不明〕の診察）。徒歩で戻る。六時にグランドホテルでWと会い、夕食。そこへ戸田が来る。三人でテアター・アン・デル・ウィーンへ出かける。一階正面の席、九フラン。喜歌劇、乞食学生。その後、カフェに行き、戸田と別れた。Wと一緒にカフェ・ナチオナールへ。一時帰宿。おやすみなさい！

五月廿三日　水　曇

十二時頃起床。一時にウルツマン博士のもとへ（養生、処方、他）。フランツ・ヨーゼフ駅近くで昼食。それから市電でライヒスブリュッケまで行った。そこから歩いてプラターへ。ぶらぶらと散歩した。コンスタンティン・ヒューゲルのカフェへ。その後、市電でオペラ座へ。正面前方二列目、四フラン。「フゲノッテン」。十時に終演。ホテルで夕食、ワイン。おやすみなさい！

五月廿四日　木　曇雨

十一時起床。カフェで昼食。そこでWに会い、すぐ後で戸田に会う。二時、三人でラクセンブルクに出かける。往復乗車券は一フラン五。四十分後、メドリンク（南河畔）に到着、三十分待つ。ラクセンブルクまで支流の船で七分。雨が降りだす。船で城まで行き、見学。七時ごろ、ウィーンに戻る。ホテル・ビクトリアで食事。その後、一人でカフェ・ローテルへ。十一時すぎに、ホテルに戻る。おやすみなさい。

五月廿五日　金　好天気

十一時起床。Wと昼食。ウルツマン博士のために日本の磁器の店に行く（一五フラン）。ホテルに戻り、一人で街路鉄道に乗って、シェーンブルンに出かけた。七時に戻る。ロカールで食事。公使館へ。Wと一緒にフォルクスガルテンへ（一フラン）。その後、シャッフェンリング近くのカフェに入る。一時頃まで話し、帰館。おやすみなさい！

五月廿六日　土　晴天

七時起床。すぐ研究所に行き、九時から十時までランガー教授の講演を聞く。十時から十一時はブリュッケ教授の講演。カフェに入る。Wと一緒にロカールで昼食。三時半にウルツマン博士のところに戻り、贈り物を渡し、別れを告げた。彼の膿尿に関する論文をもらう。それから、宮廷ブルク劇場へ。前方席、四フラン。ファウスト第一部。その後、レストランで夕食。さらに昨晩のカフェへ。この後、もう一軒、カフェ・ナチオナールへ。一時頃戻る。おやすみなさい！

五月廿七日　　日　晴天

十一時頃起床。直ちに公使館へ。Wが待っていて、すぐカフェに向かう。共にカーレンベルクに出かける。フランツ・ヨーゼフ河岸の蒸気船乗り場に行く。時間がたっぷりあるのでホテル・メトロポールで待機し、一時出発。ノイブルクからは登山鉄道（歯車式）でカーレンベルクへ。コーヒーを飲む。コンサート。その後、レオポルズベルクへ。ウィーンとドナウ河への素晴らしい眺望だった。まもなく森の中に入っていった。草の上に横になる。七時に、ウィーンへ戻る。レストランで夕食。その後彼のところに行き、一時頃まで話した。おやすみなさい。

五月廿八日　　月　晴

九時起床。荷造りをして、請求額を払う（一七フラン四八）。公使館で別れを告げる。ロカールで食事。五〇フラン残っていたので、マルクに交換。七〇マルクと少々。ウィーンでの出費は九〇フランであった。十一時半、ホテルに戻り、すぐに一頭馬車で西駅へ向かう。十二時一五分。ウィーン出発（急行）。六時二六分、パッサウ着。十五分停車、検札。再び五五ペニヒの税金を鏡のために払った。ハムサンドを食べる。十一時一八分、ニュルンベルク着。駅の並びのホテル・ビュルテンベルガーホーフへ。すぐベッドへ。おやすみなさい！

五月廿九日　　火　晴

九時半起床。朝食後、すぐ出かける。ケーニッヒ通りを横切り、ローレンツ教会を過ぎ、城まで行く。帰途カイゼル通りでカフェー・マイランドに入る。この後、ゲルマン博物館を訪れる（入場料一マルク）。一時間半後ホテルに戻り、定食。これは、今回の旅で初めてであった。勘定は五マルク五〇。午後一時五五分、普通列車の立席でニュルンベルクを発つ。五時一五分、ビュルツブルク着。約一時間停車。荷物を預けて、町の散歩に行く。六時二〇分、ビュルツブルク発。午後十一時四〇分、ハイデルベルク着。ホテルの乗合自動車に乗りホテル・ツム・リッターで降りる。車内は私だけだった。

五月三十日　　水　曇晴

九時起床。朝食後すぐ出て、城へ。城に着くと、雨が降り始める。町とネッカー河の眺望はすばらしい。城の入場料は五〇ペニヒ。さらに二つの追加料金があり、全部で一マルク。雨が止む。

大きなテラスを散歩する。同じように美しい眺望！　牛乳療法で牛乳を二杯飲み、ハイデルベルクの絵葉書を一枚買う。一時過ぎにホテルへ戻り、今回二度目の定食。町に散歩に出かけ、マルクト広場のカフェ・バヒターで眠る。勘定は六マルク四〇。三時三五分、ハイデルベルク発。四時四〇分、カルルスルーエ着。六時、アッペンバイエル着、車両変更。七時、メッツゲルトア着。辻馬車で家に帰る。鏡をマダムに贈るなどし、夜は皆に会う。十時、おやすみなさい。おじと母からの手紙はすぐに開封した。

五月三十一日　木　曇

前十時迄眠る　ワルダイエル先生の講義を休む　旅行入費精算するに四百六十マルク程なり　午後アナトミー出勤次でホッペ先生の講義に出づ

六月一日　金　晴

今日より前六時半起きワルダイエル先生の講義に出席す　シユミツト先生同断　又先生生の室に来て曰く副腎に付て或人発明を為せり依て此題を去るべしと　故に新にイリス〔＊虹彩〕の組織を研究するに決す　カワヲソの眼球二箇を得る又右に付諸薬品を注文す　午後は読室に在りき　晩は学士会に出席す演舌題は植物細胞なりき

六月二日　土　曇

今日より夏服を着す　頻に人或は動物の眼球を集む亦た諸薬品を買ふ　晩日本食を催す次で牧子と玉

六月三日　日　半晴

午前アナトミー出席　午後は終日談話す

六月四日　月　晴

今日よりウルツマン先生の処方に随て服用を始む　昨今炎熱殆ど難堪

六月五日　火　晴

仏学教師にはがきを出す語学を亦た始むる為なり　晩食後牧子と玉

六月六日　水　晴

渡辺長沼緒方の諸子にはがきを出し帰府を報し且礼を述ぶ及び伊東子に催促のはかきを出す

六月七日　木　晴

旅行の日記を認む
　六月八日　　　金　晴
今日より仏語学を始む　晩学士会に出席すホッペ先生暖炉の説なり
　六月九日　　　土　曇雨
夕刻髪を切り入浴す　晩外出せず
　六月十日　　　日　半晴
午前アナトミー行き　午後はカヒーにて玉是よりオランジエリー辺え散歩す　晩チーゲル君始諸子とピートンえ行く十一時帰宅す
　六月十一日　　月　曇天
長沼君より返書到る
　六月十二日　　火　曇天
午後独ケールえ行きはみがきを買ふ
　六月十三日　　水　晴
右はみがきを緒方子に送る
　六月十四日　　木　晴
今日より画学を再ひ始む
　六月十五日　　金　曇
学士会え出席　チーグレル博士殿によってセンセーショナルに仕立てられたもの
　六月十六日　　土　曇
入浴し切手六枚を求む（四マルク二十）　夕食後カヒーに至り姉子と玉　例の塩薬は今日にて二週間になれば明日より止む
　六月十七日　　日　変天
午前アナトミー出勤　午後は牧高橋両子とグリューネ・バルテえ遊舟す　今日本国よりの報に曰く過日帰朝の同業子百の教授に成れりと
　六月十八日　　月　曇晴
緒方子より歯磨受取の手紙到る　伊東子え重てはかきを出す
　六月十九日　　火　半晴
今日よりオ・ド・スルツマット〔＊ズルツマット水〕を飲む
　六月廿日　　　水　曇
仏蘭西ロマン Le Pavé de Paris を求む亦た読始む
　六月廿一日　　木
　六月廿二日　　金
学士会え出席 メリングの Ueber Kalichloricum

六月廿三日　　土　半晴

今日アヒルを得午後是をアナトミーて料理す是より高橋子と散歩しチボリに至り楽を聞

六月廿四日　　日　晴天

今日家賃七月より十二月三十日迄の分千八百七十六マルク八十二ペンニヒ受取る　前五時半藤山子突然来以て眠を驚す再び眠に就く八時半起く　九時画学師来る共にコンタードの裏辺に小舟を浮べ一景を写す　午後は共に散歩す

六月廿五日　　月　曇雨

午後藤山子出発を送る先つビールやに入る十時半に至る出で停車場に行く十二時過帰る

六月廿六日　　火　曇

午前時を得て帽子を求む（十五フラン）亦た夏服を注文す（八十八マルク）

エビーの著述二冊を求 Centralblatt. ganz. Jahrgang. 1882（二十マルク）仏学師に四月十九日より（旅行）六月十九日迄十回分十マルク払ふ　本国小松維直君より書留にて留学延期金子千四百弗払済み報あり

六月廿七日　　水　半晴

夕刻より高橋子と共に芝居え行く　Michel Strogoff を見る十二時過帰宅せり

六月廿八日　　木　晴

炎熱甚たし

六月廿九日　　金　晴

榊子に手紙を出す　学士会え出席

六月三十日　　土　晴

午後姉子高子と共にラインルストえ納冷に行く

七月一日　　日　晴

午前高橋子と入浴す　午後は牧高両子とチボリーえ行き次で散歩し帰る　夕家婦と共ブログリーに納冷す

七月二日　　月　晴

昨今は真の夏候と考ふべし

七月三日　　火　晴

家婦に三四五六の四ヶ月分宿食料を払ふ四百九十五マルクなり

パイゼルより兼て注文せし Schwalbe, Sinnesorganer〔＊文献〕到る　本国大学総理よりベルツ氏代り内科教師雇入れ依頼書到る共に榊子より返書あり　ミクロトーム注

文書出す

七月四日　水　晴

チーゲル君にベルツ代人の事に付談話す

七月五日　木　晴

ワルダイエル先生よりチーゲル君ベルツ代人志願云々の話あり

七月六日　金　晴

ミクロトーム到る九十一マルクを払ふ

七月七日　土　晴

書林パイゼルえ金子二十二マルク五十ペンニヒを送る（セントラールブラット及ひ五官器論）榊子に教師雇入の事に付手紙を出す

七月八日　日　晴　時々雨降る

午前アナトミー出勤　午後は散歩す

七月九日　月　晴　午後大降雨あり

熱気堪難たし

七月十日　火　晴

Berichte d.〔＊一語不明〕Wissenschaften zu Berlin〔＊文献〕到る十二マルク　榊子より教師雇入可見合の報あり

七月十一日　水　半晴

Katalog d. Fischerei-Ausstellung (jap. Abtheilg.)〔＊漁業博覧会カタログ（日本部門）〕到る（八十ペンニヒ）

七月十二日　木　半晴半雨

ワルダイエル先生に教師雇入見合せのことを報ず

七月十三日　金　半晴

記すべきことなし

七月十四日　土　半晴

午後は牧子と久々にて玉を撞く　晩在宿し共に種々の体操等を行ふ

七月十五日　日　晴雨交換

午前アナトミーえ出勤　午後は高橋子と外出すコンタードに於て大風雨に逢ふ　飲乳所に暫時之を避く漸くして止む是より車を命しラインルストに至る談話共和して九時半に至る

七月十六日　月　晴雨不定

記すべきことなし

七月十七日　火　曇

ラブル先生に手紙を出す

七月十八日　水　曇

クロルパラヂウム溶液百瓦五マルク三十

七月十九日　木　曇

カンテル〔＊方形定規〕を求む三マルク五十

七月廿日　金　曇

当今甚た冷気を催せり

七月廿一日　土　曇

晩牧子と玉を撞く十一時帰宅す

七月廿二日　日　変天

午前アナトミー出勤　午食の際戸田君来訪す四時半外出し寺院え導き是よりラインルストえ誘ふ　諸子同行八時過帰宅共に食事す十時過同子を旅宿え送る十二時帰宅す

七月廿三日　月　曇雨

七月廿四日　火　曇雨

七月廿五日　水　曇雨

ズルツマット水を止め散薬を始む

七月廿六日　木　曇雨

書籍局え書物を返納す次て寺院の時計を見る　シユミット先生動物館え導かれたり　ポツペザイレル先生衛生学講義を閉つ亦たアブメルデンす

七月廿七日　金　半晴

シユミツト先生にアブメルデンす

七月廿八日　土　曇雨

午後は牧子と玉を撞く

七月廿九日　日　曇雨

午前アナトミー出勤　午後高橋子と車上散歩す次てチボリえ入り音楽を聞く八時帰宅す晩牧子と玉

七月三十日　月　曇雨

ワルダイエル先生に向来の方向を相談す同子と共にベルリン行と決す

七月三十一日　火　曇雨

八月一日　水　曇雨

シユミツト先生講義を閉づ

八月二日　木　曇

今日よりワルダイエル先生午後講義す一日四時間余なり亦エビイの脳模型を指示せり　画学は時乏しきを以て断る

八月三日　金　晴

八月四日　土　晴

和氏先生朝より夕に到る迄七時間講義して皆済す　夏期

終る

八月五日　　　日　好天気

午前アナトミー出席　午後に家婦チーゲルプレトリユス諸子とフックス・アウセール・ラットえ行く夕刻帰る　高橋順子ベルリンより来る

八月六日　　　月　半晴

午前高橋牧両子と姉小路を訪ふ次でアナトミーえ誘導す帰路寺院の時計を見亦た塔上に登る　午後は四人ラインルストに至る　仏学は断る

八月七日　　　火　曇

午前アナトミー出勤　午後斬髪入浴す　晩は例のカヒーにて玉

八月八日　　　水　曇

午前高橋子と停車場に至り体重を量る56kilo.　午後は四人小舟を以てグリューネ・バルテに遊ぶ　晩玉十時半帰宅す

八月九日　　　木　曇

今朝高橋子シユワイツえ向け出発す

八月十日　　　金　曇雨

午後コルク片及栓求め帰路ブログリーにて音楽を聞き帰る　晩玉

八月十一日　　　土　雨

午前アナトミーにて尿中蛋白の量を計る即ち150ミリグラム：0.2　晩玉

八月十二日　　　日　大晴

午前は本国諸子え送る書状を認む不未終　午後は佐々木牧二子とラインルストに至り音楽を聞く

八月十三日　　　月　大晴

午後家婦を誘てルプレヒトザウ牛乳療養所に至る　晩チーゲル君とカジノえ行く　伊東子に返事請求の手紙を出す　午前アナトミー出勤中ワルダイエル先生に面会し愈ベルリン転任の事今日取極りし話あり亦たシユワルベ先生に面会す

八月十四日　　　火　晴

午後三人共にラインルストえ行き音楽を聞く　今日よりズルツマット水に移る

八月十五日　　　水　曇雨

午前八時廿四分の汽車を以てケステンホルツえ遊行すチーゲル君家婦共同行　折悪時々降雨す山上え登ることを得す午後入浴す九時半帰宅す　今日は丁度新停車場開業

の日なりき

八月十六日　　木　曇

晩食終りし頃芝田井上高寺の三子来訪す共に和して談す
亦た佐々木子と談話二時半に到り眠に就く　右の為め画
学は来る土曜日に譲る

八月十七日　　金　半晴

午前諸子を誘導し次て停車場に送る

八月十八日　　土　晴天

雄叔及兄に手紙を出す
本年一月より六月迄申報書左の如し
明治十五年四月十六日より独乙国ストラスブルグ　カイ
ゼル・ウィルヘルム大学
明十五年四月より　ワルダイエル教授
明治十五年十月より同十六年三月迄　レクリングハウゼ
ン教授
明治十六年四月より　ホッペーザイラー教授
同　　　　　　　　　シュミット教授
明治十五年十月十六日より明治十六年三月十五日迄
系統解剖学、胎生学、比較解剖学、個別顕微鏡実習、病
理解剖学、デモンストラチオン〔＊一語不明〕、奇形の病理、
顕微鏡〔＊一語不明〕
明治十六年四月十六日より
系統解剖学〔＊二語不明〕、個別実習、動物学、衛生学
独貨千八百七十六マルク八十二ペンニヒ　明治十六年六
月廿四日公使館より受領
但し明治十六年七月より十二月三十日満期迄の分
右認て函に投ず

八月十九日　　日　大晴

午後□三人ラインルストえ行く

八月廿日　　月　大晴

八月廿一日　　火　大晴

高橋順子旅行より帰る

八月廿二日　　水　大晴

今日より仏語毎週三度と定む即ち是迄の月土に水曜を加
ふ

八月廿三日　　木　大晴

画学の日なれども之を断り晩食後チボリーに至る電気灯
を見る

八月廿四日　　金　大晴

午後皆小舟にてグリユネワルテえ行く

八月廿五日　　土　大晴
午後一時高橋子出発す停車場に送る　晩入浴す是より玉
八月廿六日　　日　大晴
午後三人共に散歩しルプレヒトザウ牛乳療養所に至る同
処にて家禽飼育法一冊を求む
八月廿七日　　月　大晴
晩家婦チーゲル君と散歩す寺塔を〔＊一語未詳〕せるを
見る
八月廿八日　　火　晴
午後本国小松君えの手紙を認む　千四百弗借用之事なり
但し五百十弗千九百マルク即ち一弗三マルク七十二ペン
ニヒの勘定なり故千四百弗は五千二百マルクなり
八月廿九日　　水　晴
前日の手紙を出す
八月三十日　　木　晴
画学は今日限り止む三十六マルクを謝す　高橋茂子より
手紙到る早速二百マルクを送る
八月三十一日　　金　曇
伊東子より手紙到る又二百マルクを求む歎息の至りなり

九月一日　　土　曇
午後晩二回玉　トリュブネルに書籍代十二マルク払ふ
九月二日　　日　曇
午後玉　伊東子え返事を認む高橋茂子にも同断
九月三日　　月　曇雨
午後顕微鏡プレパラートを取調ぶ　本国小松両君より手
紙到る
九月四日　　火　曇雨
午後顕微鏡プレパラート取調ぶ
九月五日　　水　曇
今日ズルツマット水を止む散剤共に功なし
九月六日　　木　曇
榊緒方両子より手紙を得る直に返書を出す　プレパラー
ト取調稍終る
九月七日　　金　曇
柱時計を求め家婦に遣る三十二マルクなり　高橋茂子よ
り手紙到る
九月八日　　土　曇
午後牧子と散歩す　晩共に玉の先生をカフェ・ド・ラ・
ポム・ド・パンに見る

九月九日　　日　晴

午後牧子と共に家婦を携てフックス・アム・ブッケルに至る

九月十日　　月　大晴

高橋順子より手紙到る

九月十一日　　火　晴　午後曇る

記すべきことなし

九月十二日　　水　晴

今日より力パイバフェドサム〔＊薬〕を服用す二箇を以て始む

九月十三日　　木　晴

午後家婦チーゲル牧の諸子とヘンハイムよりカナール岸に散歩す　飲乳所に立寄り帰る

九月十四日　　金　晴

バルザム三箇に進む

九月十五日　　土　晴

仕立屋に払ふ八十八マルク　バルザムを求む　アナトミー顕微鏡附属物片附け始めたり　亦た荷物を片附く

九月十六日　　日　晴

午後牧子とケールえ行き歯磨を買ラインルストえ入る

九月十七日　　月　晴

午前アナトミー片附方午後漸く終る　門番をして宿に持来らしむ亦た宿の片附物も略ほ終る　顕微鏡プレパラート総数八百余箇に至る

九月十八日　　火　晴　学者集会に出席す

五時起床。カフェに行った後、すぐ駅へ向かい、六時一二分発車。九時四五分、フライブルク着（切符は普通列車五マルク六〇）。何もかも素晴らしい。町全体に旗が飾られ、事務所には至るところビラが貼られている。まず事務所に行って、参加者として登録（一二マルク）。その際、さまざまなもの（フライブルクの案内書、地図、新聞など）をもらう。直ちに全体会が開かれている音楽ホールに行く。時に十時二〇分。ジンビオーゼ〔＊共生〕に関するヘルトビッヒの講演中だった。休憩時、ブレジケ博士に会う。続いて、リーベルマインツの治療法に関する講演。十二時過ぎ最初の全体会が終わる。ペルチック博士とともにホテル・ツム・エンゲルに行き、昼食（定食）。午後三時、すべての分科会が始まり、私は解剖学分科会に出席。そこで、解剖学・生理学・人類学部門が創設される。

一、分科会　議長、ビーダーシャイン教授

バルデレーベン 足根中間骨
フレッシュ（ベルン）
a、横紋筋における神経終末
b、加熱載物台
フュルトリンゲル（アムステルダム）鳥の筋肉組織
アルブレヒト（ブリュッセル）顎裂
五時に最初の会議が終わる。ベリカー教授と知り合う。ブレジケ博士と一緒にバルトゼーへ。すばらしい祭り。多くの提灯、花火など。十時ごろ、フライブルクに戻る。ツア・アルテン・ブルゼで夕食。十一時過ぎ帰宿。

九月十九日　水　晴

八時起床。九時、第二分科会。議長、コールマン。
コールマン、頭骨の二つの極端な形態
フリッチュ、発電器官
ヘルトビッヒ、中胚葉の発展（標本による説明）
十一時半に終了。その後、事務所に行って新聞を受け取り、葉書を高橋宛に書く。ここで、メンデル博士に会う。カフェ・ツム・コプフで昼食をとった。
午後三時。
第三分科会。議長、コールマン。
フリッチュ、プレパラートによるデモンストラチオン
ヒス、人間の胎児における静脈の発展
コールマン、蛙とイモリ幼虫の冬眠について
五時に終わる。ブレジケ博士とアレーガルテンへ。まず車でシュロスベルクに向かう。途中で牧子に会う。そこで、ミュンスター塔の点灯時間まで飲食店にとどまる（七時半）。八時から音楽ホールの一階正面席。ビーダーシャイン教授、エビイ、シュトラッサーと知り合う。他の大勢とも。十一時まで、コプフで夕食。十二時頃、戻る。

九月廿日　水　晴

朝九時
第四分科会。議長、イリス
ヒス、舌と甲状腺発展
サリエル、腹膜上皮　シュトラッサー教授と発表。印刷物を配布。
ヴェドル、細胞核と細胞分裂
アイスネル、腸の吸収
十一時半に終了。第五分科会は明日に延期。そこで衛生学の分科会へ行く。フライブルクの水道管と水路の調査。新聞を取りに行く。ホテルで昼食。

午後は、二人でさまざまな展示会に行き、記念刊行物をもらう。宿に戻り、非常に疲れたので少し休む。
夜は、テレフォンコンチェルト〔＊電送コンサート〕に行く。コプフで夕食後、博物館へ。舞踏会が催されるがたいしたことはなく、私たちはすぐに帰る。おやすみなさい。

九月廿一日　金　雨

九時半。第五回会議。議長、エビイ
アルブレヒト、顎裂について講演の補足
アイマー、バルカン半島における円墳
アルブレヒト、哺乳動物のバシオチクム〔＊胎児の頭部小骨〕
耳小骨と下顎関節の系統発生的意味
会議は終わらず、いくつかの講演が残ったが、自分は十二時十分前に出る。宿泊代三七・五〇マルク払う。新聞を受け取り、メッセーを置いてきた。
ギュンテルスタールへ出発（一頭立て馬車、五〇マルク）。雨がひどく降る。そこで食事をとり、バスで戻る（三時間半）。フライブルクの絵葉書を買い、すぐ駅へ。そこのカフェで飲む。四時間二〇分の走行（急行六・四〇マルク）。七時半、ストラスブルク着。全支出は約五八マルク。

九月廿二日　土　雨

午前荷物悉く終る次てガンチオット・ウント・ドライフスに至り運送を托す　午後玉　仏語学今日止む

九月廿三日　日　曇

午前右会社より荷物等取り来る　佐々木子旅行より帰る
午後玉

九月廿四日　月　曇

午前アナトミーえ行きプロフェッサー・フォン・レクリングハウゼン、イエッセル、ワルダイエルの諸先生に暇乞す
午後プロフェッサー・リュッケ先生に謝し且つ暇乞す
髪を斬り入浴す　玉

九月廿五日　火　半晴

フスマウル先生に暇乞の手紙を出す　ラブル先生にもベルリ行の手紙を認む　書籍館に書物を返納す　大学校に行き旅券を取返す　日本大沢君に手紙を認む　家婦より銀匕を得る

九月廿六日　水　半晴

午前アナトミーえ行きドクトル・ペルチック君に暇乞す次て書読室に入る　亦た手前物を片付ける　兄より甚た不愉快の手紙到る　午後に至り三人玉終て宿にて別宴を

催し日本食を料理す　十時過眠りに就く

九月廿七日　　木　曇

七時半頃起床。マダムに暇乞いする。榊、牧両氏と駅まで同行。八時一〇分、ストラスブルク発、急行でマインツ行き（一二マルク七〇）。ダルムシュタットで車両交換、ニーデルバルデの祭りのために、駅は大賑わいだった。三時マインツ着。荷物運搬人同伴でホテルをいくつか訪ね断られた後、ホテル・タンネスに投宿。すぐに外出し、まず大聖堂に行き、次いで劇場広場へ（グーテンベルク記念碑）行って、コーヒーを飲む。カフェ・ド・パリ。ベデカー〔＊旅行案内書〕（ライン地方）を買う（六マルク）。国立記念碑の写真も。美術館でじっくりと鑑賞する。船橋を渡り、カステルまで散歩。七時頃、ホテルに戻る。前代未聞の不愉快なことが起こる。見知らぬ人と同じ部屋に入ることになり、我慢しなければならなかった。夕食。すぐにベッドへ。明朝早く蒸気船に乗る予定。

九月廿八日　　金　半晴

一晩中ほとんど寝られなかった。六時起床、用便。七時半、蒸気船で出発（一等、九マルク）。十二時頃、卵とマダムのソーセージを食べる。ライン河航行の絵のような美しさを初めて知る！　五時三〇分、ケルン着。ホテル・ドライ・ケーニゲに行き、すぐ外出して大聖堂へ。夕食はフライシュッツで。八時戻る。おやすみなさい。夜、極小量の血尿を漏す（昨年十二月以来なり）

九月廿九日　　土　雨

睡眠を妨げられることなく、ここ数日の疲れから完全に回復する。八時過ぎ起床し、外出。最後に、ガイドと共に大聖堂を見るが、ガイドの必要はまったくなかった。大聖堂の絵葉書を買う。ホテルで少し食べて、十二時前に駅へ。十二時ケルン発（急行四二マルク）。コンパートメントの禁煙車に乗る。ハノーバーで少し食べた。十時一〇分、ベルリン・フリードリッヒ通り着。最初にホテル・テプフェルに行ったが、満室で他へ。三十分ほど宿を探し、最終的にブリティッシュ・ホテルで、ひどく汚い一室をみつける。今日は一日中、雨が降る。十一時過ぎ就寝。汽車の中にて尿中に血の痕跡を見る

九月三十日　　日　晴

前七時半起き直に榊子を見舞ふ次で緒方子来る十二時頃共に外出旅宿を求むれども不得晩三人共に榊子の宿にて談話す　榊子の宿に宿す　今日佐藤三吉君に初て面会す今日稍中量の血尿を漏す

十月一日　　月　雨

朝緒方子来る次で佐藤佐三浦青山諸子に面会す　午刻に至て外出伊東子を問ふ不在アルチルレリーえ行く　晩ワグネルにて初て玉　榊子と同宿す　今日ばーさまえはがきを出す

十月二日　　火　晴

午前緒方子と共に衛生博覧会を一見す　午後旅宿を定む即ちルイゼン通り六五Ⅱ而て夕刻引移る　亦たベルリネル・スペディトゥール〔＊運送代理店〕に至り荷物運届けを依頼す　晩カヒーバウエルに行き玉次て帰宅す　旅費凡そ九十マルク

十月三日　　水　半晴

午後チーゲル君を見舞共に晩食するを約して帰る　荷物を受取る運賃十五マルク五十　夕刻榊伊東両子とカルルスハレに於て玉是よりクレッテえ行くチーゲル及びプレトリユス君在り共に食事し九時頃別れをつげて去る　伊東子を問ふカフェ・ナチオナルに至り談話二時頃宿に帰る

十月四日　　木　雨

午前緒方子と衛生博覧会に行く　午後榊子とパッサージに於て玉

十月五日　　金　曇

午後榊三浦二子とパッサージに於て玉

十月六日　　土　半晴

榊子と終日衛生博覧会に在り同処にて午食す　晩同子と共にライヒスハレえ行く

十月七日　　日　晴

午前三浦子来る共に午食しパッサージに至り玉及談話す亦た共に晩食し談話し十一時帰宅す

十月八日　　月　雨

夕影ベッテンコーフエル先生の演舌 Vergiftung durch Leuchtgas〔＊都市ガスによる中毒〕を聞く　同処にて不斗ラブル先生に逢ふ

十月九日　　火　晴

午前アナトミーえ行監事君に逢て帰る　亦た警察官に在ベルリンを届く　午後ワルダイエル先生を見舞ふ不在次でラブル先生を問ふ共に仕事せし Glandula Pinealis d. Fischgehirne〔＊魚の脳の松果体〕著成る之を一部得る

十月十日　　水　曇

午前アナトミーえ行くワルダイエル先生に逢ふ　先生生

に向て実に懇親を尽さる助教の位地を授くるを約されたり亦たハルトマン先生にも面会す　午後は三浦子とパッサージにて玉是より青山子を伴てアルチルレリーえ行き晩食す

十月十一日　木　晴

午前婆様及佐々木牧の諸子に手紙を認む　榊青山二子来る共に出て午食す　午後は榊子の宿にて休息す近来持病不宜が故なり

十月十二日　金　晴

午後アナトミーえ行き監事に逢ふ生の位地給料等の話あり　ブロイジケ君の復籍を傍聴し六時頃帰宅し近来持病不宜を以て伏す　晩食後床中発熱の気味あり

十月十三日　土　晴

終日休息す晩榊子来る共に食事し直に帰宅す

十月十四日　日　晴

晩食後緒方子の室に入り談話時を移し終に五時に至て宿に帰る　今日午前チーゲル君の見舞を得る

十月十五日　月　晴

前七時眠を驚かさる即ち本国小松維直君より私費延期願の書面至る　亦た公使館え行青山君に右願或は届の事に付相談す　晩食後緒方子とカヒーバウエルえ行く

十月十六日　火　晴

午前アナトミーえ行く品物等少しく持参す　今日バルザム服用を始む（三ケ）

十月十七日　水　曇雨

午前アナトミーえ行く　チーゲル君出発に付共にクレッテに於て食事し別を伝ふ　午前牧子より手紙到る

十月十八日　木　風雨

午前書籍館え行く及びウイツケルスハイメル君を見舞ふ帰路伊東子を問ひ共に午食す

十月十九日　金　曇

マダム及び佐々木子より書翰到る　ホフマン君を訪ふ午後一寸アナトミーえ行く

十月廿日　土　曇雨

午前権君え去月廿六日落手せし手紙の返事を認め直に函に投す　午刻アナトミーえ行き和氏先生に面会し書籍館の下書を頼む

十月廿一日　日　晴

緒方榊二子と午食し玉　晩緒方と共にセントラルホテル行き食事す　帰路ワイス親族に逢ふ　アルチルレリーえ

行き芝田君に面会す

十月廿二日　月　晴

早朝仕立屋来る礼服を注文す　午前書籍館え行く注文冊を函投ず亦た大学図書館え行きクレッテに於て午食す亦た十五回の前金を払ふ

十月廿三日　火　晴

午前アナトミーえ行く次で書籍館え行序にオペラの切手三枚求む　晩刻芝田君来る次て車を命しオペルンハウスえ行く　カルメンを見る

十月廿四日　水　雨

午前アナトミー及び書館え行く亦たワイスを訪ふ

十月廿五日　木　雨

午前アナトミーえ行く和氏先生より顕微鏡術に入用の物品依頼を受く　仕事室略ほ出来引移る　晩アルチルレリーにて食事す十二時迄諸子と談話す

十月廿六日　金　曇

午前アナトミーえ行く　午後はシエリング・ウント・ワルンブルンに物品を注文す　顕微鏡プレパラート入物二十箇出来す（六マルク）ストラスブルグ婆様よりワイントラウベ〔＊ぶどう〕を送られたり

十月廿七日　土　晴

午前アナトミー　ロート、ハンメル、ケーニッヒ等え往来し午後も又アナトミーに日を費す　晩緒方子とぶどうを食す

十月廿八日　日　曇

午前午後共にアナトミーえ行く　晩食して帰宅す　ミュンヘンのカッチュに□□はがきを出す

十月廿九日　月　晴

仕事室略成る依て仕事に取掛る皮膚を以てす　ハンメルえ注文せし品物到る

十月三十日　火　晴

和氏先生講義を始む講堂充満せり

月　火　水　木　金　土　8-9　系統解剖学
月　火　水　木　金　土
1-2　1-2　1-2
系統解剖学　胎生学　生殖学

午前和氏先生と共に演習室を始て巡視す　午後同断カッチュより価表到るワルンブルンよりガラス品到る

十月三十一日　水　曇

終日アナトミーに在り以来連日如此　シェリングより薬

品到る　カッチユえミクロトームを注文す　和氏先生より確然助教の位地を得年俸千マルク程との口達あり　晩食後入浴す　礼服出来す

十一月一日　木　曇

公使館より来る三日天長節に付来召すべき書到る
Peschel, Völkerkunde〔＊文献〕を求む

十一月二日　金　曇

前日の返書を出す

十一月三日　土　曇

午後四時帰宅し支渡を斉ひ五時出づ五時半館に到る　九時同処を出でてカヒーナチオナルえ入る玉　一時帰宅す

十一月四日　日　曇

本月宿料及ひ先月雑費を払ふ四十六マルクなり　午前暫時アナトミーえ行く午後は荏苒三浦子玉遊あり　アルチルレリーにて晩食し十時帰宅す　今日より毎日暖炉を焚くことを宿に命す

十一月五日　月　曇

十一月六日　火　曇

十一月七日　水　晴

今日より仏蘭西語学を始む　Fable de la Fontaine〔＊ラ・フォンテーヌ「寓話」〕を読む

十一月八日　木　晴

アナトミーより帰路書林に至り書籍を注文す亦たHerle, Gefasslehre〔＊文献〕を求む　Journal pour rire〔＊雑誌〕本月より取る　下山順一郎君本国より着の旨を以てアルチルレリーえ行く面会せす

十一月九日　金　晴

今日はルターの四百年忌なりと　礼帽を求む（二十マルク）　晩景芝田下山両君来訪あり

十一月十日　土　半晴

ルーター忌に付一時より二時迄の講義変る　晩七時下山子の発車を送る是より榊青山二子と晩食玉等一時帰宿す

十一月十一日　日　晴

前使者来て眠を驚す佐々木子より二十五マルク送金あり是は今年一月梅子に用立しものなり　十二時半同業ヤブロノフスキー来る共にワルダイエル先生を見舞ふ今般助教を命ぜられし礼なり但し礼服を着せり

十一月十二日　月　曇

第二仏学今日より毎週月木両日と定む　フォンテーヌを

求む

十一月十三日　　火

十一月十四日　　水

十一月十五日　　木

連日甚た煩多なり今日は腋窩汗腺および陰嚢皮膚を陪す

午食の節プレトリユス君に逢ふ亦たアナトミーにてラブル先生に逢ふ　来る土曜日人類学会え誘導を約す

十一月十六日　　金　曇

榊子より胎子の眼球三ケを得る其内二は十週一は六ケ月なり

十一月十七日　　土　晴

午後七時人類学会え出席す帰路ラブル先生等とアルチルレリー・ハウスにて食事す　ダスチアン、フィルヒョウ其他の諸先生を知る十一時半同処出づ　独りカヒーバウエルえ入る一時半帰宅す

十一月十八日　　日　晴天

午後十二時半外出ヤブロノフスキー君とハルトマン先生を訪ふ（礼服）共に食事して帰る

十一月十九日　　月　曇雨

服師に冬服一通注文す

十一月廿日　　火

本屋に書籍料を払ふ亦たヘンレ氏解剖書第一及ひ第二巻を求む（六十一マルク）

十一月廿一日　　水　曇

十一月廿二日　　木　半晴

仏学師に都合ありて伝習止む

十一月廿三日　　金　曇

ボニスおよびブシャール氏解剖書到る

十一月廿四日　　土　晴

夕刻七時人学集会え出席す十一時帰宅す

十一月廿五日　　日　晴

午後五時ドクトル・ブレジケ君を見舞ふ

十一月廿六日　　月　曇

和氏先生より助教拝命の儀を文部卿承託せし報知あり即ち本月より来年三月迄H・フィルヒョウ博士の代りとして月給二百マルクを得る

十一月廿七日　　火　半晴

夕刻本国え私費留学延期の願書を認む

十一月廿八日　　水　半晴

ハルトマン先生より招待を受く八時車を飛す二時帰宅す

十一月廿九日　木　雨

十一月三十日　金　大晴

アナトミーを六時に出で散歩す杖一本求む

十二月一日　土　曇雨雪

客月分月俸二百マルク受取る　和氏先生良精の仕事網膜成生《ママ》説を生理学会に於て演説すべきを諭さる良精言語不充分なるを以て先生に托す

十二月二日　日　曇雨

午前十一時起きアナトミーに至りヤブロノフスキー君の《ママ》共に工芸美術館を一見す　リーフェルク氏の旅行より持来れる物なり我日本の品物大に在り共に食事して帰る晩本国石黒君えの書面を認む但し私費一ヶ年半延期の願書を添ひ同君に托す　過日注文せし冬服一具出来す

十二月三日　月　雨

前日の手紙を書留を以て出す　ストラスブルグ婆様え借用の三百マルクを返却す

十二月四日　火　曇

十二月五日　水　曇雨

十二月六日　木　雪

昨夜より大に雪降る寒気甚だし　昨日公使館より面談有の趣の手紙到る依て今日午刻参館す　助手拝命の事文部卿より公使に通知ありし云々　就ては其趣を日本文部卿に報ずべし云々万一官費延期叶ふやも難計云々の談和《ママ》あり

十二月七日　金　雪

午後七時半生理学会え出席す和氏先生約束の網膜生成説を演舌す亦た同氏の案内に依て社員と成る九時閉会

十二月八日　土　曇

寒気少しく去る晩食し直に帰宅せり

十二月九日　日　曇

金の時計破損せしを以て時計師え持ち行く　午食後和歌山榊緒方の諸子と乗車ナチオナルに至り玉　晩高橋順子来る談話して十一時に至る

十二月十日　月　曇

晩食後帰宅し眠に就んとするの際二回血尿を漏す但し量は至て些少にして殆と其真なるをうたがうが如し　此頃の寒気には困却の極

十二月十一日　火　雪

ストラスブルグ婆様より金子受取り書面到る

十二月十二日　　水　雪

記すべきことなし

十二月十三日　　木　曇

良精助手となりしことKranzzeitung, Vossische Zeitung其他の新聞に見えたり　多分文部省の方より出しことならん四方の気附を引起したり

十二月十四日　　金　曇雨

夕刻帰宅せし処ラブル先生より案内の単書あり持病不宜ざれども不得已之に応す　八時前車を飛す同処にてライデン先生親族を知る一時過帰宅す

十二月十五日　　土　曇

人類学会え出席す

十二月十六日　　日　雨

破損金時計出来す（十マルク）　午食後多勢ナチヲナルにて玉次てクレッテにて晩食す同郷長岡の人藤沢君に逢ふ

十二月十七日　　月　雪

十二月十八日　　火

十二月十九日　　水

旅費千六百三十七マルク十二ペンニヒ受取る（是は既に先月到着のものにて高橋順子公使館より受取り置きくれしなり）シュピリートス・ランペ〔＊アルコール・ランプ〕を求む是休暇中膀胱洗法を施す為めなり

十二月廿日　　木　曇

今日は仏語学の日なれども休暇前にて多に煩多定約に帰ることを不得　人をして宅に報ぜしむ終に八時過に至る

十二月廿一日　　金　曇

和氏先生今日解剖局を閉つ　午食後玉帰路薬品を求む

十二月廿二日　　土　曇

前十一時解剖処え行く午食して和歌山緒方両子とナチヲナルえ行き玉　今日療法を始むゴム溶液に阿片丁を以てす容量百瓦程

十二月廿三日　　日　曇

終日在宿一寸と午食に出でしのみ　晩はブロイジケ君より案内を受く十二時半帰宅す　是より治療を施す容量百三十瓦　今日ストラスブルグ婆様えムフエを送る（二十五マルク）

十二月廿四日　　月　曇

午後伊東子を訪す　治療の際百三十瓦程

十二月廿五日　　火　曇

ライヘルト先生の弔に行く十二時前ヤブロノフスキー君来る車を命し先生の宅に至る混雑此上なし十二時半出棺二時半終る　是より午食しヤブロノフスキー君の宿にて加琲を飲み帰宅す　晩在宿　宿にて食事す　施療の際百三十瓦　痛等には更に異状なし

十二月廿六日　水　曇

午食後ナチオナルえ行き玉　同処にて中量の血尿を漏す直に帰宅す　夜に入て亦た数回あり洗法は故に休む

十二月廿七日　木　曇

終日外出せず昨日より腸加答児にて食気全くなし　午前飯島子ライプチックより出京にて来訪あり　夜中又た数回血尿あり殆と多量と云ふべし故に洗法を休む

十二月廿八日　金　曇

終日外出せず　腸加答児は無変　膀胱は悪し洗法休　夕刻緒方榊伊東の三子来る　又た数回血尿あり深夜に至て止む

十二月廿九日　土　曇

終日在宿　腸加答児は宜し膀胱は悪し　洗法は休　夕刻ストラスブルグ婆様よりチガレンシュピッツェ〔＊葉巻用パイプ〕及ひ果子《ママ》の進物到る　血尿は止む

十二月卅日　日　晴天

腸加答児は廻復す　午前緒方三浦二子来る共に外出して午食す是より玉を傍観す　帰路年賀品を求む亦たガレリー〔＊収集品、絵はがき〕数枚を買ふ　今日は亦た洗法を施す容量百瓦程其後大に疼痛を起し二時頃漸く眠に就く

十二月卅一日　月　晴天

夕刻諸方え年賀札を出す亦たストラスブルグ婆様及ひ牧佐々木両子え手紙を出す　病は異状なし洗法の際百瓦余前の如き痛はなかりし　十二時過眠に就く

明治十七年　二千五百四十四年
1884　良精満二十五年

一月一日　火　晴
前十二時十五分前ヤブロノフスキー子と同車諸先生の宅え年賀に廻る　先づブロイジケ君を以て始む次にワルダイエル先生次にラブル先生次にハルトマン先生次に公使館に到て終る　是より共に食事し帰る時に五時過なりき是より在宅す　治療の際百二十五瓦を容る　年賀客未だあらわれず　諸方より年賀札来る

一月二日　水　晴
小松小林母上兄等え年始状を認め函に投す　午食後E子を訪ふ五時帰宅し其後在宿す　洗法の際百五十瓦

一月三日　木　晴
午前十時アナトミーに行く　諸先生に面会す和氏先生枢密医学顧問官に成る　病気のことを先生に述べ六日まで在宿養療を許さる　洗法の際百六十瓦但し余程困難なりし

一月四日　金　曇
午食し榊子同道して来る数刻談話す　洗法の際百六十瓦を容る　病勢は更に変を覚えず

一月五日　土　曇
午食して榊和歌山伊東諸子とカイゼルクローネに入り玉撞きの傍観す　洗法の際百三十瓦但し　無理に力は持えず

一月六日　日　曇
午前小松維直君より手紙を得る学費及ひ小生病気のこと云々　□代様死亡のこと等あり

一月七日　月　曇

一月八日　火　曇

一月九日　水　晴
和氏先生今日より学課を始む良精病を推して出勤す

一月十日　木　曇
出勤以来未だ其害は現れず併し余程困難なり
今日より仏語学を始む　今日より洗法は亜鉛〔＊後半未詳〕を以てす

一月十一日　金　曇
ヒルゲンドルフ先生より案内の手紙を得る

一月十二日　土　曇
ヒルゲンドルフ先生を見舞ふ
一月十三日　日　晴
ヒルゲンドルフ先生の案内に応す二時外出五時半帰宅す
晩在宿す
一月十四日　月　曇
過日和氏先生生理会にて演舌せしHistogenese d. Retinaの版成る十四部得る青山子に一部遣る　病其勢を不屈歎息無極
一月十五日　火　曇
一月十六日　水　曇
夕刻緒方子来る子の帰朝等の事談話数刻す　病漸々増進するの勢なり依て洗法休む
一月十七日　木　曇
和氏先生より来る廿六日案内を受る神《ママ》痛此上なし
一月十八日　金　曇
今日より亦たゴム溶液を以て洗法を施す　近来はアナトミーより直に苦痛を以て帰宅し食事は宿にて為す
一月十九日　土　曇
一月廿日　日
午前伊東子来る共に食事し四人ナチオナルえ行く帰　和歌山子と食事し十時半帰宅す
一月廿一日　月　曇　仏学師来らず
一月廿二日　火　曇
一月廿三日　水　曇
一月廿四日　木　曇風
午前八時より九時過の講義中小用大に極る立て百四十瓦を漏す共に出血す、但し是より後ち数回血尿して止む痛張り増す　近来はアナトミーより直に帰宅す休息す晩食は宿に命す　病勢更に慢る徴なし反て進むが如し　如何して当期を終るや心痛限りなし　仏学師また来らす
一月廿五日　金　曇
一月廿六日　土　曇
午後和歌山子同行帰宅し談話数刻八時ヤブロノフスキー君同伴の約ありて来る　車を命じヒーラルに至る和氏先生アナトミー諸君を饗応せしものなり　一時頃皆共に同処を出でビールやに入り亦た談話数刻帰路カヒーバウエルに入り遂に五時頃帰宅す
一月廿七日　日　曇
午刻緒方榊二子来り共に写真す亦た独り写す　晩和歌山

高橋順緒方の諸子来る

一月廿八日　　月　曇雨雪

緒方子帰朝に付国元え送る金二百マルクを同子に托す

仏学は今日限り暫時休むべきを師に話す

一月廿九日　　火　曇

午後アナトミーより伊東子を訪ひ数刻し九時過ぎアルチルレリーえ行□□田緒方諸子の別会あり日本食の催しあり十二時半帰宅す

一月三十日　　水　曇

午食より実美君同伴アナトミーを案内す　是より緒方榊を訪ひ共にヒルレルに於て晩食す但し両子を饗せんなり是より共に帰宅し二時頃迄談話す　緒方子に兄えの手紙を托す

一月三十一日　　木　曇

午後六時クレッテに至る緒方初諸子来り居る共に食事し八時半同処を出て停車場フリードリッヒ通りに至る　九時三十分同子発車するを送る次で直に帰宅す　夜中血尿を漏す其量多と云ふべし　天明に至て止む即ち昨年十二月以来なり　今日停車場に於体重を計る五十六キロ昨年八月八日と同量なり

二月一日　　金　曇

昨夜出血旁午後は直に帰宅す　和歌山高橋順二子同行す

一月分月俸二百マルク受取る

二月二日　　土　曇

午食後伊東子を訪ふ帰路独りクレッテにて晩食し十時前帰宅す　生理会の雑誌類今日初めて来る

二月三日　　日　好天

午食後亦た伊東子を訪ふ八時半帰宅す

二月四日　　月　曇

夕刻和歌山子来る十一時頃迄談話す

二月五日　　火　曇

夕刻伊東和歌山榊の三子来る

二月六日　　水　曇

病状は去月中旬より更に異状なし尿量百瓦内外なり　午後は仕事なきを以てアナトミーえ不行

二月七日　　木　晴

夕刻直に帰宅し小松維直君え手紙を認む　学費送附の事なり亦た写真三枚を送る

二月八日　　金　晴

前日の手紙書留を以て出す　ラブル先生より明日招待受くと雖今日是断れり

二月九日　　土　晴

昨年七月より十二月迄の申報書左の如し

明治十五年四月十二日より十六年四月迄の独乙国ストラスブルグ Kaiser Wilhelms Unversität.

明治十五年四月より Ger.-R, Waldeyer.

同　十六年四月より八月迄 Prof. Hoppe-Seyler.

同　十六年四月より八月迄 Prof. Oslar Schmidt.

明治十六年四月十六日より八月十五日迄 Syst.A., (2.Thl.) Spei-Arf., Hygiene.

明治十六年十月より　教師ワルダイエル先生ベルリンえ転任に付同氏と共に再びベルリンえ転地す

同年十月よりベルリン大学の公任助手を拝命す解剖所出勤申付かる　日々解剖所に在て師教ワルダイエル先生の教授を助け生徒の実地解剖を導く等の事を任務とす月俸独貨二百マルク

昨年夏以来網膜成生《ママ》に付仕事せしもの終る依て Waldeyers〔＊一語不明〕に出版す

明治十六年十二月十九日留学満期に付帰朝旅費として独貨千六百三十七マルク十二公使館より受領

晩在宿す

二月十日　　日　晴

前十一時外出しドクトルウォルフ君を見舞ふ　Nerven〔＊一語未詳〕等のプレパラートを見談話数刻す　常の所にて午食し魚骨を訪ふ数刻す亦た友人二人来り居る　七時皆共に散歩に出づ次でコンジトライえ入る時を移九時過ぎとなる友人二人に別る　是より只二人となる終にスタツトパークえ行くことに決す終に十二時半帰宅す

二月十一日　　月　半晴

此頃に至て漸く朝ランプを用えず

二月十二日　　火　半晴

病勢更に減することなし　一昨夜の歩行少しく害せし気味なり　晩和歌山子次て榊子来る

二月十三日　　水　晴

二月十四日　　木　曇

アナトミーより帰宅し六時近来なき多量の血尿を漏す十時頃に至て漸く止む

二月十五日　　金　曇

久々にて生理会え出席す　ヒルシュベルク先生に網膜

成生《ママ》プレパラート二箇を進す

二月十六日　　土　曇

午食を喫し魚骨を訪ふ次で散歩パンオプチクムえ入る
スー族インディアンを見る是よりスタツトパークにて共
に晩食し同子の宅まで導き帰る時に十時なりき

二月十七日　　日　晴

今日は魚骨と約ありて四時半出逢ふ共に同子の宅え行き
晩食し十一時過ぎ帰宅す　今日午後三時亦た血尿少処あ
り二三回にして止む　良精病に罹り既に三年余更に快方
に赴くの徴なし却て昨年冬以来別して悪し歎息して
○世の中に不幸ありやと人問はば病の外はあらじと答
へし
○うつたへん誰に我身の不幸おば神も仏もなきを悟り
て
○いとにがき二十五歳は過にけりまた来る春を幾何か
ぞへん

但し是は十四日に詠しものを今日記せしなり

二月十八日　　月　晴

両三日此方大に寒気を催す

二月十九日　　火　晴

夕刻三浦子来る独貨一マルクを用達つ

二月廿日　　水　晴

夕刻和歌山榊二子来る

二月廿一日　　木　晴

和歌山子来る

二月廿二日　　金　半晴

朝教堂に於て過て左足を損す午後大に痛を発す殆と難堪
に至る依て食事より上車帰宅し氷奄を用ゆること五時間
痛大に減す　右に付アナトミー学友祝賀会え信を発し出
席を断る　午後一時中量の血尿を漏す二回にて止む

二月廿三日　　土　雨

早朝和氏先生に手紙を以て出勤不参を報ず　左足の痛大
に減す徐に歩行出来る位なり　夕刻和歌山子来る

二月廿四日　　日　半晴

昨夜稍多量の血尿を漏す今朝に至て止む　午前三浦子来
る独貨百マルクを又た用達てたり　是よりアナトミーえ
行く　午食後魚骨を訪ふ共に出でスタツトパークえ行食
事す終に昨年十一月以来の禁を犯す十一時帰宅す

二月廿五日　　月　半晴

病今日格別快し更に理解し難し　緒方子ミユンヘンより

手紙をよこせり

二月廿六日　火　曇
晩榊子来る独貨二百マルク用達つ　病常の通り

二月廿七日　水　曇雪
午後一寸書籍館に到書物を返納す　書林パイゼルに借金四十マルクを払ふ　牧子より手紙到る

二月廿八日　木　曇
夕刻魚骨を訪ふ空しく帰る

二月廿九日　金　曇雪
生理会は欠席す

三月一日　土　曇
午後直に帰宅す伊東榊三浦子来る

三月二日　日　曇雪
病中偶成
○浅くとも精くながる小金井も山井（病）の為にかゝるかお伝ふ
○是も皆天の御主の業なりと思もいとぞあさましきかな
十二時半外出アナトミーえ行きヤブロノフスキー君と共に和氏先生を見舞ふ空しく帰る是は来る六日招待を受し為めなり　午食し魚骨を訪ふ親子を携てビルゼ・コンサートに入る次でスタットパークにて食事し十二時半帰宅

三月三日　月　曇
二月分月俸二百マルク受取る　昨日魚骨と約せし如く七時半ウンテル・デン・リンデンのコンヂトライ〔＊菓子店〕に行空しく待て帰る

三月四日　火　曇
夕刻榊子来る次でドクトル・プレトリウス君来る

三月五日　水　晴
今朝佐々木子ストラスブルグよりベルリンえ着す　晩景に至り面会す同宿す談話一時過ぎ眠に就く

三月六日　木　晴
今晩和氏先生より招待を得たると雖も不快以て辞す　アナトミーより直に魚骨を訪ふ同道し一寸帰宅す　談話数刻す次でスタットパークにて食事し一時頃帰宅　同子時計を持去る　佐々木子一時半頃帰宅す二時過ぎ眠に就く

三月七日　金　曇
和氏先生ツォイグング〔＊生殖〕教授を閉づ　佐々木子帰宅せざりし

三月八日　土　半晴

午後も仕事多きを以てアナトミーにあり　六時頃より約ありて魚骨を訪ふ共に外出しスタットパークにて食事し携て宿に帰り談話数刻す亦た同子を送り二時頃帰宅す
佐々木子アルチルレリーえ引移る

三月九日　　日　半晴
午十二時迄眠る午食を喫し伊東子訪ふ亦た久々にてアルチルレリーえ行く　伊東榊及ベルター三子と食事す十二時帰宅す

三月十日　　月　半晴
永井子帰朝離盃としてクレッテに集り食事す十一時半帰宅す

三月十一日　　火　雨
今日は魚骨誕生日なるを以て同子を訪ふ傘を送る　スタットパークにて食事し携て宿に至る　折悪我宿婦に逢ふ進退極る併し詮方なく談話数刻す子を送て一時頃帰宅す

三月十二日　　水　曇

三月十三日　　木　曇
昨今少しく寒冒咽喉加答児を起し昨夜発熱　今日気分甚た悪し亦た今朝少量の血尿あり　三浦子百マルク返す尚ほ百マルク残り居る

三月十四日　　金　晴
驚ばかりの暖気なり　昨夜以来終日時々小量の血尿あり

三月十五日　　土　晴
和氏先生今日記載解剖学及解剖実地演習を閉づ　午食後余りの好天気なるを以て車を命じ公園を遊行す五時帰宅す　即ち今日五時より六時の間に魚骨来るの約あればなり併し来らざるを以て外出し青山子を訪ふ　次でアルチルレリーえ行き晩食す終て皆共に外出しホテル・デ・ロームえ入る　談話数刻し同処を出でナチオナルえ行き昨年十二月以来にて佐藤子と玉を遊ぶ一時頃帰宅す

三月十六日　　日　晴
昨夜魚骨来りしと家婦通づ暫時して魚骨来る　是より子に別れをつげ榊子を訪ふ共に食事し独り伊東子の元に数刻す　次で午前の約を以て魚骨を訪ふ家内中と散歩しツエルト〔＊テントの屋台〕に至る是よりスタットパークにて晩食し十時頃帰宅す

三月十七日　　月　晴
午前はアナトミーにあり二時帰宅し魚骨の来るを待つ暫時して来る　談話数刻終に患処を診す共に外出す時に四時過ぎなり　クレッテにて午食し同子に別れ帰宅すれば

家婦の説法を聞く依て万一魚骨来るやも計り難し直に車を飛し同処に到る　時に日暮なり共に外出し一時間共に公園を遊車す　終てコンジトライに入り次で別れて帰る十時半頃なりき

三月十八日　　火　晴

午食後伊東子を訪ふ夕景に至る同子外出す青山子と共に日本食を催す十時帰宅す

三月十九日　　水　晴

午後又た伊東青山子を訪ふ共にアルチルレリーえ行き晩食す　多人数外出ホテルデロームより十一時帰宅す

三月廿日　　木　晴

午前一時ムゼウムえ行く蛙卵の事なり亦た書籍館え立寄り直にアナトミーえ帰る　午後もアナトミーにあり直に帰宅す　此頃は非常の暖気なり室は不暖夏の上衣を着す草木萠を出す　病は此頃外出多きを以て不宜

三月廿一日　　金　晴

午後一寸魚骨を訪ふ是よりアルチルレリーえ行く長井君今日発車に付てなり　同処にて日本食を得終て膀胱大に疼痛するを以停車場えは不行辞て帰る

三月廿二日　　土　半晴

午食より伊東子同行帰宅す共に晩食し談話時を移す　昨夜中量の血尿を漏す

三月廿三日　　日　曇厚

午刻アナトミーえ行き是より食事し直に帰宅す

三月廿四日　　月　曇

午刻よりアナトミーを出で人種真影数十枚を注文す次て書籍館え行く帰路伊東子を訪ふ　日本食を催す夕景に至る青山子同行帰宅し十一時迄談話す　今夕少量の出血あり

三月廿五日　　火　曇雨

アナトミーより午食し直に帰宅す　病気不宜近来一歩空きを覚ふ

三月廿六日　　水　曇雨

午食より魚骨を訪ふ三時頃帰宅す

三月廿七日　　木　曇雨

午食より直に帰宅す　本国小松維直君より書翰到る留学一ヶ年半延期願書在中頼み通り

三月廿八日　　金　曇

午後榊青山伊東の三子来る談話時を移す

三月廿九日　　土　曇

今朝は用事なきを以て九時迄眠る　午後は魚骨を訪ふ晩食し十時半迄居る別をつげて帰る

三月三十日　日　晴

午前アナトミーえ行く午後魚骨を訪ふ晩食し十一時頃帰宅す

三月三十一日　月　晴

和氏先生胎生学を閉づ　新プロゼクトルウヰルヒヨウ君アナトミーえ来る　午後青山子来るかるたを遊び終に三時に至る同子は止て不帰

四月一日　火　晴

午前魚骨より使人到る古き服衣を遣る青山子側に在りき午後魚骨を訪ふ晩食し十一時帰宅す　アナトミーえは出勤せず月俸任期満快窮れり

四月二日　水　晴

午後は在宿す

四月三日　木　晴

今日大和会たるを以て出勤す十一時帰宅す

四月四日　金　晴

午後直に帰宅在宿す

四月五日　土　晴

午食後魚骨を訪ふ不在依て直に帰宅し在宿す　今日三月分即ち最末の月俸を受取る

四月六日　日　晴

午前榊子来るを以てアナトミーえ行かず　家婦に来る五月一日より転宿のことを話す亦た下の婦に室備受を約す亦た先月分宿料七十五マルク払ふ　午食より青山子同道帰宅し在宿すかるたを遊ぶ

四月七日　月　晴

午食後魚骨の元に到る夕影母子を携て外出スタツトパークにて晩食十時過帰宅す

四月八日　火　晴雨

午後直に帰宅す榊子同行す

四月九日　水　曇

午後魚骨に到る晩食し十一時半帰宅す

四月十日　木　晴

晩佐藤三吉子の元に於て日本食を催すさねよし青山の二子在り二時帰宅す

四月十一日　金　晴

午後一時迄眠るアナトミーえは不参宿前にて午食す　六

時より宿下の果子《ママ》やにて魚骨を待つ不来其中に同子の友人来る空しく同家を出づ伊東子に逢ふ同子を伴て帰宅す

四月十二日　土　曇

午後オステル進物等を携て魚骨の元に至る大嵐に出逢ふ同子不居次で子をパッサージに求む功なし一先つ帰宅す七時頃より再ひパッサージに到り数刻す九時頃終に空しく帰宅す

四月十三日　日　曇雨　オステル祭

アナトミーえ不参　榊子を訪ふ伊東子来る同子と共に宿前にて午食し次て魚骨を訪ふ未た帰り居らず同処にて晩食し十時帰宅す

四月十四日　月　曇

午前アナトミーに在り　午後は直に帰宅す青山子同行かるたを遊び数刻す

四月十五日　火　曇

午前九時床中にて小松彰維直両君の手紙を得即ち年始状の返事なり良精助手拝命等の事あり　午後青山子を伴ひ帰る魚骨より使人到りし旨を家婦通づ依て六時車を飛す直に帰宅す

四月十六日　水　半晴

午前午後共アナトミーにあり七時半漸く帰宅す

四月十七日　木　曇

午前午後アナトミーに在り六時過ぎ魚骨を訪ふ同子不在帰宅し入浴す

四月十八日　金　晴

十一時半アナトミーより公使館に到る此処にて戸田君に逢ふ是より共に同処を出づ一寸写真屋に立寄り共に午食し同子に別る　是より魚骨に至る四時頃出でてアナトミーえ行く七時半頃宿下に於て前の如く魚骨に逢ふスタットパークにて晩食す　是よりホテルに到る空しく帰る時に十時半なりき

病中偶成

○荷は重し前頭《ママ》は遠し身はいたむ浮世の旅に行ぞ煩らふ

四月十九日　土　晴

午後榊子を伴ひアナトミーえ一寸立寄り直に帰宅す七時過ぎ約の如く魚骨宿下に逢ふ　是よりクレッテにて晩食す榊子来る十時頃同処を出でタウベン通りの一旅宿に上る時に十時半頃なり終に一泊して禁を犯す　此処にて大出血あり

四月廿日　日　晴

十時過ぎ起き同処を出で朝食し等時を移し二時過ぎ午食し子に分れ四時帰宅す　夕刻ラブル先生を見舞ふ九時半帰宅す　高橋順子今日ストラスブルグえ向て発車すと面会せざりしは残念なり

四月廿一日　月　曇雨

午後直に帰宅す榊子来る

四月廿二日　火　曇

午後アナトミーより榊子の宅に到り日本食し十時帰宅す

四月廿三日　水　曇雨

午前和氏先生網膜成生《ママ》版成るを以て別版三十五部を室に持ち来る悦び極りなし　午後アナトミーより魚骨て晩食し十時半帰宅す

四月廿四日　木　曇雨

午後は直に帰宅す次で伊東榊二子来る　此頃より紅彩《ママ》組織の仕事を書き始むる

四月廿五日　金　曇

午後七時アナトミーより帰宅し直に宿下にて魚骨に逢ふ晩食し十時半帰宅す　明日より学課相始まる賞休暇中に病少程快くなるべの頼み居りしかと仕事多故　療養不届反て悪しき方なり来る夏期は如何して暮すやと歎して

今日まではとにもかくにもながらへてあすはいかにと問ふ心やは

偶成

敷島の倭心は万代の霜にもかれぬ白菊の花

四月廿六日　土　半晴

午前六時半起きアナトミー出勤和氏先生顕微鏡テヒニックを始む　午後は直に帰宅在宿す

四月廿七日　日　晴

午前愈一階に引移暫時にして終る次でアナトミーえ行く午後直に帰宅す伊東青山二子来る　其外諸子網膜生成説を分配す

四月廿八日　月　晴

夕刻魚骨と宿下に逢ふ次で宿に伴ふ数刻す犯禁　終て外出出火を見る　スタットパークにて食事し十一時帰宅す同子十六マルクを遣る

四月廿九日　火　晴

斬髪入浴す晩在宿す

四月三十日　水　晴

午後六時帰宅し是より在宿す

五月一日　木　曇雨
今日始て顕微鏡演習に出勤す　午後は魚骨を訪ふ次にウヰッケルスハイメルを見舞ひ帰宅す　七時頃魚骨来る次で外出晩食し十一時頃帰宅す

五月二日　金　曇
今日和氏先生より助手の件文部卿許容せる旨通知あり晩久々にて生理学会え出席す網膜生成論一部を同社に進す十時半帰宅す

五月三日　土　曇
午後七時半アナトミーより帰宅し在宿す

五月四日　日　晴
午前青山三浦二子来るを以てアナトミーえ不参　午後は在宿す

五月五日　月　変天
六時過帰宅し在宿す　晩ドクトルミユルレル君来る　宗教に付談話遂に十時に到る　亦た仏学謝料二十三マルク払ふ

五月六日　火　変天
午食後魚骨を訪ふ暫時にして帰宅し在宿す

五月七日　水　稍晴ベッターク〔＊祈禱日〕
今日休日なり午前三浦子来る次でアナトミーえ行く　午食より伊東子同道帰宅し在宿す

五月八日　木　晴
夕刻青山子来る十一時迄談話す

五月九日　金　晴
午後魚骨に到る久々にて晩食し十時帰宅す

五月十日　土　晴
午後八時頃魚骨来る犯禁九時半頃同子去る

五月十一日　日　晴
午前アナトミーに在り午後公園を遊車す　両三日此方非常の暖気なり草木稍夏の況を現はすが如し温度十七八度位なり（攝氏）　ストラスブルグ婆様及ひ高橋順牧の諸子に手紙を出す亦た婆さまに写真一葉を送る

五月十二日　月　晴
病不宜漏泄して不止　出血の事は病症日誌を見るべし

五月十三日　火　晴
昨日以来出血の為めアナトミーを諒辞して帰る一時頃午食し帰宅し在宿す　夕刻魚骨小僧を携て来る晩食を馳走して返す　緒方高橋順牧の諸子に網膜成生《ママ》論を送る

五月十四日　水　半晴

今日より午後六時牛乳半リテルつつ飲始むる

五月十五日　木　雨

午後一寸魚骨を訪ふ六時飲乳帰宅す　牧子より返書到る

ドクトル・ミュルレル君来る談話九時に至る

五月十六日　金　曇雨

終日甚た多事午後七時半に至て未だ終ざれども生理会に出席するを以てアナトミーを去る　同会にて和氏先生ホガン氏神経論説を演ぶ九時半過閉会　テプフエルにて晩食し帰宅す十一時なりき

五月十七日　土　晴

午後さねよし君を解剖博物館え導く次で共に一時間公園を遊車し六時飲乳し帰る

五月十八日　日　晴

午前アナトミーえ行く午後魚骨に到る　六時飲乳七時スタツトパークにて四人共に晩食し十時半帰宅す

五月十九日　月　半晴

昨日より全く夏裳となる

五月廿日　火　晴

午後六時帰宅し入浴す帰れば魚骨来り居る　犯禁スタツトパークにて晩食し十時半帰宅す

五月廿一日　水　晴

午後六時飲乳処え不斗魚骨親子来る　是より共にスタツトパークにて晩食し九時半帰宅す

五月廿二日　木　晴　ヒメルファールト

〔＊キリスト昇天の祝日〕

午前アナトミーえ行く青山子来る共にクレッテえ行き伴て帰宅す　六時出てて飲乳し直に帰る

五月廿三日　金　晴

午後六時帰宅すれば魚骨来り居る犯禁　宿にて晩食し十時同子去る

五月廿四日　土　晴

夕八時発車クロルに至る四年此方にて快極れり十時半過ぎ帰宅す

五月廿五日　日　晴

午前午後共アナトミーにあり六時飲乳し是より魚骨に到る晩食し十一時帰宅す

五月廿六日　月　晴

飲乳より帰路三浦子に逢ふ伴ひ帰宅し在宿す

五月廿七日　火　曇

晩在宿す近来亦た少処冷気なり

五月廿八日　水　変天

晩在宿す　九時頃青山子来る談話十一時に至る

五月廿九日　木　半晴

午前榊子アナトミーに来り伊東子病気のことを通ず依て午前同子を見舞ふ即ちクロラルの中毒を診断す同処にて和歌山君に逢ふ同氏は昨夜帰着せりと　夕影魚骨来る同子時間なきを以て暫時にして去る犯禁　八時半過ぎより独クロルに到る十時半過ぎ帰宅す

五月三十日　金　晴

前十時半一寸伊東子を見舞ふ是より大学に到るＤ・Ｄ・フィルヒョウ、スプラビッツ、バギンスキー三氏教授資格取得の式に陪席す十二時半終る　是より和氏先生テプフエルに於て軽食を催されたり　良精顕微鏡演習の為め二時同処を去りアナトミーに帰る　二時飲乳帰宅在宿す

五月三十一日　土　晴

和氏先生今日ヒングストに付学課を閉づ　午前九時血尿出始り大に不快を覚ふ仕事更に不出来十二時同処を去り宿前にて午食し直に帰宅し在宿す　次で榊三浦の二子来る数刻して去る次で和歌山伊東の二子来る　出血益増進す榊子を頼む同子及び伊東子夜半まで居る　血塊膀胱に止る殆ど不眠　牛乳は不飲

六月一日　日　半晴　プフィングステン

〔＊聖霊降臨祭〕

今朝まで殆と不眠出血少しく減ず血塊尚中に在り　九時頃使を以て榊子を求む暫時にして同子来る亦た三浦子来る　是より汲出法を行て数箇の血塊を出す残塊次で出づ夕刻に至て全くつきる　午後三浦和歌山榊伊東来る　諸子去るの後早川君次で佐藤三吉来る共にかるた遊び十一時頃二子去る直に眠に就く　牛乳休　出血漸々減して夕刻に至て全く止む即ち三十時間程続きたり

六月二日　月　晴

午前榊三浦二子来る暫時にして去る　午後二時外出し佐藤三藤沢榊諸子と共に午食すテプフェルに於てなり　佐藤藤沢二子同行帰宅しかるたを遊ぶ　伊東子来る青山子之に次ぐ十時前皆交々去る　牛乳休

六月三日　火　晴

午前佐々木来る次に青山子共に出てテプフェルにて午食し四時半帰宅す暫時して伊東子来る　次で青山子伊東子は去る青山子と談話十一時半に到る　牛乳は休む

六月四日　　　水　晴

午前プレトリユス君来る大に悦ぶ同子も不快なり次で青山子来る共に宿前にて午食し同子を伴て帰る　かるたを遊ぶ次で伊東亦た榊子来る七時頃皆去る　牛乳は宿え取寄せて飲む

六月五日　　　木　晴

午前小松維直君より手紙を得る学資文部省え依頼の事なり　亦たアナトミーえ行く午食して魚骨を訪ふ六時飲乳帰宅す次で魚骨来る八時頃去る

六月六日　　　金　晴

午前プレトリユス君をアウグスタ病院に訪ふ真影を交換す同子ベルリンを去るを以てなり暇乞して帰る　午後はアナトミーに在り

六月七日　　　土　半晴

午前アナトミーに在り午食し談話時を移し六時飲乳帰宅す　七時頃魚骨来る九時去る

六月八日　　　日　晴

午前アナトミーに在り　午後和歌山子と共に久々にてアルチルレリーえ行く　遠藤三好両君来る　晩食し十一時帰宅す　飲乳は休む

六月九日　　　月　雨

今日より学課相始まる　午後は直に帰宅し在宿す　夕刻和歌山子来る十一時迄談話す

六月十日　　　火　曇

午前十一時アナトミーを去り大学に到りくつ発行六百年忌の礼式を見る　帰路魚骨に到り暫時にして去る午食し直に帰宅す　和歌山子同行す次で遠藤子来る是と談話十一時に到る

六月十一日　　　水　曇

午十二時半病理処え行きグラウキワ君に尿中の奇物を問ふ　次て午食しアナトミーえ帰る　六時飲乳帰寓し亦た散髪入浴し在宿す　今日午後魚骨アナトミーえ来る大に驚く言を接せず

六月十二日　　　木　晴

夕刻八時半過ぎ乗車クロルに到る十時半帰宅す

六月十三日　　　金　晴

晩在宿す

六月十四日　　　土　晴

今日良精の誕生日と称し魚骨等より送り物あり　夕刻樫村君青山子榊子来る数刻して去る　八時半乗車独りクロ

ルに到る食事し十一時帰る

六月十五日　日　半晴

午前三浦子来る故にアナトミー不参　午後魚骨に至り牛乳は同処に取寄て飲む晩食十時半帰宅す

六月十六日　月　曇

午後アナトミー不参、夕六時魚骨来る犯禁九時同子去る

六月十七日　火　半晴

六時帰宅在宿す

六月十八日　水　半晴

榊子のアルバイト一部得る六時帰宅

六月十九日　木　晴

四時過午食しメンデル先生を訪ふ次に飲乳帰寓在宿す

六月廿日　金　雨

午後六時飲乳処より樫村君を訪次で久々にて生理会え出席す　Chrustiani, Beiträge zur Physiologie d. Gehirns 同処にて疼痛出血（小量）あり依て中途にして去る　晩食休息せんと欲す　樫村佐々木両君に逢ふ十一時過ぎ帰宅す

六月廿一日　土　雨

午前十時アナトミーを辞して帰る出血の為めなり終日在宿す　午後榊子来る次てドクトルミユルレル君来る　八ンブルク市宝くじ切符一枚を得る

六月廿二日　日　雨

午十二時頃青山子来る二時共に外出トプエルにて午食し乗車　早川君を訪ふ日本食し十一時半帰宅す

六月廿三日　月　雨

午食後直に帰宅し休息す七時半魚骨来る談話稍親密に渡る　早川佐藤三の二君来る甚た不都合なりき魚骨九時半去る

六月廿四日　火　半晴

午後六時帰宅在宿す

六月廿五日　水　半晴

午後二時半ヤブロノフスキー子と共に出でウンテル・デン・リンデンにて午食し是より魚骨に到る不在　五時帰宅す六時半頃魚骨来る九時半頃去る青山子其中に来ると雖辞す

六月廿六日　木　晴

六時帰宅在宿す牧子より手紙到同子試験済みベルリン出向のことなり　同子投寓に止宿あるべきはがき書せしとも病近来別して悪きを以て之を没す

六月廿七日　金　晴
六時帰宅す魚骨来り居り終に遂に犯禁せり九時同子去る
佐々木子其中に来る甚た不都合

六月廿八日　土　晴
午十二時アナトミーを去り公使館に行き小松より送られたる五百弗を替貨一千八百八十マルク五十ペンニヒ受取る　帰路フリードリッヒ通りを歩行し旅行用ひざ掛けを求む（三十マルク）　カフェ・バウエルに立寄り漏尿す　歩行の為め出血す（病状日誌を見よ）乗車テプフェル・ホテルに来り午食す亦た是処て前払の札を求む四時過帰宅在宿す　榊次で青山子来る

六月廿九日　日　晴
アナトミー不参　午食し来れば牧子ストラスブルグより来着し来り居る久々にて面会悦び極りなし　榊子伊東子来る夕刻牧子と同車シャルロッテンホーフえ行き晩食し八時頃帰宅す

六月三十日　月　半晴
午前十時過アナトミーえ行く午食し三時帰宅す七月分宿料及ひ六月分雑費七十一マルク二十ペンニヒ払ふ　亦た七月は牧子と同居するに決す依て是を魚骨通せんと欲し六時頃同処に至る　同子不在空しく帰る書面を以て報すべし

七月一日　火　晴
午食より帰宅在宿す熱気稍甚だし（十九度）

七月二日　水　半晴
午前十一時半アナトミーを出で魚骨に到る　一時同処を去る帰路 Hyrtl, Zergliederungskunst 及其他二三の書籍を求む　六時アナトミーより飲乳帰宅す　服師に夏服一具を注文す（七十五マルク）

七月三日　木　晴
午食より（十一時頃）書林に至る　Landois, Physiologie u. Orth, Kursus d. Histologie を求む　亦た一月以来の書代総て八十五マルク三十ペンニヒ払　是より直にアルチルレリーえ行く　倭会出席す同処にて宮本君より原馨子よりの手紙を得る十二時帰宅す

七月四日　金　晴　室内二十一度
アナトミーより漸く八時帰宅す　炎熱甚し

七月五日　土　晴　二十一度
十二時半アナトミーを出で魚骨に至る　三時同処を出で

午食し四時過ぎプロフェッサー・キュステル先生の宅に到る　診察を受く先生の進に依て入院加養と決す　榊子に右手続を托す　晩牧子と共にクロルに到る十一時帰宅す

七月六日　　日　晴　二十二度

午前榊子来る病院の方取計くれ室あき次第報知すべしとのこと三人共に午食す　良精は直に帰宅せり

七月七日　　月　晴

テプフェル・ホテルにて共に午食し牧子と帰宅す　伊東子来る同子と共に宿前にて晩食し独り帰宅す

七月八日　　火　晴

クレッテにて榊牧伊東の諸子と午食しカイゼルクローネに入り玉の傍観す　是より榊子の宅に行き日本食を催す十時帰宅すれば病院より室明きし報あり即ち明日入院と決す

七月九日　　水　晴

早朝常の如くアナトミーえ行き万事始末し暇乞して十一時同処を出づ　断髪入浴し十二時外出し魚骨に暇乞に行く二時同処を出でテプフェルに来り　午食し三時過ぎ帰宅し要用の具を取集め五時アウグスタ病院に入る牧子同行しくれたり六時半頃同子去る　助手のドクトル・ジーベルト君に一通り経過を述ぶ十時眠に就く

七月十日　　木　晴

八時半起く夏服出来す亦た服師に一百八十五マルク払ふ午後二時より二時半迄キュステル先生クロロフォルム麻酔法にて診察す（病日を見よ）午後三時半頃牧子来る六時半同子去る

七月十一日　　金　曇

終日荏苒として暮せり　午後榊佐々木子次で牧子来る論文等は未た出来ず

七月十二日　　土　晴

午前構内を遊歩す十二時頃榊牧二子来る又た園を遊歩す次で三浦子来る　アナトミーより顕微鏡等到る

七月十三日　　日　半晴

炎熱難堪午前は園に在り佐藤三君来る　午後外出魚骨に到る同子直に他出せり　良精も次で去る家前に同子を見る下宿え立寄る六時半帰院せり

七月十四日　　月　晴

午前は園に在り午後七時過牧子来る九時半頃同子去る

七月十五日　　火　半晴

昨夕より以来実に実に哀なる頼みなき有様なり洗法の為

め苦痛甚たしく精神滞り一歌を咏んと欲すれども不得是処に於て良精世の中に立功不能る稍覚悟せり　往時を回顧すれば本年一月以来一日も安き日無きが如し病全治の望も亦た絶つ本国親族の事共思出し愁傷極りなし嗚呼天命なるべし（和歌は後日快き日を得て記すべし）如此凶日以前なし以後ありや　今日は誰も来訪なし　夕刻末岡君より八犬伝到来す亦た是を読始めたり

七月十六日　水　晴

午後一時頃青山佐藤佐二子来る暫時にして去る　次に榊牧三浦三子次に来る榊子九時頃迄居る

七月十七日　木　晴

午刻一時間程園に在り　午後五時過ぎ牧子来る同子緒方子よりの手紙を持来る

七月十八日　金　晴

午前一時間余園に在り宮本君来る杉本君に托せる長谷川君の手紙を同子に依て得る　夕刻伊東子来る

七月十九日　土　曇

今日ドクトル・シュミット君に面会す　午前榊子来る

午後橋本君牧子共に来る　亦た夕刻に至て青山子来る九時半同子去る

七月廿日　日　曇

来訪なし終日荏苒たり

七月廿一日　月　半晴

午前一時余園に在り　終日来訪なし

七月廿二日　火　晴

午前ヤブロノフスキー君来る次て伊東子次に早川君　午後牧子来る亦た枢密顧問官ドクトル・ロス君の見舞を受く　八犬伝二十五巻迄読終る

七月廿三日　水　晴

午刻樫村宮本二君の来訪あり夕刻牧子来る

七月廿四日　木　雨

午刻佐藤三加藤二君来る両子一時頃去る次で榊牧佐藤佐三子来る　今日キュステル先生クロロホルム麻酔法に於て第二の診験及カウテリザチオン〔＊焼灼術、＊一部未詳〕を施す　三子側に在りや二時終る室に帰る次で三浦伊東両子来る断り甚だ不良

七月廿五日　金　半晴

午前三浦子来る　午後伊東子次で牧子同子九時去る　三浦子に三百マルク用達つ

七月廿六日　土　晴

プロフエッサー・キュンテル先生パピローム〔＊乳頭腫〕なる説を述られたり手術に依て治すことあるべしと此儀如何ぞや（病日を見よ）午刻佐々木子来る暫時にして去る　午後八犬伝第八輯迄到る

七月廿七日　日　晴

午前園に在り牧子来る次で榊子来る二時半外出　アルチルレリー通りえ行七時帰院せり

七月廿八日　月　晴

午後一時前計らず魚骨来る暫時にして去らしむ　夕刻牧子次て榊子来る

七月廿九日　火　曇

午後二時頃青山子来る談話六時半頃に至る　午前入浴す

七月三十日　水　曇

午刻第三の診験及ひ手術其成績如何ぞや　午後一時頃魚骨来る十マルクを与ふ直に去る　二時半診験即功はなし（病日を見よ）牧子側に在りき同子九時頃去る

七月三十一日　木　曇晴

午前三浦子次で佐藤佐子来る　午後伊東次で榊子来る榊子に百マルクを用達つ

八月一日　金

八犬伝大尾まで到る　夕刻牧榊二子来る

八月二日　土　快晴

午前九時外出アナトミーに至り和氏先生始め諸子に面会し暇乞す今日閉場に就てなり　是よりヤブロノフスキー、パルミエル二子と同車　チエルガルテンホーフ〔＊動物園〕に到り朝食し十一時半帰院せり　来訪はなし

八月三日　日　半晴

午前三浦子来る二百マルク用達たり　午食後外出アルチルレリー通りに到る亦た次に伊東子を訪ふ　同子を伴て七時帰院せり同子十時去る

八月四日　月　曇

午前園に出れば雨降る直に室に帰る、夕刻榊子来る緒方子著述Einwirkung von Schweflige Säure一部を持来る

八月五日　火　快晴

午前は園に在り一時頃魚骨来る二時頃同子去る　夕刻牧子来る

八月六日　水　快晴

午前三浦子来る　午後青山子次に伊東子来る

八月七日　　　木　快晴

午前牧子来る　午前午後共園に在り　キュンステル先生ヘリングスドルフ旅行療養を諭さる

八月八日　　　金　半晴

午前牧子来る　午前午後共園に在り夕刻佐々木来る同子コツペンハーゲンえ旅行に付暇乞なり次でミユルレル君来訪せり

八月九日　　　土　快晴

午前園に在り佐藤三君次で牧子来る牧子今夜ストラスブルグえ発すと　午後木戸子入院せり外出しアルチルレリえ行く牧子に暇乞し七時帰院せり

八月十日　　　日　快晴

午刻三浦榊若山三子来る若山子昨夜パリスより来着せられたり　午食後外出アルチルレリーえ行く六時半帰院せり

八月十一日　　　月　快晴

午前園に在り佐藤佐君来る　午後三時頃魚骨来る同子に下宿にて亦た逢ふこと約して四時頃去る　次で外出し下宿に至る旅行用品を集め時を移し七時過ぎ魚骨に別をつげ七時半帰院せり　午前ドクトル・ヤブロノフスキー君来る

八月十二日　　　火　快晴

午前諸品を取片付ける　午後青山子来る次で榊子来る入院費二百八十マルクを払ふ但し一日八マルクなり　看病人二人に五マルクつつを投づ四時退院す　榊青山二子同車す帰宿の上直に旅行用品を集め荷物を斉ふ　七時青山子と外出宿前にて晩食し八時同子を伴ひ帰宅す九時半頃同子去る直に眠に就く　入院の日と退院の日と更に病状に異なることなし但出血は大に怠る呼嗚《ママ》嘆すべきものなり而して今度の遊浴如何ぞや

八月十三日　　　水　晴

朝雨降る漸々晴れ上り午後快晴となる　午前七時前起く支渡し八時前車を命しステツチーネル停車場に到る　一等の切符を買ふ（十三マルク五十）車中大に都合宜し只一人なり且つ便所あり十一時ステツチン着　直に乗車汽船に乗る十二時出帆す（四マルク）一時頃少しく食事す今朝モルヒネを服用せし故に船中大に眠を催す　三時スビーネミユンデ着直に車を以て四時ヘリングスドルフえ到着す（馬車四マルク）止宿をクルム通りペンジオナート・ツム・クルムに求む一日七マルクの約束なり　カヒーを

飲み散歩し秋本宮本二君にリンデマンズ・ホテルに逢ふ二君を伴て止宿に帰る暫時にして両子去る八時晩食九時眠に就く

八月十四日　木　快晴

前八時起くカヒーを喫す九時頃秋本宮本二子来る浴場に到る（入浴料一回六十ペン二ヒ十二回六マルク）初て入浴す寒冷堪べからず只一二分して上る海岸に在り　一時半午食す料理甚た良四時カヒーを喫し秋本君等を訪ふ薬店にて石炭酸等を求め八時帰宿す　今日より膀胱洗法を始む（病日を見よ）十時眠に就く

八月十五日　金　快晴

前八時起く九時半頃両君来る例の如く入浴す　昨日に比すれは具合大によし三分程水中に在り次で海岸に在り午後はリンデマンズ・ホテルに坐して音楽を聞く八時帰宿す

八月十六日　土　晴

前九時半例の如く両君来る入浴後海岸に在りベルンシュタイン〔＊琥珀〕を探る　午後五時頃外出両君の元に到る　今日諸方えはがきを出す

八月十七日　日　快晴

午前例の如く両子来る入浴す十分水中に在りき　午後出て両君の宿に至る

八月十八日　月　快晴

午前例の如く両子来る　良精昨夜今日共に出血すと雖入浴す（十分間）午後は両子来る園内或は近傍に在りき出血の為めなり

八月十九日　火　快晴

午前例の如く両子来る入浴後岸に在りき　午後は両子来る是より共に少しく散歩す　晩食後宮本子来る十一時過まで談話す

八月廿日　水　快晴

午前例の如く両子来る入水後海岸に在りき　牧子より書翰到る　今日海波甚た荒し　午後両子来る共に山林中を遊歩す　晩食後宮本子来る

八月廿一日　木　快晴　朝小曇

午前八時両君来る未た床中に在りき是より入浴し両子の宿に到る　十一時二子発すベルリン帰府されたり　是より独海岸に出で眺望台に登る次で砂上に臥し午飯に至る　午後榊魚骨等に書翰を出す次で林山中に在りき

八月廿二日　金　晴

午前入浴後海岸に在りき　午後はリンデマンにて音楽あり林間に坐て是を聞のみ　晩食後宿園に花火あり

八月廿三日　土　晴

朝榊子よりはがき到る入水後海岸に在りき　午後は山場を散歩す　夕刻室を二階に移す

八月廿四日　日　晴

午前例の如く入浴後海岸に在り　午後は森林に在り　帰路アルコールランプを求む是は洗法用の水を暖むる為めなり

八月廿五日　月　快晴

朝宮本中島二子より手紙を得る　入水後例の如く海岸に在りき　午後は出森林に在りき　里見八犬伝読終る　ミユルレル君より宝くじの表到る　夕刻ゲルツーン君にフィルヒョウ君等既に帰府なるやを問合せのはがきを出す　亦たサルチール酸水二瓶を求む

八月廿六日　火　午前曇

午後少く雨降り晩大に増す　午前髪を切る是より海入浴切符を求んと欲す所然医師は切符無料たるべき由依て先づ六枚を得て去る　是より入水次で例の如く海岸の砂上に坐す　午後は在室本国小松君えの手紙を認む学資金受取り及ひ次の学資金送附依頼の事なり　書き終て之をポストに投ず帰路こはく石の具二箇を求む　晩同宿フラウ・ヂーツェ女に姓名等を記して送る

八月廿七日　水　曇

午前例の如く入水す摂氏十三度五分なりき故に寒冷なり只五分水中に在りしのみ水波も随分荒し是よりアールバイク迄散歩す帰路又たこはく石具を求む　午後は森林え行く寒冷なり暫時にして帰る在宿し読書す

八月廿八日　木　曇晴　午刻十四度

朝ゲルツーン君より返書到る依て直に中島子はがきを出す　入水四分間寒冷甚たし摂氏十三度なりき是より砂上に坐す　次でランゲル・ベルク迄散歩す午後は亦た岸に遊歩す　夕刻魚骨に手紙榊子にはがきを出す是は下宿料依頼の事なり

八月廿九日　金　半晴

朝曇十一時半頃より快晴となる　午前入水是より南方の森林に散歩す　午後リンデマンに一時間程坐して音楽を聞く同処にて三浦子よりのはがきを得る是より例の森林に遊歩す　晩食後リンデマンの花火を見る九時過ぎ帰宿す

八月三十日　　土　半曇　晴雨交換す
午前入浴す今日は寒冷なるを以て温浴を取る（二十五度）是より海岸を遊歩し帰る　午後は北方松林に遊歩す家婦えはがきを出す宿料榊子より受取るべき事なり　晩食後海岸に行て花火を見る九時過き帰宿す

八月三十一日　　日　半晴
朝曇十一時頃より晴　海水十三度空気九度（但し午前九時に計るものなり皆之に従ふべし）
午前入水是より海岸をランゲル・ベルク迄行く　午後は山中に在り本街道奥の山なり人稀にして甚た幽閑なり一坐を占て臥て読書す

九月一日　　月　曇　午後三時頃より晴
午前海岸に暫時坐てより入水す十三度五分彼是して帰宿し読書す　午後は前日の山中の場処にて読書す　晩食後在宿

九月二日　　火　晴
海水十三度五分前十一時十四度五分となる　午前サルチール酸三ガラムを求む　海水浴切符六枚受取り是より入水し次で海岸に臥し読書す炎熱甚たし　午後はフラウ・ライスネル女の誕生日を祝し共カヒーを飲む是より前日の山中の場処にて読書す　今朝牧子にはがきを出す

九月三日　　水　曇
少しく降雨あり海水　13¾　十一時　14½　午前入水終て海岸に在りき Le Pavé de Paris〔＊小説〕を読終る Monsieur et Madame Bewer〔＊小説〕を読始る　午後は天気悪ければ在宿し雄叔及権兄に手紙を認め函に投す

九月四日　　木　晴
午前七時半起き八時楼を下ればハンヒェーコルネ君リューゲン島行を促す直に決す　九時十五分別仕立の汽船にてヘリングスドルフを出発す　途中にてグライフスワルト島を左に見る　シュツーベンカメルに上陸すべき処海波甚だ荒きを以て船を引返しザスニッツに泊す時に午後一時半過ぎなり　是より同行の諸子と共にホテル・パウルスドルフ・ツム・ファーレンベルゲにて午食し終て暫時森林に行きシュツーベンカメル行の可否を考ふ終に可と決し馬車を索む　往返九マルク片道八マルクなり三時四十五分発車　五時十分シュツーベンカメル着道路甚た悪しく堪がたきを以て此処に一泊と決す宿を取り是より名処を遊覧す　第一に先つケーニヒスシュツール次に沢を下て

海岸に到る亦た登てウィルヘルムスジヒトえ行く彼是時を移し八時となる　同行の諸君も歩行にて来れり共に晩食す九時又たケーニヒスシュツールに到り岩溝に火をなげ下す（いわゆる　瀑布〔＊一部未詳〕）戯を見る終て宿に帰り十時眠に就く　満月の夜景も亦た佳なりき

九月五日　金　朝晴　午刻曇午後雨

午前五時起き直に宿料（二マルク）を払ひ又たケーニヒスシュツールに到り旭日の登るを見る　是より道をザスニッツに取る山道にて上下のみ更に平面なし　処々谷川之を横切る深林之を蓋ふ大に本国の山行に似たり　郷情を思ひ出だし放歌し遅々歩して八時漸くバルドハーレ（レストラン）に着す　ビスオベール・クリンケルなる眺望あり（是より前処々に眺望あり就中ビクトリアジヒト是なり）此処にて休息しカヒーを飲み朝食を喫す　八時四十五分同処を発す十時ザスニッツ着す　是より海岸等に散歩し次で料理店に入り午食す　一時同処出帆す五時半ヘリングスドルク帰帆せり船賃往返六マルク　此旅行幾分か病患に棒《ママ》害せし如し後悔して不止　九時眠に就く

九月六日　土

午前曇小雨午後一時頃より快晴　朝家婦に来る九日帰宅すべきはがきを出す是より入浴但し二十五度の温浴を取る　是より海岸に在り稍寒冷十二時帰る　午後四時庭園にてカヒーを喫し是より山林に入る例の松下に坐臥して読書す　今日は殊に郷情を発し閑遊の快極れり　是より山頂に登り円月海面より登るを見る波静に天晴れ絶景至れり

九月七日　日　半晴半曇　午後四時頃雨

午前海岸を歩行し次に入浴す但し二十五度海水は十二度五分なるを以て之を止む　是より南方より山に入り例松下の位置に達す臥して読書す　午後牧子魚骨に書面を出す来る九日ベルリン帰向の事なり　是より山中に入り例の松下に到て読書す雨降り始し故に六時過帰宿す

九月八日　月　曇　夕刻に至て晴

朝牧子より書翰到る　午前海岸歩行入浴す（二十五度）是より真影一枚を求む稍寒冷なるを以て十二時帰る　午後は例の松下に行き読書す最末の閑楽愁然たり　六時同処を去り山頂に登り七時帰宅せり　晩食には食机上に暇乞の餅あり　是より荷物を斉ふ　Mons. et Mad. Bewer〔＊小説〕を読終る十時半眠に就く　ヘリングスドルフ閑遊中の二首

磯遠くかすかに沖の釣小舟波に浮世はあるかあらしが又となき海と山との遊かと思ひばいとぞなごりをしけれ

九月九日　　火　快晴

前八時楼を下る園にてカヒーを飲む是より四週間の宿料を払ふ二百一マルク四十五ペンニヒなり是より海岸を遊歩し入浴す帰路ストラスブルグ婆様えの送り物を買ふ（九マルク）十時半帰宿す直に車を命じ十一時出発す十二時スピーネ・ミュンデ着　一等の切符を買ふ十七マルク六十ペンニヒなり食事し時を移す　一時十一分発車す只一人なり六時ベルリン帰着す　榊宮本加藤中島の四子停車場に向はれたり中島子欧州着以来初て対面せり榊子は他行す他の三子と同車宿に帰る　佐藤三君も来る七時頃魚骨来る　諸子皆去る　魚骨と談話見《ママ》揚物を進す犯禁九時去る　是より宿前にて晩食し十一時頃眠に就く　加藤子本月同宿す　ヘリングスドルフ遊浴惣入費三百五十マルク程

九月十日　　水　快晴

前八時起く　伊東青山中島末岡の諸子次に来る　ゲフペルトにて午食す樫村君に面会す諸子皆去て榊子残る　同子と共に病理処に行て三浦子を索む　同子居らず次で榊子を伴ひ帰宅す　次で三浦飯島二子来る次に青山子諸子去て青山子独残る七時魚骨来る　青山子去る犯禁九時半共に外出スタットパークにて晩食し十一時前帰宅す

九月十一日　　木　快晴

八時起く榊子を訪ふ次で樫村君を訪ふ諸子と共にゲッペルトにて午食す　佐藤三子同行帰宅す中島宮本二子来る榊子来る宿前にて晩食す樫村秋本等諸君に逢ふ　終て中島子独を伴て帰宅す同子の方向等に付相談あり十一時に至る

九月十二日　　金　快晴

午前十時過アナトミーえ行ウヰルヒヨウ君に面会す亦た次で和子先生に逢ふ　二時同処を去てテプフェルにて独午食す是より魚骨に到る四時帰宅す　榊中島両子加藤子来り居る　次で佐藤佐三浦末岡の諸子来る　七時皆去る暫時にして亦た榊子来る共宿前にて晩食し八時頃帰宅す今日は炎々甚だ十七度なり

九月十三日　　土　快晴

午前樫村君諸子を訪ふ談話終に時を移し共に午食し是より中島子をアナトミーに導く　四時過帰宅す榊子来る共

にパノプチクム〔＊蠟人形館〕に行きオーストラリヤ土人を見る亦た時計のくさりを求む　是より魚骨を訪ふ八時過共に外出すスタットパークにて晩食十時半帰宅す

九月十四日　日　快晴

午前樫村加藤宮本中島子と動物園え行く榊子跡《ママ》より来る同処にて午食す四時頃帰宅せり今日魚骨来る約あり併し不来依て七時過同子の宅に到皆不在　嗚呼々々帰路ゲッペルトにて晩食す同処にて和田加藤中島の三子に逢ふ九時半帰宅す

九月十五日　月　快晴

午前アナトミーに在り午食後帰宿す　中島宮本二子加藤子の室に在り談話夕刻に到る　晩中島子等の宿に於て日本食を催す十一時帰宅せり

九月十六日　火　快晴

午前アナトミー出勤　午後魚骨を訪ふ暫時にして去る　アルチルレリーえ行く晩食し九時頃帰宅せり

九月十七日　水　快晴

午前アナトミー出勤　テプフェルにて独午食し前日の約の如く二時半過魚骨に到る　四時共に外出鉄道馬車にてシャルロッテンブルクえ遊行す　フローラに入るカヒーを喫す　再びベルリン転学以来始てなり大に諭快を覚ふ　七時過同処を出づ旧知の食店にて晩食し九時過共に帰宅す　十二時過ぎ同子去る犯禁

九月十八日　木　半晴

朝魚骨より使到る家婦来る十月より宿料六マルク増処をつぐ　午前は加藤子の室にて談話時を費しアナトミー不参　共に外出し午食す亦た同処にて青山子と玉を撞く実に久々の事なり四時約の如く魚骨にドロテン通りおよびノイエ・ウィルヘルム通り角にて逢ふ　是より乗車アウシュテルングス・パルク〔＊展示公園〕に到る　サイロン人を見るカヒーを飲む七時半同処を去る　例の食店にて晩食し八時半帰宅す十時同子去る

九月十九日　金　曇

午前ミユルレル君来る　牧子より書翰到るアナトミー出勤す午食より帰宅す　魚骨夕刻来る約あり七時半迄待つ不来依て外出し宿前にて食事し八時帰れば魚骨来り居る十一時頃共に外出スタットパークえ行く一時帰宅す犯禁牧子に返書暇乞す

九月廿日　土　晴

午前アナトミー出勤す　テプフェルにて午食す同処にて

橋本君に逢ふ同君今日より此処に止宿せらるるなり　談話し夕刻に到る共に外出しゲツペルトにて晩食す　青山子同行す佐藤三君次て来る十時頃迄談話す

九月廿一日　日　快晴

午前佐藤三君来るアナトミー不参共に午食す　佐藤三宮本中島諸子同行帰宅す亦た談話　夕刻共に外出ゲツペルトにて晩食し帰路樫村君の宿に立寄り十時帰宅す

九月廿二日　月　曇

午前榊子旅途より昨夜電報あり百マルクを求む依て是を出す　是よりアナトミーえ行く和氏先生自然科学者会議より帰り面会す　テプフエルにて独食す是より帰宿す晩宿前にて食事し直に帰る八時半眠に就く

九月廿三日　火　曇

午前アナトミー出勤午食より樫村君を訪ふ六時帰宅す魚骨来る犯禁十マルク投ず　是より樫村君の元に日本食を催し十時帰宅す

九月廿四日　水　晴

アナトミー不参　榊子ライプチツクえ旅行より帰るを以て同子を訪ふ　共にテプフエルにて午食し樫村君を訪ふ同処にて佐々木子に面会す同子も昨夜ウキン府より帰る夕六時過魚骨に到る　ライヒスハレえ行く終てスタツトパークにて食事し一時帰宅す

九月廿五日　木　晴

午前アナトミー出勤　午食後中島宮本両子来る宿前にて四人共に晩食し亦た共に帰り十一時過迄談話す

九月廿六日　金　曇

午前午後共一寸アナトミーえ行く三浦子来る　次で魚骨来る又十マルク投す宿にて食事し九時過同子去る犯禁

九月廿七日　土　晴

午前アナトミーに在り食より青山子同行帰宅す　談話夕刻に到る三人共に外出しヒルレルにて晩食し是よりナチオナルカフエえ行く終に玉を撞く二時帰宅せり

九月廿八日　日　晴

午前伊東子来る　テプフエルにて独午食す帰る佐々木宮本中島榊諸子在り談話夕刻に到る　テプフエルにて多人数共に晩食し中島宮本子を誘ひ帰る四人談話一時となる

九月廿九日　月　晴

午前十一時外出　アウグスタ病院に到る木戸子を見舞ふキユステル先生に面会す　二時半同処を出てテプフエルにて午食す　橋本君に逢ふ是よりアナトミーえ行く五時

出でて一寸樫村の宿に立寄る六時帰宅す　七時宿前にて独食事し帰る

九月三十日　火　晴

午前アナトミー出勤ゲッペルトにて食事す是より佐藤加藤二子と宿前にて玉遊し帰る　秋本子来る晩中島子等日本食を催す十二時帰宅す

十月一日　水　晴

今日はベルリン在留の医学家総て十三人集て写真す終てゲッペルトにて午食し帰路青山子と樫村君を訪ふ　是より魚骨に到る暫時にして帰る時に六時なりき宿にて晩食す在宿す

十月二日　木　曇

午前アナトミー出勤　午後多人宿前にて遊玉是より樫村君の元に晩食す

十月三日　金　曇雨

午前午後共アナトミーにあり五時同処を去り伊東子を訪ふ　是よりアルチルレリーえ行き晩食し九時半帰宅せり

十月四日　土　曇雨

午前アナトミーに在り　午後帰宅す夕六時外出魚骨に到る甚た面白からず　是より七時に佐々木子帰朝別盃としてインペリアルに会す会員二十五人十一時同処を出でナチオナルにて多勢遊玉一時過帰宿す

十月五日　日　半晴

午前アナトミーに在り　午食より樫村君の宿にて消光八時クレッテにて同業諸子と共に佐々木子の離別を表す帰路橋本君の旅宿に立寄り十二時帰宅す

十月六日　月　雨　大に冷気を催す

午前九時服師来る秋外套一箇を注文す八十五マルク　是よりアナトミーえ行く不具人〔＊一語未詳〕を見る二時去る　アルチルレリーえ行く午食す佐々木子今日出発に付暇乞なり　帰路青山伊東二子を訪ふ六時帰宅在宿す

十月七日　火　雨

午前アナトミーえ行中島子導て紅彩《ママ》の図を頼む　午食より樫村君を訪ひ夕刻に到る　皆共にザクスにて晩食し九時帰宅せり　今朝緒方子え返書を出す

十月八日　水　雨

午前中島子と共にアナトミーえ行く　午後は樫村君の元に終日す共にザクスにて晩食し九時帰宅せり　ヤブロノフスキー子一百マルクを返す去七月二百マルク用達し半

分なり

　十月九日　木　曇

午前午後共アナトミーに在り中島子不快を以て不来四時半帰宅せり　晩加藤佐藤三両子とビルゼ・コンサートえ行く帰路カヒーケツクに入る十一時過帰宅せり

　十月十日　金　曇　大に寒冷

午前午後共アナトミーに在り　是より魚骨に至る六時帰宅せり　是にて結局す晩諸子とカルルスハルレにて遊玉十二時帰宅す

　十月十一日　土　曇

午前午後共アナトミーに在り中島子全快同行す　晩食より直に帰宅す

　十月十二日　日　雲

午前アナトミーに在り　テプフェル・ホテルにて午食す岩佐殿に面会す亦た森林太郎君昨夜本国より来着面会す小松維直君の手紙を得る　午後もアナトミーに在り五時帰る　過日十三人連写の真影成る　晩食より帰宅す　今午魚骨来ると

　十月十三日　月　曇

午前アナトミーに在り十二時同処を出で魚骨に到る不在是より服師の元え行き帰路ストラスブルグ婆様誕生日の送物を求む（十マルク）是は遊浴処より持来りし物紛失せし故なり是より又た魚骨に到る　帰り不居直に去てゲツペルトにて独午食し三時帰宅す　片山子昨夜本国より到着す佐藤三子と共に来る数刻談話し去る　次に伊東子来る七時半同子去る宿にて晩食し在宿す

　十月十四日　火　曇風雨

午前午後共アナトミーに在り　晩帰宅在宿す

　十月十五日　水　曇雨

午前アナトミーに在りテプフェルに午食す是岩佐樫村諸君を解剖学博物館に導く　是よりセダン・パノラマを見る帰路諸子に別れ帽子を求む（十二マルク）是より帰る片山子佐藤三子来る八時共にクレッテに到る　岩佐橋本樫村初同業諸子十七名会す　未曽有の盛会と云ふべし帰路樫村諸に逢へ《ママ》改談あり一時半帰宅す

　十月十六日　木　曇

アナトミー不参　午前樫村君を見舞ふ共に午食し帰る青山子来る談話夕刻に到る　秋季外套出来す　晩アルチルレリーえ一寸行く是より青山子の宿にて日本食を催十時帰宅す

十月十七日　　金　曇　大風雨

午前アナトミーにあり　多人数共に晩食し風雨を犯し樫村加藤両子とナチオナルえ行く玉を撞き十二時帰宅す

十月十八日　　土　曇

午前七時起き橋本君今日出発を以て暇乞に行く次でアナトミーえ行く　ゲッペルトにて共に午食し樫村君の宿に到る同子も午後五時出発なればなり暇乞し帰宅す　E子より今朝出せし手紙の返来り居る　晩独ザクスにて晩しE子の元に到る談話十時帰宅す

十月十九日　　日　曇雨

アナトミー不参　午前中島子等の宿に寄る　午後は加藤宮本二子と秋本君を見舞ふ　七時ザクスにて晩食し宮本子等の宿にて談話十一時帰る

十月廿日　　月　曇雨

午前午後共アナトミーにあり　是より中島の宿に至り同子明朝ウルツブルグえ出発の別を表す十二時帰る

十月廿一日　　火　曇雨

早朝中島子暇乞に来るアナトミーえ行く　和子先生今日実地演習を始む　午後演習室を廻る是より一時帰宅し六時半外出　ユベルス〔＊未詳〕をノルドドイッチェル・ホーフに索む一瓦を頼む　ザクスにて晩食し諸子に逢ふ是より宮本子の宿に到り談話十二時帰宅す

十月廿二日　　水　曇雨

午前午後共アナトミーにあり　晩食後片山宮本諸来る十二時となる

十月廿三日　　木　曇

午前午後共アナトミーにあり　晩食後片山宮本二子同道帰宅す次で榊子来る十二時となる

十月廿四日　　金　曇　午刻三度

午前アナトミーにあり午後帰宅す寒威甚しければなり宿前にて晩食す諸子来る談話十一時に到る

十月廿五日　　土　曇雨

午前午後共アナトミーに在り五時帰宅す　落鳶の候春色を現す如し　次で諸子来る宿前にて晩食し皆伴て帰る

十月廿六日　　日　曇雨

午前アナトミーに在り　テプフェルにて独午食しE子を訪ふ　五時同処を出て帰路宮本子の元に立寄る　是より共に晩食し諸子を伴て帰宅す

十月廿七日　　月　曇雨

午前午後共アナトミーに在り　和氏先生より今晩案内を

受とれども常の不快を以て辞す　今朝ストラスブルグ婆様より手紙到る是は先日送り物の礼なり並にぶどう一籠を送られたり　晩食後ぶどうを携て宮本子の元に到る十一時半帰宅す

十月廿八日　　火　曇雨

午前午後共アナトミーにあり　宿前にて晩食す諸子集る共に帰宅し前日のぶどうを尽す　緒方子来る十一月一日出発帰朝に付暇乞の手紙を出す　公使館より来る三日天長節に付案内あり

十月廿九日　　水　晴

午前午後アナトミーにあり　是より宮本子の元に到る共に外出ザクスにて晩食す　諸子来る亦た宮本子の宿に到り談話十二時半帰宅せり

十月三十日　　木　晴

今日午後一時より和氏先生解剖学講義を始む　午食（テプフェル）より帰宅す時に三時半なり　七時ザクスに到諸子に逢ふ帰独宮本の元に到り談話二時となる

十月三十一日　　金　晴

和氏先生今午後一時生殖論の講義を始む　午後宮本子を訪ふ

十一月一日　　土　晴

今日より午前八時出勤す　和氏先生胎生学講義を始む是にて全備す　午後もアナトミーにあり　夕刻公使館え行く一手紙を出す　晩は宮本子の宿にて日本食を催す十一時帰宅す

十一月二日　　日　晴

アナトミー不参　午前片山子を訪ふ是より共午食し次でルメルスベルクえ遊行す　七時半頃ベルリンえ帰るクレツテにて晩食し九時半帰宅す

十一月三日　　月　晴

晩青山片山宮本の三子と天長節たるを以てドレッセルに到り共に晩食し十時過帰宅す

十一月四日　　火　曇

午食し四時帰宅す是より六時半頃宮本子を訪同氏本日パリスえ向け秋本殿と共に出発せらるを以てなり　諸子集り居る送別として日本食あり秋本君主たり九時二子に別辞を表し見送りはせず帰宅す

十一月五日　　水　半晴

午食し四時過帰寓す七時外出E子を向ふ共に晩食し乗車

公園に到る　是より歩行し帰る十時過なりき

十一月六日　木　曇

午後五時過アナトミーより帰寓す宅にて晩食す　加藤子佐藤三子を伴帰る同子暫時にして去る

十一月七日　金　晴

午食図書館え行時刻違ひ空しく帰る　青山子を訪ふ次で共に宿前にて晩食す　榊子を伴て帰寓す十二時に到て眠に就く

十一月八日　土　曇

午前一寸図書館え行く　午後五時過帰寓す

十一月九日　日　晴

午前片山子を訪是諸子と共に宿前にて午食す次で帰宅しかるた遊を催す五時頃に至る　独辞して外出しE子を訪ふ冬園に入り音楽を聞くテプフェルにて食事し十時半帰る

十一月十日　月　曇

午前一時図書館え行く　午後五時帰寓在宿す　伊東榊二子来る十時半頃去る

十一月十一日　火　曇

十二時半頃より図書館え行き三時前去る　ビクトリアホテルにて午食す（四マルク）　ホテル・ド・ロームにてカヒーを飲み伊東子を訪ふ日本食を催す榊子も在り十時過帰宅す

十一月十二日　水　曇　午刻三四度なり

午後図書館より午食し帰宅在宿す　九時頃榊子来る

十一月十三日　木　晴

午後図書館より午食し帰宅在宿す　佐藤三子来る暫時にして去る

十一月十四日　金　曇

午後図書館より食事し帰寓せり　九時半頃に至て伊東子来る

十一月十五日　土　曇

午食処に榊子来る伊東子不快の事に付相談す共に同子を訪ふ　酔《ママ》眠中なり空く去てアナトミーえ行く　六時半出て又伊東子を訪ふ次に日本会出席す十時半帰寓す

十一月十六日　日　曇

今日少しく雪降る　初雪なり　午前三浦伊東片山隈川佐藤三の諸子来る　トッペルにて共に食事し帰寓談話す宿前にて晩食し帰宅す

十一月十七日　月　雪

図書館より午食し帰宅す五時頃榊子来て伊東子を見舞を促す依て再着衣し車を命し同子の元に到る　同子不快全治すべきはづなり日本食し十時帰る

十一月十八日　火　雪

図書館より午食し帰る　榊子来て日本食に誘たりと雖辞す

十一月十九日　水　曇雪

寒冷甚だし午刻〇度位　午後アナトミーより書林に到りSchwalbe's Jahresberichte〔＊年報〕本年の部を求む昨年の部を注文す是より伊東子を訪ひ六時過帰寓せり

十一月廿日　木　晴

図書館より午食しアナトミーえ行き五時過帰宅せり

十一月廿一日　金　大雪

昨夜より大に雪降る終日不止　午食し直に帰宅せり四時なりき

十一月廿二日　土　曇雪

今朝六時C氏〇下十二度なりきと　諸子と共にゲッペルトにて午食しアナトミーえ行き五時過帰宅す　末岡青柳佐藤三の諸子来る　共にザックスにて晩食し佐藤加藤二子とそりに乗り万国カヒーえ行き玉を撞き十一時過帰寓せり

十一月廿三日　日　雪

午前本国より新来の諸子来る午食は榊子日本料理を催す同処にて日暮となり共に出てて万国カヒーに行き玉九時過帰宅せり

十一月廿四日　月　曇

図書館今日先つ終る午食し散髪入浴す五時半帰宅せり

十一月廿五日　火　曇

十一月廿六日　水　曇雨

十一月廿七日　木　曇雨

連日常の通り午食より帰寓在宿せり

十一月廿八日　金　曇

夕刻五時頃伊東子来てビルゼ行を催す先つ同子宿に寄り日本食を喫し七時二分乗車ビルゼに至る　大に面白かりし十一時頃帰宿せり

十一月廿九日　土　晴

午食し帰宅す七時半外出クレッテえ行く明日伊東子ビュルツブルクえ向け出発の離別を表す　十一時半帰寓せり

今日Schwalbe u. Hofmann, Jahresberichte I-X〔＊年報〕到る百三十マルク

十一月三十日　日　晴
スプレーツにて諸子と午食す直に帰寓せり　午前伊東子今晩発車暇乞に来る　晩在宿す　来月分宿料及ひ本月雑費を払ふ八十マルク二十五ペンニヒ

十二月一日　月　晴
午食処にて伊地知君に逢ふ

十二月二日　火　晴
午食より帰寓すればはがきあり即ちノルドドイッチェル・ホーフに到る　同処にて共に晩食し同道帰宅す時に十時なり十一時過去る

十二月三日　水　曇
午食より帰宅在宿す

十二月四日　木　曇雨
同断

十二月五日　金　曇　近来大に暖気を催せり
同断

十二月六日　土　曇
晩片山加藤二子と共に宿前にて食事し帰る

十二月七日　日　曇
諸子と共に午食し独帰宅す　五時半榊子を訪ふ六時半帰る宿にて晩食す

十二月八日　月　曇
午食より帰宅す榊子来る　今日は父公忌日なり仕事未だ書終らず大に煩事　手紙を認るの閑暇なし

十二月九日　火　曇
午食より直に帰宅す　晩片山子来る十時去る

十二月十日　水　曇
午食より帰宅在宿す

十二月十一日　木　曇
午食よりE子を訪ふ六時帰寓せり

十二月十二日　金　曇
午食より帰宅在宿す

十二月十三日　土　曇雨
午食より鉄道馬車を乗りライプチッヒ通りえ行きイェガーズ・ヘムト〔＊野外用シャツ〕一箇及ひ襟六箇を求む六時頃帰宅す次で片山子来る又た加藤子帰る談話十二時となる

十二月十四日　日　曇
良精誕生日なり満二十六年となる榊子より奇なる送り物

あり午前三浦子来る　午食処にて野村君に逢ふ次て帰宅す　加藤子帰り来る共に榊子の許に日本飯を食し外出しカフェ・セダンに到る　次で又たエムベルクに入る十二時半帰宅せり

十二月十五日　月　曇

午食より帰寓せり　本国雄叔君及ひ母公より手紙在り是は去九月三日出せし手紙の返事十月廿日附なり　権兄長岡に在るを知る其他安意の手紙なり

十二月十六日　火　半晴

午食より直に帰寓す　ハンテル一箇を求む〔十四四分の一ポンド〕

十二月十七日　水　曇

一時半アナトミーを去りラブル君を訪ふ不在なりき　午食し帰寓せり

十二月十八日　木　曇

ウヰルヒヨウ君より Beiträge z. vergl.A. d.Azyes〔＊文献〕を得る　午食し書林に行き〔＊著者未詳〕Reise um die Welt, Nordensthpold, Reise um Europa u. Asien; Forsber u. Balfour, Gränd. Embryolog.〔＊文献〕を求む

十二月十九日　金　雪

午食し帰寓せり

十二月廿日　土　曇

午食し帰宅す　宿前にて晩食す片山青二子来る一時頃迄談話す

十二月廿一日　日　曇

片山榊加藤諸子とテプフェルにて午食し是より乗車ライピチッヒ通りに到りイェガーズ・ヘムト〔＊野外用シャツ〕等を求む　種々買物しクリストキント・マルクト〔＊クリスマスの市〕を一覧し書林に立寄り Andree's Handatlas, Toldt, Gewebelehre〔＊文献〕を求め晩食し帰る

十二月廿二日　月　曇

午食より帰宅し諸子と二十一を遊び宿前にて晩食し帰る

十二月廿三日　火　曇

和子先生今日講義を閉つ午食より帰宅次で切髪入浴し在宿す

十二月廿四日　水　曇

十時起き□寡婦に進物す　丹波飯盛二子初め諸子来る久々にて面会す　共に宿前にて午食し精は諸子に別れ買物しE子を訪ひ品物を送る五時帰宅す　青山子来る七時去る次に坂田荒木二子来る　良精今宵榊子に約あり丹波

子向ひに来る依て辞して榊子の元に到る　既に九時なりき大会快を尽し一時半帰宅せり

十二月廿五日　木　曇

午前在宿す独りテプフェルにて午食し帰宅す　宿前にて晩食し晩在宿す　佐倉惣五郎読終る

十二月廿六日　金　雪

午後テプフェルにて食事す諸子来る是よりE子を訪ふ五時頃帰る丹波飯盛諸子来り居る　談話晩となる右二子及び片山子とヒルレルにて晩食し片山子の宿に立寄り十二時頃帰宅せり

十二月廿七日　土　曇

午前諸子来る共に宿前にて午食す　是より別れアナトミーえ行く四時頃帰宅す諸子と共にチルクス〔＊サーカス〕行と決す「ハイデルベルクの学生たち」等を見る　終てクレッテにて晩食す次てエムベルクに入る　十二時過ぎ同処を発しキッホイゼルえ立寄る他従四名あり　二時帰宅す三時過き眠に就く

十二月廿八日　日　雪

十二時迄眠る諸子来るを以て起き宿前にて午食す　直に来る共二十一を遊ぶ丹波飯盛等も来る　晩食の時刻となる共に宿前に到る亦た良精積金の一部を以て果子《ママ》等を求め来る　次て諸子も来る共消耗して去る時に九時頃なりき

十二月廿九日　月　曇雨

前十一時迄眠る　加藤子と共に榊子の宅に到る諸子来り居る　是より皆公使館に到る学資為替券を受取りライプチゲル・ガルテンにて午食し是よりドイツ銀行え行く差支あり依てヂスカウンツ〔＊ブローカー〕に至りて事弁す即ち銀貨500 = 90Pf.12sh 6P.=1848.95マルク、ここから6.60マルク（手数料）を差引き =1842.35マルクなり　但し為替壱磅二十マルク四十ペルニヒの相場なりと　五時帰宅せり　諸子来る宿前にて晩食し別れて帰る時に九時なりき

十二月三十日　火　曇

午前アナトミーえ行く　テプフェルにて午食し帰る二子来り居る共に二十一を遊ぶザクスにて晩食し帰る

十二月三十一日　水　曇

午前アナトミーにあり　テプフェルにて午食し帰る諸子来り居る二十一を遊ぶ次で皆榊子の許に到る　新年を迎ひ二時過帰宅せり　今日諸方年賀札を出す

明治十八年　二千五百四十五年 1885　良精満二十六年

一月一日　木　曇

午刻十二時ヤブロノフスキー子来て眠を散す　年賀同行を諭し支渡を斉ひ一時頃車を命し先つブロイジケ君に到る不在次にウキルヒヨウ君同断　ラブル君同断ワルダイエル君同断ハルトマン君在宿亦た同処にてブロイジケ君夫婦に逢て新年を賀す　次に公使館に到る公使在宿是にて終る四時前帰宅す　更に食欲なし宿にて玉子を食するのみ夜に諸子来る稍多勢となる　二十一を遊ぶ九時頃出てて宿前に食す終て帰宅す　諸方より年賀札到る

一月二日　金　曇

午刻諸子来るアナトミーえ行くことを不得共にシュプレーンにて午食し帰る　二十一を遊ぶ　晩食の時となるザクスにてす是より独辞して帰る　今日ボアズに書籍代九十六マルク二十五遍を払ふ亦た過日注文せしTillbaur〔＊文献〕到る

一月三日　土　晴

十一時起く是よりアナトミーえ行く　過日ライツに注文せし顕微鏡及ひあべ氏画器到る　テプフェルにて午食し帰る　諸子来り居る二十一を遊ぶ七時となる皆倭新年会に出席す福引等の催しあり未曽有の盛会なり　十二時頃快を尽して去る是よりカイゼルクローネに立寄り一時過帰寓せり

一月四日　日　曇雪

十一時起く宿前にて午食す諸子集る　次て榊子の宿に到る丹波飯盛二子今日出発なり別れを表し帰寓せり是より出でず　先月分宿料雑費八十五マルク九十五ペンニヒ払ふ

一月五日　月　曇

今日より午前八時出勤す　和氏先生講義を始むるを以てなり　テプフェルにて午食し帰る時に四時なりきSchwalbe, Neurologie〔＊文献〕をヤブロノフスキー子に借置し処分《ママ》失せしをしる　加藤子と共に日本食を催せり　榊片山二子来る十一時頃迄談話す

一月六日　火　晴

午食より帰宅在宿せり

一月七日　　水　曇
ライツに顕微鏡等の価百五十五マルクを送る　晩榊青山二子来る十一時迄談話
一月八日　　木　半晴
午食より帰宅す　七時頃片山子来る三人日本食を催す
一月九日　　金　曇
午食より帰宅す　紅彩《ママ》の仕事を清書の為一時過眠に就く
一月十日　　土　曇
午食より帰宅榊佐藤二子来る　一時過眠に就く
Schwalbe, Neurologie〔＊文献〕出る
一月十一日　　日　曇
午前三浦子来る其他数人共に外出しテプフェルにて食事直に帰宅頻に清書す　隈川子来る去て後早川君来る十時過去る二時過眠に就く
一月十二日　　月　曇
今日アルバイト全く書き終る　午食より帰る榊子来る三人日本食を催す十二時眠る
一月十三日　　火　曇
右アルバイトを和氏先生に出す　終日図を書く午食より帰宅す
一月十四日　　水　曇
アナトミーよりパイゼル書林に至り半年分の勘定百十一マルク払ふ　午食をクレッテにてす帰宅す
一月十五日　　木　曇　昨夜雪降る
午食より帰宅在宿す
一月十六日　　金　曇
一月十七日　　土　晴
午食より帰寓す　佐藤三子来る次に榊子共に宿前にて食事す　十時頃帰る加藤子帰り来る　片山坂田二子同伴談話一時となる
一月十八日　　日　晴々
榊加藤二子とテプフェルにて午食す片山子来る　終て諸子を伴て帰寓談話晩となる　是より佐藤三加藤二子ゲッペルトにて晩食し乗車ゲゼルシャフツハウス〔＊会館〕に到る　時八時半頃なり十一時半過き同処を出てケルクに入る　是より歩行カイゼルクローネに立寄り二時過き帰宅す
一月十九日　　月　大晴
イリス〔＊虹彩〕の図終る和氏先生に出す是にて此仕事全く終ると云ふべし　本国より小林両君連名の手紙到る

是は昨年八月廿六日出せし手紙の返事なり格別要用はなし　晩加藤子と共日本食を催す

一月廿日　　火　大晴

前六時Ｃ氏〇下十二度五分

午食よりＥ子を訪ひ五時過帰寓せり　両三日此方寒甚しルソー島氷る

一月廿一日　　水　大晴

前八時〇下十一度五分　午食より帰寓し本国小松小林宿許等に年始状を認む　亦た独乙文法書を読始める

一月廿二日　　木　大晴

前日の手紙書留を以て出す　晩常の如く在宿　今日よりミュルレルに就き仏学を始む

一月廿三日　　金　大晴

前八時〇下十二度五分

一月廿四日　　土　大晴

午食より帰寓せり　来訪なし

一月廿五日　　日　大晴

テプフェルにて午食す村井君を知る諸子来る共に氷遊に行く　一時間を経て片山子の宿に到る次に宿前にて晩食し諸子を伴て帰寓す談話十二時過となる

一月廿六日　　月　快晴　少しく寒去る

午食後断髪入浴す帰れば書面状本国小松諸君より到る開けば良精病気云々早速帰朝すべき云々　晩村井諸子来る　加藤子と共に日本食を催す

一月廿七日　　火　曇雨

一月廿八日　　水　曇

一月廿九日　　木　晴

一月三十日　　金　晴

午食より榊子とパノプクチクム〔＊蝋人形館〕え行きズールー人等を見六時帰る　菊地村井二子来る次に片山子共にビルゼ・コンサートえ行く帰路ナチヲナルえ寄り一時頃帰寓せり体重一百十磅なり

一月三十一日　　土　晴

午食より帰寓す佐藤三子来る七時共に乗車菊地君を訪ふ多人数集る　菊地村井榊三子とライヒスハレえ行く十時半終る　ケルクえ立寄る多勢となる是より解して乗車帰る時に十二時半なりき　今日本国小松君より書状到る即ち国債局為換一千四百二十八麻なり略ほ来る四月下旬或は五月上旬出発と決す

二月一日　日　晴
前十一時起く諸子来る共にテプフェルにて午食す諸子を伴て帰る終日談話
二月二日　月　快晴　甚た暖気となる
午食より榊子と共に半時間公園を遊車す　今日新たに仏語学を始む　晩片山榊二子来る
二月三日　火　快晴
今日前月分雑費並に本月分宿料八十三麻六十辺払ふ
二月四日　水　晴
二月五日　木　晴
午食より帰寓す仏学師不参　倭会出席十時同処を出て諸子とバウエルに入る終に一回玉遊二時過出てて又たナチオナルに入る三時半帰宅す
二月六日　金　半晴
前十一時アナトミーより帰る　末岡榊二子と前日の日本人博覧会云々の委任を受け公使館に到る三時午食して帰る
二月七日　土　晴
晩諸子来る十一時頃去る
二月八日　日　晴
前十時起く諸子来る共に午食し好天気シャルロッテンブルク行と決す　同処にてカヒーを喫し五時帰り寿園に入り一回玉遊す　宿前にて晩食し諸子伴て帰る十二時迄談話す
二月九日　月　晴
昨今は古本の価入を勤む
二月十日　火　曇　降雪
和氏先生良精の仕事を去る木曜日に科学アカデミーに出されたり　亦た先生に来る四月頃帰朝の事を通す　ウリビルベル〔＊原椎骨〕に付過日より仕事を始めたり　晩在宿
二月十一日　水　曇　寒冷
二月十二日　木　晴
二月十三日　金　晴
中島一可子より手紙到る　晩菊地村井諸子来る
二月十四日　土　晴
晩在宿榊佐藤三村井三子来る
二月十五日　日　晴　再ひ暖気となる
諸子と共にテプフェルにて午食し独帰宅す　隈川子来る共に乗車ノイエル・ゼーえ行き氷遊を見る　是より帰路

寿園に入る諸に合ふ　ゲッペルトにて晩食し諸子伴て帰宅す談話十一時となる

二月十六日　　月　曇雨

今日はアナトミー祭コーナーに案内を受く　八時半過トーンハレ〔＊コンサートホール〕に到る和氏先生大に悦ぶ最末の出席なれば別して愉快　一時半過同処出て帰る

二月廿一日　　土　大に雪降る

晩在宿諸子来る

二月二十二日　　日　晴

十時起諸子来る共に午食し帰宅す　晩はアメリカン・シアターえ行く終て晩食し十二時半帰る

二月廿三日　　月　晴

今日ダイヒアン婦突然アナトミーえ来る十マルクを求む程よく去らしむ

二月廿四日　　火　晴

断髪入浴す

二月廿八日　　土　曇

晩青山子来る十二時迄談話す

三月一日　　日　曇雨

十時半起く諸来る　テプフェルにて午食し共に帰宅し談話す　晩共に宿前にて食事十時帰宅せり

三月二日　　月　曇雨

今日良精の後任ドクトル・クレアッチ君を知る

三月三日　　火

三月四日　　水　曇

晩小松諸君に手紙を出す先日の返事なり四月下旬出発の事云々

三月五日　　木　曇雨

倭会出席　十一時過帰宿す

三月六日　　金　曇雨

坂田子ビュルツブルクえ出発に付ゲッペルトに集り離別を表す十時半帰宅す

三月七日　　土　曇

晩独在宿す

三月八日　　日　快晴

榊片山二子午食し共に公園を散歩す　ツエルト〔＊テントの屋台〕え立寄る　是より長井久一郎君をホテル・ドイッチャー・カイゼルに見舞ふ　片山子と共にリンデンを遊歩す　フラウリスカネルにて晩食し九時同子を伴て帰

宿す談話一時となる
三月九日　　月　曇
三月十日　　火　晴
虹彩のナハトラーク〔＊補遺〕を書く為め午前生理局え行く晩は之に従事し夜二時半漸く終る
三月十一日　　水　晴
午前書籍館え行　右ナハトラーク書終て和氏先生に出す
三月十二日　　木　曇
和氏先生ナハトラークの校正終り直にボンえ送る
三月十四日　　土　曇
和氏先生解剖学及ひ胎生学の講義を閉つ　即ち午前八時より十一時迄及ひ十二時より三時迄読通されたり　是に当地に於て最末の講義たるべし　晩在宿す
三月十五日　　日　曇
村井子和蘭え旅行より帰る共にテプフェルにて午食す是より加藤子と末岡子を訪ふ五時頃帰寓せり　晩在宿す
三月十六日　　月　晴
前九時頃アナトミー出勤　両三日此方春外套を着す
三月十七日　　火　曇
三月十八日　　水　晴
午前午後共アナトミーに在り　卯の都合に依てなり　宿前にて晩食九時帰る
三月十九日　　木　晴
午刻公使館に到る用事不弁是より午食し帰宅せり
三月廿日　　金
三月廿一日　　土　曇雪
午前午後共アナトミーにあり六時帰宅す　是より宿前にて晩食す諸子来り居る終て諸子を伴て帰宅す　談話十二時となる
三月廿二日　　日　雪稍嵐
諸子と共にテプフェルにて午食　是よりカフェ・バウエルえ行き玉を撞く　晩七時となる独帝の誕生日なるを以て諸方イルミネーションあり之を見てヤンソンにて晩食し帰路ルイーゼン通り新きカフェに入り十一時帰宅す
三月廿三日　　月　雪
夕刻村井子旅行より帰り当家に宿す
三月廿四日　　火　終日雪　少く寒冷
午刻公使館え行く旅費の内一千マルク受取る　次で午食しアナトミーえ行く六時帰宅す
三月廿五日　　水　曇雪

午前午後共アナトミーに在り六時過帰宅す
　三月廿六日　木　曇
諸子と共に宿前にて晩食し力フェ・バウエルに到る　菊地君と玉一回十一時帰宅す
　三月廿七日　金　曇
菊地君明日出発すと依て暇乞の為め八時外出バウエルに到る　国人数名在り四回玉遂に三時となる最稀なることと云ふべし
　三月廿八日　土　曇
十二時半起く午食しアナトミーにあり　晩青山片山佐藤三子来る
　三月廿九日　日　晴
諸子と共にテプフェルにて午食し又た伴て帰宅しかるたを遊ぶ　晩食となる宿前に行き食す又た諸子を伴て帰宅す十一時頃去る長井君来る
　三月卅日　月　快晴
草木再ひ青勢を得春暖定る　夕刻断髪入浴す
　三月三十一日　火　快晴
午前午後共アナトミーにあり七時帰宅暫時休息し外出す即ち明日はビスマルクの七十寿及五十年勤務祝に付たいまつ行列あるを見物せり　ゲッペルトにて晩食し九時半帰る
　四月一日　水　晴
　四月二日　木　晴
委会出席是即ち終の会なるべし　ベルッ君出府同会にて面会す十一時過同処を出てバウエルに到る　玉撞を傍観す二時頃来宿す
　四月三日　金　晴
午前アナトミーに在り　村井子当宿を出で旅宿え移る加藤子ライプチックえ旅行す　友子来る晩在宿
　四月四日　土　晴
午前アナトミーに在り　午食より村井子とボアスえ行Biolog. Centralbl.〔＊雑誌〕を注文す是よりケーニッヒえ行き過日生理学会て借用せしZeitschri. f. nat. Med.〔＊雑誌〕を返す亦た顕微鏡プレパラートの箱一箇を求め帰る　晩村井子とコンサート・ハウスに到シンフォニーなり　帰路シャルロッテン通り劇場レストランにて晩食し力フェ・バウエルえ立寄る同国人不在依て帰る十一時半なりき

四月五日　　日　晴　オステルターク
〔＊復活祭〕
今日アナトミーにて顕微鏡プレパラートの全数を数ふ凡そ一千二百九十箇なり　午食より帰れば青山隈川二子来る次で諸子来る終十人となる　二十一を遊ぶ宿前にて晩食す談話時を移十一時帰る

四月六日　　月　晴曇
前十時三浦子来る共にベルッ君をイエーゲル通りの旅宿え見舞ふ折好く在宿たり 良精は本国ならでは面会せざるよし依て暇乞す　是よりアナトミーえ行く和氏先生出場たり　クラーチ君来る四時帰宅すれば諸子集りかるたを遊居る　宿前にて晩食十時帰宿せり

四月七日　　火　曇
午前アナトミーに在り　午食より帰る　昨日の代り仏学師来る　晩独在宿す

四月八日　　水　曇
昨夜より少しく気分悪し故にアナトミー不参午食に出しのみ　晩諸子来てかるたを遊ぶ

四月九日　　木　雨
午前アナトミーに在り午食より村井子と共に眠具を求む（六十六マルク）六時帰宿す　宿前にて食す青山末岡二子来る伴て帰宿十二時迄談話す

四月十日　　金　雨
午前アナトミー出勤　午食の際伊知地君と長く談話す是より帰宅す　戸田子来る晩は諸子と共に隈川子の許に集り日本食を催す次でかるたを遊び三時となる　帰宿し天明に至て眠に就く　今日よりアナトミーに於て諸物を片附け初めたり

四月十一日　　土　雨
十二時半起く萩原片山二子来る　萩原子ライプチックえ帰向すべし依て午食後片山子許行く　同子は既に出発せりと片山子を誘ひ帰宿す　共に食事す村井子来る同子より二百マルク借用せり　同子明朝フランクフルトえ向け出発すと十一時頃二子去る　古郷え五月初旬出発すべきとの手紙を認む　亦た浜田弘田両子え書面認む

四月十二日　　日　曇
午前書籍を片附け初めたり箱を注文する為めなり　是よりアナトミーえ行きミクロトーム磨く　午食より帰宿し書籍を集む晩青山子来る十一時頃迄居れり

四月十三日　　月　晴

午刻外出し荷箱を注文す是より公使館え行き乗船切手買求を依頼せんとす　棚橋子不居空く帰る午食し榊子と共に病理所え行きカヒーを会し五時帰宅す　仏学師来り居る　晩在宿来訪なし　アナトミー不参

四月十四日　火　晴

アナトミー不参午刻外出公使館え行き棚橋君に前日の件を托す　同処にて松方子に逢ふ共に早川子を訪ふ　ライプチゲル・ガルテンに円に坐して食事す　是より早川子の宅に到るかるたを遊ふ　晩食の時となる共にデッサウエル・ガルテンにて食事しかるたを遊び一時半となる乗車二時帰る

四月十五日　水　晴

荷箱今朝出来す案外大なるに驚く　十時半頃アナトミーえ行き頻に片附け三時半終る　顕微鏡プレパラート残るのみ午食後書籍を箱に詰め初めたり　夕刻アナトミーより使人をして諸物を持来らしむ　晩榊片山二子来る十時頃去る

四月十六日　木　晴

午前十時頃三浦子来る次に榊子来る　同子荷詰を助けくれたり良精一寸外出しふとんを入れる箱を求む　一時頃午食に出で午後も共に之を以て勤む夕景に至て談話　晩在宿加藤子旅行より帰る　アナトミー不参

四月十七日　金　晴

前十一時頃アナトミーに到り顕微鏡プレパラートを片附く午食より帰宅す　片山佐藤三来る夕刻佐藤子許行日本食を催す談話二時頃帰宅す　顕微プレパラートは使人をして宿に持来らしむ亦た今日午前アナトミーに於て片山子の顕微鏡験す　今日より春服を着す草木緑色を増す近頃は室を暖めず

四月十八日　土　快晴

前十二時頃外出書林アストル社え行き英書を注文す　午食より途上榊等諸子に逢ふてゲールケ君出府を見舞を約す　ホテル・バウエルえ行く是より再会をシュタットパルクに約す　五時頃同君来る良精別をつげ帰る　片山佐藤末岡三子来る共にビロスえ行く　シンフォニー・コンサートなり十時半帰宿す　アナトミー不参

四月十九日　日　快晴

午前荷箱全く詰め終る午食処にて諸子に逢ふ　是よりハレン湖遊行と決　レールテル駅より汽車にてシャルロッテンブルクに到る　是より歩行す四時過右処に達す八時

半発車九時過フリードリッヒ通りに帰る中途困難を起し諸子に別る　モンビジューにて独り食事しバウエルに到る　大人数集り居る是は飯島此度帰に付ライプチックより出府ありし故なり十二時半帰る　今日体重を計る一百十五磅なり（一月三十日以来なり）伊東子え手紙を出す

四月廿日　　月　快晴

午前十一時アナトミーえ行き和氏先生にツォイグニス（＊証明書）を依頼す直に帰宅し荷箱を用意せしむ　一時午食に出づ伊知地子と議論あり三時過同処を出てブラッシュ・ウント・ローテンスタインえ行き荷物の運送を托す亦た工師をして荷箱を閉せしむ宿前にて晩食す片山子同伴帰る十二時迄談話す

四月廿一日　　火　快晴

荷箱を出す　一時頃外出し写真す是より午食し三時過帰宅す　六時出てて榊子を訪ふ八時頃共に出でて宿前にて晩食す諸子在り十時帰る　中島子より今日手紙を得る其に返書を出す伊東子えも手紙を出す

四月廿二日　　水　快晴

一時外出乗車　ブラッシュ・ウント・ローテンスタインえ行荷箱を出せしやを問ひ是より服師許行き一百九十一マルクを払併し此内五十マルクは「ヤブロノフスキー」氏に用達し右同氏都合出来ざるを以て良精出発の後換合すべきものなり　是よりライプチッヒ通りえ行き夏野外用シャツ三箇を求む　是よりフリードリッヒ通りえ行き紙襟マンシエットを各三ダースを求む共にシーツ一通り求む　是より乗車午食し四時過帰宅す　晩加藤隈川二子と日本食を催す

四月廿三日　　木　晴（時雨あり）

午食に出て伊知地子と談話大に時を移す五時帰り仏学晩諸子と共に宿前にて晩食し談話　十一時半帰宅す　注文せし英書三部今日到る

四月廿四日　　金　晴（時雨あり）

朝伊東中島両子より返書到る　十一時頃外出し病理処え行き三浦子に右手紙を示す共にテプフエルにて午食す榊子来る相談し五時半帰宅すボアスに書料を払ふ　晩在宿々にて晩食せり

四月廿五日　　土　晴

十二時外出す公使館え行乗船切手来りしや否やを問ふ未た来らず是より永井君を訪ふ不在　帰路食事しアナトミ

ーえ行く四時頃帰宅す　伊東中島両子え返書を出す　永井君来る次に榊青山子七時半共に出ててクレッテに到る今日は朋友諸君良精と別れを表す即ち永井三浦榊末岡佐藤両子中沢片山隈川青山加藤の十一子来会あり　十一時同処を出てカイゼルハレに到る充満たり依て寿園に行き玉撞き二時帰宅せり

四月廿六日　日　晴

十時半起く棚橋君り《ママ》乗船切手の事なり二時頃同子去る片山佐藤三隈川加藤四君と宿前にて午食し是より鉄道馬車にてテーゲル到り遊舟十一時帰宅せり

四月廿七日　月　晴

永井中島村井三子より手紙到る村井延期同行出来ざることなり　一時過外出午食しアナトミーえ行く〔＊一語未詳〕のプレパラートを持来る三時半帰宅す　次で仏学師来る是最末の習時なり　永井君来る次に二三子来る共に宿前にて晩食す亦た明日ベルデル行を約す　片山佐藤三の二子を伴て加藤子と共に帰宅十二時迄談話す

四月廿八日　火　晴

十時起く二三子来る　十二時前外出十二時三十分ポツダム駅発車（片道二マルク四十片）十二時三十分ポツダム駅発車一時半ベルデル着　歩行二十分にして市に達す一食店に入り午食し是より水辺え行き一舟を借受け遊舟す時に三時頃バウムガルテン-ブリュヒテに上陸し食物等を支渡し亦た先に進む　快極れり帰路再ひ同処に上陸ビール食物を積込む　九時頃ウヰルデルえ帰る彼の食店にて休息し十時四十五分発車十一時半ベルリン着す　加藤隈川二子は同処に泊す佐藤三青山片山三子と「コンジトライ」に入り一時頃帰宅す

四月廿九日　水　晴〔＊一語未詳〕

十時過起く十二時外出し車を命し諸方え暇乞に巡る　ブロイジケ君を以て始む夫婦共面会す　次にラブル君亦た在宿婦人処労にて面会せず写真を得る　次に永井久君不在次に和氏先生不在次にハルトマン家族夏宿に移れたりポツダム広場の一食店にて午食す終れば三時となる再ひ和氏先生の許に到る在宿たり　婦人旅行に付面会せず先生の写真を得る　是より再ひ永井君を訪ふ在宿五時帰宅在宿々にて晩食す二三子来る

四月卅日　木　晴

九時起く十時頃佐藤三子来る　子独貨一千二百麻を仏貨に替る事写真受取る事及ひブラッシュ・ウント・ローテン

シュタイン大荷物の事を再ひ念を推す事を托す　是よりアナトミーえ行き和氏先生より証明書を得る　十二時頃となる車を命し公使館え行く旅費の残金四百二十八麻を受取り大に時を移し四時頃暇乞し去る　テプフェルえ来り食事す（午食はなし）是より家婦えの送り物を買　又たパイゼルえ行き Centralblatt〔＊雑誌〕を毎週送ることを約す　五時過帰宅す榊佐藤三二子来り居る　次て向井阿部片山共に宿前にて晩食し九時帰寓す菓子ビールを買ふ　諸子次て帰り来る即ち三浦片山佐藤三阿部向井榊加藤の七子なり大に愉快を覚たり一時頃諸子去る　今朝少しく血尿あり

五月一日　金　晴

九時起く「アナトミー」え行き和氏先生に暇乞し写真を呈す次にハルトマン先生初め諸君に暇乞す又た紅彩《ママ》の仕事版成る諸子え一部つつ送る　十二時帰宅す隈川片山佐藤の三子来る加藤子も帰り来る　共にテプフェルにて午食す午後伊知地君 Biolog. Centralblatt〔＊雑誌〕送ることを托する　次に榊子伊君に暇乞し四時帰宅す青山榊隈川片山子来る榊子日本食を送られたり　ミュルレル君暇乞に来る亦たボッカチオ一部週旋《ママ》しくれたり（十麻）七時馬車二挺を命し同家を去る　アルハンテル駅に到る見送りの諸左の如し　永井久棚橋三浦榊佐藤両子青山片山加藤隈川末岡阿部中沢向井岸等なり　車賃ビュルツブルク迄二等三十七麻八十片荷物百四十五キロ（二十五キロ引く）三十三麻なり正八時汽笛と共に愁然として諸君に別る

五月二日　土　晴曇

午前五時三十七分エルム着是迄は合客あれども車中に空処あり　此処に五十分程時ありカヒーを喫し大用を達し六時二十七分発車但し別車なり　道山中に入る数箇のトンネルあり　八時五十三分ゲミュンデン着又た車替る只一人にて便利よし十時頃ビュルツブルク着中島長松二子出向くれたり荷物は停車場に預け置きホテル・クローンプリンツ・フォン・バイエルンに下る　十二時頃三人共出てアルト・バーンホーフ〔＊旧駅〕にて午食す是より伊東子訪ふ不在少時して帰来る諸子去る伊東子と兼ての事を談す更に承知せず　橋本子来る次に佐藤中島長松子皆集る　劇場レストランにて晩食し十時旅宿え帰る

五月三日　日　晴曇

両三日此方冷気となる　九時起く十時中島佐藤両子来る十一時外出しアナトミーえ行く　ドクトル・シュルツエ君に面会す諸室を巡覧す十二時レストラン・ナチオナルにて午食す　中島伊東長松佐藤の四子と共にす終て河岸を遊歩し三時頃フッテンシエル・ガルテンに到る　音楽あり伊東橋本二子も来る五時過同処を出て乗車ブラッツ・ガルテンえ入る同処にて晩食す　橋本子は暇乞して去る八時諸子を伴て旅宿に帰るビールを命し談話す十一時頃諸子去る　ストラスブルグ婆様及ひ浜田弘田両子に明夕着すべき手紙を出す

五月四日　月　晴曇

八時起くカヒーを喫す　宿料を払ふ（五麻九十五片）九時中島子来る共にケリケル先生を居宅に見舞ふ　紅彩《ママ》一部を送る亦た先生の著述を一部得る是よりアナトミーえ行きシュテールに面会す　シュルツェ君に暇乞し停車場え行く時に十時なり　中島佐藤長松三子送りくれたりストラスブルグ迄二等十六麻三十片なり荷物二十五麻八十片なり但し引一切なし　十時三十九分発車車中合客一人あり少時して下る　ハイデルベルク迄独りなり此処にて換車乗客四五人あり　ブルヒザール及カルルスルーエにて用を達是よりアペンバイエル迄通し来る又た換車七時三十分ストラスブルク着　下山藤沢前田の三子向ひくれたり荷物を預け置き乗車八時前ペルガメルテル横町え着す　久々にて婆様に面会す牛鍋日本飯の用意あり直に食に就く　高橋順子来る次に浜田弘田二子来る二子は五年以来の対顔なり十一時頃眠に就く

五月五日　火　晴曇

九時弘田子来る十二時頃去る　一時午食す下山子と共にす是より外出アナトミーえ行く　皆不在なり依て弘田浜田二子の宿に至る五時再びアナトミーえ行く　シュワルべ先生に面会す紅彩一部送る亦たフィツネル君を知るイエッセル先生に面会す終て再弘田の宿に到る等と加琲屋に入り談話八時帰宿晩食す　高橋両子来り居る十一時半眠に就く

五月六日　水　雨

九時起く一時シュワルべ先生の宅え行く　午食饗応のこと不都合なりき之を辞しアナトミーえ行きレクリングハウゼン先生面会し紅彩一部送る　二時前帰り午食す藤沢子来る同子に托し百麻をフランクに替ふ　是より出てて髪を切る大に雨降る　夕刻高橋順子来る少時して去る晩

弘田浜田高橋茂の諸子来る十一時頃眠に就く
　五月七日　木　曇雨晴
七時起く八時前婆様に暇乞し出る　下山弘田前田三子同車浜田藤沢高橋茂子見送りくれたり　馬港迄一等八十麻八十片荷物三十八麻三十片なり　八時二十四分発車十二時頃弁当を食す十二時二十六分ミュールハウゼン着換車プチ・クロワにて荷物験此処国界なり　独貨七十五麻を仏貨替ふカヒーを喫す一時四十六分ベルフォール着亦た換車四時三十七分ブザンソン着　亦たクペ〔＊客車〕を替ふ之は直にリヨン迄行くものなり此処にてパンを一つ食す水を飲む　九時七分アンベリュー着此処て直に馬港迄行くクペに移る　此迄只一人なりき之より乗合一人あり十時二十七分リヨン着空腹を覚ひども時なし是より眠る明方に至り合客下る
　五月八日　金　晴
午前五時五十一分馬港着オテル・デュ・プチ・ルーブルに下る休息す　十一時頃外出しM会社に到る直に不弁是より波止場より市中遊歩す　十二時半帰り食事す是より休息す　午後五時再ひM会社に到る事弁す即ち横浜迄二等一千四百十一フランクなり（但し一割五分引）是よりカヒー屋に入る　ノートルダム・ド・ラ・ガルド教会迄遊す八時頃市中え帰り一食店にて食事し九時過旅宿に帰る
　五月九日　土　快晴
十時起くカヒーを喫す十二時頃外出し馬港真影数枚を求む又た巻煙百本及紙巻数十本を求む之は船中用其のものなり　是より他の食店に入り朝食を求む（二フラン）二時頃旅宿え帰る　ベルリン三浦榊二子及ひ加藤子亦た中島子ストラスブルグ婆様等はがき書面を認め出す　六時頃再び外出し鉄道馬車を以て諸方を巡る　先ロンシャン次にカステラーヌ広場等え行く　八時過本通りえ帰りレストラン・メゾン・ドレにて午食す（五フラン）九時半頃旅宿え帰る　荷物を略ほ斉ひ十時半頃眠に就く即ち今夜は欧州にて最末なるべし感覚如何
　五月十日　日　快晴
午前七時起く宿料を払ふ十六仏七十なり　八時過外出し尚ほ煙草を求めMM会社え行き乗合馬車を談し臥停子を買ふ（十五仏）九時発車十時程を経て本船なるサガリアン号に達す端舟は不用、室を定む合客一人あり蘭人なり実に十時二十分開纜《ママ》す十一時頃朝食す　終て板上に登れば馬港既に不見海波静かにして恰も陸地に居る如し　食後Göthe. Wahlverwandtschaften〔＊ゲーテ『親和力』〕を読始むる、五時昼食、終日陸を左に見る　夕景に至り稍之を失ふ即ちジェノバ港に入る九時頃室に入り十二時頃に至て漸く眠に就く

五月十一日　月　快晴

七時起く板上に登れば既に船コルシカ島及びエルバ島の間に在り是より只范々と陸を左に見る

正午、緯度四一度五六分

（パリより東）経度九度〇五分、

二九五マイル　ナポリまで一五三マイル

今日午前入浴す、十時半頃床中に入る二時頃囂に依て眠驚く即ちネアプル〔＊ナポリ〕に着す安眠を不得

五月十二日　火　快晴

六時半起き直に板上に登る八時半頃菊地君乗込む大に悦ぶネアプルの写真一枚求む　十時出帆す「ネアプル」にて上陸せしものありて一室明く直に一室を独りにて占めること行ふ　然るに同処に乗客一人あり依て以前の通りたるべし　小使長に十仏小使二人に五仏つつ投す　亦た事務長え行き談ず終に一室を得ることを得たり幸と云ふべし　終日伊国を左に見る　日暮に至りストロンボリ島を右に見る

五月十三日　水　快晴

記すべきことなし菊地君と写真を交換す亦た茶の時二子の旅行中集し写真影を見る

五月十四日　木　快晴

七時半起く午後は荷物室に下る夏服皮くつ等を出す亦たボッカチオを読始る

五月十五日　金　快晴

今日より夏服を着す　Wahlverwandtschaften〔＊『親和力』〕を読終る

五月十六日　土　快晴　晩二十二度

午前二時頃ポートサイド着　五時半起く即ち囂して眠ることを得されはなり六時半菊地君と共に上陸す　トルコ帽子一箇（四仏）及ひ写真数枚を求む八時半頃帰船す　午前十一時出帆と黒板に示す併し十二時頃に至て船漸く前に進む　午後二時頃船を止めて九艘の英船の通過するを待つ三時過再ひ進む　七時半頃日暮るるを以て船を止て一泊す　今日は炎々実に堪難し以来常に此の如くなるべし困却なることかこつ

五月十七日　日　快晴　午後三時29（板上）

五時前天明に至れば船進む七時頃起く　九時頃船を止む二三艘の船通過す　後五時スエズ着食事終て板上に到れば船既に進む　即ちスエズ湾に入る波静かにて恰も鏡面の如し　日暮に到り風少しく生し実に再生の思を為せり今日は三日月なるべし

五月十八日　月　快晴　室内三時26

八時板上に登れば左右陸を不見　十二時海水を浴す　午後時々アフリカ大陸を右にかすかに見たり　風更になく凌き難し　十時艦板を下て床中に入る

五月十九日　火　晴　朝23午後三時26晩25

時々右にアフリカ大陸を見る　紅海の紅海たる初めて知れり風なく熱強く恰もオーフェン〔＊天火〕中に在るが如し

五月廿日　水　快晴　朝24昼26夕25

時々アフリカ大陸を右に見たり

五月廿一日　木　晴、少曇　朝24昼26

十二時頃より右に数多の大小島を見る其一に破損せし汽船二箇見えたり　併し四五艘ありと左に二三の小島あり

五月廿二日　金　晴　朝24昼25½

午前三時頃大囂に依て眠驚く是即ちアデンに着せしなり是より眠ることを不得　六時前起き艦板に上る例の通小供来て海中に銭を投せんことを求む　熱気甚たしきを以て上陸せず　午後食事終て板上に到れば船既に進む時六時なり　終日風少しくあり思しよりは凌きよかりし

五月廿三日　土　晴　朝24昼25

終日陸を不見風あり紅海よりは大に凌きよし

五月廿四日　日　快晴　朝23昼24½夕24

天明より風起り波室内に入るを以て眠驚く次で小使来てまどを閉づ是より殆ど不眠六時起く　今日より毎朝入浴すべし午刻より波静かになる即ちソコトラ島を右に見て通過する為めなり夕刻に到て同島を失ひば再び波起る船少しくゆるる二三客（婦人）船病を催せり

五月廿五日　月　半晴　朝23昼24

今朝大に雨降る終日天に多少の雲あり室内風入良きを以て朝食後は多室に在り　今朝入浴せず　今日は至て静かなり

五月廿六日　火　曇　朝23½昼23夕23

朝少しく雨降る午刻又然り夕晩大に雨降る　晩茶後極少の血尿あり

五月廿七日　水　曇　朝23昼24

天明より風起る波水室内に入るまどを閉づ　朝食後風息るまどを開く夕刻大に雨降る　今夜は満月と覚ども天曇り請ならず

五月廿八日　木　曇　朝23昼24

朝食後大に雨降る二時余にして止む　船を止む雨はるれば左に一小島を見る　是に灯台あり之か為め船を止しならん　晩に至り亦た少しく雨降る

五月廿九日　金　曇　朝23½昼23

晩九時四十五分コロンボ着　直に室のまどを閉づ眠ることあたはず十一時過迄艦板に在り

五月三十日　土　曇　朝22½

午前六時半起くまどは既に開きあり大に雨降る甚た冷しき様覚たり　板上にて二十仏をルピーに替ふ即ち九ルピー半を得たり　亦た入浴せり朝食を終へ降雨稍止むを以て菊地子と共に案内者を傭ひ本船を下る時に十時半頃なりき　波止場より車を命し先つ一店に入り土地の産物四五種を求む（四十二仏）是より公園を過き博物館に入る　セイロン島の産物悉く集めあり　次に墓地を見る次に一仏堂に行く次に市街より六マイルス離れたる仏堂あり書館を附す宗教書夥あり此処より小坂を登れば新築の広大なる水ためあり　此上眺望甚た良なり未た全く不成是より市中にもどり海岸に到り一旅店に入りリモナーデを飲み休息す（一盃六ペンスなり）是よりヒンズー寺院を一見す之はブラマ教の堂にして三箇並びあり　構造殊に奇なり同宗信者の外は入ることを不許と依て只外望せしのみ之にて見物終る直に波止場に到り本船え帰る時に丁度五時にて午食の時なりき　案者には端舟馬車等を込め二十仏つつを与ひたり（但しはしけは三ペンスつつなり）草木等は「ガル」と異なることなかるべし以前気付ざるマンゴーと云ふ果物あり　味は船中にて試たり又バンヤンツリーと云ふ奇なる木あり枝より根を生じ下て土中に入る　午後七時コロンボ解纜す

五月三十一日　日　曇　朝23½昼22¾

終日陸を不見　朝食後大雨あり亦た晩に少雨あり風は左程なきに船大にゆるる併し食事の際縄を張には不至　船の速力は通常二百九十乃至九十五海里なり（二十四時間）此頃三百里以上走ることあり

六月一日　月　曇雨　朝23昼後22½晩23

昨夜より船大ゆるる朝食より食机に網を張る時々大雨あ

り船ゆるること十二三度に至る

六月二日　火　雨　朝22½昼21½晩

昨夜は室のまど閉たり依て熱く陰気て甚た不快早朝まどを開く　終日殆と閑なく雨降る此地方当今は雨候なりと之が為め冷気にて凌きよけれども凡てしめつたき故心知（ママ）甚たよからず　晩九時半頃機関を弛べ船進むこと遅る之即ちスマトラ島の辺に来り灯台を求めしならん　昨日午十二時より今日午十二時迄三百十九海里走る稍速力の極ならんか

六月三日　水　曇雨　朝22½昼23½

カヒーを喫し入浴し（此頃は隔日に入浴す）板に上ればスマトラ島を右に見る　海波静かなり食机の網を除く六時頃より船を止む案するによいやみにして真くらなる故なるか十時頃に至て漸く前に進む　二三度雨降る　MM社のカタログ一部を乞ふ

六月四日　木　半晴　朝22½昼23

八時過板上に到れば陸マラッカを左に見る終日此の如し朝少しく雨降る陸に数箇の灯台あり　今日より朝食に茶を命す　明朝はシンガポール着すべし

六月五日　金　晴　朝23昼24晩23

天明前船を止めて天の明くるを待此港夜中は入ることあたはずと　七時半シンガポール着コロンボより一百三十二時間半を費せり　カヒーを飲み入浴し板上に到れば船既に繋きあり朝食終て六ルピーを弗に換ふ二弗半を得る是より上陸す菊地子及び英人二名同行直に植物園に到る鳥類の小屋あり小池あり炎堪へ難し帰てオテル・ド・リュロプに休息す（馬車一弗半）リモナーデを飲む四時過迄時を消す　四時十五分過英人三名と同車本船に帰る一人に付二十セントを投す菊地子残る　大に疲を覚ひ茶の時を不待床中に入る　風入りより快く眠に就く

六月六日　土　晴　朝23昼24晩23

前五時シンガポール解纜す二十一時間半滞留す　七時半起きれは船既に進む　午前は時々左右に小島を見き　午刻北緯二度余なり午後陸を不見　波静かにして水面鏡の如し

六月七日　日　晴　朝24昼24½

船北に向ふを以て午前は室に日光入る故に熱し

六月八日　月　半晴

朝23午25½雨後23½晩23　早朝河の入口にて船を止む　七時起れば船河に在り　十時三十分サイゴン着シン

ガポールより五十三時間半を費せり　兼て覚悟の如く熱さ甚だし加ふるに風なし十二時頃より一時迄大に雨降る之れ千金と云ふべし雨後熱度下る

六月九日　火　晴　朝$22\frac{1}{2}$昼$25\frac{1}{2}$晩25

昨夜安眠を不得終夜荷物を揚る且つ熱さ蚊等の為めなり終に上陸せず乗客は減して六人となる此内二人は新客なり　午後暫時雨降れども功なし熱益甚たし夜に入り風更になく故前夜に倍す眠ることあたはす二度艦板え出る天気不定常に多少の雲あり

六月十日　水　晴　朝24昼$25\frac{1}{2}$

前十時半サイゴン解纜す　四十八時間滞在す　二時半頃大海に出る風あり実に再生の思をなせり　晩七時眠に就く

六月十一日　木　晴　朝24昼26晩24

午前は陸（コーチシナ）を左に見る　午後陸を不見

六月十二日　金　曇　朝24昼$24\frac{1}{2}$

晩九時頃艦板を下り荷物を取片付る十時半床中に入る昨日午十二時より今日午十二時迄三百三十四海里走るWilhelm Meister Lehr—u. Wanderjahre〔＊ゲーテ『ウィルヘルム・マイステルの修業および遍歴時代』〕略ほ読終る

六月十三日　土　曇

午前八時半香港着　サイゴンより七十時間を費す　十一時半小汽船を以てボルガに移る　是より菊地子と共に上陸す支那加籠《ママ》に乗り（二十銭）領事館に到る　町田領事並に田辺書記生に面会す日本茶を得る新聞紙を読み三時過再会を約し去る　是より市中を遊歩し卜人を問ふ奇なり　次に杏花楼に登り支那料理を食す（一人一弗六十銭）六時過同処を出て象牙細工等を買ひ八時本船に帰る　今日天気不定風あり稍嵐と言ふべし　室内蒸熱くして良眠を不得

六月十四日　日　曇

午前十一時半上陸し加籠に乗り領事館え行く　日本食の馳走に預り同館は風入よく冷しきを以て夕刻迄居り晩又た日本食の馳走に合ひ茶を飲み九時別をつげて去る九時半過本船に帰る　天気前日に同し

六月十五日　月　曇　晩23

午前五時頃香港解纜す　殆と二日間滞留す　七時起き入浴す板上に登れば左右に諸島を見る　艦板は大に凄し船小さきを以て波は左程高からざれどもゆるる食机に網

を張る　Wahrheit u. Dichtung〔*ゲーテ『詩と真実』か〕を読始

六月十六日　火　曇　昼25晩24

午前八時マコン（ペスカドール群島）着　香港より三百十五海里　二十七時間費す　八時艦板に上れは船既に止り居る「マコン」は「ペスカドール」群島の大なる島にあり　住民は支那人なり魚りやうを以て業とすべし小船の形状は大に我国に近し亦た艪を用ゆ　諸島樹木なし只芝原なり　此処に仏軍艦十二艘あり　日中は炎熱甚たし　食机の網を去る　午後八時半解纜す　十二時間半滞留せり

六月十七日　水　半晴　昼25晩24

昨夜三回下痢す源因《ママ》不明今朝尚一回終日食欲なし気分甚た悪し　前八時半起く九時艦板に登ればフォルモサ〔*台湾〕島を右に見る　暫時にして「タンスイ」港を見る之は二山の間に在り総て此辺は山なり　午後一時「ケーロン」港着　ケーロンは小湾の縁に在り嶮山屏風の如く之を巡る住民は支那人なり　此処は船に亦た艪を不用仏軍艦昨夜マコンより五六艘来る日中は熱甚だし　午後四時「ケーロン」出帆す夕刻に至りフォルモサ島を見ことあたはす

六月十八日　木　快晴　朝$22\frac{1}{3}$昼25晩24

終日陸を不見　船随分ゆるる　晩菊地子と談話十時半艦板を下る　昨午より今午迄二百四十四海里

六月十九日　金　曇　朝$23\frac{1}{3}$晩21

昨夜熱さに因て眠ことあたはす二時艦板え出る半時間余冷して下る　天明に大降雨あり　午刻より大に冷気を催夕刻至りては艦板は寒きに至けり　早朝より時に九州沖の諸島見へたり　二時頃初て九州を見たり曇天なれば明ならず次に曲島《まげ》種ヶ島を右に見る　晩茶を喫し直に床中に入る　降雨二回程あり　昨午より今午迄三百二十四海里

六月廿日　土　曇　朝$20\frac{2}{3}$昼21晩20

昨午より今午迄三百〇四海里残里二百七十六里　午前八時迄眠る　二三回降雨あり誠に梅雨の天気なるかな　午後二時半紀伊大島を遠望す船漸々之に近寄り極側を通過す　Wahrheit u. Dichtnug 第一冊読終る共に読書を閉す　今日は七月八日頃の月を見る

六月廿一日　日　曇晴　朝20昼20

天明に至り船を暫時止む即ち伊豆の鼻に来るを知る　遠

州灘は意外に静かなりき不覚して通過せし如し八時頃伊豆大島を右に見たり　今朝八時前荷物を片附く朝食後全く上陸の支渡す　此両三夜好く不眠は本国え着の悦の為なるべし　今朝は風烈しく折しも後風にて船進こと早し曇天なれば残念なるかな富士山を見ることあたはず

午後より晴上る

午後一時横浜着今朝船中に病死人あり是か為直に上陸することを不得　三時半漸く上陸す諸子と共に西村方に休息す　菊地君等出発す良精独り残りさしみを命し食事す荷物は夜汽車を以て送る様依頼し六時発車七時東京新橋着七時半堀江町西村支店に到る　同車を以て直に牛込小松方え行く時に八時なり　維直夫婦隠居様精一君八千代等に面会悦び極りなし亦た増井岩子に逢ふ雄叔在京を知る　九時過精一君と共に出て西ヶ原に到る晩食し十二時過眠に就く

六月廿二日　　月　晴

昨夜殆と不眠七時起く牛込君来る　午食終り一時出てて大学え行く加藤綜理等に面会す　履歴早速出すべき云々医院え立寄り旧友諸子に逢ふ　三時出てて雄叔を小石川春日町に訪ふ折好く吉田春台君来るうなぎ飯の馳走に成り九時半出てて原桂仙君許到る　当分止宿と決す使用都合よし一時眠に就く

六月廿三日　　火　曇

九時起く昨夜安眠せり午食終り歩行牛込え行く　履歴書を認め（印形を直に為る）晩食し原え帰る

六月廿四日　　水　半晴

午前伊東盛貞君来る　午後牛込君来る四時頃出てて西ヶ原に到る荷物を開く　依托品を持十時来る

六月廿五日　　木　半晴

榊綽君来る一時外出　池田長与三宅長谷川佐藤田口榊浜尾石黒加藤等え挨拶して廻る　長与君不在石黒君許にて逢ふ浜尾君不在其他皆在宿たり　加藤君許にて山県伊三郎子に逢ふ預り物の有りし処えは之を届く意外に時を費し八時頃帰る　旧友鈴木孝之助子来る久々の面会、悦知るべし長谷川君来る　二時漸く眠に就く

六月廿六日　　金　雨

前九時吉田様来る国元えの言伝を托し種々の有様を問ふ午後再会を約し十一時半外出大学に到りドクトル・ヂッセ君に逢ふ　講義の模様を問ふ解剖局え行き仕事室を定む　医院え立寄る四時小松え行く雄叔不在其内に帰らる

国元え手紙を出す八時半吉田様え暇乞し帰る

六月廿七日　　土　終日雨

終日外出せず午前西ヶ原君来る午後牛込君婦人来る夜独出来す　夕刻隈川宗悦君来る亦た柳沢銀蔵君

六月廿八日　　日　曇

午後牛込君来る　三時頃出てて西ヶ原に到る留学中の備忘等持来る晩食し八時半帰る髪を切る

六月廿九日　　月　雨

九時出てて解剖局に到る講義を始る下調なり　午食には洋食を命す（二十銭なりと）大沢子を生理局に訪ふ七時頃解剖局を去る　今日西ヶ原より顕微鏡プレパラート到る

六月卅日　　火　雨

九時過解剖局に到る午食を終へ事務局え行き三宅君に逢ふ　講義は休暇後に譲るべし云々六時解剖局を出て則ち過日約し旧友諸子相会するの日なれば精養軒に到る　一人も来り不居七時過迄待ち晩食し帰る時八時半過なりき田沢君より今日の会万代軒なるはがき来り居る最早時遅きを以て不行　連日の降雨困極に至る

七月一日　　水　雨

九時過解局に到る独乙国より学事新聞類始て到る　十一時頃文部省より御用有之旨達する　即刻出頭即ち東京大学御用掛准奏任取扱ひ仰付月俸百円　東京大学医学部勤務を仰付　大降雨にて難堪直に帰る時に一時なりき

七月二日　　木　晴

十時外出大学に到り眼科部梅子を訪ふ多忙依て牧子を訪ふ講義中なり次に解剖所に到り食事す　医学講師可取勤事諮詢惣部両会の会員に推挙従事の達書到る　牧子来る共に梅子を訪ふ次医院に到少時休息三時過出てて牛込え行不在に依石黒君に拝命の礼表し柳沢子訪ひ再牛込に帰る　病気願及ひ過日の通の履歴書乞ふ晩食し帰る時に八時半　晩原君八千代のことに付談話一時となる二時過眠に就く

七月三日　　金　半晴

連日の雨にて出水甚だし　前九時外出し拝命御礼として浜尾加藤橋本大木池田の諸君を見舞ふ　十一時大学に達す解剖所に到り食事す前日達の受書を出す亦た文部省え履歴書並に病気豆州熱海え浴養の儀に付願書差出す　二時過大学を出て車を命し先つ大沢子を訪ふ不在是より三

宅君許行手札を置き去る　次に菊地子を訪在宿談話大荷物のことを相談し五時頃仮宿に帰る　晩維直君来る住居の件等総て同君に托す

七月四日　　土　曇晴

九時半頃出てて雄叔を訪ふ午食す国元権兄より返書来り居る一時過出てて西ヶ原に到る　浴養用の荷物を詰めたり亦た大荷物のことを托す　六時五分同処を出て富士見町富士見軒え行く則ち田口今田玉越の三君集て小会を催せり九時半仮宿に帰る

七月五日　　日　曇

九時半頃出て鈴木孝之助子を訪ふ午食し三時半頃去る是より山川君を寿きや橋御門外に訪ふ　是より直に番町加藤弘之君の許に到則ち今日案内ありしなり晩食の馳走に合ひ七時半頃去る牛込に到る　大荷物を預り置ことを托し受取証を依頼す松井競君に十四年ぶりにて逢ふ　九時半仮宿え帰る

七月六日　　月　曇　多は霧降る

前八時半車を命し小林義直君を訪ふ則ち一昨日使人を以て届け置し清水子に手向けのエフェウ〔＊キヅタ〕のことなり　是より大学え行き医院にてサリチル綿、ワセリン、サリチル酸を払下を乞ふ　解剖所に到り諸君に今日出発の暇乞し田口今田両君より先日約束の書籍を借り十時過仮宿に帰り直に荷物を支渡し十一時半発す　十二時新橋停車場に達す此処にて夏帽子を求む十二時十五分発車す　神奈川にて一茶屋に休息し車夫を談し大磯迄八十銭と約し一時過同処を出つ　此頃の連雨にて道路損し車夫大に苦む七時半大磯山本方え着す入浴せず　横浜ケリー商会宛のはがきを認め出す又た怠りし日記を書十時床中に入る　旅宿の風洋行前に比すれば大なる違ひなり食のこと臥床則ち敷ぶとん二枚其上に白布を敷て絞りまくらを持ゆ

七月七日　　火　曇

臥具は甚た好しと云ふ「のみ」の為に殆と終夜眠ることあたはず　六時起く朝食に更に「さしみ」を命す宿料二十三銭車を小田原迄三十銭と約す　七時出発す九時過小田原着是より車二人挽にて熱海迄一円五十銭と約す道路此頃雨にて大に損し度々車を下り半車をになふ場処あり　浦にて午食し是より道損し往来止あり依て仮道を山に登り車をになふ　倹言語絶す四時過無事熱海着　野中小松精一君の宅に到る同君不在暫くして帰る、先つ晩

食し同君当家に宿するを進めらる十時眠に就く

七月八日　　水　曇

一昨夜不眠為めか昨夜は安眠す今朝当家に宿するを決す則ち土蔵の二階を借る　是より外出し海岸迄行く煙草等を求め十二時帰る今日より薬浴を始む

七月九日　　木　曇

今朝より牛乳二合つつ飲む　近来は大に冷気なり室内十七八度位　午前西服を着し外出し魚見崎の方迄行く午後四時過入浴終て始て治療を施す（病日を見よ）椿説弓張月を読始めたり

七月十日　　金　雨

昨夜より雨降り初め終日不晴故に且つ病苦もあれば外出せず

七月十一日　　土　曇

今朝に至て雨止む　外出せず

七月十二日　　日　曇

終日外出せず　夕刻晴上る之れ久々にて青天を見る

七月十三日　　月　曇

午後家児と共に外出　海岸迄行く直に帰る是より家後の稲荷社え登る

七月十四日　　火　雨

終日外出せず

七月十五日　　水　曇

午前新道より気之宮（氏神）え遊歩す市中を通過し帰る

七月十六日　　木　半晴

午前九時過外出し牛乳所を過き一の寺院え立寄り茶を喫す　清水の滝あり是より和田村え遊歩し又同処の寺え寄る水を飲み十二時帰る

七月十七日　　金　晴

前十時家児を携て気之宮え遊歩す　五年間処持せし巻煙草入を失ふ

七月十八日　　土　晴

七月十九日　　日　曇

前九時過外出魚見崎え遊歩す

前大弓を射る是より海岸を歩行し此方より田道を登り本街道に出てて帰る

七月廿日　　月　雨

終日外出せず　弓張月読終る

七月廿一日　　火　晴　二十四度

前九時頃外出巻煙草入を求む是より玉屋の前を過き小高

の状筒五百枚を求む（五十五銭）Les trois Mousquetaires〔＊『三銃士』〕読始めたり　晩食後余りに良夜なれば出てて夜景を一見したり

七月廿五日　　土　晴雨

午前丸山山之神迄遊歩す終に社堂を不見出　百合花を取り帰る　維直君及ひ雄叔君え手紙を出す野村君子食客の事なり

七月廿六日　　日　晴雨　m. 21　ms. 24

国元母幾寿衛造等より手紙到る夜外出せず　今日は旧歴六月十五日にて当村氏神気之宮の祭礼なり晩食出てて祭景を一見せり

七月廿七日　　月　晴　m. 22　ms. 24 1/2

今朝当小松婦人分娩されたり外出せず

七月廿八日　　火　晴曇　m. 22　ms. 24

午前魚見崎頂迄遊歩す

七月廿九日　　水　晴　ms. 24

午前気之宮に在り石上に出て読書す　晩は精一君を誘て二軒茶屋の鰻店え行き月の登るを見晩食し帰る

七月卅日　　木　快晴　ms. 24　a. 22

午前は気之宮にて前日の如し　維直原両君より書面到る

き一社え登る　樋口屋の前より薬種屋を過き気之宮え遊歩し帰る　四五日此方誠に暑気を催す今夜は十日の月明かなり　東海道中膝栗毛を読始むる

七月廿二日　　水　晴

午前家児を携て温泉寺境内え遊歩す寺僧と暫時談話是よりおもちや二三箇求て帰る　東京雄叔より手紙到る春台翁及〔＊書込あり、未詳〕権兄の手紙二通在中之は金百円至急送るべきとの事云々直に返事を認め出す　家計の大意を述ぶ即ち左の如し

国元に月々送る金（借金の利子共）	二拾五円
良精家費	二拾五円
家賃	拾円
交際費及ひ小遣	二拾円
書籍料	五円
〆八拾五円也	

七月廿三日　　木　雨

横田大三君え手紙を出す　鈴木孝子えはがきを出す　終日外出せず膝栗毛不全のもの終る

七月廿四日　　金　晴

今日国元え七月分弐拾五円郵便為換を以て出す　雁皮紙

要件なし

七月三十一日　金　快晴　m.22 ms.24 a.22

午前はワルダイエル、ラブルーリュクハルトの両先生に手紙を認め又小松西ヶ原君えはがきを書き（之は本月中に荷物来着の報なければ岩田君足労云々）郵便局迄持参す帰路巻煙草を求む（五十銭）夕刻原君えはかき維直君え手紙を出す

八月一日　土　快晴　m.22 ms.24½ a.23

午前例の如く気之宮に在り

八月二日　日　晴　m.22 ms.23½

午前例の通り気之宮に在り　昨夜風更になき故甚た眠り難かりし

八月三日　月　曇雨　m.22 ms.22½

天気の為め終日外出せす

八月四日　火　風雨　m.21 ms.21 a.21

随分烈処嵐と云ふべし

八月五日　水　曇雨　22

午刻維直君より電報到る荷物到着賃銭三十六弗余なりと直に返報を出す　午後念の為尚はかきを投す　梛野君に書面を出す之は帰朝後始てなり

八月六日　木　曇晴　m.22 ms.22 a.22

天気不定時々降雨あり故に遊歩に不出

八月七日　金　晴

Les trois Mousqu. 第一巻終る第二巻を始む

八月八日　土　快晴　m.21 ms.23¾ a.22

午前海岸より薬種店え行き気之宮に至て例の如し帰路又薬屋え立寄りワゼリンを求む

前六時起き好天気なるを以て伊豆山え遊歩す　八時前同処に達す日向にて熱さ甚しき故暫時休息し去る九時仮宿に帰る　維直君より手紙到る

八月九日　日　快晴　m.21 ms.23½ a.22½

午前は例の如く気之宮に在り

八月十日　月　快晴　m.21½ ms.20½ a.22½

午前例の如く気之宮に在り

八月十一日　火　快晴　m.22 ms.23½

午前例の如く気之宮に在り

八月十二日　水　快晴　m.22 ms.24

午前例の如く気之宮に在り同処の温度を計る　朝八時半頃二十度其より十二時前迄に二十一度五分迄登る同処河

水は十六度五分なり　権兄より返書到る国元え送金弐拾五円にて宜し云々　過日注文せしけやき茶台出来す（十枚四十銭）

八月十三日　木　晴　m. 22 ms. $24\frac{1}{3}$

今朝精一君修善寺え向け出立されたり　午前例の如く気之宮に在り　Les trois Mousquetaires 第二冊読終る　雄叔君より手紙到る良精居宅取極候云々直に返事を出す即ち来る廿日頃帰京すべき云々　今夜より精一君帰宅迄下の坐敷に眠る

八月十四日　金　晴　m. 22 ms. $23\frac{1}{2}$

午前例の如く気之宮え行き谷川中の石に坐て読書す　維直君え手紙を出す来る廿日頃帰京云々

八月十五日　土　晴　m. 22 ms. $23\frac{1}{2}$

午前平岡君より便来り見舞を乞ふ　九時頃外出同君を小林方に訪ふ談話午刻となる辞して帰る　午後髪を切る

八月十六日　日　晴　m. 22 ms. $23\frac{1}{2}$

今日旧七夕節句なりと　午前温泉寺より気之宮に到り川中の石に坐す　晩食後市中遊歩す

八月十七日　月　晴　m. $21\frac{1}{3}$ ms. $23\frac{1}{3}$

午前は魚見崎山上え登る　午後は中村正道君及権兄に手紙を認む　晩食後右手紙を投し寄席え入る久々（五年此方）にて落話講釈義太夫を聞き歓を覚ふ十一時頃帰寓す　注文の雁皮紙十帙到る

八月十八日　火　晴　m. 22 ms. 25

午前平岡君を訪ふ十二時帰宅す　午後在独乙朋友諸子に手紙認む　夕刻精一君旅行より帰る　食料として八円六拾銭贈る外に雇人等祝儀を投　荷物午後詰める十一時頃眠に就く

八月十九日　水　曇

午前六時起く彼是として八時暇乞して当家を出つ小田原迄加籠《ママ》を取る荷物重きを以て人足二人半即ち一円五十銭　今日は昨日に反し大に冷気にて凌きよし　時々霧雨降る　十一時先浜に達す　一時過江の浦に到る同処午食す四時十五分小田原湊屋方に着す車を命す　大磯迄三十銭六時半大磯山本屋え着す入浴食事し九時頃眠に就く

八月廿日　木　曇後雨

前五時起き支渡し宿料を払ひ（二十三銭）六時出発す車夫は前日のものを神奈川迄八拾銭を以て約す　藤沢にて休息し果子《ママ》を喫す甚た冷気なり二時二十分過神奈川着　停車場脇の一食店に入る食事せん欲すれども時なきを以

て止む果子を求め三時五十一分の列車を以て発す大に暖く成る　四時前新橋着人車を以て小石川区春日町五拾番地え行、時に万事都合よく注家略ほ斉ふ直に内え入る小松維直君及ひ息男並に雄叔君在り畢竟両君の尽力に依て此の如く都合良かりし

時に明治十八年八月廿日午後四時半小石川区春日町五十番地に一屋を借り一家を開く是人生の一段落たり

大荷物は既に開て種類分等は済てあり晩景六時食事に就く食物は皆牛込より送りくれられたり　野村君太郎子同居す下婢さとは維直君の週《ママ》旋なり　維直君去る　雄叔君と談話十時となる同君去る　十一時眠に就く

八月廿一日　　金　晴

前六時起く　朝食終り大荷物のものを一見し書籍を並列し午刻となる　野村子をして原より衣服を持参しむ又種々の買物を托す　午後三時頃差配人方え折（かつぶし）を以て見舞に行く雄叔石垣え廻て之より西ヶ原え行く彰君伊香保え旅行中にて不在荷物を送ることを依頼す是より牛込え行く晩食し帰る八時頃なり　留守中原桂仙君来ると是より叔君の許にて談話帰宅し十二時頃眠に就く雄叔君暫時同居を約す

八月廿二日　　土　晴

前六時起く小松精一君の許え礼状を認め出す　九時頃外出飯田町の箱屋に机一つ注文し原え行く十時半帰る　雄叔君引移り済む　増井子来る野村子色々の買物を托す午後荏苒たり　今日より晩食に隔日牛肉を食するを極む晩食後も荏苒談話十一時頃眠に就く

八月廿三日　　日　晴　m.21 1/2

前十時起く西ヶ原より荷物到る之を明け順序を立つ終日す　午後維直君息男及ひ原息男を携て来る晩入浴す十一時過眠に就く

八月廿四日　　月　晴　m.22 ms.24

昨日より野村不居　午後四時頃外出し仲町え行き茶盆巻煙草入茶匕等を求め帰る　晩食後原え行本月分月俸百円持来る　今日高机出来す又た本箱四ヶを注文す　原え顕微鏡及ひマルチン婦人科書を送る

八月廿五日　　火　晴　m.21 1/2 ms.23

棚野鈴木牧等えはがきを出す　午前医院及ひ解剖局え行十一時頃帰宅す　午後四時頃雄叔君と外出弁慶橋え行き吉原火鉢を求む（四円五十銭）六時帰宅晩食後入浴す十時眠に就く

八月廿六日　水　晴
午前西ヶ原細君来訪されたり茶器の送り物あり　今日本月分国元送金弐拾五円第三十二国立銀行為換を組む　午後雄叔父君野村子と遊歩なから小川町え行き椅子を一箇注文す　是より果子《ママ》を求め来る　外出中鈴木孝緒方正規の二子来れり　晩食し直に外出緒方子を訪十時帰宅す

八月廿七日　木　晴
国元え手紙及ひ為換切手を出す　牛込小松君新下婢を遣されたり依て午食後さとを牛込え帰す　午後鋭吉君来る夕刻入浴す　晩食後雄叔父幹和二子と本郷通え遊歩し夜見世にて小道具を求む　過日注文せし帯出来す

八月廿八日　金　晴　m.21 1/2 ms.24 1/2
注文の椅子出来す直に仕事に取掛る　晩食後牛込え行く十時帰宅す

八月廿九日　土　晴
終日仕事す　晩食後雄叔父君と小川町寄席え行く義太夫を聞く十二時前帰宅す

八月三十日　日　晴　ms.26
午前緒方正規子次に榊鈴木孝子来る緒方子去る鈴木子午食し二時過去る　今日の暑気甚し　晩食後入浴す

八月三十一日　月　晴　ms.25 1/2
夕影外出　着物師え行く次に原君を訪ふ雑費一円六十五銭返す　晩降雨あり

九月一日　火　曇雨　ms.21
午後緒方子来る次に榊綽君来る此子去る　緒子と共外出万代軒え行く九時帰す入浴十二時眠に就く

九月二日　水　曇　ms.20
午前十時車を命外出す榊綽君を問不在俶子托せし処の品物銭賃を届く依頼物之にて終る　雁皮紙書状を送る　是より兼て約束の如く原令閨三年忌法事に付駒込吉祥寺に行時に十一時　十二時過仏事終る午食となる染井墓地え行三時半帰宅す　暫時して菅之芳子来る久々にて面会す談話時を移す晩食饗す十時去る

九月三日　木　曇　m.18 ms.20
午前九時外出大学に到る庶務課え行届書のことを聞く飯島子に逢ふ医院え行カリクロリウム三百瓦を求む（之は精一君に送るものなり）解剖所え立寄る十二時前帰宅す　午後野村老人来る　四時頃外出京橋近方迄行く八角時計一箇求む（三円四十五銭）是より西中通を遊歩し用

簞笥を求めんとす不得　車を命し本町にてメステグラス〔*ガラス製調味料入れ〕を求め弁慶橋え行き過日一見の用簞笥を三円五拾銭にて求め七時帰宅す　晩食後野村子を携て寄え行く十一時頃帰宅す　雄叔父君一昨比方不在の処今日帰宅されたり

九月四日　金　半晴　m.20 ms.$23\frac{1}{3}$

午前野村をして帰京及ひ転居届を出さしむ　小道具を用簞笥に調べ入れる　午後外出飯田町小松殿を訪ふ（西ヶ原より転居に成りたり）帯を返す　是より牛込え行く七時帰宅す　書籍箱四箇出来す直に本を入るる

九月五日　土　晴　m.21 ms.24

午食より直にアナトミーえ行く仕事室の修繕出来せしなり今日より毎日往くべし　六時半帰宅す　晩在宿仕事す

九月六日　日　曇　m.18 ms.20

午前八時よりアナトミーえ行き一時帰宅す　雄叔父君げき飲困却す　夕刻柳沢子来る晩食を饗す十時頃同子去る

九月七日　月

午前アナトミーえ行く一時頃帰宅す　菅之芳子来る　次に小松維直君来る之迄総ての立替を書付にしてくれられたり　六時同君去る直に三河町え行菅子と約なり　洋食の饗応にあづかる九時帰宅す入浴す

九月八日　火　晴

今朝より六時半起き七時出勤と決す又出入の車夫を命す公用書籍相備の短冊を出す　一時過帰宅す

九月九日　水　晴

前日の通り出勤二時頃帰宅す　午後仕事す　晩食後雄叔父君と入浴し是より竹町の寄席え行く中入にて去る　十時半帰宅す十一時眠に就く

九月十日　木　晴　ms.$17\frac{2}{3}$ a.$20\frac{1}{2}$

前日の通り出勤す　十時頃庶務え行き西郷君を訪ふ図書館え行き書籍を受取る　牧子来る田口君今日出勤す箕作飯島二子来る　牧子と共に上野広小路青楊楼にて午食しアナトミーえ帰る　明日より講義を始る下調を為す六時帰宅す　梛野方より書面到る夕刻小笠原金及小林乙の二子来る 晩食を饗し九時去る十一時眠に就く

九月十一日　金　晴

午前六時起く七時出勤す　今日より講義を始む　学科表左の如し

月	火	水	木	金	土
7-8	7-8	7-8	7-8	7-8	7-8

8-9　8-9　8-9　8-9

七時より八時迄を記載解剖学　八時より九時迄を総論解剖学と定む　先つ記載解剖学呼吸器喉頭を以て始む　甲状軟骨一箇にて一時間終る　三時半帰宅す　彰君来る　入浴十時眠に就く

九月十二日　土　晴

喉頭軟骨終る　午前緒方子仕事室に来る永々談話共に弁当を食し去る　四時過帰宅す　小松鋭吉君来り居る同子熱海え帰ると　晩食後牛込え行き鋭吉子に別をつげ九時帰る

九月十三日　日　晴

午前アナトミーえ行く　色素小ミクロトーム等を持参す一時過帰宅す　二時半頃鈴木孝子来る同子英国ロンドン府向近々出発すと同子に留学前即ち明治十三年八月頃借用せし金五拾円を返却す　又た独乙国より同子に送りし書籍（五拾麻留久程の価）を謝礼として進呈す又た同子に Esmarsch, Kriegschirung. Technik 一冊を貸す四時頃同子去る　是より車を命し芝田君を訪在宿佐々木政子を訪不在　菊地子を訪ふ不在六時過帰宅す晩入浴す　幾寿衛造より手紙到る

九月十四日　月　晴　昨今尚残暑甚たし

今日より総論解剖学を始む之にて此期の学科備る　午前動物学教場を見舞ふ　次に菊地子に面会す　Biologisches Centralblatt〔＊雑誌〕四冊受取る　午後四時半過アナトミーを出て上野精養軒にての玉越君福岡え赴く送別会に出席坐す　八時半帰宅す

九月十五日　火　晴

午前事務え行く　留守中玉越君暇乞に来る

九月十六日　水　晴

三時半帰宅し四時出てて鈴木孝子を訪　餞別を遣る　同子不在直に帰宅す

九月十七日　木　曇

午前月俸受取る　晩国元え手紙を認む

九月十八日　金　雨　甚た冷気

野村子をして昨日の手紙及為換証を出さしむ但し今回は三拾円出す　権兄出京の道中費五円あり　晩増井子旅行（石黒君に供し四国地方え）帰り来る　求に応し一円弐拾銭用達たり

九月十九日　土　快晴　m. 15 a. 17

午前は事務え行き西郷君に独乙国より帰朝旅費計算を文

部省え出す書案を相談す　図書館え行き雑誌備用のことを談す是より三宅君に面会し再ひ事務え行き加藤君に逢特許相備を得図書館え行く閲覧室を巡視す一時過仕事場に帰る之にて半日費す　午後四時帰宅し直に車を命し山川幸雄子独乙国留学するを見舞ふ　五時半頃帰宅す

九月廿日　日　晴

午前地主の邸園を遊覧す　終日在宿来訪なし晩食後原君を訪ふ不在暫時して帰る

九月廿一日　月　晴

午前生理学え行く是より事務え行き会計にて旅費のことを問ふ　解剖え帰る箕作子来る次に鈴木孝子来る　廿四日英国え向け出発すると之に依て暇乞に来る　五時頃解剖を出て島屋に到り冬の衣服を求む（八円弐拾四銭）是より仲町え行き巻煙草（小川子えの送物）及ひ海苔を求む是はベルリン遊人《ママ》え送るものなり七時帰宅す

九月廿二日　火　晴

午前図書館え行く松井課長と談す総理《ママ》に面会す　五時半帰宅す　晩食雄叔父君と竹町寄え行く義太夫たり十時帰宅す談話十二時過眠に就く

九月廿三日　水　雨　m.17　秋季皇霊祭

午前須田君来る　午後四時雨止む外出し牛込え行く七時帰る

九月廿四日　木　晴

記すべきことなし

九月廿五日　金　晴

今日より一週間に三時間講義を増す即ち一週十三時間なり　権兄より廿六七日頃長岡発の端書到る　熱海小松君より試験すべき水到着す

九月廿六日　土　雨

午前図書館え行く　Waldeyer's Arch,〔＊一語未詳〕Braume's Arch, Gegenbaur's Jahrbuch〔＊文献〕を終に特許を得アナトミーえ持来る

九月廿七日　日　晴　m.十六度

九月廿八日　月　雨

大に冷気となる　午後は解剖局え行く六時頃帰宅す

終日アナトミーに在り　今日三時間講義す前週より時を増せし故なり

九月廿九日　火　晴

晩影榊老人来る　俶子え送金云々相談あり

九月三十日　水　晴

国元母上様より書面到来権兄散金の事悉く申越したり歎息の至と云ふべし

十月一日　木　晴　冷

四時過帰宅すれば下婢断なく他出す　石垣老閨来り居たり　晩同君に三布ふとん一枚まくら一つ依頼す　今日より蚊帳を不用

十月二日　金　雨　朝少風大雨寒冷

午後四時過帰宅す午後晴上る　帰宅すれば権兄着京五年以来の面会なり　数刻談話十一時眠に就く　今日より冬服を着す

十月三日　土　晴

午前図書館え行く午後二時過帰宅是より権兄と留学中且つ将来の事を相談す暫時にして終局す　即ち留学中負債の高左の如し

一山本屋　弐百円　利子一四・四％（一ヶ年弐拾八円八拾銭）屋敷家屋抵当

一小笠原　百円　利子通常

一兵　七　七拾円　〃

一清　水　五拾円　〃

〆四百弐拾円也

国元え送金のこと去る七月廿二日書面以て申送りし通り異議なし　其弐拾五円の内区別して拾弐円家賃八円権兄交際費五円負債利子とす　晩原桂仙君来る

十月四日　日　晴

午前柳沢君来る九時外出し橋本君を訪ふ同君多忙再会を約し去る　村井純子を訪不在十一時前帰宅す　柳沢子尚ほ在り午食饗す午後生藤井君なる人来る其他数子来客あり　山川君来る十日出発に付ベルリン府朋友諸子に海苔を送るを托す　晩入浴す

十月五日　月　晴

晩村井純之助子来る　寿衛造よりはがき来る直に返礼を出す　当分見すべきこと云々

十月六日　火　半晴

記すべきことなし　村井子え独乙より持来りし毛ふとんを渡す

十月七日　水　曇

雄叔父君より先日用達し金拾四円返済されたり晩榊老人来る　午前石川公一子教場え来れり久々（五年以来）にて面会す

十月八日　木　雨

晩石川公一子来る

十月九日　金　曇晴

晩入浴す　雄叔父君両三日此方不在なり

十月十日　土　晴

午後五時半帰宅　国元お幾より手紙到る直に返事を出す

十月十一日　日　晴

終日在宿す阿兄と談話す

十月十二日　月　晴

晩増井岩来る食事を共にし去る

十月十三日　火　晴

今朝雄叔父君籠にて帰宅されたりと十時講義を終一寸帰宅診察す直に再ひ解剖局え行く　晩榊綽君来る

十月十四日　水　雨

今日解剖学内臓全く終る（但し呼吸器より始めたり）明日より脈管を始むべし

十月十五日　木　雨　終日降雨

午前後一寸緒方子を仕事場に訪ふ　熱海小松鋭吉子より手紙到る

十月十六日　金

今俸給を受取る　晩食後村井子を訪ふ不在是より原君を訪ふ八時過帰宅す

十月十七日　土　晴曇　神祭

午後アナトミーえ行く

十月十八日　日　晴

午前村井子を訪ふベルリンにて借用せし二百マルクを荷物送金差引四拾三円六拾三銭返済す　午後権兄え暇乞の為め来客多し　四時頃外出し飯田町彰君を見舞ふ六時頃帰宅客と共に晩食す井上円子在り

十月十九日　月　曇

四時帰宅し直に長岡社え京橋松田に出席す　是帰朝後始てなり三間九里鬼頭波多野伴内寅及ひ社の生徒等の諸君面会す八時半帰宅す

十月廿日　火　雨

アナトミーより帰路母上様の眼鏡を求む　母上様の写真国元より到る

十月廿一日　水　晴

午後四時帰宅す　明日は権兄出立の為めなり　三拾五円渡す但し旅費共　十時過眠に就く

十月廿二日　木　晴　朝13

今朝八時権兄出立す　四時半帰宅す直に牛込え行く入浴し六時帰宅す

十月廿三日　　金　晴

記すべきことなし

十月廿四日　　土　雨

記すべきことなし

十月廿五日　　日　曇

午食し直に原君を訪ふ不在　書籍箱一箇注文し是より牛込え行く精一君熱海より出京の由聞込たればなり　三時頃帰宅す　晩食後再ひ原君を訪ふ面会せり　八千代引取り略ほ来月五日云々儀式全く略す云々等のこと並に学資一千四百弗月俸百五拾円となるを期し返し始むることを談す八時半帰宅す

十月廿六日　　月　晴

午後一時諮詢会え出席医学部学科所々改正あり　解剖学も時増す四時会終る直に帰宅す　権兄廿四日着岡のはがき到る

十月廿七日　　火　晴

五時過帰宅す　晩浴所に入浴す是湯屋にて浴する最末なるか

十月廿八日　　水　晴

記すべきことなし

十月廿九日　　木　晴

今日夏期終る即ち記載解剖学は脈管経絡不終総論解剖も骨織生成に止る　明三十日明後三十一日は学位授与式に付休業　晩食後雄叔父君と共に吹ぬきなる寄え行く東玉義太夫を聞く十一時帰る　夕刻牛込え行く精一君未た面会せず

十月三十日　　金　晴

早朝榊老人来る十時外出アナトミーえ行く　今朝より牛乳は宅にて飲む　今日は休業にて弁当なきを以て広小路にて午食す同所にて医局の人に逢ふ共に上野公園内を遊歩す　是帰朝後始てなり動物園を見る四時頃アナトミーえ帰る　晩精一君来る

十月卅一日　　土　晴

午前出勤前原君を訪ひ此頃の返事を聞く　式を略す然り時日は来月十七日頃云々余り待ち遠しきまま

秋の日を長々しとや思ふらん八千代とちぎるさがと知つつ

午食は前日如く広小路にてす帰路グレクヒェン〔＊鈴〕

を求む

十一月一日　　日　快晴

今日は雄叔父君砂子町三拾二番地え転居のこと終日往来あり　稍も午前午後並に余り淋しきを以て晩食後も出掛たり十時前帰宅す　今夜より二階え眠臥す

十一月二日　　月　曇

午前高橋順子帰朝面会す牧子来る共に弁当を食す　午後三時過帰宅直に出てて中通に行き円火鉢一対を求む（六円也）晩雄叔父君来る

十一月三日　　火　雨夕刻晴　天長節

午後二時頃より出てて原君を訪ふ此頃の佳件愈来る八日云々　是より牛込え行く五時半帰宅す晩雄叔父君一寸来られたり

十一月四日　　水　快晴

図書館より医院を廻る　牛込よりすへ風呂出来し到る直に沸し入浴す甚た快きことになり

十一月五日　　木　晴　昨夜大に降雨

午前三宅君と談話す　午後緒方子を訪ふ

十一月六日　　金　晴

午後一時より諮詢総会え出席す　Daigaku（雑誌）のこととなり四時閉会

十一月七日　　土　晴

晩食後榊老人を訪ふ八時半帰宅す　十一時過眠に就く今夜限りなるや　グーテ・ナハト！〔＊おやすみなさい〕

十一月八日　　日　晴曇

前八時起く九時車を命し先つ三間君を訪ふ不在是より稲垣釿次君を見舞ふ終に渡辺廉吉子許行く　十一時半帰宅し午後料理等命し外出歩行アナトミーえ行く時に二時なりき　此記を録し四時十五分過去て帰宅す！　国元権兄より手紙到る椰野透の件あり　六時入浴す上り掛けに荷物到る雄叔父君来る暫時にして去る　八時頃愈原君八千代を携て来る　十時同君去る是より茶の間にて談話十一時半階に登る　天明に至て眠る

十一月九日　　月　曇雨

前七時起く今日より試験始る八時出勤　家事は今朝略ほ引渡す　午後二時帰宅す　共に家計を話す　榊老人来る八千代を同君に引合す六時頃同君去る　十時眠に就く

十一月十日　　火　晴

八時十五分前起く十二時前日の約の如く榊老人解剖局え

来る試験中なり暫時暇を乞ふ　食事し一時頃共に出てて博物館え行く四時半帰宅す　夕刻八千代を携て雄叔父君訪ふ　帰路石垣え立寄り六時半過帰宅す　すへ風呂を立る雄叔父君来る　九時過同君去る　今日フィヘリス君（露国）よりシルトドリューゼ〔＊甲状腺〕の仕事寄送されたり　お幾より手紙到る　十一時階に登る　談話深更に至る

十一月十一日　水　晴曇

午前八時迄眠直に支渡出勤す午後二時半過迄試験す　近藤九満治君より手紙到る　透の件なり　六時晩食終り外出原君を訪ふ秋子不快是より牛込え行く九時帰宅す　十時過階に登る談話神《ママ》更となる

十一月十二日　木　晴

八時半より四時過迄試験す全く終る直に帰宅す　晩食時に雄叔父君一寸来る　パイゼルえMedizinische Centralblatt〔＊雑誌〕を断るはがきを出す　国元え八千代引取の報知並に透預ることを否む手紙を認む　十時階に登る又た談話深更に至る

十一月十三日　金　快晴

八時過起く九時出勤　午後卒然観菊の望を発し正二時帰宅し直に支渡し八千代を携て二時半発す　三時過御所に達す苑内て丹羽君に逢ふ　四時半過帰宅す留守中維直君来られたりと　次て牧子来る八千代を引合する晩食を饗す八時同子去る　十時階に登る談話深更、禁2

十一月十四日　土　晴

寒冷稍増す朝室内は九度位

午後三時過帰宅す　晩食終り八千代を携て飯田町彰君を訪ふ八時帰宅す　雄叔父君来る　十時階に登る　横田大三君より手紙到る　宵翌朝禁2

十一月十五日　日　晴

八時階を下る春三子来る　十時半頃より小林え行く　権兄より手紙到る透の事なり午後又た一通到る　新聞紙料を払くれ云々　午後在宿　晩食後八千代を携て行散歩す宵に梛野君より電報到る透のことなり十時階に登る十二時過眠に就く

十一月十六日　月　晴

出勤掛けに長谷川君の寓を見舞ふ婦人に面会す　三時半帰宅す　丁度八千代も帰り居る（牛込え行しなり）榊老人来る六時同君去る　晩食し梅子を訪ふ不在髪を切り七時半帰る叔父君在り　今日電報を以て梛野えことわる

十一月十七日　火　曇

午後三時半帰宅す　五時頃より外出牧子を富士見町に訪ふ晩食を共にし九時前帰宅す　国元え手紙を認む之は為換を出す為めなり　棚野君えも手紙を書く　八千ウンボール〔*気分がすぐれない〕十時過階に登る

十一月十八日　水　雨

午後一時より大沢村岡緒方三子と集て書籍器械注文に付相談す三時半過終り帰宅す　横田大三君国元より着されたり棚野透子同行　雄叔父君も在り晩食す　横田叔父君宿することに決す　六時外出実験談え出席す（之れ始てなり）佐々木政吉並に村田謙太郎二子血尿の説を演す十時終る　帰宅し入浴十一時階に登る

十一月十九日　木　曇

午前九時出てて北里柴三郎子許暇乞に行く是より出勤二時過帰宅す　彰君丁度来り居られたり　三時伴て梅子を訪ふ待こと久しうして診察終る、五時過帰宅す是より雄叔父君の許え行き晩食し横田大叔と共に帰宅す入浴十時過階に登る　フリードレンデル＆ゾーンえ書籍注文の手紙を認む　棚野君より手紙到る透のことなり

十一月廿日　金　曇

午前十一時横田叔父君解剖局え来る伴て下谷第二医院え行　佐々木政吉子に診察を乞ひ午後一時解剖局え帰る三時頃帰宅す透子をして藤井宣正子を訪しむ同子を伴て来る　透のことを相談す　小笠金小林道吉田増井等集り晩食す　小笠原金三郎に本月より月々七円つつ渡すべし今日より始む

十一月廿一日　土　晴

九時出勤　午後二時より生物学会え出席す四時半頃終る帰宅す　六時過命車外出し佐々木政吉子を訪ふ〔*一語未詳〕定むる件如何云々の談あり　八時帰宅す　食事し（共に）入浴十一時階に登る

十一月廿二日　日　晴

午前柳沢子来る共に藤井子許行き透の件相談藤井子方え同居と一決す明日引移りと定む　十二時帰宅す　午後甲野棐子来る　四時過外出牛込え行くすえ風呂の代を返す七時帰宅す晩少しの仕事す　近藤九満治君より返事到る透を受難頼む云々

十一月廿三日　月　曇雨　新嘗祭

午前来客なし少しく仕事す　午後谷口子来る増井放逐云々　四時出てて飯田町え行く六時前帰宅す帰路大に雨

降る歩行す　雄叔父君来り分業演舌を読む　近藤九満治君え返書を認む十時階に登る

十一月廿四日　火　曇

四時過帰宅す少しく仕事す　晩維直君来る横田叔父次て帰り来る九時頃維直君去る　入浴十一時階に登る

十一月廿五日　水　晴

九時外出桜組支店長え靴一足注文し十時アナトミーに到る　午食し図書館え行く二時頃帰れば宅より使来りしと直に帰る横田叔父既に熱海え向発されたり　大に静に成る仕事す晩食後八千代を携て本郷通迄行く十時階に登る十二時眠に就く

十一月廿六日　木　快晴

午後一時過帰宅し八千代を携て上野遊行す教育博物館え入る　是より博物館を見る　四時出てて山中を遊歩す同車五時帰宅す　晩食仕事入浴十時階に登る一時頃眠に就く

十一月廿七日　金　晴

午後四時過帰宅　仕事　十時階に登る　十二時過眠る

十一月廿八日　土　晴

午後四時帰宅す　仕事　野村のランプより過あり　十時過登階　晩及翌朝2

十一月廿九日　日　晴

午前須田哲造君を訪ふ　午後在宿仕事　晩食後八千代を携て散歩帰路共に雄叔父君を訪ふ　近藤子及ひ鋭吉子より手紙到る　十時半登階暫時して眠に就く　2(但翌朝)

十一月三十日　月　晴

四時半帰宅　仕事す（八千代牛込え行く）横田様手紙を出す

十二月一日　火　晴

三時帰宅す約の如く三時十五分八千代を携て外出上野ステーシヨンえ行く　三時五拾分の汽車を以て王子迄行く飛鳥山え登る茶店にて暫時休息　是より滝の川え廻る紅葉少しく過る折しも日暮絶景極なし快を尽し飛鳥山下より同車六時過帰宅す

十二月二日　水　半晴

今朝より八時出勤冬期始る学課表左の如し

冬学期　1885/86

	8-9	9-10	10-11-12
月	記載解剖学Ⅴ	胎生学Ⅳ	顕微鏡実習Ⅳ

火　同　　　　　　同
水　同　胎生学Ⅳ　同
木　同　　　　　　同
金　同　胎生学Ⅳ　同
土　同　　　　　　同

〔＊略語一部未詳〕
外に夏期の残を四番学生に一週三時間つつ読むべし
先つ今日記載解剖学を始む　午後四時過帰宅す　晩食中牛込内閨君来る九時去る　是より入浴仕事十時半階に登る十二時頃眠に就く

十二月三日　　木　晴
今日胎生学を始む　解剖実地演習も始めたり体部を学生に配る　午後四時半帰宅す　甲野泰造子来る　次に外出雄叔父君を訪ふ不在帰寓すれば野村子昨夕他出し帰り来る　予備門退学云々

十二月四日　　金　晴
四時帰宅す　雄叔君を訪ふ野村見放す云々の相談あり六時半帰寓せり　十時半階に登る

十二月五日　　土　晴
四時半帰宅す　野村の父君来る　十時階に登る　国元え父上様七回忌の弔状を出す

十二月六日　　日　晴
八時前起く午前仕事す　一時より理医学講談会え出席す四時半緒方子を伴て帰宅す共に晩食す六時半同子去る野村一泊し帰り来る　他宿可然を談す

十二月七日　　月　晴
四時過帰宅す　雄叔君を訪ふ野村の件なり　六時半帰宅す野村に再ひ前日のことを言渡す　今日より下六畳の間に臥す

十二月八日　　火　晴
四時半帰宅す　牛込老婆君来る　野村今日去る　禁3（夜）

十二月九日　　水　晴
四時過帰宅す　牛込精一君来る　晩食後八千代飯田町え行　婦人方明日熱海え引越さるに故なり　十時臥す、休禁

十二月十日　　木　晴
午後四時前帰宅す外出石黒柳沢両君を訪ふ不在　是より牛込え行く老婆君並に精一君明日熱海え出発に付暇乞なり　五時過帰宅す榊老人来り居る　晩食後八千代は牛込

え行く良精は雄叔君を訪ふ要件あり八時前帰宅す

十二月十一日　金　雨

午後四時過帰宅す　晩食後犯禁！　十時臥す

十二月十二日　土　晴

午後三時過講義を終へ時に榊老人来る急き帰宅す　牧子立寄る共に小石川大学植物園に到る　浜尾三宅長井等諸子の欧州行離別会なり　食後数子と雑談九時前帰宅す入浴十時床に入る

十二月十三日　日　晴

午前十時過八千代は牛込え行く今日宴会なり良精は午後五時牛込に到る　雄叔君大酔子を子の寓に伴ひ八時過帰宅す　入浴す時に八千代帰る十時床中に入る

十二月十四日　月　晴

十二月十五日　火　晴

午前緒方子を訪ふ共に大沢子に到金額の談なり三人会計に行き医書器注文に付談話す　時に二時となる食事し又た生理に行三時半過迄談話直に帰宅す　晩食後飯田町え八千代同行龍岡町借屋の件なり　不斗中村正道子に逢ふ八時過帰宅十時半臥床に入る

十二月十六日　水　晴

四時半帰宅す八千代は今日諸方見舞に出てて不在六時帰る十時閨に入る

十二月十七日　木　晴

今日トーマス・ミクロトーム〔＊顕微鏡用細片切断器〕及ひアッベのツァイヘンアパラート〔＊顕微鏡像の描写装置〕の交換成り金三拾三円受取る　帰朝旅費計算書安村君調くれ認めて直に出す　四時前帰宅す　晩食後原君を訪ふ九時帰宅す入浴十一時閨に入る

十二月十八日　金　晴

四時半帰宅す五時外出石黒君を訪ふ不在柳沢子に到る在宿次に小松に行く　六時半帰宅す　国元送金手紙を認む但し本月は別に弐拾五円合せて五拾円送る　過日フリードレンデルに原君の為に注文せし Berliner Klinische Wochenschrift〔＊雑誌〕始て到る

十二月十九日　土　晴　午後降雪

室内朝五六度　五時前帰宅在宿　十時眠を欲す　五拾円郵便為換を以て八千代出す　国元より鮭到る直に牛込小松え送る

十二月廿日　日　晴

午前八時アナトミーえ行く学生医学会創立会議なり石黒

君議長たり午後三時過漸く終る帰宅す　長岡社生徒橋本田中及ひ透増井吉田諸々とろろの馳走をせり　五時外出樫村君帰朝せしを以て見舞ふ　七時雄叔父君来る　八時半八千代を携て神田明神暮の市に行く　道悪し十時前帰宅す　お幾より手紙到る　熱海横田様手紙来る

十二月廿一日　月　晴

四時帰宅す　仕事　共浴　十時床入

十二月廿二日　火　晴

歩行帰す時に五時なりき日記冊を注文し見留印を受取り榊老人を訪ひ帰る　九時閨房に入る

十二月廿三日　水　晴

四時過帰宅　権兄より金子受取のはがき到る　長谷川泰君来訪あり

十二月廿四日　木　曇雨

今日講義を閉つ　四時帰宅す　九時過閨房に入る

十二月廿五日　金　晴

今朝より午前九時出勤す　午後二時過帰宅す　文部省より帰朝届書差出すべき旨申し来る　余り暖和の天気なるを以て午後三時八千代を携て浅草公園に遊歩す　之より竹屋の渡を越へ向島に到る花屋敷に達して帰途に就く前渡を渡り同車六時半帰宅す　留守中宮本子来ると　十時閨に入る

十二月廿六日　土　曇

午後三時過帰宅　帰朝届書を郵便を以て文部省え出す晩片倉なる人来る独乙え留学の模様相談なり

十二月廿七日　日　晴

午前雄叔父君を訪ふ　午後三時八千代を携て外出谷中墓地え行く　福翁君立石子の墓に詣り是より団子坂を通り染井墓地え廻る帰路同車六時過帰宅す　留守中彰君来ると即ち龍岡町借屋のことなり依て晩食後直に飯田町え行く九時帰宅す　文部省え旅券を返す郵便を以す　十一時過閨に入る

十二月廿八日　月　晴

午後三時過帰宅す　権兄より久々にて手紙到る　共浴

十二月廿九日　火　晴

今日より一時過帰宅す　鉄岩二子来る次に小笠原子来る晩食後八千代を携て本郷通迄遊歩す　十時室に入る

十二月三十日　水　晴

早朝彰君来る龍岡町の家屋借受略ほ斉ふ　差配人え予め此旨を報知す十時出勤掛に長谷川君訪ふ不在直に仕事場

に到る龍岡町差配人能重方え車夫遣す　一時半過帰宅す三時半外出寺田なる人を亀島町に見舞ふ不在寒威甚敷を以て直に帰る　断髪入浴十時眠を求む

十二月三十一日　木　晴

午前九時出勤　事務え行次に市川書記を訪ひ明一日参賀不参届の手続を問ひ体操具壱箇注文し仕事室え帰る　壱時半帰宅す　不参届を出す四時半梅子来る長談八時同子去る　牛込歳暮到る直に返す　晩食後八千代を携て歩行夜景を一見に行日本橋通りより本町に到る　水瓶一箇を求め十二時二十分前帰宅す下婢外出　正十二時八千代共に新年を祝す次に眠を求む　二時下婢帰る依て眠に就く

アデュー！　アルテ・ヤール〔＊さらば！　旧年よ〕

明治十九年　二千五百四十六年　1886　良精満弐拾七年

一月一日　　金　晴曇

前八時半起く　暫時来人は幹子増井、透二子鋭吉君並に原両男　午食は雑煮増井透小笠原子共にす 早朝榊老人相見ゆ　諸方え端書を出す　年賀人至て大し名刺端書等六拾八枚　八時眠を求む

一月二日　　土　晴

九時出勤す一時過帰宅帰路歩行榊老人を訪ふ　午食終れば福島甲子三子来る　八九年以来にて面会せり又た平岡谷口透諸子来る次に維直君四時過諸子去る外出牛込に行是より飯田町原等え廻り六時半過帰宅八千代も帰り居る共出てて真砂町富士見亭にて晩食し帰路小林え立寄り九時帰宅す　入浴入床　国元え年始状を認む　年賀札等四十枚あり　母上幾より年暮状到る

一月三日　　日　晴

午前九時出勤一時半帰宅す食事終る原君年始

一月四日　　月　晴

前九時出勤一時過帰宅　熱海小松並に横田両君え年始状を出す　十時眠を求む

一月五日　　火　晴

解剖所より帰路小林恒君の宅に到り広子処在を諮ぬ二時帰宅す　晩佐々木来る　八千代寒冒

一月六日　　水　晴

午後一時前帰宅す　五時頃より飯田町え行く春三子の誕生日なりと福引の催あり　十時帰宅す入浴十二時過眠に就く終夜同しに　今日車夫を以て能重方に使す先日の返事を促す

一月七日　　木　晴

午後一時帰宅荏苒　八時半眠を求む

一月八日　　金　晴

今日より前八時出勤講義を始む　教室にて能重に面会す倨慢に属す　後三時半過帰宅す　五時八千代を携て牛込え行く今日請《ママ》待を受しなり　かるたを遊び十二時十五分前帰宅す

一月九日　　土　晴

午前能重に面会す　大沢緒方二子と談話三時半帰宅命車

外伊東盛雄子去る六日帰朝を訪ふ　久々にて面会談時移し帰路寺田君を訪ふ　龍岡町家屋の件を談し八時帰宅す入浴十時眠を求む　大三叔より手紙到る

一月十日　日　晴

午後維直君来る五時八千代を携て小石川大学植物園え行帰路別れて雄叔父君を訪ふ七時帰宅す十時眠を求む

一月十一日　月　晴

午後四時過帰宅今日能重に面会　龍岡町家屋明渡三ヶ月前には不出来云々　晩食前雄叔父君を訪ふ　岩田子に依頼のはがきを出す

一月十二日　火　晴

午後四時帰宅　八千代不在〔牛込行しと〕晩食の節岩田子来る悉細を托す

一月十三日　水　晴

午後四時半帰宅　晩食の節岩田子前日の件を談し呉れられたり時に雄叔父来る

一月十四日　木　少曇

四時半帰宅

一月十五日　金　曇　昨夜降雨

大沢子より教場費取調の話なり午後二時より三時迄　総論解剖講義を休む田口君と相談　四時過帰宅す

一月十六日　土　晴

午後二時解剖を出動物会え出席四時終る　是より師範学校文部小集会え出席　校内巡覧八時前帰宅九時半眠を求む　お幾より手紙到る

一月十七日　日　晴

下婢やとさかりの暇を遣る午後中村老人来る　雄叔父君を訪ふ拾円用達　晩食後八千代を携て遊歩体操具屋え立寄る

一月十八日　月　晴

午前八時長谷川君来る　解剖教場入費計算成る　医院え行き佐々木に逢

一月十九日　火　晴

午後四時前帰宅　四時半出て長岡社例会に出席　九時帰宅す

一月廿日　水　晴曇

骨学全く終り靱帯論を始めたり　帰路歩行横田君より依頼の器械を求めたり弐円四拾銭

一月廿二日　木　晴曇

三時教場を去り文部省え行き帰朝路費《ママ》不足分七拾一円余

受取る四時過帰宅す　次て牛込え行き昨年夏家器買入等の費七拾円弐拾七銭返す　六時半帰宅晩小笠原小林道二子来る晩餐を供す　十時過眠を求む　十一時前砲兵本敞内に出火大に驚く　諸方より見舞到る十二時前鎮火眠を求む一時頃眠に就く

一月廿二日　　金　晴

四時過帰宅　八千代を携て壱岐坂新西洋料理え行く　九時眠を求む

一月廿三日　　土　晴

一月廿四日　　日　晴

終日在宿晩食後一寸遊歩す

一月廿五日　　月　曇

大沢緒方二子と談話午後二時午食す　晩食後原君を訪ふ八時半帰宅

一月廿六日　　火　晴

夕刻伊東子来る晩食を共にす

一月廿七日　　水　晴

一月廿八日　　木　晴

午後一時半過帰宅す余り好天気なるを以て八千代を携て王子道灌山日暮《ママ》谷中等を遊歩す　中村弥六子に逢ふストラスブルグ分□以来なり五時半帰宅す　権兄より手紙到る

一月廿九日　　金　晴

午後四時前アナトミーを去緒方子に誘れ同子の宅に到る五時半帰宅

一月三十日　　土　雪　休

朝八時頃より雪降始め終日不止一切外出せず　留学中始末書催促に付之を調ぶ　亦たワルダイエル先生の許え書面を認む　後十時半眠を求む　フィシェリス子に子のアルバイト郵送礼のはがきを認む

一月三十一日　　日　雪

降雪午刻より止む　午後一寸雄叔父君を訪ふ　小笠原増井二子共に晩食す

二月一日　　月　半晴

二月二日　　火　晴

晩食後原君を訪不在直に帰る

二月三日　　水　晴

寒気甚た早朝室内一度五分　四時半過帰宅九時半眠を求む

二月四日　木　晴

今朝掃除の直後室内五分但し暫時にして二度となる四時帰宅国元より味噌漬到着す　体操器出来す壱〆七百目あり晩食後八千代と共に牛込に行九時前帰宅

二月五日　金　晴

晩増井子良精洋行前の書類を持来る

二月六日　土　曇雨

午後四時半帰宅五時半過外出　大沢子許え行佐々木緒方宇野の諸子と集り種々の談話終に一時となる　帰宅眠に就しは二時過なりき

二月七日　日　晴

八時半起く前雄叔君を訪ふ午食を得二時帰宅　晩食後遊歩す十時前眠に就く

二月八日　月　晴

二月九日　火　晴

来る十四日龍岡町家屋引払に付引移ることを能重に約す牛込令閨来訪せられたり　六時約の如く大沢子の許集る帰宅二時過眠に就く

二月十日　水　晴

午後四時帰宅寒冒の気味にて気分悪し床中に休む清水省吾子来る

二月十一日　木　晴　紀元節

終日在宿気分宜しからず午後操子来る

二月十二日　金　晴

前八時常の如く出勤八時より九時迄講義す　難堪を以て帰宅臥す夜に入り発熱す氷嚢を用ふ

二月十三日　土　晴

早朝不参届を出す　明日引越しの為め終日荷物を片付く午後維直君来る　又た次に榊老人来て長々談話共晩食す入浴十一時過眠に就く　今日は昨日より快よし

二月十四日　日　晴

午前七時起く時に増井子来る亦た牛込より僕二人及ひ源太郎車夫を頼み手助けは不足なし八時半荷車三挺来る良精は九時半過乗車龍岡町家宅に到る荷車直に着す十二時半頃荷運び全く終る皆共序々来る　夕刻より復た発熱す床中に入る氷を求む　サルチール酸曹達を服す権兄より手紙到る

二月十五日　月　曇

寒甚たし午前増井子来る区役所え転居届を托す　午後より発熱す苦神　諸方え転居はがきを出す

二月十六日　　火　晴
今日は大に快し　夕刻緒方子来る　雄叔父君又た金五円求む明日送るべしを返事す　入浴す始て新宅にてす

二月十七日　　水　晴
午前雄君使として増井子来る月俸受取を依頼す　晩雄叔父君来る

二月十八日　　木　晴　早朝室内零
今日は大に快し明日より出勤すべし　入浴　夕刻外机を求めんとす空く来る

二月十九日　　金　晴
今日より出勤す午食には寓まで来る　四時帰宅直に第一勧工場え行き机一脚茶盆一枚を求む　是より吉田政忠君を訪家賃八円を渡す七時帰宅す

二月廿日　　土　晴
四時半帰る髪を断る　入浴　十時眠を求む

二月廿一日　　日　曇
近来の寒気実に甚だし　晩食後仲町迄遊歩す

二月廿二日　　月　晴
今日より学生卒業試験を始む　午後六時帰宅す　フリードレンデルえ注文せし書籍到着す

二月廿三日　　火　晴
後四時過帰宅是より牧子の不快を見舞ふ　伴野外山林二子に留学以来にて面会す

二月廿四日　　水　曇
午後外山子来る亦た牛込三君見えたり

二月廿五日　　木　曇
晩食後仲町辺迄遊歩す　煙草等を求む

二月廿六日　　金　曇
晩食後原君を訪ふ九時半帰宅す

二月廿七日　　土　曇
夕刻より八千代携て遊歩旁伊勢利に食事す

二月廿八日　　日　快晴
午後は上野広小路勧業場え行く公園内を遊歩し帰る岩田貞行子来る

三月一日　　月　快晴
伴野子帰県暇乞す午後六時帰宅

三月二日　　火　曇
帝国大学令公布医科大学校長及教頭定る　六時前帰宅す
椰野君より来翰

三月三日　　水　雪

午後四時帰宅　雄叔父君東京府転化家屋云々証人となる

三月四日　　木　曇

午後二時より大沢子始め諸子と衛生学教場に会す七時帰宅す　フリードレンデルより書籍着す

三月五日　　金　曇

午後二時より約の如く衛生教場に会す　アルゲマイネ・アナトミー〔＊一般解剖学〕の講義を休む七時帰宅す　熱海横田大叔より書翰到る過日送りし器械の買弐円五拾銭送られたり　片山国嘉隈川子加藤照麿諸子より手紙到る

フリードレンデルより勘定書着す

三月六日　　土　快晴

午後四時半帰宅す　操子来て共に晩食す　医科大学教授に任せらる

三月七日　　日　快晴

午後一時約の如く衛生教室に会す　七時帰宅す　雄叔父酒中毒云々晩食見舞ふ　九時半帰寓入浴眠を求む

三月八日　　月　曇

後六時帰宅す　在宿仕事す

三月九日　　火　晴

午前十時帰宅車を命し礼服着用文部省に行き受書を出し御門鑑を受取り宮内省え御礼に行く十二時半帰宅　仕事室え行き五時半帰宅　遊歩浮世寿志にて晩食

三月十日　　水　晴

午後四時より約の如く衛生教室に会す七時帰宅す

三月十一日　　木　晴

午後三時半帰宅八千代を携て辰の口勧工場え行き茶盆煙草箱を求め是より新橋竹川町紙店にて西洋紙を買ひ歩行菓子鉢を求む　七時帰宅増井子来り雄君酒増進云々国元え手紙を認む　今日より解剖学教室主任を実行す

三月十二日　　金　曇

午後三時講義を終へ帰宅牛込母堂来られ暫時談話辞して小林え行く説て同道帰宅療養す

三月十三日　　土　雨

後五時前帰宅　六時大沢子の宅に会す十二時過散す一時前帰宅　不眠三時半頃漸く眠に就く

三月十四日　　日　晴

下婢のぶに暇を遣る無人不都合増井子を頼む　午前外山林助子来る共に出てて魚十に於て同子を饗す　三時宅に帰る　八千代牛込法事に付之不在　入浴

三月十五日　　月　晴
新下婢来る午後六時過帰宅す　神戸港西尾氏より来翰
三月十六日　　火　晴
午後五時過帰寓
三月十七日　　水　晴
三四日此方大に暖候となる今日は午後十四度なり
三月十八日　　木　晴
今朝雄叔父快方帰寓せらる　晩食後原君を訪ふ九時半帰宅下婢外泊
三月十九日　　金　曇雨
午後四時帰宅　折しも大雨外出長岡社出席八時頃帰宅
三月廿日　　土　晴
午後四時帰宅　大学予備門に於文部小集会え出席八時頃帰宅す
三月廿一日　　日　半晴
前九時起く桂斎藤二学生来り医学士の位得否云々午十二時となる食事　約の如く一時大沢子の宅に到る後十一時帰宅
三月廿二日　　月　晴
玉越興平子死亡に付午食より出てて先つ同子の宅に到る是より雄叔父を一寸訪ひ二時過谷中加納院の葬儀に陪す三時教室に帰り五時帰宅　雄叔父に金五円用達都合金弐拾円なり
三月廿三日　　火
三月廿四日　　水
八千代染井え墓参す
三月廿六日　　金
雄叔父君より五円返金あり　夕刻出てて本郷伊勢利に食事帰路仲町迄遊歩　菓子箸を壱対求め帰る
三月廿七日　　土　曇嵐
午後四時前帰宅　外出実吉子を築地に訪ふ帰路長谷川泰君を見舞ふ
三月廿八日　　日　晴
午前彰君牛込令閨等見ゆ　昨夜来腹痛下痢床に臥す夕刻より発熱す
三月廿九日　　月　晴
今日在宿加養　午後二時より学年学課に付会議あり之に推て出席す四時半帰る　吉田春台老より書翰到小林家云々　雄叔父に先日約束の金円四拾七円送る
三月卅日　　火　晴

出勤　晩食後仲町通に遊歩す
　三月卅一日　　水　曇
四時帰宅共に出てて東中通りにて茶托を求め是より煎茶器を買んとし所々廻り八時半頃帰宅す

　四月一日　　木　曇晴
晩食後共に出てて小川町に到り煎茶具を求む
　四月二日　　金　晴
午後は教室不参一時半八千代を携て外出　上野停車場に到り二時十五分発車　王子車を下る飛鳥山に登る休息是より滝の川え行き又休み稲荷社に到る　停車場に帰れば五時過ぎ又飛鳥山より下て人車に乗り六時帰宅す
　四月三日　　土　晴　神武天皇祭
午前横田大叔を春日町石坂亭に訪ふ不在雄叔父を見舞ふ在宿暫時談話次て牛込え廻て午刻来る　午後在宿晩食後遊歩す
　四月四日　　日　晴　桜花大に開く
前十時半八千代と共に外出端舟会競漕を向島に見る植半に休息午刻食事す　後二時半同処を去て花屋敷に到る時に大に風立つ　小梅村辺を過き乗車浅草え立寄り新花屋敷を一見し乗車五時帰る　晩食後共に横田大叔を訪ふ九時半帰宅　入浴十時半眠を求む
　四月五日　　月　小雨
午前八時より九時迄の講義を休む（競漕会疲労に付）
午後十二時半より生理学教室に会す　新年度額金仕払云々　解剖学教室主任の公達あり四時半帰宅
　四月六日　　火　晴
午後七時十五分総長招待に応し鹿鳴館に到る十一時帰宅
　四月七日　　水
雄叔父又昨日来発作　晩食後独横田叔父を訪ふ
　四月八日　　木
外山林助子アナトミーえ暇乞に来る　明日長野え向け出発すと　晩雄叔父君より再度使来り　金拾円急に入用云々之を断る　梅錦之丞子今朝死去す
　四月九日　　金　晴
午前梅子を弔ふ次に雄叔父君を訪ふ今日も度々使来るが故なり　午後三時より大沢緒方二子と遊歩上野に到る桜花満開水産博覧会を見る　五時過帰宅晩横田大叔来る明後日出発帰国すと　一時頃眠を求む
　四月十日　　土　曇晴

午後三時半帰宅乗車梅子の葬式に出る五時帰宅　晩食後共に横田大叔明日出発に付暇乞に行く　帰路独雄叔父君の様子を見る増井子一泊す

四月十一日　日　晴　午後廿一度五分迄登る俄の暖気午後仕事出来す晩食後大学内の桜花を見る

四月十二日　月

四月十三日　火

雄叔父君よりはがき来る下女なく困る云々　四時帰宅より断りに行く

四月十四日　水

奏任三等に叙すの辞令下る

四月十五日　木　晴

下級俸下賜の令下る　四時命車雄叔父君を見舞　捨置べし云々　六時乗車田代基恒君の招待に応ず夜十一時同家を去る　是よりスクリバ君誘れ大沢緒方二子と同氏の宅に到る十二時帰宅一時過眠る

四月十六日　金　曇小雨

吉田円子来る国元より帰国すべき報あり云々

四月十七日　土　曇雨

月俸不渡携妻植物園遊行の約あれども天気悪ければ止む晩食後雄叔父君自ら来り小橋老婆君出京に付相談旁同道すべしと直に同行す　十時前帰宅

四月十八日　日　曇雨

早朝増井子をして雄叔父君金拾円を求む断る次で自身にて来り頼まる依て諾す　次に小橋老婆君来る共に出てて本郷通倉田屋に到り時計を典し金拾円を借る之を以て雄叔父君に用達たり　是より石垣え行き老婆君に附添を托し十二時帰る　二時前加藤君謝恩会に出席す写真等あり六時帰宅す

四月十九日　月　曇晴

午後四時半帰り乗車小林え行く叔父快し次に牛込老母君熱海より帰したればなり　次に飯田町小松え行く晩食九時半八千代も共に帰宅

四月廿日　火　曇晴

内閣及文部省え請書を出す

四月廿一日　水

四月廿二日　木　晴

帰宅後小林え行く

四月廿三日　金　晴

四月廿四日　土　晴風

午後より小石川植物園に遊園会を催す　八千代操子と共二時頃外出同処に到る　五時半帰宅す入浴八時半眠を求む

四月廿五日　　日　晴風

午前牛込君来る　午後雄七郎様求めに応し同君を訪ふ金子入用云々依て学資の残額金七拾八円返済すべきを約し来る　晩食後長谷川泰君を訪ふ不在空しく来る

四月廿六日　　月

エントビッケルングスゲシヒテ〔＊胎生学〕は今日全く終りて閉つ　午後四時帰宅直に泰君を訪面会　金百円借用を申入る承諾の上帰る

四月廿七日　　火　曇

今日より毎日脳論を十時より十一時迄読む　十一時前帰宅し車を命し原君を訪ひ金子百円借用す何とれば長谷川君今朝断れたればなり十一時半帰る　午後二時より相談会に出席す六時帰宅　晩食後遊歩旁八千代と共に倉田屋え行き過日の時計を出して帰る

四月廿八日　　水　終日雨

今朝下婢くみ出走す　夕刻雄七郎君来る金七拾八円渡す晩共浴

四月廿九日　　木

今日脳論を九時過より読て未完終して閉つ　諸払切符振出に付消時　午食の際牛込令閨来る談話四時となる　是より教室え行き六時帰宅す　雄七郎君昨夜より帰宅されざるよし晩同君に付手紙を認め国元連名宛なり　十二時過眠に就く

四月三十日　　金　曇

今日講義全く閉つ　諸払に付終日す　夜大雨降る

五月一日　　土　曇

午前九時過出勤　卒業試験あり　晩食後共に広小路の寄席に行く　十一時帰宅時に晴天明日江の島行を約し眠る

五月二日　　日　快晴風

前六時起く快晴なれば江の島行と決す石垣え行き留守居を托す教室え立よる　七時過帰宅七時二十分出でて新橋停車場に到八時発車九時神奈川着　人車二人挽壱円四拾銭戸塚にて休息午後一時頃江の島着さぬきやに登る　午食休息し三時過出てて山を歩行時に風甚し岩屋に入ることと不得六時宿に帰る　入浴晩食し九時過眠に就く

五月三日　　月　快晴

前六時頃起く好天極なり静かなり　朝食喫し島山を遊行す八方好景岩穴に入る猟奴をし海老を索らしむ　八時過家に帰る宿料を払ひ（弐円也）前日の車夫を雇ひ（壱円六拾銭）九時頃出立す七里ヶ浜を歩行す快極りなし　名物力餅を食し権五郎社より観音大仏等に詣し一時頃鎌倉三つ橋方え着休息　午食し鎌倉神社え参り是より建長寺円覚寺の宝物縦覧会を見て帰途に就く　戸塚程ヶ谷間の一茶店にて休み六時前神奈川着六時の汽車を以て帰京す八時帰宅す晩食し十時頃眠に就く

五月四日　　火　曇

前十時出勤　卒業試験す午後も同断　四時前帰宅能重来る長談　晩食後西尾篤子神戸より出京原田貞吉君方に止宿するを見舞ふ　八千代不例

五月五日　　水　曇

前九時過出勤午後俸給四五六月分参百五拾円受取り直に帰宅牛込老婆君来る　三時半外出第三十二銀行え国元為替を組んとす時刻遅れ空く帰る　午後六時より集談会え出席十一時帰宅す　今日より新下婢ふみ来る

五月六日　　木　雨

午後乗車三十二銀行え行為替七拾円を組む直に手紙を出す　雄七郎様良精留学中五拾程用達し金円返すべしと依て此金の有無を問合す　帰路武野子を訪ふ

五月七日　　金　雨

顕微鏡室の大掃除を始む午後六時半帰宅す晩在宿

五月八日　　土　晴

朝六日付手紙の返事を電信にて遣すべき電信を国元え出す　午後四時前右返事来る是より雄叔父君を訪ひ金子さいそくを断る　今日午前八時より定期試験を始む　晩食後切り通し迄行きくつ壱足（三円）を求む

五月九日　　日　半晴

今日も午前は試験す一時帰宅す　午後在宿

五月十日　　月　晴

今日午前は一年生を試験す　午前午後雄七郎様より使到金五拾円遣すべし云々　午後四時過同君を訪ふ終に出刃庖丁短刀の強談に及ひ不得止金五拾円返す（之は良精留学中家族え廻れしものなるよし）同君即時箱根え出立されたり九時半帰宅す

五月十一日　　火　晴

今日一年生試験終る　午後在宿

五月十二日　　水　晴

九時過出勤　晩食後原君を訪ふ九時帰宅す　夏服を着す
五月十三日　木　晴
九時過出勤　午後一時より高等中学医科の科目に付相談会あり三時帰宅　晩国元え手紙を認め（雄叔父君え五拾円渡す云々）並に投函又雄君え手紙を書く
五月十四日　金　晴
晩食後仲町迄独遊歩煙草を求む　夕刻維直君病気見舞として来る
五月十五日　土　晴
晩食後仲町迄独遊歩夏帽子を求む
五月十六日　日　晴
午前在宿　午後教室え行く四時半帰宅　雄君帰京に付同君を訪ふ　増井子杉浦え食客の証人を諾す
五月十七日　月　晴
今日より二年生の胎生学試験を始む　晩食後出てて雄君を訪ふ是より小川町丸屋に到り果実鑵詰壱箇求む
五月十八日　火　曇晩雨
午前は試験午後は牛込令閨の来訪にて教室不参　四時半出て文部大臣森君招待に応す八時過帰宅す時に血尿を漏す
五月十九日　水　雨
午前は試験之にて全く終る　午後は持病不宜を以て不参
五月二十日　木　晴
維直君見ゆ　晩食後雄君を見舞ふ帰路歩行体温計外二品求め帰る
五月廿一日　金　曇
午後は不参在宿す
五月廿二日　土　晴
午後は教室不参　乗車桜井郁二郎子を問ひ八千代を来診するを托す　六時同子来る又維直君見ゆ　権兄より手紙到る五拾円送るべし出京す云々
五月廿三日　日　雨
終日大雨晩食後出てて雄君を見舞ふ帰路ブヂー二本求む晩一手術を行ふ
五月廿四日　月　晴
午前九時出勤今日より前期の残り脳論を二年生講するを始む午後不参　八千代不宜依て八百を看護に頼む牛込老婆君来る次て原君来り牛込え移転療養を進めらる　晩食後牛込え行右の相談をなし十時過帰宅　之より支渡し時に牛込令閨来る　十二時過宅を出つ三時半帰宅す

五月廿五日　火　晴
本日処労届をなし不参　十一時起く　午後武野子来る次に緒方子見舞呉れたり　七時半頃外出牛込え行く九時半帰る

五月廿六日　水　晴
午前二年生四名胎生学の試験す　午後四時半出てて雄君を見舞ふ是より牛込暫時にして帰る晩食し原え行次に又た牛込え行き一泊す夜中殆と不眠

五月廿七日　木　曇雨
午前六時頃帰宅八時出勤　緒方子教室え来る十二時前牛込より手紙到る八千代眩暈すと直に牛込え行く原君在り午後一寸教室え帰り明日欠席の申をなす宅え立寄り牛込え行く　幸三郎を頼み宅の留守居を托す　夜十一時過橋本君来診す原君も来る施術を談す　ラブルーリュクハルト博士より書翰到る亦たフリードレンデルより書出来る

五月二十八日　金　雨
晩橋本原君と施術を談両君空しく去る

五月二十九日　土　晴
大学運動会に付休業　午前十時頃に原君愈施術す　原君当家に一宿す　母上様お幾（八千代宛）手紙到る

五月三十日　日　晴
原君今朝診すれば術其功なし総て元に復す　夕刻橋本原両君第二の手術を施す　夜十時頃カテーテル抜出たるを再ひ挿入る　国元え八千代大病の報書出す

五月三十一日　月　雨
大学え向三日間処労届を出す　午後一寸帰宅し注射器等を持去る　又鳥《ママ》毛枕持行きて午後病人の褥を敷換ふ

六月一日　火　曇雨
昨夜二時頃体温三十八度五分ありしと今朝九時頃四十度時に原君来り居るカテーテルを抜去て子宮炎を防がんとす漏尿困難すカテーテルを以てす夕刻も亦た然り　午前シュッテルフロスト（＊悪寒）を発す　午後橋本君来る夜十時頃より再ひシュッテルフロストを起す腹部に痛あり苦痛甚たし原君をよぶ

六月二日　水　晴
昨夜零時五分終に八千代死去す　是より眠ることを不得国元え凶電報を出す　午後一寸帰宅す国元より（お幾代筆）八千代病気見舞の書状到る大学え忌引届を出す　晩屍を拭ひ衣服を換ふ蒲団を敷換ふ　諸方え報知の端書を

出す

六月三日　　木　晴

死亡届と共に八千代寄留替届区役所え出す　午後髪を切る午後入棺　九時過出てて龍岡町仮宅に帰る牛込両君同道十一時頃吉祥寺の僧来る改名左の如し

清心院恵輪妙光大姉

六月四日　　金　曇雨

棺を閉つ　午前の雑混言ふべからず　国元母上様及ひ皆々よりくやみ状到る　午後一時出棺駒込吉祥寺にて葬儀を行ひ染井え埋葬す時に降雨甚だし　会葬者親族を除き八十余名　六時半帰宅牛込両君同道　おなを殿吉田八百泊す　入浴八時過眠に就く

六月五日　　土　快晴

午前維直君来り諸方え会葬の礼札を出す　増井子をよび托す　幸三郎帰去る　午後牛込老人お春殿次に令閨来る独令閨残て八千代の所有を調ぶ　晩おなを殿帰去る　榊老人来る

六月六日　　日　晴

午前彰君牛込令閨来る次に武野子同子は午後に墓参を約し去る　午後宮本仲子弔に来る　武野操子と墓参す是より牛込え行く　晩食し酒を挙て帰る九時頃眠に就く帰路葡萄酒一瓶求む

六月七日　　月　晴

朝八百帰り去る之にて只独となる　残の会葬礼札を出す今日初七日の法事を行ふ午後二時牛込に到る　八時頃帰り前日の酒を飲み眠に就く入浴

六月八日　　火　晴

午前吉祥寺の僧来り読経す終て直に外出吉祥寺に到り初七日読経に陪す牛込両君あり是より墓所え詣て十二時過帰宅す　午後今田子来る　荏苒　六時食事し武野子を見舞ふ八時前帰宅す　能重来る雑誌を読み十一時眠に就く

六月九日　　水　晴

午前大沢子え速に除忌云々手紙を遣る　亦た五月廿七日よりの日記を録し費す　午食後教室え行明日より出勤の心得なればなり四時過帰宅す　維直君来る　晩食後武野子を誘ひ宮本仲子を訪ふ　雑談十一時前帰宅直に眠に就く

六月十日　　木　晴

前六時過起く七時出勤併し学生来り不居講義を始ることを不得　母上様え手紙を出す八千代病症並に改名を誌す

四時帰宅次て牛込え行く曼頭配等を相談し食事し九時帰宅直に眠を求むれども不得　夢

六月十一日　金　午前晴後雨

今日より記載解剖及総論解剖講義を始む　午後堕胎物を検す　夕刻牛込令閨来る次に榊老人見ゆ令閨晩食し去る老人は十時迄談話す　入浴し眠を求む　仏前点蠟は今日より止む

六月十二日　土　曇晴

今日より顕微鏡演習を始む　午後二時帰宅す、母上様より御手紙到権兄おとき云々　晩食原家礼旁雑誌を持行く九時帰宅

六月十三日　日　晴

熱さ追々増す今日より単衣を着す　早朝八百来り眠をさます午前在宿　午後牛込え行き明後日二七日に付晩食饗するを約す　帰路雄叔君を見舞ひ帰宅晩食す精一君え礼状を出す

六月十四日　月　雨　蚊帳を用ゆ

今日より昨年夏期より残り居記載解剖脳論を始む即ち月水金午後一時より二時迄　今朝権兄着京すと夕刻来り大に悦ぶ十一時過眠を求む

六月十五日　火　晴

今日は二七日に付午前十一時半帰宅し曼頭配り方を差図《ママ》す即ち二十二軒あり　二時過牛込令閨来る同道三時吉祥寺に到り読経に陪す　是より墓地に詣で五時前共に帰宅す次て維直君も見ゆ権兄も帰り来る　晩食談話十時両君去る十一時過眠に就く

六月十六日　水　晴

早朝権兄下宿に向て出る　午後四時前帰宅　晩食際原君来る　晩食後御礼旁飯田町小松え行く

六月十七日　木　晴曇

午刻山賀屋浴衣二反求　四時帰宅　晩食し石垣え礼旁右浴衣を托す　是より牛込え行帰路榊え礼に寄り九時帰宅宮本武野二子来る　雑談十二時前二子去る

六月十八日　金　晴

熱甚追々甚し午後二十二度　午後眼科甲野子訪ふ　彰君診察のことを話す　三時半帰宅　晩食後飯田町え行く彰君不在午前のことを言置て帰る

六月十九日　土　快晴　午後二十三度強

連日只鬱々として消光す　午後は教室不参　権兄来る晩食し去る

六月二十日　　日　快晴

午前九時医学会出席天然分業法を演舌す　十二時半帰宅三時命車出てて染井墓参只独にては始てなり帰路牛込え寄り七時帰宅す

六月二十一日　　月　快晴

晩食の際雄叔父君来る次にとき来て岡妹の話あり十一時とき去る　今日フリードレンデルより Jahresberichte für A. u. Phys. Zit. 1884〔＊年報〕到る　午後一時半部会に出席四時辞て去る　能重と弓町の一宅を見之に転居と決す　帰路榊綽君訪ふ七時帰宅す

六月二十二日　　火　快晴

八千代三七日に当る亦た忌中明なり　晩食後武野子を訪ふ九時帰宅す

六月二十三日　　水　快晴

午前九時彰君教室え来る　甲野棐子の診察を乞ふ　午後三時帰宅し八千代荷物を片付総て牛込え預ける積りなり晩食し直に出てて石垣え立寄り之より牛込え行き右荷物を預るを托す　十一時帰宅す

六月二十四日　　木　快晴

午後三時半帰宅　晩食後原君を訪ふ亦た小林え寄り九時帰宅す　留守牛込令閨君来ると

六月二十五日　　金　晴　午後二十三度

午前三好退蔵本多両君教室え来る久々て面会せり　午後三時半帰宅　晩食後牛込え行く不幸入費計算す即ち七拾六円六拾七銭也外に手元より出せし分もあり十時過帰宅す　今夜篳笥は牛込え遣る

六月二十六日　　土　晴

午後は教室不参荷物片付く　晩食後緒方子を礼旁見舞ふ牛込え行李並に長持を遣る　入浴し十時頃不叶意寓を去る一種の感覚を以て眠に就く

六月二十七日　　日　晴

前八時頃起き用意をなす松井競子来る　寿衛造国元より着京す　十二時午食し引越に取掛る　良精等第一荷車と共に弓町宅に移る　柳沢子来る　晩権兄見ゆ

六月二十八日　　月　半晴

前七時例の如く出勤　今日より亦た弁当を食せす　午後二時頃帰宅し片附等をなす　五時より寿衛造を携て長岡社例会に出席す（四五六月分掛金をなす）帰路手下げ壱個求む　牛込え寄り帰る　十時頃榊え行く逆為換云々夏服出来す直に教室にて着す

六月二十九日　火　前雨後晴
午食後緒方子教室に訪ふ榊俶子の事なり　三時過出てて四七日に付墓参す　武野子来る共に晩食す次に牛込令閨来る

六月三十日　水　晴
午前七時前大工銀治来る湯殿新築を托す次で榊老人来る八時より教室を出てて伊東盛雄子を訪ふ榊子の為めなり帰路榊え立寄り終末を話し教室え帰る時に午十二時なりき　午後三時前帰宅鈴木孝之助子帰朝に付見舞ふ面会せず四時牛込に到る　八千代の道具荷物を総て一見す晩食し帰る　皮製夏敷物維直君に托し求む（五枚三円七十五銭）

七月一日　木　晴
午後二時半紋章を取り帰る　伊東子来り居る共に晩食す小林衡平子来る　稍十時となる是より小林叔父を訪令閨今日国元より着京

七月二日　金　晴
初弔日なるを以て蠟燭を点し新き花を手向く　晩食後飯田町え行き不幸入費勘定済み百五十円預りの内七拾円借用とし残り八拾円を返す次に宮本子を訪ひ明日夕刻来臨を約し帰る

七月三日　土　晴
ワルダイエル先生より手紙到る　午後武野え一寸立寄り四時帰宅す　夕刻宮本武野二子来る宮本子に墓標書字を頼む　即ち小金井八千代子之墓とす右面に維時明治十九年六月二日と書終て共に食事し雑談十時頃二子去る

七月四日　日　晴
午前七時過出てて先つ橋本君を来診の礼として見舞ふ是より鈴木孝を訪ふ折善く面会暫時談話休暇後再会を約し去る　牛込石黒君を訪ふ終に小松え寄り餞別の印を送る　午十二時帰宅す

七月五日　月　晴
三十五日前日に当れば親族集て法事の印を行ふ用意をなす　今日解剖体百霊祭を天王寺に行ふ一時教室を出てて同処に到る三時過帰宅す　五時頃より牛込始め諸子集る晩食を供し八時半頃散す　榊老人和歌を一首送られたり
玉つはき若木の花のちりはてぬやちよのいろとたれか知けん

七月六日　火　晴

三十五日に当る　午十二時過帰宅す午食し一時半出てて吉祥寺に到読経に陪す是より墓所に詣す　桜樹の枝に折紙あり開き見れば

六月の初の頃或人の妻のみこもりし疾にてはてければ

をいてけやわすれかたみのまゆの蝶

晩小林衡平子来る同子去て后榊え行く

七月七日　水　晴

午後二時半帰宅す　五時出てて牛込え行く八千代遺物分配の事なり　七時帰宅晩食し本郷通り迄雑買物に行く九時半眠を求む　二年生の五管器論は気分不進を以て今日より休む

七月八日　木　晴

昨今炎暑難堪し　一年生解剖学及ひ同総論は今日閉つ亦た二年生顕微鏡演習も閉づ　午後三時帰宅す　雄叔父君来る　六時過出てて維直君招待に応し上野八百膳に到る十時帰宅　緒方子より金弐拾円借用す困り入りたることにこそ

七月九日　金　快晴　二十五度半

前八時半出てて礼として長谷川君を見舞ふ尋て桜井郁子を訪ひ来診を謝す十時教室に到る　拝借図書の調を図書館にてす　午後二時帰宅す　武野子来る共に晩食し出てて宮本子を訪ふ不在　武野子に別れ切り通え廻り柳行李壱求め帰る　従六位に叙せらる（但し日付昨八日）

七月十日　土　快晴　二十七度　夕立あり

終日在宿午前牛込御夫婦操子暇乞とし来られたり　尋て権兄来り　夕刻迄談話晩食後牛込え行く十二時前帰宅す　工科大学に於ての授与式あり之に出席を断る

七月十一日　日　晴

午前六時起く七時前乗車牛込え行く直に新橋停車場え同行　八時汽車発す横浜津久井屋にて休息十時前はしけを以て本船大域《ママ》丸に到り船中を一見し食事をなし十一時過出てて直にステーシヨンに到り十二時十五分発車帰京す　鉄道馬車に乗る二時半牛込え帰る炎熱甚だし休息晩食し九時帰宅す

七月十二日　月　晴

午前九時前出勤諸事を取まとめ午後三時帰宅す　晩食後飯田町え行き熱海え出発を談す

七月十三日　火　晴

六七日に当る午前九時頃出てて墓参す帰れば武野子並に小林およし殿あり　晩食後原君を訪ふ帰途神保町にて買

物し断髪し帰る

七月十四日　水　晴　午後二十九度迄登る

午前七時過出てて森大臣を弔ふ叙位請書を出す　旅行届書を認む　牛込老婆君小供を携て一寸立寄れたり　炎熱例年に稀なり　午後は荏苒たり夕刻出てて榊家並に小林家え暇乞に行く帰り晩食し命車　芝巳町稲垣銀治君を弔ふ同君昨夜十時終に死去す　是より牛込え暇乞に行き十時前帰り旅行荷物を斉ふ入浴十二時眠を求　浴養後は幾分か気分に乗ることあるや

七月十五日　木　晴

午前五時半頃起く榊老人来る次に武野子見ゆ六時半出発飯田町え寄る彰君春三子同行八時新橋発車　神奈川より馬車を雇ひ藤沢え十二時前着す休息食事し午後五時半湯本着　福住に下る晩食後旭橋に到り夜景を望む時旧六月十四日の月山上登り谷川に写り好景極なし九時頃眼に就く

七月十六日　金　晴

午前五時半起き朝食七時前春三子を伴ひ彰君に別れ発す十一時半吉浜にて午食し午後一時熱海着　野中に到る挙家留守即ち今日は気の宮祭の前日なりと中村正道子を見舞ふ五時頃諸子帰り来る十時新宅に眠を求む

七月十七日　土　雨

久々にて雨降る随て冷気となる　午前中村子を訪ふ　夕刻彰君箱根を廻り熱海え着されたり　夕刻雨晴るるを以て村内を遊歩す　十時土蔵の二階に眠を求む

七月十八日　日　曇

午前七時起く　諸子と横磯の新屋を見る　午後四時過横磯え引移る閑静なり　洗治法は今日より始んと欲したれども終に間に合はずして止む

七月十九日　月　雨

午前出てて温泉寺え行　明日の読経を頼む野中行く　彰君午刻出発されたり入浴し帰る今日より洗法を始む　母上様え手紙を出す　権兄寿衛造えはがきを遣る　夕刻鋭子来り泊す　Wahrheit u. Dichtung〔＊文献〕第二冊を読始むる

七月二十日　火　曇雨

八千代四十九日当れば精一君法事の印を施行し呉れられたり　十時温泉寺え行き読経に陪す午食し午啐《ママ》四時過帰る

七月二十一日　水　雨

終日外出せず　不尽悔　寿衛造えコレラ注意の手紙を出す

七月二十二日　木　晴　m. 19 ms. 23

午前荏苒　精一君来る午後出てて野中え行き入浴直に彰君令閨諸子帰り春子海水浴を始む　終て磯に遊ぶ晩食後治療す

七月二十三日　金　晴　m. $19\frac{1}{2}$ ms. $22\frac{1}{2}$ a. 21

早朝春子来る共に海中に入る　夕景古屋に行て入浴

七月二十四日　土　晴　19 $22\frac{1}{2}$ 20

朝野中に到る中村子を訪ふ春子を携て帰り午食終て海水に浴す　三等学生二名来る　寿衛造より手紙到る

七月二十五日　日　晴　19 23 20

朝独海水に浴す是より鰹群来れりと依て魚見崎え登る魚散す　新設海水浴所を見帰る　午後荏苒　古屋に浴す

七月二十六日　月　晴　$19\frac{1}{2}$ 23

午後野中え行き入浴帰宅す

七月二十七日　火　晴午後少曇

$20\frac{1}{3}$ $22\frac{1}{2}$ $21\frac{1}{2}$　今日精一君令嬢孝子の誕生日なるを以て午前より野中行く午食し四時頃帰る

七月二十八日　水　半晴

彰君昨夕着村依て海浴後野中え行く諸子と共に吸気館え行き一見す　体重を計る五二、二キロ即ち拾三貫九百弐拾目あり此前生理学室にて計りしとき拾四貫七百目ありき但し冬服を着し居たり　是より梅園え遊行す弁当を食し四時頃野中え帰り入浴仮寓に帰る

七月二十九日　木　半晴　20 23

午前魚見崎下に遊行す　古屋に入浴す　お幾より手紙到る

七月三十日　金　晴　20 $23\frac{2}{3}$

海浴後春子等と磯に遊ぶ午後は野中え行く

七月三十一日　土　晴　21 25 $22\frac{1}{2}$

早朝彰君等箱根うばこえ向け出発に付野中え行き見送る是より横磯に帰り海浴し荷物を片付け野中え引移る　今日の熱さ甚だし　榊緒方小林雄留守宅え手紙を出す　晩食後中村子を訪ひ雑談十時帰る

八月一日　日　晴　22 25 23

午前海浴鋭子と共に魚見崎下に遊ぶ

八月二日　月　晴　22 $25\frac{1}{2}$ 23

二三日此方風　午前中村子を訪ふ熱さ甚たし　夕刻鋭子

と共に同子の畑迄遊歩す
　八月三日　火　晴　23　$24\frac{1}{2}$　23
午前鋭子の母堂二十五回忌当れば温泉寺読経に陪す　横田小笠原両家え手紙を出す
　八月四日　水　晴　23　$24\frac{1}{2}$　23
午前海浴す　梛野今田両氏え手紙を出す
　八月五日　木　晴　23　24　$23\frac{1}{2}$
午前魚見崎下に浴す是より同処に釣す午刻帰る
　八月六日　金　晴　22　$23\frac{1}{2}$　旧七月七日
独海浴　夕刻中村子来る
　八月七日　土　曇　$21\frac{1}{2}$　$23\frac{2}{3}$　23
独海浴少しく遊歩す
　八月八日　日　快晴　22　$25\frac{1}{2}$　23
朝鋭子と海浴す　晩食後中村子を見舞ふ
　八月九日　月　快晴　22　25　23
海浴後家児と気之宮え行く是今年始てなり　雄叔父君より手紙来る　緒方子え送金催促の手紙を出す
　八月十日　火　快晴　22　25　24
海浴後万屋にて煙草等を求む　寿衛造え手紙を出す　今年は大に退屈を覚ふ日々指を屈て帰京の日を待つ悔は大に減す　鬱神も少は起る　晩食後旧七月十一日の月余り明なるを海岸迄遊歩す
　八月十一日　水　快晴　22　24　$23\frac{1}{2}$
朝海浴せんと欲し横磯に到れば地引網を下す之を一見す　緒方子より郵便為替談並に手紙到る直に国元え送金せんと欲し郵便局え行く時刻遅し間に不合　晩食後中村子を訪ふ
　八月十二日　木　快晴　m.22　ms.—　a.$23\frac{1}{3}$
朝独海浴す波至て荒し是より郵便局え廻り為替金を受取り亦た直に国元え三十六円為換を出す　是より鋭子家児と梅園え行き終日す夕刻に至て帰る帰途牛小屋え立寄る
　八月十三日　金　快晴　$21\frac{2}{3}$　$23\frac{1}{2}$　23
記すべきこと更になし　退屈極りなし　晩食後家児を携て市中遊歩す海岸の休息店に憩ふ元《ママ》弄物を求め帰る
　八月十四日　土　晴　22　24　23　満月
独り海浴す　空々たり　晩食後独海岸に遊歩す月明かに風冷なり
　八月十五日　日　快晴　22　25　$23\frac{1}{2}$
海波最高し浴終て魚見崎下に遊ぶ午刻帰る夕刻中村子来る

八月十六日　月　快晴　22　24½　24
海波荒きを以て船揚場に浴す　維直君より手紙到是同子大阪着以来初てなり　晩食後海岸に遊ひ月をながむ

八月十七日　火　快晴　22　23½　23
今日も横磯船揚場に浴す終て横磯崎迄行く

八月十八日　水　晴　21½　24　23
魚見崎下の浴場に浴す波至て高ければなり　権兄より手紙到金拾七円入用云々　夕刻中村来る晩食に至て治療す　夕刻より天曇り雨を催す

八月十九日　木　雨　21　21½
今朝より細雨あり大に冷気となる二十度迄下る連日の旱天炎熱堪難きもここに至て再生の思をなせり　午前一寸中村を訪ふ　権兄え昨日の書翰の返事を出す　海浴は雨天に依て休む　お幾より手紙到る為替請取なり

八月二十日　金　雨　19½　21
朝魚見下に浴す浪最も高し　武野令閨凶問達す　夕刻弔状を出す

八月二十一日　土　曇晴　21　23　22
魚見崎下に浴す尋て崎上登る　夕刻中村子来る　兼て依頼し置し雁皮紙三十状到る

八月二十二日　日　晴曇　21　23½　22
午前魚見に浴す鋭子同伴帰路遠州屋にて盆及玩弄物を求め帰る　晩食後中村子を訪ふ

八月二十三日　月　晴風　22　24½　23
午前古屋に立寄り謝銭を投す是より横磯に海浴す　午後断髪す　宿元え手紙を出す

八月二十四日　火　快晴　朝22―晩23½
余り静かなる天気故初島行の望を起し鋭子を催す小舟を命す（壱円五拾銭）九時纜を解く十二時初島に達す村落は島の北面に在り戸数四拾弐戸住民凡そ弐百七八拾人なりと海岸に島青年と称する一寄草あり亦た水仙多しと先つ田中氏方に投す午食を命ず終れは午後二時となる島山を遊歩す　三時二十分帰途に就く五時三十分熱海に帰る　権兄より手紙到る留守宅え引移る云々

八月二十五日　水　晴　22　23⅔　23⅔
磯に浴す浪至て静なり帰途中村子を訪ふ　彰君え手紙を出す来る二十八日出発帰京す云々

八月二十六日　木　晴　21½　23½　22½
磯に浴す尋て茅屋に憩ふ　夕刻中村子来る

八月二十七日　金　雨　20½　23　22

昨夜来大に降雨あり今朝より雷鳴大雨誠に好湿と云ふべし十一時過止む　午後半晴　午後荷物を詰む　治療終て後諸道具を総て片付く　精一君方にて晩食す　維直君え手紙を出す亦た留守宅明日帰着は端書を出す中村子許暇乞に行く　既往を忘れ雑事を不考奮気を起すべし

八月二十八日　土　晴

午前四時起く牛乳を飲み諸子に暇乞し五同家を発　磯に到て小舟に入る鋭子磯まで送る浪静かに旱天極て快真鶴を過てより南風あり舟進むこと速し　午後一時十五分頃大礒に着（舟仕立三円なり）山本屋に憩ふ人車を神奈川迄命す（九拾銭）二時同家を発す　車夫藤沢に息ふ戸塚程ヶ谷小茶店に憩ふ五月三日のことを思ひ出てたり六時二十五分神奈川着鈴木方に発車を待つ七時二十分発車（上等）弓町本宅に着せしは九時なりき　魁郎石垣貫三二子在り食事入浴す阿兄帰来る談話十二時頃眠に就く

八月二十九日　日　晴　ms. 25

早朝榊老人来る次に武野子来る尋て荷物を取出し片付く午後四時頃より外出神木《ママ》小林より牛込に到る晩食し八時過帰宅す

八月三十日　月　晴　ms. 26

午前八時過出て武野子を弔ふ是より仕事室え行く　諸方子に病理室に面会す是より大沢子に役室に逢ふ　榊俶子の手紙を読む（之は「ミユンヘン」発七月十七日に既に着せしものなり）帰路榊え立寄り午後一時過帰宅す　晩食後原君を見舞ふ

八月三十一日　火　晴

前九時頃出て教室に在り　諸払振出にて時を費す後一時過帰宅す　熱海小松家え礼状を出す　晩食後緒方え行き月俸を差引勘定し持帰る

九月一日　水　晴

前九時頃出勤　諸払振出終る　後一時過帰る　帰路仲町え廻り莫を求む亦た白掛物を壱幅注文す　晩食し六時出てて集談会え出席す十時半帰宅す　流行病に付休日来る二十日迄延引

九月二日　木　雨晴　少冷

前八時過出てて原君に到り金五拾円返却尋て教室に到る帰路山賀屋にて風呂敷布を求め二時前帰宅　今日より亦た治療を始む　簞笥を求（七円五拾銭）

九月三日　金　曇雨　ms. 23½

午前は衣服を箪笥に移す　教室不参　午後緒方子来る
雄叔父君を訪ふ　熱海鋭子より手紙来る
九月四日　土　不定
午前教室に在り　晩食後宮本子を訪ふ頼て仏号を端冊に書十二時前帰宅す
九月五日　日　不定　ms. 23
不参午前能重来る次に榊老人来る　午後牛込え行く
九月六日　月　晴
午前教室に在り　午後二時半頃とき来る佳談晩食し十時に漸く去る　白掛物出来す　魚松婦新下婢の目見えとして来る
九月七日　火　晴
午前教室帰路武野子を見舞ひ二時頃帰宅　今日新下婢つゑ来る　晩三等学生渡辺子来る　権兒今日より下宿に帰らる
九月八日　水　快晴　ms. 25
朝夕は大に冷気となる　午前田口君を弔旁見舞ふ尋て教室に在り帰り午食を終り仏壇を飾る　鮮花を手向く晩点蝋す八千代百ヶ日前日に当ればなり　晩石垣おなを殿来る　中村（熱海）子え手紙を出す　十時半眠を求む下婢ふみ今日去る
九月九日　木　晴曇　ms. 25
朝武野子一寸来る　八時半出て染井え百ヶ日の墓参す尋て教室に到る　午後雄叔父君一寸来る
九月十日　金　雨
前八時出て今田子を寓に訪ふ是より教室に到る　晩余り徒然なるを以て榊老人を訪ふ談話十時帰宅す
九月十一日　土　曇晴
午前教室　午後長谷川君来る次に鈴木孝子並に榊老人来る　鈴木子は久々て世事の談話せり晩食を共にし九時両君去る
九月十二日　日　晴　ms. 25
午前在宿土仕事をす　晩食後武野子を訪ふ折悪く出違となる直に帰宅す　十時床に入れはおなを殿来る即ち此頃托せし毀損布団出来せしなり
九月十三日　月　晴
午前教室に在り　夕刻武野子来る洋食を共にし九時同子去る
九月十四日　火　曇晴
午前教室　午後能重来る　五時頃出て稲垣之治子を士

官学校に訪ひ予備校云々ことを問ふ　是より直に武野子に到に晩食談話十一時帰る

九月十五日　水　晴　m.19 1/2 ms.24 a.22

大に冷気を覚ふ　午前教室　在独乙中島一可子より手紙到る八月中旬馬港出帆云々　今日寿衛造を成城学校入学為め同校え遣す

九月十六日　木　半晴　m.21 1/2 ms.24 a.22

午前教室　午後在宿仕事す　今夜より蚊帳を不用

九月十七日　金　半晴　m.21 ms.24 a.22

午前教室　稲垣之治子に手紙を出す　晩食後原君を訪ふ

九月十八日　土　晴曇雨

午前教室　晩高橋三郎子来る　九時前同子去る是より出てて宮本子を訪ふ十二時前帰宅

九月十九日　日　晴　m.20 ms.22 1/2

在宿　午前榊老人来る　園丁二人を雇て庭内を掃除せしむ　午後五時過如約武野子来る次に宮本子来れり共に晩食快談十一時去る

九月廿日　月　曇　m.19 1/2 ms.18 a.17 1/2

俄に冷気　午前教室に在り午食後出てて小林家を見舞ひ是より牛込老人を訪ふ　六時帰宅榊老人来り居り談話七時半同君去る　今日武野令閨三十五日に付菓子折到来す

九月二十一日　火　曇　ms.17

今日より秋服を着す　今日より始業即ち午前七時より出勤　午後一時より月次会出席四時過帰宅　晩食後寿衛造を携て本郷通迄買物に行く

九月二十二日　水　曇雨　ms.16

五時前帰宅武野子来る次に権兄来り一泊す　雄叔父持病又た始まりしと十二時前眠に就く

九月二十三日　木　雨　祭日　ms.17　袷を着す

午前出てて江口子を訪ふ不在直に帰り在宿　河合継之助之伝を読む　石垣おなを殿来る

九月二十四日　金　雨　m.16 1/2 ―　a.17 1/2

四時半帰宅在宿　熱海中村子より来翰

九月二十五日　土　前雨風後晴　m.19 ―　a.21

昨夜より風雨稍甚たし　午後三時帰宅榊老人来り居る談話夕刻となる　晩食後彰君を訪ふ此頃熱海より帰れくればなり九時帰宅

九月二十六日　日　雨　m.16 ms.15 a.15

午前九時起く雨の為め終日在宿　午後五時頃中島一可子来る昨夕着朝せりと　昨年五月独乙国ウユルツブルグ分

□以来なり

九月二十七日　月　雨曇　m.14 ms.18 a.17

出勤の際悪天困却教室迄乗車　午後四時半出てて帰途榊老人を訪ふ五時過帰宅西片耕一郎なる人来る

九月二十八日　火　曇　m.16 ms.19

火曜日の煩務可驚七時より八時迄一年生解剖八時より九時迄同解剖総論　九時より十時迄二年生顕微鏡用法講義十時より十二時迄同演習　午後一時より二時迄五年生解剖総論合て六時間となり四時半帰宅　晩食後武野子を訪ふ石垣両子来る

九月二十九日　水　曇雨

後四時過帰宅在宿　母上様え書面を出す　権兄来る

九月三十日　木　曇

午後四時過帰宅小林家を見舞ふ　本富小笠原小林道の諸子来る

十月一日　金　晴　m.$15\frac{1}{2}$ ms.18

午後四時過教室を出てて山賀やに坐布団地を求む　椰野君より手紙来る　晩食の際武野子来る　今日より午前八時出勤

十月二日　土　晴　m.15 ms.18

午後四時半過帰宅　吉田円次郎子出京面会す　晩食後彰君を訪ふ九時帰宅

十月三日　日　晴　m.$15\frac{1}{2}$ ms.18 a.17

前八時起く九時命車加藤弘之君を訪ふ　午食終れば山田君春三子等を携て来る次に彰君も来り約の如くチヤリネ曲馬を一見す　操子に同処にて会す亦た子と共に牛込え行晩食し帰る

十月四日　月　曇雨

午後五時半帰宅諸払にて大に時を費す晩小笠原金子来る

十月五日　火　雨晴

朝雨降る午後四時帰宅武野子来る即ち宮本子許同伴の為めなり　伊東盛雄子一寸来る辞て武野子と共に宮本子に到中島子来り居る　晩食雑談十時半帰宅す　今日寿衛造をして牛込より国元え送るべき八千代遺物持来らしむ

十月六日　水　晴

今日にて記載解剖学講義稍全く一週《ママ》す即ち五官器論終れり之にて形体学全科を一週すノチツェン〔＊手控え〕も一通り出来たりと云ふべし　四時帰宅八千代遺物の荷作りをなす　夕六時より集談会え出席九時半帰宅

十月七日　木　晴　朝14
九月二十日以来好時候なり　午後緒方子を教室に訪ふ　後四時半帰宅飛脚作太郎来り居る前日の荷物国元え送ることを托す　晚食後断髪入浴
十月八日　金　晴　m.16 ms.19
午後三時教室を出て染井え墓参す、四時半帰宅
十月九日　土　快晴
午後五時帰宅　晩渡辺（当三年生）来る子去るの後小林家を見舞ふ　叔父持病止み総て先つ安心の体なり
十月十日　日　快晴　m.13
前八時半起く押入の片付物をなす　榊老人来る午後鈴木孝子来る　同子去て榊老人と上野公園に遊行す　動物園に入る六時前帰宅　透円次郎二子来り居る晩食を共にす　お幾より手紙来る
十月十一日　月　晴　m.14 ms.19
午後は図書館え行く四時半過帰宅
十月十二日　火　晴　m.15 ms.14 a.13
午後四時半帰宅　晚食後武野子を訪ふ九時帰る貫三子来り居り雑談十一時となる
十月十三日　水　曇　m.12 ms.13
昨日より袷を着す　後四時半過帰宅　晩食後原田貞吉子来る
十月十四日　木　雨曇　m.11 ms.13
甚た冷気冬服を着す　四時半帰宅榊老人来る次に野村喜美子久々にて来る
十月十五日　金　晴　m.13 ms.16
四時半帰宅在宿す
十月十六日　土　快晴　m.13 ms.18
午後二時半三年生講義を終り直に帰宅命車　先つ牧子を芝桜川町に訪ふ菊池常三郎子に面会す去て先日約の如く鈴木孝子に到る　晩食談話九時同処を出十時帰宅す
十月十七日　日　快晴
前八時半起く榊老人来る次に武野子及息男次に二神寛治君並に小笠原金共に午食す　諸子去て外出遊歩せんとすれば原君来る談話五時去る　直に出てて竹屋の渡を経て向島堤を歩行白髯に到て帰途に就く　吾妻橋を渡り乗車七時半帰宅去る四月四日のことを思出せり
十月十八日　月　晴　m.15 ms.19 a.18
午後五時帰宅小橋老婆来る　永々談話七時過去る外出牛込老人不快の由に付見舞ふ八時半帰る

十月十九日　火　雨

午後四時帰宅車を命し鹿鳴館に文部小集会に出席す　食終り玉撞場にて和田垣緒方二子と玉遊九時帰宅

十月二十日　水　晴　m.15 ms.18

午後三時過教室を出で御成通を歩行帰宅晩食後宮本子を訪ふ十時半帰宅　母上様え手紙を出す送り物作太郎に托せり云々

十月二十一日　木　曇

午後四時帰宅　夕刻大に雨降る　十時床に入れば榊俶子独乙国より帰着との報あり　直に同子を訪ひ面会せり十一時半帰宅

十月二十二日　金　曇雨　m.15 ms.16

後四時半帰宅　晩榊子来り入浴す

十月二十三日　土　晴

後五時前帰宅　緒方子一寸来る　晩食後原君を訪ふ九時帰る

十月二十四日　日　晴　m.10½ ms.15

前七時半起く　小林家を見舞ふ是より榊子を訪ふ午刻帰る　午後三時出てて日本橋迄乗車是より歩行東中通りより京橋新橋にて転し淡路町にて支那やき火鉢を求め六時半帰宅　晩食石垣え行く直に帰る

十月二十五日　月　雨

午後二時半帰宅　晩食後命車牛込老人を見舞ふ

十月二十六日　火　曇　m.13 ms.14

午後一時半より月次会出席来る二十九日臨幸に付相談あり四時半帰宅　晩食後榊子を訪ふ八時半帰宅　帰途上漏尿云々

十月廿七日　水　晴

出勤の際本郷署に立寄り弁解、鳴呼小愧を惜で大愧を求むとは此事なるか　御臨幸に付教室順《ママ》備　四時半帰宅雄叔父来る文郎子を暫時長岡家宅え預り呉れ云々　五時過同君去る直に車を命し今井政公子の長野病院え赴任を富士見軒に会して送る八時半帰宅

十月二十八日　木　快晴　m.13½ ms.17

御臨幸順備に付顕微鏡演習は休む　午後四時帰宅是より久々にて長岡社例会に出席す　八時帰る

十月二十九日　金　曇

午前八時フロックコート着用出勤す九時十五分頃着御十一時前解剖学教室え　入御　良精は解剖総論を講義し居れり是より諸教室を　御後に付き巡る　十二時頃植物

園え向　出御されたり　午食し午後二時頃教室を出てて榊家え立寄る終に晩食し老人及俶子を伴ひ帰る　時に権兄来る　権兄一泊す

十月三十日　土　雨　m. 13 ms. 10

大に寒冷を覚ふ綿入を着す　今日八時より九時迄は解剖論を講し全く終り閉つ　記載解剖は小脳全く不終して一昨二十八日閉たりと云ふべし　顕微鏡演習も全く終り今日閉つ夏期之にて終る午後三時過帰宅　伴野秀堅子来る去る三月一日以来にて面会せり　晩食後彰君を訪ふ九時半帰宅

十月三十一日　日　晴

障子を悉く張替す　午前一寸榊家を訪ふ　午後四時出てて染井え墓参す　晩食後宮本子を訪ひ長談（彼の用件なり）一時半帰宅す

十一月一日　月　晴　ms. 15

前九時半出勤午食後緒方子教室に到る三時前出てて武野子の迎妻を祝す　四時帰宅緒方子来る榊子を呼ぶ六時前両子去る

十一月二日　火　晴

前九時出勤　午後朝鮮使節教室を巡覧す　四時半過帰宅晩食後牛込老人を見舞ふ八時半帰る　国元母上様お幾より手紙来る遺物受取り云々

十一月三日　水　快晴　ms. 17

八時出てて教室に到る一時帰宅午食す「まぐろ」の指身《ママ》を以す終て榊家に到る　鈴木孝子来り居る　時に大に不快を覚ふ三時半帰宅床に臥す益甚だし之全くまぐろ中毒を知る　晩八時頃に至り漸く醒む晩食を喫す榊老人見舞呉れらる九時同子去る　床に入る十一時頃眠に就く

十一月四日　木　晴　ms. 14½

朝榊老人亦た見舞呉れらる前日の中毒全く療る　九時半出勤三時半帰宅　晩食後雄叔父を訪九時帰宅入浴す　此頃は昨年の今頃の事を思ひ出し止まず

十一月五日　金　快晴　m. 11 ms. 15

前八時半起く九時出勤母上様え手紙を認む　午食後俸給を受取り二時出てて江戸橋郵便局に到り伯林書林フリードレンデル＆ゾーンに帰朝以来の書籍料の内弐百弐拾五仏蘭克即ち銀貨五拾五円〇壱銭（但し壱円四、〇九仏なり）郵便為換を以て出す　是より第三十二銀行に行き国元え五拾七円の為換を組む　但し此内三十六円は国元三ヶ月分家費拾弐円は山本屋後半ヶ年分利子九円は兵七本年壱ヶ年分利子なり　四時半帰宅為替証は直に出す　晩食後武野子来る八時過去る

十一月六日　土　曇

前九時出勤後五時半帰宅　晩食後原君を訪金五拾円返却す十時帰る

十一月七日　日　曇雨　m. 12 ms. 14

前九時過起く十時教室え行き午後一時半帰宅　午食後榊家を訪ふ　五時帰宅　晩透子来る九満治君味噌漬を送られたり

十一月八日　月　晴

今日より一年生試験を始む前八時出勤　後一時終る四時二十分過出てて帰宅　過日注文せし茶簞笥出来す　晩七時出てて権兄を訪ふ之始てなり金拾三円送る　以後は送金不出来を約し九時半帰宅入浴直に臥床に入る十二時頃眠に就く　昨年の今日を思出し愁傷無限

十一月九日　火　快晴　朝$7\frac{1}{2}$

前八時出勤後二時半出てて武野子を訪ふ不在直に帰宅

晩食後榊家を訪ふ　老人のみ在宿八時帰宅

十一月十日　水　曇　m. 7 ms. 10 a. 12

秋外套を着す　前八時出勤午後二時帰宅命車御苑の菊花を観る　同処にて中根子江口子其他三子に逢ふ五時帰宅す　晩食後武野子来る九時去る　集談会欠席

十一月十一日　木　雨風　m. $9\frac{1}{2}$ ms. 9 a. 11

前八時出勤一年生試験終る四時帰宅 Die Familie Buchholz, von Jul. Stinde〔＊文献〕を読始むる

十一月十二日　金　風雨

昨日来引続き降雨並風出勤せず終日在宿

十一月十三日　土　快晴

八時半出勤後一時半出てて築地□□《空き》盲唖院慈善音楽会え行く　五時過小藤飯島二子と共に出てて晩食し之より万代軒に来る遊玉九時帰宅す

十一月十四日　日　晴

午前教室に在り後一時半帰宅食事の際鈴木孝子来り散歩を促す共に出てて団子坂の造菊を見る　之より上町、糸屋え廻り別れて帰る牧子来る八時同子去る　今日作太郎越の雪六箱持来る　晩食後牛込老人を見舞ひ同品を送る

十一月十五日　月　晴　m. 9 ms. 13 a. 14

前九時半出勤後四時帰宅　晩食榊子入浴に来る　十一時去る

十一月十六日　火　快晴
今日より二年生顕微鏡実習試験を始む前八時出勤　午後月次会出席　四時半帰宅　晩権兄来る十一時半去る

十一月十七日　水　晴曇　m.9 ms.12 a.13
前八時出勤十一時半出てて帰宅午食し十二時命車博愛社病院開式に陪す　行啓あり三時半帰宅晩食後雄叔父君を訪ふ八時帰る　熱海精一君え越の雪を出す

十一月十八日　木　雨（終日）m.9 ms.9 a.9
前八時出勤午後三時迄にて試験終る四時過帰宅

十一月十九日　金　晴　m.5―a.7
前九時半出勤後四時帰宅　晩食後武野子訪ふ十時帰宅

十一月二十日　土　晴　m.4 1/2
今朝始て降霜を見る　前八時半出勤午後動物学会え出席四時帰宅　晩食牛込え行く八時頃帰る　シュワルベ君え骨格を送るべし云々の手紙を出す　母上様え手紙を認む左ホーデン〔＊睾丸〕に痛を覚ふ奇なるかな

十一月二十一日　日　晴　m.5 ms.13 a.9
前九時半歩行教室え行く一時半帰宅在宿す　晩円透二子来る　八時床中に入る一時眠に就く

十一月二十二日　月　晴　m.8―a.13
前十時前出勤顕微鏡プレパラート入引出し出来すプレパラート並列にて終日す四時半帰宅　維直精一近藤小笠原の諸君手紙認む

十一月二十三日　火　快晴　m.8 m.12
午前福島甲子三子来る　午食終て命車牛込え行く小供衆を誘ひ大学植物園遊園会え行く五時牛込え立寄り帰宅す晩食後宮本子を訪ふ長談終に一泊す

十一月二十四日　水　快晴　m.7 m.12
午前十時過帰宅十一時出勤午食後医院に森永子を訪ふ榊子教室に来る共に地震学教室に一見す次に構内を遊歩す四時半帰る　晩榊子入浴に来る

十一月二十五日　木　快晴　m.5
前八時半出勤後四時半帰宅晩食後榊子を訪ふ十時半帰るDie Familie Buchholz〔＊文献〕を読終る

十一月二十六日　金　晴雨　m.7 m.9
前八時半出勤独乙国三浦子手紙来る　今日大工来て雪隠の位置を変す　午後三時帰る　晩食後手紙を認め本郷衛生会明後日開会式出席を断る其外明後百ヶ日法事施行案内状を出す

十一月二十七日　土　快晴

前八時半出勤北沢正誠君教室え来る　後四時過帰宅牛込老人来訪　次に武野子来る六時前榊子帰朝祝宴に出席十時半帰る

十一月二十八日　日　晴

前十時教室出席医学会に一寸出つ午後一時半帰宅　夕刻牛込老人操信秋春子等来り百ヶ日法事の意を表す　八時頃諸子去る甚た敖風たりし九時権兄来る十一時眠る

十一月二十九日　月　曇雨

維直君より返書到る　午後三時帰宅

十一月三十日　火　晴

午後四時過帰宅　晩食後原君を訪ふ九時帰宅

十二月一日　水　晴

今日より冬期始まる前九時出勤　後三時帰宅　諸払にて大に時を費す　お幾より手紙来る利子払受取在中

十二月二日　木　晴　m.3

前八時出勤　午後大に愁意を催し三時出てて染井え墓参す五時帰宅す

十二月三日　金　晴　m.2 m.— a.9

今日より卒業試験始る午後五時半帰宅　武野子来り居る共に鰻飯を食す　榊子入浴に来る

十二月四日　土　晴　m.3 m.9

後四時半帰宅す　晩食後小林家を訪ふ九時帰宅眠を求む

十二月五日　日　晴

午後牛込老人を訪ふ四時帰宅　晩榊子と共に武野子の招待に応す九時半帰宅

十二月六日　月　晴曇　m.2

午後五時半過帰宅

十二月七日　火　晴

午後四時過乗車帰宅、出てて文部大臣招待に応す八時半帰宅す

十二月八日　水　晴　m.9 ms.12 1/2

午後三時過教室を出てて仲町にて煙草を求め大沢子の病気を見舞ひ四時過帰宅　晩食後彰君を訪ふ

十二月九日　木　晴

午後六時前帰宅　晩食後石垣おなを殿来る金三円用達

十二月十日　金　晴　m.3 ms.10 a.11 1/2

午後四時より帰路長谷川君を訪ふ不在　晩在宿仕事

十二月十一日　土　晴

午後三時過帰宅　晩食後命車神戸家を訪ふお菊子に久々

にて面会す是より宮本子許行き十時帰る
十二月十二日　日　快晴
前九時起く仕事午後榊小林家を訪ふ　晩食後武野子を訪ひ九時帰宅仕事十一時床に入る
十二月十三日　月　快晴
午後六時前帰宅　晩食後松田（中外医事新聞社員）君来る　細胞論を読む八時同子去る
十二月十四日　火　曇雨　m.5―a.12
午後四時半帰宅　六時松田子来る　九時去る
十二月十五日　水　快晴
朝山本剛子来金参円三拾銭用達後三時半帰宅　牛込え行老婆君明日熱海え出発の暇乞なり精一君出京面会す　晩松田子約の如く来る九時頃権兄榊武野の諸子来る　談話十一時となる入浴　眠を求む一時過に至て漸く眠る
十二月十六日　木　快晴　m.2―a.9
医学士神中君神戸より出京教室にて面会す　午後六時前帰宅す晩松田子来る
十二月十七日　金　晴
午後四時半帰宅　在宿仕事　松田子は今日休む
十二月十八日　土　晴
午後二時動物会え出席 Frenzel, Flimmerepithel を演舌す三時半帰宅　母上様より手紙到る兵七より借用金高八拾三円七拾四銭なりと　晩松田子来る之にて一先つ休むべし
十二月十九日　日　晴
前九時起く十時命車東京医学会総会に小石川植物園に出席す　午後二時帰宅又三時外出銀座に到り巻煙草を求め六時帰宅　武野子来り居る次におよし殿来る談話九時半同子去る入浴眠に就く
十二月二十日　月　晴
午後六時前帰宅在宿
十二月二十一日　火　晴
午後四時半帰宅　晩食後出掛け筋違の寄（橘亭）え行く十時帰宅入浴床に入る
十二月二十二日　水　曇
朝向ふの笹山子来る九時半出勤　後四時帰宅晩食武野子を訪ふ　八時半帰宅す
十二月二十三日　木　晴　m.4 ms.8
胎生学及神経系解剖を閉つ四時出てて帰路を新花町を取る一少女に逢ふ　晩食後榊子を訪ふ引移に付混雑なり八

時帰宅す

　十二月二十四日　金　晴

講義を閉つ午後四時半帰宅六時前出てて高橋順子の招に応す十一時半帰宅す　お幾より手紙到る

　十二月二十五日　土　晴

前十時半出勤三時出てて長谷川君を訪ひ四時過帰宅

　十二月二十六日　日　晴

前九時半起く午後武野子来る小林家を見舞ふ晩食後原君を訪ひ十時半帰宅

　十二月二十七日　月　晴

前十時前起く　Tomier, Über Bürstenbesätze an Drüsenepithelien (a.f.m.a.27.)〔＊文献〕を訳し稿を東京医事新誌に送る　午後教室え行き三時半帰宅　晩食後宮本子を訪ふ中島子来る雑談十一時半帰宅

　十二月二十八日　火　晴

前九時半参教室後一時帰宅小林家より来翰直に行く　お菊子病気云々帰宅命車神戸家を見舞ひ四時帰る　小笠原本富貫三及ひ魁三の五子を招き雑煮を馳走す十時諸子散す

　十二月二十九日　水　晴

前九時起く十時半教室え行き一時帰宅井上円了子借屋証人を諾す　晩食後飯田町を訪ふ帰路本郷通りにて蓋物一個求め帰る

　十二月三十日　木　晴

午前九時半教室え行後一時帰宅荏苒仕事九時に床中に入る　Buchholzens in Italien v. Jul. Stinde〔＊文献〕を昨日来読始む

　十二月三十一日　金　晴　m. $1\frac{1}{2}$ ms. 9 a. 6

前九時起く　新井春次郎子来る教室不参　午後年賀不参届年賀端書等にて消光亦諸払す　晩食後八時前外出本郷通りより日本橋迄行き小川町を通り九時半帰宅入浴十時半床中に入り此記を書す

Im nächsten Jahre auch allein?

Gute Nacht, Adieu!

〔＊来年も独り身だろうか？　おやすみなさい、さようなら〕

明治二十年　二千五百四十七年
1887　良精満二十八年

一月一日　土　快晴

前九時半起く　午前は荏苒　午刻吉田円子来る尋で午食し外出せんとすれば権兄に逢ふ伴て室に入る　次に平岡梛野透二子来る次に武野子操春三二子権兄は晩食し去らる　是より外出小林家え年始長談十一時過帰宅　年賀名刺端書等八十枚

一月二日　日　快晴

前九時半起く　牛乳を喫し外出榊家を訪ふ此処にて鈴木孝子に逢ふ是より武野家え立寄り教室え行く　時に十一時なり後一時過帰宅　貫三魁三等来る遊戯共に晩食す是より命車　彰君え年始次に原より宮本子に到り十時過帰宅入浴床に入る　年賀名刺端書三十七枚

一月三日　月　快晴

前九時起く　教室え行く十二時半出てて武野子を訪ふ午食す　同家にて金子（矢島）忠子に逢ふ二時半帰宅荏苒六時出てて万代軒の同窓新年会に出席す九時半帰宅　年賀名刺等は少なし

一月四日　火　快晴

前九時半起く　十時半出勤一時過帰る荏苒 Buchholzens in Italien〔＊文献〕を読終る

一月五日　水　快晴　m. 1 ms. 8

午前在宿　午後三時前出てて箕作子を訪ふ是より緒方子の許にて日暮となる　井上達也子迄回る不在　晩食後小林家え行き遊劇十一時半帰る

一月六日　木　雪

在宿　国元其他え年始状を認む　晩食後貫三寿衛造を携て弓町の寄席え行く燕尾講釈なり十一時半帰宅入浴

一月七日　金　晴

前十時起く　午後井上円了子訪ふ是より榊家え立寄り遊戯晩食し帰る　再び外出武野子を訪ふ亦た遊び十一時半帰宅

一月八日　土　快晴　m. -0.7 ms. 5

前七時半起く　寒甚たし八時出勤今日より始業　午後二時帰宅　権兄来る　西田春耕なる人来て面会を求む山本剛子に就てなり　晩書生諸子十二名を招き盛会を催す

十一時過散す入浴眠を求む

一月九日　日　快晴

前十時起く松田子来る　午後五時半命車鹿鳴館に到る今日携妻懇親会なり 鹿鳴会を設立す十時半帰宅

一月十日　月　晴

午後四時過廻り道を取り帰宅　晩食後原君を訪ふ九時過帰宅入浴

一月十一日　火　曇雪雨

午後四時過廻り道帰宅　武野子来り居る晩食八時半去る

一月十二日　水　曇

午後五時帰る 晩食後井上達也子を訪ふミクロトームの件斉ふ　七時半帰宅

一月十三日　木　曇　m. 5 — a. 9

後五時帰宅在宿仕事

一月十四日　金　雨　a. 9

後四時半帰宅在宿　終日降雨

一月十五日　土　晴

後二時動物会え出席　四時帰宅晩食後武野氏を訪ふ遊戯十一時帰る

一月十六日　日　晴

前九時半起く　大橋佐平子来る　下婢ちゑにやどりに遣る　午後雄叔父君来る金三円用達り三時頃同君去る　直に同家を見舞ひ五時過帰り支渡富士見軒に到る 今日ベルツ氏を大沢其他諸子と招待す十一時帰宅

一月十七日　月　晴　m. 0.5 — a. 6.5

午後一時より三時迄の講義を休み相談会え出席五時過帰宅　晩榊子入浴に来る十時半同子去る

一月十八日　火　雪　m. 0.5 ms. 1 a. 6

昨夜より雪降り出し終日不止寒気甚たし午後三時教室を出て独歩行帰宅す　飯田町より到来の鴨を自ら料理し食す今日の如き日は二人なれば甚たゲミユートリッヒ〔＊くつろぎ〕の日なるべし

一月十九日　水　半晴

今日総長招待あり植物園え行くべき処大雪に付止む但し一時より三時迄の講義を休む事を命置たれば二時帰宅大橋佐平氏隣家え引移る晩武野子来り雑談九時過去る

一月二十日　木　雨

午後四時過帰宅五時前出てて万代軒集談会え出席八時半帰る　Frenzel, Wimperapparat〔＊文献〕を演す　終日降雨悪道極りなし

一月二十一日　金　雨　m.5 ms.7
午後四時過帰宅　晩松田子来り過日の細胞構造を訳す
九時同子去る　外出し髪を切り入浴
一月二十二日　土　晴　m.5 ms.11
午後三時帰宅　晩食後隣家の大橋を訪ふ尋て松田子来る
魁郎貫三二子来て一時頃迄居る
一月二十三日　日　雨
十時迄眠る　午後福島甲子甲野泰二来る二子去て外出榊子を訪ひ空談七時帰宅　終日降雨　留守中二神子及ひ染井山田尼来る
一月二十四日　月　曇雨　m.8 ms.10
京都御発輦に付休業十一時迄眠る飯田町よりの鴨を料理し食す　午後二時半出てて総長招待に応し小石川植物園に到る立食の馳走あり　六時前帰宅又た外出武野子を訪ふ十時帰宅
一月二十五日　火　雨　m.5 ms.5
連日の悪天困却す後四時過帰宅　晩山本剛子談話に来る
一月二十六日　水　雨　m.$4\frac{1}{2}$ ms.6 a.9
後四時半帰宅　在宿　母上様え手紙を出す
一月二十七日　木　雨
後四時過帰宅　在宿　晩榊子入浴に来る
一月二十八日　金　晴
後四時前歩行帰宅す　五時命車長岡社大例会に出席す九時帰宅
一月二十九日　土　晴
後一時半教室を出てて本郷区衛生会え出席身体構造の妙なるを演舌す　五時帰宅晩食後小林家を訪ふ十一時半帰宅入浴一時床入
一月三十日　日　雨　m.5 ms.5
終日在宿　午後三時頃大橋子来る長談晩食し十二時頃去る
一月三十一日　月　晴
後四時半過帰宅　晩松田子来る
二月一日　火　晴　m.5 ms.8
後四時半過帰宅　晩食後甲野泰造子来り　Frenzel, **Wimperapparat**〔＊文献〕を訳す　十二時前去る
二月二日　水　晴
午前教室にて緒方子の細君の凶問に接す直に同子を訪ふ亦た宅え立寄り十時半教室え帰る　三時過帰宅緒方子に

到る六時前出てて帰路榊家え立寄り晩食す　是より武野子を訪ふ十時過帰宅入浴

二月三日　木　晴　m.5 ms.9

午後四時帰宅 晩食後飯田町え見舞ふ九時半帰宅

二月四日　金　晴

午後三時出てて帰る 命車緒方家を訪ふ六時帰宅 雄叔父君来る次に松田子来る

二月五日　土　晴　m.1 ms.5

前十一時半俸給を請取り帰宅　午後一時より二時迄の講義を休む　緒方家の葬儀に会す染井墓地迄行く五時帰宅

二月六日　日　晴

午後榊老人来り懇談あり　午食後緒方子を訪ふ帰り外出銀座通りえ行き段通壱枚求む（十六円五十銭）寒風甚たし晩食後在宿　国元え送金手紙認む

二月七日　月　曇　m.1½ ms.5

四時半帰宅　晩食後原君を訪ふ十時帰宅

二月八日　火　曇晴

午後二時教室を出てて第三十二銀行え行き国元え為換を組む　是より辰ノ口勧工場え行き植木鉢五箇等を求め帰路井上達也子を訪ひ過日のミクロトームの代三十八円渡し六時帰宅　晩食し又た出てて春木町河合方え行き紫檀の盆を壱枚注文し帰途薬師の縁日にて植木を四種求め帰る

二月九日　水　曇　m.3 ms.4 a.7

午後三時半出てて帰宅命車丹羽藤吉郎子の令閨逝去を弔ふ　五時帰り植木を以て日を暮す晩およし殿来る九時去る

二月十日　木　晴

午後一時半帰宅し命車丹羽子の送葬《ママ》に会す青山墓地迄行く　帰路中村弥六子を弔ふ帰り晩食し榊家を見舞ふ九時過帰る

二月十一日　金　晴

午前九時起き　喫乳支渡春木座の劇を見る榊家と昨夜約せしなり　午後六時頃閉場榊家え立寄り談話十二時前帰宅

二月十二日　土　快晴　m.3 ms.10

梅花少く開く　午後四時帰宅　武野氏来る　晩食後飯田町小松家を訪ふ又た薬師縁日え立寄り植木二種を求め帰る　榊子入浴に来る

二月十三日　日　快晴　m.6 ms.12 a.11

前十時起く　午後三時余り好天なるを以て独り外出向島花屋敷に到て帰途に就く　梅花未た少も不開浅草公園を遊歩し花屋敷に入り六時過帰る

二月十四日　月　曇　a.12

午後四時より高等中学校にて講談会の相談に会す六時前帰宅　晩権兄来る十一時同子去る

二月十五日　火　晴

午後四時帰宅在宿

二月十六日　水　晴　昨今は大に暖気

午後三時半教室を出つ武野子に途中に逢ふ一寸立寄り迎妻を嗟し帰る　武野来る共に晩食す八時去る宮本子来り佳談数刻十二時前去る

二月十七日　木　晴　m.7 a.12

午後二時半出てて武野子と共に足袋やに到り通行待ち空く去る　同子の宅に到り晩食し帰る

二月十八日　金　晴

午後四時半過菊地家え立寄り（不在）帰る　晩食後小林家を見舞ふ

二月十九日　土　晴

後二時出てて上野音楽取調所卒業式に陪す　帰路武野家に逢ふ　晩食後緒方家を訪ふ十二時帰宅

二月二十日　日　晴　m.8 ms.12

前八時起く十一時頃出てて榊家を訪ふ帰宅午食し俶順両子及外一名と浅草公園に遊歩す一食店に入る六時頃帰宅晩食後宮本子を訪ひ十一時帰宅入浴十二時眠る

二月二十一日　月　半晴

午後五時過帰宅在宿

二月二十二日　火　晴

昨今は大に暖候となる毎朝氷を見ず夕刻榊家にて雀臘を見る亦た雀の馳走に会ひ十時帰宅

二月二十三日　水　晴

後四時半帰宅　晩食後原君を訪ふ十一時帰宅

二月二十四日　木　晴　ms.9

後四時過帰宅　在宿仕事

二月二十五日　金　晴

後五時過帰宅晩食後榊家を訪ひ十時過帰る

二月二十六日　土　晴　m.5 ms.11 降霜あり

後四時帰宅　晩渡辺文治子来り談話又た榊兄弟両子来る

二月二十七日　日　曇小雨

終日在宿　晩食後佐々木子来る尋て武野子来る共に出て

て湯島子天縁日に行き蘭を求め帰る

二月二十八日　月　晴

午後四時帰り再ひ出てて長岡社例会に出席す久々にて野村貞君逢ふ　八時頃会場を去り子に誘れて子の宅に到る十一時帰宅す

三月一日　火　晴

帝国大学紀念日に付休業午前九時頃大学に到競技運動あり後一時頃帰宅　食事し三時頃出てて独り亀戸に梅花を見る　四分通開く柳島を廻り六時帰宅　母上様より権兄えの永々しき不足云々の手紙を見る

三月二日　水　晴　降霜　a.10

午後五時帰寓す

三月三日　木　晴

午後三時前帰宅直に命車　新橋停車に到り三宅君の帰朝を迎ふ是より牧鈴木両子を訪ふ皆不在次に集談会に出席九時半帰宅

三月四日　金　晴

午前出掛に三浦守治子帰朝に付見舞ふ後四時前教室を去て三宅君を本所の宅に訪ふ不在五時帰宅　小林家を見舞ふ六時帰宅晩食し権兄を相談旁訪ふ折好く三島君来り居る談話十時帰宅

三月五日　土　晴

後五時過帰る小林叔母様在り六時過出てて緒方収二郎子帰阪に付送別会に出席　九時帰る

三月六日　日　晴

前九時起く岡田和一郎子来る　午後三時過出てて末岡精一を金杉村の宅に訪ふ六時帰宅　晩食し武野子を訪ふ帰路断髪帰る入浴

三月七日　月　曇晴

五時帰寓母上様お幾より手紙来る　お幾英学を学ぶ云々又た直に返事を出す又た小笠原又次郎子え利子として金拾五円送る云々の手紙を出す

三月八日　火　晴

四時帰宅蟹の茶盆出来す　フリードレンデル及ひライツえ手紙を出す　晩食後薬師縁日え行く

三月九日　水　風雨　ms.6

昨夜より雨風稍強　四時帰宅

三月十日　木　晴風　ms.8

後四時帰宅　晩食後命車三島君を元数寄屋町旅宿に訪ふ

近日帰岡暇乞なり帰路宮本子を訪ふ不在　八時帰宅寒風甚だし

三月十一日　金　晴　朝大に降霜

午後三時半教室を出て一少□の一を慥に認む　六時前出てて三宅三浦両君の帰朝宴会に出席十一時過帰宅

三月十二日　土　晴　a.13　晩甚暖暴風

後六時半帰る北村卒業試験に付てなり　晩食後本郷通迄買に行く

三月十三日　日　晴風

午前十時前起く午後鈴木孝子来る次に外出中沢岩太子帰朝に付訪ふ　晩食後小林家を見舞九時半帰宅

三月十四日　月　晴　m.6 ms.10

午後四時帰宅　中村正道子死去の報知を伊勢子と連名にて地方の同窓諸子え出す亦た大阪維直君え建碑云々手紙を出す　二神子来る

三月十五日　火　晴

月次会え出席後四時過帰宅

三月十六日　水　晴

午後三時半教室を出てて久々にて染井墓地え詣で五時帰宅　晩食後原田貞吉子来る　後に外出本郷通迄買物に行く鍬鋸花鋏等を求む

三月十七日　木　晴

午後四時過帰宅　五時出てて集談会え出席紅《ママ》彩拡張筋有無の説を演す九時過帰宅　母上様より此頃の手紙返事来る先つ金子送るに不及云々

三月十八日　金　曇晴　m.$12\frac{1}{2}$—a.12

昨夜降雨　午後四時過教室を出てて教育博物館文部省集に出会七時過帰宅

三月十九日　土　晴

午後二時帰宅　庭園に出てて土仕事晩食後榊家を訪ふ九時半帰宅

三月二十日　日　晴　m.$12\frac{1}{2}$

午前梅木植換る小林衡平子来る午後三時半出てて向島梅屋敷え行く　同処にて根岸錬子に逢ふ帰朝以来初てなり是より亀井戸《ママ》臥龍梅を見何れも少過く晩食後権兄来る十一時去る

三月二十一日　月　晴　休

三四日此方大に暖気となる　大阪維直君より此頃の返事来る　午食後命車緒方子を訪ふ是より染井え墓参帰路石工幾次郎方え立寄り五時帰宅

三月二十二日　火　曇雨　m.9½―a.11
午後四時過帰宅　石工幾次郎来る石碑を注文す　今朝国元えお幾英語見合べし云々の手紙を出す　権兄より金七円入用云々断りの手紙出す

三月二十三日　水　曇雪　m.5　ms.7
午前少降雪四時過帰宅　晩食後武野子を訪ふ帰路榊家え立寄り墓誌を老人に相談す十一時過帰宅

三月二十四日　木　曇晴　m.5　ms.8　a.8
晩食後原家を見舞ふ九時帰宅

三月二十五日　金　晴
午後四時過帰宅　晩小笠原本富等の諸子来り談話　小林三子今日より泊す　十時過およし殿来る十二時去る

三月二十六日　土　晴　午後十三度
午後六時半出てて大学通俗講会第一回に出席　人類及動物の頭骨を演す　十一時帰宅魁三両子泊す　お幾是非学校入学希望云々の手紙到る

三月二十七日　日　快晴
午前は園に在り　午後余り好天なるを以て武野と団子坂に遊歩盆栽二種を求め帰る共に晩食し八時過同子去る

三月二十八日　月　快晴
午後四時前帰宅　長岡社例会に出席帰路宮本子を訪ひ一時前帰宅　今日より高等中学生徒の講義を閉つ

三月二十九日　火　晴風
午後四時過帰宅　園に檜杉数本植る　晩食後榊家を訪ふ十時帰宅

三月三十日　水　晴
会計年度の終に付計算に終日す六時帰宅

三月三十一日　木　晴　ms.14
講義を閉つ冬期終る　計算も全く済む　午後独り上野共進会を一見す桜花四分通り開く四時過教室え立寄り帰宅

四月一日　金　晴
午後三時帰宅　晩食後武野を訪ふ十時帰宅　今日松井子より少婦の話あり

四月二日　土　雨　m.9　ms.9
午前十時前迄眠るおよし殿来り居る又々金借云々終日在宿

四月三日　日　曇
午食後出てて宮本子を訪ふ同道萩原三圭君を訪ふ不在小松家に立寄る　彰君熱海より帰居る　四時帰宅直に榊家

に到る墓誌銘出来す談話晩食遂に一時過に至て帰る

四月四日　　月　晴

前十時出勤午後一時半去て染井墓地に到　石工常太郎方え立寄る　又榊家に至り老人始諸子と共豊国屋に食事し上野え行電灯を見十時過帰宅入浴大に空し

四月五日　　火　晴

前十時出勤　後二時半榊家え立寄り帰る晩食後飯田町え行く九時半帰る　熱海え老人の病気見舞手紙を出す

四月六日　　水　晴　m.13　暖和

朝彰君来る同君眼患を甲野子に診察せしむ是より帰宅命車中根半嶺を訪ふ不在直に教室に帰る　午後二時過教室を出てて共進会を見る五時半帰宅

四月七日　　木　晴

前十時出勤午後四時前帰宅　晩食後小林家を訪ふ、十時帰る

四月八日　　金　曇

朝中根半嶺氏を訪ひ墓誌銘の書を托し是より出勤　午後三時半出てて榊家え立寄り帰る　晩食後原家を訪ふ十時帰る

四月九日　　土　晴　ms.17

前九時出勤今日より顕微鏡演習を始む　午後四時前帰宅晩食後萩原三圭子を訪ふ九時帰る

四月十日　　日　晴

前九時起く　午後は団子坂植木屋え行植木二種を求む晩食後権兄来る十時過去る

四月十一日　　月　曇

今日より高等中学校生に講義を始む午前七時出勤　午後三時半出てて長谷川君を訪ひ五時帰宅　晩食後武野子を訪ふ不在直に帰る

四月十二日　　火　雨曇

後四時過帰宅　晩食後榊家え行き共薬師縁日え行く　母上様よりお手紙到る又た血脈お送り呉られたり

四月十三日　　水　晴　ms.13½

後三時半帰宅　晩食後武野を訪ふ九時半帰る

四月十四日　　木　晴　ms.14½

後三時半教室を出てて半嶺君を訪ふ未た出来不居

四月十五日　　金　晴　ms.13 a.15

後三時過帰宅松田周平子来る　晩食後原君を訪ふ是より彰君に到り九時半歩行帰る

四月十六日　　土　晴　ms.18

前七時半起十二時半飯田町並に原小供衆来る食事し向島
競漕会を見る　七時頃帰る雄叔父君来る　榊家を訪ふ
十一時帰宅

四月十七日　　日　晴

前八時半起庭仕事後四時半魁郎子携て浅草公園に到り花
屋敷に入る　食事し中根え寄り碑文書を受取り上野電気
灯を見榊家え立寄り九時半帰る

四月十八日　　月　晴　m. 14 ms. 19 a. 17

午前時を盗み石工方え墓誌書を持行く午食直に帰宅　命
車大木伯夫人の葬儀に青山墓地に陪す三時半帰る　晩食
後断髪

四月十九日　　火　晴　a. 17

後四時半帰宅　飯田町え行く晩食九時帰る

四月二十日　　水　晴

晩武野子来る十時去る

四月二十一日　　木　晴

午後六時出てて松井直吉君大阪行送別会に陪す十一時半
帰宅石垣おなを殿来り居る

四月二十二日　　金　曇　ms. 12

午二時教室を出てて共進会に到る六時帰宅　晩宮本子来
る十一時頃去る

四月二十三日　　土　雨　冷

後三時過帰る晩食後講談会に出席十一時帰る

四月二十四日　　日　晴　m. 9 ms. 12

後一寸榊家を訪ふ　晩食後小林家を訪ひ九時帰宅

四月二十五日　　月　晴曇

後三時半帰宅　牛込夫婦着京に付見舞ふ七時帰宅　晩食
後榊家より使来り直に行く十一時帰宅

四月二十六日　　火　晴

前出掛けに石屋迄行く

四月二十七日　　水　晴

後四時半帰宅　晩牛込夫婦一寸来る

四月二十八日　　木　晴

後四時過帰り命車鈴木孝子を訪ひ長岡社え出席九時半か
へる

四月二十九日　　金　晴曇　ms. 17 1/2

後三時教室を出てて石工に到り是より植木屋え立寄り五
時帰る

四月三十日　　土　曇雨

三時教室を出てて池田家の不幸を弔ふ　後四時帰る榊俶

子来る共に晩食す榊老人来る十時両子去る

五月一日　　日　晴

午後原君来る共に池田夫人の葬送に行く是より大沢緒方二子と上野に散歩す共進会に入る共に晩食し九時半帰宅

五月二日　　月　晴曇

パナリチウム〔*ひょうそう〕にて困却後二時帰宅す武野子来る尋て鈴木孝子来る

五月三日　　火　曇雨　ms. 12

後四時半帰宅養育院慈善会入会の手紙を出す

五月四日　　水　晴

後四時帰り命車長岡社臨時会に出席忠篤の事なり十一時帰る

五月五日　　木　曇

樫村君招待に応じ六時過同家に到十一時半帰る　午後二時出てて第三十二銀行え行き為換六拾円を組む

五月六日　　金　曇雨

後四時帰る晩食後原家を訪ふ尋で牛込え廻り九時過帰る

五月七日　　土　雨

後四時帰る長谷川君来る晩食後榊家を訪ふ十時帰る

五月八日　　日　晴

午食し外出宮本子訪ひ萩原子に到不在　彰君を見舞ひ三時帰る　晩食後武野子を訪十一時帰る

五月九日　　月　晴　a. 14 1/2

午食し帰宅支渡し有栖川宮招待に応じ同所にて萩原子に逢ふ　彼の談話をなす五時帰る晩食後鳥渡宮本子を訪ふ

五月十日　　火　雨

記すべきことなし

五月十一日　　水　曇

午後二時教室を出てて染井墓に到る一昨日石碑出来せし見分なり　帰路一寸植木屋に立寄り松を求む是より高等師範学校文部小集に出席　七時過帰る晩およし殿来る十二時去る

五月十二日　　木　晴

四時半帰宅維直君来り居る　晩食後萩原子を訪ふ件望なし是より彰君を見舞ふ十時帰宅　石工えの払悉く済む

五月十三日　　金　雨曇　ms. 14 1/2　a. 14 1/2

後三時過帰宅在宿　過日講談会にて演舌せし人類及動物の頭骨の筆記校正終る

五月十四日　　土　雨

晩権兄来る十二時前去る

五月十五日　日　晴

午後牛込え行く不在、榊家を訪ひ尋で小林家に到る晩食後根岸を見舞ひ帰る

五月十六日　月　晴

後四時前帰宅　ヂッセ石黒田口の三氏出発に付送別会を催す　即ち富士見軒に到る十一時半帰宅

五月十七日　火　晴曇

後四時帰宅　牛込夫婦出発に付暇乞に行く不在是より本町満すみやにてストラスブルグ婆様え送り物を求む、松田に到る忠篤君の第二回なり八時辞して牛込夫婦を新橋ステーションに見送る　九時半帰る

五月十八日　水　晴

後一時植物園に到る即ちヂッセ君送別を総長より催されしなり五時帰る　晩食後榊老人を訪ひ石碑石ずりを送る

五月十九日　木　晴　m. 16 ms. 18

俶諸子と竹町寄え行く　十一時半帰宅

袷服を着す　四時半帰る　在宿

五月二十日　金　雨

集談会え出席緒方子演す六時半帰宅　晩およし殿来る十二時去る

五月二十一日　土　晴

動物会に出席四時半帰る武野子来る次に鈴木次に松井競子　八時半同子と共に子の宅に到り十一時半帰る

五月二十二日　日　晴　ms. 16½

九時半起く午後二時出てて中根半嶺君に到り墓誌石摺を送る之より上野共進会に入る　カバン壱個（価拾三円）を約定す　七時前帰宅晩小供連来る亦た宮本子来り十二時去る

五月二十三日　月　曇晴雨　m. 14 ms. 14

後三時過帰宅　晩食後原君を訪ふ十一時帰る

五月二十四日　火　晴（不定）

原君より使来り明朝御出立帰郷すと依て晩食後子を見舞ふ　尋て彰君を訪ひ十時帰る

五月二十五日　水　晴（天気不定）　m. 14

雄君求めに応し晩食後直に訪ふ家計不極る云々断り去る榊家え立寄り原君留守宅を見舞ひ九時過帰る

五月二十六日　木　晴

朝およし殿来る金拾円用達呉れ云々断る　午後一時月次会に出席之よりヂッセ君帰国出発を送る帰権兄を新聞社

に訪ひ小林家の有様を話す　五時前帰宅

五月二十七日　金　晴　m. 12

後三時教室を出てて田口君許暇乞に行く是より命車石黒君許暇乞に行き樫村君を訪ふ不在　晩権兄来る十一時頃去る

五月二十八日　土　雨

午十二時半出てて石黒田口両君の出発を新橋に送る　二時半帰宅在宿

五月二十九日　日　雨

前九時半起く　午後武野子来る原飯田町小松両家を訪ふ六時半帰る　晩食約の如く武野子に到る九時前はつ家に到るアントレ・プル・マルール〔＊災の入口〕　十一時帰宅

五月三十日　月　晴　ms. 19

昨夜眠不良後四時半過帰宅　晩およし殿おなを殿来る十時過去る

五月三十一日　火　雨

四時半帰宅　三浦省三子来り居る又たおよし殿来る小林家相談なり　晩食後三浦子同道小林え行く

六月一日　水　雨

夕景権兄次に三浦子約の如く来る小林家相談九時両子は小林え行く　良精ははつ十一時帰る権兄と小林の模様を話す

六月二日　木　曇

今日は一週忌《ママ》日なれども連日の煩忙法事するを不得　晩食後神戸え暇乞に行く明日おきく殿出立帰郷に付てなり之より集談会え出席

六月三日　金　晴

夕景雄叔父求に応じ同家に到る　幹文郎当分預り呉れ云々晩食後原飯田町両家を訪ふ帰路断髪　吉田円子今日より来り寓す

六月四日　土　晴　ms. 19

午後四時過帰宅　晩食後武野子を訪ふ是よりはつ十一時帰る

六月五日　日　雨　m. $16\frac{1}{2}$

午後一時半命車吉祥寺に到り読経に陪す是より染井墓地え行く時に車軸を流すが如き降雨四時半帰宅　来客は榊老人権兄小供衆なり

六月六日　月　曇晴　a. 17

午後一時半帰宅　是より彰君に到る同君病気にてベルツ氏の来診を乞しなり　四時過帰宅　晩食後武野子を訪ふ

六月七日　火　曇雨　ms. 17 a. 16

四時過帰る長岡社生田中子来る　晩九時より出てはつ十一時半帰る

六月八日　水　晴

晩食後彰君を見舞ひ尋て宮本子を訪ふ十二時半帰る

六月九日　木　雨　ms. 16

四時過帰宅　晩食後榊家を訪ふ九時帰る

六月十日　金　晴　m. 19

四時過帰宅　伴野子来る　晩食後飯田原え行く

六月十一日　土　晴

四時前帰宅　晩食後榊家を訪ふ九時帰る

六月十二日　日　快晴

九時起く終日荏苒　晩食後彰君を見舞ふ是より薬師はつ十一時半帰宅

六月十三日　月　晴　a. 19

五時前帰宅在宿　晩稲垣鏗平子来る久々にて面会十二時前去る

六月十四日　火　晴　ms. 19 a.

五時前帰宅晩食後彰原両君を見舞ふ原君昨日帰京　帰路本郷通にてメートガラス壱個求め帰る

六月十五日　水　雨

晩榊老人並に稲垣子来る

六月十六日　木　半晴

五時前帰宅　在宿

六月十七日　金　曇

四時半帰宅　直に開花楼え行く同窓会を催せり九時辞て去りはつ十二時前帰る

六月十八日　土　晴

五時帰宅権兄来り居る共に晩食す晩萩原子来る

六月十九日　日　晴

午後教室え行く晩食後彰君原君を見舞ふ

六月二十日　月　雨曇

後五時過帰る

六月二十一日　火　曇

晩食後小林家を訪ひ尋て武野子に到るはつ十二時帰る

六月二十二日　水　晴

後四時過教室を出て飯盛丹波二子を訪ひ帰る　晩食後榊家を訪ひ薬師縁日に廻り帰る　高等中学生徒講義を閉

つ

六月二十三日　木　雨風　a.17

四時帰宅　顕微鏡演習を閉

六月二十四日　金

今日より九時出勤

六月二十五日　土　晴

晩食後武野子の招に応ず茶かぶきの饗あり十一時帰る

六月二十六日　日　晴曇

昼中は在宿　晩食後彰君を見舞ふ尋てはつ

六月二十七日　月　半晴

晩食後長谷川君訪ふ不在　帰路榊順子等に逢ふ共に寄に入り越路大夫《ママ》を聞く十時半帰る

六月二十八日　火　晴　ms.20

後五時帰宅長岡社例会に出席

六月二十九日　水　晴

今日より陳列品調査に取掛る五時過帰宅直に富士見軒に到る　下山丹波飯盛三子帰朝祝宴なり

六月三十日　木　晴

午後六時前帰宅晩権兄来る

七月一日　金　曇　a.20

午前八時前出勤今日より顕微鏡試験を始む午後六時帰宅晩食後榊家を訪ふ是より武野家え都合に依り立寄りはつ十一時半帰る

七月二日　土　雨

午前試験図書館より図書取調に付大に時を費す　午後六時教室を出てて直に富士見軒に到土方等出発送別会なり九時半帰る

七月三日　日　雨　m.16 ms.17

前八時出勤試験後一時帰宅荏苒　晩食後萩原子より小松原両家え暇乞に行き宮本子え廻り十一時半帰宅

七月四日　月　晴

今日試験終る又た列品取調も骨部は終る諸子に暇乞仕払等に時を費し六時前帰宅　直に荷物を調ふ本富□子来る次に操子も見ゆ晩食九時半大橋を訪ふ　時に宮本子来る尋て出てて小林家に暇乞す是より武野はつ十二時帰る一時眠に就く

七月五日　火　晴

前五時起く支渡し五時半乗車六時発車す　十時前高崎着直に人車を命し発す（湯の宿迄二挺二円八十銭なり）渋

川え後一時着午食す　晩九時湯の宿着、入浴せず、明日の駕籠を約し、食事す鑵詰を開眠る

七月六日　水　晴

前四時半起く、宿料十八銭、五時過出立駕籠湯沢迄二円五十銭荷物運送賃八十銭、十一時三国峠別当に達す力餅を食す　後一時浅貝着午食す此処にて駕籠を乗り換る七時過湯沢着是より命車此処にて少しく食事す　八時出発す日は既に暮るる関にて暫時消光十一時六日町着松屋に宿す浴既になし食事し十二時過眠に就く　今日は山中なれば大に冷気なり

七月七日　木　晴

前六時起く松屋主人に面会七時半乗舟（舟賃二十三銭）八時解纜す　十一時小出着暫時にして発す是より食事す一時過小千谷着陸上茶店にて休憩す二時過発す五時長岡着母上様始め皆々面会す入浴晩食　横田様来られたり尋て九満治子来る十時両君去る　旅行疲労を覚ひ直に眠に就く

七月八日　金　晴

前七時起く午前は送り物を求る等消時午食後出てて吉田鳥居より公園を通過し小笠原より墓所え詣で横田に到り三時帰る　刀を一見す五時頃より吉田横田様約の如く来る食事し小林家の相談　十一時両君去る　晩降雨

七月九日　土　雨

前八時起く今日午前寺泊え向け出発の心組の処天気悪ければ止む　九満治子来る同道同子の宅に到る　帰り午食す午後刀を以て時を費す表町迄行て矢の根を索む不得九満治子来る　晩食後カバンを閉じ十時眠に就く

七月十日　日　晴　a.19

前五時過起く母上様と共に発す蔵王にて汽船に乗込む大川津迄上等一人に付十五銭なり六時過開纜《ママ》　七時過大川津着是より人車にて九時寺泊到着すおしきやに投す室を楼上に取極む　母上様と外出海岸を遊歩し十二時帰る午食し休息す治療の用意をなす総て都合よし　夕影第一の治療を行ふ　晩食後談話遅く眠に就く

七月十一日　月　晴　ms.22

前七時半起く後母上様と共に出てて向ひの山を遊歩す数寺を見る　つぎのぶただのぶの古跡を見る

七月十二日　火　晴曇　m.20

今朝より海水浴を始午前海辺休憩所に在り午後も同断

七月十三日　水　曇　19

午前海水に浴す又家主の案内に依り生福寺に到る時宜に依り一室を借受るを約す

七月十四日　木　曇晴　a.19

前八時母上様と共に出発弥彦遊行十一時前同所に達す冥加屋に投す午食し休息出てて神社を一見す　帰途国上《くがみ》村国上寺に詣て七時帰宿す

七月十五日　金　雨　ms.19

午前浜田平次なる人来て診察を乞ふ只談話のみにて謝絶す　午後在宿晩食一寸海辺に到り波の荒きを見る

七月十六日　土　雨曇　ms.19½

午前在宿小説花柳春話を読始む　午後寒林家を訪ひ四時帰る

七月十七日　日　曇雨

午後海に浴す生福寺え談話に行く宅より手紙新聞紙来る雄叔父又々酒始まりし云々

七月十八日　月　大雨　m.19 ms.19½

終日在宿夕刻より晴るる寿衛造え手紙を出す権兄えも同断

七月十九日　火　晴雨　m.19 ms.21

今朝母上様御出立御帰岡交て横田様御着甚た残念終日在宿

七月二十日　水　晴　m.21½ ms.23

今日より土用に入て大に熱し午前海浴午後荏苒

七月二十一日　木　晴　m.21½ ms.23 a.22

午前海浴海辺に在り午後避熱の為め白山社側に在り

七月二十二日　金　快晴　m.21½ ms.23½

午前海浴海辺に在り午後小舟に乗して魚釣を試む　髪を切る

七月二十三日　土　快晴　m.21 ms.23

午前海辺に在り

七月二十四日　日　快晴　m.21 ms.24½

早朝鮮魚市を見る尋て海辺に在り

七月二十五日　月　快晴　m.21 24½

午前例の如し

七月二十六日　火　快晴　m.22 ms.24

午前海浴を終り一舟を雇ひ浦浜見物として九時発す　諸景を眺め岩上に弁当を開く三時帰る

七月二十七日　水　小曇　m.22 ms.22½

午前海浴　寿衛造より手紙来る　幼年校入学願書所得高届出求に捺印し返書を出す

七月二十八日　木　晴　m.21 ms.22
午前海辺に在り　難波戦記読終る
七月二十九日　金　晴　m.19½ ms.21½
横田大叔今朝出立帰岡されたり午後海浴
七月三十日　土　晴　m.20½ ms.23
午前海辺　大久保武蔵鑑読終る
七月三十一日　日　晴　m.20 ms.23
午前海辺　午後は生福寺に在り
八月一日　月　晴　m.20½ ms.23
午前海浴　午後生福寺
八月二日　火　晴　m.20½ ms.23
午前海辺　午後は□□（空き）寺にて午睟《ママ》
八月三日　水　快晴　m.20⅓ ms.26½ a.23
午前海辺　午後は生福寺に在り　炎熱は実に難堪し
八月四日　木　晴曇　m.21⅓ ms.25 a.23
午前海辺　午後は白山社側に在り帰て再ひ海水に浴す蒸熱甚だし　栃堀村角七文次郎訪ひ呉れたり
八月五日　金　曇晴　21½ 23½ 22
昨夜今朝少雨あり　朝海浴直に室に帰る　午後在宿海浴外山林助子当処に来り久々にて面会す
八月六日　土　曇　21½ 25
午前海浴　外山子出発午後生福寺に在り帰りて又海水に浴す
八月七日　日　曇晴　20½ 25
午前海浴　午後生福寺　石川五衛門実記を読む
八月八日　月　晴　21½ 25
午前海浴　近藤子等来る大に賑となる　午後生福寺にあり帰りて諸子と共に海浴晩談話深交に至り眠を索む
八月九日　火　晴　21½ 26½
朝海浴　午食後も海浴是より生福寺夕景又海浴
八月十日　水　晴　22 28½ —
朝海浴いかだを以て波止場迄行く　午後四時母上様玉汝を携て椰野老人と共に来る又海浴苦熱実に難堪
八月十一日　木　晴　24 26½ —
苦熱の為め安眠なり難し五時半起く　カヒー前に海水に浴す　後には小舟を以て鉄棒迄行く　午後は生福寺夕刻又海浴　晩外山子再ひ当所に来る
八月十二日　金　晴　22 25
午前海浴午後生福寺夕景又海中に入る　中村信三郎子新

潟より来る

八月十三日　土　快晴　21$\frac{1}{3}$　25

朝海浴　午食後も海に遊ぶ波止場に到る夕景も又海浴晩
中村子の譚あり

八月十四日　日　晴　22　26

朝海に遊ぶ母上様玉帰り去る　外山中村二子も出発す
学生堀内竹村二子来る夕景又海浴

八月十五日　月　曇晴　22$\frac{1}{2}$　26

朝海に遊ぶ夕景も同断　徳川十五代記読終る

八月十六日　火　晴　22　25

朝海に遊ぶ夕刻も同断晩しんないを談たしむ　午後□□(空き)
山え登る山の町を通る菊の庭園の古蹟を見る

八月十七日　水　曇晴　22　24$\frac{1}{2}$

朝及川子昨日当処え来りしとて訪はれたり海浴午後及川
子来る

八月十八日　木　曇　22$\frac{1}{2}$　23$\frac{2}{3}$

朝海に遊ぶ　午食後及川子を訪ふ共に海浴波甚た高し
膝栗毛終る

八月十九日　金　曇晴　22

午前海に遊ぶ午後は皆既日蝕を法福寺御堂に於て見る
夕刻海に浴す　昨夜大雨

八月二十日　土　晴　20　21

午前海に遊ぶ波甚た高し　午後近藤子等と山口子を訪ふ
是より海に遊ぶ　三島徳三子当処え来り面会す　今日大
に冷気を覚ふ

八月二十一日　日　晴　19

朝海浴宿料を払ひ中食を喫し十時出発す　午後四時長岡
え帰着　横田叔父在り　今日も涼し

八月二十二日　月　晴

午前左官来り壁の上塗りの件を談し注文す　小松彰精一
椰野の三君に手紙を出す　晩食後観光院川より今朝白迄
遊歩す

八月二十三日　火　晴

九満治子昨夜寺泊より帰り今朝来る　晩食後九満治子を
訪ふ藤井子も帰り来る明朝片貝行を約し帰る

八月二十四日　水　晴

午前五時諸子と共に出発　朝日村朝日寺に到り住職に面
会す　村内を巡遊し出てて一畑中に土器片及ひ石鉄を得
る午後一時過片貝に達す　一茶店に食事し旅宿を三河屋
に取る　戸長安達基一郎及ひ佐藤雄四郎丸山泰次郎来る

是より佐藤子の宅に到り古器数個を見る是より旅宿に帰り百塚開堀を計る

八月二十五日　木　晴

前五時出てて百塚に到り其一個を掘る空く止む　尋て来迎寺村に行き安浄寺を訪ふ是より朝日村を過ぎ富岡に到り休息入浴午食す　阿弥陀堂に登り此の辺より掘り出せし古器を見る　四時頃同所を発し六時頃長岡え帰る直に諸子と共に常□□（空き）亭に入り西洋料理を食す

八月二十六日　金　晴

終日左官在りて大に混雑す　三島徳三子来る　夕刻近藤え行き晩食の馳走に会ふ　今日鳥居伯母様来訪あり

八月二十七日　土　曇雨

午前山万来り差入証を遣る　次で外出三島家を訪ふ是より吉田鳥居え暇乞に廻り帰る午後は春台老来訪　小笠原墓所横田え暇乞に行く　晩食後及川近藤え暇乞に行く晩竹屋来りて診察を乞ふ荷物を斉ひ十二時眠に就く　今日午前壁上塗り全く終る

八月二十八日　日　曇

午前五時起き牛乳を喫し直に発す　藤井子同行柏崎宮島方にて午食是より米山嶺に掛る時に小雨あり　午後七時半直江津着　停車場前大多福亭に投す

八月二十九日　月　曇晴

前七時直江津発車藤井子は荒井にて下る八時半頃関山着岡本方休息す　是より人力車を命す無礼にて午食を喫す午後四時頃長野着　此処まで道路甚た悪人車賃随て高し一里に付八銭より九銭までなり　七時屋代着旧本陣かき崎方投す大に都合よし

八月三十日　火　晴

前五時屋代発す小諸中食六時過軽井沢着魁方に投す

八月三十一日　水　曇

午前二時起く三時発す時に少しく雨降る山中にて休息此処にて天明く　七時横川着八時十分発車磯部にて車を下り鳳来館に投じ休息す村内を遊覧す　午食し午後三時三十分発九時過上野着帰宅すればお幾変死の電報あり驚愕無限権兄来る共に談す夜中不眠

九月一日　木　晴

午前榊老人を訪ひ俸給受取並に延期願の事を托す小林え行く　十時過帰宅榊老人来る用事弁す荏苒四時十五分出てて五時上野発車す九時半頃高崎着あぶらや投宿す

九月二日　　金　晴

前五時発す後閑にて午食す五時頃湯檜曽着　是より夜行と決し食事し人車二人挽を命す十時頃白樺着休息之迄雨降る三時清水着休息天明く

九月三日　　土　曇

前六時六日町着松屋にて朝食を喫し乗船す　午後六時長岡着今日は初夜なりとて来客あり混雑此上なし

九月四日　　日　曇晴

終日混雑せり更に外出せず　初七日法事案内状出す　権兄え手紙を出す

九月五日　　月　曇晴

午前病院え行き及川子に面会診断書を乞近藤子を訪ふ榊老人え宛延期願書を出す

九月六日　　火　晴

前九時出てて安善寺に到る来客続て来る十一時読経始る二時膳に付く　四時頃帰宅晩は休息す

九月七日　　水　晴

今日より家財片附を始む

九月八日　　木　曇雨

終日家財所片附く大にはか取る

九月九日　　金　曇雨

尚残りものを片付殆と全く終る権兄雄叔え手紙を出す

九月十日　　土　曇雨

午前にて預け物も終り全く片付く依て午後出立と決す諸子暇乞に来る　広島椰野え手紙を出す　午後二時愈出発折好く雨晴る四時宮本着野中屋に宿す

九月十一日　　日　晴

昨夜大降雨前五時過出発時に雨止み是より追々晴上る青海川にて中食す五時頃直江津大多福亭に達す

九月十二日　　月　晴

前七時発車八時半頃関山着　関川にて中食五時長野着扇屋に投宿す　外出西洋料理を食し求妃餅等を求め帰る

九月十三日　　火　曇

午前四時頃起き善光寺に参詣す大に時を費す帰りて朝食し九時頃出立す　屋代にて中食す五時頃上田着米屋に宿す　権兄寿衛造えはがきを出す

九月十四日　　水　曇雨

前五時発　追分すみやにて中食す小諸追分間降雨甚困却後六時頃横川着寿や方に投す

九月十五日　　木　晴　蚊帳を不用

前八時十分発車急行午後一時十五分頃上野着寿衛造透魁郎出迎ふ権兄も来る榊老人来訪あり

九月十六日　金　晴

前六時半起く　手荷物を片付く午後権兄来る小林家を訪ふ　晩食後外出靴一足求むはつ十一時半帰る

九月十七日　土　晴

前八時起九時命車大学に到る一時帰宅　榊家を訪ふ小林に到る晩食後飯田町小松家を見舞ふ彰君当時熱海に在りと原君訪ふ不在帰路散髪す

九月十八日　日　曇　ms. 17

前九時起く国元諸方え礼状を出す　中沢岩子来る権兄一寸見ゆ　小林家え文郎を預る代として一ヶ月金壱円五拾銭つつ二十一年十二月迄出すことを決し此趣を三浦省三子方え報す　原君尋ね呉れられたり　晩食後久しく怠りたる日記を誌す　榊家を訪ひ鈴木孝子に逢ふ

九月十九日　月　雨　ms. 17

午前八時出勤未た講義を始むることを不得青山子先帰京面会す　四時帰宅　晩食後武野子を訪ふはつ在十一時帰宅

九月二十日　火　雨　ms. 17

前八時半出勤　後四時帰宅在宿

九月二十一日　水　曇

前八時出勤解剖総論を始めんと欲て不得　午四時帰宅晩食後出てはつ十時半帰宅

九月二十二日　木　曇雨

前七時出勤記載解剖学を始む又た卒業試問を始む午後五時帰宅　晩食後榊家を訪ふ宮本子来る

九月二十三日　金　曇

終日庭仕事す晩食後北君と共銀座通え買物に行く　段通冬帽子等を求む

九月二十四日　土　曇

七時出勤五時過帰宅　晩食後宮本子を訪ふ十一時半帰る

九月二十五日　日　晴

大阪小松より菓子鉢寄送せらる　午後外出団子坂植木屋え行く　晩食後はつ

九月二十六日　月　晴

晩権兄来る

九月二十七日　火　晴

午後四時前帰宅在宿

九月二十八日　水　晴

午後五時帰宅晩食後原君を訪ふ

九月二十九日　木　曇

晩食はつ九時半帰宅

九月三十日　金　曇　ms. 19

後五時帰宅　晩食後長谷川君を訪ふ

十月一日　土　雨

後五時帰宅在宿　大に冷気袷を着す　今日より毎朝八時出勤とす

十月二日　日　雨

後五時過出てて青山江口諸子の宴会に富士見軒に出席す九時半かへる　今日横田小林雄次郎に手紙を出　幹の旅費を送る

十月三日　月　雨　m. 13 ms. 13

後五時帰る晩食後はつ

十月四日　火　曇雨　m. 14

晩食後小林家え行く　今日冬西洋服出来す

十月五日　水　雨

午後二時半教室を出てて矢田部家葬儀に谷中墓地に陪す四時半過帰宅　横田鉄子来る

十月六日　木　晴　ms. 20

甚暖単衣を着す　後四時半より集談会え出席人間胎子を指示す　七時帰宅在宿権兄来る

十月七日　金　雨　m. 21 1/2 ms. 20 a. 19

後四時帰宅　晩食後武野子を訪ふはつ九時過帰る

十月八日　土　雨　冷

終日大雨夕刻止む晩食後萩原子を訪ふ不在原え立寄り八時半帰る

十月九日　日　快晴

午後榊家を訪ふ共に出てて浅草橋よりボートを出す向島中洲迄行き返す　神田川にて食事し順次郎子の寓に入り十時帰る

十月十日　月　快晴

後四時半帰る小谷野なる人来る　晩石垣老人来る

十月十一日　火　快晴　ms. 18

晩食後武野子を訪ふ之よりH十時半帰る

十月十二日　水　晴

後四時半帰宅在宿

十月十三日　木　晴　m. 17 ms. 19

夕刻伴野子来る　晩食後仲町迄買物に行く

十月十四日　金　晴

十月十五日　土　晴

午後四時より医学会出席 Stellung des Anatomen を演舌す　帰宅すれば武野子来る晩食後H

十月十六日　日　曇雨

前在宿後小林家を訪北蘭別居可然云々　榊家に到り共に出てて玉遊切り通鰻店にてすつぽんを食す　幹文着京す

十月十七日　月　雨　休日

午前北蘭と共上野勧工場に到り家具数品を求む後在宿晩食後榊家を訪ひ十時帰る

十月十八日　火　晴

後四時半帰宅　晩権兄来る

十月十九日　水　晴

後四時半帰る牧子来る　榊家云々の件なり共に晩食す是より外出ランプを求む

十月二十日　木　晴

後四時より第二医院集談会出席晩食後H　北蘭今日引移らる

十月二十一日　金　晴

夕刻榊家に到り晩食す是より飯田町小松家を訪ふ老人彰君一昨日帰京されたり

十月二十二日　土　晴

四時帰る晩食後宮本子を訪ひ十一時半帰る

十月二十三日　日　曇雨　ms. 19 1/2 a. 21 甚た暖

終日在宿小林子供来り消時

十月二十四日　月　曇

後四時半帰宅　榊子と供に同窓会に万代軒に到る空是より神田川まて食事帰る

十月二十五日　火　晴

晩食後H

十月二十六日　水　晴

晩食後北蘭を小松原両家に伴ふ

十月二十七日　木　晴　m. 9 1/2 ms. 10

晩根岸錬《ママ》太郎子来り談話十時となる

十月二十八日　金　晴

久々にて長岡社例会に出席帰路朝鮮人写真を求む

十月二十九日　土　雨

大学運動会に付休業但雨天に付同会はなし終日在宿権兄来る　晩は別宅にあり

十月三十日　日　快晴

午食を喫し直に出てて向島に端舟を漕ぐ霊岸島中洲に到て帰る浅草松田にて食事す　H終結

十月三十一日　月　晴曇

五時前帰宅　晩食後遊歩つば六枚求む

十一月一日　火　雨曇　a.16½

後四時帰　晩権兄来る

十一月二日　水　晴

運動会に付休業　午前大沢子と共に向両国彫工会陳列品を一覧す　午後は運動会より御参道を遊歩鍔四枚求む

晩食後榊家を訪ふ

十一月三日　木　快晴

午後向島より端舟を漕ぐ永代橋迄行く

十一月四日　金　晴

晩食後彰君を見舞ふ

十一月五日　土　曇

午後三時半帰宅　佐藤三吉君帰朝祝宴幹事となり富士見軒に到る十二時帰宅

十一月六日　日　曇雨　ms.15 a.12

午食より出てて榊家と浅草橋野田屋より端舟を漕く佃島に到る小雨降り出す

十一月七日　月　曇

晩食後武野子を見舞ふ　午後一時過出てて江戸橋郵便局到りフリードレンドルえ百六十法即ち四十円五十銭為替料四十五銭なり是より銀座迄遊歩す

十一月八日　火　快晴

午後二時前教室を出てて帰宅支渡菊苑勧菊会に陪　二時半出てて三時参内す若山子に久々にて面会す　晩薬師縁日にて菊花を求む

十一月九日　水　晴

晩食後湯島天神町辺に遊歩鍔五枚求む

十一月十日　木　曇雨　m.11½ a.15½

晩在宿

十一月十一日　金　晴

晩榊家を訪ふ

十一月十二日　土　晴

教室より銀座通りに到る若山子を訪ふ不在帰宅すれは権兄あり　皆と共に晩食武野子来る共に薬師縁日に遊歩す

十一月十三日　日　快晴　m.9　綿入を着す

午食より諸子を誘ひ浅草橋より端舟を漕ぎ台場迄行く

晩榊家を訪ふ

十一月十四日　月　晴　m.9

教室より山賀屋に到冬服地を求む晩原君を訪ふ　今日より弁当はサンドウヰッチとす

十一月十五日　火　曇

晩食後一寸遊歩す

十一月十六日　水　晴

晩食後宮本子を訪ふ不在長谷川君を訪ひ十時帰る

十一月十七日　木　曇　m.11　ms.13

晩集談会え出席

十一月十八日　金　晴

晩食後銀座通に到り獺帽子を求む

十一月十九日　土　晴

東次郎子長崎え赴くに付七八子と共に富士見軒にて送別会を催す

十一月二十日　日　快晴

前五時半起く約の如く榊老人と上野六時四十分発汽車に乗す鴻の巣にて下る　是より三里程人力車にて横見郡北吉見村に到横穴を見坪井正五郎子案内す　大沢藤助方にて休憩午食す是より山中遊歩　城跡、岩室観音堂、妙光寺の菊花等を見四時同所を発す六時八分鴻の巣発車帰京

十一月二十一日　月　晴

午後二時教室を出て緒方子と共に同子の寓を訪ふ　細君に始て面会す是より末岡子訪共に飯島を見舞ひ帰る

十一月二十二日　火　晴

晩北蘭を榊家に伴ふ

十一月二十三日　水　晴　m.$6\frac{1}{2}$　休日

晩食後宮本子訪ふ

午食より北蘭を伴ひ植物園ピクニック会に出つ　操春信秋の四子同行　晩食後武野子訪ふ

十一月二十四日　木　曇

晩少しく雨降る在宿

十一月二十五日　金　晴

晩食後彰君を誘ふ　フリードレンデルえの手紙を認む

十一月二十六日　土　晴

晩武野子来る

十一月二十七日　日　快晴

午前渡辺廉吉子を訪ふ鋭橘君に久々にて面会す　午食より安魁を伴ひ浅草橋よりボート千住より遥か先迄行く

晩榊家を見舞ふ

十一月二十八日　月　晴　ms. 10
夕景より長岡社例会に出席　豪州アドレード大学ワトソン氏より南豪州土人の骨格送附

十一月二十九日　火　曇晴　ms. 10
晩食後小池正直子を訪ふ

十一月三十日　水　晴　白霜降る
晩食権兄来る

十二月一日　木　晴
午後四時より集談会え出席朝鮮人頭骨を演す

十二月二日　金　晴
午後三時半出てて山賀屋え立寄り帰る晩食後榊家を訪ふ

十二月三日　土　晴　m. 5　ms. 10
晩食後武野子を訪ふ

十二月四日　日　晴
午食より橋本豊子等を携て浅草橋より端舟を上流綾瀬川を上る　小谷野村迄行て帰る

十二月五日　月　晴　ms. 10
晩坪井正五郎子来る

十二月六日　火　晴　m. 5
午後六時より集談会東京医学会合併の件に付相談　九時半帰る

十二月七日　水　晴　m. 3 1/2
晩食後原君を訪ふ

十二月八日　木　晴
午後三時より共同費仕掛に付集会す帰路田口家に到り顕微鏡の価残額弐百円を遣り帰る　武野一寸来る　今日は父上様忌日並にお幾百ヶ日に付来客あり十二時迄談話す

十二月九日　金　晴　ms. 13
後四時半過帰宅在宿　総論解剖学講義を閉つ

十二月十日　土　晴
晩食後榊家を訪ふ

十二月十一日　日　晴
午前榊老人を誘ひ人類学会に出席す亦た今日入会す朝鮮人頭骨を演舌す　午後は庭樹を造り終日す晩食後武野子を訪ひ薄茶器借り帰る

十二月十二日　月　晴
晩食後三間君を訪ふ不在是より柳沢子を訪ひ十時過帰宅

十二月十三日　火　晴
教室より帰途鬼頭子を訪ふ不在　晩食後宮本子を訪ひ

十二時帰宅

十二月十四日　水　晴曇雨

教室より帰途画工山田子を訪ひ朝鮮人頭骨を托し帰る

晩榊老人来り談話十時同君去る

十二月十五日　木　晴　m.5 ms.10

晩食後集談会に出席

十二月十六日　金　晴

晩在宿

十二月十七日　土　晴

三宅大沢二子の饗応にて富士見軒に到る十二時頃帰宅

十二月十八日　日　晴

午前小林家を見舞ふ午後岡田保幹魁の諸子と端舟を漕ぐ

台場まで行く　晩食後榊家を訪ふ

十二月十九日　月　晴

夕景出てて机壱脚を注文し是より長岡社え出席

十二月二十日　火　晴

晩食後上野広小路迄遊歩す

十二月二十一日　水　晴

夕刻より長谷川君の招待にて上野精養軒に到る十時半帰る

十二月二十二日　木　曇雨　a.11

晩在宿

十二月二十三日　金　晴

今日試験終る四時半帰宅　晩仲町にて植木台を求　武野子来て共に晩食す

十二月二十四日　土　晴

午刻教室を去て御徒町にて矢之根を求め歩行入谷植木屋迄行き帰る　晩食後武野子を訪ふ宮本子来る共に去て帰宅一時同子去る

十二月二十五日　日　晴　m.3½

午前榊家を訪ふ緒方家云々件なり午食後緒方家を見舞ひ末岡子を訪ひ帰る晩在宿

十二月二十六日　月　晴

晩在宿

十二月二十七日　火　晴　m.1

今日 Katalog d. anatom. Samml. 書き終る午後三時前帰宅四時文部大臣招待に応ず　帰路小松原両家え立寄り明後日熱海行を吹聴し帰る散髪入浴

十二月二十八日　水　晴曇雨　m.2

午前榊老人来る十一時過出てて大学に到り旅行願書を出

し土産物を求め帰り午食す　若杉喜三郎子来る四時出て　松二子と玉を撞く
て柳橋亀清に小松原子帰都筑子洋行の祝宴に陪す九時帰
宅行李を造る

十二月二十九日　木　晴　満月

前六時二十分起く既に遅くなりしを以て直に支渡し発す
新橋に到れば汽車既に発す時に青山子来る共に次の汽車
にて横浜迄行く　牛肉店に入り朝食す市中を遊歩し十二
時半同処発す午後一時半国府津着馬車にて小田原片岡に
到り是処にて午食し人車に命す吉浜にて日暮るる　六時
半熱海着鈴木良三方に投す白石藤沢二子在り直に出てて
野中小松家を訪ふ晩食し八時過帰り入浴眠を求むれども
不得十二時過眠る

十二月三十日　金　晴風

前八時起く野中小松家を訪ふ　諸子と梅園に遊歩す　午
食し加古子を植松中村弥六子を相模屋に訪ふ　中村子と
玉撞所に到り伴て宿に帰る永松子来り居る　諸子と横磯
海水浴所を一見す　晩食後井上円了子を露木に末岡子を
坂口屋に訪ふ同子を伴て宿に帰る　入浴

十二月三十一日　土　晴風

昨夜大に雨降る　彰君方にて午食す入浴し帰る　大沢永

明治二十一年　二千五百四十八年
1888　良精満二十九年

本郷区弓町二丁目三十四地
七月四日駒込東片町百拾番地移転

一月一日　日　快晴風
前八時起く午前小松三家え年始　とろゝにて午食し帰る
岩谷等の諸子来る加《ママ》古子を迎ひ二十一を遊ぶ　晩食後加古子を訪ひ青木家族と遊戯十二時半帰る

一月二日　月　快晴風
前九時起く諸子と魚見崎に遊歩す　午後加古子を訪ふ

一月三日　火　晴
午前独伊豆山迄遊歩権現に登る　午飯は諸子と鰻を食す
藤井宣正子等来浴、二十一を遊ぶ、夕景より永松子と遊歩、尋で精一君方にて晩食　是より平岡君を小林屋に訪ふ、加古松浦子許暇乞に行き十時帰る

一月四日　水　晴
朝小松三家え暇乞に行く　九時半熱海出発大沢青山藤沢白石子同行　小田原片岡にて午食三時二十分国府津発車七時過帰宅す入浴直に眠を求む　熱海遊浴入費総て拾三円也

一月五日　木　晴
午後榊小林え年始尋で富士見軒年始会に出席九時半帰宅別宅にて談話二時眠に就く

一月六日　金　晴
日中は在宿　夕景より大沢子の招待に応す八時半頃去て武野子許行く戸田子等あり薄茶の馳走あり

一月七日　土　晴
武野子の招に依り午刻同家に到る茶及ひ飯の馳走あり
晩在宿九時過宮本子来る

一月八日　日　晴
午前在宿　午後榊家を訪ひ尋で牧野家え年始に行く　晩食武野家かるた会に招かる十二時半帰宅

一月九日　月　晴　m.4
今日より授業を始む　午後三時帰宅緒方え悔み及ひ年始に行く晩食し帰る　是より又た外出飯田町小松及原え年始に行く十時前帰宅

一月十日　火　晴　m.4―a.12

前八時出勤後四時帰宅在宿　横田え年始兼て鏃の代を出す　長尾精一子え新井春次郎の件に付返書を出す

一月十一日　　水　晴

若杉喜三郎子の保証人を承諾し証書に捺印す　午後五時より富士見軒に田中舘子英国留学送別会に出席帰路宮本を訪ふ不在帰宅す

一月十二日　　木　晴 m. 2 — a. 10

晩在宿

一月十三日　　金　晴

晩在宿　宮本子来る十一時去る

一月十四日　　土　晴

午後三時教室を出画工山田子を訪ひ宅に立寄り小川町迄行く独英辞書一冊求む　樫村君を訪ふ不在直に帰宅　書生諸子来り居る即ち今日かるた会を催す都合十三人甚た盛会なりき十二時諸子去る

一月十五日　　日　晴

午前八時起東京医学会総会に出席　後一時帰宅在宿夕景より権兄来る

一月十六日　　月　晴曇

今朝賀古子の手紙を教室に見る過日熱海に於て依頼せし件の吉報なり　後四時帰宅同子来る尚詳細の話を聞く晩食後武野子許茶かぶきの招に応す十一時帰宅

一月十七日　　火　曇

後四時過帰宅　晩食後宮本子を訪ふ八時半帰宅

一月十八日　　水　曇 a. 12

晩在宿長尾精一子に新井子の事に付手紙を出す大阪小松え年始状を出す

一月十九日　　木　曇

晩食後榊家を訪ふ十時過帰宅

一月二十日　　金　曇

昨夜少しの雨降る 晩食後賀古子を訪ひ此頃の件に付尚念を推す

一月二十一日　　土　晴

動物会にて演舌す　晩権兄来る他出せず

一月二十二日　　日　晴

午前末岡子来る是より教室に到る画工山田氏に立寄り午後二時帰宅す　三時過より出てて銀座通迄行く　晩食後武野子を訪ひはつ等と遊戯十一時帰宅す

一月二十三日　　月　晴　両三日以来寒気甚たし

午後四時半帰宅　机出来す　ヘボン氏辞書を求む　在宿

一月二十四日　火　晴　m.0—a.8
朝鮮人頭骨原稿成る　晩食後指物師安田方え行き服戸棚を注文す
一月二十五日　水　晴
晩青山子来る
一月二十六日　木　晴
夕刻賀古子来る件愈吉　晩食榊家を訪ふ　今日広島より高畠子来り面会す又た梛野君より送物あり
一月二十七日　金　晴
晩食後三間君を訪ふ面会を不得小林家に立寄り八時過帰る
一月二十八日　土　晴
朝鮮人頭骨の稿清書終りベルツ子に校正を托す　武野子来る辞て長岡社大例会に出席
一月二十九日　日　晴
午前鈴木孝子来る久し振りにて面会共に午食し浅草に遊行す富士に登る　新吾妻橋を見帰る晩武野子を訪ふ
一月三十日　月　晴
終日外出せず朝鮮人頭骨翻訳に困す
一月三十一日　火　晴　寒甚だし
若山弦子結婚祝宴に招かる五時出て築地寿美也に到る九時半帰る　是より前日の翻訳二時過眠りに就く
二月一日　水　晴曇雪
夕刻より三間正君を訪ふ根岸子も来る　晩食長岡社の事に付談話す
二月二日　木　晴
晩食後宮本子を訪ふ十二時帰宅
二月三日　金　晴
午後二時過教室を出てて博物館に到り高山館長に面会す之より館内を一見し出てて中島一可子を訪ふ　晩宮本子を訪ふ
二月四日　土　雪
終日降雪寒気随て甚だし　後三時帰宅榊家を訪ふ晩在宿
二月五日　日　晴　寒気甚たし
終日在宿前十一時起く松井競子来る　午後武野子来る晩大沢岳子来る
二月六日　月　晴　寒気甚たし
俸給受取る　夕刻賀古子きみ子の小照を持来る
二月七日　火　雪曇

昨夜雪降る　在宿

二月八日　　水　曇

晩食後武野子を訪ふ先に小林家を訪ひたり

二月九日　　木　晴

医学会出席　晩榊家を訪ふ宮本子来る

二月十日　　金　晴

午後二時武野子教室え来る共に出てて戸田子を訪ふ伴て亀戸に梅花を見る　別れて柳橋川長に偕楽会に出席支那料理を食す　帰路宮本子を訪ひ十二時帰宅す

二月十一日　　土　晴　休　寒風

前十時起く　午後文部大臣祝賀会に工科大学に陪す　晩食後原家を訪ふ十時帰宅

二月十二日　　日　曇

終日在宿橋本豊子来て晩食す晩食後断髪す

二月十三日　　月　晴

晩在宿

二月十四日　　火　曇　m.1—a.8

山田画工に立寄り帰る　榊老人来る晩食後武野子を訪ふ

二月十五日　　水　晴

晩食後榊家を訪ふ十時帰宅

二月十六日　　木　晴　m.1

晩食後淡路町迄買物に行く

二月十七日　　金　曇雪

昨夜雪降る　卒業試験に付会議あり　晩青山子来る十二時去る

二月十八日　　土　晴

帰路青山子を訪ふ晩在宿

二月十九日　　日　曇

前十時起く武野子来る　晩食後榊家を訪ふ十時帰宅

二月二十日　　月　曇晴

昨夜雪降る　夕景熱海温泉寺住職万里元周来る　晩在宿

二月二十一日　　火　晴

晩食後武野子を訪ふ八時半帰る　広島棚野え手紙を出す

二月二十二日　　水　晴

午後三時教室を出て大沢子の処労を見舞ふ帰宅す　両三日来寒冒気分悪し床に臥す

二月二十三日　　木　晴

午後二時より会議、卒業試験及ひ学科改正原案を出す　五時半帰宅発熱す

二月二十四日　　金　晴

前十時過出勤後一時頃帰療養す
　二月二十五日　土　晴
前八時より十時まで講義し直に帰る　晩入浴す　熱去る
少しく快し
　二月二十六日　日　曇雨
終日在宿床に臥す
　二月二十七日　月　晴
北蘭と共に晩食す阿兄一昨日より不在云々寿衛造を遣る
大に安心す　透子来る
　二月二十八日　火　晴
長岡社例会に出席す幹事に当選す
　二月二十九日　水　晴　m. 1
晩食後阿兄来る

　三月一日　木　晴曇雨
大学紀念日に付業を休む「エヂプト」国の「ムミー」横
浜仏国領事館に在る趣に付検分として午前十時三十分の
汽車にて発す　大森にて下り蒲田梅林を一見す同処にて
午食し後一時十八分発車横浜に到る仏国領事館を訪ふ
「ムミー」を一見し出てケリー商会え立寄る　是より
海岸通を歩行す伊勢山に登る五時十五分発の汽車にて帰
京す　天金にて晩食し八時帰宅す　衣服戸棚出来す
　三月二日　金　雨晴
晩食後榊家を訪ふ
　三月三日　土　晴
甚た暖和　夕刻榊老人来る　晩食後武野家を訪ふ
　三月四日　日　曇雨
榊老人と遠足を約し午後出掛れば雨降り出す帰て老人と
談話夕刻となる
　三月五日　月　晴曇
晩食後宮本子を訪ふ十時過帰宅
　三月六日　火　晴　此日来稍暖　a. 9
晩食後小林家を訪ふ
　三月七日　水　晴
晩在宿透子来る
　三月八日　木　晴曇
晩食後飯田町小松家を訪ふ彰君大病云々　原家に立寄り
帰る直に見舞状を認む十二時眠に就く
　三月九日　金　曇雨
晩在宿　賀古子より手紙到る独乙より彼の件に付電報を

以て返事あり是にて稍安心す　北蘭に一と通り話す

三月十日　土　曇晴

午後四時過帰宅　武野子来る尋て権兄来る耳痛云々五時半出てて万代軒偕楽会に出席　是より約の如く宮本子許行く講談の饗あり十二時半帰宅

三月十一日　日　快晴　甚暖

午前賀古子を訪ひ彼の件に付相談す午食より書生諸子を誘て浅草橋より小舟を漕く　向島にて上陸梅屋敷を見る六時頃帰宅　晩食後武野子を訪ふ

三月十二日　月　快晴　m.12 a.13

午後五時半帰宅　晩食外出長岡三島君を旅宿に訪ふ不在買物し帰る

三月十三日　火　晴

晩紺屋（元町の）来り故に在宿

三月十四日　水　晴

晩食後賀古子を訪ふ今朝同子より手紙来り愈来る　十七日会合云々依て之に付相談す　原君を訪ふ大阪小松御夫婦着京面会九時半帰る

三月十五日　木　晴風　寒

夕景森篤次郎子来る、会合に付相談す、晩食後武野子を訪ふ

三月十六日　金　晴　m.2 ms.12 降霜

A・ワトソン（アデレード）氏に骨格の礼状を出す　晩食後原家に到る未た熱海より京《ママ》帰なし之より飯田町小松留守宅を訪ふ

三月十七日　土　曇雨

動物会え出席後四時帰宅　約の如く北蘭と共に五時発し上野八百善に到る　先方は既に来り居る他は記すに不及九時前帰宅直に出てて原君を訪ふ　彰君容体益々悪し云々十二時帰宅

三月十八日　日　晴

前九時起く午後独出てて向島に到り端舟を漕く　晩食後原君を訪ふ不在

三月十九日　月　晴

今日彰君着京に付午十二時前教室を出てて新橋ステーションに到る之より直に飯田町え行く午後二時頃彰君本宅に着　後四時帰宅約の如く篤次郎子と共に千住森家を訪ふ晩食、以後の事に付ても談あり　先方は何時にても宜し云々十時帰宅　本日天王寺にて百体祭あり欠席

三月二十日　火　晴

早朝榊老人来る尋て権兄来る　十二時頃外出宮本を訪ひ前日の事に付相談す直に原君を訪ひ又談す　次に彰君を見舞ふ六時帰宅　晩食小林家を訪ふ榊家え立寄り十時帰る

三月二十一日　水　晴

朝出勤掛けに辻新次君を訪ふ彰君位階の事に付てなり午後三時過帰宅又た出てて辻君を訪ふ不在直に彰君を見舞ふ出てて赤十字社に到り橋本子に面会し来診を頼乞て再ひ小松家え到る　晩食十一時半帰宅、森家一条に付異存なし云々

三月二十二日　木　晴　少降霜

出勤掛けに辻君に途上に逢ふ　午後四時より集談会設立に付集り晩食し相談す　六時出てて辻君を訪ひ（在宿）帰宅す留守中きみ子来訪す　彰君を見舞ふ十時帰宅　賀古宮本及ひきみ子え手紙を出す

三月二十三日　金　晴

午前六時小松家より使来る直に見舞ふ九時頃教室に到る後三時帰宅す又出てて小松家に到る　六時辻え立寄り帰る晩食後辻より迎来る直に行く是より辞令書を携て小松家に到る十時帰宅

三月二十四日　土　晴

午前六時小松家より使到る直に行く八時教室に到る　十時講義を終て后再ひ小松家に到る　十二時過より容体悪し三時十五分遂に彰君逝去五時同処を出てて宅に立寄り約の如く千住え行く　八時過帰宅晩食す宮本子来る、是より小松家え行き通夜す

三月二十五日　日　曇

前八時半帰宅眠に付く午後四時起く　在宿　長岡社例会のはかきを出す

三月二十六日　月　晴曇

午後三時帰宅　きみ子え手紙を出す　小松家に到り香奠を送る　晩食後在宿

三月二十七日　火　晴

午後四時帰るきみ子来り居る　談話六時去る晩食小松家を訪ふ

三月二十八日　水　雨

午十二時教室を去り帰宅支渡し小松に到り会葬す　六時過帰宅長岡社例会欠席す

三月二十九日　木　晴

午後三時教室を出てて千住森家を訪ふ六時過帰宅　晩食

後賀古子を訪ふ不在　宮本子を訪ふ又不在倚子を求め帰る

三月三十日　金　晴

後三時過帰宅　初七日に付小松家に到る八時頃帰宅　千住より荷物来り居る

三月三十一日　土　晴

今日第二学期終る　後二時教室を出て彰君初七日付墓参す四時帰宅二十分を過き子《ママ》来る　入浴十一時眠を求む

四月一日　日　曇晴

前八時起く　維直精一君来る紹介す　午後きみ千住え行く　横田鉄子来り誘ふ明日出発帰郷すと　晩食後小松家跡方の事に付相談の為め飯田町え行く甚た長引き二時帰宅す

四月二日　月　晴

前九時起く教室不参　午後新井子来る　高等中学助教諭に任ぜらる云々　千住北堂来訪　三島億二郎君来訪　後五時半出てて富士見軒に小池軍医尾沢玄一諸子の留学送別に会八時過帰宅　入浴十一時眠を求む談話三時過眠に就く

四月三日　火　晴

前十時起く　午後二時おきみを携て外出上野停車場より汽車王子に下る　飛鳥山に登る滝の川稲荷社を廻り再ひ同処に帰り帰途に就く少し雨降る六時過帰宅

四月四日　水　晴

前十時過出勤　午後一時半去て向島に到端舟漕ぐ四時過帰宅篤子来り居る辞て万代軒に到　新井子明日千葉に向て出発するを送る七時半帰宅　談話三時頃眠に就く

四月五日　木　晴

前八時起く終日在宿　夕景武野長来訪晩食後共に遊歩宮本来る十時迄談す　権兄隣宅に来る　稍望を達す

四月六日　金　雨　桜花稍開く

前十時起く午食し教室に到る　三時過帰宅　千住老人来訪　小松家を訪ふ晩食後榊家に到る八時半帰る

四月七日　土　晴

前十時出勤　後三時帰宅

四月八日　日　晴

午前渡辺廉吉子来る　午後共に外出二時四十五分発汽車にて川崎に到る大師に詣す　是より人車を命し大森ステーシヨンに到る　八景園にて晩食八時八分同処発す銀座

通歩行九時半帰宅す

四月九日　月　晴　暖

今日第三学期始まる　午後三時帰宅　下婢ちい昨日より帰らす暇を遣る

四月十日　火　雨　冷

前七時出勤後四時帰る　千住令堂来訪新下婢共に来る

四月十一日　水

広島椰野大病云々の報知あり　晩小松家第二回相談二時帰る

四月十二日　木　晴

後二時より医学会、終て集談会八時帰る、広島え見舞の手紙を出す、在独乙林太郎子に手紙を認む

四月十三日　金

午後三時頃教室を去り向島ボートに遊ぶ、透子来る椰野病気少しく快方云々

四月十四日　土　晴　桜花満開

午食し向島ボート、四時帰る、晩食後宮本子許講談十時半帰る　今日千住君来訪

四月十五日　日　晴

終日在宿　午後維直御夫婦来訪　新下婢きよ来る

四月十六日　月　雨

後四時帰直に小松家第三回相談に陪す　青木貞三中村道太二子加る　二時帰宅

四月十七日　火　曇晴

後二時帰宅　権兄を訪ひ国元借財に付相談す、尤も従前の通なり

四月十八日　水　曇晴

午食し教室を出てて向島に到りボート六時帰る

四月十九日　木　晴

午前七時より八時迄の講義を学生より望にまかせ休む直に向島に到りボート五時頃帰　晩食後小松家を訪ふ維直御夫婦来る二十一日大阪帰向暇乞し十時帰る

四月二十日　金　晴曇

午食し教室を出てて向島に到りボート四時帰る

四月二十一日　土　雨

向島競漕会に付休業、前七時半同処に到る一番及三番競漕を漕ぐ共に利あらす六時頃帰宅

四月二十二日　日　晴　甚暖

終日在宿　晩食後共に上野公園に遊歩す

四月二十三日　月　雨

四月二十四日　　火　曇　甚冷
晩食後共に小林家を見舞ふ
四月二十五日　水　晴
午後五時文部大臣森君招に応す　九時半帰
四月二十六日　木　晴
集談会並に医学会出席午後九時半帰宅
四月二十七日　金　晴
後五時帰宅在宿
四月二十八日　土　晴
午十二時教室を出て原家に到る小松家相談なり　長岡社例会出席九時帰宅
四月二十九日　日　雨
午前青木貞三子を訪ふ午後在宿
四月三十日　月　曇
晩食後原家を訪ふ
五月一日　火　曇
千住老人来訪権兄来る晩原家を訪ふ深更三時帰宅
五月二日　水　雨
在宿　記すべきことなし
五月三日　木　曇
晩榊家を訪ふ
五月四日　金　曇雨
午後三時教室を出てて鈴木孝子訪ふ麻布新宅落成後始なり　同子療養中にて留守中なり帰路牧亮子許立寄る不在
五月五日　土　晴
午前十時過教室を出てて向島に到りボート、千住大橋迄行く五時帰宅
五月六日　日　雨
終日在宿晩食後武野子久々にて訪ふ　うかれぶしを聞き十時過帰る
五月七日　月　雨　甚冷　十度位
きみ教師よりの招待に応す　在宿
五月八日　火　雨
医科経費に付会議あり解剖教室費明治二十二年度を二千弐百五拾円に減す　晩榊子来る十一時同子去る
五月九日　水　晴
午後二時半教室を出てて第三十二銀行に到り為換八拾四円を組む之島兵七えの負債返金なり　帰路小松家え立寄る老人熱海より出京になりたればなり　山口万吉え本年

前半期利子金拾円送る　食客山田黄村今日来る
五月十日　木　雨
医学会出席集談会欠席し偕楽会に出席す支那料理なり
五月十一日　金　雨
彰君四十九日に相当するを以て小松家に到り晩食の饗応に逢ふ　斎藤なる人来る
五月十二日　土　晴風
午刻弘田子帰路教室に来訪す、向島ボートに遊ぶ折しも風甚しく危険なるが如し　晩弘田高橋順両子来訪
五月十三日　日　快晴
午後二時共に外出上野停車場より発赤羽にて換車板橋、目白、新宿、渋谷を経て四時頃目黒停車場に達す　之より歩行不動堂に到る大国屋に休息食事す七時四十四分発車八時新橋着
五月十四日　月　晴
五月十五日　火　晴
後五時頃帰宅山口虎太郎、高橋順、森永友健子来る
五月十六日　水　晴曇
独乙其他え朝鮮人頭骨編を送る（郵税一部六銭つつ）早朝精一君来訪
五月十七日　木　曇晴
後四時弘田子同伴帰宅
五月十八日　金　晴　ms. 21 1/2
彰君遺物来る弘田子帰朝祝宴を万代軒に開く十時帰る
五月十九日　土　晴
動物学会に出席演舌す四時帰宅　晩食後榊家を訪ふ
五月二十日　日　晴
終日在宿来客なし
五月二十一日　月　曇
晩食後森家訪ひ榊家一条に付て談す　一時帰宅す
五月二十二日　火　晴
晩食後榊家を訪ふ
五月二十三日　水　雨
夕景牧子来訪
五月二十四日　木　快晴
午後二時より部会あり尋て集談会尋て医学会、十時帰宅
五月二十五日　金　快晴
午後三時教室を去千住え行く是の其後始てなり
五月二十六日　土　晴
午刻より向島に到ボートに遊ぶ千住より王子迄に到て帰

る

五月二十七日　　日　晴曇

終日在宿

五月二十八日　　月　雨

長岡社例会に出席

五月二十九日　　火　曇晴

本日皇后宮大学え行啓　午後六時帰宅晩食後小松家を訪ふ十時半帰宅

五月三十日　　水　晴　浴衣を着す

後四時前帰宅森永子来る榊家一条なり晩食後榊家を訪ふ

五月三十一日　　木　晴

六月一日　　金　晴

六月二日　　土　晴

後十二時過出てて吉祥寺読経に陪す是より染井墓地に到る四時帰宅　精一君初め皆来る晩食を饗す八時諸子去る是より武野家を見舞ふ

六月三日　　日　曇

別宅に小木おたま殿等来客あり　午後深川公園に到蝦夷人の見世物を採る中洲に到て空く帰る

六月四日　　月　晴

六月五日　　火　晴

午前菅子教室え来る、深川公園に再ひ到る処々を徘徊し午食を喫し一時過教室に帰る、二時より第四年生学年試験に付会議あり、千住老人来訪

六月六日　　水　晴

六月七日　　木　晴

午後一時文部省え出頭、医学博士の学位を賜ふ、一寸帰宅出てて芝浜松町に蝦夷人を採り一見し帰る、晩食後榊家を訪ふ今朝森永子より手紙来りたればなり

六月八日　　金　雨

来る夏休業中蝦夷旅行費極る

六月九日　　土　晴

午十二時過出てて大沢岳子と共芝に蝦夷人を訪ひ写真を取《ママ》る、酒を馳走し帰る

六月十日　　日　晴

終日在宿　晩宮本子来訪す

六月十一日　　月　晴

午後一時より文部省博士会議出席す　晩食後銀座通迄買物に行

六月十二日　　火　晴
午刻蝦人六人教室え来る悉く測量す　晩食後原家を見舞ふ
六月十三日　　水　雨
六月十四日　　木　雨
医学会集談会え出席
六月十五日　　金　雨
六月十六日　　土　雨晴
後三時過帰宅千住令閨来訪、晩食後原君去る十三日吐血云々に付見舞ふ十時帰る、今日夏期終る
六月十七日　　日　半晴
午前精一君来訪、午後牧野錬子来る、外出日本橋通に到り蚊帳を求む　在伯林田口君より手紙到る　晩食後榊家を訪ふ
六月十八日　　月　半晴
午後四時帰宅外出精一君を牛込に訪ふ不在、弘田子出京住所飯田町に定る以て訪ふ、原君を訪ふ
六月十九日　　火　快晴
人類学取調の為め北海道出張被命
六月二十日　　水　晴
晩食後精一君を牛込に訪ふ不在　是より原家を見舞ふ帰り榊家に到る　今日牧子来訪
六月二十一日　　木　晴
今日より学年試験を始む
六月二十二日　　金　晴
六月二十三日　　土　晴
後三時帰宅是より高等女学校演習会に行く　晩武野阿兄来る
六月二十四日　　日　晴
午後二時半出てて森永子を訪ひ同道石井君に到榊家一条略極る是鈴木家に立寄る不在
六月二十五日　　月　曇
午後スクリバ氏帰国に付大学諸子写真す是より帰宅、鈴木孝子来る共に榊家に到る彼の件全取極る
六月二十六日　　火　雨
晩食後武野子を訪ふ　今日試験全く終る
六月二十七日　　水　曇
午後二時半教室を出てて千住え行く
六月二十八日　　木　晴
医学会等欠席　長岡社例会に出席

六月二十九日　金　晴

晩森永子来る　共に丹波子を訪榊家一条なり

六月三十日　土　晴

前八時出てて駒込新宅を一見し教室に到り十時文部省御用に付到る　中級俸下賜後四時樫村君祝宴に陪す

七月一日　日　晴

今日移転は壁乾かざるを以て延引す　雄叔父大乱　終日在宿、榊子の来訪を乞ふ　北蘭今日午後引払ひ本宅え移転　入浴

七月二日　月　晴

教室不参　午前坂内子来訪　午後五時過出てて万代軒に到る　榊家一条に付てなり宮本子を訪ふ不在九時半頃帰宅

七月三日　火　雨曇

早朝より荷物を片附く　十一時頃出てて教室に到る　出発並に転居届を出す　測定器械等を持帰る　正午より荷物を運始む車五台にて二回余往返す　午後精一君来訪又た千住老人見ゆ　晩食後飯田町原両家え暇乞に行く九時半帰宅眠を求む

七月四日　水　曇雨

早朝残りの荷物一台遣り九時頃出てて駒込東片町新宅に到る　午食し出てて教室に到る諸子に暇乞す　「スクリバ」氏を訪ふ二時帰宅

七月五日　木　雨

前七時起く　大阪小松家え手紙を出す千住令閨篤子来る十時発す篤子新橋迄見送る　十一時汽車発す汽船問屋糸屋に投す坪井正五郎子既に来り居る　後一時頃出てて本船和歌浦丸に達す上等室満員たるを以て中等室に入る船賃拾弐円五拾銭なり文学士中隈某子に面会す二時十五分機関運転を始む　三時過茶を出す六時過晩食、食事は洋食なり、中等客只二名のみ、本日は時々小雨あり、八時半甲板を下り二日以来の記を録し九時過家を思ひつつ眠を求む　本船長六十間、速力十二乃至十二半マイル

七月六日　金　曇晴

前八時甲板に登る陸不見本船は仙台湾に在り午後一時頃金花《ママ》山見ゆ三時荻之浜着、上陸し大東兵七方に投し休息す港内を遊歩す葉山神社に登る　留守宅えはがきを出し六時前本船に帰る当港至て小狭、人家三十戸計、旅宿は鍵屋大森を最とす　朝食三皿、午食三皿、晩ソップ三皿、

菓子等なり

七月七日　　土　雨曇

前八時起時に降雨尋て雨止むと雖も霧深く船時々汽笛を鳴す、本船は今朝四時荻を出帆せり、夕景に至り陸を左に見る、晩九時頃眠に就く

七月八日　　日　晴

午前五時函館到着せるに愕かされて起く直に支渡し上陸す　和田唯一方に投宿す朝食し出てて住野祐蔵なる人を訪ひ蝦夷地万事を談じ　帰宿すれば和田元右衛門なる人来訪又た相談することありて巡路札幌を先し先つ海路小樽に行くを決す　午食し函館病院に到り医員松田定夫相沢良恂の二子面会す　是より公園地に到り博物館に入る尋て写真師を探む時に大降雨、之を犯して客舎に帰る時六時なりき、入浴、晩食

七月九日　　月　曇

早朝住野祐蔵氏来訪　談話中アイノ土人夫死去すれば三年間も其妻は戸外に出るときは必す風呂敷の如きものを以て頭を掩ふ之れ天日を憚りてなり亦た右の如く戸外にて達使の際も頭を掩ふ若し布なきときは自身の着物を以てすと　シコタン島にて旧暦六月十五日に用水桶及巾二間程の川に厚さ三寸程の氷張りたることあり同日の寒気甚だしと雖も猟師等に酒を振舞ひ強て昆布採集に出でしむ　人夫等手を海中に入れば凍て採集出来ざりしとて帰り来りたり云々　此二三日前より北風頻りに吹きしと

土人中には稀に己の妻を一夜限り他人に売ることあり（即ち酒二舛と交換するが如し）アイノ人夫婦には一般に子供少しと　住野、和田両氏より所々え添書拾四通を得る　午前九時頃外出区役所に到り区長二木彦七氏に面会し談話中山越郡ユーラップ（函館より十八里程）にアイノ人に向ての学校ありて教育す、小供は兎も角も覚ゆれども家に帰れは直に忘るる云々由て同氏は到底土人は教化すること覚束なし云々

シコタン人は明治十七年占守島よりシコタン島え移す占守島人生計立ち難きを以て千島交換の際一年一度つつ米を送るの約ありと雖も三ヶ年に一度つつ送り来れり、但し一回の汽船五千円程も係る故に之を移せりと　千島の内新知迄の外占守等は皆灌木のみて樹木生育せす、占守島迄汽船一週か折悪ければ二週も費《ママ》す　本庁より土人撫育の為め在来一ヶ年四五千円の金を之に当つ　千察加土人は年々減少すと外にロシヤ人多く住す小港あり時に軍

艦来りて密猟を警む
午食後出てて博物館に到る渡辺章三氏に面会す区長よりの添書を持参せり　同氏は明治九年にエトロフ島え渡りしと、談話中カラフト人は満州人と昔より今も尚ほ交るカラフト西部に満州人も多居る、交易品は満州の玉、蝦夷綿等とカラフト黒き「テン」、ヂヤコウ等なり、又た往昔は受負人ありて土人総て之に使役さるよく勉強すれば受負人より日本品の賞美を受る、故にアイノ自製品の外日本及ひ満州品を用ゆ
エトロフ島は松前時分より村官と称し武役に使ふ為め日本人の如く取扱ひ且つ日本人多く入り込みたれば大に化せり皆互に日本語を用ゆ、アイノ語及事情は多は不知、只シベトロ辺には老婆なとには日本語を不解ものありと、又た風呂を立てて日々浴す畳、障子等を用ゆ、併し女子は「アイノ」の如く髪を切り居る尤も下婢などに雇れ居るものは島田わげなどに結ひ居る、顔色は真にアイノ人なり、エトロフ人口は逐々減少す寛政時分には三千人後二千人現今は日本人供に一千人なりと是梅毒の為めならんか、頭部に瘡《かさ》の出来居るもの甚た多し
ウルツプ島は近来開けて住人ありとか聞くと、其他の島は無人なり　鹿をよぶ笛数個を見たり
カンサツカ人の毛皮の衣、器物等は一般にはるかにアイノ人製作のものより巧なり「マレツプ」と云ふ水中に浮遊せる魚（さけ、ます）を撞留め引上る器あり　之は百中とも云ふべき器なり、現今は之を用ゆること禁したり何となれば彼の魚の卵を置く為め河に登るを取るものなれば魚のはん植をさまたげればなり　是より共に公園内を歩行し貝墟を発見し石器数個ひろいたり帰路住野祐蔵氏を訪ふ　談話中三十余年前幕府換地を以て松前藩より蝦夷地を召上ぐ開拓使を置く尋て諸藩に割付る（エトロフ島は仙台藩の持なる如し）後函館奉行を置く（奉行は村垣、杉浦の如し）
是より和田元右衛門氏訪ひ旅宿に帰る　十一時頃眠に就く　おきみえ手紙を出す

七月十日　火　晴曇

午前七時起く荷物を斉ひ、支渡し独り出てて伊藤鋳之助（函館新聞持主）氏を訪ふ　北海道庁第一部勤務村尾元長氏並に石田良助の両氏に面談するを進む　港内を台場まで行きて帰る午食し十一時小汽船を以て田子の浦丸に乗り込正十二時出帆す　本船にて久々にて川島捨三子

〔計官〕に逢ふ（上等金八円なり、食事は日本料理なり）夕景より霧深し八時頃室に入る　川島氏小樽郵船会社の海福《かいふく》某及ひ大竹作左衛門氏を進む

七月十一日　　水　晴

午前八時起く十時小樽着港す色内《いろない》町越中屋に投宿す午食し出てて三井物産会社の荘司平吉子を訪ふ　夕刻再会を約し去て大竹作左衛門氏を訪ふ旅行中にて面会すること不得　郡役所に到る郡長不在、書記服部尚春氏に面会す、アイノ土人統計表を及ひ勇払郡役所え添書を得る　談話中勇払郡鵡川々上アイノ人小屋二百戸計あり沙流川上に三百戸計あり同郡ヒラトリ村に義経の祠あり（海岸より三り程）其他郡役所々在の地を聞く

小樽公立病院に到る院長桂彦馬医員松田某外一名に面会す　小樽開業医馬島譲（開拓使頃より昨年迄札幌病院長たりし）氏来る川上正貫氏を薦む談話中小樽郡朝里《あさり》村に土人少しくあり、土人の数は年々減少す、一昨年コレラ病昨年痘瘡流行し土人大に死せり、石狩のみにても都合二百人も死したりと云ふ、札幌創成学校（小学）訓導に土人兼成太郎あり

当地及此辺にはマラリヤ病多し殊に銭函には実に夥し銭函小樽間は沼地多し、チフス熱も亦た多し、大小便は銭を投て片付く近傍又たは海中に捨つ土地至て不潔なり之れ其源因か、絛虫非常に多し Bottrion phelno〔＊一語未詳〕なり

札幌病院に於て昨年痘瘡に由て死せし土人三名程ありて之病院にて埋葬せしと　札幌博物所掛白野夏雲氏対岸土人取締上野正氏を薦む又た郡内病院渡辺柳氏を薦む

手宮北有社鉄道事務所構内に在る岩の彫刻を見る其上及左に横穴の如きもの二個見えたり貝墟は家屋建築及鉄道工事の為めに痕跡を見ることあたはず

郵船会社海福成夫氏を訪ふ談話中対岸土人厚田に出かせぎす　余市郡川村辺より土器出る、礼文島よりも出るなり

旅宿に帰る時に六時なり晩食し約の如く荘司平吉氏を宅に訪ふ桂彦馬氏来り居る、アイノ人頭骨一個を得る之は明治十九年八月余市郡川村より発掘せるものなり　其外三個あれども今人の手にあるよし

七月十二日　　木　曇晴

忍路行（石の籬のある所）の心組なりしも天気不定を以て止む、午前六時起く、小樽病院浜田氏来訪共に出てて

川上正貫氏（元探索掛当時湯屋の主、好事家にて事を探るに好なる人）を訪ふ　談話中或土人「オトナ」言にアイノ人の前にこびと住せり此人種土器を造れり「アイノ」は之「ホロボクウングル」と称す（解義不詳）、こびと此土器を携ひ来て言語不通なれば無言にて之を「アイノ」小屋の窓より出す「アイノ」は之を推量し物品を出せば件の土器を置て去る、決して屋内に入ることなし若し劇《たわむ》れに手を握り屋内に引き入るるなどすれば此こびと再び不来と、此の時代は何年前或は何代程前の事たるや不詳　此の口碑はアイノ一般に称することなり、

余市に土人「オトナ」富左衛門（蝦名不詳）と云ふ者あり曰く昔沙流に人口蕃殖し諸方に向け派出せり其内四十人程石狩の辺に来り山に登て此の余市辺を望見し来て住せり　之れ余市アイノ住居の始めなり亦忍路石籬は其時造れりと、余市より発掘せりと云ふ土器七八個見たり、忍路大場正兵衛氏に就き聞けば石籬の事明かる

余市には穴数多あり（数百個）大さ二間四方深さ堆もれてわづか一尺程なりと之を掘れば必す土器を出す、同氏自ら沢山掘出せり、一昨年は当地に大に流行し為に盛んに発掘し其場所は人二百人も集り恰も火事場如くなりしと

上川郡上川、増毛、宗谷にも穴あり、空知山には帆立貝の墟あり、

カラフト島に「オロッコ」と云ふ人種あり、長小《たけ》なり、川上氏之が「こびと」ならんと思意す、葬式は臥棺を樹木につるす、腐朽すれば地上に落て破壊す遺骸《ママ》は中より出る共にカラフト玉など夥出る之をアイノ人ひろい取ると　太陽のことをカラフト土人は「ムシリカモイ」アイノは「トンビカモイ」と称す

小樽辺の土人は大に日本化せり宝物など皆売りて所持するものなし併し沙流辺は「アイノ」回復を期し今尚ほ頑固にして宝物貯蔵するもの多し　土人火を発出するには方言ヤチタモ（野地のたもぎ）の朽ちたるものに同木の固きものを挼み込みしと「イクバシ」に彫刻せる印あり之れ文字にあらず自身に処すると云ふ覚なり　土器、円形の石、刀はき等にある文字は鶴なること、又た土器には贋物多きこと、之は渡辺福次と云ふ者造り出せしこと

小樽新廓住の江町七丁目（現今まだ草原の山腹なり）は二十年程前迄はアイノ墓所にして其アイノ等は今高島忍

路等え逐退けらる、右墓所より今朝掘出せしと云ふ頭骨二個を得る又た是より発掘するを約し病院に到る談話中、入船町と相生町の間の地がやはりアイノ墓地なり今は人家立ち並ぶ
当病院経費は一ヶ年三百円本庁より補助六百円共議費より出す其除は収入より成立つ、入院患者十五名より二十名迄、外来四五十名内新患十四五名夏三ヶ月最も多し百名位に達することあり、小樽港人口二万余医師二十名余、小樽高島両郡人口一万三千余医師二十六七名、同所にて午食す
午後一時半頃川上正貫氏約の如く病院に来る同道件の墓地至り発掘す　骨格五個及不元全のもの二三個を掘当てたり種々の器物（椀、鎵、まきり、鍔、耳輪、鋏等）共に出づ、墓地は南東に面す、位地の損せざるものはあほに平臥す頭は皆南（南西？）南東なり、北なるもの一もなし、埋葬せし所は山の斜面に段ありて石二三個あり鍬を入れは地やはらかにして黒き上層とねば土層と交り居るを以て知ること手安し　六時頃明日を約し帰途に就く病院に立寄り品物を預け旅宿に帰る大に疲労を覚ふ墓標二本あり共に如き彫刻あり　十時頃眠に就く

七月十三日　　金　晴
前六時起く坪井子忍路え行く八時過出てて病院え立寄り約の如く墓地に到る盛に掘り居る頭骨全備のもの六個不元全のもの数個及ひ小供のもの等を得る　其内位地をよく保存したるものに頭は南、内朱の椀は胸上にあり鍔も同上但し胸骨体と密着す、日本刀は左側深さは極く浅し一二尺にして骨に達す昨日のものに地上に頭骨の少しく現るるもの一個あり　棺は多くは用ひてあり臥棺にして箱なり「キナ」「アツシ」を知り得るものあり、又た只キナに包みて埋めしと覚しきものあり、一の頭骨に頭空半分程まだ脳味噌のひめのりの如くなりて存せしものあり
川上氏談話　空地辺のアイノ夫或は妻死すれば未亡人を鳴きさけぶ程強く打つ小樽辺のアイノにも往昔は此慣習ありし由、之を痛苦に依て哀悔忘れさする為めなり又た忘るものとせり
中未の年（明治四年）同氏忍路村を過ぎしにアイノ小屋に火事起り土人家族は屋前に坐し合掌し口に何か頻りに唱へ居り家具は一切出さず呼べども更に聞入れず、跡にて聞けばアイノ曰く火事は之「かもい」の仕事なりと

忍路に来アイノあり（兄弟）甚た元固《ママ》なり器物多く所持す、川上氏度々行て売ることを進むれども承知せず、或時其売ざる由因を説き（先祖、親の遺物云々）再ひ来ることを謝絶せりと

「ウバイロ」と称する草の根を食す（アイノ・米とまで言ふ）

昔の受負人は多くアイノ人種由来の図を書きたる巻物を処持す、第一図には日本貴き女子と犬の図なりと余市の竹や（余市郡の林長左衛門元受人）忍路郡の大場正兵衛氏（忍路郡受負人江州人西川悌二郎の支配人）の二氏は巻物を所持す「カモカモ」は元受負人より拝領のものなり大きな曲物にして酒を入るる其蓋二枚は墓所にありし　発掘は之にて尽きたり由て帰途に就く

そばやにて午食す　品物は病院に持行き是より荷造をなす、荘司氏を訪ふ監獄署のアイノ囚人は測定するに的《ママ》当なるべし云々旅宿に帰り荘司氏より得たる頭骨を持又た病院に行く四時半荷造終る　帰路川上氏の宅に到り謝義をなす土器、土偶、柄子及山丹人の作アイノの用ひし煙管を得る、東京浅草東三筋町四番地川上成昌氏方に土人草細工の具足（価十五円より二十円迄あり、山丹満州人とカラフトアイノは「オロッコ」人の媒介に依て交易すと、カラフトにては犬数疋集て「そり」を引くとカラフト土人及オロッコ人は天葬す即ち臥棺を「ツル」を以て木の枝につるす或は杭を四本打込て之に載するありと、

夕刻院長桂子来訪

土器、革具足にも似せものあること　高島（馬屋）に一戸計忍路に五戸とアイノ小屋あり

七月十四日　土　晴

アイノ人骨格の荷石油箱拾壱個出す　前八時頃余市に向て発す、北海道旅行は大体馬を以てす之れ本道旅行と大に其観を異にす、既に余市に近つきたる頃馬前肢を折り為に落馬すと雖も瘍はなく誠に幸なりし　十二時半余市郡川村に達す、渡守尾張与三郎方に投宿す午食し出てて黒川村（七八町あり）吉田福治なる人（小樽川上氏介す）を尋ぬ不在是より余市戸長役場に到る　戸長須藤醇氏に面会す、余市の竹やに在るアイノ図の巻物の写及アイノ頭蓋を見る、平野富左衛門（旧受負人竹屋に使ひしものにて番屋の時分より三十年も此地に居る者）を呼出し是より須藤平野同道にて土人宇生島吉方に到る夷名イ（よね）―キシマ（つかむ）―クロ（人）意味は人をつかむ

人と云ふなり

談話中、レブン（沖）一カモイ「舟首《しゅ》」に下るもの、魚の形を四方に刻る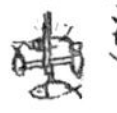

熊祭（或は熊送り）旧十二月受負人と売の総勘定を終り米を受取りて酒を送りてなせしものなり　熊なしと雖も其時節には「カモイノミ」と唱しやはり「いなぼ」を削り宝物を飾り衣服を正して祝をなす当今は一月に之をなす「キナ」は草を総称す、狭き意味にては「すげ」を云ふ之より織りたる「こも」をやはり「キナ」と云ふ

小児の臀部にある黒あざは土人小児にもありと但同家に一ヶ年の女児隣家より来りて之を験したれども最早なかりし

島吉及其嫁ヤリ二人を測定す、子供四人あり、言語は更に差支なく日本語を用ゆ　帰路平野方え立寄り同家々後の山腹に土人頭骨ありと云ふに依て索むれども不得、日暮旅宿に帰る、食事し独出てて黒川村に吉田福治を訪ふ談話し頭骨を依頼し九時半宿に帰る右福治直に来る頭骨三個を持参す川村出す所なり一時過同氏去る

七月十五日　日　晴

朝平野富左衛門来る談話中「ヘドバカモイノシ」（「ヘトバ」は墓所なり）と称し先祖を祭るやはり一月（旧十二月）カモイノシ（二三日続く）の序に後に行ふ

独出てて田村重太郎なる者の宅地を掘り骨五具を得る内壱具は墓標ありし男子なり此部落は男子は叉のある柱女子叉のなきものを用ゆやはり彫刻ありの如し十一時過帰宿午食又た同処に到り掘る　頭骨其他の骨多く出る頭骨は二個程用ゆべきものあり且つ骨を石油箱に入れ荷造をなす炎熱甚だし、土人之を見付けて来り　愁情を述ぶ之に由て発掘を止む且つ既に稍終りたる時なれば遺感なし　右土人は男一人女二人何れも年寄なり酒を備へる等甚た奇観なりき　日暮に到り荷造り終る旅宿に帰る福治頭骨二個を携て来る尋て田村重太郎来る謝義をなす福治其頭骨の荷造をなす　此地にて得たる頭骨は総て十二個計なり石油箱五個となる十二時頃眠に就く

昨年夏札幌桑園より発掘のかぶと、銀刀等道庁にあり

手宮より井戸を掘る際瓶《かめ》六個並んで出る其内三個に石の矢の根在中

余市土人の祖先は下場所より脱走し山を越して来りラムシ村に落付く（ラムシはあうれしいと云ふ意）其酋長即ち今の富左衛門家なりと

七月十六日　月　曇晴

前七時起く八時過発す一時過小樽帰着大に疲労を覚ふ荘司氏来訪、四時過出てて病院に到り桂□□（空き）両氏に暇乞し是より写真師に到る次に川上氏方に行き暇乞す荘司氏の門に立寄り帰宿す

函館写真師井田幸吉（同田本氏の門人）土人の良写真を所持す小樽写真師三浦氏より聞く

七月十七日　火　晴

前七時五分小樽住吉町停車場発す九時札幌着（汽車上等四十二銭）吉田衡平方に投宿す直に道庁に到り村尾元長永田方正石田良助（皆第一部勤務）の諸子に面会す亦た部長藤田九万子に逢ふ、北海道志に明治元年（或は其以前より）同十四年迄の土人統計載てあり、永田の諸子明日午後再会を約し去る午食し札幌病院に到る　屋代撫養の二子及ひ院長「グリンム」氏に面会す院長の案内に依て病室等を巡覧す臥床七拾個計あり皆満てり　梅毒及眼病（之亦た梅毒性のもの多し）実に多し是より同氏と共にビール製造所を一見す　同所雇「ポルマン」氏案内す是よりグリンム氏の居宅に到る談話数刻　アイノ人頭骨壱個見る後頭孔に切痕あり熊の頭骨一個あり之には顱頂側部にそぎたる孔あり脳髄を出す為めなりと又たグリンム氏土人骨盤を測る目算あり既に二三人測りしと夕景帰宿

晩屋代朝倉文三二子来る談話中釧路郡書記細川時次郎道庁属釧路出張大久保親彦二氏土人骨所在を知る、空地にも以前土人部落ありて今なき所あり、石狩川向に土人小屋五六十軒あり亦た主なき墓所もあり

沙流門別旅人宿小島最も良、真向に飯田信三郎なる人あり土人に向て甚た勢力あり釧路病院長有馬、沙流モンベツ病院長石野、エトロフ、シヤナ病院長川内敬太郎（屋代子紹す）根室監獄署医堀川恵正（屋代子すすむ）

根室監獄囚徒開墾の際木の葉堆くありし所をさらひしに穴居跡なりし穴列をなし中央に道の如きものあり之より土器類多く出たり其内珍しきものは土鍋に土の鎖「くさり」の「つる」ありしと之を或人伊国製にして五百年前のものと鑑定せり　又た一の頭骨出す尋常のものより一二倍の大さなりし、皆横浜商人の手に渡りしと、土人旅行するときは何所にても無銭にて止宿せしむと

七月十八日　水　晴

朝屋代子を訪ひ土人頭骨一個を見る是より博物所に到る

土人骨四個あり一寸宿に帰り器械を持ち再び同処に到り測定をなす　午後も行て同断　三時帰宿出て約の如く永田方正子居宅を訪ふ村尾元長石田良助二子列す　談話中記すべき程の事なし五時辞て去り豊平館に到る今日屋代、撫養、勝山、朝倉、土井（終の二子別科卒業生）諸子の招待にて土人兼成太郎を紹介す云々に付断る不得して応せしなり、釧路郡役所の人頭骨を所持す、カラフト土人は対岸には現今四五戸あるのみ他は石狩に移住すと、兼成太郎生地幌別（室蘭より五里程）兄弟八人、但し兄姉二名は没す、現在六人弟妹は同所学校（伝道学校にして米国同会より一ヶ年五百円つつ寄附す）教員なり太郎当二十三才、小供の時より日本人の家に奉公せり（此家今も室蘭旅人宿なり）是より小学校に入る半にして止む当地師範学校変則を卒業すと　談話中結婚風の乱れたること、小児の死する数多きこと、十才未満位の小児屍は居宅のゆか下に埋むる現今は此の如きことは公にすべからざれば表向は墓地、葬るの様をなし内実は右の如くするもの能々あるよし、出産の際胞衣は門口に埋む、同氏が対岸のカラフト土人に接せし時言語通ぜざりしと、オキクルミは義経にあらず之よりはるか先にして「アイノ」祖先なり但し同氏は義経の来りしことを信す、結婚の時は男が女の家の方え行く而一年余も経て後別居し一家を立る、ペンリ（沙流の旧オトナ）に付て矢毒のことを聞くべし、ムツクリは口にくわいて鳴す楽器なり、北見に宮本及水野の二土人金満家なり、沙流に女子トノシツクと云ふものあり病院の治療を乞ひ難有感せしものなり　岩根（サルより二里程先）土人を多く使ふ人あり

根室辺に下肢の発張して斃る一種の病あり

七月十九日　木　晴

朝熱海山本由兵衛来る同氏当地に居るを不知甚た奇意をなせり、同氏の案内に依て地質家白野夏雲子を訪ふ、氏曰くこびとの説に二あり一はコロ（ふき）ボク（下）グル（人）即ちふきの下に住し人ふきの下に三百人も居し程小なりしと之説取るに不足、二は西土人のトイ（土）ナ（ヤリ）グル（人）即ち土器を造りし人と云ふ意、東土人はトイ（土）チセ（家）コチヤカムイ（住ふと云ふ意）（即ち穴居なり）と称するものなり、上川に土人頭骨一個ありし、室蘭にて郡役所の小使に就て骨得らるべし、土人頭骨は縫合なしと（此話小樽にて

も聞きし）
是より博物所に到アイノ頭骨の記載をなし終る、是より森源三子を訪ふ談話中マコマナイに牧場あり（札幌より一り半計）之を見れば北海道の牧業は略ほ想像し得べし、以前東は室蘭より以北西は江差以北は日本女子の入ることを禁じありたり之に付謡《エウ》歌あり　亦た日本女子入り込めば海荒るるなどと云ふ　或人（北海道志には載てあるべし）宗屋の番屋詰め命ぜられ余市辺（？）より土人を叱咤《しった》して舟を出さしめ妻を携て宗屋に渡しが始めなり、土人楽器ムックリは満州辺にて起りしものか、ハワイ国にも同様のものありと、土人屍を棺に入れ大勢イナボを以て涕きながら棺を打つ之れ上仏しろと云ふ如き意なりと、土人は十才以下にて死するもの実に夥し衣を充分着せず即ち小児之をこばむなり何となればアツシなど誠に着悪きものなればなり故に寒中には多く死す、亦た結婚の時分に死するもの多し（二十二三才の頃）三十四年前（嘉永七年）森一氏蝦夷巡回す、カラフト五十五度迄行きしと其節小樽に日本人の家番屋一戸其外出稼人の小屋三四戸ありしのみと、
浦河に貝の化石出る及カボチャ石と称するカボチャヤの形せるものあり、入墨は死て後ち母に逢ふ時の為めなりと若之あれば母直に手を取りて入るるなり（山越郡及北見の土人云ふところなり）昔のフェルバルツング（＊行政）は会所（受負人か多くは支配人居る）番屋、次に通行屋の三等あり午食を得二時頃帰宿す
四時前出てて村尾元長子の居宅に到る永田、石田及松永武雄の諸子列坐す談話中義経信すべき証拠なし　沙流の社は後のものにして其中に木像あり　受負人の造りしものならん、函館と云ふ名の由来百五十年程前は此名記録になし其前は「ウシヨロケシ」と称せり当時「シリサハベ」は「シリシヤンベ」なり函館南海岸の一漁村なり、土人口統計のことに付現今は死亡は直に届ると雖も（然ざれば埋葬することあたはざればなり）出産は不然四五才迄届ざるものあり就学年齢などに付甚た不都合なりし病は喘息《ぜんそく》至て多し、明治十年迄は統計を学術上責むるべからす　明治十八年統計中石狩には百人程失落あり故に之を加ふれば略ほ信なり　明治五年以前の統計は逆りて調べしものなり、統計は総て現住地にあらずし戸籍簿在る所にて大人土人往々他所に住居するものあり　沙流より出る鉄刀壱本見る土器一所に出でしと

文化二年に幕府土人口を調ぶ即ち二万三千余なりし　角力に土人あり東京に居る（北海とか云ふ）鹿児島にアイノに似たる人種ありと

「シラシベ」と云ふ籠の如きものに小児を入て脊に負ふ

「イブリコ」（落葉松茸）此の土人の用ゆる薬草なり又寒冒の時などは赤ダモ蝦名「チキサニ」の皮を煎て飲む（「ヤチダモ」は青ダモのことなるか）「アイノ」と云ふ名称の由来、支那朝鮮の遐夷《あい》にして遠き夷と云ふことなるか

産は至て無造作にして煙て産するなどあり永田氏或所にて赤児を見て抱き試みしに甚た剛強なりし産れたるとき如何せしやと問ひしに海水にて洗しと答へりと

七月二十日　金　晴

朝本庁え行く頭骨二個借用のことなり之は岩内郡より掘出せるものにして或巡査持来たりて警察署の蔵に入れ置たりと、借用願書を出す　旧医学校監事局勤務内田氏に道庁にて逢ふ　増毛に於て学校建築の際土人骨沢山出てし、後志国島牧郡永豊《ながとよ》村学校建築の節も同断此時は土人之を見附けて大にいかりしと

午後村尾、永田、石田、中山誠一郎（第一部勤務）外一名の諸子来る　礼文島より人骨多出ると但し文化四年に日本人と「ロシヤ」人とのたたかひありしことなれば和人骨混しあるやも不計但し之は石塔ありて区別付くべし

四時前人力車（一人に付往返六十銭）を命し苗穂監獄署（札幌より一里程）え行くアイノ囚徒五人（四名男一名女）あり悉く測定す、女は和人と混合のものならずやの疑あり、九時帰宿す、村尾及足立元太郎子来り居る、同子所有の土人頭骨一個借用す、足立子の談話中同子千歳に本式の熊送りに招かれ朝十時頃より夜半過二時頃迄続きしこと尤も熊は三頭ありし皮を剥ぎてカモイ窓（東方にあり）より入ること

七月二十一日　土　晴

早朝森源三子来訪談話中白糠より十六里程入りて「アショロ」と云ふ所酋長に今老人あり妾七名あり、土人熊祭の時など多勢の妾を携て出ること栄誉なりと　織田子来り同氏の案内にて豊平橋先きの土人飲食店に到り四人を測定す　姦淫をなせし夫婦ありサル《「チャリサンゲ」》のものなり其罪として共に鼻切り落されたり、家主の話にカラフトより移住せし土人の語は半は解することあたはずと又た外観も少し違ふ眼色衣服の仕立等一見して区別することを得ると、土人三野村《チャリサンゲ》亀蔵（右の鼻瘍あるもの）歌ひ且つ舞ふ手足

及腰を運動せしむ、帰途土人写真大小判十数枚求む　二時過帰宿す、村尾来り居る寿都矢追町小学校敷地元龍洞院跡より夥の土人骨出て共同埋葬地え埋めしと、屋代子来り伊東方成、桑田衡平の二子各々土人頭骨一個つつ所持すと、入浴し買物に出づ、晩永田子来り同行云々の話あり、山本由兵衛暇乞に来る、当処医学会に七時過より不得已出席談話をなす十時前帰宿

七月二十二日　日　晴

朝七時馬車を命し（二頭引往返壱円五拾銭）対岸え行く（札幌より四里半）十時頃達す駅伝取扱所に休息す当家亭主の案内にて「カラフト」より移住せし女二人を訪ふ一人は日本人の妻となり居る　一人は亭主石狩え出稼に行き留守なり両人共頭髪の形状は他のアイノと同様なれども余程長し頭に鉢巻をなす縫模様及色々の大小の玉（なんきん玉もあり）を以て飾る、一人は只手拭を以て代用せり家屋及内の有様家財等は総て全く日本風なり二人共入墨は只上唇の中央に少しくあるのみ鼻根は高し鼻脊の直なりと雖も色は白く黄色を混す顴骨高し上眼瞼は二重なり顔は長き方体格はやさ形なりゲジヒツツューゲ〔＊顔だち〕二人共可く一致せり　外に十六年の男子あり之実に「シベリヤ」辺の人種かと思はる（髯は更になし）及十五年の男子はアイノ人の相を有せり、七八才の男児あり都合五人を見たり他は総て石狩え移りしと「オシヨ」（木の名）の皮を以て「アツシ」を織る　此地方大木の深林多し多は赤ダモの木なりと「カバ」（樺）の皮を以て手桶、柄杓の類を造る　此処の移住人川にて死するときは屍を家に持帰らず川岸に小屋を立てて大勢集りないて式を行ふと　土人の椀及木皿（共に「チヨイネツプ」と称す）及盆を求む

馬車は道悪く振動難堪を以て帰途は江別に取を決す　午食し十二時過発す、江別迄一里あり其中央に右側に一の小寺あり此処に土人の墓多くあれば之を一見す、寺後に小丘あり之れ墓地なり、丸太の枝あるを立る、男女の別なし余市にて見し男子の墓標の如し、美なる彫刻あり但し一家固有の印はなし端に輪を造り置く此棒の後臥棺あり至て浅し土を以て被ひたるのみ　頭は皆北向なり之れ仏教に入りし為めならん、酋長の墓とも覚しきもの二あり　彫刻多き右の棒を立て其後に棺、半地上に現はる家根形の蓋あり「グシ」に太き丸棒あり彫刻を以て飾る、蓋を取て験するにやはり漆器の椀等中にあり、上

野氏（土人支配する人）長男の墓の地蔵堂あり週《ママ》囲に土人彫刻せる垣あり、虎列剌四名天然痘百三十四名昨年死せし土人の合葬墓あり　午後一時過江別に達す一時五十分発車（札幌迄上等二十八銭）三時札幌帰休息、入浴、外出屋代ドクトルグリンム氏、森、由兵衛等え暇乞に廻り日暮帰宿、

晩村尾子来り永田子同行すべきに付出発は一日間見合すべし云々

七月二十三日　月　晴

八時前グリンム氏を訪ひ土人頭骨一個を借用す都合四個及器物を石油箱一個となし送り出す、坪井子軽川え行く、九時過独出てて豊平橋際の土人を訪ひ七人測定す午後三時半漸く帰宿午食す、おきみえ手紙を出す

永田子来る明朝は出発し兼る云々　千歳に土人牛六なる者あり言語通す談話中「カラフト」にては一般に墓標鄭重なり彫刻に時日大に費ゆ依て腐敗を防がん為め臓腑を肛門より取り出し手当をなす夫死すれば之れ妻の義務なりと　当道「アイノ」にも「カラフト」に似たる如く海にて死すれば海岸に出てて鳴く　家主死すれば其相続人に親族二三人他所より来りたるもの二三人にて「マキリ」を以て瘍を切る出血すれば止むる悪魔を払ふと、村尾子来る

晩食の際理学士（道庁四等技師）河野鯱雄子来訪談話中夕張にたて穴沢山あり（夕張と千歳の間）、岩内郡ホリカップに土人の墓沢山あり　同子土人を案内として測量に出て雪中帰宿の話、岩内より山中にて嶮を登り土人熊を打ちしをほこりしこと、熊穴のこと　晩岡山県医学部製薬士松尾周造子同家に投宿来訪す

七月二十四日　火　曇

朝永田子来る一歩先に発し千歳にて再会を約し馬車（千歳迄十里程の処一台二頭引金二円）を命し七時過札幌出発す、豊平、月寒を経て十一時島松に達す、午食す午後二時千歳着新保方に投宿す休息し出てて戸長役場に到る戸長不在巡査某面会す　談話中千歳郡内には土人家五十三四戸あり所々に散在す、男女死れば住居を転す家を損はる用ゆべきものは持行き不用物は捨置く、此地方は地券未定、近々之を下附するとか、故に土人は官有地に住居するなり、此地寒中より三月頃迄土人鷲《わし》を多く採る本年などは六百羽もとりしと、千歳川に添て之をとる鮭魚の卵を置き終りたるものを食せし為此処に集る鉄砲

或は鉤を以て是を引掛ける、之は甚た奇なり雪中に穴を掘り土人終日鉤を以て其内に潜伏し雪を以て掩ひ鷲来れば引掛ると

佐吉……なるもの雇ひ案内者として土人栃木ヌサトクル（此辺にては名字のみにて日本名は付けず）方に到る夫婦二人を測定す子供はなし妻病身なればなり由て双方相談の上妾を置く「イナボ」を造る処を見る小刀の先に木切を挿し置きて削る

七月二十五日　水　曇晴

前七時過約の如く佐吉来る共に外出途中談話中土人罪あるものは以前鼻或は耳をそぎて不具となす、先日或土人人を呪つて殺すと自ら称ふ者あり之を大勢髪に縄を結び前に引き後より押しながら棒を以て打つ所を見たりと之同人が人を呪ふ為めのわら人形とかを埋め置きたる所を案内さする為めなりと　病人あるとき招かるると云ふ盲目の老人「コンパ」と云ふ者に行き逢たり草根木皮何々煎て飲むべしと云ふて帰るよし　板狩ボウタラクルと云ふアイノの小屋に到る同人及女子二人近隣より来りたるを測定す、刀夷名「エムス」（刀帯共）、（一円五十銭）毒矢一本を求む　ウバヨロ（姥百合）夷名「ツレップ」より製したる澱粉あり甚た美麗なり、其粕《ママ》を厚き円板となし孔を穿ち糸を通し乾し置て食す、又た芋の如き草の根沢山あり、カバ（方言カンバ）の夷名「タ」と云ふ其皮を以て造りたる器を「カツクム」と云ふ之を一個造らしめて持帰る　帰途一家にて熊の頭骨一個買ふ明治十九年春山にて取り二十年春熊送りせしものにて満一ヶ年余の熊なり

午後一時過帰宿食事す、四時頃又た佐吉を案内として森野シバロセツテと云ふ土人小屋に到る同人及其妻二人を測定す

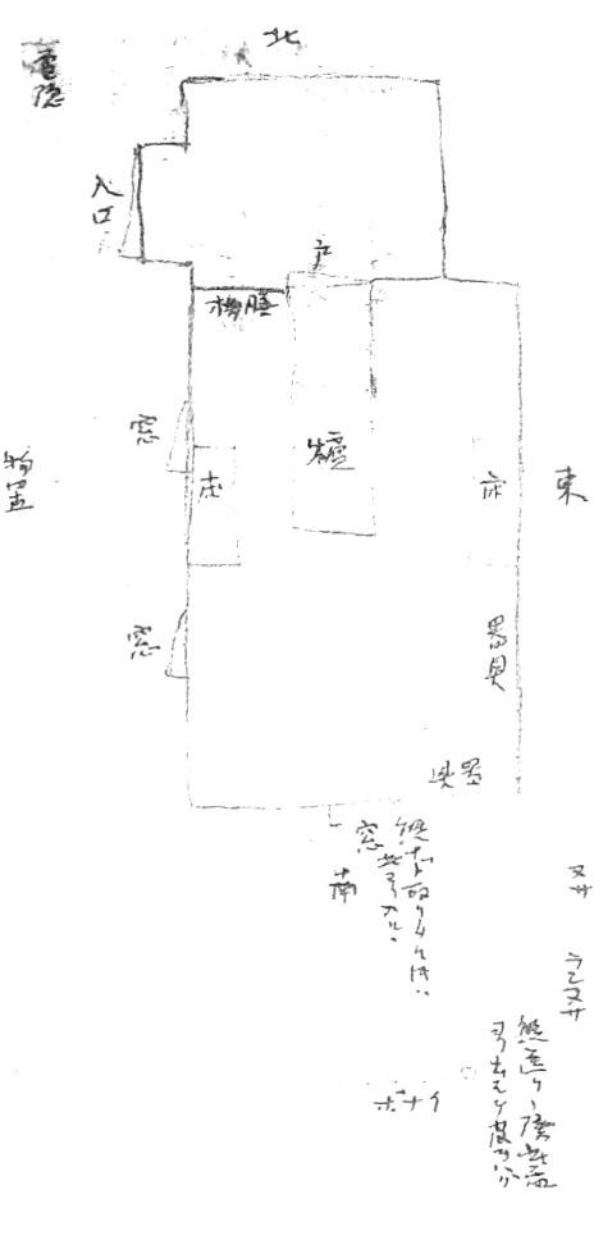

此地の小屋は皆同一なり、「イナボ」は余市辺の如く男女の別なし但し形は同一なり　コロボツクルの事、ふき

の下に百人も入るべき小さきものなりと、其跡此辺にはなけれども、所々に穴ありと、熊の頭骨一個山にて取りしもの、やはりイナボに立てありしを求む、帰途佐吉方え立寄り鷲の爪及「マキリ」を得六時半帰宿、入浴、当村戸長三本勉子来訪、十二時頃眠に就く

七月二十六日　木　曇霧

前六時起き七時過ぎ発す乗馬車なきを以て荷車に乗る甚た奇なり、道路砂地なれば思の外困難少なし　苫小牧より十町程手前にて馬車の芯棒折れて転復《ママ》す左手に小傷を受る、十一時半苫小牧え着す、水島新五郎方に投す、午食し出てて郡役所に到る書記上島子に面会す談話中「ペンリ」なる土人は平取村「オテナ」なり、昨年チエンバーレン氏の為に出京せし土人は平取村「イサナクテ」なり当郡役所の管轄内（勇払、白老、千歳）に於ては土人々口年々大なる違なし減少するよりも反て増加すると思はるる云々

昨二十年中土人女子の和人と結婚し届を出せしもの二名なり故に人口統計表に有配偶無配偶に二人の差を生したり云々、土人女子の和人の妾となり居るもの夥あり数しらす　戸籍は十分には行届かず、死亡出生の届をなかなか一々なさず　土人追々魚漁山猟を失ひ飢餓に迫るを以て現今道庁より属官鵡川村字「チン」に出張し頻りに開墾を奨励す

郡役所より明治二十年土人人口及ひ死亡出生統計表を得る又た鵡川駅総代佐藤辰之助氏並に駅伝布施健蔵氏えの添書及道庁属官在字「チン」和田良成氏えの添書を受取る、之より公立苫小牧病院に到る医員後藤令亮氏に面会談話中　土人病況、マラリア、結膜炎、皮膚病（エクツエマ殊に小供）は甚た多し、マラリアは悪性のものにはあらす塩規を二三回投ずれは治す且つ鵡川地方にては六七才の小供に多かりし、「リフウマチス」は偶々見たり、消化器病は別条なし、廨癬はあまり不見、肺結核は更に不見、肋膜炎は鵡川にて一人見しことあり　「チフス」はあまり不見

食物、粟、ヂヤカタラ芋、稗、ウゴヒ魚の乾たるもの数日間置て煮て食す、其外種々魚を貯へ置く即ち「にしん」「いはし」「かれい」鮭の類なり（海浜とても不漁あればなり）、食するに粟と魚の割合は魚二分に粟一分なり、米はあまり不食之買得ざるが故なり

種痘は現今一般に行はるる一年二回つつ医員を巡廻せし

め種痘す敢てこばむことなし　二三里位へだつる処前以て通知し置けば巡廻の際集り居ると云ふ　種痘は維新前より上よりせしたし様子なれども土人不好して治療し又た雇主より仕事に差支へるを以て治療さしめたりと由て近年一般に種痘するに老人にても発したるものありと、昨年管内にて天然痘に罹りたる土人三十名計りにて半は死せり、屍は土人腐廃を恐れて火葬するの命に不従由て和人夫を出し取片けしめたりと亦た僻地にては手廻り兼ね郡書記自ら肩にせしことありしと　土人に屍を以て川を不越と云ふ習慣ありと由て処々に埋葬す、漸く近頃墓地を定たりと　一昨年白老に特発コレラ三名あり、二名死したり、消毒不行由て新き小屋を与るを約し其小屋を焼き払ひたり

当所より八丁程の所に土人小屋一戸あり菊地シランカオク（字地蔵）の一家なり　書記上島氏外一名同行にて其小屋に到る談話中「コロボックカモイ」（ふきの下の神と云ふ意）小きものなり見たることなし又た見しと云ふ人を不聞、アイノを恐れて逃げたりと、アイロ（白老郡）より土器出る、坊主山（此小屋より十町計）に穴二個計ありと

毒矢には常に自身の印を附す、若し熊之を負ふて他人に取れても誰に属するを知らしむる為めなり、又た弓を射る様を見たり、即ち弓を斜にして射る所謂模だめなり、弓のつるは「ハイ」（細きつるなり）より製す、矢は「おにがや」なり「カモイ」に男を守る及ひ女を守るものの区別あり　「カモイノミ」の「ノミ」は供へると云ふ意、新暦二三月頃にす　主客席のこと　宝は男のものなり女は手を不付　入墨は「タモギ」と「カバ」の皮を焼きて鍋に「スス」を造る（通常の鍋墨にあらす）亦た鍋の中には「タモギ」の皮を煎て渋を取る而て皮膚を切り渋を以て出血を止め墨を塗り込む　「オシヨ」の皮を「ア」糸にしたるを「カ」之を以て織りたるを「アツシ」と云ふ

夕景帰宿、郡長令閨及令男を診察す後藤氏側に在り談話中　土人小供の「むし」には煙草の「ヤニ」を取り之を湯にて飲しむ或は「南ばん」を飲しむ　脚倦怠の時は「マキリ」を以て下脚側面を二三寸位つつ十五本より二十本切る但底は極く浅して出血せず現に此頃一女子に右の如くせるを見たりと　ゲシュビュール〔＊潰瘍〕、アイテルング〔＊化膿〕には「フキ」の葉を以て被ふのみと　産

重きときは責めて懺悔《ざんげ》せしむ（此事千歳ても聞たり）臍帯は先つ母方を結ひて鋏（之は常に日本製の者を貯《ママ》ふ）を切り次に赤子の方を結ぶと云ふ　赤子は当坐生黒米（つかざる米）噛み水にて飲しむ　産婦は産後に「はんのき」の皮を煎て飲む　寒冒の際は「ういきやう」の如き花「みつば」の如き葉を有する野に生る薬臭ある草の実煎て飲む　食物は油多きを好む粥《かゆ》などは半分位油なるよし（にしんの油、たら、鯨の油）晩食後土人三名（男二人女一人）を測定す　字地蔵の小屋の図〔＊前出〕

七月二十七日　金　曇霧

朝長谷川某氏（札幌農学校卒業生）来訪、次にいわし網見物として海岸に到る引網にて終に袋あり（きんちやく網と称するもの当村に二個ありと）

医員後藤子来訪、千歳村にて得たる者は坪井子の荷物と一箱となし出す　九時頃苫小牧を発す是よりは車不通にて馬を以て旅行す、手荷物を付て其上に乗る　勇払迄三里是迄後藤子同行す此処にて馬を継立る厚真《あづま》（旅籠屋一軒あり）にて午食す、ここに河あり馬上にて越す、冷汗の思をなせり四時頃鵡川着、地況は玫瑰多き草野なり道は砂場にて海浜に添ふ

駅伝布施健三方に投宿す鵡川村は鵡川（川名）に於て在り、川向共に七八戸あり旅宿は即ち川手前なり、布施、佐藤両氏に面会し平取迄の道の模様を聞く　土人男子二人を測定す、其一人「アオレッテ」（No.36）「コロボックカモイ」の談をなす、ふきの葉の下に百人も入るる小さきものにて、随分北の方より蝦夷を廻りしものあれど遂に見しと云ふことを不聞、窓より手を入れて「アイノ」に物を与へしと、併し体を見せす、屋内に決て不入由て或時手を取りて引入れしに色白く美麗なる女なりしと、此時大にいかり全村を祈り殺すと云へり、後全村死したりと　湯は立たず、十時頃眠に就く

七月二十八日　土　晴

前六時起く七時過ぎ鵡川発す是より僻地に入るを以昼弁当を携ふ、直に鵡川を渡る是より横道に入る甚た狭し草高し鵡川村字「チン」に達す開墾監督道庁属和田良成子此処に居る先つ同氏を訪ふ談話中

鵡川村字チン　二十一戸
井目戸村（字ケナシヨロ共）　十四戸
萌別村字下カナイ　六戸
同上カナイ　五戸

萌別村　十三戸
生鼈村字キリカツ　三戸
生鼈村　九戸
同村字下キナウス　四戸計

全鵡川筋に二百六拾五戸あり海岸より十里程も奥迄広がりおる　上平取三十戸、下平取十九戸、チン村は人口増加する傾なりと　チン村「オテナ」の小屋に到る、同人美髯を有す長二百三十ミリメートル、同人三男（十四五年）の病気診察す、気管枝加答児なり、又た一名小児を診す　子供八人内四人は小供の時に死す男三人女一人は健康なり、小屋は「よし」の「すだれ」を敷く南の方に一室あり之は通常の小屋にはなし、鵡川を渡る馬上なり十一時頃萌別村に達す此村に土人大河原「カチヤシノ」と云ふ富家あり小熊を畜置く同家に立寄る此日仕事に出てて不在只熊を見て去る、第三回に鵡川を渡る時に午刻なれば弁当を食す馬より下りて渡船す、丸木舟なり、土人之を半漕ぐ、生鼈村より土人の案内者を雇ふ道益々狭溢となる草愈々高し、平取村近きたる頃馬驚き落馬す、四時過平取村着鵡川より七里ありと、上平取村オテナ「ペンリ」方に宿を取る、休息出てて沙流川に冷す、

当村に義経の社あり此社風の為に破損せしを以て木像は「ペンリ」方に預り置く其後面に寛政十一年近藤重蔵等の字あり

晩平取学校教員森某開墾世話掛碇谷仁三郎の両氏来訪、一坐の談話中「コロボク」「フキ」の下と云ふ意なり、ふきの葉一枚を被むれば雨にぬれざる程小さきものありしと云ふ話あり伝を不知と

「ペンリ」考ふるに日本器物の渡りし前には土人如何せしや即ち土器、石器を用せしならん但し文字なく言伝のみなれば数代此方のことのみ分りて古きことは更不明云々　「オキクルミ」と云ふ人天より下り（其処は村より十丁程を経てる「ハユビラ」山にて義経の社のある処なり）土人にマシップ（捕魚器）アマッポ（鹿熊を弓仕掛にて補る器）等総ての漁業山猟耕作を教へたり義経は此人の婿となる、奇術を書たる巻物の宝あり義経其蓋を取りて之を出すことあたはず　依て其妻に迫り出さしめて雲に乗て本地え走るおきくるみ之を逐ふ義経糞をなして山となし遂に逃ると云ふ　義経或は其夫人シリカップ魚（角ざめ、鼻の長き大なる魚）の肉を土人小屋の東の窓より手を出して与ひたりと、但し面体は一切見せず

故に最初は其誰たるを知ざりし後彼の山に魚の鼻夥あり（由て「ハユビラ」と名く）即ち義経の所為ならんと推量す　今も尚ほ此魚を取れば骨は棄てて肉と鼻とを持帰る云々「イナホ」は沙流にては只一の形あるのみ、之が神にはあらず、何々神え行けと云ふて神酒を供るなり、「いなほ」に用ゆる木は川柳なり　小屋東隅に飾りたる漆器初め家財は総て女子のものなり、男子の宝は箱に蔵しあるなり　女子眉間の入墨は勇払以北はなさす之れ有珠辺の風なり　神の中「ツプカモイ」（太陽）一番貴し草の中にては笹及「ヨモギ」なり、木の中にては「トド松」及「カシラギ」なり、故に病気の時笹と「ヨモギ」を以て病人を撫で病を払ふ又たは「カシラギ」の前に「イナボ」を備へ笹と「ヨモギ」を以て払ふ　九時頃、森碇谷の両子去る眠に就く

七月二十九日　日　晴

午前五時起く、午食前後土人七名測定す「セガチ」男の子「マツタチ」女の子、シホン男女赤子、子供四五才の頃其の仕業等に由て名を命す　出産、嫁入とも祝をなす、酒を振舞ふなり、但し貧人は之をなすことあたはず嫁は媒酌人が家族に知れぬ様伴ひ来るなど云ふは誤なり、結婚は勝手にするを不許　親族相談の上なり、勝手の結婚は科料を取らる（物品などもあり）、品物なければ「シユトウ」（一の棒なり）を以て打つ　姦通は以前鼻を切り落せり「ペンリ」は此事尚ほ覚ありと　四五年前迄は母親又は女房死れは其家を焼く、今もまだ行ふものあり、之は彼の世にも家を持行かしむなり、之は遣ざれば魂魄迷ふて取りに来るとか　極楽「カモイモシリ」地獄「テノネモシリ」と云ふ悪をなせば地獄え行き蛇《へび》などになる　大津「サトナイ」川口の土人「トレッ」に面談すべし　午前義経社のある「ハユビラ」山に登る　夕景出てて下ビラトリ村開墾世話掛碇谷氏を訪ふ談話中沙流太迄四里、途中六ヶ村あり即ち下ビラトリ、二十村（土人戸十四）同村字シリ（八戸）シウシコツ村（二十八戸）、ニナツミ村、ピラカ村、ビタルバ村（サルブト迄十丁計、世話掛居る）柱の板にて縁を張る　是より学校教員森氏を訪ふ、帰途ペンリ親戚の土人小屋に立寄る晩ペンリと談話中　穴熊は十月頃穴に入り三月頃出る、穴中糞は一切なし、きれいなり、穴籠中は食せずと、但し穴熊は脂多し、穴中にとど松の葉を敷き臥すと、稀には穴に不入熊もあり、之は脂少なし　昔病気の際は薬草

を煎て飲みたり且つ新き「イナボ」を削り（此地方にては川柳を用ゆ）神に祈る、悪病を払ふには「イナボ」に悪き木（萩）を用ゆ　十勝辺にては土人甚た不潔を極む、其土人の調理せしものを食する胸わるし云々、男女共一切手を不洗、之妻は夫に対し夫は妻に対しいささか忌みきらふことなきの情より起りしものなり又た朝手盥をすることなし　当地赤子は毎朝湯を以て洗ふ　軍は当主ペンリより四代前此方絶てなし、「しゅつう」、毒矢等を用ひたり、頭を不斬、軍は大体餓に迫て起すなれば財食を掠むる、患者六人診察せり

七月三十日　月　晴

朝ペンリ案内し、村の南端に在る「コロボク」の穴を見る、形四角、大さ大約二間四方、最深二尺程、細密の形状は草の茂りたる為不明、其穴の近傍より土器（素焼）出たりと、一家に立寄り帰る　午前午後共に土人八人（男四人女四人）測定す

夕景「二十」村患者を往診す、急性腸胃加答児なり、患は寝台の前にござを敷き之に臥す天上より荷を負ふ縄を下げ之につかまり居たり、親戚と覚しきもの六人（男四人女二人）集り居る、阿片丸を投ず　晩ペンリと談話中、「ウペウ」（当帰）の根を煎て或は熱湯に浸して病気時飲む　腹工合快くなり通じ付くと云ふ又た病気にならぬ為め茶の如くにも用ゆ、及ひ「もしゅきな」の根は茶なり、此二種重なる薬草なり（共に見本を得る）

七月三十一日　火　曇

朝八時頃平取村を出発す佐留太を経て午後一時頃佐留門別着（里程五り半）小島規矩夫方に投宿す　午食し門別公立病院に到り石野信子に面会談話中　間歇熱は甚た多し、肺結核は純粋のもの少し肋膜炎よりして続発するものあり　クルツプ性肺炎随分あり経過は規則正し、良き分離をなす　「いむ」と称する一種の返対狂気あり即ち言話を以て命すれば始終返対のことをなす但し日本語よりアイノ語をよしとす之れ良く解し得る為めなり亦似狂気も同種類なり、土人一般に蛇を恐るること非常なり故に蛇の談をなす之其発作の源因《ママ》となる、共に老婦にあり、若き女にも稀にあり、男にはなし他地方（西地）にもありと、発作の間は全く人事不正にはあらず、跡《ママ》にては疲労甚たし、折に倒るる迄に至ることあり　土人男子三名を病院にて測定す

酒肴の馳走に逢ひ時を費し夕景石野氏及土人せかち一名

と共に出てて十丁計を経る山中に入り土人墓所を掘る、骨格を不得空しく帰る時に闇夜にて糠蚊夥し、甚た困難す

八月一日　　水　雨晴

朝石野氏来る当家主小島氏等と談話中　産婦の位置は中腰に坐し（しやがみ）上より縄を下げて之につかまる、口に木切をくわひしむ　此地方にても難産婦を責てざんげせしむるの風あり　外科手術には土人忍堪強し　野地に居る虫（百足の如しと）を土人は大毒と信す　沙流にては平均一ヶ年二万五千頭の鹿を獲たりと　土人は粟及稗を以て酒を造る、麹《こうじ》は和人より求む、酒は弱し且つ酸味あり　兎唇は多きこと「チヤランケ」と称するは土人の争論なり、之には一定の式あり、二人対坐して甲人談すれば乙人は黙て之を聞く終れば又乙談す、語も通常とは違ひ節ありて歌の如しと、負者は物品を以て購ふ、食事もせずして二三日も続ことあり、勝敗付かされば決闘す即ち「シユツ（ト）ウ」を以て三つつつ背を打ち先に倒れたる者敗なりと（何れより先に打始むや不詳、先者に大に利あると考へらる）、親父は男に小供の時より「チヤランケ」の法を教ゆると云ふ、「チヤランケ」に勝て品物を取り宝持となる者ありと「トノントリ」女、卵巣水腫患者にして先に札幌病院の治療を受し者なり年齢四十五六、著明なる真似気違なり反対もすると雖も此異状は不見、学校生徒の体操を見て雨降に其真似せしこと、魚を皿に買ひ来る途中人に捨るなと言はれ捨てしこと、火箸を投付けしこと、発作後に何故に真似をなせしと問ふになさざるを不得と、同人は発作中の所業を覚居たり

午後一時雨晴たるを以て門別を発す、賀張（駅伝一戸のみ）厚別等を経て五時頃新冠郡高江村着、堤壮三方に投宿す（和人家二十戸計あり）、当村よりサルワランベ村、アネサリ村、マニソロ村を経て新冠牧馬所迄三里之より下下方駅迄亦三里都合六里の道なり直に行けば一里半なり、戸長山口佐次郎氏来訪談話中　新冠郡に土人村落十一ヶ村あり、鶴沼縫良（土人）はサルワランベ村「オテナ」なり　土人には梅毒多し殊に女子にあり　土人男子二名を測定す　門別病院石野信氏より「セカチ」使に来る、昨夜同氏と共に掘りし処を今日良精等出発後再ひ掘て遂に骨を得たるに依り送り越たるなり　晩戸長山口

氏並にアネサリ村オテナ土人芦沢板庵（蝦夷名いたくのあん）来る談話中「コロボク」の話大同小異なり「オキクルミ」は義経にして「サマユング」は弁慶なりと亦た同人曰く「サマユング」は「オキクルミ」の児なりと土人中同名人はなし、他所とは極稀に同名あることあり結婚は同村内に多し　塗物等は男の所属、家は夫婦二人のものなり　男の死たる時は家を不焼、女の時は昔焼たり、女は家を造ること出来ざれば焼て呉て遣るの意なりと　埋没の際男にはまきり、弓、矢女には鍋、杓子、機織道具等を共に埋むる　埋没の仕方、きなに包み而て「トマ」（すだれ）を穴に敷き、上に木を縦横に渡し土をかけ、地面より高く土を盛る、墓標は男には先を剣の如に削り、女には穴を明くる、頭は東向なり、穴の深さ三尺、標は頭の方に立つる　昔は病気の時神に祈るのみなりし「アベカモイ」一番貴し　昔の刑罰は鼻或は耳を切り落す「チヤランケ」の末勝敗決せざれば「シユト（ツ）ウ」を以て交々背を打つ「サイモン」と称し罪、分明ならざる時は熱湯に手を入れて其の瘍するや否を以て決せり「イム」は沢山あり、此村（アネサリ村）にも四人程あり、「ハンリ」女は其著しきものなり　総て夏冬の関係は発作に於てなしと　瘋癲は三名此辺にあり　男の額を剃り上るは定極りたることにあらす、村の風などあり、額の狭広にも由る但し「ボンノクボ（頸凹）」は常に剃る

八月二日　木　晴

朝オテナ、イタクノアン依頼にて腹膜炎の患者診察す八時過高江村を出発す途中迄巡査赤尾関久太氏同行す、道は草深し　数々同料地の柵を越す十二時前　新冠同料地事務所に達す　同料地作場は九十丁歩、馬疋は牡馬三百四十一、牝馬六百八十五、牧馬のみなれば収支相償ふと云ふ　事務所を借り弁当を食す、所長の案内にて種馬十頭を見る　一時頃同所を発す

此辺土人取締竹内多十郎を訪ひ同家老人の案内にて土人小屋二軒に入る、一軒は先年火災に逢《ママ》ひしとて小屋掛なり、一軒は土間に「オニガヤ」の簀《す》を敷く　東及北は五尺巾位の林を張る、宝物は其上に陳列す、一年二ヶ月の男児あり臀部の「あざ」を有す、男子は皆仕事に出てて不在、炉の上鮭の皮あり冬季之を以て靴を製すと　午後五時頃静内郡下下方駅（シブチヤク）に着す、此間の道はよし、開墾大に斉ひ和人家続々とあり　駅伝及川方に投す高江村より新冠牧場にて三里牧場より下下方村まて

三里合て六里なり高江村より下下方村まて本道一里半の里程なり　戸長本庄某氏来訪談話中　静内郡に十六ヶ村あり多は和人と雑居す、二三村は土人のみ住居す　真似気違は沢山あり婆は多は皆然り、蛇の談をすれば発作起る故に之を「トッコニ（蛇）—バッコ（婆）」と云ふ　晩食後公立病院長渡辺柳子を訪ふ談話中　以前天塩在勤中頭骨二個を得たれども神戸郡長に送りたりと　此地方開墾際折々発掘することあり、同氏の開墾地内（新冠）にも二三個はあるべしと　食物は熱きを嫌う、塩気は至て甘し、之が為めか歯は一般に美なり　土人体格は昔より退却せり、之れ鹿欠乏し、鮭は減し、鯨漁は和人に占領され肉食に乏しき為ならんと　当地は鰻の名物なり、以前は蝦夷地に鰻を産するは此地のみと云へり併し今は所々にあり狂気は折々あり、女に多し　間歇熱は和人の入込前にはなかりしと土人云ふ、此病実に多し　癩病は一人も不見、土人もなしと云ふ　兎唇は多し、静内郡（三百戸計あり）の内に六七人あるべし、女に多し　肺労はままあり、羸痩せ衰へたる形ちを有す、但し少なし「ブシ（ス）（附子）」（矢毒）は重に「カブトギク」より製す、極上品は五六寸の長なり、三尺も伸るものあれども良ならず根際の赤きあり之はきかず、白きものを良とす、之を掘る際手の腫るるを以て之に布を巻く、週囲《ママ》に草不生、虫多く死し居る、是を以て其善良なるを知る「ラウラウ」（「ハンゲ」に似たり）の根は玉にして直径二寸五分三寸位のものあり皮層にのみ毒あり心部は食用にす、之に付き渡辺氏経験あり或る時一家にて根をつみかきて口中に入れしに「イゴキ」こと言語に絶たり、形状は里芋の親芋に似たり此二種重なる毒草にして之を混して矢毒を製す　其他山椒《さんしょ》なれども働き弱し製法は烏頭の根を炉の上に釣るし置、生乾（しなしなする位）のものを熱灰の中に入れ蒸て之を器の内に摺りつぶす　浦河に「ブシ」の良品ありと　十時前帰宿、おきみに手紙を出す

八月三日　金　晴

早朝渡辺子来て今朝既に頭骨一個掘出したり云々朝食を終へ同氏の宅に到る　是より同道し右墓所に到り軀骨を取り出す、男子なり是より同氏の宅に再ひ行て其他の経《ママ》画をなす且つ談話中　人間の熊に害されしことは此辺稀なり、同氏増毛在勤中（七年程）六、七人ありたり「おおかみ」に噛れし痕は難癒なれども、熊のは易し　産婦

の位置は「しやがみて」上より縄をつるし之につかまる難産の時は親族集り位置を種々に転し腹を押し手足を引く等する中に生るると

十一時帰宿午食し又た渡辺氏許行き乗馬目名村（一里半計）に到る八田氏同行　土人埋葬所を探索す総て四ヶ所を認めたり上下方村服部久之助に土方を托す　右の内八田氏所有地に在る男子一ヶ所を発掘し日暮に旅宿に帰る

八月四日　　土　晴

午前三時起き前日の約束の如く渡辺氏を誘て下下方村内に在る女子のものを発掘す　頭骨のみ得て止めたり余り時移ればなり時に朝露甚たしく衣服大に濡るる　宿に帰り朝食し衣服を乾し馬を命し七時頃発し上下方村服部方に到る　同人及外一名の人足を誘て先つ目名村官地のがけ下にあるもの二個を掘出す、二個共後頭孔に損瘍あり、一個は湿地の為腐損甚し、一個の位置は左の如し

Nr34（カタログ番号1354）

頭骨：頭頂部、上向き。下顎、合致。頸椎骨、水平。第一、第二、第三頸椎、欠如。第四以下は自然状態。左、第十一と第十二肋骨は右側がやはり損傷している。第九と第十二胸椎の間、〔＊手首より先の〕手の長さ、大きく異なる。第十胸椎と左〔＊一語未詳〕肋骨は小さな〔＊一語未詳〕にある。第十一〔＊一語未詳〕胸骨は欠如。

是より土人小屋に近接したる上下方村八田氏地内のものを掘る　時刻たるを以て服部方に到り弁当を食す　是より上下方村官地墓所に行き四個を掘る其内一個は男子の墓標（丸太の先に剣形の尖を削りたるもの）ありて昨年五月埋葬せしものなりと　此墓の模様は平地より一尺程高い東西に長く土を盛る

八月五日　　日　晴

朝渡辺氏許行き暇乞し、戸長本庄氏に石油箱荷物五個を送ることを托す　馬を命し発す、道は砂場にして常に海に添ふ、昆布採りの業盛なり為めに土人近村より出てて海浜に小屋を造り居る人夫は皆土人なり　男採り女之を砂原に乾す、静内門別を過ぎ、春立村佐野伊右衛門方に立寄り石器を見る、此辺産物は昆布、いはし、鰊なり、昆布季節は七月二十日（土用入）より九月頃迄、昆布場は静内より根室まで、「いはし」は入梅頃下りて漁り秋又上りて漁る、鮭は九月中旬過以後なり　姨布午食、四時　浦河着、山谷覚次郎方に投す、永田方正子居り面会、之より同行を約す　郡書記一柳氏に面会す談話中石

狩「こびと」の穴より内耳鍋の片出たり　此片に耳二個あり、之を以て捜せば三個の耳を有せし鍋なり其他土器石器出たり、此辺土人は頻りに開墾す、官大に之を奨励するなり　晩食後浦河病院長樋口泰束氏を訪ふ、近傍土人村落は左の如し　向別川に添て向別村（半里余）戸数二十計、幌別川に添て一里計入りて一村あり、元浦川に添て後辺戸《しりべと》村字「ビシンコタン」三里程隔つ三十戸計、「アネチヤ」村（二十戸計）野深《のぶか》村（四十戸計）老土人の話に五十年程前より人口大に増したりと　昨年迄土人には施薬なりしが昨年来道庁之を廃す　間歇熱多し、眼病、梅毒、皮膚病（疥癬）、しらくも同断、しらくもの為に若年の者にも禿頭あり、帰宿、永田、一柳、樋口の諸子と談話

八月六日　月　晴

午前在宿、永田子の談に「アイノ」薬草「ムネバ」漢名外麻、長万部、山越土言、深山陸地に生す五月花開く、土人根を煎て服す、胸痛を治すと云ふ　増毛弁天町道路継続の際土人頭骨四個出たり直き路傍に再ひ埋めたり明治十九年のことなり郡書記江指家氏此場所を知れり

烏頭の葉の細きを「ソンノシルク」（ソンノは真なり「シルク」は烏頭なり）葉大なるを「セタシルク」（セタは犬なり）と云「ソンノシルク」毒強し（永田子）

午後一時頃樋口子頭骨一個携て来る、少し破損す顔部欠損す同氏畑より拾ひ来れるなり其外薬草「ウペウ」の根及葉、「ポンクト」（風邪の薬）葉を乾て湯に浸て飲む、又た薄荷（を薬用にす）を得たり

浦河は百五六十戸あり、札幌を発て以来の良き町なり

午後二時浦河発す是より永田子同行　道は海岸の砂場なり、様似手前に一の山あり上下嶮なるを以て馬より下り歩行して越す　五時半様似着、矢本荘五郎方に投す　戸長舟橋八五郎氏来り訪ふ　シブチヤリ川岸に奇なる病あり、自身の体に疵を付け血を吸ふなり、札幌師範学校生徒に此病の気味ありてすすめて退校せしめしことあり此者以前静内郡目名村高静小学校生たりし時此病既に起りしことありしと（永田子）晩食後土人四名（男三人女一人）を測定す　男子左手の第一中手間に入墨す、其形十字なり但し測定せし一人にありしは只一線のみ又た上顎の外側にすることあり　様似公立病院長弘田岩雄子来訪談話中様似に近き土人村落は二七《になな》村（一里計）岡田村（一里計）食物は粟稗重なるものなり、食物は総て長く煮る、

生で食すること甚た稀なり、鮭の脊わた位のものなり同氏土人の産所に招かれしに産婦は「薦」の上に坐し（皆此様にて薦は前以て用意なし置くと）上より縄を釣るし腋に掛けてつかまる産婆は後より抱く、臍帯は仍り結ぶ但し不結もあり血は仍り止るを以てなり、赤児は水を以て洗ふ、産の場所は入りて左り手の所なり（皆如此と）、生るれば直に酒を飲む、近親の者（但し父親の之をなすものか不詳、何となれば此場合は私生の様子にて父親は傍に居らざりし故なり）先つ口を開きて永々文句を述べ次に立て神の前に行き坐して又た何か論す、他の男は立て炉の上の「ジザイ」等所々「イクバシ」を以て酒をかける、又た児生るれば臼及杵に「イナボ」を以て飾る（臼に四本乾割れし所に挿す、杵に一本結付けたり）之も男女児に係はらず此如くすと　妊婦は腹帯などは不用火事の時は女子数人並で後を家に向けて衣の裾を撮んであをぐ　男女共死すれば家を焼払ふて他に移転す　婿は嫁の内え行きて二三ヶ月永きは二三年働く而て嫁の方より破談することあれば「チヤランケ」を付て多少宝物を取ると云ふ、其故に一般に女児を生む方都合よき訳なり女子は私通すること恥とせず、両親も格別意とせざるが如し　薬価は現金なれども折々不得已貸すことあり在すれば決て持来ることなし若し大に責むれば漸く払ふと云ふ　様似の土人は大に権式ありと之れ昔受負時分に此辺土人少き故労わつて使し為めなりと　土人は一般に先つ長子相続なり、梅毒は同氏未た見ずと　男子は日本ふんどしを用ゆ、女子は用へざる方多し

八月七日　火　雨曇

朝弘田子来る馬を命し共に二七《になな》村の山中に入り案内者に依て土人墳墓を索む　頭骨四個を得たり旅宿に帰れば戸長舟橋八五郎氏一個寄せらる　都合五個となる浦河にて得たるものと共に石油箱二個につめて矢本方に命て送り出さしむ　午食し、女児患者一名診察す　午後二時様似出発、道は始めは海岸砂原なり、岩の「トンネル」二ヶ所あり大小の石原なり、危険冷汗の思をなせり、又た巾狭けれども深して馬上にて渡り得ざる川（ポロマンベツ）ありて荷物を下し舟を以て渡る雲小雨霧にて甚た不快なり　且つ日暮れとす由て幌泉より二里半計手前なる誓内《つかない》と云ふ所（旅人宿はなし）の佐野（海産問屋）方に一泊を頼む時に午後六時頃なり、甚た冷気、袷単衣を重て着す

八月八日　　水　曇晴

午前七時「ツカナイ」発す、昨日様似より雇来りし馬は逃て不見依て歩行し荷物は幌泉より取寄せる図なり、海浜を歩行す冷気適度にして快を覚ふ、十時幌泉着、林重吉方に投ず　尾張役場に到り戸長大内平八郎氏に面談、幌泉郡内土人小屋只十戸計なりと、以前は多かりしも悉く減せしなり、但し他え転住せしにはあらずと「チヤシコツ」に土人の墓あり、今其所に土人不居、「シシケシナイ」にもあり此所には土人小屋二三戸ありと　幌泉病院に立寄り（院長不在）帰宿、午食、在宿、入浴、夕景院長内野秀三郎氏来訪、土人頭骨二個を得る（一個は破損す）、女子患者二名を診察す　晩おきみえの手紙を認む、十二時眠に就く

八月九日　　木　晴

前七時起く、病院長内野氏来る、八時過幌泉発、第三回落馬道路は善良なり十一時庶野《しょや》着、馬を続ぐ、路傍には駅伝一戸あるのみ、村は少し下て海岸にありと、内野氏に落合ふ、食するものなきを以て幌泉患者の送りたる「ビスケツト」を食す、大約二時間費て馬漸く来る、是より漸々登る、而て急に下り、半道程沢を行き又大に登り次に又下りて四時半猿留着野辺地金太郎方に宿す、猿留山道の嶮岨も案外手安く越たり、此辺「虻」の多きこと言語に絶す　此近傍土人小屋なし

八月十日　　金　快晴

午前七時猿留出発、道或は海浜に出或は山に入る、猿留山道より悪し、馬上日熱甚たし、十一時広尾郡茂寄《もよろ》村着□□《（空き）》方投宿す

広尾公立病院長真下喜久治子、及戸長役場兼生山我亀吉子来訪　談話中「モヨロ」村土人二十戸計、「ビロフネ」村（歴舟）三戸、大樹《たいき》村十戸計なり　当郡は以前より土人少なし、極前は漁業の為め十勝より土人を移さしめたるなり、土人住居は故に古きことにはあらす　男女共に梅毒多し、此地マラリヤはなし　とどまつの葉を煮て其湯気を以て痛所を蒸す　コクハ（「つる」にして「ぶどう」の粒の如実を結ぶ）の実を生で食す、利水の功ありと云ふ、之和人より学びしものか「トッコスバッコ」は此地にあり、三十六七歳の男子にも例あり　肺炎は折にありて経過正しく且つ良く分離す　一昨年頃よりは寺に頼みて墓地に仏葬す、其前は随意に所々に埋葬したり（此村一寺院あり）雑種多し、純粋のものは一二分なるべし

午食後熱さ難堪（八十八度）由て休憩す、午後四時頃真下、山我子同道以北の林中に土人墳墓を索む、五個を得て日暮帰宿す　晩真下、山我並に茂寄村総代山崎金助の諸子来る談話中　結婚に先ち結納として男の方より宝物を嫁の方え送る　イケマ（松前辺方言）夷名「ペノップ」の根（にんじんの如きもの）を輪切りになし糸を以てつなぎ頭に掛ける、魔除なりと、又兎の耳を頸に掛ける、仍り邪よけなり　月蝕の際は炉縁をたたき終夜不眠と小児に双方の両親相談して夫婦約束をなすことあり其時は男の方よりは女児に小さき舟を送り女の方よりは小き杵を送る双方之を美なる袋に入れて頭に掛け置く、之虻田辺にて数々見たり（以上永田氏）「ポンクチ」本名「えしま」細帯なり、女、夫を持てば之を肌にしめる「ユモジ」はなし、はだぎを着る、袋にて胸の処を開く、着るには頭よりかぶる、夏などは之一枚にて居るもあり肩に疵あるは男女共血を取りしなり、後血を止むる為め墨を付ける故に「あざ」となり居るあり入墨にはあらず額にちよつと入墨の如きあざあるも右同断　「胎盤」は以前家の裏に捨てたり、今は雪隠の梯子段下に埋める之れ和人より慣ひしならん

八月十一日　　土　曇

永田坪井の両子は大津に向て発す、良精は残りて真下病院長及総代山崎金助二氏と共に畑中に骨格を索む、又寺院に到り和尚の案内にて土人頭骨を改葬せし場所を掘り四個を得る　是より前日の村北の処に到り墓数ヶ所を発掘す総て十四個、内全きもの十個、前日の五個を合して十九個なり是未曽有の好機会なり　午後一時頃旅宿に帰り午食し、是より病院に到り荷造りす石油箱七個となる（二十五号より三十一号まで）送り方は山崎氏托す

夕景真下氏の酒肴（三平汁）の饗応にあづかる談話中津軽辺にては田の上を歩する下駄を「タビラカ」と云ふ、アイノははき物を総て「ビラカ」と云ふ　土人を埋葬してより屍を狐、犬等の食するをよしとする、即ち早く浮ぶと云ふ　土人冬季に餓に迫り皆痩衰ふることあり、其節旧会所にては「にしん」の〆粕及其他を以て之を救助す　当地の土人小屋は本屋の入口東向なりと

八月十二日　　日　深霧

前八時広尾茂寄村出発す、真下山崎の二氏暇乞に来る十一時「ビロフネ」着、餅を食す、馬を続ぐ、洋馬具を置く　午後二時過湧洞《ゆうとう》着、午食す、馬を続く、西洋馬具

を置く　道は平坦なり、時に海浜の砂場を行く、甚た冷気なり、外套を着して尚寒し　午後六時十勝国大津着三影末太郎方に投す、直に郵便局に到り篤次郎子の手紙並にきみ子の手紙三通（七月十六日、二十六日、二十九日附）を披見す

晩大津病院長田中徹三氏来訪談話中　此辺の土人は大に日本知せり、官よりは属官を出張せしめ頻りに開墾を奨励す、中川郡サツナイ村辺にては土人旧慣のままなり最奥の土人村を「クタラシ」村と云ひ大津より四十里計なり、但し今は土人不居、皆「メムロブト」に下りて住居す、之開墾世話に弁理の為め集めたるなり　タフコライ村に土人城跡あり又た戦死者を埋めし所ありと　とうぶい（当縁）の奥に「こびと」の穴あり（十一個計）、之を掘ると土器出ると　河西郡帯広村に万世社（?）と云ふ開墾社あり、此辺に骨あるべし云々　土人屍を埋る為め白木綿を以て巻く上下枝共各々別に巻く、之を「キナ」に包む、衣服は着せず、穴の深さ三尺計、上に木を縦横に渡し、土を掛けず、久しく別たる人逢へば甲（長者）乙の頭を両手を以て押へ乙（若者）は甲の耳を押へる、男女共に此礼をなす、大道に於ても坐して之をなす

病者危篤になれば上より縄を下げブランコの如く木を横にし之に寄り掛り居る、又此まま死す決して横に臥して死することなし而て大勢集り「はんやーはんやー」叫び居る（之れせつない、せつないと云ふことか）　葬送者皆又た不幸家に帰り徹夜して酒を飲み且つ歌ひ大に陽気となる　土人の小供は俯《うつむ》けになりて眠る、女子も又た然り、男子は横にも臥す　出産は一切人に不見、同氏一日或家を訪ひしに亭主門番して今産の旨を述べ内に入ること禁じたりと　兎唇は折々あり

八月十三日　　月　快晴

六時起く、七時丸木舟に乗り十勝川上「ヤムワッカピラ」村に向て大津発す道庁属土人開墾掛松本兼茂氏同舟す、漕手は土人三人なり、舟は長さ四間計巾六十仙迷　午前十時「タフコライ」村字「タンネヲタ」に上陸、一家に休憩す開墾世話掛の案内にて開墾畑を一覧す、川の右岸にあり、大津より三里計　午後三時半トビオコロ村上陸、清水を飲む、和人一名居る、カコマ河岸にて飯を焚く棒（舟の）三本を以て鍋をつるす、其様至て単一なり、大津より六里計、右岸に在り　午後九時頃トウブツ村着、右岸に在り、大津より十一里計、日暮てより河岸にたき

火をなし是より此処に野宿すると云ふ土人二名あり、「シークアイヌ」方に宿す、当村土人小屋四戸あり、飯を焚せ、「ます」魚を買ひて食す　十時過眠に就く、蚊蚤《のみ》甚たし、寝袋に入て眠る　シークアイヌの小屋は本屋の入口南に向く、広さ三間に四間計、夫婦に盲目の小児一人なり

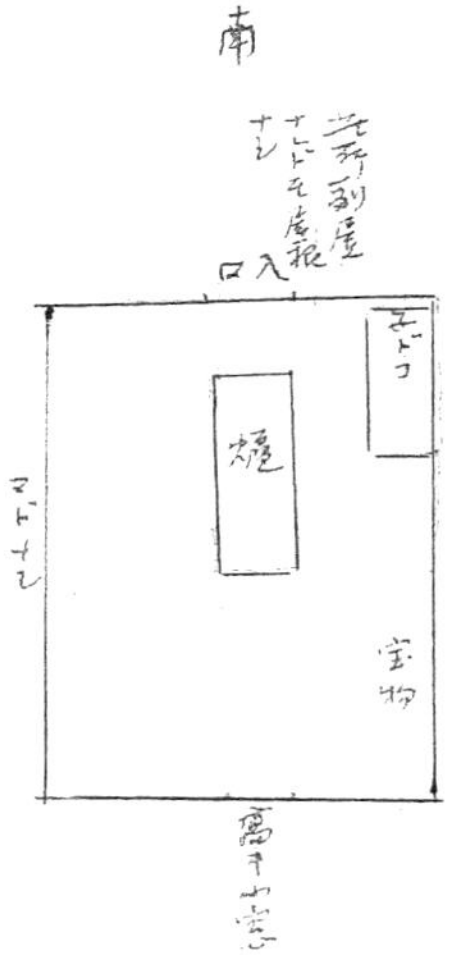

此村の小屋の向は皆同様に南に入口ありと

　八月十四日　　火　曇

弓二本買、一本は「シークアイヌ」一本（飾のあるもの）は「エレルスクル」より求む、其他矢二本及「イカユープ」はシークアイヌより得、弓の木材は夷名「ラルマニ」松前方言にては、「をんこ」と云ふ木なり、即ち「あららぎ」なり矢はおにがや、羽は「あほうどり」先は鹿の脛骨、矢の根は竹なり、弓及び箙に巻きたるは桜の皮なり、弓の「つる」は夷名ハイ（一種の「つる」なり）或はブレンネッセル（*苧麻などのイラクサ科植物）なり、軽石より造りたる火入あり、此石は川の中に沢山あり　竹の矢の根及石の火入は「シークアイヌ」即坐に造りたり、総て何事も其場に当てなすことの早きは絶妙なり

前八時頃十弗村を発す　前十一時「ヤムワッカピラ」（ヤムワッカ）村着、大津より十六里計農業事務所に到る世話掛田中造平氏不在なれども茲に投宿す、当村オテナ、レガンナ陣羽織を着し河岸迄出向ふ、午食をなし、レガンナに命し　土人五名測定す（男四人女一人）男の中手背及肩、女の他所の入墨は血を取りて跡墨を塗附して出血を止むるる依て出来たるものなり　此辺に「トッコニバッコ」あり、又た蛙を甚たしく嫌う「バッコ」もあり当村に頭頂の禿げたる男女多く見受けたり　こびと穴「フシコベツ」に在りと「コロボックル」（此辺「コローボクーウン（之）ーグル」と云ふ）の話は大同小異なり、款冬葉の下に三人も居る位の小きものなり、手に入墨をなし、之を窓より入れてアイノに物を呉れたり、之を見てアイノ女子は入墨を真似したりと、又た手を取て屋内に引き入れたりと　結婚は従弟間にもあり併し甚た稀なり　嫁をもらいし時は格別祝をなさず、其後に新嫁

も合力し酒を造りて客を呼ぶことありと云ふ　「ヤムワツカピラ」村は河の左岸にあり、土人小屋十戸計り、河向にも小屋散在す

八月十五日　水　晴

午前九時頃馬上伏古村（フシコベツ）に向て発す、途中木財夥《ママ》あり　ポンサツナイにて馬下り暫時休憩す、当村にては「プー」を割木を以て構造す　午後一時頃「フシコベツ」着、農業世話掛宮崎濁卑氏方に頼みて投宿す、大津より二十一里計　伏古村土人三十四戸、人口百六十八人内男八十五人女八十三人　河向に音更《おとふけ》村あり、三十戸、人口百五十四人内男七十九人女七十五人　ポンサツナイ村五戸、人口十八人内男七人女十一人　当村戸数人口共年々増加したり、出生は死亡より毎年多し　且つ他に散在したるもの開墾の為め当地に移住せしに由る　同氏四年前に此地に始て来りし時は土人小屋僅に三四戸にして草茫々たり　総オテナ、トレツ及ひ同人兄「モチヤロク」等に面会す談話中「コロボクウングル」小にして「款冬」の葉の下に廿人も居たり云々　女子の入墨は口は七才頃より始む、手は遅し、樺の皮の炭を用ゆ、女子の仕事なり　女子の上手の者に頼む、男子は其術を不知　結婚は従弟間にもあり、但極く稀なり　嫁をもらいし時別段祝をなさず　墓所に太き棒を立つ、夷名「クハ」と云ふ、屍は衣を着せ「キナ」に包み、上に木を渡す、頭は東に向け、男女の別なし　小屋向は総て川の方に向ふ、東西南北に依らす　午後三時頃より土人六名測定す（男三人女三人）　此辺土人の馬を飼ひ之を使ふは明治十八年頃より此方なり　日暮てより入浴す、置風呂は戸外の畑中井戸の端に在り、入浴の際雨降り出し蝙蝠傘を刺《ママ》て入浴す

八月十六日　木　晴

朝土人より「アッシ」を織る「ヘラ」夷名「コフペラ」二枚を買ふ、木地《ママ》は「いたや」なり　宮崎氏より赤十勝石一個得る　午前九時丸木舟を以て伏古村出発す　午後一時頃止若村に寄る、少しく廻り道なり、順路は同村に掛からす直に本流を下るなり、上陸し農業世話掛田村造平子に面会し同氏より機織具三品及ひ用法不分明の品一個を得る、二時同処発す　途中にて日暮る、十日頃の月あり、当日は登りの日の如く炎熱なさず大に愉快を覚ふ　十時頃大津着再ひ三影末太郎方に投ず

八月十七日　金　晴

午前病院長田中徹三子及釧路郡書記石沢伊三郎子大津出張中に付同道し村南に行きて墓所々在を索む　田中氏より涌洞近傍にも土人墳墓ありと　同氏又曰く大津より岩内に転し当時フルウ郡カモイナイ病院に在る医師寺田三郎氏大津より頭骨二個持行きたりと（札幌道庁より得たる頭骨は此品なるやも計り難し）　大津には以前より土人多くは不居りし　白老辺にては川を越して屍を埋む墓所二ヶ所を捜し得る、是よりこびと穴二個あるを索むれど不得、又た十勝川を渡りても数個ありと、帰り午食す　午後二時田中氏同道にて午前の墓二ヶ所を発掘す、空しく帰る　是より石沢氏同道にて町北二十町許隔てる字「ウツナイ」に到り墓五個を発掘す、土人骨五具を得る、其内四個は明治七年四月本船え荷物積入の際艀顚覆し溺死せしものなり、一具は是より古きものなり、四個は男子なり、一個も同しく男子ならん、墓の形状は穴の深さ三尺計、上に土を置かず、只流木（川より海に流し出したる木）を多く横に渡すのみ、併し海岸なれば砂地にして穴中にくずれ込み骨を蓋ふ、中に一個骨少しく現れ居たり、墓標は不立、頭は北向きなり　同墓を漸く終り、之を肩にして九時頃帰宿、晩食し病院に行て荷造をなす石油箱五個となる、帰宿、入浴、十一時過眠に就く

八月十八日　土　晴霧

午前六時起く、病院え行く、荷物は釧路迄持行きて送り出す積りなり　八時大津発す　午後一時半尺別《しやくべつ》駅着、只駅伝一戸あるのみ、午食す　五時白糠《しらぬか》駅着駅伝湊屋春平方に投す、戸長伊勢田清実氏来る　白糠村に土人小屋七十戸余り（和人戸数二十戸計）、白糠郡には百〇五戸あり（尺別村に土人小屋七八戸、「アシヨロ」郡に二十戸計）「シヨロロ」村に十一戸計あり（白糠村より一里半計）当村土人は旧風にして殊に不潔なりと　土人五名（女三人男二人）を晩食後測定す、戸長側にありき

八月十九日　日　霧晴

朝患者三名診察す、戸長伊勢田氏来る、おんこ盆二枚を得る　土人より煙草具一個を買ふ、「トッコニバッコ」はなしと　午前九時白糠発す　シヨロロ村迄戸長同行す、当村土人小屋あり、又共同牧場あり　「オタノシケ」（白糠より四里）にて午食す、此処に白糠湊屋の出張人馬継立所一軒あるのみ　是より途中こびと穴数個道の左右にあり、道路は海浜を少しく離れ道路を行く、色々の草花多く咲きて甚だ見事なり　午後三時半釧路着、米山

藤七方投宿　「ハルトロ」村（釧路より十丁計）土人小屋十戸計あり、此村及外一ヶ村え釧路に住居せしものを二三年前に移住せしめしものなり　独外出し釧路病院長有馬元函子を訪ふ談話中　釧路国川上郡弟子屈《てしかが》に土人小屋十戸あり　釧路国川上郡塘路に二十戸、熊牛に二戸川上郡虹別《にじべつ》村五六戸　此辺土人は雑種多し、十の七八は純粋ならざるべし　塘路え行くには小蒸汽船より「フタマタ」に上陸すべし、是より塘路迄五六丁なり　釧路市街は七百戸計の人家なり　此辺一種の水腫病あり、症状は脚気に甚た似たりと雖も同一ならざる如し、下枝《ママ》に水腫麻痺を起す、心臓麻痺に由て薨る、胸部より下を犯かす、上肢の麻痺は十中の一なり、五月頃より始まり六七月頃殊に此病を生す、転地は大に功あり之のみにて全治するもの数々あり、土人には一切なし、中等以上に殊に多し　先年硫黄山に夥く患者ありし本年は非常に減したり、釧路集治監ありにて先年看守は悉く皆罹りたり囚徒には誠に少なし（囚徒は麦飯を食す）先年仙鳳跡村にて竹富善吉の漁場にて多くありたり、同所の他の漁場にはなかりし、但し本年は食物、小屋、飲水等に注意したれば殆んど皆無なりしと、又硫黄山にても本年は誠に少なし、仍り食住を改良せしに由るべし　「トッコニバッコ」此辺にもあり　病院にて吉田善助に面会、明朝旧墓所え案内の事を約す　晩郡書記御子柴五百彦、細川時太郎の両子来訪　釧路より「ワッコロベッ」迄十二里、是より標茶《しべちゃ》迄六里、是より弟子屈八里、是より屈斜路《くっちゃろ》迄四里、釧路より「クッチヤロ」迄三十里　標茶より硫黄山迄十二里、釧路より硫黄山迄三十里　クッチヤロより硫黄山迄道あれども無が如く甚だ難道にして馬通せず、三里計ありと　硫黄山より北見国「ヤンベッ」え出る道あり、十三里にして山道あり甚難渋なれども馬是通す、是より根室に到るは里程に於ては硫黄山より釧路に帰り根室に到ると稍々似たるものなり云々依て北見を廻ることに決定す　「チヤシコッ」（城跡）は釧路根室間所々にあり　根室より一里計経てる「ホニオイ」村に土人小屋十戸計あり、是より又一里計先「ホロモシリ」村に十戸余ありと　おきみえ漸く返事の手紙を認め出す、十一時頃眠に就く

八月二十日　　月　快晴

早朝前日の約の如く吉田善助方に到り同道し町裏の山に登り旧墓を索むれども不得、是より転して郡役所に到り

書記御子柴細川の両子に面会相談し役所裏の山中を探る又た空し、十一時半帰宿午食す　午後又た出て午前のものより新き墳墓所に到る、之は皆三年より五六年前迄のものなり人物は証に知れ居るなり、墓標あり左の如し

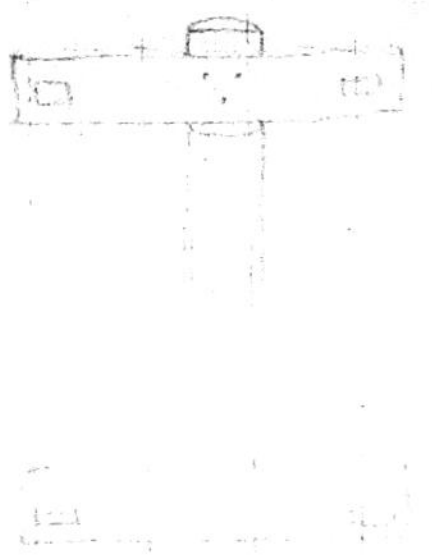

頭は皆東向き、深さ四尺計、是迄のものに比すれば甚だ深し、上に穴の形に五六寸も高く土を盛る、頭端に標を立つる、標は男女の別なし只横木の両端に結び付け置く布の白きは男、赤きは女なりと、木を上に置くことなし人夫四人を雇ひ発掘するもの四個、皆男、屍は衣服を着せ、キナに包む　皮膚、毛髪、腱、靭帯、脳髄の如きは尚ほ存し、臭気あるを以て山間の小川に下り洗ふ、暫時休息す　墓標を立るは身分あるものに限り、平人には之を立てず、只「ニハトコ」（此山に多くあり）の枝を差し置くのみ、故に古き墓は此「ニハトコ」の枝生立ちて印となる、但し自然に生へたるものと区別し難し、故に古き墓は認定すること難し　六時病院に立寄り頭骨二個（顔面部欠損す）を得て帰宿、前日の骨格を携て吉田方に到り荷造りをなす、石油箱二個となる　釧路にて得たる骨は総て七個なり　大津にて出来た荷物（石油箱五個及長箱一個）並に右荷物二個共に東京え向て送り出す晩有馬元函子来る、同道患者三名を見舞ふ、十時過帰宿郡書記御子柴及細川両子えの手紙並に郡長宮本子に頭骨所望の手紙を認む　十一時過眠に就く

八月二十一日　火　晴

午前二時半起く、四時前釧路川を登る小蒸気船に乗り込む（「ワッコロベッ」迄四十銭）「フタマタ」に立寄る、是より塘路村迄五六丁なりと、十時半「ワッコロベッ」着、家は安田事務所一軒あるのみ　是より屋形舟にて引舟なり（「シベチヤ」迄一人三十銭なり）人夫三人にて引く、川の両岸は平地にし川柳多くあり、樹木深林と云ふにはあらず　途中硫黄を積みたる下り舟六艘に逢ふ、午後六時「シベチヤ」着、大平方に投宿す（山崎平七）当村は二三年此方開けたる所にして集治監、硫黄山の為めなり、人家七十戸計もあり、以前は土人小屋二戸計ありたれど

も今はなし

八月二十二日　水　曇　午後小雨

午前八時過出てて鉄道ステーションに到る安田事務所にて役員安田虎太郎氏に面会す、同氏の案内にて硫黄精錬所を一覧す、欧州風の機械なり、一日に二百五十石の純硫黄を製出すと、亦た硫黄山元にては日本風に製す、之れ一日四百石を出す、都合一日に六百乃至七百石を製す（一石の価目今二百円位なりと）　人夫は山元に四百五十人、シベチヤに百五十人、鉄道の長さ二十四マイル、岩門硫黄山は三井物産会社のものなり

硫黄山に水腫病は前年多かりしが本年は至て少僅なり、又患者ありても至て軽症なり、人夫生活の仕方の前年との違ひは小屋に縁を一尺余高く張りたり先年は只地の上に板を直に敷き置きたり、食物は大なる違なし飲料水は同一のものなり但し現今のものは一度地下を濾過し来るまでなり　始て来りたる人夫の方多此病に罹る、之に返し本年は間歇熱は多かりし　九時頃発車す、硫黄を積む荷車に乗る

十時半頃「ニタト（リ）マップ」着車、同所ステーションの役員内田平太郎氏に面会す　車を下り歩行二十丁余にして弟子屈村着、温泉宿本山七右衛門方投宿　当村は温泉あり、宿屋は外に一戸あり、釧路川本流の左岸にあり、本山の裏に西北に右の川通す地景佳なり、土人部落（七戸）は五六丁距てて川向にあり　小屋の外観は甚た貧しき有様なり、「プー」の家根は蒲鉾形にして其切口前後に向ふ　午後四時頃に至り漸く土人来り六名（男三人女三人）を測定す　談話中「トンチンカモイ」或は「トイチセクルカモイ」アイノ小屋の窓より手を入れたるを(品物を乞ふか或は遣るか不詳）一日其手を取て引入れしに女子にして手に入墨をなせり　アイノ女子は之を似ねたるものなりと、アイノの所業を憤り何所えか逃行きたりと、体の大小は不知、土器のこと不知　此辺所々にこびとの穴あり

往昔は土人罪を犯せば足の腱を断ち（アヒルレス腱）又たは鼻を切り落すことありし、デシカカ土人長老は小供の時足の腱を断たる者一人鼻を切りし者一人見たりと病人は昔種々の草を煮て飲む或は之で体を洗ふ、之等のことを老人の物知に問ふことせり、又頻りに神に祈る埋葬のこと、頭は東に向ける、標は重立たる者にのみ立る、平人には不立、重立の子孫にもやはり立る、男女の

別図の如し

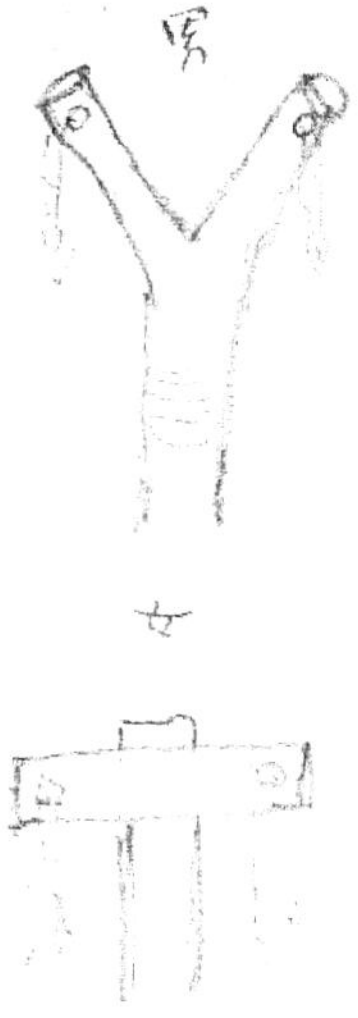

墓標に「ひも」を巻く（幾筋と云ふ極りあり）、長さは屍の丈を計りて之と同一にす但地上に現はるる部分にはあらす全長を云ふ　カモイチカツプ（ふくろ鳥）は熊の如くに式を以て造る、之此鳥良く云ふことを聞く故なりと

八月二十三日　木　晴

馬を命し午前八時半クッチヤロ村に向て発す、永田子不快に付宿に残り同行せず　途中に「コタンケシ」と云ふ所あり土人小屋二戸あり　十一時「クッチヤロ」村着、「デシカカ」より四里、道路嶮山にはあらざれども狭隘、所々急に上下あり、大木倒れて道に横る深林にして天を見ざる程なり、土人組頭栃尾音吉（夷名オトチ）方に休憩す、午食す、鷹の肉を割烹し食す　同人小屋南向、屋根はと松の皮を敷き其上に茅を置く、宝物は少し　塗物桶（貝桶）は五六個、大酒樽三個計、全村至て貧しき観を呈す、小屋毎に女子「アッシ」を織る、又笹の葉を以て屋根をふきたるもあり　一人の男（大人）の左手背（Iインテルメタカルパルラウム〔*第一中手骨周辺〕）又一人の少年（十一二才）右手の同所に入墨をなしたるを見たり、之悪血を取り身体を健になりしむる為めなり（一分は戯れなりと思はる）小児三人（一年三月の男児、一年八月の男児、一ヶ月の男児）の臀部斑点を験せしに一人もなかりし　当村戸数十三戸あり、村は釧路湖の先の釧路川の源の処にありて景色佳なり　土人四人（男二人女二人）測定す　煙草具、まきりのさや、糸巻の買ふ　午後四時前出発、六時デシカカ帰着　九時頃眠に就く

八月二十四日　金　雨

朝天気模様悪しと雖も硫黄山行と決し、十時「ニタトリマツプ」出車す　十二時前山元に着、安田事務所に入り主事柳田教誠子に面会す　午食の饗に応す、同氏の案内にて山を巡覧す、山を十三号に分つ、一号より九号迄を見る之より道険なり且つ時到るを以て帰る　一二号山は今盛んに採掘す、三四号真黄色にして全山硫黄かと思はる　所々に大小の噴汽所あり、番屋に暫時休息す、之よ

り七号山に登る大噴気あり本道を通過することあたはず由て其脇を通る、此山は第一硫黄に当るものなり此一山に二百万石もありと、八九号は三四号の如く黄色なり此硫黄山は明治八年吉田善助見分し道を開き（此道即ち北見道となりし山の東を通す）製錬を始めしと云ふ全山を測量せしに三百万石ありと　三時山元発車、雨降り出す、六時「シベチヤ」帰着、再び大平方に投宿

八月二十五日　土　晴（朝霧）昨夜降雨

午前四時起く、五時半下り舟に乗込む、舟賃釧路迄三十銭　九時「ワッコロベツ」着、休息、午食す、十二時「ワッコロベツ」出発す、小蒸気の引舟に乗る甚た安楽なり、午後四時半釧路帰着、直に郡長宮本千万樹子を訪ふ不在なり米山藤七方に再ひ宿す、患者二名診察す　髪を断る（十五銭なり）

晩郡長宮本子来訪、頭一個を得る、談話中　色古丹島土人は同氏が以前占守島に到りし時穴居し居たり、平地に少しくくぼく掘りて、其上に棒を立掛け屋根形となす、テンキ（水草）を以て葺く、其上に土を置く、下の方段々厚く上は一尺程、木は流木を用ゆ（占守島には材木なし只「カラマツ」など地をはう木のみ）、住居は二室より成る、入口は高さ三尺五寸位の四角穴なり、之に莚を下げる、之を入れば四畳或は六畳位の室あり、是より狭き通路（匍匐して通る）屈曲して十畳位の室に入る、天上に窓あり「とど」の膀胱を張りて明を取る又之を開けは煙出となる、又多は浴室あり、蒸気浴なり、本室の隣に小室あり、台ありて其下焼石を置き之に水を灑ぐ、家を外より見れば瓢箪形にして炭焼竃の如し、人種はアイノと大なる違はなかるべしと、身丈は格別短ならずと、此辺土人こびとを「オロッコ」或は「コロッコ」と云ふ根室郡西別村に百六七才の老婆あり、同人の談にこびとを見たりと、昼は不出、夜のみ出てて魚等をとる、釧路土人と常に戦をなしたりと此説信すべからす云々　湯屋に行きて入浴す（湯銭二銭なり）　おきみえ手紙を認む

八月二十六日　日　午前雨午後晴

朝患者一名診察す、降雨するに付出発を見合す、大雨なき模様に付十一時頃雨の用意をなし釧路出発す、午後二時昆布森着、午食す　六時半仙鳳趾村着、駅伝福士松太郎方投宿す、当村明治三年以来開けし所にして其前は今元仙鳳趾と称する此処より一里南、海浜に在りしを当地え引越せしなり其前には漁場たりしのみ　土人小屋十戸

計あれども皆雑種にして風俗住居も「ししやも」風なりと只一人純種の老人あるのみなりと　今日の道路は九分は山道にして海浜極僅かなり、降雨後なれば道甚た滑かにして馬頻りにすべる

八月二十七日　月

前六時起く　土人二名を呼寄せ、一人は雑種、一人は純粋なり之を測定す「トイチセコロカモイ」小なり「アイノ」と食物の遺り取りをなせり、夜のみ之をなしたり手を取て引入れたれば手及口に入墨あり、アイノ女子之を似ねたりと、即ち女子のみを見男は形を見ざりしと、穴は釧路、阿寒、網走、浜中辺にありと、此地にはなし其土人種土器を用ひたり今之を穴の近辺より掘り出す、石器は不知と

午前八時半仙鳳趾発す、山道或は厚岸湾の端磯を行く、坪井子海中落馬す　厚岸沼の口を渡る時に風随分強し、午後二時厚岸着、大泉印本田波津方投宿、午食し両子と共に外出　郡長畑一岳子の下宿を訪ひ面会す、郡書記内山和太郎子来る土人集ることを托す、尋て病院長馬場無事郎来る、ビハセ村（厚岸より七里半計北）往古土人二百戸計の村落なりしか享保年間津波に由て流失し僅に六七戸残りしのみと　厚岸には「こびと」穴なし、之より先に一個あり之は小山の頂上に環状の溝を掘り中央は高しと、此の如き穴は根室国「しべつ」と「べつかい」間に往々あり、通常の「こびと」穴十個の内に一個位の割合なりと、多は山頂にあり　こびと穴は釧路辺迄は多く四角なりしが根室、国後に在るものは楕円形なるよし　夕景土人総代紋助なる者土人を携て来る、此辺多は雑種なり　四名を測定す（男二人女二人）郡長畑一岳、病院長馬場、郡書記岩尾礼之の諸子来る　病院長より土人頭骨一個及び体軀の骨数個を得る　晩食十二時眠に就く　厚岸は蠣の名物なり、市中夥しくかき貝の層あり

八月二十八日　火　曇晴

午前八時厚岸出発　十時半璃瑠瀾《りるらん》（土人「ルイラン」と称す）え着馬を継き午食す　午後四時霧多布着、道は常に山を上下す、時に景色佳、とど松、えぞ松あり、或は芝山となる、五味兼吉（郵便局）方え投宿す（旅人宿にはあらず）　戸長役場に到る、戸長不在、帰宿、入浴

晩戸長役場兼生布川某、総代吉田毎太郎、びはせ村総代村上円之助、浜中村字てきべつ住岩谷石蔵（最も古く此地に住居する人）の諸子来り談話中「ポロト」「ポンポ

ロト」「ウラヤコタン」(皆「シリシヅ」村の字なり)に往古は土人居りたり　びはせ村に昔は土人居りたりしが洪水、后痘瘡に由て殆と死絶たり吉田氏当地え来りし時(明治三年)尚六戸計土人小屋ありしと又た昔より其時分迄の墓所あるべしと、村上氏曰く其墓地は現今皆宅地畑に成りて跡絶りと　浜中の后に「ニタン」と云ふ処あり、此処にも墓あらん即ち此漁場に雇れたる土人の死たる者を埋し所なり「サルユウフツ」と称する漁場あり、サルユウフツ受負人の漁場にして同所より土人を派遣して漁業せり本名は「フンベモイ」と云ふ、此処は必す墓あらん　浜中村の内にて「キリタツプ」より二十丁計なり　右の如く土人出稼は四月八日前後に来り八十八夜に帰る土人平次なる者漁業者小島某の雇にして明治十五年頃死去せり、同人の墓あるべし、之を明朝探ることを約し諸子去る　十時半眠に就く　浜中には昔は蠣夥ありしが津波後は消滅せりと云ふ　蠣がらは沢山あり、亦た其より転して厚岸の方え移りしとも云ふ

八月二十九日　水　曇

午前八時二十分前霧多布出発、布川某及吉田毎太郎の二氏来る　吉田氏同道小島家え立寄り彼の土人の墓を探索す、一林中に得たり、墓は南北に長く、上に横木を渡し土を少く盛る、二三ヶ所木朽て穴あり横木の下は空間なり、下顎骨現出す、骨盤骨も同断、横木を取除きて験せしに頭骨はなし、其他数骨散在す、用ゆべき者にあらざれば再び穴に入れて復《ママ》ふ　頭は北向ならん何となれば北端に墓標あり、形状は釧路の者と同一なり　吉田氏に別をつげて去る時に九時なりき　道は或は山を上下し或は海浜に出つ、山は雑草及ひ笹のみにして大樹はなし十二時半初田牛《はったうし》着、駅伝一軒あるのみ、地形谷間なり、馬は継き午食を喫す、二時同所発す　落石《おついし》駅(一軒家なり)に於ては馬を不継直に根室迄通す「トッカ」(「トド」の如き獣にして此辺の海中に居る)の毛皮を以て馬の鞍を造る　落石よりは道は屯田道にして甚たよし、道の両側は根室に近つくに随て「とど松」の林となる、又た「おんこ」の木あり、午後六時半根室着、△(やまうろこ印)鈴木方に投す、小松精一君の書状及おきみの手紙二通(八月十日及十七日附)を披見す　入浴、晩食し、永田方正君と離別し本船　陸奥丸に乗込む時に午後九時半なり、明午前四時出帆すと根室に余日なかりしは遺憾の至なれども後便は五六日も後るる由なれば已むを得ず此便船と

極めしなり　船賃函館迄上等拾円なり（下等は四円なりと）陸軍薬剤官勝山子同船す　直に眠を求む

八月三十日　木　晴

午前六時起れば本船は既に沖合に在りて進行しつつあり十時半頃霧多布入港す、〆粕を俵にしおびただしく積込む亦た魚油百樽計及昆布夥多を積む　勝山子の談に和名「えんごさく」夷名「ツウマ」（tūmă）の根を土人食料にす「コサノヒトコエ」（根室方言）一名「ひとごろし」パンヤの如き草なり「つる」にして実、葉ともに「パンヤ」の如し、烈しき毒草にして根室監獄署の囚徒之を食して死せりと　九時頃室に入り眠を求む

八月三十一日　金　雨霧

早朝起れば霧深くして船出帆するを不得且つ大に雨降る午前十一時半頃霧漸く少し晴たるを以て霧多布出帆す根室屯田兵大隊長和田某子同船す、同氏は以前根室区長たりし、同氏の談に根室には明治九年頃は土人小屋七八戸ありし同十六年迄三戸計ありしか同年皆取払ひたりと、墓所は今の町会所の所なりと　午後は霧晴れたれども降雨不止、湿天甚た不快なり　晩七時頃室に入る　終夜船甚数動揺す

九月一日　土　晴風

午前六時起く、天晴れたれども風強し、「エリモ」岬は昨夜々半頃通過せりと、左右陸を不見　屯田の和田子の談に根室国西別の川源に「シユワン」及「チライワツタラ」と云所あり此二ヶ所に土人小屋十戸計あり、其内穴居する者ありと、土人極て旧風にして和人と交通せず、同氏明治十五年に其所に行きたりと　午刻に到り陸を正前に見る、之陸奥尻屋岬なりと、午後六時函館着港、小蒸汽にて上陸㊞方に投宿す　北海道研究旅行は之にて終たりと云ふべし、土人を測定せしこと男女合して九拾二人、骨格（頭骨のみの者もあり）を得たること八拾個計なり晩食、入浴

九月二日　日　晴

午前在宿、午食し出てて写真師田本方に到り「アイノ」写真十数枚を求む　是より写真師井田方に行き同写真十数枚を求む　是より博物場に到る公園内の桜餅を味ふ、勧工場に到り「アイノ」細工盆二枚求む、是より皮長に到り熊皮、あざらし皮及黒てん（方言「セブ」或は「ソウブイ」と称ふ）皮各一枚を求む価合て二十円也午後

五時頃旅舎に帰る　釧路厚岸に於て得たる骨格を荷造りす、石油箱一個となる　晩食後市内を遊歩す

九月三日　月　晴

午前博物場に到る渡辺章三氏来出勤せず由て同氏の居宅に到る　是より途中招魂場を一見し再ひ博物場に到る、桜餅屋の老夫「アイノ」細工盆一枚週《ママ》旋す（価七拾五銭也）同所にて不計中隈子に逢ふ、是より小樽の庄司氏所有の「アイノ」頭骨は宮重某の手にある趣に付同氏を尋ぬ、函館新聞伊藤鋳之助子の許にある云々由て同氏を訪ふ価弐拾円にて買求む、帰宿午食し温泉場湯の川え行く、乗合馬車片道拾銭なり、里程は二里弱なりと、同車二名あり、湯の川因印方に投す、泉質は無色透明弱酸性、丹赤色の沈澱を生す、成分は遊離炭酸、食塩、硫酸曹達、炭酸曹達、硫酸鉄等重なるものなり、当所温泉宿四軒あり、各泉源を有し浴室ありと、土地飲料水は悪し、風景なし只畑野中にあり、泉源を一見し帰途に就く、五稜廓《ママ》を見て五時過函館え帰る、住野祐蔵氏方え暇乞に行く尋で和田元右衛門氏方に到る不在　帰宿、住野子次に渡辺子暇乞として来訪、晩食し八時半頃本船和歌之浦丸に乗込む、荻の浜まて上等金拾二円也

九月四日　火　雨曇

昨夜大降雨、午前八時起く尚降雨頻りなり、新聞紙を見て終日す　午後二時頃より雨止む、海波至て静安、午後八時半室に入る

九月五日　水　曇

午前五時和歌の浦丸荻の浜に着す、上陸、伏見屋方に投す時に六時なりき、市中を遊歩す、港湾入口に小佳島あり葛島と云ふ、午食し午前十一時半小蒸汽船に乗込直に解纜す、塩竃迄下等三十銭、上等五十銭、午後一時半塩竃着船す　途中松島諸島の佳景を望見す、海老屋藤蔵方に休息す御釜社まで遊歩す　三時二十分発車（福島迄上等金一円七十七銭也）、白石幸折《こうり》間山中にして景色佳なり、七時福島着、通り五丁目上野《かみの》安次郎方投宿、おきみえ明日帰京の電信を出す、当地名物のし梅を試む　阿武隈川のあゆ、ふくさ等も当地名物のよし

九月六日　木　晴

午前六時福島発車す、東京上野迄汽車上等金六円也、福島より漸々山を登る、長き「トンネル」あり之より下る、松川より平坦なり、那須より原野となる秋草満開、中長の「トンネル」あり　矢板にて原は終る、長久保宇都宮

間に二條の長橋あり　宇都宮にて車中弁当を食す、石橋より亦た原野となる、栗橋の北に利根川の橋あり　午後三時十五分上野着、山田出迎ふ、直に乗車、駒込の居宅に到る　家族皆無事、歓極りなし、十時頃眠に就く

九月七日　　金　晴

昨夜より数回水瀉す今朝に至て尚不止終日臥す

九月八日　　土　晴

下痢は止む只疲労のみ、午後四時頃より出てて小松彰君遺家を訪ふ、同家は牛込津久戸前町え移転されたり、原君帰京の趣伝聞せしに付原家を見舞ふ同子病痾大に快方、八時頃帰宅、おきみは林太郎本日帰朝に付千住え行きしが同時に帰り来る

九月九日　　日　雨

昨夜半より降り始め終日不止、午前一寸大学え行く、休日なれば出勤するものなし直に帰る、午後中村桃庵、丸山直方二子来訪

九月十日　　月　雨

午前八時出勤、諸子に面会す、明日より授業並に卒業試問を始むる、用意をなし午刻帰宅す　午後榊俶子来訪

九月十一日　　火　雨

午前七時出勤、記載解剖学講義を始む、即ち火木土曜日七時より九時迄なり、又た卒業試験を始む、之にて終日す四時過帰宅す、北海道の荷物一個開く

九月十二日　　水　雨

前八時出勤、卒業試験にて終日す、北海道荷物十一個開く　後四時帰宅、おきみ千住え行く、少時して帰り来る

九月十三日　　木　雨

北海道荷物を開く

九月十四日　　金　晴

午後四時帰宅食事し千住え行く九時帰宅

九月十五日　　土　晴

午前後共卒業試験す

九月十六日　　日　雨

終日在宿、鈴木孝之助子来り共に午食す

九月十七日　　月　晴

午後四時教室を出てて石黒忠悳子去る八日帰朝に付見舞ふ面会す、是より長岡社例会に出席、本月は中村桃庵子近日帰郷に付繰上しなり、帰路買物をなし十時帰宅す

九月十八日　　火

九月十九日　　水　晴

教室より帰途中村桃庵子帰郷に付暇乞に行く　北海道え
数通の礼状を出す

九月二十日　木

教室より帰途榊家を見舞ふ　北海道え数通の礼状を出す

九月二十一日　金　晴雨

午後三時頃帰宿　北海道え数通の礼状を出す

九月二十二日　土　雨　休日

午後浜田玄達子来訪　終日在宿

九月二十三日　日　曇雨

午前権兄来る、午後浜田子を訪ふ　晩食後武野子を訪ふ

九月二十四日　月　曇晴

今朝篤次郎子教室に来り林子事件云々の談話あり　夕景
千住に到り相談時を移し十二時半帰宅

九月二十五日　火　曇

午後三時半教室より直に築地西洋軒《ママ》に到り事件の独乙婦
人に面会種々談判の末六時過帰宿

九月二十六日　水　晴曇

午後二時前弘田子を伴ひ帰宅、三時半出てて築地西洋軒
に到る愈帰国云々篤子も来る共に出てて千住に到る　相
談を遂け九時半帰宅

九月二十七日　木　晴

午後四時より集談会出席、医学会は欠席す、五時半過出
てて築地西洋軒に到る、林太郎子既に来て在り暫時にし
て去る

九月二十八日　金　晴

後四時半帰宅

九月二十九日　土　曇

後五時前帰宅在宿

九月三十日　日　曇小雨

終日在宿、午後武野子来訪　晩能重幸新下婢でんを伴ひ
来る、同人に駒込東片町え転居届を認めしむ

十月一日　月　曇

後五時前帰宅在宿

十月二日　火　快晴

後三時半教室を出てて長谷川泰君を訪ふ不在是より築地
西洋軒に到る模様宜し六時帰宅　晩食直に出てて牛込小
松家に到る　精一君に久々にて面会是より原君を見舞ふ
同君四日以来病気不出来云々

十月三日　水　快晴

今朝教室え原君より使来りベルツ氏来診を頼度云々同氏に面会し此事を約す、三島徳蔵子を見舞ふ　午後二時教室を出てて原家に到る三時ベルツ氏来診す　晩佐々木政吉子許行き直に原家に来り胃の洗滌をなすことを頼む、九時半帰宅す

十月四日　木　快晴

午十二時教室を出てて築地西洋軒《ママ》に到る林子の手紙を持参す（東京府平民入籍届を文部省、内閣、大学等え出す）事敗るる直に帰宅、晩長谷川泰君来訪

十月五日　金　晴雲

朝出勤掛に原家を見舞ふ　午後築地に到、軍医学会一件あり

十月六日　土　雨

終日大降雨、四時帰宅、北海道沙流門別石野信子より送りたるアイノ頭骨受取る

十月七日　日　快晴

別宅に石垣おいよ殿神崎おちか殿来る　午後おきみを携て団子坂辺え散歩す　晩宮本子を訪ふ不在、原君を見舞ふ是より小松老人今日熱海より着京の由に付牛込に到る

十月八日　月　晴

独乙ストラスブルグ大学シユワルベ君より送付の骨格受取る　夕影伊東盛雄子来り金子弐拾円貸渡したり

十月九日　火

十月十日　水　曇

偕楽会に日比谷東京ホテルに出席す

十月十一日　木　晴

午後二時より医学会出席、アイノ頭骨後頭損瘍に付演舌す、終て集談会に出る

十月十二日　金　晴

夕影賀古子来る森林子に付ての話なり共に晩食す

十月十三日　土　晴

午刻教室を出てて向島に到り久々にて端舟を漕ぐ　千住大橋にて上り例のすしやに休息す、厚徳寺前にて矢の根拾数本を求む（金四円也）

十月十四日　日　晴

午後三時精一君の求に応し牛込に到る　原令兄倉田子来る是より築地に到る林子在り、帰宅晩食千住え行き十一時帰る

十月十五日　月　雨曇

午後二時過教室を出てて築地に到り今日の横浜行を延引

す　帰宅晩食し原家を見舞ふ

十月十六日　火　曇

午後二時築地西洋軒に到る林子来り居る　二時四十五分発汽車を以て三人同行す横浜糸屋に投す　篤子待受けたり晩食後馬車道太田町弁天通を遊歩す

十月十七日　水　晴

午前五時起く七時半艀舟を以て発し本船ゲネラル・ベルデル号迄見送る、九時本船出帆す、九時四十五分の汽車を以て帰京十一時半帰宅、午後三時頃おきみと共に小石川辺に遊歩す

十月十八日　木　曇雨

ドクトル「グリンム」君及撫養円太郎子札幌より出京教室え来訪、午後教室より牛込精君許到る原君の居住に付てなり、六時前帰宅

十月十九日　金　曇雨

午前北海道広尾病院真下喜久治子外一名教室え来る　午後十二時半出てて新橋ステーションに到り加藤照麿子の帰朝を迎ふ、帰途伊東盛雄子を訪ふ、是より真下子の旅宿を訪ふ不在、帰宅

十月二十日　土　曇雨

午刻より出てて向島に到り端舟に遊ぶ幸に降雨なかりし

十月二十一日　日　雨

終日降雨由て在宿

十月二十二日　月　雨曇

晩食後原家を見舞ふ　過日注文せし人力車出来す

十月二十三日　火　雨晴

午後四時帰宅浜田子来る金三拾円を貸す、権兄来る

十月二十四日　水　快晴

帰途榊家え一寸立寄る

十月二十五日　木　晴曇雨

午後四時より集談会、尋で医学会出席、アイノ人医事を談話す十時帰宅

十月二十六日　金　雨

十月二十七日　土　曇晴

午前向島に到り小舟を漕ぐ十二時半帰宅　午後おきみ原両男を携て大学運動会を一見す為めに本日は休業なり

十月二十八日　日　快晴

午前おきみを携ひ散歩、染井に墓参す　午後は弘田子来り共に小石川砲兵本敞後楽園に於て催したる鹿鳴会に出席　是より弘田子の宅に到り銛刀数本を見たり終て直に

長岡社例会に出席、九時頃帰宅す

十月二十九日　月　快晴

午後四時前帰宅在宿

十月三十日　火　快晴

午後二時半頃帰宅在宿す

十月三十一日　水　快晴

午刻より浜田弘田二子と共に出てて宮安吉子刀剣を一見の為め同子を訪ふ不在是より帰宅　おきみを伴ひ上野公園に遊す

十一月一日　木　快晴

午後四時半帰宅、清水清来り居り共に晩食す　今日原祐民君教室え来り桂仙君ベルツ氏の診察を乞ふ云々

十一月二日　金　快晴

午刻教室を出てて原家に到る尋てベルツ君来る、帰途宮安吉子を訪ひ弘田子と共に刀剣を見る、同所にて岩井勝子に久々にて面会す五時過帰宅

十一月三日　土　曇

荏苒　午後四時半頃よりおきみを伴ひ団子坂辺え遊歩す

十一月四日　日　雨

午前緒方子を訪ふ、午後賀古子来訪　北島某なる人え榊家一件に付返書を出す、又横田吉田両君え連名手紙（迎妻披露、小林家等のこと）広島椰野家えも披露の手紙を認む

十一月五日　月　曇晴

午後四時前帰宅

十一月六日　火　曇晴

午後四時半帰宅、鈴木孝子来り訪ふ

十一月七日　水　快晴

午後三時教室を出てて弘田子と共に九段遊就館に到る六時過帰宅

十一月八日　木　快晴

午後二時より医学会尋て集談会出席　七時帰宅

十一月九日　金　快晴

午前八時前武昌吉君来訪私立医学校設立云々　午後四時過帰宅在宿

十一月十日　土　晴曇

午後一時過帰宅支渡しおきみを携て総長園遊会に小石川植物園に到る　四時半同処を出てて独り偕楽会に偕楽園に赴く十時帰宅

十一月十一日　日　曇雨

午前八時半出てて向島に到る諸子と端舟に遊ぶ十二時頃去て歩行浅草に到り東座の戯を遊覧す　丹波、今田子初め学生同行二時過去て一食店に午食す　四時帰宅直に約の如く万代軒に到る　榊家相談なり、終て宮本子を訪ふ不在、八時頃帰宅す

十一月十二日　月　雨

終日降雨、アイノ頭骨後頭損傷の原稿を校正す　四時半帰宅

十一月十三日　火　半晴

午後四時半帰宅、晩宮本子来る

十一月十四日　水　晴

在ストラスブルグ「シワルベ」氏より骨格送付の手紙到る直に受取の返書を出す　晩食後牛込より原に到て帰る

十一月十五日　木　快晴

午後二時過帰宅　おきみと共に遊歩飛鳥山、滝の川の紅葉を見六時半帰宅

十一月十六日　金　快晴

午後五時前帰宅在宿

十一月十七日　土　晴

午刻より今田大沢岳両子と向島に到り端舟、帰路鍔を一個（壱円三拾銭）求め帰る、桜井郁二郎子よりアイノ頭骨二個借用す

十一月十八日　日　晴

午前十時頃おきみと共に出て浅草芝居町に到る大学諸子と演劇を一見す　おきみ森家一族と同伴なり茶店は丁子屋と云ふ　演題大久保彦左衛門、義経千本桜等なり十一時開場七時半終る、宮本子来る、十一時去る

十一月十九日　月　晴

午後四時教室を出てて上野精養軒に到る森子帰朝の祝として西周君夫婦を招待せり云々六時半帰宅

十一月二十日　火　晴

午後四時教室より直に原君を見舞ひ尋て富士見軒に到る石黒、森林、浜田、片山国嘉、加藤、岩佐の六子帰朝並に賀古子洋行の祝宴なり　帰路弘田子許立寄り十時過帰宅

十一月二十一日　水　終日大雨

午後四時帰宅

十一月二十二日　木　快晴

午前札幌織田恭也子来訪、午後二時より学期試験及臨床

講義の件に付会議、終て集談会、六時より医学会前々会の続北海道医事を談話す十時散す

十一月二十三日　金　快晴　休

午前九時過向島に到り端舟、弘田、片山国嘉子共遊、千住大橋にて上り例の小店に休憩す是より両子と共に歩行浅草公園に入り鬼の頭及腕の「ミイラ」なるもの及盤梯《ママ》山破裂模形を見る、両子を伴て帰宅、弘田子は晩食し後去る

十一月二十四日　土　晴

午後一時半出てて上野彫工会競技会を一見す　是より職工学校にて文部小集に出席す六時過帰宅

十一月二十五日　日　快晴

午後一時半おきみと共に遊歩音羽護国寺より雑司ヶ谷鬼子母神に到る　一茶店に休息し目白ステーションより汽車に乗り六時半帰宅　宮本子来り十時過去る

十一月二十六日　月　快晴

午後四時半帰宅晩食後命車　渡辺悌二郎子を京橋宗十郎町に訪ふ、是より若山鉉吉子の令閨死去を弔ふ

十一月二十七日　火　快晴

午後三時教室より直に北海道庁出張事務所に到り村尾元長子を訪ふ同子の下宿に到る不在、是より原家を見舞ふ六時頃帰宅

十一月二十八日　水　快晴

午後四時過帰宅、長岡社例会に出席、九時頃帰宅

十一月二十九日　木　曇

午後四時半帰宅、在宿

十一月三十日　金　晴

午後四時半帰宅、在宿　北海道石野信及平取村学校教員森氏、大阪小松等え手紙を認む

十二月一日　土　晴風

午十二時より丹波今田二子と向島に到る端艇を漕ぐ靴紛失す乗車帰宅す　晩食後賀古鶴所子明日欧州に向け出発するを以て暇乞に行く不在にて面会せず是より宮本子を訪ふ是又不在

十二月二日　日　快晴

午後二時頃おきみを携て外出団子坂より谷中初音町を過き一貝塚あるを知り日暮里より三河島村を経て千住に到る　森家にて晩食し帰る

十二月三日　月　快晴

午後二時過教室を出てて日本橋通り第三十二銀行に到り為換金弐百〇拾円を組む　之長岡山口万吉より借用元金弐百円及ひ其利子本年後半期分金拾円也　是れにて国元借財は悉皆返却済なり又山口えの手紙を認む　是より交詢社に到り権兄に面会す次に若山子を訪ふ不快にて面会せず、次に原家を見舞ふ、次に弘田子許にて晩食し鍔等を見る又鍔八枚譲り受け九時頃帰宅す

十二月四日　火　雨

午後一時より月次会出席指導職を設置の件なり　五時不調して散す

十二月五日　水　快晴

午後四時半帰宅晩宮本子来る暫時にして去る

十二月六日　木　快晴

午後三時半教室を出てて帰路榊家え立寄り帰る

十二月七日　金　快晴

午後四時帰宅、晩権兄来る

十二月八日　土　快晴

午後一時より過日指導設置に付総会の続会を分科に於て開き之に出席す四時過帰宅　晩武野子来る　今日は父上様正忌日に付弔意を表す

十二月九日　日　快晴

午前九時前出てて向島に到り端舟を遊ぶ寒風甚だし　一時過帰宅、二時頃よりおきみと共に出てて上野博物館に入る　五時帰宅直に原家の招に応す同君病気快方に付祝宴なり

十二月十日　月　曇晴

午十二時過帰宅おきみと共に皇居落成に付相観す三時半帰宅　午後五時出てて柳橋川長に偕楽会に出席す

十二月十一日　火　快晴風

午後四時過帰宅、晩食後散髪す　国元横田様え帽《ママ》砂糖を出す

十二月十二日　水　快晴

午後四時半帰宅在宿

十二月十三日　木　晴曇

医学会総て集談会に出席　七時過帰宅

十二月十四日　金　雨

晩食後牛込え行く大阪小松夫婦着京　次に弘田子を訪ひ鍔を一覧す

十二月十五日　土　快晴

午十二時より丹波今田二子と向島に到りボートに遊ぶ

千住大橋に到る例の稲荷寿しやに休息す　帰途古本一部求め帰る

十二月十六日　日　快晴風

寒風甚だし為に終日在宿す

十二月十七日　月　快晴

午後五時帰宅晩食後直に牛込に到る　遺児教育資産片付の談甚た長く二時帰宅入浴す

十二月十八日　火　曇

午後四時帰宅晩食　原家に到る是より又た牛込に行き前日の続談す事決定す十二時半帰宅す

十二月十九日　水　晴

午後四時帰宅　今日は長岡社納会なれども少しく寒冒の恐あれば使を遣て之を断る　床中臥す

十二月二十日　木　晴曇

午後一時より別科医学生卒業証書授与式に陪す　終て諸子と共に総長に面会　学期試験応すべし云々話す四時帰宅、床中に臥す

十二月二十一日　金　曇

午後五時前帰宅在宿

十二月二十二日　土　雨

午後五時前帰宅、今日は講義を閉つ、在宿

十二月二十三日　日　晴

午前弘田子来り共に午食し東仲通え遊歩古道具店を索めて立寄り根付三個求む、六時頃帰宅　晩武野子来り金弐拾円借用を乞ふ遂に応す

十二月二十四日　月　晴

今日より午前九時出勤す　午後一時前おきみ教室え来る、是より共に出てて上野公園に遊歩す　日没頃帰宅晩食後又た共に出てて両国寄席に到り十時半帰宅

十二月二十五日　火　晴

午食後弘田子と共に教室を出て弘徳寺前古道具店に入り鍔二枚求む　是より浅草蔵前通迄遊歩しからたち寺前にて根付一個（七十銭）求め帰る　晩権兄来る

十二月二十六日　水　晴

午後三時半教室を出てて帰る　晩緒方子来訪

十二月二十七日　木　晴

午後一時半教室を出てて原家を見舞ひ是より村尾元長子を京橋新肴町に訪ふ日没頃帰宅　晩横田大三近藤九満治両子え手紙を出す

十二月二十八日　金　晴

午後三時教室を出てて榊家に立寄る不在、是より飯島子を訪ふ四時過帰宅、晩降雨

十二月二十九日　土　晴

午後三時過教室を去り帰宅

十二月三十日　日　晴

午前九時過出てて向島に到り端舟を漕ぐ千住大橋にて上陸例の小店に休息す　午後三時頃帰宅　晩権兄来る

十二月三十一日　月　晴

朝弘田子来る共に出てて日本橋通西中通り銀座迄遊歩す西岸の一鰻店にて午食す　晩独出てて上野広小路に遊歩す靴及根付二個求め来る　入浴十二時過眠る

明治二十二年　二千五百四十九年　1889

良精満三十年（駒込東片町百拾番地住）

一月一日　火　曇

早朝飯島子来て眠を損す八時過起く夕刻幹文来る　かるたを遊ぶ年賀来人前年よりも減す殆と学生のみ

一月二日　水　晴

午前十時半おきみを携て外出向島より歩行千住に到る六時頃帰宅す　幹魁来り居るかるたを遊ぶ

一月三日　木　曇雪

午前緒方浜田両子を訪ふ　午後中村盛一子年始に来る尋で出てて牛込原両家え年始　六時過帰宅

一月四日　金　晴

午前九時出勤、午後三時過教室を出てて武野子及ひ長谷川家え年始、五時過帰宅、おこう、三来り居るかるたを遊ぶ

一月五日　土　晴

午刻十二時文部省に到り文部小集を兼ね年始会に出席是より権兄を交詢社に訪ふ共に子の新下宿に到る、北海道庁四等技師河野鯱雄子に面会頭骨二個持参のこと承知す次に西周君を始て訪ふ

一月六日　日　晴

午前九時過出勤、午後四時教室より直に万代軒年始会に出席す　来会者百名計、食事終て茶番狂言あり左の如し

年始会余興名題

第一　花の都やききの初汽車
第二　看板ばかり歯医師か金ぱく
第三　門松うたひの一ふし
第四　はるの梅手品のひな鳥
第五　妙ふしぎ無体の動物
第六　当世四人教授宝の入船
第七　変りゆく上官の面かげ
第八　五分時間局所のさがし絵
第九　起死回生国手の妙術
大切三階惣出
第十　打揃小春の顔よせ

手札のひまをはしよつて一つ所に見逢ふ
眼鏡の万代軒に打出し

十時帰宅
　一月七日　　月　晴
午後二時過教室を出てて榊家に立寄る不在、帰宅今日例年の通りかるた会を催す書生八人来る権兄も見九時頃諸子散す
　一月八日　　火　晴
今日より授業を始む、午後三時頃帰宅　晩食後原家を見舞ふ
　一月九日　　水　晴
午後四時前帰宅、今日鈴木文太郎子より贈りたる雉子を調理するに付大沢岳、鈴木文及斎藤勝の三子を招き食す八時頃諸子去る　宮本子一寸来る　長岡横田叔父え年始手紙を出す
　一月十日　　木　晴
午後二時より医学会出席、五時過去て偕楽会に浜町花屋敷常盤亭に到る福引の余興あり十時前帰宅
　一月十一日　　金　晴
午後五時前帰宅在宿す
　一月十二日　　土　晴風
午十二時過より向島に到りボートを漕ぐ風強ければ四時過帰宅
　一月十三日　　日　半晴
前十時前起く、午後一時頃おきみと共出てて林太郎子新宅金杉村に到る晩食し上野広小路勧工場に入り八時帰宅
　一月十四日　　月　晴
午刻原家より使来り病人容体悪し云々直に同家に到る諸子と相談の上市川村維直君え手紙を認め出京を乞ふ尋て京橋中央電信局に到り熱海精一君と電話す八時帰宅す
　一月十五日　　火　晴
午後三時教室を出てて原家に到る精一君既に着京　夕刻維直君も着京す別談病人より相談なし十時帰宅す
　一月十六日　　水　雨
午刻教室を出てて原家に到る桂仙君より遺言あり　良精には遺子二人の学問上の事を当時在独乙国北里柴三郎子と相談の上宜しく所することを托す云々　実に気の毒千万なることなり四時過帰宅す
　一月十七日　　木　晴
武野子え去月下旬用達し金円の催促手紙を出す　長谷川泰君教室え来る国政医学会演舌を諾す　午後四時帰宅在宿

一月十八日　　金　晴

午十二時過原より愈危篤に付車を以て迎に来る直に同家に到る　病人ベルッ氏の来診を所望す由て直に同氏を索む　折悪しく見ること得ず空しく原家に帰る次で一寸帰宅し午後四時過再ひベルッ氏を訪ふ面会す　氏の来診を約し原家に到る九時前同氏来診す橋本綱常君も来る甚だ危篤云々依て同家に一泊す　只二時間程仮眠するのみ

一月十九日　　土　晴

前八時出勤十時講義を終り帰宅す　午後一時頃原家に到る　八時過一先帰宅し別宅にてかるたを遊び十時眠に就く　十一時原より車を持ち急使来る直に赴く

一月二十日　　日　晴

午前一時三十分原桂仙君遂に死去す享年五十一なりと是より不眠終日混乱す午後十時帰宅入浴眠に就く

一月二十一日　　月　晴

前十時出勤す　午後三時帰宅食事し原え行く十二時過帰宅す

一月二十二日　　火　晴

午後四時前帰宅食事し原え行く、今日造花（四円也）菓子煮〆等を送る、十一時帰宅す

一月二十三日　　水　晴

午前十時出勤十一時帰宅支渡し原え行く今日葬送なり十二時出棺駒込吉祥寺に到る　式終て染井え到り夕刻原家に帰り晩食七時頃帰宅直に眠を求む

一月二十四日　　木　晴

午後三時過出て帰宅、晩食し原家え行く跡方相談なり十二時半帰宅す為に医学会集談会欠席す

一月二十五日　　金　晴

午後四時帰宅晩食し西紺屋町地学協会え国政医学会に出席す「頭骨年齢の鑑定」を演舌す　八時頃原家に到る今日初七日前日に付てなり十一時頃帰宅す

一月二十六日　　土　晴

前夜一時頃大学寄宿舎より出火し過半焼失す負傷者八名並に死者早川氏一名ありたり、授業は休む、午後五時頃帰宅八時眠に就く

一月二十七日　　日　晴

前十時起く十二時早川氏葬式に付大学に到る　駒込高林寺え葬送す二時半帰宅、新井春次郎子千葉より出京来訪す五時原家に到り相談十一時半帰宅す

一月二十八日　　月　晴

午後四時帰宅、長岡社大例会に出席委員十名改選す、九時半帰宅、寄宿舎火災に付授業を休む

一月二十九日　火　晴

今日も火災に付授業を休む、午後四時半帰宅、原家相談に行く橋本綱常君も列席す　松本順君は不参一時帰宅す、武野子より昨年十二月用達金弐拾円返還す

一月三十日　水　晴　休

前十時起く権兄来る金弐拾円用達たり、末岡精一子来訪、午後共に出てて上野公園に遊歩す動物園に入る是より浅草公園に到る帰途やつこにて晩食し七時半帰宅

一月三十一日　木　晴

午後四時前帰宅在宿

二月一日　金　晴

前九時過出勤す、午後五時前帰宅、晩食後散髪す

二月二日　土　晴

原祐民君信哉子後見人となる届書調印す　午後十二時半出てて向島に到り端舟に遊ぶ下流に下る中洲に至て帰る六時帰宅

二月三日　日　晴

午後二時半共に出てて谷中を通り金杉森に一寸立寄り是より吉原田甫を通り三谷渡を渡り向島に到て帰る時に六時半なりき

二月四日　月　晴曇

在伯林北里柴三郎え原氏遺言のことに付手紙を出す又た田口和美子及ホルツエンドルフえ手紙を出す　午後四時過帰宅　晩食後宮本子を訪ひ十一時半帰宅す

二月五日　火　晴

俸給を請取る、救難資金として拾六円を納む、後一時より月次会に出席来る十一日憲法発布式に付てのことなり帰途榊家え立寄り六時前帰宅す　晩は指導の諭告に基き一年生六名来る九時半散す

二月六日　水　晴

午後二時半教室を出てて江戸橋郵便局に到り「フリードレンデル」え弐百フランクを送る

二月七日　木　大雪

午後二時より工科の中庭にて文部大臣の演舌ありたり四時前帰宅在宿す

二月八日　金　晴

午後四時半帰宅在宿す

二月九日　　土　曇
午食より向島に到り小舟に遊ぶ五時過帰宅
二月十日　　日　曇
午食より向島に到端舟を漕ぐ　浅草広小路より鉄道馬車に乗り日本橋迄行き明日の飾付を一見す　万代橋より乗車帰宅す
二月十一日　　月　曇晴
憲法発布日なり、昨夜雪降る今朝に至て止む、九時頃起く、午十二時前出てて宮城正門前に到る混雑極れり　広場より外え出ること困難、悪道此上なし四時前漸く出てて大学の宴会に到る六時過帰宅す
二月十二日　　火　晴
九時頃起く午後は文部大臣昨朝兇手に罹りたる見舞に行く　三時半帰宅橋本圭三郎子来り居る長岡社二十一年度計算表を制す十一時過終る
二月十三日　　水　晴
午後三時教室を出てて帰宅、命車森文部大臣昨夜十一時半死去されたるに付永田町官邸に弔ふ　晩権兄来る十時半去る
二月十四日　　木　快晴
午後三時より医学会出席岩井子「ハワイ」人四名を会員に示す　常議会を開く日本医会設立に付委員二名を投票す宇野子及ひ良精選に当る、集談会、七時半帰宅　野川二郎子教室え来る
二月十五日　　金　快晴
午後一時教室を出てて石川島監獄署に到る副典祓鈴木某子に面会　次に医員堀某子に面会し同子の案内に依て獄内を一覧す　四時半同処を出てて六時帰宅す
二月十六日　　土　快晴
午前八時出勤す森文部大臣の葬儀に付休業、午十二時出てて永田町官邸に到る　徒歩行列に加り青山墓地迄行く五時頃帰宅
二月十七日　　日　快晴
長岡社報告表草稿出来す　午後三時頃より共に出てて日暮里を起し金杉村森林子を訪ふ　赤松家母嬢に面会す歩行八時頃帰宅　おきみ腹痛出血を起す困却此上なし
二月十八日　　月　快晴
右の訳にて出勤せず　早朝浜田子を訪ひ来診を乞ふ十二時一通り手当を終る　夕刻再ひ浜田子を乞ふ流産に相違なく全く終りたり

二月十九日　　火　快晴
前八時出勤十一時帰宅
二月二十日　水　快晴
前九時出勤後二時帰宅、夕刻浜田子を訪ひ相談す
二月二十一日　木　快晴
前八時出勤十二時前帰宅賀古家え不幸の悔に行く　小林家紛々の模様なり
二月二十二日　金　晴
前十時出勤、午後一時より物品会計規則に付集会あり三時終る直に帰宅す
二月二十三日　土　晴
午十二時過出てて向島に到りボート四時帰宅す
二月二十四日　日　晴
卒業宴会に付午十二時出てて向島八百松に到る余興として競漕を催す　良精は三年生の舵手を務む最敗す、数番の茶番狂言あり八時半帰宅
二月二十五日　月　半晴
午後四時前帰宅在宿す
二月二十六日　火　雨
午後四時過帰宅在宿
二月二十七日　水　晴
午後三時教室を出てて牛込小松家を見舞ひ弘田子許立寄り原家に到り六時頃帰宅す
二月二十八日　木　半晴
午後四時帰宅、長岡社例会に出席、幹事を改選す　波多野子及良精当選す十時前帰宅、医学会等欠席す
三月一日　金　快晴
大学紀念日に付休業、午前九時運動場にて式あり是より多人数同道向島花屋敷の梅を見て木下川《きね》より亀戸に到り食事し午後六時前帰宅す
三月二日　土　晴
午刻より出てて向島に到り端舟、終て諸子と福岡楼に登り甚た盛会を催す九時過帰宅
三月三日　日　雨晴
午刻より雨止む依て出てて鈴木孝子を久々て訪ふ折善く在宿長談　晩食九時過帰宅
三月四日　月　晴
午後四時過帰宅、大橋佐平子来り居る共に晩食す　六時より一年生諸子八名来る例の指導会なり九時散す

三月五日　　火　晴

午後一時教室を出てて文部省に到り浜尾学務局長に面会解剖体の件に付談議す　是より内務省に到警保局長に面会を求む処労に付出勤なし　三時半帰宅す

三月六日　　水　晴

午後四時過帰宅是より出てて京橋松田に到る　長岡親睦会に付相談す十時帰宅

三月七日　　木　晴

午後四時半帰宅在宿

三月八日　　金　晴

午後五時前帰宅在宿

三月九日　　土　晴曇

午後一時出てて向島に到り端舟、五時帰宅直に出てて原家に到る　今日桂仙君四十九日に当り法事なり

三月十日　　日　雨

午前飯島子浜田子交々来る　夕刻より亀島町偕楽園に偕楽会に出席す

三月十一日　　月　曇雨

午後四時過帰宅、夕景森林子新婦同伴にて来る

三月十二日　　火　雨

午後四時帰宅、長岡親睦会相談に付又た松田楼に到る十時帰宅

三月十三日　　水　雨

午後四時帰宅、今日居宅の住室を変換す

三月十四日　　木　晴

北海道札幌足立元太郎子えアイノ頭骨一個の交換品書籍二冊を差出す　午後三時医学会出席五時半出てて偕楽園に到りストラスブルグ会（ストラスブルグに在学せしものの会なり）え出席十時半帰宅

三月十五日　　金　晴

年度末計算にて多忙なり、午後四時半帰宅

三月十六日　　土　晴

午刻より出てて向島に到りボート六時過帰宅

三月十七日　　日　晴

午前二神寛治子来訪、午後出てて根岸森家え立寄り帰る

三月十八日　　月　晴

午後は向島に到り端舟

三月十九日　　火　曇雨

午後出てて向島に到り時に雨降り出せり一度漕ぎて帰る

三月二十日　　水　雨曇

午前十時向両国中村楼に到る今日は長岡人親睦会なり出席員二百名計甚た盛会なりき午後五時過帰宅

三月二十一日　木　晴

午後二時頃より出てて向島に到り端舟六時帰宅

三月二十二日　金　雨

午後四時過帰宅、横浜の二宮子来訪

三月二十三日　土　曇雨

午後四時過帰宅、六時半高等中学内講義室に到り講談会にて「人類は一種なるか又は数種なるか」を演舌す九時半帰宅

三月二十四日　日　晴

午前十一時出てて向島に到りボート、五時頃帰宅直に出てて牛込小松家に到る　今日は亡彰君の一週《ママ》忌にて法事なり

三月二十五日　月　曇雨

後四時過帰宅在宿

三月二十六日　火　晴

午後二時より向島に到りボート

三月二十七日　水　晴

午後二時より向島に到りボート

三月二十八日　木　半晴

午後四時より集談会終て医学会出席、今日解剖学講義を閉つ

三月二十九日　金　曇

午後一時半より向島に到りボート

三月三十日　土　曇晴

午後一時半より向島に到りボート、五時半帰宅在宿

三月三十一日　日　雨

午前九時教室出勤午後四時帰宅

四月一日　月　曇雨

午前九時教室に到り是より向島に到りボート、午後二時教室に帰る、四時帰宅

四月二日　火　晴

午前七時半出てて和泉橋明石屋に到り大沢、今田子と共に一年生を誘ひ潮干狩に出掛け午後五時半帰宅

四月三日　水　快晴

午前九時過出てて向島に到りボート、午後二時帰宅直に安田孫八郎君許到る　今日は以前同家に手習子として在りしもの七名程集りたり懐古談話に時移り十二時帰宅す

四月四日　木　曇雨　構内桜花始て開く
午後四時過帰宅、在宿　今朝出勤前長谷川家え不幸見舞に行く

四月五日　金　晴
大学教授諸子と共に観劇会を催す前十時新富座に到る丁子屋方に投す、忠臣蔵なり後七時半閉場、晩食九時過帰宅

四月六日　土　曇
午後十二時半教室を出てて長谷川家に到り令娘の葬儀に列す　谷中の一寺にて執行あり二時半終る是より向島え行きボート　時に今日は高等商業学校の競漕なり雨降り始む五時過帰宅

四月七日　日　天気不定、風強し
午前九時教室に到り午後二時出てて向島に到りボート六時帰宅

四月八日　月　晴
午十二時過教室を出てて向島に到りボート、四時半同処を去て一ッ橋外大学講義堂に到り Ueber Körperbeschaffenheit der Ainos を独乙語にて演舌す終て神田明神開花楼に到る長谷川亡娘の逮夜なり十時帰宅す

四月九日　火　少雨
午前向島に到り一回漕ぎ教室に帰る、午後三時帰宅

四月十日　水　曇
向島に於大学競漕会あり午前九時前出てて同処に到る二番五番十番（職員）競漕を漕ぐ五番にて勝利を得たり午後はおきみも来る、終て橋本子爵の別邸に立寄り是より赤松男爵より吾妻楼に於て饗応に預りおとし子を根岸え送り十時帰宅す

四月十一日　木　曇雨
前日の疲労にて終日在宿、晩食後浜田子を訪ふ

四月十二日　金　雨
今日より第三期始まる、顕微鏡演習を始む、午後三時より医学会出席終て集談会を開き七時過帰宅す

四月十三日　土　晴　桜花満開
午前十時過教室を去て向島に到り第一高等中学校ボート会競漕に臨む、職員競漕を漕ぐ利あらず、是より諸子と堤上を散歩し小松島遊園を見る橋場の渡しを越し帰途に就く　七時帰宅

四月十四日　日　晴

午前若杉豊二郎同喜三郎二子来訪、十時過おきみを携て外出　板橋より汽車に乗し新宿にて下る折好く小金井に向て臨時列車発するに付直に乗車十二時三十五分発車一時十分頃境村着是より玉川上水の堤上を歩行し三時前小金井橋に達す柏屋方に投し午食す混雑を極む、彼処此処を遊歩し帰途に就く七時十七分境発す　新宿にて下り是より人車にて九時帰宅す　食客山田黄村去る

四月十五日　月　曇

帰途浜田子許立寄り大学に関する件に付て談話し六時帰宅す　晩食後大沢子許行同件に付談話を遂げ是より宮本を訪ひ過般迎妻を祝ふ十二時前帰宅

四月十六日　火　曇小雨

午後三時教室を出てて伊勢錠五郎子榊子を訪ひ五時過帰宅　晩食後牛込小松、原両家を見舞ひ九時半帰宅

四月十七日　水　曇晴

午後二時より大学組織に付総会を開く各大学の教授会合す草案委員三名藤沢、白石、良精を選定し五時散す

四月十八日　木　小雨曇晴

午後三時過帰宅、六時委員三人工科大学に会し草案を議す　十時過同処を出てて本郷松としに到り遂に二時となり帰宅す

四月十九日　金　曇

午十二時帰宅藤沢白石二子来り前日の続きを議す六時前出てて築地寿美屋に到る　今日はベルツ君の弟子謝恩会なり　八時同処を辞して根岸林子を訪ひ草文に付相談する処ありて十一時帰宅す、十二時眠に就く

四月二十日　土　雨

午後一時より彼の件に付第二の集会あり六時帰宅す

四月二十一日　日　晴

新食客青木浅吉来る　午前十時過出てて向島福岡楼に到りボート有志者集りて宴会を催す　後六時帰宅直に九段遊就館に到る　石黒忠悳君招待に応してなり八時過所を出てて今村君許浜田弘田二子と立寄り鍔等を見る十一時帰宅

四月廿二日　月　曇

午後四時帰宅　六時半理科数学室に会合土曜日の続きを議す　是にて終る

四月廿三日　火　雨

午後四時帰宅在宿、横田鉄子帰郷、帰京したるを以て来訪、一泊す

四月廿四日　水　晴

午後一時帰宅、観桜会に付二時過共に出て浜離宮に到る　五時過同処を出て柳橋亀清に到る岡玄卿子洋行留送別会なり十時過帰宅

四月二十五日　木　曇

集談会医学会出席十時帰宅

四月二十六日　金　雨

午後十二時半教室を出て青山墓地に到り山川家葬儀に陪す　帰途牛込小松家え立寄る彰君未亡人熱海え転住に付暇乞なり六時帰宅

四月二十七日　土　晴

午後一時頃出て向島に到る端舟にて石川島迄行き五時佐藤別荘にて三宅子の会に出席す　医科全体に関しての相談あり十一時帰宅す

四月二十八日　日　雨

午前西尾篤子の娘孝来訪す此頃大阪より出京せしなり、次に浜田子、権兄来る、午食後原家相談の為め同家に到る五時辞し長岡社例会に出席す、是より高階経本子を訪ひ内室に面会し神田知二郎子死去に付香奠とし同窓より金二十六円の送り方を托す　種々買物し十時過帰宅す

四月二十九日　月　曇

午後二時過出て甲野棐子え厳父君不幸見舞に行く　是原家に百ヶ日法事に招かる、六時過帰宅

四月三十日　火　曇

午後四時過帰宅晩食直に出て宇野朗、佐々木、藤沢、青山諸子の宅を訪ふ　大学組織意見書出来に付捺印を乞ふ為めなり皆不在十時帰宅　今日総論解剖学試験を施行す

五月一日　水　晴

午後五時帰宅、晩食、直に出て渡辺廉吉子を訪ひ総理大臣まで意見書を出すことを托す、是より加藤照麿子訪ふ不在九時帰宅

五月二日　木　曇晴

午後五時帰宅在宿す

五月三日　金　快晴

午後四時帰宅、共に団子坂辺に遊歩す清大園に入り牡丹花を見、バラ一鉢求め帰る

五月四日　土　曇

早朝出て藤沢子許に青山子と集合し八時半松方大蔵大

臣官宅に到る　此度提出せし大学組織案に付て談話あり

午後一時教室に来る　午後二時今田子と共に出てて向島に到りボート、千住大橋まで到る六時過帰宅

五月五日　日　曇雨

終日在宿、午前佐野龍太郎子来訪卒業以来にて面会す、鈴木孝子次に来る共に午食して二子去る

五月六日　月　晴

午後二時教室を出てて内務省に到り警保局長に面会を求む、不在空しく三時帰宅す

五月七日　火　晴

午後五時帰宅在宿

五月八日　水　快晴

午後五時過帰宅在宿す

五月九日　木　晴

午後三時より医学会、終て常議員会あり十時帰宅

五月十日　金　雨

午後四時過帰宅、偕楽会に偕楽園に出席十一時帰宅

五月十一日　土　快晴

午食より向島に到りボート、千住まで行く

五月十二日　日　晴

午十二時山龍堂に到る樫村子在宿、青山子と玉撞く、宮本、中島、青山、いわしや等と共に内藤新宿牡丹より大久保つつじを見て上落合村宇田川某方に休息晩食、八時頃帰宅

五月十三日　月　晴

午後五時帰宅在宿

五月十四日　火　雨

午後四時過帰宅在宿

五月十五日　水　大雨

午後四時帰宅在宿

五月十六日　木　雨

午後四時過帰宅　晩食後牛込小松家を訪ふ十時帰宅

五月十七日　金　雨

午後二時より学長提出の意見書に付会議あり六時帰宅

五月十八日　土　晴

午後は向島に到る満水にて大学の端舟は出すことあたはさるを以て吾妻橋際の貸ボートにて千住まで行く

五月十九日　日　曇

午食より飯田町原家を訪ひ、麻布鈴木孝子許暇乞に行く同氏佐世保え在勤に付出立すと、順天堂に立寄り精一君

令閨の病気を見舞ひ三時帰宅　直に共に出てて歩行千住森家に到り晩食九時半帰宅

五月二十日　月　晴

午後二時教室を出てて弘田子と共に遊就館に到り諸銘器を見る五時半帰宅、藤井宣正大橋豊二子来訪、国元より界雄子より送りたる観音像一個持参す　晩食後鈴木孝子許暇乞に行く、帰途宮本子を訪ふ不在

五月二十一日　火　晴

今日鋭吉子入院す、五時帰宅

五月二十二日　水　半晴

午後五時帰宅

五月二十三日　木　雨

集談会、医学会出席九時半帰宅

五月二十四日　金

五月二十五日　土　晴

午食より教室を出てて向島に到りボート、是より亀島町偕楽園に到る　弘田浜田二子と共に今村君を饗応す終て新富町阿弥屋に到り刀剣類を見、十二時半帰宅、入浴、二時眠に就く

五月二十六日　日　晴

午前牛込小松家を訪ふ、午後は共に園芸品評会を一覧す次に花園町森林子を訪ふ不在

五月二十七日　月　晴

午後三時今田子と共に教室を出てて両国橋向の一氷水店に到る　同処に昨年測定せしアイノ女子二人居ることを聞込たればなり、帰途今田子の宅に立寄り次に榊へ寄り六時過帰宅

五月二十八日　火　曇雨

長岡社例会に出席す　今日北海道旅行処望の旨趣を評議会に提出す

五月二十九日　水　晴

北海道行は昨日評議会を経過す、午後五時前帰宅、在宿

五月三十日　木　晴

午後三時半北白川宮殿下独乙国留学温古会創立に付被、会するもの百名以上、帰途赤松男爵に暇乞に行く

五月三十一日　金　晴

午後四時半出て武野家え立寄り是より万代軒に到る　坪井正五郎子洋行を送る宴会なり、九時半帰宅

六月一日　土　曇

ボートは当分休止す、午後二時過帰宅、三時過出てて両国中村楼に到る鬼頭悌二郎子米国ニウヨーク府え赴任に付送別会なり、八時帰宅す

六月二日　日　雨

清心院忌日に付小松両男原両男を招き午食を饗す、終日在宿

六月三日　月　晴　蚊帳

朝出勤前に橋本綱常君を訪ひ原家の事に付談話することありし　午後四時帰宅、在宿す

六月四日　火　晴　単衣

午後四時半帰宅、晩食後共に出てて向両国氷店の「アイノ人」を見る　是より大橋中洲まて散歩し帰る

六月五日　水　晴

帰途鋭吉子を病院に見舞ひ、鬼頭悌二郎子許暇乞に行き帰宅す、藤井宣正子来る、晩食後鬼頭子米国え出発を新橋ステーションに送る帰途種々買物をなし十時帰宅

六月六日　木　晴

午後五時過帰宅在宿

六月七日　金　晴

午後五時帰宅在宿

六月八日　土　晴

午後五時帰宅、晩食後共に向島浅草を遊歩す

六月九日　日　雨

終日在宿

六月十日　月　晴

偕楽会に偕楽園に出席す、北海道旅行に付諸子に暇乞旁なり　大に愉快を覚ふ十一時半帰宅す

六月十一日　火　晴

講帰宅在宿

六月十二日　水　曇

帰途榊母堂病気見舞に立寄る

六月十三日　木　晴

医学会集談会出席　八時帰宅す

六月十四日　金　晴

午後四時前帰宅、今日顕微鏡演習を閉つ　四時半共に出てて堀切花菖蒲一見に出掛る、向島迄乗車、是より歩行、堀切にて晩食し千住住《ママ》森家に立寄り十一時帰宅す

六月十五日　土　晴

午後四時帰宅、晩食牛込小松家に到る皆留守、次に原家に到る、是より本郷赤門前山中伝三郎方に到る、今日広

島より椰野家族着に付てなり、九時過着す直おやす娘に面会す十一時半帰宅す　解剖学講義を閉つ

六月十六日　日　晴曇

午前千鳥、ひろ遊に来る、午後二時頃おきみと共に出て椰野旅宿に到る五時半帰宅

六月十七日　月　晴

午後一時帰宅、直に出てて日本水産会社に到り森下岩楠子面会を求む不得直に帰宅、晩おやす来る　北海道出張辞令下る

六月十八日　火　晴

午食し教室より再び水産会社に到り森下子に面会す一時過教室に帰る　午後五時過帰宅　椰野家族当家引移る

六月十九日　水　晴

午前おきみ教室え来る新聞云々、後四時過帰宅、晩権兄来る

六月二十日　木　晴

今日より解剖学試験を始む、午後五時過帰宅

六月二十一日　金　晴曇

帰途榊家え見舞に立寄り又飯島家え不幸悔に行き五時帰宅す

六月二十二日　土　曇

解剖学試験は終る、ストラスブルグ市シユワルベ先生え日本人皮膚送り出しの書状を出す、晩食後牛込小松家を訪ふ

六月二十三日　日　曇

今日また顕微鏡演習試験を始む、午後二時過帰宅　晩食後共に出てて浅草公園に到る空く帰る

六月二十四日　月　雨

晩権兄小野友次郎なる人を伴ひ来る同子は此度ブールス視察として欧米諸国を巡廻さるるに付彼の地模様を談話す

六月二十五日　火　雨

今日顕微鏡演習試験終る、午後四時帰宅在宿

六月二十六日　水　雨

午後二時教室を出てて原、小松両家え暇乞に行く四時帰宅在宿す

六月二十七日　木　曇雨

集談会終て医学会にも一寸出てて七時帰宅す

六月二十八日　金　曇

前九時過出勤、午後三時過帰宅、五時頃出てて松田楼に

長岡社例会に出席す、帰途種々の買物をなし十時帰宅
旅費金百九拾四円三十銭切符にて受取る

六月二十九日　土　曇

朝小松精一君暇乞として来る、九時過出勤、仕事室を片付け、支払切符を出し、明三十日出発の届書を学長、総長、文部大臣に出し、諸子に暇乞し午後一時頃帰宅、午食し手荷物を調ふ、小松操、千住老人篤子暇乞に来る、在佐世保鈴木孝子並に長岡長尾平蔵子に手紙を出す、晩食後に出てて浅草茅町松のすしに到る柳原を遊歩し十時過帰宅、入浴、十一時過眠を求む

六月三十日　日　曇晴

午前七時起く九時半過皆々及ひ棚野家族に暇乞し発す（おやす等明後二日に出立帰岡すと）書生大坪勇新橋迄見送る、斎藤勝寿子同所に見送る十時五十分汽車発す、十二時糸屋に達す大沢岳太郎子と合す、午後一時半郵船会社の小汽船を以て本船薩摩丸に達す、事務主任武田静彦氏面会す之は前以て根岸錬次郎子よりして通知ありしなり　正二時機関運転を始む、是より晴天となる　室は甲板上のものを取る、上等客は他に西洋婦人一人のみ、三時頃茶果《ママ》を出す六時半晩食、九時頃精神壮快ならず之れ家を思ひ前途を気遣ひてなり依て室に入る

七月一日　月　晴

朝七時半起く時に少しく霧降る暫時にして晴上る、大に冷気を覚ふ、八時頃朝食（早朝カヒー、パンを持来りたれども食せざりき）午後二時三十分荻の浜着港す、大沢子と共に上陸し、山上の神社に登る、村内を遊歩し大森屋（三階造り）に休息す五時本船に帰る　おきみえはがきを出す　九時頃室に入る

七月二日　火　快晴

午前七時半起く船既に進行す、今朝五時荻の浜出帆せり終日陸を左に見る、晩食の際（六時半）汽笛鳴る是れ霧の下りたる為めなり暫時にして晴るる、九時過室に入る

七月三日　水　曇霧

微明に到り屢々汽笛を鳴す、五時頃起く、暫時船の進行を止む端艇を下し方面を選定し六時頃再ひ進行す、為に大に遅延し七時漸く函館着、小汽船にて上陸㊊方に投す、おきみえ手紙を出す、九時出てて郵船会社に到る薩摩丸事務長武田氏既に来り居る同社副支配人益城速雄子に面会し根室便船の模様を問ふ　来る七日早朝ならではなし

云々、是より住野祐蔵子を訪ふ、帰途「ケット」一枚求め午後十二時旅舎に帰る、来る六日迄空に船待するも不本意なれば山越内辺迄行くことに決し馬車（森まて仕立金三円八拾銭）を命し二時発す、七飯に牧牛場あり、峠下村にて一時間程休憩す是より茅部峠となる下て蓴菜《じゅんさい》沼あり小島数個中にありて景色佳良晩七時四十分森着す分印阿部方に投す、当村以前は土人数家ありたれども現今は只五六個のみ其他和人と結婚したるもの数人あり但し男和女アイノなり、此地の土人は大概雑種なりと且つ風俗は皆日本化せり家屋衣服器具等、男子は散髪、女子は日本風に結髪す、入墨なさず只老婆に二名計あるのみ森村は夷名「おにうし」と云ふ森の意なるよし　晩食を終へ九時前出てて病院医員村岡柊子を訪ふ十時半帰宿

七月四日　　木　曇霧少雨

山越内行と決し馬を命し午前七時半発す、神保小虎子同宿し居り不計面会し同行す、鷲ノ木、蝦谷《えびや》、石黒、茂無部《もなしべ》（土人家五戸計）落部（同十戸計）野田老（同三戸計）午十二時山越内着㊍印竹内幸輔方に投す、此処にて神保子に別る、午食し病院医員長谷川重威子許村岡よりの添書を持参し面会す、是より同道し旅宿に帰り家主と土人骨格に付談す価値あるものなし　当村往昔は土人住居したれども四十年程前に遊楽府に移れたりと今は一人も不居、三十年程前迄は関所ありたり　遊楽府には今三十二戸ありて土人風を存すれども前に挙たる所のものは大概日本化せり　此辺の土人の話にアイノは始め日本貴婦人と犬との間に出来たるものにて夫れ故に男は犬に似て女は日本人に近しと　アイノ男一名測定す　入浴、八時頃眠に就く

七月五日　　金　曇　冷 m.16℃

前六時起く、七時半発す、落部迄長谷川子同行す、十二時前森着　午食し病院村岡子を一寸訪ふ、アイノ女子一名測定す　村岡子来訪、同道にて土人墓所を一見す、是より旅人宿千歳千代作方に到り明朝同道アイノ古墳探索を約し帰る

七月六日　　土　曇晴

朝五時半起き前日の約の如く千歳千代作方に到り同氏及村岡子同道森より二十四五丁海岸に添て一所に到る此処以前土人小屋二三軒ありしと此処にて土人旧墓を探す、空しく帰る、朝食、千歳村岡二子種々週《ママ》旋し慥かなるもの二三ヶ所あれども時日なきを以て村岡子に懇々依頼し

帰宿　午食し午後一時過函館に向け発す　馬車乗合一人に付金七十銭なり日没頃函館帰着、晩食入浴十時前陸奥丸に乗込む、室は昨年と丁度同しきものなり嗚呼偶然なるかな而て感情に於ては如何なる違ひぞやなどと思ひつつ眠を求む、終夜隣室さはがしく安眠を得す　お喜美え手紙出す

七月七日　　日　快晴

朝霧の為に一時三十分遅れて出帆す即五時半頃なり七時頃起く　日没頃えりも岬灯台を見る既に点火あり間絶火光を発す、甚た冷寒八時頃室に入る

七月八日　　月　快晴　寒冷

昨夜来腸を少しく損し今朝水瀉す、朝食を喫せす、午食は命して粥《かゆ》及玉子を食す　同船者三井物産会社員国後硫黄坑場長倉林延豊子の談に本年四月一日頃（氷解の時節）より坑夫に水腫病発し四月二十五六日頃まて益々増進せり　百五十人計の人夫稍悉く罹れり内重症（役に付き得さるもの）五十人計死亡十人計ありたり、女子子供も罹けり　酒を多く飲むもの余計に罹けり、病者は米飯を好む、食魚は鮭鰈鱒、おひよう（平目の如くにして大なり）等なり野菜沢山あり、過冬の寒気は例年に比し最も甚だしくありたり、四年此方坑業を開たれども今年始て同病を発せり云々　午後四時頃根室着、山ウロコ橋本方に投ず、直に郵船会社に到る、支店長津田真一郎子来訪、シコタン島便船明朝午前四時出帆すと　お喜美え手紙出す、晩食はかゆを命す、下痢尚ほ止ます、専阿片丸を服す甚だ不快困却す押して十時頃矯龍丸に乗組む、直に眠に就く

七月九日　　火　快晴

午前四時矯龍丸船長肥後猪之丞根室出帆す、海波極て安静にて鏡面の如し（根室より色丹迄距離六十マイル、船賃上等六円二十五銭、下等二円五十銭）左に国後島、エトロフ島を見、遥か遠く北見国芽梨郡を望む右に数多の小島あり、正前色丹島に向け進行し午後一時斜古丹小湾に入り船を止む、同村戸長役場より艀舟を出し之にて上陸、役場に投す　戸長鈴木七郎、書記渡辺祐吉、医員瀬川雅夫（外に和人は瀬川氏令妻及ひ小使一名あるのみ）の諸子に面会す　明治十七年七月当島に移せり其際人口九十七人、戸数二十戸、内七戸は土人古来の風、十三戸は日本茅屋に造れり現今は十五戸（日本風十戸、土人風五戸）に減したり

亨保年間（六七十年前）にヱトロフ島に於て秋田の護衛兵（同島其外仙台、南部もありし由）とロシヤ鯨猟船と戦し事あり其際当土人中に其祖父の右船中乗組居たりと土人の言伝ひにはウルツプ辺より追々ロシヤ領に近く進しと云ふ　言語は八分通りはアイノ語と同一なり、彼等相互には固有の言語を用ゆ、ロシヤ語も少しく話す

戸長鈴木氏は十八年に就任す同年一月より四月頃までに土人十名余も死亡せり為に旧住に帰り度き念を起せり折しも外国密猟船に浦河辺の土人一名乗組居たれば之に説教をなさしめしことあり即ち彼等は「アイノ」にしてカモイを敬ひ日本人に従服することを説しめたり、其際彼等内に「いなぼ」を一木かくし持居れり（之は「ロシヤ」より以前焼捨しめたり）此演舌六七分通りは解したりと云ふ

午後二時半頃戸長等同道土人村落（役場より四五丁）に到る酋長ヤノコツプ宅（全く日本風板屋にして新築のもの）に於て五名測定す　是より小屋一々縦覧す、其構造皆同一と云ふにはあらず、但し多くは後に土室を設く、之れ彼等固有の住居なり、前の茅屋と相半するあり或は大或小なるあり、風習至て不潔なり但し役員常に注意して清潔ならしむることを務むと云ふ　一小児（四ヶ月）の臀部を験せしに奇ピグメンとフレッツリ少しくありたり

瀬川氏談話、寒冒、気管枝加答児、肺患（結核、咯血す）最も多し、春秋気候変換の節に然り、ローマチス之に次ぐ、女子にヘスケリーあり、腸胃病は食物不注意に由て来る、伝染病はなし（チフス、赤痢、間歇熱、脚気、チフテリア等）　本年二月当村より七里計の処に和人八名ちか（鰊の小なる如きもの）魚の猟に来り内四名脚気に罹り三名死亡せりと　島の週囲《ママ》三十五六里、降雪は五六寸より丈余但し風の模様、地形に依る、湾は全く氷結し、上を渡ることを得、十二月半より翌年五月初旬迄交通断る

七月十日　水　快晴

午前六時起く、朝食を終へ村落に出掛け土人十五名測定す、昨日のものと合せて二十人（男七人女十三人）なり、午後一時頃終て帰宿午食し、又出て村に到る酋長ヤーコツプに就て質問す、日本語十分ならざるが故に多くはロシヤ語を用ゆ鈴木子通弁す　「コロボツクル」の談は知らす但し「コル」は「ふき」と云ふ「ボ」及「クル」の綴は知らず　「トイチセクル」の語も知らず但し「トイチ」

は土屋にして彼等の住居するものを云ふ茅屋は「イヌンチエ」と云ふ　当島にある縦穴は占守、ポロモシル島に沢山ありて昔「アイノ」の住し穴なりと又当島この穴より出る土器片もあり又石斧石ちようなもあり之は父より言ひ伝ひに昔アイノの用ひしものなりと今は鉄鍋、鉄ちようなあれば用へず且つ如何して造るか知らず、自分或時土屋を造る為め縦穴(アイノの穴と云ふことを知つつ)掘りしに石ちような一個出てたり、石ちようなの用法は曲りたる木柄に「トラル」(トドの皮を乾したるもの)を以て縛り付けて用ゆと云ひ一個の鉄ちようなを出し此の如しと示せり　斧《まさかり》　夷語「ムカリ」　土鍋は「トイ(土)ーシユ（なべ)」　鉄鍋は語なし　「ヤーワニ」日本と云には非れども「ウルプ、ヱトロフ」の方を云ふ　「シユプ(北東)ーカワニ」北の方、「ヤー及ワニ」綴りの意味知らず「ヤーコツプ」の数代前は「ウルツプ」島に住居せりと、其時代にはヱトロフ、国後え交易に来り鍋、衣類、刀等を得たりと　「ヤーコツプ」の父は「ヒーリツプ」父は「ステパン」父「イワン」父「ヒオドル」其先は知らす　此ロシヤ名の外に各夷名あり、「ヤーコツプ」は「コンガーマークル」と称す　名はロシヤ宣教師の付たるものなり、之を以て見れば随分古きことなり、「ヤーコツプ」の言には「イワン」の時代に宣教師来れりと父より言ひ伝ひたれども「ヒオドル」代にも来りしならんと案ずる云々（鈴木の曰く百年以上なりと）　教師は「ロマン」、「ヒオドル」、「アレキセー」等なり　干察加人(夷称カムチダーレ)は「ヤーコツプ」見しことあり、「アイノ」とは違ふ、髪は男女共当土人に同し髯は鼻下にのみあり、或はなし（剃りたるか)、女子は風呂敷を被り居たり、言語は不通、但しロシヤ語は解す　当土人は昔女子口の周囲及ひ手に入墨をしたり、ロシヤ宣教師説て血を出し墨を入るるは害ありにして之を禁したり之は左程古きことにはあらず、ヤーコツプ老婆には入墨したるものを見しことあり（七十年程前か）　うるし塗器物は不知、酒入器「カモカモ」知ず、酒の語知ず、酒は「トウート」と云ふ　土人「イライタ」の土屋の図を採り、器物数個を求め

六時過帰宿、入浴、瀬川子の招に応し同氏の室にて晩食談話　道庁より補助金本年度千百円、当村共有金百十五円（駅逓局預け）給米（勿論補助金の内）は当才より二才まて一日一合五勺、三才より九才まで二合、十才以上

三合、冬期は一合つつ増す、又不足すれば何時にても遣る　給服は年に数度、織物或は巡査の古服等　食料は其他牛豚、獣（狐、とど、あざらし）鳥（鴨、白鳥、鷲）魚、馬鈴薯、大根、海苔貝類等なり、調理法は以上のものに脂肪を加へ雑飯の如く煮る、食事には一定の度あるにあらす、各人の食量も亦た一定せず朝には昼食の計をなさす今日にして明日の計をなさす食あれば喰ひ飽ことしらす之無きときは二日三日も絶食して之に堪ひ得る等本道島土人に異ならず　衣服は日本物の外鴨の羽毛を以て製す、形は西洋風なり（男女共）、夜具は日本布団、ケツト等なれども冬期は殊に不充分なり、靴は水豹（とど）の皮を以て造る

移住の年及其翌年に掛け壊血病に罹りし者二十名計之れ蔬菜に乏しかりし故なり、十八年に尚ほ隆なりしと、今は一切なし　湾口北に向ひ村湾の南岸にあり冬期北風を受ること強かるべし　日本風の茅屋にて皆後に土室を設く亦た土人固有土寓にも前に少狭の小屋掛をなしあり、土室は地平にあるもあり、一尺余低きもあり但し地質湿きを以て深く掘らしめざるなり、固有のものは三四五尺位も深し、別に浴室を設け置くあり或は寝室と□□なるもあり但し蒸気浴にしてロシヤ人より学ひたるものなりと、蒸気は焼石に水をそそぎて造る　土人は常に津唾を喀出するの癖あり男女共に処を選ばす之を喀す　男女共煙草を嗜好す亦た酒も好むこと本島土人に同し

祝祭は戸長より日本風になさしむ、キリスト宗旨の祭は彼等自由に行ふ其日は板に小孔を穿ち之に釘を差し置て勘定す（彼等の暦なり）土曜日晩には邑長の宅に集りて邑長教文を読み衆拝礼す　日曜日は業を休む　彼等個有の祭（熊祭等）はなし　迷信はあり、物のたたりと云ふことあり、彼等の中に「ミコ」あり、或日「ヤーコップ」青面して戸長役場に来り「毎夜形なくしてアイノ来れと呼ぶ夢あり云々」と訟《ママ》ひしことあり而て之は蛙の鳴音なりしと、又一日大木の根湾内に流入りて根の方上に向き居たり之れ甚た不吉にしてアイノ皆死絶るなり云々と訟ひしことありしと　小舟を漕ぐことは彼等妙術なり但し水泳は知らずと　夫婦の中大抵は妻の方年齢多しと、中には十五二十位も多きものありと　鴨の捕獲は毎年四千羽余なりと　鈴木氏カラフト島クシンコタンに至りての談に土人皆冬は穴居す、山腹に設く由て天上前及脇の一部は小屋掛けなり、夏小屋と別なり中には遠く離れたる

もあり、対岸土人はカラフト四十八度以南のものを集めたるものなり

七月十一日　木　雨霧

前六時起く、役場近傍より掘出たる土器片（貝塚土器なり）及ひ鴨島より土人のひろい来りたる石の矢の根一個を見る　十時頃出てて村に到り少年二名に案内せしめ縦穴二個を見る之れ円形にして直径三間余深さ四尺余あり周囲に少く土手あり、入口の如きは明ならす、釧路辺のものと同一なり外に四角の穴二個ありたれども之は新しきものと思へる　其外にも縦穴六個計ありと、午後一時頃帰宿す　午後三時頃より土人引網をなす小舟に乗て之を見物す　九時頃暇乞して嬌龍丸に乗込む瀬川、渡辺及び土人数名本船まで見送る直に眠り就く

七月十二日　金　雨晴

今朝四時出帆す、朝食は喫せず、十一時半起く時に天気晴となり居る午食す、午後一時半根室帰着、山うろこ方に宿す　二時過出てて郡役所に到る既に退出後なり、病院に到る医員飛田一修及ひ？　二子に面会国後北見の模様を諮ぬ四時過帰宿す　晩郡長細川碧子来訪　断髪（十五銭）入浴（湯屋にして二銭五り）十一時頃眠に就く

七月十三日　土　霧雨

午前五時半起く、お喜美え手紙を出す、九時半嬌龍丸乗組む、十時国後島え向け出帆す、船賃上等往復金六円七十五銭なり（片道三円七十五銭）、午後一時国後泊村着船す、時に霧深くして四方弁せず且艀来らす由て二時過ボートを下し漕出す漸くにして陸地を見、尋て泊村に着す時に午後三時過なりき、越後屋田中信次方に投ず、医師山田英明子に面会す、骨格採収の件を談す、次に戸長塙浩気子来訪、村医福岡正朝子は遠方え行て不在

当島土人は余程進歩したり、幕府時代に蝦夷地召上の後は仙台藩て衛戌せり、土人中片仮名位読み得ざるものなし、老婆五六名に入墨（口及手、眉間なし）せるものあり他は皆なし日本風の髪を結ふ、男は日本風散髪なり、以前は強て野郎頭に結はせたりと、家屋も日本風にして縁を張り障子を立つ夜具布団を用ゆ、本島土人を根室県の時総て東沸《とうぶつ》（泊より五里）に集めたりと、土人は強剛を以て名あり　根室、別海、厚岸辺まて制し居たり、百年程前に（松前藩時分）一揆を起し藩の代官以下悉く殺せり只一人逃れて急を報し、藩より兵を向けて土人二百

人も一度に斬りたりと以後土人の数大に減したりと、土人夫婦の中妻を夫承諾の上（物品を与へ）津軽辺よりの出稼人に貸す風大に行はれたり旁純粋のは実に少なし大抵は混合種なりと　三井物産会社の硫黄坑場は「イチビシナイ」（泊より四里）にあり　当島物産鮭、鱒、鰊、昆布　泊人家三十余戸

七月十四日　　日　晴

午前六時起く、七時約束の如く戸長塙子山田子同道村後の山にアイノ旧墓を捜索し之を掘る午後も同断、頭骨々格合せて十三個計得たり、時代は余程古きものと思はる骨多は朽ち居る（何れも二三十年以上前）五時頃帰りて荷造りす石油箱六個となす（二個つつ一行李とす）国後島にも縦穴沢山ありと、三個計は自ら一見せり形円或四角にして直径三四間、深さ四五尺あり、土器、石鏃、石斧ありと云ふ、畑中に貝殻夥ありたれども之れ貝塚なるや慥ならず

七月十五日　　月　晴

此辺土人「こびと」と云ふ人種のアイノ前に居りしことを云ふ　土人患者（水腫病原フアヴス）を見、午前十時前矯龍丸北見より入港するを以て直に乗込む午十二時前出帆す、午後三時前根室帰着す　病院に到り院長松岡勇記副院長飛田一修二子に面会　縦穴は根室より半道計西別の方に沢山あり、松岡子数個掘りたりと土器片のみにて他出たるものなし　水腫病七月八月頃盛なり根室市中には稀なり諸方より患者来る、魚はアブラッコ（アイナメの如し）、カレイ、ヒラメ、ニシン、チカ、コマイ、タラ、シヤケ、マス等斜里硫黄山に十八年に盛に発病せり飛田子行きて実地取調たり其報告書を見たり、十九年二十年はなし、二十一年休坑、本年は又た業を執ると、病況如何　土人産婦は縄を下げ之に寄る、中腰、赤児を水を口に含み温めて洗ふ「トブシ」は多く、とど松に生する大なる茸なり、土人薬に用ゆ　七時過帰宿晩食、出てて市中を遊歩す、今明日は昆比羅社祭礼なりと晩松岡飛田二子来訪、十一時過眠に就く

七月十六日　　火　曇少雨

おきみえ手紙を出す　前六時起く、荷物国後のもの三個、根室のもの一個東京え向け出す　和田細川二子来る、和田子昨年の談の通り西別水源土人（シユワン、チライワタラ）は同氏明治十三年に行たるとき穴居し居れり地平に穴を掘り之に「ササ」を以て屋根を造る但し此上に土

は置かず云々　午十二時根室発す、ホニオヒ、ホロモシリ（此二ヶ所土人住居等総て日本風に化せり）、「オニネトウ」に渡したり、トウブトにて馬を継ぐ直に渡しあり、ハシリコタンを経て午後五時半別海着、渡辺多七郎方に投宿す、当村戸数七、八十戸西別川にあり（北海道第一の鮭川なり）川向に字西別あり、晩食後出てて戸長中川理七郎、村医前野昌輔二子に面会す　当村土人戸数十三戸、大抵は雑なりと、女子の入墨せるもの十一名計　中川氏曰くヱトロフ島ナイボ辺に縦穴沢山あり、円形、土人こびとの穴と云ふ　チヤシコツには土人戸数三十戸計、之にも純粋のもの少なし　中川氏本年雪中西別川水源迄行きたり、シユワン（ヒユワンの方直し）は虹《にじ》別村内なり之れ四戸、虹別に三戸あり別海よりは二十八里ありと且道路なし穴居のことはなし　十時半帰宿眠に就く

七月十七日　水　晴曇　稍暖

前五時半起く、中川、前野二子来る、是より土人家に到り三名測定す骨盤も三名なり　こびとを「オカカンゲカモイ」と云ふ、コロボツクル等の名称不知、此地及び「トコタン」辺に在る縦穴は其住居なり、土器等も然り、其大さ三尺位、アイノ小屋に来り手のみを入れて火を乞ひ或は物を呉れる、或時手を取て引き入れたり、手口に奇艶なる入墨なせり、アイノ女子之を似ねたり云々

「シユトラ」一本求む、之は武器にあらず、チヤランケ（談判）にて勝負付かざれば「ウサシベアイ」をなす為めなり即ち互に打つことなり　十一時帰宿午食、患者数名を診察す（土人患者も）午後一時出発す　前野子春《しゆん》別迄送る、トコタンまで三里、春別まで四里、此処にて馬を継ぐ、午後七時　標津着、森かよ方投宿、晩食、入浴但し湯屋なり（二銭五り）当村人家百戸計

七月十八日　木　晴曇

前六時起く、標津病院長大熊三之子来訪、水腫病四月頃起る云々　是より役場に到る、戸長不在、兼生某に面会す、当役場管内にては土人家

標津　二十戸　茶志骨　十八戸　伊茶仁　五戸
忠類　八戸　クレネベツ　七戸　崎無異　二戸
植別　六戸

但し土人大抵雑種にして且つ日本化せり純粋のものは当村には二三名茶志骨には四五名もあるのみ、男子は髪等多大抵日本風、女子は二十年以下のものには入墨なし且日本風なり其以上のものには入墨を見る髪は或はアイノ

風或は日本風なり　西別水源「シユワン」字村に土人四五戸、標津より十二里半（土人組頭鬼蔵オニチヤラ虹別村迄は十三里なり之には十戸計あり　土人に案内せしめケイ助方に到る、家屋等は内地の百姓に勝る、測定するを得ず　帰宿午食し右土人の案内にて茶志骨に到る、旧組頭伊三郎の宅に入りて男二名を測定す　こびとの談は西別海に同し夷名は石知、穴は茶志骨山に沢山あり真似気違は以前ありたり今は死してなし　伊三郎根室に於て色丹人の談話を聞たれども解せざりしと（但し対坐して話たるにはあらず）、又千歳土人の談に「カラフト」土人の談訳らざりしと　五時過帰宿、晩食後病院大熊子を訪ふ骨格採掘中なり十時頃帰宿眠に就く、同子吉報を持来る

七月十九日　　金　曇晴

午前六時起く、大熊子に土人骨格送り方を依托し七時出発す　伊茶仁村より斜里新道に入る、樺、とど松、えぞ松、柏等深林なり　山道にして中度の上下あり、午十二時過「ルベス」着、之に馬継立場一戸ありて標津斜里の中央にあり、午食す、後一時過発す、一里程行きて根室北見国境あり、「ルベス」にて藤野（〻）店員浜島恒雄なる人に逢ふ、同店に宿すべし云々　午後六時斜里着、〻店に宿す、入浴（但し錬釜の風呂なり）

七月二十日　　土　晴霧

前六時起く、戸長役場に到り戸長永田高致子に面会す当村土人四十余戸、八分通りは混合種なり　外に当斜里郡には「シユマトカリ」村（二戸及ひ同村字「ウナベツ」に六七戸）及止別（三戸計）の二ヶ村のみ、オニネベツ村、アオシマイ村（六七年此方）土人家なし、床丹もなし　和人家は十戸計のみ、旅宿等は至て小悪にし宿すべきものなし　寛政年間に村上伝兵衛なるもの斜里郡に漁場を開きたるを以て土人の和人に使役せらるる嚆矢とす文化年度に至り藤野喜兵衛請負者となり　安政年度に松前藩の所轄となり又会津藩の支配所となれり　当村土人の職業は漁業雇人、船大工、大工、木挽、鍛冶、亦た老幼は榀《しな》皮を以て漁網を製す、女子は「アッシ」を織る、其他無職業なり　帰宿、巡査菊地栄次郎子来る、同道藪中に入り髑髏一個拾うたり、帰宿、午食、土人骨盤を七人に付測定す　北見国にては斜里村水野清二郎網走の宮本伊太郎二人土人中の財産家なり漁場を有す和人を使役す、但し両人とも混合種なり　宮本の方大にして人物良

なり水清の方は瞞着風なりと　晩食後八時頃藤野店員山田某の案内にて人足三人を連れ村後の山中に入り旧墓を発掘す三個を得たり内一個は全備、十時半帰宿
墓は頭（南東？　或稍）南、上に木を横に渡す、甚到て浅し

七月二十一日　日　晴曇

朝七時半起く、午前出ててアイノ小屋三ヶ処に入りイリバシ、シユトウ等数品求む、帰宿前日の荷造りをなす二箱とす　午後一時斜里村出発す　三時過止別（斜里より三里半）着、和人一戸土人二戸、休息（一泊の心組なりしも其に及ばざるを以て）馬を継ぎ発す　六時半トウブツ村着（止別より三里半）、塚本たい助方投す（和人家此一戸のみ但し家婦は土人なり）、網走公立病院医員渡辺貞次郎子出迎ふ

トウブツ　土人家五戸　ナヨロ　五戸
モコト　二戸　イサニ　なし
ニクリバケ　四戸

晩食、直に眠に就く、袋蚊帳なるものに始て臥す　止別に手提げかばんを忘れたり

七月二十二日　月　半晴

朝六時起く、村内に貝殻夥しくあり、貝はほつき、ほたて、しじみ、あおかんべい（夷名）等なり、獣骨を多く混す他のものは更になし、海中に貝は多し（但し時期ありと）しじみは沼にあり、土人之を採りて多く食す　九時頃カバン到る之より測定を始む、午前八名男、午後五名女、不具者多きには驚くべし十三人中五六人あり　午食後土人小屋に到り、縦穴は沢山あり「こびと」をトイ（土）一チセ（家）一クルクと云ふ「チセクルク」は家主と云ふ義なりと、「こびと」の語は同一なり、穴を掘れば土器出ると、穴は総て魚類ある所にありと　「イムバッコ」は現今此地にはなし、他には多くありと　午後四時過トウブツ出発、途中にて渡辺貞次郎子出迎ひたるに逢ふ、氶の番屋に休息す、土人水野清二郎に面会す網走手前に断岩あり、樹木茂り景色佳良なり、午後七時網走着、石山松太郎方投宿す　即役所橋本喜之助子に面会す　入浴、晩食、お喜美え手紙を出す　十一時眠に就く

七月二十三日　火　雨

朝郡長心得三沢秀二子来訪、次に渡辺子来る亦た土人総代宮本伊太郎に面会す、是より郡役所に到り土人五名測

定す　午刻帰宿午食し再び行きて四名測定す四時半帰宿こびと穴は此地沢山あり、土器石器出る土壺一個を見る亦た石斧一個渡辺子より得る　北見にて見たる土人女子の入墨は皆形状一定なり　渡辺子を二回訪ふ不在　晩食後川向なる盛田辰蔵子を訪ふ壺、石斧、石鏃を見る、帰宿すれば渡辺子在り　此辺イムバツコあり、ノトロに著明なる者一人ありと、土人は総て蛇をきらうこと甚だし殊に老婆に然り、蛇に依て発作起る　土人の食する草木は「アンラコル」（浜百合）「パララ」（百合）「キキン」（木の実、地名に「ポンキキン」などあり）「ヒリツプ」（キンシバイの如き木なり）、草イチゴ、柏の実、ヤチダモに生する茸（形状似たるもの「イタヤモミヂ」に生す、之は毒なり夷名「イタヤカロン」（カロンは茸）と云ふ）イタヤモミヂを切込み置けば水液流出す、之を採り飲めば味甘し「シナ」は菩提樹なり、折骨木に「キクラゲ」生ず

七月二十四日　水　曇

朝山網走行と決し郡役所、病院に行て此旨を通す、早昼を食し十一時発す、郡役所員橋本喜之助子誘導す、勇仁《いさに》村（人家なし）より径《こみち》に入る深林茂草限りなきが如し、第一回落馬す、道は徐々に上下し険阻なるにあらず、稍五里計行たると覚しき頃新道に出る巾二間なりと、午後六時美幌村着、直に戸長役場に到りて馬を下る、戸長野崎政長子に面会、役場に止宿と決す　当役場の配下は美幌《びぼろ》、杵端辺《きねたんべ》、活汲《かつくみ》、達媚《たつこぶ》、飜木禽《ぽんききん》、の五ヶ村とす但し追々美幌村に集合せしむと、土人家総て二十四戸、人口百人計、おてな菊地儀兵衛（夷名ウエントク）今は辞て常呂村に住す、其息儀助夷名トクシアイヌ総代なり「シケンベキナ」菜の如きものにして土人食用にす　薬指を土人「イタンキ（椀）―ケンベ（なめる）」と云を是れ此指を以て食後椀を拭ひなめる故なり　橋本子難産婦を見たり上より縄を下げ之に寄る、位置はしやがみ居たり土人占者の云ふに此メノコ熊児に唾をはき掛けたることあり其ばちなりと依て村の「おてな」神に祈るべきなれとも合悪不在故に橋本子智意を与へたりと　亦た戸長野崎子の妻分娩の際土人女子二名雇たり、熊の皮をかくしたり（之産に悪ければなりと）、赤児を両人にて全身をなめたりと

七月二十五日　木　曇

午前土人十三名午後四名骨盤測定をなす但し戸長の尽力

に依り各村より集りたることなり　土人北野正太郎（ポンキキン村の老人）の談話、此人奇なるかな髯なし、「こひと」を「トイチセコツコロカモイ」或は「トンチンカモイ」（此辞義不詳）と云ふ、話は同一なり「フーレシヤモ」の国を侵して今之に居るとか「こひと」の瓶は知る、但し此辺より土器石器の出ることは知ずと雖も穴は沢山あり　医者の語は本来土人になしと雖も「クシユリ」—カツ或コツ（呉れる）—トノ」と云ふ　色丹土人の「イカアライクル」に似たる語「イシカ（ぬすむ）—ライクル」にて盗賊のことなり　とくしアイヌの小屋を訪ひ、「イムバツコ」の小屋に到る不居、村内に在る縦穴五個を見る、網走川迄行て帰り入浴、晩食す　夜十時頃諸子と共に「イムバツコ」の許に行て病状を実験す、真似及反対両ながら現る、十二時帰りて眠に就く

七月二十六日　金　少雨曇

午前七時起く、土人三名骨盤測定をなす、熊頭骨二個を求む　午前十時半美幌村出発時に降雨止む併し草に露多して湿るる　午後六時頃網走帰着　直に病院に到り骨採集の手順を談し帰宿晩食又病院え行く大沢子は道路に当る旧墓発掘に着手す、郡長三沢子病院に来り暫時談話、次に渡辺子と同道にて盛田氏を訪ひ明日の手順を相談し十一時頃帰宿す

七月二十七日　土　晴

午前六時半起く、八時約束の如く盛田氏方え行き同氏の案内にて旧墳墓二個を発掘す、亦た同氏より土器石器数個を得る、亦た自ら土器片数個をひろひ帰宿し早昼を食し亦た人夫一名を案内として町南の山中にて三個を掘る大沢子某の畑地にて二個を掘る、病院にて荷造りをなす、晩食後盛田氏許行て謝儀をなす、之より尚ほ二個を掘る総て十《ママ》個を得たり、斜里の荷物と共に運送を週《ママ》旋屋に命す、十一時過帰宿、入浴す

七月二十八日　日　晴

午前七時起く、標津学校川上氏え此頃の手紙の礼として端書を出す　病院、郡長え暇乞に行き八時過網走出発す、ノトロ村（三里）迄渡辺子見送り呉れたり、ノトロ村土人片岡安五郎方に休息す　矢毒及器具数個を求む、安五郎の妻は「イム」の甚たしきものなり、土人戸数二個、網走ノトロ間にノトロ山道あり道はよし、当村より直にノトロ湖の渡あり此処にて渡辺子に別る　安五郎の話に「ぶし」は秋烏頭根を取り炉上にて乾し、熱炭灰にて蒸

し少し軟かになりたるを水少しく加へて打壊く、之を団子の如にして貯ふると　土人湖中の貝を採りて食す、「かき」多くあり　午後二時過渡しを進みて常呂村着（網走より六里）、下川寅吉方に宿す甚た粗末なる旅人宿なり、午食し、戸長松田三次郎氏を訪ふ

トコロ村　十八戸人口百人余（内十二人は慥に雑種）和人家二五戸のみ「フトチヤナイ」二戸（「トコロ」より六里）

テシオマナイ（九里）四戸、字「アシリ（新）一コタン」（本村より十二三丁）（或は「ポンベツ」）三戸　ノツケウシ村（十二里）二戸

土人男女二名つつ骨盤測定をなす、帰宿、入浴（戸外なり）十時過眠に就く、夜大降雨、雨甚しく降る　「ノツケシ」に「イムバツコ」の著しきものありと

七月二十九日　月　曇晴雨

前七時起く、天気模様宜からされども「テシオマナイ」行と決し、丸木舟に乗込む、舟往返金壱円八拾銭、八時頃漕出す、追々天気晴るる　両岸深林、漸々流れ強し、流木多して落に往々危険なるが如し　午刻川の西岸に舟を止め午食す、土人より焼きたる鱒を求め食す亦た生鱒一本求む、午後六時アシリコタン着、時に雨降る、土人田中八郎方に宿す　当字村は川の東岸に在りて戸数僅に三戸、八郎の小屋は四間に三間半にして大なり、入口に副小屋ありて東に向ふ（他の小屋も皆東向なりと）、晩食に右の鱒を味噌煮にして食す、家主に焼酎二徳利を送る大に悦ぶ舟奴と共に之を片向け上気嫌《ママ》となるシノツチヤ（酒席の歌）をうたう、但之は一定の文句なし、各随意に席上主賓に就て歌ふと、之を作り得ざるものは只調子を合するのみ。トコロ川に沢山ある「からす貝」に似たる貝を土人食用にす

七月三十日　火　雨晴

朝家主を一名測定す女子は応せず、イタバシ一本求む、他の神に供ひたるものは決して之を譲ることをなさず、十時アシリコタン発す、雨降る船奴マレツプを以て鱒を採る、午刻より晴るる、午後一時頃前日の場所にて午食す、鱒の味噌煮を喰ふ、六時トコロ村帰着　船奴よりアイノ器具を求む　晩宿主下川に計りて土人古墳墓三個を発掘す、直様荷造をなし十時過眠に就く　トコロは土人気悪しき処なりと、和人家は下川一戸のみ（戸長の妻はアイノなり其他二名計アイノを妻とし居るものあり）

七月三十一日　水　晴

前六時半起く、八時半出発す　鐺沸《とうぶつ》村継立所にて休息す、土人小屋六戸計（渡し向に二軒あり）和人家は駅伝のみ（旅人宿を兼ぬ）、飲料水の用意をなし発す　直にサルマ湖口の渡を越す、是よりサルマ湖畔を行く、炎熱稍甚だし、半途ワツカと字する所に小屋あり（之は旅人休息の為に設けたるものにして人は居らず）此処にて握り飯を食す　午後四時湧別村着、旅人宿は粗悪且つ満員なれば圣番屋に頼みて宿す、当村総代和田麟吉、永沢久助両氏を訪ふ　湧別村土人本村六戸、字ヌツポコマナイ（本村より一里余川上）及びマクシベツ十二戸　人口甚たしく減す、病者多し、女子に子供少なし　三十年以下のもの七分通り雑種　四五十年前迄は川上十里余イタラ辺迄土人小屋ありたり今尚ほ其跡あり　和人家は湧別には五戸のみ　晩は四五日来慢りたる日記を録し十時半眠に就く

色丹島人の辞二三を挙ること左の如し

コル　フキ（草）
カモイ　神
ジヨカイ　我
マキリ　小刀
マチ　妻
メノコ　女
アベ　火
ムーカリ　斧
トウ　沼
ヤニ　汝
イカアライクル　医者
セカチ　若者（男）
オツカイ　男
ニシパ　旦那
ワツカ　水
トイチ　土家
イヌンチェ　茅屋
トイシユ（「トイ」土「シユ」鍋）　土鍋
　鉄鍋は辞なしと　土人ヤーコツプ云ふ
キムカム　鮭
シユプカワニ　東北（「ロシヤ」の方）
トウノト　酒
トツカリ　アザラシ（海豹）
オネツプ　オツトセ

ヤーワニ　西裏（日本の方）
本島アイノ語
アユップ　矢筒
イク（飲む）—バシユイ　ひげ箸
イノシノイタツ　神をおがむ
シントコ　貝桶
トッコカモイ　まむし
ボク　夫《おっと》
オクユキ又はキム—カム（「キム」は奥山の縮語「カム」は「カモイ」の縮なり）熊（ビボロ村）
シユ　鍋
トッカリ　アザラシ
イカユプ　箙
イペ（喰ふ）—ハシユイ　食者
モウル　ふくろ（女衣なり）
タンネ（長）—カモイ　蛇
オワツ　蛙
イププネ　医者（ビボロ村）
エタスベ　とど（海獣）
オネップ　おっとせ
シノッチヤ　酒席の歌
シユモロ　西
クシユリ—カツ（呉れる）—トノ（殿）　医者
チユプカワ　東
トウノト　酒
ウサンベアイ　シユトウ棒を以て互に打つこと

八月一日　木　晴

午前七時起く、土人八名測定す　紋別村戸長坂本澄高氏に偶然当湧別にて面会す

もべつ村　五戸
紋別　三十戸（土人口百名余）
諸骨　二十戸（紋別より一里）
サルル　三戸
ルトチ　一戸
興部　一戸
沢喜　十戸（紋別より七里）
雄武　一戸
幌内　十二戸

午食し、一時過湧別出発　渡船場は湧別川、シユフン沼の口（馬は荷物を下し泳ぐ、人は小舟にて渡す）モウベツ川の三ヶ所あり、雑草茂りて馬上の人を堆む、沼畔の道は春は水に依て壊ることありて危険なるべし　馬追奴の話にこひと穴は沢山ありと　午後五時半紋別着、島竹清作方投宿す　村医古谷憲英及戸長役場兼生笛田茂作二子来訪土人三十年以下のもの大体雑種なり　縦穴数多あり、土器石器出る亦た貝殻沢山あり　海浜に貝殻少なし、湿気の節ほつき貝上る　お喜美え手紙を出す

八月二日　　金　雨

朝七時起く、古谷子来る、十時頃戸長役場に到る土人の集るを待て測定す、総て十一名なり、午後二時頃帰宿午食す、出てて役場に到り、笛野子に案内を頼みアイノ旧墓を探る、林草深く露多し故に雨止たりと雖も全身濡る、七時帰宿晩食し古谷子と共に又た旧墓発掘す都合頭骨（体骨あるもあり）五個及ひ頭骨なき体骨一個を得たり、直に病院にて荷造りす石油箱二個となす十時過帰宿

墓は通常の如く極て浅し上に横木を渡す、頭は東南に向ふ墓標は  の如きもの一本  の如きも数本見たり亦た  の如きもありたり、紋別水腫病は明治二十年始て起り（以前はなかりしと）二十一年最も盛になりし、本年もあり、現今は数名あり「イムバツコ」は以前ありたれども今はなし　冬期は物品の切れ絶ることあり（例ば石油、紙など）、四月末迄は船不通、陸は雪積りて往来極て困難、海水は氷凍す

八月三日　　土　晴

朝七時起く、古谷子来る、八時過役場に到り新聞紙を読み土人の来るを待つ十一時頃より測定を始む総て土人内男一名特に多毛なるものありき、午後一時頃帰宿午食、荷物は常呂のものと合せて四個古谷君に托し藤野家の船に積込む図なり、午後二時過紋別村出発す、時雨降り出す暫時にして止む、諸骨川渡しあり、沙流にて干番屋に休息す、瑠橡《るとち》に渡しあり　次に二度川を漕ぐ、沢喜手前のものは時に水勢に依て切るる、今は即ち然りき、危険あるべし、道は雑草茂り多くは笹なり地は見へず、時々海浜に出る　午後八時過沢喜《さわき》村着、干番屋に頼みて宿す、之迄古谷子同行す

八月四日　　日　晴

午前五時半起く、土人二名測定し朝食す、食後六名を測る合せて八人なり、古谷子に暇乞し九時過沢喜出発す

雄武に渡しあり、午後一時頃字モトイネツ平瀬初太郎番屋に休息し握り飯を食す、道は多は深き藪なり（いたどり「うど」の如き大なる草、よもぎ、ふき、笹等）馬上の人を掩ふ、時々海浜に出る　午後三時幌内着、人馬継立所旅宿藤島福次郎方に投す、和人家は此一戸のみ　土人総代平瀬八太郎並に中山勇吉両人に命し土人九名を集めしめて測定す　晩食し、東京出発以来の計算をなすの暇を得たり

八月五日　　月　快晴風

午前七時過幌内出発、直に幌内川を渡る乗馬の際過て落つ、幸枝との丁度中央の一土人小屋にて握り飯を食す、トホシベツ渡にて乗馬船より落つ、荷馬にあらざりしは幸なりき、途中馬追奴不慢なる者にて道を間違ひ半道計の損をす　道或は山に入り或は海浜に出でて山はやはり前日の如き深藪なり、所々に漁業番屋あり、風強く甚寒冷なり戯に

蝦夷の地に変りしことは多けれど土用中央に秋風の吹く

午後五時半枝幸着北見商会止宿所に投ず　宗谷病院派出所医員高橋子之助子を訪ふ次に同戸長役場派出所員萩田喜三郎子を訪ふ

ウカハシマ（?）	土人戸三
幌内	三戸
枝幸	一戸
シオナイ	三戸
猿沸	四戸
サンナイ	二戸
其先	二戸

和人家四十戸余、村の有様は大約紋別に均し、冬期は海水氷結す、但し氷塊沖に流れ寄り為めに波静止するに因り岸の海水凍るなり、湾は直線に氷上を渡ることを得、雪は六七尺積む、毎年五月に入されば船舶来らず　海産物は鰊、鮭、昆布「いりこ」なり　当地土人は和人入込て大抵近傍え避けて住居す、雑種は大人には稀なり、多は純粋のもの　晩入浴（湯屋にして二銭五り）

八月六日　　火　晴

早朝より人夫二名を雇ひ、土人骨発掘に着手す、先つ高橋子を訪ふ、次に巡査某を訪ひ右を話し、是より村後の一家に休息し人夫は頻りに発掘す、発掘物は一の空きたる土人小屋ありて之に持運ぶ、「こびと」瓶二個を見る、其他大小二個買ふ、こびと穴は沢山あり、亦た土器片数

個を採集す　十二時前帰宿午食、金巾を買はんとすれども太物店なし、「ワッカナイ」より来りたる商人ありて之より求む　骨は午前九個午後八個総て十七個なり（内全具、頭骨のみ損傷なしもあり）直に荷造りす十個となる（内一個は土器のもの）日没後帰宿

八月七日　水　過半快晴

枝幸稚内間は馬継立場なし、旅人宿もなし但し猿沸に通行屋あり（官より一ヶ年六十五円つつ補助すと）其他所々に番屋あり、馬は稚内まで通す一里に付賃銭金十二銭、朝馬の来ること遅し、九時過漸く出発す、前日の荷物を馬二頭とし携ふ、二回荷を反し一回馬追の馬逃る等且つ荷馬を追ふことあたはず為に日没頃漸く紋別に着す（枝幸より八里）当地土人家三戸和人家一戸あり之に宿す、此家アイノ小屋に均し縁を張り五六枚の畳を敷く、外に客七人あり総て人数十三人雑居す、晩食、片隅に寄りて臥す　今日の道は山中海岸相半す、「メナシトマリ」（枝幸より四里因の番屋あり）にて午後一時過午食す、是より「シオナイ」山道に懸る北見第一の難所なり、道は甚た急に上下す山の中腹海浜より数十丈の絶壁の上を通す、山はとど松生茂る、馬上にて越す、越せば「シオナイ」（枝幸より五里）に出づ　明日の路程は「トンベツ」より猿沸は六里、「シニシンコ」は九里（番屋木挽小屋あり）、「ツイトマリ」は（米田屋あり）十二里

八月八日　木　晴、半快晴

前六時過頓別出発、直に渡あり二重に渡る、熊の「ぼうふう」の根を掘りたる跡数多海浜にあり（午後もありたり）十二時前猿沸通行屋にて握飯を食す、直に渡あり之も二重なり但し後のものは馬上にて渡る、此渡宗谷の方より来れば人家遠く困却する所なりと「シニシンコ」に木挽小屋の他にアイノ小屋一戸あり此処にて水を飲む、夕景に到りて北方晴朗にして唐太島ノトロ岬を見る、山三個計なり、日没頃「ツイトマリ」番屋に着す、アイノ一人留守番す、米の蓄なし云々説て少しく出さしめ飯を焚て食す、外に旅人四名あり　今日の道は山なし草藪或は砂原なり、「あぶ」の出たること甚たし、猿沸最も多し

八月九日　金　晴

前六時半ツイトマリ番屋出発、道は常に海浜にあり　或砂場、或石原時々草藪に入る、渡船場はなし「あぶ」は前日に劣らず、所々に番屋あり、「いりこ」を製するも

あり、アイノ小屋もあり、十時半宗谷岬に到る、此処に灯台あり之を一見す、午後一時頃宗谷着、松沢某方に投ず　当所は現今大に衰微し郡役所始皆稚内の方に移る随て旅宿等も皆移転し和人家只四戸のみ、土人家は十五戸ありと　夕刻迄に土人十二名測定す　こびと穴あり

八月十日　　土　快晴

午前五時半起く、六時半宗谷出発す　道は海浜にして砂硬し馬歩大に進む川一ヶ所は馬上にて越す一ヶ所（声問《こえとひ》村なり土人家三戸計見えたり）渡船す、宗谷より半道程距て「ビヤコタン」と云所に土人家二戸あり、午前十一時頃稚内村着、北鳴楼に投す、七月廿一日附（東京廿二日出稚内八月九日着）お喜美の手紙を披見す、久々にて居家の音信を得皆無事なるを知り大に安心す　直に郡役所に行て戸長□□《空き》子に面す（部長はなし郡書記一名ありて事務を処理すと）土人を集ることを依頼し公立病院に到り医員安田清安子に面会　午後一時頃帰宿午食す、安田子来訪、土人集りたるの報を得て病院に行き土人五名測定す　土人の話に此辺こひと穴はなし、天塩辺には沢山ありと亦た此地より土器など出たることなしと　稚内は近年開けたる処にして和人家四百戸計土人家十五戸、之れ漁場の多くある故なり、船便は郵船会社の定期月三回、其外汽船数度来る（亦た礼文利尻島えも寄港すと）海産は鰊、鮭、昆布（品位悪しと）、いりこ等なり　五時頃帰宿晩食、お喜美え返書を出す、入浴（湯屋二銭なり）時に市中は盆なりとて球灯を軒に提ぐ、旧暦十四日の月晴朗にして空に一点の雲なし、月は海面を照して鏡の如し枝幸の荷物十個は週《ママ》旋屋に托し差出す　当地十二月下旬より翌年三月終るまで氷塊の流れ寄る為め航通杜絶す

八月十一日　　日　晴曇

午前五時半起く、馬の支渡遅く漸く八時頃稚内出発す

天塩まて十六里（駅伝十五里五分）

若咲内　九里

抜海　　三里

道は山を越し（山道一里計）西海岸「ルイラン」に出づ、十時抜海着土人家二戸あり、番屋に休息、食事す、午後二時半若咲着、通行屋（官の補助あるもの）一戸あり之に休息す、天塩川渡船場にて日暮るる、之より二十七丁計林中を行きて八時天塩着す駅伝菊地和三郎方投宿す本日の道はルイラン迄の山道至て佳良、亦た之より若咲迄海浜砂場硬くして板の如し、若咲よりは砂粗なるを以

て草丘上の道を行く、雑草生茂りて道見えず（玫瑰、笹、芦等「うど」の如き大なるものもあり）氷塊は抜海辺迄にして以南は来らず、但し本年は珍しく増毛辺まで来りたりと　草野大に秋色を帯ぶ　此地方総て盆の十五日なりとて晩大にやかましし　抜海より利尻まで七里、礼文島迄十里、利尻礼文間三里

　八月十二日　月　曇晴

午前六時前起く、苫前戸長役場派出所あり之を訪ふ
天塩より遠別《うゑんべつ》迄四里
天塩より風連《ふーれべつ》まで八里止宿所あり
天塩よりチユクベツ迄十二里
天塩よりはぼろ迄十四里和人家十三戸あり是より先は所々に人家あり　当天塩村土人家七戸、和人家は三戸のみ　四十年程前に栖原にて漁場を開たる頃は土人四百人もありたり今は減て三分の一なりと、漁業も衰ひたりと上川郡まで丸木舟を以て逆るには十五より二十日位費すと　土人八名測定す、入浴す　午後は派出員の案内にて旧墓を探る、事空し、こびと穴四個実験す、形長四角、大さ一間半に二間位、深さ四尺程是迄のものより深し、当地には沢山ありと、亦た土器石器も出たることありと用事済たれば午後三時過天塩出発す、六時　遠別《うゑんべつ》着、土人一戸（渡守）和人一戸あり、之に宿す　道は稚咲天塩間の如し、亦た海浜にも出たり　土人二名測定す

　八月十三日　火　曇晴、熱さ増す

前六時「ウヱンベツ」出発、直にウヱンベツ川を馬上にて越す、少雨降る暫時にして止む、道は多は浜なり、砂粗にして馬足ぬかる、午後一時過「チユクベツ」着、昼食を喫す、はぼろ川渡あり、午後五時苫前着、成田善作方投す熱さ甚し、休息、夕刻戸長を訪ふ不在、晩食、入浴（湯屋にして壱銭五り）戸長恩田昌章子来訪（長岡人なり）当村白志泊村を合て百三十余戸内土人家は八九戸天売《てうれ》、焼尻《やんぐしり》二島にも旧土人家ありと海産物多あり鰊、鮑、いりこ等なり、但ます、しやけはなし　苫前海産は重に鰊なり鮭鱒少し、昆布は北海道中味最も佳なり、天塩国中亦た苫前を一等とす、大阪に送りて菓子となすと、いりこも甚た上品なりと　栖原にて漁場を開たる時分は土人のみを使役したりと今は大に減せり、他え移住せしものも多し　こひと穴はなし、「ふーれべつ」には多々あり長四角、深さ四尺もあり、器物も出たるよし、或は此穴に付説をなして曰く往時穴中にて鮭を塩せしものな

り云々　栖原にては一時中絶したるカラフト島漁業明治二十一年より再ひ着手せりと

八月十四日　　水　曇晴

午前八時起く、九時前役場に到る、病院医員大沢広司子に面会す、土人七名測定す　午後は村後の山上にて土人旧墓を掘る四具を得たり外に頭骨（破損す）のみ一個を得、五時過帰宿、晩食後役場に到り荷造をなす九時過帰宿　墓は頭稍東向き、深二尺余、土を掛け、縦に太き木数本（五六本）置く、墓印は男女亦た甚た太し

八月十五日　　木　曇晴　炎熱甚し

午前七時起く、病院大沢子来る患者数名を診察す役場に到り用事終結し午食、苫前出発す、コタンベツ渡あり、炎熱難堪一家に休息し午後五時　鬼鹿着、戸田久二郎方投宿す、戸長奥寺長治を訪ふ、当村土人一人もなし、鬼鹿天登岸合て三百余戸　晩食、入浴（湯屋にして壱銭五り入込なり）医師和田勇造子来訪　談話中鬼鹿は北海道中第一の鰊場なりと、土器石器出ると但しこひと縦穴は不知　苫前荷物四個を汽船を以て小樽揚け東京え送る

八月十六日　　金　快晴　炎熱

午前七時鬼鹿出発、三泊手前に渡しあり、次に長きトンネルあり、道は海浜に添て砂地なれば馬足土煙を起す時々海浜に出る、昆布採り甚た盛なり午前十一時過三泊村（鬼鹿より五り）着、村総代竹谷友蔵を訪ひ土人を集ること依頼す、半道程後に戻りて栖原番屋を借り先つ握飯を食し、土人六名測定す　午後三時過三泊村発し四時過留萌村着、森野重次郎方投す、炎熱堪難し少時休息す出てて戸長役場に到り戸長伊山徳二郎子に面会す　当役場配下土人戸数

三泊村字ウスヤ　　十戸

留萌村字アイノコタン　　九戸

礼受村（留萌より二十余丁）字ビラ　九戸

当村近傍こひと穴数多あり、土器石器も出ると　栖原番屋にて蔵する大土壺の片及石槍の一片を見たり　栖原の漁場を開きしは六七十年前なりと　是より開業医浦上芳達子を訪ふ不在なり　晩食、入浴（湯屋にして二銭）晩役場用係寄木橘郎子来訪、次に浦上子来る　蚊《ママ》屋を張りて眠る但蚊は左程居らず

八月十七日　　土　晴　炎熱

前六時起、八時役場に到り土人五名（全体）測定す且つ

骨格を得ることを諸子に談す午後一時頃帰宿午食す　一土人に付こびとのことを諮ぬ、他所と同一なり、コロボツクルと称す　お喜美え手紙を出す　夕景喜太郎なる者に命て土人の頭骨を索めしむ只一個を得栖原番屋に到り土器片三個を得　晩入浴　留萌は和人家七十戸計ありて地景最も佳なり、人家は留萌川の南北にありて一長橋を以て連る、川深くして船泊の出入に弁なり、西北に海を受け東南に丘山あり広き谷に即ち村あり　風景甚たよし、旅宿は根室以来なき処の上等なり大に快を覚ふ

八月十八日　日　晴　熱さ殊に甚し

前五時起く、八時出発す、二十余丁行けば礼受村なり、村総代㋑岩田円蔵方を訪ひ土人を招集することを依頼す、栖原番屋を借受けて測定すること十人、同家にて午食す、午後一時過出発す、同村内にて「チフス」患者二名を診察す、午後四時半増毛着、林かつ方投宿す　今日の道は海岸に添ふ、砂地にして馬歩土煙を起す熱さは実に堪難し、殆ど人家連続す、休息、晩食し公立病院長磯田広達子を訪不在、次に郡長高岡直吉子を訪ふ亦不在、帰宿　晩磯田子来訪増毛には土人一人もなし、一里計海岸に添て先なる別刈《べつかり》村に二三名もあるべし云々　入浴（湯屋にして二銭、男女別ある如くなれども実際相通す）今日始て単衣を着す　蚊多くして眠るに蚊張を用ゆ

八月十九日　月　晴

午前六時起く、八時前出てて郡役所に到り郡長高岡直吉子に面会す　郡役所員横岡喜正子明治五年に増毛に来りしか其時分舎熊、増毛、別刈三ヶ村にて土人家五十戸もありしと　山道は余程困難なれども馬通すと、賃銭は五割増し、駅伝に馬を命すれば出すことあたはす云々因て不得已明朝磯舟を仕立ることに決す、賃銭二円五十銭なりと云ふ　増毛より四里行て峠登り掛けに休泊所あり、「フユウシ」と云ふ処なり云々これより午食し馬を命し別刈村に到る横岡子同道す、栖原番屋に休息し、裏の山中に入り土人の旧墓を探る、事空し、横岡子に尚ほ依頼し五時頃帰宿　磯田、石橋謙助（病院医員）二子来訪、晩食後波止場より山上に遊歩し、磯田許一寸暇乞し帰る入浴

八月二十日　火　曇晴

前五時起く、今朝風模様悪ければ浜益えの舟は出さぬと因て強て馬三頭を出さしめ陸行と改む、一頭金壱円五拾銭但し例規は壱円三十銭なりと　磯田、石橋二子暇乞に

来る　八時増毛出発す、三里半行て「フユウシ」に通行屋一軒あり是迄不断登る道は左程悪からす、此処にて握り飯を食す、是より大に登る頂上眺望よし、最高点にして天塩石狩の国境なり　是より少しく下る、之を大山道と云ふ而て又た少しく登りて下る之を小山道と云ふ其頂上も又た眺望よし、「フユウシ」より四り行て休息所一軒あり之に休む、道の最も嶮にして悪しきは「フユウシ」より此処迄なり　角石道を満し雨水土を流失し深き溝をなす故に馬歩困難を極む馬上冷汗を流す、山は山竹（丈一丈位）の深藪なり　樺等木も散在す、大小山道の頂上にのみ五葉松の小なるものあり、途中熊の今草根を堀りたりと覚しきもの数ヶ所見たり　午後四時頃下りて海岸に出る此処群別《ぐれべつ》村なり是より海浜に添て五時半浜益着、図青山文三郎方に投宿す、音に聞きし増毛山道の難所も先つ無事に越し一安神《ママ》す　入浴、晩食し、公立病院医員布施新吉子を訪ふ　次に戸長知工甚吉子を訪ひ明朝土人を招集することを托す　八時過帰宿す、気候甚蒸熱くして不快なり

八月二十一日　水　雨

前六時起く、役場に到る、土人集ること遷延す、因て石狩等郡長□□（空き）及厚田戸長井口保之石狩戸長斎藤皓子当村に於て開設の水産物品評会に来村に付旅宿を訪ひ面会す、是より病院長布施子の案内にて土人小屋に到り酒を振舞ひ談話し役場に帰る　土人未た集らす由て帰宿午食して後役場に到る尚集らす、品評会を一見す　午後三時過漸く来りて測定を始む七名にして日暮るる明日を期して帰宿　当茂生村に戸籍面にては土人家四十戸もあり但し実際は之より少なし、川下村に四五戸あり当厚田郡には其他はなし土人の談に「こびと」を「コロボクウングル」と云ふ、同一なり、形小にし足駄の下通る位なりと炎熱大に去る、フラネル単衣を着す

八月二十二日　木　雨曇

前六時起く、七時役場に行て暫時にして測定を始む総て九名、午後一時半帰宿午食す、是より他出せず、入浴、大沢子旧墓捜索に出て空しく帰る

八月二十三日　金　雨

午前四時起きて前日の予定の如く人夫二人を随ひ漁業家某の案内にて村北の山に到り土人の旧墓を探ると雖も得ず空しく帰り朝食し、病院に到る布施氏未た起ず後同氏来訪、今日厚田え向出船の筈なれども風向宜からざるを

以て午刻迄見合す、時に雨大に降り出し出発することあたはず、夕刻に至て漸く晴るる、終日読書す甚た怠屈《ママ》なり

八月廿四日　土　晴曇

午前六時起く、七時半磯舟と称する小舟に乗込み浜益出発す、郡長及厚田戸長等同船す、海波稍静にして暫くして安心（北風）生ず舟漸く進む　ゴキビル山道の嶮山を望み、風味あり午後十二時半厚田着、駅伝に投し午食す、馬を命し（石狩迄壱頭金三十五銭）二時頃石狩に向て発す　道は丘上にあり、但し雨後なれば滑かなるを以て始めは海浜を行く、六時前石狩着、赤石与市方投宿す厚田には土人家なし　晩食後戸長斎藤浩子を訪ひ明日の手順を談す石狩以来の土人は二里程川上生振《おやふる》村六七戸計あり　カラフト土人（明治九年に「カラフト」より殆んと千人計対岸（札幌郡）に移せしものにして本籍は今尚同村にあり）は字「ライサツ」（石狩より七八丁北）に五十戸計あり其他聚富《しゅっぷ》に五六戸見たり但此処は土人共有漁場ありて漁期に多く出張するのみなりと　是より病院に到り院長森時定子に面会す、今年は現今迄に脚気患者五六十人「マラリヤ」七八十名ありたりと九時半帰宿篠路辺に住居する土人又市と云ふもの能く事を弁すと

八月二十五日　日　晴

午前五時起く、六時出てて旧樺太土人共救組合事務所に到り幹事高橋浪華子に案内を乞ひ土人漁場に到り取締の居宅にて土人十一名測定す　樺太土人は明治八年に宗谷に移し九年春対岸に移せり今尚ほ本籍は同所にあり、移住の際は八百四十一人、現今は三百六十余人に減せり、千島交換の節土人の日本人民たらんことを願ひ出てて由て日本政府にて引取りしなり其ケ所は楠渓《くしにこたん》、西富内《にしとんない》、白主《しらぬし》の三部落とす　旧来樺太に伊達、栖原の漁場ありて為めに土人に雑種多しと、年齢五十歳位の者にも混合種ありと　是より漁船に乗り川向に渡り、「ライサツ」に到りて土人組頭東山梅尾の宅（出生は白主なり）を訪ふ、同家にて偶然熊野源吉なる人に面会す、カラフト始め北地を数年間旅行せし人なり、談話中

冬期は穴居す、山腹或は平地に温暖なる処をトし深さ六尺、広さ大なるものは四間に五間位の穴を穿ち、柱を立て屋根を葺き土を以て複《ママ》ふ外見恰も炭焼竈の如しと穴は丸形なれども内部は角形なりと「トイチセ」と称す土の家と云ふ義、夏期の住居とは全く隔離す、之を「サッチセ」

と夏の家と云ふ義、但し「トイチセ」は土人一般の処用にはあらず即ち「タウイカ」及ひ「クシンコタン」にはあれとも白主、西富内には昔より之れなしと

梅尾の穴屋内部を図て示せしもの

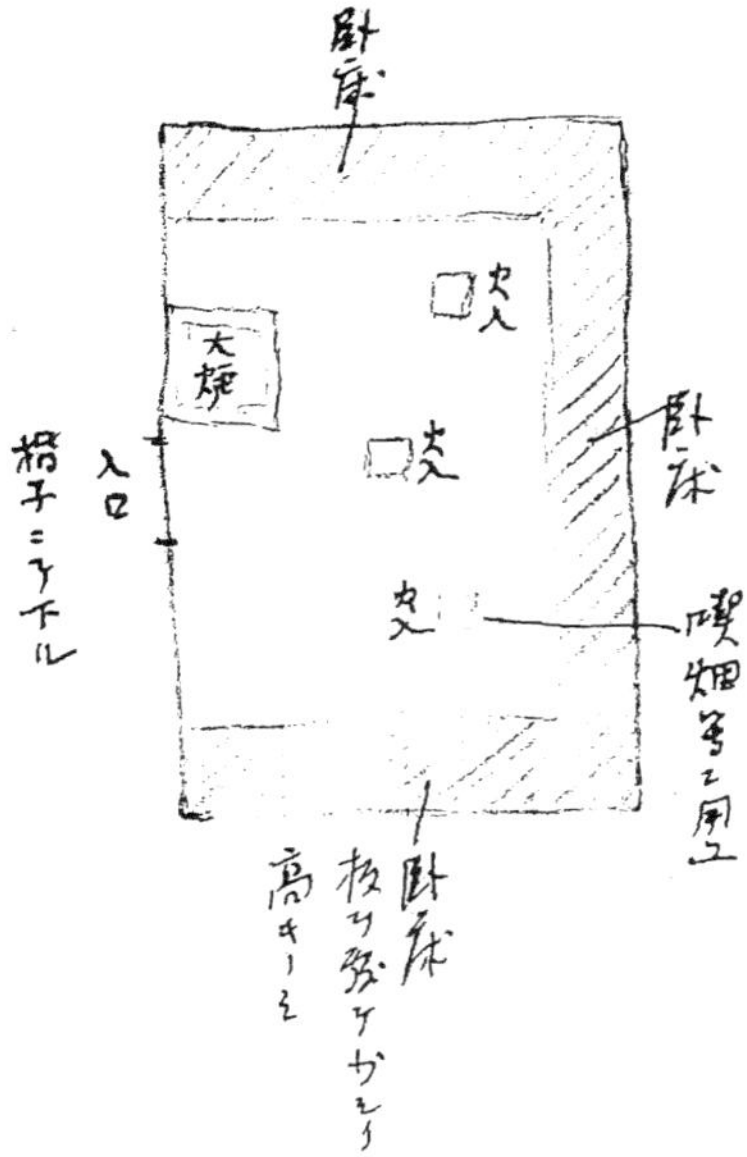

穴内は至て暖にして寒中単重物一枚にても足れりと　其他カラフトに住居する人種は「オロッコ」（自称）「スミリン」（自称「スメレンクル」のことなりと）「ニクブン」（自称）なり　東海岸は「タライカ」迄西は「オロケシ」迄アイノ居る以北はなし　「オロッコ」は支那人に似たり、髪長く組て脊に下る、「アイノ」とは言語、居住皆違ふ、「トナカイ」（アイノ語）と称する大鹿を馬に代用す　「スミリン」は黒龍江川口の辺にも住居す　「ニクブン」は「カラフト」北部に住居し最も野蕃なりと他人種と交際せず、若し行けば衣服処持品等を奪ひて裸にて追ひ返すと　ロシヤ政府にて千八百八十七年に調査せしに、アイノ人口は二千五百人、ニクブンは四千八百人　「こひと」を「コロボクンダラ」と云ひふき葉の下に千人も居り至て小きものと云ふ話あり只空話のみ云々　別に「トンチ」と云ふ人種ありて土器石器を用ひ穴中に住居せしか　義経に追れて何処へか逃け去りたりと、其跡はカラフトに「トンチ」の穴多くありて之を掘れば「トンチ」の鍋（土鍋）「トンチ」の斧（石斧）等出る、穴は宗谷辺にあるものと同一なり云々亦た「アイノ」土室の破壊したる跡も同一の穴となる、由て「トンチ」の穴と「アイノ」の「トイチセ」の跡と如何に区別するやと問ふに、只土器等の出るに依て判別すと

熊野氏曰く黒龍江川口の南（浦塩港よりは四百里も北）海岸に今尚ほ「トンチ」と自称する人種ありと、僅か百五十里計り場所に住居す、今ロシヤ政府にて「インペラトウスキーガブニヤ」と云ふ新港を開きたり、此人

種「アイノ」に似たる処夥たあり、顔貌、眠《ママ》眼色、アイノの如く多髯、多毛、穴居、性質朴温純、但入墨はなし鼻翅に穴を穿ちて金属の輪を掛けると小屋はアイノ小屋に似たり、「プー」あり（名称は違ふ）「イナホ」（名称は違ふ）の形は少しも違はず亦た之を屋後にも立て並て置く、言語も同一或は類似せるもの多くあり「トンチ」は今尚ほ石器を処持す、石斧に柄を付けたるなどあり但し日用にはあらず只古昔よりの宝物として貯ひ置くなり「トンチ」は「アイノ」を「アインチ」と称す　山丹人は「カラフト」へ只交易に秋来りて春帰るのみにて永住のものはなしと、之は黒龍江川口より四十里も奥に居る、「サンタン」は自称なり「ゴルヂ」は山丹より尚ほ奥に居る「カニヤカ」人種はトンチより南に居る、支那人に似たり　韃靼は「アイノ」に似たり「ヤクート」は自称「ヨッコ」「トングース」は「キリン」のこと　カムサツカ人は自称「アネウート」、「アイノ」とは違ふ日本人種に近し「サハレン」は満州語なり沖の島と云ふ義、「アイノ」は「レブンモシリ」（沖の島と云ふ義）或は「カラプトモシリ」と云ふ（語意不詳）西富内は「アイノ」は「マウカ」と称す「カラフト」都府は「アレキサンドルスキー」にして以前は「ホヨジヨ」と云ひし処なり西海岸にありて七分三分位の割合にて北方に寄るカラフト土人は火を「ウンチ」と云ふ「ヤイルシップカモイ」義経のこと「ヱコアイ」踊、「トンコリ」三味線、「ムックリ」もあり「トンコリヱコアイ」三味線に合するおどり　是よりカラフト風に造りしと云ふ小屋を一見す、構造は他のアイノ小屋に比すれば堅らうにして大なり（五間に七間位）週《ママ》囲は板或樺皮、屋根は茅或は笹、縁は五六寸も高く板を以て張る（板は割板にして「チヨナ」を打しものなり）

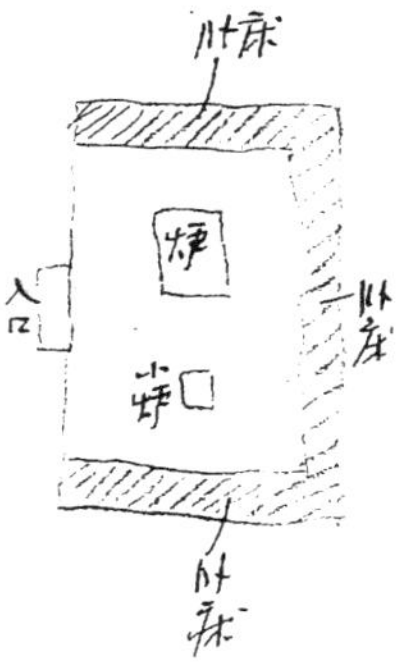

臥床は又ゆかよりも一段高し、「キナ」（他所と同一のもの）を敷く「シントコ」などもありたり　戸外に熊児二疋蓄置けり「プー」は同一なり　器物三種を求めて午後三時過石狩川渡を渡りて帰宿　馬を命し午食し四時札幌

に向け　石狩出発す、道は馬通し稍宜し、茨戸太《ばらとぶと》より新道に入り篠路村には掛らず、二里半程手前にて日暮るる九時札幌着、吉田衡平方に投宿す、時に雨降り始む　お喜美の手紙二通（八月八日及十三日附）披見す、横田伯父様死去（七月二十六日）のことを知り大に驚く

八月二十六日　月　大降雨

朝六時起く、八時頃出てて道庁に到り第一部長藤田九万、松尾元長、永田方正の諸子に面会、英人バチエラー氏著蝦和英辞書一部得る　是より札幌土産店に入りアイノ細工盆七枚求め帰り午食す　午後出てて病院に到り撫養円太郎、朝倉文三二子に面会す病室を一見し帰途獺の皮二枚を求め帰る　時に四時なり約の如く永田子来る案内に依り東京庵に到り三楷室に登る外に村尾、中山誠一郎、新居敦二郎諸子馳走なり、永田子の話に「コタン」（町村）は「コツ（穴）―アン（在る）」の縮語ならん之に由て見れば縦穴は「アイノ」住跡なること疑なかるべし云々「アイノ」は「カラフト」土人を「レブ（沖）―ウン（の）―グル（人）」と称す「クリール」（千島）はロシヤ語　根室辺に方言「キウリ」と称し黄瓜と同一の香を有する海魚ありと　九時過帰宿、入浴、終日間断なく雨降る

八月二十七日　火　晴雨交々

午前九時頃出てて博物場に到り、村田庄次郎子に面会し場内の案内を乞ひ一見す

Betula alba　白樺
Carpinus sp.　アカダモ
Frxinus sp.　アヲダモ
〃 *sp.*　ヤチダモ
Abies Veitchii　トド松
Abies Yessoensis　蝦夷松
Taxus cuspidata　水松、ヲンコ
Pinus cambra　五鬚松、ゴヤウノマツ
Tilia cordata　シナノキ
Ulmus montana var. Laminiata　オヒヨウノキ
Angelica dahuria　エゾニウ（ウドの如く大なるもの）
Seseli libanostis　ウベウ（土人薬草）
Lilium cordifolium　ウバユリ
Elymus arenarius　ハマニンニク
（土人キナに織ることあり）

「ヤリシユ」樺皮の鍋　是より森源三子を訪ふ、午食の

馳走に合ひ午後一時頃帰宿　中山子暇乞に来る、三時前出立、三時十五分　札幌発車　五時前小樽着、色内町越中方に投宿す、降雨するを以て他出せず、入浴

八月二十八日　水　晴

午前六時起く、八時過より出てて病院に到り桂彦馬岡村子、外一名に面会す是より川上正貫を訪ふ「カラフト」土人器物及石斧を求めたり「カラフト」の椀木皿共に「ヌマンボ」と云ふと（昨年は「チヨイネツプ」と聞たり）杓子の平なるを「イタユツプ」凹なるを「シヨロンプ」と云ふ　十二時前帰宿、汽船熊本丸出帆漸々延引し愈明日正午となりたりと　午後は手宮の岩面の調《ママ》刻を見て海岸を遊歩す　晩食後も又た市中を遊歩す　横田鉄増井岩二子及牧野又二郎子え手紙を認む

八月二十九日　木　晴

午前遊歩旁出てて郵船会社に到り便船のことを諮ぬ　熊本丸出帆又々明日正午に延引せりと是れ全く海波高く荷物積込難渋なるか為めなり　午後も遊歩、川上方に立寄り大石斧一個求む是より市中央の山上に登り帰る、入浴

八月三十日　金　晴

午前市中を遊歩す、十時頃帰宿午食し、十一時過本船熊本丸乗込む、上等横浜迄金二十三円下等八円なり　正午十二時出帆の筈なりしか又々石炭積荷終ざる為め延引となる

八月三十一日　土　晴

午前四時半小樽港出帆せり、七時室を出れば既に船は進行しつつあり、天気晴朗海波平穏気候冷涼にして甚た快を覚ふ　三食は日本料理にして至て粗末なり　午後五時頃奥尻島を右側に見て過ぐ

九月一日　日　晴

前七時甲板に出れば既に尻屋岬を通過して遥か後に見たり　終日新聞紙を読む、夕刻より風起る

九月二日　月　風雨

前七時頃起て出れば金花山《ママ》を遥かに後に見る、昨夜より風強く少雨降る、船大に動揺す、恰も向ひ風にして進行甚た遅し一時間八マイルに足らず横浜延着すべし　夕刻に至て風益々強し

九月三日　火　曇雨

前七時半起く、今朝に至て風大に静まる波も随て穏かなり　今朝四時に犬吠岬を通過したりと是より横浜まて

十二時間を費すと　小樽より横浜まて七百二十マイル計なりと　午前小樽出発以来の日記を録す　午後六時横浜着、客船ならざる故に艀舟不都合なり　且つ港内波高し漸く七時前上陸糸屋に投す休息　七時五十分発の汽車に乗る、時に天大に晴れ七日頃の月明なり、新橋にて大沢子に分れ十時駒込居宅に着す、家族皆至て無事大に安心す　入浴、十二時頃眠を求む、三時過就眠

九月四日　水　曇

朝六時起く、午前精一君来訪、終日在宿

九月五日　木　曇

朝緒方子来る、出てて大沢家不幸を見舞ふ是より大学に到る、北海道荷物は大体到着しあり、直に之を開く　十二時過牛込小松より使来る由て直に行く　精一君と共に牧野毅君の許に到る原家児のことに付相談あり五時帰

九月六日　金　晴曇

前九時教室に到る、三浦、片山子に面会す、十二時アイノ器物を携て帰宅

九月七日　土　曇

終日在宿、晩共に近傍遊歩す

九月八日　日　曇

終日在宿　晩共に森林子を訪ふ

九月九日　月　曇

朝原遺児二子熱海より帰京にて来訪、是より教室に到り、午後二時出てて原家に到る、帰途小笠原一家東京移住に付之を見舞ふ　帰宅すれば原祐民君来訪

九月十日　火　曇雨

前九時教室に行き明日始業の用意をなし十二時帰宅

九月十一日　水　雨風

午前八時教室に到る、総論解剖学講義を新一年生に始む、午十二時より卒業試験を始む六時過漸く終る　帰途風雨甚だし

九月十二日　木　晴

今日より午前七時出勤す、記載解剖学講義を始む、正午より卒業試験終て帰途本郷通りにて煙草等を求め六時半帰宅

九月十三日　金　雨

午後は旧一年生学年試験の残り五人を試験す　三時帰宅

九月十四日　土　雨

午後は卒業試験、五時半帰宅、在宿

九月十五日　日　晴曇

午前渡辺文治子来訪、終日在宿、晩食後浜田子榊子を訪ひ十時帰宅、おきみ去る十日夜より不例（ブラーゼンカタル〔＊膀胱カタル〕）

九月十六日　月　晴

卒業試験に付午後六時過帰宅、おきみ病気不宜、榊子来る

九月十七日　火　晴

卒業試験にて六時帰宅

九月十八日　水　晴

午食は青山子と共に豊国屋にてす、旧一年生残りの試験、四時帰宅

九月十九日　木　晴

旧一年生残顕微鏡試験にて七時帰宅　食事し森林子を訪ふ

九月二十日　金　晴

午後二時過今田子を伴ひ教室を出て帰宅　四時過同子去る、小松操子来る

九月二十一日　土　曇

午後四時半帰宅、在宿

九月二十二日　日　晴

前八時半出てて向島に到りボートに遊ぶ久々にて大に面白かりし　十二時過止て今田子と共花屋敷に到り七草を見る　是より歩行浅草公園後の鳥肉一色の食店にて午食し上野公園に到り美術協会に於てイタリヤ彫刻物陳列を一覧す 四時頃帰宅

九月二十三日　月　曇雨

午前牛込小松家を訪ふ、弘田家に寄る不在、小笠原に寄る亦た不在、帰宅、午後在宿

九月二十四日　火　曇雨

此週より解剖学講義火木土の日に改む亦た総論解剖学は火曜十時より十二時迄とす　午後は卒業試験三名あり、之にて略ほ終る、午後六時直に上野精養軒に到るスクリバ君帰朝宇野子西洋迎送別なり

九月二十五日　水　晴

午前人類学教室え行く、午後五時帰宿

九月二十六日　木　曇

午後四時より集談会、六時より医学会「北海道石器時代遺跡はアイノ人種の処為なるべし」と云ふ題にて演舌す十時半帰宿

九月二十七日　金　晴

午後二時今田子と共に教室を出てて向島に到りボートに遊ぶ六時半帰宅

九月二十八日　土　曇

午後四時帰宅五時出てて原家に立寄り京橋松田長岡社例会に出席

九月二十九日　日　曇

午前石黒、弘田、千住森諸子来る、午後二時頃弘田子共に出てて上野浅草に遊歩す、是より川蒸汽にて永代橋迄行き偕楽園にて晩食す十時帰宅

九月三十日　月　雨曇

午後三時帰宅、原祐民君来る、椰野直子明日出発帰国に付供に晩食す　長谷川泰君あり、八時過同君去る　入浴九時過眠に就く

十月一日　火　晴

午前五時起く、椰野子六時出発を上野に見送る直に教室え行く、午後四時過帰宅

十月二日　水　曇

午前日本医学会の事に付奔走す、午後四時帰宅

十月三日　木　晴

午後[illegible]時より教[illegible]会六時終る、晩浜田子来訪

十月四日　金　晴

午後四時帰宅是より田口和美子独乙国より帰着に付出迎として新橋ステーシヨンに到る　待つこと数時片山、三浦、丹波諸子と「天金」にて晩食す　植木鉢二個求む、九時迄待て空しく帰る

十月五日　土　晴

午後三時過教室を出てて[illegible]朗子独乙留学を新橋に送る時刻少しく遅れて間に逢《ママ》はす　[illegible]権兄を訪ふ不在　田口子を訪ふ久々にて面会す、六時帰宅

十月六日　日　雨

終日在宿、晩生鮭を食し吐瀉す

十月七日　月　晴

午十二時より工科学長室に集り条約中止の相談あり　三時より臨時集談会を催し日本医学会の相談あり　六時過帰宅

十月八日　火　晴

午後二時今田子と共に出てて向島に到りボート

十月九日　水　雨

午後三時過帰宅

十月十日　木　雨晴
午後三時より医学会、前回の続を演舌す　六時過帰宅
十月十一日　金　晴
午後二時過帰宅、北海道石器時代遺跡に就ての演舌筆記を校正す
十月十二日　土　雨
午後四時帰宅、在宿
十月十三日　日　晴
午後一時より西黒門町可否茶館に於て人類学会に出席
北海道石器時代遺跡を演舌す、帰金杉上町色丹島戸長鈴木七郎子の家族を訪ふ四時半帰宅　北海道巡廻の節尽力し呉れたる諸子へ礼状十五通を出す　晩食後共に出てて偕楽園に到り支那料理を食す　十時半帰宅
十月十四日　月　晴
午後二時半教室を出てて向島に到りボートに遊ぶ千住大橋迄行く久々にて例の小店に休憩す　六時半帰宅
十月十五日　火　雨
午後三時帰宅在宿、昨日よりお喜美腹痛
十月十六日　水　雨曇晴
午後四時帰宅晩食後出てて牛込小松、弘田、原、賀古、宮本の諸方へ廻り十一時過帰宅
十月十七日　木　晴　祭日
午前弘田子来る、午後は北海道遺跡の原稿を綴る　終日外出せす
十月十八日　金　晴
午後三時半帰宅、出てて五時富士見軒に到る今日第一回日本医学会創立員より招待を受け同会に付相談あり　十時半帰宅
十月十九日　土　晴
午後十二時過出てて向島に到りボート、時に高等中学の小競漕会なり、俄に競漕一回催す勝敗なし、是より横浜競漕にて医科勝利を得たる祝宴を催す福岡楼に登る　七時頃帰宅、権兄来り居る、玉汝のことに付相談す十一時頃去る
十月二十日　日　晴
終日在宿
十月二十一日　月　曇風雨
午後三時教室を出て本郷通万木方え到り時計ガラスの修繕を命し是より久々にて小林家を見ふ《ママ》昨年六月以来なり
十月廿二日　火　晴

十月廿三日　水　晴
記すべきことなし
十月廿四日　木　曇晴
集談会医学会出席八時半帰宅
十月二十五日　金　晴
午後五時半帰宅
十月二十六日　土　晴
今日大学陸上運動会に付出勤せず、午前在宿　午後一時木挽町厚生館にて私立衛生会に出席　アイノ衣食住に就て演舌す　三時過終て直に去る　運動会を一見す五時過帰宅　晩食後緒方子を訪ふ、断髪、入浴
十月二十七日　日　晴
午前九時過出てて向島に到りボート、福岡楼にて昼弁当を食す、帰途独り上野公園園芸品評会を一見し五時過帰宅
十月二十八日　月　雨
午後三時より解剖学教室に於て日本医学会に付相談あり中途にて辞して去り長岡社例会に出席す
十月二十九日　火　晴
午後五時帰宅、根室の松岡、鳶田二子に手紙を出す
十月三十日　水　晴
午後五時前帰宅少しく風邪
十月三十一日　木　曇
午後五時前帰宅在宿
十一月一日　金　曇
医学会々計を大沢子より引続ぐ　午食は大沢緒方二子と共に豊国え行く、午後五時帰宅　増毛郡長並に札幌朝倉子に手紙を出す
十一月二日　土　曇快晴
午後一時教室を出てて向島に到りボート、千住大橋迄行く
十一月三日　日　曇　寒冷
午後四時頃出てて牛込小松え行く、次に弘田子を訪ひ晩食九時半帰宅
十一月四日　月　晴
午後四時半帰宅、長岡椰野子え手紙を出す
十一月五日　火　雨
今日は立太子祝賀の為め臨時運動会に付休業す　俸給受取る、午後四時帰宅

十一月六日　　水　快晴

午後二時帰宅、三時頃共に出てて染井に墓参し是より滝の川紅葉を見る　同処にて賀古子等に逢ふ　扇子屋にて晩食し飛鳥山に登る　八時半帰宅

十一月七日　　木　晴

十一月八日　　金　晴

晩食後共に本郷通りに遊歩す、根付け一個求め帰る

十一月九日　　土　曇雨風

今日は頭痛にて終日在宿、夕刻より出てて安田孫八郎君方の旧友会に行く　権兄え金四十円遣る（衣服新調費なり）

十一月十日　　日　曇

午後は出てて東仲通りに到り根付五個を求む

十一月十一日　　月　曇

午後は相談会なり、五時半帰宅

十一月十二日　　火　晴

午後五時帰宅

十一月十三日　　水　晴

午後三時教室を出てて久々にて千住を訪ふ晩食八時帰宅

十一月十四日　　木　晴

医学会、集談会

十一月十五日　　金　晴

偕楽会に出席

十一月十六日　　土　晴

午後一時向島に到りボート、五時過帰宅

十一月十七日　　日　晴

午前小石川矢島忠子の許に到り樺太島の談を聞く図りなりしも行き違ひたり是より牛込小松え寄る、帰宅精一君熱海より出京にて来訪あり、又た坂内虎次子神戸より出京にて来訪子と共に午食す　午後三時過共に出てて滝の川に到る紅葉好期なり　是より王子より乗車坂本に到る時に今日は酉の町にて混雑甚たし転して上野公園を過ぎ無極庵にて晩食八時半帰宅

十一月十八日　　月　曇

午後二時半教室を出てて上野彫工会競技会一見す

十一月十九日　　火　雨

午後四時帰宅

十一月二十日　　水　曇

午前今田子を病室に見舞ふ　ベルツ君に諮ぬ容体悪し

十一月廿一日　　木　晴

弘田子任命のことに付三宅大沢二子と談話す　午後三時お喜美教室へ来る共に上野彫工会を一見す　晩食後今田子危篤に付病院に見舞ふ是より弘田子を訪ひ一時頃帰宅

十一月廿二日　金　晴

今田子今朝死去す、今日は御園菊花拝観の日なれども奔走し取込みて行くを得ず、日没頃帰宅

十一月廿三日　土　曇雨　祭日

午前は今田子の屍剖検に臨む、午後は在宿

十一月廿四日　日　晴

午前在宿、午後二時共に出てて西新井の大師へ行く是より千住え廻り森家にて晩食八時帰宅

十一月廿五日　月　晴

午後四時帰宅

十一月廿六日　火　曇雨

今日は今田子葬式に付休業す、午後二時大学出棺谷中全生庵にて葬儀あり五時帰宅、晩緒方子来訪、談話十一時去る

十一月廿七日　水　曇

午後三時教室を出てて上野美術学校文部小集会に出席八時帰宅

十一月廿八日　木　晴

午後二時より選科生の件に付教授会あり、集談会、医学会欠席、長岡社例会に出席　長岡より三島加藤二子出京面会す、帰途買物し十時過帰宅

十一月廿九日　金　晴

午後四時半帰宅

十一月三十日　土　晴

弘田子と十二時前教室を出てて豊国にて午食し向島に到りボート、五時帰宅

十二月一日　日　晴

午前弘田子来る午食共に出てて医学院より東仲通り迄散歩し今金にて晩食、八時頃帰宅

十二月二日　月　晴

晩権兄来る小林家族国元え移すことに付相談す

十二月三日　火　雨初雪

午後四時帰宅、晩食後牛込小松え行き彰君より借用金千二百四拾円の内弐百四拾円返却す、帰宅すれば小林およし殿来り居る此度東京住居引払ひ長岡へ転住に付金三拾五円遣る

十二月四日　　　水　雨
午後四時帰宅

十二月五日　　　木　晴
午後五時帰宅、晩食後榊家を訪ふ

十二月六日　　　金　晴
午後五時帰宅

十二月七日　　　土　晴
午刻より弘田子と共に豊国にて午食、向島に到りボート

十二月八日　　　日　曇
今朝小林およし殿長岡へ出立せらる　父上様正忌日に付小笠原婦人方其外来客あり　千住老人、村上敬子朝鮮より帰朝来訪

十二月九日　　　月　晴
午後四時過帰宅

十二月十日　　　火　晴
午後医学会幹事会、五時帰宅

十二月十一日　　水　晴
午後五時若杉豊次郎同喜三郎二子の招待にて富士見軒に到る、終て弘田子と共に加藤照麿子訪ふ　九時半帰宅

十二月十二日　　木　大雨
医学会集談会に出席、今日納会なり

十二月十三日　　金　晴
午後四時半帰宅

十二月十四日　　土　晴
午食は豊国、是より独り向島に到りボート、多人数に付舟二艘を出し千住大橋に到り休息す　晩橋本圭、川島良二子来る

十二月十五日　　日　晴
午後独出て博物館に入る是より弘徳寺前を散歩し根付け二個求む　晩偕楽園に偕楽会出席

十二月十六日　　月　晴
午後五時帰宅

十二月十七日　　火　晴
午後五時帰宅　晩食後橋本文部大臣の招待にて鹿鳴館に到る十時半帰宅

十二月十八日　　水　晴
午後五時前帰宅、小松精一君来訪、晩食後共に出て両国寄に到る、十時半帰宅

十二月十九日　　木　曇晴
午後五時前帰宅、出て京橋松田長岡社年末の例会出席、

八時帰宅　今日総論解剖学及胎生学の講義を閉つ

十二月二十日　金　晴

今日記載解剖学講義を閉つ　午後は弘田子と共に上野に遊歩し氷月にてしるこを食し是より万代軒に到る　田口、賀古、江口、谷口、隈川、北川六子の帰朝祝宴なり良精等幹事たり　帰途神田明神歳の市を一見す

十二月二十一日　土　晴

午後は向島に到りボート、舟二艘を出して千住大橋迄行く、例に由て休息す

十二月二十二日　日　晴

午前十時教室に到る約の如く樺太島在勤鈴木陽之助子及ひ矢島忠、若林の諸子参し　鈴木子の談話中　オロッコ人は「タライカ」辺に居るのみ、アイノ人と雑居しをる処もあり、林中に天葬す、高さ大人の丈位、棺は浅し、割板を以て造る、墓参等をなさざるは「アイノ」の如しオロッコ、アイノ共に犬を飼養し、雪車に用ゆ、十疋乃至十五疋にて「ソリ」を引く、犬は通常の日本種の如くにして大なることなし、「ニクブン」は「ギリヤーク」又は「スメレンクル」のこと「キユリン」は「トングース」のこと「ヨッコ」（日本人、アイノの称する）は「ヤクート」のこと「アレキサンドロウスキー」は西海岸「ドウエ」より三里計北にありて此処に魯国島庁あり「カルサコフ」は「クシユンコタン」の同処なり、日本領事館あり「ニコライスク」（大陸にあり）は以前魯国官庁ありて盛なりし、今衰ひたり

晩食後共吾妻橋寄に到り十時前帰宅

十二月二十三日　月　曇少雨

午後四時帰宅、晩食後榊家を訪ふ、帰途散髪

十二月二十四日　火　曇

午後四時半帰宅、在宿

十二月二十五日　水　晴

午後五時帰宅、在宿

十二月二十六日　木　晴

午後一時より教室を出てて西及東仲通りへ散歩し根付三個及肉他を求め四時半帰宅　晩食後牛込小松、原、及弘田家を訪ひ一時帰宅

十二月二十七日　金　晴

午後二時教室を出てて上野盆栽展覧会を一見し四時半帰宅

十二月二十八日　土　晴

午食より向島に到りボート、千住大橋迄行く例に由り休息、五時帰宅

十二月二十九日　日　晴

午後共に出てて森林子を訪ふ不在、是より上野公園より浅草に遊歩す、六時過帰宅　晩宮本子来訪九時半去る、入浴

十二月三十日　月　晴

午前十時半教室に到る、新井春次郎子千葉より出京来室す　尋て弘田子来り共に出てて上野盆栽展覧会を一見し是より両国より本町辺まで散歩し五時過帰宅

十二月三十一日　火　晴

教室不参、午後共に出てて団子坂より谷中墓地を通り上野公園に遊歩す五時頃帰宅　晩食後独出て弘田子を訪ふ中浜子来る同子去て弘田子誘ひ出てて日本橋通に散歩す万世橋にて別れ十一時帰宅す、入浴、十二時過眠を求む

明治二十三年　二千五百五十年　1890

良精満三十一年（駒込東片町百拾番地住）

一月一日　　水　曇

前十時起く、午後は武野子年始に来る　晩食後は別宅にてかるたを遊ぶ

一月二日　　木　曇

前十時過起く、午後原祐民牧野忠毅二子来賀　今日はかるた会に付後二時過より諸子来る　四時頃雑煮を食し直にかるたを始む、榊緒方二子来る、十二時諸子散す、一時過眠に就く

一月三日　　金　曇

前十一時起く、午後二時半頃共に出てて千住森家を訪ふ晩食直に出て途中別れて独り牛込小松並に原家え年始に廻る九時頃帰宅　今年は年賀来訪者三ヶ日にて九拾余名なり

一月四日　　土　曇晴風

前十時過起く、千住君来賀共に午食す　午後二時より万代軒にて年始会ありて之に出席す来会者百名計　三時半散会す、武野、長谷川へ年始に廻る　晩は小笠原等の女子集りてかるたを遊ぶ深更に至る

一月五日　　日　好天

前十時過起く、食事し直に出てて榊家へ立寄る之より向島に到り小舟を漕ぐ　帰途再ひ榊家へ立寄り五時頃帰宅

一月六日　　月　好天

前十時過起く、午後二時半頃出てて共に雑司ヶ谷鬼子母神に到る　焼鳥を食し徒歩七時頃帰宅

一月七日　　火　好天

前十時過起く　長谷川泰君年始に来る、終日在宿　晩食後かるたを遊び十一時眠に就く

一月八日　　水　好天

前七時半起き八時出勤、今日より授業を始む　午後二時より廿三年度予算に付相談あり四時過帰宅

一月九日　　木　晴

医学会、集談会出席七時帰宅

一月十日　　金　曇

後五時前帰宅、在宿

一月十一日　　土　曇小晴

後一時半頃出てて向島に到りボート、五時帰宅在宿

一月十二日　日　晴風

終日在宿、今日魁郎子斉藤子方へ転宿す（去月七日より寄宿居たるなり）

一月十三日　月　晴風

午後四時半帰宅在宿

一月十四日　火　曇寒風

午後四時半帰宅在宿

一月十五日　水　曇雨

午後二時出てて上野桜雲台に到り偕楽会初会に出席す福引等の余興あり七時帰宅

一月十六日　木　曇晴

今日より高等中学校医科二年生に代理として骨論の講義を始む、木曜日は当分の内講義時間五時間とす　随分忙敷ことにこそ、後一時より廿三年度予算に付節の内品目明細調の為め集議す、六時前帰宅

一月十七日　金　晴

午後三時教室を出てて松原新之助子の令室不幸に付悔に行く　是より本郷万木に到り教室備付け大時計三個注文し帰る

一月十八日　土　晴

午十二時より出てて向島に到ボート、五時帰宅

一月十九日　日　曇雨

午後独出てて浅草田甫より弘徳前へ散歩す四時帰宅　是より共に出てて森林子誕生日に付招に応ず　八時半帰宅椰野直、坂内虎子に年始状を認む

一月二十日　月　晴（昨夜少降雪）

午後二時過緒方青山二子と共に教室を出てて文部省に到り高等中学校独乙語入学請求の建言書を大臣に捧呈す序に医学上の教育に付顧問を置くべし云々及五個所の高中を廃し一新大学を設くべし云々意見を述ぶ　是より原桂仙君一週《ママ》忌に付原に到り次に弘田子を訪ひ九時半帰宅

一月二十一日　火　晴

午後四時半帰宅

一月二十二日　水　晴

午後四時半帰宅

一月二十三日　木　雨

午後三時より二十四年度予算に付会議、次に集談会、次に医学会、九時帰宅

一月二十四日　金　晴

午後四時帰宅、食事、出てて京橋西紺屋町国政医学会に到り「アイノ」人種運命に付演舌す九時帰宅　今日始てこたつを設く

一月二十五日　土　晴

午十二時前出てて豊国にて午食、是より厚《ママ》徳寺前にて根付二個求め向島に到る　今日は卒業祝宴に付余興とし端舟競漕を催す　良精は第二番の勝利を得たり是より八百松に到る　数多の茶番等あり歩行八時帰宅

一月二十六日　日　晴

午前出てて青山子を訪ひ同道にて浜尾子を訪ふ　此日文部大臣に建白の義に付詳細の談話をなす　終て再ひ青山子許行きて午食し三時頃帰宿　晩食後別宅にて魁、お幸等とかるたを遊ぶ十時過眠に就く

一月二十七日　月　曇雨

午後四時過帰宅

一月二十八日　火　雨

午後四時帰宅、是より長岡社総会に出席、帰途小笠原え立寄り帰る

一月二十九日　水　曇晴

午後四時帰宅、晩西郷吉及魁二子来る

一月三十日　木　晴　休日

午後二時半独出てて東仲通りに到り根付四個求む

一月三十一日　金　晴

午後四時半帰宅

二月一日　土　好天

豊国にて午食、是より向島にてボート、六時帰宅

二月二日　日　好天

午後二時半頃共に出てて向島より木下川梅園を見是より小村井江東梅及亀戸臥龍梅を見て帰る　梅花未た早し三四分通り開きしのみ

二月三日　月　半晴

午後四時半帰宅在宿

二月四日　火　曇

午後四時帰宅在宿

二月五日　水　晴

俸給を請取り午後二時教室を出てて江戸橋郵便局に到り独乙図書林に仏貨二百フランク（為換料共金五拾円三十六銭）を送る　是より東仲通りへ廻り根付一個求め帰る

二月六日　木　晴
午後四時半帰宅
二月七日　金　晴
午後四時過教室を出てて千住森に到る　晩食八時頃帰宅
二月八日　土　晴風　驚くべき暖気なり
午食後弘田子と共上野辺を遊歩す　風強くし土煙を起し不快の暖気堪へ難く二時頃帰宅
二月九日　日　雨（雪）晴
前十時半起く橋本圭三郎子来る　午食し夕刻迄談話す
小林魁子来る晩食九時半去る
二月十日　月　曇
午後五時頃帰宅
二月十一日　火　雪　休
終日在宿、寒強し積雪三四寸に至る
二月十二日　水　晴
午後四時過帰宅
二月十三日　木　晴
医学会出席、五時頃帰宅、明日原祐民君帰郷に付暇乞に行く不在、是より牛込小松へ廻る、西尾の妻人に明治十三年此方にて面会す

二月十四日　金　晴
講義を終へ十一時頃出てて帰宅、気分甚た悪し、発熱す晩三十九度二分迄昇る、咽喉カタルなり
二月十五日　土　晴
欠勤す、終日臥す
二月十六日　日　雨
終日臥す但し病気大に快し
二月十七日　月　雨
出勤す、一時半頃帰宅す、養生す
二月十八日　火　雨
午十二時帰宅加養す　今日限り高等中学校生の講義を止め明後よりは大沢子に譲る
二月十九日　水　半晴
午後四時帰宅、権兄来り共に晩食す　病気全快す
二月廿日　木　曇
胎生学講義は今日閉つ　晩食後榊家に到る
二月廿一日　金　晴
午後四時半帰宅、晩食後共に出てて両国寄へ行き十時前帰る
二月廿二日　土　曇

豊国にて午食、向島に到りボート、五時帰宅

二月廿三日　日　晴

午後五時富士見軒に到る　石黒宇宙治、入沢達吉洋行送別会なり　帰途原家へ立寄り十時前帰宅

二月廿四日　月　雨

午後四時教室より森林子を訪ひ医学商議会新設すべきことに付意見書を相談す

二月廿五日　火　晴

午後五時過出てて甲野棐子新築落成祝に招かれて行く十時過帰る

二月廿六日　水　晴風

午後四時過帰宅、在宿

二月廿七日　木　晴曇

午後四時より豊国屋にて集談会を開く　同処にて今回始てなり、終て医学会出席九時半帰宅

二月廿八日　金　雨

午後五時出てて長岡社出席、幹事改選す、良精漸く遁れたり

三月一日　土　曇晴

大学紀念日に付休業、午前九時半出勤　豊国屋にて午食し向島に到りボート

三月二日　日　晴

午前山口権三郎子の弟来訪　午後四時過共に出てて上野より浅草迄徒歩す　喜たむらにて晩食し八時頃帰宅

三月三日　月　晴

晩食後出てて原家へ立寄り次に弘田子を訪ふ不在

三月四日　火　晴

午後五時より上野桜雲台に到る「ベルリン」にして十二三名集まれり、九時同処を出てて森林子を訪ひ過日の医学商議会設立建議草案を校正す　十二時前帰宅

三月五日　水　晴

午後五時頃帰宅在宿

三月六日　木　晴

雄七郎君より魁郎子の学資とし本年二月より六月毎月金五円つつ貸渡すべし云々の手紙到る　午後五時前帰宅、晩江口襄子来訪監獄署医員推挙のことなり

三月七日　金　少雨

午刻教室を出てて宮地良治子を訪ひ監獄医たらんことを薦む直に帰室　五時頃帰室を出てて池田謙斎子及入沢達

吉子の招待を受けたるなり十時半帰宅

三月八日　　土　晴

午刻より出てて向島に到りボート、四時半帰宅、晩食直に出てて池田家へ一寸饗応の礼に立寄り木挽町実吉子を訪ふ

三月九日　　日　曇

午前より弘田子来り共に午食し午後三時頃去る、終日在宿　長岡雄叔え此頃の手紙の返事を認む

三月十日　　月　雨

午後四時半帰宅

三月十一日　　火　晴

午後四時半帰宅

三月十二日　　水　雨

午後四時半帰宅、晩浜田子来訪

三月十三日　　木　雨晴

医学会出席、六時過帰宅

三月十四日　　金　晴

午後四時半帰宅、小松修造君来訪原二児に付感考すべし云々　晩食後出て虎の門外江口襄子を訪ふ　監獄医一条なり十時半帰宅

三月十五日　　土　曇

午刻より向島に到りボート、四時半帰宅、出てて偕楽園偕楽会に出席十時半帰宅

三月十六日　　日　曇

同僚諸子と観劇を催す　前十一時出てて新富座に到る演題は鳶の者の争ひ等なり、十時帰宅

三月十七日　　月　晴

午後四時半帰宅、晩食後根岸錬子を訪ひ長岡社幹事を引渡す、原家へ立寄り帰る

三月十八日　　火　晴

午後四時半帰宅在宿

三月十九日　　水　曇少雨

正午十二時前浜田子と共に出てて文部省に到り医学商議会設立建議書を大臣に差出す　大臣は煩忙に付面会せず、直に教室に帰る　午後四時半帰宅

三月廿日　　木　曇

午後四時教室より飯田町原家に立寄り是より富士見軒に到る、時尚ほ早きを以て招魂社内を散歩す、今日は第一回日本医学会に付相談なり、帰途再ひ原家に寄り九時半帰宅

三月廿一日　　金　曇少雨　祭日
終日在宿、晩橋本圭子来り談話、故今田子令閨来訪
三月廿二日　　土　雨　構内桜花始て開く
午後四時半帰宅、在宿
三月廿三日　　日　晴
前九時半出て向島に到りボート、四時帰宅　今日は亡彰君三年忌法事に付牛込小松へ行く八時帰宅
三月廿四日　　月　雨
午後四時半帰宅
三月廿五日　　火　雨
午後五時帰宅
三月廿六日　　水　晴　構内桜花満開
今日記載解剖学講義を閉つ　午後一時丹波子と共に出て向島に到りボート、二艘にて千住大橋に到る　例の小店に於休憩す、今年始てなり六時半帰宅、晩食、共に出てて上野公園に到る、今日は第三回勧業博覧会開場式に付非常の賑ひなり
三月廿七日　　木　曇
午後四時より豊国にて集談会を開き尋で医学会出席九時帰宅
三月廿八日　　金　雨
午後四時過帰宅、悪天なるを以て長岡社例会欠席
三月廿九日　　土　雨
午後四時過帰宅
三月三十日　　日　晴
午刻出て向島に到りボート、五時帰宅
三月三十一日　　月　雨
午後四時過帰宅
四月一日　　火　晴
午刻教室を去て帰宅、森清表脚気に付入院の件に付てなり、午食し出てて向島に到りボート
四月二日　　水　雨
本日は教室不参即ち日本医学会に付教室を縦覧せしむるに由て混雑すればなり、午食し直に出てて上野公園に於て昨日より開場の第三回勧業博覧会を一見す　六時頃帰宅
四月三日　　木　晴風　祭日
午食し出てて向島に到り端舟五時半帰宅　晩食出てて浜尾新子を訪ふ不在、是より牛込小松家に寄り帰る　今日帰宅

書生森清表去る

四月四日　　金　晴

今日神戸西尾篤子出京来訪、十時出勤　午刻教室を出て陸軍衛戍病院を一見の為め同処に到る　混雑を極む由て直に去り向島に到りボート

四月五日　　土　晴曇雨

午後四時半帰宅在宿

四月六日　　日　晴

前九時教室に到る、豊国にて午食、向島にてボート

四月七日　　月　晴

午前九時前出てて一ッ橋講義室に到り日本医学会の為に演舌す　演題は「後頭孔前縁に存する骨隆起及ひ関節面に就て」なり　終て顕微鏡展覧会を一見帰宅　午食し向島に到りボート、時々雨降る

四月八日　　火　晴

今早朝在江州原馨子来訪明治十三年以来にて面会す　前八時過出勤、豊国にて午食、向島に到る、高等中学校競漕会なり、職員競漕を漕利あらす、吾妻橋より川蒸気にて永代橋迄行き偕楽園に到る　地方より出京諸子の為に繰上たるなり十一時頃帰宅

四月九日　　水　晴

前八時過出勤、豊国にて午食向島に到りボート　六時過帰宅、晩食後加賀栄三郎西尾篤子を訪ふ　帰途原馨子の旅宿を訪ふ不在十時帰宅

四月十日　　木　晴

前十時起く食事し出てて向島に到りボート、四時大学に帰り医学会出席、熱海より小松鋭吉子出京入院せるを以て見舞ふ七時帰宅

四月十一日　　金　晴

屋代善夫子札幌より出京教室へ来訪、午後一時共に出てて日暮里より道灌山飛鳥山に到り是より浅草まて乗車北村にて晩食九時帰宅

四月十二日　　土　雨曇

今日は大学競漕会なれども悪天なるを以て止む、晩景出てて上野松源に到る　旧三番舎同舎の地方より出京になるたり諸子を招待する筈なりしも行違ありて事ならず只榊弘田伊東盛雄の三子と晩食し散す時に十一時なりき

四月十三日　　日　晴

今日向島に於て競漕会を催す、前八時過同処に到る五番競漕は敗を取る　職員競漕に於て勝を得たり、選手競漕

に於ては医科勝利、快極なし、六時帰宅　晩食後共に出てて森林子許行きて祝文を頼む九時半帰宅、入浴

四月十四日　　月　曇

午前八時半出勤、十時より運動場に集り昨日医科勝利の祝賀式を行ふ　良精祝文を読む、午後一時半同処より列をなし楽隊を率ひ向島艇庫に到る　舟漕ぎ等を催し四時頃福岡楼に登り宴会を開く　快を尽し帰宅せしは十時なりき時に降雨

四月十五日　　火　雨

午前十時半出勤、後三時帰宅、書生大野今日来る

四月十六日　　水　雨曇

午前八時出勤、今日解剖学講義を始むる筈の処時を違ひ為に止む、顕微鏡演習を始む　午後一時半頃村上京四郎横浜より帰り来り　此度朝鮮より到着したる人骨、税関に於て発覚し事六ヶ敷なりし趣きに付直に同道二時三十分発汽車にて横浜に到り本町高野屋伝次郎方に投し直に税関に到り関長に面会し情実を陳ぶ　是より居留地警察署に到り同断　同処にて大に時を移し七時高野屋に帰り晩食又出ててメール新聞阪井辰次郎子次にガゼット新聞田中為次郎子を訪ひ尋で再ひ一寸警察署に到り十一時十五分発汽車にて帰京一時半帰宅

四月十七日　　木　曇晴

午前十時出勤、田中為次郎子より電報到る、直に帰宅午食し出てて午後一時二十五分発汽車にて横浜に到る　直に居留地七十番ガゼット新聞社に到り田中子に面会　是より警察署に到り署長野田子に面会此方の模様先つ宜し、税関に到れば此方は既に罰税百二拾五弗に処したりと種々談議の上高野屋に到り免税願書草し六時十五分発汽車にて帰京八時半帰宅

四月十八日　　金　晴

今日漸く記載解剖学講義を始む、午前七時出勤、後二時半過帰宅、晩村上京四郎子来り彼の一条愈罰税金百弐拾五円と極る依て其半額金六拾五円五拾銭は良精支弁するとして直に同氏に渡す

四月十九日　　土　晴

午食より弘田子と共向島に到りボート、千住の先まて行き又た例の小店にて休息す

四月廿日　　日　曇風

午前十一時頃より出てて独博覧会に入る六時過帰宅

四月廿一日　　月　晴

午後三時帰宅

四月廿二日　　火　雨

午後二時帰宅

四月廿三日　　水　曇雨

午後四時帰宅

四月廿四日　　木　曇雨

午十二時過帰宅、風邪に付臥す、医学会等欠席す

四月廿五日　　金　半晴

午後一時頃帰宅、床に臥す

四月廿六日　　土　曇雨

十二時過帰宅、加養、弘田子来訪共に晩食す

四月廿七日　　日　雨

加養、村上京四郎子再度来る　彼の人骨一条外務省の方模様悪し云々

四月廿八日　　月　曇晴

午後一時教室を出てて外務省に到り宮岡恒次郎子と面会是より文部省に立寄り三時頃帰宅、長岡社例会欠席

四月廿九日　　火　曇雨

権兄教室へ来る、午後四時教室より千住え行く七時過帰宅

四月三十日　　水　曇

午後五時前帰宅、在宿

五月一日　　木　雨

午後二時過帰宅

五月二日　　曇　金

午食より弘田子と共に博覧会に到る六時頃帰宅

五月三日　　土　雨

午後二時過帰宅、六時上野桜雲台に到る　甲野泰造子長岡病院赴任に付送別会なり十一時半帰宅

五月四日　　日　雨

終日在宿、霖雨困却す

五月五日　　月　雨

午後四時過帰宅

五月六日　　火　雨

午後四時過帰宅

五月七日　　水　雨

午後四時過帰宅

五月八日　　木　曇雨晴

医学会出席、六時過帰宅、晩山口虎太郎子来る

五月九日　金　快晴
午後総論解剖学の筆答試験を行ふ六時帰宅　晩原牛込両家へ行く
五月十日　土　曇
豊国にて午食し一時半過出て天王寺え行く　中途一寸森林子許立寄る、今日学生有志諸子と故今田子の墓に参詣す　ボート競漕に勝ちたるが故なり、終て天王寺の一僧に面会解剖体埋葬のことに付協議す、観石会を一見す
病翁様の墓に参り帰宅
五月十一日　日　快晴
午前九時共に出てて博覧会に入る、同処にて午食す、お喜美は帰る良精は残りて日没頃帰宅す
五月十二日　月　曇
午後二時過出てて上野音楽学校開校式に陪す続て文部小集の催しあり七時半帰宅
五月十三日　火　雨
午後四時過帰宅
五月十四日　水　快晴
午後四時過帰宅、晩食後出てて浜尾新子を訪ひ医学商議会のことに付談話　是より弘田子を訪ひ昨年今村子に依(マ)し(マ)置たる祐定の刀装飾出来したを受取り十二時過帰宅
五月十五日　木　晴
午後四時過帰宅
五月十六日　金　晴
午後四時より医学会委員会あり総会に付相談す
五月十七日　土　曇
豊国にて午食し弘田子と共に向島に到りボート、帰途浅草公園を遊し帰る、晩権兄来る雄叔の災難を救ふことを談す
五月十八日　日　曇雨
午前五時半起き出てて塚原周造子を訪ひ雄叔のことを次に芳川顕正子を訪ふ　是より今日の独乙語学友会場一ッ橋講義室に到る　午後一時列に加はりて飛鳥山まで行く五時半帰宅
五月十九日　月　雨
午前権兄教室え来り雄叔の談、午食直に帰宅車を命し塚原氏を訪ふ不在、逓信省に到て面会す、是より同道にて芳川氏を訪ふ不在、帰宅
五月廿日　火
朝芳川氏許到る面会はせざれども委細承知云々、八時半

教室に到る　午刻今泉氏及権兄教室に来る

五月廿一日　水　曇

午刻権兄教室え来り博覧会出品医療器械の談をす　四時半帰宅

五月廿二日　木　曇

午後四時集談会、次に医学会良精顴骨ナートに付演舌す

五月廿三日　金　晴

午刻権兄来る共に出てて博覧会に入る、六時過帰宅

五月廿四日　土　曇晴

豊国にて午食直に浅草公園江崎に到りボート部諸子と写真し向島に到りボート、帰途弘田子と共に公園の「パノラマ」を一見す、晩食後出てて海軍医官青木忠橘を訪ふ南洋人頭骨の件に付てなり

五月廿五日　日　曇

前十時共に出てて博覧会に到り終日す、晩緒方子を訪ふ在らず、新室に面会して帰る

五月廿六日　月　雨

午後四時半帰宅

五月廿七日　火　雨

午後二時より諸教授会議室に集り学生総代より選科生及国政医学講習科の件に付意見の陳述を聞く　五時過帰宅

五月廿八日　水　雨曇

午後二時より出てて中村楼に到る、長岡社例会を兼て牧野家此度長岡へ転住に付送別会なり

五月廿九日　木　曇晴

午後一時より教授会、一昨日の件なり、六時過帰宅、晩食後牛込、原両家を見舞ふ、次に弘田子を訪ふ　青山子来り居る談話一時半帰宅

五月三十日　金　晴曇

終日諸方に於て談議す、五時半帰宅、晩今田子令閨及榊子来訪、実用解剖学の校閲を承諾す

五月三十一日　土　雨

朝出勤前弘田子来訪　午後四時過帰宅、近藤九満治子出京来訪

六月一日　日　晴

午食し共に出てて博覧会に到る、六時過帰宅

六月二日　月　晴

午後二時過出てて本日は正忌日に付染井へ墓参す、午後六時寄宿舎中堂に於て学生委員諸子と茶話会を催す

六月三日　　火　晴　今日より蚊帳を用ゆ
午後四時過帰宅
六月四日　　水　晴
午後四時半帰宅、晩食後日本橋辺に到り蚊帳其他種々買物す
六月五日　　木　晴
午後二時過出て北白川宮邸に到る独乙留学温古会に出席、帰途原家へ寄る、祐民子此頃帰京になりたればなり
六月六日　　金　晴
午後四時前帰宅、在宿
六月七日　　土　晴
午後二時頃教室を出て弘田子と共に博覧会に入る
六月八日　　日　晴
午後五時頃出て共に上野公園を遊歩す、帰途林子を訪ふ
六月九日　　月　晴
午後三時教室を出てて小笠原次に近藤九満治子仮宿を訪ふ
六月十日　　火　雨
午後四時過帰宅
六月十一日　　水　雨
午後四時過帰宅　記載解剖学講義を閉つ
六月十二日　　木　晴
医学会欠席三時頃出てて弘田子と共に博覧会に入る　胎生学講義を閉つ
六月十三日　　金　晴
午後一時より教授会、選科規則に付議す、四時過帰宅、弘田子来る
六月十四日　　土　曇雨
午後四時過帰宅、晩浜田子を訪ふ
六月十五日　　日　曇雨
早朝維直君来る操子咯血云々、午前佐々木政吉子を訪ふ次に牛込を見舞ふ、午後四時前出て牧亮四郎子病気危篤に付見舞是より芳川氏を訪ひ不在に付去て偕楽園偕楽会に出席、十一時帰宅
六月十六日　　月　晴
六月十七日　　火　晴
午後四時過帰宅、晩食後共に出てて花園町に到る
今日顕微鏡演習を閉つ、是にて第三期終る、後四時過帰宅
六月十八日　　水　晴

午後弘田子と共に博覧会に入る六時半帰宅、食事直に緒方子を訪ふ大沢子来り居る談話十二時半帰宅

六月十九日　木　晴

午後四時過帰宅

六月廿日　金　晴

午後十二時半出てて芳川へ礼に行き是より牧亮四郎子の葬儀に陪す青山墓地に到る　終て麻布長与専斎子許是又礼に行く七時過帰宅

六月廿一日　土　晴

午後一時過出てて富士見楼に到る、本郷区選挙相談会なり、次に牛込え行き八時過帰る、浜田子来る

六月廿二日　日　快晴　炎熱

終日在宿、晩食後団子坂田中を遊歩す

六月廿三日　月　晴

午前十時過より春木町出火、四時過帰宅　晩青山子と共浜尾子を訪ふ大学令に付談話、一時過帰宅

六月廿四日　火　晴

午後三時半帰宅、災熱甚し、午前一年生試験

六月廿五日　水　晴　八十八度

午前一年生試験

六月廿六日　木　曇晴

午後四時より豊国にて集談会を開く、終て医学会

六月廿七日　金　曇

六月廿八日　土　曇

長岡社出勤

六月廿九日　日　曇雨

午食し独博覧会に入る

六月卅日　月　曇

午後四時過帰宅

七月一日　火　曇

朝森林子を訪ひ是より下谷区役所に到り衆議院議員選挙投票をなし今田家え立寄り教室に到る、加藤総長に面会大学令に付意見を述ぶ

七月二日　水　雨

午後四時帰宅

七月三日　木　雨

午後四時帰宅弘田子来る共に上野精養軒に到る　渡辺前総長墺国公使となりたる送別会なり、一年生顕微鏡演習試験す

七月四日　　金　雨
顕微鏡演習試験す、是にて学年全く終る
七月五日　　土　雨曇
午後一時より教授会を開く薬学科の学位等のことなり
晩偕楽園え偕楽会を催す
七月六日　　日　晴
午前弘田子来る共に博覧会に到りすしを食し、出て「パノラマ」を見共に帰宅す
七月七日　　月　雨
午後四時過帰宅
七月八日　　火　雨
帰途榊家へ立寄り夕刻帰宅
七月九日　　水　曇晴
午後三時より医学会出席、アイノ四枝骨《ママ》に就て演舌す
七月十日　　木　曇小雨
卒業授与式、終て旧総長渡辺と教授総員写真す、午後二時帰宅　出て弘田子を訪ひ共に奈良古物会に到り根付二個求む、原より牛込に到る晩食帰る
七月十一日　　金　晴
午後四時過帰宅
七月十二日　　土　晴
大学へ　臨幸あり、午後一時より教授会を開く薬学科の人に医学士等の学位を遣ることに就てなり
七月十三日　　日　晴
午前八時新橋発の汽車にて逗子へ行く弘田子同行、是人車にて金沢に到る金龍院の眺望に登る、あづま屋にて午食（外に千代本と云ふ茶屋あり）野島海岸に到り海水に浴泳す、四時過逗子に帰る（此間二里半計）是より同所海浜に到（十丁計）五時二十六分発汽車にて帰京、八時半帰宅
七月十四日　　月　晴　炎熱、八十八度
午前文部省に到る空しく帰る、在宿、晩食後共に団子坂迄遊歩す
七月十五日　　火　晴
休暇中と雖も毎日八時出勤、四時過帰宅と定む　夕刻千葉君の来宅の乞ひおきみの診察を頼む
七月十六日　　水　晴　八八度
午後四時過帰宅
七月十七日　　木　晴
午後四時帰宅、雄叔、椰野へ手紙を出す

七月十八日　　金　晴
午後四時過帰宅、晩榊子来訪
七月十九日　　土　晴
午後四時過帰宅、長岡社例会出席
七月廿日　　日　晴　土用入炎熱難堪
午前弘田子来る、午後同道片山子を訪ひ是より偕楽園に到る、熊谷省三子岡山より出京同席す、十二時帰宅
七月廿一日　　月　晴
出勤掛けに文部省に到る、空し
七月廿二日　　火　晴
晩食後牛込小松家に到り是より北海道森源三子出京に付旅宿を訪ふ
七月廿三日　　水　晴
午食より弘田子と共に両国に到り水泳
七月廿四日　　木　半晴雨
午後四時より出てて両国水泳場に到る、降雨に付空しく去る
七月廿五日　　金　雨
午後四時より帰途森林子を訪ふ
七月廿六日　　土　曇
午食より弘田子と共に両国に到り水泳
七月廿七日　　日　曇少雨
午後独博覧会に到る、是最終なるべし
七月廿八日　　月　曇
後四時過帰宅
七月廿九日　　火　曇晴
午食より独両国到り水泳
七月卅日　　水　曇
午後四時過帰宅、晩食後共に根津辺に遊歩す
七月卅一日　　木　晴
午食より大沢子寓を訪ひ、共に両国に到り水泳
八月一日　　金　晴
午後五時帰宅
八月二日　　土　雨
午前八時新橋発の汽車にて大磯行、大沢父子弘田子同行、十時半頃着、百足屋謙吉方投宿、海水に浴す、午食後鴫立沢に到る時大降雨、玉突処に入る
八月三日　　日　晴雨
前六時起く海岸を遊歩す、賀古子に逢ふ、朝食、海浴、

賀古子同宿す、午後横穴を見物旁遊歩す、海浴、夕景海岸を遊歩す、晩賀古子と玉戯をなす、十二時過眠に就く

八月四日　月　曇晴

前五時半起き海岸に到る、午前海浴、午後海浴、午後三時発車、六時半帰宅

八月五日　火　晴

前九時出勤、俸給受取る、四時過帰宅、夕刻よりおきみ腹痛、産気と認む、不眠

八月六日　水　曇雨

午前一時より用意をなす、二時医師及産婆原田へ使を出す　四時過榊順次郎来る尋て産婆も来る、五時頃千住母君も見、七時五分出産す男子出生、午後千住君来る

八月七日　木　不定

午前大学小児科に到り弘田子を訪ふ、同道帰宅共に午食す、午後榊順子来診、晩森林子来る、命名のことを相談す

八月八日　金　不定午後大雨

朝弘田令閨来訪、榊順子来診、弘田子来る、榊母堂来訪、午後林子令閨、千住老人来る

八月九日　土　不定

夕景榊順子来診

八月十日　日　晴雨

博覧会買物を受取る

八月十一日　月　晴雨

午後榊順子来診、今朝小児臍帯脱離す

八月十二日　火　不定

午前十一時出勤、産婆の見舞は今日限りとす

八月十三日　水　不定

午後弘田子来る

八月十四日　木　不定

午刻丹羽藤吉子来る、権兄見ゆ

八月十五日　金　不定

今日も在宿

八月十六日　土　不定

前九時出勤、後四時帰宅、晩食後原弘田両家に到る

八月十七日　日　不定

在宿

八月十八日　月　晴

前十一時出勤

八月十九日　火　不定

八月二十日　水　不定

八月二十一日　木　雨

前八時医学会事務所に会し総会の相談あり　大学より農科大学学科商談委員中村けらる

八月廿二日　金　雨嵐

前九時出勤、前日の委員会を開く

八月廿三日　土　嵐

不参

八月廿四日　日　晴

午刻弘田子令息を携て来る、共に豊国にて午食し上野に到る　博覧会割引売を一見す

八月廿五日　月　晴

午後四時前帰宅

八月廿六日　火　半晴

午前八時医学会事務所に到り役員投票を開く　良精同会副会頭に当選す

八月廿七日　水　晴雨

午前高橋順子の不幸を弔ひ教室に到る　午後同家の葬儀に出る、晩榊家を訪ふ

八月廿八日　木　不定

午後三時過帰宅、夕刻報知新聞社員長尾某来る

八月廿九日　金　不定

午前午後共に医学会事務所に到り会計決算をなす、帰途小笠原を見舞ふ

八月三十日　土　不定

午前医学会事務所に到る

八月三十一日　日　不定

午前医学会事務所に到る

九月一日　月　晴

医学会総会に付午前八時一ッ橋講義室に到る、午後は大学動物学、植物学、薬学教室を縦覧す

九月二日　火　半晴

午前八時講義室に到る、午後一時頃帰宅

九月三日　水　半晴

今日は総会を解剖学室に開、良精「本邦貝塚人種の骨に就て」演舌す、十二時閉会す、夕景より向島福岡楼に於て宴会を催す、伊勢錠子同道帰宅、今日権兄吐瀉病に付宅に来りて療養す時節がら大に心配す

九月四日　木　不定

終日在宿、早朝色丹島医員瀬川雅夫子出京来訪　伊勢子来診、午後弘田子来る

九月五日　　金　不定

朝伊勢子来診、十時出勤す、午後三時頃帰宅、六時富士見に到る　多田貞、筒井八百両赴任送別なり

九月六日　　土　晴

前十時出勤、午食より諸子と上野公園三宜亭に碁を遊ぶ

九月七日　　日　晴

前弘田子来る共に午食し出てて上野より汽車にて王子に到る　滝の川にて休息、午後七時帰宅

九月八日　　月　晴

今日より卒業試問を始む、午前午後共に試問し五時半帰宅

九月九日　　火　晴

午前午後共試験、晩食後弘田子を訪ふ不在、原家を見舞ふ

九月十日　　水　晴

九月十一日　　木　晴

卒業試験、午後教授会（講座の数の件）終て又試験五時半帰宅

九月十二日　　金　晴

記載解剖学講義を始む、午後四時帰宅

九月十三日　　土　晴

午後四時頃帰宅、晩山口虎太郎子来訪

九月十四日　　日　不定

終日在宿、晩森林子を訪ふ、昨夜出産ありたればなり

九月十五日　　月　不定

午後卒業試験、七時半漸く終る

九月十六日　　火　不定

午後卒業試験、五時半帰宅

九月十七日　　水　不定

午後三時半より私教授会を開き大学令改正に就てなり晩青山子来り右建議書を草す二時半過となる

九月十八日　　木　雨

朝森林子を訪ひ校正を托す　小笠原不幸悔に行く

九月十九日　　金　晴

午後卒業試験、前日の次会五時半帰宅

九月廿日　　土　晴

晩食後牛込、浜田より弘田子に到り一時頃帰宅

九月廿一日　　日　晴

午前弘田子来る

九月廿二日　月　雨

午前青山子と共に文部省に到り大学令改正に付建議書を差出す、午後一時より教授会、国家医学講習科の規則改正に就てなり、五時半帰宅

九月廿三日　火　曇雨

終日在宿、晩食後久々にて宮本子を訪ふ不在、長谷川子も亦た不在、小笠原へ立寄り十時半帰宅

九月廿四日　水　晴

晩長谷川子来訪、十一時半迄談話

九月廿五日　木　曇

午後二時より教授会、内務省開業試験を文部に属せしむる件　終て豊国にて晩食、医学会出席

九月廿六日　金　快晴

午後二時出てて長谷川子を訪ふ

九月廿七日　土　快晴

午後二時帰宅、晩食後弘田子を訪ふ不在、原家を訪ふ

九月廿八日　日　晴（十五夜）

午後弘田子と共に向島に遊歩す、花屋敷、東花園に入る大金（鳥）に晩食

九月廿九日　月　晴

九月三十日　火　晴

十月一日　水　晴曇

十月二日　木　晴

十月三日　金　曇

十月四日　土　雨

十月五日　日　雨

午前浜田弘田二子と加藤総長を訪ひ勅選議員令に付談話す、午後人類学会に出席、貝塚人骨に付演舌す

十月六日　月　雨

降雨一昨日より間断なし

十月七日　火　曇

朝芦川文部大臣の許へ浜田弘田二子と行く

十月八日　水　雨

十月九日　木　雨

午食、帰途千住母君に逢ふ父君病状悪し、青山子を乞ひ直に行く出水に逢ふ五時頃帰宅、医学会欠席

十月十日　金　曇

午後より教授相談会、高等中学校一ヶ所に第三部を置く

ことを建議すること、学科の時間を増すこと（之に委員を設く良精其一人なり）
十月十一日　土　晴曇
午食より弘田子と共に日暮里辺を散歩す
十月十二日　日　晴
午前弘田子に到り是網打として芝金杉橋に到る　行違ひありて止む、芝公園を遊歩す
十月十三日　月　晴
午後より学科時間増加委員大沢佐々木二子と会す、五時半帰宅、晩三宅秀子緒方え来り良精も到る
十月十四日　火
十月十五日　水
十月十六日　木　晴
晩食後雄叔を芝桜田本郷町の旅宿に訪ふ
十月十七日　金　曇　祭日
午後弘田子家族来る、晩食後村上え行き靴を買ひ手提を注文す（六円）
十月十八日　土　晴
午後向島に到りボート是休業後始てなり
十月十九日　日　晴
午前七時出てて芝金杉より弘田子と共に網猟に遊ぶ
十月廿日　月　晴
十月廿一日　火　雨
十月廿二日　水　雨
十月廿三日　木　雨
豊国に於て集談会、次に医学会、九時過帰宅
十月廿四日　金　半晴
十月廿五日　土　晴
午後は運動会陸上運動あり、終て弘田子と共に偕楽園に到る
十月廿六日　日　晴
弘田子来る午後共に森林子を訪ふ
十月廿七日　月　晴
十月廿八日　火　晴
長岡社例会出席
十月廿九日　水　晴
午後より青山子と共に千住森家を見舞ふ
十月三十日　木　晴
十月三十一日　金　快晴
晩食後弘田子を見舞ふ風邪、明朝独り日光行と決す

十一月一日　　土　晴雨

午前六時十五分上野発車（日光迄二等金壱円八拾二銭）十一時半頃日光着、神山方に投宿す、午食し、二時出て社内を見物す時に降雨、入町を遊覧し五時過旅宿に帰る、入浴、晩食

十一月二日　　日　快晴

前五時過起く天気晴朗、湯本行と決す、案内者を雇ひ（七十五銭）六時二十分発す、裏見滝に到る相生、白糸同処にあり、此上に日月滝あり是より一り半計上慈観、又途中初音滝あれども此二は不見、馬返し休、剣ヶ峰休此処に般若、方等二滝あり、中の茶屋休此処紅葉最も佳、華厳（高さ七十五丈）休、十二時半中禅寺着つるや休午食す　一時過発す龍頭滝（路傍にあり）、千畳ヶ原を通り湯の滝、三時半湯本着　吉見屋に投す、湯源を一見す、入浴、晩食六時頃眠を求む（宿料五十銭）

十一月三日　　月　快晴

前四時起、寒甚、未明に発す残月あり、七時半中禅寺着、つるやに休む、中の茶屋、剣ヶ峰に休みて再ひ風景を眺め、足尾銅山道追分の一茶店に休、大日池休、含満淵を見、日光出町の後の山に登る、十二時神山に帰る、二時二十五分発車（上等二円七十五銭）八時半帰宅、快楽極れり！

十一月四日　　火　快晴

九時半出勤、帰途小林家（西片町）を訪ふ

十一月五日　　水　雨

十一月六日　　木　晴

十一月七日　　金　晴

十一月八日　　土　晴

午後向島に到りボート、終て大沢岳子を訪ふ、晩食後浜田子の不快を見舞ふ、原家へ寄る

十一月九日　　日　曇

午前弘田子来る午食し共に団子坂の菊を一見す是より偕楽園に到り晩食す

十一月十日　　月　雨曇　学長交迭《ママ》

十一月十一日　　火　晴

十一月十二日　　水　雨

十一月十三日　　木　晴

午十二時より帰宅おきみと共に御苑の菊花を赤坂離宮に相観す　四時帰宅直に医学会に出席す

十一月十四日　金　晴
午後二時より教授会、医科大学の必用《ママ》を審議せり呵々！
十一月十五日　土　晴
午後は向島に到りボート、是より川蒸気にて永代橋迄行き偕楽園にて同会を催せり
十一月十六日　日　晴
午後独り上野明治美術会の油画等展覧会を見、浅草に遊歩帰る
十一月十七日　月　雨
上級俸下賜（十五日附）
十一月十八日　火　雨
教授助教授の総会あり総長より議会に対する大学の説明を述べられたり
十一月十九日　水　曇晴
十一月二十日　木　晴
十一月二十一日　金　晴
十一月二十二日　土　雨
午後一時教室より全生庵に到る故今田子一週《ママ》年忌法事なり　終て墓地へ廻り是より上野精養軒に到る　三宅氏勅任大沢氏学長に栄進せられたるに付其祝宴を催す十時帰宅
十一月二十三日　日　晴
午刻弘田子来る共に滝の川紅葉を見る
十一月二十四日　月　晴
教授会あり、学科々程改正の件なり
十一月二十五日　火　晴
十一月二十六日　水　晴
十一月二十七日　木　晴
夕景弘田子と上野へ散歩、医学会出席、十時帰宅
十一月二十八日　金　晴
長岡社へ一寸出席、是より三河町にて芳賀、山口二子の送別会
十一月二十九日　土　曇
議会開会式に付休業、午前教室に在り、午後弘田子と共に向島に到りボート
十一月三十日　日　晴
終日在宿、晩食後森子を訪ふ不在、牛込小松を見舞ふ次に弘田子を訪ひ十一時帰宅
十二月一日　月　晴

教授会あり、学科改正の次会、委員の源《ママ》案通りとなる

十二月二日　火　曇

十二月三日　水　曇雨

十二月四日　木　曇雨

牛込え行く精一君不在　弘田子を訪ひ一時帰宅

十二月五日　金　曇雨

十二月六日　土　曇晴

午食より向島に到りボート、晩食後牛込小松へ行き彰君より借用の内金弐百円返却す

十二月七日　日　晴

父上様忌日の前日に付其意を表す、弘田子来る午食、共に散歩す

十二月八日　月　晴

午後三時より上野に到り風船乗りを一見す

十二月九日　火　曇晴　昨夜風雨

十二月十日　水　晴

十二月十一日　木　曇

医学会出席

十二月十二日　金　晴

光格天皇五十年祭に付休業　午後は共に浅草に到り良一、良精の写真を採る終て花屋敷に入る

十二月十三日　土　曇

午後は向島に到りボート、晩剪髪

十二月十四日　日　晴

午後東仲通り及茅場町に到り菓子皿及火入を求む

十二月十五日　月　晴

近頃非常に暖気なりしが今朝寒冷を催す　晩偕楽会出席、百体祭に付天王寺に到る

十二月十六日　火　晴

十二月十七日　水　晴

十二月十八日　木　晴

晩大沢子許行長谷川子新大学設立発議に就てなり　一時半帰宅

十二月十九日　金　晴

総論解剖学講義を閉つ

医学会常議員会を豊国に開く

十二月廿日　土　晴

午後は弘田子と共に浅草に遊歩し、凌雲閣に登る

十二月廿一日　日　晴

終日在宿、晩食後村上に到り旅行靴一足注文し明神年の市にて熱海土産物を求め帰る

十二月廿二日　月　晴
記載解剖学講義を閉つ、午後二時より教授会、講習科の件、規程修正して置くことに決す、五時過帰宅、彼是考案の上明朝一番汽車にて出発と決し、九時過眠に就く
十二月廿三日　火　晴
午前四時過起く、五時前出立、六時五分新橋発車す　寒気甚だし八時半国府津着、人車にて熱海に向ふ江の浦にて休午食し、吉浜休、午後二時頃熱海着鈴木方に投す、出てて村内を遊歩す原田豊吉に逢ふ　小松家を見舞ふ旅宿に帰りて晩食し山本由兵衛を訪ひ同道帰宿し足崎形に付調査をなす
十二月廿四日　水　風雨
八時過起く悪天不快　午後雨止む出てて原田子訪ひ是より小松に到り晩食の馳走に成る、天晴るるを以て明朝出立と決す
十二月廿五日　木　快晴
前七時出立、峠に掛る軽井沢まて二り廿丁、休平井まて一り廿八丁休、此先きより三島道と分る、韮山まて一り半、蛭ヶ小島を見る南条まて半、午食、大仁《ひと》まて一り半、修禅《ママ》寺まで一り、四時頃着、浅羽方に投ず頼家、範頼の墓、外湯八ヶ所（箱湯、石湯等）旅宿は新井《あら》（西洋館あり）、浅羽屋、二十丁計隔てて朝日滝ありと十一時頃漸く眠を得る
十二月廿六日　金　晴
七時半修禅寺出立、古奈を通る此処湯あり山の間を通りて海岸に出つ　是処江間と云ふ江の浦獅子浜を経て牛臥山麓（我入道村）海水浴場に到る　午後一時頃なり午食す四時頃沼津着、ステーシヨン前桔梗屋にて三時間余休息　七時十四分発車九時前御殿場本宿富士屋方投宿す
十二月廿七日　土　快晴
前七時半御殿場出立、御蔚《おとみ》峠に掛る富士山の景色佳を極む　仙石原村の農家に休息し登て姥子に午後一時着午食す、是より大涌谷（大地獄）を経て（此処より涌き出つる湯を曳ひて仙石の湯あり）二の平に出てて又た登て芦の湯へ五時頃着、紀伊ノ国屋に投す、旅宿松坂はよし西洋館あり外に吉田屋亀屋都合四軒あり、是より八丁程登りて湯の花沢と云ふ所あり旅館ありと（湯もあり）
十二月廿八日　日　曇
午前八時芦の湯出立、小涌谷（湯及旅館あり）を経て木賀の見晴しにて休、伊勢屋（旧松坂屋）西洋館あり、か

めや、底倉には梅屋、津田屋、仙石屋あり、宮の下には神風（ふじや）、奈良屋よし、堂ヶ島には大和屋（休息す）あふみや江戸やあり　滝の屋は新し、平松別邸あり、白糸の滝を川向ふに見る　塔の沢には福住、藤屋、一の湯、鈴木あり玉の湯最もよし西洋館あり　湯本には福住、小川あり外湯一ヶ所あり、滝の前を見る又た正眼《げん》寺に到り曽我兄弟の像を見る　是より鉄道馬車にて国府津に到り二時半頃の汽車にて発す六時過帰宅す

十二月廿九日　月　曇晴

終日在宿

十二月卅日　火　晴

午前弘田子来る、終日在宿

十二月卅一日　水　晴

日中在宿、晩食後出てて原家へ歳暮に行き弘田へ寄り是より独り遊歩し小川町、万世橋を経て帰宅入浴、十二時頃眠に就く

明治二十四年　二千五百五十一年　1891

良精満三十二年（駒込東片町百拾番地住）

一月一日　木　晴

午前九時起く、権兄寿衛造魁公来り共に午食す、午後、篤子来る　晩は隠宅にてかるたを遊ぶ　年賀名刺五十枚ばかり

一月二日　金　晴

午前九時起く　青山、武野、小松維直、長谷川の諸子来る、午後二時過よりかるたに招待せし諸子漸次来る、四時半頃雑煮を食し直にかるたを始む　人数十七人計十一時諸子散す

一月三日　土　晴

午前九時過起く、午食し共に出てて千住に到る是より良精独牛込原へ年始に廻りて帰る

一月四日　日　晴雨

午前九時半教室に来り昨暮来の日記を録し午後二時出てて武野長谷川二軒へ年始に行き帰宅、再ひ出てて小林家へ芝明舟町に年始に行き是より富士見軒年始会に出席来会者九十名計、八時過帰宅す

一月五日　月　晴

午前大沢子許行く長谷川子来り居る過日の京都大学創設、予備門を置くことに就てなり、午後は在宿

一月六日　火　晴

午前十時教室に到る、午後榊家へ年始に行き三時半帰る

一月七日　水　晴

良一寒冒終日在宿　午後より良精も「インフルヱンツア」の気味なり

一月八日　木　晴

欠勤、医学会も同断、おきみも寒冒す

一月九日　金　晴

欠勤

一月十日　土　晴

一月十一日　日　晴

一月十二日　月　曇晴

欠勤

一月十三日　火　晴

今日より出勤す、午後二時半帰宅

一月十四日　水　晴
帰途榊家へ立寄り三時過帰宅
一月十五日　木　晴
午後三時帰宅
一月十六日　金　晴
午後三時半帰宅
一月十七日　土　晴
学生卒業宴会に付午食より向島に到る余興競漕を漕ぐ最末たり是より八百松にて宴会、九時帰宅
一月十八日　日　晴
午前権兄来る、尋で弘田子来る、共に向両国に到て晩食猪兎肉を食す
一月十九日　月　晴
教授会ありコッホ氏に大学より謝状を贈る等の件、帰途小笠原へ年始に行く、晩独乙語演舌会に出席
一月二十日　火　晴
一月二十一日　水　晴
一月二十二日　木　曇晴
午後六時より医学会出席、ジンダクチュリ〔＊合指症〕に就て演舌す九時過帰宅　今日北海道永田方正子出京教室へ来訪
一月二十三日　金　晴
一月二十四日　土　晴
ボートなし、三時帰宅、出て原家に到る故桂仙君の法事なり次に弘田子を訪ふ
一月二十五日　日　晴風
終日外出せず
一月二十六日　月　晴風
午前十時教室を出て故巌谷立太郎子の葬式に行く　午後は教授会、博士を遣るべき人物のことなり三時半帰宅
一月二十七日　火　晴
一月二十八日　水　晴
午後三時過帰宅、出て北海道永田方正子を芝桜田本郷町旅宿に訪ふ　是より長岡社総会に出席
一月二十九日　木　晴
午後四時過帰宅、晩食後弘田子の病気を見舞ふ
一月三十日　金　晴　休日
終日外出せず別宅へ書生達数名来る
一月三十一日　土　雨
午後四時帰宅、晩食後緒方子を訪ふ大沢子来り碁を囲む

十二時過帰宅

二月一日　日　晴

終日外出せず

二月二日　月　晴

二月三日　火　晴

二月四日　水　晴

二月五日　木　雨

二月六日　金　雨

二月七日　土　半晴

午後二時帰宅、弘田子来り良一に種痘を施し呉れたり序に良精喜美玉汝も種痘す、晩緒子来り碁を囲む十二時過となる

二月八日　日　晴

午後二時独出てて亀井戸《ママ》より木下川へ梅見に行く但し歩行

二月九日　月　曇

午前内務省へ行　長与子面会して結核病室其他のことに付き述んと欲す面会するを不得空しく帰る　午後一時より教室会《ママ》

二月十日　火　晴

午後二時教室を出てて江戸橋郵便局に到り独乙書肆フリードレンデルへ仏貨二百フランク（金四拾八円拾銭）の為替を出す　是より東仲通りを遊歩し根付三個求め帰る

晩宣教師スピンネル氏送別会に富士見軒に出席

二月十一日　水　晴　休日

終日在宿

二月十二日　木　晴

午後三時より医学会出席

二月十三日　金　晴

帰途雄叔君今日第一医院へ入院になりたるを見舞ひ五時前帰宅、晩食後麻布青木忠橘子を訪ふ同氏「ハワイ」行に付学術材料を依頼し十時過帰宅

二月十四日　土　曇晴

午後四時過帰宅在宿

二月十五日　日　晴

午前九時半出てて向島に到り「ボート」を以て千住まて行　例の小店にて弁当を食し、八洲園に於て競漕の相談を催し弘田子共に歩行偕楽園、偕楽会に出席す

二月十六日　月　晴

二月十七日　火　晴
午刻より弘田子と共に本所養育院へ行く
二月十八日　水　晴
二月十九日　木　晴
夕刻より偕楽園に於て佐々木文蔚子の洋行を送る
二月二十日　金　晴
三条公逝去に付休業、前十時出勤、午後は教授会、廿五年度予算ことなり、五時帰宅
二月二十一日　土　晴
午後は向島に到りボート
二月二十二日　日　晴
午前弘田子来る、共に出てて浅草大金にて午食、向島到りボート、千住迄行く
二月二十三日　月　曇
午後五時前帰宅
二月二十四日　火　晴雨
二月二十五日　水　晴
三条公葬式に付休業、終日教室にあり
二月二十六日　木　晴
晩医学会出席九時半帰宅
二月二十七日　金　雨
二月二十八日　土　雨
午後四時過帰宅在宿
三月一日　日　晴
大学紀念日に付午前九時運動場に於て祝式あり、午後向島に到りボート
三月二日　月　晴
午後六時より講義室に於て独乙語演舌に出席す
三月三日　火
三月四日　水　雨
三月五日　木　雨
三月六日　金　雨
三月七日　土　曇
午後三時帰宅弘田子来る、良一四五日来少しく寒冒
三月八日　日　半晴
午前弘田子来る午食共に出てて上野に到り勧業義済会の物品を一見し、盆栽陳列を見是より浅草に到る同所より偕楽会に出席す　大森（治）河野（衛）二子出京に付例会を繰上しなり十一時過帰宅

三月九日　　月　曇
三月十日　　火　大雨
三月十一日　　水　半晴
午後一時より米国公使屍に防腐注入を施し四時過教室に帰る、六時富士見軒に於て笠原（光）渋谷（周）の送別会に出席十時帰宅
三月十二日　　木　晴
本日解剖学総論講義を閉つ　午後三時医学会出席
三月十三日　　金　晴
午後一時より教授会、廿四年度予算の件なり解剖教室過度の減額となる　晩弘田子来る
三月十四日　　土　曇晴
午後二時半より弘田子と共に向島に到りボート　晩原家を見舞ひ弘田子を訪ふ
三月十五日　　日　晴風
諸橋勇八郎子来訪午食、晩森林子を訪ふ
三月十六日　　月　曇晴
午後三時より予算減額に付総長の演舌あり
三月十七日　　火　雨
三月十八日　　水　晴
大暖気となる榊始て芽を出す　午後三時半弘田子と共に出てて浅草に遊歩す　共に帰宅晩食共に出てて今村君を訪ふ不在
三月十九日　　木　晴
午後四時半出てて永田方正子を旅宿に訪ひ誘て偕楽園に到り支那料理を饗応す
三月二十日　　金　晴
芳川文部大臣の招待に付午後二時同官邸に到る　四時同所を出てて山王社内の茶に入り諸子と碁を囲む　十一時帰宅す
三月二十一日　　土　雨　祭日
午後緒方子許行きて碁を遊ぶ弘田子来る
三月二十二日　　日　雨
終日在宿
三月二十三日　　月　曇雨
三月二十四日　　火　曇晴
三月二十五日　　水　晴
三月二十六日　　木　晴
午後は弘田、伊勢二子と向島に到りボート、帰途弘田子と岡村にて晩食し医学会に出席す

三月二十七日　金　晴
教室より直に原家を訪ひ是より富士見軒送別会に出席
坪井（速）平井（政）戸田（成）平賀（精）四学士出発
に付てなり　帰途弘田子と今村子を訪ひ根付数個を見
十一時過帰宅　今日記載解剖学講義を閉つ

三月二十八日　土　曇雨
雄叔容体悪し、国元親族及文、三へ手紙を出す　長岡例
会欠席

三月二十九日　日　晴
弘田子夫婦子女を携て来る、午食後弘田子と共に向島に
到りボート

三月三十日　月　晴
午後は村田謙太郎子と共上野公園美術展覧会を見る

三月三十一日　火　晴
午前お喜美良一を携て雄叔君の病気を見舞ふ、午後向島
に到りボート

四月一日　水
年俸千七百円下賜の辞令書を受取る即ち百円を減ぜしな
り

四月二日　木　晴
午前雄叔を見舞ふ　文、三昨夜着京す、午後四時帰宅未
た晩食せざるに第一医院より使来る　容体悪しきを報す
直に院に到る、終夜同所にあり

四月三日　金　晴
午刻帰宅し午食す、午後二時頃病院に到る、夜十二時頃
帰宅す

四月四日　土　晴
午前九時頃良一を携て第一医院に到る、十時十五分雄叔
君遂に遠逝す年四十七、帰宅午食し直に医院に到る　日
暮に遺骸を引取る、混雑を極む

四月五日　日　晴
午前入棺、終日混雑前日に同し

四月六日　月　曇雨
葬送、午前八時過出棺、谷中天眼寺に於て葬式、谷中墓
地に埋葬、十一時帰宅、時に降雨、晩大に人数を減す
十時頃眠に就く

四月七日　火　曇晴
終日在宿、夕景弘田子来る

四月八日　水　晴

前十時半出勤、午後は向島に到りボート、桜花満開

四月九日　木　晴

前十時頃出勤、午後は向島に到りボート

四月十日　金　晴

前十時頃出勤、午後は向島に到りボート、帰途谷中墓地に到り参詣し帰る　即ち雄叔父初七日に付法事を行ふ来客拾数名あり

四月十一日　土　晴

前八時前出てて向島に到る、競漕会なり、一番及医工教員競漕を漕皆敗を取る、此度は医法科全敗にて工科全勝を占む、九時頃帰宅

四月十二日　日　晴

午後弘田田辺二子来り　散歩を促す共に出てて日暮里より飛鳥山に到て帰る

四月十三日　月　曇雨

午前七時出勤、記載解剖学講義を始む

四月十四日　火　雨曇晴

昨日奏任官二等に陞叙せらる、顕微鏡演習を始む

四月十五日　水　曇雨

午後四時前弘田子同道帰宅、共に偕楽園偕楽会に出席

四月十六日　木　雨曇

午後五時教室より直に松源に到る柳琢三、今居、森田禎太、桜井三之助四子送別会なり

四月十七日　金　曇

晩食後甲野棐子令妹の死去を弔ふ次に千駄木森家を訪ふ

四月十八日　土　曇晴

午後は向島に到りボート、千住迄行く　今日左睾丸の去月三十一日頃より少しく折衝して膿解したるを佐藤三吉子に頼み切開す　晩弘田子来る

四月十九日　日　晴

午前八時五十分上野発車弘田子と共に小金井へ行く境にて下車す、小金井橋際にて午食、花期少しく過ぐ、井の頭へ廻る、三時二十分境発臨時汽車にて新宿へ帰り、五時帰宅　晩母上様明朝御出立御帰郷に付荷造り等をなす、十二時眠に就く

四月二十日　月　晴

午前四時起く、母上様六時上野御発車を見送る、公園を散歩し七時教室に到る、午後三時帰宅

四月二十一日　火　晴　昨夜大雨

佐藤子二回めの診察を受く、午後三時帰宅、弘田子来る

四月二十二日　水　晴
午前第二医院へ行きて佐藤子に面談、午後二時半帰宅、夕刻青山子出産を見舞ひ富士見軒に到る佐々木、山極二子洋行送別会なり、佐藤、弘田二子と会合、来る二十五日（土曜日）施術と決す　帰途原家へ立寄り帰る
四月二十三日　木　晴
来る土曜日より引籠の為顕微鏡演習の順備《ママ》をなす、午後二時帰宅、権兄来り至急に今日出発帰郷す
四月二十四日　金　曇
十二時帰宅、弘田佐藤二子来る明日を約す
四月二十五日　土　曇
前六時前起く施術の用意をなす七時半佐藤、弘田、岡田の三子来る、九時手術終る、森林子見舞　午後佐藤子来て繃帯を換ふ弘田、緒方、宮本諸子見舞
四月二十六日　日　雨
佐藤子来て繃帯を換ふ　弘田、森林子等見舞
四月廿七日　月
佐藤子繃帯を換ふ
四月廿八日　火　晴
四月廿九日　水
佐藤子来て縫糸及ゴム管を除去す、弘田子来訪
四月三十日　木
午後弘田、森林子来訪
五月一日　金
午後大沢岳、片山二子来訪
五月二日　土　晴
朝佐藤子来て繃帯を換ふ、始て灌腸す　午後青山子来訪
五月三日　日　雨
午前維直君来訪、午後緒方子来訪
五月四日　月　晴
午前原祐民君来訪、午後弘田佐藤、晩宮本子来訪
五月五日　火　晴
午前灌腸、千住母堂来訪
五月六日　水　晴
午後佐藤子来る大に快癒に趣きたり
五月七日　木　晴
午後大沢岳子、晩鈴木文子来訪　今日看護婦を返納す
五月八日　金　晴
独り繃帯を換ふ

五月九日　土　晴
午刻弘田子来る
五月十日　日　晴
佐藤子来診
五月十一日　月　晴
露国太子遭難
五月十二日　火　晴
今日より水銀軟膏を用ゆ、緒子今朝夕共に来訪
五月十三日　水　晴
五月十四日　木　晴
手足を洗ふ
五月十五日　金　晴
五月十六日　土　雨
佐藤子来診明後日より出勤を欲す　始て入浴す
五月十七日　日　曇
弘田子来訪　明日より出勤すべし
五月十八日　月　晴
前七時出勤、十二時帰宅
五月十九日　火　晴
十二時帰宅

五月廿日　水　晴
十二時帰宅
五月廿一日　木　晴
十二時帰宅、午後三時より上野しんしよう亭に学生諸子と会しボートに付相談す
五月廿二日　金　晴
京都より御還幸に付休業、在宿
五月廿三日　土　晴
十二時帰宅、午食し出てて向島に到る久々にて端舟に遊ぶ
五月廿四日　日　晴
在宿
五月二十五日　月　曇雨
今朝全く臥床を去る、患部殆ど全癒只躪蹉部の瘡少しく肉芽を残すのみ、午後二時出てて日本銀行へ俸給受取に到る空しく帰る　午後六時上野停車場に到り母上様及阿兄帰京を迎ふ　六時二十五分御着時に大降雨
五月二十六日　火　曇
午後三時帰宅弘田子来る共に晩食す
五月二十七日　水　晴

午後四時帰宅、権兄来る

五月二十八日　木　晴曇

午後四時帰宅、六時大学講義室に到る　医学会例会にベルツ、スクリバ二氏コッホ氏「トベルクリン」に就て演舌せり

五月二十九日　金　晴

午後四時帰宅

五月三十日　土　晴

向島に到り小舟に遊ぶ福岡楼に休息す

五月三十一日　日　晴

終日在宿、北海道永田方正子来る　今日出発帰道に付旅費不足云々金三拾円用達てたり

六月一日　月　晴

午前小松鋭吉及小林音三郎子を病室に見舞ふ、午刻権兄来りて共に豊国にて食事す、午後教授会出席旅費支払の件なり

六月二日　火　晴

八千代忌日なれども身体未た全く旧に復せざるを以て墓参延引す　帰途小林家へ立寄る不在

六月三日　水　晴曇

午後四時帰宅

六月四日　木　雨

午後四時帰宅　昨夕刻より降り始め終日雨不止

六月五日　金　晴

午後四時帰宅

六月六日　土　曇雨晴

耳痛にて困難、十二時岸宇吉子を旅店関根方に訪ひ小林家のことを頼み直に帰宅す

六月七日　日　晴

終日在宿、富井、弘田二子来訪

六月八日　月　曇晴

午後四時帰宅

六月九日　火　晴

午前佐藤子に診察を乞ふ硝酸銀を以て充分に蝕す　午後四時帰宅

六月十日　水　晴

耳痛不宜午十二時帰宅

六月十一日　木　晴

医学会欠席　午十二時帰宅

六月十二日　　金　晴
六月十三日　　土　晴
佐藤子の診察を乞ふ、午後三時帰宅
六月十四日　　日　曇雨
午前緒方子訪ふ碁を遊ぶ
六月十五日　　月　曇雨
教授会あり学年試験の件なり、帰途長谷川へ寄る五時帰宅
六月十六日　　火　曇雨
朝長谷川泰子を訪ひ小林家跡方のこと頼む直に承諾を得、帰途小林へ立寄り四時半帰宅
六月十七日　　水　曇雨
今日授業を閉つ、午後四時帰宅
六月十八日　　木　晴
午前おきみを携て第一医院に到り乳腺炎の診察を受けしむ　良精瘍口は全く閉鎖せり、良一の体重を測る 8240.0 なり、一寸教室に立寄り帰宅　富井、弘田、岡野子等と歌舞伎座見物す（春日局及長兵衛侠客）十一時半に始まり七時半に終る是より風月堂にて晩食十時帰宅
六月十九日　　金　曇雨
午後三時帰宅、大沢謙二子来る共に緒方許行きて碁を遊ぶ一時帰宅
六月二十日　　土　曇雨
午後三時帰宅、晩食後大沢子許行きて碁、十二時帰宅
六月二十一日　　日　雨
終日在宿
六月二十二日　　月　曇晴
午後三時帰宅、晩食後牛込原両家を久々にて見舞ふ
六月二十三日　　火　曇晴
午前お喜美を携て第一医院に到り佐藤子の診察を受く帰宅午後一時教室に到る、晩食後宮本子を訪ふ不在、弘田子を訪ひ十時頃佐藤三子を訪ひ尽力を謝す
六月二十四日　　水　曇晴
学年試験を始む、午後三時帰宅
六月二十五日　　木　雨
午前七時半和辻助手次に佐藤三子約の如く来る直に手術に掛る　良精処労を以て欠勤す　弘田子来訪、佐藤子再ひ来診
六月二十六日　　金　曇晴雨
七時出勤、試験、午後は教授会、病院教室の経費を区別

する件等、後三時半帰宅　佐藤子来診
　六月二十七日　　土　曇晴
七時出勤、試験、午後三時帰宅、佐藤子来診　晩榊家を訪ふ
　六月二十八日　　日　曇晴
午食後良一を携て上野動物園に到る
　六月廿九日　　月　曇晴
午後教授会あり　過日の続きなり、四時帰宅、長岡社例会出席帰途宮本子を訪ふ不在
　六月三十日　　火　曇晴雨
午後四時帰宅
　七月一日　　水　曇
午後四時帰宅
　七月二日　　木　曇雨
　七月三日　　金　曇雨
晩顕微鏡演習試験を始む、晩食後森林子を訪ふ
　七月四日　　土　曇
試験
　七月五日　　日　雨
試験、午後一時過帰宅
　七月六日　　月　雨
午後教授会特待生選挙の件
　七月七日　　火　曇
鎌倉に於て「ストラスブルグ」会を催す大沢高橋浜田、丹波の四子出席、引網の興あり九時帰宅
　七月八日　　水　晴
第一高等中学校の卒業式に出席、午後は教室に到る　支那艦隊長官並に公使教室を一覧す
　七月九日　　木　曇
午後三時より医学会出席、五時帰宅
　七月十日　　金　曇雨
午前九時より卒業式に出席、教室に於て衣服を換ふ、午後四時帰宅、晩偕楽園に偕楽会に出席
　七月十一日　　土　曇
休業中は毎朝八時出勤すべし、午後四時帰宅
　七月十二日　　日　快晴
炎熱甚だし終日在宿
　七月十三日　　月　快晴　88℃
午食より諸子と上野韻松亭に到り碁を遊ぶ

七月十四日　　火　快晴
午後四時帰宅
七月十五日　　水　曇晴
午後四時過帰宅
七月十六日　　木　晴
午後一時より医学会常議員会を開く独乙文雑誌発行の件
弘田子来る
七月十七日　　金　曇
七月十八日　　土　晴曇
お喜美第一医院に来り佐藤子の診察を受け再ひ施術と決し明朝約す、晩長岡社出席
七月十九日　　日　曇雨
午前佐藤子来てお喜美に施術す
七月二十日　　月　曇雨
土用入なれども大に冷気なり、午刻帰宅、夕刻佐藤子来て繃帯を換ふ
七月二十一日　　火　曇雨
午後四時帰宅
七月二十二日　　水　曇雨
午刻帰宅、午後佐藤子来て繃帯を換ふ

七月二十三日　　木　晴
午後四時過帰宅
七月二十四日　　金　晴
午刻帰宅
七月二十五日　　土　晴
炎熱甚たし、午後四時過帰宅
七月二十六日　　日　晴曇
家兄来る、終日在宿
七月廿七日　　月　曇晴
午後鈴木孝子佐世保より出京久々にて大に珍し共に偕楽園に到り長談十一時過帰宅
七月廿八日　　火　晴
午後四時過帰宅 晩食後出て佐藤三子を見舞ふ、是より弘田子を訪ふ
七月廿九日　　水　晴
午後帰宅、三時過出て鈴木孝子を旅宿に訪ふ 是より安田家豆煎会に招かれ出席す十二時頃帰宅
七月三十日　　木　晴
午後四時過帰宅
七月三十一日　　金　晴

午食より弘田子と共に佐藤三子を見舞ふ

八月一日　土　晴

午前お喜美良一同道上野動物園及商品陳列所を一見す教室不参

八月二日　日　晴

出勤、午後四時過帰宅、晩食後三浦省三子を訪ふ不在小笠原へ立寄り帰る

八月三日　月　晴

午後五時頃帰宅晩食後牛込小松家を訪ふ 皆今日箱根へ遊行されしと、弘田家へ寄り十一時半帰宅

八月四日　火　晴

午前お喜美良一を伴ひ第一医院に到り佐藤子の診を乞ひ良一の体重を測る8,480gなり

八月五日　水　曇

午後二時頃帰宅、晩食後髪を切る、明朝出発の支渡をなす

八月六日　木　曇晴

前七時発す八時新橋ステーシヨン発車、十時半頃逗子養神亭に着 弘田子同行直に遊泳、午食後西岬迄遊歩、午後四時頃又た海に浴す

八月七日　金　晴

午前午後合て三回遊泳す、夕景東方明神社迄遊歩す

八月八日　土　晴

午前八時十六分発の汽車にて弘田子一寸帰京す共に鎌倉迄行く 懐古展覧会を一見し頼朝公其他の墳墓へ廻りて遊歩行逗子に帰る 時に十二時頃なり直に海に浴して午食す、午後も遊泳す

八月九日　日　晴

午前後共遊泳す、弘田子家族を伴ひ来る、午後山上の学生旅宿に到る

八月十日　月　晴

午前後共遊泳す

八月十一日　火　晴

午前後共遊泳す、午後弘田子の家族丈帰京す時にお喜美の手紙を受取る 左乳施術すと由て六時発の汽車にて帰京す九時帰宅す

八月十二日　水　晴　炎熱甚だし

午前共に第一医院に到る伊藤隼三に乞て左乳を切開す

八月十三日　木　晴　炎熱前日よりも甚し

午前共に第一医院に到り繃帯を換ふ、夕景共に良一を携て千駄木に到る

八月十四日　　金　晴

午前十時出勤す、午後四時帰宅

八月十五日　　土　晴

午前弘田子来る、午後共に良一を携て浅草に到る北村に入る

八月十六日　　日　晴

終日在宿、晩食後佐藤三、原両家を見舞ひ弘田家にて談数刻十二時頃帰宅

八月十七日　　月　曇風

終日在宿、昨十六日六級俸下賜の辞令書受取る（千八百円）

八月十八日　　火　晴

前九時出勤

八月十九日　　水　晴

前九時出勤、明日逗子旅行の為届を出す一時過帰宅　耳痛甚だし出発を止む

八月廿日　　木

終日在宿、耳痛不止

八月廿一日　　金

前日同様なり

八月廿二日　　土

耳痛減すと雖も昨夜より下痢を起す、床に臥

八月廿三日　　日

前日同様なり

八月廿四日　　月

下痢大に減す、午前弘田子来る

八月廿五日　　火　晴

下痢止む、午後良一携て共に浅草に到る　明日逗子行と決し晩荷造す十二時過眠に就く

八月廿六日　　水　晴

午前七時過出てて八時新橋発車十時逗子着、「ステーション」にて大沢家族に逢ふ十時半養神亭に着す、直に遊泳、午後も同断　晩共に葉山諏訪明神の祭礼を一見す

八月廿七日　　木　晴

朝湾西の岩まで遊歩す、二回遊泳

八月廿八日　　金　晴

鎌倉行を思ひ立ち「ステーション」に到る汽車既に発せり空しく帰途に就く　六代御前の墓に詣て帰る、二回遊

泳　夕景桜山に登る眺望よし

八月廿九日　土　晴

前八時十六分発にて鎌倉に到る先つ頼朝の墓より鎌倉社に到る茶店に休息す、是より八幡社に到り展覧会を見終て亦た茶店に休む、人力車を命して建長寺を一見して長谷三橋に投す　午食を命し出てて大仏、観音、権五郎社、星の井等を見て三橋に戻り食事す、二時二十分発の汽車にて逗子に帰る、直に遊泳す

八月三十日　日　晴

遊泳納会に付西瓜三個を寄附せり、二回泳ぐ、午後四時より宴会

八月三十一日　月　晴

朝湾西の岩に遊ぶ時に干潮にて面白きを覚ふ、二回泳ぐ午後三時十六分発にて帰京す、七時前居宅に着す

九月一日　火　晴　残暑甚だし

今日より医学会総会を始む、午前八時大学講義室に到る午後教室に来りて演舌の下調をなす五時過帰宅　良精再び副会頭に当選す

九月二日　水　晴　同断

午前八時総会出席、午後は渋谷村赤十字社病院を参観す五時過帰宅

九月三日　木　晴　同断

午前解剖教室の総会に出席、「アイノ頭骨の研究」の演舌す、諸子と共に午食し上野韻松亭に到て休息す、六時精養軒の宴会に出席す、十時帰宅

九月四日　金　晴　同断

終日在宿

九月五日　土　晴　同断

午前八時出勤、午食後諸子と不忍池弁天長酡亭に到　納涼す九時半帰宅

九月六日　日　晴

岸宇吉、鈴木券太郎子来訪、夕景共に良一を携て上野へ遊歩す

九月七日　月　晴

午前八時出勤、卒業試問を始、午前後共試問す、帰途小林家へ寄り帰る、晩食後原小松両家を訪ふ

九月八日　火　曇晴

午前午後共試問す四時帰宅す

九月九日　水　雨晴

午前日本銀行に到り俸給を受取り教室に到る　午後三時頃帰宅　共に良一を携て浅草に到る大金にて晩食し帰る

九月十日　木　晴

午前午後共試験す

九月十一日　金　晴

始業、今年より記載解剖学は田口子と分つて受持つことゝなれり　帰途鈴木券太郎子を訪ふ

九月十二日　土　晴

午後四時弘田子を伴て帰宅晩食、お喜美良一を携て薬師縁日へ行く　ワルダイエル、シュワルベ、ハルトマン三先生へ「アイノ」骨格等を送り出したる手紙を出す亦た各区の写真を封入す

九月十三日　日　雨晴

昨夜来大降雨、午後緒方子来て書画交換会へ行かんことを促す共に行く日暮帰宅、晩食後宮本子を訪ひ今日購ひたる所の三幅対及ひ春琴の雪山水の鑑定を托す十二時半帰宅

九月十四日　月　小雨晴

午前午後共試問、四時半過帰宅

九月十五日　火　晴

総論解剖学講義を始む、晩偕楽園偕楽会に出席す

九月十六日　水　晴

午後四時過帰宅、晩食後共良一を携て万世橋に到て帰る

九月十七日　木　晴　望月　秋冷

晩食後共に良一を携て田町辺を遊歩す

九月十八日　金　曇

九月十九日　土　曇雨

午後三時過帰宅、晩食後草間正名子を番町に訪ふ　帰途原家に寄りて帰る、旧一年生学年試験の残りを試問す

九月二十日　日　曇少雨

午後良一を携て白山祭礼を一見す

九月二十一日　月　曇少雨

旧一年生残りの試験終る、良一を携て根津権現祭礼を一見す

九月二十二日　火　晴曇

切り通し豊国にて午食す、四時半帰宅

九月二十三日　水　曇雨　秋期皇霊祭

終日在宿

九月二十四日　木　曇晴

午後四時過帰宅、晩食後良一を携て本郷通まて遊歩す

九月二十五日　金　曇

九月二十六日　土　曇
弘田子と共に上野広小路にて午食し向島に到る　久々て（去る四月競漕以来）ボートを漕ぐ大に疲労す

九月二十七日　日　曇
午後共に良一を携て浅草に到り之より向島七草へ廻り七時頃帰宅

九月二十八日　月　晴
午後三時過帰宅、命車三浦省三子を訪ひ小林家生計費二十五円を預け是より佐藤三子を見舞ふ不在、東仲通に到て下車遊歩、長岡社例会に出席

九月二十九日　火　曇晴
晩良一を携て共に日本橋通迄遊す

九月三十日　水　大風雨
午後四時過帰宅晩榊家を訪ふ

十月一日　木　曇少雨
晩運動会委員会に出席

十月二日　金　曇晴
午後四時過帰宅

十月三日　土　曇晴
午後弘田子共に雁鍋にて午食、向島に到りボート、帰途に上野桜雲台に到る伊藤隼三、中沢信四郎二氏送別会なり、帰途青山、森林、賀古子小店に談話す一時帰宅

十月四日　日　曇晴
午前良一を携て共に上野動物園に到る　午後は人類学会総会にて「アイノ」人頭骨を演舌す

十月五日　月　晴
午後四時過帰宅

十月六日　火　晴
午前学生入学宣誓式あり　午後三時半出てて上野彫工会競技会を一見し直に精養軒に到る　岡玄卿子帰朝、原田豊子洋行迎送会なり

十月七日　水　晴
午後二時過帰宅　良一を携て共に浅草へ遊歩す

十月八日　木　晴
医学会出席、午後五時半帰宅、晩食後良一を携て薬師縁日へ行く（すりに銭入を失ふ）

十月九日　金　晴曇
午刻切り通し畑河に到り見留印を注文す、豊国にて午食

す

十月十日　土　晴

午刻弘田子と共に出てて浅草やつこにて鰻を食し向島に到てボート

十月十一日　日　晴

午前緒方家子供を誘ひ良一を携て共に上野動物園に到る、午後静遊会に出てて狙仙猿の掛物一幅求む（金拾一円）

十月十二日　月　晴

午後五時前帰宅

十月十三日　火　晴

午後二時谷中天王寺に到り片山芳林子令閨の葬儀に陪す、是より上野彫工会を一見して島村俊一子の洋行送別会に西洋軒に出席す

十月十四日　水　曇晴

午後二時半頃弘田子と共に出てて谷中、日《ママ》暮辺遊歩し誘ひ帰宅す

十月十五日　木　晴

偕楽会出席

十月十六日　金　晴

午後四時半帰宅

十月十七日　土　晴　祭日

午前弘田子を訪ひ富井子来る共に出てて富士見軒にて午食し渋谷村より遊歩　目黒に到る角伊勢方に休息す、是より汽車にて板橋迄来り歩行帰宅す

十月十八日　日　晴

午前九時半良一を携て共に新橋ステーションに到る　弘田高木家族に落合ふ、大森にて下車、池上に到る、大に快、帰途銀座にて買物し六時半帰宅

十月十九日　月　晴

午後四時過帰宅、来る二十一日移転と決す

十月二十日　火　晴

午後一時頃帰宅荷物を片付く

十月二十一日　水　晴

朝一時間の講義を終へ直に帰宅、移転混雑を極む　午後一時頃東片町の旧宅を去り駒込蓬莱町四十五番地へ転す他は尋て来る大に疲労を覚ゆ

十月二十二日　木　晴

午後二時過帰宅、荷物を片付く、略ほ家具の極り付く、大に疲労し八時頃眠に就く、今日より二年生胎生学後年

分を始む
十月二十三日　金　晴
午後四時過帰宅
十月二十四日　土　晴
午後二時過教室を出てて新橋ステーションに到り原田豊、島村俊一二子の洋行出発を送る
十月二十五日　日　晴
午後二時過良一を携て共に出て向島に大沢岳子を訪ふ帰途浅草公園を遊歩し帰る
十月二十六日　月　晴
午後三時半帰宅、晩食後牛込小松家を訪ふ　熱海より老人出京に就てなり
十月二十七日　火　曇
午後四時過帰宅
十月二十八日　水　雨
今朝大地震あり但上方地最強　長岡社例会出席
十月二十九日　木　晴
午後二時より運動会委員会あり四時半帰宅
十月三十日　金　晴
午後四時半帰宅、七時半ドクトルベルッ氏招待に応し氏の宅に到る　十一時半帰宅
十月三十一日　土　晴
午後は向島に到りボート
十一月一日　日　晴
午前小山正太郎氏を訪ふ、午後良一を携て浅草に到る
十一月二日　月　晴
午後二時半頃より学士会クラブに到りて碁を遊ぶ十一時半帰宅
十一月三日　火　晴　祭日
午後良一を携て共に出てて道灌山を遊歩す
十一月四日　水　晴
午前より片山子と共四年生を岐阜県震災地へ出張せしむることに尽力午刻決す但し学士会よりとす　晩食後同会事務所に到り種々協議し学士十一名九時出発す、尋て諸子と碁を遊び十二時半帰宅
十一月五日　木　曇
午後四時半帰宅、晩食後運動会委員会に出席此度震災に付陸上運動見合せの件、否決
十一月六日　金　晴

午食の際弘田子と震災地実見の念を起し種々相談末出発と決す二時半頃帰宅、支渡す、晩八時半出て新橋ステーションに到る、弘田子既に在り、九時五十分発車す、車中眠を受ると云ども元より安眠するを得ず

十一月七日　土　快晴

掛川に五時過着、天白く浜松手前にて天竜川を渡りて舞坂に着す、舞坂あら井間に入江あり鷲津豊橋間の岩上に沖見観音あり　岡崎の先に矢作川あり、是より追々地震の徴現はる、十時前名古屋着、人車を以て岐阜に向て発す（九里計、価銭壱円三拾銭）枇杷島の災害此地方にて最も強、橋の落ちたるを渡る、新川、清洲を経て落合村にて昼食す仮小屋にて只寒飯のあるのみ、津下村等を過て二時頃一の宮に着す、寺院にスクリバ氏始学生等仮病院を設置せるを見舞ふ、黒田村笠松町間に木曽川流る是尾濃の国境なり、笠松は全焼す惨状最も甚たし又地の破裂、泥砂の噴出等益甚たし、加納町に続きて岐阜あり四時半頃着す、今小町玉井屋に投宿す幸にして此家傾きたれども残存せり、入浴晩食す存外に快を覚ふ何となれば此夜は殆んど露天に過す積の覚悟なればなり

十一月八日　日　晴

午前六時起く、下山順子等の一行に逢ふ、朝食を終へ外出し市中焼跡を一見す　伊奈波山（神社あり）に登る是より病院を訪ひ佐々木、馬杉の諸子に面会し見舞を述ぶ、旅宿に帰りて車を命し直に発す、一の宮より支道に入り岩倉町（千戸計）の有様を見る是又全潰なり　平田村にて小休す此辺割合損害少なし　三時半名古屋に帰着す、城市を遊覧す、一鳥店に於て食事し「ステーシヨン」に到る、午後八時十分発す

十一月九日　月　晴

午前八時三十分新橋着、一先つ帰宅し直に出勤す　午後は教授会あり製薬師会より請願の件に付てなり　午後四時半帰宅、大に疲労を覚ゆ早く眠る

十一月十日　火　曇雨

午刻帰宅　観菊会に行く時に雨降る五時頃帰宅

十一月十一日　水　晴

震災に付義捐金を集むることに時を費す四時過帰宅　晩永田方正始数子へ手紙を認む

十一月十二日　木　曇雨

午後三時より医学会出席六時半帰宅

十一月十三日　金　雨

午後四時過帰宅

十一月十四日　土　晴

午後より陸上運動会なり、午食し帰宅、良一を携て団子坂の菊を見る小林三公同道す　晩食後牛込小松へ行き故彰君より借用金の内金三百円返す　是より宮本子の新築移転を祝す同子不在

十一月十五日　日　晴

午後共に良一を携て浅草に到る　森家族に逢ふ共に北村に入り晩食す

十一月十六日　月　晴

午後弘田子と共に議事堂を見る、佐藤三子の病気を見舞ひ帰る

十一月十七日　火　晴

午後四時半帰宅

十一月十八日　水　晴

午後四時半帰宅

十一月十九日　木　晴

午後四時半帰宅

十一月二十日　金　晴

午食より西郷吉義子令閨の葬式に駒込吉祥寺に到る、夕刻より偕楽会に付偕楽園に到る

十一月二十一日　土　晴曇

早く午食を終へ板橋ステーシヨンに到り十二時二十九分発車、渋谷にて車を下り歩行駒場農科大学に到る、文部小集会なり諸教室を巡覧す甚だ面白し、帰途飯田町原家へ立寄り帰る

十一月二十二日　日　曇雨

午前弘田子来る暫時にして去る、午後は静遊会に出席、権兄来るを以て帰宅

十一月二十三日　月　曇雨　祭日

午前良一を携て共に上野に到る　商品陳列館に入る少しく雨落つ急き帰宅す、午後降雨に付他出せず

十一月二十四日　火　晴

午後四時半帰宅

十一月二十五日　水　晴

午後四時半帰宅

十一月二十六日　木　晴　急に寒気増す

午後四時より学士会々場にて碁を囲む、六時より医学会出席

十一月二十七日　金　晴

午後四時半帰宅

十一月二十八日　土　晴

午後向島に到りボートに遊ぶ二艘を以て久々にて千住まで行く　大に時を費し直に一ッ橋外大学講義室に到る、通俗講談会なり、「諸人種の身体に施す処の変状」と題にて演舌す　二時十分間を費す　帰途牛店にて晩食し十時前帰宅す

十一月二十九日　日　曇

午後良一を携て共に上野動物園に到る

十一月三十日　月　晴

午後四時半帰宅晩食後本郷出火あり、大学近火と思ひ直に出向す

十二月一日　火　晴

午後四時半帰宅

十二月二日　水　晴

午後四時半帰宅

十二月三日　木　晴

午後木下広次子母堂の葬式に伝通院に到る、一寸教室に帰り弘田子と上野を遊歩し誘ひ帰宅す

十二月四日　金　雨曇晴

午後四時半帰宅

十二月五日　土　晴

午後向島に到りボートに遊ぶ　二艘を以て千住まで行て廻る

十二月六日　日　晴

今日母上様門側の家より本家脇隠宅落成に引移らる　午後は良一を携て共に向島に到り海軍競会を見る　到れば即ち終る帰途浅草公園内を遊歩し帰る

十二月七日　月　晴

午後四時半帰宅、湯殿出来入浴す

十二月八日　火　雨

午後四時半帰宅　父上様十三回正忌日に当を以て権兄、小笠原等来る

十二月九日　水　曇

午後四時過帰宅

十二月十日　木　晴

午後三時より医学会出席「多毛症の一例」を演舌す　終て学士会事務所に於て碁を遊ぶ十二時帰宅

十二月十一日　金　晴

午後四時半帰宅

十二月十二日　土　晴

午後独向島に到りボートに遊ぶ　晩食後青山大人の死去を弔ふ

十二月十三日　日　晴

午後弘田子来る共に午食し出てて遊歩す　雑司ヶ谷鬼子母神に到て帰る

十二月十四日　月　晴

午後は青山家葬式に行く、片山弘田二子を誘ひ帰る

十二月十五日　火　晴

午後四時前帰宅、偕楽会に出席す

十二月十六日　水　晴

午後四時過帰宅

十二月十七日　木　晴

総論解剖学及胎生学の講義を閉、午後三時より教授会に出席す　六時帰宅す

十二月十八日　金　晴

今日記載解剖学講義を閉つ、午後四時帰宅、出てて長岡社例会に出席

十二月十九日　土　晴

午後向島に到りボート

十二月二十日　日　晴

今日は医科大学忘年会を向島八洲園に開く其余興として競漕を催す、午前九時過艇庫に到る、十一時頃漸く始む良精二回漕ぐ一勝一敗、三時八洲園に到る、出席員八拾余名、六時過帰宅

十二月二十一日　月　晴

休業中も大体常の如く出勤す、午後芝山内青木忠橘子を訪ふ恰も在宿、次に原直行君を見舞ふ、愛宕山に久々にて登る　天金にて晩食す、帰途神田明神年の市を一見し帰る

十二月二十二日　火　晴

午後一時より教授会、大学予算減額困難のこと大臣へ陳述委員を選ぶ、丹波良精当選す、四時過帰宅

十二月二十三日　水　晴

午後五時前帰宅

十二月二十四日　木　晴

午前七時半出てて丹波子を誘ひ文部大臣官舎に到る、大木大臣直に面会、十時過教室に至る　午後三時過帰宅、独出てて東仲通りを遊歩す日暮れて天金にて晩食、是よ

り茅場町寄席に入る、義太夫なり、十一時前帰宅

十二月二十五日　金　晴

午後一時過帰宅、良一を携て共に浅草に到る、公園内新しるこやにて休息す

十二月二十六日　土　晴

午後は向島に到りボート、千住まで行く

十二月二十七日　日　晴

午後静遊会に出席、晩天金にて食事し京橋際の寄席に入る　十時過帰宅

十二月二十八日　月　晴

午後三時頃帰宅在宿

十二月二十九日　火　晴

午後三時前帰宅、晩食後牛込小松飯田町原へ歳暮に行く、次に弘田、宮本二家を訪ふ不在

十二月三十日　水　晴

午刻教室を去りて豊国にて食事し是より独り弘徳寺前へ散歩す

十二月三十一日　木　曇少雨　例外の暖気

教室不参、天気宜しからざれば散歩出来ず、宮本子来訪晩家内集つて食事し歳末を祝す、外出すること再びに及べども不天気且つ風強い為めに空しく帰る、十一時過寿衛造新発田分営より帰京す、十二時過眠に就く

明治廿五年　二千五百五十二年　1892

良精満三十三年　駒込蓬萊町四十五番地住

一月一日　金　半晴

午前八時過起く、午前午後共紙鳶などもてあそびて良一と戯る、午後権兄来る、尋て小笠原子見ゆ共に晩食す年賀来訪大に減す

一月二日　土　曇

午前八時過起く、午後は例年のかるたを催し諸来る総て十四名家を合せて二十二人　五時頃食事を終へかるたを始む、休息にすしを出して福引の余興を催す、終て又た遊ぶ終に十二時を過ぐ

一月三日　日　晴

遂に夜を徹してかるたを遊ぶ朝七時頃諸子去る、大に疲労を覚え九時頃眠を求む　弘田子来るを以てはたさず、共に午食し又たかるたを遊ぶ　夕刻同子去る依て眠に就く八時頃醒めて晩食し尋で眠を求む

一月四日　月　半晴

午前後荏苒、午後四時頃年始会に帝国ホテルに出席す九時頃帰宅

一月五日　火　晴

午前維直君年始来訪、十一時半出て文部省内年始会に出席す　是より高橋順子に誘れて子の宅に到り碁を遊ぶ、四時頃辞して坂内虎次子を訪ふ、晩食し、帰途原へ寄りて帰る

一月六日　水　半晴

朝山下、藤二子来て今田家よりの謝儀（実用解剖学校閲の）金弐百円を持来れり、榊家を訪ふ帰りて午食し直に出てて青山墓地に到り志田林三郎子の葬儀に列す、帰途牛込小松及ひ弘田家へ廻りて帰る

一月七日　木　曇晴

午前在宿、午刻千駄木森家にて食事すお喜美良一は先きに行けり　是より今田家に到り昨日の謝儀金弐百円の半分を返辞す　小笠原家へ年始に行く、碁を囲み晩食して帰る

一月八日　金　晴

記載解剖学講義を始む、午後四時帰宅　昨日来良一寒冒

一月九日　土　晴

午後より向島に到りボート、四時半帰宅

一月十日　日　晴

午前在宿、午後二時過出てて天神魚十に到る本郷区公民会なり　議員予定の件に付相談あり六時帰宅

一月十一日　月　晴

寒冒にて難堪を以て午刻帰宅、午後弘田子来て良一を診す

一月十二日　火　雪

欠勤す、終日床中に在り、午後権兄来る、熱三十九度に昇る

一月十三日　水　晴

欠勤す、大に軽快す

一月十四日　木　晴　寒甚し

出勤す、午後四時帰宅

一月十五日　金　晴

午後四時半帰宅

一月十六日　土　曇晴

午食より向島に到る、八百松に於て卒業宴会なり、余興として競漕及茶番あり八時過帰宅

一月十七日　日　曇晴

午後森林子を訪ひ是より静遊会に到る　帰途則武子を訪ひ山水画一幅を譲り受け帰る

一月十八日　月　晴

午後四時過帰宅

一月十九日　火　晴

午後二時半教室を出てて時事新報社に到る権兄不在、下宿に廻る又不在、帰宅

一月二十日　水　晴

午後四時過帰宅、出てて京橋伊勢勘に到る偕楽会且つ伴野秀堅子欧州出張送別会なり、帰途権兄を下宿に訪ひ此度の代議士候補者に立つや否やの模様を聞く　十二時帰宅

一月二十一日　木　晴

午後四時過帰宅、権兄来る共に晩食す候補は愈々止ることに決す

一月二十二日　金　晴

午後三時より大沢緒方二子と学士会事務所に到り碁を囲む　十二時帰宅

一月二十三日　土　晴

午後向島に到りボート、五時帰宅

一月二十四日　日　晴
午前一寸良一を携て槇町迄行く、午後は良一を携て共に浅草へ行く潤子同行、しるこやにて休息五時頃帰宅
一月二十五日　月　曇晴
午後二時より教授会、選科及講習科入学資格（高等中学医学部卒業と同等のものは入学を許す）の件なり五時半帰宅
一月二十六日　火　雨
四時過帰宅
一月二十七日　水　晴
午後三時頃より学士会に於て小藤文子と碁を囲む　五時帰宅
一月二十八日　木　晴
午後三時半帰宅、医学会欠席、長岡社総会に出席九時帰宅
一月二十九日　金　曇
午後二時過より学士会に到り碁を囲む終に十二時となる
一月三十日　土　晴　祭日
午前良一を携て近辺を遊歩す、今日は隠宅にて書生会あり権兄の催しなり
一月三十一日　日　曇
終日在宿、晩断髪す
二月一日　月　晴
昨夜少しく雪降る　午後四時半帰宅
二月二日　火　晴
午後五時帰宅
二月三日　水　晴
久々にて尿量を測りたるに一七〇〇、〇瓦ありたり　午後四時半帰宅
二月四日　木　降雪
午前より雪降り始め日暮れて尚ほ止まず、三時半学士会に到り囲碁、五時過帰宅
二月五日　金　晴
俸給を受取る、四時半帰宅
二月六日　土　晴
午前権兄を訪ひ馨方向を定め医学修業と決することに付相談し是より江戸橋郵便局に到り独乙書林へ為替二百フランク（五十四円十銭内四十八銭手数料）を出し教室に到る時午十二時に近し、午食し向島に到りボート千住ま

で行く六時帰宅

二月七日　日　晴

午前共に千駄木森家を訪ふ此頃同家にて地所家屋を購買されたるを以てなり、夕刻独り出てて向両国に到り猪肉を食す是より両国寄に入り十一時前帰宅す

二月八日　月　雨

午後二時教授会あり、卒業証書署名件、従前の通と決す終て碁を囲む十一時半帰宅

二月九日　火　晴

午後四時半帰宅

二月十日　水　晴

午後四時半帰宅

二月十一日　木　晴　祭日

午前良一携て近辺遊歩、権兄、次に弘田子来る、午食し弘田子と遊歩、上野より浅草に到る凌雲閣に登る、本郷伊勢利にて鰻を食し帰る

二月十二日　金　雨

今夜尿量一七五五瓦ありたり(去る三日の記事を見るべし)午後一時より学士会に於て碁を囲む、三時より医学会出席六時半帰宅

二月十三日　土　晴

午後は向島に到りボート、帰途屋井琢子を訪ひ馨のことに相談し七時頃帰宅

二月十四日　日　雨

終日在宿

二月十五日　月　曇

午前九時教室より下谷区役所に到り衆議院議員の投票をなす解散に付総選挙なり、前回の如く津田真道子を選ぶ直に教室に帰る　午後四時より医学会常議員会を学士会事務所に開く終て囲碁、十二時帰宅

二月十六日　火　晴曇

今日種痘す　午後四時半帰宅

二月十七日　水　晴

午後五時帰宅

二月十八日　木　晴

午後四時半帰宅

二月十九日　金　雪晴

昨夜より大に雪降る、五六寸積る、午前に止む　午後四時過教室より直に偕楽園に到る医院諸君の「ベルツ」氏饗応の列に加入す夜半一時帰宅

二月二十日　土　晴

午後は向島に到りボート、五時帰宅

二月二十一日　日　晴

午前良一を携て近辺を遊歩す、権兄来る　午後共に良一を携て浅草に到る花屋敷に入る、五時帰宅

二月二十二日　月　昨夜来雨

午後二時より教授会あり格別要件にあらず、終て囲碁、五時半帰宅

二月二十三日　火　晴

お喜美乳患に付午前九時共に医院に到り診判《ママ》を乞ふ　午後二時帰宅、夜良一飲乳に付困難す

二月二十四日　水　雨曇

午後四時半帰宅

二月二十五日　木　曇

午後六時より医学会出席終て学士会事務所に於て囲碁、十二時過帰宅

二月二十六日　金　晴

午後四時半帰宅

二月二十七日　土　晴風

強風に付ボート休む、午食より学士会事務所にて囲碁、五時頃出てて上野桜雲台に到る医学士近藤次繁同与十二子洋行送別会に出席九時帰宅

二月二十八日　日　晴風

強風に付終日在宿

二月二十九日　月　晴

正六位に叙せらる、帰宅午食し再ひ教室に到る四時半帰宅、長岡社例会に出席

三月一日　火　雨晴

大学紀念日に付休業、午前九時式場に到る終て学士会事務所に到り囲碁、五時帰宅、晩食後弘田子を訪ふ寒風強し

三月二日　水　晴

午後は弘田子と共に向島花屋敷に到る、ボートに遊ぶ六時帰宅

三月三日　木　雨

午後四時帰宅、晩食後宮本仲子の病気を見舞ふ

三月四日　金　曇

午後四時半帰宅、良一を携て千駄木森家を訪ふ

三月五日　土　雨

午後は学士会にて囲碁、四時過帰宅、安田正則君方にて
旧友会あり之に出席す

三月六日　日　雨

終日在宿、朝神保小虎子来訪

三月七日　月　曇晴

午後三時より教授会、終て会食す九時半帰宅

三月八日　火　晴

午後四時半帰宅

三月九日　水　晴

午後一時より一ッ橋講義室に於て人類学会の「アイノ」
演舌あり、良精はアイノ骨格説明す、帰途佐藤三子を訪
ふ次に賀古子を見舞ふ不在

三月十日　木　晴

医学会出席、六時帰宅

三月十一日　金　雪晴

昨夜より雪降る、午後四時半帰宅、永田方正子へ催促状
を認む

三月十二日　土　晴曇

午後は向島に到りボート

三月十三日　日　雨曇

午後は良一を携て近傍を歩す又た千駄木へ行く

三月十四日　月　晴曇

午食後本郷警察署長入江忼一郎子を訪ひ添書を乞て下谷
警察署長に面会し谷中墓地充満に付合葬のことに付相談
す、帰途小林家へ立寄り五時頃帰宅

三月十五日　火　晴曇

晩偕楽会に偕楽園に赴く十時半帰宅

三月十六日　水　晴

午後二時半帰宅直に支渡し良一を携て共に浅草に到る

三月十七日　木　晴

午後五時帰宅、「オロッコ」人頭骨の論文医学会雑誌に
掲載するに付綴稿す　一時半に到り漸く終て眠に就く
総論解剖学の講義を閉つ

三月十八日　金　雨

午前下谷警察署に到り署長安立子に面会す　過日の件好
都合なり、四時半帰宅

三月十九日　土　雨

午後は学士会に於て囲碁、六時より上野松源に到る即ち
同県人隈倉法学士、田村、伊東《ママ》（弥之次）鈴木三医学士
及ひ山崎千葉医学部卒業の祝宴なり、十時過帰宅

三月二十日　日　晴　祭日

午前良一を携て一寸近傍を遊歩す　其他在宿

三月廿一日　月　晴

午後向島に到りボート、帰途晩食後牛込小松家へ悔みに行く　在松本老人死去に就てなり

三月廿二日　火　晴

午食より向島に到りボート、帰途長谷川子を訪ひ六時頃帰宅

三月廿三日　水　曇雨

午後四時前入江忼一郎子を訪ひ同にて下谷古物店二軒に到る　根付二個を求め帰る

三月廿四日　木　雨

午食より弘田子と共に本所養育院に到る　是より医学会に出席九時頃帰宅

三月廿五日　金　曇晴

記載解剖学講義を閉つ、午食より下谷の古物店に到り根付け九個求む、是より向島に到りボート、北風烈し、五時頃教室に帰りて飯田町原家を訪ひ富士見軒に到る　中川（剛）中原（真）及伊庭の三学士送別会に出席帰途弘田子を訪ひ十時頃帰宅す

三月廿六日　土　晴

尚未た霜殆んと寒中の如し　午後は向島に到りボート

三月廿七日　日　晴　強風

終日在宿

三月二十八日　月　曇

村尾元長氏教室に来りて蝦夷風俗略編纂に付其校閲を依頼さるる　午後は向島に到る、チヤンピオン諸子と千住まて行く、諸子の下宿にて晩食し十時帰宅

三月二十九日　火　降雪

午後四時過帰宅、長岡三島億二郎翁死去に付悔状を認む

三月三十日　水　晴

午後は向島に到りボート、五時過帰宅

三月三十一日　木　晴

数日来の好天気なり、十二時帰宅、良一を携て共に浅草に到る　別れて良精は向島に到りボート、六時半帰宅

四月一日　金　晴

午後は向島に到りボート

四月二日　土　晴風

午後向島へ行かんとして出掛けたれども舟出ざる由に付

博物館に入りて帰る

四月三日　日　晴（嵐あり）

午前十時頃弘田子来る共に出て向島に到る、福岡にて弁当を食す　午後二時天眼寺に到る故雄叔一週《ママ》忌の読経に列す　終て墓所に詣し帰宅し尋で小林家に到り晩食し十時過帰宅

四月四日　月　晴

午後は向島に到りボート、六時帰宅

四月五日　火　晴

午後は向島に到りボート

四月六日　水　晴

午後は向島に到りボート、晩食後原家に到り信哉子此度落第に付以後のことに付談し従前の通り附属中学通学を奨励す　十一時半帰宅す

四月七日　木　晴

学士会にて午食し向島に到りボート、大に疲労し七時頃帰宅

四月八日　金　晴

午前九時過花御殿東宮職へ出頭し運動会へ下賜金を受取り大学へ立寄り帰る　午後は良一を携て共に浅草公園に到り江崎にて良一の写真を写しるこやに入り次に花屋敷を見て帰る

四月九日　土　晴　大に暖

競漕会なり、午前八時過出て向島に到る、三番競漕を漕ぐ勝利、医工職員競漕は敗を取る、学士競漕は廃止となる　医科の「チヤンピオン」に敗を取りしは残念なり七時頃帰宅

四月十日　日　晴風

午前九時起く、午後佐藤三吉甲野棐子の類焼を見舞ふ近年の大火なり

四月十一日　月　晴

今日より例年通り午前七時出勤、記載解剖学を始む

四月十二日　火　雨

午後四時帰宅

四月十三日　水　雨晴

午後四時より田沢愛女の遭難を見舞ふ先つ子の住宅に到る　第二医院に在る趣に付同処に到る　是より上野松源に到る関場、北村、鶴田、田中の諸学士赴任に付送別会なり　今日顕微鏡演習を始めたり

四月十四日　木　晴　上野桜花満開

午後弘田子と共に上野公園を遊歩す、是より医学会に出席す

四月十五日　　金　晴

午後三時半帰宅

四月十六日　　土　晴

午食して帰宅す、午後共に良一を携て上野動物園に入る

四月十七日　　日　曇

午後は良一を携て飛鳥山に到る　晩牛込小松及飯田町原家え行く

四月十八日　　月　雨

午後三時より学士会事務所にて教授会あり終て食事す　七時過より寄宿舎に於て運動会委員会あり出席す　去る競漕会に於て第十三番レース廃止の当否の件なり十一時帰宅す

四月十九日　　火　晴

午後三時頃教室を出て市ヶ谷三宅雄二郎子を訪ふ南洋人頭骨二個を得るの約束し帰途水道町の古物店に寄り根付四個を求め帰る

四月二十日　　水　晴

午後四時過小林へ立寄りて帰宅す

四月二十一日　　木　晴曇

午前郷里人小林伝作二国万次郎二子教室へ来り新潟県中学校の件に付談話あり　午後三時出てて権兄を訪ひ中学校に付相談す

四月二十二日　　金　晴

午前八時講義を終へ直に辻文部次官を居宅に訪へ中学校に付意見を述べて教室に帰る　午後其模様を小林伝作子許行て報す再び教室に帰り四時半過帰宅

四月二十三日　　土　晴

午食より弘田子と共に上野美術展覧会を見、歩行し子を誘ひ帰宅休息し又出て清大園に入る、別れて帰る

四月二十四日　　日　晴

午前弘田子来る共に午食し出て染井植木屋を見る　其中桜草を陳列せるものあり甚見事なり是より畑道を歩し飛鳥山に到る　同処にて田辺、富谷二子に逢ふ共に滝の川へ廻りて帰る

四月二十五日　　月　曇晴

良一昨夜来下痢発熱す、午後一時より教授会あり、高等中学改正、普通文科及同理科と分け三年とすること及ひ医科大学に大影響を及ぼすことに付てなり、五時頃帰宅

四月二十六日　火　雨

午後四時半帰宅

四月二十七日　水　雨

午後四時半帰宅、甲野子来訪共に晩食す

四月二十八日　木　曇

午後三時帰宅出てて牛込小松令閨の病気を見舞ひ次に青山子を訪ひ次に長岡社出席、医学会欠席

四月二十九日　金　晴

午後四時半帰宅

四月三十日　土　雨

午後三時頃より学士会にて囲碁、五時半帰宅

五月一日　日　曇

早朝橋本圭三郎子を誘ひて文部大臣を官舎に訪ふ、不在、帰途波多野子を訪ひ帰る　以後在宿

五月二日　月　雨　第三期議会招集

晩医科大学会食、八時過帰宅

五月三日　火　雨

早朝橋本子を誘ひて文部大臣を官舎に訪ふ又不在、帰途橋本子の宅に寄り九時半教室に到る　午後四時帰宅晩食し出て神田福田亭に到る北越医会評議員会なり、良精其会長を止得已して承諾す、十時帰宅

五月四日　水　雨

午後四時半帰宅

五月五日　木　晴

俸給を受取る、午後四時帰宅、晩牛込小松家を訪ひ金弐百五拾円を飯田町《ママ》家へ返却す

五月六日　金　雨

午後四時半帰宅

五月七日　土　晴

午食より弘田子と共に上野に到り園芸品評会を一見し四時帰宅　晩食後出て桂秀馬子許行く甲野棐川上元二郎二子来る　此度北越医会々報川上子引受に付其引渡に付てなり十時帰宅

五月八日　日　晴

午前権兄寿衛造来り共に午食す、午後良一を携て共に上野公園に到る動物園に入り五時帰宅

五月九日　月　晴　蚊帳を用ゆ

午後四時半帰宅

五月十日　火　雨

午後四時半帰宅、近頃季《ママ》候甚不順寒暖交来る
五月十一日　水　雨
午後四時半帰宅、断髪
五月十二日　木　晴
午後三時より医学会出席六時半帰宅
五月十三日　金　晴
総論解剖学の試験をなす（筆答）午後六時過帰宅
五月十四日　土　曇
午食を終へ帰宅、原祐民君来訪、夕景千駄木森家へ良一を携て共に行く、良精は是より斎藤祥三郎子訪ふ不在
五月十五日　日　雨
午刻出て小石川植物園に到る渡辺旧総長帰朝の祝宴を兼ね大学園遊会を催す　雨天にて園遊するを得ず五時頃帰宅
五月十六日　月　雨　議会停会
医科会食日なり八時頃帰宅、透子米国へ渡航に付暇乞に来る
五月十七日　火　晴
午後四時過帰宅在宿
五月十八日　水　晴
午後四時半帰宅、三宅雄二郎子来訪
五月十九日　木　晴
午後学士会にて囲碁　午後四時過帰宅、晩北越医評議員会を神田福田屋に開く　十時半帰宅
五月二十日　金　晴
午後四時過帰宅、晩食後牛込小松家を見舞ふ次に弘田子を訪ふ不在
五月二十一日　土　晴
午食し直に小石川植物園に到る第二回医科大学懇親会なり　綱引きの余興あり六時半帰宅
五月二十二日　日　晴
終日在宿、午刻斎藤祥三郎子来訪
五月二十三日　月　曇
午後二時より教授会、高等中学校改正の件なり、緒方、良精委員として辻、浜尾へ行くことに決す
五月二十四日　火　雨
朝緒方子を誘ひ辻へ行き医科教授の意見を述ぶ、九時教室に到る、午後四時半帰宅
五月二十五日　水　雨
今朝尿量一八八瓦ありたり（去る二月十二日記事を見る

べし）午後四時半帰宅

五月二十六日　木　晴

午後四時半帰宅、晩食後緒方子を誘ひ浜尾子を訪ふ不在次に三宅子を新居に訪ふ

五月二十七日　金　雨

午後四時半帰宅　長岡社欠席

五月二十八日　土　晴

午食し帰宅、園の地ならしをす、晩食後緒方子を誘ひ浜尾子を訪ふ　高等中学校改正の件に付医科の意見を述べ十二時半帰宅

五月二十九日　日　晴

午後良一を携て共に浅草に到る花屋敷に入る五時帰宅

五月三十日　月　晴

午後四時前出て芝紅葉館に到る米国博物学者アガシー氏父子我国来遊に付理科諸子の同氏饗応せるに加はりたるなり

五月三十一日　火　晴

帰途小林家へ立寄り五時帰宅

六月一日　水　曇雨

午後は学士会にて碁、六時帰宅、晩食出て牛込小松、飯田町原家に到る

六月二日　木　雨晴

午刻帰宅、食事す、小松操子来る母上様共に吉祥寺に到る　清心院七回忌の仏事を営む終て染井へ墓参す四時帰宅

六月三日　金　晴曇

午後四時半帰宅

六月四日　土　晴

午刻帰宅食事し出て明治生命保険会に到り申込をなさんとす　印東玄得子診査医として談す　到底経約《ママ》は六ヶ敷云々申込書を持ち帰る大に失望す

六月五日　日　曇

午前権兄来る、午後良一を携て金魚を求むるために共に外出偶然植物園に入る

六月六日　月　曇

午後四時より教授会並に会食日なり終て囲碁、十一時過帰宅

六月七日　火　曇

晩偕楽会出席、此回は高等医学部主事出京に付共に会す

十一時過帰宅

六月八日　水　曇

午後四時半帰宅

六月九日　木　雨

午後四時半帰宅

六月十日　金　雨

記載解剖学講義全く終りて閉つ　午後三時教室を出て芝村尾元長子を訪ひ北海道誌を求む　是より紅葉館に到る「ベルツ」子一時帰国に付送別会なり　十二時帰宅

六月十一日　土　雨

午食し緒方子と学士会に到り碁、五時帰宅

六月十二日　日　晴

終日在宿

六月十三日　月　曇

午後六時半帰宅、椰野よりおやす出京療養のことに付書面来る　晩其返事を出す

六月十四日　火　雨

午後四時過帰宅

六月十五日　水　雨　特別議会閉会

早朝小松精一子来訪、顕微鏡演習を閉つ　午後五時過帰宅

六月十六日　木　雨

午後学士会にて碁、六時帰宅

六月十七日　金　曇

午食を終り独り芝公園内美術展覧会に到り根付一個求め六時帰宅

六月十八日　土　雨

今日より記載解剖学試験を始む、午後四時過帰宅

六月十九日　日　雨

試験の為め出勤、午後一時過帰宅、夕景良一を携て雀を買ひ帰る

六月二十日　月　雨曇

午後三時より学士会にて碁、会食し十二時過帰宅

六月二十一日　火　曇

出勤せず終日在宿、晩食後良一を携て共に近辺を遊歩す

六月二十二日　水　曇

午前赤坂新坂町北里柴三郎子を訪ふ面会せす、牛込小松家へ立寄りて教室に到る

六月二十三日　木　曇

午後三時より学士会にて碁、六時より医学会出席

六月二十四日　　金　半晴

午前十時半出て三浦省三子を訪ひ、銀座に到り権兄を訪ふ同所にて午食し佐々木政吉、宇野朗二子帰朝を新橋に出迎ふ、弘田子と同道帰宅、是より共に斎藤祥三郎子許に到る同氏小児病気に付てなり

六月二十五日　　土　晴

六月二十六日　　日　晴

午後四時帰宅、在宿

六月二十七日　　月　半晴

夕刻より長岡社例会出席、高橋邦三子英国行送別を兼ぬ

午後二時より教授会あり、四時より医学会評議員会あり総会に就ての件なり終て食事す、一寸帰宅し直に上野停車場に到る九時十五分おやす安着す久々の面会大に快

此日村田謙太郎子死去す

六月二十八日　　火　雨

今朝下痢困却す押て十二時頃出勤す、顕微鏡演習試験す、問題を出して後学士会にて休息す、五時過帰宅　神保小虎子洋行送別会出席の筈の所断る　晩青山子来る

六月二十九日　　水　晴

欠勤届を出す、呉秀三子故村田子の弔詞を起草し持来る

六月三十日　　木　晴

教室不参、午後二時故村田子葬式に列す、医学会員に代り弔詞を読む終て直に帰宅、甲野子来る尋て弘田青山二子来る、二子晩食し帰る

七月一日　　金　晴

今日出勤、おやす入院す、甲野子速に手術す、午前午後共病院にあり五時頃帰宅、梛野へ手紙を出す

七月二日　　土　晴

前八時出て病室を見舞ひ教室に到る　午後顕微鏡演習試験す　五時大沢青山弘田四子と学士会に会合、青山子第二医院え行くことに付談合す、食事し十一時頃帰宅

七月三日　　日　晴

午後一時出勤試験す、病室を見舞ふ

七月四日　　月　晴

午後は学士会にて碁、医学会総会の宴会委員の会合あり尋で会食す、十二時過帰宅

七月五日　　火　晴

七月六日　　水　晴

午後は学士会にて碁

七月七日　木　晴
午後三時頃学士会にて休息す炎熱甚しきを以てなり　夕刻帝国ホテルに於て宇野、佐々木、北里、後藤四子の帰朝祝宴あり之に出席す、午前一年生顕微鏡演習を補ふ

七月八日　金　晴
午前おやす退院す、午後三時帰宅、北里子教室に来りて原家の相談をなす　晩ベルツ子招待に応ず、十一時頃帰宅　望月明かなり

七月九日　土　晴
午前教授総会あり出席すと雖も学生服制の件にて面白からざれば去て顕微鏡補習をなす　晩食後牛込小松及原へ行く

七月十日　日　晴
卒業証書授与式に付午前九時出学十一時帰宅

七月十一日　月　晴
午前九時出勤、午後五時帰宅

七月十二日　火　晴雨
午後は学士会にて碁、時に雷雨、五時帰宅

七月十三日　水　晴雨
午後三時過弘田子を誘ひ帰宅、共に晩食す

七月十四日　木
晩食後千駄木へ行く皆留守

七月十五日　金　曇雨

七月十六日　土　晴　冷
午後四時帰宅、小児等を携てゑんま堂へ金魚を買に行く晩共に千駄木へ行き晩食す

七月十七日　日　晴
午後厳良一を携て共に浅草公園に到る

七月十八日　月　晴
午後は高橋子と学士会にて碁、六時帰宅

七月十九日　火　晴
午後五時帰宅

七月廿日　水　晴
午後四時半帰宅入浴出て富士見軒に到る　伊藤弥之次子丸亀在勤赴任を送る

七月廿一日　木　晴　夜大雨
午後五時帰宅

七月廿二日　金　曇雨
午後四過帰宅、実用解剖学第一巻校正終る

七月二十三日　土　曇雨

午後は高橋子と学士会にて碁、五時過帰宅

七月二十四日　日　曇雨

午後良一を携て団子坂下に於て小魚を採る　晩牛込小松に到り玉汝の件望なきを談す

七月二十五日　月　曇雨

午後四時半帰宅

七月二十六日　火　雨

午後四時半帰宅

七月二十七日　水　晴

午後は高橋子と学士会にて碁

七月二十八日　木　晴

午後緒方子等と学士会にて碁

七月二十九日　金　晴

炎熱甚し午刻帰宅、午後寿衛、文、原田等を誘ひて舟を傭ひ隅田川にて泳ぐ

七月三十日　土　晴

午後四時半帰宅

七月三十一日　日　曇雨

終日在宿、晩榊家を訪ふ

八月一日　月　曇雨

学士会にて午食且三回碁を遊ぶ、五時過帰宅

八月二日　火　曇雨

教室に於て大に仕事す、五時帰宅

八月三日　水　曇雨

午後学士会に於て高橋子と一寸碁を遊ぶ、五時帰宅

八月四日　木　晴

四五日来大に冷気日中二十六七度位　アイノ骨格論文綴り終る今日より通見す

八月五日　金　晴

俸給を受取り（緒方氏のものも共に）午食し教室を去り緒方子留守宅を訪ひ俸給を渡し帰る

八月六日　土　晴

午刻帰宅、良一誕生日に付小集す、梛野へ手紙出す

八月七日　日　曇

御祖母様二十七回忌に付権兄来り共に午食す

八月八日　月　晴

午後五時過帰宅、明朝興津行と決し其支渡をなし十二時眠に就く

八月九日　火　曇

前四時半起き五時発し、六時新橋発車す、山北小山間凡七個の「トンネル」あり　天曇りて富士の景を眺むることを得ず、十一時四十分興津着、水口半十郎海水楼皆満員なり寺院にも明坐敷なし其他一二の旅宿も亦た然り不得已下等旅宿十文字屋忠作方へ宿す、午食を終り遊泳す夕刻同し、晩安眠せず

八月十日　　水　曇晴

前五時起く海岸西方へ遊歩、朝食遊泳七時発して久能山へ行（人力車六十五銭、里程四里ありと）龍華寺の蘇鉄を見る稀なる大樹なり　亦た観音堂へ登る田子の浦の眺望佳良なり九時四十分久能着直に登山、金二十銭を供へて社殿宝物等を一覧す　十一時半下て午食す、午後二時興津へ帰る、泳、夕刻又泳晩食後東方へ遊歩す

八月十一日　　木　曇

前五時起く、午前読書、海波荒し、午食前泳、午後おきみへ手紙を出す亦おきみの手紙を受取る、町後の山へ登る且つ同処に於て読書す夕刻泳

八月十二日　　金　晴

前五時起、朝食後泳、読書午食前泳、午後読書、四時頃より山へ登る　泳、晩遊歩す

八月十三日　　土　晴

前五時起く、泳、朝食読書、泳、午食、読書、四時頃より山上にて読書　泳、晩食、遊歩、一寺内に縁日あり

八月十四日　　日　晴

前五時起く、泳朝食、読書、泳、午食、読書、おきみの手紙を受取る返事を出す、清見寺へ登る、泳晩食、遊歩

八月十五日　　月　晴

前六時起く、泳朝食、読書、泳午食、午後三時十三分発の汽車にて帰途に就く、熱さ甚し、富士晴れて景色佳し九時四十五分新橋着十一時前帰宅　旅行総入費七円計

八月十六日　　火　晴　三十五度に達す

終日在宿、炎熱堪へ難し

八月十七日　　水　晴

前九時前出勤、小松精一君教室へ来る　五時前帰宅

八月十八日　　木　晴

午後五時帰宅、晩榊子来訪

八月十九日　　金　晴

午後五時過帰宅

八月二十日　　土　曇晴

午後五時帰宅

八月二十一日　日　晴
終日在宿
八月二十二日　月　曇晴
午後四時半帰宅、晩食後宮本子を訪ふ
八月二十三日　火　晴
アイノ論文の清書を始む、桂重恭子新発田に於て病院開設に付祝文を出す、午後五時帰宅、晩食後甲野子を訪ふ
八月二十四日　水　晴
午後五時帰宅
八月二十五日　木　晴
午後五時帰宅、午後一時より医学会総会に付委員会
八月二十六日　金　曇晴
午前良一を携て共に浅草公園へ行く、後在宿
八月二十七日　土　晴
午後六時帰宅
八月二十八日　日　晴
常の如く教室出勤、午後五時過帰宅
八月二十九日　月　晴
午後六時帰宅
八月三十日　火　晴
午後六時帰宅
八月三十一日　水　晴
午前医学会委員会へ出席　役員投票を開く良精又副会頭に当選す、午後五時帰宅
九月一日　木　晴
今日より三日間医学会総会なり、午後八時過神田錦輝館に到る　午後一時閉会、帰宅、午食す
九月二日　金　晴
午前七時出て新橋ステーションに到る、八時十分発車、目黒恵比寿ビール醸造所に到る　弘田、高橋、伊勢の三子同行、明日宴会隼《ママ》備なり、諸子に別れて小茶店に休息し十一時過発車、渋谷に於て下る、是より藤山治一子令閨の死去を弔ふ、赤坂門外にて鰻飯を食し下谷衛生試験所及牛痘種継所を参観す四時帰宅
九月三日　土　晴　此日残暑酷
午前八時東京医学会本部に到る談話会なり　会長差支に付代理す、十一時半閉会、大沢、弘田、片山、渡辺（恭）の諸子と共に偕楽園に於て午食す　終て新橋ステーションに到り二時前発車、目黒ビール醸造所に到り宴会に列

す八時過新橋に帰り銀座通りに於てしるこを食し十時過帰宅

九月四日　日　曇　時々降雨

家族総て打揃て写真す、午前八時過出て浅草に到る　江崎にて写す是より花屋敷を遊覧す十二時半帰宅

九月五日　月　雨晴

久々にて雨降りて大に快を覚ふ、帰途緒方家を訪ひ五時半帰宅

九月六日　火　雨（晴）

午後五時帰宅

九月七日　水　半晴

アイノ論文本文の清書終る、午後六時帰宅

九月八日　木　晴

良一を携て共に上野ステーションを八時五十分発し大宮公園内温泉前の方に到る時に十時頃なり　近傍を遊歩し午食し午後は氷川神社の方へ遊歩す、五時半発車七時帰宅す

九月九日　金　晴雨

午後六時帰宅す

九月十日　土　曇雨

アイノ論文、各骨記載の清書を始む

九月十一日　日　曇

終日在宿午前権兄、緒方子来訪

九月十二日　月　晴

授業を始む、記載解剖学の日に当る、午後四時出て帰途小山正太郎子を訪ふ

九月十三日　火　曇風

午後三時過帰宅、おやす明日出立に付共に晩食す

九月十四日　水　晴

お保出立に付六時上野ステーション迄見送る帰宅して教室へ出勤す、後四時半帰宅

九月十五日　木　晴

午後六時前帰宅

九月十六日　金　晴

午後一時より評議官互選会あり良精投票して直に教室へ帰る　四時出て屋井子を訪ひ馨子の事に付相談す、晩椰野へ其模様を報知す

九月十七日　土　晴

昨日の選挙結果は三宅子良精各七点にて同数なりし由即ち三宅年長を以て当選せりと　午後六時前帰宅

九月十八日　　日　晴　三十二度
熱さ甚だし、午後良一を携て動物園へ行く
九月十九日　　月　雨　二十一度
頓に冷気となる、卒業試験を始む、午後五時頃より学士会にて会食し終て囲碁、十時過帰宅す
九月二十日　　火　雨
卒業試験、五時半帰宅
九月廿一日　　水　雨　十八度
午後五時頃帰宅
九月廿二日　　木　雨　祭日
終日在宿、午前屋井琢子来訪、且権兄来る家内皆共に午食す　長岸宇吉子へ小林へ恵授金の送金を求むる手紙を認む
九月二十三日　　金　雨
午前試験、五時前帰宅
九月二十四日　　土　晴
午前二時過帰宅し命車、出て紅葉館に到る、眼科家「ヒルシユベルグ」氏日本来遊に付歓迎会なり、十時過帰宅
九月二十五日　　日　晴
午後良一を携て上野動物園に到る

九月二十六日　　月　曇
午前午後共試験、為めに教授会欠席、夕刻より医学会常議員会あり晩食し十時帰宅
九月二十七日　　火　曇雨
朝出勤直に「スクリバ」子を訪ひ「アイノ」論文の校正を依頼す　午後五時頃帰宅
九月二十八日　　水　雨
四時帰宅、長岡社例会に出席
九月二十九日　　木　雨
午後四時頃より学士会にて碁、晩食、医学会出席、終て又た碁、十時半帰宅
九月三十日　　金　晴
午後四時半帰宅
十月一日　　土　晴
午後二時半弘田子と共に出て向島に到る久々（四月以来）にてボートに遊ぶ六時帰宅
十月二日　　日　晴
午後良一を携て共に浅草へ行く、北村にて食事し五時帰宅

十月三日　　月　晴
午後一時より教授内談会あり北里子学術上功蹟如何を賞勲局より順次に問合せに付其内談あり（但学術上功蹟に付問合せありたるは是迄高木兼寛子ありしのみ）終て河野文部大臣教室を巡視す

十月四日　　火　晴
午後四時教室を出て長谷川子を訪ふ長談、晩食、八時帰宅

十月五日　　水　曇
午後四時過帰宅

十月六日　　木　晴
午食後近沢子を宅に訪ひ「アイノ」図の取急ぐことを促す、五時半帰宅

十月七日　　金　曇
午後四時半帰宅、井上円了子来訪、晩食後牛込小松を訪ふ

十月八日　　土　曇
午食より弘田子と共に向島に到りボート、是より直に富士見に到る　猪子吉人子洋行送別会なり終て諸子淡路亭に到り碁、十二時帰宅時に降雨

十月九日　　日　雨
午後は北越医会小集に付上野韻松亭に到る六時帰宅

十月十日　　月　雨
午後五時帰宅

十月十一日　　火　雨
午後五時帰宅

十月十二日　　水　雨
午後五時帰宅

十月十三日　　木　雨
アイノ論文附測定表七枚印刷に遣る　医学会出席六時過帰宅

十月十四日　　金　晴
午後四時半帰宅、良一を携て近傍遊歩す

十月十五日　　土　晴
午食より向島に到りボート

十月十六日　　日　晴
午前良一を携て千駄木森家を訪ふ、午後は共に浅草に到る　北村にて晩食し帰る

十月十七日　　月　曇　祭日
午後共に又た浅草へ行き花屋敷に入る、晩食後出て原家

を見舞ひ次に弘田子を訪ひ長談二時帰宅

十月十八日　火　雨

午後五時帰宅　偕楽会幹事に付来る二十日同会のはがきを諸方へ出す

十月十九日　水　雨

午後五時帰宅

十月二十日　木　曇雨

午後四時前帰宅出て弘田子を訪ひ是より偕楽園に到る

久々の会にて面白かりし十一時帰宅

十月二十一日　金　曇

午後五時帰宅、良一を携て近傍遊歩

十月二十二日　土　雨

解剖千体祭執行に付午食より谷中天王寺に到る四時終て帰宅　明日ボート小競漕会を催す筈の所悪天に付延引す

十月二十三日　日　曇

午前牛込小松君来訪、次権兄来る、午後良一を携て動物園へ行く

十月二十四日　月　雨

午後五時帰宅

十月二十五日　火　晴

久々にて好天気なるを以て午後三時半弘田子と共に出て上野公園を遊歩し誘て帰宅晩食す十時同子去る

十月二十六日　水　晴

午後三時教室を出て上野公園美術展覧会を見る

十月二十七日　木　晴

午後三時学士会にて高橋子と碁、晩食、医学会へ出席九時過帰宅

十月二十八日　金　曇

アイノ論文清書全く終る、三時半帰宅、良一を携て団子坂の菊細工を見る森家へ立寄り帰り、出て長岡社例会へ出席

十月二十九日　土　雨

陸上運動会の所雨天に付延引、午後四時過帰宅

十月三十日　日　晴

午後良一を携て大学運動会へ行く四時過帰宅

十月三十一日　月　晴

午後一時より論文校正の為め「スクリバ」子の宅に到る三時去て帰宅す

十一月一日　火　晴

昨夜大に雨降る今朝に到て止む、午後は卒業試験の残り二名をなす、五時過帰宅

十一月二日　水　晴

午食後近沢子を訪ふ今日漸く石図に取懸ると云ふ　午後四時過帰宅

十一月三日　木　晴　祭日

午後共に良一を携て浅草公園に到る　花屋敷に入る、北村にて食事し六時前帰宅

十一月四日　金　晴

朝岐阜県医学生石川行吉来る教室にて面会し方針等を諭す　アイノ活体論文に徐々に取懸る、午後弘田子と共に上野公園美術展覧会を見る、四時過帰宅

十一月五日　土　曇雨

アイノ論文原稿を始て印刷師に渡す　午刻より出て向島大沢子の許に到る　午食の饗応を受く四時過出て帰宅時に大降雨

十一月六日　日　晴

午前牛込小松家へ行き金弐百五拾円を渡す是にて故彰君より借用総高千弐百四拾円の返却全く済む　即ち明治二十二年より今年まで満四ヶ年にて皆済となれり　午後良一を携て上野動物園に到る、晩食後出て尺八師の許に到る空く帰る、是一の慰とし試んと欲し今からとし始んとしたるなり

十一月七日　月　晴

午後三時教室を出て盲唖学校に到りて一覧す次に植物園、文部小集会に出席す、七時頃帰宅

十一月八日　火　晴

午後三時半帰宅良一を携て千駄木へ行く、晩食尺八師許行く第一回なり

十一月九日　水　晴

午後四時半帰宅、元長岡今朝白隣家山口子来りて維新以来始て面会す

十一月十日　木　曇

医学会へ出席六時頃帰宅

十一月十一日　金　雨曇

午後四時半帰宅

十一月十二日　土　曇

午後は赤坂離宮御苑の菊花を見る是より直に上野桜雲台に到る　北越同学会なり八時帰宅

十一月十三日　日　半晴

医科大学有志競漕を催す、午前九時出て向島に到る、良精総て三回出つ（内一回舵手）皆敗を取る、午後二時終て八洲園に到り懇親会を催す、六時過帰宅、出て白瀬方へ行く九時半帰宅

十一月十四日　月　晴

午後教授会あり重要の件にあらす、四時帰宅

十一月十五日　火　雨

午後四時半帰宅

十一月十六日　水　晴

午後四時半帰宅

十一月十七日　木　晴

アイノ論文の校正始て来る、午刻出て帰宅、良一を携て浅草公園に到る、凌雲閣に登る　北村にて食事し帰る

十一月十八日　金　曇雨

午後四時半帰宅

十一月十九日　土　晴

朝出勤掛けに弘田子を訪ひ令閨の分娩如何を詢ぬ、午食より上野公園彫工会競技会を一見し向島に到りボート、六時帰宅

十一月二十日　日　晴

午後独り滝の川迄遊歩す往返一時三十九分を費す、帰宅直に出て弘田子を訪ふ分娩昨夜ありたるよし　是より偕楽会に出席、十一時帰宅

十一月二十一日　月　晴

午後三時より学士会にて囲碁、会食、十一時過帰宅

十一月二十二日　火　晴

午後四時半過帰宅

十一月二十三日　水　曇　祭日

藤山治一子来訪、午後良一を携て上野動物園に到る、晩食後白瀬へ行く空しく去て榊母堂の病気を見舞ふ十時半帰宅

十一月二十四日　木　雨

医学会に付学士会事務所にて晩食し出席す　上腰骨捻転に就き演舌す九時前帰宅

十一月二十五日　金　曇

午後四時半帰宅

十一月二十六日　土　晴

午食より向島に到りボート、五時帰宅晩食し白瀬へ行く

十一月二十七日　日　晴

午前医科学生来年のチヤンピオン選定の為解剖所に集る

午後一時半帰宅午食し直に良一を携て浅草に到る花屋敷に入る

十一月二十八日　月　晴

昨日来俄かに寒気強し下霜寒中の如し　午後四時帰宅、長岡社例会出席

十一月二十九日　火　晴

午後四時半帰宅

十一月三十日　水　晴

金子は爾来総て宅に置くことを止め三井銀行へ貯蓄預金となすことに極め今日之を行ふ

十二月一日　木　晴

晩食後緒方子の宅に到り榊子来る是前以て約し置きたるなり　三人対坐にて榊子に忠告するところありたり十時帰宅

十二月二日　金　晴

午後四時半帰宅

十二月三日　土　晴

午食し榊順次郎子を訪ふ不在、是より向島に到りボート、帰宅晩食し白瀬へ行く

十二月四日　日　晴

午前九時過起く、午後良一を携て浅草公園に到る

十二月五日　月　晴

午食して直に芝公園伝染病研究所を一見す、是より佐々木文蔚子遭難に付其遺宅を見舞ひ学士会事務所に帰りて会食す　終て高橋子と囲碁、九時半帰宅、十時過出火の鐘報あり、大学の方に当る、直に出向す豈測らんや第一医院分室婦人科及眼科全焼す、混雑極りなし、三時帰宅す

十二月六日　火　晴

午前十一時出勤直に教授会に出席、善後策に付相談あり午食し三時帰宅

十二月七日　水　晴

平常の通り授業す、午後三時帰宅榊順子来ておきみを診察す

十二月八日　木　曇少雨

午後三時より医学会出席六時帰宅、父上様忌日に当る

十二月九日　金　曇

午後四時半帰宅

十二月十日　土　晴

午食より向島に到りボート、六時帰宅
　十二月十一日　日　晴
午後良一を携て浅草に到る北村にて食事し帰る
　十二月十二日　月　晴
午後四時半帰宅
　十二月十三日　火　晴
午後大沢子病気を見舞ひ下谷根付店二軒に立寄る、教室に帰りて四時半帰宅、晩白瀬へ行く空しく帰る
　十二月十四日　水　晴
午後四時半帰宅
　十二月十五日　木　晴
午後三時教室を出て弘田子共に遊歩青山子を訪不在、賀古子を訪ふ在宿、次に佐藤三吉子訪ふ不在、六時頃帰宅
　十二月十六日　金　晴
尿量一九六、〇瓦あり（去る二月十二日の記事を照参すべし）
　十二月十七日　土　曇晴
午食より向島に到る五時半帰宅
　十二月十八日　日　晴
午前十一時出て佐々木文蔚子の葬式に行く築地水交社出棺　青山墓地に到る三時帰宅　晩白瀬へ行く空しく帰る
　十二月十九日　月　晴
午後四時半帰宅　午後一時より「スクリバ」子許論文校正の為行く
　十二月二十日　火　晴
今日組織学講義を閉つ、午後四時半帰宅
　十二月二十一日　水　晴
午食して帰宅、良一を携て出て神田明神年の市を見て帰る
　十二月二十二日　木　晴
午後二時出てて弘田子と共に上野盆栽陳列を見、亦清大園に入りて帰る
　十二月二十三日　金　晴
記載解剖学講義を閉つ、午後四時過帰宅　晩白瀬へ行く
　十二月二十四日　土　晴
午食より向島に到りボート、浅草より鉄道馬車にて偕楽園に到り同窓会に出席
　十二月二十五日　日　晴風
終日在宿
　十二月二十六日　月　晴

教室不参、午前十時頃良一を携て浅草へ行く、しるこやへ入る一時過帰宅

十二月二十七日　火　晴

午前九時半出勤、午食後大沢謙二子入院を見舞ふ四時帰宅

十二月二十八日　水　晴

午前九時半出勤、午後高橋子と学生会にて碁、四時過帰宅

十二月二十九日　木　晴

在宿、良一と遊戯

十二月三十日　金　晴

九時起く午後良一を携て本郷通に到り買物す、晩牛込小松、原へ歳暮に行き是より神保町、小川町より日本橋通りへ散歩し十一時過帰宅

十二月三十一日　土　晴

朝九時起く、稀なる好天気に付午刻より出て良一と共に小川町へ行き三勧工場へ入る筋違を経て三時頃帰宅、晩権兄寿衛来り家族皆打寄りて歳末を祝す、長谷川泰子来訪、十時頃出て銀座迄散歩す、本郷にて蕎麦を食し十二時半帰宅

明治廿六年　二千五百五十三年　1893

良精満三十四年　駒込蓬莱町四十五番地

一月一日　　日　晴　甚暖

朝八時半起く、カヒーを喫し母上様御隠宅え行く、年始客は前年より一層減す、権兄、操、春、信、秋の諸子年始に来る、終日良一と戯る、九時眠に就く

一月二日　　月　晴

朝九時起く本富保、小笠原、馨の諸子年始に来り共に午食す　終日良一と遊戯、維直君祐民君年始に来る

一月三日　　火　晴

朝九時起く、午後一時良一を携て牛込小松、飯田町原、弘田、長谷川等へ年始に行く三時過帰宅、例年の通りかるた会を催す、本富、朝倉、小笠原、堀口、橋本豊、谷口、田中富、石垣貫、西郷吉、安田六、馨、寿衛、文の諸子なり不相変盛況なりし十二時散す　今日まで年賀名刺五十余枚、郵便一百余

一月四日　　水　晴

朝九時過起く、医科大学年始会に付午後四時半出て上野精養軒に到る帰途仲町にて白紙かるたを求め帰る　時に八時過なりし

一月五日　　木　晴

朝九時起く、十時出て歩行教室に到り次に大沢子を病院に見舞ひ十二時文部省新年宴会に到る　帰途小笠原へ年始に寄り午後二時過帰宅、榊順次郎子来てお喜美を診す

一月六日　　金　晴

午前十時良一を携て千駄木森家へ年始に行く午食し一時過帰宅、晩年始はがき等を認む、十時頃よりお喜美少しく腹痛すと、十一時過起て室を片付けて出産の用意をなし二時頃眠に就く

一月七日　　土　晴

午前五時過起く、昨夜眠ること二時間半許なり　六時半榊順子及産婆方へ使を馳す八時前皆来る、十時十分女子分娩す、良一は千駄木へ遣る、森母公及権兄来る、晩森母公宿す

一月八日　　日　晴

午後榊順子来診総て異状なし、良一千駄木へ行きたるを迎へに行く

一月九日　月　晴

出勤授業を始む、十一時半帰宅、三四日来珍しく暖和なり　午後良一を携て近傍を遊歩す、弘田子来る晩千駄木母公宿す

一月十日　火　雨

午前十時出勤、午食後大沢子を病院に見舞ふ三時過帰宅、晩千駄木母公宿す

一月十一日　水　晴

午後二時半帰宅、晩千駄木母公宿す　小児に田鶴と命名す

一月十二日　木　晴

今日胎生学講義を二年生に始む、午後四時帰宅、母公宿す

一月十三日　金　小雪

田鶴臍帯今朝脱離す、産婆は今日限りにて断る　午後四時過帰宅、晩林太子来る母公は宿す

一月十四日　土　晴

午食し今田家へ年始に行き是より向島に到りボート、四時半帰宅、千駄木母公宿す

一月十五日　日　晴

午後良一を携て浅草公園へ行く凌雲閣に登る、しるこに入り四時頃帰宅

一月十六日　月　晴

午後四時帰宅、札幌牧野又六郎子へ手紙を認む伯母様へ年玉を遣りたるなり

一月十七日　火　晴

午後四時半帰宅

一月十八日　水　晴

午後四時半帰宅

一月十九日　木　晴

午後四時半帰宅、千駄木へ行く賀古、原田直次郎二《ママ》来る晩食の饗応あり、談話十時過帰る

一月二十日　金　晴

午後四時半過帰宅

一月二十一日　土　晴

午食し直に帰宅、良一を携て浅草公園に到る、しるこやに入り四時頃帰宅

一月二十二日　日　晴風

午刻出てて母上様同伴紅葉館に到る、医科大学卒業宴会なり種々余興あり　七時半頃去て鈴木孝之助子佐世保よ

り京地へ転勤となりたるを以て訪ふ久々にて面会、十時過帰宅

一月二十三日　月　晴

北越医会新年会に付午後四時教室より直に天神魚十に到る、九時半帰宅入浴

一月二十四日　火　晴

午後四時半帰宅

一月二十五日　水　雪

朝より降り始め終日不止、寒気強し、四時過帰宅

一月二十六日　木　晴

午後四時半教室を出て大沢謙子を病院に見舞ふ　是より豊国にて晩食、医学会に出席、八時過帰宅

一月二十七日　金　晴

午後四時帰宅、出て京橋松田に到る長社《ママ》例会なり

一月二十八日　土　曇

午後大沢、田口、片山の三子と会合し東京医学会と第二回日本医学会との関係に付打合せをなす、次に学士会にて囲碁、晩食、十時過帰宅

一月二十九日　日　雪

終日雪降り五寸余積る、在宿

一月三十日　月　晴　祭日

午後五時過出て安田へ行く旧手習年会なり十一時帰宅

一月三十一日　火　晴

午後二時より教授会あり、医科大学教室新築請求の談もありたり其他は雑務なり

二月一日　水　晴

午後四時過帰宅

二月二日　木　晴

午後四時より学士会にて医学会議員会を開く総会の件に付てなり、終に演舌を廃し日本医学会に譲ることとなれり十一時半帰宅

二月三日　金　晴曇

午後四時半帰宅

二月四日　土　晴

午食より向島に到りボート

二月五日　日　晴曇

午後は良一を携て浅草公園に到るしるこやに入る四時半帰宅

二月六日　月　晴曇

午後一時より教授総会あり学位令改正の件なり　終に未決にて散す四時半帰宅

二月七日　火　晴

午後は医学会事務所に到り寄贈書籍を調ぶ五時半帰宅
晩食後出て弘田子を見舞ふ十時帰宅

二月八日　水　晴

二月九日　木　晴

二月十日　金　晴

二月十一日　土　晴　祭日

午後良一を携て小川町勧工場へ行く

二月十二日　日　晴　寒風

終日在宿、良一を携て凧を弄す

二月十三日　月　晴　余寒酷し

午後二時より教授会、教室新築の件なり

二月十四日　火　晴

午後三時より高橋子と学士会にて碁を遊ぶ、五時スクリバ氏宅に行く、アイノ論文校正なり、全く終る、八時帰宅

二月十五日　水　晴

午後四時半帰宅、良一と凧を弄す

二月十六日　木　晴

午後五時前帰宅、良一を携て近傍に歩す

二月十七日　金　曇

午後四時半帰宅

二月十八日　土　晴

午食より直に帰宅　良一を携て浅草公園に到る凌雲閣に登るしるこやに入る五時帰宅

二月十九日　日　晴

向島に於て有志競漕会を催す午前八時半出て同処に到る良精二回漕ぎ一回舵手となる皆敗北す終て八洲園に到り尚ほ種々遊技をなし七時帰宅す

二月二十日　月　晴

午後教授会あり教室新築の件なり

二月二十一日　火　晴

アイノ論文原稿悉皆製紙分社に渡す

二月二十二日　水　晴

午後四時半帰宅

二月二十三日　木　晴

午後三時より高橋子と学士会にて碁、六時医学会例会に一寸出て去る、通りへ行きて鉄瓶及ランプを求め帰る

二月二十四日　金　晴
午後四時半帰宅
二月二十五日　土　晴
午後少しく風邪の気味に付ボートを休みて学士会にて碁を遊ぶ八時帰宅
二月二十六日　日　晴
今朝六時最近に於て出火す大に驚く幸ひに被害なし直に鎮火す、午後千駄木へ行く
二月二十七日　月　曇雪
午刻より雪降り始め寒気随て強し　午後五時出て三河屋に到る甲野泰造子長岡より出京に付北越医会々員有志者集りて小宴を催せしなり　降雪不止五時過帰宅
二月二十八日　火　晴
午後四時過帰宅出て京橋松田に到る　長岡社例会なり幹事を選挙す良精其一人となる
三月一日　水　晴
大学紀念日に付休業、午前十時教室に到り終日仕事す晩権兄来る
三月二日　木　晴
午後五時前帰宅、良一を携て近傍遊歩す
三月三日　金　晴
午後四時過帰宅　田鶴子の初節句とて母上様初め共に晩食す
三月四日　土　曇雨
午食より不忍弁天長酡亭先哲祭に出席　四時帰宅直に出て富士見町三輪恒一郎子宅に到る晩食会なり　十名集り大に愉快なり十二時前帰宅
三月五日　日　曇
午前博物館に到り象の解剖を見る、午後良一を携て浅草公園に到るしるこやに入る
三月六日　月　晴
午後四時より学士会事務所に於て医学会議員会あり　入会金廃止の件なり可決す
三月七日　火　晴
三月八日　水　晴
三月九日　木　晴
午後三時より医学会出席六時帰宅
三月十日　金　晴
三月十一日　土　晴

午食より向島に到りボート、チャンピオン諸子の下宿に到る諸子は昨日より下宿せりと　岸宇吉へ手紙を出す又在朝鮮坪井速水、上羽虎雄の二子へ骨格依頼の手紙を認む

三月十二日　　日　晴

大に春景を催す、午刻良一を携て浅草公園に到りしるこやに入る　是より渡船して向島に到りチャンピオン諸子の下宿に到る帰途又浅草に入りて帰る

三月十三日　　月　晴

午後四時半帰宅、晩食後北越医会総会隼《ママ》備の為福田屋に議員会を開く出席十一時帰宅

三月十四日　　火　晴

午後四時より学士会事務所に於て東京医学会総会委員会を開く六時半帰宅　解剖総論講義を閉つ

三月十五日　　水　曇少雨

午後四時半帰宅　晩食後出て南伝馬町に到り尺八独習之友を求む

三月十六日　　木　晴

午後五時前帰宅

三月十七日　　金　晴

午後四時半帰宅

三月十八日　　土　晴風

朝長谷川子を訪ひ次に教室に到る、風甚強きが為め向島へ行くを得す、高橋子碁、六時半帰宅

三月十九日　　日　晴

午後は良一を携て上野動物園に入る、氷月へ寄りて帰る

三月二十日　　月　曇　祭日

終日在宿

三月二十一日　　火　曇晴

午後四時半帰宅

三月二十二日　　水　曇晴

午後は弘田子と共に向島に到るチャンピオン諸子と千住まで行く七時帰宅

三月二十三日　　木　曇雨

赤沼子辞退に付良精第二回九州医学会に長崎に東京医学会代表者として派出のことに決す　胎生学講義を閉つ午後三時より学士会にて高橋子と碁、同所に於て食事し医学会に出席八時過帰宅

三月二十四日　　金　晴

記載解剖学講義を閉つ但実地演習は材料あるに依り未

閉、午後四時半帰宅

　三月二十五日　土　晴

午後は向島に到りボート、晩食後出て浜尾子と《ママ》訪ふ　九州医学会へ派出の件に付相談す十二時前帰宅

　三月二十六日　日　晴

午後良一携て上野博物館及動物園に入る

　三月二十七日　月　晴

午後四時半帰宅、長岡社例会に出席大橋佐平子渡米に付送別会なり

　三月二十八日　火　晴

午後二時出て向島に到る七時帰宅す

　三月二十九日　水　曇雨

午後三時より高橋子と碁、六時過帰宅

　三月三十日　木　晴

午後二時出て向島に到りボート

　三月三十一日　金　晴

午後二時教室を出て青山墓地に到る寺尾令閨の葬式なり是より芝公園北里子を訪ふ不在、五時帰宅　昨日浜尾新子大学総長となる加藤弘之子辞職す

　四月一日　土　晴

午後一時より学士会事務所にて医学会投票開きの為め会す良精又副会頭に当選す

　四月二日　日　曇雨

午後良一携て上野動物園に入らんとす時に降雨す　不得已園芸品評会に入る

　四月三日　月　快晴　昨夜大雨

午前教室にあり午食より上野に到り先美術展覧会に入る、是より桜雲台に北越医会総会を開く之に出席　余興として河井継之助氏の伝を、松林白鶴講す終て宴会に遷る、十一時帰宅

　四月四日　火　曇雨

午後は向島へ行かんと欲すれども天気悪しく止む　今日は第二回日本医学会開会且つ午後は医科大学参観日なれば教室混雑す三時過帰宅

　四月五日　水　晴曇

午後は向島に到る、七時帰宅

　四月六日　木　曇晴

午後向島に到る、四時去て中村楼に赴く東京医学会総会なり　十一時帰宅す

四月七日　金　晴　午後嵐あり
午後三時教室を出て向島に到る、選手下宿にて談話　夕刻去て弘田、伊勢の二子共に福岡楼にて晩食し八時頃に到　いか並に鰹節の送り物をし明日勝利を祝し帰る十二時過眠に就く
四月八日　土　晴
午前十時良一を携て向島に到る競漕会なり植半にて午食す　午後特別会員競漕を漕ぎて勝つ分科競漕は総て法科の勝となる、チヤンピオンは医科の勝たり時黄昏勝敗漸く知るを得たり、愉快之に過ることなし、諸子と先つ福岡楼にて一酌し九時過散ず
四月九日　日　晴
午前十時出て向島に到りチヤンピオンフラグを立て楽を率へ《ママ》て大学へ行き体操場にて万歳を唱へ散ず　時に午後一時過なり豊国にて食事し帰宅直に良一を携て上野動物園に到る四時帰宅　亦た直に出て原家に到る二児将来教育のことに付相談あり　二児は入塾と決す十時帰宅す
四月十日　月　雨
午前七時過出勤、未だ授業を始むることあたはず　午後四時帰宅
四月十一日　火　晴
朝七時文部大臣官邸に到井上毅君に面談す　昨日書面を以て面談申越されたるなり医科大学病院に付従来の方針を諮問ありたり是より教室に到る、午後三時出て上野美術展覧会を一見す
四月十二日　水　曇　構内桜花満開
午前八時出勤九時出て弘田子と共に向島に到る　今日はチヤンピオン勝利祝宴なり其余興として数番の競漕をなす、午後三時舟四艘に乗り楽隊を率ひて墨流を下る　桜花八分開く　中村楼に上る来会者百六十余名、盛なりと云ふべし、日暮に至り降雨、十一時帰宅す
四月十三日　木　晴曇
午前八時出勤、午後四時過帰宅、晩斎藤祥三郎子を訪ふ
四月十四日　金　晴
今日記載解剖学講義を並に顕微鏡実習を始む
四月十五日　土　晴
午後四時前帰宅、岩内郡長一柳平太郎子より病院長雇入方依頼を受け居りし所泉鉄太郎子応雇に付直に電報並に書面を出す、今日長崎行の辞令下る
四月十六日　日　雨曇

早朝出て井上文部大臣を訪ふ不在、北里柴三郎子を訪ひ帰る、午後良一を携て博物館へ行く

四月十七日　月　曇晴

午後は教授会あり病院敷地を下の地面と極むるの件なり、五時前帰宅、晩祝辞を草し終て千駄木へ行く

四月十八日　火　晴

早朝井上文部大臣を官邸に訪ふ病気に付面会するを得ず直に教室に到る、午後四時過帰宅

四月十九日　水　晴

午後二時帰宅、良一を携て浅草公園に到る花屋敷に入る□□しるこやに寄りて帰る、岸宇吉子へ手紙を出す

四月二十日　木　晴曇

早朝北里子同道杉浦重剛子を訪ひ原二児入塾のこと談す、尋て教室に到る、午後三時過帰宅、夕刻千駄木へ良一を携て行き晩食す

四月二十一日　金　雨

常の如く出勤、十時より十二時半まて顕微鏡演習を二週間分講義し豊国にて午食し諸子に暇乞し午後二時帰宅す行李を調ふ、北蘭等と共に晩食し千駄木母公来る、九時二十分前出発す、時に降雨頻なり、十時五十分新橋発車す、車中案外混雑せず直に横臥して眠を求む

四月二十二日　土　晴

起れば天龍川を渡りて浜松に着す此処にて顔を洗ひ所持の弁当を食す　同処にて山県正雄、今居真吉の二子に逢ふ、大垣にて弁当の残半を食す、此処城の天守尚ほ存す米原にて湖岸に出づ是より時々湖を見る、彦根城は山上に在り、草津馬場間にて勢田橋を渡る風景最も佳なり馬場大谷間に長「トンネル」あり、午後三時半過京都着五時過大阪着、京都大阪間は菜の花真盛りにて一面黄金色なるは見事なり、六時半頃神戸着、西村方へ投宿す入浴、晩食、遊歩に出る、神戸及大阪の図を求む、湊川神社に到る、境内露店を以て充たし非常の賑へなり（但し毎夜此の如しと）十時宿に帰り眠を求む

四月二十三日　日　晴

朝六時起く、朝食し出て楠公社より湊川を見て帰る時に九時なり　今夕出帆と長崎便あるよしに付之に乗船と決す、赤沼信古、永井徳寿二子に逢ふ、十時頃再ひ出て海岸を歩行し布引滝に向ふ一料理店にて食事し滝に到る雄雌の二あり雄の方高けれとも三段に断して落つ両所に休息す　是より山の手天満宮に登り下て生田神社に到る、

再ひ山の手に到り諏訪山に登る眺望極て佳なり老若皆弁当重詰など持参りて遊楽す、雑沓す、四時過宿に帰る、おきみへ手紙を出す、晩食し汽船太湖丸に乗り込む之は太湖汽船会社の船にして上等長崎まて金八円五六銭なり、九時解纜す、十時眠に就く

四月二十四日　月　曇晴

朝五時頃多度津着、漸時《ママ》にして出帆す、六時頃起く数多の大小島左右にあり風景佳なり　十時頃伊予の今治を近く左に見る、午後は曇天となる、周防洋に入る、十時頃門司着時に大西風起る乗客一部分上陸したれども他は船中に残る、本船を下の関の方へ移す西風には此方安全なりと云ふ

四月二十五日　火　曇晴

朝六時起く、本船下の関にあり、西風尚ほ止まず為に出帆することを得ず、午食し一寸上陸し三浦省三子を訪ふ市中を遊歩す亀山宮に登る（安徳天皇の社もありと）二時本船に帰る、是より再ひ本船を門司に移し荷物を積込み、風大に静まるを以て五時漸く出帆す、大洋に出たるを以て船少しく動揺す、七時眠に就く

四月二十六日　水　晴

朝六時半起く稀なる好天気なり昨夜一時過博多を出帆せりと玄海灘も大波なかりき、七時十分平戸にて船を止む二三の乗客下る直に発す、午十二時過已に港口に来りて機関に損所を生し暫時運転を止む、是より遅々漸く港内に入る時に一時過なりき直に上陸、江戸町鶴谷方に投ず、お喜美へ安着の電報を出し、先出て長崎病院に到り大谷子に面会し到着を報す　高畑、中浜子等に逢ふ、長崎市図を求め帰る　入浴、晩食す、時に旅宿みどりや主人来て九州医学会の依頼あればとて転宿を請ふ依て之を諾し今町みどりやに転宿す、中浜子等と談話十二時床に入る

四月二十七日　木　晴

朝七時起く午前田代牧田二子に面会亦在福岡熊谷玄子に逢ふ午前荏苒消光す、市中狂犬ありて危険なりとて遊歩も自在ならす併し午後は独出て公園より居留地を遊歩す四時帰宿、留守中吉田健康子九州医学会総代として訪問せりと、入浴、晩食、小山龍徳、東次郎、隣室平戸の医谷川（隣室総代）桜井正之助（唐津）高島吉三郎（伊万里）長崎病院医員原口の諸子来訪、大沢謙二子及お喜美へ手紙を出す、十時過床に入る

四月二十八日　金　曇

朝七時起く、八時公園交親館に到る、九時頃漸く開会良精祝詞を読む、十二時過散ず同処にてワルダイエル先生の補助手勤め居たる独乙海軍々医ドクトル・パウルン氏に逢ふ　誠に久々にて且偶然にて悦べり宿に帰りて午食し一時過車を命して浦上医学部を参観す　解剖標本瓶大約四五十個、病理も同し、顕微鏡標本は佳なるものあり図書は少なし（総て四棚）施療病室二棟あり二十人を容ると云ふ　四時去て長崎病院及黴毒病院を参観す、甲は総て百計を容ると空室多し、山上にある招魂社を見る、是より医学部諸子の招待に応し西洋料理福屋に到る崎外医学士には熊谷玄旦、奥田道有、桜井三之助、高島吉三郎、高木友枝、中浜東一郎、良精の七名なり十時頃歩行帰宿せり

四月二十九日　土　晴

朝六時半起く、八時九州医学会出席、十一時より会員一同写真す、終て宿に帰り食事、直に大波止に到り乗船女神の検疫所に到り参観す、三時県知事より全会員招待に付福屋に到る　立食あり終て帰途倶楽部に寄り休息、六時宿に帰る入浴、食事、中浜子出発す、桜井、高島二子当家に同宿するを訪ふ、九時半眠に就く

四月三十日　日　晴

朝六時半起く、県庁へ一寸行き名刺三枚を書記官及両参事官へ出すことを托し車を命し交親館に到る良精最後に演舌し十二時十分頃閉会、是より牧田子宅に行きて午食し、水道溜池を一見し笠頭山へ登る今日は長崎固有の凧上げ合戦なり甚奇観なり、火葬場を見て六時半頃公園懇親会場に到る、雑沓を極む九時頃去て久保、小山及京某子等に誘れて藤屋と云ふ料理屋に到る長崎料理の馳走に逢ふ総て十六品、内ヒレと云ふもの、餅を入れたる吸物にして珍らし大に時を費し二時頃宿に帰る

五月一日　月　曇、少晴

朝六時起く大急ぎを以て荷物を調ひ頭骨標本は通運を以て出す、うに及ひ支那福紗を求む、八時半出発す、十時崎津着（三里、車三十銭）桜井三之助高島吉三郎二子同行、此処にて三時間汽船を待つ、午食す、一時十分小汽船漸く出帆す（船賃三十銭）五時二十分早岐着、乗車、途中にて佐世保街道に合す、両子に別れて七時半有田着（早岐より四里計ありと車四十銭）金ヶ江つた方に宿す、旅宿は自分一人にて至て閑静なり、食器其外当地製の陶も

の多し八時半眠に就く

五月二日　　火　小雨

朝六時起く七時発す、前日の車夫を雇ふ（佐賀まて十二里計、車壱円）出掛けに当地有名の香蘭社陳列品を一見す九時前武雄着、此処可なり繁昌の温泉場なり東京屋に休息、時刻早けれども午食し十一時頃発す、山口村に暫時休息、途中二ヶ所計石炭採掘所あり三時前佐賀着、ステーシヨン前の茶屋に休む、三時五十一分発車、二日市より一里計隔て太宰府ありと、六時頃博多着、中島町松島屋に宿す、入浴晩食、雨天且つ疲労せしに付八時半頃眠に就く

五月三日　　水　曇風

朝七時過起く、九時頃熊谷玄旦子来る子は只今長崎より乗船して帰国上陸せりと是より子に誘れて外出　先つ子の托《ママ》に寄り、出て旧城の傍を過き一植木屋の藤の花を見る見事なり是より西の公園に到る　小阜にして湾の中に突出す之を頭として両翼の湾曲する形、舞鶴に似たるを以て舞鶴城と名付けたりと云ふ　帰途一書林江藤と云ふ人の方に立寄る此人古器物を多く貯蔵すと但し不在に付空しく去る　病院に到る諸子に面会す、病院を縦覧す、誘はれて最寄の福村楼と云ふ料理屋に到る熊谷、榎本、池田、戸田の四子集る大森子は差支ありて来らず　午食して熊谷戸田二子誘導にて東公園に到る之は平地にして松林なり、元寇紀念碑の建設地あり　筥崎八満《ママ》宮に詣す筑前一之宮なり敵国降伏の額あり　天皇の真筆なりと是より櫛山社に到る八月の祭礼は随一の賑へなりと藤花見事なり休息す　花の陳列を見る四時半暇乞して旅宿に帰る、晩食して出発す六時四分発車、車中草郷清四郎子及澄川学士に逢ふ　九時前門司着時に雨降る川卯方休息す、十時過大龍丸に乗込む尾の道まて上等三円、雑居なり直に眠に就く十一時頃出帆す

五月四日　　木　晴曇

夜中船動揺す、朝六時起く周防灘は既に過きたり左右に近く陸島あり風景佳なり、十二時十分藤尾の道着浜吉《きち》方に投す、当地壮大なる寺院数ヶ所あり、午食し、一時五十六分発車（岡山まで七十六銭）四時三十六分を余程過て岡山着、三好野方へ投宿する考のところ親王御宿泊に付砥屋町真力方に宿す、入浴、晩食、出て菅之芳子を宅に訪ふ不在、是より市中を遊歩、旧城の傍を過ぐ、之は市の東方にあり九時頃宿に帰り眠に就く

五月五日　金　快晴

朝六時起く朝食し出て先つ眺望台七階に登り市全景を眺め恰も学芸品展覧会あり　是より旭川の橋を渡り公園後楽園に入る之は極て美なる人工的の庭なり是より渡しを渡りて旧城内に入り天守に登る　之にも展覧品多くあり天守は浮田氏が建るところなりと　黒板を以て復《ママ》ふを以て俗に烏城と云ふと（之に対して姫路城を鷺城と云ふ）是より医学部に到り諸子に面会し学校病院を一見す　午刻となる諸子に誘れて倶楽部に到りて午食し城内を遊歩し帰宿　四時半頃の汽車にて出発す熊谷、大西、桂田の三子ステーシヨンまで見送る汽車殆んと一時間遅れて神戸へ着、時間あるを以てしるこを食し十一時十分発車、十二時過大阪着　中の島備前屋方に投ず速に眠に就く

五月六日　土　曇少晴

朝六時起く七時半出てて先中の島公園に到る恰も招魂社の祭日なり　難波橋を渡りて高麗橋筋に出る同橋を渡りて城を見る　次に博物場を一見し心斎橋筋に出る本願寺を見て同橋を渡り道頓堀に到る　是より東に向ひ仁徳天皇社に登る眺望よし　暫時休息し是より生玉神社に到る此処同しく眺望あり社前の一小店に入りて午食す　是より四天王寺に到る五重の塔に登る極て古代の建築にして珍し、次に清水に登る亦眺望よし下て車を命し難波ステーシヨンに到る　直に発車住吉神社に到る時に二時過なりき恰も小祭りにて社内大に賑ふ　松林を遊歩す四時過大阪に帰る是より西区に入る江の子島に渡る府庁あり別に興なし依て乗車天満に到る　天神社を一見す社前の肉店にて晩食す是より北区を遊歩し八時頃宿に帰る　明日帰宅の電報を出す、十一時頃大阪発車、大に疲労して直に眠に就く

五月七日　日　曇晴

一の宮にて眠醒む天既に白し午後五時半過新橋着七時帰宅　皆々万事大に悦ぶ入浴晩食眠に就く

五月八日　月　晴

午前七時出勤講義す　ドクトル・パウルン子来訪、スクリバ子の宅に到りて午食す、午後教授会あり（要件にあらす）四時半帰宅

五月九日　火　晴

朝長谷川子を訪ひ病翁様遺稿出版の件に付依頼するところあり子心よく承諾せり九時半教室に到る　午後パウルン子来る教室を案内し尋て子を巣鴨病院に誘ふ幸に榊子

在り院内を縦覧す五時過帰宅　晩食後牛込小松家を訪ふ十時帰宅、岸宇吉子へ右遺稿出版費中へ金四拾円寄附承諾の礼状を出す

五月十日　水　曇

午後四時半帰宅、宵より眠る

五月十一日　木　晴

午後四時半より医学会出席

五月十二日　金　晴

午後五時帰宅権兄来る

五月十三日　土　晴

午後四時前上野精養軒に到る、スクリバ子独乙国プロフエッソルとなられたるに付祝宴なり七時過帰宅

五月十四日　日　晴

午前来訪あり午食し良一を携て浅草公園に到る花屋敷に入るしるこやに入る四時帰宅　是より甲野泰造子独乙行坪川、杉本の二子地方行に付北越医会送別会に上野松源に到る十時過帰宅

五月十五日　月　晴

午後五時帰宅

五月十六日　火　雨風

朝六時出て井上文部を官舎に訪ひ大学に付て意見を充分に述ぶ其要点左の如し

一大学内に於ては学術に功積《ママ》あり且つ熱心なるものに重をおくこと

一各大学経費を分つこと

一教授会に重を置き各大学に関することを決することにすべきこと

其病院のこと、学長職は迷惑なること亦た談話中文相の意見は此度の節減論に付学校費を節減することは内閣にて不同意を述べたり　病院は施療とす但自費患者も入ること、人員には可成急遽の変動をせざること各大学経財を分ち教授会を置くことは同意云々　午後解剖総論の筆記試験をなす五時過帰宅亦出て上野松源に到る　甲野泰造、土肥慶蔵（洋行）泉鉄太郎、赤沼信吉（地方行）等の送別会なり十二時帰宅、終日風雨

五月十七日　水　晴

午後三時半教室を出て駒込吉祥寺に到り根岸錬次郎子母堂の葬式に陪す五時帰宅、晩弘田子来る

五月十八日　木　雨

午後四時帰宅

五月十九日　金　晴
お田鶴種痘す、午後四時半帰宅
五月二十日　土　曇
午後は向島に到りボート、久々にて千住まで行く例の小店にて休息す
五月二十一日　日　雨
終日外出せず　近頃実に多忙なりしに大に閑を得たる心地せり
五月二十二日　月　雨
午後五時過帰宅、九州医学会演説原稿を漸く送る
五月二十三日　火　雨
午後四時過帰宅
五月二十四日　水　雨
近頃梅雨の如き天気なり　午後四時半帰宅
五月二十五日　木　雨
午後三時より学士会にて碁、食事、医学会に出席、硬口蓋に就き演説す九時帰宅
五月二十六日　金　雨
午後四時過帰宅
五月二十七日　土　雨嵐
午後四時半帰宅
五月二十八日　日　晴曇
久々の天気にて午前は園にて草除《ママ》り午食して共に良一、お田鶴を携て浅草公園に到り小児二人の写真を撮る　例のしるこやに及花屋敷に入る五時頃帰宅
五月二十九日　月　曇雨
午後四時半帰宅、出て三間正弘子の病気を見舞ひ長岡社例会に出席
五月三十日　火　雨
午後四時半帰宅
五月三十一日　水　晴雨
午後四時半帰宅
六月一日　木　晴
午後四時出て武田勇蔵子の病気を見舞ひ帰宅、良一を携て金魚を買に行く、晩千駄木へ行く十一時過帰宅
六月二日　金　曇雨
午後四時帰宅
六月三日　土　晴
午後三時過帰宅、染井へ墓参す

六月四日　日　晴曇
午後良一を携て動物園に到る
六月五日　月　雨
午後六時帰宅
六月六日　火　曇
午後六時前帰宅
六月七日　水　雨
六月八日　木　晴
午後四時教室を出て上野公園を遊歩す美術会に入る
六月九日　金　曇
今月より医学会々日金曜日となる、午後四時過出て遊歩不忍池畔の小店にて晩食、六時出席、参会者極めて少数なり会計書記を除き四名のみ
六月十日　土　雨
午後学士会にて碁、四時半帰宅
六月十一日　日　曇
観劇、宇野弘田浜田子同行、勧進帳なり、九時帰宅
六月十二日　月　雨
午後教授会あり要件にあらす
六月十三日　火　雨曇
午後五時帰宅
六月十四日　水　曇雨
午後五時帰宅
六月十五日　木　曇雨
午食より弘田子と共一寸上野を遊歩して教室に帰る
六月十六日　金　雨
第三期講義を閉づ
六月十七日　土　曇晴
午後二時半帰宅良一を携て浅草へ行く
六月十八日　日　晴
午前教室に到り鈴木子と支那人頭骨を写真す、午後四時去て三島徳蔵子の旅宿に到る　長岡中学校に付相談あり十時帰宅
六月十九日　月　晴
午前試験す、午後五時帰宅、アイノ論文植字皆済
六月二十日　火　晴
午前試験す、午後五時帰宅、大に熱さを催す浴衣を着す
六月二十一日　水　曇
午前試験す記載解剖試験終る、論文の校正忙はし　午後教授会あり大学病院を施療院又は施療私費混合の方針を

取るやの件、七時閉会直に京橋松田に到る　長岡社例会（繰上げ）を兼ね長岡中学校の件に付相談あり出席者七拾名許あり

六月二十二日　木　雨曇

晩食後杉浦、原、小松を訪ふ

六月二十三日　金　晴

医学会出席、六時帰宅

六月二十四日　土　晴

四時半帰宅

六月二十五日　日　晴　大に熱さを催す

終日在宿

六月二十六日　月　晴

午後教授会あり、要件にあらず、午後四時過帰宅

六月二十七日　火　晴

六月二十八日　水　晴

六月二十九日　木　晴

午後三時頃弘田子と共に出て池の端より公園を遊歩し四時教室に帰り尋で帰宅、出て偕楽会出席　医学部主事出京にて出席せり稀なる盛会なりき　十一時過帰宅

六月三十日　金　晴曇

七月一日　土　晴

午前十一時帰宅直に出て三井銀行へ行き是より午食し大津屋にてハンケチ、靴下等を求め銀座まで行て帰る　熱さ難堪

七月二日　日　晴

午前出勤胎生学の残部を講ず　三時間半に渉る午刻帰宅

七月三日　月　晴

午後五時前帰宅此頃は毎日帰宅後庭園に水を撒く

七月四日　火　晴曇夜雨

顕微鏡演習試験

七月五日　水　曇小雨

前日同様試験

七月六日　木　曇

顕微鏡演習の補習、午後五時帰宅、晩食後牛込小松へ行く精一君着京の時なり

七月七日　金　曇

午後教授会あり（特待生の件）直に去て帰宅良一を携て浅草公園へ行く、晩食後千駄木へ行く、森子軍医学校々長心得となる　今日午前一ッ橋外附属学校に到り原信哉

子学業の模様を受持教員に質す
七月八日　土　曇晴
久々にて午食より向島に到る熱さ甚し
七月九日　日　晴
今明日大観音縁日なり、良一を携て両三度行く
七月十日　月　晴
卒業証書授与式なり、鈴木孝子を誘ひ帰る午食、四時過同氏去る
七月十一日　火　晴
今日より休暇となる　毎日午前八時出勤すべし　午後高橋と碁　五時過帰宅
七月十二日　水　晴
午後五時帰宅
七月十三日　木　晴
午後四時半帰宅
七月十四日　金　晴
午後五時帰宅、晩食後良一を携て本郷通まて行く　朝出勤掛けに金杉鈴木七郎子留守宅を訪ひ、シコタン人の写真を借用せんとす然るに写真は北海道にある趣に付書面を出すこととせり
七月十五日　土　晴
今日アイノ論文（骨の部）の略論原稿をワルダイエル先生へ書留を以て出す、午後四時半帰宅
七月十六日　日　晴
七月十七日　月　晴
前八時出勤　後四時過帰宅
七月十八日　火　曇晴
午前良一等を携て共に浅草公園に到る北村にて午食す午刻過帰宅、午後在宿、新井春子来訪、談話共に晩食す、又中村秋香君来る
七月十九日　水　晴
午前後共新井、加門、金子諸子教室に来り談話、四時半帰宅、出て牛込小松へ寄り長岡社例会に出席
七月二十日　木　晴曇雨
予て期したる解剖家集同を催す、午前八時開く、田口、大沢、中島、太田（弥太郎）、鈴木、新井、加門、金子、竹崎及良精の十名会す、晩学士会にて共に晩食す、夕刻より雨降る長旱天の後の雨大に快を覚ふ九時前帰宅
七月二十一日　金　晴
午前金沢の田中正鐸子及長崎小山龍徳子来る　一日の差

にて昨日の集同に加はらざりしは残念なり併し他の諸子
追々教室に帰り終日談話す
七月二十二日　土　晴
午後は帰宅直に魁、文を誘ひ吾妻橋に到りて遊泳す
七月二十三日　日　晴
出勤、午後二時帰宅吾妻橋にて遊泳す
七月二十四日　月　晴
俸給を請取る、午食後高橋子と学士会にて一寸碁
七月二十五日　火　晴
熱さ殊に甚し、午後四時半帰宅、寿衛造今日卒業の式あり明日出発新発田分営に赴く
七月二十六日　水　雨曇
朝五時起き寿衛造を見送り是より魁、文を導き入谷朝顔を見る時に大に雨降る、暫時植木屋に休息し車を命し帰る、八時過出勤
七時二十七日　木　晴
午後は三間君を第二医院に見舞ふ　同君に聞きて秋田秀年君の墓を深川東森下町長慶寺に詣す四時帰宅
七月二十八日　金　晴
午後三時帰宅　文、三、良一等と吾妻橋にて遊泳、浅草奥山に到りしるこやに入りて帰る
七月二十九日　土　晴
七月三十日　日　晴
在宿、午後三時頃魁、文、三等と遊泳
七月三十一日　月　晴
朝出掛けに長谷川君を訪ふ不在、午後四時半帰宅、晩食後柳沢銀蔵子欧州留学に付訪ふ不在、賀古子の病気を見舞ひ九時過帰宅
八月一日　火　晴
八月二日　水　晴
昨日長谷川君再来訪ありたれども面会せざりしに付今朝出勤掛けに訪ふ不在、二三日旅行されしと
八月三日　木　晴
八月四日　金　晴
八月五日　土　晴
午後三時半帰宅、吾妻橋に到りて遊泳
八月六日　日　晴
良一誕生日に付午刻帰宅千駄木諸子来りて小集を催す
午後吾妻村に到りて遊泳

八月七日　　月　晴

八月八日　　火　晴

午後五時半出て京橋松田に到る柳沢銀蔵子洋行　長岡社より送別会を催す会するもの十五名なりき

八月九日　　水　晴

午後一寸製紙分社に到り教室に帰りて直に去て帰宅出て吾妻橋にて遊泳

八月十日　　木　晴

アイノ論文編述に熱心す、残暑殊に酷し、遊泳

八月十一日　　金　晴

午後三時半帰宅、泳

八月十二日　　土　晴

八月十三日　　日　曇晴

午前良一を携て浅草公園に到る例によりしるこやに入て帰る、午後三時出て吾妻橋に到る、遊泳場休閉、是より両国に到りて泳ぐ、少しく風邪の気味なり

八月十四日　　月　曇雨晴

去る十二日改正大学令出たるを講座数の件に付教授会あり　午後は教室にあり

八月十五日　　火　晴

午後四時過教室を出て小林へ立寄り帰る、仙台山形仲芸子へ斎藤のことを手紙を出す

八月十六日　　水　雨　冷気

朝出掛けに長谷川君を訪ふ不在、教室に到る、長谷川君来りて談話、午後五時半帰宅

八月十七日　　木　雨曇

午後五時半帰宅

八月十八日　　金　雨風強

充分の降雨ありたり、五時帰宅

八月十九日　　土　晴風

アイノ論文骨格の部見本出来し一見す　多年の辛苦今日結果の一部分を見る大に快を覚ふ

八月二十日　　日　曇

午前教室にあり、午後一時過教室を出て千駄木へ寄るお喜美等来り居る、天気怪れけば帰宅す

八月二十一日　　月　曇小雨

教室不参朝権兄来りたればなり　午刻良一を携て団子坂藪蕎麦へ行く帰途千駄木へ寄りて帰る

八月二十二日　　火　曇

午後五時過帰宅

八月二十三日　水　晴風
午後六時過帰宅
八月二十四日　木　晴風
パウルン氏依頼の支那人頭骨四個並に脳髄二個をベルリン府ワルダイエル先生へ宛て出す
八月二十五日　金　晴
八月二十六日　土　晴
午後三時過帰宅久々にて吾妻橋に到りて泳ぐ
八月二十七日　日　曇晴
晩食後独り上野広小路の寄へ行く十一時帰宅
八月二十八日　月　雨
午後四時半帰宅
八月二十九日　火　晴
アイノ論文第一別刷出来弐百部受取る　吾妻橋にて泳
晩食後千駄木へ行く、篤子と共に広小路の寄へ行く
八月三十日　水　晴
八月三十一日　木　晴
午後四時教室を出て緒方子同道、細川邸に到り侯爵の屍に防腐注入をなす、晩食九時帰宅

九月一日　金　晴曇雨
晩食後杉浦塾に到り原信子を訪ふ不在、飯田町原家に到り帰る、昨日信子に浅学の大本を説く
九月二日　土　晴
昨夜来腹痛下痢す、終日床に臥す、晩浜尾総長より面談云々書面到る、青山子来る
九月三日　日　晴
終日在宿、晩弘田子を訪ふ身上談に時を移し十二時過帰宅、下痢止む
九月四日　月　晴
午前総長に面会するを得す、午後五時過帰宅、晩九時半総長より書面来り直に大学へ出向、医科大学長を務むべきことを浜尾総長より諭告あり　再三辞すと雖も容れず不得已満一年間を約して承諾す　大に時を費し一時頃帰宅す
九月五日　火　晴
出勤掛けに武田勇蔵子死去に付悔に行き教室に到る、斎藤勝寿仙台医学部にて任用の義電報を以て通知ありたれば同子の履歴書等を出す、午後三時過帰宅、吾妻橋に到りて泳

九月六日　　水　晴

午後二時帰宅、直に出て良一を携て吾妻橋遊泳場に到る、次に浅草公園に入る例のしるこやに寄りて帰る、直に故武田勇蔵初夜の招に応ず、九時半帰宅

九月七日　　木　晴

午後三時過帰宅、良一を携て吾妻橋泳場に到る

九月八日　　金　晴

午後三時帰宅良一を携て吾妻橋泳場へ行魁郎子同行、晩千駄木へ行く

九月九日　　土　晴

朝長谷川泰子次に三間正弘子を訪ひ教室に到る　ベルリン府ワルダイエル先生へ脳髄等を汽船に積込たる船積証と共に書面を出す、又在上海ドクトルパウルン子へ支那人頭骨を出したる通知書を出す　午後三時過帰宅、吾妻橋に到りて泳

九月十日　　日　晴

午前出て北里子を訪ふ繁忙にて面するを得ず是より鈴木孝子を訪午食、午後三時帰宅、命車、良一を携て出て吾妻橋に到りて泳、尋で浅草公園に入り例のしるこやに入る

九月十一日　　月　晴

授業を始む、卒業試問も始む、大学の改革今日より実行、良精医科大学長に補せらる実に歎息の到りなり又二級本俸下賜（千百円）及第二解剖講座担任（職俸六百五拾円）

九月十二日　　火　晴

午後四時半帰宅

九月十三日　　水　晴

総長に面会、国家医学講習科の医制及衛生法の講師に付相談す、晩千駄木に到り晩食賀古子来る長談十二時帰宅

九月十四日　　木　晴

朝北里柴子来る長与子息の件なり、教室より小笠原へ英書を読む、晩食八時半帰宅

九月十五日　　金　晴

午前文部省へ行く大臣、次官、秘書官等に面会す、午後大学評議員の選挙会を開く、大沢前学長多数を以て当選す

九月十六日　　土　曇

午食後高橋弘田二子と共に向島に到り大沢謙子評議員当選承諾を勧む但し徒労のみ、五時頃帰宅、出て長岡社例会（都合に依り繰上げ）に出席、帰途青山子を訪ふ不在

九月十七日　　日　曇

午刻良一を携て藪蕎麦へ行く、千駄木へ寄る、午後良一を携て浅草公園に到る凌雲閣へ登る

九月十八日　　月　晴

午後五時過帰宅

九月十九日　　火　晴

伊勢錠子を訪ひ六時帰宅

九月二十日　　水　曇雨

午後評議員の件に付教授会を開く続て再選挙行ふ宇野子当選す、五時過帰宅

九月二十一日　　木　雨曇

医学会例会（明日なるべきを繰上ぐ）良精「アイノ」の人種学上の地位に就き演舌す、六時過帰宅、白山根津神社の祭礼なり

九月二十二日　　金　曇

午後五時教室を出て帝国ホテルに到る　ベルツ君帰朝歓迎会なり良精独乙語演舌をなす九時帰宅

九月二十三日　　土　曇　祭日

午刻共に良一等携て藪蕎麦に到る、千駄木へ寄る、帰宅良一を携て吾妻橋泳場に到る潤子同行泳納なり　是より浅草公園に入る花屋敷を見る、例のしるこやに到て帰る

九月二十四日　　日　曇

午前牛込小松へ行く石黒へ寄る、教室に到る、午後三時より上野東照宮際にて鈴木文太郎金沢行送別会に出席六時頃帰宅

九月二十五日　　月　晴

午前午後共卒業試験、五時半帰宅

九月二十六日　　火　雨

午後五時帰宅、六時過出て地学協会に到る　アイノ人種に就て演舌す十時半帰宅

九月二十七日　　水　雨

午後五時半出て亀清に到る北里、後藤（新）、森、賀古、青山、隈川、岡田（国）の諸子と会す、十一時過帰宅

九月二十八日　　木　曇

午後五時帰宅直に出て陸軍々医学校に到る、談話会なり、良精アイノ人種運命に就て談話す、十一時帰宅す

九月二十九日　　金　曇

午後五時帰宅

九月三十日　　土　雨

午後五時帰宅

十月一日　　日　雨

終日在宿、午後森林子来る

十月二日　　月　晴

午後五時半帰宅

十月三日　　火　曇

午後初ての評議会あり、学年は十ヶ月にて不都合云々重要の件にあらす、六時過帰宅　今朝北里子を訪ひ長与称吉の件に付断り述ぶ

十月四日　　木　雨

午後五時半帰宅

十月五日　　木　雨

午後五時半帰宅、母上様権兄と共に箱根鎌倉地方へ御旅行のところ御帰宅

十月六日　　金　雨

午後五時半帰宅、透子米国より帰りて来る

十月七日　　土　晴

午食より帰宅久々天気に付共に子供を携て浅草公園に到る

十月八日　　日　晴

今日新旧学長及新医院長送迎会兼てボート会の催あり午前十時向島に到る、午後三時より八洲園にて園遊会あり良精謝辞を述ぶ

十月九日　　月　晴

今日始て下山子が学科受持のことに付不平のことを聞く、午後教授会を開く終て総長に面談、長井子教授となるの件なり　六時過帰宅弘田、青山子来り相談す、是より弘田子同道下山子を根岸に訪ふ、篤と真意を聞く十二時帰宅

十月十日　　火　晴

出勤掛に文部省へ行く、大臣未出勤、書面を置て去る、長与氏断りの件並に倫理と生理と云ふ論文の件なり　昨日の紛糾は全く和解す

十月十一日　　水　晴

午後六時頃帰宅

十月十二日　　木　曇少雨

アイノ論文生体の部編纂終る直に通見を始む、五時半帰宅

十月十三日　　金　曇雨

午後四時より学士会にて高橋子と久々にて碁、晩食、医

学会出席、九時帰宅

十月十四日　土　曇晴

午後二時より弘田子共に向島に到りボート、五時半帰宅

十月十五日　日　雨

午刻良一を携て藪蕎麦に到る、千駄木諸子来る　大に賑へり、帰途千駄木へ寄る二時帰宅在宿

十月十六日　月　雨

午後入学宣誓式あり、教室より直に上野桜雲台に到る北越同学会なり九時帰宅

十月十七日　火　雨　祭日

終日悪天、夕刻榊家を訪ふ

十月十八日　水　半晴

去る七月十五日附を以てワルダイエル先生へ依頼したる「アイノ」論文骨格の部 Arch. f. Anthr.〔＊雑誌〕に掲載承諾の返翰来る　其他ベルリン解剖所の模様及先生の家族の状態に付精しき報道あり大に悦ぶ　午後は始て中央衛生会に出席す四時半帰宅

十月十九日　木　曇雨

午後一時より学長会あり予算説明の件に付てなり六時帰宅

十月二十日　金　晴

午後五時過帰宅

十月二十一日　土　晴

午食し帰宅直に良一を携て向島に到り小舟に遊ぶ　是より浅草に到り例のしるこやに入り花やしきに入り帰る

十月二十二日　日　快晴

近頃珍しき天気なり、今日は淀橋水道起工式あり、九時上野発車、十時過同所着、場内遊覧、午後四時過上野帰着

十月二十三日　月　曇

アイノ論文生体の部昨夜通見を終へ今日より清書を始む晩文部大臣官舎に於て学長評議員等に晩餐の饗応あり十二時帰宅

十月二十四日　火　雨

午後評議会あり四時終て帰宅、直に芝紅葉館に到る、独乙学者プルフエッソル、ゼレンカ子を饗応せしなり、十二時帰宅

十月二十五日　水　晴

午後五時半帰宅、晩食後出て文部大臣を官舎に訪ふ　宇野医長既に在り、病院其他医科のことに付談話す十時帰

宅

十月二十六日　木　雨

午後大臣次官医院を巡視す

十月二十七日　金　晴

午後三時より医学会、六時帰宅

十月二十八日　土　晴

午食より帰宅換服出て向島に到る　同所より直に長社《ママ》例会に出席す

十月二十九日　日　晴

午前出て三宅、杉浦、岸宇吉の諸子を訪ふ皆在宿なりき
午後は良一を携て浅草公園に到る大蛇等を見る

十月三十日　月　晴

午後は教授会を開く、薬学々科改正の件及第一高等中学校第三部の第二外国語を英、仏随意にするや否やの件

十月三十一日　火　晴

午後は評議員協議会あり、高等中学改正案に付てなり六時閉会す、夜に於て同案に付意見書を書く三時となりて未だ全く終らすして眠に就く

十一月一日　水　晴

前日の意見書を書く、午後五時半帰宅

十一月二日　木　曇

早朝森子を訪ひ意見書の校正を頼む

十一月三日　金　晴

午前良一を携て団子坂の菊を見る、蕎麦を食す、午後は子供を携て共に浅草へ行く

十一月四日　土　晴

午後二時過出て向島に到りボート、晩は牛込小松、飯田町原弘田等へ行く弘田父公出京始て面会す

十一月五日　日　晴

午後は共に出てて動物園に入る是より八百善にて食事し帰る

十一月六日　月　晴

午後は高等中学改正案に付意見書のことを協議す

十一月七日　火　晴

午後は学長会議あり

十一月八日　水　曇

午後五時より松源に到る、長井子教授任命に付薬学家諸子の懇親会なり　十時半帰宅時に大降雨

十一月九日　木　晴

午後五時過帰宅、直に出て亀清に到る北里、後藤、賀古、森、岡田、青山等相会す、十一時帰宅

十一月十日　金　晴

午後高等中学改正案に付意見書を文部大臣の許に出す

晩医学会例会

十一月十一日　土　晴

昨夜大降雨、風、今朝晴となる、午前教室にあり午刻帰宅、午食、良一等を携て大学運動会に到る

十一月十二日　日　快晴

午前良一を携て団子坂の菊を見る、千駄木へ寄る、午後は共に子供等を携て上野動物園に到る尋て八百善にて食事し帰る

十一月十三日　月　晴

午後六時前帰宅

十一月十四日　火　晴

午後評議会、三時半終る、五時半帰宅

十一月十五日　水　曇

午後五時半帰宅、晩食後弘田子を訪ふ、同子の父公帰郷に付暇乞なり

十一月十六日　木　雨

午後五時教室より直に富士見軒に到る　馬島珪之助子新発田へ赴任に付送別会なり

十一月十七日　金　晴

午後五時帰宅、出て偕楽会に出席

十一月十八日　土　晴

午後二時より向島に到りボート

十一月十九日　日　晴

午前良一を携て遊歩、一寸千駄木へ寄る、午後は動物園え行く　帰りて独り滝の川え遊歩す暮方帰宅、アイノ論文清書終る

十一月二十日　月　晴

アイノ生体の部論文スクリバ子へ持行きて校正を乞ふ

午後は教授会を開く要件にあらず

十一月二十一日　火　曇

十一月二十二日　水　曇

午後天王寺に於て二百体祭を行ひ之に参席す

十一月二十三日　木　曇晴　祭日

午前良一を携て藪下の園に遊歩す、千駄木え寄る、午後は良一を携て浅草へ行く潤子同行

十一月二十四日　金　晴

午後六時帰宅、医学会例会に出席
十一月二十五日　土　晴
午後は向島に到りボート、帰途屋井琢子の宅を訪ふ　過日長岡椰野子出京せりと雖も未面会せず依て訪ふ　丁度面会するを得たり
十一月二十六日　日　晴
午前千駄木へ寄り良一同行、高野園に入り午刻帰宅、午後は小石川後楽園に於て良精の為に北越医会の諸子其他の諸子祝宴を開かれ之に出席す、五時過千駄木へ寄りて帰宅
十一月二十七日　月　晴
午後文部省に到り大臣に面会「各高等中学校に第三部を置ざるべからざる理由書」を進達す、帰途佐藤三吉子を訪ふ三時半教室へ帰る　アイノ論文生体の部附属の表を製紙分社に渡す
十一月二十八日　火　晴
午後評議会あり要件にあらす、五時帰宅出て長岡社例会に出席
十一月二十九日　水　晴
午後医院会議あり之に出席す終て帰宅、今日は椰野直子を招待したるなり権兄来る、晩食す
十一月三十日　木　雨
午後四時半帰宅
十二月一日　金　晴
朝出勤前に大橋佐平来る、午前卒業試験す、六時前帰宅
十二月二日　土　晴
午刻講習科諸子と写真す、午後向島に到りボート
十二月三日　日　晴
午前良一を携て千駄木へ行く、午食す、午後は浅草公園に到る
十二月四日　月　晴
午後五時出て帰途榊へ寄り帰る
十二月五日　火　晴
午後教室より中島一可子突然昨夜死亡せしを弔ふ、五時半帰宅
十二月六日　水　晴
午前内務省に到り久米衛生局長代理及加藤尚忠子に面会伊藤隼三子札幌病院長就任の約束取消しの件に付てなり午後は中島子を病理教室にて剖検せらる、六時半帰宅

十二月七日　木　晴

昨夜盗難に逢ふおきみの衣服のみを持去る但し大体隣の寺内捨置きたり実際紛失物は少なからん　午後は養育院へ行く、中島家へ立寄り同窓五名より香奠を送る

十二月八日　金　晴

在名古屋奈良坂子出京、午後は中島一可子の葬式に行く四時頃鈴木孝、弘田二子を誘ひ帰宅時に急使来り直に衆議院に到る　予算委員会に出る解剖体の数に付質問あり九時帰宅

十二月九日　土　晴

午前は前日の質問に付調査し午刻出てて宇野子と共に衆議院に到る午食す　午後二時より開会、四時頃帰宅す

十二月十日　日　晴

午前千駄木へ行く、午後は良一を携て浅草へ行く

十二月十一日　月　晴

午後教授会を開く、六時帰宅

十二月十二日　火　晴

午後六時帰宅

十二月十三日　水　晴

午後五時半帰宅

十二月十四日　木　晴

朝七時出て中村弥六、波多野伝三郎子を訪ひ施療病院の事に付話すところあり十時教室に到る、六時帰宅、今日良精誕生日なるを以て晩茶果《ママ》を喫す

十二月十五日　金　晴

午後六時前帰宅

十二月十六日　土　晴

午後六時帰宅出て三井銀行に到り弐百円を受取り今日午前郵便局よりおきみに受取せたる弐百円及現在金百と合して金五百円とし直に牛込小松へ行き原家へ返金を委托す　之にて借用金の返却皆済となれり即ち明治十八年七月一日帰朝就職より実に八年半を費せり大に安堵の思をなせり　五時帰宅直に出て偕楽園同窓会に出席す　長岡川上清哉子臨席せり卒業以来始めて面会せり出席者総て十四名、十時半散す

十二月十七日　日　晴

午後良一を携て浅草公園に到る恰も年の市にて混雑を極む　帰途千駄木へ寄りて帰る、晩独り出て浅草まで散歩して帰る

十二月十八日　月　晴

午前長谷川泰子を問ふ不在、亦内務省へ行く伊藤隼三子の件なり、六時半帰宅

十二月十九日　火　晴

総論解剖学の講義を閉つ、午後評議会あり六時半終る

十二月二十日　水　曇

記載解剖学講義を閉つ、直に出て海軍々医学校に到る卒業式なり終て鈴木孝子許行きて午食す　三時半大学へ帰る次で帰宅、晩青山子訪ふ不在帰宅、青山子来る

十二月二十一日　木　晴

朝長谷川泰子を訪ふ、十時教室に到る、少しく風邪の気味に付午後帰宅、床に臥す

十二月二十二日　金　晴

所労届を出し在宿す

十二月二十三日　土　晴

午後は顕微鏡院卒業式へ出席、夕刻より亀清へ赴く例の暴論者会なり十一時帰宅

十二月二十四日　日　晴

午前浜尾総長許行く明日青山宅会合に付てなり十二時過去て鷗遊館に到る　忠篤公御卒業祝宴なり来会者百十数名にして盛なりき終て忠篤公の御宅（緑町）へ招参し六時過帰宅す

十二月二十五日　月　晴

朝林子来て今日の会合得策にあらざるを説く、長谷川子一寸来る、出勤、午後二時半帰宅、更衣直に青山へ赴く、一種の忘年会なり、長谷川、宇野、弘田、賀古、青山、良精の六名会す、大学独立の件に付相談ある筈なりしも深入することなくして止む、是前以て希望したるなり、其他雑談十一時散す

十二月二十六日　火　晴

朝七時出て文部大臣を官邸に訪ひ昨日会合のことを具申す九時教室に到る、午後長谷川泰子教室へ来る明後二十八日晩餐を饗するに付他の三子（宇野、青山、弘田）へ通知せよ云々　四時帰宅、出て日本橋中華亭にて晩食、茅場町寄へ行く十一時頃千駄木に到る　賀古子来り居り長谷川と会合宜しからず断して避くべし云々一時半帰宅、終夜不眠

十二月二十七日　水　少雪

九時半出勤、宇野、弘田、青山子と相談し明日の会合延引と決す　午後弘田子と上野公園盆栽陳列を一見し五時帰宅、出て鹿鳴館に到る中央衛生会委員を内務大臣井上

か饗応せしなり　十時帰宅、長谷川へ会合延引を望む書面を出す

十二月二十八日　木　晴

九時半出勤、アイノ論文生体之部原稿材料の清書終る之にて只出版を待つべきのみ、御用納なり、午後三時過教室を出て榊及緒方子留守宅を見舞ひ帰る、入浴、出て中華亭に到り晩食し是より薬師門宮松亭に到る十時半頃帰宅

十二月二十九日　金　晴

午刻より良一を携て小川町勧工場に到り色々買物す晩在宿

十二月三十日　土　晴

午前良一を携て紙鳶を求めて遊ぶ清水清子来る　晩食後遊歩に出て小川町より日本橋まて到る

十二月三十一日　日　晴

午刻良一を携て本郷通りへ行き国旗其外買物し帰る　午後四時頃家族集りて膳に付き例年の通り歳末を祝す　九時半頃出てて例の通り遊歩す本郷通りより日本橋通り京橋に到て廻る、小川町へ向ひ空腹に付蕎麦を食し再ひ本郷を通りて一時頃帰宅、尋て眠に就く

明治二十七年　二千五百五十四年　1894

良精満三十五年　駒込蓬莱町四十五番地

一月一日　月　晴

午前九時起く時に天曇り雪少しく降る、暫時にして止む漸々快晴となる、牛乳を喫し直に隠宅に到り北蘭に祝詞を述べ次に国旗を玄関に立つ、昼鶏雑煮を食す、午後は小児等と遊戯、小松操、春三二子年始に来る、九時頃眠に就く

一月二日　火　晴

午前九時起く、良一携て千駄木へ行く暫時にして帰る、今日は例年の通りかるた会催す、午後二時頃より追々来る、会するもの小笠原、田中東作、田中富、小原直、上松又、安田六、石垣貫、小林魁、文、三等なり　五時食事を終へかるたを始む、福引を催す、不知不識夜を更かし遂に夜徹す、原祐民、小松維直二子年始に来る

一月三日　水　晴

午前七時頃諸子朝食を喫し散す、十一時頃より眠る三時頃起く　荏苒日を暮す、入浴、九時頃眠に就く

一月四日　木　晴曇

午前九時頃起く、午後三時過医科大学年始会に上野精養軒に赴く、六時半帰宅

一月五日　金　曇

午前九時起く、紙鳶を弄ひて梅木より落つ終日在宿、夕刻より少し雪降る　年賀来訪名刺総て八十四枚、はがき封書合して百五十六枚、此方よりは一切出さざりき

一月六日　土　雨

午前九時起く、終日在宿、晩小林魁子来る　明日仙台へ帰校するよし

一月七日　日　曇晴

午前九時起く、今日は田鶴子誕生日なるを以て千駄木諸子来り午食す、夕刻出て牛込小松、飯田町原、及小笠原、長谷川諸家へ年始に行く

一月八日　月　晴

始業、午前八時出勤、記載解剖学講義を始む、年賀はがき等三十計あり　横浜開通合名会社へベルリン行、論文の運搬諸費を払ふ　六時帰宅

一月九日　火　晴

出勤掛けに長谷川泰子を訪ふ、総論解剖学及胎生学の講義を始む、五時半帰宅

一月十日　水　晴

ベルリン府フリードレンデル書林へ論文送達、販売方依頼の書面並に船積証を出す、午後五時帰宅

一月十一日　木　晴

午後三時半弘田子同道帰宅

一月十二日　金　晴

午後三時半高橋子と学士会（新築の所）にて碁、六時より医学会出席、九時前帰宅

一月十三日　土　曇晴

午後は久々にて向島に到りボート

一月十四日　日　晴

良一と共に紙鳶を弄す、午後二時出て上野韻松亭に到る北越医会新年会なり六時半帰宅

一月十五日　月　晴

午後医院会議に列す、五時帰宅

一月十六日　火　晴

午後評議会あり二時半終る、五時半帰宅、晩梛野、熱海小松家へ手紙を出す

一月十七日　水　晴

米子伊藤隼三子へ最後の電報を出す、午後二時出て谷中に於ける萩原三圭子の葬儀に列す、四時過帰宅

一月十八日　木　晴

午後五時半帰宅

一月十九日　金　晴

長谷川子教室へ来る、緒方、三浦謹両子と養育院新築図に就て相談す、五時半帰宅

一月二十日　土　晴

午後は養育院幹事安達子来り新築の件に付相談するところあり、二時頃出て向島に到りボート、歩して上野に帰る時刻少し早きを以て竹台まで遊歩す　精養軒に到る薬学会総会に招待を請けたるなり、九時去て千駄木へ寄る十一時頃帰宅

一月二十一日　日　晴

午後良一を携て久々にて浅草へ行くしるこやに入る

一月二十二日　月　晴

在米子伊藤隼三子へ最々後の電報を出す午後五時半帰宅

一月二十三日　火　晴

午後は評議会、六時前帰宅

一月二十四日　水　晴
午食より直に片山松田二子と共に歩行青山墓地に到る末岡精一子の葬式なり　帰途又独歩行す三間石川県知事出京安田方に止宿に付一寸訪ふ不在、五時過帰宅
一月二十五日　木　雨雪
稀なる悪天なり、午後二時よりアイノ論文校正の為「スクリバ」子宅へ行く（第一回）三時半教室に帰る　四時出て榊老人死去に付悔に行きて帰る
一月二十六日　金　曇風
午後三時より医学会例会、六時帰宅
一月二十七日　土　曇
午食より榊家葬式に付同家へ行き会葬す、染井墓地なり式終て埋葬地に到り埋葬終りて帰る、在米子伊藤隼三子着京来訪
一月二十八日　日　曇
今日ボート競漕会を催すと雖も余寒天なるを以て午食を終て向島に到る恰も競漕終りたる所なり、福岡楼にて茶果《ママ》を喫し是より舟にて鷗遊館に到る卒業宴会なり七時過出て徒歩帰宅す
一月二十九日　月　曇
午後五時帰宅、出て長岡社総会に松田楼に到る九時帰宅
一月三十日　火　曇　祭日
午前良一を携て近傍へ出る午後伊藤隼三、古川市次郎子来訪次に久米金弥子来訪、亦た本郷区有志者とて四名来りて三月一日総選挙に付依頼する所あり　四時出て榊家へ立寄り宮本仲許行く、蕎麦の馳走に案内ありしなり十時帰宅
一月三十一日　水　曇晴
昨夜少しく降雪、午後六時学士会に於て医学会総会に付議員会を開く食事し八時半帰宅
二月一日　木　曇晴
午後五時半帰宅
二月二日　金　晴
アイノ生体の部原稿始て製紙分社へ渡す　ベルリン府「フリードレンデル」へ Hermann-Schwalbe, Galves-Cevische 廃刊に付ては其続きたる Anatomische Hefte〔＊解剖学分冊〕不用の旨端書を出す　午後六時急に評議会あり故菊池安子学位の件なり直に散会七時帰宅
二月三日　土　晴

午後弘田子と共に向島到りボート、五時過帰宅

二月四日　日　曇晴

午後は千駄木へ行きて故猪子吉人子の遺骨本国に到着したるを以て近日京都に於て葬儀あるに付良精弔文を草し其校正を頼む、五時帰宅

二月五日　月　晴曇

午後一時よりスクリバ子許行きて論文校正を得(第二回)五時半帰宅

二月六日　火　晴

午後評議会あり七時過帰宅、和田垣子来り田口子奉職二十五年祝の件に付大に話あり

二月七日　水　曇

午食し直に文部省に到り木下専門学務局長に面会在独乙坪井次郎子研究旅行費願書を渡す　其外留学生の件並に高等中学第三部設置の件に付談話するところあり尋て中央衛生会に出席す五時半帰宅、選挙に付有志者来る

二月八日　木　雨

午後四時半帰宅

二月九日　金　晴風

午後六時豊国にて晩食、医学会に出席、九時半帰宅

二月十日　土　晴

午後向島に到りボート、五時半帰宅、断髪入浴

二月十一日　日　曇少雨　祭日

午前良一を携て千駄木へ行く、おきみ等後より来る、午刻帰宅在宿

二月十二日　月　曇風

午後四時教室を出て原田豊子帰朝に付見舞ふ且つ第一年生石井久太郎氏進学願可然旨を通ず　六時半帰宅

二月十三日　火　晴

午後一時より学長会議あり六時半終る　帰宅更衣直にベルツ子宅に到る　今日招待せられしなり十二時前帰宅

二月十四日　水　晴

在北海道霧多布鈴木七郎子より兼て借用したる「シコタン」人写真返却す

二月十五日　木　晴

午後五時半帰宅

二月十六日　金　晴

二月十七日　土　晴

好天にして暖なり午食より向島に到りボート、五時帰宅

出て新橋花月に到る　北里、森、賀古、青山、隈川等と

会す、十時半帰宅

二月十八日　日　晴

午後良一を携て浅草公園に到る例のしるこやに入る

二月十九日　月　晴

十一時教室を去て帰宅風邪の気味に付床に臥す

二月二十日　火　晴

午後一時半より評議会あり銀婚式並に紀念日に付ての件なり六時終る、帰宅直に出て安田家に到る手習子屋会なり十二時半帰宅

二月二十一日　水　少雪曇晴

午後一時半教授助教授総会あり銀婚式に就てなり　午後五時半去て帰宅直に出て偕楽園に到る同窓会に原田豊子帰朝祝宴を兼ねたるなり十時過帰宅

二月二十二日　木　晴

午後三時より銀婚式委員会あり五時過終て直に上野精養軒に到る　古川市次郎（米子病院）梅原惇子（欠席）の地方行送別会なり九時帰宅

二月二十三日　金　晴

午後三時より医学会例会、五時半帰宅

二月二十四日　土　晴

午後は向島に到りボート

二月二十五日　日　晴

午前は紙鳶を弄す、午後良一田鶴等を携て共浅草公園に到るしるこや花屋敷に入る　帰途千駄木へ寄りて帰る

二月二十六日　月　晴

午前教室へ笹崎周次郎子来りて金弐拾円借用したき云々の請求をなす明日確答する旨を以て別る　午後一時より教授会を開く学位授与資格審査が教授会に移りたるを以て先将来に付大体を議し次に小林慶、芳賀栄次郎二子の審査をなしたり　三時過終て学士会事務所に於て医学会の議員会を開く　大婚二十五年御祝典に際し本会より賀表を上るの件なり　上ることに決す五時散会帰宅晩食し出て星野恒子を訪ひ右賀表を作ることを托す十時帰宅

二月二十七日　火　晴

朝議員選挙に付来訪者あり八時半出勤、午後一時半より評議会あり主として三月九日のことなり八時漸く散す、権兄教室へ来りしと雖も面会することを得ず一書を遺して去られたり　金参拾円用立呉れ云々帰宅入浴、右断りの手紙を認めて直に出す　今日笹崎周次郎子方へ使を以て金円請求を断り金参円を遣る

二月二十八日　水　晴

午前権兄教室へ来る（昨夜の手紙出違ひたるなり）長談ありたれども兼ての決心を以て金円用立つることを断る〔朝出勤前に阿部孝助子外一名選挙のことに付来る〕午後五時帰宅、出て長岡社例会に出席、帰途十軒店にて雛内裏人形を求て帰る

三月一日　木　曇晴

紀念日に付休業、朝小供に人形飾りて戯る十時過出て紀念式に陪席す終て美術学校に到り岡倉校長に面会し賀表奉呈の躰裁を諮ぬ、十二時半帰宅、後は小供と戯る　夕刻出て漆原に到り賀表用紙を購ふ

三月二日　金　曇

マルチン博士（チユリヒ）、メーネルト博士（ストラスブルク、エルザス）の二子へ自家論文送与の礼札を出し同事《ママ》に二子へアイノ論文を発送す、四時半教室を出て画工近沢子許行きて帰る

三月三日　土　少雨

午食より帰宅直に谷中に到り、菊池、箕作家葬式に列す終て帰宅小供と雛祭りに付戯る

三月四日　日　曇

午前杉浦子を訪ふ不在、塾幹に逢ふて原兄弟の模様を諮ぬ　是より星野恒子訪ふ賀表のことなり、不在、帰途呉秀三子宅に寄る亦不在、午後小供と戯る、晩食後再ひ星野子を訪ふ不在、呉子亦不在、今日原信子来る、来る学年試験に付大に注意す

三月五日　月　雨

午後文科大学に於て星野子に面会、賀表出来す、呉子来り書家に廻す、五時帰宅

三月六日　火　雨

午後一時半より評議会あり七時過終る之より上野松源に到る　入沢達吉子帰朝に付北越医会祝宴なり十一時帰宅

三月七日　水　雨

医学会賀表に付忙し表中字句等数々更る、午後四時半出て中番町書家三好鐘二郎子許行て最終の変更を通し帰る

三月八日　木　雪

終日雪降る、賀表差出の件は大津会頭に托す、即ち本日午前出来呉子訪参せしなり、午後五時半帰宅

三月九日　金　曇少雨

大婚満二十五年に付休暇、本日学生と共に教員も正門外

に整列して奉賀する筈なりしも良精不参、終日在宿

三月十日　土　雨

午前十一時一寸出勤、是より川上清哉子を芝の寓に訪ふ神田移転せりと因て又同所に到る、既に帰郷とのことにて空しく帰る

三月十一日　日　曇

終日在宿

三月十二日　月　晴

夕刻今田家を見舞ふ、豊国にて晩食し医学会出席八時過帰宅

三月十三日　火　晴

午後一時半より評議会四時半終る、五時半帰宅

三月十四日　水　晴

午後三時より医学会総会に付委員会を開く六時終る

三月十五日　木　雨

午後六時頃帰宅

三月十六日　金　晴

午後榊子教室に来り同子に付新聞に不幸博士云々掲載ありたることに付談話するところあり　四時教室を出て榊に立寄り帰る　晩文部大臣を訪ふ不在原家へ立寄り帰る

三月十七日　土　晴

午後直に帰宅母上様御共に浅草へ行くしるこや入る

三月十八日　日　晴

午前丸山直方子の次男来る独乙協会入学の証人となる、医学を修むる志望なり、午後出て田中舘令閨の不幸を悔み是より岡田和一郎子許行く　鈴木孝榊子等集りて相談母子同居と決し尋て西片町榊家に到り北堂と相談をまとめ終りに榊別宅に到　嫁子に面談し十時過帰宅

三月十九日　月　晴

午後教授会を開く、午後五出て榊家に寄りて前日相談続きをなす亦同家別宅にも寄る　六時半帰宅

三月二十日　火　晴　祭日

午前原祐民子来る信子愈第三回落第と極る云々秋子も落第せり、紙鳶を弄す、午後は良一を携て久々にて上野動物園へ行く潤子等来り居る、八百善にて食事し帰る

三月二十一日　水　曇

午後五時帰宅、食事、出て原家へ行く北里子と落合ひ信子の将来の方針に付相談す　十時半帰宅

三月二十二日　木　晴

朝杉浦子許行きて信子学校選定のことを相談す、胎生学

講義を閉つ、午後三時弘田子と共に向島に到りチヤンピオン下宿にて談話、五時半帰宅　晩食後原へ行き前日の続談をなす

三月二十三日　金　晴

午前二時間計講義して総論解剖学を閉づ　午後三時より医学会に出席、出席者少なきが為め遂に開かずして散ず　五時半帰宅　本富安四郎子来りて種々困難の情態を述べ金三拾円の借金を申込む

三月二十四日　土　曇

本富子へ書面を以て金三円見舞として送り前日の申込を謝絶す　午後二時弘田子と共に向島に到る、是より直に大学講義室に到る　通俗講談会なり良精アイノ人種の運命に付演舌す一時間と十分を費す八時帰宅

三月二十五日　日　曇

午前原祐民子来る、小供等を携て白山社まで遊歩す、午後は小児等と共に藪蕎麦へ行き是より野原て土筆を採りて遊ぶ、晩川上清哉、丸山直方、青木良悌の諸子へ手紙を出す

三月二十六日　月　雨

記載解剖学講義を閉づ五時帰宅

三月二十七日　火　曇

午後一時半より評議会五時半終る、断髪、入浴

三月二十八日　水　雨

鈴木孝子金沢より出京面会、五時前帰宅、長岡社例会出席

三月二十九日　木　晴風

午後五時帰宅、晩小笠原金子来る（前以て書面を出置きたるに由る）同子近頃遊惰に流るるに付大に改神《ママ》を促す

三月三十日　金　晴

朝八時スクリバ子許行きて論文校正す　午後三時過出て独向島に到りボート　今朝福島甲子三子来り悌二郎子大病に付相談するところありたり

三月三十一日　土　晴

午後一時より学士会に於て医学総会に付相談す　亦役員投票を開く良精会頭に当選す之に付ては大に考を要すべし　三時半終て悌二郎子病症を諮ぬる為め佐々木政吉子を訪ふ不在、帰途鬼頭へ寄りて帰る　晩食後又佐々木を訪ひ、鬼頭へ寄りて佐々木子の意見を報告す

四月一日　日　晴

午前鬼頭へ行き悌二郎子に面会す、是より榊家に到る今日本別両宅愈合同せらる良精之に（同家の請に由り）立合たり午食し帰宅　午後一時過良一を携て出て無極亭に北越医会総会に出席、暫時にして辞し去る　是より上野公園に入る桜花殆と満開、漆工競技会に入る、次に動物園に入る、八百善にて食事す大混雑す、六時半帰宅　晩鈴木文、新井春二子来る

四月二日　　月　晴

午後向島に到る、晩亀清に会す

四月三日　　火　晴

小笠原金子来る金子借用のことを申込む、熟考の確答すべしとて別る、午後は小供を携て向島に到る大沢岳子方の出産（去る一月）の祝として訪問す去て浅草公園を通りて帰る　晩おふじ殿来る金子の様子を質し金弐拾円渡す

四月四日　　水　晴

東京医学会総会に付午前八時大学講義室に到る、参集者至て少なし九時前漸く開会、十二時半閉会、大沢謙二子と共に牛肉店にて食事し是より愛宕下伝染病研究所を参観す　五時帰宅

四月五日　　木　曇

前日の如く午前八時講義室に到る十二時半過閉会、豊国に来て午食す、午後は理科大学地質、動物を参観し次に日暮里火葬場へ行四時帰宅す

四月六日　　金　雨

総会第三日、午前八時より解剖教室にて開会、十一時半閉会、帰宅出て佐々木家の葬式（政吉の養祖父）に千住に到り直に辞して去り盲唖学校に到りて参観す、大に時を費し五時漸く植物園宴会に赴く、雨天にて大に失望す、七時半帰宅

四月七日　　土　雨

午前九時出勤、十一時よりスクリバ氏許行きて論文校正す、午後三時半帰宅

四月八日　　日　雨

小笠原藤子死去、午後悔に行く、五時帰宅

四月九日　　月　雨

午前十時文部省に到、堀和子学位授与に陪席す、牧野次官に第三部設置せざるべからざることを陳述す、教室に到る長尾精一子出京面会、四時半帰宅、晩小笠原へ行き二時半帰宅　医科大学事務室時計台下へ移転

四月十日　　火　雨
豊国にて午食より直に小笠原へ行き葬式に列す染井墓地まて行く四時帰宅
四月十一日　　水　半晴
午前七時出勤、記載解剖学講義を始む、午後二時半帰宅気分悪しきを以て臥す
四月十二日　　木　曇（晩降雨）
午前九時出勤、午後二時教室を出て美術学校展覧会を一見し次に漆工競技会に入り是より向島に到る、商業学校競漕会あり、五時植半に入る今日は外科会を催しスクリバ君を招待せしなり　十時半帰宅
四月十三日　　金　雨
午後中央衛生会出席、帰途鬼頭家を見舞ふ恰も佐々木政吉子来診す、榊家を訪ふ医学会書記候補者の件なり七時頃帰宅
四月十四日　　土　晴風
昨夜雨降り続き本日の天気如何と思ひしに晴天となれり、少時にして風起る、九時良一を携て向島大学競漕会に到る、良精第六番競漕を補欠として漕ぐ、勝利、時に午後一時半となる、お喜美来る、共に植半に登りて午食す、分科及チヤンピオン競漕は悉く法科の勝となる、医工は全敗なり、下宿にて談話、七時半帰宅
四月十五日　　日　晴風
午前岡部忠子仙台より出京来訪、午刻スクリバ子許行く昼食の饗応、三時過帰宅、出て向島梅若植半に到る、チヤンピオン慰労会なり、八時過辞して去る
四月十六日　　月　晴
前七時出勤、講義す、寒冒に付午後二時半帰宅、臥す
四月十七日　　火　晴
所労在宿、斎藤勝寿、中文雄二子来訪
四月十八日　　水　晴
所労在宿、晩篤次郎子来る
四月十九日　　木　曇
前八時半出勤、十二時半帰宅床に臥す
四月二十日　　金　晴曇
午後四時半帰宅
四月二十一日　　土　曇
午後一時よりスクリバ子許行く、論文最終の校正なり二時半過帰宅
千葉行　直に支渡し発す、両国より人力車を別に命ず、

市川にて車を換ふ、船橋にて同断、此処にて日暮る、九時千葉着、新井子の宅に到る時に九時半なり、大に寒さを覚ふ、晩食談話、十二時過眠に就く

四月二十二日　日　晴

朝七時起く、長尾精一子来る、八時半出て先つ丘上の医学部を一見す、次に病院を見る時に十二時となる　是より医学部教授諸子に誘はれて梅松館に到る午食の饗応を受く　午後二時新井子宅に帰り車を命し発す時に二時二十分なり夕七時二十分帰宅、入浴、就眠

四月二十三日　月　曇雨

午後四時半帰宅、気分悪しきを以て臥す

四月二十四日　火　晴

所労

四月二十五日　水　曇

所労、午後青山子来る

四月二十六日　木　雨

朝七時過出て井上文部大臣を官邸に訪ふ所労に付面会するを得す、文部省へ寄、誰も出勤なし、教室に到る、繁忙を極む　午後四時半帰宅

四月二十七日　金　雨

繁忙、長谷川子事務室に来る、午後三時より医学会例会、開会中総長より面談申越さる、五時より議員会を学士会事務所に開く幹事改選す、高橋順、河本重、岡本梁三子当選す　良精会頭辞表を出す、共に晩食し八時頃帰宅

四月二十八日　土　晴曇小雨

昨夜高等中学に第三部を置かざるべからざる意見書を草し清書せしむ　午後三時出て植物園文部小集会に出席す七時半帰宅

四月二十九日　日　曇

母上様と共に良一を携て藪蕎麦へ到り是より田甫に遊び帰る、午後一時過出て須田哲造子の葬式に陪す、帰宅すれば鬼頭悌二郎子容体宜しからすとの書面来り居る直に同家に赴く六時頃帰宅　今日は小笠原又、金兄弟を招待せり権兄来り食事最中なり旧談、十一時散す

四月三十日　月　曇

ベルツ子を訪ふ午後一時より教授会を開、意見書中医科大学定員従来医六十名、薬、五を総て一百名とすることに付相談す、四時去て小笠原又子時出立帰国に付暇乞に行く次に鬼頭へ寄り今朝ベルツ子聴たる模様を報告す、帰宅すれば鈴木孝之助子息死去の報あり晩食を悔に行く

十二時半帰宅時に降雨　アイノ論文原稿悉其皆製紙分社へ渡す

五月一日　火　雨

朝井上文部を官舎に訪ひ第三部云々に付述ぶるところあり　十一時教室に到る胎生学講は為に止む、午後二時出て鈴木家葬式に青山墓地に到る　帰途宮本仲許寄る兼て招待を受けしなり暫時にして辞し去る六時帰宅

五月二日　水　晴

稀なる好天気なり午後四時半帰宅共に小供を携て団子坂田甫にて遊び蕎麦を食して帰る

五月三日　木　晴曇

午後四時教室を出て上野美術展覧会を見、遊歩して帰る、晩新井春次郎子千葉より東京移転したるを以て来訪、賀古来り医学会々頭辞職得策ならざるを説く十二時過去る

五月四日　金　雨

午後三時医学会の議員会あり良精辞職の件なり、種々協議の上遂に副会頭宇野子会務引受に決す且つ此旨雑誌へ広告すべし　六時頃終て上野松源に到る米川虎吉、河西健次、守矢親国、山口諸子の送別会なり十時帰宅

五月五日　土　晴

午十二時過帰宅節句とて共に赤飯を食す、午後六時飯田町原家へ行く相談会なり遂に信秋二子北里良精各一人つつ預かることになる十一時半帰宅

五月六日　日　晴

午後は小児等を携て浅草に到る江崎にて小児等を写真す久々てしるこやに入る六時帰宅

五月七日　月　雨

午後一時より国家医学講習科の件に付之が関係教授の会を開く二時半散す、鬼頭悌二郎子危篤の報あり五時出て見舞ふ、患部剖検の談あり、帰宅晩食出てて佐々木政吉子を訪ひ其意見を聞く　是より再ひ鬼頭家に到る恰も臨終の際なり、剖検は取消となる十一時半帰宅

五月八日　火　雨

今日より書生豊原来り宿す　午後は評議会あり、留学生の件なり、医科第六番となる八時半漸く散す

五月九日　水　雨

午後五時前出てて帰途鬼頭家へ寄り帰る

五月十日　木　曇

朝木下広次子を住宅に訪ひ第三部云々の情況を諮ぬ　午

後は中央衛生会に出席、三時半辞し去て直に鬼頭家葬式に日暮里に到る六時過帰宅

五月十一日　金　曇

豊国にて晩食、六時過医学会出席

五月十二日　土　曇

午前巣鴨病院に到る事務長に面会、種々談話せり　是より大学に到り直に出て養育院に到りて医科大学教授助教授より集めたる移転費へ寄附金五十五円を持参せり、午十二時過選科生諸子が写真せるに列す、午後解剖総論の試験をなす途中にて本郷区衛生会に区役所に到りて「アイノ」人種運命に就き談話す、六時半帰宅

五月十三日　日　晴

近頃稀なる好天気なり、朝小松維直子来り原の遺子を預かることに付其居室の相談あり、小児等を携て供に団子坂田甫に到りて遊ぶ　蕎麦を食して帰る、午後良一を携て上野動物園に到る八百善にて食事し帰る

五月十四日　月　曇

午後教授会を開く講習科等の件なり、五時半散す

五月十五日　火　曇　第六議会開院式あり

午後一時半より評議会、廿八年度予算の件なり、延長、十時十五分前終る

五月十六日　水　半晴

午後一時予算会議七時散す

五月十七日　木　晴

午後一時より予算会議、七時散す

五月十八日　金　雨

午前八時より予算会議、十二時衆議院文部次官より電話にて即刻来るべき旨申来る　長谷川子提出の医科大学に脳脊髄病科新設に関する建議案に就てなり、同院にて二時半頃食事す　四時頃大学に帰りて予算会議に列る晩食し十時散す

五月十九日　土　晴

午後一時より予算会議、五時半散す、帰宅、皆不在、暫時にして帰り来る共に団子坂辺に遊歩、蕎麦を食し帰る

五月二十日　日　晴

朝鬼頭少山翁来る、小児等を携て共に団子坂田甫に到る、田鶴子田中に落つ、午後一時宇野子宅に到り脳脊髄病科諸費のことを文部より問合せ来りたるに付相談し飯沢子に托す　四時過帰宅入浴、供に篤子新宅へ行く婚礼に付招ねかれたるなり十時帰宅

五月二十一日　月　晴

朝八時より予算会議、午後一時より長谷川建議案に付教授会を開く二時終て直に衆議院に到る、長谷川子の演舌を傍聴す、委員付托となれり直に帰宅時に午後六時　晩青山子、森林子来る十時去る

五月二十二日　火　雨

午後は評議会あり、七時散す、晩橋本豊子来る小笠原大学不参云々

五月二十三日　水　半晴

午後二時出て谷中天王寺に到る百体祭なり、五時帰宅、是より偕楽会に出席、十時半帰宅

五月二十四日　木　曇

午後杉浦塾落合謙二郎子来り原信子昨日退塾せり又秋子当分預り呉れ云々は迷惑なる旨申出ありたり　五時半帰宅　小児等を携て近傍遊歩す

五月二十五日　金　晴

午後三時過より医学会出席六時帰宅

五月二十六日　土　晴

早朝に総長より書面来り黒死病調査の為内務文部より各一名香港へ派遣の義申越さる、出勤して緒方子に計る次に第二医院に到り青山子に相談す帰りて浜尾総長に面談す　時に井上文部大臣より電話にて即刻貴族院まで出向すべき旨申来る即ち午食して直に貴族院に到る諸説ありて一定せす　二時半大学へ帰る四時帰宅、共に出て団子坂田甫に遊ぶ蕎麦を食して帰る晩牛込小松家を訪ふ　熱海より老人出京せられたり是より青山子を訪ふ不在、安田へ寄りて膳椀等十人前の注文を委托せり十時過帰宅

五月二十七日　日　晴

午前小児等と邸内に戯る、午後三時半高田善一、永井久一郎二子より書面来り　香港派遣の義愈北里青山の二名と只今極りたる旨申来る　依て直に青山子許行きて其旨を伝ふ　帰りて浜尾総長、高田衛生局、永井文部書記官等へ書面を以て青山子承諾の旨を報す、夕刻始て邸内に於て自転車を試む

五月二十八日　月　晴

午後六時半帰宅、出て紅葉館に到る篤子結婚に付里方長谷家披露の宴会なり十時半帰宅

五月二十九日　火　晴

午後評議会あり小林家へ立寄り六時帰宅、自転車を試む

五月三十日　水　曇

午後六時帰宅、小笠原金子来る大に一身上の意見を述ぶ

五月三十一日　木　晴

午後六時帰宅、自転車を試む

六月一日　金　晴

午後六時帰宅、小児等を携て東片町へ金魚を買に行く

六月二日　土　晴

午後二時帰宅、弘田子来り居る共に自転車を試む、子去て後庭に水を散す

六月三日　日　雨

昼団子坂にて蕎麦を食し皆供に千駄木へ行く帰りて午眠す　六時帝国ホテルに到る青山北里二子始随行者の送別会なり会するもの百二十余名十時半帰宅

六月四日　月　半晴

午後一時より衛生委員会を開く終て第一医院の一部を視察す六時半過帰宅

六月五日　火　曇雨

朝新橋に到る青山北里子の一行香港へ向け出発す八時五十分発車、良精同車浜に到り西村にて休息、出て浜尾総長、弘田、丹波、金井の諸子と一ホテルにて食事し是より築港局に到り石黒五十二子等の案内にて工場を見る次に小蒸気にて波止堤を見る、是より青山北里一行を本船リオデジャネイ口迄見送る　是より亦港内遊覧して事務所に帰る、四時十五分発車帰京、弘田、金井二子と歩行中華亭にて晩食、九時半帰宅

六月六日　水　曇晴

午後一時半より原田豊子の葬式に染井墓地に到る宮本仲子同道帰宅

六月七日　木　曇晴

午後一時半婦人科に於て辻某なるもの男女性不明なるに付浜田子等検査す、三時半出て警視庁に到り森田茂吉子に面会し医科大学書記百瀬子の後任者として同庁属小川□を採用することに付談す、五時帰宅自転車を試む

六月八日　金　雨

本邦より朝鮮へ愈出兵の風説あり　午後三時より衛生委員として諸子と寄宿舎を巡視す、終て豊国にて晩食し六時より医学会に出席、終て森、中浜、賀古の三子と共に遊歩、一小店にて談話、十時半帰宅

六月九日　土　晴

午後二時より衛生委員として諸子と第一医院本室及分室

を巡視す五時終て帰宅、自転車（三輪）に遊ぶ
六月十日　日　晴　炎熱甚し
朝原祐民子来る、午前午後共自転車（三輪及二輪）に遊ぶ二輪車の方も大に進む、疲労を極む
六月十一日　月　曇
午後一時より教授会を開く、六時半帰宅
六月十二日　火　小雨
午後は学長会議あり七時頃帰宅時に大雨
六月十三日　水　曇晴
午後百瀬子より外国注文整理の模様を聞き大に時を費し六時半帰宅、暫時自転車を試む
六月十四日　木　晴
今日胎生学講義を閉つ、午後二時より時計台及構内を衛生委員諸子と巡察す五時頃終り帰宅、自転車
六月十五日　金　晴
記載解剖学講義を閉つ、午後は中央衛生会出席、四時半帰宅、自転車、権兄来る、晩九時前独出て日本橋中華亭にて晩食、買物せんとすれども時遅くなりて能はず空しく帰る
六月十六日　土　晴　三〇、五度
炎熱甚し、出勤掛けに長谷川子を訪ふ不在　午後四時半帰宅、自転車
六月十七日　日　晴　三二、〇
午前八時出勤、試験す、一時帰宅、弘田子来る、二時同子去る　自転車にて根津迄行く
六月十八日　月　晴
午前試験、午後五時半帰宅、晩食後共に千駄木へ行く暫時にして帰る、塚原周造子来る
六月十九日　火　晴
午前試験、午後四時教室を出て寺田織尾子を訪ふ　塚原子の依頼用向なり不在、長谷川子を訪ふ又不在
六月二十日　水　晴　大地震
午後二時大地震あり、市中死傷者あり家屋破損あり　四時出て榊家を訪ふ晩食し帰る
六月二十一日　木　晴
午前教室より東京府庁に到り山県書記官に面会す巣鴨病院の件なり、午後は衛生委員諸子と第二医院を巡視す四時半帰宅、自転車〔アイノ論文生体の部植字皆済〕
六月二十二日　金　曇晴
昨日百瀬達太郎子辞職、一宮鈴太郎子医科大学書記を命

せらる　午後三時より医学会出席六時半帰宅

六月二十三日　土　曇

午後十二時半帰宅、午食、自転車

六月二十四日　日　曇晴

午前九時過出て芝三田台町済海寺に到る　戊辰二十七回忌法事なり二時半帰宅、四時良一を携て吾妻橋遊泳場に到る　帰途中店にて買物し帰る

六月二十五日　月　晴

出勤掛けに寺田織尾子を訪ふ塚原依頼の件なり、午後帰途榊家を訪ふ不在、呉秀三子を訪ふ　晩塚原子を訪ひ依頼の件を報す

六月二十六日　火　曇

午後評議会あり大臣より高等学校に設くる大学予科学科の草案廻り来る、帰途榊家を訪ふ七時過帰宅

六月二十七日　水　晴

午後五時帰宅、自転車

六月二十八日　木　晴

午後一時井上文相大学へ来り大学予科に付説明あり、五時帰宅入浴、長岡社例会出席

六月二十九日　金　晴

午前文部省に到り永井書記官に会ひ八重山地方病研究出張のことを談す、青山子留守宅を訪ふ、十時大学に来る

午後五時帰宅、自転車

六月三十日　土　晴

午後四時帰宅

七月一日　日　晴

午前十時半柳下内務属来りて青山石神二子香港に於て黒死病に罹り危篤との電報来りたることを報す　是より不取敢青山子留守宅に到る　既に承知なりき賀古子を訪ふ不在、佐藤三吉子を訪ひ相談するところあり直に浜尾総長許行きて亦相談す　兎に角総長及医科大学より見舞の電報を出すことに決し是より第一医院に到る　直に書面を以て清水書記官の出向を求む　時に一時半なりき、午食す、清水子来る四時頃電報し発して帰る

七月二日　月　晴

医科大学教授の名を以て青山石神二子へ宛見舞電報を発す（東京医学会及学士会よりも出せりと）　午後一時より教授会を開く此度発せられたる高等学校令に依り大学予科規程に付議す　会議中青山石神同変二三日立ては予

語分るとの電報到れり大に望を属す六時半帰宅　晩青山留守宅を訪ふ

七月三日　火　晴

午前内務省に到り高田局長面会、是より文部省へ寄り青山留守宅に到り十二時半豊国に来りて午食す　香港へ看護人差支なきやの電報を発す　午後顕微鏡演習の試験をなす六時半帰宅

七月四日　水　晴

午後大学予科科程に付学長会議あり七時半終る時に降雨、帰宅すれば森林子来り居る、晩食後青山留守宅を訪ふ

七月五日　木　晴

午前午後とも顕微鏡試験す、亦前日の続き大学予科第三部を総長と共《ママ》議す、七時帰宅

七月六日　金　晴　夕立

午前教授会を開く特待生選定の件なり時に井上文相より召さる　十時文部省に到る有志者より青山石神病気慰問として人を派遣することに付昨日長与専斎より相談ありたるに付如何云々の話あり　十二時帰りて豊国にて午食し青山、石神、北里諸子へ各通、其他の諸子へ連名にて見舞の手紙を出し特に木下正中子へは青山の看護を希望する旨の手紙を出す　午後二時頃衛生局より電話あり即ち高木友枝子愈慰問として明朝一番汽車にて出発の報ありたり、大に夕立す　晩高木許暇乞に行く帰途賀古子訪ふ不在、森林子を訪ひ右高木派遣は名義は慰問にして其目的は北里を返すの策なるべきことを談話し十一時半帰宅

七月七日　土　曇雨　大に冷気

朝八時半高等中学校の卒業証書授与式に陪す十時頃大学に到る　昨夜二時頃門を打き電話の報を持来る即ち在香港北里より十一日の便船にて帰朝する積り云々の電報ありたるため高木の出発見合す云々　右に依り総長其他の諸子と談合、青山の手当心元なきに付愈捨置き難し依て適当の人を派遣せざるべからさることとし明日医学会議員会及学士会委員会を急に開くことに決し其々手配をなす　且つ青山昨夜以来心臓の働甚悪き報あり　三時過衛生局より電話にて高木子再ひ派遣することになり今晩九時五十分の汽車にて出発すとの報あり　帰途森篤子を訪ひ明日議員会を開くことの通知を托す　晩弘田子訪ひ是より高木子を見送る十一時過帰宅

七月八日　　日　晴

昨夜三時頃門を打き青山容体甚悪し云々報来る是より安眠するを得す　総長よりの書面に依り大学に到る、是より衛生局に到り高田局長に面談す、一時過帰りて豊国にて午食、総長に復命し医学会議員会に出席す、派遣すべき人の選定は良精に委托せらる、弘田、賀古の二子と共に青山宅に到り決議の模様を話す、四時過帰宅　晩三浦謹之助子を訪ひ慰問使のことを相談せんと欲す不在に付書面を残して去る、森林子を訪ふ不在

七月九日　　月　晴

午前八時より評議会あり特待生選定の件なり、三浦謹子面談す但し同子は青森地方へ出張に付意を得るあたはす晩高田畊安子を訪ひ慰問使のことを談す子は大に進んで承諾す（大観音祭日なるを以て小児等を携て行く）

七月十日　　火　晴

卒業証書授与式に付九時半出頭、午後総長に面会、香港慰問使は弘田子とすべきや又は高田子とすべきや之予め極め置く必用あるを以て相談す、未決して止む、三時頃帰宅（大観音へ行く）

七月十一日　　水　晴　夕立

朝篤子来りて香港便船来る十四日なることを注意す直に出勤　諸子と慰問使を愈派遣すべきやを相談し派遣すと決し総長に質し高田畊安子と確定す　即ち使を走て高田子の来学を催促す子確と承諾す　是より諸方へ通知を出す四時出て篤子を訪ひ医学会々員に通知のことを委托す時に夕立す　晩宇野子許立寄りて是より七時井上文相官舎に到る三浦守治子三角恂子八重山群島へ出張に付且つ諸医学部主事出京中に付晩餐会を催されたるなり　帰途森林子訪ひ慰問使のことを諸新聞に載する草稿を為る十一時半帰宅

七月十二日　　木　晴

八時過出勤、東京通信社来り居る新聞掲載のことを托す高田子の旅費を集む四百六拾円也、学士会にて午食、在香港青山へ高田畊安慰問として明後日出発の電報を出す、二時出て高田子を訪ひ次に青山へ行きて帰る

七月十三日　　金　晴曇

朝六時市川書記来る高田子の旅費を渡す　同子是より横浜へ行き乗船切符購入並に為替取組等の為なり　出勤掛けに総長を訪ひ香港中川領事への添書を依頼す大学に来る　午刻横浜市川子より電話にて船の出帆時刻明日午前

八時変更なりたるに付今晩中に横浜に行かねばならぬ旨来報す、是大に目算に相違を生し急に諸方へ出来得る丈通知す　午後八時二十分新橋発車高田子を横浜迄見送る西村にて休息十時五十五分の汽車にて帰京弘田子宅へ寄り同子横浜に一泊の旨を知らせて帰る時に一時過なり

七月十四日　　土　晴

朝六時頃新橋に到り三浦三角二子の八重山行を送り一店にて「カヒー」を喫し七時三十分に高田子見送りの為め来りて空足するものあるべきを慮りて甘時を待ち一々来りたるもの挨拶す　是より鈴木孝子の同道海軍大学校に到る十一時帰宅午食し、大に疲労し午睡す

七月十五日　　日　晴

午前菅之芳子来る次に岡部忠子来る、午後吾妻橋に到りて遊泳す　晩中華亭に到りて晩食、帰途買物す

七月十六日　　月　晴

前九時出勤、午後は数日来の日記の録し四時半帰宅　小児等を携て閻魔堂に到る

七月十七日　　火　晴

九時出勤、午後一時より教授会を開く脳脊髄病科設置のことに付文部大臣より諮詢の件に付てなり七時過帰宅

七月十八日　　水　晴　三十二度

九時出勤　午後四時帰宅

七月十九日　　木　晴

午後三時頃帰宅

七月二十日　　金　晴

昨夜大に下痢す為めに今日所労、評議会ありたれども上の次第なり

七月二十一日　　土　晴　小夕立

所労、午前弘田子来る共に森林子を訪ふ、共に帰りて午食す、二時同子去る、晩少しく夕立す

七月二十二日　　日　晴

午前九時頃共に小児等を携て浅草公園に到りしるこやに入る亦池上の小店にて休息し、十二時過帰宅

七月二十三日　　月　晴

午後一時帰宅、五時新橋に到る木下正中子香港帰着するを以てなり　是より高田畊安子の留守宅を見舞ひて青山留守宅に到る　木下子来る香港模様を逐一聞く晩食し十時帰宅

七月二十四日　　火　晴曇

朝鮮事件愈切迫せるが如し大院君政を摂す昨朝京城にて

二十分間許日韓の兵小戦す、
俸給を受取る五時帰宅、晩十時頃新井子来りて大沢岳子細君病気危篤を報す是より見舞に行く十二時帰宅

七月二十五日　水　晴
解剖学会、午前八時集同、出席者田口、鈴木文、新井春、金子次、奈良坂、及其助手某、上坂、斎藤、及良精の九名、豊国にて諸子と午食す、午後五時頃共不忍池中長酡亭に到り懇親会を催す十時帰宅

七月二十六日　木　晴
前九時出勤、明日の宴会に付諸子相談す、午後一時帰宅大沢岳子令閨死去に付五時頃出て吾妻橋にて遊泳し是より悔に行くお喜美も来る七時帰宅

七月二十七日　金　晴
朝八時向島大沢岳子宅に到り葬式に到る天王寺墓地まで到りて十一時過帰宅　午後四時出て上野精養軒に到る田口和美君在職二十五年祝宴なり良精等周旋の労を執る八時半同処を出て田口君を宅まで送り十一時帰宅

七月二十八日　土　晴
前九時出勤、午後一時帰宅、三時頃共に小児等を携て団子坂滝え行く又蕎麦を食し千駄木え寄りて帰る

七月二十九日　日　晴　晩本郷辺のみ小夕立
午前長谷川子を訪ふ不在、牛込小松へ行く、杉浦子許寄りて帰る　午後三時過出て吾妻橋に到りて遊泳、是より大沢岳子許一寸寄りて帰る

七月三十日　月　晴
前九時出勤、午後四時過帰宅、九時前新橋に到る北里柴三郎子香港より帰着に付出迎ひたるなり十時半帰宅

七月三十一日　火　晴
午前九時出勤、十時半出て青山留守に到る岡田属来る次に北里子も来る青山病状其他の談話あり午食し午後二時頃帰宅、吾妻橋にて遊泳

八月一日　水　晴
午前共に小児等を携て入谷朝顔を見る根岸岡野にて食事し十時半帰宅　午後七時上野伊予紋に到る北里、森、賀古、入沢の諸子会す十二時帰宅

八月二日　木　晴
午前九時より学長会議あり十二時終る　アイノ論文生体の部見本一部出来す　午後二時半帰宅吾妻橋にて遊泳

八月三日　金　晴

午前八時出て文部省に到る秘書官に面会大沢岳子留学の件に付てなり十一時大学に到る　午後三時帰宅

八月四日　土　晴

午前九時出勤、午刻帰宅　夕刻鈴木孝子の室の訃音に接し悔に行く一時半帰宅

八月五日　日　晴

朝五時出て入谷朝顔を一見す、在宿、午後四時出て吾妻橋にて遊泳

八月六日　月　晴

朝六時出て鈴木孝子宅に到り葬式に列す善福寺に於て式あり帰途鈴木子を訪ひ十一時大学に到る、十二時帰宅良一の誕生日なるを以て共に午食す、午後四時文、豊原を携て吾妻橋に到りて遊泳

八月七日　火　晴

八月八日　水　晴

前九時出勤、後二時頃帰宅、四時出て中央衛生会に出席北里氏がペスト研究の報告あり終て同処にて晩食、帰途弘田子を訪ひ逗子行を約し帰る

八月九日　木　晴

午前九時出勤、午後三時帰宅

八月十日　金　大雨

昨夜より大降雨、大旱の後再生の思をなす　終日在宿

八月十一日　土　雨風曇

前九時出勤、四時半帰宅　独乙ライプチック府民族学博物館の全権委員承諾の書面並にアイノ論文骨の部を送る

八月十二日　日　晴

午前緒方子を訪ひ明朝逗子へ出発を約し帰る良一同行午後四時吾妻橋にて泳、時大水なり稍危険なり良一同行是より大沢岳子を訪ふ帰省中にて不在、帰途浅草中《ママ》見世にて買物し帰る

八月十三日　月　晴

午前七時三十分新橋発汽車にて出発、緒方子父子同行十時過逗子養神亭着、直に海に浴す、午後又海浴晩囲碁、旧十三日の月明なり

八月十四日　火　晴

午前五時起き緒方子と海岸遊歩、朝食を終へ海浴、午後三時緒方子帰京す只独りとなり甚た徒然、宿より一小冊を借りて読む、夕刻海浴、晩食後海岸遊歩、月明かに白昼の如し、貝を拾ふ

八月十五日　水　晴

午前五時起く直に海浴、午刻前再び海浴、弘田子病気の為め不来依て今日帰京と決す　午後三時過発車、六時帰宅

八月十六日　木　晴

午前九時出勤、総長と面談、鈴木孝子来る共に豊国にて午食、三時帰宅、晩弘田子を訪ふ十二時帰宅

八月十七日　金　晴

出勤掛けに第一高等中学校に到り鈴木子より依頼の件等に付き聞合す、大学に到る、アイノ論文生体の部別刷弐百受取る　晩森林子を訪ふ

八月十八日　土　曇雨

朝三宅秀子来訪　出勤掛けに今村有隣子を訪ひ鈴木子より依頼の件及大学予科新制実行の模様を聞き、大学に到る　午後長与専斎子令嬢の葬式に谷中瑞輪寺に到る

八月十九日　日　雨

終日降雨、在宿

八月二十日　月　雨

午前九時出勤　午後は学士会にて碁傍観、四時帰宅　小笠原金子来る同子の一身甚面白からす

八月二十一日　火　晴

午前九時出勤、在香港青山子本日出発せりと　アイノ論文骨の部略論 Archiv f. Anthropologie〔＊雑誌〕に載せたるもの其別刷ワルダイエル先生より本日到達せり　夕刻出て本町一丁目水島方にて大沢岳子への餞別品を求め是より偕楽園に到り久々にて支那料理を食し十時頃帰宅

八月二十二日　水　晴

午後三時帰宅、大沢岳子許暇乞に行かんとす恰も同子に逢ふ誘ひ帰りて談話、同子去る直に出て吾妻橋にて遊泳、是より大沢宅に到る未た帰り不居

八月二十三日　木　曇　夕立

午後三時過帰宅　時に夕立す

八月二十四日　金　晴

朝岡田和一郎子を訪ふ次に佐藤三吉子（不在）共医術開業試験委員の件なり　是より青山、高田二子の留守宅を見舞ふ　不日帰京になるを以てなり、大学に到る、午後一時頃帰宅、晩大沢岳太郎子独乙留学に付見送りの為め新橋に到る　八時発車、良精同車す、横浜西村方に投す、同家に一泊と決す

八月二十五日　土　晴

大沢謙二子と囲碁、徹夜す、朝食し、七時前はしけを出

し仏船ヤーラ迄見送る　八時出帆するを以て時刻前に本船を下り八時五十六分発汽車にて帰京、大学に立寄り一時頃帰宅、直に眠に就く

八月二十六日　日　晴

午前小坂部勇吉子来訪、次に弘田子来訪、供に出て千駄木に到る林子近日朝鮮へ向け出発すと　午後在宿

八月二十七日　月　晴

午前九時出勤、青山子近日帰京に付其用意等の為め時を費す、医学会々員へ通知準備の為帰途森篤子を訪ふ不在、棚橋を呼びて托す、緒方子許行きて学士会の方を托す

八月二十八日　火　晴

午後四時帰宅、出て吾妻橋に到り遊泳

八月二十九日　水　晴

午後三時半帰宅、吾妻橋にて遊泳　今晩森林子愈々朝鮮釜山へ向け出発に付千駄木へ暇乞に行く　八時子□別を告げて去る良精残りて十時過帰宅

八月三十日　木　曇　蒸熱し

大学不参、小児等を携て共に浅草に到るしるこやに入る池中の小店に休息し午後一時頃帰宅

八月三十一日　金　曇

午前九時出勤、今日愈々青山子一行帰京すべし　午後四時過新橋に到る、汽車大に遅れて六時漸く着車す　青山子健康の状予想せしより宜し是より同子の宅に到り十時過去て高田畊安子宅を訪ふ　同子も先刻帰着せりと久しく心に懸かりし件も是にて段落となれり十一時過帰宅

九月一日　土　晴

大学不参、十二時過出て青山子代人として宮内省へ出頭し高木友枝子帰京を賀し是より歓迎委員会へ出席　六時過終て青山子を訪ひ次に弘田子許寄りて兼々約せし逗子行を中止し十一時帰宅

九月二日　日　曇

終日在宿、今日より原秋二子同居す　耳痛に苦しむ

九月三日　月　曇雨　秋冷を催す

耳痛に付大学不参、此度井上文部辞職芳川司法臨時大臣となりたるに付文部省より召ひ来る依て十時半出て新大臣に面会、十二時半帰宅　晩亀清にて友人会を催す十一時帰宅

九月四日　火　大雨

九時出勤、午後四時より歓迎専務委員会に出席八時半帰

宅

九月五日　水　曇雨

教室不参、午前上野彫工会を一見す、午後三島徳蔵子来訪、小児等を携て団子坂藪蕎麦に到る　千駄木へ寄りて帰る

九月六日　木　曇雨

九時出勤、四時帰宅

九月七日　金　雨

午前午後共に学長会議あり予算再調査の件なり　午後四時より歓迎委員会へ出席

九月八日　土　曇

午後二時半帰宅、小児等を携て団子坂へ遊歩す

九月九日　日　曇

小松維直君仙台へ転勤に付暇乞に来る、午後小児等を携て共に動物園に到る、八百善にて食事し帰る

九月十日　月　半晴

午前九時出勤、午後二時半帰宅、独吾妻橋に到りて遊泳、晩中華亭にて食事、宮本家を訪ひ次に賀古子を訪ひ十一時帰宅

九月十一日　火　曇雨

授業を始む、亦た卒業試験を始む、終日試験、評議会ありたれども欠席　六時頃終りて之より更に評議会に出席九時帰宅

九月十二日　水　晴

午後三時半帰宅　良一を携吾妻橋に到りて遊泳、是より浅草公園を通過して帰る

九月十三日　木　晴

天皇陛下　広島大本営へ御発輦に付午前六時宮城前に到り奉送す八時半帰宅　午後吾妻橋に到りて泳　今日は休業なり

九月十四日　金　晴

午後五時帰宅、新井春子今日助手拝命す

九月十五日　土　曇晴雨

午後四時半帰宅、是より石神亨子の招待に応し帝国ホテルに到る九時過帰宅

九月十六日　日　曇晴

午後は久々にて自転車に遊ぶ、晩権兄来る昨日郷里より帰京せられたるなり、去一日の総選挙に衆議院議員当選せられ其模様等の談あり

九月十七日　月　曇

昨十六晩我兵激戦の後遂に平壌を乗取りたりと報今朝達せり
在香港ドクトル・ローソン氏着京に付午後三時半新橋にて出迎ふ是より帝国ホテルに同道す、帰途牛込小松へ寄りて帰る

九月十八日　火　曇
終日卒業試験す、午後六時ラウソン氏を帝国ホテルに訪ひ七時半帰宅

九月十九日　水　曇
ラウソン氏医科大学を参観す良精案内をなす　午後五時半帰宅

九月二十日　木　曇
去る十六日午刻より我艦隊と清艦と鴨緑江沖に大激戦あり大勝利の確報来れり
午後は各科大学壱名つつの諸子等と学士会に会し来る二十三日青山、ラウソン慰労会の件に付協議す、五時帰宅直に出て紅葉館に到る、医界の有志者よりラウソン氏を招待したるなり、会するもの百三十余名、十一時半帰宅

九月二十一日　金　曇雨
午後四時半帰宅、小児等を携て白山祭礼を一見す

九月二十二日　土　快晴
午後三時帰途団子坂下に到りて自転車て遊ぶ　晩久々にて偕楽会あり

九月二十三日　日　晴曇　祭日
朝六時十分新橋に到り高橋作衛子海軍教授として軍艦乗込に付見送る　午前自転にて日暮里を廻る、今日青山子及其随行員の慰労並にラウソン子饗応の午餐会を植物園に開く、十一時過同所に到る、出席者九十二名、四時過帰宅、之にて青山ペスト研究事件も先つ段落なり　晩賀古子千駄木へ来りて呼ぶ直に到る

九月二十四日　月　曇晴
午後五時半帰宅、晩福田屋に到る、外征の為め派出の人夫救護の団《ママ》隊創立の件に付相談あり十一時過帰宅

九月二十五日　火　曇
午前午後とも卒業試験為めに評議会欠席

九月二十六日　水　曇晴
午後五時帰宅、晩一昨日の続きとして福田屋に会す中途にして去る

九月二十七日　木　曇

午後五時半帰宅

九月二十八日　金　曇晴

午後一時より中央衛生会出席、是より両博士歓迎会専務委員会に出席、尋て長岡社出席十時帰宅

九月二十九日　土　雨

早朝宮本子を誘ひ顕微鏡院にて川上元治郎子と落合ひ是より赤十字社々長佐野常民子を居宅に訪ひ此頃より談合の軍用人夫救療を目的とする団体創立のことに付意見を叩き合せて尽力を頼む、是より大学に到り学長会議に列す、在長岡忠篤公大病に付電報来る由て甲野棐許行きて相談す

九月三十日　日　雨

午前青山子来り共に午食して去る、次にラウソン子暇乞に来る、午後三時半新橋に到りてラウソン子を見送り是より権兄を訪ふ

十月一日　月　雨

午後教授会を開く六時前帰宅

十月二日　火　晴

午後は評議あり七時過帰宅

十月三日　水　雨晴

午後六時帰宅、権兄来る、明後日広島へ向け出発、議会に臨むと

十月四日　木　曇雨

午後六時帰宅、仙台梛野、丸山二子へ手紙を出す

十月五日　金　曇

午後四時半帰宅、小児等を携て団子坂藪蕎麦へ行く

十月六日　土　曇晴

午後は久々にて（競漕此年始て）向島に到りボート、帰途弘田子と共に浅草公園に到り南洋マリアン群島の内サイパン島の土人男子二人の興業見世物を見る（其模様は人類学会雑誌にあれば略す）五時帰宅

十月七日　日　曇　寒冷

午後は良一を携て村上靴店より小川町勧工場、靖国神社に到り支那兵より分捕り品を見、五時帰宅、在新発田寿衛造へ此度留守居となりたる趣に付書面を出す　賀古、森林二子へ手紙を認む

十月八日　月　雨

寒甚たし、午前文部省に到り西園寺侯文部大臣新任に付名刺を出し、土肥慶蔵官費留学生に推すの件に付木下子

面談、直に大学に帰る、午後六時前帰宅

十月九日　火　晴

午後は評議会あり六時半帰宅

十月十日　水　晴

午前十時文部省に到る　新任文部大臣西園寺公望侯披露なり十二時大学に帰る

十月十一日　木　晴

午後新入学生宣誓式あり　五時半帰宅

十月十二日　金　晴

アイノ生体研究摘要報告原稿をワルダイエル先生へ宛にて出す　同時に書面を認め良一、田鶴共写の写真壱葉を贈る　五時半帰宅、晩食後顕微鏡院に到る夫卒救護の件に付協議会を開けり、北里、宮本、川上昌の三子を委員として広島大本営へ派遣と決し十時散会す

十月十三日　土　曇

午後は向島に到りボート、四時より植半に於て青山北里一行歓迎会を医科大学職員及学生相計りて催す、十時半帰宅時に大に雨降る

十月十四日　日　雨

終日降雨在宿

十月十五日　月　曇

少しく閑を覚、総長昨日広島へ向け（議員として）出発、午後四時半帰宅

十月十六日　火　雨

午後四時半帰宅

十月十七日　水　小雨　祭日

夕刻より偕楽会に出席

十月十八日　木　曇

広島に於て臨時議会開会、午後六時過帰宅

十月十九日　金　曇

午後六時帰宅

十月二十日　土　曇

午後四時帰宅　家内打揃ふて藪蕎麦に到る

十月二十一日　日　曇晴

午前自転車にて千住大橋まで行く橋際にて休息午後一時半帰宅、午食、小児等を携て久々にて供に浅草に到る、晩食後出て安田へ寄る　新潟へ注文を依托せる膳椀到着したれば其勘定をなし是より宮本子許行きて軍夫救護の件に付北里氏等広島へ出張の報告ありて今後の法策に付協議す、一時過帰宅

十月二十二日　月　曇晴
午後五時半帰宅
十月二十三日　火　曇
午後二時半教室を出て上野に於ける和、洋画展覧会を見四時半帰宅
十月二十四日　水　雨晴
午後四時半帰宅
十月二十五日　木　曇晴
午後四時半帰宅、長岡社例会出席　堀口九万一氏仁川行に付送別会を兼ぬ
十月二十六日　金　雨
午後中央衛生会出席、出席只五名のみ終て偕楽園に到る
国家医学会総会宴会なり十二時帰宅
十月二十七日　土　曇雨
去る二十五日よりして二十六日に支那地九連城を陥る又第二軍は二十四、五、六日に上陸す、午後三時半帰宅
十月二十八日　日　晴
午前小児等を携て高野園を見、千駄木へ寄る、菊人形を見る、午後は自転車にて日暮里辺を徘徊す
十月二十九日　月　晴
午後は教授会を開く、五時半帰宅
十月三十日　火　雨
午後は評議会あり五時過帰宅、晩千駄木北堂一婦人を誘ひ来る篤次郎子関係なり
十月三十一日　水　晴
午後五時半帰宅、晩小笠原金子来る明日より同居して学業に従事するを約して去る
十一月一日　木　晴
午前朝鮮報聘使義和宮一行大学を参観す、午後五時帰宅
十一月二日　金　晴
午後四時過帰宅
十一月三日　土　晴
今日より小笠原金三郎子来て同居す　午前小児等を携て高野庭園を遊覧し千駄木へ寄り団子坂に到り帰る　午後共に招魂社に行き遊就館に入り四時過帰る
十一月四日　日　雨
終日降雨、在宿
十一月五日　月　晴
午後五時私立衛生会事務所に到る　歓迎会委員会なり終

て山根正次子と富士見軒に到り晩食し且つ式日の茶果《ママ》等の注文をなす

十一月六日　　火　晴

午後牧野文部次官より使来り歓迎祝詞並に頌功状のこと同子担任のところ忌引に付良精に依托す云々　依て晩食後星野教授を訪ひて頼む帰途青山子を訪ひ帰る時十二時頃なり

十一月七日　　水　晴

午前は祝詞材料集めに従事す、午後三時過文部省に到り木下子に面談頌功状の件に付協議し是より私立衛生会事務所に到る　軍夫救護会の創立会なり終て諸子と共に晩食す八時半帰宅　十時過構内に賊あり逐つて大観音にて捕ふ巡査派出所に引致す、賊は旧食客大野正なり十二時過眠に就く

十一月八日　　木　晴

午後は山根子来り歓迎会の準備なす、権兄広島より帰京但面会するを得、近日歓迎会の為めに繁を極む五時帰宅、晩千駄木北堂及篤子次に青山子来る

十一月九日　　金　晴

午後二時出て私立衛生会事務所に到り歓迎会委員会に出席、終て権兄を訪ふ不在、是より弘田子を訪ひ晩食、七時過帰宅

十一月十日　　土　晴

午十二時帰宅、良一田鶴を携て独浅草へ行く

十一月十一日　　日　曇晴

朝小児等を携て高野園に遊歩す、十時大学に到る　北里青山一行歓迎会なり　午後一時半式を始む、終て茶菓、四時帰宅

十一月十二日　　月　雨

午後五時帰宅

十一月十三日　　火　晴

午後評議会あり芳賀学位の件なり可決、五時帰宅

十一月十四日　　水　晴

観菊の為め十二時過帰宅、食事、観菊を止めて小児等を携て共に高野園に遊ぶ　良精は此処より自転車にて千住まで行き大橋際にて休息　四時前帰宅直に出て私立衛生会事務所に到る歓迎会委員会なり七時帰宅

十一月十五日　　木　晴

午後六時帰宅

十一月十六日　　金　晴

十一月十七日　土　晴

大学不参、午前小児等を携て高野園に歩す、午後は大学運動会に付両児を携て到る

十一月十八日　日　晴

午前両児と高野園に歩す、午後独り滝の川に遊歩す

十一月十九日　月　晴

十一月二十日　火　雨

晩青山子を訪ふ篤次郎子の件に付てなり十二時過帰宅

十一月二十一日　水　晴

十一月二十二日　木　晴

教室より直に北越同学会に開花楼に起く《ママ》

十一月二十三日　金　晴　祭日

午前高野園に両児と歩す、午後は両児を携て浅草公園に到る　平壌戦闘の油絵を見る

十一月二十四日　土　曇

午後医学会に出席の筈なりしもはたさず、六時前帰宅

十一月二十五日　日　雨

去る二十一日我第二軍か遂に旅順を占領したるの報新聞号外を以て昨夕知る

午後大学より外科教授戦地出張の件に付佐藤三吉、次に宇野朗子訪ふ帰途岡田和一郎子許立寄る不在、第一医院外科医局に寄りて帰る

十一月二十六日　月　晴

午後教授会あり、終て浜尾総長来り宇野佐藤の諸子と戦地出張の件に付談す　宇野子出張と略ほ決す六時帰宅

十一月二十七日　火　晴

午後評議会あり終て富士見軒に到る飯沢耿介子赤十字社理事として朝鮮平壌に赴任に付送別会を催す、同子出発を新橋に見送る十時半帰宅

十一月二十八日　水　曇

午後四時半帰宅、長岡社例会へ出席、終て渡辺悌二郎子を訪ひ土肥氏官費留学の件に付報告す　帰途村上へ寄り靴を求め帰る

十一月二十九日　木　晴

午後四時半帰宅

十一月三十日　金　雨晴

午後五時帰宅

十二月一日　土　曇

午後三時半上野精養軒に到る　三浦守治子八重山島へ出

張せし慰労会を催す、九時帰宅

十二月二日　日　雨　寒

有志競漕会を催す筈なりしも又々雨天の為めに不出来、午前長尾精一千葉より来る、亦た阪井某女なるもの来る後に富塚久陽子を呼びて午後に到りて去る

十二月三日　月　晴

午後五時前帰宅、断髪

十二月四日　火　晴

午後二時教室を出て原田豊吉子の葬式に谷中墓地に到る四時過帰宅　仙台小松維直、寿衛造、斎藤へ手紙を出す

十二月五日　水　晴

西園寺文部大臣新任始めて大学を巡視す、六時帰宅

十二月六日　木　晴

午後産婆卒業式に臨む尋て中央衛生会出席四時半帰宅

午後七時過出てベルツ子の招待に応す十一時帰宅

十二月七日　金　晴

十二月八日　土　晴

午後は有志者競漕会を催すに付向島に到る　二回漕ぐ皆敗を取る五時帰宅、父上様忌日に付権兄来り晩食す

十二月九日　日　曇

午前十一時頃食事を終へ小児等を携て大学に到り見晴しにて祝勝大会を見る　母上様も来らる次で桟敷に上る、夕刻に到皆帰りて独残り豊国にて晩食し花火を見て六時過帰宅

十二月十日　月　雨

教室より十時に文部省に到る芳賀栄次郎子学位授与式あり良精代理す　十二時大学に帰る、足立文太郎子の俸給差押の令状来る

十二月十一日　火　晴

午後スクリバ、ベルツ両子を訪ふ　定約続ぎの件なり五時帰宅

十二月十二日　水　晴

午後五時過帰宅

十二月十三日　木　晴

午後五時過帰宅

十二月十四日　金　晴

午後医学会出席六時半帰宅、晩良精誕生日に当るを以て家内集て茶果《ママ》を喫す　今日お喜美整理公債額面五百円（四百八拾九円）壱枚を買ふ是始めてなり

十二月十五日　土　初雪曇

寒甚だし雪片少しく降る暫時にして止む、広島石黒子へ手紙を出す外科教授戦地出張の件なり、同氏より総長へ今朝教授壱名はよし助手は六ヶ敷云々の電報来りたることを聞く　二時教室を出て宇野子を訪ひ其事を報す四時帰宅　晩亦石黒子へ書面を出す

十二月十六日　日　晴雪

午前青木良静次に華岡医学士来訪、午後良一田鶴を携て浅草公園に遊ぶ

十二月十七日　月　晴曇少雨

午後三時帰宅、出て紅葉館に到る文部大臣西園寺侯の饗応なり　各学校長及文部高等官集る、十時帰宅

十二月十八日　火　晴

今朝広島石黒子より「書面みた云々」の電報来る　午後は評議会あり五時終て帰宅直に帝国ホテルに到る　中央衛生会員に内務大臣野村靖子より饗応なり九時過帰宅

十二月十九日　水　晴

午後四時半帰宅、長岡社例会に出席　小笠原又次郎子此頃出京、今日教室にて面会す

十二月二十日　木　晴

記載解剖学明日の時を繰上げて今日閉つ　足立文太郎子今日辞表を出す　午後五時帰宅、小笠原又子を招て食事す

十二月二十一日　金　晴

午後五時教室より上野精養軒に到る　大森房吉子留学送別会なり

十二月二十二日　土　晴

午後一時帰宅、午食直に小児等を携て浅草公園に到る

十二月二十三日　日　晴

午後小児等を携て共に上野公園より広小路に到るしるこやに入る　晩亀清会に出席の筈なりしも風邪の気味に付電報を以て断る

十二月二十四日　月　晴

所労に付欠勤

十二月二十五日　火　晴

宇野子昨夜広島より帰京戦地出張の件は全く都合よし午後評議会あり九時過帰宅

十二月二十六日　水　晴

宇野子送別会に付準備す、ベルツ子へ雇続の件に付手紙を出す　午後五時半帰宅直に出て偕楽園に到る同会なり

十二月二十七日　木　晴

前十時出勤、午後二時過帰宅、気分悪きを以て床に臥す

十二月二十八日　金　晴

昨夜降雨、十時出勤、御用納めなり、午後三時頃帰宅

気分宜しからず、在宿

十二月二十九日　土　晴

午食し直に出て小児等を携て浅草公園に到る、三時頃帰宅　五時過上野精養軒に到る　宇野、岡田、林子等の送別会なり九時過帰宅

十二月三十日　日　晴

午前牛込小松へ歳暮、宇野朗子暇乞（不在）長谷川へ歳暮、岡田和一郎子へ暇乞に廻り一時頃帰、午後皆供に出てお喜美田鶴は本郷にて別れ良一を携て村上より小川町勧工場に到りて帰る、晩在宿

十二月三十一日　月　晴（温和）

朝八時起く、午食し直に入浴、両児を携て本郷通りへ行き勧工場に入り亦た下駄を求め帰る、夕例年通り権兄来り家族其他小笠原金三郎、小林魁子集りて歳末を祝し晩食す、八時頃独遊歩に出て本郷通りより筋違、小川町（三勧工場に入る）まて行き、返りて日本橋通り銀座迄行き天金にて食事し一時過帰宅二時頃眠に就く

明治二十八年　二千五百五十五年　1895

良精三十六年　駒込蓬莱町四十五番地

一月一日　　火　快晴（温和）

朝七時起、別宅母上様へ小児等揃ふて年賀、坪井次郎子独乙より帰朝来訪、両児を携て千駄木森家へ年始に行く帰りて午食、午後原祐民子年始に来る、羽子を遊び等にて消日、晩九時頃眠に就く

一月二日　　水　曇、夕刻晴、寒

午前十時出て先坂内虎次子昨暮火炎を見舞ひ是より新橋ステーシヨンに到る　宇野子並に岡田和一郎、林曄二子戦地へ出張に見送る　帰途権兄を訪ふ不在、帰宅午食す今日は例年の通りかるた会を催す諸子追々集る即ち安田六郎、同稔、小松春三、田中富次、小原直、弟某、橋本豊太郎、田中東作、池田成一、丸山忍其外、小笠原金三郎、原秋二、小林魁郎、同三三家にあり、潤三郎、秋山子も来る、小笠原又次郎子も出京中にて来り、午後五時頃雑煮を食しかるたを始む、両児勇み悦ぶ、福引の余興をなす終に夜を徹す

一月三日　　木　晴

前六時過朝食して諸子散す、長谷川泰子来る、午後は眠る、晩今田家より使来り在旅順口白江規矩三郎、山下勝三郎二子より送り越したる支那婦人の足を受取る、晩八時頃眠に就く

一月四日　　金　晴

午前十時出勤支那婦人足の手当をなし　是より飯田町原家及牛込小松家へ年始に廻りて一時頃帰宅　医科年始会あり四時過同処に赴く七時過帰宅

一月五日　　土　晴

午後は西郷元善子葬式に付一時吉祥寺に到る

一月六日　　日　晴

午前良一と紙鳶を弄ぶ、其他荏苒消日す

一月七日　　月　晴

朝八時起く、今日は田鶴子誕生日に付十一時過良一を携て千駄木へ於菟子の迎に行く、集りて午食す、羽子を遊ぶ晩権兄年始に来る

一月八日　　火　晴

朝八時起く九時出勤、授業を始む、今日調べたるに年賀

来訪名刺総て百四枚、はがき封書百七拾二通ありたり此方よりは一切出さざりき　年末以来の日記を録し六時過帰宅　晩宮本子来訪

一月九日　水　雨

午後四時半教室を出て青山子を訪ふ不在、帰宅

一月十日　木　曇

午後五時教室を出て長谷川子を訪ふ六時過帰宅、晩熱海小松家並に在仙台小松維直子へ年始状を出す

一月十一日　金　雨

午後六時より医学会初例会に出席、宇野副会頭不在に付会頭職に就かざるをえず、九時過帰宅

一月十二日　土　曇

昨年十月十二日附を以てアイノ生体の部原稿並に書面両児の写真をベルリン府ワダイ《ママ》エル先生へ出したる其返翰落手す　午後四時半帰宅

一月十三日　日　晴

午後は紙鳶を弄す、夕刻より上野松源に到る、北越医会の新年会を兼て橋本左武郎子卒業を祝、関根倉治子足尾銅山へ赴任送別会なり、十時帰宅

一月十四日　月　曇寒

午後教授会あり五時半帰宅

一月十五日　火　晴

午後五時帰宅

一月十六日　水　晴

在朝鮮平壌飯沢耿介子より支那兵頭骨拾八個送り出したる報知ありたり、午後五時帰宅

一月十七日　木　曇

午後中央衛生会、五時過帰宅

一月十八日　金　曇雨昨夜降雪

午後五時帰宅、夜十一時頃強き地震あり、両児を携て庭園に出る

一月十九日　土　晴

午後五時過教室より直に上野精養軒に到る薬学会総会宴会に招待せられたるなり十時半帰宅

一月二十日　日　晴

終日在宿、故原桂仙子七回忌に付招かれたれども断る

一月二十一日　月　晴

午後五時帰宅、出て帝国ホテルに到る岸宇吉子の小集なり　波多野権兄等約六人の客なり十時帰宅、第二軍第二師団栄城湾上陸の報達す

一月二十二日　火　晴

在柳樹屯森林子差出の荷物八個到着、内に支那人頭骨三個あり他は同子の宅へ送る　午後三時半帰宅直に千駄木へ行き分捕の荷物を見る、晩林子へ手紙を出す

一月二十三日　水　晴

午後五時帰宅晩食後宮本子を訪ふ軍夫救護会の件に付てなり　同子不在空しく帰る

一月二十四日　木　晴

午後五時帰宅、有栖川熾仁親王殿下今午後三時薨去せられたること発表せり（実は十六日頃須磨にて薨去の由）

一月二十五日　金　晴

哀悼を表し奉る為め講義を休む、亦た医学会も休会す、午後学長会議あり薨去に就ての件なり、五時過帰宅、出て安田へ行く例の小集なり十一時帰宅

一月二十六日　土　晴

午後は弘田子と共に遊歩木下川より亀戸に廻り中華亭にて晩食　別れて宇野子留守宅へ寄りて帰る

一月二十七日　日　晴

終日在宿

一月二十八日　月　晴、昨夜降雨

午後五時帰宅、是より長岡社出席、同社創立以来（明治八年）二十年となるに依り大会を催せり

一月二十九日　火　晴

午前九時前文部省前に到り故有栖川宮殿下御葬式を奉送す　十一時過帰宅、今日は右に付休暇、午後両児を携て千駄木へ行く

一月三十日　水　晴　祭日

午食して直に両児を携て浅草公園に到る三時頃帰宅、夕刻出て中華亭に晩食、是より寄席宮松へ行く十時過帰宅

一月三十一日　木　晴

在平壌飯沢耿介子発送の支那兵頭骨拾八個到着す　午後一時田口、片山子等と共出て麻布宮村町正念寺へ行きて人骨改葬の模様を見る田中宏子既に在り　正念寺俗に投込寺と云ふ、門徒、宝暦三年建立より明治七年八月まて（百二十二年間）貧民無籍者等を合葬せし所なり　殊に安政年間コレラ流行の際は一日四拾体も投込みたりと云ふ、一体に付銭弐貫文を以て添へたりと　投込地百坪外に墓地四十一坪あり寺堂は今は失せてなし住職ありと雖も痴鈍にして到底再興の見込なしと、明治二十七年十月十五日より発掘、十二月十四日中止せり此間骨

九百五十一樽（壱樽平均八人位か）本年一月二十六日より再着手、下渋谷村三百四十八番地吸江《すいこう》寺へ運搬すと云ふ、合葬人体総数三万に下らざるべしと夥しき数と云ふべし　帰途鈴木孝子留守宅を見舞ひ五時頃帰宅

二月一日　金　曇雨

午後五時過帰宅

二月二日　土　晴

午後四時過帰宅

二月三日　日　晴

午前両児を携て千駄木大人病気を見舞ふ、午後一時半頃出て歩行、向島八百松へ行く卒業祝宴会なり、九時過帰宅

二月四日　月　晴

芳賀栄次郎子の学位論文を修正の為スクリバ氏許持行く五時半過帰宅、晩食後足立寛子を訪ひ清国俘虜の体格検査のことに付談するところあり次に宮本子を訪ふ不在

二月五日　火　晴

在戦地宇野教授岡田林助手へ手紙を出す、五時半帰宅

二月六日　水　晴

午後五時半帰宅

二月七日　木　晴

在清国栄城県宇野子より手紙来る、在朝鮮平壌飯沢耿介子へ手紙を出す

二月八日　金　晴

午後六時より医学会例会

二月九日　土　晴

朝出勤前に警視属来りて麻布正念寺頭骨採集に付工風付たるを報す　九時過出勤、十一時頃出てて麻布へ行く先つ警察署に到りて署長に面会、是より墓地に到る片山、岡本二子あり是より午食し、午後より採集して五十個を得たり、五時頃帰宅

二月十日　日　晴

昨夜官報号外を以て去月三十日より威海衛攻撃を始め遂に陥落（劉公島日島未だし）を報す、依て今日国旗を立つ、午前十一時二児を携て共に出て浅草松田にて午食し公園に入る　是より今戸渡を越て梅屋敷に到る四時帰宅

二月十一日　月　雨　祭日

日中在宿、晩食後青山子を訪ふ談数刻十二時前帰宅

二月十二日　火　晴

五時前帰宅、入浴、出て私立衛生会事務所に軍夫救護会の評議員会に付出席、愈来る二十五日迄に開院するに運ぶ

二月十三日　水　晴

午後六時帰宅

二月十四日　木　晴

今朝丁汝昌降伏のことを知得す

午後六時頃帰宅、在仙台小松維直子へ信哉子の事に付手紙を出す

二月十五日　金　晴雨

午後四時より学生会に於て医学会常議員会を開く総会の件に付てなり　八時帰宅

二月十六日　土　晴

昨夜大雨、午後四時帰宅

二月十七日　日　晴

朝八時大学出火ありとの報あり因て直に出向す、教師館（工科大学脇ミルン氏住宅）焼失す九時過帰宅、午後両児を携て根津権現より千駄木へ遊行す

二月十八日　月　晴、晩雨

午後は教授会を開く六時過散す、帰宅晩食直に私立衛生会内軍夫救護会の評議員会に出席、十時帰宅

二月十九日　火　晴曇雪

午後は評議会あり、六時散す、本年になりて始てなり、晩風雪

二月二十日　水　晴

午後鈴木孝之助子教室へ来る久々なり、同子は此度愈乗船となり（西海艦隊）二三日中に出発に付暇乞に来る

二月二十一日　木　晴（寒風）

午後六時帰宅

二月二十二日　金　晴

アイノ論文生体の部六拾部郵便を以て外国へ出す（拾三円九十二銭）午後三時より医学会、六時帰宅

二月二十三日　土　晴

アイノ論文百部フリドレンデルへ出す　午後三時半頃より弘田子と共に上野散歩す是より良精は枝国安太郎子（大阪医学校）河合清（豊橋病院）赴任に付送別会に桜雲台に到る

二月二十四日　日　晴風

午後両児を携て浅草に到るしるこやに入る、晩独出て中華亭にて食事帰途ひな市をひやかす

二月二十五日　月　晴
午後六時過帰宅
二月二十六日　火　晴
朝出掛けに足立寛子を訪ふ清国浮虜測定の件は愈許諾を得たり、午後は評議会あり八時散す、ヂフテリの新療法研究問題なり終に空論に属せり
二月二十七日　水　晴
午後六時半帰宅
二月二十八日　木　晴
午後は病院会議に出席す、ヂフテリ・ハイルセルム（＊ジフテリア用血清）分担検査の件なり　六時半帰宅直に長岡社例会に松田に出席遅刻せるを以て食事終れり依て中華亭にて晩食、是より再ひひな市をひやかし膳等を求む、十一時半帰宅
三月一日　金　雪雨
紀念日に付休暇、朝ひな飾りをなす十時紀念式に列す、終て浜田子とヂフテリ・ハイルセルム分配法に付相談、教授会に詢ふことに決して十二時半帰宅、両児と戯る
三月二日　土　雪
昨夜より降雪、二寸計積る、十時出勤、十二時半帰宅、在宿
三月三日　日　曇晴
終日在宿、両児と遊ぶ
三月四日　月　晴
午後教授会を開くヂフテリ栄液分配法に就てなり
三月五日　火　晴
午後六時過帰宅
三月六日　水　晴
午後六時過帰宅
三月七日　木　晴　春暖
午後六時帰宅
三月八日　金　晴
午後六時より医学会出席八時帰宅
三月九日　土　雨
横須賀に於て軍艦須磨進水式に案内を受けたるに依り早く出向の心組なりしも悪天に付十一時四十五分にて新橋発車、車中甚た混雑す、同港着、降雨頻りなり泥道を歩行し式場に到れは正に午後三時なり直に挙行になりたり、是より立食、終て命車ステーシヨンに到る、風雨盛

なり、混雑名状すべからす、四時四十分の汽車大に遅れて発す、大船まて立つ、乗替の時漸く坐す、九時過帰宅

三月十日　　日　曇

終日在宿、午後権兄来る、夕刻出て烏森湖月に到る伯林ビール会なり十一時帰宅

三月十一日　　月　晴

教室より帰り掛けに宇野子の留守宅を訪ふ七時過帰宅

三月十二日　　火　晴

午後評議会、七時過散す

三月十三日　　水　晴曇

両三日下痢、午刻帰宅療養　晩原へ行く北里子と会合、信哉子愈不良殆と最後の相談をなす十一時半帰宅

三月十四日　　木　曇雪

引籠り療養、午前原祐民子来訪

三月十五日　　金　少雨

昨夜降雪二寸余積る、出勤、在戦地宇野へ書面を出す（浜尾総長の書面と同封）

三月十六日　　土　雨

午後四時半帰宅

三月十七日　　日　雨

終日在宿

三月十八日　　月　晴曇雨

午後五時半帰宅、在柳樹屯森林子へ手紙を出す

三月十九日　　火　曇雨

芳賀栄次郎、白江規矩三郎両氏（在戦地）へ手紙を出す

三月二十日　　水　晴

胎生学講義来る二十六日の時を繰上げて今日閉づ　午後三時半教室を出て岡田和一郎子留守宅を訪ひ是より歩行、井上前文部大臣逝去に付市ヶ谷の邸へ行て弔詞を述べ次に植物園に到る　河喜多工学士、古在農学士の官費留学、金井獣医学士の戦地出張送別会なり九時帰宅

三月二十一日　　木　晴　祭日

前両児を携て遊歩、千駄木へ行く、小松操子来る、午後は両児を携て浅草公園へ行くパノラマを見る

三月二十二日　　金　晴曇

午後二時半教室を出て谷中瑞輪寺に到る井上前文部の葬式なり　四時半帰宅

三月二十三日　　土　晴

朝島田重礼子来訪、午後は久々にて向島に到り諸子の下宿にて快談

三月二十四日　　日　晴

午前宮本子来訪、彼岸末日に付牡丹餅を製す、両児を携て土筆採りて遊ぶ千駄木へ寄る、午後は良一を携て向島チヤンピオン下宿に到る浅草公園を通り過て帰る

三月二十五日　　月　晴

今朝号外にて昨日清国媾和使李鴻章負傷の報を知る
午後教授会を開く終れば総長面談を申越さる即ち李大使負傷に付文部大臣よりスクリバ教師を馬関へ派遣の件なり　スクリバ氏不在に付帰宅を待ち其旨を伝ふ大に消時九時半帰宅す

三月二十六日　　火　曇

今日総論解剖学講義を閉づ亦た記載解剖学講義を定時外に講義して閉づ　午後は学長会議あり六時終て直に上野松源に到る松浦、秋元、豊田、伊東祐彦、小林亀太郎、横田鋼太郎、大賀、荒木（欠席）八名の送別会なり九時半帰宅

三月二十七日　　水　曇

午後医学会総会に付役員相会して相談するところあり、六時過帰宅

三月二十八日　　木　曇強風

午後は学長会議あり第一高等学校長久原子出席予科のことを質問す、終て李使負傷慰問のことに付相談あり五時半散す　帰宅直に長岡社例会出席

三月二十九日　　金　少雨

午後教授助教授総会あり李伯慰問の件なり総て同件に付学長会あり七時過帰宅

三月三十日　　土　晴風

浮虜測定用紙を医務局へ送る、在墺国土肥慶蔵子へ手紙を出す、亦在北海道岩内一柳平太郎子並に泉鉄太郎子へ手紙を出す、午後三時半帰宅、田鶴子を携土筆採り、晩偕楽園に到る、同窓会なり十一時半帰宅

三月三十一日　　日　晴

午前斎藤祥三郎子を訪ふ同子今日長野県へ赴任せりと両児同行、是より田甫中にて土筆を採る、藪蕎麦に入る、午後両児を携て共に動物園に入る、上野の桜花二分開く

四月一日　　月　晴

午後二時より学士会にて医学会役員投票を開く　会頭には田口子当選、副会頭には宇野子、六時頃帰宅

四月二日　　火　晴曇

午後四時頃帰宅是より田鶴子を携て土筆採りに遊ぶ　晚原家へ行く北里子と会合過日の続談なり　信哉子愈絶望云々

四月三日　　水　曇少雨

終日在宿

四月四日　　木　晴

午前出勤、午後〇時三十分一ッ橋外講義室に到る医学会総会なり六時半帰宅

四月五日　　金　曇

午後〇時三十分大学講義室に到る総会第二日なり六時閉会

四月六日　　土　晴

午前八時より解剖学教室にて談話会を開く午後一時閉会午後三時教室を出て上野公園に到る桜花満開美術協会に入る是より園内遊歩　四時精養軒に入る医学会総会宴会なり八時散す　帰宅直に出て新橋に到る権兄今晚九時五十分朝鮮支那へ向て出発に付見送りのためなり　時刻遅れて間に合はず遺憾限りなし

四月七日　　日　曇

今日家内打揃ふて小金井桜見物と決す弁当を支渡し十時頃出掛る　飯田町ステーシヨン十二時発車一時過国分寺着是より歩行上水堤に到る時に二時なり弁当を開く　大に空腹、終て堤を歩し五時半境ステーシヨン発車帰宅、桜花二分開く

四月八日　　月　雨

前十時出勤、競漕前は授業を始めず、菅子岡山より出京、足立文太郎子の兎に角聘することに極む云々六時帰宅

四月九日　　火　晴曇

午後学長会あり四時終る六時帰宅

四月十日　　水　晴

前十時出勤、午後二時半出て向島に到る第一高等学校競漕会なり　六時頃帰宅、桜花満開なり

四月十一日　　木　晴

前十時出勤、午後五時過帰宅、寿衛造へ手紙を出す

四月十二日　　金　晴

前北海道江差の人森野某来訪同所病院長の件なり十一時出勤、午後五時半帰宅

四月十三日　　土　晴

大学競漕会なり、前九時半良一を携て向島に到る、四番レースに補欠として漕ぐ利あらす、一時過植半にて午食

す、特別会員レースに漕ぐ　勝敗決せずして止む、第一分科は医科の勝となる、其他総て利あらず終て下宿に於て談話九時帰宅

四月十四日　日　雨風

終日在宿、午後六時天神魚十にて慰労会を開く、来会者五十余名大に愉快を覚ふ十一時半帰宅　晩日執達吏より小笠原金三郎子借金に付催告状を持来り家資分散云々の件起り今日当子来りて協議せり

四月十五日　月　晴

記載解剖学講義を始む前七時出勤亦顕微鏡演習を始む午後教授会を開く脳脊髄病科新設するや否やの件六時過帰宅

四月十六日　火　雨

胎生学講義を始む、五時半帰宅、晩青山子来る脳脊髄病に付相談十二時同子去る

四月十七日　水　晴

日清平和条約昨日馬関に於てなりたる報知号外を以てせられたり午後六時帰宅　在金州森林子より頭骨壱個（第五）到着す

四月十八日　木　晴

午後は学長会議あり　ウェンクステルン（法科教師）辞職解約の件なり、六時帰宅

四月十九日　金　晴

午前八時過足立寛子を邸に訪ふ　浮虜測定の件に付てなり東京の分は愈明日着手と決す　午後六時帰宅

四月二十日　土　晴

午前九時前浅草本願寺に到る予定の如く清国浮虜体格検査を始む　清水三等軍医、新井子等と共に終日測定に従事す　四十六名を終へ四時過止む、浮虜室を通覧す、六時帰宅、松浦有志太郎来り熊本病院長候補谷口長雄子の事に付てなり

四月二十一日　日　晴

午前八時本願寺に到る諸子既にあり終日奮闘して終局せり、百三十二名計る、前日のもの合して百七十八名なり六時過帰宅

四月二十二日　月　晴

午後六時教授会開く前回の続きなり六時終る

四月二十三日　火　雨

午後評議会あり大沢岳子官費留学の件大に八ヶ間しく八時半過散す

四月二十四日　水　晴

午後四時より医学会議員会に出席　会頭引継、幹事選挙等あり晩食帰途買物し帰る、山井某山極氏の件に付来訪、次に長谷川泰子来訪、入浴、旅行準備をなし十二時過眠に就く

四月二十五日　木　晴　昨夜降雨

朝五時前起く、六時三十分本所ステーション発車、在千葉池口氏同車又車中板倉中子に面会、八時十分佐倉着三木軍医金谷房蔵子出迎ふ共に旅宿米新に到り直に陸軍予備病院に到る、佐藤軍医正に面会直に金谷子誘導にて浮虜《ママ》容収所海林寺に到る時に十時頃なりき、測定に取掛る、今日始て浮虜に構外散歩をなさしむるに付彼是繰合せ午後一時午食す、五時頃止む七拾名測る、旅宿米新に帰る大に疲労を覚ゆ晩佐藤医正の養子豊子来訪、十時眠に就く　三木軍医中沢秀一及嘱托医板倉養節二子も測定を助く

四月二十六日　金　晴

午前五時半起く七時過金谷子来る共に海林寺に赴く直に測定に取掛る　十時終る二十八名なり総九十八名とす（百名ありと雖も二名病気なり）旅宿に帰り午食して出発す　金谷子停車場迄見送る十一時三十分発車、午後二時頃帰宅是より両児を携て共に団子坂田圃にて遊ぶ於菟子も誘ふ、蕎麦を食す

四月二十七日　土　晴

朝五時前起く、六時上野停車場発車橋本左武郎子帰郷に付同車九時過高崎着　昨日大火の為め市中混雑す、命車陸軍予備病院に到り佐野尚徳医正に面会、亦三木軍医志村順造子に紹介なる、是より出て市中の一小店にて午食し浮虜容収所赤坂の長松寺に到る時十一時なりき　志村子既にあり測定に取掛る四拾一名測る（四拾二名のところ一名病気）四時過終る是より乗車停車場に到る休憩店にて食事し六時二十分頃発車十時上野着

四月二十八日　日　晴

午前両児を携て団子坂田圃に遊ぶ、午後風起り為に在宿

四月二十九日　月　晴

在平壌飯沢子より頭骨八個の荷物着す　午後教授会を開く二十九年度予算の件なり七時散会す

四月三十日　火　晴

午後評議あり前会の続き大沢岳子官費留学の件なり五時散す

五月一日　　水　晴

午後四時半帰宅　山井子山極子俸給差押られたるに付来談す

五月二日　　木　曇

午後解剖、病理、法医三教室集りて新築の件に付協議す七時頃帰

五月三日　　金　曇

午後五時過帰宅

五月四日　　土　少雨

午後二時教室を出て村上勇雄子を小笠原金の事に付てなり不在、宇野子の留守宅を訪ふ、次に原家を訪ふ祐民子仙台行にて留守なり　是より牛込小松家を訪ふ熱海老人過日出京せらる六時帰宅

五月五日　　日　晴

午前秋元隆治郎子熊本赴任に付暇乞に来る、両児を携て共に団子坂に牡丹花を見る蓮花を採る、高野園に入るつつじ花満開なり　午後共に両児を携て浅草公園に到る江崎にて両児を写真す　汁粉屋に入る五時帰宅

五月六日　　月　晴曇

午後四時半教室を出て独上野公園より谷中墓地へ散歩す原祐民子仙台より帰京来訪

五月七日　　火　晴

宇野子一行戦地へ出張のところ今日帰京の報に接し歩行新橋迄出迎ふ十二時半着車す　宇野林の二子帰り岡田子は熊本へ廻り為めに遅延せり　是より緒方子と風月堂にて午食し二時過教室へ帰る

五月八日　　水　晴

午後五時前帰宅両児を携て共に団子坂藪へ行く千駄木へ寄る　晩在仙台椰野寿衛造へ手紙を出す母上様還暦を祝する為め松島見物云々の目論見延引可然件なり

五月九日　　木　晴

芝罘交換の報未た来らす、五日間休戦延期せりと云ふ午後は総論解剖学の試験（筆答）を行ふ七時過帰宅夕刻号外来る清国より休戦請求を取消し昨夜十二時頃芝罘に於て批准交換済みたる公務ありたりと云ふ

五月十日　　金　曇晴

午後六時前教室を出て小林叔母退院後の模様を見舞ひ七時帰宅

五月十一日　　土　曇風

午後小児科入院かの連帯双児を見る四時帰宅在宿

五月十二日　日　晴

午前両児を携て高野園に到る千駄木へ寄る　午後在長崎大谷周庵子来訪

五月十三日　月　晴

午後四時出て新橋停車場に到る岡田和一郎子帰朝に付出迎ひたるなり　帰途村上勇雄子許に立寄りて小笠原金子の事に付相談するところあり　晩食九時過帰宅

今日官報号外にて日清平和定《ママ》約並に金州半島返還に付ての詔勅を発せられたり

五月十四日　火　曇晴

午後五時帰宅

五月十五日　水　晴

午後六時半帰宅、丸山忍相居り新発田北堂心配の件に付談す　小笠原金子帰り来りて本学年卒業試験受る決心云々　就ては小野塚子と同宿云々終に下宿料一ヶ月半村上と折半にて出すことに極む

五月十六日　木　晴

午後五時半帰宅、岡田和一郎子帰朝来訪

五月十七日　金　曇雨

午刻四年生諸子写真す、二時過出て天王寺百体祭に赴く時に雨降る、四時半帰宅

五月十八日　土　曇、晩大雨

午前九時文部省へ行く次官（牧野）に面談、脳脊髄に関する件なり十一時大学に到る　午後二時半帰宅、榊順次郎子独乙より帰朝来訪、夕刻出て偕楽園に到る同窓会なり長尾、菅両子出京中にて出席、十一時帰宅　今日夕刻おやす厳を携て国元より出京、帰宅すれば着し居り久々て面会し大に悦ぶ、十二時過眠に就く

五月十九日　日　半晴

午前厳良一等を携て近傍遊歩、千駄木へ寄る、午後は小児等三人を携て浅草公園に到る　ガラス写真を写す、花屋敷に入る、汁粉屋に入る、玉乗り曲を見る、三人の守護煩雑を極む六時帰宅

五月二十日　月　晴

午後教授会を開く七時過帰宅

五月二十一日　火　曇晴

午後評議会あり六時過帰宅

五月二十二日　水　晴

午後は教授会を開く脳脊病に関する予算の件なり五時半

帰宅　厳等三児を携て近傍に遊歩す

五月二十三日　木　晴

午後は教授総会（奉迎の件に付）ありたれども欠席三浦謹之助子と脳脊の件に付協議す同子稍承諾の模様なり七時半帰宅

五月二十四日　金　晴

午後三時大学講義室に到る医学会例会緒方子の痘瘡病原演舌あり　午後五時半帰宅両児を携て白山にて遊歩す

此晩北堂等明朝仙台行と決す

五月二十五日　土　晴

午前四時眠醒む北堂等を送りて六時前上野停車場に到る軍隊輸送の為発車変交《ママ》す即ち八時三十分発車となる　良精は一先つ帰宅八時再ひ同所に到り発車を送る直に教室へ行く　午後は宅にて午食し文部省に到り各高等学校長に面会し初等部のことに付協議するところあり四時帰宅五時過共に両児を携て外出、中華亭にて食事す是より銀座通りの夜景を見る九時半帰宅

五月二十六日　日　曇

終日在宿、晩小松精一子来訪信哉の件に付てなり

五月二十七日　月　雨

帰途千駄木へ立寄り七時頃帰宅

五月二十八日　火　曇晴

午後九時より大学予算に付学長会議あり　午後も引続きて九時頃散す

五月二十九日　水　曇

前日に引続き九時より予算会議なり復午後も同断八時頃晩食し遂に夜徹し五時頃漸く終る

五月三十日　木　晴

午前五時過帰宅少時眠る七時前起て両児と戯る　今日還幸に付休業、午後十二時半二重橋外予定の場所に到りて奉迎す　二時二十分還御あらせらる三時帰宅少しく眠に就く

五月三十一日　金　晴（雨）

午前荏苒、今日還啓に付休業、前日の通り二重橋外に到りて奉迎す　帰途牛込石黒忠悳子を賀し帰宅、晩原家相談に赴く　信哉子妻帯と決す十時帰宅時に降雨

六月一日　土　晴

午後一時半帰宅午食す、夕刻帝国ホテルに到る宇野子より招待を受けたるなり

六月二日　　日　晴
午前団子坂田甫に遊ぶ、終日荏苒
六月三日　　月　晴
午後五時教室を出て岡田和一郎子を訪ふ同子帰朝になりたるに因る　次に榊家を訪ふ順次郎子帰朝になりたるによる
六月四日　　火　曇（昨夜雨）
後五時半帰宅、両児を携て白山（小祭）へ遊歩
六月五日　　水　曇
午後五時上野精養軒に到る宇野教授、今井助教授、岡田、林両助手戦地より帰朝祝宴なり十時帰宅
六月六日　　木　晴
午後五時半帰宅
六月七日　　金　晴
午前ベルツ子を訪ひ二十九年度に於て増給のことは到底出来ざる旨を報す其他種々談話あり　午刻出てて帰宅頭痛の為め加養す
六月八日　　土　曇雨
午前九時出勤十二時帰宅、加養
六月九日　　日　晴
午前両児、潤子、於菟等と日暮里へ行き諏訪神社の茶店にて遊び帰る、午後四時過両児を携て動坂より道灌山へ遊歩　一茶店に息ひ日暮里を通りて帰る　此夜北蘭始め皆仙台より帰宅
六月十日　　月　晴
午後教授会を開く学科々程改正の件なり（大学予科設置の為）五時半終る
六月十一日　　火　晴
午後評議会あり八時帰宅
六月十二日　　水　曇
午後五時過帰宅
六月十三日　　木　雨晴
胎生学講義を閉つ五時過帰宅
六月十四日　　金　晴
系統解剖学講義を閉つ顕微鏡演習も同断　牧野忠篤公婚儀整たるに付其披露として招かる五時過同家に到る　八時半帰宅（此日飯沢耿介子戦地より帰る）
六月十五日　　土　雨
北蘭六十の祝として老婆方数人来客　午前一寸出勤十二時過帰宅小児等と戯る

六月十六日　　日　曇晴雨
記載解剖学試験、午刻帰宅、近藤九満治子来訪
六月十七日　　月　晴
午前試験、午後は教授会前会の続き六時過帰宅
六月十八日　　火　晴（晩大雨）
午前午後共試験、四時出て安田家に三間正弘子出京止宿に付訪問す、是より麻布鈴木孝子留守宅を訪ふ　次に紅葉館に到る工科大学教師ミルン子帰国送別会なり十一時帰宅
六月十九日　　水　雨
前九時過出勤、午後四時帰宅
六月二十日　　木　晴
午前八時出勤、良一同行、過日来ルベオラに罹りたる後本復思はしからさるを以て念の為小児科に到り診察を受く　午後四時過帰宅　お保明日出立帰郷するに付晩食を共にす権兄も来る
六月二十一日　　金　晴曇
お保出発、四時起き上野停車場まて見送る両児も同行
今日井戸替をなす十時出勤　今朝弘田子北堂死去（姫路に於て）の通知ありたるを以て留守宅へ見舞に行く五時頃帰宅
六月二十二日　　土　晴
出勤掛けに江戸橋郵便局に到りベルリン書肆フリードレンデルえ百弐拾フランク即ち四拾四円七拾八銭送り出す帰途村上へ寄り夏沓を求め大学に到る午刻帰宅、午後四時頃共に小児等を携て日暮里諏訪社へ行く藪蕎麦を食し帰る
六月二十三日　　日　曇
夕刻共に小児等を携て根津神社え遊歩金魚を買ひ千駄木へ寄りて帰る、晩中華亭に到る失望、是より天金にて食事す
六月二十四日　　月　晴
午後教授会を開く　卒業試験改正の件会議中弘田子厳父君死去の電報姫路より来る四時過終る　晩食後弘田子留守宅を訪ひ高木、富井両子と会合し諸方へ通知等のことを相談す　十一時過帰宅
六月二十五日　　火　曇雨
午後評議会あり六時帰宅
六月二十六日　　水　曇
午後は衛生委員諸子と共に構内を巡検す四時半帰宅

六月二十七日　木　雨
午後四時半帰宅
六月二十八日　金　晴
出勤掛けに高等学校に寄り上松、田中富等の試験成績を尋ぬ　午後は衛生委員諸子と第二医院を巡視す三時半帰宅、長岡社出席十時頃帰宅　今日小倉勝善子教室へ来る
六月二十九日　土　晴
午刻浜尾総長に面会学長辞職を開陳す　二時半帰宅食事し両児を携て千駄木へ寄潤於菟子を誘ひ諏訪社へ行く帰りて入浴直に紅葉館に到る榊順次郎子の招待なり十一時帰宅
六月三十日　日　曇
午前両児を携て駒込富士社の祭りを見る午後供に千駄木へ行く　今日森林子より金州出の頭骨六個入荷物を太地某子より受取る
七月一日　月　雨晴
午後四時過教室より弘田家を見舞ひ次に石黒忠悳子を訪ふ　幸に在宅面会す帰りて直ぐ千駄木へ行き林子の模様を報す
七月二日　火　雨
午後五時過帰宅
七月三日　水　雨
午後は顕微鏡演習の試験、日本、支那、朝鮮三ヶ国人頭骨研究と題して論文著述することに決し近頃は其方針を定め日本人のもの調査す
七月四日　木　雨曇
午後は前日に同しく試験、六時過帰宅、両児を携て槇町へ遊歩
七月五日　金　晴
午後は試験、之にて悉皆終る、六時過帰宅、晩食、良一を携て仲町へ膳其他買物に行く
七月六日　土　晴
午前特待生の件に付教授会、午後は記載解剖、顕微鏡等の残りを講義し五時過終る、学生と談話日暮頃帰宅
七月七日　日　晴
本年は甚冷気なりしも今日頃は稍暑気を催す　午後は教室にあり（お喜美両児を携て同窓会に赴く）
七月八日　月　雨
午後五時教室より弘田子を訪ひ悔みを述ぶ七時過帰宅

七月九日　　火　晴

午前一寸文部省へ行く、午後は評議会あり六時過帰宅

食後小児等を携て大観音縁日へ行く

七月十日　　水　曇晴　冷気

午前九時大学卒業証書授与式に到る北蘭同行、小笠原金三郎子卒業に付てなり　終て北蘭及村上北堂勇雄子に博物学教室及工科大学を案内す十二時帰宅、午食し共に小児等を携て上野博物館に入る　是より根岸岡野に到り歩行帰宅

七月十一日　　木　雨

今日より休業、午後五時半帰宅

七月十二日　　金　雨

午後五時帰宅

七月十三日　　土　晴

昨夜来腹痛、十時一寸出勤直に帰宅床に臥す

七月十四日　　日　晴

在宿加養、権兄来る

七月十五日　　月　曇

出勤、午食し弘田子と共に上野公園散歩、谷中より清大園に入り同子を誘ひ帰宅、桐淵老医来訪

七月十六日　　火　曇

教室標品調の為め此頃は消日す　午後六時帰宅、両児を携て閻魔堂へ行く、晩降雨

七月十七日　　水　雨

午前文部省に到り牧野次官、木下局長、永井課長等に面会予算のことを談す是より教室へ行く、六時半帰宅直に植物園に到る土方寧子結婚披露なり大に遅刻す

七月十八日　　木　雨曇

午後五時半帰宅、良一教室へ迎へに来る

七月十九日　　金　雨

午前九時半より評議会あり午後一時帰宅、食事、是より田端大龍寺へ井上達也子の葬式に行く帰宅、直に長岡社へ出席、終て権兄を寓所に訪ひ十二時帰宅

七月二十日　　土　雨

朝緒方子来訪、十時前出勤、良一田鶴迎へに来る携て勧工場へ行きて帰る、晩篤子来訪

七月二十一日　　日　曇晴

終日在宿、午後は快晴となる

七月二十二日　　月　雨

午後六時帰宅

七月二十三日　火　晴

学士会にて午食、お喜美両児を携て迎に来る歩行六時半帰宅

七月二十四日　水　雨

午後六時頃帰宅

七月二十五日　木　晴

今日は例年の通第三回解剖学会を開く　地方より加門桂太郎、金子次郎、鈴木文太郎、足立文太郎の四子出席在京にては田口、新井、上坂の諸子なり、十一時会を去て総長と談話（主として辞職の件なり）午食を喫せず遂に六時十五分となり解剖会諸子は神田橋外三河屋へ行きたる趣に付直に同所へ行く　会食し十一時頃帰宅

七月二十六日　金　晴

午後は中央衛生会に出席、帰途青山子許行く山根子同行晩食十時帰宅

七月二十七日　土　雨曇

出勤掛けに榊家へ寄る、午後三時より教室を出て甲野棐子を訪ふ眼科助手の件なり、是より松田秀雄を訪ふ（数回来訪せられたれども面会の機なかりしを以てなり）不在、次に足立寛子訪ふ　六時頃帰宅

七月二十八日　日　曇

朝松田秀雄子来る駒込避病院医長の件なり、午後は共に両児を携て日暮里諏訪社へ行く潤、於菟子同行、時に雨降り出す、藪そばを食し帰る

七月二十九日　月　雨曇

前八時半出勤、避病院医長のことに付談合、次に第二医院へ行く遂に志望者なし

七月三十日　火　曇雨

午後六時帰宅、入浴、出て牛込小松家を訪ふ若夫婦も仙台え引越に付暇乞なり　是より弘田家を見舞ふ十一時帰宅

七月三十一日　水　曇

教室不参、喜美福羽家訪問するに付良一を携て潤於菟同行浅草へ行く大金にて食事

八月一日　木　曇

午後四時過教室を出て小林家を見舞ひて帰る

八月二日　金　雨

午刻権兄大学へ来る　北蘭及玉汝同伴帰郷す云々談あり五時帰

八月三日　　土　雨
午後六時帰宅両児迎に来る
八月四日　　日　曇
午前四時過在台湾林子より篤子の件に付電報到る、午前千駄木へ行きて相談す、午後は日暮里諏訪社へ行く大勢同行
八月五日　　月　曇
午後二時頃帰宅、庭園の草を削る、晩中華亭にて食事
八月六日　　火　曇
教室不参、庭園の草を削る、良一誕生日なるを以て集りて午食す、晩権兄来り泊す明日出発帰郷の為めなり
八月七日　　水　曇晴
北蘭権兄玉汝出立に付早起き、見送り、尋で共に入谷の朝顔を見、岡野にて食し八時帰る、教室不参、庭園の草を削る、晩食後賀古子の宅に到る、同子今日凱旋するに付迎として行きしなり十一時帰宅
八月八日　　木　曇晴
午後六時帰宅
八月九日　　金　曇晴
午後六時半帰宅　二三日来少しく暑気を催す温計二十八九度位
八月十日　　土　曇晴
午前総長に面会、学長辞職の催促をなす六時頃帰宅
八月十一日　　日　曇晴
午前庭園の草を削る、終日在宿
八月十二日　　月　晴
朝長谷川子来り本所避病院監督の件に付相談あり　直に緒方子許行く既に出勤せり依て一先つ帰宅長谷川子同道にて大学に到る緒方子に面談す同氏承諾す　在台湾森林子より書留郵便到る午後二時頃出て千駄木へ行きて書状を渡す　帰宅、夕刻田鶴子を携てやぶそばへ行く、千駄木へ寄りて相談す篤子来る
八月十三日　　火　晴
今朝林子へ手紙を出す、両児を携ひ於菟子を誘ひ諏訪社え行く　午刻お喜美弁当を持ち来る、夕刻帰宅
八月十四日　　水　晴　三〇、五度
午後六時帰宅
八月十五日　　木　晴
午前十時頃より共に両児を携て浅草公園へ行、大金にて午食し、池中島の一店にて休息五時半帰

八月十六日　　金　晴

午後六時帰宅

八月十七日　　土　晴

前日弘田子と逗子行を約せし通り朝新橋に到り七時三十分発車、良一を携ふ十時過養神亭着、大に混雑し明間なしと云ふ、一板の間（洋室）に居ることに決す、直に海水に入る午後も又浴す、夕刻海岸遊歩黄昏宿に帰り良一等は眠に就く

八月十八日　　日　晴

三回浴す、夕刻弘田子一行帰京、但し令息は残る　亦午刻石黒令息谷口吉太郎子来る同室す　大に賑かになる、晩朝鮮留学生七拾名計夜行軍して帰る　槇哲子指揮し来る十一時過眠に就く

八月十九日　　月　晴

朝海岸を歩し干潮にて岸間に遊ぶ二回浴す、午後五時五十七分発車九時過帰宅

八月二十日　　火　雨　冷気

午後五時半帰宅

八月二十一日　　水　雨

午後六時帰宅

八月二十二日　　木　晴雨

菅之芳子独乙国留学に付出京教室に来る急に送別同窓会を思ひ立ち諸方へ電話等にて通知す、午後五時帰宅　直に偕楽園へ行く総て九名出席但内永井久一郎子足立文郎子あり十一時帰宅

八月二十三日　　金　晴

朝石黒忠悳子を訪ふ面会、此度授爵、授勲に付賀辞を述ぶ、教室に来る、六時帰宅

八月二十四日　　土　晴

午後五時帰宅

八月二十五日　　日　晴

午前三等軍医畠中喜善子来訪、子は寿衛造同行金州へ赴き昨日帰京せりと、寿衛造は第十六聯隊付となり台湾へ出軍の由承知す　午後両児を携て諏訪社へ行く

八月二十六日　　月　晴風

午後五時帰宅、亀清会に同所に到る、青山、賀古、隈川、入沢諸出席

八月二十七日　　火　晴

午後四時帰宅、フリドレンデルへ手紙を出す（新井子注文を含む）

八月二十八日　水　晴

午前駒込避病院を一覧す、午後在宿、寿衛造（在金州）へ手紙を出す

八月二十九日　木　晴

午前九時過両児を携て共に出て飯田町より汽車にて角筈十二社へ納涼に行く　午後三時過出て新宿より汽車にて品川に下り高輪泉岳寺向ふの高輪亭にて晩食す　是より前泉岳寺義士の墓に詣す　帰途銀座通りを歩行し小児等を楽ましめ九時過帰宅

八月三十日　金　曇　夕立

午後五時半帰宅

八月三十一日　土　晴

愈学長辞職願書を出す、五時半帰宅　晩出てて神保町小川町を遊歩し辞書三冊購ふ

九月一日　日　晴

午後諏訪神社へ行く後にお喜美両児を携て来る

九月二日　月　晴

朝松田秀雄子を訪ふ（避病院監督一条のこと）次に原家へ寄る今日の法事に断りの為めなり次に青山子を訪ふ佐々木政吉子辞職に付相談、是より大学に到る時に十一時午後五時帰宅、晩佐々木政吉子を訪ふ不在、宮本仲を訪ふ亦不在、叔子在宿に付暫時談話して去る

九月三日　火　晴

午前十時前出勤、書生豊原猩紅熱疑あるを以て川村助手に診察を乞ふ　愈熱疑はしと云ふ依て午刻帰宅　同人を下宿せしめて玄関を消毒す

九月四日　水　晴

午後四時帰宅

九月五日　木　晴

午前九時より評議会、大沢岳太郎子官費留学の件は漸く出来ることとなる二時半午食、四時帰宅　晩宇野子を訪ふ、佐々木子辞職に付其善後の件なり　青山子を訪ふ不在

九月六日　金　晴

午前青山子来る、教室不参、午後三時出て両児を携て諏訪社へ行く

九月七日　土　晴少雨

午後六時帰宅

九月八日　日　曇風雨

午前九時出て入沢達吉子を訪ふ助教授就任の件なり　同子旅行中にて空しく去る、弘田子を訪ふ午食、共に青山子を訪ふ不在、五時頃帰宅

九月九日　　月　晴　秋冷

午刻帰宅、午後小児等を携て諏訪社へ行く

九月十日　　火　晴

早朝入沢子来訪、助教授就任承諾す、午後ベルツ子を訪ふ明日の始業、佐々木子辞職等談話せり、四時帰宅、庭園の草を除く　晩、青山子を訪ふ十一時半帰宅

九月十一日　　水　晴少時雨

記載解剖学講義骨論を始む、今年より全解剖を大学課程に繰込むこととなれり依て第一期は毎週十二時間なり亦卒業試験を始む但し今年より記載解剖試験は田口子と隔年担任のこととす　依組織のみ今年間担す、午後は総長と面談、五時帰宅、晩緒方子を訪ふ

九月十二日　　木　曇（降雨あり）

卒業試験をなす、午後四時半帰宅

九月十三日　　金　晴　秋冷

午後二時過教室を出て文部省に到り木下専門学務に面会し大沢岳太郎子官費留学のことを談す　即ち十月一日よりとし且つ満三ヶ年と云ふことに承諾を得たり是より桐淵道斎子を訪ふ四時帰宅、園内草取り

九月十四日　　土　晴

午後三時教室を出て中浜子を谷中の寓に訪ふ五時帰宅

九月十五日　　日　晴

朝鈴木文太郎子金沢より出京、内科教授欠員に付後任者の件なり、次に四年生総代五名来る佐々木子辞職の件に付てなり、次に直に佐々木子を訪ふ帰りて直に支度　両児を携て共に出て上野八百善にて午食、是より浅草公園より向島花屋敷に到る七草盛りなり五時半帰宅

九月十六日　　月　晴

午後長谷川泰子教室へ来る、両児迎に来る四時半帰宅庭園草取り

九月十七日　　火　晴

午後四時半帰宅

九月十八日　　水　晴

午後は寄宿舎に腸チフス発生したるに付衛生委員会を開く　次に渡辺洪基子来り総長、緒方子等と東京市医長のことに付談話あり六時半帰宅、今日北蘭玉汝帰京に付両児を携て出迎の図なりしが会議等のため果たさず、北蘭

八時頃帰着せられたり

九月十九日　　木　晴　残暑再帰

午後は中央衛生会出席、痘苗議案は委員に附せられたるを以て去る　二時半帰宅供に両児を携て諏訪社へ行く帰途藪蕎麦に入りて帰る

九月二十日　　金　曇晴

午後五時帰宅、今明は白山根津祭日なり田鶴子を携て白山社に到る

九月二十一日　　土　曇（夕刻より雨）

午後五時帰宅、午前解剖総論卒業試験

九月二十二日　　日　曇

横須賀行、前七時三十分新橋発車、片山、三浦守治、高橋順、宇野子等同行、着後先鎮守府に到る緒方子次列車にて来る　海軍少尉吉岡子の案内にて鎮遠見物す、時に吉田貞準、太田弥太郎の両子来る　諸子の案内にて造船所各工場を観覧し水雷艇第十四号及母艦震天に到り魚形水雷を見る　終て吉田太田二子の誘導にて海水浴場大津館に到る時に三時なりき　午食の饗応に遇ひて五時四十五分発車帰京す

九月二十三日　　月　雨

早朝長谷川泰子来訪、九時過出て鈴木孝之助子の大人逝去に付悔に行く　次に渡辺廉吉子訪ふ午食す、三時帰宅、岡田和一郎子来る玉汝を橋本節斎子嫁するの約愈取極めの件なり

九月二十四日　　火　雨

解剖学総論講義を始む、午後評議会あり六時帰宅

九月二十五日　　水　雨

五時帰宅、在金州寿衛造へ手紙を出す

九月二十六日　　木　雨

両児迎に来る、五時帰宅、支那竹杖金具付け出来す

九月二十七日　　金　雨

午後四時半帰宅、長岡社例会出席（亦前に医学会出席）

九月二十八日　　土　雨

午後三時半教室より直に紅葉館に到る　高田善一子衛生局長辞職慰労会なり九時半帰宅

九月二十九日　　日　曇晴

下痢、終日在宿加養

九月三十日　　月　晴

午後教授会、四時半帰宅

十月一日　火　曇

午後文部省へ行く新に医科大学を設るに適当なる地は大阪なるやの件、帰途鳥居春洋子を訪ふ不在（金沢医学部教授兼主事の位置を薦むるの件）是より大学に帰り評議会に出席、時に四時なりき、七時帰宅

十月二日　水　曇

午後三時良一迎に来る　是より新橋際森永子厳父君の死去を弔ひ銀座を歩行、良一の帽子を購ひ、風月堂にて果《ママ》子を喫し来る

十月三日　木　晴

午後中央衛生会出席五時半帰宅（朝榊へ寄る）

十月四日　金　曇

午後巣鴨病院へ行く同院に近頃虎列刺病発し大に蔓延す四時過帰宅千駄木へ行く林太郎子今日台湾より帰京す

晩食七時頃帰宅す

十月五日　土　雨晴

午後四時帰宅、両児を携て白山辺散歩す

十月六日　日　晴

終日在宿庭園の掃除するのみ

十月七日　月　晴

午後教授会、五時半帰宅

十月八日　火　雨

午後五時過帰宅、晩浜尾総長北堂死去に付悔に行く

十月九日　水　曇

午後五時帰宅、晩青山子を訪ふ四年生本期内科クリニック下谷青山子許行くこと困難云々の件に付てなり十二時帰宅

十月十日　木　雨曇

午後中央衛生会、帰途弘田家出産且令閨産後不快の趣に付見舞ふ（食客豊原又男昨日去る）次に岡田和一郎子を訪ふ玉汝の件なり六時半帰宅

十月十一日　金　晴

午後は浜尾家北堂葬式に付小石川伝通院に到る三時帰宅

庭園草取り

十月十二日　土　晴

午後二時半帰宅、両児を携て動物園に到る是より氷月にて汁粉を食し帰る

十月十三日　日　晴

上野桜雲台に於て野村貞君凱旋祝宴会あり　午前十時過所に到る、是より午後三時大学に到る故ドクトル、ミユ

ルレル先生紀念銅像建設式あり四時頃帰宅、庭園草取り

十月十四日　月　晴

午後四時帰宅、庭園掃除

十月十五日　火　雨

午後五時帰宅、権兄長岡より帰京来訪

十月十六日　水　快晴

午後四時帰宅、庭園掃除

十月十七日　木　曇少雨、祭日

午前庭園掃除、午後岡田和一郎広瀬佐太郎二子順次来る

橋本節斎子より玉汝へ結納を送る為めなり

十月十八日　金　曇

午後中央衛生会、帰途浜尾総長許忌中見舞に行く不在、直に帰宅、千駄木へ行く九時半帰宅

十月十九日　土　晴

在ブダペストプロフェッサー・ドクトル・A・フォン・テレク子へ手紙を出す、帰途田中舘子宅へ一寸寄り二時帰宅、直に両児を携て浅草公園へ行く久々にてしるこやに入る、五時帰宅

十月二十日　日　晴

午前両児を携て諏訪社へ行く藪蕎麦に寄りて帰る　午後二時半植物園に到る佐々木政吉子大学辞職に付慰労会を開く六時半帰宅

十月二十一日　月　晴

午後四時出て上野公園美術協会を一見し、散歩して帰る、権兄来る

十月二十二日　火　雨

午後四時半帰宅、午後衛生委員会（寄宿舎再ひ開くの件）

十月二十三日　水　雨

午後緒方子と寄宿舎を巡検す、四時過帰宅　晩安田へ行き結納書類を書くことを同君に托す　又三間正弘子金沢より出京に付面会、是より東明館に到り買物し十時前帰宅

十月二十四日　木　曇

午後は中央衛生会、帰途浜尾総長の宅を訪ひ医科教授助教授より集めたる花料のことに付話す六時帰宅

十月二十五日　金　晴

午後は予算（二十九年度）の件に付学長会あり八時半終る　是より松源に到る山田鉄蔵、林曄、三輪信太郎の三子独乙留学に付送別会なり十時帰宅

十月二十六日　土　晴

午前出勤掛けに岡田和一郎子許へ玉汝結納を持行く但し少しく模様変る、是より大学に付到る　前日の続き予算会議なり午後も同断、四時半終る、帰宅、入浴、直に亀清に到る今日は森家祖母七十七才の祝なり、九時半帰宅

十月二十七日　日　曇

午前両児を携て団子坂造菊を見る、千駄木へ寄る　午後は在宿

十月二十八日　月　晴

午後教室を出て上野油絵展覧会を見る五時帰宅、今日は長岡社例会なれども気分悪しければ欠席す

十月二十九日　火　晴

午後評議会あり七時終る

十月三十日　水　雨

午後一時半より図書館に於て宣誓式あり四時過帰宅

十月三十一日　木　晴

午後三時過出て上野公園内絵画を見る

十一月一日　金　晴

午後はアボット奇術を錦輝館に見る四時半帰宅

十一月二日　土　晴（昨夜雨）

午後は四年生久間槍三子虎列剌病にて死去せるに付其葬式に小日向台町正巌寺に到る往返歩行四時帰宅　両児を携て団子坂菊人形を見て藪蕎麦に入る

十一月三日　日　雨

天長節なれども終日悪天に付在宿

十一月四日　月　雨曇

午後は衛生委員会を開く愈寄宿舎を開くことに決す五時帰宅

十一月五日　火　晴

午後五時帰宅

十一月六日　水　晴

能久親王殿下（北白川宮）薨去（昨五日、実は十月二十六日台湾に於て）に付休業、大学不参、午前両児を携て団子坂に遊歩す　午後庭園の草取り

十一月七日　木　晴

午後五時半帰宅

十一月八日　金　晴

二三日を費し認めたる手紙枢密顧問官ワルダイエル、ラブル・リュックハルト教授、レーマン・ニッチェ博士の三子に出す、五時過帰宅

十一月九日　土　晴曇

午後出て原田貞吉子北堂の葬式に行く、四時帰宅、庭園草取り

十一月十日　日　晴

午前十時頃共に両児を携て出て高野園に歩し是より上野八百善にて午食し油絵展覧会を見、次に博物館に入り三時帰宅、庭園掃除

十一月十一日　月　曇

能久親王殿下御葬式に付午前八時半辰の口に到りて奉送す十一時帰宅、庭園掃除

十一月十二日　火　曇

午後は教室より直に医学会議員会議に学士会事務所に出席、十時帰宅

十一月十三日　水　雨

午後四時半帰宅、在台湾台南府寿衛造より手紙来る

十一月十四日　木　晴強風

午後四時半帰宅、寿衛造へ手紙を出す

十一月十五日　金　晴

国家医学講習科生徒が新築巣鴨監獄署参観の機会を以て午前九時三十分出て十時十五分同処に達す、監獄は総て十監あり五監つつ左右に分ち放射状に配置す、又総て三百室あり一室十人を収るべし即ち総て三千人を収ることを得但し現今二千余名あり亦病監は内外科を左右に分け総て三百人位を収るべし　縦覧後医員小島原子に面談数刻二時去る　歩行伝通院前にて食事し時刻遅れたるを以て直に帰宅時に三時半過なりき　是より庭園の松を造る、晩森林子を訪ひ長談十二時帰宅

十一月十六日　土　晴

午後二時帰宅、庭園の松を造る、弘田子来る

十一月十七日　日　晴

庭園掃除、千駄木老人来て鶯を採る、午後山下勝三郎子来訪、四時頃両児を携て本郷の勧工場へ行く、湯島天神社内梅月に入りて帰る、権兄来る

十一月十八日　月　晴

午後教授会を開く四時半帰宅

十一月十九日　火　曇少雨

午後五時過帰宅

十一月二十日　水　曇晴

午後六時帰宅、在台南府寿衛造より手紙到る

十一月二十一日　木　雨

午後五時半帰宅

十一月二十二日　金　雨曇

午後三時より医学会出席五時帰宅

十一月二十三日　土　快晴、祭日

午前庭園掃除、又両児を携て高野園に遊ぶ、文公同行

午後共に両児を携て浅草公園に到り久々にて汁粉やに入る

十一月二十四日　日　曇

午刻両児を携て出て中華亭にて午食、是より新橋に到り近衛砲兵の台湾より凱旋するを見て五時頃帰宅　台南寿衛造より手紙到る

十一月二十五日　月　晴

午後は牧野次官巣鴨病院巡視せらるるに付同処に到る五時半帰宅

十一月二十六日　火　晴

午後は評議会、四時半帰宅

十一月二十七日　水　曇

午後五時帰宅

十一月二十八日　木　晴

午前十時文部省に到る三浦謹、山極、坪井子等学位授与式に列席す、午後は総長浜尾子教室へ来る良精辞職談に大に時を費し八時帰宅　今日独乙ブラウンシュバイクの書肆フィーベク＆ゾーンよりアイノ生体の部略論の別刷二十六部受取る

十一月二十九日　金　晴

午後本所養育院に到る牧野次官巡視せらるるに付てなり但し同子急に差支を生したるに依り空しく帰る　在台南府寿衛造へ手紙を出す

十一月三十日　土　晴

陸上運動会に付休業、午後両児を携て運動会を見る　四時帰宅

十二月一日　日　晴

午刻鈴木孝之助子来訪、同子従軍の処此頃帰京せられたるなり四時頃去る

十二月二日　月　晴

午後二時出て上野公園彫工会を一見し三時半教室に帰る六時帰宅

十二月三日　火　晴

午後六時帰宅

十二月四日　水　曇雨
午後一時教室を出て染井墓地に到る桜井錠二子北堂の葬式なり時に雨降り出す依て直に命車　教室に帰る時に二時半なり、医科大学の二十九年度に於て新事に就て大略を認む、五時帰宅、権兄へ上のことを郵便を以て出す

十二月五日　木　雨
昨日は能勢静太子へ今日は芳賀栄次郎子へ支那人骨格に関る手紙を出す、五時帰宅

十二月六日　金　曇風
今日医科大学新事業のこと時事新報始め各新聞に出たり午後五時帰宅

十二月七日　土　晴曇
午刻帰宅食事し北蘭玉汝と共に両児を携て上野彫工会に到る玉汝の帯締めを求む　是より商品陳列館に入る次に広小路の勧工場に入る、次に天神の梅月に入りて帰る直に亀清に到る　北越医会々員凱旋祝宴会なり（石黒、浅岡（一等軍医）島村、田村の四子）但し兼て橋本圭三郎子と約束あるを以て辞して帰る時に八時半頃なり　是より橋本子と共に千葉より出京したる池田成一子に大に督責す十一時半橋本子去る、池田は一泊す、夜中安眠せす

十二月八日　日　曇
父上様忌日に当るを以て権兄来て午食す、庭園の掃除をなす

十二月九日　月　晴
午後五時帰宅

十二月十日　火　晴
午後評議会あり、五時半帰宅

十二月十一日　水　晴
午後四時帰宅尋で五時偕楽園に到る今日は医科大学及医院事務諸子を饗応せしなり来客十二名（但し佐野、並河二子差支）十一時帰宅

十二月十二日　木　晴
午後は一ッ橋外附属学校に寄り原秋二子の件に付面談を求む但し授業にて空しく去て中央衛生会出席、四時半帰宅

十二月十三日　金　晴
午後は講習科諸子写真す是より総長面談、五時半過帰宅

十二月十四日　土　晴
午後十二時半大学を出て青山墓地に到る鈴木孝之助子厳父君堂を仮埋葬の所此度本葬式をせられたるなり　式終

て墓地に参拝す、帰途は信濃町より飯田町迄汽車に乗り
五時頃帰宅

　十二月十五日　日　晴

終日在宿、岡田令閨来りて結婚式日来る二十三日とした
し云々　秋二子咽喉カタルに付岡田和一郎子を招く、又
北海道鬼鹿和田勇蔵子男昇一子来る、北海道森源三子へ
手紙を出す

　十二月十六日　月　晴

午後四時半帰宅、偕楽園に到る同窓会なり十一時過帰宅

　十二月十七日　火　雨

靖国神社臨時大祭に付休業、終日在宿

　十二月十八日　水　晴

午後教室に於て谷口子と椰野家のことに付談話数刻六時
帰宅、断髪入浴

　十二月十九日　木　晴

総論解剖学講義を閉つ、午後評議会あり五時過帰宅　長
岡社欠席

　十二月二十日　金　晴

午後評議会あり五時過帰宅

　十二月二十一日　土　晴

午刻帰宅、良一は千駄木と市へ行きたるを以て田鶴を携
て小川町の三勧工場より神田年の市を通りて帰る

　十二月二十二日　日　晴

午後は玉汝の荷送りに付岡田令閨来る、牧野彦太郎を頼
みて宰領とす　三時半頃送り出す、晩は隠宅にて茶果《ママ》を
喫し小児等と戯むる

　十二月二十三日　月　晴（昨夜小雪）

記載解剖学講義を閉つ、午後教授会を開く四時半急て帰
宅　今日玉汝結婚式日なり五時少しく過る頃出発す　岡
田夫婦誘導す十時半無滞式を済せて帰る、明後日里開き
相談等時を僊し二時頃眠に就く

　十二月二十四日　火　晴

大学不参在宿明日の準備なす、秋二子熱海へ旅行す、晩
は帝国ホテルにて中央衛生会委員を野村内務大臣より饗
応せらる、十時帰宅

　十二月二十五日　木　晴曇（晩雨）

午前午後坐敷の準備す、五時少しく過る頃漸次客来る、
広瀬夫婦、岡田夫婦、橋本母堂、新夫婦、森北堂、同林
子、榊俶子、篤子令閨、小林叔母、芝大助子、権兄、北蘭、
喜美、良精等席に列するもの拾七人（外に橋本家別客一

人あり）六時席に就く　無滞里開きの祝宴を済せて十一時諸客散す時に少しく降雨、迹片付け等三時頃眠に就く

十二月二十六日　木　雨

前日の迹片付けと疲労にて終日在宿

十二月二十七日　金　晴（晩降雨）

前九時過出勤、大沢謙二子と良精学長辞職の事に付談話、一時過帰宅、午食、両児を携て小川町東明館に到る直に帰宅、井口金介小原直子歳暮に来る、少し風邪、入浴、床に臥す、田村貞策子来訪すと雖も謝す

十二月二十八日　土　晴

御用納めなれども風邪に付不参、隈川子来訪（野中某富士山頂にて発病云々件に付）

十二月二十九日　日　晴

午前両児を携て槇町へ行紙鳶を求む、午後橋本節子歳暮に来る又玉汝も来り一泊す、晩新井春次郎子来る　今日赤飯配りをなす是にて先つ嫁入りさはぎ終局す

十二月三十日　月　晴

午前岡田家へ礼に行き橋本家へ歳暮に行き次に長谷川泰子訪ふ、午後両児を携て小川町勧工場へ行き汁粉屋に入る　晩風邪に付在宿

十二月三十一日　火　曇晴

午前千駄木へ両児を携て行く、午後文部省高等官総代として賢所参拝す、三時帰宅、入浴、家族環坐にて歳末を祝す外に文郎、お好、お国ありたり、両児を携て一寸槇町へ行く　帰りて例に依り九時外出本郷よりお茶の水橋を渡り小川町勧工場より日本橋通り銀座迄行き一小店にて天ぷらを食し一時半帰宅、旧十六日の月晴かにして誠に温和なる歳末なり三時過眠に就く

明治二十九年　二千五百五十六年　1896

良精三十七年　駒込蓬莱町四十五番地

一月一日　水　晴

朝八時過起く、隠宅へ年賀す、橋本節斎子年始に来る、午後千駄木へ年始

一月二日　木　曇（夜降雨）

昨年来より風邪のところ未た去らす終日在宿、同郷学生諸子年始に来る

一月三日　金　晴

朝八時半起、風邪、今日は例のかるた会を催す午後三時頃より諸子漸次来る、和田昇一、橋本豊太郎、石坂英治、安田六郎、同稔、野本清一、田中富次、丹波貞郎、小林文郎、同三三、石垣貫三、西郷吉弥、橋本節斎の諸子なり五時雑煮を食しかるたを始む、十一時半諸子散す

一月四日　土　晴

午前十時出勤少時にして出て三井銀行に到り預け金百円を引出し帰途橋本節斎氏方に年始に寄りて帰る時に一時半なりき　宮永計太子及権兄来訪　午後四時出て上野精養軒に到る医科大学年始会なり　風邪にて気分宜しからざるを以て少時にして辞して去る七時帰宅

一月五日　日　晴

午前九時起く、風邪、三等軍医滝本元太郎子（北村除雲子紹介）来訪、支那人頭骨壱個（氏が営口旧兵営に隣接せる墓地にて得たるもの）を贈らる、午後は床に臥す

一月六日　月　曇

風邪、終日在宿、午後は床に臥す

一月七日　火　晴

午前十時出勤、一時帰宅、晩は田鶴誕生日なるを以て寿し家族打揃て食す

一月八日　水　晴

午前八時過出勤、講義を始む、実地解剖も始む、数日来怠りたる日記を録し五時帰宅　今日の調べによれば年賀来訪名刺百拾五枚、同封書七拾八通、同はがき百七拾五枚なり

一月九日　木　晴

総論解剖学及胎生学講義を始む、六時前帰宅

一月十日　金　晴

午後五時半帰宅

一月十一日　土　晴

午後四時帰宅

一月十二日　日　晴

午後は小児等を携て大田の原にて紙鳶を遊ぶ其他在宿

一月十三日　月　晴

午後一時過衆議院より召び来る直に宇野子同道にて出向す　午後六時帰宅

一月十四日　火　晴

午前十時過出て衆議院に到る胎生学講義を休む、予算部会にて医院施療に付質問あり午後六時半帰宅

一月十五日　水　曇

昨日ドクトル・パウルン子住宅を来訪せられたれども不在中にて面会せず　午後四時出て紅葉館に到る西園寺文部大臣より新年宴会として招待せられたるなり　十時過帰宅

一月十六日　木　晴

早朝長谷川子を訪ふ不在直に教室に到る、午後長谷川泰子教室へ来る談話五時半となる

一月十七日　金　晴曇

午後五時帰宅

一月十八日　土　晴曇

午後四時教室を出て今田家を訪ふ是より歩行富士見軒に到る　第十六回薬学会総会に招かれたるなり九時歩行帰宅

一月十九日　日　曇

午刻千駄木へ行き午食の馳走に逢ふ（林子誕生日なりと）二時過帰宅、晩権兄来る

一月二十日　月　晴（昨夜少降雪）

午後教授会を開く時に衆議院より召び来る直に出向す、病院施療費及病院新築費は分科会に於て可決す、晩食し七時頃去て屋井琢子の宅に到る　今日棚野直子召集解除仙台より出京になり同家にて面会す　亦棚野家財産分配法に付相談あり、晩食の馳走に逢ひ十二時帰宅

一月二十一日　火　晴

午後評議会あり六時帰宅、千鳥子及棚野子に中食を馳走し千鳥子一泊す、別宅にて談話

一月二十二日　水　晴

午後長谷川泰子教室へ来る、五時学士会事務所に到る医学会委員会（総会の件）あり九時帰宅

一月二十三日　木　晴

中央衛生会欠席、午後五時帰宅　梛野、千鳥子今日出発、長岡へ帰郷す

一月二十四日　金　晴

午前良一教室へ来る小児科にて種痘し豊国にて午食し帰宅せしむ、三時より医学会出席五時半帰宅

一月二十五日　土　晴

午前十一時教室を出て歩行、中華亭に到り午食し是より芝西の久保広町石垣忠江子を訪ふ　次に野村貞子を訪ふ（是より前愛宕山に登る）時に三時となる紅葉館に到る医科大学卒業宴会なり橋本節斎子家族及北蘭も参観せらる六時半去て鈴木孝子を訪ふ不在、是より山内を通りて帰途に就く

一月二十六日　日　晴

午前中浜、小原直、田中富次諸子の来訪あり、午後二時過出て植物園に到る学士会軍人歓迎会なり五時帰宅

一月二十七日　月　雨

お喜美昨朝来少しく異常の気味ありたれども昨夕迄は更に増進せず依て眠に就きたりしに夜二時半頃より時々痛となりたり併し今朝に到て増進の模様なきを以て大学出勤せり　午後十二時半頃帰宅す時に陣痛稍甚きを以て急ぎ産婆岡村多嘉栄並に千葉稔次郎子迎へに遣る、陣痛愈々増進し万事間に合はずして一時十分頃遂に分娩す、女子なり大に狼狽す、産婆を待たずして臍帯を結紮しにて浴せしむ　千駄木老人来りて補助す、二時過斎藤甲子太郎子千葉子の代として来る稍々安神《ママ》す、尋で産婆も来る、後産下らず重て千葉子を迎ふ、四時過漸く来る、四時半胎盤漸くにして出る之にて安神す、両児は先に千駄木へ遣る、田鶴は日暮れて帰る、良一は千駄木に一泊す、十時過眠りに就く

一月二十八日　火　曇

午前九時出勤、午後評議会あり又文部省より召びに来る依て四時前辞して宇野子と共に文部省に到る　牧野次官、永井書記官に面談、新医科大学を大阪を罷めて京都とするに付質問あり、六時去て長岡社総会に出席、食事して直に辞し去る八時頃帰宅、今日夕刻千葉子来診す

一月二十九日　水　晴

午後五時半帰宅、今日は越佐同学会を上野桜雲台に於て催すとのことに付出席の図りなりしも取込の為め断る、産婆は今日午後返へす、今晩より下部の掃除（朝夕二回）

をなす

一月三十日　木　晴　祭日

午後両児を携て豊国にて午食、是より本郷勧工場に到りて帰る権兄玉汝見舞に来る、千葉子来診、晩林、篤二子見舞に到る

一月三十一日　金　晴

朝鬼頭少山子来て婦人耳痛の為め大学医院にて診察を乞はる、九時出勤、鬼頭老婦人来る、本日は宇野子診察日にあらざるを以て空しく帰らる、午後五時半帰宅

二月一日　土　晴

午後三時半帰宅

二月二日　日　晴

終日在宿、夕刻節斎子来る晩食す、今日限り産婆を断る

二月三日　月　晴

谷謹一郎子教室へ来る、六時帰宅

二月四日　火　曇

午後五時過帰、断髪

二月五日　水　曇晴（昨夜降雨）

午後五時過帰宅、千葉より亀倉田中二子出京し池田成一昨日学校除名になりたることを伝ふ又荻生子より同件に付書面到る

二月六日　木　晴

午後中央衛生会出席三時帰宅、晩橋本圭三郎子来訪　池田の件に付談合、兎に角一応帰郷せしむることとす

二月七日　金　曇

午後六時前帰宅

二月八日　土　晴

午後四時半帰宅

二月九日　日　雨

終日降雨在宿呉秀三子、三浦蓮太郎子来訪

二月十日　月　曇

午後は教授会を開く二十九年度に於て施療制となるべきに付患者分配法に付議す、五時過帰宅

二月十一日　火　晴風

午前両児と太田原にて紙鳶を遊ぶ、午後は入沢達吉子母堂の葬式に谷中墓所に到る帰途千駄木へ寄る

二月十二日　水　曇晴

午後六時頃帰宅

二月十三日　木　雪

午後五時帰宅

二月十四日　金　晴

教室より引続き医学会出席、八時半帰宅

二月十五日　土　晴

午後は医学会常議員会出席尋て動物学会に出席　支那より来りたる蝎の生活せるものを見る五時帰宅

二月十六日　日　晴

午後は両児を携て橋本へ行く四時帰宅、書生奥斉氏去るに付代りとして山本庄太郎来る

二月十七日　月　晴

午後は内外科新築位置等に付医院諸教授の協議会に列席す次て総長ベルツ、スクリバ教師を始め諸教授と婦人科学の新築を一見す　四時過出て上野精養軒に到る　シーボルド氏第一百回の誕辰に付紀念会の催しあり之に出席す、九時帰宅

二月十八日　火　晴

午後は評議会あり六時帰宅

二月十九日　水　曇

午食より一寸長谷川泰子を訪ふ不在、五時帰宅

二月二十日　木　雪

午後四時過帰宅、庭に出て雪達磨を造る

二月二十一日　金　晴

朝出勤前に大学より本日仁孝天皇五十年祭に付休業の通知来る依て不参終日在宿

二月二十二日　土　晴

朝長谷川泰子を訪、十時教室に来る、午後五時帰宅

二月二十三日　日　晴

午食し直に支渡両児を携て久々にて浅草へ行く、玉乗りを見、汁粉屋に入りて帰る

二月二十四日　月　雨

午後四時半帰宅

二月二十五日　火　晴　寒気減

昨夜大雨、今日は大に春景を催す、午後四時半帰宅　晩食後榊家に到る、同家の求めによる、家内不和の一件なり十時帰宅

二月二十六日　水　晴

午後二時半教室を出て弘田子と共に上野公園に遊歩す盆栽を見る四時帰宅、権兄来る

二月二十七日　木　曇雨

午後五時帰宅帰途榊家へ一寸立寄る

二月二十八日　　金　曇

午前十時講義を終へ学長会に出席　野呂教授が東京市鉄管事件に付拘引となりたるを以て其処分の件なり、今暫時見合すべしと決す、午後四時半帰宅、長岡社例会出席、九時過帰宅

二月二十九日　　土　雨

朝出勤掛けに榊家へ寄りて北堂に面会先日の続きを協議し教室に到る、十二時半帰宅、午後は両児と雛を飾りて遊ぶ

三月一日　　日　曇寒風

大学紀念日に付午前十時出席、十一時半帰宅、午後は両児を携て白山坂に到り雛祭り供物を買ふ、又太田原にて紙鳶を遊ぶ

三月二日　　月　晴　寒再帰

午後は教授会を開く学生派遣の場合には何学科に於て最必要ありやの件、四時半帰宅

三月三日　　火　曇

午後二時より評議会出席、留学生の件、医科勝利を得て耳鼻咽喉科にて投選《ママ》す八時帰宅

三月四日　　水　雨曇

午後五時過帰宅　朝出勤掛けに岡田和一郎子を訪ひ昨日評議会結果を報す

三月五日　　木　曇

午後五時帰宅

三月六日　　金　晴

午刻丸茂文良氏に面談助手辞職の件なり、午後総長に面会　学長辞職の催促をなす、略ほ承諾を得たり五時帰宅

三月七日　　土　晴

午前高知県警部徳永子高知病院内科医長の件に付来る次に学生総代二名助手新陳代謝の件に付陳情す　午後は歩行亀清に到る即ち外科出身者相計りてスクリバ教師を招待せしなり九時歩行帰宅

三月八日　　日　晴

両児を携て出て上野雁鍋にて午食し是より公園散歩商品陳列館に入る　歩行三時半帰宅、節斎子来る、晩北越医会会食に三河屋に到る九時過帰宅

三月九日　　月　晴

午後は医院会議に列席す六時帰宅

三月十日　　火　晴

午後六時帰宅

三月十一日　水　曇

午後五時教室より帝国ホテルに到る根岸錬次郎が郵船会社にて此度欧州航路を開始するに付龍動《ロンドン》支店在勤となり英国へ向け出発するに付送別会なり、九時帰宅

三月十二日　木　雨雪

午後中央衛生会出席三時半帰宅時大降雪となり二寸余積る、在新潟小林幹子へ手紙を認む　総論解剖学を閉づ

三月十三日　金　晴

午前十一時より文部省へ行く　一時大学に帰る、五時過帰宅

三月十四日　土　晴

朝江戸橋郵便局へ行きフリードレンデルへ百二拾五フラン為替を出す　邦貨四拾四円弐拾五銭外に手数料五拾銭、十時半大学に到る　午後弐時半教室を出て独向島に到り久々（昨年四月競漕以来）にてボートを漕ぐ、休憩所に談話、独花屋敷梅花を見る　大沢謙二子を訪ふ八時帰宅

三月十五日　日　晴　春暖好天気

根岸錬次郎子龍動へ向け出発に付朝八時前新橋に到る、横浜まで見送り米船コプチック号に到り暇乞す恰も大将山県侯魯国帝戴冠式に大使として出発せらる、十二時前郵船会社支店に帰りて屋井、橋本圭三郎、豊太郎の三子と相談、土佐丸の初航海は見物を止め梅見と一決し、直に発車、川崎にて下り一小店にて午食し、小向梅園を見、是より蒲田に廻り大森より乗車七時半帰宅、両児共寒冒

三月十六日　月　晴

午後五時半帰宅

三月十七日　火　曇

午後五時より植物園に到る岡田和一郎、大塚、山川義太郎、垪和為昌の四子海外留学被命たるに付送別会なり

三月十八日　水　晴

午後五時半帰宅

三月十九日　木　曇

午後は中央衛生会出席、三時半帰宅、秋二子落第の件に付仙台及熱海両小松、及在郷祐民子へ手紙を認む

三月二十日　金　曇少雨

昼中在宿、夕刻出て偕楽園に到る岡田子留別に招かれたるなり十時帰宅

三月二十一日　土　曇

午前総長面談、在独乙大沢岳子に手紙を出す、午後五時帰宅

三月二十二日　日　曇晴

午後は日本銀行、新築落成祝宴に招かれ同所に行く

三月二十三日　月　曇雨

記載解剖学を三時間講義して閉つ、午後五時過上野精養軒に到る　須田卓爾子明々堂を続きて開業　披露の宴に招かれたり

三月二十四日　火　曇雨寒

少しく気分悪きを以て欠勤、今日胎生学を閉る筈なりしも為めに欠く

三月二十五日　水　晴

午後五時半帰宅、朝出勤掛けに岡田和一郎子方へ寄る

午前午後共面談者多し

三月二十六日　木　曇

午後は中央衛生会出席、帰途秋二氏の件に付町田則文子を中六番町の宅に訪ふ不在、帰宅、再び出て偕楽園に到る　同窓会なり十時半帰宅

三月二十七日　金　曇

午前七時過新橋ステーシヨンに到る岡田子初め坍和、山川義、大塚の四子欧州へ出発を見送る　帰途宮本に誘はれて弘田子と同子の宅に寄る象山先生の手翰を得る　是より一ッ橋附属学校に到り永井道明子に面会　秋子落第の件に付模様を尋ね十一時大学に到る

三月二十八日　土　曇晴

午後五時帰宅、此頃何となく繁忙を極む

三月二十九日　日　晴

稀なる好天気、午前近辺に両児と散歩、千駄木へ寄る

午後は両児を携て歩行大学構内に到り土筆を採る　是より梅月へ行き次に上野公園散歩、商品陳列館に入る四時帰宅

三月三十日　月　曇

午後ベルツ教師出頭手当金六百円切符を渡す、午前に芳賀子の論文に付スクリバ教師を訪ふ、教室より直に原家に到る時に五時、北里子と会合、秋二落第の件に付相談、従前の学校に居ることと極む、八時帰宅

三月三十一日　火　曇

午後は評議会あり終て学士会事務所に医学会委員会に出席八時半帰宅

四月一日　　水　雨

朝八時出て東京府庁に到る兼て医術開業免状下附を願出置たるところ今日受領す（本月一日より登録税実行に付金弐拾円を要する非づ其為願出しなり）十時大学に到る午後一時より教授会、教室費分配の件なり、総長臨席、兼ての雑件にて大に八ヶ間敷遂に延期す、終て浜尾総長、宇野院長、良精三人残りて昨日医院助手会議に於て院長に対し不敬の行為ありたることを始めて聞き及び其始末方に就て総長より話あり八時帰宅

四月二日　　木　晴

午前は文部次官より召され文部省に到る　京都大学の為め留学生派遣の件なり、豊国へ帰りて午食、午後は医院主任会に出席六時帰宅

四月三日　　金　晴　祭日

午食を終へ直に両児を携て上野公園に到る桜花は未た一輪も開かず、動物園に入る　同処にて榊家族に逢ふ之より同行公園内一茶店に休み、次に豊国に来り食事す良精は今朝来下痢の為め食事せず、之より大学構内を歩行し、土筆を採る、五時半帰宅

四月四日　　土　晴

昨夜半過（二時過）千駄木より急便りて大人容体危篤を報ず直に見舞ふ最早間に合はず、尋でお喜美良一を携て来る、七時頃一先づ帰宅、十時前出勤　先に吾妻次に中西助手に面会し院長に対し不敬云々付談話するところあり次に弘田子に同件に付面談、愛媛県警部長中島平三郎子に津下寿子松山病院長承諾の書面を出し午後二時帰宅、午食、三時過千駄木へ行く、夕刻弘田子悔旁千駄木へ来りて吾妻、中西両子が宇野院長に謝することになりたる承知す、七時半帰宅、直に命車、宇野子を訪ひ謝辞云々に付談話、打合せをして、十時帰宅、独り眠に就く

四月五日　　日　晴

朝両児帰り来るカヒーを喫し携て九時頃千駄木へ行く、色々取持をなす、夜一時過帰宅眠に就く

四月六日　　月　晴曇

朝両児帰り来る、カヒーを喫し八時頃携て千駄木へ行く、午後正一時出棺、向島興福寺に仏葬、林、篤、良精、潤の四人は歩行、婦人小供は馬車、五時半頃千駄木へ帰る、晩食七時頃帰宅、尋てお喜美小供等帰宅、眠に就く

四月七日　　火　雨

午前九時半出勤、在長崎大谷周庵子来訪、次に中文雄子

函館病院長を辞して出京し来訪、午後五時過帰宅

四月八日　水　半晴

第三学期始まる、午前七時出勤、学生来り居らず、例に依り競漕会前は始業六ヶし、午後は教授会、前回に続き教室費分配の件なり八ヶ間敷議論の末衛生教室費は動かすべからざるものとして他は少しく修成を加へて原案に決す　時に七時過なり是より総長に宇野院長と助手との間の紛言落着のこと話し八時去て上野松源に到る　今日矢野文雄子より招待を受けたるなり十一時帰宅

四月九日　木　晴　構内桜花昨今満開

前九時半良一を携て出勤、良一今朝発疹したるが為め小児科へ行きて診察を受く、午後二時出て向島に到り船漕ぎの模様を見る、帰途千駄木へ寄り法事に付晩食し八時帰宅　断髪入浴

四月十日　金　曇

午後二時教室を出て上野公園美術協会展覧会を見、次に漆工競技会を見て帰途一寸千駄木へ立寄り帰る、晩弘田子来る八時頃共に向島に到りチヤンピオン下宿を見舞ふ十一時半帰宅

四月十一日　土　晴

競漕会なり、午前九時半出て向島に到る、良一発疹の為め小児等始め皆留守居、医科第一分科にて勝利、其他皆敗を取る、終て下宿に一寸立寄り直に歩行帰宅時に八時半なりき

四月十二日　日　晴

終日在宿、朝長谷川泰子来訪、午後在千葉宮入慶之助子来り京都大学志望云々の話あり　庭園の掃除をなす

四月十三日　月　曇

早朝愛媛県警部長中島平三郎子来る、七時出勤、記載解剖学講義を始む、午後六時過教室を出て天神魚十に赴くボート慰労会なり十一時帰宅

四月十四日　火　曇雨

胎生学講義及顕微鏡演習を始む、午後は評議会、終て総長に学長辞職の催促をなす遠からず運ばすべし云々　後任者は大沢にするか浜田にするか云々六時帰宅　医術開業休業の届を九日の日附を以て警視庁及東京府へ出す

四月十五日　水　雨

午後は教授会、京都医科大学に関する留学並に其学科の件なり　散会後尚協議あり為め七時頃となる

四月十六日　木　曇

早朝栗本庸勝子秋田より出京来訪、教室にて面会を約して辞す、八時過出勤、同氏面会、此度高知病院に転職の件なり　午前十時より午後四時迄顕微鏡演習、前日教授会の決議を牧野文部次官に書面を不取敢通知す、五時帰宅

四月十七日　金　晴　冷気

午前十一時頃文部省に到る牧野次官会議中に付去る、午後五時帰宅

四月十八日　土　曇晴

午前十一時教室を出て文部省に到り牧野次官に面会、京都大学に関する留学生並に其他の教授会の決議を報告す、一時半帰宅　午食し両児を携て団子坂下田甫に遊ぶ蓮花を採る、蕎麦を食す、一寸千駄木へ寄る帰りて庭園掃除

四月十九日　日　雨

朝長谷川泰子来り東京医会入会を進む、次に宮入慶之助子来る、十一時出て安田家に到る今日正剛老人古稀祝並せて金婚祝に招かれたるなり、五時帰宅

四月二十日　月　晴

午後五時教室を出て上野精養軒に到る長谷川泰子の招待なり　後藤新平、北里、中浜、森、弘田、賀古、青山、緒方諸子参席、十時散ず、歩行、本郷青木堂にて尚ほ談笑、十一時半帰宅　良一駒本学校へ入校す

四月二十一日　火　曇

午後学長会、二十九年度予算助手増給金額分配の件　七時帰宅

四月二十二日　水　雨

午後五時過帰宅

四月二十三日　木　晴

午前午後通して顕微鏡実習、此頃は同実習の為なかなか忙し　笠原光興子独乙より帰朝来り面会す、次に長谷川泰子来る六時頃帰宅

四月二十四日　金　晴

午前スクリバ子を病院に訪ひ面談、繃帯学実習開始、芳賀氏論文の件なり、午後三時過より医学会例会出席六時半帰宅

四月二十五日　土　曇風

上野不忍池畔に於て台湾戦死者弔祭なり　午後三時見晩望に到りて風景を一見す天気悪しく遺憾なり三時半帰宅

四月二十六日　日　晴曇

午前庭園掃除、十一時頃北蘭と共に両児を携て日暮里諏訪社に到るちか弁当を持来る、山下の田甫にて蓮華を採る　三時半帰宅、時に雨降り始む、晩笠原光興子来訪

四月二十七日　月　晴

午後教授会、三十年度予算等の件なり六時半終る

四月二十八日　火　晴

午後は評議会、六時終る、晩食後一寸千駄木へ行く於菟子腎臓炎に付入院勧誘の件なり

四月二十九日　水　晴

午後五時過教室を出て帰途高野庭を巡覧し帰る

四月三十日　木　晴

午後六時帰宅

五月一日　金　曇

午後は総長より病院新築に付取払ひ順序のことに付談話あり　終て工科大学・応用科学等の教室の新築を見る六時帰宅

五月二日　土　雨晴

数日来予算のことに付繁忙を極む、午後は三十一年度予算に付教授会を開くなかなか六ヶ敷、七時帰宅

五月三日　日　曇

今日は予算の為め休まれざる覚悟なりしも市川、鈴木両書記にて間に合ふべきを以て出勤せず　早朝長谷川泰子来訪　ひる前両児を携て本郷通まて行き買物す、帰りて弁当を用意し諏訪社へ到りお喜美始め皆出掛ける、北蘭は留守居、四時過帰宅

五月四日　月　雨曇

本年度実行、来年度予算等の為繁忙、四時半帰宅、両児を携て高野園に遊歩す

五月五日　火　晴

午後は評議会あり七時終る

五月六日　水　曇

午後四時教室を出て上野公園より谷中へ散歩六時帰宅

五月七日　木　雨

中央衛生会は授業の為めに欠席す、五時帰宅

五月八日　金　晴

午前七時より八時まて常の如く講義し、八時より三十年度予算に付学長会議、午後六時半一先つ閉会、帰宅すれば長岡土屋哲三子来訪、同氏発明と称する種痘器の件なり

五月九日　　土　晴
前日に引続き予算会議、午前八時より午後六時半まで
五月十日　　日　晴
前日の通り
五月十一日　　月　晴
二時より八時まで講義　前日に引続き午前八時より午後六時まで
五月十二日　　火　晴
前日に引続き午前八時より会議、午後七時過ぎ各分科大学の分終る是より総長等と共に学士会事務所にて食事し医院予算を議す夜一時漸く終る、一時半帰宅
五月十三日　　水　曇
昨日牧野文部次官学校衛生顧問を奏請すべし云々の書面来り承諾すべしの返事を出す　午後一時より一年生総論解剖学の筆答試験をなす六時終る
五月十四日　　木　曇
午後一時より上野公園内旧博覧会場に於てジエンナー氏種痘明百年紀念会に出席五時過帰宅
五月十五日　　金　曇
午前お喜美精子を携て教室に来る精子に種痘をなす　午後一時過文部省に到り高等学校長会議に出席し予科第三部に付き意見を述べ且各校長より三部の模様を聞き又た牧野次官及木下専門局長より京都大学の為め留学生派遣に付医科教授会より推薦したる四名に内定したるを以て其旨を本人等へ告げべき命を受けて三時半教室へ帰る藤浪、森島へは直に其旨を伝ふ、五時帰宅
五月十六日　　土　雨
天谷子に留学のこと伝へ、鈴木文太郎子へ手紙を出す午後十二時過帰宅午食し出て明治生命保険会社に到り保険を申込む　中浜東一郎、岡本武次子の検査を受く帰途橋本節斎子許立寄り五時過帰宅
五月十七日　　日　曇晴
午前越後出雲崎の人河内三郎医学修業の為め出京、相談に来る、芳賀子来る、午刻両児を携て諏訪社へ行き弁当を食し遊歩し四時帰る、庭園掃除
五月十八日　　月　曇
午後は中央衛生会出席三時頃教室に帰り五時半帰宅　庭園掃除す、晩食後緒方子を訪ふ生命保険の証人依頼の為めなり
五月十九日　　火　曇

午後は評議会ありたれども井上円了子学位の件の時のみ在席して顕微鏡実習の故を以て退席す　今日午後一時四年生諸子写真す、小林家へ立寄り（未亡人不在）六時帰宅

五月二十日　水　曇

午後六時過帰宅、椰野より資産を家族に分配するの遺言書来る

五月二十一日　木　曇雨

陞叙高等官三等（二十日附）の辞令書を受取る、午後六時前帰宅

五月二十二日　金　雨

終日降雨、午後六時前帰宅

五月二十三日　土　曇

午後四時半帰宅

五月二十四日　日　晴曇

前両児を携て白山蟻の塔を見る、庭園掃除、午刻北蘭と共に両児を携て久々にて浅草に到り大金にて午食し、玉乗り曲場に入り永々見物し四時半帰宅

五月二十五日　月　曇雨

午後五時半帰宅

五月二十六日　火　雨曇晴

午後は評議会ありたれども久留文部技師に面談の為め辞して去る五時過帰宅

五月二十七日　水　晴

午後五時教室を出て上野精養軒に到る即ち三浦守治君中西亀太郎君の台湾行、西広吉君の大阪医学校、津下寿君の愛媛県松山病院、北畠孝夫君の和歌山病赴任に付送別会なり良精送別辞を述ぶ九時半帰宅

五月二十八日　木　晴

文部秘書官より昨日御開義条言の書面来りたる以て今日午前十時文部省に到る　学校衛生顧問被仰付、久留技師と教室新築のことに付談話、十二時豊国へ帰りて午食す、五時半帰宅

五月二十九日　金　曇

小林好子今朝出立長岡へ帰る、幹卒業に付兄妹一処に纏める積りなりしところ此度好価ありて急に決したるなり午食して一時出て明治生命保険会社に到り参千円の生命保険契約をなし本日より向ふ一ヶ年の保険料百弐円を払ふ、是より弘田家を訪ふ、細君も姫路へ旅行に付直に去り二時教室へ帰る　午後五時半帰宅

五月三十日　土　晴
午後二時半帰宅、小林文郎今日幼年学校卒業、権兄来る
五月三十一日　日　晴
朝一番汽車にて文公仙台に向け出発す、透出京来訪　午後津下寿子松山病院へ赴任暇乞に来る、午前午後共庭園掃除、大に疲労す

六月一日　月　晴
午後は中央衛生会出席、四時帰宅、両児を携て染井へ墓参へ、晩七時半永田町ベルツ君の宅に到る　今晩食に招待されしなり大沢、佐々木、青山、三浦謹、入沢の諸子会す一時帰宅す
六月二日　火　晴
午後六時帰宅
六月三日　水　曇
午後総長と長談、五時半帰宅
六月四日　木　雨
午後五時半帰宅
六月五日　金　晴
午後臨時学長会議あり三十年度予算追加として工科造船学科拡張の費用議す五時終る　是より上野谷中道灌山まて散歩七時帰宅
六月六日　土　晴
午後四時半帰宅、庭園掃除
六月七日　日　晴
朝島根県知事曽我部道夫子来訪、午前午後共庭園掃除
六月八日　月　雨
午後六時前帰宅、精子左鎖骨部に膿瘍を生し今日お喜美来りて小児科にて切開す
六月九日　火　雨
評議会欠席、五時過帰宅
六月十日　水　曇
午刻総長と談話、昨日評議会にて学位を赤門内外に授与するの件に付議するところありたる旨承知す、午後宇野子に面談同子明日出発京阪地方へ赴く云々六時帰宅　両児を携て白山の菖蒲を見る
六月十一日　木　晴
胎生学講義を閉つ、午後中央衛生会出席四時帰宅　両児を携て団子坂田甫に遊ぶ蕎麦を食し帰る
六月十二日　金　晴　熱さ増す

午後は学校衛生顧問の第一会ありて出席す議長を選挙して散す（三宅秀子当選）三時教室に帰る、五時半帰宅

六月十三日　土　晴

記載解剖学講義来十五日の分を繰上げて今日閉つ全く結了す又顕微鏡演習を閉つ、午後二時帰宅、両児を携て銀座通りに到り風月堂に入り小食し買物し七時帰宅す

六月十四日　日　曇

夕刻両児を携て白山の菖蒲を見るの外在宿、此日博文館の招待に出席積りなりしも終に断る

六月十五日　月　曇

今日より毎朝八時出勤とす、午後教授会を開く七時過帰宅

六月十六日　火　曇

午後四時前帰宅、出てて西園寺文部大臣の官邸に到る今日兼ての約の如く医科教授助教授と談話会の為めなり此日は半数参邸す（他の半数は来る三十日の筈）十時過帰宅

六月十七日　水　曇晴

午後学校衛生顧問会議に出席四時半帰宅

六月十八日　木　晴

午後中央衛生会出席四時帰宅、庭に水散をなす

六月十九日　金　晴

午前記載解剖学試験をなす　午後四時半帰宅

六月二十日　土　雨

午前試験、午後総長面談、二時前帰宅

六月二十一日　日　晴

前日に引続き試験、午後四時前帰宅

六月二十二日　月　晴曇

午後は教授会、五時終る

六月二十三日　火　雨曇

午前記載解剖学試験の残三名の試験をなす、午後は評議会（学位の件）去十五日午後八時半頃陸前、陸中、陸奥の海岸大津波あり死傷夥し、救護のことに付に《ママ》岩手県知事服部一三氏へ浜尾総長より電報を以て照会のところ今日午後二時半頃医学士四名派遣なりたき旨返電あり依て至急人選等準備に忙はし午後七時頃に到り漸く極る終て評議会に到り八時終る

六月二十四日　水　曇

午前は救護員出発支渡に付忙はし、其人員は宮本叔、青木周一、石原久、橋本節斎、長野純蔵、佐々木次郎三郎

外に介補二名なり、午後二時三十分上野発車、ステーションまて見送る、三時帰宅

六月二十五日　木　曇晴

午後中央衛生会欠席、帰宅、両児を携て上野公園に到り油絵を見る、広小路に出る恰も湯島天神の祭なり大に雑沓す直に帰宅、団子坂藪蕎麦に到り食す　帰途千駄木へ寄りて帰る

六月二十六日　金　晴

午後五時帰宅

六月二十七日　土　雨曇

午後二時過帰宅、岩手県へ派出員第一院組（蘆町）より患者なし云々の電報来る、浜尾総長の宅に訪ひ相談の上帰宅返電す又書面を出す、在台北寿衛造へ久々にて手紙を認む

六月二十八日　日　晴

午前十時前出て両児と共に諏訪社へ行く午刻弁当来る四時過帰宅

六月二十九日　月　雨

午後教授会を開く薬学々位の件なり、五時終り帰る　長岡社例会に出席社員広川広四郎子洋行送別を兼ぬる

六月三十日　火　雨

午前評議会、学位の件、未た評決に至らす十二時半散す午後五時半帰宅

七月一日　水　晴

昨日書肆フィーベク&ゾーン（ブラウンシュバイク）よりアイノ生体の部略論二十五部到着す　今日は下痢の為め欠勤す、衛生顧問会議欠席

七月二日　木　晴

午前一年生二名残りのものを試験す、午後は卒業証書に記名す、五時過帰宅

七月三日　金　雨

七月四日　土　雨曇

午後は顕微鏡試験、五時終る、帰途橋本家へ寄りて帰る

七月五日　日　曇晴

下痢、十二時押して出勤、顕微鏡試験、五時過帰宅

七月六日　月　雨

午刻出勤試験、今日全く終る、六時帰宅

午前十時過内務省に到る中央衛生会に於て久しく議論ありたる痘苗犢牛撲殺すべきや否やの件、遂に撲殺すべし

と決す、同処にて午餐の会食あり　二時過大学へ帰る二時半より教授会を開く特待生選定等の件五時半帰宅

七月七日　　火　雨

午後五時帰宅、近頃兎角腹工合宜しからず、午刻小児科にて粥を食す

七月八日　　水　曇

午前長谷川泰子教室へ来る、午後は文部省に学校衛生顧問会議に出席、四時半帰宅

七月九日　　木　曇

午前八時半より評議会あり、午後も同断、六時終る、為に中央衛生会議欠席、大観音縁日に付両児を携て遊覧す

七月十日　　金　曇晴

卒業証書授与式なり午前九時出勤　良精証書を授与す卒業生二十七名ありと雖も出席者七名のみなりき十二時帰宅、午後は大観音、今日従五位に叙せらる、授与式の為に差支へて宮内省へ出頭せず　緒方子に代理を托す

七月十一日　　土　曇

午前宮内省へ叙位の御礼に行き次に教室に到る暫時にして帰宅在宿

七月十二日　　日　曇雨　冷気

鈴木文太郎子金沢より出京来訪、権兄来る、午刻より大降雨あり、午前両児を携て白山辺に遊歩す

七月十三日　　月　晴

雑務にて終日す、午後五時半帰宅

七月十四日　　火　曇

腹工合兎角宜しからず大学欠勤（評議会ありたれども）両児を携て諏訪社に到り弁当を食す、時に大学より岩手県知事服部一三氏よりの電報を廻し来る其返事を遣る、是より芋坂団子屋に到りて帰る時に三時半頃なり

七月十五日　　水　雨

終日在宿、荏苒消日す

七月十六日　　木　晴

出勤、総長に面談、一時過となる、五時半帰宅

七月十七日　　金　晴

午後四時帰宅、晩宮本仲子来訪

七月十八日　　土　雨

午前九時頃出勤、十一時帰宅、午後四時頃牧野家へ行く七時過帰宅

七月十九日　　日　曇

終日在宿、天気不定時に晴雨

七月二十日　月　雨（天気不定）

午前九時出勤せんとす時に大降雨少しく躊躇して出掛ける、医院新築に付外科手術室の案に付外科主任及び技師諸子と会談、午後は鈴木文太郎、足立文太郎、金子次郎（共に相尋て出京）の諸子と談話、六時帰宅、出て偕楽会出席、十一時半帰宅

七月二十一日　火　雨（不定）

午前九時出勤、一昨日在北海道北見枝幸寺尾寿（日蝕観測の為め出張）子より医師一名入る云々電報来り　昨日杉立義郎子出向承諾に付返電し置きたるに今朝断りあり内科助手に相談す　是又午後に到りて都合出来ずと極る大に困却す　休業となりたる以来特に雑務ありて更に仕事出来ず　四時半帰宅、晩鈴木文太郎子来訪次に長島某来る

七月二十二日　水　曇　熱昇る

枝幸行き医師の件昨日医院介補長島某志望に付同氏と決したるに昨夜又々差支を生して止む、今朝出勤の上更に内科介補堀某を遣ることに決す　即ち明二十三日午後二時三十分発車すべし　四時過帰宅

七月二十三日　木　晴

午前八時より衛生委員諸子と構内巡視し午後は第二医院を巡視して四時頃帰宅　良一と共に断髪

七月二十四日　金　晴

炎熱甚だし、大学不参、終日在宿

七月二十五日　土　晴

午前九時出勤、第四回解剖学会なり出席者田口、鈴木、足立、隈川、奈良坂、金子、竹崎、新井、斎藤、吉永、良精の十一名なり　午前総長より召さる、学長辞職の件に付てなり為めに午前は会の席に列せす、午後五時頃より上野精養軒に懇親会を開く九時頃帰宅　今朝良一の学校試験成績定まる、即ち「甲」、席順は第七番なりと

七月二十六日　日　晴

炎熱甚たし、午後四時頃出て吾妻橋に到り遊泳是本年は初めてなり

七月二十七日　月　曇

昨日の炎熱に返し甚た冷気、九時過出勤、午後一時頃帰宅　両児を携て久々にて浅草公園に到る

七月二十八日　火　曇

午前は外科主任並建築家との外科手術場新築に付協議あり午後四時帰宅、上野精養軒に到る大谷、天谷、鈴木文、

森島、藤浪の五子独乙留学に付送別会なり九時帰宅

七月二十九日　水　晴

午後四時過帰宅、晩食後出て神保町辺に到り兼て寿衛造より依頼の書籍等を求め帰る

七月三十日　木　晴

午前熱海精一君来訪、午食より麻布鈴木孝之助子を訪、不在、子は此度佐世保へ赴任す、帰途牛込小松家へ寄り精一君を訪ふ四時帰宅

七月三十一日　金　晴

大学不参、終日在宿、午後鈴木孝子暇乞に来る

八月一日　土　晴

午後四時過帰宅、出て水島方に到り鈴木文太郎子に餞別の品物を求め久々にて中華亭にて食事、銀座通りにて遊歩買物し十一時帰宅

八月二日　日　曇

午前権兄来る、午後両児を携て日暮里諏訪神社へ行く四時半帰宅

八月三日　月　晴

午前九時過出勤、五時過帰宅

八月四日　火　曇晴

午後四時帰宅

八月五日　水　曇

前十時出勤、午後五時半帰宅

八月六日　木　曇晴

良一の誕生日なれども両児腹工合悪ければ延引す、午後両児を携て諏訪神社へ行く、大学不参

八月七日　金　晴

午後三時過良一田鶴迎に来り携て橋本家を訪ひ六時帰宅

八月八日　土　晴

朝鈴木文太郎子暇乞に来る、次に土屋哲三子来り種痘器の件に付弘田子へ説明を乞ふ云々十時出勤　午後防火ペンキの試験を運動場にて見物す五時帰宅　夕刻緒方子来り明後日逗子行を約す

八月九日　日　晴曇

午前三時半起、鈴木文太郎、天谷千松、森島庫太、藤浪鑑、大谷周庵五子洋行出発に付見送りの為新橋に到り五時二拾五分諸子と共に発車横浜に到り上州屋にて休息暫時にして仏船ヤーラ（Yarra）（桟橋に横付けにあり）迄見送る九時解纜す　是より橋本節斎子と共に広瀬佐太郎子

を訪ふ同子は鎌倉へ行きて留守、直に停車場に到り帰京、十二時頃帰宅　午後は日蝕あり之は北海道北部にては皆既なれども東京にては八分四厘なり、緒方子差支へ明日の逗子行延引す

八月十日　　月　晴

大学不参、午前十一時頃両児を携て諏訪神社へ行く北蘭弁当を持参せらる、五時頃帰宅、明日逗子行の支渡をなす

八月十一日　　火　晴

午前五時半起、北蘭良一と共に七時半新橋発車、十時頃逗子養神亭着、大に混雑を極む、直に良一を携て海水に浴す　午刻過る頃市川寛繁子来る之は高橋順太郎子にハブ毒研究費予算の件に付用向ありて出張したるなり、午後高橋順太郎子来訪、四時過にも海浴

八月十二日　　水　曇晴

前五時半起く海岸を散歩す地引網を見物す、朝食を終へ葉山へ遊歩す良一大に渇するを以て一家に頼み湯を乞ひて十時頃宿に帰り、海浴、午後四時頃同断、夕刻充分なる夕立あり

八月十三日　　木　晴

昨夜一睡の後北蘭に起さる三回下痢したりと尚ほ嘔気ありと大に驚く　即ち二回嘔吐あり且つ尚ほ一回下痢ありたり二時過少しく落付かれたるを以て眠に就く　午前五時半起く良一を携て海岸を散歩す鈴木豊次氏逢ふ同子は昨夕来りたりと是誠に幸なるを以て北蘭診察を頼む　帰りて朝食、お喜美へ手紙を出す、鈴木子に診察を乞ふ、十時頃海浴、午後良一を携て川向ふの山に登る下るに六代御前墓到る帰りて海浴

八月十四日　　金　晴（晩雨）

前五時半起、六時頃海浴、出立の準備、九時半養神亭を出て停車場前の茶店に休息し十時三十九分発車、一時半帰宅せり　北蘭昨朝来別状なく只御疲労のみにて先帰宅して安堵したり、樫田亀一郎子小千谷病院を辞し出京来訪

八月十五日　　土　晴

午前安田正則老人《ママ》病気悪しき趣に付見舞ふ　是より高田畊安子を訪ひ治療の依頼をなし帰る、大学不参

八月十六日　　日　晴

午前十時過より両児を携て諏訪神社へ行く、後より小林三公弁当を持参す、藪蕎麦を食し六時頃帰宅

八月十七日　　月　大雨
前九時出勤、四時過帰宅
八月十八日　　火　曇風
嵐模様なり、五時帰宅
八月十九日　　水　晴曇
昨夜大雨、昨日より顕微鏡標品整理、五時過帰宅
八月二十日　　木　晴
大学不参、明日より良一学校始まるを以て両児供携て諏訪神社へ行く、午刻ちか弁当を持参す、又芋坂団子を買せて食す夕刻帰宅、時に中浜東一郎子来訪
八月二十一日　金　晴
前九時過出勤、顕微鏡戸棚整理、六時半帰宅
八月二十二日　土　晴
午前安田正剛老人去十九日死去に付悔に行き午刻大学に到る　六時帰宅
八月二十三日　日　晴
午前八時安田老人の葬式に行く近傍なるを以て歩行す九時半頃帰りて書生等両児諏訪神社へ行く夕刻帰宅
八月二十四日　月　晴
前九時半出勤、俸給を受取る、石川公一子此度独乙留学に付教室へ来訪、午後二時半帰宅、晩出て富士登を思ひ立たるを以て其準備の為買物をなし十時帰宅
八月二十五日　火　曇雨
十時出勤、在伯林岡田和一郎子へ手紙を出す、午後四時過帰宅、富士登山の為め今日出発の予定なりしも天気悪しきに付延引す
八月二十六日　水　曇風
出発又延引、終日在宿、午後節斎子来る、晩市原某子再入学の件に付来る
八月二十七日　木　晴
天気模様宜しきを以て今日出発と決す、午前岩田武雄子来る、十時過出発、十一時四十五分新橋発車、橋本左武郎子と大磯まで同車、松田山北間此頃の出水の為鉄道破損漸く一両日前修繕成る、午後三時過御殿場着、暫時休憩、受験生藤岡子に逢ふ、人夫（車夫）を雇ひ（御殿場より須走まで二里半、四十銭）三時半歩行出発す、道は徐々に登る　左右多く原野にして種々の紅葉咲満ちて見事なり又富岳は晴渡りて之を前左面に望む後に御厨峠あり熱さ強からす　蝙蝠傘を用ひず総て精神を慰む途中一茶店に憩ふ、富士製氷池あり、六時須走着南側米山重平

方に投す　お喜美へ手紙を出す、一昨年十一人連にて須走より登山し大嵐の為め六人死亡せしと云ふ亦た同日吉田より登りたるもの七人連にて四人死亡せしと云ふ、下婢が給仕しながら居眠りする様可愛、連日の繁忙にて安眠すること叶はざるものと見へたり、十時眠に就く

　八月二十八日　金　晴

昨夜殆と不眠、三時起く、食物は魚類腐敗し甚困却す、四時半出発、天気晴穏、大に快を覚ふ先当所浅間神社詣て登山に就く　馬返しまて二里半此処まて乗馬沢山あり登山道は大宮（西口）須走（東口）吉田（北口）あり外に須山口あり又御殿場より直に登る　中畑新道あり但し之は二合めにて須山道と合す、亦東口北口は八合めにて出逢ふ　六時半馬返し着、此処にて山梅又冨士梅と称するものを味ふ赤色にして酸味あり味佳、東方に幽かに房州を望む　かりやすみと称する小屋にて休憩、一の宮雲切神社を通り八時半中食場に着、此処にて山中にて食する為めに携ふるところの食物を開く、味佳、古御嶽社にて杖を求む、登り道は一合めに掛からす、二合めにて休息す、一合め辺より漸々草木を失ふ其辺に山梅多くあり途上少しく採り集む、一合め辺より購買《ママ》嶮し、三合四合は室破潰四合五勺休息、名物葛湯あり、五合休（十一時四十五分）、午後十二時半六合め着、疲労を極む依て此処に宿泊と決す、此室稍東方に向ひ眺望絶佳相模の海より三浦郡、東京湾まて見渡す但東京は曖昧たり、夜に入り混雑を極む（室の広さ三間に五間計）客七十人、合力等を合して百名以上の人数なり殆と寝反へりすること叶はず併し為めに寒さは覚へさりし

　八月二十九日　土　晴

終夜不眠、三時半起く良精は太陽の登る見　他客の出立を待ちて緩々出掛けたり時に六時頃なりき、昨日午刻以来食機不振為めに別して疲労覚ふ、八合め休息、此処室二軒ありて須走口及ひ吉田口の逢合するところなり九時半頂上に達す、東口の一室に休息暫時にして「外廻り」に出掛け先つ初打ち場、浅間（往時火山の痕跡残りありて地より煙を出す）塞の河原（石を積み置重ねたるあり）銀銘水（此処にて合力に命し穴縁の岩に下りたる氷柱二三本を採らしむ）駒ヶ岳（銅製の小馬あり）岩を梯子にて登る、次に浅間大社に詣で是より剣ヶ峰に登る、野中氏私立測候所あり、釈迦の割り石（岩の下を通る）等を通り元の処に帰る、二時間を費、五十丁ありと云ふ、

むろに帰りて休憩、小睡す、午後三時再ひ出て「内廻り」なす、大社までは同し道なり是より分れて剣ヶ峰の内側不知親不知子を通りて金銘水に到りて帰る一時間半を費す、三十六丁ありと云ふ、外廻りの際と違ひて大に寒冷、山頂に一泊と決す、食機兎角不振、日暮れて吉田の火祭を眺む、寒冷甚だし、直に入りて床に入る

八月三十日　日　風雨

昨夜半来風雨となる雨漏り室内処々に起る、寒気反て減ず五時半起く嵐益強し暫時模様を見る更に静まる様子なし　併し別に危険なかるべきを以て出立と決す、八時発す、困難云ふべからず六合のむろに入る、此間三十分費す、先休息して天気模様を見るも更に変りなし依て此処に一泊と決す、須走旅店米山の家婦等泊り居る炉辺に坐して雑談亦た亦た興味あり　玉子をぢやを命して食す大に味よし、英人男三人女二人登り来る亦午後に到り西洋人男三人下り来る　嵐中壮なりと云ふべし、九時頃床に入る、雨漏りには困却す

八月三十一日　月

昨夜半嵐益烈し、六時起く、嵐稍弱む、七時半出発す、八時二十分一合め（砂払ひ）着、五十分費す、下るに随て風雨減す、既に二合めより晴天となる但し風は随分強し（登り際は一合めは通らず）古御嶽神社にて上下道合す、一合め小屋大破損、眺望佳なり、九時一合め出発、山上山下共好天気となる但風はあり十時半馬返し着十二時須走着、米山に投し午食す、午後一時過発す　乗馬、三時御殿場着、富士山亦嵐模様となる、四時頃発車山北にてあゆすし求む美味云ふべからず、七時過帰宅十二時過眠に就く

九月一日　火　晴曇

大に疲労して諸筋肉に疼痛烈しく為めに終日在宿休養す
午後権兄来、夕刻良一と共に断髪

九月二日　水　晴曇

午前九時半出勤、帰京届を出し、午刻帰宅　午後三時半頃両児を携て本郷通りへ行く伊勢利にて食事し歩行帰る、熱海小松老夫人危篤の趣に付明朝見舞の為出向と決す

九月三日　木　曇

前六時半出発風月堂にて土産物を求め新橋に到る、発車時刻改正に付漸く九時発車、十二時頃国府津着、人力車

にて人車鉄道まて行き、同所にて寿司を食し、午後一時三十分頃発車、此人車鉄道は新工風にて工合随分宜し六時頃熱海着、鈴木良三方に投す大に空腹を覚ふ直に晩食し小松家に到る老母公に面会す　未た人事識別慥かなり十一時過宿に帰り入浴眠に就く

九月四日　　金　曇

朝食し再ひ小松家を訪ひ暇乞し宿に帰りて支渡し九時過熱海発す、六時過帰宅

九月五日　　土　晴曇

今朝下痢す、終日臥す

九月六日　　日　晴曇

終日在宿加養

九月七日　　月　曇雨（不穏）

前九時出勤、午前総長に面会、学長後任者は浜田教授として明日同氏へ其旨を談ずべしとのことなり　六時帰宅

九月八日　　火　晴曇雨（不穏）

前九時出勤、四時過帰宅

九月九日　　水　晴曇雨（不穏）

学長後任の件に付浜田氏と面談、四時過帰宅

九月十日　　木　晴雨（不定）

石川公一子洋行出発を見送らんとしたれども車夫間に合はざりし為め止む、九時出勤、四時過帰宅、両児を携て遊歩　盲唖学校前にて小西信八子に逢ひ強て誘れて同家に寄る

九月十一日　　金　不定曇雨

授業を始む、記載解剖学骨論を始む、午十二時過より卒業試験を始む、点火し六時半終る

九月十二日　　土　雨晴

此初一週間は毎日骨論を講義す、四時過帰宅、母上様と共に両児を携て本郷通り、伊勢利へ行きて食事す　薬師縁日を見て帰る

九月十三日　　日　曇　冷気を催す

終日在宿、午後庭園掃除

九月十四日　　月　曇

午後六時過帰宅、小松老母公死去（去十二日）の通知ありたるを以て悔に行く　今夕熱海より牛込へ着になりしなり　十二時過眠に就く

九月十五日　　火　雨（終日止まず）

総論解剖学講義を始（第一の時間に当る）午後は評議会あり　之最終ならん七時過終り帰宅

九月十六日　　水　雨

午後学校衛生顧問会議に出席為めに今日小松老母公葬式に列することを得す　四時終る直に車を走て染井墓地に到る　略ほ埋葬を終りたるときにして辞して五時半帰宅

終日降雨不止

九月十七日　　木　晴

久々にて晴天となる、浜田子面会学長就職承諾せり、又四時過総長より召さる浜田子より確答ありたり云々六時帰宅

九月十八日　　金　雨晴

午後評議員互選会を開緒方子当選、終て改めて九月十日の日付を以て学長辞表を浜尾総長へ出す、三時頃出て頃日来の向島洪水を一見す、鐘ヶ淵に到て帰る惨状を極む堤に添へる家屋床上四尺程浸る、昨日より一二寸も減水したるかと覚ふ　雑沓は桜花満開の際の如し、六時帰宅

九月十九日　　土　曇

午後三時教室を出て上野公園に到り彫工会を一覧し次にパノラマ（旅順攻撃）を見て帰る

九月二十日　　日　曇

午前牛込小松家を見舞ふ、今日は根津神社の祭にて近傍賑ふ　午後田鶴精子を携て神社まで行く又晩食後良一田鶴を携て神社へ行き人形芝居を見る

九月二十一日　　月　晴

午後は卒業試験暮方帰宅、今日祭にて賑ふ

九月二十二日　　火　晴　祭日

午前家主田中来りて住家立退き申込をなす、午前十一時頃良一、田鶴を携て歩行上野に到り八百善にて午食し是より久々にて浅草公園に到る、帰途仲町にて買物し帰る、今日より直に貸家の捜索に取掛る

九月二十三日　　水　晴

下痢を起し為めに欠勤

九月二十四日　　木　曇

欠勤、午前田鶴を携て千駄木林町の地面付売屋を外囲より見森へ寄る

九月二十五日　　金　晴

出勤、午刻帰宅

九月二十六日　　土　曇

今朝依願医科大学長を免すの辞令書（二十五日の日付）を受取る　浜尾総長に挨拶に行く午後一時頃帰宅

九月二十七日　　日　快晴

午前権兄来りて住居の話あり、此度は仮りに引移りて後篤と勘考するの外なかるべし　学長を辞し幾分か安静の身となり時候は好し然るに住居の件起りて不愉快極りなし　午後田中来りて適当の貸家あり云々直にお喜美と共に行く　東片町四十二番地なり更に意に適せずと雖も暫時の仮住居にすべければ直に契約す、晩牛込小松家に到り維直君に面会し秋二子の始末に付相談す北里子に暫く托すべし云々　是より権兄を猿楽町の新住居に訪ふ（此頃引移られたり）安田家に在りと即ち安田に到る長談十二時頃帰宅

九月二十八日　月　雨

下痢は止みたれども少しく寒冒にて気分悪し、四時半帰宅

九月二十九日　火　快晴

午前浜田子に面会し、学長事務を引続ぐ、未だ終らず

午後四時教室より市川鈴木二子と共に曙町土井邸内を歩す

九月三十日　水　曇

午刻森林子教室へ来る、午後三時頃教室を出て太田邸脇を過ぎ千駄木森家に寄り帰る、愈明日移転すべし

十月一日　木　雨

今日の移転は天気模様悪ければ困難なるべし良精は午前八時出勤　午前午後共卒業試験、四時漸く終りて直に帰る雨天にも係らず引移り居り荷物は左程濡れざりし先つ安堵せり、入浴

新住所　駒込東片町四拾二番地

十月二日　金　雨

午後は浜田子に学長事務引続ぎの件に付面会、今日を以て引継を終へたり、四時過帰宅、晩権兄来

十月三日　土　晴雨

午後二時頃出て帰宅、荷物片付けをなす

十月四日　日　雨

終日在宿、片付に従事す　午前権兄来る一昨日依頼したる太田邸借地の件問合せの模様を聞く

十月五日　月　雨

曙町の家の件に付鈴木子の返事あり五時過帰宅

十月六日　火　雨

午後五時半帰宅

十月七日　水　雨

午後五時半帰宅
　十月八日　木　晴曇
午後三時より鈴木子並に曙町家屋所有者同道にて曙町に到りて一見す
　十月九日　金　曇
午後五時半帰宅
　十月十日　土　雨
曙町家屋の件五百円にて懇談を市川子に依頼す、五時過帰宅
　十月十一日　日　晴風
午後は良一田鶴を携て上野公園に遊歩す、動物園に入る「カンカルー」の子腹嚢に入れ居る様奇なり、是より仲町を通り梅月にて茶果《ママ》を食し橋本家に寄りて帰る
　十月十二日　月　晴
午後三時教室を出て安田恭吾子を訪ひ三間正弘子石川県より出京に付挨拶す、家屋の談あり、権兄を訪ひ七時過帰宅
　十月十三日　火　雨
午後五時過帰宅
　十月十四日　水　晴
午後は文部省に於て学校衛生顧問会議を開かる之に出席四時過帰宅
　十月十五日　木　晴
朝出勤掛けに長谷川泰子を訪ふ九時半教室に到る　午後は一寸帰宅し衣服を換へ二時半頃小石川植物園に到る新旧学長送迎会なり片山教授総代とし演舌あり次に良精、次に浜田子答を述ぶ之にて式を終り種々の余興に移る丹波教授の謡曲舞、学生（川上種豊賀屋隆吉二子の）狂言……柴山五郎作子外数名の送迎軍歌（鶏の林の節）村山知二郎子外数名の壮士歌、一年生四名の剣舞其他医語に関するしやれの陳列、飴細工等あり亦団子屋、天ぷらや、寿しやの設あり　歓を尽し七時頃帰宅
　十月十六日　金　晴
午後は卒業試験の残り二名を試験す三時教室を出て上野公園邦画展覧を見る　是より歩行曙町を廻りて帰る
　十月十七日　土　晴　祭日
午刻より良一田鶴を携て上野公園に到りパノラマを見徒歩谷中墓地を通り芋坂団子を買ひ諏訪神社に到りて之を食す　六時頃帰宅
　十月十八日　日　晴曇

午前九時出て北里子を訪（秋二子の件）不在に付是より橋本圭三郎子の父君の死去を弔ひベルツ子を訪ふ不在次に再ひ北里子を訪ふ面会秋二を当分托し且つ同子より医科大学々生八名つつ今後養ふの件に付話あり　是より安田恭吾子許行く今日は老人会なるに特に招かれたるなり　五時半帰宅

十月十九日　月　晴（昨夜降雨）

午後教授会あり、三時終る、五時半帰宅

十月二十日　火　曇

午後は宣誓式ありたれども欠席、午刻三浦安治の件に付佐々木毅代人として壮士一人来る、今日より骨盤研究の編述に取懸る、六時帰宅

十月二十一日　水　曇晴

午後三時過帰宅命車出て宇野子を訪ふ同子近頃多病且学長辞職以来未だ面会せざるを以て挨拶旁尋ねたるなり容体悪しきを以て面会するを不得、是より篤次郎子を蠣殻町の新宅に訪ふ同子此頃同処に開業したるなり　五時偕楽園に到る大森治豊子出京に付同窓会を催したるなり十時帰宅

十月二十二日　木　快晴

三十年度予算の件に付午前より奔走為めに組織学講義を欠く、今日蜂須賀新文部大臣大学を巡視す　五時半根津神社を通り草津温泉辺の地形《ママ》を見て帰る

十月二十三日　金　晴

午後五時半帰宅、良一と共に髪を剪し入浴

十月二十四日　土　曇晴

午後一時過教室を出て新文部大臣蜂須賀侯の園遊会に三田綱町邸に赴く五時帰宅

十月二十五日　日　曇晴

午前良一田鶴を携て千駄木森家に寄り是より菊人形を見る　福島甲子三子に逢ふ、午後亦た両児を携て上野動物園に到る五時帰宅

十月二十六日　月　晴

曙町拾六番地家屋小林某所有のもの愈購買（五百七拾円にて）すべき旨市川子迄返事す、午後四時帰宅　両児を携て近傍散歩す

十月二十七日　火　曇

午後五時半帰宅

十月二十八日　水　曇

少しく早く午食し午十二時大学を発し巣鴨監獄署に到る

医院小島原泰民子面会　屍送附の義不相変尽力ありたき旨を話す是より養育院へ寄り（大塚へ移転後始てなり）医員山崎子の案内にて院内を一見す、四時過帰宅直に命車長岡社例会に出席

十月二十九日　木　晴

午後五時半帰宅

十月三十日　金　晴

午後三時教室を出て上野邦画の展覧会を見、谷中、日暮里を散歩して帰る

十月三十一日　土　曇雨

午後一時教室より築地本願寺に到る広川広四郎子の葬式なり　同子は虎列剌病に罹りて死去す誠に惜むべし

十一月一日　日　晴風

午前良一田鶴を携て高野の庭に遊ぶ午後在宿

十一月二日　月　曇

午後三時半良一教室へ来る携て本郷通りへ行き買物す

十一月三日　火　晴

昨夜雨降り今朝は稀なる好天となる、午前田鶴を携て高野庭、松葉より森家へ寄り十一時半帰宅、午後は挙家浅草行、精及良一田鶴を写真すとて一時出掛ける良精も同時に出て徒歩、滝の川より王子を経てやしんでん渡船場を渡り西新井大師に到る無上の快を覚ふ、同処にて休憩四時二十分発す、新渡しを渡る頃日暮る、下尾久村を経て日暮里諏訪神社に出て六時半帰宅　八時過出て大隈外務大臣招会に帝国ホテルに赴く　一時前帰宅

十一月四日　水　晴

午後二時より学長院長共に所労に付良精学長会議に列す

十一月五日　木　晴

近日　陛下行幸の件に付てなり六時過帰宅

十一月六日　金　晴

午後五時半教室を出て久々にて小林家を訪ひ帰る

午後六時帰宅、海軍々医の状態兼て調べ置きたるものを権兄へ郵便にて出す

十一月七日　土　晴

午後三時教室を出て上野公園油絵（白馬会）を見る

十一月八日　日　晴

午前良一田鶴を携て遊歩高野庭より松葉の廻り堂に登り是より日暮里諏訪神社へ行く　偶然権兄の一行に逢ふ、山本弁当を持来る、午後文公、潤二子来る共に林町を通

りて帰る

十一月九日　月　晴

午後教授会あり、六時過帰宅

十一月十日　火　晴

午後六時半帰宅

十一月十一日　水　晴

午後は観菊会に付午刻帰宅食事し出て二時半赤坂離宮に到る　六時帰宅、今日良一は駒本学校運動会に飛鳥山に赴く

十一月十二日　木　晴

午後六時上野精養軒に於て伊藤隼三、岡村龍彦二子洋行に付送別会あり之に出席す

十一月十三日　金　晴

午後六時より医学会に久々にて出席、九時過帰宅、権兄来り在り

十一月十四日　土　雨

午後五時帰宅

十一月十五日　日　晴

好天気、午前十時半頃共に良一、田鶴、精の三児を携て上野動物園に到り次に八百善にて午食す、公園内を散歩す、おきみは精を携て先に帰る、是より一茶店に休憩し商品陳列館に入る　四時過帰宅

十一月十六日　月　雨

昨夜より良一左足関節の痛を起す、四時帰宅

十一月十七日　火　曇晴

昨夜雷鳴大降雨、良一の足痛甚だ心配に堪へず但し天為と人為の区分緊要なり　午後五時過帰宅

十一月十八日　水　晴

午後は学校衛生顧問会議に出席、五時帰宅

十一月十九日　木　晴

良一足の痛は去る但し尚繃帯す、今日より学校へ出る

午後五時過帝国ホテルへ行く西園寺公爵欧州漫遊に付其送別会なり、九時帰宅

十一月二十日　金　晴

午食後直に徒歩市ヶ谷監獄署へ行き医員堀義水子面会し屍のことを談し且つ署内を一覧して六時帰宅　今日小笠原金三郎結婚に付北蘭列席せらる

十一月二十一日　土　晴

運動会に付休業、常の如く出勤、二時より会場へ出掛ける　良一、田鶴北蘭と共に来る、四時過帰宅

十一月二十二日　日　曇雨

午前田鶴を携て高野園を遊歩し団子坂に到る、台湾生蕃人を見て千駄木へ寄る於菟良一を連れて潤子と共再ひ生蕃人を見る、十二時過帰宅、時に雨降り出す

十一月二十三日　月　晴　祭日

午前大沢謙二子を隣家に訪ふ、岳太郎子よりの書翰に転学願、学会へ出席願等の事申来りたる件に付てなり、午後は在宿、甚暖気なり

十一月二十四日　火　晴

午後五時半帰宅

十一月二十五日　水　晴

午後は学校衛生顧問会議に出席、四時帰宅

十一月二十六日　木　晴

午後四時上野精養軒に到る緒方山極両教授並に横手金森両助手台湾へ出張に付其送別会なり八時過帰宅

十一月二十七日　金　晴

午後三時より医学会出席四時半帰宅

十一月二十八日　土　晴

午後四時半教室を出て徒歩、京橋松田に到る長岡社例会なり

十一月二十九日　日　曇

午前四時起き六時前新橋ステーションに到る緒方山極両子一行の台湾へ向け出発を送る直に帰宅、午前田鶴を携て高野園及団子坂を遊歩す　菊見世物は今日限りなるべし、千駄木へ寄る良一は同家に遊ぶ、良一足痛は去りたるを以て今日繃帯を去る、午後は荏苒、在宿

十一月三十日　月　雨

午後台湾生蕃人二名を教室へ召ひで測定す　終て婦人科及小児科新築病室を見せたり六時帰宅

十二月一日　火　曇

一昨日来大に寒を増す、午前市村瓚次郎子教室へ来り子息の負傷に付入院せしめたる云々依て医院へ行きスクリバ子に面会且つ病室に見舞ふ次に森広子を見舞ふ午後六時帰宅

十二月二日　水　晴

北海道森源三子へ手紙を出す、午後六時帰宅

十二月三日　木　晴

帰途榊子を見舞ふ同子過日来咽喉加答児にて引籠り居れり七時帰宅

十二月四日　金　晴
午後六時半帰宅
十二月五日　土　晴風
十月以来骨盤の仕事に取掛ると雖も甚進歩せず、午後六時過帰宅
十二月六日　日　晴
午前両児を携て曙町辺を散歩す借屋人未た移転の模様なし、午後は一音寺なる中村盛一子の葬式へ行く　同子は先頃台湾任地に於て死去せられたるなり是より王子日暮里辺散歩し六時頃帰宅、晩鈴木忠行子来りて愈明日曙町の家屋を引渡すべし云々
十二月七日　月　晴
午刻帰宅、食事し、午後一時半頃曙町宅に到る家主小林某及市川寛繁子既に在り全く取引を済ませ（金円五百七拾を渡し登記証書を受取る）且つ借地証書を入る（但し日付は十二月一日とす）尋でお喜美来る又山本も来る、山本を残して四時半頃共に帰宅
十二月八日　火　晴
午前八時半曙町宅に到る外廻りの掃除をなさしむ、十時半教室へ行く二時頃帰宅是より再ひ曙町へ行く、滷汁《ろじゆう》洗ひ職人来りて頻りに洗拭中なり六時頃帰宅、父上様忌日に付権兄と晩食
十二月九日　水　晴
朝北海道北見紋別古屋憲英子出京来訪、九時前出勤　午後は学校衛生顧問会議に出席、四時半直に曙町へ行お喜美も来り居り畳職も入りて諸準備大に進む六時過帰宅、母上様は今日より猿楽町阿兄方へ同居七時頃出掛けらる、入浴
十二月十日　木　晴
移転に付朝より荷物片付けにて混雑す十一時前教室へ来る　一時間講義し午食し直に去て東片町宅に寄る屋内既に全く片付く山本独残りて他は皆行けり、直に曙町に到る北蘭及権兄来る、夕刻迄に屋内大体片付く、九時頃眠に就く
十二月十一日　金　曇少雨
午後二時過帰宅、屋内片付けに従事す、五時出て一ッ橋講義室に到る医学会例会にて北里氏のペスト菌に就ての演説あり八時帰宅、夜に入り降雨
十二月十二日　土　晴
午刻帰宅、片付け物をなす

十二月十三日　日　晴曇

終日在宿、押入の壁張り等をなす物置湯殿は蓬莱町より移したるもの出来上る、入浴、精子寒冒宜しからず

十二月十四日　月　晴（昨夜雨）

午後教授会、五時教室を出て榊氏の病気を見舞ひ帰る晩良精誕生とて茶果《ママ》を喫す母上様御出

十二月十五日　火　晴

午後六時帰宅、帰途榊家へ寄りネッスルのキンダーメール〔＊育児用のミール〕を贈る

十二月十六日　水　曇寒

夕刻より雨降る、五時半過帰宅

十二月十七日　木　晴

午後六時帰宅、晩食、外出散歩、団子坂上野を通りて浅草公園に到る恰も歳の市にて雑沓を極む　本堂の縁に登る　一種の感を懐て暫時市の景を眺めて帰途に就く　旧十三日の月明かに気候温和にして快甚だし九時過帰宅

十二月十八日　金　晴

九時より十一時までの講義を学生の請に依り後日に繰替へたり　本日は隅田川に於て海軍競漕会あり招待を受けて十時頃教室を出て徒歩向島に到る、会場は徳川邸前なり時に十一時頃にして既に第八回競漕まで済む、午刻八百松にて立食あり、水雷等種々の余興あり三時過終る珍らしき人出にて混雑此上なし、是より徒歩にて京橋松田に到る長岡社例会を兼て柳沢銀蔵氏帰朝、小西信八氏洋行に付送迎会なり、徒歩十時過帰宅

十二月十九日　土　晴

午後四時教室を出て榊氏を見舞ひ六時帰宅

十二月二十日　日　雨

終日降雨在宿、午前市村瓚次郎氏来訪過日令男負傷入院に付ての礼なり

十二月二十一日　月　曇

午後四時半教室を出て小西信八氏明朝出発洋行に付盲唖学校に暇乞に行く

十二月二十二日　火　少雪

大学へ　行幸に付午前九時工科大学に参集、森川町仮正門内にて奉迎、十時頃着御、次に工科大学楼上廻廊にて拝謁、此度は医科大学にては御覧の部分なし（婦人科、眼科、小児科等の新病室は御都合に依り侍従差遣はしたるのみ）午後工科大学応用化学及採鉱及冶金学教室を見る　又眼科大学動物学及地質学標品陳列場を見る三時奉

送還幸、次に史料編纂掛珍書陳列を見る　就中東鑑原本、大石内蔵助金銀受払帳（写）、後醍醐天皇が杵筑神社館主（出雲大社）へ下賜へる綸旨二通（原物一は王道回復の事一は宝剣代用云々の事）、印刻集、明主より秀吉へ送りたる詰文（原物）、秀吉征韓条目等なり　四時過帰宅、寒威甚たし

十二月二十三日　水　晴　寒増

記載解剖学講義を閉つ、午後は再ひ史料編纂へ行て見る、午後六時頃帰宅

十二月二十四日　木　晴

朝山根正次氏の使として某氏来る毛利公爵死亡に付防腐注入法を諮ぬ、十時過出勤、六時頃帰宅

十二月二十五日　金　晴

午食後出勤、教授会に出席、荒木虎太郎氏学位の件、六時頃帰宅

十二月二十六日　土　晴

前九時過出勤、卒業試験の残一名を試験す、直に出て文部省に到り学校衛生顧問手当金百六拾円の金券を受取り十二時帰宅、午後は良一田鶴を携て猿楽町母上様を訪ひ是より小川町東明館に入り種々の買物をなす　次に村上へ寄り靴を購ふ四時過帰宅　鈴木孝之助氏佐世保より出京来訪、明日を約し暫時にして去る

十二月二十七日　日　雨

午後出て鈴木孝氏を訪ふ、長談、十一時半帰宅

十二月二十八日　月　晴

終日在宿、午後母上様御出、午後は山本等と庭の掃除

十二月二十九日　火　晴（午後風）

午後両児を携て本郷まで行く、此日来訪者は橋本母堂、石垣忠江氏令閨なり

十二月三十日　水　晴（昨夜雨）

午前十時半教室へ行く、午後五時過教室を出て橋本家へ歳暮に行き是より散歩、日本通《ママ》り、銀座中程に到て還る一天婦羅やにて晩食し九時頃帰宅

十二月三十一日　木　晴

午前両児を携て槇町辺遊歩、午後入浴、五時頃歳末晩餐、列席者は小林文郎一人のみ、住宅狭きが為め母上様も在せられず誠に淋しき歳末なり、七時頃例に依り散歩に出る先つ猿楽町へ寄り母上様に逢ひ権兄も在宅、是より東明館に入り紙入を求む、小川町通りより日本橋通り銀座に到る、天金にて食事す、時に十時、是より帰途に就く

本郷通りを経て帰る　時に十二時して一百八鐘の音響き渡る

明治三十年　二千五百五十七年　1897

良精三十八年　駒込曙町拾六番地

一月一日　金　晴

稀なる好天気なり、午前八時起く、良一は学校へ行く、十一時頃田鶴を携て途中まで良一の迎へに行く、篤次郎氏其他二三の書生来賀あり

一月二日　土　晴

在宿、橋本節斎氏年始に来る、終日小児等と戯れ遊ぶ

一月三日　日　晴

午前十時良一田鶴を携て出、先つ猿楽町母上様方へ年始、次に橋本へ寄る、十二時過帰宅、午後両児を携て槇町まて遊歩

一月四日　月　晴

午前十時出て緒方氏留守宅へ年始に寄る尋て榊氏を見舞ふ案外容体宜しからず、是より大学に到る恰も医院年始会（新築皮膚病室）にて諸氏に面会、榊氏の容体を談ず、午刻となる良精も列席して食事す、是より賀古氏を訪ひ榊氏の事を談ず、次に猿楽町母上様方へ寄る、又安田へも一寸賀辞を述ぶ、是より上野西洋軒医科大学年始会に赴く　時に午後五時なりき七時半一寸榊へ寄りて帰宅

一月五日　火　晴（暖）

終日在宅、小児等と庭園に遊ぶ、枯草を焚き、梅のずはえを切る、入浴

一月六日　水　晴（暖）

午前十時半出て榊氏を見舞ひ愈々入院と極りたるを以て是より第一医院に到り医員諸氏と室のことを相談す、午刻豊国にて食事し再ひ第一医院に到り中西氏と共に見分の上新築眼科上等室と極め直に事務員北山氏を遣して河本氏の承諾を求む、是より再ひ榊家に到る　金杉英五郎氏、次に青山氏来診す、天気暖和なるを以て今日入院と決す、良精は先に病院に到る準備をなす尋て榊氏入院す、六時頃帰宅

一月七日　木　曇雨

午前十時半出勤、榊氏を見舞ふ、午後は去月三十日以来怠りたる日記を録す、年賀調今朝までのもの左の如し

名刺　八〇枚

はがき　一六二枚

封書　　五五通

五時帰宅、母上御出、田鶴誕生日に当るを以てすしを製す　仙台小松、熱海小松両家へ年始状を出す

一月八日　　金　晴曇

午前九時前出勤、記載解剖学講義を始む、亦た実地演習を始む、午後六時帰宅

一月九日　　土　雪

午後五時帰宅、雪一寸計積る

一月十日　　日　晴

終日在宿、二三日此方新築製図を試む、午後安田恭吾氏年始に来る

一月十一日　　月　晴

午後五時半教室を出て緒方子今日台湾より帰京したるを以て之を訪ひ七時半帰宅

一月十二日　　火　曇（寒）

皇太后陛下　御危篤に渡らせらるるを以て休業、尋て昨日午後六時　崩御遊されたる旨の報に接す　午後鈴木孝之助氏教室へ来る、両三日中に出発佐世保へ帰ると、午後六時過帰宅

一月十三日　　水　晴

昨十二日より五日間休業の告示あり、前十時出勤、ベルツ氏に面会榊氏の病症を諮ぬ又榊氏を見舞ふ、午後二時半帰宅、是より宮内省へ　天機伺に出頭す、帰途猿楽町へ寄る母上は橋本家へ御出にて御留守、玉汝産気附きたる趣なり　阿兄在宿暫時談話して去る、六時過帰宅

一月十四日　　木　大雪

夜来雪降り今朝五寸余積る、前十時過歩行出勤　鈴木孝之助氏より海軍々医学校再興説に付意見を問ひ来りたるを以て返事を出す、午後一寸榊氏を見舞ふ、午後三時半帰宅、雪達磨を造る　玉汝女子分娩す

一月十五日　　金　雨

午前九時半出勤、榊氏を見舞ふスクリバ氏来診　午後六時半歩行帰宅（車迎に来らず）道路の泥濘此上なし

一月十六日　　土　曇晴

午前八時前出て松田秀雄氏を訪ふ駒込避病院のことを談ず　次に橋本家へ寄りて産婦を見舞ふ、十時半教室へ来る、榊氏を見舞ふスクリバ氏来診、森源三氏令息病気入院に付見舞の為め出京、教室にて面会、午後五時帰宅

一月十七日　　日　晴

午後両児を携て一寸槇町まで遊歩したるのみ其他在宿、

午前権兄来

一月十八日　月　雨

再ひ授業を始む、午後一時麟祥院に到る　宮本仲氏令息の葬式なり二時辞して去る、五時過帰宅

一月十九日　火　霰曇（寒）

スクリバ氏を訪ひ森広氏病状を諮ぬ、総論解剖学講義を休業後漸く今日始む、午刻榊氏を見舞ふスクリバ氏来診す、午後五時教室より千駄木へ行く、晩食十時半帰宅

一月二十日　水　晴

授《ママ》験生伊藤献橋の試験をなす、午後は学校衛生顧問会議に出席す、帰途猿楽町宅並に安田へ寄る皆留守

一月二十一日　木　曇

胎生学講義を始む、午後六時帰宅

一月二十二日　金　晴

池原康造、長谷川寛治二子出京教室を訪ふ、スクリバ氏に面会森広氏の容体を聞きて同氏を見舞ふ　午後榊氏を見舞ふ遺言書に人と金銭上の関係有無の一ヶ条を加ふべきことを話す、六時帰宅

一月二十三日　土　晴

朝長谷川泰氏を訪ふ不在、医科事務室雇佐村氏死去に付香奠を贈る、午後二時出て徒歩向島に到る、ボート下宿にて休憩、六時帰宅

一月二十四日　日　晴

午前安田恭吾氏来訪、過日依頼し置たる新築図案を持来る、午食し二時頃去る、両児を携て槇町まで遊歩　今日より山本庄次郎の代として大分県人黒谷平吉来る

一月二十五日　月　晴

午前森源三氏次に久米桂一郎氏教室へ来訪、午刻榊氏を見舞ふ、六時帰宅

一月二十六日　火　曇

午後四時教室を出て牛込小松家を訪ふ　此頃同家は仙台より転住されたるなり、次に原祐民氏を訪ふ同氏は永く帰省の処昨年末に出京になりたるなり、六時半帰宅

一月二十七日　水　晴

午前塚原周造氏来る、午後お喜美田鶴を携て来る小児科に到三人共種痘す、池田廉一郎氏来る解剖助手になるや否やの件、青山氏来る、六時過帰宅

一月二十八日　木　晴

午食後榊氏を見舞ふ、五時教室を出て徒歩京橋松田に到る　長岡社総会且小山吉郎氏独乙出張送別会なり　帰途

宮本氏を訪ふ同氏の子息先日没したる悔なり十一時帰宅

一月二十九日　金　晴

少しく風邪の気味なるを以て午後一時帰宅

一月三十日　土　晴　祭日

普請縄張りをなす

一月三十一日　日　曇

午後両児を携て猿楽町母上様を訪ひ普請に付相談す之にて図案極る　是より橋本家へ寄り帰る

二月一日　月　雨

午後五時過教室より上野精養軒に到る田中民夫氏長崎医学部教授となりて赴任に付同氏より招ねかれたるなり、九時帰宅

二月二日　火　雨晴

御発棺に付青山練兵場にて奉送、午前九時半過出て同所に到る時に雨止む、追々霽れる、温暖、但し道路の泥濘言語絶す、午後二時帰宅、大工乙次郎来りたるを以て普請のことを談す、権兄来る

二月三日　水　晴曇

午食後榊氏を見舞ふ、六時頃帰宅

二月四日　木　晴

風邪に付午後二時帰宅床に臥す

二月五日　金　晴

榊氏昨夜来呼吸困難を起す、頗る重体の趣書記市川氏来り報す、直に見舞ふ、緒方氏も在り遺体解剖の遺言あり、午食後も病室へ行く、午後二時頃龍岡町にて出火あり、時計台に登りて見る、三時頃鎮火す、亦た病室へ行く、四時半頃帰宅、晩食、六時過亦た病室に到るスクリバ、佐藤両氏既に来り居る、別に異状なし、八時頃辞し去る

二月六日　土　晴（寒）

早朝に榊氏昨夜二時三十分死去の報に接す、今日西周氏葬式に付参列すべきや否や種々考案の末参葬せざることに決し十時頃大学に到り直に病室に行く　死者に面す悲哀涙降る、諸氏と諸事相談、午後二時三十分より法医学教室に於て遺言に依り解剖す全く終りて棺に収れたるは黄昏の頃なりき、是より本宅に送る　良精は辞して帰宅、入浴、晩食、九時頃出て榊家に到る、十二時頃帰宅

二月七日　日　晴（寒）

午前九時頃榊家に到る　終日週《ママ》旋す、午後七時頃帰宅す

二月八日　月　曇（寒）

昨日より今日に亘り京都に於て大葬執行に付休業謹慎す、午食して直に榊家に到る、十時頃帰宅

二月九日　火　晴

榊氏葬式に付休業、早昼を食し十二時頃榊家に到る、一時出棺、徒歩行列に加はり二時半頃染井着　三時半儀式終る是より墓所に到る、埋葬を終りたるは四時半頃にして帰宅、晩食後亦た榊家に到り会葬礼状のこと相談し十時帰宅

二月十日　水　曇

午食後土方寧氏此頃近火に付構内教師館立退所に見舞ひ、次に森広氏先日足を切断したるを見舞ふ、午後四時出て榊家に到り呉、市川、鈴木等の諸氏と礼状の始末をなし九時頃帰宅

二月十一日　木　晴（寒酷し）祭日

終日在宿、臣民の喪は昨日を以て満期となる

二月十二日　金　晴

午後教室を出て清水彦五郎氏と同道榊家に到り賞与の辞令を渡す、是より一ッ橋外講義室に到る医学会例会なり八時閉会是より日本橋中華亭にて晩食せんと欲す、折悪し、依て一小店にて食事す蛤なべあり甚不味但し価の廉なるに驚く　十時帰宅

二月十三日　土　晴

午後四時半帰宅

二月十四日　日　晴

朝長谷川泰氏来訪、十一時半三児を携て共に出て浅草公園に到る、誠に久々なり、池辺の万盛庵にて食す、是より公園内を散歩し四時帰宅す

二月十五日　月　曇

在台湾飯沢耿介氏及ひ在宇都宮中山忠亮、真木等の両氏へ手紙を出す、午後六時帰宅

二月十六日　火　曇

午後六時帰宅

二月十七日　水　晴風

朝宇都宮病院幹事戸田龍吉氏教室へ来訪　副院長真木氏の件に付てなり　午後六時過帰宅

二月十八日　木　晴風

午後六時帰宅

二月十九日　金　曇雪

午前真木等氏宇都宮より出京来訪、午後二時過より雪降り始めたり、五時半帰宅

二月二十日　　土　曇
昨夜雪三寸計積る、午刻より学士会事務所に於て医学会常議員会あり、四時帰宅、雪達磨を造る

二月二十一日　日　晴
午前九時頃呉秀三氏来る榊氏の肖像の件なり、次に大工乙次郎普請積り書を持ち来る、少しく多額なるを以て積り直しすることとす、午後母上様御出で

二月二十二日　月　曇
午後教授会あり六時過帰宅

二月二十三日　火　曇
午後七時過帰宅

二月二十四日　水　晴　温暖となる
午後十二時半午食より徒歩文部省に到る学校衛生顧問会議なり三時半終る、是より安田氏を訪ふ、日出目作面根付一個持帰る、同家新築を一見す、母上様を訪ふ、是よりドイッチェ・オストアジアチッシェ・ゲゼルシャフト〔＊ドイツ東アジア協会、OAG〕に到るベルツ氏の演舌あり終て九段坂下の一店にて晩食、十時頃帰宅

二月二十五日　木　晴曇
午後は江戸橋郵便局に到りベルリン書肆フリードレンデル＆ゾーンへ参百フランク為替を出す即ち邦貨百拾弐円九拾九銭（1円＝2フランク65 1/2）なり二時半教室へ帰る、六時帰宅

二月二十六日　金　晴曇
午後二時過教室を出て帰宅、庭園の枯草を焚く、断髪、入浴

二月二十七日　土　晴
午刻教室を出て帰宅、午食、母上様御出、庭園の枯草を焚く

二月二十八日　日　曇晴
終日在宿、音次郎並に植木屋漆原磯吉同道来る、夕刻良一田鶴を携て槇町遊歩雛祭品を求む

三月一日　月　曇
午前宇都宮有志者某二名来訪、真木氏此度辞職するに付ては同地共立病院へ転任を望む云々、但し断然断る且つ真木氏へ電報を出す、午前雛人形を飾る、午後重ねて音次郎来る普請予算は新築、増築、模様替へ等一切にて八百円にて受負ふ云々、取極め愈々着手と決す

三月二日　火　曇　昨夜降雪

午後五時過帰宅

三月三日　水　晴　再寒

教室へ来訪多し、小山吉郎氏独乙国出張に付暇乞に来る、第一高等学校第三部生徒二名来る、真木等氏愈広島病院へ赴任するに付暇乞に来る、青山氏来訪、五時半帰宅節句に付母上様御出

三月四日　木　晴曇　寒

午後六時帰宅

三月五日　金　曇（昨夜雨）

午後五時半帰宅　今日始て植木屋来る此より普請に取掛る

三月六日　土　晴

午後一時帰宅、今日音次郎も来る、水盛りをなす

三月七日　日　晴雨

午前庭園に出て磯吉等に指図をなす、榊保三郎氏来る、午後一時出て紅葉館に到る卒業宴会なり、母様は既に在り六時半去て鈴木孝之助氏を訪ふ、同氏は此頃鎮守府軍医長衛生会議に付出京せり、長談、十一時過帰宅

三月八日　月　雨

午後は生理学講堂に於て下教室の教授集りて助手増俸等のことに付相談あり、五時半帰宅

三月九日　火　雨

午後五時半帰宅

三月十日　水　晴風

午後学校衛生顧問会議に出席、四時半帰宅

三月十一日　木　晴風　頃日霜柱強し

帰途榊家へ寄り六時半帰宅

三月十二日　金　曇

午後小松維直氏教室へ来訪、三島通良氏高等師範学校生徒を指導して解剖教室を参観す、四時頃より医学会例会に出席、五時去て帰宅す

三月十三日　土　晴

今日仕事師来りて地堅め石据へ等をなす又植木屋は地盛りを始む午十二時帰宅、仕事師は総て十二人にしてきやり歌を歌ひて石を打ち込む甚だ賑かにして陽気なり　夕刻まで庭園にありて見分す

三月十四日　日　晴

昨日に引続き礎をなす、打込は午刻終る、終日屋外にあり、午後宮本仲氏来訪

三月十五日　月　雨

午後教授会あり、五時半帰宅、桐淵道斎氏来訪

三月十六日　火　雨曇

午後五時半教室を出て新橋花月に到る　今日三浦謹之助氏より招待を受けたるなり十一時帰宅

三月十七日　水　曇

午後四時過帰宅

三月十八日　木　晴　春暖

午食後根岸錬次郎氏留守宅へ暇乞に行く同氏細君英国へ出立に付てなり、午後五時教室を出て上野公園散歩す、六時精養軒に入る虎岩頼重氏青森病院赴任に付送別会なり九時半帰宅

三月十九日　金　雨

午後五時半帰宅

三月二十日　土　雨曇　祭日

朝雪片降る、寒、終日在宿

三月二十一日　日　雨曇（朝雪降る）

二日の休日空しく過ぐ、午後良一田鶴を携て近辺に出て花鋏壱挺求む

三月二十二日　月　晴

各論解剖学講義は大に遅れたりと雖も区切り宜しければ閉づ　午後三時過帰宅、草取りをなす

三月二十三日　火　晴

午後三時半帰宅

三月二十四日　水　晴

午前八時より九時まで胎生学を講義し明日のものを繰上げて閉講す、亦九時より十一時半まで総論解剖学（明日の時間）を繰上げて終講す、昨日来胃腸を少しく損したる為め午後十二時半帰宅、良一今日限り試験済む、地盛り今日終る

三月二十五日　木　晴

（昨今尚ほ一寸の霜柱立つ）午後三時半帰宅

三月二十六日　金　雨

午後五時半帰宅、今日良一二学年修業証書を受領す　亦優等に付半紙五帖賞与を受く

三月二十七日　土　雨

午後五時半帰宅、小林魁郎氏先考七回忌法事の為め仙台より出京、来り居る、此頃学校騒動の話等十一時になりて去る

三月二十八日　日　雨

午前十時半教室に到る、午後五時過上野精養軒に到る

緒方山極両氏一行台湾ペスト研究慰労会なり八時帰宅

三月二十九日　月　晴

久々にて好天気なるを以て大学不参、園の松を造る、母上並に玉汝三重児を携て来

三月三十日　火　雨

植木師に命して蓬莱町田中へ遣り植木数種を運ばしむ、降雨追々増進す

三月三十一日　水　曇晴風

終日庭園に在り茶の木取り除く、午後西夫人来訪、亦森林氏来る

四月一日　木　晴曇

前九時出勤、津下寿氏松山より出京来訪、午時過帰宅、良一田鶴を携て銀座通りへ行き学校カバン雪駄を求む、十二ヶ月汁粉に入る五時過帰宅

四月二日　金　雨

前九時出勤、今日にて既に三日間〔＊欧文二行未詳〕に就て考ふるも未た理会せず　午後五時半帰宅

四月三日　土　曇晴雨

天甚不定、庭園に出て茶の木取り去る、時に雨降る午後四時出て小林家に到る亡雄君七回忌日なり、是より千駄木森家に到る故大人一週《ママ》年忌なり、多人数写真す　食後青山、賀古氏等と談話、十一時過帰宅、時大降雨

四月四日　日　曇晴

終日庭園に在り、松を造る、今日より医学会総会なれども欠席

四月五日　月　曇晴

前十時出て一ッ橋外講義室に到る医学会総会なり　十二時去て母上様を猿楽町に訪ひ午食す、是より安田氏を訪ひ四時過大学に到る、理科教室に於て六時よりX放散線「デモンストラチオン」ありて之を見る八時帰宅

四月六日　火　曇雨

午前庭園に在り、午後雨降る在宿

四月七日　水　曇晴風

前九時過解剖教室に到る医学会総会談話会なり　午後四時出て富士見軒に到る医学会宴会なり、九時頃帰宅

四月八日　木　晴

午前午後共に庭園に在り、丸山忍尋常中学卒業明日帰省するに付来る、田中東作来る、夕刻出て偕楽園に到る同窓会なり熊谷玄旦榎本与七郎氏福岡より出京中にて出

席、本年初回にて大に快を覚ふ十時半帰宅

四月九日　金　雨

前七時半出勤、後五時半帰宅、終日大降雨　今日も去る二日の事を考ふ略ほ誤なるべしと決す

四月十日　土　晴

大学競漕会なり十時出て向島に到る暫時にして午刻となる鳥にて食事す、午後一時半頃良一田鶴来る艇庫上にて見物す、良精第五番競漕の舵手をなす、弘田、金森氏等敵手たり、勝利を得る、四時頃良一田鶴帰る、今回は法、医全敗、工全勝、選手競漕は黄昏となる、直に帰宅時に八時頃なりき

四月十一日　日　晴

午前庭に在り、午後一時頃良一田鶴を携て（精は留守）共に上野公園に到る桜花三四分開く、雑沓を極む、動物園に入る暫時にして出る、是より竹台を経て根岸岡野に入り食事す　お喜美田鶴は車にて先に帰宅す、良精良一は千駄木へ寄りて帰る

四月十二日　月　晴

記載解剖学講義を始む、七時前出勤、午後教室を出て榊家へ寄りて帰る、金沢人敷波重次郎氏着京、教授室へ来る、解剖教室助手任命の筈なり

四月十三日　火　晴

胎生学及顕微鏡演習を始む、午後五時過教室を出て明神開花楼に到る、競漕慰労会なり、出席者甚多数にて盛なりき十時頃帰宅

四月十四日　水　晴　構内桜花満開

午後文部省に到る学校衛生顧問会議なり五時帰宅

四月十五日　木　曇雨

午後五時半帰宅

四月十六日　金　曇晴

午後五時半帰宅

四月十七日　土　曇

午後一時半帰宅、午食、庭の檜松を造る

四月十八日　日　雨

午前十時半教室へ来る、午後雨止むを以て四時帰宅庭の松を造る

四月十九日　月　雨

午後浜尾総長より召来る直に赴く宇野院長辞職に付青山氏を後任とすべし云々の談あり、是より教授会出席、終て青山氏を教室に誘ひ院長就任を勧告す、六時帰宅

四月二十日　火　曇

午後五時半帰宅時晴天となる

四月二十一日　水　晴

午後五時教室を出て帝国ホテルに到る木場貞長氏普通学務局長辞職に付慰労会なり九時頃帰宅時に大に雨降る

四月二十二日　木　曇

午後五時帰宅、晩食後青山氏を訪ひ院長就任を勧告す十時帰宅

四月二十三日　金　晴

午後弘田氏と共に浜尾総長を官房に訪ひモスコウ府万国医学会へ本邦より少くも二名の代表者派遣になりたき旨の意見を述ぶ、六時過帰宅

四月二十四日　土　晴曇

午後一時半帰宅、庭にあり

四月二十五日　日　雨

終日在宿、甚無興

四月二十六日　月　晴

午後教授会あり三十一年度予算の件なり、六時帰宅

四月二十七日　火　晴

先日来の寒冒兎角宜しからず引籠りて療養す

四月二十八日　水　雨晴

引籠り療養す

四月二十九日　木　晴

出勤、午後は下教室教授諸子と総長に面談、学士助手俸給を六拾円にすべし云々の意見を述ぶ六時となる　是より宇野朗氏を訪ひ同氏今回辞職の上病院開設せらるるに付贈品の件なり　次に青山氏を訪ふ不在、母上様方へ立寄る権兄も在宿、晩食す、気分悪し、帰宅床に臥し体温を計る三十八度二分あり

四月三十日　金　晴

欠勤、今日棟上げなり朝より音次郎初め大工総て四人来りて其準備をなす、午後一時頃仕事し二十名計来りて着手す四時大体終る、上棟柱を造り式を行ふ尋で酒宴を始む、六時過きやり歌を歌ひて散ず、甚だ賑かなりき午後は母上様御出、良精は終日熱気あり気分悪し併し時には出て見物す、晩権兄来る

五月一日　土　晴

欠勤、少しく軽快すと雖も尚気分宜しからず、時に普請場を見る

五月二日　日　晴

気分宜し、疲労あり、朝良一田鶴を携て槇町に到り紙鯉を求む

五月三日　月　雨

出勤、下痢未だ止まず、弘田氏に相談の上甘汞《かんこう》を服用す　午刻帰宅、夕刻青山氏来訪、好機に付診察を受く、同氏は極軽症の腸質捻《ママ》転なるやも計り難きに付注意すべき云々

五月四日　火　晴

今日より三日間欠勤の届を出す、終日熱気少しくあり気分悪し

五月五日　水　晴

午前権兄一寸見ゆ、次に母上様、玉汝来る

五月六日　木　晴曇

気分大に宜し、普請は今日より家根を葺き始む、午後はお喜美音次郎を携て上野商品陳列館に到り床の間用木材を買ふ、午前浜田玄達氏見舞に来る、午後は新井氏森篤氏同上

五月七日　金　曇　夕より雨

今日出勤、午刻帰宅、良一田鶴は駒本学校運動会に行く、お喜美は母上様方へ行く午後は大に静かなり、晩緒方氏見舞に来る

五月八日　土　曇

午刻帰宅、家根土囲葺終る

五月九日　日　曇雨

午前越後医師九山挙石氏来訪、又森広氏来る、壁骨《こまへ》を始む、床柱を立つ、午後青山氏見舞に来る

五月十日　月　曇

午刻帰宅

五月十一日　火　曇雨

午刻帰宅、今日瓦師来りて古家の瓦を脱す、時に大に雨降り出す、屋内所々に雨漏す、晩浜田氏来る、今日より三十一年度予算会議始まりたる由、又露国万国医学会へ派遣者は内務、文部より各一名つつと極りたるに付其人選に付相談あり九時頃同氏去る

五月十二日　水　曇

教室に於て粥を食し午後学校衛生顧問会議に出席す、四時半帰宅

五月十三日　木　晴曇、夕雨

午後五時半帰宅、母上様御出

五月十四日　金　曇

午後五時帰宅、古屋の家根こけらを葺き始む、夕刻仕事師来りて縁側廻りを建る

五月十五日　土　晴曇雨

午後一時帰宅、今日粗壁を塗り始む

五月十六日　日　雨

午前八時出勤、組織学の筆答試験をなす、午後一時帰宅

五月十七日　月　晴

午後四時半帰宅、粗壁は一通り塗り終る

五月十八日　火　曇

今日より漸く徒歩にて往返す、午後一時四年生諸氏写真す　長谷川泰氏教室へ来る、五時帰宅、本俸三級俸下賜（十七日附）

五月十九日　水　晴

午前権兄教室へ来る、午後三時より植物園に到る、宇野旧院長青山新院長の送迎会なり、七時帰宅

五月二十日　木　晴

午後三時半教室を出て帰宅

五月二十一日　金　晴

午後五時前帰宅

五月二十二日　土　晴

午後二時帰宅、去十九日来良一麻疹に罹る、母上様御出

五月二十三日　日　晴

午前出て牛込小松家を訪ふ、丁度精一君熱海より出京是より松田秀雄氏を訪不在、次に母上様へ寄る、終りに三間正弘氏を安田に訪ふ、同氏過般石川県知事非職となり此頃出京されたるなり、午刻帰宅　午後は田鶴を携て動坂より日暮里諏訪社に到る　蓬莱に拠り団子坂より森家へ立寄りて帰る　直に出て上野精養軒に到るスクリバ氏賜暇帰国するに付送別会なり、九時半帰宅　古家こけら屋根出来す

五月二十四日　月　曇

午後教授会出席、京都大学教授となるべき人の留学生推薦の件なり青山高橋大に争論す、六時帰宅

五月二十五日　火　曇　夕雷雨

午後五時半帰宅

五月二十六日　水　晴

午後五時帰宅、椰野おやす千鳥婚嫁の為め陸奥下婢同道昨夜着京、猿楽町阿兄方に寓居す、今日来り久々にて面会、晩食後猿楽町へ行き十時過迄談話

五月二十七日　木　晴

スクリバ氏出発一時帰国に付新橋まで見送る、五時過学士会事務所に到る医学会議員会なり十時帰宅　目今第一医院外科助手一致して穏かならず

五月二十八日　金　曇

午後外科助手佐々木次郎三郎氏教室に来り此度の件に付二時計《ママ》談話、五時教室を出て徒歩、長岡社例会出席帰途メリヤス上下等買物して帰る

五月二十九日　土　曇

外科助手高橋貞碩、佐々木次郎三郎二氏来り前日の決答、愈近藤次繁氏監督の下に治療に従事云々告て近藤氏来る次に浜田学長来る三人にて相談、午後二時半帰宅、午食、谷中墓地に到る根岸錬次郎氏令息葬式なり、四時帰宅

五月三十日　日　雨曇

今日は大工其他職人一名も来らず、午前在神戸西尾巌氏の令閨出京来訪、晩食後佐藤三吉、青山胤通二氏を外科助手の件に付訪問す、両氏共不在、母上様を訪ふ今日千鳥桜井某方へ嫁入に付おやす同道にて送る、尋おやす帰り来る十一時帰宅

五月三十一日　月　晴

午前青山氏に外科助手の件に付面談、近藤氏も来る尋て下谷第二医院に到り佐藤三吉氏に面談午刻大学に帰る、六時帰宅

六月一日　火　晴

午後五時半帰宅、縁側ひさしこけら昨今両日にて葺き終る又今日より家根漆灰を塗り付け始む、今日留守中桜井龍造氏新夫婦来訪ありたりと

六月二日　水　晴

午後三時教室を出て田中芳男氏を訪ふ榊家の件なり四時半帰宅　今日より縁を張り始む、田鶴、精四五日来発熱す多分麻疹なるべし、頃日は外科助手と近藤主任心得との間の撞突一件時を費す

六月三日　木　晴曇雨

午後四時半帰宅、田鶴精愈々麻疹、下婢むつも同病に罹る、家事困却す

六月四日　金　晴

午後三時半帰宅

六月五日　土　雨

午後二時教室を出て猿楽町母上様の許に到る、是より小

笠原金三郎氏を訪ふ　同氏結婚後始て尋ねたるなり、是より学士会事務所に公衆医事会に始て出席す十時過帰宅

六月六日　日　雨

終日多くは普請場に在り、今日縁を張り終る

六月七日　月　雨

モスコー府国際医学会参列者は緒方氏なり　午後四時半帰宅

六月八日　火　曇晴雨

午後五時帰宅

六月九日　水　曇

午後は学校衛生顧問会議出席、帰途猿楽町へ寄り二時帰宅

六月十日　木　曇

胎生学講義を閉つ、午後五時帰宅

六月十一日　金　晴

午後浜尾総長に面し中浜氏京都医科大学長候補の件に付談話、四時過帰宅

六月十二日　土　曇

午後二時過植物園に到牧野前文部次官近々伊国公使として赴任せらるるに付送別会なり五時半帰宅　昨日より敷居鴨居を取付け始む

六月十三日　日　曇

昨夜大に雨降る今朝止む、終日在宿、普請場に在り

六月十四日　月　曇雨晴

午後三時半帰宅、普請場に在り、夕刻母上様おやす等来る

六月十五日　火　曇

出勤掛けに榊家へ寄る次に田中芳男氏を訪ひ十時教室に来る、五時帰宅、大工共休む　晩偕楽会出席十時過帰宅

六月十六日　水　雨（昨夜来大雨）

在独乙大沢岳太郎、芳賀栄次郎、鈴木文太郎の三氏に手紙を出す、午後三時過帰宅、大工共休む　晩猿楽町へ行くおやす明日出立帰岡するを以て暇乞なり　十一時帰宅

六月十七日　木　雨

朝六時前上野ステーションに到りおやすの出発を見送る十時半出勤　午後五時半教室より上野精養軒に到る、富井政章、井上哲次郎二氏仏国パリー府東洋学会へ緒方正規氏露国モスコー府万国医学会へ派遣せらるるに付送別会なり、九時帰宅

六月十八日　金　晴

記載解剖学講義を閉つ亦た顕微鏡実習も明日の時を繰上げて閉じたり、午後三時頃帰宅、晩食後榊家に到る　田中芳男氏と会合、未亡人始末の件に付てなり九時半帰宅、母上様御出

六月十九日　　土　晴

大学不参、普請場に在り、午後二時良一田鶴を携て浅草公園に到る久々にて例のしるこやに入り五時頃帰宅　大工音次郎等三人今日より普請場に宿泊す　今日浅草より帰り来ればお喜美利子請取の為め調べたるところ公債証書六百円（五百円券一枚、百円券一枚及生命保険証）紛失したる旨を通ず　是れ昨年十二月下旬新札切り換りより今日までの間に生じたる出来事なり、奇快と云ふべし

六月二十日　　日　晴

終日在宿、今日書斎のなげしを付ける、晩権兄来る

六月二十一日　　月　晴

八時出勤、午後は教授会、五時半帰宅、今日お喜美紛失物に付日本銀行、明治生命保険会社、本郷警察署へ行き共に手続きをなす

六月二十二日　　火　晴

大学不参、普請場にあり、粗壁残りの分今日付ける

六月二十三日　　水　曇

記載解剖学試験を始む　午後五時植物園に到る加藤弘之氏還暦祝ひなり

六月二十四日　　木　曇（昨夜雨）

午前三時半帰宅、客間床の間落し掛けを付ける

六月二十五日　　金　雨

午後医学会に出席、四時半帰宅　今日より天井を張り始む

六月二十六日　　土　雨曇

記載解剖学試験終る、午後三時帰宅　晩食後緒方正規氏許暇乞に行く

六月二十七日　　日　晴

朝五時半出て新橋ステーションに到る富井、緒方、井上哲の諸子洋行出発に付見送る、帰途猿楽町母上様の許に立寄り九時頃帰宅、晩甲野荘平氏結婚披露に亀清に赴く

六月二十八日　　月　晴

大学不参、終日普請場にあり、客間天井半ば張る

六月二十九日　　火　曇

露国医官在サガレン島コルサコフ港キリーロフ氏教室へ来訪　蒙古人写真数葉を解剖教室へ寄贈す、午後三時帰

宅　天井は今日略ほ張り終る、晩権兄来る

六月三十日　水　曇

午前キリロフ氏来る諸教室を案内す、午後三時帰宅、田鶴を携て富士神社の祭りを見る

七月一日　木　雨

午後四時過帰宅

七月二日　金　雨

顕微鏡試験の日なれども学生来らず因て止む、四時過帰宅　良一、田鶴を携て富士神社の祭りを見る玉乗りに入る　昨今両日大工共休む

七月三日　土　曇

午後顕微鏡試験三名をなす、五時帰宅

七月四日　日　晴

大に暑気を催す、午食して直に教室に到り顕微鏡試験をなす五時半帰宅

七月五日　月　晴

前九時半出勤、午後は試験、六時漸く終る是より学士会事務所に公衆医事会に出席、十時半帰宅

七月六日　火　晴

午前牛込小松氏来訪、十一時出勤、午後二時半帰宅、梅実を扱ぎ採る

七月七日　水　雨

在宿、六畳床の間のかまちを取り付ける

七月八日　木　曇雨

在宿、教授会ありたれども欠席

七月九日　金　曇

在宿、植木屋磯吉等来りて便所たたき等を造り且縁側下に土を盛る、夕刻田鶴を携て大観音縁日に到る

七月十日　土　半晴

卒業式に付前九時大学に到る、十二時帰宅、夕刻田鶴、精（良一不快）を《ママ》大観音縁日に到る　今日より縁側に取り掛かる

七月十一日　日　晴（熱増）

在宿、在日野原馨氏紹介林直吉来訪

七月十二日　月　晴雨

在宿

七月十三日　火　雨

前八時出勤、午後五時半帰宅

七月十四日　水　晴　夕刻雷雨

教室不参

七月十五日　　木　曇

前八時半出勤、今明日大工休む、午後五時半帰宅

七月十六日　　金　曇雨　甚冷気

在宿、庭園の梅を造る

七月十七日　　土　曇　夜に入り大雨

在宿、庭園梅の枝を切る、午後良一田鶴を携て本郷まで買物に行く

七月十八日　　日　雨曇

在宿、庭園掃除

七月十九日　　月　雨曇

前九時出勤、後四時過帰宅、安田恭吾来る

七月二十日　　火　曇

今日漸く大工来る、床脇槻板五枚音次郎買ひ来る、在宿

七月二十一日　　水　曇

在宿、今日返し壁を塗る

七月二十二日　　木　曇

在宿、昨日お喜美便所陶器壱組買ひ置きたるもの来る

七月二十三日　　金　曇晴

俸給を受取り午後三時帰宅

七月二十四日　　土　快晴　天候順当となる

終日在宿、玉汝来る

七月二十五日　　日　晴

解剖学会に付午前九時出席（大工供休）夕刻より同会懇親会として偕楽園に到る、十一時帰宅

七月二十六日　　月　晴

在宿、良一学期試験成績第五番なり、明日より休業となる　今日より拾畳床の間に取り掛る、晩足立文太郎、加門桂太郎氏来る

七月二十七日　　火　晴

大学不参、良一田鶴を携て諏訪神社に到り弁当を食す午後五時帰宅

七月二十八日　　水　晴

在宿、権兄来る、夕刻より松源に到る　呉秀三氏洋行送別会なり

七月二十九日　　木　晴曇

在宿、晩足立文太郎氏来訪

七月三十日　　金　曇

昨夜降雨あり大に冷気となる、午前中浜東一郎氏を訪ふ次に教室に到る午後四時帰宅

七月三十一日　　土　曇

教室不参、午食を終へ良一田鶴を携て浅草公園に到る、軽業を見る汁粉家《ママ》に入りて帰る

八月一日　　日　曇

午前出て安田恭吾氏を訪ふ次母上様許行く直に去て弓町橋本家を訪ふ午刻帰宅、午後は良一田鶴を携て団子坂田甫に遊ぶ　大工休む

八月二日　　月　曇

午前九時出勤、四時過帰宅

八月三日　　火　晴

教室不参、安田恭吾氏を訪ふ不在、母上様の許に到る、午刻帰宅

八月四日　　水　晴

炎熱甚だし、教室不参

八月五日　　木　曇

前八時半出勤、午後五時帰宅

八月六日　　金　曇

朝良一田鶴を携て隣家桜井へ朝顔の花見に行く　良一誕生日なるを以て母上様御出で供に午食す　障子板戸等を建具師に注文す

八月七日　　土　雨

前十時出勤、午後五時半帰宅

八月八日　　日　曇時々雨

昨夜大雷雨、午前猿楽町阿兄方へ行く　午食し安田氏を訪ひ銀蔵氏の新築を一見し五時頃帰宅

八月九日　　月　曇

在宿

八月十日　　火　晴

違棚出来す五日間費す、夕刻中浜東一郎氏来訪

八月十一日　　水　半晴

良一田鶴を携て諏訪神社へ行き弁当を食す

八月十二日　　木　晴

在宿

八月十三日　　金　晴

数日来炎熱甚だし、在宿

八月十四日　　土　晴（昨夜少雨）

朝木下広次を中浜氏の件に付訪ふ、八時半教室に到る午後五時帰宅、大に夕立す

八月十五日　　日　晴（昨夜大雨）

前九時半出勤、午後五時帰宅

八月十六日　月　曇　冷気

在宿庭の松を造る

八月十七日　火　曇　冷気

在宿、松を造る、午後安田恭吾氏来訪

八月十八日　水　晴

前七時出て芝愛宕町高野に到り台湾生蕃人を調査せんとす、既に外出の後なるを以て空しく教室に到る、時に足立文太郎氏一昨日行きて既に六名測りたりと云ふ、併し夕刻同氏と共に出て再ひ高野館に到り埔里社撫墾署長長野義虎氏等に面会し、生蕃二名を測定す、同所にて晩食し種々の談話を聞く又医師細野氏も帰り蕃人患者を診察す、十人中八人マラリヤに罹り脾臓肥大しおると、十一時帰宅

八月十九日　木　晴　再ひ炎熱

教室不参、午刻より良一田鶴を携て諏訪神社に到り弁当を食す　五時帰宅し直に支渡し安田恭吾許行く今日同老人の一週《ママ》忌なり、母上様を一寸訪ひて十一時帰宅

八月二十日　金　晴

前八時半出勤、塚原周造氏教室へ来訪、午後五時帰宅

八月二十一日　土　晴

在宿、午前牛込小松氏来訪、母上様御出

八月二十二日　日　晴

在宿、来訪者は長岡人中島某（北越人の伝記編纂の件）橋本母堂、原祐民氏、大西克知氏等なり　縁側板張り終る四日間費す

八月二十三日　月　曇

前八時出勤、午後五時帰宅

八月二十四日　火　晴

前七時出勤、午後四時帰宅

八月二十五日　水　曇晴

在宿、庭の松を造る

八月二十六日　木　曇晴

在宿

八月二十七日　金　曇

前十一時半出勤、在神戸西尾米巌《ママ》氏へ手紙を出す　午後五時頃帰宅

八月二十八日　土　曇

今日御用有て内閣へ出頭すべき所処労届を出して不参在宿

八月二十九日　日　曇　昨夜降雨
前九時教室に到る、午後四時過帰宅、母上様御出
八月三十日　月　曇
一昨日高等官二等に陞叙せられ勅任官となりたることを官報にて知る、前九時出勤、午後四時帰宅
八月三十一日　火　雨
午前宮内省へ陞叙の御礼に行く九時半帰宅在宿
九月一日　水　曇晴
在宿、三輪徳寛氏洋行に付暇乞に来る亦た中西亀太郎氏今日独乙留学命ぜられたる旨吹聴に帰《ママ》る　玄関腰板の臘磨きをなす、大工休、母上様御出
九月二日　木　曇
前七時出勤、午刻帰宅
九月三日　金　曇晴
前七時出勤、午後五時半帰宅
九月四日　土　晴風
教室不参、良一田鶴を携て諏訪神社へ行き弁当を食す四時半帰宅、玄関ひさしを建る
九月五日　日　雨
前四時半起き五時出て新橋に到る木村孝蔵、三輪徳寛二氏洋行を送る又牧野伸顕氏伊国へ公使とし出発せるを見送り八時半帰宅、晩公衆医事会出席十一時帰宅
九月六日　月　雨
終日在宿
九月七日　火　雨
前七時半出勤、午後四時過帰宅
九月八日　水　雨
午前外山正一氏の大人死去に付悔に行き小松家へ寄りて教室に来る、午後四時過帰宅、大降雨
九月九日　木　大嵐、晴
昨夜三時頃より大風起り微明に至て最強且大雨を兼ぬ、朝七時半頃に至て風雨共に止む、近年稀なる大嵐なり樹木家屋を損じ多し、後快晴となる、夜に入て十三日月明かにして昼の如し、せい子を抱て氷川神社の祭に付少しく散歩す、教室不参
九月十日　金　晴
前八時過出勤、十二時帰宅、西尾篤氏男文男氏神戸より出京面会、海軍予備校入学の為なり然る手紙往復中学資支弁の点に付大に行違ひ先方にては全く此方にて支出と

考へたるものなりしこと判然す、二時過良一田鶴を携て猿楽町母上様許行く権兄も在宿、亦た東明館へ行きて買物し再同処へ寄る　玉汝来り居る、晩食し帰る

九月十一日　土　晴

前七時過出勤、学年始まる、午前卒業試問十人（但し今年組織学のみ担当の年なり）を済ます　西尾氏へ昨日の件に付手紙出す、四時過帰宅　今日経師来りて襖の立付けをなす

九月十二日　日　晴

終日在宿

九月十三日　月　曇

午前宇野朗氏足立文太郎氏の件に付教室へ来訪、午後五時頃帰宅、千駄木森家に到り晩食

九月十四日　火　雨

総論解剖学講義を始む、午後四時半帰宅、母家の普請略ほ出来す、大工明日より三日間休むべし

九月十五日　水　雨

午後四時半帰宅

九月十六日　木　雨

今朝下痢す為に欠勤す

九月十七日　金　雨曇

出勤、午後五時帰、辻新次氏教室へ来訪

九月十八日　土　曇晴

午後四時過帰宅、今日頃より渡り等に取り掛る

九月十九日　日　晴

終日在宿、庭園の松を造る

九月二十日　月　晴曇雨

今日より解剖学筋論の講義を始む、午後学年追試験をなす、三時半帰宅、五時過出て上野精養軒に到る　箕作佳吉氏洋行に付送別会なり、八時帰宅

九月二十一日　火　雨

午前、午後共解剖学総論卒業試験、昨今両日根津神社祭礼なれども降雨にて小児等失望　午後四時半帰宅、左官六人来りちり漆喰等をなす　良、鶴を携て白山神社まで散歩す

九月二十二日　水　晴

午後五時帰宅、猿楽町より外便所を持来る

九月二十三日　木　晴　祭日

午前七時出て新橋ステーションに到る箕作佳吉氏洋行出発を見送る　是より橋本圭三郎氏を牛込袋町に訪ふ不

在、九時帰宅、渡り建つぎ等大工と種々相談の上取極む、権兄来り午食す、午後桜井龍造氏来る

九月二十四日　金　雨

午後は学術目録編纂加盟委員会に付文部省に到る　帰途母上様許立寄り六時過上野精養軒に到る　山田鉄蔵林曄二氏帰朝中西亀太郎北島多一二氏洋行送迎会なり九時頃帰宅

九月二十五日　土　雨

朝出勤掛けに辻新次氏を訪ふ、午後四時過帰宅

九月二十六日　日　晴雨

在宿、外便所出来す

九月二十七日　月　雨

午後教授会に出席す四時過帰宅

九月二十八日　火　雨

午後五時頃教室を出て長岡社例会に出席、長岡より加藤一作、仙田楽三郎、槇忠一郎、長沢矢一の諸子出京出席あり、盛会なりき　徒歩十時帰宅

九月二十九日　水　雨

時事新報社員左氏壮吉氏教室へ来る、五時過帰宅

九月三十日　木　曇少雨

午後四時過帰宅

十月一日　金　晴

午後五時過帰宅、西尾文男来る、長岡社決議の次第を伝ふ

十月二日　土　晴

午前六時過新橋に到る中西亀太郎氏、北島多一氏洋行発途を見送る是より教室に到る、午刻出て帰宅、植木屋来りて松を造る

十月三日　日　晴

午前長谷川泰氏来訪、終日庭にあり、仮湯殿及物置を取崩す、大工の外、ブリツキ屋、植木屋、仕事師等来り近来の混雑なり、母上様御出

十月四日　月　晴曇

書生屋形勉病気にて今日去て帰郷す、午後三時半帰宅

十月五日　火　雨

午後五時過より学士会事務所に到る公衆医事会なり十一時帰宅

十月六日　水　雨

午後は顕微鏡試験の残り追試験をなす、五時半帰宅

十月七日　木　曇
午前八時より昨日の残りを試験す、合計拾三名の追試験をなす　湯殿を取崩したるを以て不得已屋外にて入浴す
十月八日　金　大雨
午後四時半帰宅
十月九日　土　曇
壁中塗りをなす、午後一時帰宅、庭にあり、午後五時半出て偕楽会に出席十一時帰宅
十月十日　日　晴
近頃稀なる好天気なり終日在宿庭にあり、午後お喜美は小供を携て上野へ行く、田中昌次氏士官学校入学以来始て来る　生垣、杉木（穴の脇）を取り除きからたちを植へる、栗の木一本切る又枝をおろす、壁中塗り及上塗り鼠色の部終る、亦仕事師夕刻来りて古家の傾斜を直す
十月十一日　月　快晴
午後は教授会あり学位令改正の件なり、六時半教室より直に牛込小松家に到る母堂の一週《ママ》年法事なり十時帰宅
十月十二日　火　曇雨
午後木下広次氏京都より出京、教室へ来る中浜氏の件に付話あり、四時出て中浜氏谷中の寓に訪ふ既に移転の後にて金井延氏住居す、降雨中徒歩帰宅す　今日裏門を閉つ、屋外入浴、屋形勉今朝死去すと
十月十三日　水　曇晴
午後衛生顧問会議に出席五時帰宅
十月十四日　木　晴
午後二時半帰宅、今日旧玄関を閉つ、庭先より出入す五時過出て偕楽園に到る榎本与七郎氏洋行に付三番舎同窓にて送別会を催せり十二時帰宅
十月十五日　金　晴
午後中浜氏教室へ来る、是より浜尾総長に面談数刻、三時半出て橋本家を訪ふ、五時頃帰宅、晩原信哉氏来訪
十月十六日　土　晴
午刻帰宅、庭にあり、夕刻橋本節斎氏来る（良一ヂフテリヤの疑あるを以て昨日氏を訪ひたるにより）
十月十七日　日　晴　祭日
終日在宿、渡り、付け足しを略ほ組立てたり、夕刻より富士見軒に到る石黒忠悳氏此度休職になりた《ママ》を以て北越医会々員にて一会催したるなり十時帰宅
十月十八日　月　晴
入学生宣誓式あり依て休業、良精欠席　午後教授会あり

十月十九日　火　晴

午後三時半帰宅、晩食後出て橋本家に到り次に猿楽町に到る　橋本母堂及北蘭明朝出発伊勢へ旅行せらるに付暇乞なり十時帰宅、大工休む（事故により）

十月二十日　水　晴

午後は衛生顧問委員会あり、四時出て緒方家留守宅を訪ひ帰る　大工休む、外にて入浴

十月二十一日　木　晴

午後四時半帰宅、石垣忠江氏令閨佐世保行の為め暇乞に来る　大工来る

十月二十二日　金　曇

午後四時半帰宅

十月二十三日　土　雨

朝出勤掛けに木下広次氏を訪ふ中浜氏の件なり　九時過教室に到る、午後四時半帰宅

十月二十四日　日　曇

終日在宿

十月二十五日　月　快晴

午後五時過帰宅　井戸屋来りて新井戸を掘ることに取りかかる

十月二十六日　火　晴

午後四時帰宅

十月二十七日　水　曇晴

解剖体二百体祭執行に付午後一時頃谷中天王寺に到る、市川書記と共に了院寺へ行きて養育院骨庫を見る同寺住職案内す、三時半過法会終る　今日新井戸掘り終る

十月二十八日　木　曇晴

午後学校衛生顧問会議に出席、終て麹町平河町に桜井龍氏を訪ふ氏は近日大阪へ赴任すべし、是より中浜東一郎氏を京橋弓町に訪ひ去二十三日木下氏に面会の模様を述べ次に長岡社例会に出席八時頃帰宅

十月二十九日　金　快晴

午後長岡出身の西洋酒店主某教室へ来りて証明を乞ふと雖も断る、四時過帰宅

十月三十日　土　快晴

今日は種々談合すべき件あるを以て午前八時過出て巣鴨監獄署に到り医長島述氏に面会し是より養育院へ寄る安達幹事不在なりしも医員山崎氏に面談　午十二時去て帰宅す好天気の歩行大に快、渡り廊下及建て続ぎの家根こけら葺き終る　湯殿略ほ出来に付湯を立て入浴す昨年移

転以来仮浴場なりしところ久々にて甚た快し

十月三十一日　日　快晴

終日在宿庭の掃除をなす

十一月一日　月　快晴

良一学校にて遠足会あり　従来記載解剖学講義は田口氏は筋、脈菅、神経を良精は骨、靭帯、内臓を受持ちたるを最初の約束もあり本年よりは之を交換することに極めたり　然るに骨靭帯筋を除くの外従来の儘になしおくべしとの発議あり　数刻の間投議《ママ》すと雖も議合はず　不得已良精遂に譲る其場合に於て田口氏の態傲慢を極む　六時半帰宅

十一月二日　火　快晴

叙正五位、辞令書は十月三十日附にて昨夜受領す、午後一時帰宅二時過出て宮城へ御礼に行く三時半過帰宅　上塗り根岸壁を始む

十一月三日　水　快晴

午後良一田鶴を携て本郷通りへ行き買物す亦た橋本家へ寄る母堂留守見舞なり　今日根岸壁塗り終る、井戸鳥居を移す、門を移す但し全く出来に至らず

十一月四日　木　快晴

午食より下谷警察署に到り署長（竹内実正？）に面会、解剖体火葬埋葬は大に遅延することあるに付其打合せをなす二時教室に帰る、四時半帰宅　床間等の上塗り出来す

十一月五日　金　雨

午後四時半帰宅、母上様伊勢参りより昨夜帰京せらる

十一月六日　土　雨

運動会の筈なりしも雨天に付止む但し休業、平日の通り午後四時半帰宅

十一月七日　日　曇

午前出て橋本母堂帰京に付見舞ふ次に猿楽町母上様の帰京に付訪ふ午刻帰宅

十一月八日　月　快晴

午後四時過帰宅、母上様御出、千鳥子大阪へ行くに付暇乞に来る

十一月九日　火　快晴

午後四時過帰宅、今日障子を嵌込む

十一月十日　水　晴

午後は学校衛生顧問委員会に出席、閉会後浜尾新文部大

臣に挨拶す、五時帰宅
　十一月十一日　木　曇
今日より数日間大工休む、午後四時過教室を出て上野公園内を少しく散歩して精養軒に到る　寺尾平山両教授日蝕観測の為め印度へ出張に付送別会なり、十時頃帰宅時に少しく雨降る
　十一月十二日　金　半晴
寿衛造今日後二時新橋着に付同所に到る二時四十五分頃漸く着車す　兄弟親戚等出迎ふ二十八年出征後二年半を経て面会す、台湾には満二年在勤せりと　プラットフォルムにて半時間余対話して発車す　一応は新発田へ帰営せねはならぬ次第なり　帰途猿楽町並に安田へ寄りて六時頃帰宅
　十一月十三日　土　快晴
大学運動会に付休業、在宿、新築の拭き掃除をなす、午後は母上様千鳥、小供を運動会へ遣る
　十一月十四日　日　快晴
午後は庭の落葉を掃く、午後は経師屋来りて襖を嵌め込む、お喜美は小供を携て浅草へ行く
　十一月十五日　月　快晴
午後三時帰宅、拾畳及八畳の間畳を敷込む、夜に入り茶果《ママ》を喫す、小児等悦び勇む、今夜より良精は新築に寝る
　十一月十六日　火　曇雨
午後は北里母堂葬式に青山墓地に到る三時半帰宅
　十一月十七日　水　雨
午後五時帰宅、材料の都合に依り一年生の解剖実地を始む（課程に依れば第二学期より始むる筈なり）
　十一月十八日　木　晴
午後四時半帰宅、今日障子を張る之にて坐敷の体裁全く備はる
　十一月十九日　金　曇雨
午後四時半帰宅、母上様御出
　十一月二十日　土　快晴
午刻帰りて新築拭き掃除をなす
　十一月二十一日　日　曇
終日在宿、今日より音次郎来る、晩一年生石原喜久太郎氏来る
　十一月二十二日　月　晴
良一結膜炎（右側）にて教室へ来り甲野氏の診察を請ふ
午後四時半帰宅

十一月二十三日　火　曇　祭日
終日在宿、新築拭き掃除をなす、午後金井延氏来訪
十一月二十四日　水　雨曇
午後学校衛生顧問会議、五時帰宅
十一月二十五日　木　快晴
良一教室へ来る（結膜炎一昨日来両眼となる）午後五時帰宅
十一月二十六日　金　晴曇
良一教室へ来る、午後五時帰宅
十一月二十七日　土　晴
午前在宿、十二時良一と共に出て大学に到る、午後三時教室を出て一寸帰宅直に植物園に到る　浜尾新文部大臣を学士会にて祝したるなり六時半帰宅　母上様猿楽町より移転せらる
十一月二十八日　日　晴
終日在宿、書棚の戸を嵌め込む
十一月二十九日　月　晴
午後五時教室より京橋松田に到る　長岡社例会なり帰途安田恭吾氏を訪ふ、髑髏蛇の根付（三円）を持帰る　古屋の支柱を除去りしたみを直す
十一月三十日　火　晴
文郎氏昨日卒業式あり明日仙台へ赴任するとて朝来る一番の成績にて賞賜あり　午後五時教室より学士会事務所に到る医学会議員会なり　八時頃帰宅
十二月一日　水　晴
午後五時過帰宅、寒気大に増す、スクリバ氏賜暇帰国のところ五六日前帰着に付外科に訪ふ　今日古家六畳と台所の間の押入を抜く
十二月二日　木　晴
午後六時帰宅
十二月三日　金　晴
午後二時過良一診療に来りたると共に帰宅、台所の戸棚を造る
十二月四日　土　晴
大学不参、音次郎所々の棚を釣る、夕刻より外山新総長の園遊会に植園に到る六時過帰宅
十二月五日　日　晴
書棚を造る、終日書籍を運びて棚に並列す　之にて先つ普請落成す、去三月六日水盛りより九千円を費す、又し

ぶや来りて古家を塗る、門を洗ふ　去六月紛失せしと思ひたる公債証書を書物取片付けの際発見す

十二月六日　月　晴

午後教授会あり、五時半帰宅

十二月七日　火　曇晴

午後六時半帰宅

十二月八日　水　曇

午後学校衛生顧問会に付文部省に到る、今日運動場に於て新旧総長外山浜尾両氏の送迎会ありたれども為に欠席、三時半帰宅、音次郎来りて古家の建具を直す　父上様忌日に付阿兄来り共に晩食す

十二月九日　木　曇

午後六時帰宅、今夕七時着京す云々の電報寿衛造より到る、依て良一を携て上野ステーシヨンへ出迎ふ、母上様今朝御他出、未だ帰られず、寿衛造を携ひ七時半帰宅、十二時迄談話、音次郎は今日限りとなれり

十二月十日　金　晴曇

菅之芳氏独乙より帰朝教室へ来る　午後六時過帰宅

十二月十一日　土　曇

午前十一時半教室に到る、午後五時帰宅

十二月十二日　日　曇晴

終日在宿、片付けもの、書棚ガラス戸拭き等をなす

十二月十三日　月　晴

午後大沢、田口、隈川四氏と相集り一年生学年試験法等に付相談す、四時半出て徒歩偕楽園に到る十四名の出席ありて大賑かなりし、十一時帰宅

十二月十四日　火　曇晴

午後五時帰宅、今日は良精誕生日なるを以て小供と茶果《ママ》を喫する筈なりしも六時頃弘田氏来り為めに止む、同氏か小児の脚気に就て草したる論文に付ての相談なり、十時同氏去る

十二月十五日　水　快晴

午後四時半帰宅、今日煤掃きをなす

十二月十六日　木　快晴

午後良一眼科へ来り共に徒歩二時半帰宅、今日千駄木より昨年来托し置きたる荷物を運ぶ、西洋机を書斎に据へ付く

十二月十七日　金　快晴

午後五時帰宅

十二月十八日　土　快晴

午後十二時半帰宅、片付物をなす

十二月十九日　日　晴

終日在宿、片付け物をなす、之にて略ほ片付き大体の極り付きたり

十二月二十日　月　晴

夕刻教室より徒歩にて京橋松田に到る長岡社例会なり帰途も亦た歩す恰も神田明神歳の市にて雑沓す

十二月二十一日　火　晴

午後四時過弘田氏同伴帰宅、氏の論文（小児の脚気）共に書き終る、十時同氏去る、今夜より亦旧家に寝る

十二月二十二日　水　晴

記載解剖学講義を閉つ、午後五時帰宅

十二月二十三日　木　晴

総論解剖学講義を閉つ、午後二時半帰宅

十二月二十四日　金　晴

大学不参、午後は木下広次氏養父君の葬式に伝通院に到る　直に帰宅

十二月二十五日　土　晴

大学不参、昨今は書物などの整頓に従事す、明朝は寿衛造出発弘崎《ママ》へ帰営に付晩は権兄、魁郎氏来り談話す

十二月二十六日　日　晴曇

午前五時起く二時過寿衛造出立す、午後は共に良、田、精を携て小川町東明館に到り買物す亦しるこやに入りて帰る

十二月二十七日　月　晴

午前九時教室に到る、夕刻帰途緒方正規氏を訪ふ　氏はモスコウ府万国医学会へ派遣の処去る廿三日帰朝す、六時過帰宅

十二月二十八日　火　曇晴

前十時半教室に到る、午後五時半帰宅

十二月二十九日　水　晴

教室不参、午前鈴木孝之助氏佐世保より出京来訪共に午食す、氏は此度休職となり愈々洋行すと云ふ　午後二時頃良一田鶴と携て橋本家へ歳暮に行き本郷にて買物し四時頃帰宅

十二月三十日　木　晴

昼中は在宿、来二日かるた会の招待はがきを出す、晩食後外出安田恭吾氏方へ寄り小川町二勧工場に入り、筋違ひより本郷を通り仲町にて炭取りを買ひ十時半帰宅

十二月三十一日　金　晴

午前磯吉音次郎歳暮に来る、書生須藤繁登氏市ノ瀬忠次郎の添書を持ちて来る来二日より寄宿を約して去る　午後三時頃権兄来新坐敷にて家族集りて年末を祝す、入浴八時出て水道橋より小川町、日本橋、銀座に到り天金にて食事し帰途に就く、本郷を通りて十一時半帰宅時に天少く曇りて旧八日頃の月朦朧たり季候《ママ》少しく温暖に過ぐ

明治三十一年　二千五百五拾八年　1898

良精満三拾九年　駒込曙町拾六番地

一月一日　　土　曇晴

朝八時前起く、昨日来甚た温暖、終日小供と戯る、午刻橋本豊太郎、今村一雄年始に来る、午後橋本節斎氏来る

一月二日　　日　曇晴

午後田鶴を携て千駄木森家へ年始に行く帰れば今日のかるた会に来会者ぽつぽつ来る、三津の山へ行きて紙鳶を遊ぶ　今日の来会者は西郷吉弥、野本清一、井口金助、小松操、同春三、安田稔、長谷川駒八、及同伴者、長井某兄弟、田中某、石垣貫三、小林魁郎、同三三、今村一雄、石原喜久太郎、菅野四郎、山本某、榊保三郎、森潤三郎の諸子なり　五時頃雑煮を食し終り六時頃よりかるたを始む、甚た盛なり遂に徹夜す、今日より書生須藤繁登来り宿す

一月三日　　月　曇晴

朝七時頃諸子散ず、終日荏苒、豊原又男、安田六郎、林直吉氏年始に来る

一月四日　　火　曇晴

昨夜少しく降雨、今朝止む、午後新井春次郎氏年始に来る、小供と三津の山へ行きて紙鳶を遊ぶ

一月五日　　水　曇

寒厳し、午前小松維直氏年始に来る、原譲氏同上、午後は弘田、安田恭吾氏来る　年賀名刺拾数枚、郵便はがき封書共六拾二通のみ

一月六日　　木　曇

午前十時過教室に到る、良一眼科へ来る、午後五時半帰宅

一月七日　　金　曇

大学不参、小児等と戯る、三津の山へ行く

一月八日　　土　晴

授業始めなり、午前九時出勤、午後五時半帰宅、断髪、入浴

一月九日　　日　快晴

温和なる天気に付小供を携てお喜美と共に浅草公園へ行く　宇治の里にて午食す、四時過帰宅

一月十日　　月　快晴

午後五時半帰宅

一月十一日　　火　曇

英照皇太后御一周年祭に付休業、終日在宿、福島甲子三氏来る　衆議院議員選挙遊説なり、権兄来る

一月十二日　　水　曇

午後六時帰宅、伊藤内閣成立発表す

一月十三日　　木　晴

午後五時半帰宅、一昨日来書生須藤帰り来らず遂に帰岡せりと云ふ、総論解剖学及胎生学を始む

一月十四日　　金　曇晴

午後六時帰宅

一月十五日　　土　曇

午後六時帰宅

一月十六日　　日　雨

昨年十一月二十日以来の降雨なり（尤も一二回一寸催したることあり）終日在宿

一月十七日　　月　曇

午後教授会あり之に出席す、四時半帰宅

一月十八日　　火　曇

午後六時半帰宅

一月十九日　　水　晴

午後六時教室を出て千駄木へ行く　今日招ねかれたるなり　九時頃帰宅

一月二十日　　木　晴

午後三時半帰宅

一月二十一日　　金　晴

午後六時帰宅、玉汝小児を連れて来り泊す、晩第一年生二名来り親睦会のことに話あり

一月二十二日　　土　晴

午前十時過出勤、良一眼科へ来る共に帰宅、みつの山へ行きて紙鳶を遊ぶ

一月二十三日　　日　雨

午後は芝紅葉館に到る卒業宴会なり、七時去て鈴木孝之助氏訪十時半去る　時に大に雪降り始む十二時帰宅

一月二十四日　　月　雪曇

俸給を受取る、午後四時半過帰宅

一月二十五日　　火　雨雪

悪天不快を極む、午後六時前帰宅

一月二十六日　　水　晴

午後五時頃学士会事務所に到る　医学今日総会に付きて

議員会なり八時過帰宅

一月二十七日　木　晴曇

午後五時半帰宅

一月二十八日　金　雨曇

午後四時頃より医学会例会に出席、六時半帰宅、晩安田恭吾氏権兄と共に来り公債（六百円）暫時借用の話あり但し断る

一月二十九日　土　晴

午後二時半教室を出て植物園に到る一年生諸氏の懇親会なり、七時頃帰宅

一月三十日　日　晴　祭日

終日在宿

一月三十一日　月　晴

午後四時半教室を出て長沼守敬氏を故榊氏銅像の件に付訪ふ不在

二月一日　火　晴

午前長沼氏教室へ来る、午後二時過教室を出て一寸帰宅直に出て新橋停車場に到り四時十分発車横浜に到る　広瀬佐太郎氏を訪ふ是よりクラブ・ゲルマーニアに到るオストアジアチッシエ・ゲゼルシャフト〔＊（ドイツ）東アジア協会〕に出席す、ベルツ氏アイノ人に付演舌あり七時半終る 是より八時発の汽車にて帰京、中華亭にて晩食し徒歩十一時半帰宅

二月二日　水　晴

午後五時教室より偕楽園に到る 鈴木孝之助氏留学に付送別会を兼ね同窓会なり 徒歩十一時半帰宅

二月三日　木　晴

午後五時半帰宅

二月四日　金　晴

午後六時帰宅

二月五日　土　曇

午後六時過帰宅

二月六日　日　晴暖

別に外出せず

二月七日　月　雨

午後四時教室を出て鈴木孝之助氏許に到る 氏は愈明日出発独乙へ留学に付暇乞なり、晩食、九時帰宅

二月八日　火　曇

午後五時学士会事務所に到る故榊氏銅像の件に付長沼氏

榊兄弟、丹波片山の諸子と会して相談す食事し九時帰宅

二月九日　水　半晴

午後は学校衛生顧問会議に付文部省に到る四時半帰宅

二月十日　木　雪

明十一日宮中に紀元節宴会に被召たれども御断りを今日出す、午後五時過教室より富士見軒に到る スクリバ氏緒方氏露国より帰朝、土肥慶蔵氏帰朝、吾妻勝剛氏留学に付迎送会なり十時帰宅、終日雪降りて尚ほ止まず五寸余積る

二月十一日　金　晴　祭日

終日在宿、庭の雪を片付く

二月十二日　土　晴

午後五時半帰宅

二月十三日　日　晴

終日在宿

二月十四日　月　晴

午後は教室会あり、午後五時過教室を出て上野精養軒に到る 関場不二彦、三宅速、宮入慶之助三氏洋行送別会なり、九時過帰宅

二月十五日　火　晴

朝出勤前に故法学士片山清太郎実母とて困究《ママ》に付援助を乞ふ金壱円遣す、午後六時帰宅

二月十六日　水　曇

午後六時帰宅　在独大沢岳太郎、鈴木文太郎、石川公一の三氏に手紙を出す

二月十七日　木　晴

午後五時半教室を出て村上へ行き靴を一足求め七時半帰宅

二月十八日　金　晴曇

学生諸氏より依頼の書籍の大注文書をフリードレンデルへ宛て出す、午後六時帰宅

二月十九日　土　晴

（昨夜より今朝まで雨降る）午後五時帰宅

二月二十日　日　曇風

終日在宿

二月二十一日　月　晴曇

午後六時過帰宅

二月二十二日　火　雪風雨

極て悪天なり、午後五時上野精養軒に到る、長谷川泰氏の招待なり、大沢、緒方、小池、中浜、浜田、三浦謹、

良精等来食す、九時半帰宅

二月二十三日　水　晴

午後六時帰宅

二月二十四日　木　晴

帰途榊家へ寄りて六時帰宅

二月二十五日　金　晴

午後三時教室を出て第百銀行に到りベルリン、フリードレンデル＆ゾーン宛為換千四百五十麻児克（邦貨七百〇七円三十一銭但一麻四十八銭七厘八毛とす）を組み是より新橋日吉町九州倶楽部に到る　一年生親睦会なり、七時帰宅

二月二十六日　土　晴

午刻帰宅、雛人形を飾る、小供等と戯る

二月二十七日　日　晴

午前小供を携て槇町散歩、神山閏治氏来訪、榊夏子と佐伯平次氏と結婚に付同氏夫婦と良精夫婦媒介人となりたるに付打合せの為めなり　午後は母上様と共に良、田を携て浅草へ行く汁粉屋に入りて帰る亦た江崎にて生蕃写真を受取る　晩食後榊家に到る、夏子婚姻の件なり

二月二十八日　月　晴

午食より直に新橋に到り品川へ赴く隈川宗雄氏令閨葬式なり　海晏寺に於て執行、五時半帰宅、二時過約束の如く神山氏来る　権兄今朝出発、長岡へ旅行、臨時総選挙の《ママ》付てなり　故に母上様は昨夜より猿楽町へ留守居に行かる

三月一日　火　晴風

大学紀念日に付休業、榊家へ行きて夏子結婚の件に付昨夜神山氏と協議したる条々を伝ふ、是より大学へ赴き紀念式に列す十一時過帰宅、在宿

三月二日　水　曇

午後四時半帰宅、是より榊家に到り結納を持ちて佐伯家に到る　再び榊家の請書を渡し七時帰宅

三月三日　木　曇

午後六時過帰宅

三月四日　金　曇寒雪

午後四時過より学士会事務所にて医学会総会委員会合にて相談するところあり終て食事し八時過帰宅

三月五日　土　曇寒

午後三時帰宅、直に支渡、お喜美と共に出て榊家に到り

新嫁子始め諸子と同道、本郷万金に到る、無事に媒介人の約を済ませて十時帰宅

三月六日　　日　曇晴

午前佐伯新夫婦来訪、午後小供を携て近辺遊歩　長谷川駒八、石原喜久太郎来る

三月七日　　月　晴

フリドレンデル宛為換券封入書留郵便にて出す、五時半教室を出て偕楽園に到る大森治豊氏洋行に付送別旁同窓会を開く、十二時過帰宅

三月八日　　火　晴

午後五時半教室より佐伯平次氏方へ暇乞に行く　同家は明日出発長崎へ移住せらる、七時帰宅

三月九日　　水　晴曇

午後六時帰宅

三月十日　　木　曇、昨夜雪

午後六時帰宅、小笠原金三郎統計課の方甚不精勤にて昨年夏休暇以来殆と全く不参の由　浜尾新氏よりの書面に対し今日手紙を出す

三月十一日　　金　晴

午後六時帰宅、晩食後小供を携て金比羅社縁日へ一寸行く

三月十二日　　土　晴

午後三時過出て植物園に到る、浜尾前文部大臣の慰労会なり六時過帰宅、寒冒の気味に付臥す

三月十三日　　日　雪

昨夜来雪降り四五寸も積りたるならん、寒冒に付書斎に臥す、午前朝倉外茂鉄氏選挙の件に付来訪　良精は棄権の旨を答ふ　但し此度は候補者は田口卯吉江間俊一の二氏なり

三月十四日　　月　晴

午後は教授会あり、五時半帰宅

三月十五日　　火　曇

午食して直に帰宅、床に臥す、熱三十八度二分、母上様玉汝来る

三月十六日　　水　曇

欠勤

三月十七日　　木　晴暖

出勤、午後スクリバ氏のロインヘン放線デモンストラチオンに出席、気分甚た悪し発熱を覚ゆ、終て帰宅直に床に臥す、体温四十度二分あり、終夜不眠、苦悶甚たし

病勢盛なる中は能く記憶せず

三月二十一日　月

今朝未明に家内を起し橋本節斎青山胤通両氏の許へ使を出し可成速に来訪を乞ふ　両氏来診、肺炎（左側下葉）と極る

三月二十二日　火

橋本青山二氏来診、入院治療を勧む

三月二十三日　水

第一医院入院

三月二十四日　木

分離して体温平常以下に下る

三月三十日　水　曇

午後退院

三月三十一日　木　曇

新井、吉永二氏来訪

四月一日　金　曇

橋本氏来診、看護婦は今日限りにて去る

四月二日　土　曇

田口和美氏来訪三十二年度教室予算の事を談す

四月三日　日　雨　祭日

緒方正規氏来訪

四月四日　月　晴曇

断髪、始めて入浴

四月五日　火　雨

中浜氏来訪

四月六日　水　曇雨

今日より植木屋来る、田口氏来訪

四月七日　木　晴曇

時に庭に出て植木屋に指図す

四月八日　金　半晴

新井春次郎氏来訪

四月九日　土　曇雨

橋本氏来診、ボート競漕会に付北蘭小供を携て向島へ行かれたり

四月十日　日　晴

敷波重次郎氏、長谷川泰氏来訪

四月十一日　月　曇晴

大抵庭にあり、権兄長岡より帰京

四月十二日　火　晴

大抵庭にあり、精一氏一寸玄関まて立寄らる、橋本母堂来訪

四月十三日　水　晴

原信哉氏同譲氏来訪

四月十四日　木　晴

一昨日来極て好天気となる、昨今庭内桜花満開、今日鎌倉檜を植ゆる、晩食出て菊池大麓氏を訪ひ、京都医科大学長の件に付談す、是より橋本家へ寄り診察を受く九時帰宅　愈々明日鎌倉行と決し、荷送りなし十二時就眠

四月十五日　金　晴

朝六時半出発、七時二十五分新橋発車九時半鎌倉着、長谷寺に到れば既に前以て通知ありたりとて万事都合よし、客至て少し（二名のみ）明間沢山ありて其中二階西北角室最静且山を眺佳なるを以て之に取極む　午前休息、午後一時半外出、海岸を散歩し材木座光明寺に到て戻り三時半宿に帰る、お喜美へ手紙を出す、晩食後暫時にして眠る

四月十六日　土　晴（雨）

午前木下広次氏へ中浜氏の件に付長文の手紙を認む、午食後外出、大仏に到る亦其山上に登る時に雷鳴夕立す急きて帰る

四月十七日　日　晴

午前八時出て七里ヶ浜に散歩す腰越まて到る　江の島は本日赤十字社員運動会にて小松宮某殿下成せられ大に混雑の模様に付帰途に就く、十一時半帰ればお喜美の手紙あり　午後は再ひ大仏の桜花を見る

四月十八日　月　晴

午前先観音に登りて暫時談話、是より散歩に出掛け政子の墓、実朝の墓より千代の井、十六の井に到て引返し海浜院にて午食し帰る　午後稲村崎へ登る眺望よし、芝上に臥す、是より極楽寺に到る時に雷鳴夕立す

四月十九日　火　晴

稀なる好天気なるを以て江の島行と決し午前八時出て七里ヶ浜砂上を歩す　愉快此上なし島山上一茶店に休息し窟入口の岩に下りて此処に遊ぶ　午刻となるを以て登りて金亀楼にて食事し再ひ下りて岩上にあり、五時帰宿、少しく疲労す、お喜美の手紙着しあり

四月二十日　水　晴

朝橋本節斎及お喜美に手紙を出す、佐助稲荷へ登る銭洗井をさがしたれども明かならず、午後は稲村ヶ崎にあり

晩和尚来りて談話

四月二十一日　木　晴曇

午前海岸を歩し材木座六角井に到り是より別願寺（持氏の墓あり）安養院（政子の墓）妙本寺（比企氏の墓一幡の墓）に到て帰る、午後は曇り且つ疲労を覚ゆるを以て在宿、木下広次氏より返書到る

四月二十二日　金　曇

昨夜降雨、甚寒冷、午前在宿、午後覚園寺に到り名作なる仏像を見、是より山道を半僧坊に登る、道を違ひて文覚池に下る再ひ登る、荒居閻魔並に十五（名作なりと云ふ）を見て帰る

四月二十三日　土　晴曇

朝中浜東一郎氏へ手紙を出し是より望夫岩、窟不動、大江秀光の墓、尊氏の墓を見て是より引返し亀ヶ谷を通りて扇の井を見、海浜院にて午食し午後海岸を往来し四時過帰宿すれば潤氏良一着し居る　於菟氏は事情ありて不来、両人を誘ひ出て先つ権五郎社、星の井より海岸に出て暫時遊ぶ、是より大仏を見て帰る

四月二十四日　日　雨

終日出ることあたはず潤、良大に失望す、午後良精出て貝細工等を買ひ来る　四時両人出発帰京す

四月二十五日　月　雨

終日外出することあたはず、徒然を極む

四月二十六日　火　曇

午前海岸を散歩す、午後八幡より白旗山に登り是より建長寺（有楽斎の墓不明）明月院（最明寺時頼の墓あり）円覚寺に到る供鐘にて休息、三浦道寸の墓あり是より引返し甘露井を見、亀ヶ谷を通りて六時帰宿

四月二十七日　水　晴

午前は北条一門切腹の地（横穴）より山を越し浄妙寺村に出て観音に登り浄妙寺（足利代々の墓あり）まで行き是より大塔宮より瑞泉寺に到る　後の山上に一覧亭旧趾あり　此先きに少しく下りて北条高時以下の墓あり之は葛西ヶ谷に於て切腹したるものの首を秘に埋むるところなりと云ふ　坂に首塚とも云ふ横穴なり　之より引返し帰途和田義盛の墓（之は郵便局裏庭中にあり）を見て帰る、午後十二時半出て江の島へ行く島の一茶店に休息し例の岩に下りて遊ぶ、六時前帰宅、今日午前午後の道程は少くも五里に下らざるべし而も山道多し然れども著しき疲労を覚へず大に体力の増したるを知る

四月二十八日　木　雨

朝散歩に出掛たれども雨降り始めたるが故に帰る　是より在宿、午後四時出て「ステーシヨン」に到り四時三十分発車、六時二十分新橋着、迎への車あり、時に大に雨降る、七時半帰宅、入浴、共に病全快を悦ぶ

四月二十九日　金　半晴

午前九時出勤　外山総長を訪ふ、不在、解剖教室諸氏に面会礼を述ぶ、事務室に到り帰京届書を依頼す　十二時帰宅

四月三十日　土　晴

大学不参、午後小児等を携て供に浅草公園へ行く　汁粉やに入る、亦玉乗り芸を見る、小供大満足なり六時半帰宅　総長外山正一氏文部大臣となる

五月一日　日　晴

終日在宿、午前安田六郎氏権兄来訪、権兄には長岡より帰京後始て逢ふ

五月二日　月　雨

午前七時出勤、記載解剖学講義を始む、学士会にて諸氏と共に午食し次に三浦謹之助氏の診察を受く　患部は只肺の伸張未た全く尋常ならざると且つ其部に少しく濁音あるとのみなりと、二時過帰宅

五月三日　火　雨曇

胎生学講義並に顕微鏡演習を始午後四時まで授業す、少しく疲労す

五月四日　水　晴

午前ベルツ氏を教室に訪ひて礼を述ぶ序に診察を受く　三浦氏と同様なり午刻帰宅、駒本学校運動会に付精を携て飛鳥山へ行く夕刻帰宅　大に疲労す

五月五日　木　晴

午後五時半帰宅、久々にて豊国にて午食す　中浜氏教室へ来る京都医科大学の件は既に他に確定し同氏は終に不調、遺憾極る

五月六日　金　晴

午刻帰宅す、今日は新井春次郎、吉永虎雄、敷波重次郎の三氏を招きて饗応す　五時半諸氏来る、総て工合宜し、十時諸氏去る

五月七日　土　晴曇

午後三時教室を出て榊家に寄りて帰る

五月八日　日　曇雨

午前原信哉氏来訪、終日在宿

五月九日　月　雨

午前ベルツ氏及和蘭人類学者カーテ氏教室へ来る　之が案内をなす、午刻帰宅、晩食後出て牛込小松を訪ふ　久振りなり九時半帰宅

五月十日　火　曇

午後四時過教室を出て千駄木森家を訪ふ　晩食を饗けて帰る

五月十一日　水　曇

午刻帰宅食事し出て学校衛生顧問会議に出席　終て原家へ立寄り之より斯波淳六郎氏市ヶ谷薬王寺前町に訪ふ　在独鈴木文太郎氏留学年限短縮の事に付申来りたる件に付てなり七時半帰宅

五月十二日　木　晴

午後五時半帰宅

五月十三日　金　曇雨

午後三時過教室を出て小林家を訪ひて帰る　六時出て浜町常盤屋に到る原信哉氏結婚披露なり九時半帰宅

五月十四日　土　雨

四時帰宅

五月十五日　日　晴

午前庭にあり、午後斯波淳六郎氏鈴木文氏の件に付来訪、二時過良一を携て小川町へ行き帽子、蝙蝠傘等を求め帰る

五月十六日　月　晴

午後三時半教室を長沼守敬氏を訪故榊氏の像を見て五時半帰宅、熱海小松家養嗣子を迎ひられたる悦びの手紙を認む

五月十七日　火　曇

午後四時半帰宅

五月十八日　水　雨

午後学校衛生顧問会議に出席、帰途青山氏訪ふ不在　権兄を訪ふ山添某氏来る晩食長談十一時帰宅

五月十九日　木　晴

第十二議会開院

五月二十日　金　晴

午後五時半帰宅

午後三時教室を出て長谷川泰、辻新次両家へ病気見舞の礼に行き帰る　今日三浦謹之助、橋本節斎両氏診察を受く、左側乳頭下部に於て更に水泡音ありと

五月二十一日　土　雨

午後四時帰宅

五月二十二日　日　晴（夕刻雨）

午前は庭園にあり、午後は良一田鶴を携て動坂の薔薇を見て諏訪神社に到る（今年始めてなり）、蓮華を採り遊ぶ千駄木森家へ寄りて帰る　今日植物園に於て外山新文部大臣の祝宴ありたれども時刻後れたるを以て不参

五月二十三日　月　晴

午後三時半教室を出て渡辺洪基氏令閨死去に付悔に行き帰途安田恭吾氏を訪ひ六時帰宅

五月二十四日　火　曇雨

午後六時過帰宅

五月二十五日　水　晴

午後青山氏教室へ来る病後始めて同氏に逢ふ、診察を受く五時過帰宅

五月二十六日　木　晴

午後　皇太子殿下理科大学へ行啓あらせらる、主として「スクリバ」氏「ロイントゲン」放線試験を御覧の為めなり医理両大学教授奉迎送す、授業其他全く平常の通り五時過帰宅

五月二十七日　金　晴

午後四時帰宅、穴の脇の傾きたる栗木を伐る

五月二十八日　土　晴

午後三時教室を出て植物園へ行く菊池新大学総長の招待なり七時過帰宅

五月二十九日　日　晴

清心院十三回忌法事を繰上げて行ふ、午前九時過吉祥寺に到る、操春三二氏既に来り居る十時半読経終りて帰る、午餐の招きに応して来りたるもの操、春三、秋二、魁郎（叔母名代）及権兄なり、寿衛造は来ること出来ず　晩七時半永田町「ベルツ」氏許行く今日招待せられたるなり外に青山、三浦守、三浦謹、入沢氏あり二時帰宅

五月三十日　月　雨

午後四時帰宅

五月三十一日　火　晴

午後六時帰宅

六月一日　水　晴

午後五時半帰宅

六月二日　木　晴

午後五時半帰宅

六月三日　　金　晴

六月四日　　土　曇

午後五時帰宅

六月五日　　日　雨

終日大降雨、諸方老母方来会、公衆医事会なれども悪天に付欠席

六月六日　　月　晴

午後教授会あり、五時帰宅、小供を携て槙町まて遊歩

六月七日　　火　晴

衆議院三日間停会となる

六月八日　　水　晴

教室小使中沢、佐藤、星野三名共謀して屍の被服を剥ぎて売却したること発覚して刑事巡査来り拘引す、為めに遅刻して二時頃学校衛生顧問会議に出席、三時半再教室へ来る、小使等放免せらる、六時過帰宅

六月九日　　木　晴

午後五時帰宅

六月十日　　金　晴

午後四時帰宅、寿衛造明朝出発弘前へ帰任すべし

六月十一日　　土　雨

胎生学講義は来週の二回分繰上げ八時より十時まて講義して閉つ、午後四時半帰宅

昨日議会は増税案否決したるか為め解散せらる

六月十二日　　日　雨晴

終日在宿、午後霽れたるを以て庭にありたり、斯波淳六郎氏来訪

六月十三日　　月　雨曇

記載解剖学は来十五日の分を繰上げ七時より十時半まで講義して閉づ、午後四時半帰宅　在独乙「キール」鈴木文太郎氏へ追加予算通過したるを以て留学費増加せらるべきをはがきにて報ず

六月十四日　　火　曇

午前十時より午後六時まで打ち通して顕微鏡実習をなす

六月十五日　　水　曇

顕微鏡実習明日の分繰上けて今日閉つ六時帰宅

六月十六日　　木　曇

午後四時帰宅

六月十七日　　金　曇

教室不参、庭にありたり

六月十八日　　土　雨

教室不参、午後六時過出て植物園に到り□□外及其他有志者の「ベルッ」「スクリバ」両氏を招待せらるなり九時帰宅

六月十九日　　日　曇雨

数日来曇又は雨、梅雨の天気実に不快を覚ふ

六月二十日　　月　曇

午後一時より一年生解剖学（総論及各論）試験を行ふ筆答なり法科大学大教場に於てす六時頃終る、長谷氏来訪七時帰宅

六月二十一日　　火　曇雨

終日在宿にて答案調べをなす

六月二十二日　　水　曇

在宿、答案調、午後良一田鶴を携て白山下の花菖蒲を見る

六月二十三日　　木　晴

久々にて晴天

六月二十四日　　金　晴

夕刻良一田鶴を携て買物旁御嶽社の縁日え行く

六月二十五日　　土　雨曇

夕刻出て偕楽園に到る久々にて同窓会出席

六月二十六日　　日　雨風曇

悪天不快を極む

六月二十七日　　月　曇晴

答案調終る但百○五通あり

六月二十八日　　火　雨

教室不参、午後四時植物園へ行く外山旧総長菊池新総長送迎会なり九時半帰宅

去二十五日伊藤総理大臣辞表を出し尋て内閣総辞職となり大隈板垣が内閣組織することとなる今日其役割略ほ決定す

六月二十九日　　水　曇晴

午前九時出勤午後五時半帰宅

六月三十日　　木　晴

午前和田昇一来る為めに遅刻し教室不参　長岡吉田円次郎氏妹子を同道出京し今日来訪

七月一日　　金　晴　炎熱甚し（三十二度）

前八時出勤、顕微鏡実習試験を始む、五時半帰宅

七月二日　　土　晴

試験、卒業証書に記名す

　七月三日　　日　晴

午前八時出勤、試験、二時帰宅、今日午前お喜美小供を携て上野博物館へ行く

　七月四日　　月　晴

午後は外国教師を医科大学に雇ひ置や否やの件に付教授会あり、試験中に付暫時列席したるのみ、六時帰宅

　七月五日　　火　曇

今日顕微鏡試験終る、午前井口金介の件に付高等学校へ行く　午後五時過植物園に到る富井氏帰朝、寺尾享、田中舘、時重助教授某学士数名洋行に付送迎会なり八時過帰宅

　七月六日　　水　曇

午後は学校衛生顧問会議出席、帰途権兄を訪ふ留守、安田恭吾氏を訪ふ不在　晩吉田円次郎、横田四郎二氏来る金談あり

　七月七日　　木　晴雲

午前八時より大沢、隈川二氏に試験成績に付相談す　午後四時教室を出て猿楽町権兄を訪ふ、明朝出発長岡へ赴かる、晩食九時半帰宅

　七月八日　　金　晴

午前十時出勤、午後は教授会あり終て青山氏教室へ来り談話、六時帰宅、晩横田四郎来る、帰郷旅費金五円貸す、一泊す

　七月九日　　土　晴

午前十時出勤午後三時帰宅

　七月十日　　日　晴

卒業式に付午前九時大学へ二時帰宅、椰野馨仙台より出京〔＊裏写りにて以下判読不能〕

　七月十一日　　月　晴

午前八時出勤、午後四時半帰宅、明十二日より九月十日まで近県旅行の届を出す　晩食後出て村上修蔵を訪ふ小笠原の模様を聞き夏帽子を求め十時半帰宅

　七月十二日　　火　晴

午前出て浜尾新氏を訪ふ是より猿楽町に到る母上様留守安田氏許に寄りて十二時前帰る　夕刻吉田円次郎氏来り金談あり、明日出発伊豆国戸田《へた》（大学運動会水泳部開設の処）行と決し其荷造りをなす、十二時眠に就く

　七月十三日　　水　雨曇

昨夜半より雷鳴大降雨、今朝尚ほ止まず依て出発延引す

終日小供と戯る
七月十四日　木　晴
午前五時出発、六時新橋発車、十二時二十分沼津着小蒸気出船所芹沢方に到る、午食、午後二時半漸く出発、法科大学々生大和田氏同船す、四時半戸田着幸に学生諸子はしけを漕ぎて迎に来る、之に乗りて保養館に到る、直に水泳を試む、二階四畳半一室を占む
七月十五日　金　曇晴
水泳は毎日午前九時より十一時まで午後二時より四時までを制規とす、午後の水泳を終りて村に到り村内を遊歩す、水着一枚注文す、現在水泳部員総て十七名計　おきみへ手紙を出す
七月十六日　土　曇晴
午前遊泳を終へ漁船に乗じあぢ釣りを試む　金森、林川、岡部の三氏同行、船中にて弁当を食す、折悪く甚不漁なり日没頃帰る
七月十七日　日　晴
夕刻湾西の魚見小屋に登る
七月十八日　月　晴
午後菊池総長始め穂積陳、丹波、岡野、土方の諸教授来遊、明日水泳部開場式へ臨場の為めなり
七月十九日　火　曇風
腹工合悪し、今朝下痢す、終日食事を減す、午後二時より式始る、植村教師の水泳術真行草の形、創杖、抜手雁行、蝙蝠傘雁行、水入、いかだ角力等あり四時終る　是より宴会、列席するもの四十余名、甚盛なり、今日は遊泳せず
七月二十日　水　晴風
午前休泳、菊池氏等の一行今朝出発帰京す
七月二十一日　木　晴風
金森、林川二氏其他数名修善寺へ行く　良精遺憾ながら同行せず、午前水雷艇一隻入港す
七月二十二日　金　晴風
午前泳を終へ戸田村へ櫓を押して行く　上陸せずして直に帰る
七月二十三日　土　晴風
午後弘田氏及お喜美へ手紙を出す
七月二十四日　日　晴風
朝林川氏出発帰京す亦学生四名富士登山の為め出発　三浦守治氏より富士登山の件に付手紙来る

七月二十五日　月　晴
近頃稀なる好天、午前諸子遠泳を催す戸田村までとす良精も全距離を泳ぐ一時十三分間を費す　節斎氏及お喜美より手紙来る玉汝去二十三日男子分娩の通知なり、三浦守治、緒方正規、橋本節斎三氏へ手紙を出す

七月二十六日　火　晴
昨今両日甚朗かにして富士全形現す絶景、水泳部へ金二円果《ママ》子料として寄附す　晩食後小舟にて戸田まで往復す六日頃の月明にして快

七月二十七日　水　晴
長沼守敬氏より書面来る

七月二十八日　木　晴風
長沼氏の書面の件即ち故榊氏銅像の件に付丹波氏へ書面を出す

七月二十九日　金　晴風
例の如し

七月三十日　土　曇晴風
午後遠泳を催す、距離は新造帆船まで往復とす、風の為め甚困難、終て茶話会あり

七月三十一日　日　晴
昨日遠泳の為め休泳すと云ふ、良精一寸帰京す即ち七時半頃汽船来り之に乗る　島田剛太郎大島次郎外二氏同乗す、船沼津川口砂浜に着く、之より徒歩、十時沼津発車、諸氏と三等に乗る汽車混雑を極む、山北にて鮎酢鮨を以て昼食とす、三時二十分新橋着す　是より猿楽町北蘭を訪ふ次に安田へ寄る稔氏の戸田同行を托す云々　五時半頃帰宅、小供大に悦ぶ、断髪入浴

八月一日　月　曇雨
午前弘田家を訪ふ氏は伊香保旅行中にて夫人に面会、息男を托す云々、是より橋本家を見舞ふ玉汝出産の祝し十二時頃帰宅、午後雨を催す雷鳴し三時頃より大に雨降る為めに冷しくなりて大に心地よし　明朝出立の用意をなし十一時眠に就く

八月二日　火　曇
午前四時起く、五時前発す安田稔氏を途上誘ひ弘田息男に新橋にて会し六時五十分頃（八月一日より改正、六時二十分発車すべきもの）十一時五十分頃沼津着、是より下河原町芹沢に到る、土産として西瓜並にはだん杏を求む（壱円二十五銭）昼食、直にはしけを出す川口にて汽

船に乗る、四時戸田着、時尚ほ水泳最中なり、直に遊泳す、晩食後櫓を漕ぎて戸田まで行く

八月三日　水　雨

終日降雨、為に水泳出来ず室内にありて徒然を極む　お喜美へ手紙を出す

八月四日　木　曇風

水泳例の如し

八月五日　金　曇風

午後水泳の後弘田安田良一と共に戸田村まで行き菓子屋にて汁粉を食す、晩学生諸子歌かるたを取る

八月六日　土　半晴

良一お喜美へ手紙を出す亦お喜美の手紙到る

八月七日　日　半晴

午前水泳の際湾内へまぐろ入りたりとて漁夫等網を下す、行きて見物す、九山書記官名児耶会計課長来る

八月八日　月　晴

午前第三回遠泳あり、戸田まて往復とす、良精往は恰も風起り波立ちて甚困難、三分の一程にて舟に上る、復は全く泳く大に疲労す、午後茶話会あり、三時過る頃水雷艇第五入港す、意外にも　皇太子殿下御乗艦あらせらるに付直に水泳すべしとのことに付皆出掛ける、西瓜取りを催す

八月九日　火　晴

富士全く晴る、お喜美田鶴の手紙来る

八月十日　水　晴

学生岡本熊次郎氏へ手紙を出すお喜美へ同上、弘田令閨より書留書状来る、晩食後多勢戸田村へ行く例の菓子屋にて汁粉を食す

八月十一日　木　晴

午後西瓜取りあり、水雷艇二隻入港す直に去る

八月十二日　金　晴

親安氏今朝帰京す、午刻前水雷艇一隻入港す、皇太子殿御乗艇あらせらる、御注文に因り午後一時より水泳を催す、種々水術を演す二時半頃御出発

八月十三日　土　晴

朝富士皆晴、田口和美氏より鈴木文太郎氏の件に付書留書状来る、午後水雷艇一隻入港一泊す

八月十四日　日　曇

朝食を終へ直に戸田村へ行き田口氏へ書留にて返書を出す午後お喜美より為替入手紙来るBulner, Der Verstossene

（＊小説）を読み終る

八月十五日　月　曇（昨夜雨）

今朝雨止み例の如く水泳す、お喜美へ返書を出す　午後水泳の際水雷艇第二十号入港す　皇太子殿下あらせらる命に依り御艇に到る　酒肴料並に西瓜を下賜せらる　是より水泳御覧の上四時頃御出発

八月十六日　火　晴

午前稀有好天気なるを以て有志臨時遠泳を催す

八月十七日　水　晴

天気前日同し第四回の遠泳あり、午前八時始む、湾内一週《ママ》す二時間と十三分を費す、良精全く泳ぐ、午後休泳、夕刻より閉場式宴会を催す　会するもの三十四名、甚賑かなり

八月十八日　木　晴

午前植原氏等と戸田村へ行き為替金を受取り、太田某方へ寄り露西亜軍艦ヂアナが安政元年に沈没したる其遺物品を一覧し是より菓子屋に到りしるこを食し午刻帰宿

午前休泳、夕刻お喜美へ来二十一日帰宅の手紙を出す

今朝より良一寒冒

八月十九日　金　晴

良一は海に浴せず

八月二十日　土　晴

午前水泳中第一横須賀丸入港暫時にして出発

皇太子殿下御乗船あらせらる

（＊裏写りにて読み不可能）進水したる帆船（百六十噸）の試運に付乗船して（＊読み不可能）に付水泳部員諸氏同船に乗り一里余沖に出て帰る　明朝出立の支渡をなし勘定を済ませ十一時過眠に就く

八月二十一日　日　晴

午前七時半頃汽船来る直に発す　植原教師始め篠田、大島、花岡の三学生及安田氏同船、風なく波静かにして甚快、九時頃沼津着、船は棧まで行く、直に人車にてステーシヨンに到りて一茶店に憩ふ、十時十九分汽車発す、山北にて鮎すしを食す　四時過（大に延着）新橋着、迎への車にて五時帰宅す

八月二十二日　月　晴（晩小夕立）

午前権兄来る明後日出発帰郷すと、次に鶴田禎次郎氏洋行に付暇乞に来る、安田稔来る、午後飯沢耿介氏台湾より出京来訪

八月二十三日　火　晴

午前八時教室に到る　田口氏と鈴木文太郎氏の件に付協議し共に文部省に到り正木秘書官に面談し午刻帰宅

八月二十四日　水　雨

午前八時過教室に到る、俸給を受取り、十二時帰宅　午後足立文太郎氏来訪　母上様は昨日より猿楽町へ留守居に行かる　長岡横田四郎及吉田円次郎へ手紙を出す

八月二十五日　木　雨風

終日大雨、在宿、午後安田恭吾氏来る晩緒方正規氏来る

八月二十六日　金　雨

終日在宿、午前片山国嘉氏来る

八月二十七日　土　晴

午前八時教室に到る、午後二時半帰宅　ライプチッヒ民族学博物館へアイノ器物を発送したる旨通知書を出す

八月二十八日　日　晴

終日在宿、午前斯波淳六郎氏鈴木文氏の件に付来訪

八月二十九日　月　雨晴

朝出勤掛けに大沢謙二氏を訪ふ岳太郎氏今日横浜着の筈云々　午後四時過帰宅、小林魁郎来り晩食長談す

八月三十日　火　晴

午前九時出勤、午後三時半帰宅

八月三十一日　水　晴

朝出勤掛けに大沢家を訪ふ岳太郎氏昨夕帰着なし是より教室に到る　暫時にして岳氏帰着の報あり、午刻帰宅、更に出て新橋に到る午後一時五十分岳氏新婚の夫人同伴着す　炎熱甚し帰宅後良一田鶴を携て槇町へ氷水を飲に行く

九月一日　木　曇雨

故島田重礼氏の葬式に谷中斎場へ行く　帰途千駄木森家へ寄る、次に大沢岳氏を訪ひ午刻帰宅、大降雨

九月二日　金　晴

朝出勤の途緒方正規氏を訪ふ、午後五時帰宅

九月三日　土　雨

午前八時過教室に到る、田口氏と鈴木文太郎氏の件に付相談す　去五月二十六日付連名の手紙に対し返書来りたる為めなり　午刻帰宅、時に大降雨

九月四日　日　曇

午前九時教室に到る、田口、斯波両氏と会合、鈴木氏の件に付相談す　一時頃帰宅

九月五日　月　晴

終日教室に在り、午後五時より学士会事務所に到る公衆医事会なり、十時過帰宅

九月六日　火　雨

午前文部省に到る田口氏と会して正木秘書官に面談の図りのところ正木出勤なきに付空しく去る　母上様を猿楽町に見舞ひ午刻帰宅　時に大降雨

九月七日　水　晴（昨夜大風）

昨夜半より大風雨、今朝に至りて止む、十時前出て文部省に到り正木秘書官に面会し鈴木文太郎氏懲戒処分は中止、帰朝願は来年四月一日出発帰朝と指令すること決す帰途田口氏を訪ひ其次第を報告し午刻帰宅

九月八日　木　快晴（冷）

大に冷気を催す、終日在宿鈴木文太郎氏へ出す書面を草す　石原喜久太郎、原秋二来訪

九月九日　金　快晴

終日在宿、鈴木氏並に京都大学書記官森氏へ出す書面を草す亦斯波淳六郎氏へ手紙を出す

九月十日　土　晴

朝田口氏許立寄り是より教室に到る、田口、大沢岳二氏と会し始業に付打合せをなす、午後三時半帰宅、母上様御出、庭の梅枝を切る、晩小林未亡人来訪金拾円貸す

九月十一日　日　晴

終日在宿、庭の梅の枝を切る、午前緒方正規氏来訪

九月十二日　月　曇雨

午前八時前教室に到る、午前午後共卒業試験をなす六時帰宅、田口氏と連名にて在キール鈴木文太郎氏及在京都木下広次氏手紙を出す之にて鈴木氏の件一先落着す　大沢岳太郎氏授業を始む、同氏帰朝に付骨、靭帯、筋を同担任することにし十月末日にて終り十一月より記載解剖学他の部を田口氏と分担することとす　其受持部は従前の通り良精内臓五官器とし、田口氏臓器、神経とす

九月十三日　火　雨

今日より総論解剖学講義を始む　午後四時過教室より千駄木森家へ行く　於菟氏誕生日なりとて一家悉く晩食の馳走になる七時帰宅

九月十四日　水　雨

午後は文部省に到り学校衛生顧問会議出席、過般長谷川議長辞職に付今日議長選挙を行ふ　良精当選し即時議長を命せらる是より開会、四時閉会帰宅

九月十五日　木　雨

午後は元一年生追試験を行ふ五時過帰宅

九月十六日　　金　晴曇

追試験をなす、午後三時半教室を出て石屋へ回りハンドバチ台石を買ふ（金拾五円五拾銭）

九月十七日　　土　雨曇

午後良一田鶴教室へ来る　土肥氏の診察を受く四時過帰宅

九月十八日　　日　晴

終日庭に出て梅の枝を切る、午前大沢岳太郎氏夫婦来訪　権兄帰京に付北蘭今日より御帰り　西尾文男神戸より帰京来訪　篤氏病気の由

九月十九日　　月　曇

午後教授会あり之に出席、再入学を厳にすべきことを発議して可決せらる即ち従来諭旨退学となりたるもの再入学を願出て教授会に於て難問題となるが為めなり　五時半帰宅

九月二十日　　火　晴

午後四時帰宅、白山、根津両社の祭なり晩食後お喜美と共に田鶴、精を携て白山まで散歩す　在神戸西尾氏見舞並壱円為替券を出す　又長崎小山龍徳氏へ同氏夏休暇中出京し来訪　土産の礼状を出す、又井口金介氏へはがきを以て来宅を促す

九月二十一日　　水　晴

菊池総長教室へ来りて浜田学長眼病の為め辞職に付其後任者等に付相談あり、午後青山氏教室へ来る六時過帰宅、晩食して直に小児等を携て白山社まで散歩す

九月二十二日　　木　晴

今日より前学年に於て残りたる内耳の講義を二年生に始む

九月二十三日　　金　雨　祭日

終日雨降り在宿す

九月二十四日　　土　曇雨

午前八時より午後一時四十五分まで卒業試験をなす、午後一寸緒方氏来り学長就職すべしと云々

九月二十五日　　日　雨

終日雨降りて在宿、午前大沢岳氏来る

九月二十六日　　月　曇

午後五時帰宅

九月二十七日　　火　晴

午後五時半帰宅、晩権兄来る

九月二十八日　水　曇

午後三時半教室を出て上野谷中より日暮《ママ》まで散歩し五時半帰宅

九月二十九日　木　雨

午後五時帰宅

九月三十日　金　曇

午後五時過上野精養軒に到る　大沢岳太郎氏の為に宴会を開きて同氏の無事帰朝を祝す九時過帰宅

十月一日　土　曇

昨日浜田氏に更りて緒方氏学長となる　午後四時帰宅

十月二日　日　曇

午前庭にあり、午後三児を携て上野動物園に到る　次に商品陳列館に入り日没頃帰宅

十月三日　月　半晴

病理教室養育院送附の屍を半数つつとなすべき事談す是れ近頃殆と皆病理解剖するに到りたるが故なり　四時半帰宅

十月四日　火　曇

午後四時半出て団子坂田甫を散歩して五時半帰宅

十月五日　水　曇雨

午後一時出て是より開会となりたる高等教育会議に出席す　場所は一ッ橋外高等商業学校講堂なり　五時散会、是より権兄を問ふ次に公衆医事会に学士会事務所に到る同処にて晩食、十時半帰宅

十月六日　木　曇

午後は高等教育会議出席、五時半散会、是より京橋松田に到り長岡社例会に出席是今年始めてなり小西信八氏欧米巡回帰朝に付出席あり、近藤九満治広瀬吉弥両氏出京中折にて出席旁出席者多数にて甚賑かなりき九時半帰宅

十月七日　金　晴

午後は高等教育会出席、四時半散会　本日　賜本俸二級俸　辞令を受領す

十月八日　土　曇雨

午前入学宣誓式ありたれども欠席、午後高等教育会議出席、五時散会、是より上野公園三宜亭に到る　戸田水泳部員の懇親会あり九時半帰宅

十月九日　日　雨

終日在宿、秋山恒太郎氏二男乙磨来る

十月十日　月　晴

午後、高等教育会議出席
　　十月十一日　　火　晴
午後は高等教育会議出席、五時半学士会事務所に到る
大学運動会を一の法人となすことに付相談に与る十一時
半帰宅　今日午前木下広次氏教室へ来る　田口氏と会し
鈴木文太郎氏より予て申出の欧州諸国学覧視察の件に付
相談す
　　十月十二日　　水　晴
午後は高等教育会議出席、六時帰宅
　　十月十三日　　木　曇
午後は高等教育会議出席、五時半過帰宅
　　十月十四日　　金　晴
午後は高等教育会議出席、前来外国人に新契約実施の後
小、中学校等を普通教育の学校て設立するを許すべきや
否やの件甚難問題となり遂に未だ評決するに至らず六時
前帰宅
　　十月十五日　　土　晴
午後は高等教育会議出席、前日の難問題遂に許可すべか
らずと決す五時過帰宅
　　十月十六日　　日　晴
昨夜より今朝まで雨降る、七時頃より霽れる、良一を携
て石屋へ行きて丸石数十個を購んとす、弁せずして帰る、
午後お喜美小供を携て浅草へ行く　良精は一年生親睦会
に植物園に赴く六時過帰宅
　　十月十七日　　月　晴　祭日
午前庭に出て柿木の枝を折る又栗木一幹を切る　午後良
一田鶴を携て上野公園に到りパノラマを見る　是より不
忍池畔を散歩し湯島天神へ登り梅月にて果子《ママ》を喫し、本
郷勧工場に入りて帰る
　　十月十八日　　火　晴
午後高等教育会議出席、終て猿楽町へ一寸立寄りて上野
精養軒に到る　尾崎文部大臣より本会議々員慰労の宴会
なり九時帰宅
　　十月十九日　　水　晴
高等教育会議は今日より午前午後共開会、午前は同会出
席、午後は大学に到りて教授会に出席、青山氏提出の病
院独立の件なり、次会に於て尚評議することとして散会
　　十月二十日　　木　雨
午前は教育会欠席、大学教室へ出勤、鈴木文太郎氏へ木
下氏と会合の件に付田口氏と連名の手紙を出す　午後教

育会出席、三時休憩の際に退場す咽喉カタルにて気分悪しき為めなり但し四時過散会且つ本会期終結となりたり

十月二十一日　金　晴

午前八時出勤卒業試験三名あり、午後五時半帰宅　長岡加藤一作氏死去の通知あり

十月二十二日　土　曇

朝出勤掛けに石屋へ寄り小平石（御影）五拾個、御影板石三枚等求めて教室に到る　午後良一田鶴来る外科眼科皮膚病科に到りて順次診察を乞ひ両児三時去る、是より動物学会出席箕作佳吉氏欧米巡回帰朝に付其旅行談あり五時頃帰宅

十月二十三日　日　晴

小春天気なり朝良一田鶴を携て石屋まで行く、終日庭にあり、安田六郎氏博多より出席来訪

十月二十四日　月　晴

午後科外講義にて五時までかかる

十月二十五日　火　雨

千駄木老祖母白内障手術の為め今日入院せらる

十月二十六日　水　晴

今日記載解剖学内臓論を以て始む即ち大沢岳太郎氏の受持骨、靭帯、筋終りたればなり、眼科病室を見舞ふ　四時半帰宅、尋で再び出て上野精養軒に到る大沢岳太郎より招待せられたるなり　九時半帰宅時に十二日頃の月澄み渡れり

十月二十七日　木　晴曇

午後眼科病室を見舞ふ今日手術を施す甚た困難なりしと云ふ五時過帰宅　今日手水《てうづ》鉢台並にながし出来す又玄関たたきも出来たり

十月二十八日　金　曇晴（昨夜雨）

午食後第百銀行に到り学生依頼の書籍代の内一千マルク即四百八拾三円為替を組む　教室に帰りて直に書留郵便にて出す　五時より医学会評議員会に学士会事務所に出席八時半帰宅（長岡社例会欠席）

昨日尾崎文部大臣辞職、犬養毅氏後任となる是より憲政党大騒動となる

十月二十九日　土　晴

午後新旧学長送迎会に付相談会に出席三時帰宅直に良一田鶴を携て田端より日暮里谷中（芋坂団子を食す）を散歩し五時半帰宅

十月三十日　日　曇

午前春三氏次に秋二氏来る、午刻前良一田鶴を携て出て田端「ステーシヨン」より汽車に乗り松戸まで行く　是より江戸川堤を歩し矢切り渡しを渡り帝釈天に到り暫時休息して金町に到る　汽車に乗り遅れたり因て人力車にて千住へ出て帰る既に七時を過ぐ

十月三十一日　月　晴

午後教授会出席、森老祖母を眼科に見舞ふ　良一田鶴は今日遠足会あり、神戸帰省中西尾文男へ手紙を出す

十一月一日　火　晴（寒気増す）

長沼守敬氏より故榊氏銅像全出来の報に接す因りて片山丹波両氏と据付け等のことに付相談す、青山氏教室へ来る六時帰宅

十一月二日　水　曇

千駄木老祖母退院、午後三時教室を出て上野公園日本絵及油絵を見る　五時過帰宅晩食良一を携て本郷へ行き帽子等数品を求む

十一月三日　木　雨

終日降り続き不快を極む

十一月四日　金　曇雨

朝土肥慶蔵氏令閨の葬式に浅草新堀端寿増院に到る　十時教室に来る講義は為め止む、今朝来腹痛下痢す因て帰宅

十一月五日　土　快晴

終日庭に在りて梅の枝を切る、今日は大学運動会に付北蘭小供を携て行かれたり、公衆医事会欠席

十一月六日　日　雨曇晴

終日庭にありて梅の枝を切る

十一月七日　月　晴

朝長沼守敬氏を訪ひ次に教室に到る、午後は教授会出席終て四時去て上野、谷中、田端まで散歩し六時前帰宅す

十一月八日　火　小雨

午後五時帰宅

十一月九日　水　晴

昨日憲政党内閣瓦解して山県内閣組織せらる

午後三時教室を出て上野白馬会展覧会を見て谷中道灌山より中里村へ散歩し五時半帰宅

十一月十日　木　晴

午後六時帰宅

十一月十一日　金　晴

午後五時教室を出て日本橋通りに到り高帽を買ふ（拾円五拾銭）是より天金にて食事し銀座通り新橋に到て引き返し九時帰宅

十一月十二日　土　晴

先日来計画したる緒方新学長浜田旧学長送迎会なり　午前九時上野発車す十時大宮着是より楽隊と共に公園に到る　会するもの二百七八拾人、先つ携ふるところの弁当を食し随意に散歩し午後一時半頃集りて式を行ふ　良精会詞を述ぶ、式終りて樽を開く、余興あり四時前音楽と共に出て「ステーション」に到る、良精は田端にて降車し六時半頃帰宅

十一月十三日　日　曇少雨

午前三児を携て団子坂に到り菊人形二ヶ所を見る亦森家へ一寸寄る、午刻木原岩太郎氏来訪氏は先日福岡より出京のところ明日頃出発帰任すと　午後は良一田鶴を携て散歩、先つ富士社より田端、道灌山、諏訪神社より芋坂団子を食し谷中墓地を通り団子坂に到る、雨降る、菊人形二ヶ所を見て帰る

十一月十四日　月　曇

午後六時帰宅

十一月十五日　火　晴

午後四時教室を出て長沼守敬氏を訪ひ故榊氏銅像落成に付其支払を皆済す　六時帰宅す

十一月十六日　水　晴

午後十二時半過帰宅、大急ぎにて午食し支渡して赤坂御所に到る観菊会なり　天皇陛下は大演習に大阪に行幸中に付　皇后陛下のみ　行啓あらせらる五時過帰宅

十一月十七日　木　晴曇

朝第百銀行に到りフリードレンデルへ為替六千四百マルク邦貨三千〇九十一円二十銭を組みて十時大学に到る亦右為替券を書留にて出す　午後四時過帰宅晩食後三児を携て槇町まで遊歩す

十一月十八日　金　雨

終日雨降る五時半帰宅

十一月十九日　土　晴

朝宮内省へ観菊会の御礼に行きて教室に到る　午刻帰りて午食し良一田鶴を携て滝の川飛鳥山へ散歩し日没後帰宅

十一月二十日　日　曇少雨

天気思はしからされども朝弁当を持ちて良一田鶴と共に

大宮公園へ出掛ける、田端九時発車す十時大宮着、公園に到りて弁当を食し茶店にて息ふ、園内遊歩す、一時五十五分の汽車にて帰る三時半帰宅、幸に雨に遇はず丁度車中少雨ありき

十一月二十一日　月　晴曇雨

午後四時半教室を出て上野精養軒に到る　甲野棐氏此度非職となりて私費洋行するに付送別会なり帰宅の際少雨

十一月二十二日　火　曇雨

午後五時教室を出て京橋松田に到る甲野氏送別会を兼て長岡社例会なり　同処に於て過日秋山恒太郎氏より頼まれたる長岡中学校寄附金拾円を甲野泰造氏に托す

十一月二十三日　水　雨　祭日

終日降雨且寒強し不快なり、原譲氏来る

十一月二十四日　木　晴

帰途榊家へ立寄り来月五日建像式挙行の件に付相談し六時帰宅

十一月二十五日　金　晴曇

午後四時前教室を出て上野より道灌山を散歩し五時半帰宅

十一月二十六日　土　曇雨

朝新橋ステーションに到り甲野棐氏出発洋行を見送る十時教室に到る、五時半帰宅

十一月二十七日　日　快晴

午前庭を掃く、和田昇一来り金談あり但し謝絶す　午食後良一を携て染井より滝の川飛鳥山に到り同山を下り鉄道に添ひて芋坂より谷中を通り上野公園にて日暮となる広小路鳥又にて晩食し、乗車七時帰宅

十一月二十八日　月　快晴

午後教授会あり央にして新文部大臣樺山資紀氏大学巡視に付中止す、即ち大臣は解剖学教室も一覧せり

十一月二十九日　火　曇

午後四時教室を出て上野例の通り道灌山へ散歩して帰る

十一月三十日　水　雨

午後四時半教室より直に偕楽園に到る、石川公一氏帰朝に付同窓会を開く出席者総て十五名、良精は幹事なり十一時過帰宅す、高等教育会議々員とし手当金弐百五拾円贈与の辞令を受取る

十二月一日　木　曇

午後六時前帰宅

十二月二日　　金　雨
午後五時半帰宅
十二月三日　　土　雨
午後五時半帰宅、霖雨にて不愉快なり
十二月四日　　日　晴
午後独り散歩す、田端より尾久村を経て飛鳥山に到りて帰る
十一月七日招集せられたる第十三議会漸く昨日開会せらる
十二月五日　　月　晴曇
午後二時半巣鴨病院に到る　故榊氏銅像落成したるを以て今日建像式を行ふ四時半帰宅
十二月六日　　火　雨
午後五時半帰宅
十二月七日　　水　晴
午後五時半帰宅
十二月八日　　木　晴
午後一時田口氏と共に文部省へ行き正木氏と鈴木文太郎氏巡回旅行の件に付会談す　木下広次氏出京中で折好く落合、総て好都合なり三時教室へ帰る、五時半頃帰宅、今日は父上様忌日に付権兄、石垣おかねさん、玉汝来り共に晩食す　今日衛生顧問手当百五拾円贈与の辞令受取る　過日の高等教育会議手当弐百五拾円と合て四百円の収入となる
十二月九日　　金　曇雨
午後二時半教室を出て上野公園彫工会を見て之より谷中田端を散歩し五時帰宅、途中より雨降り始む
十二月十日　　土　晴
煤払をなす、午前十時前出て文部省に到り三島通良氏に面談す、衛生顧問手当金券を受取り時に十二時となる是より第百銀行に到る途中荷車に突きあたりて車夫倒る良精落つ、但負傷せず、フリードレンデルへ為替八百マルク出す　教室不参二時頃帰宅、午食し良一を携て直に散歩西ヶ原より道灌山、谷中、上野に到る　広小路にて西洋料理を食し六時過帰宅
十二月十一日　　日　晴
温和なる天気に付十一時前弁当を持ちて出て田端より乗車金町にて下り小利根川堤上にて食し矢切り渡を越へて鴻の台に到る　手古奈堂を見て市川渡を渡り西岸堤上を金町に帰る四時三十七分発車、六時前帰宅

十二月十二日　月　曇雨

午後教授会あり、五時帰宅

十二月十三日　火　雨

終日降雨、五時半帰宅、晩秋山恒太郎氏子息英麿氏此度第二高等学校医学部卒業し今後の方向に付来談あり

十二月十四日　水　晴

午後四時半帰宅、晩食後出て入沢達吉氏訪ひ此度医師会法案なるものを鈴万等衆議院へ提出したるに付其反対意見に付て相談し九時帰宅

十二月十五日　木　晴雨

午食の際前日の件に付外山正一氏に話すことありき　午後五時半帰宅時に雨降る　長岡横田家及小橋牧野家へ一円つつ歳暮を送る

十二月十六日　金　晴

午刻帰宅食事し直に衆議院に到る時に一時なり　中村弥六氏に面会し医師会法案今日の議事に登るべきを以て其前に一応話し置くべしと思ども受付非常の混雑にて三時半まで待ちたれども終に空しく去る、帰途権兄を訪ふ折好く在宅、六時帰宅す、晩中村氏へ手紙を出す

十二月十七日　土　晴

三日此方寒さ大に増す霜漸く厚し、午刻帰宅　食事し良一を携て散歩す、滝の川より飛鳥山、道灌山、谷中を経て上野に到る、鳥又に晩食し六時半帰宅、晩入沢達吉氏へ手紙を出す

十二月十八日　日　晴

午食し直に良一田鶴を携て外出小石川、大塚、雑司ヶ谷より板橋に散歩す　是より汽車にて上野に到り池の端にて晩食し七時帰宅

十二月十九日　月　晴

午後四時教室を出て橋本家を訪ふ節斎氏腎臓炎の気味にて欠勤の由に付見舞ふ、是より長岡社例会に京橋松田に到る九時徒歩帰宅

十二月二十日　火　晴

午後六時頃帰宅

十二月二十一日　水　晴

記載解剖学講義今日閉づ　午後は医師会法案反対の件に付弘田氏と第二医院に到り青山、入沢氏と会談す　是より徒歩猿楽町権兄を訪ふ晩食して五時半今川小路ドイッチエ・オストアジアチッシエ・ゲゼルシャフト〔＊ドイツ東アジア協会〕に到りドクトル・フロレンツ氏のシントイス

ムス〔＊神道〕演舌を聴き終て千駄木森氏を訪ひ駁撃論文を依頼し十時帰宅

十二月二十二日　木　晴曇

総論解剖学講義を閉づ、文部省へ行きて正木氏に面会し鈴木文氏独、墺、英、仏四ヶ国巡廻の件に付話すところあり、右は既に許可命令になりたり云々　午後は弘田、青山等と会談、帰途森家へ寄り六時帰宅時に雪降り始む晩福岡大森治豊氏へ手紙を出す、亦西尾篤氏死去の悔状を出す

十二月二十三日　金　晴

午前十時出勤、前日文部省へ行たる件に付鈴木文太郎氏（在ライプチック）へ手紙を出す

夏ライプチッヒ民族学博物館へアイノ所用物品を寄附したる其返事並に謝状来る且つドクトル・オープスト氏より良精の事並にアイノ物品の事同地普通新聞に掲載せられたるものの切抜きを送られたり　午後五時築地精養軒に到る今日有志者数拾名謀りて衆議院議員数名を招待し医師会法案に付開陳せんとす但し来会したるものは同案委員長島田三郎氏のみにして他は差支たり　徒歩十一時帰宅

十二月二十四日　土　晴

教室不参、終日在宅、午後青山氏一寸来る

十二月二十五日　日　晴

午前十一時北蘭と共に田鶴、精（良一は千駄木へ行けり）を携て浅草公園へ行く　池畔にて午食し玉乗り芸を見る四時帰宅、晩食後お喜美と共に小供を連れて大沢岳太郎氏の宅に到る　千駄木於菟同行、クリストマス飾樹を見て帰る

十二月二十六日　月　晴

午前九時前教室に到る、午後二時弘田氏と共に上野公園に到り盆栽陳列を見る　亦頃日落成したる西郷隆盛の銅像を見同氏に別れて独谷中より田端に散歩し五時帰宅

十二月二十七日　火　雨

終日降雨、朝大沢謙二氏来訪、十時教室に到る、午後四時半帰宅

十二月二十八日　水　晴

午前十時前教室に到る、午後二時帰宅、三児を携て小川町東明館に到り買物す四時半帰宅、今日右の通り叙勲四等授瑞宝章　叙勲ありたり

十二月二十九日　木　晴

午前宮内へ御礼且歳末御祝儀に行く十一時過帰宅　午後は顕微鏡院に医師会法案反対実行委員会に出席、医師会法案反対同盟会成立す七時帰宅　長岡横田四郎氏の手紙到る吉田円次郎氏より金拾円未受取らず云々

十二月三十日　金　晴

午前十時頃良一田鶴を携て散歩に出掛ける　本郷通りより日本橋に到り中華亭にて午食し銀座通り新橋に至て引返し小川町通りを経て東明館に入り又猿楽町権兄を訪ひて五時帰宅　四郎円次郎二氏へ手紙を出す

十二月三十一日　土　晴

午前三児を携て槇町へ遊歩、午後三児を携て本郷へ行き勧工場に入る亦国旗二流買ひて帰る、入浴、四時頃権兄来る集り坐して歳末を祝す、八時半例の通り散歩に出る水道橋より小川町を通り日本橋室町にて石油暖炉を買ひ、中華亭にて食事す　是より引返し本郷通りを経て十二時過帰宅、時に鐘声響き旧十八九日頃の月明なり、三時過に至て眠る

明治三十二年　二千五百五十九年
1899　良精満四十年

一月一日　日　晴
朝八時起く、九時良一田鶴学校へ行く、午後少しく休眠、即ち休眠中小松維直、同操両氏森篤氏権兄等年始に来る、実に温和なる好天気なり終日児と遊戯、八時頃就眠

一月二日　月　晴
午前三児を携て槇町へ遊歩又三津の山にて紙鳶を遊ぶ、安田恭吾同六郎両氏年始に来る、例年の通り今日はかかる会を催す　午後三時頃より追々来り集る来会者は小松操、野本清一、石原喜久太郎、小林魁、同三三、安田稔、長谷川駒八、木村武男（権兄紹介）、河喜多及福田（橋本家寄宿）、秋山美麿、榊保三郎、小原直哉、隣家桜井兄弟の十五名なり　内小松、榊、桜井兄弟は十時頃去る他十一名は徹夜す

一月三日　火　晴
六時半諸氏散す、午前牛込小松及橋本へ年始に行く午刻帰宅、午後は休眠、豊原又男年始に来る

一月四日　水　晴
午前十時教室に到る、午後三時上野精養軒に医科大学年始会に到る　六時帰宅、入浴

一月五日　木　晴
終日荏苒

一月六日　金　晴
早昼食を終へ良一を携て散歩、田端より汽車にて金町にて下り江戸堤を鴻台まで行き市川渡を渡りて金町に帰り汽車にて上野まで来る　鳥又にて晩食し七時半帰宅、風強く寒甚だし

一月七日　土　晴
鳥居龍蔵氏来訪、終日在宿、午後権兄来る

一月八日　日　晴
午前九時半出て三好退蔵氏を上二番町の宅に訪んとす既に転居にて現住不詳依て是より教室に到る、午後一時半帰宅、甚好き天気なるを以て散歩す、尾久渡船を渡り堤を千住に到りて返る　今日の調にて年賀の数左の如し

名刺　八六
封書　五三

はがき　二〇一
一月九日　月　晴
授業を始む、前九時出勤、午後四時半去て小林家へ寄りて帰る
一月十日　火　曇晴
午後六時帰宅
一月十一日　水　晴
医師会法案反対の意見書を各大臣へ教授十三名連名にて出す、午後四時半教室を出て長谷川泰氏を訪ふ不在、是より上野公園を少しく散歩して六時帰宅
一月十二日　木　晴
午後四時半教室を出て上野公園を散歩し千駄木へ寄り医師会法案賛成投書（時事新報、千代田新聞）の反駁を依頼し六時半帰宅
一月十三日　金　雨
貞宮内親王薨去に付休業、朝新潟田代亮介氏東京来訪、十時同氏同道教室に到る、共に豊国にて午食し二時同氏去る、五時半帰宅　吉田円次郎氏より旧臘三十日差出たる手紙の返事来る　晩吉田、横田両氏へ手紙を認む
一月十四日　土　晴
午後三時前帰宅、晩秋山美磨氏来訪
一月十五日　日　晴風　寒酷
終日在宿、林直吉氏来訪、午後三津の山にて紙鳶を弄す
一月十六日　月　晴　寒酷
午後は教室新築医院移転等に付相談会あり、四時半帰宅
森林氏依頼の反駁文のことに付千駄木まで行く　帰宅して直に入沢氏に廻送す
一月十七日　火　晴
貞宮殿下御葬儀に付休業、午前小松春三氏来訪　午後入沢達吉氏来りて今日偕楽園に於て医師会法案反対の地方有志者と会するに付出席すべきことを勧誘す、即ち夕刻出てて同所に到る　会する者二十名計代議士も二名来る、十一時半徒歩帰宅
一月十八日　水　晴
午後四時半教室を出て本郷通り万木にて吸入器及寒暖計を購ひて帰る
一月十九日　木　晴
午後五時教室を出て千駄木へ行く、晩食の饗応あり一家総て同家にあり七時半共に帰宅
一月二十日　金　晴

午後四時教室を出て上野より道灌山へ散歩す

一月二十一日　土　晴

午後三時帰宅、五時出て柳橋亀清へ行く桂秀馬氏独乙留学に付北越医会にて送別会を催す、同所にて今日衆議院議事に登りたる医師会法案の結果を聞く　即ち六十一に対する百六十九票の大多数を以て第二読会を開くことに決す、同志者の尽力に係はらず大に敗を取りたるは甚歎息の至と云ふべし九時頃帰宅

一月二十二日　日　晴

午前橋本節斎氏来訪次に石坂貞次氏来る、夕刻出て顕微鏡院に到り是より偕楽園に到り有志者と集る　十二時半帰宅

一月二十三日　月　晴

午後教授会出席、終て顕微鏡院に集る、多賀良亭にて晩食す、帰途権兄を訪ひ時事、中央二新聞へ法案反対の論説掲載のことを話し十一時半帰宅

一月二十四日　火　曇

午後三時帰宅直に出て銀座に木下広次氏を訪ふ既に転宿、三好退蔵氏を法律事務所に訪ふ不在、渡辺洪基氏を訪ふ亦た不在五時半帰宅、晩青山氏一寸帰る

一月二十五日　水　雪

昨夜来降雪、朝出勤の途次安広伴次郎氏を訪ふ　永田町官舎に移り住すと、医師会法案今日衆議院にて可決確定す

一月二十六日　木　晴

朝七時出て渡辺洪基氏を芝佐久間町に訪ふ医師会法に付意見を尋ぬ　時刻移りて教室に到れば既に十時なりき終に九時より十時までの講義を空しせり、夕刻根岸に牧野家を訪ふ忠篤公不在

一月二十七日　金　晴

少しく寒冒午後二時半帰宅休養す

一月二十八日　土　曇

昼中在宿休養、夕刻出て顕微鏡院に寄り之より長岡社大会に京橋松田に到る九時帰宅

一月二十九日　日　雨

朝弓町に多額納税議員松永安彦氏を訪ひて彼の法案に付意見を尋ぬ　是より教室に到り四時過帰宅

一月三十日　月　晴　祭日

午前権兄来る、小金井家々伝の具足買戻に付其価三十八円の内二十五円出すこととす、午後卒業祝宴に付出て先

つ鈴木孝之助氏の留守宅を麻布飯倉片町に訪ひて次に紅葉館に到る　九時半帰宅

一月三十一日　火　晴

愈今日医師会法案貴族院第一読会に登る　午後四時過教室を出て顕微鏡院に到る、大沢謙二氏も帰途立寄る　議場の模様を聞く七時頃帰宅

動物学・人類学・民族学博物館（ドレスデン）へ頭骨二個、同博物館の請求に依り交換品として発送したるに付其船積証及手紙を出す　横田四郎氏へ金拾円送附の手紙を認む亦た弘前寿衛造へ手紙を認む

二月一日　水　晴

午後は文部省に到る　学位令改正に依り博士会なるもの出来るに付其会長選等の為め第一集会を催したるなり　午後四時終て顕微鏡院に到る、多賀良亭にて弘田氏共に晩食す、大沢謙二氏より今日第一特別委員会の模様を聞く十一時帰宅

二月二日　木　晴

鈴木孝之助氏宛手紙を認む、午後四時半教室を出て顕微鏡院に到り今日の第二委員会の模様を聞く　即ち可否同数にて委員長否決したり　今朝出勤掛けに松永安彦氏を訪ひ同氏の意見を慥む即ち該案賛成の模様なり

二月三日　金　晴

午後四時出て顕微鏡院に到る、大勢集り居る、愈々明日議事に登るに付運動上の方法を講ずれども更に銘《ママ》案なし　六時頃去る　途青山氏に逢ひ同道して同氏の宅に到る晩食す九時頃帰宅

二月四日　土　晴

午後は顕微鏡院にありて決議の報告を待つ、入沢氏も来る　恰も三時十分頃電話を以て只今大多数を以て医師会法案否決になりたる旨報知あり　尋で諸氏追々集り来る　三河屋に到りて晩食す、二十名計あり、議場の模様を聞く、出席議員一九七名の内原案を可とするもの三八、否とするもの一五九名なり、八時半帰宅

二月五日　日　曇雨

終日在宿

二月六日　月　曇晴

午後五時教室を出て辻新次氏次に外山正一氏方へ礼に行き是より顕微鏡院に到る　多賀良亭にて晩食す、同盟会解散及其後の事に付相談あり十時半帰宅

二月七日　　火　晴

午前三宅秀、大沢謙二、浜田玄達の諸氏教室へ来り会す同盟会後方のことに付話あり、午後は巣鴨監獄署に到り医員島述氏面会、亦署長永田幸之丞氏に面会屍送附の儀に付懇談す　旧臘以来頓に減したるを以てなり併し別に異状更になし　帰途養育院へ寄り四時半帰宅　断髪、入浴

二月八日　　水　晴

受験生二名の試験をなす、午後一時独乙国ミユンヘン府の人トクトル・ハベレル氏ランケ博士の意を受けて来る、青山弘田二氏来りて同盟会解散後のことに付談話、五時半帰宅

二月九日　　木　晴

午後長谷川泰氏教室へ来る、午後五時半帰宅

二月十日　　金　晴

フリードレンデルへ植物園（注文違ひのもの）を送り出す、午後四時半帰宅、出て浜町常盤屋に到る、賀古、青山、小池、森、入沢、宮本叔の諸氏集る、十時過帰宅

二月十一日　　土　晴　祭

午前精を抱て駒本学校まで良一田鶴の迎に行く其他終日在宿、午後長谷川駒八来り金七円貸す

二月十二日　　日　晴

終日在宿

二月十三日　　月　晴

午後四時半教室を出て田端辺まで少しく散歩し帰る

二月十四日　　火　晴

午後四時過より医学会常議員会に出席、帰途橋本氏の病気を見舞ひ九時半帰宅

二月十五日　　水　晴

午後五時半帰宅

二月十六日　　木　大雪

昨夜来雪降り止まず、午後五時半帰宅、晩顕微鏡院に於て同盟会後方の義に付相談会ありたれども終に不参

二月十七日　　金　晴

午後五時教室を出て千駄木へ寄りて帰る

二月十八日　　土　曇小雪

午後六時帰宅

二月十九日　　日　雪晴

午前桜井龍造氏任地福知山より学生医官として出京来訪、午後星野日子四郎氏の実兄同次郎氏来訪

二月二十日　月　晴

午後教授会あり五時帰宅

二月二十一日　火　晴

午後五時半帰宅

二月二十二日　水　曇少雨

午後博士会議ありて文部省に到る　議事規則を議了したるのみ今後同会議の成立は困難なるべし五時半帰宅

二月二十三日　木　雨

午後五時過小川町顕微鏡院に到る　医師会法案反対同盟会解散式並に明治医会創立協議会なり八時帰宅

二月二十四日　金　雨

昨日来今日終日雨止まず、五時半帰宅

二月二十五日　土　晴

午後五時半帰宅　今朝第百銀行に到りフリードレンデルへ為替六百マークを出す亦教室へ来りて直に書留郵便を出す

二月二十六日　日　晴

午前は小児等と雛人形を飾る、午後は良一携て散歩に出る三河島より千住を過て向島に到り梅屋敷に入る大学助手諸氏並に野本清一、魁郎、三三等に遇ひて是より亀井《ママ》戸臥龍梅を見、天神社を通りて乗車上野広小路に来り鳥又にて晩食、八時帰宅

二月二十七日　月　曇

午後教授会出席、四時教室を出て上野公園谷中墓地を散歩し五時半精養軒に到る、桂秀馬氏洋行送別会なり八時帰宅、時に少しく雨降る

二月二十八日　火　曇

午後五時半帰宅、今日本勲記受領す、長岡社欠席

三月一日　水　雨

大学紀念日に付休業、前九時過出勤終日仕事す、紀念式不参　午後四時半帰宅

三月二日　木　曇雨

午後五時帰宅

三月三日　金　半晴

午後四時帰宅、是より明治医会創立に付相談の為め顕微鏡院へ行く筈なりしも風邪にて気分宜しからず依て止む

三月四日　土　晴

在宿加養、熱未た去らす

三月五日　日　晴

在宿、発熱す、晩篤次郎氏来訪

三月六日　月　晴

今日より三日間引籠りの届を出す

三月七日　火　雨

三月八日　水

三月九日　木　半晴

今明日二日間欠勤の届を出す

三月十日　金　雪

三月十一日　土　曇雨

三月十二日　日　晴

昨夜大に雪降る、此頃庭内梅花盛開

三月十三日　月　晴

出勤す、午後四時教室を出て橋本家を見舞ひ六時帰宅

三月十四日　火　晴

午後四時教室を出て上野公園より谷中田端道灌山を散歩し六時帰宅、少しく疲労す、権兄教室へ来る

三月十五日　水　晴

午後桜井駿氏教室へ来訪、同氏の兄君三等軍医正永井琢蔵氏病気治療の相談なり、六時半帰宅

三月十六日　木　雨

昨今両日両院議員数名大学巡覧す、六時帰宅

三月十七日　金　曇少雨

午後六時帰宅

三月十八日　土　晴

午後一時帰宅食事し良一田鶴を携て出掛ける潤氏丁度来り合せて同行す　西ヶ原村貝塚を見る是より道灌山を散歩し団子坂の蕎麦を食し帰る

三月十九日　日　快晴

早昼を食し出て谷中斎場に到る　伊東盛雄氏の葬式なり二時前終りて是より谷中より尾久村辺へ散歩し三時半日暮里花見寺に到る　第一年生諸氏親睦会なり講談等の余興ありて八時過帰宅

三月二十日　月　晴

午後教授会出席、今日ブロンズの頭骨出来す之を試験して六時半帰宅、晩食後出て宮本仲氏を訪ふ石黒嬢と叔氏の縁談に付てなり

三月二十一日　火　晴　祭日

午後独出て徒歩向島に到り久々（一昨年四月以来）にてボートの景況を見六時帰宅

三月二十二日　水　晴

谷口吉太郎氏教室へ来る、六時帰宅、留守石黒忠悳氏来訪、記載解剖学講は区切りよきを以て今日閉つ

三月二十三日　木　晴

午後四時前帰宅直に散歩に出掛け道灌山を廻りて帰る

三月二十四日　金　雨

解剖学総論講義三時間打通し漸く終る、五時半帰宅

三月二十五日　土　晴

午刻過帰宅午食し、今朝出勤掛けに宮本氏を訪ひて石黒家と縁談の件に付相談の模様を石黒並に谷口両氏へ手紙を認め是より出て植物園に到る　樺山文部大臣の茶話会なり六時帰宅

三月二十六日　日　曇雨

終日在宿

三月二十七日　月　晴

午後六時帰宅

三月二十八日　火　晴

小児等写真し帰りに教室へ立寄る

三月二十九日　水　晴

午後六時帰宅、晩食し直に出て顕微鏡院に到る　明治医会創立に付相談あり十時帰宅

三月三十日　木　晴風

午後五時過教室を出て富士見軒に到る　地質学家《ママ》諸氏ハベレル氏饗応せしに付良精も陪席したるなり八時過帰宅

三月三十一日　金　雨

午前教授会あり、大学予科学科課程改正に付てなり　午後五時半帰宅

四月一日　土　晴

教室不参、午前小松春三氏来る此度中学校卒業したり　午前十一時良一田鶴と弁当携帯散歩に出る　諏訪神社にて食し是より尾久村を通り新渡しを渡り西新井大師に到る　途中土筆、蓮華等沢山ありて之を採る、千住より上野まで汽車に乗る、上野山上に登る桜花稍開く、鳥又にて晩食し七時帰宅

四月二日　日　晴

教室出勤、午後五時出て谷中道灌山を散歩し帰る

四月三日　月　曇雨　祭日

終日在宿、津下寿氏松山より出京来訪、近傍桜花稍開く

四月四日　火　雨

午前在宿、午後は医学会総会第一日に付同会場青年会館

に赴く、白血球に就き報告をなす時間不足に付中途にして止む五時半帰宅

四月五日　水　曇

終日在宿、医学会宴会にも不参、午前足立文太郎氏来訪

四月六日　木　曇雨

近傍桜花満開、昼中在宿、晩食後千駄木を訪ふ　森氏美術学校長に転任するやの問題なり

四月七日　金　雨

終日降雨、教室出勤、午後在岡山菅之芳氏教室へ来り足立文太郎洋行の善後に付相談あり又新井春次郎氏辞職の上専ら学事に従事したき旨申出す、午後六時帰宅、晩足立文太郎氏来訪

四月八日　土　晴

大学競漕会なり、午前九時半出て向島に到る、科を分ちたる競漕は三回とす内一回は工科の勝となる、一回は決勝点に近きところにて法工ファウルの為め医第一に進む赤の旗を挙ぐ依て医の勝と思ひたれども審判者に於て中止と審判す大に失望す　又選手競漕は法の勝となる医は之に遅るること二尺計工は遥かに後にありき　五時半終りて下宿に暫時談話し七時過帰宅

四月九日　日　晴

良一田鶴を携て十一時飯田町発車、小金井に到る境にて下り水道堤上にて弁当を食し小金井橋にて引返し四時十七分境発車六時帰宅

四月十日　月　曇晴

午前八時出勤、午後六時半帰宅　今朝原信哉氏出京来訪

四月十一日　火　晴

顕微鏡実習を始む三時間余講義す、午後五時過出て明神開花楼に到る、選手競漕者及其他諸氏慰労会なり甚愉快なり十時半帰宅

四月十二日　水　雨

記載解剖学講義を始む、午後は去八日の分科競漕に於て紛紜を生し会長の預りとなり居たる件に付本件に関する委員十二名解剖教室に集りて相談す六時帰宅　断髪、入浴、晩谷口氏来る彼の石黒嬢縁談の件に付其後の模様如何云々

四月十三日　木　曇晴

午後十二時半帰宅、午食し一時半出て浜離宮に到る　観菜会に参列す三時頃　両陛下臨御四時頃還御、五時去て是より偕楽園に到る各医学部主事出京中にて何れも出席

十時帰宅

四月十四日　金　曇雨

午前七時出勤、午後は予算の件に付教授会あり、五時半帰宅　原秋二氏来る同氏中学卒業後始めて面会す

四月十五日　土　晴

早朝小松維直氏来訪、午後五時より去八日競漕紛紜に付本件に関する委員集りて愈医科の申分は立たざることに判決なりたる善後に付相談す、尚他日を期し相談することとして七時半過散ず、晩西尾文男来りて長岡社補助は杜絶す云々　金四円貸す且長時間説き聞かすところありたり　今日助手新井春次郎氏辞職の手続き済む但し文官任用令等三勅令（本月其日より施行）の為に繰上げて八日の日付を以て辞令来りたり

四月十六日　日　晴

第五回新潟県人大親睦会（紅葉館）欠席、午前十時半田鶴精を携てお喜美と共に遊歩、良一はすねて行かず、田端道灌山より諏訪神社に到りて弁当を食す、田甫に遊ぶ四時帰宅

四月十七日　月　雨

午後は教授会あり　三十三年度予算の件編成の件なり七時散会、今日より第三回高等教育会議開始せらる但欠席

四月十八日　火　曇少雨

授業の為教育会議欠席、午後四時過出て上野公園を散歩し鳥又にて晩食し之より競漕紛紜事件の委員会に出席一時帰宅議論不調達に先輩に一任すると云ふことに決す

四月十九日　水　半晴

午後は高等教育会議出席五時半帰宅

四月二十日　木　晴

午後は高等教育会議出席　終て直に小学校設備準則の委員会を開く八時半帰宅

四月二十一日　金　雨

朝講義を終へて帰宅し調物をなす、本日は皇后陛下音楽学校へ行啓に付休会

四月二十二日　土　雨

午後教育会議出席　六時過散会々食し八時帰宅

四月二十三日　日　曇晴

午後良一田鶴を携て散歩に出懸ける　飛鳥山より谷中、上野に到り鳥又にて晩食し七時帰宅

四月二十四日　月　晴

午後は教授会出席、競漕紛紜の件に付協議するところあ

り、医科所用ボート一艘新造のことを相談す、三時過終て直に教育会に赴く六時散会、会食して是より宮本家を訪ふ、十二時帰宅

四月二十五日　火　晴

午後教育会議出席、四時散会、即ち本日を以て閉会、帰宅後小児等を携て槇町まで散歩す

四月二十六日　水　晴

午後三時半教室を出て上野公園より谷中、道灌山を散歩す上野にて漆工競技会を一覧す

四月二十七日　木　晴

午後五時教室を出て根津団子坂田甫を散歩して帰る

四月二十八日　金　晴

教室より直に長岡社例会に出席、帰途くつ下等買ひて帰る

四月二十九日　土　晴

早朝千駄木母堂来りて林氏小倉行の件に付話あり是より出て青山氏を訪ひ次に教室に到る　午後二時半帰宅良一田鶴を携て団子坂田甫に遊ぶ

四月三十日　日　晴

鉄門倶楽部第一回の集会を飛鳥山催す　午前九時良一を携て同処に到る種々の余興あり、弁当を食し午後二時過汽車にて上野まで来り是より向島に到る　今日は高等学校及高等商業学校聯合競漕会なり声援の小舟凡二三百隻白（高等学校）赤（商業）の旗を立て川に満つ　七時過黄昏に到て漸く選手競漕を執行す、僅少の差にて高等学校の勝に帰す、八時帰宅

五月一日　月　晴

在熊本秋元隆次郎氏教室へ来訪、五時教室を出て千駄木へ寄りて帰る

五月二日　火　半晴

早朝賀古鶴所氏を訪ひて森氏小倉行の件に付相談す　午後五時前教室を出て橋本綱常氏を訪ふ不在　良一田鶴は学校運動会にて飛鳥山へ行く

五月三日　水　雨

午後五時半帰宅

五月四日　木　晴

朝橋本綱常氏を訪ひて森氏小倉行の件に付依頼するところあり一時間半待ちて大に遅刻し十一時教室に到る　午後五時過教室を出て上野谷中を散歩す花見寺のつつじ花

盛なり七時帰宅

五月五日　　金　曇

午後五時過より学士会事務所に到る公衆医事会なり十一時帰宅

五月六日　　土　雨

午後五時過帰宅

五月七日　　日　雨

午後は野村貞氏葬式に青山墓地に到る五時帰宅す　石垣忠江氏予備となり帰京に付来訪

五月八日　　月　晴

午後四時半教室を出て道灌山散歩

五月九日　　火　晴

午後六時帰宅

五月十日　　水　晴

午後万国出版目録編纂委員会に付文部省に到る、帰途猿楽町に権兄を訪ふ　帰宅晩食し直に大学に到る鉄門倶楽部の委員会なり十一時帰宅

五月十一日　　木　晴

午後五時教室を出て道灌山散歩

五月十二日　　金　雨

午後四時過帰宅、今日解剖学教室の大沢岳、新井、敷波、吉永の諸氏を招きて饗応す九時諸氏去る

五月十三日　　土　晴

午後四時半教室を出て道灌山散歩

五月十四日　　日　晴

良一を携て午前十一時田端発車大宮公園へ行く　蕨を採らんと欲す但時期大に遅れたり熱さ甚し四時半帰宅

五月十五日　　月　晴

午後教授会あり六時過帰宅

五月十六日　　火　雨

朝出勤掛けに宮本家を訪ふ、石黒嬢の縁談不調と極る、九時教室に来り直に其趣を石黒氏へ報す、六時帰宅晩食し出て石黒氏を訪ふ旅行中の由にて空く去り小松家を訪ふ　九時帰宅

五月十七日　　水　曇晴

午後六時帰宅、午刻四年生写真す

五月十八日　　木　晴

午後六時帰宅

五月十九日　　金　晴

午後四時過教室を出て道灌山を散歩し六時過帰宅

五月二十日　　土　曇雨

午後五時過帰宅

五月二十一日　日　晴

午後三時半良一田鶴を携て道灌山散歩す団子坂にて蕎麦を食し帰る　午前長谷文氏、谷口吉太郎氏来訪

五月二十二日　月　晴

午後六時過帰宅、井口金介氏の件に付其兄理八氏へ手紙を出す、在新潟秋山美麿氏へ手紙を出す

五月二十三日　火　晴

午後七時帰宅

五月二十四日　水　曇晴

ドクトル・A・B・マイエル教授（ドレスデン）へ頭骨二個交換品として送附になりたるに付其受取手紙を出す又ドクトル・ヨハン・ランケ教授（ミュンヘン）へ過日八ベレル博士と頭骨拾個及小児頭骨二個と同数の独乙頭骨と交換の約束をなしたることに付其通知の手紙を出す、午後四時半教室を出て道灌山を散歩す

五月二十五日　木　晴

今朝下痢す十時前出勤、顕微鏡実習を大沢氏に托して帰る

五月二十六日　金　晴

今午後天王寺に於て解剖屍祭執行なるも十二時帰宅す

五月二十七日　土　半晴（昨夜少雨）

午後一時帰宅

五月二十八日　日　晴

今朝より右胸部に痛を覚ふ　下痢は止みたれども気分甚た宜しからす終日在宿

五月二十九日　月　晴

午食後医院に到り橋本氏に胸部の診察を乞ふ左右共に摩擦音ありと、午後教授会あり四時帰宅

五月三十日　火　晴

午後六時帰宅

五月三十一日　水　雨

午後五時前帰宅、今日尚右肋部疼痛あり

六月一日　　木　雨

六月二日　　金　晴

午後六時半帰宅

午後三時帰宅良一田鶴を携て浅草公園へ行く、江崎にて写真す自分一人中板にて写す之は大学に於て写真帳を製するが為めなり、亦三人にても撮る、是より散歩し須原

屋にて大玉篇字引を購ふ、やつこにて食事し帰る　今清心院忌日に付母上様墓参せらる

六月三日　　土　雨

午後五時過帰宅

六月四日　　日　晴曇雨

梅雨の天候となる　終日在宅庭の掃除をなす、午前久々にて諸橋勇八郎氏来訪

六月五日　　月　曇

午後二時半教室より三間家へ悔に行く正弘氏去三日死去されたり　是より植物園に到る　文部省学士留学生三十余氏の送別会なり　七時同所を去て偕楽園に到る　高等学校を新潟県に設置するの問題に付長野県と競争起り勝間田知事始四氏出京したり付ては協議の為め数名集りたるなり十時帰宅

六月六日　　火　晴

午後三時過三間氏の葬式に谷中墓地に到る、式既に終るを以て直に墓地に到る　埋葬終るの後拝して是より道灌山を散歩し帰る

六月七日　　水　晴

午後四時帰宅　良一携て散歩道灌山を廻りて帰る

六月八日　　木　雨

六月九日　　金　曇

午後四時帰宅、晩浜町常盤屋に到る　賀古青山氏等と飲食会す　森林氏小倉行発表

六月十日　　土　曇晴

午後四時半帰宅、宮本仲氏来

六月十一日　　日　晴

朝坂口仁一郎氏来訪、午後四時出て良一田鶴と共に散歩、上野鳥又にて晩食し九時帰宅

六月十二日　　月　晴

午後教授会あり、五時半帰宅、坂口仁一郎氏、外山正一氏新潟行に付其待遇に関する手紙を出す

六月十三日　　火　雨

学年末に際し今日は午前七時より十二時半まで講す又午後六時まで顕微鏡実習をなす（安田恭吾氏降雨の晩に来りて金三拾円貸したるは多分此日ならん、後日に於て之を記す）

六月十四日　　水　曇

午後三時半帰宅、四時半出て森林氏小倉赴任を新橋に見送る但し之は形式上の出発にして再び帰宅すべし、是よ

り紅葉館に到る、高等学校問題に付在県委員が在京新潟県人を饗応したるなり　同所に於て委員を選定す、又直に別室に於て委員会を開く、十時帰宅

六月十五日　木　晴

今日記載解剖学並に顕微鏡実習を閉づ四時教室を出て道灌山を散歩す、六時帰宅、原秋二仙台へ高等学校受験の為め出発に付暇乞に来る　今朝小松維直氏来訪

六月十六日　金　晴

午後四時教室を出て千駄木森家へ寄る林氏今日出発の由に付暇乞なり然るに既に出発の後にて告別せず

六月十七日　土　晴

午後四時半教室を出て明神開花楼に到る　新潟県出身学事に従事するもの三四名計会合す　九時帰宅

六月十八日　日　晴

終日在宿、午前小供を携て白山下花菖蒲を見たるのみ、植木師来りて隣家境の建仁寺垣を造る

六月十九日　月　晴

午後四時帰宅

六月二十日　火　晴　夕立　炎熱

午前田口氏と共に菊池総長に面会し解剖家難況を述ぶ午後四時教室を出づ時夕立始まる

六月二十一日　水　雨　冷

午前八時より十二時過まで学年試験をなす　受験者百十八名　午後四時過帰宅

六月二十二日　木　雨

終日在宿、試験成績調をなす

六月二十三日　金　雨

前日同様

六月二十四日　土　曇

前日同様

六月二十五日　日　曇

小坂部勇吉氏来訪、亦野村未亡人来訪、夕刻三児を携て植木屋へ行きて箱庭の植木を買ふ

六月二十六日　月　晴

終日在宿答案調

六月二十七日　火　晴

前日同様

六月二十八日　水　晴（炎熱）

答案一先つ通読し終る、夕刻より京橋松田に到る　橋本圭三郎氏洋行に付長岡社例会を兼て同氏を送別す

六月二十九日　木　晴
午前八時教室に到る、六時過帰宅

六月三十日　金　雨（冷気）
教室不参、午後は文部省勅任官総代とし大祓に付賢所参拝、四時帰宅、三児を携て駒込富士社の祭へ行く

七月一日　土　曇
今日より顕微鏡実習試験をなす　午後六時半帰宅

七月二日　日　曇晴
前日の通り試験、午後四時半教室を出て上野より道灌山を散歩し六時半帰宅

七月三日　月　曇
午前教室より千葉稔次郎氏を訪ひて傭雇の事を依頼す十時再ひ教室に帰る、前日の通り試験、六時半帰宅、篤次郎氏来り居る、同氏此頃家屋購買のことに付紛紜あり

七月四日　火　曇晴
前日の通り試験、玉汝来り一泊す

七月五日　水　曇
前日の通り試験、午後六時全く終りて是より学士会事務所に至り医学常議員会並に公衆医事会に出席　十時帰宅

七月六日　木　雨
午前八時出席大沢謙二隈川二氏と試験成績に付相談するところあり　十時よりは来十日卒業式に　行幸に付菊池総長より学生職員訓示するところありて之に参集す、午食して高野周省氏神田五軒町に訪ふ、不在、教室に帰り尋て三時過帰宅、千葉稔次郎氏来訪お喜美を診察す

七月七日　金　雨
朝産婆岡村来る、八時出て新橋に到り穂積陳重、渡辺渡、橋本圭三郎三氏の洋行を送る　是より中浜東一郎氏子息死去の悔に行く、十時大学に到り教授会出席、午後五時前帰宅

七月八日　土　雨
午前九時出勤、午後五時帰宅

七月九日　日　雨
終日霖雨、甚不快、一切外出せず

七月十日　月　雨
終日霖雨不止、午前九時大学に到る　卒業式に付行幸あり十時半　着御、十二時　還幸　尋で工科大学中庭に於て更に式あり　午後一時終る直に帰宅

七月十一日　火　雨

午前八時出勤、午後四時半帰宅、原秋二、小林魁来る

七月十二日　水　曇晴

午前六時半良一田鶴学校行と共に教室に到る、今朝お喜美少しく異常の様子に付十一時半帰宅、午食し少しく眠を求む、二時起きて愈々分娩の期近つきたる様に付直に松尾を岡村たか栄並に千葉稔次郎氏方へ遣す　岡村は三時過に来る、四時（三分計前）に男子出生、尋て五分程経て千葉氏も来る、先安心す、北堂は今日野村老婆死去の悔に行かれて留守なり、五時頃になりて胎盤其他下りて手当総て終る、北堂も帰宅され大に驚かれたり　田鶴、精の両人は前にいそき千駄木へ遣したるも帰り来る、千駄木北堂も来られたり、岡村は晩食して後去る、幸なりしはちかが今日偶然来り居りたることなり同人は大学医院にて丁度休暇中のことなれば当分手伝として居ることとす、十時頃皆眠に就く

七月十三日　木　曇晴

朝五時起く母子共に異常なし、八時岡村来る、今朝始て児コンデンス乳を与ふ、小松春三来る、晩九時頃千葉氏来診

七月十四日　金　晴

経過至て宜し但乳汁分泌は未だし、午前八時過岡村来る橋本母公来訪、良一田鶴試験済みたるを以て午後四時良一田鶴精を携て本郷通りへ行き勧工場に入り次に伊勢利にて食事し帰る

七月十五日　土　晴

終日在宿、客間書斎等の拭掃除をなす、今日午後より乳の分泌始まるを以てコンデンス乳を与ふるに及ばす

七月十六日　日　晴、夕立

朝三児を携て団子坂に到る森家へ寄る、朝顔花を見て帰る熱甚だし、今日午後臍帯離る

七月十七日　月　曇、冷

産婆は今日限り断る、玉汝来る、去る十五日頃より睾丸に疼痛を覚ひ漸々焮衝す依て「ススペンソリユム」を掛ける、終日在宿、安静

七月十八日　火　曇、冷

吉永氏来る、同氏並に敷波氏に写真一枚つつ贈る、睾丸の痛宜しからず

七月十九日　水　曇

午前第二医院へ行きて佐藤氏に診察を乞はと《ママ》す折悪しく出勤なし石原助手に一応相談して帰る　今日区役所へ出

産届を出、『三二』と命名、明治三十二年に出生せるを以てなり

七月二十日　木　曇

午後佐藤三吉氏来り診察す、先氷嚢を以て冷すべしと、直に之を行ふ

七月二十一日　金　曇

午前大沢氏（岳）、午後中浜東一郎氏来訪、氷嚢の功未だ現れず

七月二十二日　土　大雨

容体兎角宜しからす

七月二十三日　日　晴雨

容体同し、午刻佐藤氏へ手紙を出し明日来診を乞ふ

七月二十四日　月　晴雨

午後佐藤氏来診、別に異状なきを以て引続き氷嚢を用ふ且アンチピリンを服用す、晩橋本節斎氏見舞に来る　吉永氏に依頼して俸給を受取る

七月二十五日　火　大雨

昨夜来大降雨、午刻に到りて止む、午後霽れ上る　ちかは休暇今日限りなるを以て夕刻病院に帰る

七月二十六日　水　晴雨

午前大沢岳氏来訪、午後在京都加門桂太郎氏来訪、菅之芳氏の依頼に依り岡山へ転任を勧む

七月二十七日　木　曇雨

病更に変りなし

七月二十八日　金　曇晴

橋本玉汝見舞に来る

七月二十九日　土　晴

病気日変なり

七月三十日　日　曇晴

小林魁郎氏来る良一田鶴を托して動物園へ遣る　晩森篤氏来る

七月三十一日　月　曇

緒方正規氏見舞に来る、鹿頭の剥製を坂本に托す

八月一日　火　雨

夕刻橋本節斎、小林魁郎二氏来る　焮衝は少し減却す

八月二日　水　晴

在岡山菅之芳氏へ加門桂太郎氏招聘の件に付手紙を出す、亦佐藤三吉氏へ容体を申送る

八月三日　木　雨

ストラスブルグ婆様への添書を千葉稔次郎氏へ送る亦婆様へ自分並に良一田鶴の写真を托す、午後佐藤三吉氏来診　氷嚢を止めて罨法とす

八月四日　金　曇

八月五日　土　曇晴、炎熱

午後佐藤氏来診、イヒチオール、ワゼリン等分刻の湿布を処方す、罨法は旧の通り、在広島真木等氏久々にて出京来訪但病中に付面会謝絶す　異例の薄暑なりしところ今日頓に炎暑となる

八月六日　日　晴

八月七日　月　曇少雨

今日亦冷気を催す

八月八日　火　曇

再炎熱、夕刻千葉稔次郎氏暇乞に来る同氏は来十二日出発、独乙留学せらるるなり

八月九日　水　曇晴

夕刻青山氏見舞に来る

八月十日　木　曇晴

八月十一日　金　晴風

焮衝少しく減却す但甚緩慢なり

八月十二日　土　晴風

此頃大に暑を増す、九十度位

八月十三日　日　晴（九十二度）

宮本叔氏来十六日出発独乙留学に付暇乞に来る

八月十四日　月　曇

八月十五日　火　曇晴

午前山口秀高氏台湾より出京来訪、亦三間未亡人並令嬢礼として来る

八月十六日　水　曇晴（九十二度）

昨夜風強し且雨を混す今朝に至りて少し静まる　亦雨止む、北蘭は今日出発在鎌倉橋本家族の許に赴かる　市川実繁氏一寸来る

八月十七日　木　晴風

八月十八日　金　晴

午後足立文太郎氏岡山より出京来訪

八月十九日　土　晴

午前入沢達吉氏養育院の件に付来訪

八月二十日　日　晴

八月二十一日　月　晴

今日より良一、田鶴学校始業、晩魁郎氏来る

八月二十二日　火　晴

今日始めて試に出勤、午前八時解剖教室に到る、過般帰朝したる鈴木文太郎氏出京面会久々にて談不尽、午後三時帰宅午食す

八月二十三日　水　晴

午前七時半教室に到る、俸給を受取る、午後四時帰宅

八月二十四日　木　晴

午前七時半教室に到る、午刻第二医院に到り佐藤三吉氏に疾患診察を乞はと《ママ》す電話の間違にて同氏不在空しく帰宅す

八月二十五日　金　晴

午前七時出勤、三二少しく不快に付お喜美連れ来りて三輪信太郎氏に診察を乞ふ、消化不良且つ脚気の疑あり云々四時帰宅、鈴木文太郎氏明日郷里へ帰ると

八月二十六日　土　晴

午前八時出勤、四時帰宅

八月二十七日　日　晴風

終日在宅

八月二十八日　月　曇晴

午前八時出勤、午後四時半帰宅、午刻小児科に到り三二容体に付相談す

八月二十九日　火　雨風

旱天後の雨甚快、十一時出て大学学士会事務所に到る明三十日足立文太郎氏出発独乙留学に付解剖家主となりて送別す主客総て十名共に午食し午後四時半散す、極て質素なる宴亦興味あり

八月三十日　水　雨

午前八時出勤、午後四時半帰宅　ランケ教授（ミュンヘン）よりピテカントロプス・エレクトゥス頭蓋を受取る

八月三十一日　木　雨

午前八時出勤、午後一時半帰宅、長谷川駒八来る、晩魁郎氏来る

九月一日　金　雨曇

午前八時前出勤、午後四時半帰宅、久々にて小供を携て槇町まで散歩す、夕刻青山氏来る

九月二日　土　雨

午後四時過帰宅、橋本豊太郎氏清国蘇州へ赴任に付暇乞に来る

九月三日　日　曇晴

終日在宿

九月四日　　月　半晴

午前八時出勤　鳥居龍蔵来る氏か千島探検をなし帰京後始めて面会したるなり、お喜美三二を携て来る小児科内田氏に診察を乞ふ、次に人類学教室へ行鳥居氏が採集したる千島アイノ諸器物を見る　氏の此度の探検に依り千島アイノの石器及土器を近頃まで用ひたること愈々以て確実となりたるなり　併し坪井正五郎氏は尚ほ土器に於て千島と蝦夷島精し言へば即ちエトロフ島とウルップ島の間に於て相違ありと云ふ説を持つものの如し、午後五時半帰宅

九月五日　　火　曇

午前八時出勤、夕刻より公衆医事会出席、十時半帰宅時に雨降る　今日より奄法及ひ「イヒチオル」を止む

九月六日　　水　曇雨

午前八時出勤、午後五時帰宅

九月七日　　木　雨

八時前出勤、四時半帰宅

九月八日　　金　雨

八時前出勤、四時半帰宅

九月九日　　土　晴

昨夜強き風雨あり今朝晴天大に爽快を覚ふ　午前八時前出勤、午刻過帰宅、四時頃より良、鶴、精を携て外出、仲町に到り小児車を購ひ是より本郷通りへ行き勧工場に入る尋伊勢利にて食事し七時過帰宅

九月十日　　日　晴

終日在宿庭の掃除をなす、来訪者石原喜久太郎、小松春三、原秋二、稲田龍吉の諸氏なり

九月十一日　　月　曇

授業始めなり、午前卒業試験をなす、但此年は組織学のみ担任の年なり、午後五時半帰宅

九月十二日　　火　雨

午後五時半帰宅、越後中魚沼郡野沢鉄平氏返事の手紙を認む

九月十三日　　水　曇

学年試験の追試験をなす、午後は鉄門倶楽部の相談会あり六時帰宅

九月十四日　　木　曇

午後五時半帰宅

九月十五日　　金　曇

午後五時半帰宅、晩食後三児を携て神明祭礼を見る

九月十六日　土　晴

午食後教室より第二医院に到り佐藤三吉氏に診察を乞ふやはり結核の疑ありと云ふ三時前帰宅、三児を携て出て上野公園に到る、パノラマ（黄海々戦）を見る、池の端鰻屋にて晩食し七時帰宅

九月十七日　日　晴

午前八時教室に到る、卒業試験をなす午刻帰宅、午後三児を携て諏訪神社に散歩す、帰途千駄木へ寄りて帰る

九月十八日　月　晴

午後教授会あり、五時半帰宅

九月十九日　火　曇

午後教室新築の件に付久留技師、橋本技師、田口三浦守両教授清水監督と会す、午後五時半帰宅

九月二十日　水　雨

午後五時半帰宅

九月二十一日　木　雨

午後五時半帰宅

九月二十二日　金　半晴

午後五時半帰宅

九月二十三日　土　晴曇　祭日

今明二日間休日を期し鉄門倶楽部遠足会催し常陸筑波山登山のとこ自分は残念ながら病患の為めに行かず、午後田鶴精（良一は千駄木へ行く）を携て上野動物園へ行く、五時半帰宅

九月二十四日　日　晴

午前は田鶴精を携て団子坂下まで散歩す

九月二十五日　月　曇

午前卒業試験、亦安田恭吾氏教室へ来り信州の或病院長周旋の件なり但し去六月貸したる金三十円のことに付きては一言もなし　午後は緒方、大沢謙、青山四氏と会し卒業試験規則改正並に学科々程改正の委員会を催す七時帰宅

九月二十六日　火　雨、霽れる

午前卒業試験、午後六時前帰宅

九月二十七日　水　晴曇雨

午後五時半帰宅、晩篤次郎氏来る、生命保険会社医員辻新次氏依頼されたること付てなり

九月二十八日　木　晴曇

午前養育院に到り安達幹事に面会し去七月一日より施行

になりたる行旅病人及行旅死亡人取扱法の為に解剖体に大に差支を生したるを以て種々協議す、十一時過教室に到る　午後五時半帰宅

九月二十九日　金　雨

骨盤論文草稿略ほ書終る是より訂正に取掛る、午後六時前帰宅　寿衛造今日弘前より出京

九月三十日　土　雨

午後六時前帰宅

十月一日　日　曇晴

一両日来寒冒鼻加答児を疾む、玉汝病気療養の為来る

十月二日　月　晴

午後教授会あるに付午食して出勤す、午前は寒冒の為め在宿、午後五時教室を出て橋本家を訪ひ次に辻新次氏を訪ふ　生命保険会社医員の件なり

十月三日　火　晴

午後五時半帰宅

十月四日　水　晴

午後一時教室を出て小石川伝通院に到る　三宅秀氏母堂葬式なり　三時帰宅庭園の柿木三本及すもも木小を一本伐る、庭師今日より来りて樹木の手入をなす

十月五日　木　雨

午後五時半帰宅

十月六日　金　雨

午後六時前帰宅

十月七日　土　雨

午前八時より卒業試験をなす、朝来大降雨にして午刻より益々甚し且風起り遂に暴風雨となる　五時頃に至て止む恰も帰宅の際は晴天となり大に快

十月八日　日　晴

終日庭にありて嵐後の掃除をなす、千鳥、博子の二女来る千鳥子は先日桜井龍造氏再ひ軍医学校選抜入学に付出京と共に来りたるなり　亦博子は此頃権兄帰京に付同道出京したるなり、晩権兄、小林魁郎氏来る寿衛造明日出発帰任すべきを以て打寄りて談話、十一時過寝所に入る

十月九日　月　晴

寿衛造今日朝出発　午刻鈴木文太郎氏（金沢より出京）教室へ来る　午後藤信夫氏朝鮮釜山より出京来る、次長谷文氏来る五時半帰宅

十月十日　火　晴

夏以来和服をのみ着したれども今日より西洋服とす又夏以来始めて徒歩帰宅す

　十月十一日　水　晴

午後三時半帰宅、庭の栗木一本伐る

　十月十二日　木　曇雨

午刻より雨降り出す漸《ママ》時大降りとなる、六時より鉄門倶楽部委員会に出席、新調ボート出来す、八時半帰宅食事す、今日庭師他の栗二本伐る

　十月十三日　金　晴

朝七時過出渋沢栄一氏兜町の宅に訪ふ（昨日電話にて申込置きたるなり）養育院事務員へ年末手当金の件に付てなり、是より三井銀行へ行きて弐百円引き出し次に第百銀行へ行きてフリードレンデル&ゾーンへ五百マーク（弐百四十円三十五銭）為替を出し十時教室に来る、午後五時半徒歩帰宅

　十月十四日　土　晴

午刻帰宅、午後庭にあり、すもも木（大）一本伐る、先日来栗柿等を伐り庭の風景大に革まる　良一は今日江の島へ遠足とて朝四時半出てて晩八時半過帰宅す

　十月十五日　日　曇雨

午前小児等携て近傍散歩、午刻より雨降り始む、庭師昼までにて去る、午後小坂部勇吉氏来訪　玉汝去一日来りて保養のところ今日帰る、昨日より博子来り泊す

　十月十六日　月　雨晴

午前九時宮内省に到る昨日来の大降雨未止まず曙町坂下の小川道路に溢る、今日は振天府拝観仰付けられたるなり宮内省楼上にて待合せ九時半頃案内せらる其位置大約左の如し

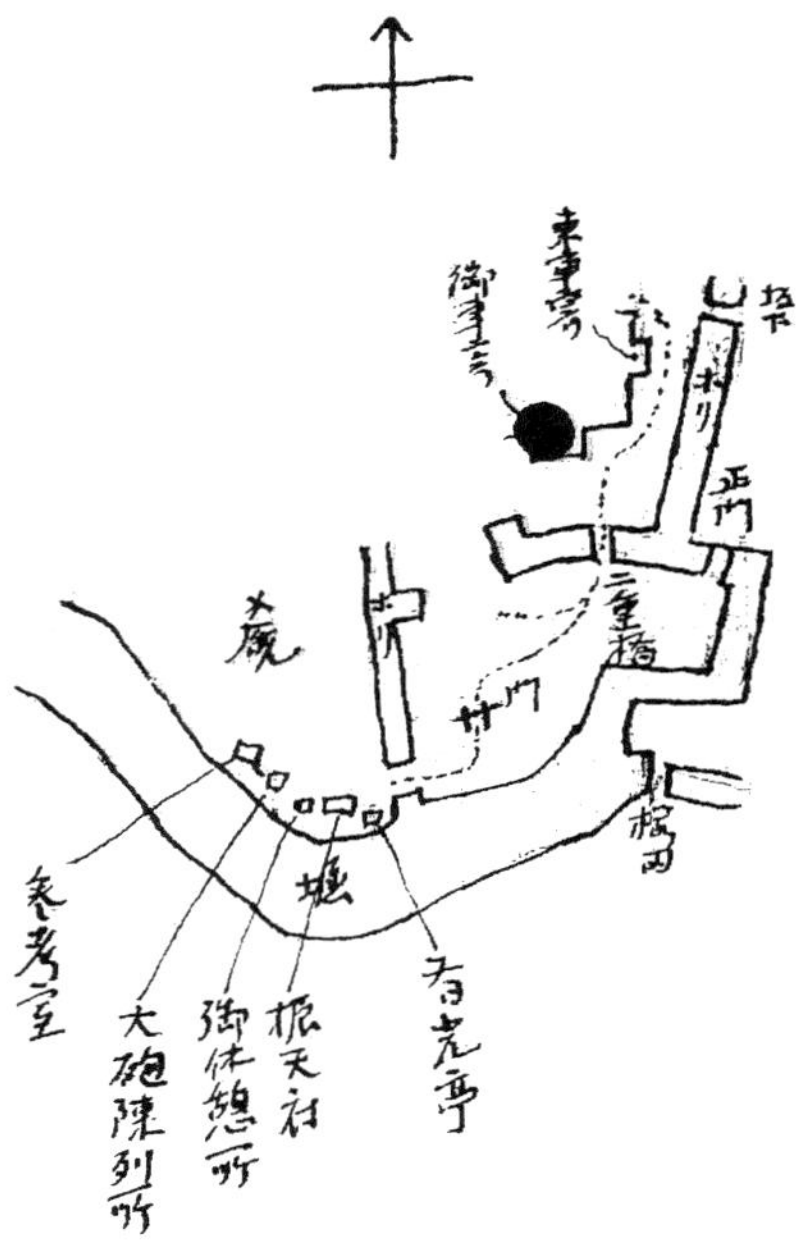

先振天府に到る此建物の内には主として二十七八年の戦

利品あり其外戦利品にあらざる清国物品もあり其内最著しきもの二三を挙れば
一　清国騎兵の鎧、砲弾の雷管、小銃の鉄棒、野戦電線より組立てたる花挿、之は広島大本営にて於て陛下が四兵（騎、砲、兵、工兵）を共に見るとて御秘蔵あらせられたるものなりと云ふ
一　清国軍艦内に安置しありたる天上聖母（満州の一婦人にして昔親の為めに身を海中に投したるものを神に祭りたりとか不詳、水上の神のよし）の小祠二三個あり
一　筒の夥しく長き銃
一　青龍刀等昔の武器
一　清帝の勅額
次に有光亭、之は威海衛の防材、城壁の石額等を以て造りたる眺望亭なり　其前に丁汝昌官邸の庭石、桜桃樹一株あり　次に御休憩所縁先にて休憩、巻煙草を賜る
次に大砲陳列所、
一　野砲二門あり、之は成歓、青山の役に於て清兵が此砲六門を有し我兵を困めたるが撃退の後之を悉く遺し去り内四門は破損し二門は満足なりし而て弾薬も多く遺しありたれば此二門を我兵が平壌に於て大利用したり此二門即ち之れなりと云ふ
一　クルップ山野砲最新式のもの四門、此良器を清兵更に用ひずして我兵分捕りたるなりと
一　其外連発砲数門
次に参考室、此処には我兵の戦死者病死者　両宮殿下を始め奉り将校の写真及下士以下の姓名巻物を始め
一　上等兵某が所持小銃一挺、弾丸筒に当りて曲る、之にもかかはらず某は率先前進せり、且毎戦此の如くして抜群の功を立てたりと惜むらくは帰朝の後病死したりと
一　兵卒某所持の小銃一挺、鉄の棒曲る、之にもかかはらず前進し腕を撃たれ尚ほ屈せずして終に胸部を撃貫かれて即死し死しても銃を握りてはなさず指を折りて漸く銃を採りたりと云ふ其銃是なり
一　野砲の車輪一個、之は我砲兵が戦闘中其敵弾の為めに損ぜられたるを即座に修理したるものなり
一　其外我兵が用ひたる糧食、衛生材料、防寒具等
一　我工兵が鴨緑江に架したる橋杭、氷塊の為めに切り込まれて数日にして折れたりと云ふ

一　台湾物品、同生蕃の物品
終りに分捕馬数頭を見る時に正午十二時を聴く且晴天となる　当日は特に岡沢侍従武官長説明の労を取る　十二時半過大学に到る　骨盤論文草稿訂正終る、是より清書すべし　鈴木文太郎氏教室へ来る、同氏両三日前京都医科大学教授に任す　五時半過帰宅

　十月十七日　火　晴
午前庭にあり、桜井龍造氏来りて北蘭、博子、田鶴を誘ひて遊歩に出る、午後は良一、精を携て上野公園に到り博物館に入る是より山内を歩し、三橋より乗車本郷勧工場に到る、次に伊勢利にて食事し、青木堂にて葉巻煙草を買ひて六時過帰宅

　十月十八日　水　晴
午後五時過半帰宅、博子は桜井氏方へ帰る　今日清書（骨盤論文の）を始む

　十月十九日　木　晴
午食して直に帰宅す、今日弘田氏琵琶師某（筑前博多の人）を誘ひて来宅のよしに付てなり、権兄一寸来り直に去る、三時半頃弘田氏琵琶師を伴ひて来る　先つ第一にお喜美が作したる重衡の曲を演す、次に桜井駅、武蔵野、梅が香亦最後に坂本少佐（軍歌）を演したり　千駄木母堂志づ子を携て来られたり、甚珍しく且面白かりし、六時頃散す

　十月二十日　金　雨
午後五時半帰宅

　十月二十一日　土　晴
午後三時過教室を出て上野公園美術展覧会を見る　散歩し五時半帰宅、髪を切り入浴す

　十月二十二日　日　晴
終日庭にありて庭師の相手をなす

　十月二十三日　月　晴雨
午前金沢医学部卒業生久保武氏解剖教室助手に任ぜられたるに付挨拶に来る、又時事新報社員左氏氏来りて同新報に掲載の財料《ママ》を請求す、次に諸橋勇八郎氏来り故三間正弘氏負債跡片付の件に付寄付金募集の相談あり自分は金五円出金の旨を承諾す　午後は教室会あり学位の件なり第一岡玄卿氏之は投票結果可とするもの八名否とするもの六名にて否決となる　即ち投票に与りたるものは緒方、大沢謙、青山、弘田、河本、山極、高橋、三浦謹、三浦守、田口、丹波、佐藤、隈川、小金井の十四名なり

土肥氏は出席し居たるも一寸退席して投票をなさざりし（学位の件は教授全員三分二以上出席を要し亦其三分の二以上可とする要する内規に付右の如く否となりたるなり）其他井上善次郎氏、桂田富士郎氏も僅かに一名のことにて否決となれり、五時半帰宅

十月二十四日　火　晴

午後五時より構内学士会事務所に会す　鈴木文太郎氏明日出発に付解剖家集りて食事せり即ち出席者田口、大沢岳、新井、竹崎、吉永及自分主賓客共に七名食後快談、十時過散す

十月二十五日　水　晴

午前諸橋勇八郎氏教室へ来る、ピテカントロプスに就て調ぶ　午後六時帰宅　今日より内臓論の講義を始む

十月二十六日　木　晴

午後一時約の如左氏壮吉氏来る、「元始人類の話」と云ふ題にてピテカントロプスの話をなす　同氏筆記す過般ランケ教授（ミュンヘン）より寄贈になりたる頭蓋のことも併せ話す三時終る、久々にて上野谷中より道灌山を散歩して帰る　晩岡玄卿氏来訪、此頃教授会の問題となりたる同氏学位の件なり

十月二十七日　金　晴

午後教室新築の件に付一寸相談会あり、午後五時過教室を出て京橋松田楼に到る　長岡例会併せて甲野棐氏洋行帰朝を祝す　七時半去て安田恭吾氏を訪ひ十時半帰宅

十月二十八日　土　曇

午後五時過帰宅

十月二十九日　日　雨

終日在宿、権兄次に長谷川駒八来る、午後諸橋勇八郎氏来る

十月三十日　月　晴

午後教授会あり去廿三日岡玄卿氏等の学位申請を否決したるを取消して更に再議すべしと云ふ三浦守氏の発議あり　自分大に之を駁したるも終に再議と決す、出席者十七名即ち緒方、大沢謙、田口、高橋、隈川、下山、三浦謹、近藤、土肥、弘田、三浦守、浜田、長井、青山、片山、河本、小金井、内再議すべしとするもの十二、すべからずとするもの四、白票一　六時前帰宅

十月三十一日　火

晩越後刈羽郡長原小学校松木三蔵なる人へ度々書面に対し返事を出す、亦萩原源太郎氏へ故三間氏の件に付書面

を出す

十一月一日　　水　雨

午後四時より医学会出席　ピテカントロプス頭蓋を示す

十一月二日　　木　曇雨

高野椋一氏教室へ来りて支那婦人足の石膏形を採る

十一月三日　　金　晴　天長節

鉄門倶楽部競漕会を兼て新造艇旭の進水式を向島に催す

十二時半出て道灌山より根岸を経て向島に到る七時帰宅

十一月四日　　土　晴曇

朝一寸教室へ寄りて深川東大工町、印刷会社工場に至り骨盤の写真を採る　午後四時半未た撮終ることを得ずして去り淡路町多賀良亭に到る　第十三回越佐同学会なり出席者二十四五名にして甚少数なり八時帰宅

十一月五日　　日　晴

午前八時出深川印刷会社工場に到り前日に引続き撮影す午二時終りて三時前帰宅　小供は北蘭と共千駄木へ行きて居らず　お喜美と共に三二を車にて散歩に出て道灌山へ行きて五時前帰宅

十一月六日　　月　晴

午後教授会あり学位の件なり　前回に於て再議と決したる三氏に付直に投票す　出席十八名（欠席は佐藤、長井の二氏なり）岡氏に付きては可十五、否二、白票一、第二井上善次郎氏可決、桂田富士郎氏否決、四時教室を出て上野より谷中を散歩す

十一月七日　　火　曇晴

台湾総督府医学校頭骨二個交換品として小包郵便を以て出す　亦同医学校川添正道氏へ書面を出す　六時帰宅

十一月八日　　水　晴

午後六時帰宅

十一月九日　　木　晴

午後十二時半帰宅、午食し、一時出てて赤坂離宮に到る紀伊国坂下門より入る観菊会に召されたるなり五時帰宅

十一月十日　　金　曇晴

午後四時教室を出て上野、谷中道灌山を散歩し五時半帰宅

十一月十一日　　土　晴曇

陸上運動会に付休業、午前お喜美と共に精、三二を携て動坂まて散歩す博子同行、午後は北蘭博子小供運動会へ行く、自分はお喜美と共に三二を車に乗て田端、道灌山

を散歩す、午後より曇りて散歩中雨降り始むるにて四時帰宅、小供も帰り居る、午刻諸橋勇八郎氏来る　午食し帰る

十一月十二日　日　雨曇

午前九時教室に到り午後五時半帰宅、時に天気霽れる

十一月十三日　月　晴

ドクトル・ヨハン・ランケ教授（ミュンヘン）へ書面を出す、午後六時帰宅

十一月十四日　火　晴

午後六時半帰宅

十一月十五日　水　晴

午後四時教室を出て上野谷中道灌山を散歩して五時半帰宅

十一月十六日　木　晴

午後五時教室より偕楽園に到る久々にて同窓会を催したるなり十一時過帰宅

十一月十七日　金　晴

頃日神戸に於てペスト病発したる為め世間大に之が予防に力を致す　今夜緒方、中浜二氏神戸へ向け出発す北里氏は先に出張す、今日高野周省氏へ小使をして頭骨交換品を遣す　午後六時半帰宅

十一月十八日　土　晴

午刻帰宅、良一田鶴を携て滝の川へ散歩す、五時過帰宅、北蘭より阿兄の妾けい女を正妻に直すべき哉の相談あり熟考し置くべきを以て答ふ

十一月十九日　日　晴

早昼を食し良一田鶴を携て遊歩、板橋ステーションより汽車にて品川に到り、乗換て川崎に到る、是より電気鉄道にて大師に到り同処にて休憩、是より歩行して川崎に戻り四時二十分同処発車、新橋有楽軒にて西洋料理を食し銀座勧工場に入る、京橋より万世橋まで鉄道馬車に乗り七時半帰宅す

十一月二十日　月　晴

午後専門学務局長上田万年氏教室へ来る　眼科選科藤森某に退学を命したるに付同人より文部大臣宛陳情書を差出したる件に付てなり、良精か緒方氏神戸出張留守中学長代理たるがためなり、午後六時半帰宅、弘田氏来り居る、乳児脚気論文編述を予て依頼されたるに付其略出来上りたるを以て相談の為めなり十時半同氏去る　今日早朝安田恭吾氏来訪

十一月二十一日　火　晴

午後六時半帰宅

十一月二十二日　水　晴

解剖教室家根葺替に付喧しきを以て授業を休む、午後六時半帰宅、晩北蘭にけい子の件はやはり妾とし置くを適当なるべき旨を答ふ

十一月二十三日　木　晴　祭日

午前長谷川駒八来る、午刻諸橋勇八郎氏来る、午後は良一田鶴精を携て本郷通りへ行き勧工場に入り小供処望の品々を買ひ、伊勢利にて食事し六時帰宅

十一月二十四日　金　晴

屋根葺替の為今日も講することあたはず、デモンストラチオンなす　十一時お喜美三二を携て来る小児科へ行きて種痘をなす　緒方氏今朝神戸より帰宅午食の際面会す　午後六時半帰宅

十一月二十五日　土　晴

午刻帰宅、少しく寒冒の気味なり

十一月二十六日　日　曇少雨

終日在宿、床に臥す、午前逸見文九郎氏此度千葉医学部へ転任になり来訪

十一月二十七日　月　晴

朝安田恭吾来る、午後二時教室より富士見軒に到る　明治医会評議員会なり、十時過帰宅

十一月二十八日　火　晴

午後諸橋勇八郎氏教室へ来る、今日午後職人一名家根葺替中講堂へ墜落す、六時出て京橋松田に到る長岡社例会なり、帰途猿楽町に権兄を訪ひ、次に安田氏を訪ひて故三間氏遺族補助の為め喜捨金拾五円を同氏に渡す十時過帰宅す

十一月二十九日　水　晴

午後四時半教室を出て上野公園散歩し帰る

十一月三十日　木　晴

午後六時半帰宅

十二月一日　金　曇

午後六時半帰宅

十二月二日　土　晴

午後六時半帰宅

十二月三日　日　晴

早昼を食し良一田鶴を携て外出板橋より汽車にて目黒ま

て行き不動に到り此処にて休憩、是より平塚村を通りて大森に到る此間一里半ありと　既に薄闇くなる五時三十七分の汽車にて新橋に来り　銀座天金にて食事し勧工場に入り八時半帰宅、今日猿楽町けい女始めて来訪

十二月四日　　月　曇

在シコタン島千島アイノ人アウヱリアン及イヒシーの両人大学へ来るを以て内科及外科病室へ案内し一覧せし就中リヨントゲン光線等を見て驚歎したり、本願寺布教師奥村円心氏が両人を伴ひ来りたるものなりと、坪井正五郎鳥居龍蔵二氏と中黒に到り共に写真す、両人へ煙草二斤つつを餞別として遣る　四時半教室へ来り尋で帰宅す

十二月五日　　火　晴

午後六時教室より豊国屋に到る公衆医事会なり十一時帰宅

十二月六日　　水　晴

午後四時教室を出て谷中道灌山を散歩す、断髪、入浴

十二月七日　　木　雨

伊藤隼三氏独乙より帰京せりとて教室へ来訪　午後七時帰宅

十二月八日　　金　晴雨

午後五時過帰宅、先考忌日に付玉汝、石垣おいよ殿来り共に食事す権兄は差支にて断り

十二月九日　　土　晴

午後四時半教室を出て天金にて晩食し麻布天文台に到る今日展覧日なり天晴れて一点の雲なし　旧の七日頃の月極て明なり之を望遠鏡にて見る　又子午儀にて北極星の子午線を経過するを見る其他オリオン星雲等を見て十一時帰宅す

十二月十日　　日　晴

大掃除をなす、終日在宿焚火をなす、午後権兄一寸来る

十二月十一日　　月　晴

今日骨盤論文清書悉皆（文、表、図版）終る

十二月十二日　　火　晴

午後六時半過帰宅、安田恭吾氏へ返金を促す書面を認む

十二月十三日　　水　晴

午後六時半過帰宅、晩榊順次郎氏来訪

午後四時教室を出て谷中田端に散歩す

十二月十四日　　木　晴

午後六時帰宅、良精誕生日なるを以て茶果《ママ》を喫す

十二月十五日　金　晴

午後六時半帰宅、椰野馨、魁郎同道来る、馨先般仙台医学部卒業、此度海軍々医志願に試験を受け合格したりと

十二月十六日　土　晴

午後六時半帰宅

十二月十七日　日　晴

淀橋水道工場落成に付招待せられたるを以て午前九時過飯田町ステーシヨンより汽車にて新宿に到り、工場に入りて場内を一見す、十二時立食す、午後一時四十分発汽車にて牛込まて来り是より九段偕行社に到る　田口氏還暦の祝なり、良精も祝辞を述ぶ六時去て神保町を歩行し帰る

十二月十八日　月　雨雪　寒増す

午後六時半帰宅

十二月十九日　火　晴

午後五時前教室を出て新橋ステーシヨンに到る岡田和一郎氏独乙より帰朝に付出迎たるなり　六時同氏着す是より別れて帰宅す

十二月二十日　水　晴

午後六時半帰宅

十二月二十一日　木　雨

組織学講義を閉つ、六時半帰宅

十二月二十二日　金　晴

解剖学講義を閉つ、六時半帰宅　直に大沢氏方へ行き細君に面会、骨盤論文の校正に付一寸質問す

十二月二十三日　土　曇

午刻帰宅、天気模様悪けれは散歩せず良一田鶴試験済たるを以て在宿遊戯　夜雷鳴、大降雨

十二月二十四日　日　晴

午食し三児を携て久々にて浅草へ行く　新設の水族館を見て汁粉屋に入り四時帰宅

十二月二十五日　月　晴

午後五時教室を去て偕楽園に到る同窓会納会なり　出席者甚少数、自分共六名なり、十一時半帰宅

十二月二十六日　火　曇

午後六時半帰宅

十二月二十七日　水　晴曇

午刻帰宅、長谷川駒八来る、三児を携て本郷通へ行く勧工場に入り児等の為めに雑品を買ふ、伊勢利にて晩食し六時帰宅す、良一田鶴学校閉校式あり一年間無欠席とて

両児共賞品を持ち帰る又試験は両人共上出来なり　小樽牧野正雄氏歳暮の手紙並に伯母へ壱円送る　在仙台斎藤勝寿氏へ返書（名古屋医学校へ転任得失に付問合の）を出す

十二月二十八日　木　晴

午食し良一田鶴を携て外出田端道灌山より上野へ散歩、蓮玉にて蕎麦を食し大学を通り抜けて帰る

十二月二十九日　金　曇雨

天気模様悪ければ散歩することあたはす　午後児等を携て槇町まで行く

十二月三十日　土　晴

午後岡田和一郎氏帰朝来訪、二時過良一田鶴を携て散歩に出掛ける本郷通りより神田明神に入り是より筋違村上にて靴を購ひ日本橋中華亭にて晩食、銀座に到り二勧工場に入りて帰途に就く　鉄道馬車に乗る、八時半帰宅

十二月三十一日　日　曇

昨日安田恭吾氏より去六月貸したる金三拾円返済す　午後諸橋勇八郎氏来る、終日在宿、午後四時半家族集りて膳に就き歳末を祝す、今年は権兄も来られず偶々潤三郎氏来りて共食事す、夜に入りて少しく雨降り始む為めに例年の通り散歩も出来ず甚面白なき歳末なり　豈唯歳末のみならんや、児等眠りて後書斎にあり一時頃に到て眠る

〔編集協力者紹介〕
藤村美織　ドイツ語翻訳、通訳。日本ＤＤＲ（東ドイツ）文化協会に勤務の後、日独交流の分野で活動。訳書に、『パパ・ヴァイト～ナチスに立ち向かった盲目の人』（汐文社 2015）など。

北村孝一　ことわざ研究者、エッセイスト。学習院大学非常勤講師。論考に「俚言集覧の成立と増補過程」（『俚言集覧　自筆稿本版』第十一巻、クレス出版、1993）、『ことわざの謎――歴史に埋もれたルーツ』（光文社新書、2003）など。

小金井良精日記　明治篇　1883～1899

平成 28 年 12 月 25 日　発行

著　者　　小金井　良　精

発行者　　椛　沢　英　二

発行所　　株式会社 クレス出版

東京都中央区日本橋小伝馬町 14-5
☎03-3808-1821　FAX03-3808-1822

印刷所　　互恵印刷株式会社

製本所　　有限会社 佐久間紙工製本所

落丁・乱丁本はお取り替えいたします。

ISBN978-4-87733-915-9（セット）C3323 ¥26000E

小金井良精日記

明治篇

1900－1912

クレス出版

大学における小金井良精

凡　例

一、本巻『小金井良精日記　明治篇　一九〇〇～一九一二』は、小金井良精の明治三十三年から明治四十五年、大正元年までの日記を全文翻刻し、収録する。

一、本日記の原本は岡本洋子様（小金井良一氏令孫）が所蔵している。翻刻は、原本を撮影したマイクロフィルム（東京大学史史料室所〔現東京大学文書館〕蔵）を底本とした。

一、原本は、基本的に漢字（旧）とカタカナで記されている（一部外来語などはひらがな）が、漢字は現行通用の字体（新）とし、カタカナはひらがなにして（外来語などはカタカナ）翻刻した。

一、原本には句読点があるが、句点はごくわずかなので、適宜読み易いように句点の代わりに一字空きとした。また、一日の末尾に一部読点があるが、すべて削除し、統一した。原本の改行は、いちじるしく長文になる場合を除き、一字空きで続けた。ただし、改行して「社会の動き」などを記述している場合は原文どおりとした。

一、原本の誤字や脱字などは、適宜訂正し（「除々」→「徐々」、「吊詞」→「弔詞」など）、疑問が残るものは「ママ」とした。また、同一の語の表記が異なる場合は、一般的なものに統一した場合（「ころ」は「比」と「頃」を混用しているが、後者に統一）がある。

一、人名などの固有名詞の誤りは、可能なかぎり確認し、訂正した。ただし、孫の星親一（本名）を「新（一）」とするなど、近親者の人名表記は、資料的な意義を考慮し、「ママ」を付して原本どおりとした。

一、欧文の箇所は、文献、論文、演説（演舌）などは原文のままとし、人名や地名などは、原則として近代の慣用に従い、カタカナで表記した。小金井によるカナ表記（発音よりも綴りを重視する傾向がある）もある程度考慮したが、一部表記が異なる場合がある。また、その他の語や短文は、翻訳するかカタカナで表記（必要に応じ〔＊〕内に翻訳を付す）し、いずれもゴチック体で示した。

なお、原文が判読困難な箇所や意味が確認できない箇所は〔＊未詳〕とし、必要に応じ簡単な説明を加えた。

目　次

小金井良精日記

明治篇　一九〇〇～一九一二

明治三十三年　二千五百六十年
1900　良精満四十一年

一月一日　月　曇
早朝快晴なりしも暫時にして曇る、七時半起く、良一、田鶴は学校へ行く、午前庭にて紙鳶を弄す、又精を携て槇町まで両児の迎に行く行き違ひて帰る、年始来訪者小松操、橋本節斎、権兄の諸氏なり

一月二日　火　曇晴
午前曇り午後晴となる且つ寒威大に増す、例年の通りかるた会を催す　午後二時半頃より追々来り集りたるもの丹羽貞郎、菅野、広瀬渡、福田、山本、小林魁郎、同文郎、同三三、鬼頭英、九里誠一、野本清一、原譲、石原喜久太郎、小松操、長谷川駒八、安田稔の十六名なり、外に夜に入りて大沢岳氏方より二名来る、六時半よりかるたを始む、例に依り徹夜す

一月三日　水　晴曇
七時頃諸氏散す、十時前出て牛込小林家（旧臘移転のところ）小松家、猿楽町権兄、弓町橋本家を年始に廻りて十二時半帰宅、午後疲労に付少しく眠る、小松維直氏年始に来る、晩八時頃早く眠る

一月四日　木　晴
午前九時半教室に到る天井張り替の為めに仕事することあたはす、事務室へ立寄りて帰る、安田恭吾氏年始に来る、四時半出て上野精養軒に到る医科大学年始会なり七時半帰宅　寿衛造大尉に昇進のこと去月二十八日付にて今日の官報に載る

一月五日　金　晴
終日在宿、午前原祐民氏年始に来る、於菟氏遊びに来る

一月六日　土　半晴
終日在宿児等と戯る

一月七日　日　雪
昨夜来降雪、寒威随て酷し、終日在宿、午前戯に雪達磨を造る

一月八日　月　曇
午前九時出勤、学生の都合に依り授業を始むることを得ず、岡山医学部に於て解剖学教授欠員、頗る困難の由且つ本件に付中浜東一郎氏教室へ来る、六時半帰宅　今夕

年賀の調左の如し
　名刺　七四
　はがき　一八六
　封書　四五

仙台斎藤勝寿氏へ岡山へ転任の相談に付返事並に三間喜せ子へ手紙を認む

一月九日　火　晴

総論解剖学講義を始む、骨盤論文の原稿全部を印刷会社へ渡す、六時半帰宅

一月十日　水　雨少雪

午後四時半より医学会出席、六時半帰宅時に雪降りて寒甚し

一月十一日　木　雨晴

午後六時半帰宅

一月十二日　金　晴

午後六時半帰宅

一月十三日　土　曇

昨日清国兵俘虜体格測定表十九枚書き終り今日其計算を事務室佐藤氏に依頼す、午後六時過帰宅す

一月十四日　日　晴

午前出て市ヶ谷薬王寺前町に砲兵中佐柴五郎を訪ふ　清国募兵の方法等に付種々尋ぬるところあり帰途牛込小松家を訪ふ　主人夫婦及操氏不快誠に散々なり、午刻帰宅、午後在宿

一月十五日　月　晴

午後教授会ありて之に出席、六時半帰宅

一月十六日　火　晴

午後六時半帰宅

一月十七日　水　晴

午後六時半帰宅

一月十八日　木　晴

午後六時半帰宅、頃日寒気甚し

一月十九日　金　晴

午後四時教室を出て久々にて上野より道灌山を散歩す、六時帰宅す

一月二十日　土　晴

午刻帰宅、久振りにて温和なる天気なるを以て良一田鶴を携て散歩に出掛け田端より根岸入谷を通りて浅草公園に到り水族館に入る、やつこ鰻にて晩食し本郷通りを経て七時半帰宅

一月二十一日　日　雪
今暁より雪降り始め終日止まず、午前越後寺泊菊池五平幡精一郎尋ね来る

一月二十二日　月　曇
新潟若杉喜三郎氏出京教室へ来訪、六時半帰宅

一月二十三日　火　雨
午後六時半帰宅

一月二十四日　水　曇
午後三時より緒方（学長）、青山、良精の三人集りて学科課程及卒業試験改正の件に付委員なるを以て相談す
七時半帰宅

一月二十五日　木　曇
朝出勤掛けに大沢岳氏を訪ふ明日出発、第三高等学校医学部の請に依り解剖学講義担任の為岡山へ出張すと、午後六時半帰宅

一月二十六日　金　晴
今日寒気実に甚し、午後六時半帰宅

一月二十七日　土　晴
医科大学の一部展覧会なり即ち第一医院本室新築の部（小児科産科婦人科、眼科皮膚病科及衛生、法医、薬物）の三教室なり　良精も一通り巡覧す、午後六時帰宅

一月二十八日　日　曇晴
午前菊池精一郎来る、午食し直に出て麻布鈴木孝之助氏留守宅を訪ふ、池田、小谷野両氏恰も在宿、是より紅葉館に到る卒業宴会なり、八時半帰宅

一月二十九日　月　晴曇
昨夜大に雪降る三四寸積る、今朝に至て霽れる　午後教授会出席、終て田口氏と解剖学助手を得んが為めに留学の条件を付することを教授会に提出すべき哉否哉相談す七時となる、是より長岡社大会に京橋松田に到る　然るに急に今日取消となり由に付空しく帰る時に八時過なりき

一月三十日　火　晴　祭日
終日在宿、腹工合少しく悪し依て午後は床に臥す

一月三十一日　水　曇
午後六時半帰宅

二月一日　木　曇
在伯林鈴木孝之助氏へ昨夜認めたる書面を出す、午後六時半帰宅

二月二日　　金　曇
午後五時半教室を出て京橋松田へ行く長岡社大会なり十時帰宅
二月三日　　土　雨
人類学者H・テン・ケート博士氏より南米土人に就ての論文合著の件に付来書の返事を出す　同氏目下長崎滞在なり、在アルゲンチン（ラプラタ）ドクトル・レーマン・ニッチェ氏へ過日論文寄贈の受取はがきを出す　六時半帰宅
二月四日　　日　曇
午前お喜美は青山家へ行く、終日在宿
二月五日　　月　曇
午後は教授会出席、留学生推薦の件なり　六時より公衆医事会出席十時帰宅
二月六日　　火　晴
夕刻稲田龍吉氏教室へ来る先刻電話にて招きたるなり
昨日菊池総長より文部省にて解剖学等志望者少き学科の留学生を出すべきに付候補者推薦すべし云々話ありたるを以て同氏意向を尋ねたり、両三日中に確答すべし云々
六時半帰宅
二月七日　　水　晴
午後六時半帰宅
二月八日　　木　晴
午後五時前教室を出て上野より道灌山を散歩し六時過帰宅
二月九日　　金　晴
午後六時半帰宅
二月十日　　土　晴
午前波多野伝三郎氏実兄前田一居氏教室へ来る、明治初年以来始めて面会す珍客と云ふべし　次に菊池総長来りて浜田教授昨日辞表を出したる由にて其事に付相談あり
午刻教室を出て帰宅、午後は良一田鶴を携て散歩に出て本郷通りより御茶の水教育博物館を見て是より銀座通りに到り竹葉支店にて食事し勧工場に入りて九時頃帰宅す
二月十一日　　日　晴　祭日
午前出て牛込外山正一氏の病気を見舞ひ、又小松家を訪ふ次に弘田氏訪ふ不在、十二時帰宅、午後在宿
二月十二日　　月　晴
午後は教授会出席、稲田龍吉氏解剖学専門留学の件は辞退す、六時過帰宅食事し直に出て浜田玄達氏を訪ひ弘田

氏と共に留任のことを説き勧むと雖とも決心動かすべからず十時帰宅

二月十三日　火　晴

浜田氏の件菊池総長に報告す、六時半帰宅

二月十四日　水　曇

午後は学校衛生顧問会議出席、一昨年以来始めてなり、議長の互選を行ふ良精議長に当選す但し出席者三宅、緒方、弘田、小池、良精の五名にして良精二票其他は一票つつなりき四時半閉会、帰途安田恭吾氏を訪ひ六時過帰宅

二月十五日　木　晴

午後六時半帰宅

二月十六日　金　晴

午後六時過帰宅、理髪

二月十七日　土　曇雪

午後六時半帰宅時に雪降る

二月十八日　日　雨

悪天にて散歩も出来されば午前十時教室に到る仕事、午後六時半帰宅

二月十九日　月　晴

午後六時半帰宅

二月二十日　火　少雨曇

午後六時半帰宅

二月二十一日　水　晴

午後七時帰宅

二月二十二日　木　晴

午後六時半帰宅

二月二十三日　金　晴

俸給受取方は従来総代を以て受取り来りしが今回より直接受取となる、午後時《ママ》半教室を出て偕楽園に到る同窓会を催す　良精幹事なり十一時過帰宅

二月二十四日　土　晴

午刻帰宅、散歩せんと欲すれども良一田鶴進まざるを以て止む

二月二十五日　日　晴

午前諸橋勇八郎氏来訪、早昼を食し良一を携て散歩に出る、田鶴は少しく寒冒、新橋より汽車にて川崎到り是より小向梅園へ行く　花期未早し同処にて学生数名に逢ひ共に撮影し、是より矢口渡を渡り新田神社に詣て池上に到る　本門寺を見て山門の掛け茶屋に休憩す大に空腹を

覚ふ　日暮に大森停車場到る六時半新橋帰着停車場楼上にて西洋料理を食す、九時半帰宅

二月二十六日　月　晴

午後五時教室を出て上野より田端を散歩す

二月二十七日　火　晴

午後篤次郎氏教室へ来り愈々農科大学医員担任の決心云々（昨日松井学長より話ありたる以て昨夜手紙を出し置きたるか為めなり）直に其趣を松井氏へ通ず　プロフエッサー・ヨハネス・ランケ氏へ約束の頭骨此頃荷造りして発送したるに付其船積証と共に其趣を書留郵便にて出す　午後六時半帰宅

二月二十八日　水　晴

午後は学校衛生顧問会議臨時開会、四時帰宅

三月一日　木　晴曇

紀念日に付休業、大学不参、児供と槇町に到る

三月二日　金　雨曇

緒方学長よりパリー府に於ける第十三回万国医学会へ派遣の内談あり、午後は三十四年度概算に付教授会あり終て上野韻松亭に到る一年生親睦会なり十時半帰宅

三月三日　土　曇

午後四時教室を出て谷中、田端を散歩す

三月四日　日　曇

森林氏小倉より出京す午後千駄木へ行く、是より向島に到る　鉄門倶楽部小競漕を催す時刻遅れ既に終りたるところなり　暫時下宿にありて七時半帰宅

三月五日　月　晴

森氏の為めに公衆医事会を偕楽園に開く、十一時帰宅精子急性胃加答児を発す

三月六日　火　曇

午後七時前帰宅、篤次郎氏来る氏今日駒場農科大学嘱托医員となる

三月七日　水　半晴

午食後外山正一氏を病室に見舞ふ死期大に迫りたるものの如し、六時過再ひ病院に到る

三月八日　木　曇（昨夜少雨）

外山氏昨夜死亡、六時半帰宅

三月九日　金　晴

米国A・アガシ氏南太平洋珊瑚島探検の帰途本邦へ立寄りたるに付午後三時半より法科教場に於て講演あり　五

時終る是より紅葉館に於て宴会を開く、之に出席十一時半帰宅、外山氏死去に付休業

三月十日　土　晴

午刻帰宅、午食し良一田鶴を携て散歩、道灌山より谷中、上野に到り動物園に到る、池の端鰻店にて食事七時帰宅

三月十一日　日　晴曇

故外山氏葬式に付午後一時牛込の住宅に到る是より徒歩谷中墓地に到る途中霰又少しく雨降る四時過帰宅

三月十二日　月　晴風

午後六時半帰宅

三月十三日　火　晴

午後五時過教室を出て上野より田端へ散歩す七時前帰宅

三月十四日　水　雨

午後六時半帰宅、学校衛生顧問手当とし百五拾円増与の書面受領

三月十五日　木　曇

午後六時半帰宅

三月十六日　金　曇

緒方学長よりパリー万国医学会派遣の件は少し行き悩みの姿なり云々の話あり、午後六時半過帰宅

三月十七日　土　曇

午後三時半帰宅　良一田鶴を携て道灌山へ散歩団子坂にて蕎麦を食し帰る、晩魁郎文郎二氏来る

三月十八日　日　少雨雪

終日在宿

三月十九日　月　曇

今日午食後菊池総長に万国医学会の件に付面談す　午後教授会出席　重なる問題は今後尚外国教師を置くの必要ありや否やの件なり即ち前決議の通り必要なしと決す、午後七時過帰宅

三月二十日　火　晴

好天但し少寒し午後三時半帰宅　良一田鶴を携て道灌山へ散歩す六時帰宅、北蘭より長岡行の話あり　見合の方宜しからんと答ふ

三月二十一日　水　晴雨

終日在宿、午刻権兄一寸来られたり

三月二十二日　木　雨

総論解剖学講義を閉つ、午後六時半帰宅

三月二十三日　金　晴

各論解剖学講義を閉つ、午後五時教室を出て牛込小松家

に到る、故彰君十三回忌法事なり、原馨氏江州日野より出京面会す、十時半帰宅

三月二十四日　土　曇雨

午後雨降り始む、三時教室より千駄木森家に到る　林氏出立帰任に付見送りなり、お喜美児等も来り居る四時半林氏出発、尋て帰宅　良一、田鶴今日試験済む

三月二十五日　日　雨曇

両児試験済みたりとて大元気なり、午後外出せんと欲すれども天気風立ちて時に雨降り甚穏ならず　三時過三児を携て本郷勧工場へ行く次に次学年教科書などを買ひ伊勢利にて食事し六時半帰宅、風は止まされとも晴となる井口金介受《ママ》業料の催促第一高等学校より一昨日申来りたるを以て不取敢昨日払ひたり依て其趣を申送り且来宅を促したり

三月二十六日　月　晴曇

朝権兄来る刀剣を持ち行かれたり、教室不参、午後良一田鶴を携て道灌山へ散歩、諏訪神社小祭なり　同処の茶屋に休む五時頃帰宅

三月二十七日　火　曇雨

午前九時教室に到る六時半帰宅　駒本学校にて証書授与式あり、良一は高等一年卒業席順七番、田鶴尋常二年卒業、優等にて賞品を得、席順三番なりと雖とも一番二番のもの年令も長するを以て四年級へ編入になりたれば三年級にては一番の証あり

三月二十八日　水　曇雨

終日荏苒在宿、良一田鶴は千駄木と浅草へ行く亦午後はお喜美精を携て三井銀行へ行く、三二を相手に留守居す、長岡社欠席、午後四時頃大に雹降る為に地上白し

三月二十九日　木　晴

朝大に寒、庭園に強き霜柱を見る亦手水鉢に氷り結ぶ但し好天気なるを以て鎌倉行と決し良一田鶴を携て七時二十分出発八時十分新橋着同三十分発車十時半鎌倉着徒歩長谷寺に到り住職始め其他に面会時に十一時なり同処に一泊を約し出て観音に詣て権五郎社より一寸海浜に出て帰り午食す、午後一時出て先つ大仏を見て次に八幡宮に到り頼朝の墓より大塔宮社に到り土層窟を見て之より引返し海浜に出て遊び日没寺に帰る　食事を終へ八時眠に就く

三月三十日　金　晴

前日に比し更に好天気なるは実に幸なり、午前六時起き

八時前長谷寺出立、七里ヶ浜に出る風なく波静かにして天に一点の曇なし　富士の景殊に佳なり亦大島の煙直立して天に連るところ誠に明かなり　両児悦び勇みて砂上を走廻る快極る　十一時江の島に達す直に山に登る　一茶店に休憩し携ふるところの果子を食し渇を癒す　是より窟入口に下りて岩上に遊ぶ漁夫をして海中に貝を採らしむ　午後一時金亀楼に登りて午食す　是より山を下りて貝細工を購ひて江の島を出発す時に二時なり亦少しく風を生す、三時半藤沢着四時発車、六時新橋着七時半帰宅、此小旅行甚愉快なるを記念す

三月三十一日　土　晴

昨夜長岡椰野母堂死去の電報到る今朝悔の電報を発す午前権兄来る、午後原信哉氏来る、亦北海道枝幸病院長堀礼治氏来りて同処採集の金塊を得、終日在宿

四月一日　日　曇雨

終日児等と戯る午後槇町まで遊歩し梯子二丁を注文す夕刻より大に雨降る

四月二日　月　晴　大に暖

午前十時半教室に到り午後三時帰宅、お喜美と共に四児（三二は児車）を携て田端まで遊歩す

四月三日　火　晴　祭日

午後は於菟氏も来り居り天気も好きを以てお喜美と共児等携て田端、道灌山へ散歩す土筆を採る、諏訪社の茶店にて休憩、団子坂に出て森家へ寄り五時帰宅　北蘭は村上へ招かれて御不在

四月四日　水　晴

良一田鶴今日より学校始まる、午前七時半共に出て教室に到る　十時半美土代町青年会館に東京医学会に到る「アイノ人及日本人の骨盤」なる題にて演舌す、弘田氏と共多から亭にて午食し是より独向島に到り、競漕準備の模様を見る、七時過帰宅

四月五日　木　晴

午前八時教室に到る、午後谷口吉太郎氏教室に来り此度一家の都合に依り陸軍辞職と決す云々、三時過教室を出て上野公園美術展覧会を見て是より谷中道灌山へ散歩桜花少しく開く、七時過帰宅、医学会欠席

四月六日　金　晴曇

解剖学教室に於て医学会総会談話会あり午前八時より出席、午後三時教室を出て小石川植物園に到る医学会宴会

なり七時帰宅時に雨降り始む　同処にて菊池総長よりパリー万国医学会へ派遣の件は六ヶ敷云々の話あり

四月七日　土　曇

午前八時半出勤、中村達太郎、田口、大沢岳の諸氏と会し新築教室に付相談す、午後二時過教室を出て錦町錦輝館に到る　明治医会第二集会なり七時半帰宅

四月八日　日　晴　桜花殆と満開

午前良、田、精を携て田端まで散歩、午後はお喜美四児を携て中黒に到り写真を採る、帰りて亦た児等を携て共に神明辺へ散歩す但し良一は行かす

四月九日　月　雨曇

朝宮入慶之助氏徒町の宅に訪不在、次に高野周省氏を訪ひて同氏寄贈の朝鮮人頭骨に付其出所を尋ね次に今田家を訪ふ未亡人不在、十時教室に到る、午後四時帰宅　児等を携て槇町まで遊歩

四月十日　火　雨

前八時過出勤、青山緒方二氏教室へ来る、パリー万国医学会派遣の件は今日の閣議に於て決定すべし云々　午後五時教室を出て宮入氏を訪ふ折あしく又不在

四月十一日　水　曇

前八時半出勤、万国医学会へ派遣の件は昨日の閣議に於て樺山文部大臣より本年は医科よりは教授を経常費を以て派遣せざるに付医学会へ特に代表者を出さねはならぬ旨述べられたり云々　菊池総長より話あり（大沢謙、緒方二氏と会合して）、午後六時半帰宅　今朝宮入氏来訪、石黒嬢宮本の件に付同氏の内意を尋ねたり、亦其模様を谷口氏へ申送る為手紙を認む

四月十二日　木　雨

午前出勤掛けに一寸緒方氏宅に寄る、大沢謙氏教室へ来り万国医学会派遣の件愈辞退と決心す云々、午食後向島へ行く緒方、大沢岳、近藤、金森諸氏来る、桜花恰も満開、道路泥濘、選手及其他の諸氏意気壮んなり、七時帰宅

四月十三日　金　雨

午前九時過出勤、終日降雨、但し明朝は晴となるべき予報を聞きて四時過帰宅、良一学校より帰りて発熱す

四月十四日　土　晴

昨夜来追々霽れ、今朝に至りて好天気となる、早く昼飯を食し十一時車にて出かける　向島に到れば恰も四番競漕の時なり、午後二時始て分科競漕あり決勝法医の間に争はれたれども終に法僅かに勝つ、第二選手も法医競ひ

て医漸く勝つ、四時過より愈々選手競漕に取かかる　自分は旧石碑脇にて見る、元より必勝を期したれども亦漸々先に進み終に猶々三艇身計の勝となる、二十六年以来の勝利、愉快極りなし時に五時なりき、北蘭、田鶴、精（良一は病気にて来らず）帰る後、下宿の向ふの庭園にて四斗樽をぬきて不取敢祝盃を挙ぐ、後下宿に於て晩食し祝勝会に付種々相談し終て大沢岳氏と共に帰る　堤の桜未た散りも初めず満月明かにして風景佳なり亦上野公園を通りて十時半帰宅

四月十五日　　日　曇

午前田鶴精を携て道灌山より諏訪社に到り休む、花見寺大に賑ふ、団子坂にて蕎麦を食し二時頃帰宅、良一宜しからず熱四十度計、篤次郎氏来訪、今日向島より勝旗を持ちて大学まで来るの列に加はる筈なりしも止む

四月十六日　　月　曇晴

午前七時出勤、学生来らさるを以て講義成立せず、午後四時より会食所に於て祝勝会の件に付相談、六時半帰宅

四月十七日　　火　晴

八時出勤、顕微鏡実習成立せず、ワルダイエル先生へ久々にて手紙を出す、四時帰宅、植木屋磯吉今日より来りて檜を造り始む、田鶴を携て道灌山、日暮里へ散歩す、良一少しく熱下る精も熱を発す、篤次郎氏来診

四月十八日　　水　曇

菊池総長より万国医学会派遣の儀は昨日の閣議に於て百八十日と決したる旨話あり大に決心に困む　午後四時帰宅

四月十九日　　木　曇

午後は向島へ行く祝勝レースを催す　是より両国中村楼に到る祝宴なり、出席者二百五十名計頗盛会九時半去て帰途に就く時に雨降る

四月二十日　　金　晴曇

今朝に到りて霽れる、午刻帰宅食事し浜離宮に到る、観桜会なり、時に曇りて風強し、六時前帰宅

四月二十一日　　土　曇

午後一時帰宅、在宿、良一今日より登校す

四月二十二日　　日　雨

終日在宿、午後石原喜久太郎氏来訪

四月二十三日　　月　曇

午前七時出勤、記載解剖学講義を始む、午後四時教室を出て上野公園より谷中道灌山を散歩して帰る

四月二十四日　火　曇雨

顕微鏡実習を始む、午前午後合して四時間講義す　四時前出て大学植物園に到る大学運動会役員及ひ其同会に関係したるものの慰労会なり、七時帰宅時に雨降る

四月二十五日　水　雨

午後一時大学より築地本願寺に到る　渡辺廉吉氏母堂の葬式なり　四時帰宅終日雨降る

四月二十六日　木　雨

午後四時より山川健次郎氏在職二十五年（来三十四年一月十七日に至て）を祝するため其発起人会あり之に出席す、六時半帰宅

四月二十七日　金　曇

菊池総長に面会して愈々パリー万国医学会派遣を承諾の決心を述ぶ、午後四時半帰宅

四月二十八日　土　半晴

菊池総長より書面を以て万国医学会派遣旅費の件に付申越さる、即ち旅費としては僅かに三千〇十二円、之に建築費より一千円、大学より五百円、衛生顧問より二百円総計四千七百円計にて此以上仕方なし云々　午後四時帰宅、供に児等を携て田端まで散歩す於菟氏も丁度来り居りて同行、千駄木へ寄りて帰る

四月二十九日　日　快晴

午後橋本節斎氏来る、午食して直に良一田鶴を携て散歩、道灌山を越へて尾久村を通り新渡しを渡りて西新井大師まで行く大師堂へ寄らずして直に停車場に到る　汽車表変更の為めに人力車にて千住に到り加門宿魚兼にて鰻飯を食し人力車にて帰る時に八半なりき、原秋二氏来り居る

四月三十日　月　晴

午後教授会あり卒業試験規則改正の件なり　過般緒方青山自分の三名委員となりて調査したるものなり　議論やかましく纏まらさるを以て二週間の後に再議すべしと決して止む、菊池総長より一昨日の書面のことに付き尚面談あり、五時教室を出て団子坂田甫を散歩して帰る、良一田鶴今日飛鳥山にて運動会ありて之に行く

五月一日　火　晴

午後五時過帰宅、昨今は洋行準備頻りに考案す

五月二日　水　曇

午後三時教室を出て呉服橋外高島屋に到り洋行土産を二

種購ひ是より東仲通り涛川惣助方にて七宝巻煙草入一個購ひて五時過帰宅

五月三日　木　雨

昨夜来大降雨、午後五時帰宅

五月四日　金　晴

午前教室より一寸本郷通りまで行きて万木にて氷嚢及検温器を買ひ懐中時計の磨きを托して教室へ帰る　午後顕微鏡実習中菊池総長教室へ来りて建築費より手当千四百円丈出来る云々の話あり

皇太子殿下御婚礼に付御召状受領す

五時帰宅、洋服屋来る支渡の為め夏服外数品を注文す

五月五日　土　晴

午後四時半教室を出て不忍池を一周し公衆医事会出席諸氏と共に豊国にて食事し是より猿楽町権兄方へ行く　母上様明朝権兄と共に同処より御出立長岡へ御旅行に付其暇乞なり　帰途安田恭吾氏方へ寄り漆器（巻煙草入に用ふることを得）一個譲り受けて十一時半帰宅　谷口吉太郎氏より手紙到り明朝出発中津病院長として赴任すと且つ長岡社々金百九拾円余借用云々

五月六日　日　晴

午後二時半良、鶴、精を携て田端田甫に到り小魚を採り道灌山を経て諏訪社茶店にて休憩、花見寺つつじ花を見てやぶそばを食し暮方帰宅

五月七日　月　曇

午後二時半教室を出て三井銀行に到り是より銀座上田屋にてティー・ナプキンを求め、小川写真店に到る（空し）次に弓町日本漆工会に到り漆器一個求め五時半帰宅

五月八日　火　雨曇

午後五時半教室を出て千駄木へ寄る　林氏昨夜着京し以てなり氏此度御慶事に参列の為め出京したるなり七時帰宅

五月九日　水　晴

午前教室へ、菅之芳、長尾精一、山崎幹氏来午後六時去て本郷通りへ行きて時計出来せるを取りて帰る、晩馨氏来り海軍々医は永遠の方向としては如何云々の話あり

今日横浜ロイド会社へ手紙を出す

五月十日　木　晴

皇太子殿下　御婚礼に付休業、午前十時宮城二重橋外に大学職員学生整列して十一時　両殿下御出門青山御所へ還啓を奉賀す十二時帰宅夕六時更に一同大学運動場に集

り是より提灯行列をなし七時十分頃出発し青山御所に到り奉賀す　良精賀詞を述ぶ　丸尾侍従の挨拶あり是より二重橋外に到る　此処にて万歳を唱へ日本橋通りを通りて十二時過大学へ帰着、祝盃を挙げて一時頃帰宅甚疲労す

　五月十一日　金　晴

授業なし、午前精、三を携て提灯花と字するところへ行く　午後休眠、晩食後金毘羅縁日へ行く

　五月十二日　土　曇

ロイド会社より一等船室承諾の返事来る、午後五時教室を出て筋違村上方へ行きて種々の注文をなし七時帰宅晩食入浴後千駄木へ行く　林氏明夕出発を以てなり一時半帰宅

　五月十三日　日　雨

骨盤論文別刷二百五十部此頃出来に付二三日前内国知人へ贈る　今日は鉄門倶楽部遠足会を目黒へ催す但し良精は雨天に付止む、午前岡田良平氏来訪、氏パリー衛生及デモグラフヰー会議へ参列の件二三日前確定に付同行すべし云々

　五月十四日　月　晴曇

午後教授会出席、試験規程改正の件なり六時委員に托して散す　昨夜認め置きたる西郷吉弥氏宛の手紙を出す

　五月十五日　火　晴

午後四時前教室を出て上野公園谷中道灌山を散歩す　良一今日亀井《ママ》戸へ遠足す帰りて両足に痛を発し歩行出来ず

　五月十六日　水　晴

ロイド会社より岡田良平氏船室の件に付申送りたる返事来り船室上甲板 No.27 とす　午後三時半教室を去て帰宅更衣大学植物園へ赴く　大学職員より催されたる送別会なり祝送者は松井、高松、藤沢、長岡四教授、中山、守屋、豊永三助教授、ベルツ、リース、バールセンの三教師及良精なり亦穂積陳重氏一昨日帰朝に付歓迎を兼ぬ、亦同処に於て辞令書を受領す

仏国巴里府に於て万国医事会議開設に付委員として参
列被　仰付

八時半帰宅、往返共美津の山の閑道を通る一種の感あり原秋二氏来り居る

　五月十七日　木　晴

午後四時半教室より本町水島方へ行きてこはく壁掛一枚買ひ次に銀座上田屋に到り皿敷三タース買ひて是より安

田恭吾氏許に行きて古漆器二個の代金を払ひて七時帰宅
留守中小林魁郎氏長岡社書類箱持来る　旅行免状受領

五月十八日　　金　半晴

午前九時半教室より文部省へ行きて奥田次官（樺山大臣出勤なし）木場参与官等挨拶をなし三島通良氏に面会、会計課長寺田勇吉氏に面会直に旅費（旅費二千五百十二円八十銭、手当五百円金券）を受領す　建築課長久留正道氏に面会　解剖学等教室改築に付欧州教室調査及其手当の事に付打合せをなし十二時大学へ帰る　谷口吉太郎氏弟某長岡社会計帳簿を教室へ持来る　六時帰宅、久留正道技師より教室調査嘱托並に手当七百円云々書面到る、椰野馨来る　岡山菅之芳氏千葉長尾精一氏各在職二十年祝賀会挙行に付各一円つつ出金、為換券を出す

五月十九日　　土　晴

午後三時教室を去て帰宅、今日は解剖教室諸氏招待す　四時過より新井、吉永、敷波、久保の諸氏来る　大沢岳氏は令閨の分娩に際し不来、種々談笑九時半諸氏去る

五月二十日　　日　曇

土産物の詰合せをなす、文郎、春三、鶴見（長岡社生徒）三二、大沢岳、篤次郎の諸氏順次来訪、晩食後本郷通りより小川町三角堂へ雑品の買物に行く　時雨降り始む九時半帰宅

五月二十一日　　月　雨晴

プロフェッサー・ワルダイエル、プロフェッサー・ラブルリュクハルト氏に此度欧行の趣き申送る亦た第十三回国際医学会議事務総長A・ショファール（パリ）の許へ此度日本政府の委員として出席の通知書を出す文案は三浦謹氏依頼して作りたるものなり　亦文部省より出張の序を以て学校衛生事項取調嘱托及其手当として二百円給与の辞令を受領す　午後医院新築に付解剖教室等の新築に影響あるを以て会議あり之に出席す、五時半帰宅

五月二十二日　　火　晴

午後六時帰宅　午前午後共顕微鏡にて大に疲労す

五月二十三日　　水　晴

午後一時四年生諸氏山上にて写真す、午前午後共講義して解剖学講義終る、俸給受取るボート祝勝寄附金拾円、御慶事賀表五円十三銭、ベルツ氏在職二十五年祝五円出金す、午後四時去て植物園に到る浜田玄達氏辞職したるに付慰労会なり九時帰宅

五月二十四日　　木　雨

朝小松維直氏来訪、大に降雨、九時過出勤、午後四時半帰宅、霽れたるを以て良一を携て買物に出掛ける中華亭にて夕食し大津屋にて帽子其他を買ひ、村上へ寄り注文物を催促し是より東明館に到る　此処には望みの品なし九時半帰宅

五月二十五日　金　晴

午前午後共「デモンストラチオン」をなし之にて解剖学全く終る亦午前少時を得て上野商品陳列館に到り「アンチモン」、竹細工錦絵を買ふ、午後三時過帰宅、蠣殻町森令閨来り居る、次に小林魁氏来る　長岡社の事を托す、五時頃植物園に到る一年諸氏の催したる送別会なり、先つ池畔にて写真す次に宴席に就く、甚愉快なり、七時帰宅、共済生命保険会社員並に医員来る　此頃度々保険の件に付社員安田某申込を促す依て今日体格験《ママ》査を行ひたり且保険金額五千円とすることの申込書に記名捺印す

五月二十六日　土　晴

朝緒方正規氏来訪、九時出勤、今日顕微鏡実習を片付く午後四時過解剖会諸氏送別会を催さるるに付大学会食所に到る　十時帰宅

五月二十七日　日　曇

午前三宅秀、大沢岳、三浦省三の諸氏来訪、十一時半頃共に四児及ちか、つねを携て浅草公園に到る　みやこにて午食し水族館等に入り五時帰宅、浜田玄達氏招待不参の手紙を出す　土産物を箱に詰めて〆切る、断髪入浴

五月二十八日　月　曇

午前十時出て文部省に到り手当金券受領（建築取調七百円、学校衛生取調二百円）、衛生顧問会議々長辞表を出す　岡田良平氏と打合せをなし是より日本銀行に到り次に正金銀行支店に到り旅行信用状に二百八十磅を組む　午後二時豊国に来りて午食し教室に到る　骨盤論（百六十二部）及土産物の箱を〆切る三時過帰宅、六時前亦出て京橋松田に到る　長岡社諸氏の催されたる送別会なり出席者、波多野伝三郎、渡辺廉吉、柳沢銀蔵、加藤政義、田中浪江、甲野棐、渡辺仙蔵、西郷吉弥、大原、小林魁郎、同文郎、九里、鶴見等の諸氏なり　恰も明治十三年十月三十一日同処、同室、同席に於て長岡社より送別を受けたるは亦奇偶と云ふべし、八時半辞して去る、帰途安田恭吾氏許暇乞に寄り且つ三間家喜捨金の事に付決算を頼む、十時帰宅

五月二十九日　火　雨

朝西村に乗船切符買ひ並に両替のことを托す、午後今田令閨来訪、手荷物の詰方を大凡そ極める、お喜美外出三井銀行等へ行く　午後四時半出て牛込小松家、小林家、石黒家へ暇乞に廻りて是より九段偕行社に到る　医家諸氏の催しに係る送別会なり送らるるもの山根正次、野田忠広、広田兼右衛門及良精の四名なり、十時帰宅

五月三十日　　水　雨

共済生命保険会社と五千円の契約をなし第一年保険料百七拾弐円を払ふ、西村回漕店員前日托したる乗船切符及欧貨を持ち来る、中村秋香氏来訪、昼食後出て大学に到る、アルコホルの買入れ方に付本部に於て相談会あり四時過終りて教室に帰る　雑書類を取纏めて持ち帰る時に五時過なり　母上様寿衛造と共に御帰京、橋本夫婦、千駄木母堂於菟氏小林三兄弟来集りて共に晩食す十時皆散す玉汝止り泊す　学校衛生顧問会議々長依願被免

五月三十一日　　木　曇

四年生久保猪之助来る、次に石黒忠悳氏来り宮本氏の件を托さる　十時前出て先つ麻布鈴木孝之助氏の留守宅を訪ひ、次に渡辺洪基氏許暇乞に寄り次宮本仲氏同断次に長谷川泰氏　十二時半大学に来り昼食し教室に来りて雑事を片付け二時半去て諸方へ暇乞に廻る　先つ辻新次氏、田口氏橋本家菊池総長、番町加藤弘之氏、岡田和一郎氏（令閨に面会）、弘田長氏（夫婦に面会）浜尾新氏（面会）三宅秀氏、七時帰宅、牧野彦太郎来り居り手紙九通を書くことを頼む、入浴、権兄昨夜帰京、晩来る親しく談話する暇なし其中に帰り去られたり十時過寝に就く

六月一日　　金　曇晴

午前近藤次繁氏、小松維直氏、安田恭吾氏来る、亦手荷物を詰めて〆切る西村より取りに来る筈なり、十一時出掛ける　先つ原祐民氏玄関まで暇乞に行く是より文部省へ行く大臣未だ出勤なし　依て永田町官舎に到り樺山大臣に面会暇乞し再文部省に到り諸氏に暇乞し是より猿楽町権兄を訪ふ皆不在、直に大学に到る豊国にて昼食し、法医、薬学第一医院本室、事務室より解剖教室に到り次に病理、薬物、生理、衛生の各教室へ順次廻りて解剖に帰り午後正三時半己の室を去る　是より西片町榊家、東片町大沢謙二氏、緒方氏へ廻り、是より根岸牧野家に到り帰途森家へ暇乞して五時帰宅時に時雨降る、寿衛造は既に弘前へ帰任の後なり、晩食後良一田鶴精を伴ひ槙町

に到り硯草を買ふ又大沢岳氏の宅へ一寸暇乞に行く、晩石垣貫三氏権兄来る、十時書斎に於て日記を録す　終て直に寝所に入る

六月二日　　土　晴

午前四時半起く、千駄木母堂見送りに来らる、五時半過出立、北蘭良一田鶴同行、前夜権兄来りて横浜まで見送ることを切に勧められたるを以てなり、六時半前新橋着、同僚、学生、知己諸君の見送り多し岡田氏のものと合して停車場内大に混雑す、七時五十分発車、車中全く満つ多数諸氏は立つ、坪井正五郎氏品川迄同車、車中にてパリー万国人類学会へ東京人類学会代表者として参列の儀を依頼せらる並に其会費受取る、八時前横浜着、乗車直に棧橋に到る本船「サクセン」に乗り込む　オーベルデック（*上甲板）No.27（右舷）室に到る岡田氏と同室なり　是より船中を縦覧す、其中に音楽始まる八時半過見送りの諸氏本船を下る、正九時纜を解き本船を棧橋より離なす而て徐々に進行を始む、甲板上より見れば田鶴涙を流し居る良一も同様の如く見へたれども甲板上よりのことなれば確とは明らざりし思はず田鶴良一と甲板より呼びたり　袂別の情禁し難し寧ろ見送らざる方遥かに勝りたり大に後悔す、漸々遠く隔たりて遂に影を見ることあたはす奏楽の中に出行きたり　当日主とし良精の為めに本船まで見送り呉れたる人は家族の外橋本節斎、小林魁郎、同三三、大沢岳太郎、吉永虎雄、久保武、新井春次郎、豊原又男、丹羽貞郎、緒方正規、弘田長、森篤次郎の諸氏なり、文部省参事官持地六三郎氏神戸まで同船す又熊野某（米国羽二重輸出商メーソン商会の手代なり）も同様、天気好く波静かに荏苒として日を暮せり　工科大学教師ドクトル・バールセン氏夫婦満期帰国に付同船す、船医アルブレヒト・ウエーバー、海軍軍医大尉ドクトル・パウル・マイエル、士官学校教師エロン母子を知る、九時頃室に入る　アーレンズ（商）、ベンゲン?、ウィルソン（英国判事にて日本語をよくす）

六月三日　　日　晴　神戸着、発

前六時過甲板に登れば本船は樫《ママ》の崎辺にあり九時過神戸を望み見る　十時本船纜を結ぶ、其前にお喜美へ一筆認む又良一へ送るため本船の写真一枚買ふ十時半上陸、鈴木文太郎氏今朝京都より出て来りて波止場に待ち受けたり大に悦ぶ　是より共に少しく歩行、郵便を投じ乗車神戸停車場に到る　舞子行きの汽車しく《ママ》時あり依て楠公社

に到り休憩、ラムネを飲む、十一時三十四分発車、十二時過舞子着、停車場向ふに料理屋三四軒あり海松楼に登る、此辺古松大木の林あり、淡路島を望む風景極めて佳なり、共に昼食談話、三時三十四分発車神戸に帰る、炎熱甚し、神戸病院に到る、新築落成移転の跡なり　院長鈴木徳雄を宅に訪ふ、折宜く在宿、氏の晩食入浴等の厚意固辞して去る、文太郎氏に別れて直に波止場に到り五時半頃本船に帰る、十時出帆す同時に室に入る

六月四日　　月　晴

六時半甲板に登れば船は大小島嶼の間にあり、多分伊予辺ならん天晴れ水面鏡の如く風景佳絶、午前二日以来の日記を録す　船中食事時刻左の如し

朝食八時半　温寒数品、カヒー又は茶、ミルヒブロード等

昼食一時　ソツプ及温寒数品、カヒー又茶

夕食午後七時（昼食、夕食）全献立、黒衣を着す

ターフェルムジーク〔＊食堂で音楽演奏〕

右食時はラッパ二回吹きて報ず、其他早朝カヒー及ツビーバック〔＊ビスケット〕午前十一時肉汁及肉付きのパン、又午後四時カヒー又茶ツビーバックあり　午後二時より二時四十分の間に下の関を通過す先つ右側に干珠満珠の二小島あり樹木繁茂す、左右に砲台数ヶ所あり高きあり亦極て低きあり馬関門司を左右に見て船は機関をゆるべて徐々に進む景色極て佳なり　出口に彦島（大）右側にあり正面に六連島《ムツレ》あり小倉の町を左に見る、夜に入り明日長崎に於て投すべき大沢岳太郎氏宛及お喜美宛端書二枚認む、玄海灘も平穏にて通過す、九時半室に入る今日始て手荷物蔵に入り大かばんを開く、蔵は毎日（停泊時を除く）午後四時より六時まで開きてあり

六月五日　　火　半晴　長崎着、発

昨夜一時港口まで達す此処にて停止す夜中は港内に入ること出来ざる規程なりと云ふ　天明の後検疫委員来り亦港務局吏員来りて後進行し港内に入り七時纜を結ぶ、八時朝食（常に八時半なり）九時はしけを命し三菱立神造船所に到り佐伯平次氏を尋ぬ　初め器械工場及事務室に到る是より亦はしけにて造船工場の方へ案内せらる　亦不明に付氏の宅へ行く家族方に面会す　佐伯氏も使に依て帰り来る、昼飯の饗応を受けて是より氏の案内にて造船工場を一見し、午後一時別れて「はしけ」にて大波止場に上り命車医学部に到る　田代、小山、田中（民夫）

の諸教授に面会す暫時にして辞し去る　田中氏波止場にて見送り呉れたり三時半本船に帰る、佐伯氏態々船まて暇乞に来る、五時纜を解く、夕刻五島を右側に見る、旧十日頃の月明かにして板上殊に快し、初更にロイド郵船オルデンブルク号通過す

六月六日　　水　晴

船少しく動揺す、食卓上に欄《ママ》を置く、今日始て入浴す終日陸を見ず、初更に到りてサドル島灯台を左側に見る亦船の動揺減す、前夜十一時頃石炭庫内に火起りて一時は大騒なりしと今朝之を知る

六月七日　　木　晴　上海着

午前六時板上に上れば本船既に揚子江口にあり昨夜半過既に着したるなり七時朝食（乗客上陸の都合の為めに繰上ぐ）を喫し小汽船に乗りワンプー〔＊黄浦〕河を登る河口右側に砲台あり但し頻りにとりくづし居る即ち此地外国人居留地となりたるためなり　次ウーソン〔＊呉松〕町あり、河水は常に混濁すと云へり亦此河は先方も同しく海に通ず即ち一の運河にし水流とてはなし只潮水の満干あるのみ　是より進み行けば両岸平地にして青く彼処此処に人家あり樹木亦多かず《ママ》右側に追々種々の製造場あり港務所あり給水所あり一時間半（十四マイルありと）を経て上海着　小汽船は直に岸に付く、上陸して徒歩領事館に到る　領事官補松村定雄氏に面会、是より直き向の郵船会社支店に到り支配人林民雄氏に面会、是より馬車（郵船会社の）にて東和洋行（日本人旅館）に到る時に十二時なり　直に午食して馬車（一日にても半日にても二円なりと）を命し、同館雇人支那人一名案内者とし見物に出掛ける先つ城内旧態の支那町に入る　道巾凡一間位にして家屋密　往来の人多く雑沓名状すべからず亦臭気甚だし但し往々大にして美なる売店あり　関帝廟あり、小池ありて之に茶亭あり　上海に支那固有の一輪車の荷車あり之に人を乗することあり　（□《(空き)》心亭）石橋に条を架す、又米舛を検する処あり　他の門を出て是よりバブリング・ウェル・ロード支那称「泥城外」ニージェンガ（是長髪財を防ぐ為めに築きたる土堤の外なるを以て名付く、美なる並木路なり）を通りてユーユェン愚園に到る純粋なる支那風庭園にして茶亭あり　広大なる建築なり内に女芝居あり之を一見す（入園料一人拾銭、芝居外国人一人四拾銭）且茶を喫す五時頃園を出てバブリング・ウェル湧出井（路傍にあり）及古寺院を見て是より

チェンスーホー・ガーデン張園に到る　之も同しく支那人の遊楽場なり茶亭あり芝居あり但し庭園建築共に全く西洋風なり　是処は只通りぬけて是より前路を通り其同一路のナンキン・ロード（支那人店ありて最も繁昌の通りなり）より曲りてフーチュー・ロード支那称四馬路スマロの料理店シーフォンユエン聚豊園に登り食事す、最上等の料理店なりと料理四品にて二円三十五銭、但し各四人前つつあり、廉なりと云ふべし（会席八人を一座とし最上等を百二十円最下等を四円五十銭なりと）同処に於て支那婦人古靴のことを談ず　遂に芸妓一名召ぶ一座（凡一時間）三円なり暫時にして来る妓の名林寶寶《リンポポ》、侍女を阿大《オド》と云ふ共に十八歳なり甚美形、琴をひきて歌ふ、同処にて日全く暮る夜景を眺めつつ妓の住宅に到る　ろじの入口に迎春街と書したる額あり内に入りて茶煙を喫し一円を投して妓の古靴を得る九時頃旅館に帰る　領事小田切万寿之助氏及立花文学士（支那税関に勤務の人）来訪、九時半頃臥床に入る

六月八日　金　晴

朝七時起く、旅館の諸払をなす（宿料一人に付二円）九時半出て先直向の后天宮を見美麗なる建築にして社祠なり又王侯の旅宿にも宛つると云ふ　此処丈は居留地支配の外なりと云ふ　是よりナンキン・ロードの西洋人店を通りて河岸に入りロイト会社へ立寄り居留地遊園に至りて休む熱さ甚だし　十一時半頃領事館に到る昼食の馳走を受く、お喜美へはがきを出す、二時半小汽船に乗り込む小田切領事同船まで見送る三時過発船す　四時半過本船に帰る

六月九日　土　半晴　上海発

朝七時過入浴（今日より毎朝入浴すべし）船は昨夜半過出帆したるなるべし、乗客は長崎にて減し上海にては増減なし総て二十八名計　今日給仕等に心付けを遣す其割合左の如し

給仕長・食堂給仕	一五マルク
客室給仕	一〇〃
サロンおよび喫煙室各二マルク	四〃
浴室給仕	三〃
手荷物係	二〃
	計三四マルク

終日陸を右に見る又時に島を左に見る、熱さ増す

六月十日　日　半晴　福州着

早朝船は既に閩江ミンチャンにあり、入浴して甲板に上れば左右に山岳あり河水漸々濁を増す、又左右に砲台あり、山に段々ありて多は新地とす、午前九時頃「パゴーダ」着、「パゴーダ」とは東洋の高塔を云ふ此処に河岸の右側に七階計の塔あるを以て名つく一村落なり　本船は此処に泊す、河口より二十九マイルあり十時頃小汽船にて河を登る、右側に馬尾《マビ》町あり之に明治十七年に仏艦の破潰したる造船所あり現に事業を営むと雖とも甚盛ならず、十一時半福州フーチョウ着「パゴーダ」より九「マイル」あり、左側に上陸して一支那人の案内にて日本人旅館日東洋行に到る、昼食し、轎を命して市中を見物す長き石橋二個渡る　之は中島あるを以てなり市の重なる部は河の北岸にあり城内までは一里半（日本里）もあるよしに付残念ながら城内を見ず、道巾四五尺より一間位にて雑沓を極む迚も徒歩すことは出来ず、魚市場あり臭気殊に甚だし、苦力等一日本人の家に導く東興洋行と云ふ（曖昧なる家なり）是より又元の石橋を渡りて山に登り日本領事館に到る　領事手島捨松氏不在伊原書記生面会す　是より旅館に帰り休憩す、蒸熱堪難し波止場に到れば小汽船は八時に出ると依て再ひ旅館に帰り晩食す

福州は人口六七十万の大都会にして閩浙総督福州将軍等処在なり、現在日本人は台湾人を除きて三四十名のよし中には無頼漢もありと、日本人との取引甚不振、此地は支那第一良茶を出すところなり其積込みの為め本船寄港したるなり、城内に日本人岡田某氏東文学堂とて支那人教育の為め有志者の義捐に依て成立ところの学校を設立す　生徒五十名計ありと同氏並に台湾銀行員吉原洋三郎氏に面会、八時小汽船将に出帆せんとするに際し偶々鎖の「スクリウ」に巻付きたりとて之を切りて除く為めに大騒ぎをなし為めに四十五分間費す、九時十五分前漸く発す一時間半を経て本船に帰着す

六月十一日　月　雨曇　福州発

午前六時三十分「パゴーダ」発す、大に雨降る濁河水の為めに入浴せず、少しく冷気にて快し、終日陸又は島を右に見る又左に数多く島あり、骨盤論抜粋の清書をなす、お喜美へ遣る手紙を認む、船員勤務のこと左の如し水夫は四時間勤務四時間休息　船長の外に一二三等運転士及同しく三名機関士ありて四時間勤務八時間休息亦火夫交代も同様なり　入出港の際は船長は必す号令搭にありて三等運転士傍に之を助く　一等は舳にありて錨を二等

は艫にありて綱を司る、機関士は二名又は三名共機関にありと云ふ

六月十二日　火　曇　香港着

早朝入浴、骨盤論清書終る、菊池総長緒方学長へ手紙を認む田鶴子へ絵はがき皆前日認めたるものと船中の郵便箱に投す、香港に近つくに従ひて左右に小島多く風景漸々佳し港の入口左側の小島に灯台あり　午後五時香港着本船を対岸九龍カオルンの桟橋に結ぶ上陸せず対岸の夜景を眺めて九時半室に入る「ザクセン」と姉妹船なる「バイエルン」は既に前に入港し居りて夕刻上海へ向け出発す

六月十三日　水　晴

朝八時朝食を喫し船を出て渡汽船（両岸の間を往復するもの渡賃拾銭）にて香港に上陸、橋《ママ》子に乗り日本領事館に到る　領事上野氏書記生石氏氏に面会、同処にて白上衣三枚を支那人仕立屋に注文す価一枚二円つつにして午後七時までに出来の約束なり、十二時頃出て徒歩にてピーク路面電車ステーションに到り綱鉄道にて山に登る（往復上等五拾銭なり）之より尚頂上測候所まて登る、午後一時半頃ピーク・ホテル（鉄道の終点即ち機関のあるところにあり）に下りて昼食す　一人に付一円なり、鉄道にて下り人力車を命しハッピー・バレーに到る　広き谷にしてレア・コースあり、諸宗の墓地あり其中プロテスタント墓地に入りて見る甚奇麗にして掃除よく行届く是より引返して公園に入る美なり、其直下に政庁あり是より徒歩領事館に到る夕飯の馳走を受けて八時辞して去る橋子にて帰る、今日の熱さ殆と難堪

雑記

上海にては枇杷大にして味佳なり、福州にてはやまもも（水洋梅）沢山あり、榕と云ふ大樹市内所々にあり幹枝より空根を生して房の如し（但し香港にも沢山あり）からす少し、黒きすすめより大なる鼻に毛羽の立ちたる声のよき鳥あり（香港にても見たり）香港公園には種々の植物集めあり南洋亜弗利加のものあり、ライチイ（茘子）マンゴスチーン（山竹子）あり領事館にて味ふ、物価は寧ろ低きを覚ふ本邦と大差なし　又上海福州にて郷里のまきに似たる笹に包みたる三角のものありしは最珍し

六月十四日　木　雨　香港発

早朝より大降雨、又蒸熱難堪、午十二時十分発す、港内に独乙国旗を掲けたる船十艘計あり独人大にほこる、午

後三時頃船内俄かに騒し質すれば即ち海中に落たる人ありと本船を廻しボートを下して之を助く　一支那人の今日香港にて雇入れたる石炭割り人夫なり自ら海中に投したるものなりと　午後に至りて雨止む、今日より白衣を着す、晩食の際乗客名簿を配る、浪六著小説三日月を読む

六月十五日　金　半晴

温度三十度なれども向風且空気乾きて昨日より凌きよし　終日陸を見ず、今日より冷水に浴す　浪六著小説海賊を読む

六月十六日　土　曇

朝八時甲板に上れば右安南の山を見る　午後に到りても同断　乗客の体重を測る良精百十七磅ありたり　昨日正午より今日正午まで三百十一海里走りたり　夕刻に至り常に西南の風強くなり晩食の際となりて益烈しく甲板上に水を吹き上げ且動揺の為め歩行叶はず乗客半船病を起す、周囲暗黒只ビユビユの音するのみすごき有様なり十一時頃室に入る　海賊後篇を読む

六月十七日　日　半晴

今朝に至りて風少しく静まる、船は榤混沖にあるべし、昨日正午より今日正午まで二百六十五浬是れ反風の強かりし為め進行を防げられしなり、義士名々伝を読む

六月十八日　月　半晴

今日正午までに三百二十七浬進む「シンガポール」まで残浬二百三十四浬、午後は数多の島を左側に見る、夜お喜美へ手紙を認めて船中の郵便箱に投す亦精子へ絵はがきを送る　今朝より少々腹工合悪し二三回下痢す

六月十九日　火　晴　シンガポール着、発

未明にシンガポール港口に来りて船を止む、七時過に漸く検疫医来る　八時ドック会社のボーンズ埠頭に船を寄す、腹工合悪しきを以て朝食せず只牛乳を飲み八時半船を下り馬車を命し先領事館に到る　領事及書記生某に面会、是より植物園に到る、市外にあり、鳥獣数十種あり、クロコダイル、虎、猿の類「オウム」の類就中猩々の順《ママ》れて樹木の上に住む様面白し、雑草中におじぎ草沢山あり、竹数種の中とげありからみ付てつるの如きものあり、榕樹あり、サゴヤシあり　是よりラッフルズ博物館に到る之は市内にあり階下は書籍にして階上に天産物あり大小クロコダイル剥製及其卵、乳化したるもの　象の児、貝類、鉱物、是より日新館日本式旅館、ロビンソン・ロー

ドに到る　時に一時半、熱難堪且大渇す日本飯を食す、やし実の未熟のものの水を味ふ、ハナナ（小なるものを宜とすと云ふ）マンゴスチンの味最佳、ドリアンと云ふ児頭大の青きザラニンの果実あり之は臭くして食し難しと　桟の対岸（小島）にマレイ村落あり錫精製場に隣す、純マレイ掘建小屋にして水上にあり数十軒と覚ふ、亦当港に「おとむね」とか云ふ日本人の広大なる店あり　三時半館主同道（岩井辰巳）マレー通りの日本妓楼の模様を車上より見る　オテル・デュロップ（＊ヨーロッパ・ホテル）の前、海に望み広場あり　ラッフルズ・プレインと云ふ中央にラッフルの像あり、脇に市庁等あり亦大なる寺院あり四時頃船に帰る、旅館の払六円三十銭、馬車四円、船中蒸風呂の如く堪へ難し、五時解纜す、八九時の間に半島南端の岬の灯台を見て船の方向西北に転す

六月二十日　水　半晴　ペナン着

シンガポールよりペナンまで三百九十浬、午前は陸を不見す　午後は右に陸及島を見る、絵はがきを内へやる為めに箱に投す、午後十時ペナン着、夜中のこととて情況を知るによしなし　只市中点灯の様などよくして左程繁華ならざることを想像す　十二時室に入る

六月二十一日　木　曇　ペナン発

昨夜三時ペナン出帆、朝起て甲板に登れば船既に洋中にありて陸を不見、ペナンよりコロンボまで一二八五浬なり

六月二十二日　金　曇晴

船の動揺稍強し印度洋に出てモンスーン風の全勢を受くるによる　同風は西南にして五月末より九月までを時期とすと云ふ　二三回大降雨あり但し暫時にして止む、熱さは左程困難に感ぜず是向風の功なり　温度は決して高からす今日迄に三十一度以上に上りたることなし概して三十度内外なり但し朝夕夜中と雖とも差甚少なし凡そ一度も下るのみなり且つ空気は極めて水気に富む、正午まで行航三一五浬

六月二十三日　土　晴

船の動揺強し食卓上に欄《ママ》を置く、正午にて航程三〇〇浬

六月二十四日　日　晴

船の動揺昨日より少しく減す、正午にて航程二九二浬故にコロンボまで残浬二六二、お喜美宛手紙並に良一絵はがきを船の郵函に投す、十一時半室に入る、夜九時頃ポアンデガルの赤色灯台を見る

六月二十五日　月　曇　コロンボ着発

午前八時甲板に上ればセイロン島を幽かに右側に見る尋でコロンボ防波堤に波の打ちあたりて白く数十尺飛び上る様実壮快なり英人之をブレイクウォーターと称す、十時港に入りて纜を結ぶ　小汽サンパンにて上陸す波止場に広大なる家根を有する桟橋あり馬車を命じビクトリア・ロードを通りビクトリア・ブリッジ（ケラニ川に架する美なる鉄橋）を渡り（道銭を払ふ）市外を出つ　両側にやしの林あり実の付きる様珍し、芭蕉、パンノキ、パパツリー（葉は八つ手の如き形にして又大さも之に類す、実は拳大より児頭大にして色青くざらざらなり、シンガポールにもありたり）などを混ず　七浬を行きてカラニ仏教寺院に達す、左側にあり中堂に釈迦のねはんあり、中堂の右に大なる白き円錐状のパゴダあり　左側に附属の小建物数棟あり中に小学校もあり亦ぼだい樹の古き大木あり、之より引き返し前の橋を渡り市場グランド・パス・マーケットを見るセイロン人多数群集して大に雑沓す　之よりシナモン庭園に至る之は園と云ふ程にはなし欧州人の住家あり広き芝面あり、樹木あり遊車行に適す此処に博物館あり、階上は天産物、階下に歴史、美術、風俗品あり　ベッダ族の頭骨三個あり亦階下右側に書籍室あり、園中にバガンツリー（枝より根を生して地に入る）の大木あり、三時半頃グランド・ホテル・オリエンタル（直に波止場の向ふにあり）至る、食事す（一人二ルピー）鼈甲紙切り二本（一本二ルピー）を買ふ、ホテル食堂に電気風車（エレクトリシェス・パンカ）あり、五時過サンバンにて（此地固有の木材を附したる舟にあらす）にて本船に帰る全船石炭粉にて黒し

市内に電気鉄道あり、□□□（空き）まで汽車鉄道あり、馬車賃八ルピー、支那人なし、牛荷車シンガポール如し但し蒲鉾形の家根あり亦人を乗すべき構造の牛車あり、少数の人力車あり

ホイスト・ブンガロン（E・ヘッケル、一八八一年に住ひたところ、海岸北方にあり）

ラビニア山（海岸南方にありホテルありて眺望よしと）

の二ヶ処は不見

博物館にて動物の札に地図を附し其棲息地を赤く示したるは甚た明瞭にして宜し　午後七時半頃即ち晩食中発船す

六月二十六日　火　半晴

コロンボよりアーデンまで二一〇〇浬、今日正午まで一九八浬

六月二十七日　水　半晴

モンスーン風漸々顕はれて船動揺す、行程二九七浬

六月二十八日　木　半晴

船の動揺前日の通り、行程二七九浬

六月二十九日　金　晴

船大に動揺す、行程二三三浬

六月三十日　土　晴

動揺前日の如し甲板上左舷は勿論右舷も水を打ち上げて散歩出来ず、午前断髪す（一麻五十布）船の進行甚遅し二二〇浬のみ

七月一日　日　晴

船の動揺更に強し甲板上椅子を総て縄を以て結ぶ　夕刻に至り少しく減す、行程二三八浬

七月二日　月　快晴

昨夜半頃ソコートラ島を右に見て通過したる筈なり又今日午刻グアルダフィ岬に達したるよしなれども肉眼には見得さりき、陸に近つきたるを以て風大に静まる

久々にて甲板上を散歩す、甚快し、行程二八六浬　温度は印度洋中常二十八度至二十九度にて格別熱さを覚へず然るに今日三十一度に昇り熱さ強し

七月三日　火　快晴　アーデン着発

早朝より熱さ甚し、三十一度、今日午後四時頃アーデン着の筈に付午前にお喜美へ一筆認め又田鶴子へ絵はがきを郵函に投す　午後四時少しく前にアーデン着、ペスト有毒地なるが為めに上陸を禁す、只石炭を積み込む、種々の売り物舟周囲に集まる中に駝鳥羽多くあり又かも鹿の角あり、此辺元山にして鋭く尖る、港は大なる湾をなし其南東岸の山の麓にあり但し波止場をスチームシップ・ポイントと称し町は少し隔たりてあり、鴎の一種甚多し、午後九時出帆

七月四日　水　晴

アーデンよりスエスまで一三〇七浬、今朝五時頃バブ・エル・マンデブ海峡を通りたりと云ふ此処に同名の小島あり其南を大北を小海峡と云ふ即ち其小の方を通りたり涙の門と云ふ義にして甚難所なりと云ふ島に四個の灯台あり、今日温度三十四度

七月五日　木　晴

昨夜熱さ甚たしく為め眠ることあたはず、二時半頃甲板に上りて冷を採り三時再ひ室に入る汗ながれて単衣を湿し安眠終に出来ず　今日三十四度半に昇る、殆んと難堪、夕刻に至りて少しく宜し　三二四浬

七月六日　　金　快晴

昨夜は甲板に眠ることを得る様に婦人席を囲ひて総て用意したれども割合に凌きよく室内に眠ることを得たり　今日は本国出発以来の好天気にて空気清冷（二十九度半）甚快し、十数艘の汽船に逢ふ、海上に黄赤色のごみの如きもの多く浮きてあり　まさか紅海の名の起りたる訳にもあらざるべし　今晩九時にビール・アーベントの催しあり之は独乙乗客数名の発起なり　昼食の際に食卓上に招待状あり之に「北緯二五度東経三六度に向けてご招待します」云々しやれ甚面白し即ち九時頃丁度本船の其位置に達する筈なればなり、宴会甚盛、余興あり（人形使ひのまね、エロン氏岡田、良精両人の為め幸福を祝されたるを以て良精も立て挨拶し北ドイツ・ロイド会社の繁栄の祝したり数度のザラマンデル・ライベン〔＊学生組合流の乾杯〕あり、十二時半散す、空気清冷満天星を現はし且つ九日頃の月明かにして甚爽快　航程三二三浬

七月七日　　土　快晴　スエス着

航程三三二浬、温度朝二十七度午後二十九度、天気晴朗、空気清冷　朝八時頃ユーバル・シュトラーセを通りてスエス湾に入る是より左右に近く陸を望む、両岸元山にして鋭尖多し、今日も数艘の船行き過ぐ、晩食後お喜美へ手紙精子へ絵はがきを船の郵函に投す　十時半スエス着、検疫の為め明朝まで停泊す、湾の西岸にアタカと云ふ山あり、カナールの入口は湾の東右手にあり、スエスの町は其入口の左方にありて遥かに見ゆ

七月八日　　日　快晴　スエス発

恰も午前八時運河に入る左側に種々の建築あり、漸々熱さを増す砂漠より熱したる空気来るが為めなり、三十三度半に登る併し空気極て乾きおるが故に割合に凌ぎよし、全長八七浬あり其中央小湖の左側に遥かに森あり之れイスマイリアなり、運河に添ふて鉄道あり、夜に入り十一日頃の月明かにして清冷、五六艘の汽船に逢ふ、ロイド汽船プリンツ・レオポルド号に逢ふ舳に極力の電灯を付し以て夜中をも進航す

七月九日　　月　晴　ポルトサイド発

昨夜十一時頃ポルトサイド着（通常十四至十六時間費

すと云ふ）石炭を積み朝七時発す、ネアペル港まて一一〇七浬、地中海に入りて更に冷、二十五度

　七月十日　火　晴

昨夜来西北の風強く船動揺す、モンスーン風の如し但し卓上に欄《ママ》を置くに至らず、二十五度、更衣白服を脱す、三一七浬　夕刻クレタ島を右に見る

　七月十一日　水　快晴

今朝風少しく静まる、午後に至りて静かなり、二七七浬風の為に進行遅し二十一度半　午後荷物を整ふ且つ荷物蔵に入る、夜に入り此度米国ニウヨーク港に於てロイト会社の大汽船三艘火災に罹り多数の死者ありたる為めに慈善音楽会の催しあり拾マルク投す、十四日頃の月明かなり

　七月十二日　木　快晴　ネアペル着

午前七時メッシーナ海峡を通過す、海上至て静かなりシシリー島のエトナ及ストロンボーリ島の煙を吹く様至て明かなり　在ベルリン鈴木孝之助氏へ手紙を出す、お喜美へ手紙並に田鶴へ絵はがきを遣る、三三七浬残一〇七、二十二度　地中海に入りてより甚冷気なるは除外列《ママ》なりと亦た去十日の強風も同断なりと　午後七時ネアペル着、検疫時限に遅れたるため明朝まで陸地と交通遮断す、船の週《ママ》囲に小舟に乗りて男女の歌唱数名音楽と共に唱ふもの数艘集まる之は前回洋行の際は見ざりし亦着港前に船のサレルノ湾を経てカプリ島と大陸岬との間を過るところ景色よし、夜に入り満月甚明かなり

　七月十三日　金　曇晴　ネアペル発

六時前起きよのラッパに眠を驚かされる、七時朝食、早朝より音楽舟、花売舟、小間物舟多く集まる、八時小汽舟にて上陸、即ちバールセン夫妻、エロン母子、ヘルマン父娘、ザクセ夫人、ベンゲル夫人と同行　ポンペイ見物を約し案内者一名を雇ひたり、一名に付上陸の小汽舟を始め一切にて十八麻なり、ピーヤに付き上陸、税関を通りぬけて馬車にて停車場に到る、少時にして発車　トレアヌンチアタにて下車（四十五分計費す）途間に四ヶ所計停車場あり、之より馬車にてポペイに到る（二十分計）時に十時頃なり直に古跡内に入る、城門に入る此処に博物館あり、市内道路は狭し、各家屋の間取りに一定の式あり、往来処々井戸あり、大集会場、人体の埋りたる家、酒屋、妓楼、湯屋附たり体操場、劇場大小あり、水道鉛管数ヶ所、一家屋に鉄格子の存するまた三角広場、亦五

年前（1895）に掘出したる美麗なる家屋あり、終りに博物館を見る、人体の形数個あり（之は一種の鋳物なり併し骨は実物なり）頭骨数個あり十一時半頃出て直前のレストラン・スイスにて昼食、十二時半頃ネアペル帰着、馬車にてガンブリタヌス（大なるビール屋料理屋）、自分はカヒーを飲む暫時にして同処を出つ　エロン母子と同行（他の人に別れて）馬車にて市中を遊行す　パッサージ、ビクトル・エマヌエル二世記念碑、噴水、カステラ・ヌオーボ、王宮、……（メインストリート）を通りて博物館に入る（一リーラ）ファルネーゼヘラクレス及疾走馬の二像最も有名なり　時間なきを以て匆々に之を出て波止場に到る午後二時半本船に帰る、此上陸甚面白くありし最終の晩食とて照明に浮かぶスイスの小屋及飾物などありて賑かなり

七月十四日　土　晴　ゲノア着

終りの入浴、午前手荷物を〆める、今日着のことを絵はがきにて精子宛のものを船の函に投す、エルバ島を左に見る、午後三時半ゲノア着、検疫の為めに大に時を費す、各乗客点検し且つ香港シンガポールより乗りたるものの手荷物を開く、終て各々本船を下る甚混雑す、案内者に命しはしけ荷物等の世話をなさしむ、五時本船を下り税関を経てホテル・イソッタのオムニブスに乗し六時頃同ホテルに登る、案内者十フランを請求す甚高きを以て大に談判す終に八フランに負けたり、七時ターブル・ドートにて食事し之より岡田氏と共に散歩に出る方々を歩き廻る更に方向不明、一カヒーに入りてアイスクリムを食し道を尋ぬ　甚た近しギャラリーに入る当港写真を買ふ十二時頃宿に帰る

七月十五日　日　晴　ゲノア発

朝安着の報を絵はがきにて出す、九時過岡田氏と共に見物に出かける　ピアッツア・コルベットにビクトル・エマヌエル二世の像あり、此処より電気鉄道に乗りカンポ・ランドに至る（二十サンチーム）之は当市の墓所にして墓碑に美術を尽したる彫刻物夥し其美麗なる実に驚くべし帰途亦鉄道にて元のピアッツアに帰りアクアジータ公園を見る之は直にピアツアに接し大樹茂りて甚清冷、次に直に其脇なるジャルダン・ディタリー〔*イタリア庭園〕の園にて昼食す（三フラン半）此処に小演劇もありと是よりビア・ガリバルヂに到り其右側パラッツォ・ビアンコに入る小博物館なり絵画彫刻陶器のみなり出て筋向ふの

パラッツォ・ロッソに到る彼と同様のものなりと雖も今日は閉館なり　是よりピアッツァ・アルカベルダに到る中央にコロンブス紀念像あり、汽車停場あり此処より電気鉄道にてピアッツァ・コルベットに戻る　途中二個の隧道ありて大に冷し旅宿に帰りたるは午後三時なりき暫時休息して食事を命し出発の用意をなす、旅宿中に汽車取扱所あるを以て弁利なり、パリーまで汽車賃上等百拾四フラン三十サンチーム外に伊国領内は無賃手荷物なきを以て小額の運賃を払ふ、旅宿のオムニブスにて停車場に到り七時発車す、数個の隧道あり、ロンコ・トンネル最も長し八キロメートルありと　トリノにて乗替へ仏蘭西の車に乗る之れパリーまで直行すと　モンスニの隧道は仮眠中にて確と覚へずモダーヌにて荷物を改む　但し大トランクは預けたるを以てパリーにて改むる筈なり、此処にて伊仏の時を改む伊時二時半仏時三時過なりき二十五分間計停車暫時にして天明ぐ

七月十六日　月　晴　パリー着

汽車に便所あるは幸なり、暑甚だし飲食不規則為めに午後に至りて下痢す、昨今両日車中より見るに麦稔りて刈り採り最中なり、五時二十分パリーリヨン駅着、予め岡田氏より出迎のことを頼み置きたれども見当らず大に迷ふ　兎に角大トランクの検査を済ませ馬車を雇ひてマラトフ・アベニューのオテル・フォルチユニへ行くことと決す、停車場に一時間を費す、六時半頃右ホタル《ママ》に着す主人諏訪氏に面会、一室に入る、是より当家の庭に下りて休息す　大倉喜八郎、松平正直、野間五造の諸氏あり牛乳粥を命して食す、入浴して直に室に入る大に疲労、直に眠に就く　今年はパリーに実に稀なる酷暑なりと七月十四日は共和政体紀念日なり

七月十七日　火　晴

午前八時頃庭に下りてカフエーを喫す、九時頃渡部董之介正木直彦二氏来る、折宜く服師来るを以て早速注文す三具にて五百フランなり（内訳大凡法服二百仏コート百八十上着百二十）是より渡部氏と共に（正木氏は他に約束ありて辞す）出て住室を探す、氏等の宿に到りて昼食す、午後出て亦探し二宿を極める自分はベルフイユ通り二二番地五階右に至る　岡田氏直隣家二二番地なり亦渡部、正木二氏は向側一七番地なり互に近くして便利なり、是より諏訪に到り勘定して去り右宿に入る　時に七時頃なり直に出て渡部氏等の宿に到り晩食す、食後四人

出て鉄道馬車に乗りグラン・ブルバールに到る　此辺最盛なる街なり　フォリ・ベルジエールに入る小演劇あり有覆園あり　ドミ・モンド〔＊売春婦〕夥徘徊す帰途は電車に乗る一時宿に帰る　ベデカー（パリ）を買ふ

七月十八日　　水　晴

午前在宿、炎熱甚し、当地に於ても実に稀なる熱なりと、三十四五度に達す、午刻出て十七号にて昼食す、旅行の疲労と熱さとにて午後は同処に休む、腹工合亦宜しからず、晩食後四人出てブローニュの森アベニューに遊歩す、又船中にて損したる時計を時計師に托す、十時下宿に帰る

七月十九日　　木　晴

午前十時十七号に到る服師仮縫を持ち来りて体に適するや否やを検す、腹工合悪し、昼は牛乳のみ用ゆ、下宿に帰りて静臥す、晩十七号に到りて牛乳粥を食す直に帰り臥す

七月二十日　　金　晴

腸加答児未た宜しからず、昼晩共十七号に到りて牛乳粥を食す、晩食後少しく快きを以て渡部等三氏と散歩に出、コンコルド広場、バンドーム広場よりブルバールに到りて帰る時に一時

七月二十一日　　土　半晴

昼晩共十七号に到りて牛乳粥を食す、谷本富氏同処に来り之に面会す、午後在ベルリン宮本叔氏在ストラスブルグ千葉稔次郎足立文太郎両氏マダム・リーチンゲル等へはがき及びワルダイエル教授到着の手紙並にお喜美へ安着の手紙を認めて函に投す、晩食後諸氏と散歩に出るトロカデーロ広場に至れば俄に雨降出す、同処の「カヒー」に入り雨の止むを待つ暫時にして帰る時に十一時なりき

七月二十二日　　日　晴

午刻少しく前に出てビクトル・ユゴー通りに到り時計直し出来せるを受取り状紙等を買ひて十七号にて粥を食す帰宿休養、晩食も十七号、腹工合少宜し同処に華族松平氏来り居り面会、諸氏と出てブールバールに到り一カフエ店に休み帰る時に一時半

七月二十三日　　月　晴

昼十七号にて粥を食す是より岡田氏と共にブルバール・デジタリアン、クレディ・リヨネ銀行に到り逆為替の内四拾ポンド即ち千フラン余二フラン四十サンチームを受取る　是よりブールバールにて杖一本（十五フラン）、帽

子高（三十五法）、円（二十二法）を買ひ、マドレーヌ寺院を見、コンコルド広場に出てチュイルリー公園に入り休息、是よりシャンゼリゼを通りて六時十七号に帰る、同処にて粥を食し晩エトワール広場まで散歩して帰る時に十時半、今日は少しく冷

七月二十四日　火　晴

午前十時半出て公使館に到り栗野公使に面会、同処にて官報を見る、帰途山根正次氏に逢ふ、十七号に到りて昼食す　腹工合宜し少しく肉を食す、午後渡部氏と共にブルバール・サンジェルマンに到る　独乙書肆にてMinerva〔＊雑誌〕及英語稽古本を買ひ手套（白、褐）襟飾（白、黒）を買ひパンテオン前の数書肆に入る　カフエー店にて休憩、是よりリュクサンブール宮の脇を通りてマガザン・デュ・ボンマルシエに入る大勧工場なり其雑沓名状すべからず同処にて香水及銭入れを買ふ、七時頃十七号に帰りて晩食す　九時半頃帰宿、昨日モーニングコート出来今日始めて着す　晩十七号へ野田忠広長野純蔵二氏尋ね来りて面会す　ワルダイエル先生より来三十日朝パリー着すべしとの返事来る

七月二十五日　水　晴　酷暑

前十時頃出て博覧会内日本喫茶店に到る　日仏協会なりと八九十名の日本人と少数の仏人と集まる　同処にて池辺義象氏に中村秋香氏より托されたる品物を渡す、黒田清輝、福地復一、福羽逸人、秋月左都夫、平山正信、桜井駿、本田庸一、斎藤仙也、亀井英三郎、川地喜三郎諸子に面会す、昼食半に席を去てエグ〔＊下水渠〕見物に行く　サン・マルタン通りサン・ニコラ寺院前に到る此処に入口あり　二時三十分案内に依り地下に下る汽車隧道の如し始め電車にて進み次に引舟にて運河を下るが如くに下る　セイン河畔カルーゼル橋の脇にて地上に出る、地下は電灯を以て照し壮観実に驚くべし　是より野田、長野二氏と共に医科大学内万国医学会事務所に到り到着届をなす、公私の通知共に既に来りて万事承知の趣にて安心す且つ会員証を受取りたり、昨日注文せし名刺出来す、近きカフヱの店にて休憩す、是より馬車を命しオテル・フォルチュニに到り山根、野田、長野の三氏と晩食し八時半下宿に帰る、熱さ難堪、千葉稔次郎氏より返事来る

七月二十六日　木　晴　酷熱

午前手紙を認むお喜美へ手紙、於菟、厳、良一へ博覧会

絵はがき、ラブルーリュクハルト教授鈴木孝之助氏へはがきを出す、午刻出てユーゴ街の一食店にて昼食す少し下等に過ぐ、凱旋門脇にある果子《ママ》舗にて果子を食しカフヱーを飲む、熱さ実に難堪を以て博覧会に入ることを止めて下宿に帰り休息す、夕刻出てオテル・フォルチュニに到りて晩食す　是より斎藤仙也長野純蔵二氏と散歩凱旋門よりシヤンゼリゼイに到る途中二氏に別れ独コンコルドに到りて引返す　トロカデーロ広場のカヒー店に休息し十二時下宿に帰る

七月二十七日　金　晴曇雷雨

足立文太郎氏より返書到る、午前十時出て博覧会に入る見物としては始てなり　ベーデケル案内書に従ひて先つオリエンテーリングをなす、五重塔下に昼食す、帰途はトロトワール・ルーラン〔*動く歩道〕に乗る、雷鳴大降雨、六時半出てトロカデーロ広場にて晩食し帰宿疲労、突然藤沢利喜太郎氏尋ね来る大に悦ぶ

七月二十八日　土　曇晴

午刻出てユーゴ街にて午食す、同処にて風月堂主人に逢ふ、是より礼服靴を買ひ（十八法半）髪を断り入浴す四時頃帰宅、六時半再ひ出てアルマ広場ド・ロシェに夕食し是より藤沢利喜太郎氏をオテル・キャンベルに訪ふ不在、ブローニュの森アベニューを散歩しボアの入口に到りて引返す　ビクトル・ユゴー広場にて休息し十時帰宿

夜中雷鳴降雨、夜中一回下痢す

七月二十九日　日　雨　冷

再ひ腹工合宜しからず昼食せず宿に在り、午後雨止む、医学会に於ける演舌の下調をなす、六時過出てビクトル・ユゴー通り四番地メゾン・ガージュにて食事す上品なり、向の十七号へ寄りて帰る　岡田氏一寸立寄る

七月三十日　月　晴時々降雨

午前六時起き、七時過出てトロカデーロよりオムニブスに乗りて北駅に到る　ワルダイエル先生着巴に付出迎ひたるなり然るに先生終に見へず空しく去てブルバール・マジェンタを通り此処にて襟止め数個を求む　レピュブリック広場に至る、是より大通りマデレンまで来る　オテル・リシュポーズの前を過ぐ二十一年前に宿泊したる当時を懐ひて止まず、コンコルドよりシヤンゼリゼイに出づ斎藤仙也氏に逢ふ、共にオテル・ダルブにて昼食す、上品、是より共に氏の旅宿エリゼ・パラス・オテルに入る、亦共に出て自分の下宿に氏を誘ふ、暫時にして氏去る、

演舌に要する表を製す、晩十七号にて食す、十時帰る

七月三十一日　火　晴

朝七時過出て再ひ北駅に至る　ワルダイエル先生出発を一日延引せられた歟と思ひてなり　然るに又見へず空しく去て徒歩ブルバール・ストラスブール、ブルバール・セバストポールを通りツール・サン・ジャックを見てシャトレ広場に至りシテ島を渡りてサン・ミッシェル広場を医科大学に到り医学会事務所にてプログラム招待状等を受取る混雑を極む　是よりオデオン広場のボルテールと云ふ料理店にて食事す時に十一時少しく過なり　是より河岸のオテル・ケ・ボルテールに至りてワルダイエル先生若しや既に到着せられたる歟を尋ぬ、門番既に到着のよしを答ふ且幸なるかな先生恰も在宿云々、暫時にして先生階を下り来る茲に一別以来満十五年余にして再会したる悦を述ぶ先生も亦悦ぶ　是より先生昼食す、側にありて互に談ず、先生食事を終りて外出の約あり良精も亦時なるを以て辞て去る、馬車を命し二時過帰宅、演舌に要する表二枚製す終て一寸十七号に寄り、諏訪ホテルに至りて晩食す、九時帰宅、ラヌロング氏及夫人及ランドゥジー氏の招待に応する返書を認む

八月一日　水　晴

朝鈴木孝之助氏来る昨夕到着したりと袂別以来二年余にて会す互に悦ぶ、尋て千葉稔次郎、足立文太郎氏等六名計来る　氏等去て後鈴木氏と共に実吉安純氏をオテル・コンチネンタルに訪ふ幸に在宿、明日開会式に於て本邦を代表し式辞を述ることを委託す、是より鈴木氏を医学会事務所に案内す　フェストシュリフト〔＊記念刊行物〕を受取る、又医科大学長ブロナルデル氏へ氏の官舎（大学内）に到りて名刺を出す、是よりビクトル・ユゴー通りいくいねと云ふ日本料理店に到りて牛鍋を食す、二時半帰宿四時前出てワルダイエル先生の注意により訪問をなす　馬車を命し先つ会長ラヌロング及夫人次に当国大統領及ルーベー夫人次に教授ランドゥジー次にショファール書記長にて終る　五時過諏訪ホテルに来り晩食す、十七号に寄りて八時過帰宿、明日着用の衣服を整ふ　大統領官舎はエリゼ宮なり

八月二日　木　半晴

礼服、勲章、記章を佩し、九時十五分出て馬車に乗りエリゼ宮に到る、会長ラヌロング氏各国A、B、C順に委

員を大統領に紹介す、各国委員凡百五十名計あり、ワルダイエル先生ペルチック教授（ブダペスト）枢密顧問官フィルヒョウ先生に挨拶す、本邦委員は実吉、山根、野口及良精の四名出席す、鶴田氏欠席　十時半過帰宿、十七号にて昼食す　帰宿支度（午前の如し）郷里へ田鶴子宛絵はがきを出す　午後二時鈴木孝之助氏と同車医学会第一総会開会式場に到る　博覧会催事場なり万人余も容るべしと思はるる広大なる式場も充満す　マルセイエーズの奏楽ありて会長ラヌロング開会式辞を述ぶ、大統領出席の筈なりしも伊国王凶事の為めに欠席、司法卿モニ政府を代表して列席す（但フロックコートにて出席したるは如何）次に書記長ショフォールの演舌終りて各国政府委員の式辞あり本邦委員にては実吉安純氏英語を以て述ぶ時に持病小便頻りに催す因て場外に出つ諸氏に逢ふ共に博覧会内ミュンヘネル・ブロイに到りて休息す　是より帰宿休養、七時頃諏訪ホテルに到りて食事す今日総会後此処に集りて写真する相談前以てありたれども良精遅刻して間にあはず其外間にあはざるもの多数ありしは残念なり　九時半頃帰宿、総会にては尚ほフィルヒョウ氏の学術演舌ありて散会したりと云ふ

八月三日　　金　半晴

朝八時過足立文太郎氏来る支度（ルダンゴット）して同車コレージュ・ド・フランスに到る　解剖学部会（比較解剖学および記載解剖学）の会場なり即ち其第八号室に於て九時半開会、部会の会長フィロル氏開会の辞を述ぶ亦名誉会長を推選す良精も其一人に当る即ち会長席に列す、先つル・ドゥブル氏の演舌ありて次に直に良精の番となる　ワルダイエル先生席を下りて助く独乙語にて **Das Becken des Aino u. des Japaner**〔*アイノ人及日本人の骨盤〕を演舌す　十五分計終てワルダイエル先生の賛辞あり　ハッセ氏の質問、ル・ドゥブル氏の発言あり　ハッセ氏の質問に答ふ之にて先つ義務をはたす　大に満足尚ほ一演舌ありて十一時前に散会す且午後は休会、会場に於てローミチ、ル・ドゥブル、フィロル、コスタネッキ其他の学者を知る　足立氏と共にオデオン前のレストラン・ボルテールにて昼食す　午後はエコール・プラチックに到りデュプイトラン博物館を見次にエコール・ダントロポロジー（楼上屋根下なり）に到る　マヌブリエ氏の案内にてブロラ・コレクションを見る　次に生理教室を見るリシェ氏案内す四時半頃足立氏と共に馬車にて帰宿

氏暫時にして去る日本料理屋にて晩食、会長ラヌロング及夫人の催に係る夜会に赴く　九時ポンチウ通り五五番地に到る招待を受けたるものは各国の委員なり演歌等の余興あり甚混雑す殆んど立ち通しなり　楼上の喫煙室にて休息鶴田氏と共に同処を出て徒歩帰宿す時に十一時半過なり　同処にて偶然アインホルン氏に逢ふ氏はベルリンの知己にて当時ニューヨークの医学部大学院に居ると

八月四日　　土　半晴

朝八時半足立氏来る共に鉄道馬車にて部会々場（コレージュ・ド・フランス第八号室）に到る既に開始、Le Double, Anomalies〔＊一語未詳〕及ひ Debierre, Les centres de projection et d'association dans le cerveau の報告あり次に Le Double, Cunés et Veau の演舌あり散会　足立氏と共にボルテールにて昼食　是よりオズー（バンジラール通り五六番地）の模形室を一覧して徒歩アナトミーの階段教室に至る解剖室四室あり各室に二十個の台を置く而て各体に五名の学生を割当つ亦顕微鏡兼細菌学実習室あり　屍室に傾斜面の床ありて之に屍数十個を載するを得、標本室ありと雖とも修繕中にして見ることを得ず、屍は平均一ヶ月凡八十至九十ありと、室長ケニュ其他職員は休業中に付居らず只小使ありて案内す但し甚深切《ママ》ならず　是よりサルペトリエール病院を参観す建築は古し但し広大なり女子のみを容る病室清潔、四千臥床ありと、内に寺院あり、外科部あり手術室は間に合せなり浴室、電気室、シャルコー博物館、講義室等を見る　尼僧の案内甚深切なり　門外向て左側にシャルコーの紀念像あり五時頃出てオステルリッツ橋より汽船（是始めてなり）に乗りパシー橋にて上り足立氏に別れて日本料理に到り晩食　同処にて鈴木孝之助氏明日頃出立のよしに付別を告ぐ九時過帰宿

八月五日　　日　曇少雨

日曜日に付休会、朝千葉稔次郎氏来る修学上の談話をなす共に出て博覧会へ行く　但し入口にて別れ独り科学と芸術および教育と教育法の部殊に医学に関するものを見る　午刻は単に冷食をなす亦パリ地下鉄道工事の模様を示せるところを見る　オテル・フォルチュニにて晩食、十七号の渡部氏を訪ひ十時過帰宿

八月六日　　月　曇雨

ルダンゴット〔＊フロックコート〕着用、足立氏と共に馬車にてコレージュ・ド・フランスに到る　今日は部会

なし偶ワルダイエル先生来りて明日演舌に用ゆる掛図の準備をなすに付其手助をなす　是より先生と共に生理学および胎生学部会（エコール・プラチック階段教室）へ行く種々のデモンストラチオンを見る　Bouir, Mitoses spermatogénétiques chez le Lithobius forticatus, Fürst, Formations annulaires dans les cellules des ganglions（[＊一語未詳]）; Crista acustica（[＊一語未詳]）, Eternod, Demonstration eines jungen menschlichen Embryosmodelles.　足立氏と共にボルテールにて昼食、午後二時過第二総会に出席　ソルボンヌの大講堂なり仏語演舌不解なるを以て第二演舌の終に立ち出る　諸氏に逢ふエコール・プラチック内休憩所に至りてカフェを飲む是より筒井八百珠、松浦有志太郎、芦原信之の三氏とラ・モルグ〔＊死体公示所〕に至りて一見す　公衆の覧に供するもの三体あり内部に入りて其模様を見るに蒸気機関常に運転してアンモニアの作用により空気を冷却す　屍を棺に入れて戸棚に入れ置くものを出して見るに全く氷結して岩の如し亦棺の内面に白霜の厚く附着するを見る公衆の覧に供する屍室に入れば検温器零下四度を示す、屍室（屍の脱衣等）、解剖室（標本室はなし珍しきものは博物館に備へ置くと云ふ）屍測定及写真の準備あり衣服所持品等は番号を附して畜ふ（二年間）モルグに常に存在する屍の数は毎日二十五至三十なりと云ふ　是よりオテル・デューを参観せんと欲し門に至りて乞ふ然るに参観は午前に限るよしに付空しく去る　馬車を命し三氏と共に日本料理に至り晩食す　此処にて松井直吉高松豊吉二氏に逢ふ両氏は昨日着巴したり、七時一先帰宿燕尾服着用出て一寸十七号に寄り万国医学会に赴く馬車なきに困却す　アルマ広場に至りて漸く一車ありて之に乗る四フラン払ふ夜会々場ルクサンブール宮に到れば門前人を以て充つ　中庭に入る亦同断到底邸内に入ることあたはす併し余り不整頓にして混雑を極むるを以て一時間計其景況を見物し馬車を命し十一時半帰宿寒冷

八月七日　火　晴曇少雨

朝足立氏と共に鉄道馬車にてコレージュ・ド・フランスに到る　第六ホールに於て部会を開く　先つワルダイエル先生の Topographie du cerveau の報告あり　次にファン・ゲウヒテンの報告 Fredet, Waisseaux de l'uterus（映写も）　同氏の Emploi de la formaline chromique 並に其標本のデモンストラチオンありて散す、午後休会、

足立氏去る独ボルテールにて昼食す鉄道馬車にて帰宿休息、燕尾服着用（外套をきる）ランドゥヂー氏の晩餐に赴く馬車（番号なし）にてシャンゼリゼを通る甚心地よし　七時少し過ブルバール・ボンヌ・ヌーベルのレストラン・マルゲリに到る　甚上等なり食品味極て佳なり始てパリ上等料理を味ふ食事終て後演歌余興あり　十二時散ず亦馬車にてグラン・ブルバール、シャンゼリゼを通る十二時半帰宿　今日は巴里学士会の催しありたれども会食に招かれたる為めに欠席

八月八日　水　曇晴雨

朝九時前足立氏と共に出つ部会に赴くことを止めて鉄道馬車にてルーブルに到り大体見物をなす　十二時出れば俄に大降雨廊下にて雨の止むを待ち是よりカルーゼル橋より小汽船に乗りオステルリッツ橋に到りバルベール広場にて昼食し植物園に入る　時刻少し早きを以て生動物を見てアナトミーのギャラリーに到る　比較解剖学標本陳列場なり新建築にして甚整頓す　主管フィルオル氏今日午後二時より会員に案内すること前以て通知しありたるなり　次に楼上の人類学標本陳列場を見る古代器物等の外頭骨数千個あり　是より馬車にてエコール・プラチックに到り解剖室を見る　学生実室《ママ》用大のもの八個あり各九十名の学生容るべし解剖台十個（或は十二？）を備ふ勿論解剖実習は冬期に行ひ夏期手術演習をなす　今は夏期終りて休業なるを以て解剖台の配置整はず標本室あり但し単に講義に用ゆる実物標本及模形掛け図等のみなり、防腐注入室あり（注入器三種あり即ち㈠注射器㈡歯車駆動注入器　㈢今田氏注入器に類似のもの）屍貯蔵用小判形大桶（鉛を以て張る）あり、屍室あり傾斜床の上に屍を置く屍運搬用の一種の車あり亦屍を置く室あり（但し防腐注入したるもの）傾斜台数個を置く　五時頃出て足立氏と共鉄道馬車にて帰る　足立氏に告別（氏は明日ストラスブルクへ帰る）して日本料理に到りて晩食す九時帰宅

八月九日　木　半晴

朝七時半起き九時ドクトル・ドワヤン氏の宅ピッチーニ通り六番地（ブローニュの森アベニューの横町）に到る　手術傍観に招かれたればなり五十名計参集す先つ腹腔子宮剖見　次に脊椎炎に伴う流注膿瘍切開但し之は〔＊一語未詳〕なかりし故に縫合してギプス包帯を置く其器械は氏考案なり次に右腿下部結核性骨髄炎を切開す　其外頭蓋

開口及ひ乳頭洞腔切開の手術式を電気機械を用ひて示す　十二時去て日本料理にて昼食す午後一時半出て馬車にて医科大学に到る　オルフィラ博物館を見んと欲す修繕中とかにて要領を得ず　是より第三総会即ち閉会式にソルボンヌに赴く既に始り居る　モスコウ市より第十二回万国医学会に寄附したる賞学金五千フランはラモン・イ・カハル教授（マドリッド）に送ることに決す亦第十四回万国医学会は一九〇三年春マドリッドに於て開くことに決す亦其組織会長にはマドリッドの教授カハル氏推選せらるラヌロング会長の閉会を告げたるは正に三時前五分なりし馬車にて帰宅、今日は解剖学の部会なかりき　野田忠広氏一寸来る、大トランク修理出来たれば片付物をなす夕刻十七号へ一寸寄りオテル・フォルチュニに到りて晩食す　九時帰宿　会期中天気は変りやすかりしも冷気なりしは大幸なり

八月十日　　金　曇時雨

朝岡田良平氏一寸来る　第十回衛生および人口統計国際会議は今日より十七日まで開会　午前在宿日記を記す日本料理にて昼食三時半帰宿　支渡（ルダンゴット）四時出て馬車にてエリゼ宮に到る大統領のレセプションなり（昨九日夜会に招待せられたるも中止になりたるなり）非常混雑なり邸宮内及庭園人を以て満つ万人以上と算せり庭に演戯あり只押合ふのみにて別に興味もなければ五時半去てオテル・フォルチュニに来りて晩食す　九時帰宿、松浦有志太郎、長野純蔵二氏明日出立の暇乞に来る

八月十一日　　土　曇晴

午前在宿日記を録す十七号に到りて昼食し帰りて日記、三時半十七号の諸氏等と共パスツール研究所を参観す広大なり　十七号にて晩食し八時半帰宿十二時怠りたる日記を録し終りて眠に就く

八月十二日　　日　快晴

昼晩共十七号にて食事す、午後藤沢氏来訪、昼の中は菊池大学総長へ送る長文の手紙を書く　巴里着の報知より万国医学会の概況、建築より尚七百円支出の内約に付願書のことなり、晩食後独博覧会場内に入る夜景を見るは始めてなり　毎日曜日にはイルミネーションあり広き場内も全く人を以て填充す　旧十六日頃の明月　パレ・デレクトリック（＊電光宮）の後にありと雖も為めに薄暗し只驚くの外なし十二時帰宿床に入る

八月十三日　　月　半晴

午前前日の手紙を書き終り且つお喜美へ長文の手紙を認め午後一時半過出で両書共書留にて出す　日本料理にて昼食し三時帰宅、七時頃再出てオテル・フォルチュニにて晩食し帰途岡田氏を訪ひ帰宿支渡（燕尾服）し岡田氏と共にボベアン広場の内務省に十時過到る　首相、内務大臣ベルデック・ルソー夫妻の夜会なり余興として演劇あり面白し、夜一時半過帰宅

八月十四日　火　晴

午前九時出て藤沢氏をオテル・キャンベルに訪ふ　同処にて巨智部忠承、元田肇等の諸氏に逢ふ諸氏と共に出てルーブル百貨店に到りて買物す午刻となる　一先出てオテル・デュ・ルーブルの下の料理屋にて昼食す再ひ入る、金属製鉛筆襟止め等を買、オテル・キャンベルに帰りて休息、藤沢氏と共日本料理屋に到りて晩食、博覧会事務官長林忠正氏に面会、森島庫太、中西亀太郎二氏来る藤沢自分と四人出てオランピアに到る　中西藤沢二氏去る森島氏と共にカフェ・アメリカンを通り抜ける次にオランピア床下室（タベルン・オランピア）に入り長坐　二時半馬車にて帰宿、留守中後藤元之助氏暇乞に来る

八月十五日　水　晴

午後一時頃外出、フロックコート着用、オデオン広場のボルテールに到りて昼食し万国医学会事務所に到る〆切りて人影なし　門番に尋ぬれば今日は祭日サント・マリ〔＊聖母マリア被昇天〕なりと故に是より人類学会に申込、二三の訪問をなす図りなりし止めて帰宅　野田忠広来る共に出て日本料理へ行きて晩食し是より博覧会場内点灯、賑かなるべしとのことに付森島、中西、野田、本堂の四氏と同処へ行く　プラットフォルム・モービル〔＊動く歩道〕に乗りて一周半を廻り下りてシャン・ド・マルスのビール屋にて休息、十一時出て馬車にてオランピアの床下室に至る藤沢氏あり共坐す　二時頃出て馬車にてトロカデーロまで来る森島、中西、本堂の三氏下宿まで送り呉れたり

八月十六日　木　曇

朝岡田氏一寸来る、午後一時フロックコート着用出て馬車にてオデオン前ボルテールにて昼食し、医学会事務所に到り日本会員名簿訂正等のことを申込む、是より馬車（ゴム輪）を雇ひてベルノー博士（人類学国際会議書記長）、ブロラ通り一四八番地に到りて氏に面会し入会を申込む、会費十五法を払ひて直に会員証を受取る　次にショフォ

ール（サンジェルマン通り二一番地）、フィルオル（ゲネゴー通り九番地）、ランドゥジー（ショボーラガルド通り四番地）、ラヌロング（フランソワ一世通り三番地）、ドワヤン（ピッチーニ通り六番地）順次訪問し名刺を出す　五時前帰宅休息、七時出て日本料理に到りて晩食す、藤沢氏と共に出てメゾン・ガジェにて米を食し氏の旅宿に到り十時帰宅

八月十七日　　金　晴

朝渡部董氏博覧会褒賞授与式招待状を持来る、十一時過出て博覧会本邦事務所に到り入場券の書換を請ひ是よりブローニュの森遊歩、先ミュエット門より入り上下両湖の間を通りグラン・カスカド〔＊大滝〕に到る　シュレーヌ橋を渡りて昼食す時に午後一時半、是より左岸に添ひピュトー橋を渡りて再ひボアに入る　ジャルダン・ダクリマタシオンに入る（一法）、軽気球にて登る（五法）四百メートルの高さに達すと云ふ　六時十七号に到る晩食十時過帰宿

八月十八日　　土　晴

午前在宿、十七号にて昼食、帰宿、支渡（燕尾服）し岡田、正木、渡部の諸氏と博覧会大式場に到る時に二時なり三時式を始む、大統領を始め諸官席に付く、各国行列あり、熱さ甚し、四時頃岡田、正木二氏と出て博覧会を通り抜けて帰宿休息、七時十七号に到りて晩食、諸氏と出て博覧会に入る夜景を見る今夜は特別のイルミネーションあり　雑沓を極め歩行困難、アルマ橋を渡りて構外に出つ、馬車にてトリニテに到る　ランドル通りNo.1カフェに入り珍形を見物せんことを頼む、給仕案内す直に向ふなり、馬鹿に釣らるる尚一層馬鹿なり　タベルン・オランピアに入り長坐せずして去る但し正木氏を残す、馬車にて帰宿時に一時半　再ひ熱さを増す二十八度位

今日日本兵を始め各国の兵十五日に北京に入りたることを知る、晩食の際諸氏と「シヤンパン」の祝盃を挙ぐ

八月十九日　　日　晴曇雨

午前在宿、十七号にて昼食、午後は博覧会見物、今日は衛生・健康法展示（農産物の上）を見る　終てビラージュ・スイス〔＊スイス村〕に入る、七時十七号に来りて晩食、今晩は人類学会々員の友誼会合ある筈なりしも疲労したれば止む、十時過帰宿

八月二十日　　月　雨

未明頃雷鳴大降雨、午前在宿、午刻十七号にて昼食し二

時博覧会内パレ・ド・コングレ〔＊大会議場〕に到る　第拾二回万国人類学会開会式なり、会するもの二百名計会長アレクサンドル・ベルトラン氏次に書記長ベルノー氏の演舌其他二三の演舌あり役員を決定し三時過散会す　是よりパリ旧市街に入る時に大降雨となる　カフェにて雨の止むを待ちて四時半帰宅、十七号にて晩食十時帰宿

八月二十一日　火　曇雨

午前八時半出て鉄道馬車にてコレージュ・ド・フランスに到る　人類学会々場なり即ち其第八号室に於てす　九時半開会　J・エバンス会長、トーマス・ウィルソン教授、A・リュト、ド・ムンク（カピタン教授代読）、R・フィルヒョウ等の演舌あり　ボルテールにて昼食し是よりハラン（ラケペド通り一二番地）へ行きユリナール〔＊尿器〕一個求む（一一フラン五〇）是より時刻早きを以て植物園に入る、四時徒歩にてコレージュ・ド・フランスに到る午後の開会〔＊一語未詳〕バロンにて左の演舌あり　ベルツ、ティウラン、アベ・パラ、アミー、カンカロン等　ティウラン氏の種々形の石に付投《ママ》論盛にして会場騒し又カンカロン氏の古跡保存論に付きても投論盛なりし出席者約百四五十名、亦同処に於て知りたる人左の如し

ライナッハ、ソンバチ、ハンペル、シェーテンザック、ベルツ、デニケル

六時過散す馬車にて日本料理に来り晩食し十七号に寄り十時少しく過帰宅　渡部董之介発熱す氷袋及検温器を貸す正木氏来りて持行く　今日始めてお喜美より手紙を受取る　帰宿後之を読む出立以来の留守宅の模様を知る特に悦しく感す十二時過床に入る

八月二十二日　水　晴曇雨

午前七時起八時過出て十七号に到り渡部氏病気の模様を見る体温未た下らず　山根氏に相談せんと欲し同氏を訪既に他出已むを得ず馬車にてコレージュ・ド・フランスに到る時に九時半恰も開会の際なり（第六号室）会長はゴードリーなり、A・ラビル、レーマン・ニッチエ、アベ・パラ、フィルヒョウ等の演舌あり　又石器の陳列あり就中マンカ氏のもの（オースリア・プレドモストの第四紀遺跡）見るべし其中に頭蓋冠、下顎あり　縫合の単簡なること及下顎のラムス・マンヂブレ〔＊下顎枝〕幅の広きことに注目す又長頭なり　又マヌブリエ氏三個の頭骨を示す頭頂骨の後方三分の一のところを水平に延びる横の裂溝とともに、矢状縫合の縦の裂溝が前頭骨まで達しているので、頭

蓋の上に十字状の裂溝が生じている。十二時前散す　レストラン・ボルテールにて昼食し馬車にてサン・ラザール駅に到る本会の催しにてサン・ジェルマンへ遠足なり　午後一時四十五分発車す（一等往復三法）二時半頃サン・ジェルマン着直にシャトー即ち民族考古博物館に入る　ライナック氏案内すベデガー〔＊旅行案内書〕を見るべし、但石斧に獣骨の柄を附したるもの、大古人種の頭骨（クロマニヨン人、ネアンデルタール人を始）の鋳造物数個あり、抗上家屋発掘品の中に打製および磨製の石器あり。見終て中庭にて一同写真す、シャトーの写真一枚買ふ又絵はがきを買ひて直に認めて本郷へ出す　レーマン＝ニッチェ、ミクーリッチ二氏とカフェに休息し是より共に公園に入る有名なるテラスを散歩す　時に雨降り始む暫時にして止む同時に虹立つ色甚鮮明なり大に風景を助く　セーヌ谷の眺望絶佳なり　七時十分頃発車八時前巴里へ帰着二氏に別れて馬車にて日本料理に来り晩食す　十七号へ寄る渡部氏の熱下る、福原鐐二郎氏伯林より来る　十一時帰宿　サン・ジェルマンに於てダクワース氏を知る

八月二十三日　木　曇

午前午後共在宿日記を調ぶ昼食晩食共十七号に於てす　七時過諸氏と共に出てサラ・ベルナール劇場へ行く（平土間十法）八時始まる有名なる女優サラ・ベルナールを見て九時去て急ぎ馬車にて帰宿支渡（燕尾服）しローラン・ボナパルト公（イエナ通り一〇番地）邸に到る　学会員として夜会に招かれたるなり時に十時過なり　図書室の広大なるは驚くべし、十二時過帰宅

八月二十四日　金　曇雨

午前九時半出てパシーより小汽船に乗りてオステルリッツ橋に上り植物園に入り自然史博物館人類学および古生物学コレクションを見る　本会の催しなり即ち下は比較解剖学標本にて去八日見たるもの二階は古生物学、三階は人類学なり、先古生物学の室を見る次に人類学　段階を上りて入る第一の室（四十坪計）に二個古代人骨全骨を掘出したるままのものあり　数多の石器の中に現代のもの即ち木柄を付したるものもあり梯子を登りて階上には約五百個の古代頭骨を陳列す　次の室には種々の奇形頭骨約二百個あり　人工的身体変形、穿頭術（此室は階上なし）是より大なる室（即ち古生物学室の上）に入る先左側より始む左の如く人種を区別して陳列す　インドネシア人、ミクロネシア人、ポリネシア人、日本人（二百二三十

個）モンゴル人、中国人、エスキモー、カリフォルニア人、アメリカ・インディアン、メキシコ人、エジプト人、ベルベル人、ヒンドゥー人にして約三千五百個と算す、又人種の顔面又は全身の模形あり、日本徳川氏使節の写真数枚あり中に三宅秀氏十六年半の時のものあり　十二時過出てバルベール広場にて昼食し是よりオステルリッツ橋を渡りバスチーユの眺望を見る　バスチーユ広場に到る紀念銅柱あり上に金渡金の女神を置く　同処より地下鉄道（ル・メトロポリタン）に乗る開業以来日尚少きこととて混雑一方ならず、マイヨー門にて下る（一等二五サンチーム、二等一五サンチーム）是より巴里城壁の上を歩し帰宿時に三時過なり大に雨降る六時出て髪を切り入浴す　日本料理にて晩食十時帰宿、日記を記し十二時眠に就く

今日古生物学室に於てシャントル氏にオステルリッツ橋上にてド・パンロ氏に面会す

八月二十五日　土　曇晴

午前在宿在伯林宮本叔氏下宿を探し置くことに付手紙及田口和美氏へ手紙を認め函に投　オデオン前ボルテールへ行きて（フロックコート着用、馬車）昼食し二時コレージュ・ド・フランスに到る（午前の会には欠席）今日は考古学部会（第六室）及解剖人類学（第八室）に分つ自分は之に出席す　部会長、ドンケル

1）ヨハン・フレフェルス、測定器二個を示す、一は外径キャリパスの如きもの角度を測るに用ゆ

一はコンパスに半円形分度器がついたもの

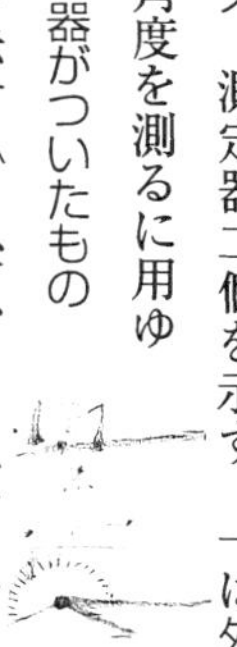

2）パピヨール、角度計を示す〔＊以下、クラニオフォール〔＊頭骨固定器〕とともに用い、基準面など角度計測法について例示するが、詳細未詳につき省略〕

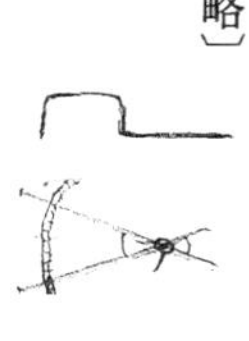

3）ヤンコ博士（ハンガリー民族誌）、マジャール人の写真数十枚示す

4）ジルバ・テレス、ポルトガル民族誌

5）R・H・マテイス（カルタイルハック氏代読）

6）フェレス？《ママ》（代読）ポルトガル人の頭蓋容量

7）デュボワ（マヌブリエ氏代読）

J・エバンズ代りて会長席に就く　書記長ベルノー氏発言あり　次にエバンズ氏の発言あり四時半散会す、今日は即ち最終の日なりと雖とも演題余りたるを以て明日午前九時より補遺会を開くこととす、今日此部会に出席者四十名計会員申込書に記入の総数百四十六名なりと又明後より一週間にわたるブルターニュへの大旅行の申込

は十五名ありと　今日同会場にてド・モルチーユ及コリンの二氏を知る　是より会員一同オテル・ド・ビルに到るパリ市の市庁のレセプションなり　シヤンパン等の饗応あり各室を巡覧す美を兼尽す　六時出て馬車にて帰る十七号へ寄る福原鐐二郎氏を誘ひて日本料理へ行きて晩食九時半帰宿

八月二十六日　日　曇雨

午前在宿午刻出て十七号にて昼食、午後は博覧会に入る先つ民族誌博物館、トロカデーロ宮を見る南北亜米里加最も多し、各人種の自然大人形数個あり　ペルーのミイラ数個、アミー氏の意匠に基きて太古人類〔＊一語未詳〕時代、マンモス時代、磨製石器時代、巨石時代、青銅器時代の五期の状態を模造したるものあり又法蘭西各時代の風俗人形あり、石器土器沢山あり次にフランス植民地の内トンキン、ヌーベル・カレドニー〔＊ニュー・カレドニア〕（ニツケル鉱業の様）カンボジア等、次に外国植民地の内ロシア領アジア（シベリア）、中国、終にマダガスカル（トロカデーロ宮）を見て十七号に到りて晩食、十時半帰宅、降雨

八月二十七日　月　曇

午刻十七号に到りて昼食、午後は博覧会、前日見残したる民族誌博物館の一部外国植民地の内オランダ領インド（ジヤワ等）を見て衛生学（オルセー河畔）を見る　六時となる出てトロトワール・ルーラン〔＊動く歩道〕に乗り一週《ママ》半して下り七時十七号に到り晩食し九時前帰宿

八月二十八日　火　曇

ベルサイユ行、朝七時起、八時出て岡田、正木、福原の諸氏と共パシーより市街鉄道（一フラン）に乗り十時過ウヱルサイ着、細雨降りたるも着の頃は止む、十一時ならでは宮殿を開かず依て園を通り先大トリアノン離宮二階建なり之も未た開かず依て先に園を遊歩し次に殿内を見る、次に小トリアノン（平家）及園を見る百姓家数軒あり十二時過となる、馬車にて博物館レストランに到りて昼食す是より本宮殿に入る　ベデカー〔＊旅行案内書〕を手にして巡覧す五時（閉鎖の時刻なり）に出て園を眺め六時頃来し時の如く帰る　七時半頃十七号に帰りて晩食し九時過下宿に帰れば本国より手紙二通来り居る　一は寺田勇吉氏より、一はお喜美よりなり其後の留守中の模様を知り甚悦ばし

八月二十九日　水　曇晴

午前は手紙を認む、十二時頃出て市街鉄道にてシャトレ広場に下りレストラン・ボルテールに到りて最終の昼食をなす　是より先ビュルフィング・ルエル社に到り硝子製注入器二個を買ひ次にトラモン商会（解剖学模型）の陳列店を見、次にコジ（ブルバール・サンミッシエル四九番地）に到りミクロトームなどを見、次に絵はがきなどを買ひ、教授の写真も買ふ、アチウに到りブロカの人体計測器具四種を買ひ之にて終り馬車を命し帰宿、時に五時過なり、六時過出て日本料理にて晩食八時過帰りて手紙を認む一時過寝具に入る

八月三十日　　木　晴

午前尚残りの手紙認め十二時前出てビクトル・ユゴー広場の郵便局に到りて出す即ち手紙五通は石黒忠悳、三宅秀、大沢岳太郎、緒方正規の諸氏宛及お喜美へ第一第二の手紙の返事なり、又はがき六枚良一、田鶴、精、於菟、厳及橋本節斎氏へ玉汝安産女子分娩の由に付祝のものなり

此処より直に市街鉄道にてグラン・ブルバールに到る　先クレディ・リヨネ銀行に行き二拾三ポンド即ち五百七拾七フラン余を引出し是よりディネル・フランセにて昼食し出て遊歩、数ヶ所アーケードを通る　サン・ドニの門を見て馬車を命しコンコルド、シャンゼリセイを通り公使館へ寄り帰途巴里の市中及博覧会の写真絵を買ひて四時過帰宅、明日出立の図りなれば荷物を片付く、夕刻矢部辰三郎氏尋ね来る氏去りて後直に十七号に到りて晩食す、亦出立は明後日に延はすこととして十時半帰宿

八月三十一日　　金　曇晴

午前荷物を片付く、十二時過十七号に到りて昼食し是より博覧会に入る　エッフェル塔に登る其頂上にて絵はがきを認めて出す下りて、早産児養育を見る七ヶ月及六ヶ月半の二児あり、衛生の部を一寸見て是よりビル・ド・パリに入る　次に大美術館に入る次に小美術館も見る六時となる　アレクサンドル三世橋を渡りアベニュー・モトピケ矢部氏を尋ねんとす丁度途上にて同氏に逢ふ暇乞して再ひ博覧に入り動く歩道に乗り帰る　八時頃十七号に到りて晩食、十時半帰宿、日記を記しなどして一時前臥床に上る

九月一日　　土　曇　巴里発

朝八時起、荷物を片付け且つ〆切りて十時頃十七号に到

る暫時にして出て博覧会に入る　技芸の部を見る午後一時半出て十七号に帰り昼食、三時過下宿に帰る少時休憩四時予て命し置きたる馬車来る四時半福原鐐二郎氏と共に出発、五時過パリ北駅に着す、伯林まて通し切符二等八拾六法三拾サンチーム、外に荷物運賃四拾四法払ふ、食事所に入りて休息且つ食事し六時二十五分発車す時に少しく雨降り始む、十時頃車室内只二人となる車掌来りて眠をすすむ、安臥して眠を求む併し安眠すことあたはず

九月二日　日　曇　伯林着

夜中雨降る、二時半過（仏時）即ち独時三時半頃（五十分計の差あり）独領ヘルベスタール着、車を下りて荷物の検査を受く更に解かずして済む二法を投ず是よりビュッフェに入りカヒー、パンを喫し四時頃ヘルベスタール発車、五時半過ケルン着此処に一時間半計停車す且乗換ふ　即ち此処まて仏車にして是より独車となる　ビュッフェにて休息カヒーパンを喫す七時十分ケルン発車、車室甚狭隘にして窮屈なり　加ふるに乗客益々多し、今日セダン祭にして車中より所々に国旗の掲けあるを見る午後一時過ハノーファー着、十分間停車するのみ、五時三十五分フリードリッヒシュトラーセ着、宮本叔氏を始め十数名の諸氏出迎へ呉れられたり、馬車を命し仮りに宮本氏等の下宿ルイーゼン広場八番地Ⅱに着す、晩は米飯を食し入浴（屋内にあり）し十時過宮本氏の室にて眠る汽車中冷気にして甚凌きよし

九月三日　月　晴

朝八時起、十時頃宮本氏同道にて出て下宿を探す、十数軒に入る、ルイーゼン通り六五番地にも入る十五年前宿したる住居の戸口を見て懐旧、又フラドウスキー母娘（フィーリップ通り九番地池田陽一氏下宿）に面会し旧を談す　遂にシューマン通り二番地Ⅱ、Ⅲアダミー夫人に到りて之に宿することに決す亦同家に法学士仁井田益次郎、奥村英夫二氏宿す　是よりシャリテ（＊ベルリン大学付属病院）を通り抜けて宮本氏宿に帰り二時昼食す　四時頃馬車を命しシューマン通り二番地に引き移る寝室付きの室は二三日中に明くを以て先つ仮りに其隣室に入る　暫くして独出てルイーゼン通り、カール通り、フリードリッヒ通り、ウンテル・デン・リンデン、ルストガルテンより皇帝ビルヘルム一世記念碑を見てフランス通りをフリードリッヒ通りに出てライピチッヒ通りに到りて引返しアーケ

ードを通りウンテル・デン・リンデンをブランデンブルク門の外に出てチルガルテンにて小用を達し戻りてウンテル・デン・リンデンをノイエ・ビルヘルム通り（此処にて絵はがき、インキペンを買ふ）に曲りマルシャル橋を渡りルイーゼン通りを行きカール通りとの角にて葉巻煙草を買ひ是よりベデカー求めんとツィルクス・レンツ（＊サーカス）の前まで行き時刻遅れたるを以て空しく戻りアルブレヒト通り、シューマン通りにては一三番地及一七番地の家屋を眺めてシューマン通り、ルイーゼン通り角の食店にて晩食す　此店以前よりありたるものなり九時半頃下宿に帰る此散歩の中以前ありたる商店の変して他の店となりたるもの多く見たり懐旧の念禁し難し　今日北ドイツ・ロイド社（ブレーメン）へ荷物を速に送付ありたき旨の手紙を書留にて出す

九月四日　　火　曇

午前八時半起く野田忠広氏来訪、少しく荷物開き亦日記を記す　午後一時頃出て最近角の食店にて昼食しクルト通りへ行きベデカー四冊買ひて帰る　宮本氏来りて待ち居る是より馬車にてフリードリッヒ通りバイデンダメル橋向ふ角写真師ラビツキーに到り宮本叔、鳥山南寿次郎、筒井八百珠、鶴田貞次郎、石原久、渡辺雷、本堂恒次郎、野田忠広、松浦有志太郎、平井毓太郎、長野純蔵及良精の十二名合写す　之は在伯林医学士にして良精の授賞を受けたる諸氏か紀念の為めに催したるなり序に良精独写のもの二通り（大小）を写す　五時頃帰宿、更衣、宮本等の宿に一寸寄り同氏令兄より預かりたるもの及海苔一箱を同氏に渡し直に去てケッセル通り二九番地鈴木孝之助氏の下宿に到る予め約し置きたるなり共に米飯を食し談話　時を移し十二時半帰宿

九月五日　　水　曇

床中に南京虫ありて安眠せず、九時起く、藤沢利喜太郎氏来る　十二時頃共に出て鉄道馬車に乗りポツダム広場、ホテル・ベルビューに行きて昼食す是より同氏の下宿に到る（即ちリュツォウーフェル一三番地）同処にて杉本貞次郎及公使館書記生水野幸吉氏に面会す　五時頃去てリュツォウ広場より鉄道馬車にてポツダム広場に来り下りてライプチッヒ通り、フリードリッヒ通り、ウンテル・デン・リンデンを一寸曲り煙草を買ひ（九マルク）ルイーゼン広場デレルシュテットに到りて晩食、九時半帰宿　お喜美へ遣る手紙を認む十二時過眠を求む

九月六日　　木　曇雨

午前九時半起く、在巴里岡田、渡部、正木三氏宛着報、於菟良一へ絵はがき、在ストラスブルグ足立文太郎氏へ伯林着報はがきを認め前夜認めたる喜美子宛手紙と共に十二時過出て郵函に投し是より解剖学教室に到る　皆不在、検査官ゲルツーン氏在りて之に面会時に助手ドクトル・ハインツ氏来りて之に紹介さるる　去てチールガルテンを散歩天気悪しく時に雨降る　カイゼルシュルトに到りて昼食し之よりグローセル・シュテルンに出て戻りてルソー島辺に出て是よりチールガルテン通り一五番地日本公使館へ行かんとして方向を取違ひて全く反対の方へ行きてシュロス・ベルビュー及びルーテル橋に到る　大に驚きベルビュー・アレーを真直にチールガルテン通りへ行く　公使館に到りて井上勝之助公使に一寸面会し亦た佐藤愛麿（三等書記官）水野幸吉、芦書記生等に面会、五時帰宿、在宿、悪天に付晩は肉パンを食す

九月七日　　金　曇

朝税務所《ママ》より荷物到着のはがき来る、十時半頃出て王立中央税務署（アルト・モアビット）に到る、手続きなかなか複雑なり、倉庫に到りて荷物を開き一個一品ごとに重量を測る種々の珍しき品物出るを以て官吏等好奇心を生し税関吏も来り旁《ママ》大に時を費す　検査終て税金拾四マルク七拾五布を払ふ　其前ブレーメンより伯林まで運賃拾三マルク四拾ペンニヒ払ふ、午後一時過帰宿、暫時休息し出てアルブレヒト通りシュタイネルト＆ハウゼンにて昼食し三時帰宿、時に丁度荷物を届け来る　是より荷物を開きて品物を一々調ぶ皆破損等少しもなし安心す　留守中実吉安純氏伯林着尋ね来りたるを以て其答礼旁出て氏の旅宿ホテル・ベルビューに到る　宮川兵一郎氏及海軍公使館付武官林氏あり共に出て晩食し別れて十時過帰宅、進物分配方に付色々考へ一時頃寝具に入る

九月八日　　土　曇

午前十時解剖教室へ行きてワルダイエル先生の来るを待つ　十一時半頃先生来る巴里以来の挨拶をなし明日を約して去る、同処にてコプシュ博士に逢ふ、帰途カール通りにて名刺を注文し亦包み紙を買ひて帰る　是より進物を予め用意し置きたる奉書紙に包み水引を以て結ぶ　午後二時頃出てシュタイネルト＆ハウゼンにて昼食し直に帰宿　午前の引続きに余念なし松浦有志太郎平井毓太郎二氏来訪、尋て山口鋭之助氏来訪、夕刻宮本氏来る共に

出て木曜会（在伯林医学者の集会）の催しに係る　鈴木孝之助鶴田貞次郎二氏の帰朝及行徳、大賀二氏の転学に付送別会にフリードリッヒ通りミステル通り角の食店に到る　来会者二十八名なり殆んど未曽有の多数なりと、同処にて諸氏と連名にて東京医科大学事務室市川氏宛にて絵はがきを出す　十一時頃同処を出てカフェ・シュテルン（フリードリッヒ通り）に入る、同処を十二時半頃出て宮本、宮川二氏とエムベルクに入る拾六七年計前のことを思ひ出す、松浦、筒井、石原等あり甚盛なり二時頃帰宿

九月九日　日　曇

朝十時起く、藤沢利喜太郎氏長岡半太郎氏来訪、午後一時半両氏を謝して下婢に馬車を命しルーテル通り五三番地ワルダイエル先生の住宅に到る時に二時なりき先生の長女へドビッヒ・ボニン夫人及其両女に面会す直に日本錦絵を遺る亦た進物を総て開く先生の悦一方ならず年来念頭に置きし微意を果たし大に安神《ママ》す、折悪先生の夫人昨日来微熱ありて昼食叶はず　由て是よりハルトマン教授未亡人の宅にて食事すべしとのことにて先生及ボニン夫人と出ててガイスベルク通り四三番地に到る　不計ハルトマン先生の未亡人にも面会するを得たり食卓に付き談話の間に食事す外に夫人二名あり終て別室に於てW先生と喫煙喫加琲と共に談す五時半散す　先生と共に先生の住宅前まで来り別れて馬車を命し帰宅、更衣、出てルイーゼン通り八番地え行きて晩食、九時半帰宅

九月十日　月　晴曇

朝八時半起、急き加琲を喫し九時半解剖教室に到りゲルツーン氏え進物を贈り、着伯後始てヤブロノウスキー氏に面会す　十時帰宿再出てアウグスブルゲル通り五二番地プロフェッサー・ラブル‐リュクハルト氏を訪問す、十六年目にて再会し互に悦ぶ併し氏は配偶の不和の為めに大に老衰せられたり気の毒至極なり、令嬢二人にも面会す之は彼の折五歳及三歳なりしが今は美しき令嬢となられたり　坐に往時を思ひ出したり亦た同家にてデーニッツ氏の令息に面会す午後一時辞して出る、進物に付きては悦面に現はる、鉄道馬車にて帰りシュタイネルト＆ハウゼンにて昼食し、是より写真師ラビッキーに到る　去四日撮影したる二通り共出来面白からざるを以て更に撮影せしむ且今日は恰も在伯林医学者集りて共に撮影す、是よりカフェ・モノポールに入る次にフリードリッヒ通り停

車場に入りて柏村貞一氏の着伯を迎ふ　併し来らず帰宿、時に六時、直に出て馬車を命しシュレーゲル通り五番地ヤブロノウスキー氏を訪問す、不在、進物を家婦に托して帰る　更衣出て近き角にて晩食し名刺の出来せるを受取りて九時過帰宿

此頃の新聞紙に欧州大都市の道幅見へたれば左に記す

ウンテル・デン・リンデン（ベルリン）六五メートル
パリのブルバール〔＊大通り〕　三七　〃
ウィーンのリング〔＊環状〕通り　五七　〃
ワシントンの大通り　約五〇　〃
ニューヨークの　〃　四五　〃
ロンドン　もっと狭い

九月十一日　火　曇雨

午前郷家へ遣る手紙を認め居るところへ鈴木孝之助氏来りて是よりフリードリッヒスハインへ行かんことを促す依て直に支渡し共に出て同処病院に到る病理解剖教室を見る、二階建にして階上に顕微鏡室あり十四名計の席あり助手始め鈴木氏等の仕事場なり、化学室、黴菌室標本室あり、階下に解剖室あり三台を置く一ヶ年千二三百体解剖すと、主任ハンゼマン教授の仕事室ありと又標本製造室あり標本室の直下に当る貯蔵し上げて直に階上へ送るの便あり貯蔵液はカイゼルリング氏液なり、土室は屍室なり　是よりエレベータにて解剖室へ送る、午後二時同処を出てランズベルゲル・アレーの一食店にて昼食し市街鉄道にて帰宿　時に四時過なり是より更衣馬車にてハルトマン夫人（ガイスベルク通り四三番地）を見舞ふ時に雨降る、不在に付進物を門番に托して帰宿、休息、再ひ更衣、今晩はオペラ座にてカルメンの上演あるに付見物せんと欲す　時に鈴木氏宿婦を伴ひ来りて劇場へ行かんことを切に促す依て之に従ふ七時同処に到る七時半より始まる　ウリエル・アコスタ□□□□（空き）の悲劇なり十時済みて共にビクトリア・カフェ（リンデン－フリードリッヒ通り角）に入りて自分は単簡なる晩食をなす、別れて十一時過帰宿

九月十二日　水　晴

朝九時半起、前日の喜美子宛手紙を認め終る、田鶴子へ絵はがき、在ロンドン根岸錬次郎氏渡欧の手紙を書き午後二時出て函に投す、シューマン通りにてワルダイエル先生に逢ふ　シュタイネルトにて昼食す　是よりルイーゼン広場八番地に到り熊谷玄旦、宮本叔氏を誘ひて動物園

へ行く都市鉄道を用ふ　園内を遊歩し休憩してカフェを喫す、絵はがき二枚買ふ好天気にて甚快し日暮頃出てチルガルテンを散歩し別れて独ホテル・クローンプリンツにて晩食す同処にて彼のはがき二枚を認めて直に投す精子及良一宛なり　是よりアーケードまで遊歩し十時帰宿、留守中に隣室へ引越し済みとなりてあり今夜より約束の室に眠る之にて先落付きたる訳なり

九月十三日　木　曇

午前九時起、午後二時頃昼食に出掛けんとするところえ野田、本堂二氏来る共に出てシュタイネルトにて昼食す鶴田及柏村貞一（一昨日日本より来着）同処に来る　食事は諸氏既に済みたることなればカフェを進め五時頃まて談話出てノイエ・ビルヘルム通り書店S・カルバリー社に到りベデカー（北アメリカ及ロンドン）、小英独辞書等を購ひ是よりルイーゼン広場八番地に到りて晩食し十時帰宿

九月十四日　金　曇

午前十時半起、旅行に付き考案す午後二時半出てシュタイネルトにて昼食、是よりヤブロノウスキー氏をシュレーゲル通りに訪ふ折好く在宿、氏と共に出て別れて鈴木孝之助氏を訪ふ不在、五時半帰宅、八時半出て直角にて晩食直に帰る、旅行に付種々考案す　十時頃鈴木孝之助氏来る談話十二時去る

九月十五日　土　曇晴

午前七時起、前夜鈴木氏とポツダム行を約し氏の来るを待つ　十時半頃鈴木氏及宮本氏来る直に共に出て路面鉄道にてポツダム駅に到る折好く直に十一時五分に発車す十一時半ポツダム着　是より都市鉄道にてブランデンブルク門まで行きて下り先つフリードリッヒ皇帝の霊廟を見是より公園に入り大噴水より右へサンスーシ宮え登る　先に絵画館を見て次に宮殿に入る　フリードリッヒ大帝の居間死室（之に歴史的の時計あり）書籍室（円形）あり、出てカフェ・ブルーメにて昼食す、是より温室を見てパラディスガルテン（つた等にて造りたる「トンネル」あり　つたの葉の少しく紅葉せるあり）を通りて新宮殿の方へ行く併し之は帝の住居なるを以て見ることあたはず其後辺を廻りてビルトパーク駅に到り是より再ひ公園に入る　ブランデンブルク門より都市鉄道にて停車場に到りカフェを喫し休息し六時半頃発車、七時頃ベルリン帰着是より鈴木氏と共に冬園（セントラルホテル内）に入る、

往時とは大に模様を変し天井には数百個の電灯を点し星の如く見せ掛け其外装飾美なり種々の芸を演す　九時半同処を去て近きところのハイデルベルガーにて夕食し十一時帰宿

九月十六日　日　快晴

九時半起く鶴田貞次郎平井毓太郎二氏来る稀なる好天気なるを以てグルーネルバルト散歩と決し共ルイーゼン広場八番地に到りて同行を促す　渡辺雷、石原久二氏を得、都合五名にて出掛けレルテル駅より汽車にてグルーネバルト駅に下る是より松林内を歩しトイフェル湖畔芝上休息、シルトホルンに到りて昼食、是よりシルトホルン半島の岬まで行く（記念碑あり）戻りて直に小汽船にてビルヘルム皇帝塔へ行きて塔に登る眺望極て佳なり下りて徒歩シルトホルンに戻りレストランにて渇を癒し尋て松林中に汽船の来るを待つ六時半頃汽船に乗りてシュパンダウまで来り　是より汽車にてフリードリッヒ通りに下る、石原渡辺二氏とハーゼ（フリードリッヒ通り橋北）にて夕食し九時半帰宿、留守中巨智部氏及藤崎三郎助氏の名刺を置きてあり

九月十七日　月　快晴

九時半起熊谷玄旦氏来る今夕日本料理をすると氏去て後支渡し出てブリストルホテルに到り巨智部氏を尋ぬ氏あらず　下婢の間違ひなるべし是よりホテル・ベルビューに到る桜井駿氏等に面会す図らす志賀泰山氏工学士中村氏に逢ふ同処にて昼食し三時頃帰宿　再ひ出て七時頃ルイーゼン広場八番地に到る日本料理蒲焼鯉こく等の馳走なり　十時諸氏と共に出てフリードリッヒ通り駅に到りてペテルスブルクへ向け出発の日本人を序ながら送る是よりカフェ・シュテルンに入り十二時半帰宿、床中再ひ南京虫を生し眠を害す

九月十八日　火　晴曇

朝十時起、家婦に南京虫ありて困却の旨を談し、出て写真師方に到り中判拾五枚（二一・五〇マルク即ち一枚一・五〇マルク）及小判一ダース（五マルク）を注文し且つ払ひをなし　是よりドイツ銀行に到る、十二時より二時までは閉店に付去てフリードリッヒ通りベーレンス通り角に昼食し再ひドイツ銀行に到りて三〇ポンド＝六一一・五五マルクを引出し是より徒歩フリードリッヒ通り南へ二一八番地服師ホルツェンドルフ方へ行く十六年来にて再会し種々の話をなす　亦冬服一具注文す価九十五

マルク、去てベル・アリアンス広場に出て環状線にて帰宿、隣角にて夕食す、精子宛絵はがき及喜美子宛手紙を認め十一時眠に就く、尚南京虫ありて眠を害す、今日十一名医学士諸氏と合写の真影一枚贈与せらる

九月十九日　水　晴

午前十時起く、種々考へたる末略ほ転居と決しルイーゼン広場八番地に到りて住室のことを相談す　帰りて家婦に転居すべきことを通ず　出てフリードレンデル＆ゾーンに到り骨盤論販売のことを依頼し帰る　時に午後二時過なり急きて支渡をなしアウグスブルゲル通り五二番地ラブルーリュクハルト氏方へ行く昼食の饗応なり　種々既往を談し先生の不幸なることなど大に時を費し五時辞し去る五時半帰宿、宮本氏丁度来る共にルイーゼン広場八番地に到る　恰も今丹羽藤吉郎、木原岩太郎二氏本邦より到着したるところにて安着を祝し七時諸氏と共に外出、時ルイーゼン通りの獣薬学校向ふの家に出火あり暫時之を見てホテル・クローンプリンツに到る　即ち鈴木孝之助氏近日出発に付同氏より招ねかれたるなり　十一時過去て熊谷、宮本、石原の三氏とショセー通りのビトベン・バルと称するところに入る去て亦エムベルクに到る　二時過ルイーゼン広場八番地に帰り今夜此処に一泊す

九月二十日　木　晴

午前十時起、加琲を喫し出て住室を索む　思はしきものを得ること甚難し　午後二時シュタイネルトへ行きて昼食しフリードレンデルへ寄りて帰る、同書肆へ骨盤論六拾部を渡す　夕刻ドクトル・ヤブロノウスキー氏来訪、共に出て別れて自分はルイーゼン広場八番地に到る　六時半て《ママ》ルイーゼン広場一番地に到り住室のことに付談し一ヶ月六十マルク（但しカフエー給支共）即室代五十マルクにて明日引移ることを約束し№８に帰り夕食す同処に一泊す

九月二十一日　金　晴

午前十時前帰宿、同宿の仁井田、奥村二氏に移転のことを通し又家婦に勘定を命す　荷物を片付く石原氏手助けに来る十一時頃終る、馬車を命しルイーゼン広場一番地シラー夫人方へ移転す、荷物を室内に入れ其儘出てフリードリッヒ通りベーレン通り角プショールブロイにて昼食し午後二時約の如くマウエル通り二三番地救護所に到る　医学士諸氏数名来る　同処の医長ヤロービ博士及其他医員自分がワルダイエル先生の助手たりし頃学生なりしと

て自分を知り居る種々談話をなす

ベルリン市に救急の機関三あり皆私立とす

㈠救護所　最旧のものにして市の慈善家の創立するもの但夜中のみの勤務とす、市より一ヶ年六千マルクの補助あり

㈡救急処置所　非医者の創立にして亦其支配を受け医師は只俸給を受くる役人なり（一〇〇〇マルク計）、此社廉価にて患者を治療し為めに開業医の業を妨害するとて反対起れり

㈢救命協会　最新フォン・ベルクマンの組織するもの市中に二拾三あり但し病院を算入す　其本部はチーゲル通りにあり此処より総て電話を通す又二ヶ所に車庫あり各二拾輛計を供ふ　電話にて通すれば市中最遠の処と雖も二十分にて達す、治療定価ありて之によりて払ふ、払ふことの出来ざるものは無料とす、此社の勤務は昼中にして多くは救護所と昼夜を分けて同一の場所にあり、一ヶ所に医長一名及数名の医員あり交代して勤務す報酬は勤務の時間に依りて中央より支給す、昼中一日に五名より十五名位の患者あり所内を一見し去て是より

クローネン通り五二番地救急処置所に到る当直の医ありて案内す　此社元来ビール醸造者其他二三の製造者の主唱に依りて成立たるものにして其業者の為めにするの意主にして之に弘く慈善家も加はりたり　本社は管理部をビルヘルム通り三八番地に置く市より六〇〇〇マルクの補助あり、社長はマックス・シュレジンゲル及クノブラウフなり　ビール醸造所の社長なり市中に二〇ヶ所あり　二三のものは病室あり但し之は醸造所の便に供す、やはり救護所と昼夜を分けて同一場所にあるものあり但し此場合には器具等は固く区別す、一ヶ所に医長一名医員三名二三名の看護人場所によりては尚ほ一名の看護婦あり、一日平均一五―二〇の患者あり

四時半頃終りて是より独ホルツエンドルフへ行きて注文し置きたる服の適否を検し環状線に乗る　鈴木孝之助氏をケッセル通りに訪ふ小時の差にて氏はウィーンへ向け出発したり　恐らくは行き違ひとなりて氏の帰朝前には面会せさるべしルイーゼン広場八番地に来りて晩食す

十時前新下宿に帰りて直に床に入る

九月二十二日　土　晴曇

前九時半起く、カヒーを喫するの際H・フィルヒョウ教授突然入り来る、互に再会を悦ぶ、氏去て後昨日持ち込

みたる儘の荷物開きて片付く、公使館及ラブルーリュクハルト氏に転居のはがき、亦在ザーレ河畔ハレ林川長兵衛氏へ明日出向のはがきを認む　午後一時半過出てシュタイネルトにて昼食し、是よりフリードリッヒ通りよりリンデン・チルガルテン少しく散歩して帰り明日出発の荷物を整ふ、出てルイーゼン広場八番地にて夕食、九時帰宿

九月二十三日　日　晴　ハレ行

前七時起、支渡、八時馬車を命しアンハルテル駅に到る八時三十九分発車、十一時二十分ザーレ河畔ハレ着　林川長兵衛氏出迎へ呉れたり　氏の住家に好き室ありとのことに付馬車にて直に氏の下宿ツィンクガルテン通り一番地二階レーメルに到る休息、氏に導れて出てホテル・トゥルペ（大学の脇）内第二一回ドイツ人類学会総会事務所に到り入会金（六マルク）を払ひ会員章其他を受取る外に会食及遠足の費用六マルク払ふ又同処にて林川氏と共に昼食す、出てアルテ・プロムナーデ角のカフェ・モノポールにて加琲を飲み宿に帰り会の日程及市中地理を調ぶ夕刻出て広田京右衛門氏を訪ふ折しも岸□《カズ》太氏来り面会す（岡山医学部卒業生）、是より八時頃イエガーベルゲの集会所に到る会員の随意会合なり　当解剖学教室主任ルー教授及メーネルト教授、アイスレル教授、助手のゲプハルト博士其他の諸氏を知る、同処にて晩食し十時過宿に帰る　今日良一田鶴宛の絵はがきを函に投す

九月二十四日　月　晴

朝八時半解剖学教室に到り収集品を見る四室あり　Ⅰ六戸棚、Ⅱ同上、Ⅲ九、Ⅳ拾、戸棚の幅二間高一間半深二尺五寸計あり　頭骨はⅣ室の四個戸棚とす　ウェルケル収集品なりスカフォケファルス〔＊舟状頭骨〕二三あり、一頭骨の二分された左側頬骨（ザクセン州出土）、一頭骨（頭頂骨右が縦に二分されている）、トリゴノケファルス〔＊三角頭症〕（成人一、新生児二）、〔＊一項未詳〕、成人の萎縮した側頭骨、〔＊一項未詳〕、十七歳の少女の頭骨と脳、さらに少女の写真　蠟製、ギプス製等の模型沢山あり亦屍一ヶ年六〇体計（一二〇もあれば足る併し六〇にては困る）十時大学に到る　大講堂に於て開会岸氏同行、会長フィルヒョウ氏の開会演舌、是より数氏式辞ありてフエルチュ博士（少佐、ハレ州博物館館長）のザクセン州史前史に就きての報告ありて次にランケ事務局長の一年間の学事報告ありて散会　時に十二時半頃なりき是より旅宿附近角にて朝《ママ》食を食し二時大学隣の考古学博物館に到

る　参観所は此処にあらず全思違ひなり更に州立博物館に到る　建物は甚古代なり

㈠青銅用のるつぼ

㈡麦粒の黒焼になりたるもの二ヶ所にあり

㈢土壺の篩の如きもの三個あり

㈣鉄の日本形の鋏一挺あり

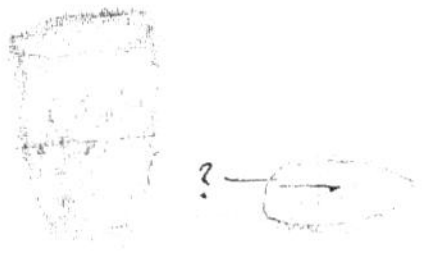

一寸帰宿フロックコート着用、四時前夜の集会所に到る、本会員の会食なり四時半食事を始む、魚の後会長フィルヒョウ氏立て演舌を始む独乙皇帝のことに付てなれば総起立す終りに帝のホーフ！〔＊万歳〕を三唱す　是より数氏の演舌あり逐にアンドレー氏外国会員モンテリウス（ストックホルム）、ダクワース（ケンブリッジ、英）及良精の為めにホーフ！を三唱す、両氏挨拶す依て良精も不得已立て先つ日本語にて述べ次に独乙語に訳す　七時半過漸く食事終る直に去て一寸帰宿、直に出てレストラン・バルハーラに到る　同国人と会合を約し置きたればなり林川、岸、広田氏の外戸塚巻蔵氏あり十二時過まで談話して帰宿　会食中に留守宅へ本会日程に付属の絵はがきを認めて後に投す

九月二十五日　火　半晴

朝七時起、八時再び解剖教室を参観す　今日は日程定かなればフィルヒョウ、ワルダイエルを始め諸氏来る　メッケル先生の骨格あり（当コレクションの元祖と云ふべき人なり）又屍室及屍貯蔵方を見る、解剖実習室（入口の左、収集品室は右なり正面は講堂なり尚階上に比較解剖学収集品ありと云ふ）に台十四個あり単簡なる木製なり天窓は階造なれば勿論なし、床は木なり、屍貯蔵は約三％のホルマール〔＊ホルムアルデヒト〕を注入し戸棚に入れ置三段に仕切り一段に［貯蔵用金属張の箱あり　ノイジルベル〔＊洋銀〕なりと云ふ腐食せす］二体を置く（五個戸棚ありて三十体を貯へ得る）尚市立博物館の参観ありたれども時間なし　是より大学に到る、前日の大講堂にあらず他の階上の室に会す、土器に指尖を押付けて文様となすものあり一寸注意すべし　午後二時前是より二時十五分ルー教授の住宅に到る　リュッカルト通り二〇番地、一昨夕招待を受けたるなり　フィルヒョウ、ワルダイエル、コルマン、バルデレーベン、ランケ、フリッチュ、メーネルト、アイスレル、ゲプハルト、レーリッヒ（フランクフルト・アム・マイン）及良精とす

極めて紀念すべき会食なり

レーリッヒ　フィルヒョウ　主人　ワルダイエル　ゲプハルト
フリッチュ　□　バルデレーベン
小金　メーネルト　ランケ　コルマン　アイスレル

食事終りて庭に出てカヒーを喫し談話す　四時皆共に出てプライスニッツのレストランに到る　ハレ市の催しなり途中より大降雨　ランケ先生と共に行く氏の雨傘に入る、音楽唱歌の外会員夫人の余興あり雨天にて他の余興出来ず依て俄かに市立劇場見物に招待せらる　七時頃ダクワース氏と共に出て演戯に到る　オペラ・アイーダなり二階正面桟敷席右に入る　オペラ見物は此度始めてにて面白し十時半終る

九月二十六日　水　晴

朝鈴木文太郎氏へ絵はがきを認む八時半出て都市鉄道にて駅に到る　二等汽車を用ふ九時十五分発車十時頃アイスレーベン着、是より電汽車にてアイスレーベン町を通り抜け二十分計にしてマンスフェルト共同鉱山会社に達す、アイスレーベン町は谷にあり、鉱業（銅）甚大仕掛けなり先四百メトルの深さより鉱物を引挙ぐる所、之を選び別けるところ、水を汲み上げる汽鑵、空気吹き入るポンプを見て朝食す　之は会社の饗応なり、是より製錬方を見る　ホーホオーフェン〔＊溶鉱炉〕極て壮快なり是より山を下りて電気車にてアイスレーベンに帰りビーゼンハウス（レストラン）に到る　小学生徒の音楽隊あり同処に古物の陳列あり　五時頃会食を始む会長フィルヒョウ氏は先に帰りたるを以てフェルチュ氏の演舌あり其他数名の演舌あり七時前皆共に出て徒歩駅に到る七時四十分頃発車八時過ハレ帰着　是よりゲプハルト氏と馬車にてトゥルペに到り茶を飲みて十時帰宿

九月二十七日　木　晴

（八時より九時までアナトミーに於てビルクネル氏のプロジェクション〔＊映写〕ありたれども行かざりし）九時大学の会場に到る　ベルツ氏カルトグラフィー〔＊地図学〕に就て四枚の地図を示す（石器時代、青銅器時代、鉄器時代、転換期）、中途に大学事務所に到りて教室建物に就て問合す、午後一時過閉会に先だちてゲプハルトと共に氏の宅シルレル通りに到る　昨夜招待を受けたるなり岸氏同席す食事終て氏の歯牙に就ての研究標本を見る　五時頃共に出て電気車にてザーレ河向ふのベルクシェンケに到る（此処橋銭を払ふ）風景よし　是よりギービッヘンシ

ユタイン城に登りて夕景を眺む眺望甚佳なり　下りて帰宿、林川、岸の両氏と一食店にて晩食九時帰宅、人類学会終る　フェルチュ、アンドリアン、ベルブルク、アンドレー、E・シュミット、ビルクネル、ハイン

九月二十八日　金　曇晴雨

ハレ出発、ライプチッヒ着

朝七時起、手荷物を片付け家婦に払ひをなし（一〇・五〇マルク、五日間）十時前出立、林川氏駅まで見送る十時四十八分発車三十分を経てライプチッヒ着（急行）シュタット・ドレスデンは改築中趣きに付ハイン通り十六―十八番地オテル・ド・ポローニュに投ず、二階の一室に入る　暫時休息十二時過出てマルクト広場を経てケーニッヒ広場グラーシ博物館（民族学博物館）へ行く　館長ドクトル・オプスト氏旅行中にて面会せざりしは残念なり、クストス・ツェーン第一助手ボイレ博士に逢ふ　第二助手ドクトル・ヘルマン・マイエル氏は南米旅行中、ツェーン氏館内を案内す

一階―オーストラリア、メラネシア、マレー、ドラビダ、ミクロネシア、ポリネシア

二階―中国、ビルマ、日本、チベット、セイロン

三階―東アフリカ、南西アフリカ、北アジア（此内に良精が寄附したる「アイノ器物」あり陳列方満足なり）北西アメリカ、ラップランド、メキシコ、エクアドル、ペルー（インカ）、パラグアイ、ガイアナ

四階―インド・ゲルマン室

家根下室にE・シュミットの頭骨コレクション（一五〇〇計）あり亦本館所属のもの一五〇〇計合せて三、〇〇〇頭骨あり其外尚九個計の大箱に頭骨あり　其数約三、〇〇〇計余

役員は上に挙げたる外監視員五名あり、勤務時間は八―四時または五時、以上の人員にて万事処理す、物品に付きての書類は

㈠受領簿―之は一年間に品物の本館に来るたる順序に単簡に月を追ひ日を追ひて記入す

㈡書類ファイル―之は品物に関する一切の書類（寄贈者の手紙まで）を番号を付して保存す　受領簿と対照すれば更に明細に分る

㈢主要カタログ―人種に依りて冊を別つ

㈣カード索引―一品一枚つつ図して明細に記載す

本館のキャビネットに二〇万マルクを要したりと　虫を

生したる場合には炭化水素を盃（シャーレ）に入れて戸棚の内に置く、本館にズスマン（ライプチッヒの商人）の寄贈品沢山あり、二時半旅宿に帰り昼食し四時頃出てグリマイシェ通りをアウグストス広場に出で是よりケーニッヒ通りヒス先生を訪ふ　旅行中に付き名刺を置く、是よりホーフタール通りを通りヨゼフィーネ通り田代某氏を訪ふ在宿、同処にて緒方正規氏宛及留守宅精子宛絵はがきを認む、氏と共にアウグストス広場劇場レストランにて晩食し共に出て旅宿まで送り来る、雨降る、九時室に帰る、二十四日以来の日記を書く十二時過眠を求む

九月二十九日　土　晴

ライプチッヒ発、ドレスデン着

午前十時頃出てシュラーゲル（タール通り）に到り種々の解剖的石膏模型を見且目録を領して是よりアナトミーへ行く　十二時を期して去りバイエルン通りの遥かに先のグリューブレルに到る　此処は研究室のみにして商店はリービヒ通りの方にありとのことに付戻りて該店に到る　目録を領し且至て親切に色素薬品等の著明なるものに一々印を付け呉れたり、十二時再アナトミーに到るシュパルテホルツ教授に面会す且つ図書館を見る　書籍は我教室より少しく多き位のものなり　フィック教授に面会す、顕微鏡演習中なり、酒精貯蔵標本をプラーンパラレル〔＊平行平面〕の瓶中其儘陳列して実物教育をなす法賞揚せり　教室は小使案内す収集品は二階にあり品数多からず且つ観覧に適せず　但し当収集品は授業に用ふるを主とすると云ふ、局所解剖の標本あり、シュテーゲルの石膏模型悉くあり　発生史の標本あり　講義室の形長きに過ぐ、解剖実習室天窓なし床は木板を以て張る　解剖台の古式にして宜しからす顕微鏡室はなし解剖室を兼用す、屍室（地下室）に到る　屍貯蔵は注入して酒精に漬けて置く大トタン張の箱なり三四体を容る、一種注入仕掛あり但し色素注入には注射器を用ふ

午後二時旅宿に帰り昼食す留守中田代氏来れりと同氏並に秀島氏四時頃来る共に出て書籍出版博物館を見る（秀島氏は入口にて別る）六時旅宿に帰る、六時半発車す田代氏駅まで見送る　八時五十分ドレスデン（中央駅）着ホテル・シュタット・ベルリン（ノイマルクト）に投す夜食十一時過室に入る

九月三十日　日　雨晴

未明四時頃少しく腹痛し且下痢す朝までに都合四回上

圍す　午後四時頃茶パンを喫しミルヒライス（＊牛乳粥）を食す後尚一回下痢す終日在宿、晩メールシャウム（＊海泡石）の葉巻ホルダーを破損す

十月一日　　月　晴

腹工合大抵宜しカヒーを喫し九時半頃出て宮殿前広場、劇場前広場を見て絵画館に入る教室を通り抜けてラファエルのマドンナ室より始む　同室に於て溝淵進馬氏に逢ふ次に亦筑前若松の人安川清三郎氏に逢ふ、十一時半人類学民族学博物館の方に到る　館長枢密顧問官プロフェッサー・B・マイエル氏旅行中にて面会せざりしは残念なり　助手ヤブロノウスキー博士（伯林友人の弟）懇切に案内す　先頭蓋測定器を見る　ルカエの製図器、ランケの測角器、トピナルド、A・B・マイエル、M・Y・グレーマン、E・G・チック、ブローラ、マルチン、テレクのクラニオフォール。マイエル氏最近の形のを一個見本として領す　テレク氏ユニバーサル頭蓋測定器、ブローラ、フィルヒョウ、マイエル氏の測定器数種、ランケのブロンズ製頭骨、ベリケル氏の器具

頭骨は二、〇〇〇あり　民族学部門は助手ドクトル・リヒテル氏案内す時刻制限に遅れたりと雖とも特に良精の為めに開く　スチール製展示キャビネットは見事なり（高さ三間計の一枚ガラス戸のものあり）　動物学博物館は只通り抜けたるのみ

午後二時過旅宿に帰る溝淵氏待居る昼食四時共に出てアウグスト橋詰より小汽船に乗りロシュビッツにて上り是よりケーブルカーにてバイセル・ヒルシュに登りルイーゼンホーフ（カフェ・レストラン）にて休息カヒーを飲む眺望よし亦眺望塔に登る　ケーブルカーにて下り電鉄道にて（橋を渡る橋銭を払ふ二ペニヒ）ドレスデンへ帰りピルナ広場にて下りカローラ橋を見て是よりテラスに登りベルベデーレ楼上にて晩食風景殊に佳なり　ブリュールのテラスを歩し溝淵氏に暇乞して九時過旅宿に帰る　留守宅良一宛絵はがきを認めて投す

十月二日　　火　晴

ドレスデン発、ベルリン帰着

八時半起、九時半出てモーリッツ通りを通り王立グローサー庭園を散歩す　宮殿、池を廻りて戻る　ピルナ広場よりブリュールのテラスを歩し是より城を通り抜けてヨハネウム博物館に入る　磁器コレクションの部を見る午後一時

旅宿に帰り食事し払ひをなし出発す　二時十四分中央駅発車（二等一二・二〇マルク）五時五分ベルリン-アンハルテル駅着　五時半過ルイーゼン広場の下宿に帰る、留守中小山吉郎氏帰朝途次尋ね呉れたれども甚残念なり暫時して出てルイーゼン広場八番地に到る　木原岩太郎氏病気のよしを聞きて同氏をルイーゼン広場六六番地の下宿に見舞ふ、是よりシュプレーツにて夕食九時帰宿二十九日此方の日記を書きて十二時眠を求む

十月三日　水　雨

八時起、日記の残を書き十二時半出てアナトミーに到るワルダイエル先生に挨拶しフィルヒョウ氏に逢ひ今日訪問すべきことを約し去てクローンプリンツにて昼食す公使館連来る是より写真師へ行き出来の分を受取り木原氏の病気を見舞ひ次に宮本氏新下宿を訪ひ五氏に中判写真を返礼として送り五時半帰宿、進物を包み出てフィルヒョウ氏宅（ブルーメスホーフ一五番地）に到り進物を贈る夫人にも面会す夫婦共大悦なり　暫時にして去てクローンプリンツにて晩食九時帰宿、今日本堂氏より石黒忠悳氏手紙を受取る

十月四日　木　晴

朝喜美子第三の手紙を受取る八月二十七日附のものなり橋本少女死亡のことを報す、児等の様子殊に三二独りにて立上る等のことを申来り甚面白し此手紙自分の宿所不確なるを以て（ストラスブルク）リーヂンゲル宛なりし故に廻りて落手せり　十時頃出て木原氏を見舞ひ是よりレルテル駅より都市鉄道にてシャルロッテンブルクへ行き吉田彦六郎氏を訪ふ不在同氏移転の為め大に迷ふ　是よりタウエンチーン通りのラーゲルシュトレーム老婆を訪ふ是又転居、更にパッサウ通りに到る　屋内尚大混雑なり老婆に面会、山口鋭之助氏在宿にて幸なりし同氏は近日帰朝すべし、是よりノレンドルフ広場にて昼食す同処にて陸軍大佐長岡氏に逢ふ、鉄道馬車にて帰宿、更衣馬車を命しクアフュルステンダムにドクトル・ブレジケ氏を訪問す幸在宿、進物を贈る、カヒーの馳走、六時半辞して去るブレジケ氏ハレンゼー駅まで導き呉れたり　レルテル駅にて下り是よりアルブレヒト通り警察署に到る　当地新来の届なり既に時刻遅れて弁せず　シュタイネルトにて晩食し九時過帰宿

十月五日　金　晴

十二時頃出て木原氏を見舞ふ容体昨に比して一段悪しき

様に思はる、是よりアルブレヒト通りの警察署に到り伯林到着滞在の届をなす（旅行券を要す） 是より約束の通り一時半H・フィルヒョウ氏の宅に到る 昼食の饗応を受け後氏の秘蔵すところの日本器物等を見などして四時頃共に出てアナトミーに来り関節の標本、美術解剖学の標本講堂などを見る 六時半ルイーゼン広場八番地に来りて夕食し宮本、渡辺二氏と談話、十一時半帰宅

十月六日 土 晴

十二時出て木原氏を見舞ひ宮本氏の下宿へ寄り高松豊吉氏より預りたる森永友碩氏（在ビュルツブルク）へ送るべき品物二箱を宮本氏と共に書肆ロタッケルへ持ち行きて其運送方を托す 是より共に野田忠広氏を訪ひ写真一枚返礼として贈る 三人共に出てビーネルキュッヘ（フリードリッヒ通りミッテル通り角）にて昼食し別れて独ホルツュンドルフ方へ行く 冬服出来す、帰途フリードリッヒ通りにて襟飾一個、羊毛靴下三足買ひて四時半帰宿、今日宮本氏より受取りたる喜美子手紙を読む 本紙は八月十六日付のものにしてストラスブルクへ宛尚行違ひてブレスラウへ行き転々漸くベルリン来る 尤も自分ハレ旅行より帰る前に来りたるものなれども宮本氏預り置きて忘れたる為め此く遅延して披見したる訳なり

更衣夕刻出てワルダイエル先生の宅に到る先生の第六十五の誕生日（満六十四歳）に付親戚の人のみ二十名計の客なり 良精の贈れる土産物児等の写真等当夜の談柄なりし十二時散す一時頃帰宿

十月七日 日 晴

明日出発英国へ旅行の積りなり、後一時出て二三用を達しシュタイネルトにて昼食す 同処にて斎藤仙也坂田快太郎其他の諸氏に逢ふ 是より木原氏を見ふ《ママ》常の如く其室に入る 櫃あり実に驚愕、氏は今午前九時遂に死去したり友人諸氏集まりて跡方の相談をなす、今夕屍を霊安室に移すに付七時丹羽氏と共に出てミュルレル通りゼー通り角フィリップス使徒墓地に到り屍車の来るを待つ、八時屍車着す櫃を屍室に納めて帰る インバリデン通り食店にて晩食し是よりアンハルテル駅に到る 山根正次氏を迎ふ十時半同氏着是より氏を誘ひ近き飲食店に入り木原のことを相談す、一時帰宿す 英国旅行延引す

十月八日 月 晴

午前九時半アナトミーに到りワルダイエル先生に此度英国旅行に付紹介を乞受け帰宿、郵便発送日に付手紙を書

く、インバリデン通りにて昼食す帰途山根其他の諸氏に逢ふ共に一食店に入りてカヒーを喫し相談を聞く　四時過帰宿手紙を書き終る喜美子橋本（悔み状）へ手紙、大沢岳、吉永、石黒忠悳、三二宛はがき夕刻吉田彦六郎氏来訪共にルイーゼン広場八番地に到りて晩食、諸氏とチルガルテンを少しく散歩す　月光（旧十六日の月）鮮明、フリードリッヒ通りカイゼル・カフェに入る、一時前帰宿

十月九日　火　晴

午後一時頃出てホテル・クローンプリンツにて昼食、セントラルホテルの両替屋にて一〇〇マルクを英貨に換へルイーゼン広場八番地に寄り四時帰宿　更衣四時半出て石原氏等と共アンハルテル駅に故木原氏遺骸を汽車に積込むを見て是より時間あるを以て駅のレストランにて待つ　見送り者数拾名、七時四十二分ゴータに向け発車す　山根、野田両氏同行、是より福原氏と共にシュルトハイス（ポツダム広場）にて晩食し九時半帰宿

十月十日　水　晴曇雨

九時起く倫敦旅行の下調をなす　午後一時過出て在ブレスラウ松浦筒井両氏へ良精の写真を郵便にて出す　亦在ビュルツブルク森永友碩氏へ顕微鏡標本をロタッケルに托し発送したれば其通知を出す、長野純蔵氏（フィリップ通り二三番地Ⅱ）を訪ひて写真を送る共にインバリデン通りにて昼食し三時半帰宿　夕刻書留郵便来るロンドン正金銀行より小切手一四三五マルク送り来る是建築費の分なるべし　六時頃出て髪を切りルイーゼン浴場に入浴大に雨降る入口の食店に入りてシンケンブロート（＊ハムを載せたパン）を食す女性の給仕なり　出てコンヂトライ（＊菓子店兼喫茶店）に入る之は往昔行きたるところにして旧を思出す　雨止む故にウンテル・デン・リンデンまで散歩して十時前帰宿

十月十一日　木　曇

明朝出発の準備をなす、在ビュルツブルク森永友碩氏へ顕微鏡標本発送したる通知はがきを書く　十一時半出て即ち和蘭ベルギー英国の廻行切符を造ることを約束し是カール・シュタンゲンの旅行社に到り旅行のことを相談すよりシュロス広場に到り旅行用ひざかけ（二五マルク）を買ひ　次にフリードリッヒ通りにて万年筆（二〇マルク）買ひプショールブロイにて昼食し恰も午後二時となるを以てドイツ銀行に一〇ポンド（二〇四マルク）を引出し帰宿、在倫敦根岸錬次郎宮川兵一郎両氏へ倫敦行の通知を

出す　五時乗車してシュタンゲンに到り廻行切符を受取る一三二・〇五マルクなり　歩して帰宿服を替へ乗車クレブスホテル（シュピッテルマルクト付近）に到る　故木原氏の追弔会なり出席者五十名計、先式を行ふ良精も弔辞を演舌す　同処にて食事し十時過出て福原氏と共にフリードリッヒ通りのコンヂトライに入り帰る、明朝出発の手荷物を整へ一時頃眠に就く

十月十二日　金　晴曇

伯林出発、アムステルダム着

朝七時起支渡して出立す　フリードリッヒ通り駅に到れば山根正次、斎藤仙也の両氏見送り呉れたり両氏は不日帰朝すべし八時五十五分発車す　オルデンザールにて荷物を検査す且つ車を換ふ亦時を改む即和蘭は西欧時を用ふ　八時アムステルダム着オムニブスにてホテル・アムステルダムに投す晩食して室に入る

今日汽車中殊の外寒かりし冬外套を着し寒さの用意を得たたるは幸なりし　木の葉枯れて頻りに落るころなり亦野ブドウ紅葉して美し

十月十三日　土　曇雨

八時過起、カヒーを喫し出て和蘭銀行隣の病院に到る此処には病理解剖のみありとのことに付更にアナトミー所在を聞きヨナス・ダニエル・マイエル・プレイン解剖研究所に到る　小使の案内にて二階の収集品を見る其中にプロフェッサー・ドクトル・ボルケ氏来る　同氏巴里万国医学会にて良精を知り居たり　コレクションなかなか数多し　蠟製模型の完全なコレクションあり　局所解剖学標本は平行平面ガラス容器に入れ傍に図を置きて甚た観覧に便なり　フリック（ライプチッヒ）氏のデモンストラチオンの仕方に似たり　ブロック博物館の品多くあり　稀少頭骨二三百あり、酒精漬角瓶の蓋を金属の留金にてとめる　階下にも少し標本室あり　奇形沢山あり階上の標品室は凡十間に六間あり　実習室は狭し床は板張り拾の台を置く外に各窓に小き机を付す、勿論上光なし、講義は去月曜日より始めたれども実習は来週より始むと　地下室に屍を貯へ置く昇汞アルコール溶液を注入して只箱に入れ置く、講義室助手仕事室等も見る教授室は階上にあり十二時となる氏に別を告けて去る　鉄道馬車にて国立博物館に到る　宏大なる建物なり日本陶器漆器あまり多からず地下のレストランにて少し食す　油絵最多し三時半去て再ひアナトミーの前に出て動物園に入る　先水族

館を見る次に民族学博物館を見る　品物なかなか多し併し陳列法はよろしからす日本物も多し日本人々形の二組は甚可笑、次に動物学博物館の一部を見る鳥五六種天然の様に装置したるは注目すべし雨降り天気悪し　是よりドックの方を廻り中央駅を眺めて六時帰宿、晩食室に入り、精子宛絵はがきを出し日記を書き十時床に入る

解剖学コレクションの中に膀胱結石数拾個あり中に最も奇なるは一五〇〇頃と一六〇〇頃とのものに金属（銀）を以てタガの如くして下げる様になしたるものなり　博物館内に小学生徒夥ありて図を模写す　今日は土曜日にて午後休課なるが為め斯く多数来り居ると云ふ

十月十四日　日　雨霰

アムステルダム発、ハーグ着

朝九時起、払をなしホテルオムニブスにて出立す十一時十九分発車十二時二十四分ハーグ（ホラント州）着馬車を命しホテル・ベルビューに投ず暫時休息して散歩に出る　プレインに到りマウリッツハイス美術館に入る　レンブラント（解剖学）の写真一枚買ふ天気甚悪し頻りに霰降るカフェに入りて少しく食す　ビンネンホーフを通り抜けてブイテンホーフに到りアーケードに入る　悪天にて仕方なし帰途に就く公使館を訪ふ仙田公使に面会、五時過帰宿、晩食、談話室にあり　アムステルダム－ハーグ間鉄道の両側牧草野にして之に牧牛夥多あり又野に縦横に堀をほりて水はきとす

十月十五日　月　風雨

ライデン往返、ハーグ出発

午前九時五十二分（但之は西欧時にして鉄道は之を用ひ市中は当地の時にして其間二〇分の差あり）ハーグ発十七八分にしてライデン着　先つ近き病院に到る此構内に病理教室あり之を訪ふ主任教授ジーゲンベルクは前週に没したり　助手K・S・デ・グラーク氏懇切に案内す先階上の収集品を見る品数なかなか多し　腸潰瘍其他の好き注入標本あり　マクログラスの著明なるあり生活時に口中に納まらず為めに「ブリッキ」の舌入を造りて之を口にあて置きたる舌入あり、ヒトの双子の胎児、プロフェッサー・ジーゲンベルク?氏の胎盤構造に付て用へたる原標本あり、膀胱結石の標本中一五〇〇年代に或鍛冶工が痛に堪へず自身にて膀胱切り開きて取り出したるものあり銀のタガをはめてあり又其際用へたる刀あり　自手術にて治したり珍稀の例なりと云ふべし　水銀症の脳、

階下に講義室あり長方形の平旦なる室にして腰掛は取り除くべくして顕微鏡実習室ともなる　解剖室、手術室兼人体模型演習室など、

標本瓶の蓋をゴム・パッキングにとめる此法始めて見たり　死体解剖の数は年に約一五〇、量多からずと雖も充分に用ふると云ふ、病理教室の建築は立派なり

是よりアナトミーに到る時に十二時にしてプロフェッサー・ツァイハール氏食事の為め帰宅し二時に再ひ来るとのことに付再来を約束して去り　是より民族学博物館に到る一二三階ありて品数の多きに驚く　蘭印及南洋のものなり場所狭き為めに陳列の法宜しからず只むやみに戸棚に入れて沢山あり、去てカフェに入り少しく食す大降雨、午後に再アナトミーに到る　クストス・H・クオープ氏案内す階上はコレクションなり　三室あり

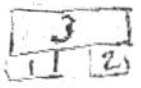

第一室―アルビノス教授（一五〇年計前）の標本沢山あり　トラモンドの標本、チーグレルの模型、リンパ管の〔＊一語未詳〕、睾丸、動脈の〔＊一語未詳〕の乾燥標本。第二室―多くは奇形の標本、胸椎は一五個あるが頸椎が六個の脊柱など。第三室―約八〇〇の人種頭骨。一〔＊一語未詳〕頭骨（ライデン付近）、鉄鉱石に覆われとても重い、ベリケルよる中国人の足の模型。

階下―講義室、階段教室にして五段あり、天井光にして甚明し。解剖実習室、一二台、天井光にあらす　床は板張なり各窓に小机あり、年間二〇―三〇の屍、八〇の頭骨屍は五％石炭酸溶液に漬けて貯へ置く　是より大学の隣民族学博物館の日本支那部門を見る是又数多し然れども場所狭くむやみにつめ込みてあり　下は日本品二階も同様三階支那品、日本品はシーボルトのもの大半其外オーベルマイヤー・フィッシャー?・及クック・プロムホフ?二氏も集めたりと、一二三ヶ所日本坐敷を模造して之に人形を（自然大）を置くおかしき様なり急き去て写真及絵はがきを買ひ停車場に到り三、五五発車　ハーグに帰る悪天にて困る昨夜ベデカー〔＊旅行案内書〕を失ひたるを以て出て買ふ且つ写真絵はがきをも買ひて宿に帰り、晩食、日記を書く、三二宛絵はがきを出す　十時ハーグ発車す十一時前フーク・ファン・ホラント着直に汽船に乗込停車場に近接す時に寒風強し十一時二十分纜を解く　船甚動揺す船室に入りて眠を求む気分宜しからす依てサロンに到りて気を養ふ終夜不眠

十月十六日　火　曇　ロンドン着

午前六時半ハリッジ着船、税関を経て汽車に乗る七時十五分頃発車途中小便に困む　遅れて九時ロンドン、リバプール・ストリート駅に着す　宮川兵一郎氏出迎呉れ直に馬車（キャブ）を命しランベス・パレスロード四七、シャーマン夫人に到り之を下宿とす　暫時して共に出てウェストミンスター橋を渡りて食事す時に十時なり　是よりオムニブスに乗りストランド街にて下り王立外科医師会に到り博物館を見る（ハンテリアン博物館）ベデカーを見よ　是よりオムニブスに乗りロンドン・ブリッジを渡りて下りガイ病院に到る　先つミュージアムを見る解剖室は拾四台を置き学生頻りに実習す　屍は多くは貯蔵せるものなり　天窓光のみにして甚明し床はアスファルトなり　一学生の案内にて地下室に下り屍貯蔵の様を見る大なる木箱に液を盛りて之に漬けおく　講義室は小なり（但し大なるも）新築になるべしと生理の講義室は大にして宜し机側にバッセルモートル〔＊水力機関〕あり　博物館には解剖学蠟模型、病理学および皮膚科学模型非常に沢山あり之は本院出身の人終身之に従事して製造したるものなりと云ふ

之を去て又ロンドン・ブリッジを渡り地下鉄道にてウェストミンスターにて下り同橋を渡りトーマス病院に到る先つ博物館を見る次に助手の案内にて解剖実習室を見る、拾二台、天窓光のみにて明し、床はアスファルト、階段教室形よし、六七段あり　映写の装置あり病理解剖室も見る化学実検室も見る　解剖講義のデモンストラチオンに用ふる標本は博物館の外に別にあり　二人のデモンストレイター〔＊実物教授者〕ありと　此処に高木兼寛氏二男某氏ありて共に同処のクラブにて茶果《ママ》を喫し六時下宿に帰る

十月十七日　水　晴

早朝少雨十時前独出てトラファルガー広場、国立美術館に到る　一時帰宿二時過宮川氏来る共に出てトーマス病院のクラブにて昼食しウェストミンスターより地下鉄道にてサウス・ケンジントンに到り自然史博物館を見る（ベデカーを見よ）　是よりハイドパークに入る　アルバート記念館を見て池の橋を渡り公園を通りてハイドパーク・コーナーを出てグロブナー・ガーデンズ日本公使館に寄り　オムニブスに乗り宮川氏に別れて六時過帰宿

十月十八日　木　曇雨

午前十時出てチャリングクロスにて絵はがきを買ひオム

ニブスに乗りバンクにて下り郵船会社支店（フェンチャーチ・アベニュー一二番地）に到り根岸錬次郎を訪ふ　是より正金銀行支店に到り二〇ポンドを引出し出所にて偶然一ノ宮鈴太郎氏に逢ふ再ひ郵船会社に戻り根岸氏とロンドン・タバーンに行き食事す　同処にて亦偶然岡田良平正木直彦二氏に逢ふ　共に高田商会に到り同店の案内にて問屋え行きさらさ二巻を土産に求む同問屋の宏大なる驚くべし　別れてバンクよりオムニブスに乗り六時前帰宿時雨降る　今日郵船会社にて良一宛絵はがきを出す

　十月十九日　金　晴曇

十時頃宮川氏来る直に出てオムニブス（チャリングクロスにて乗換にて）チャリングクロス・ロードをトッテンハムコート・ロードに到りて下る　大学医学部に到りてワルダイエル先生の紹介と共自身の名刺を出しセイン教授に面会を求む　仕事中に付午後一時半を約して是より先解剖学博物館を見る　室は広き（一五〇坪計）一室にして人種頭骨約一五〇、クラニオフォール（＊一語未詳）骨（両側）、頭骨一個、標本は古きもの多し、標本を鉢に入れて石膏にておさへ蓋をしてのぞきとなすの法面白し（蓋は其他のものも総てアスファルトトラッカーにて閉つ）病的の標本半を〆む　蠟製模型沢山あり大抵病的なものなり、中国人の左足（乾燥）、比較解剖学標本なし、陳列の順序規則正しからず　解剖実習室（上光、二〇台を置く、少しきたなし三体ありて学生実習す（学生の多く用ふる解剖書はカニンガムにしてクウェイン、グレイを用ふヒースは少しと云ふ）次に医学部全体を順次見る　生理物理其他（病理解剖室は向ひの大学病院にありと、之は古き建物にして目下改築中と見受けたり）十二時半出て茶果《ママ》を喫し一時半再行きてセイン教授を訪ふ共にクラブへ行きランチの馳走になり種々談話す極て懇切なり　終て氏と共に図書館に到る、医学の部は階下にして別室なり他は階上にあり、氏の室に到りて尚談話す在オックスフォード、トムソン教授へ自分訪問の手紙を即坐にて書かれたり　其外C・スチュワート教授（ハンテリアン博物館館長）、C・ランカスター教授（解剖学）、自然史博物館、A・カイト教授（ロンドン病院、医科大学）へ紹介名刺を呉れられたり別を告げて去る時に三時半過なり　是より大英博物館に入る（ベデカーを見よ）五時閉館去て宮川氏に別れオムニブスにてウェストミンスター橋まで来り下宿に帰る　晩食し出て王立水族館に入る数々芸尽なり極て自

由にして甚気に叶ふ十時半帰宿

十月二十日　土　曇

午前十時出てウェストミンスター橋より地下鉄道にてサウス・ケンジントンに到り先つサウス・ケンジントン博物館主館に入る工芸及美術品なり館内にて昼食（ベデカーを見よ）　午後一時半頃出て直にエクシビション・ロードを横切りて南館に入る諸器械を容る　二階に上らずして直にインペリアル・インスチチュート・ロードを横切りて西館に入る　理学的学術器械を容る　次にクロス・ギャラリー（二階のみ）を通る東洋技術及美術品なり其数多きに驚く次にインド・コレクション是又数多きに驚く四時出て終りに自然史博物館に入る　三階の骨学コレクションを見る　先史時代人の頭骨の模造（クロマニヨン人他）クラニオフォール古式　民族頭骨約二〇〇、三種の頭骨、〝ヒトとサルの比較、頭骨計測〟と題してヒト、チンパンジー、ゴリラ、オランウータンの頭骨の矢状縫合断面を並べたるもの、側面を並べたるもの、又ピテカントロプス、ネアンデルタール、頭骨-歯の側面観、頭頂縁、又ヒト及類人猿の頭骨の前面観、底面観等あり

手、足、骨盤、耳介、脊柱、脳模型の人と猿の比較あり、バンクーバー島頭骨四個　極度に円錐形に変工されたものあり　五時閉館、出て地下鉄道にて帰る

オックスフォードのトムソン教授より手紙にて火曜日に来る様申越されたり

十月二十一日　日　晴

午前十時頃宮川氏来る直に出てワーテルロー駅より汽車にてリッチモンドへ行く公園を見て出て昼食し是よりキユー植物園へ行く　温室大小数個、宏大なり菊花沢山に咲きてあり日本の季節を思出す　雨降り出す　博物館に入る暫時にして再晴天となる出て海軍中佐の宅へ一寸寄り汽車にて六時ロンドンへ帰る今日は日曜日なれば宮川氏に別れ近傍にて晩食し七時帰宿

十月二十二日　月　曇晴　ケンブリッジ行

朝宮川氏来りワーテルロー駅より地下鉄道にてバンクまて行き是よりリバプール通り駅に到る　過日倫敦へ着したるところなれども宏大にして更に方角明ならず十一時発車（一等往復一五シリング一〇ペンス）十二時二十分頃ケンブリッジ着　停車場にて昼食を喫し是より鉄道馬車にて市中に到り（リージェント通りを左へダウニング通りに曲り右側の木造仮門を入る）先つアナトミー・スク

ールへ行き名刺を通ず、不在に付随意教室内を見る、入口を入りて一階—直に右はマカリスター教授の室左は作業室なり　博物館は二階にあり　人種頭骨数千個あり　古代アウグストス帝時代の頭骨最も多し、メインホールはほとんど頭骨のみ、上のギャラリーは箱の中に個々の骨があり、筋肉との接合部をみせるほか、多数の動脈乾燥標本、〔*以下、二種の収蔵品に関するメモ未詳〕、骨盤の三つの断面図、（クラニオフォール〔*頭骨支持具〕　）ギャラリーと同階にダクワース氏の室あり

三階解剖実習室あり天窓光にて甚明し　床は板張二五台（粗末なる木造）十三屍ありて学生実習し居る　教科書はカニンガムなり脇にロッカー室及デモンストラチオン室あり

講義室は二階、天窓光、十五段。地下室も見る屍は是より三階へ引き挙ぐ屍は少し遠方よりも来る

其内マカリスター教授及ダクワース博士来る　是よりダクワース氏懇切に案内す　生理学—第一顕微鏡室初級者用（大）、第二顕微鏡室上級者用（小）、顕微鏡生物学等も込めて七〇〇もあるべしと　第三生理実験室五〇—六〇席、各席にキュモグラフィオン〔*キモグラフ、動態記録器〕（此室感ず）第四生理化学実験室　約二〇席、之に一々記録帳（印刷）を渡す

生物学—ニュートン教授案内す又ドクトル・バジェット講師に面識す頻りに実験を指導す第一（初心者用）解剖実習兼顕微鏡室、海老の解剖をなし之を一々渡しあるところの記録帳に図を書く　六〇—七〇人の学生実習し居る

第二室（上級者用）、第三（熟練者用）約二〇席。比較解剖学博物館を見る　此研究室は彼の有名なるバルフォアの計画したるものなりと　病理学—古き建物なり改築になると云ふ　長机を横に並べた講義室、博物館を見る　標本の数多からす、室円形なり　剖検は病院にてなす　尚少しく時あるを以てD氏の案内にて馬車にて講外に到りボート練習の実況を見る　甚感服す二週間の後にインターカレッジ・レースありと四週以来練習すと亦オックスフォードに対するクルーを選定中なりとて八人漕のボートあり（他は四人漕なり）自転車にて号令す、是よりジーザス・カレッジに寄りD氏の室を見茶を喫して駅に到る（ベデカーを忘る）D駅まで見送り呉れたり　五時過発車ロンドンに帰るリバプール通りよりオムニブスにて七時半過帰宿

十月二十三日　火　曇　オクスフォード行

パディントン駅まで地下鉄道に乗る　九、三〇パディントン駅（グレート・ウエスタン鉄道）発車　途中停車せずして一一、〇八オクスフォード着是より徒歩セント・ジャイルズ通りを通り大学博物館に到る　此処に諸教室集合す先本入口を入れば之即ち博物館なり　掛員の案内にてアナトミーへ行きアーサー・トムソン教授（エジンバラのターナー教授の弟子なり）に面会す　是より氏の案内にて教室内巡覧す　一階入口を入りて右は同教授の室なり二室あり　是より直に解剖実習室に通す　解剖実習室は小なり　天窓採光明し　大理石板のきれいな台六つに三体計ありて学生解剖す　解剖を実習する学生は四〇―五〇なりと医学生は一〇〇計　ケンブリッジより少し但し整頓し居ると同教授は言へり

入口の突き当りは博物館なり天窓採光にして明し廻りに回廊あり　博物館は学生復習を本旨とす　組織学模型あり又回廊には諸器官系統を追て其発生をあらはす　脳腸管など最もよし　二階―講義室天窓採光明るい　映写装置あり　写真室、標本室、顕微鏡室小、六席（組織学は英国の方法にては生理に属す）

地下室―アルコール蒸気による屍保存用の大きなキャビネット（二〇屍用）たいへん良し。終りに屋根に登る夏季（夏も解剖実習をなす）屋根熱して堪へ難きを以て十分毎に水を散布する装置あり但し解剖室の屋根なり　是よりトムソン教授の案内にて

生理学に到る　ゴッチェ教授に面会す　第一室は学生用生理学実習室二五席各席にキモグラフィ〔＊動態記録装置〕あり恰もケンブリッジの如し又一個の大なるレイルウェイ・ミオグラフ（筋収縮記録装置）あり　本教室器械製造室ありて之に器械師を置き各種の器械を製しむ（後に此室も見たり）是生理教授の自慢なり　第二室は組織学室で六〇―七〇席、机三つで一列。第三室は生理化学室で二室あり　一は若い学生用、二は年長の学生用（之は約二〇席、前者は之より大なり）其外各種実験および研究のための四室、助手室三室、次に

人類学博物館―タイラー教授不在バルフォア氏懇切に案内す　人種頭骨数百個ありピテカントロプス其他の先史時代の頭骨の模形の比較あり、次に

病理学―新築中のものなり、病理解剖室はなし（病院内にあり）是よりトムソン教授と同道氏の宅に到り昼食の

馳走になり再大学博物館に来る　図書室（万有学医学なし）に見る亦名簿に記名す　此参観者名簿中に皇太子夫妻およびグラッドストーン其他名氏の記名あり　次に生物学─ウェルダン教授（比較解剖学）に面会す、大なる学生実験室あり　熟練者用研究室あり博物館を見る　プレロプラータミクルーラ、カルカッタの産にして珍しき魚類なりと　人と猿の比較（頭蓋測定）あり

是より大学博物館を出てトムソン教授に謝辞を述べ別を告げて独パークス・ロード、キャサリン・ストリートを通りハイ・ストリートに曲り写真二枚を買ひ次に絵はがきを買ひ駅に到る　四、二〇発車五、四〇頃ロンドン、パディントン駅帰着地下鉄道にて六時半頃帰宿

十月二十四日　水　曇（雨）

午前十時半頃出てウェストミンスター橋よりパディントン駅まで地下鉄道に乗り是よりエッジウェアロードを行く甚長し　キルバーン藤沢利喜太郎氏を下宿に訪ふ不在次に近き根岸錬次郎氏を訪ふ細君に逢ひて暫時にして去りオムニブスに乗りてチャペル通りまで来り　是よりメリルボン・ロードを行きヨークゲートよりリージェンツ・パークに入る　王立植物園を見んと欲す併し今日は縦覧日にあらさるを以て是より公園を通り橋を渡り（学校生徒のフットボールあり）　動物園に本入口より入る時に二時に近く大に空腹なるを以て先食を求む　是より巡覧すドギス？（オーストラリアの犬にして日本固有の赤犬の如し）、アプテリクス〔＊キーウィ（鳥）〕、ダチョウ、セラトダス〔＊肺魚〕（クイーンズランドの産魚の如き爬虫類）、ハマドライアド（キングコブラ）（頭部の扁平なる蛇、殊にいかりたるとき然り番人鉄の棒を以てつく）、電気うなぎ（ブラジル）大にして腹赤し昆虫館にあり、ビーバー（大猿位の大さ）　五時時限且黄昏となりたれば北口より出てセント・ジョージ広場の宮川兵一郎の下宿を約束の如く訪ふ丁度其戸口にて逢ふ　家主はリード博士と云ふて開業医なり　家族と共に晩食し九時半頃去る時に雨降るオムニブスまで宮川氏案内すウェストミンスターにて下り十時過帰宿

十月二十五日　木　雨

午前十時半頃出て（ワーテルロー駅よりバンクまで地下鉄道）約束の如く王立眼科病院（ムーアフィールド病院）（ニレティロードにあり）に到る　宮川氏の案内にて院内を見る　講堂（小なり）　暗室、診察室（一つはレトラク

チオン〔*退縮〕用、一つは他の疾病用）待合室二、眼鏡販売所（眼鏡屋出張す）薬局、眼の異物研究のための特別室、軽食ビュッフェ、視野測定室、外来用小手術室二室、別室、是階上に登る　図書館、実験（研究）室、博物館（ガラス容器に入れた眼球の断面標本、グリセリン樹脂の凸レンズつき）、手術室　是より二三の病室を見て土室に下る　中央暖房室（熱湯法なり）殺菌ボイラー、換気装置（風車にて空気をあおぎ込む、モーターは電気、空気は石灰に水をかけたる層を以て漉す）之にて終る［眼科病院は最新築にして美なり殊に地下の工事壮大なり］是より宮川氏と共に高田商会に到り先日岡田正木二氏買物したる代価を払ひて聖トーマス病院に来る時に一時なりクラブにて昼食し病院の一部を見る　一階に外来診察所あり階上に手術室（大なる室に境界を造り二室となす）あり之は格別のことなし病室二三を見る殊に小児のおとなしきは感ずべし　是より帰宿、四時頃藤沢利喜太郎氏来る根岸氏の電報により迎へのためなりと云ふ、氏と共に出て公使館に寄り林公使に面会し是より根岸錬次郎の宅に到る日本料理の馳走になり十時半辞して去る　オムニブスにてチャペルストリートまで来り　此処より地下鉄道にてウエストミンスターまで来る十一時半帰宿、終日悪天にて困却す　今日田鶴子宛絵はがきを出す

十月二十六日　金　雨曇

午前十一時頃出て市中を散歩して其況景を見んため先ビクトリア・エンバンクメントをブラックフライアーズ橋まで行く時に大に雨降る依りて辻馬車に乗り大英博物館に到り再熟覧す　館内にて昼食す雨止むを以て三時頃出てオクスフォード通りを歩す　途中よりオムニブスに乗りマーブル・アーチまで行く　是よりハイド・パークに歩し八イド・パーク・コーナーより出てコンスチチューションヒルを通りバッキンガム宮殿を外観しグリーンパークを通りてピカデリーに出てリージェント通りを曲る　即ちロンドン最美なる部分を見たる訳なり　ワーテルロー広場にクリミヤ記念碑あり　セント・ジェームズ公園脇を通りてウエストミンスター橋に来り五時帰宿　宮川氏既に来り居る共に晩食し七時前出掛ける　チャリングクロス通りのギャリック劇場に入る（平土間席二シリング六ペンス）八時頃始まる九時半頃去て帰宿

十月二十七日　土　晴雨

午前十時半出てビクトリア・エンバンクメントを通る　サ

マセット・ハウス、ワーテルロー橋、テンプル法学院、ブラックフライアーズ橋を見る　今日亜米利加よりの帰兵を歓迎するとて市中賑はし兵士多し中青年の隊あり中学生徒なるべし　テンプルを通り抜けてストランド街に到る往来非常の混雑にて前進困難なり　グリーンズ・ロンドン（ロンドンの景を集たる本にして価七シリング一一ペンス）を一部買ひてウェストミンスター橋ロードにて昼食し二時帰宿す　殆んと同時宮川氏来る共に出てエレファント&キャッスル駅より汽車にてシドナムの名高き水晶宮に到る（往復入場共にて一名二シリング）高き塔に登る風強くして寒し、ローラースケートリンクあり其他種々の人種の人形、剥製動物見世物等沢山あり　宏大なる鉄と硝子の建築なり五時二十分発車、前道をもとり六時半帰宿　家婦に明朝出立のことを通し日記を記しなど十二時床に入る　今日於菟及精子宛絵はがきを出す

十月二十八日　日　晴　ロンドン発、ヘント着

朝七時半起き八、四〇出発、ビクトリア駅に到る稀なる晴天なり　九時発車す但し之はドーバー海峡の接続にしてドーバー－オステンデ接続のものは十時に発車すと云ふ併しドーバーにて待つ考にて之に乗りたり十時半頃ドーバー着　防波堤の上散歩す十一時半過汽船に乗込む十二時過出帆す　ドーバーは元より天然の良港にあらす港町は小山にて取巻かる波は先日の如く高からす併し外車にて汽灌の音甚やかまし　三時四十分オステンデ着　ビュッフェにて「パン、カヒー」を喫し四時二十分発車五時三十分頃ヘント（南駅）着　人夫に手荷物を持せ徒歩ホテル・ロワイヤル（アルム広場）に投す七時ディナーを食す

十月二十九日　月　曇

ヘント発、ブリュッセル着

朝九時起加琲を喫し十時半出て先科学インスチチュートに到る　解剖は此処にあらず病院内なりと云ふ市民病院に到る　アナトミー教室を訪ふファン・バムベケ教授は退隠せり　ファン・デル・ストリヒト博士（三十六七位、鼻眼鏡を用ふ）之に代る氏は組織学担任せり　記載解剖学はレボノク教授受持なれとも不在、

和蘭及英国は組織学及胎生学を生理学に合す

伯義及仏蘭西は組織学と記載解剖学を別けて担任す

ファン・デル・ストリヒト氏丁寧に案内す、氏の室は二階にあり隣二つの小部屋あり　之は助手等にあつ但し現在

は助手なしと次にファン・バムベケの室なり氏七拾歳老年なれども大抵毎午前は来ると云ふ　外に実験室一室あり約四席を有す

三階―顕微鏡室あり　約四二席を有すべし机を三列に並ぶ学生の数多からす二〇―三〇―四〇名位なりと

一階―博物館あり上の廻りに回廊を有す　チーグレルの蠟模型の全シリーズ、法医学標本、病理学標本、ヒスの内臓石膏模型、約二〇〇の人種頭骨、身体の四分割断面（亜鉛張りの木箱の中）、標本室の大さ凡一五間×五間　図書室あり書籍多からず（甚少し）

講義室よし、小さい映写機、解剖実習室、天井光と側面光、明るし、屍八　漸く此週より実習を始むと即ち冬期講義は十日程前に始めたりと　記載解剖学教授の研究室（一婦人顕微鏡をのぞき居たり）　教授室あり即ち一階は主として記載解剖に充つ　生理学、細菌学の教室は新築中なりと　是よりファン・デル・ストリヒトの室に戻り二三の顕微鏡標本を見る　平滑筋線維の縦断面と横断面（サフラニン〔＊赤色〕とライトグリーンの二色で染色）、平滑筋の弾性線維（オルセイン〔＊赤褐色〕とカーマイン〔＊深紅色〕の二色で染色）〔＊以下、生体染色関連の記述、数語未詳〕

別を告けて去る時に十二時少過なりき

是より市中散歩し聖ニコラス、ベフロイ（鐘楼）、聖バボン、フラマン劇場等を見て一時過旅宿に帰り昼食す　二時半再出て大学に到り動物学、比較解剖学の教室を見る　主任プラトー教授不在　博物館員ヨーセフ・クリンマンス案内す　博物館―一、ホール（大）哺乳類　二、ホール（小）三、ホール（大）鳥類、昆虫（擬態の標本数種あり）四、ホール（小）比較解剖学標本（多くはアルコール漬け）五、ホール（大）骨格。其外館員室、実験助手室（上級者用）、教授用ロッカー、学生用解剖模型室兼顕微鏡室（二〇―三〇席）ツァイスの顕微鏡（小形）一五台計　講義室（半円形教室にあらず段々にして後方高し）此中に講義に必要なるデモンストラチオン標本あり（後壁の戸棚中にあり）　是より散歩シャトー・デ・コント等を見て四時半旅宿に帰る

市街鉄道は電気のみ、町名、停車場、看板などフランス語及フラマン語両様を記す市中甚閑静にしてライデンの如し

六時四十分発車七時五十五分ブリュッセル着　停車場に直く近きホテル・ド・ラ・マリーヌ（植物園大通り）に投す晩食、室に入る（三階）

十月三十日　火　雨

九時半起く悪天に付暫時外出を見合す十一時半頃少く雨止むを以て出掛ける　植物園大通りを行きロワイヤル通り〔此に国会前広場あり〕に曲りロワイヤル広場まで行き戻りて王宮の前を過ぎレオポルド区に到り鉄道を横切りて自然史博物館に入る　イグアノドン（鋲連したるもの五個）最も珍し品数なかなか多し　一階〜三階、標本を以て充つ光線（新築なれとも）悪し尚増築中なり　時に一時過ぐ出て一食店にて昼食し是よりレオポルド公園に入る池ありて風致よし池畔のアナトミーを訪ふ　建築新しくして至て奇麗なり　所長サクレ教授不在　標本作成者某氏案内す（仏語を以て説明す）㈠解剖実習室二個あり　側面光、一は一〇台一は八台置く　但し究屈《ママ》なり台大理石板に溝あり水平なり屍八体計あり屍は防腐注入（石炭酸グリセリン）をなす

一〜二カ月を実習に要す　此間よくたもつ屍は一ヶ年二〇〇位、医学生総て四〇〇—五〇〇、内実習に従事するもの九〇—一〇〇、女学生三名計実習し居たり

㈡標本作成者のための小部屋　㈢講義室、天窓光、側面光勿論階段教室あり　上段にデモンストラチオンに用ふる標本少し戸棚の内にあり　㈣博物館、二階、鉄枠のガラスケースを用ふ又四角の硝子瓶も用ふ　ヒスの内臓石膏模型あり　四対の躯幹の横断面あり宜しやはり鉄枠のガラスケースに容る、標本の直に続きは解剖実習室上の回廊なり、本室及回廊を合しても広からす　標本数少なし又著しきものなし中にはつまらなきものあり　㈤顕微鏡室（組織学はロムネレール教授主体なり記載解剖学と区別す）側面光、六〇—七〇席　但し机を縦横に並べ甚究屈にして宜しからす

㈥一階—屍室、注入室、貯蔵室に充つ　屍貯蔵は大なる木箱（内鉛を以て張る）中ホルマール〔＊メチラール〕を以てす四五体を容るべし

入口に大なるガラスを以て覆ひたる温室の如き部分あり何の要なるや只ぜいたく物と見るの外なし　病理学も此建物中にあり但剖検は各病院にてなす

生理学研究所（ソルベー研究所）所長プロフェッサー・ヘーゲル氏至て懇切に案内す丁度講義の終りところにて先講義室を見る　学生用実習室、機械室、助手用電気実験室、研究所全体の電気自動調整機　是より地下室に下り管理室、機械室、一階に上りさまざまな実験用暗室又地下室に

下る　水圧を上げるときの化学作業室、写真室、カエル飼育室二個あり　水乾土の三様にたたきを以て箱を造る各中よくたもつと云ふ　是より又階上に上る階段中に胎児標本と模型少しあり（胎生学は生理に合す）図書室小なり書籍少し実験助手室、学生用生理学実験室、顕微鏡を使う学生用解剖実習室（小なり）〔＊一項未詳〕、月経時の子宮顕微鏡写真、網膜のモノクロ透明陽画スライド（幻灯に同？）数拾枚見る　終りにスタス室に入る　スタスの書籍及研究上遺物を置く　メートル法尺度及メートル法重量単位の原器を工風発見したる名高き化学者なり　教授室に戻り尚談話す大学自由独立論あり　教授は眼鏡を用へず頭頂円形禿げ年齢五〇位に見ゆ　独乙語を話す本教室より Travaux de Laboratoire, Institut Solvay〔＊文献〕を出す　三巻まで出版す　四時半過別を告けて去る

是よりワーテルロー大通り（絵はがきを買ふ）を行き曲りてパレ・ド・ジュスティス〔＊最高裁判所〕を見る宏大なる建築なり　十九世紀の最大なものなりと時に日暮る此処より下町の眺望よし是より坂を下りて下町に到るノートルダム・ド・ラ・シャペルの前を過ぎてアンスパック大通りに出て北方に行く北通り甚繁花にして大店軒を並ぶ　ブルケール広場に噴水記念碑あり、証券取引所なかなか大厦　広場よりアーケードあり　勧工場に入りて当市の写真帳を求む　六時半旅宿に帰る　悪天にて思はしく市中の見物出来す　ブリュッセル府にては町名駅其他フランス語及フラマン語の両方を用ふ　ベルギーにて二四時法を用ひ汽車表は午前午後と言はず

十月三十一日　水　晴

ブリュッセル発、リエージュ着、発

朝八時半駅に近きを以て徒歩にて行き九、五〇発車（車中用便）一一、四〇リューチッヒ〔＊リエージュ〕着停車場に手荷物を預け市中に行く　前日に反し好天気且温暖、ボブリー橋詰カフェに入り少しく食す一時となるを以て是より此橋を渡り先アナトミーへ行く　食事時に付諸氏あらず依て動物学研究所に到る同様なり但しファン・ベネダン教授は近郊へ銃猟に出けて未だ教室へ出勤せずと一婦の案内にて兎に角教室を一見す大且つ岩状なる建築なり

一階—突き当りは大講義室、映写装置あり　天井光と側面光又隣室は小講義室同しく天井光と側面光、而て両講義室

共に車仕掛けにて闇くすることを得甚贅沢なり　又両室より黒板を引き挙れば通するところの準備室あり標本の出入に甚便なり　入口の左の方顕微鏡講義室此室内に下等動物の比較解剖学模型あり又街道に面して大なる顕微鏡実習室あり（九九席）机三列、明し、其外助手室一個及ベルギーの動物博物館（小室）ありて之に当国産のものを集め置く　入口の右の方技術助手室、図書室小書籍少し、実験助手作業室（約一〇席）教授室等あり

二階―博物館主任研究室及実験助手の作業室あり　其他は博物館なり室を別ちて各部門を置く　㈠蠕虫（小室）㈡節足動物　㈢軟体動物　㈣脊椎動物（大室）先史時代人の頭骨（ほとんど模型）あり、此階によき標本を置く　戸棚は木骨にして戸びらにのみ鉄骨を用ふ長さは其位に従て造る　廊下に箱数個を置く掛け図を容る

三階―広し但し低し（屋根下なり）之も博物館なり　鳥獣の数夥し　爬虫類、両棲類、魚類（数多し）、哺乳類、防虫の為めナフタリンを用ふ

地下室―倉庫、水槽（用ひてあらず）、ボイラー室、電気設備室、兎とモルモットの飼育室、カエルの池は中庭にあり　寒中は藁を入れて之にて宜しと云ふ　見終て午後二時半となれり是より再び解剖学研究所に到る　スペーン教授（解剖学）、プツェーヨ教授（記載解剖学、組織学）あらずアルブ・ブラシエ博士（肥りたる人、〔＊二語未詳〕主任）居りて案内す独乙語はあまり強からず　二階は総て組織学の部下は記載解剖学なり　先二階より始む

二階―助手室、此室にドクトルB氏居る隣は図書室、書籍少し　此室に顕微鏡標本の四つの棚を置く　実験助手室（八席）、顕微鏡実習準備室、顕微鏡実習室、写真室、製図室　一階―講義室、建築として美しい、天井光と側面光、やや暗い、デモンストラチオン教室（階段教室、段々極めて急なるもの）両室に通する　準備室の法は動物学研究所と同し　映写の装置なし又直側に顕微鏡標本実地演習室あり講義に要する各室備はれりと云ふべし　解剖実習室―側面光、十二台、大理石板わずかに傾斜しているが〔＊一語未詳〕きれいで、窓ごとに大理石の台がある。此室の中央に解剖学石膏模型数個置く　リエージュにて制したるもの　隣に手術室（小）あり但之は解剖実習には用ひず又解剖実習室の脇に解剖標本係の準備室あり

博物館――二階ホール―骨格、ファラベンクスの標本あり　靱帯と関節、筋肉、心臓の脈管角瓶に入れ蓋はマスチ

ック〔＊乳香樹脂〕を以て閉つ　脳標本此室にグッデンのミクロトームを以てしたる　脳全体の断面の薄片、グリセリン接着剤で二枚のガラス板の間に固定したもの（勿論肉眼用標本）数拾枚あり但し格別のものにあらず〔＊一語未詳〕形の扁平なる瓶を用ふ　局所標本―七つの亜鉛の箱に胴体の横断面、四角い容器に多くの断面（胴体の四分断面、〔＊二語未詳〕頭部のさまざまな断面）、チーグラーの胎生学蠟模型

地下室―屍室、ラスポフスキー注入をなす、屍を入れるセメント製の大きな箱（六尺×三尺）

解剖実習は次週より始むと故に実習室は未だからあきなり、屍は一ヶ年七〇―八〇位　実習者は六〇―七〇―八〇位（医学生総数は二〇〇―二五〇位）学年は七ヶ年にして一年毎に試験す最終の学年試験を終れば卒業なりと　B氏の懇切なる案内にて大に時を費し四時となる氏懇ろに病理学研究所への道を示して別る　是より病理学研究所に到る　細菌学部門主任マローツ氏案内

二階―一部は大学の細菌学部門にして同時にリエージュ州細菌学研究所なり　培養室、作業室等備はれり　当州各地より喀啖等の検査を依頼し来るときは無料になすところなり　一部は病理解剖学属す　学生用顕微鏡室、ガラス板つき机、図書室は小なり　病理解剖教授室あり

一階―講義室、側面光、十分明るい、映写装置あり　準備室に通ずること動物学研究所、アナトミーの如し　デモンストラチオンの教室あるはよし　検死室―大理石の台二台を置く　天窓光および側面光片方に段々ありて是より学生の見ることを得るに便にす

助手室―此室に炭酸ガスを圧縮し冷却するユング製ミクロトームあり　博物館も一寸見る薄闇くなりたればなり

五時頃去てアーチ橋を渡り絵はがきを買ふ　大通りに出る広き通りにして樹木あり珍らしきは夜店軒を並ぶ玩弄物《ママ》果子店もあり併し見世物多し大仕掛けの廻り堂あり電灯数百を点す　六時頃駅に到る此処にて晩食す　七時十四分リューチッヒ発車す例のヘルベスタールにて荷物を検査し時を改む（一時間進める）　十一時半ケルン着乗換、是より乗客は他に一人あるのみ楽に横臥す只暫時数名入り来りたることあれども其他は二人ぎりて甚よしマグデブルクを経て

十一月一日　　木　晴　ベルリン着

朝九時前ポツダム広場駅着直に下宿に帰る休息午後一時頃出インバリデン通りにて昼食す同処にて諸氏に逢ふ帰宿して郵便日なるを以て留守宅へ手紙及良一宛絵はがきを認む　又ラブルーリュクハルト氏より書留にて安否を問合せ来りたれば其返事を出す　又在ストラスブルグ足立氏より本国より手紙来りおるとの趣申越しありたれば是又返事す　六時頃出て髪を切り入浴しシュタイネルトにて晩食し九時頃帰りて直に眠に就く

十一月二日　金　曇

午前十一時過アナトミーえ行時悪しければ暫時にして去り公使館事務所に到る　日日新聞を借りて是よりドイツ銀行に到り過日ロンドンより送り越した小切手にて一四三五マルク受取りプショールブロイにて昼食しルイーゼン広場八番地へ一寸寄る　喜美子手紙を石原氏より受け帰る九月二十一日付のものなり　晩食はNo.8にてす

十一月三日　土　晴

午前十時過アナトミーへ行きワルダイエル先生に逢ひて尚南方へ旅行するに付教授数名へ紹介をもらひH・フィルヒョウよりも同様又今日ドクトル・コプシュ氏の室に入る　此室は以前自分の室なりしを以て大に懐旧の念を起す　是よりラブルーリュクハルト教授を訪ふ　都市鉄道にてフリードリッヒ通りまで来りハイデルベルガーにて昼食イエガー・ヘムド〔＊猟師シャツ〕一ダース（六六マルク）及くつ下半ダース（一二マルク）を買ひて帰る　天長節夜会に七時半井上公使住宅に到る来会者百名計甚盛にして愉快なりし十一時半頃辞して去る　天晴れ十日頃の月明にして殊に快を覚ふ諸氏と共にカフェ・カイゼルクローネに入る是又此度始めてにして懐旧一時半頃帰宿

十一月四日　日　曇晴

午前十一時半フリードリッヒ通り一二五番地写真師へ行く熊谷玄旦斎藤仙也鶴田禎次郎等の諸氏近日出発帰朝に付医学家集りて写す終て直に此処のレストランに昼食し送別す　是よりカフェ・シュテルンに到る三時頃帰る　晩宮本氏を一寸訪ふ雑誌太陽を借る　是よりシュタイネルトにて晩食し九時頃帰宿す喜美子の冒瘴記を読む

十一月五日　月　晴

朝喜美子の手紙（九月十日付）ストラスブルクより転送し来り斎藤仙也氏暇乞に来る　カール・シュタンゲンへ行きて旅行切符のことを依頼しハイデルベルガーにて昼食し二時頃帰宿旅行のことを考案す　夕刻シュタンゲン

へ行きて切符を受取る一等にして二三九マルクなり　№8にて晩食し八時半帰宿、先月三十一日以来怠りたる日記を書き十二時半床に入る

十一月六日　火　晴　ベルリン発、イエナ着

一一、〇〇アンハルテル駅発車々中に食堂車あり十二時食事す　二、二六イエナ着オムニブスにてホテル・ドイチェス・ハウス（ホルツ・マルクト脇）に投す　直に出てアナトミーに到る直き筋向ふなり　バルデレーベン教授に名刺を通す恰も試験中のよしに付

先二階収集品を見る　メインホール（五間×一〇間計）数多くの歯科構造乾燥標本、骨学標本、胎生学の蠟製模型シリーズ、脳に関しても同様の模型、胴部の水平断面および垂直断面模型、亜鉛板貼り木箱入り（我教室に於けるカアルキ白き腐蝕物を亜鉛板に見る）此室内ゲーテ収集品あり歴史的関心あるのみ

第二ホール（かなり小さい）比較解剖学標本、らせん階段にて三階（屋根下室）に上れば之には比較解剖学コレクションあり（ほとんど骨格）人骨は格別のことなし　戸棚は木骨にて粗末なり其中にバルデレーベン教授来る又一階に下りて解剖実習室に入る　フュルブリンゲル教授（主任）に面会す共に二階教授室に到り暫時談話す　又先生人類学コレクションに案内す　メインホールより通す頭骨の数少し　氏と共に再解剖実習室に下りて其模様を親く見る二室あり　第一室長方形にして両長側に各四窓あり（天井光なし）各窓に机を造り付く中央に五台を置く学生頻りに実習す床は木張り机は木製にて同大の木盤に屍をのせたるまま机上に置く即ち夏期は同机を顕微鏡実習に此室を用ふ

第二室に通す（小さい）此室より屍室に通ず（やはり一階にあり）大木箱に亜鉛版を張り之に貯ふ　アルコールに漬け注入防腐剤は石炭酸グリセリン溶液とホルマールなり　講義室はトラス構造の階段教室なり　屍は一ヶ年一三〇－一四〇、実習生八〇－一〇〇　バルデレーベン教授の室は下（一階）にあり即ち入口を入りて左、右は直に解剖実習室　概して当教室は充全ならず　建築は古し隣は生理学なり時は四時を過ぐ　去て是よりカールツァイス工場（ゲーテ通り及カールツァイス通り角）宏大なり事務長一青年に命して案内せしむ　㈠光学機器の各種部品組み立て　㈡工作機器工場（器械製造用の器具を製するところ）　㈢鋳造（架台、両眼鏡のアルミ製鏡胴など）

㈣レンズの成形加工　㈤石英を切るところ（石油をかけて回転鋸の如きものにて）　㈥鋳造素材を削りて形を仕上げるところ　㈦レンズの仕上げ（一技師細かに其中心合わせ、芯取り等を説明す恰も芯取りし居たり）　㈧レンズの研磨　㈨カナダバルサムによるアクロマート〔＊色収差補正〕レンズの接合　㈩機器の塗装
是より事務室に戻る事務長の案内にて地下室に下りエピヂアスコープ（不透明なものも透明なものも映し出せる最新映写装置）を見次に通常の顕微鏡標本用及びマイクロ写真映写装置を見る　但し之にも不透明対象物投影の装置を附することを得一、二〇〇の職工常に仕事す　六時半旅宿に帰る喜美子へ手紙を認む　旧十五日頃の月明かにして昼の如し

十一月七日　　水　晴曇

イエナ発、マールブルク着
午前九時起く、十時出て市中を散歩し動物学研究所に到る午後にならざれば見ること叶はじと申すことに付去て領主の墓を歩し十一時過旅宿に帰り直にオムニブスにて発す　一一、五八発車ワイマールにて乗換、時間あるを以て少しく食す　エルフルトにて四十分間計停車す田鶴子宛にて絵はがきを出す　ベブラにて乗り換へ又時間あるを以て精子宛絵はがきを投す　今日の道程は本道にあらざる為め汽車の連絡甚悪し　種々聞合せたる末カッセルまて行く方最よしと決しカッセルまて行き同処切符を補充し八、四五マールブルク着、車中は殆んと全く独りて甚気楽なりし　オムニブスにてホテル・ツム・リッテルに投す　室は大にして近頃の旅行中最美なり、晩食し十時半室に入る

十一月八日　　木　曇晴

九時半起く十時半出て先後藤元之助氏を生理学研究所に訪ひ、次に解剖学研究所に到りプロフェッサー・ギッセ氏を誘ひ久々て面会し大に悦ばし
一階―入口の直左はＤ教授の室、左右の両端は各解剖実習室
二階―中央に講義室右側に小室二個あり　ツムシュタイン氏のコロージョン〔＊腐食標本〕沢山あり甚見るべきものなく亦此室〔＊一語未詳〕（二、六〇〇㎝）あり、両端は解剖実習室なること一階の通りなり　ツムシュタイン教授（第二解剖標本係）総て解剖実習室を夏期に於ては顕微鏡室に用ふ　尚二階の一室に胎生学蠟模型あり又同室

にリンパ管乾燥標本（水銀注入）の佳なるもの数拾個あり三階―（屋根下の甚悪しところ）ミュージアムなり只標本を仮りに置くのみ　水銀注入した歯槽の乾燥標本、犯罪者の頭骨とデスマスクの戸棚、組立済の人体骨格一五―二〇、注意すべきは枢密顧問官ピュグメルの頭骨　（高齢だが前頭縫合）及心臓、乾燥標本の心臓の戸棚、シラーの頭骨石膏模型、奇形頭骨の戸棚、人種頭骨の戸棚

是よりヂッセ教授と共新築中アナトミーを見る（略図を処望し後日郵送の様約束す）　一寸旅宿に帰り午後一時レストラン・カイゼルホーフに到り後藤、北島氏等と共に昼食す　是より北島氏の案内にてシュロスベルク（＊城山）上にある　ベーリングの個人研究室を見、シュロスベルクの公園を見る眺望風景極てよし　午後より晴天となりたれば甚快　下りて再ひアナトミーへ行　プロフェッサー・ガセル氏（やさかためがねをかけ、顔一面のひげ、白髪黒を混す）に面会、ヂッセ氏の室にて二三顕微鏡標本（賢盂上皮の毛細管）などを見、別を告けて去る、生理教室に到りコッセル教授（四〇歳位）に面会す　ミュージアム（生理器械其他）講義室―一方は顕微鏡デモンストラチオン室一方は多目的デモンストラチオン室、中央（黒板を引き上ぐれば）準備室に通ずること甚よし、映写装置あり、但し室内闇くするの法甚大仕掛なり即ち机上のねじを以て水力にて薄鉄板下より上りて窓を覆ふ、其他各室、地下室、畜舎、カエル飼育コーナー等を見て六時過帰宿　晩後藤元之助北島多一尾島捨蔵久米（又蔵？　横浜原商会より派遣の人）の諸氏来り旅宿の食堂にて茶を喫し十一時半諸氏去る

十一月九日　　金　晴

マールブルク発、ビュルツブルク着

八時起く、九、一一発車後藤、北島、久米の三氏汽車まで見送りくれたり九、五六ギーセン着　荷物を停車場に預け置き直にアナトミーに到り直に附近なり　主任プロフェッサー・シュトラール氏（四十余、顔一面ひげ、眼鏡なし）に面会す恰も此処一時間講義ありとのことに付此間コレクションを見る　此建物下はアナトミー上は動物学なり、教授の室は入口の直左なり　隣は図書室とす右は顕微鏡実習室、明るい三・五間×一二間位、机は窓に造り付く両側から側面光　次に同右側に解剖実習室あり、片側の側面光で明るく、六つの台を置く又六つの窓ごとに台がある。体は日々死室より運出し日課終れば取片く故に室内

甚清潔なり、さらに右側に収集品室。第一室（とても小さい）―頭骨、骨格、骨学標本。第二室―三・五間×一四間位、二六の戸棚を据え置く（我教室のものの如き大さ）中央に台の一列あり、体裁個数小大学にしては可なりと云ふべし

十一時シュトラール教授講義を終り講義室（座席の傾斜急、机は（＊教語一語未詳））、顕微鏡室、準備室等見て氏の室にて談話す　当教室は鉄道に近く且つ狭きを以て改築の見込なりと　解剖標本係ヘンセベルク氏は病気なりと

十一時半辞して去り少しく市中を歩るきて停車場に到り一二、〇五発車一、二〇フランクフルト着、昼食二時発五、二〇分頃ビュルツブルク着　近きバーンホフ（＊駅）ホテルに投す三階の一室に入る　出て森永友碩氏を訪ふ在宿共に旅宿に来りて晩食八時過氏去る

　十一月十日　　土　曇少雨

ビュルツブルク発、ハイデルベルク着

九時起く、三宅（りょういち、岡山医学卒業生）来るカフェを喫して共にアナトミーに到る　先つプロフェッサー・シュテール氏に面会し是より教室内を見る（シュテール教授の室は二階にあり）

一階―大教室よし、本館の後に平屋あり　是解剖実習室なり二室に別つ　第一室一三台（筋肉）、第二室一〇台（血管・神経）。その脇に実験助手顕微鏡室（六―七席）、直に解剖標本係ブラウス博士の室に通す　是よりドクトル・ブラウス氏案内す　雲母板法（パラフィンを浸透させた切片を雲母板に貼り付ける。いったんパラフィンを浸透させると半永久的に保存できる。パラフィン切片法に同じ）又同室にて不計枢密顧問官フォン・ケリケルとF・サラジン博士に逢ふ隣室は顕微鏡マイクロ写真室なり　ソボック博士を知る、其外解剖実習室の附属室などあり之に屍の部分を入る土焼の箱あり　シャルロッテンブルクにて製したるものなりと　ワルダイエル先生承知すべしと云ふ　又学生用の実習室あり小数の骨及其他の標本を置く学生自由に此室に入りて復習す但し甚小なり

二階―左　学生用顕微鏡室、片側の側面光、約七〇席、机三列、近年は医学生減少し顕微鏡実習をなすもの三〇―五〇名なりと但夏冬両期共あり　此室を又学生の顕微鏡標本を見て自習するに用ふ又講義に附帯する顕微鏡標本のデモンストラチオンに用ふ恰も此第三回の際なり　シユテール氏の方法甚規律正し且つ綿密なり　是より廊下

を通りて収集品室に入る之は此彼の両翼にあり　此方は先つ第一室骨（此内に苛性カリ溶液を用いたシュルツェ法による骨化標本）見事なり　第二室骨格および頭骨、第三室内臓（此内にシュテールによる肝臓の構造模型二点あり、〔之は時訂正するを以て未だ公にせす〕）、ウィリンゲルの脳ヘルニア模型等注意すべし）第四室局所解剖学標本および脳標本（〔＊括弧内未詳〕）、小教室・試験室あり　別のウィングに収集品室―第一室胎生学標本（此内にヒュルトルの萎縮胎盤コレクションもあり、人胎のもの之はヒュルトルよりケリケルに贈りたるものなり最も注意すべし）二～四室は比較解剖学標本（鯨骨格の下にて茶話会を催したることありと）、O・シュルツェ教授にも面会せり　医科諸教室此辺に集在す　ユリウス病院を見て旅宿に帰る　伊藤緑、松本、三宅（岡山卒業）、森永友碩、大塚（一等軍医）、佐野（開業医）の諸氏順次来る共に昼食す　二時半頃諸氏と共に出て外環道を通り王宮付属庭園に入り裁判所、コレーギエンハウスの前を通る　此処にシーボルト記念碑あり　是よりルードビッヒ橋を渡り向ふの礼拝堂に登る途中のカフェにて休息す　甚眺望よし下りて同し橋を渡り川岸に添ふて下り市の最もよき部を通りて旅宿に帰る　市中路面電車は悉く電気なり　車賃を払ふの法ハレの如く各自箱に投入すと云ふ　五時三十六分ビュルツブルク発車諸氏見送る　八、四六八イデルベルク着直きホテル・ラング（部屋二階、集中暖房よし）に投す

十一月十一日　日　曇晴

ハイデルベルク発、ストラスブルク着

十時出て自然科学研究所の内アナトミーへ行く随分古き建物なり　研究所の後方に在り　小使の妻案内す先つ一階の左の方収集品室に入る　格別のことなし器物（ガラス製品）種々の形あり見ばえなし　第一室（六間×一〇間計）らせん階段を登れば第二室なり　比較解剖学標本を置く（六間×一〇間計）第三室に続く少しく小なり　動物の骨格を置く　下りて入口の直右の室に解剖標本係プロフェッサー・マウレル氏頻りに明日の講義の準備をなす幸に同氏に面会す是より同氏案内す　一階の突きあたりは講義室（特別ではない）右にデモンストラチオン室同しく右に解剖実習室あり　側面光、Ⅰは筋肉、Ⅱは血管と神経、約一〇〇名の実習生ありと亦屍は毎日取り片付く　是よりメインストリートを通りロープウェイに到る　水力

なり　同処にて時あるを以て大沢岳夫婦宛絵はがきを認む　モルケンクアまで登る　同処にて休息三二宛絵はがきを箱に投す　是より徒歩にて下る、昨夜降雨の為め地湿、木の葉過半落ちて地上に堆し誠に淋しき景色なり栗木多し本邦のものと同しいがも同様なり　城に入る中庭を通りてバルコニーに到り風景を眺む（此処にて大用す）二時旅宿に帰り食事、三、二二発車、六、二三ストラスブルク着　今日午後は晴となる

ペルガメンテル横町の旧下宿に到る　婆様に十五年余にて再会す足立氏と共に晩食し後婆様に土産を贈る亦依托品を渡す、是より足立氏の室に到り十二時半過まで談話

十一月十二日　月　快晴

十時半頃アナトミーに到る　小使カイネルト、ビルヘルム両人共旧の如くあり　教授室に到りシュワルベ教授に面会し是より教室を巡覧す

二階―教授室のとなりに頭骨コレクションあり（一室）古代エジプトの頭骨沢山あり　動脈に大きな縫合骨の付着した頭骨（足立氏稀なりと云ふ）後頭骨に切除した孔のあるダヤク人頭骨三（アイノ人頭骨にとても似ている）、頭頂骨の中央に水平な縫合線のある新生児（水頭症）の頭骨一

第二室、大きい、プフィツネルによる大量の手と足の骨格。第三室、小さい（動物の骨格）其外廊下に標本を置く、実験助手室約六席　十二時半となるを以て足立氏と共に出てドレネッチュにて食事し再アナトミーに到る

一階―I．解剖実習室、木製机十一、片側の窓に机七、反対側窓に机に六、床はモザイク風アスファルト、学生は筋肉をしっかり解剖実習している、屍は毎日片付く　ゲーゲンバウエルの教科書とトルトのアトラス〔＊人体解剖図〕を見る。とても清潔。

II．動脈と神経のための解剖実習室。死体計測室、プフィツネル教授の室（旧イエッセルの室）に入り氏の骨格を解剖する法を見る水道の水は用ひす蒸気機関よりしたたるものを用ふ温度四〇度、次にソーダ溶液にて脱脂す純ニッケル線（ハイデルベルクのW・バルブ製）の見本を得る（0.3, 0.4, 0.48, 0.55, 0.65, 0.8mm）私講師エッゲリング博士、助手バイデンライヒ博士二氏に面会す

地下室―屍室貯蔵大箱（ブリキ張り、五年位は大丈夫なりと）毎日屍を片付け置く　台車と同じ高さの石の作業台、骨解離室　酒精に貯へ置きたる体にても少しも差支なし只塩酸（数滴）を加ふ但しホルマールのものは宜しから

す
ベンジン脱脂装置、（骨髄抽出のための）遠心機器　是より五時より六時迄シュワルベの人類学の講義を聞きて帰途絵はがきトリコット〔＊メリヤス〕のシャツを買ひて帰り大沢岳、入沢、弘田、潤三郎、良一、田鶴へはがきを出す、晩食談話、十一時室に入る路面電車は総て電気なり

十一月十三日　火　曇

午前在宿日記を記す　午後一時足立氏と共にシュワルベ教授の住宅に到る　昼食に招かれたるなり土産を贈る食終りて令姪写真を採る（庭にて）三時半辞して去る独オランジュリー公園まで行き戻りて大学、郵便局、図書館、離宮、州委員会等の新建築を見コンタデスよりブログリーを廻りて帰宿　晩浄土宗留学生荻原雲来渡辺海旭二氏来訪足立氏と共に談話十一時半去る

十一月十四日　水　雨　甚寒

午前在宿日記を記す午後一時出てドレネッチュに到り昼食す足立氏も来る　是より独電気鉄道に乗りケールへ行く　ホテル・ブルーメに入りてカフェを飲む往時を思出す併し雨天にて甚困却電鉄にて帰る時に四時半過なり晩食足立氏と談話十一時室に入る

十一月十五日　木　曇晴

ストラスブルク発、バーゼル着

午前十時ストラスブルク発車す足立氏停車場まで見送る時ケールを過る頃ベデカー〔＊案内書〕等を忘れたることを思付く依てアペンバイエルより直に引返す序にブログリーにて独貨七〇マルクをフランに替ふ　婆様大に驚く暇乞し直に一二、四〇再発車す車中食堂にて昼食す二、五九フライブルク着　手荷物を預け置き先病理学研究所に到る　渡辺健蔵桂田富士郎二氏に面会す是より直隣のアナトミーに到る　プロフェッサー・ビーダーシャイン氏は既に去て在らすプロフェッサー・カイベル氏に面会す一階一右の廊下を突当りたるところ氏の室なり種々の器械を見る　立体写真簡易撮影器具。　簡易ミクロトーム（三〇マルク、ノイベルガー〔フライブルク、アルベルト通り〕製）氏の研究中に係るセキセイインコの発生のスケッチ等注意すべし　廊下の向側にビーダーシャイン教授の室あり前側に顕微鏡標本の作製室（之は学生実習に分配する薄片を制し又は学生に薄片造らしむる材料を準備す　即ち薄片を分つと造らしむると二法を用ふ）廊下は図書室なり書籍少なし

一階の左のつきあたりはI解剖実習室なり長き机は不便（改正の見込）体部を掛け置く大箱あり　ホルマールガスを時々発生せしむ　硫黄を焼く不快臭を防く為めなり　此室内に写真用暗室あり　地下―II解剖実習室あり　神経・血管之は既にアルコールに漬けたるものなるを以てアルコール蒸気箱ありて之中にかけ置く　屍室

又一階―中央入口のつきあたりは講義室なり

二階―中央に入口あり中央は比較解剖学標本、左の方に頭骨コレクションあり約三〇〇―四〇〇　次に胎生学蠟模型右に実験助手の顕微鏡室（三間×七間）（学生の顕微鏡実習は解剖実習室に於てする）　ガンプ教授（赤みかかったブロンド、やさかた〔＊一語不明〕）に面会す

カイベル教授の談に教室新築の見込にして屍を取扱ふ部分と他の部分と全く隔離するの法を取る云々

是よりチーグレルの仕事部屋に到りて見る　チーグレル（夫人）氏自ら案内説明す　黄昏となる去て再ひ病理学に到る少し道を取違ひたり　渡辺桂田二氏と共に駅に到りカフェを飲む時間甚少し早々にして汽車に乗る　六、三〇フライブルク発車す七、二六バーゼル着　ホテル・メトロポールに投す（四階の細長き二寝台の室）ホテルのオムニブスに乗る

十一月十六日　金　曇晴　バーゼル発、ベルン着

十時半出てベサリアヌムに到る　コルマン教授に面会す　此建物二階は生理にして下は解剖なり　先入口を入りて廊下を右に行けは右側にK〔＊コルマン〕教授の室あり　隣室に参考書コーナー、之に十進分類法のカード目録あり、次に図書室（書籍少なし）、教授および助手用の標本作成室、デモンストラチオンに用ふる顕微鏡標本が順序正しく部類分けをなしてあり、脳全体の連続断面（オットー・シュニルツェか大きなミクロトームて切りたるもの）又、映写機あり　講義準備室兼助手室。廊下に頭骨用の棚あり其他種々の標本掛図あり大に意を用ひたるものあり、左側に胎生学の模型、シービッツ？の石膏製胎児模型あり之は始めて見たり　収集品―フェーゼルの骨学標本あり（世界最古か）及プラッテルのものあり

講義室は小にして扇形教室にあらす只段々あり片側の側面光、入口の突あたりなり（近時映写の装置をなす筈）。

デモンストラチオン教室、そして頭骨室。

右のつきあたりは解剖実習室なり三方向の側面光、廊下の前側に雇員の作業室、次に解剖標本係コーニング教授の

室あり（不在に付H・フィルヒョウ氏よりの依托品はK教授に托せり）　実習生六〇―七〇名、教室は小なりと雖も諸事大に意を用ひよく整頓す又多く色素を用ひて標本をわかりやすくなす　午後一時前K教授と共氏の宅に到り昼食の饗応に逢ひ三時再教室に来る　別れて是よりフラウ・サラジン氏を博物館に訪ふ　途中古い橋を見る氏既に帰宅のよしにつきシュピタル通り氏の住宅に到る　パウル・サラジンにも面会す　両氏の案内にて図書室、ベッダ族頭骨と骨格、蝸牛殻のコレクション、仕事室等を見て五時頃旅宿に帰る　在ロンドン宮川兵一郎氏、足立文太郎氏及精子宛絵はがきを出す　オムニブスにて中央駅に到り六、二五バーゼル発車九、一二ベルン着　時に雨降る停車場前のシュバイツエル・ホーフに投す三階の室（二寝台にて可なり）に入る食事し眠を求む

十一月十七日　土　曇

十時半出てアナトミーに到る　チンマーマン教授に面会す今日は大学記念祭にてシュトラッセル教授出勤なし其他誰も居らすZ（*チンマーマン）氏の出勤し居たる甚幸なりき　前の建物の左の方に氏の室あり三室を領す　骨学標本の配置法（色分けの法なり）セロイジン（*切片固定剤）封入による見事な腐食標本！肺の乾燥標本（気管支が肺胞段階まで見える、クロム酸で硬化、アルコールとテレピン油で乾燥）（天窓光を取らざりしは建築師の不承知に基く）　顕微鏡実習に兼用す　本期は一三二名の解剖実習生あり又三八屍ありと　学生の過半は女子なりと！　通常二冬期実習す稀に三期なすものあり　すべての屍は横たえられ、腕と脚は解離室へ送られる。講義室は天窓光と側面光で黒板は木なり（但し黒き曇りガラス最良しと）すぐ脇に参考用コレクション（授業に用ふるもの）外に研究室あり

右にシュトラッセル教授の部屋及実験室あり　図書室書籍少なし

二階―本館コレクション、木製の棚宜しくなしと　エービイの比較解剖学コレクション其他標本極て少なし

シュトラッセル氏の屍固定器具及股関節模型等甚大げさにして宜しからす是氏愍なり

地下室―試験および特殊研究のための地下解剖実習室

屍箱は木にして亜鉛板を張り亜鉛板の蓋を附す（亜鉛板腐蝕すと云ふ）屍箱を置く鉄骨棚は面白し又屍の出し入れに滑車を用ふ　鍛冶及金属加工場あり甚便利なり　解

離室（大なる角の据風呂ありて其中に土制の瓶を数個入れ置く）ベンジン脱脂装置は別室に置く火の用心の為めなり

是よりグロッセ・シャンツェより鉄橋を見て旅宿に帰る時に一時半なり　食事し再ひ出てクライネ・シャンツェより連邦院、キルヘンフェルド橋を渡り戻りてミュンステルテラッセよりニデック橋を渡りベーレングラーベンを見て下の橋を渡りて本通りを通り一カフェに入り出て更に一食店に入りて晩食す　同処にて三二宛絵はがきを出す八時旅宿に帰り室内にて日記を書き十一時過眠を求むベルンの市中はラウベと称する郷里越後の町にある如く両側の人道はがんぎあり甚奇なり　市街鉄道は蒸気なりスイスの鉄道は英仏の如く左側を行く

十一月十八日　日　雨　ベルン発、チウリヒ着

九時半起く一一、一〇ベルン発車、山間にて風景佳なり悔かな雨天にて遠方は明ならず二、〇七ルツュルン着手荷物を預け置きて先つ停車前のホテル・サンクト・ゴットハルトにて昼食し是より散歩す時雨止む　カペル橋を渡りシュバイツエルホーフ埠頭を通りレーベン通りをレーベン〔＊獅子〕記念碑に到る懐旧の念禁し難し　明治十五年夏佐々木牧両氏と此地に遊びし当時を思出す、亦直に隣したるグレッチエル庭園を見る　是より戻る途中絵はがき及獅々彫刻を買ひてペンション・カウフマン（之は前回宿泊せしところなり）見る　建物及庭園の模様依然として旧の如し　ナチオナル通りの遊歩場極めてよしホテル・ナチオナルは弘大なり旧はなかりし五時半駅に戻りカフェを飲み良一宛絵はがきを出し六、〇三ルツェルン発車時に亦雨降る　ツークを出てより二個の長きトンネルあり　タールバイルより鉄道に湖岸を行く対岸の夜景無数の灯火極めて奇麗なり　七、三〇過ぎてチウリヒ着停車場前のホテル・ビクトリアに投す上等なり三階一人室に入る晩食

十一月十九日　月　雨曇

十時半出掛ける時に雨頻りに降る　バーンホーフ通りを湖岸市庁舎まて行く　テラスありて湖上の眺佳なりと雖も雨天にて致方なし　ケー橋を渡りリムマート埠頭を通りバンホーフ橋詰ロープウェイに到りポリテクニウム〔＊工業専門学校〕まて登る　先つ化学研究室に到り吉田彦六郎氏を尋ぬ逢はずして去りアナトミーに到る　プロフエッサー・ルーゲ氏に面会す（四十五歳位、総ひげ、白毛

を交ゆ、眼鏡なし）教室は増築中なり　旧建築の部は二階建て此後模様替あるべし、教授室は附属室共三室あり顕微鏡標本および肉眼で見える標本のデモンストラチオンに一々明細なる図を附す　亦コレクションの総ての標本に付て同様なり大半は出来上れり　即ち収集品は展示の主義なり又筋肉・血管等のデモンストラチオンの為には針金に造りたる名称を付したものを標本の側に置きて明る様になす又標本のラベルを色にてヒト、動物、筋肉、神経などを分つ之を蓋をおさゆる金属製クリップにはさむ瓶は角形を用ふ、隣にコレクション室あり　今はデモンストラチオン室を兼ぬ標本の数は多からす　模様替中に付き確定の位置にあらす　上にギャラリーあり重に骨学標本なり一々に細密な図又は写真附属す（注目！）少し人種頭骨あり之はマルチン教授の主管に属す、廊下を隔てて解剖実習室あり之は併し後日講義室となすべし即ち丸き形を有す机は木製にて其形は試験中なりすべて屍は其儘に置き上下枝等は毎日箱中に下けて片付く（アルコール蒸気）（屍体一年一五〇位学生一二〇位）女学生五人計実習し居たり　是増築の部に到る

一階―独立研究のための実験室（三つ窓のある部屋）、男性用・女性用トイレ、マルチン教授（人類学）用の三室、顕微鏡室（三方向の採光）

二階―解剖実習室（顕微鏡室の上なり）天窓光と側面光（天窓光を採る為に二階とす但し明採りの屋根は硝子にあらす之は技師に於て削りたりと云ふ）又平屋建の部の屋根をテラスの如くして骨漂白に用ふ　学科長のための三つの部屋（図書室、顕微鏡室、事務室等）

三階―内臓のデモンストラチオンの為めに一室あり　らせん階段にして極急にし立ち見席とす　斜め上からの側面光でとても明るい。

地下室―雇員用の大きな作業室、此内に旋盤、金敷、研磨器等を置くべし　解離処理炉室、その隣にベンジン装置の部屋（火の用心の為めに別室とす）屍室、その隣に注入剤調製室など、昇降機又地下に司法解剖をなす室あり、屍保管箱（木製）には鉛を用ふ（亜鉛板は腐蝕す）アルコールまたはホルマールに漬く（蒸気ではない）時に十二時半を過ぐ謝して別る再化学実験室に寄る　ケーブルカーにて下りホテルに帰りて昼食し二時半過再出て化学実験室に到り吉田氏に逢ふ　去て病理学研究所に到りプロフエッサー・ルド・マルチン氏に逢ふ（金髪、長顔、総ひげ、

眼鏡なし、三八歳位）氏の考案の人類学器具を見る（〔＊一語未詳〕あり）キャリパス、尺度の改良注意すべし　クラニオフォール、レーマン・ニーチェ氏の人骨（第三紀？）を見る、先史時代ヨーロッパ最古の赤く彩色された頭骨（公になすべし）

人類学文献カード目録、人類学の教科書著述中、五時頃亦た化学実験室に到り吉田氏と共に氏の下宿に行く同処にて共に晩食、市中を散歩し十時旅宿に帰る

十一月二十日　火　曇晴

チウリヒ発、ミュンヘン着

午前一〇、三七チウリヒ発車す一二、三二ロマンスホルン着　是より汽船にてボーデン湖を渡独乙及シユワイツ国境なり　船中にて昼食す赤田鶴子宛絵はがきを認め船中郵函に投す二時過リンダウ着　此処にて荷物を査む、午後は漸々晴となり湖上景なかなかよし二、三〇リンダウ発車インメンシュタットの前後山中にて景よし左右の山頂には既に白雪あり　今日は始終二名の合客あり七、一七ミュンヘン着　ホテル・デル・ヨーロッパ（停車場に近接す）に投す二階の一人室に入る可なりと云ふべし集中暖房なり、晩食し室に入る枕元に置く電灯あり之は甚便利

十一月二十一日　水　快晴

午前十時過出て先中西亀太郎氏をシュバンターレル通り下宿に訪ふ不在　是よりアナトミーに到る　先にプロフエッサー・リュッケルト（四七歳、総ひげ白ましり、眼鏡なし）氏に面会す　氏の室は一階左廊下の突当りなり次にプロフエッサー・クプフェル氏に面会恰も十一時にして講義の終りたるところなり　談話中学生の数多きに過ること地方は増さず或は減するところあり、数の制限必要なり、医師の数も都会は多きに過ぐ、競争上品位を下落す、試験を厳にす、屍の不足（実習生約二〇〇名に屍は二〇〇体以下）貧民の社会民主主義者堂に入り埋葬等を互に始末するを以て材料を減す　併し此頃は出稼人（外国の縁者なきもの）自殺者を解剖するを以て少しく増す之は死因を明にするために検死をなす規則に依る云々　K〔＊クプフェル〕教授の室は二階の後方にあり当建築は古し（三〇—四〇年？）新築の計画なり云々　是より助手ドクトル・ハーン（三〇歳位、ブロンド、長い口ひげ、鼻眼鏡）氏案内の労を取る　氏は記載解剖学の助手なり即ち二教授分担の法はR〔＊リュッケルト〕教授—記載解剖学

（器官の織細な構造を含まず）及解剖実習、K教授―組織学及胎生学なり　解剖標本係モリール博士（肥たる角面の人）（記載解剖学）、ベーム博士（組織学）の二氏に面会す
一階―左準備室、助手室、特別研究者室　くもりガラス板の下に敷く板、（屍を）固定するための多くの板（講義室はR教授講義中にて見さりし）大きな頭骨模型（木製で分解でき、R教授の骨学講義用、よくできているが四、〇〇〇マルクかかっている）
右解剖実習室、木製台約二五、側面光、ダム〔＊会陰〕標本作成用器具（脚を持ち上げる二つの〔＊一語未詳〕支持具甚よし、英国のものと何れか）、壁には（共用の）用具がかけられている。解剖実習室と並んで一室あり、解剖実習室の屍の一部が毎日運びこまれる。此室を夏期に於ては手術講習に用ふ、此室に屍の一部を容る大箱あり（亜鉛板張り）
地下室―（ドクトル・ハーン氏の言に依れば本年は二七五屍ありと）屍室広き床を造り此上に数拾個の屍を列置す（注入したるもの）其内に八月以来のものありと、飼育室、解離室（液体に浸し柔らかくする）、隣にベンジン装置（出火の危険？）室、デモンストラチオン用の大きな標本の入った大箱が六―七個ある部屋。
二階―収集品室、リューヂンゲル教授のもの多しと云ふビショフ時代のものは少しと、中央は種々の標本、右室は胎生学標本と筋肉が見える脚全体の蠟製模型　左室は骨学標本、動物の骨格、局所解剖学切片、リューヂンゲルによる胴体の矢状断面模型（たいへん良い）、博物館を見る数葉の写真の如く展示す甚妙、十二時半過アナトミーを去てプロフェッサー・ランケ氏をアカデミーに尋ぬ早帰宅の後なり　是より中西氏を訪ふ共にホテルに帰り昼食し市中散歩に出掛ける幸に珍しき好天気なり　王宮の裏を通り王宮付属庭園よりイギリス庭園の一部をあるきマクシミリアン通りに出て橋を渡り議事堂の前を左へマクシミリアン公園に到り平和の支柱記念碑を見て此処の仮橋（本橋架設中）を渡りホーフブロイ〔＊ビール醸造所〕の上下を通り抜け（宏大なり）カフェ・ルイトポルトを通り抜け（西洋第一の美麗なるカフェと云ふ）劇場レストランに到り晩食す　法学士高野岩三郎及桜井卓爾の二氏来る雑談十二時半過帰宿

十一月二十二日　木　曇

午前十一時出てアカデミーに到りプロフェッサー・ランケ氏を訪ふ　同処にて不計プロフェッサー・ベルツ氏逢ふ

ロシアの膠（石灰入り、不透明）て頭骨の破損したるものを接着固定す　ランケのクラニオフォールの用法を氏自ら示す附属のランケ測角器甚軽便なり　又キビの穀粒による頭蓋容量の算定、ブロンズ製頭骨、〔＊一語未詳〕、縮尺した頭骨のスケッチ、中央にシュペンゲルのクラニオフォールと四角い可動性の木枠、ワルンシュキンの頭骨水平測定器（ランケのクラニオフォールの上に水平に置かれる）

助手のドクトル・ビルクネル及ドクトル・レーマン・ニッチエ（偶然）二氏に逢ふ　オイゲン・ボルフと云ふ日本及支那のことに付ての記者の話あり甚良からざる人なりと

午後一時頃帰宿、桜井氏来る下のレストランにて昼食す中西氏も来る三人共に出てマクシミリアン広場より列柱門を通りニンフェンベルガー通りにて路面電車（当地にては殆ど皆電気なり）にてニンフェンベルクに城及庭園を見て　是より鹿庭園（鹿沢山あり）を通り抜けて六時頃帰宿、晩食、日記を記し、九時過桜井氏来る共に出てカフェ・ルイトポルトに到る　ドクトル・ベルツ氏を始め中西、桜井、大賀、西山、佐々木、藤沢、今泉、山田の諸氏集る談話大に時を費し二時頃帰宿　精子及厳宛絵はがきを出す

十一月二十三日　金　晴　ミュンヘン発

午前十一時半出てアカデミーに到る　前日電話にて約束したる如くプロフェッサー・ゼレンカ氏を訪ふ一時辞して去る帰宿　レストランの方にて昼食す桜井中西二氏来る共に出て旅行事務所に依りウィーンまでの寝台車の切符を買ふ（一一・五〇マルク）是より写真師に到る　在ミュンヘン医学家諸氏ベルツ及良精の為めに写真す総て拾人なり是より中西氏と散歩　ババリア及ひルーメスハレを見て六時過帰宿　レストランの方にて晩食す中西氏来る駅に到り九、二〇発車　中西桜井氏始め其他の諸氏見送る　寝台車は始めてなり工合元よりよし転してソファとなすことを得直に寝具に入る　一二、一五ザルツブルク着此処にて荷物を検査す併し税官吏車中に来りて査む

十一月二十四日　土　曇　ウィーン着

午前六時頃寝車付小使来り起す支渡をなす七時頃ウィーン西駅着　馬車を命しレジデンツ・ホテル（タインファルト通り）に投す　三階一人室、集中暖房、電灯、枕元にもあり休息十時半出て先アナトミーに到る　ツッケルカンドル、トルト両氏共不在、トルト氏は当時学長に付大抵は大学事務室にありと当教室は第一第二と正半分して

全独立の二教室とす第一はツッケルカンドル第二はトルトの主管とす　入口の突当りは講義室にして之も二室ありて上と下とに配置す、トルトの方を見る即ちトルトの第三助手ドクトル・シューマッハ（富井に似る、太ってがっちり〔＊一語未詳〕、足不自由）氏案内す
二階―左翼はトルト右翼はツッケルカンドルなり　石段を上れば直に両教授の室あり其中間を図書室とす書籍随分多し　トルトの方助手室等数個あり　ダラ・コーサ教授に面会す角の室にて仕事し居たり　其次に解剖実習室あり　両側から側面光、大理石の机一〇　七八名の学生実習す内一名女子なり但し午前なるを以て少し　一段高く講義準備室あり之にトルトの講義室接続す　大きな階段教室、映写装置なし　段々の下の廻りは講義用の標本を置く
一階―二階の解剖実習室の下は第二解剖実習室にし同大なり　上級者は之にて実習す　自習室あり学生随意復習す之に骨標本其他の標本を共す　学生多数居る甚有益なりと思ふ既に場所狭まきに過るが如し
地下室―解離室、一具毎に箱を別にす循環温水、ゴムの排水管箱毎に附す併し臭気甚だし　後にクロルカルキ〔＊晒し粉〕を以て洗ふ、又別室にベンジン装置を供ふ　体は両教室を合して一ヶ年一、〇〇〇位即各五〇〇位　実習生の数はトルトの方当冬期は一年生七八、二年生六〇名ツッケルカンドルの方少しく多きか併し大差なしと
三階―収集品室、彩光、不良、人種頭骨数百個　ヒュルトルの腐食標本は貴重なるものなり　乾燥標本沢山あり（血管）、胎盤の乾燥標本（ビュルツブルクにあるものの一部分なり、ビュルツブルクより少し）
是より組織学へ行く之は隣の生理学の二階の一部分にあり　フォン・エプネル教授及シャッフェル教授共に面会す懇切に案内説明せらる　〔屍を〕固定するための多数の板、拡大鏡の台架（簡単に全方位動かせる）、フロムのサーベル形ナイフ付きミクロトーム、クランク・ギヤのついた大きなもの一（スライドガラスが上下する）、パラフィン・ブロックを矩形にカットする裁断機、骨を細かく切断するための円盤鋸、上級者のための顕微鏡室（約一〇席）　助手のドクトル・ラーベ氏に面会す　隣は作業室、さらにラブル博士（第二助手）の室
廊下を隔て学生用顕微鏡室、約七〇名の実習室ありと夏冬ともあり　講義室（只一室に机を並べたるもの）
フォン・エプネル氏種々不平をならす場所の狭きのみな

らず構造全く適せず　顕微鏡室の如き窓の小なる総て目的に叶はず且講義室狭き為め学生入り切らず為めに二組に分けて同講義を二度なす云々

此の如き形の瓶は顕微鏡資料、たとえば胎児を試験管太さのガラス管中に入れ脱脂綿にて上下を〆て其中に並列す　アルコールを節償す、脱水は白金線ネット。今日デモンストラチオンに準備せるドリューゼン（＊腺）の標本を見る（単純な杯状細胞から複雑な細胞）帰り掛けに生理の講義室をのぞき見る　ギャラリーの高きこと一種の構造なり音響の工合宜しと　是よりラツァレット通り一八番地に到る　浅山郁次郎氏及今村新吉氏在り理学士山崎直方氏も居る　同処にて昼食し出て今村氏の案内にてヨゼフィーヌム研究所の解剖学・産科学蠟模型を見る　之はフェリール・フォンタナ教授とフィレンツェのパオロ・マスカーニ教授の指導の下に種々のマイスターの作りたるものにして一七八六年に皇帝ヨーゼフ二世がヨーゼフ・アカデミーの為め買ひたるものなりと　其価は今日の二百万グルデンなりと云ふ　薄闇くなりて同処を出て是よりオーベルシュタイネルの研究室に能勢静太氏を尋ぬ　幸ひプロフェッサー・オーベルシュタイネル氏に面会す亦助手□□□□（空き）の案内にて教室を見る　建物古くして且つ狭まし　実験助手は十五六名あり能勢今村二氏も其内にあり　種々動物の脳の一連の切片沢山にあり二七歳の小頭症（♂）の頭骨及脳並に生活時肖像を見る、能勢今村二氏と共に大学通り一番地のアルカーデン・カフエに入る　別れて七時旅宿に帰り晩食室に入る

十一月二十五日　日　曇

十時半起く十一時半出てテヒニケル通りに公使牧野伸顕氏を訪ふ　種々談話辞して帰り掛けに階段にて時計を損す　馬車を命しラツァレット通りに到る昼食し諸氏と散歩す　アム・ホーフ、グラーベン、ケルントネル通りより環状線に出て六時半頃別れて旅宿に帰り晩食室に入る日記を記し十二時過に床に入る

十一月二十六日　月　曇

午前九時半出て先独貨を墺貨に両替してカフェ・アルカーデに入りカフェを喫し十一時前アナトミーに到る十二時を約して去り近傍にて絵はがき数拾枚を買ひ十二時前再ひアナトミーに到る　此度はツッケルカンドル（宮廷顧問官、教授）氏に面会す甚懇切なり　解剖標本係以下助手諸氏に紹介せらる　㈠製図用具、顕微鏡にプリズ

ムをつけたもので、映像が机上に投影される。照明は白熱ガス灯、デモンストラチオン用にも実習生の研修にも適す（ライヘルト製）。〔＊以下、収蔵品に関するメモは要約〕㈡聴覚迷路の発生、多数の模型。㈢膵臓の発達、多数の模型。㈣大蛇・両生類などの脳研究（比較解剖学）、㈤視覚関連標本

宮廷顧問官の言に仕事をなさざるものは此教室に置かずと実に皆盛に仕事をなしつつある様に見受けたり　氏と共に階を下り別れて今村氏等の下宿に到る時に一時半を過ぐ　昼食し今村氏と共に出て自然史博物館に到る時に三時なり　先民族学部門を見る次に動物の部等を見る黄昏閉館の時刻となる　ドクトル・ハイン氏を尋ぬ明日再会すべきを約して去る　牧野公使の住宅に到り暇乞し是よりケルントネル通り夜景を見グラーベンにて写真帖を一冊（一二グルデン）買ひ七時今村氏等の下宿に到る　米飯を食し談話十時半去て旅宿に帰る

十一月二十七日　火　晴

ウィーン発、ブタペスト着

午前十時出て両替店に到り次に昨夜認めたる潤三郎、於菟、三二宛の絵はがきを投し是より自然史博物館に到るクストス・ションバチー（先史学者、人類学者、総ひげ、ブルネット、長顔、眼鏡、四〇代）氏に面会す　頭骨コレクションに案内せらる　先史時代の頭骨約二〇、組み立てた骨格約二〇、うち日本の頭骨三（之は万国博覧会の遺物なり）クラニオフォールは特別なものではなく、頭骨が板の上に丸い木の棒と横木を用いてドイツ水平〔＊外耳道の上縁と眼窩の下縁とを結ぶ線を水平にする〕に置かれている。三五〇〇の頭骨が並べられ、そのほか箱の中に一五〇〇あり、合計五〇〇〇の頭骨（少しくほら鐘）その中には多数の〔＊一語未詳〕ハンガリー、ボヘミア、〔＊一語未詳〕の頭骨、中はノバラ遠征の頭骨があり、此収集品にワイスバッハ（現グラーツ、七〇歳くらい）最も予て力あり、〔＊一項未詳〕、若干の骨盤、ミュンヘンと同様の頭骨製図用具。ドクトル・M・ヘルネス教授に面会す両氏共パリ人類学会にて面会したる人なりと雖も自分は記憶せず　十一時半去て大学に到り医学部本部にて宮廷顧問官トルト氏に面会を求む　空しく去て旅宿に帰り昼食して再び大学に到る折悪く終に面会することを得ず午後一時半馬車を命し出発す　今村能勢両氏来る同車して都市鉄道駅に到る二、一〇両氏に別れて発車す　七、一五ブダペスト（東駅）着、馬車を命しホテル・パノニアに投す四階の一人室に入る　集中暖房に

あらす室は奇麗なり、晩食、食堂は大にして美麗なりジプシー音楽あり

十一月二十八日　水　晴

午前九時半楼を下りカフェにカヒーを喫し十時外出　フランツ・ヨーゼフ橋に到りドナウ河を眺め大学付属病院に到りペルチック教授の処在を尋ね同構内にありとのことに付直に行く解剖中のところに面会す　午後再会を約しドクトル・エベメール・ポラチエック（P・コランギ第一研究病院執刀医、インターン）氏の案内にて出て馬車に乗りアナトミーに到る　大なる建物なり上は第二解剖学研究所（タンホッファー教授）下は第一解剖学研究所（レスホセック教授）とし講義室、収集品室も別なり　地下室は半分つつとし全く二個の研究所なり

先つ三階に到りタンホッファー教授（六〇歳、グレー、小づくり、口ひげ、鼻眼鏡）に面会す恰も講義中なり　暫時坐して聞く終て教授自ら一々案内す　講義室は階段教室にて具合よし　シュトリッケルとツァイスの映写機二台を具ふ　透過光と直射光両法を兼ぬ冷却器は流水にてなす、黒板はつや消しの黒い研磨ガラス板を用ふ、闇くする法は各窓にありて一々カーテンを下す　隣室に屍を載せて水平垂直等種々の位置になしデモンストラチオンに便なるTh（＊タンホファー）教授の装置あり、次に参考品室兼自習室あり　其内に見事なる腐食標本（ヒュルトル氏のものの如き）数個あり　模型作成室、腐食室、写真室（この中に大きな製図板もある）

右翼にミュージアムあり標本は少なし　十年此方Th氏の創設したるものなり　当処に造りたる脳、血管、神経内の線維の伸び具合を赤青黄の色を付く（グワッシュ絵具）アルコールに漬けても色をたもつ　標本作製および機械作業室、生体解剖室、第二助手室、Th教授研究室、キップ＆ツォーネン社（オランダ）のミクロトーム（クランクで対象の位置を上下できる）、（＊一項未詳）、Thの（細胞の電気測定のための）ミクロスタット、電気測定盤、Th教授の書斎、此内に油絵像数個あり氏の自ら画きたるものなりと　電気孵化器、

左翼—顕微鏡室二列、後列は一段高し、明るい、女学生一八名ありと此内に骨切断用鋸と研磨器（電気）あり　第一助手室、講習兼口述試験室、小講堂なり

解剖実習室—ブリキ板の台一四、床たたき、分割した屍を保管する棚一（毎日此中へ仕舞ふ、今は午前なるを以て

机上は空なり　午後に至りて学生来る）電気風車（ベンチレーター）を附す、隣室に解剖着の戸棚あり是迄処々にて見たるものと同し
ドクトル・K・テリエスニチキー（第二解剖学研究所講師）、ドクトル・フォート・チグモンド（解剖学研究所第二助手）
是より一階に下る
レンホセック教授（三八歳、頭頂禿、ブリュネット、総ひげ、眼鏡なし）に面会　講義室―階上と同し　屍の〔解剖〕デモンストラチオン用の台（亜鉛板を載せた長尺の台で、周囲には頭部や腕、脚などの支持具を固定する装備あり）、対象が透明でも不透明でも投影できるツァイスの映写機、黒板は石版なり、階段教室のベンチは鉄枠がはめられ、どこからでもデモンストラチオンが見られる。ベンチの下はクロークとして使われ、窓は顕微鏡標本のデモンストラチオンに使われる。
左は解剖実習室―L〔＊レンホセック〕教授は、前述のように、ゴム樹脂のベルトで屍を巻きつけ乾燥を防いでいる。壁際の屍容器は木製（中は鉛の内張り、外は金属板で縁に溝があり、グリセリンを充填して気密性を保っている）、腸洗浄槽（四角なる石の大なる器）換気のための電気扇風機、共同の器具ロッカー、さらに解剖着室（上の如し）
右試験および実習室（腰掛段々に高し）　図書室は書籍少し　収集品室標本少し　レンホセック（父）の腐食標本（すばらしい）数個あり又動脈・静脈の乾燥標本（すばらしい）、精管異常（〔＊括弧内未詳〕）、写真室。
教室費は二〇〇〇グルデン　但し研究費のみ器具其他一々書類を以て本部に請求すと云ふ
教授室―ヒトの胎盤内の―水槽のまだ新しい胎児を見る〔＊二項未詳〕あり　第一助手室、第二助手室、

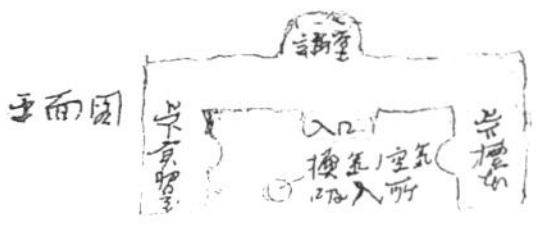

地下室―二教室半分つつとす　屍ケース（実習室と同じ）、イリガートル注入、屍用のファヤンス焼きの台、屍二体用冷蔵庫（引出し）、屍室―五つの傾斜した大理石台、換気通風装置、空気清浄噴霧器。死体一ヶ年各教室一〇〇―一二〇体
動脈標本のためのタイヒマンまたはワックス注入、カエル飼育室（たたきの□川なり）解離室、ベンジン装置室。
是よりドクトル・ポラチェク氏と馬車にてホテル・パノミッヒに到る　ペルチック教授既に来り居る　時に午後二

時なり昼食の饗応を受けて後プロフェッサー・P氏自ら市中を案内す　馬車に乗り鎖吊橋を渡りロープウェーにて王城に登る　城は目下盛んに増築中なり建築師某恰も在りて懇切に案内す　下りて城の下を通するトンネルを通り前の馬車にてアンドラシ町（当市重なる通り）公園に到りパーククラブに入る　美麗なること驚くべし来客名簿に記名す独帝の記名などあり　茶を喫し亦前の馬車にて外環道を通り病理学研究所に戻る　当教室は目下仮りに一家屋を以てす旧解剖教室を以て此教室に充つと云ふ頻りに模様替中なり（病理学研究所も二重にしてプロフェッサー・P氏のものをⅡとし、Ⅰはゲネルジヒ教授のものなり）是よりドクトル・ゲルゲ（二八歳（＊一語未詳）、眼鏡なし、太ってがっちり、好男）氏同行（病理学研究所助手）直き向ふの第一産婦人科病院（ケツマルスキー教授）一見す　助手ストヤコビッツ・イエフタ博士一々綿密に案内す　病室新築にして且甚清潔、階上を婦人病室階下を産科室とす　分娩室、産婦浴室と新生児浴室、産婦室、発熱産婦室など、

地下室―助産婦および臨月妊婦（八ヶ月以上）の居室

是よりゲルゲ氏と共に出てカフェに入る最新最上等のカフェなり甚美麗なり同処にてゲルゲ氏の舎弟に逢ふ夜景見物を切にすすめられたれども辞す七時半ホテルに帰るゲルゲ氏ホテルまで同道す明朝を約して別る　食堂に入りて晩食す豊永兄弟今日此ホテルに投宿したること知る食後其室を訪ふ不在、外出絵はがきを買んとす九時過ぎたるを以て皆店を閉つ直に帰宿、テレク教授より明朝訪問すべしとの通知あり

十一月二十九日　木　半晴

朝八時半頃フォン・テレク教授来りて室の戸を叩く　再会を約し直に去る下のカフェに下りカフェを喫す　九時過ドクトル・ゲルゲ氏来る　共に人類学研究所（四階にあり）に到る　プロフェッサー・A・フォン・テレク氏細かに案内す　図書室のついた教授室。次にハンガリー人の骨格（数拾個）および埋葬されていた古いハンガリーの頭骨の収蔵室、その中にジンギスカン時代の戦場の古い頭骨一、民族大移動時代の古い戦場の頭骨一（ハンガリーではモンゴル系はマジャール人が圧倒的に多い）。隣の部屋（大きい）、ハンガリーのひどく変工された頭骨（大頭症）数個（この慣習は近年まで山岳地帯でひろく行われており、教授の助手の一人はその地域の出身である）、銀のプレートをつけた戦争

指揮官の頭骨一（民族大移動時代）、総計一万の頭骨と千の骨格、そのほとんどがハンガリー由来で、ごく少数が他の人種。人類学関連用具の棚一（ガラス玉の見本を得る）、助手のトプシュ?博士（ブロンド、〔＊一語未詳〕、ひよろひよろ）に面会す

一階下に尚一室あり　犯罪者の頭骨、動物の頭骨、脳（塩化亜鉛とグリセリンで処理し乾燥してガラス容器に保管）。同階に動物学コレクションあり之も通覧す　Ⅰ、骨格の部屋、Ⅱ、剥製ないし液浸した動物の部屋、テレク教授に別れゲルゲ博士と同道第二産婦人科病院に到る　之は遠方アナトミーの近傍にあり　新築なり右半を産科とし左半を婦人科とす　中央に講義室、ミュージアム、実験室、教授室（タウフェル教授）、助手室、書籍室等総て授業に関するものを置く　助手ドクトル・シュワルツ?氏案内す

手術室五室（開腹手術室一、敗血症手術室一、敗血症助産室一、無菌助産室二）、助手居室を見る二室よりなる甚奇麗なり、講義室、さらに産科分娩室、シャワー付き開腹手術室（雨を降す如くして清潔にす）終りに厨房を見る毎日一二〇人前位料理すと　是より直向の国立薬学研究所に到る　主任アイタイ教授、助手ドクトル・アイタイ（子息）氏案内す独語不通、ゲルゲ氏一々通弁す

記録室、本年一月より今日まで遺体解剖の番号九二一となる　教授宿泊室、地下室にモルグあり　五体を同時に公示することを得　先屍を斃死の儘長きトタン張りの盆に載せ車にて此処まて来り戸を開きて盆を押し入るる（レールあり）而して傾斜せす水平なり　前方ガラスの外は観覧所なり　勿論身元不明者のみ此処に示す現在女子一体あり　冷蔵設備なし、仮安置室三あり　屍室にガーゼに巻かれたもの三、〔＊一語未詳〕一　屍の着衣棚あり、

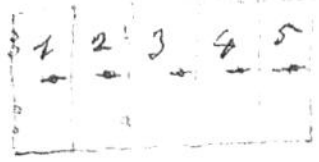

新しいモルグ―尚一層深きところにあり　左右両側に此の如くニーシェ〔＊ニッチ〕を造り之に屍を入る　パリのものの如し　週囲《ママ》に氷をつめると云ふ　化学研究室あり、検死室に五体あり皆検死を終る、毎日六―八件ありと（夏はさらに多い）

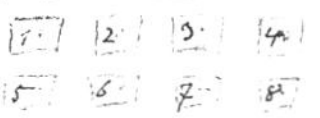

講義室―板の後に準備室ありて挙れば之に通ず　ミュージアム―防腐処理された少年（一教授の子息にして教授自ら製したるもの）あり　再ひテレクの教室に戻る氏と同道ホテル・フンガリアに到る最上等のホテルなり昼食の馳走になる　ゲルゲ及プロフェッサー・ペルチック氏も来

り会す　テレク教授及ペルチック教授両氏に別を告けてゲルゲ氏同道地下鉄道に乗る　アンドラーシ街の下を通りチルガルテン公園に達す電動なり此処より電気鉄道に乗りて新議会、司法局の建物等を見て　是処より汽船渡しにてオーフェンに渡り一カフェを通り抜けて鎖吊橋脇より汽船に乗りフランツ・ヨーゼフ橋まで下る夜景甚よし市場のホールを一見し絵はがきを買ひて旅宿に帰るゲルゲ氏旅宿まで送り呉れたり別れて己の室に登る　豊永兄弟来る共に食堂に下りて晩食す　良一田鶴精宛絵はがきを出す　明朝六時起すべきをポルチエ〔＊ドアマン〕に托して室に入る

オーストリアーハンガリー汽車市街鉄道皆左行なり　ウィーンは市街多くは電動にして馬少し　ブタペストは悉く電動なり

十一月三十日　金　曇

ブダペスト発、ブレスラウ着

朝六時起く七、三〇ブダペスト発車独にて甚安楽なり車中にて昼食を買ひて食す（一グルデン）、サンゴ・テルヤンより単線となる山中なかなか佳景山には白雪あり五、三〇オーデルベルク着、税関検査六、二〇発、独乙領は復線なり一〇、一五ブレスラウ（中央駅）着　ホテル・モノポールに投す　四階の一室に入る食堂に下れば筒井、松浦等及熊谷玄旦池田陽一（此二氏は帰朝途次なり）に偶然会す是より諸氏と出てプソルブロイに到り（晩食）談話一時過旅宿に帰る

十二月一日　土　雨　ブレスラウ

午前十時起く十一時馬車を命しアナトミーに到る　アナトミー始め其他の医科各教室及付属病院市外新街にありて遠し、折好くプロフェッサー・ハッセ（グレー、口ひげ）氏に面会氏講義を始むるに付助手ドクトル・ルボッシュ（ブロンド、眼鏡なし、二八歳、円顔、鈴文を知る）氏案内す

二階―胎生学および特別研究所部門。シャペル教授（ブロンド、〔＊一語未詳〕眼鏡、丈高し）に面会す氏は本学期米国より故ボーン教授の代りとして来りたる人なり　シャペル教授の室の次に実験助手用顕微鏡室（一四席）あり、ベッカーのグラスバーン付きミクロトームを大に用ふ　蠟プレート作成室（シャペル教授が管理、ボルンのプレート模型多数あり）

是より交りてドクトル・ヘルマン・シュタール（三五歳、ブリュネット、眼鏡なし、口ひげ）氏案内す
一階に下る、シュタール氏の室　腸のリンパ管標本、ルーペで見ると奇麗。其外リンパ管標本沢山あり　特に氏の研究したるものなり此標本は添加物（タマゴタケなど）入りのグリセリンの中に貯ふ　次に氏の担任の特別研究室（八席）あり　次に顕微鏡標本の四つの棚あり、次に図書室、ルボッシュの部屋、ハッセ教授室　皆入口の右にあり
入口の左には解剖標本係ペーターの部屋（面会せず）あり其向に第一および第二教材コレクション室あり　又た二階に上る　顕微鏡室―三方からの側面光、机三列、どの机にも黒と白のガラス板あり、三六席。小さな講義室（階段教室ではない）、第三教材コレクション室（大きなホール）、フィッシャーの歩行メカニズムのモデル、ヒトの矢状断面の蠟模型（複数）、隣に最新刊の教科書を並べる小部屋、第四教材コレクション室、石膏模型、第五教材コレクション室、発生の蠟模型。此のコレクションは特色にしてハッセの意志なり　骨の他は皆模形にして莫大なる費用を要すと学術上の価少し但し学生の自習には便利なるべし
三階に学術コレクションあれども見る程のものにあらすと云ふことに付止む
大講義室、かなり大きく天窓採光なし（三〇―四〇名のみとは少し）、中にトルソーなどあり　映写機あり、（階段）座席の下の部屋は顕微鏡標本のデモンストラチオンに使われる。シュタール氏の室に戻る　是より守衛案内す
一階―解剖実習室、講義室の下にありて形も之に傚ふ、入口の突きあたりなり　側面光、木製の机に大理石の天板（一女学生頻りに実習し居たり）フェノール・グリセリンを屍に注入、屍の出所は刑務所、矯正施設など、その他（ポーゼンなど）から、身寄のない人々、病院からではない
実習の後は総て当教室内に焼き捨てると云ふ之は近傍より苦情あり目下は夜中内々にて焼くと云ふ併し将来は当教室のみならす各教室の汚物を一所に焼く装置を造る計画なりと
当教室一階に法医学の部門あり　記録室、司法解剖室、亦手術演習室（ミクリッチ）あり　ガラス板の手術台五台を置く、ミクリッチの書籍室。
地下室―モルグ、六つの金属製の傾斜した台、前方に覗き窓、屍室、さらに柩室、ボイラーが三つある機械室、解離室（給湯器とベンジン装置あり、ただし暖房は別室から）。衣類焼

却炉、屍室（大きい）、注入室、布と接合剤を入れた〔＊一語未詳〕箱。

午後一時半去て外科病院前のアカデミッシュ・ビアホールに到る　諸氏来り居る此処にて昼食す出て病院の廻りを一周す　天気悪ければ再びアカデミッシュ・ビアホールに入り談話す　七時過ぎ諸氏の下宿に到り日本食を食す談話甚面白し会するもの熊谷玄旦、池田陽一、筒井八百珠、千葉稔次郎、松浦有志太郎、坂田快太郎、樋口、印東、馬杉、桂秀馬及良精の十一名一時頃帰宿

十二月二日　日　曇晴

午前十時起く、松浦氏に迎《ママ》に来る　タネンチェン広場の写真師に到り撮影す総て拾一名、日曜日とて市中なかなか人多し　絵はがきなどを買ひてプソルブロイに入りて昼食す同処にて三二宛絵はがき及伯林下宿へ明日帰着のはがきを認む　是より馬車にて動物園に到る既に薄闇し公園を散歩しアカデミッシュ・ビアホールに来りて晩食す十一時頃帰宿数氏旅宿まて送り来る

十二月三日　月　快晴

ブレスラウ発、ベルリン着

寒し始めて白霜を置く一〇、二二ブレスラウ（中央駅）発車、コールフルト二拾分間停車す　駅レストランにて昼食すなかなかせはし　実に稀なる快晴にして一点の雲なし但し終日地上に霜あり、亦今日は終日車中独にて甚快し、之にて先つ欧州巡廻旅行を終へ伯林へ帰りて帰朝の準備をなすべしなど種々念頭に浮ぶ、午後五、〇四ベルリン、フリードリッヒ通り着、直に旅宿に帰る、喜美子の手紙二通（十月八日附及十月十六日附）田口和美氏の手紙石黒忠悳氏のはがき其他在り　本国留守宅何の変もなく大に安神《ママ》す、是より出て髪を切り入浴す甚快し　八時ルイーゼン広場八番地に到りて晩食す長谷川寛治氏此頃日本より着面会す十時前帰宿直に眠に就く

十二月四日　火　雨初雪

十時起く午後一時半出てインバリデン通りにて昼食、是よりフリードリッヒ通りへ行き懐中時計一個買ふ（二八マルク五〇）亦破損したる時計の修理を托して帰る、終日雨天、怠りたる日記を記す　夕刻宮本叔氏一寸尋ね来る、№8に到りて晩食

十二月五日　水　曇

午後一時インバリデン通りにて昼食、帰宿、日記を記す、午後四時散歩に出る　アレキサンダー広場まて行き同処

のコンヂトライに入る　蠟人形館（カスタンズ・パノプチウム）に入る以前ありたる人形の今も尚ほ存するものあり、迷路に入る鏡を応用して面白し　亦たダオメー（ベナン）人種の三拾人余の群あり之を一見す　西アフリカの黒奴なり女子多し　是よりシュタイネルトにて晩食し九時帰宿、日記を記す

十二月六日　木　雨

十時起くインバリデン通りに昼食帰宿、喜美子宛手紙及ドクトル・シーケルト氏へ借用のベデカーを返却し共に手紙を添へ又池田陽一氏写真をナポリへ宛出す　カール通り一小店にて晩食しルイーゼンバードのコンヂトライに入りて八時半帰宿

十二月七日　金　曇

九時半起く十一時アナトミーへ行きてワルダイエル先生始め其他の人に面会す、ロタッケルにてMinerva（＊年刊誌）を買ひフリードリッヒ通り一二三番地ジーベンリストと云ふ食店に到　ヤブロノウスキー氏に昼食の馳走になり二時半帰宿、更衣出て井上公使を訪問し福原氏をカルバン通りに尋ぬ　同氏旅行中とのことなり、帰りに宮本氏を一寸訪ひ帰宿、七時出てシュタイネルトにて晩食しカール通りのコンヂトライに入りて九時帰宿　今日アナトミーにて鉄門倶楽部日光山遠足会よりはがきを受取る其返事を認む

十二月八日　土　曇

今日よりワルダイエル先生の講義を聞く為めに朝七時半起く八時半アナトミーに到る直に講義始まる　系統解剖学筋肉なり　恰も下腿筋肉のところなり大に往時を思出す十時終る　是よりプロフェッサー・ヘルトビッヒ氏の研究所（解剖学生物学研究所）に到り同氏に面会す　第二助手レーチッヒ博士（二七歳、（＊二語未詳））氏案内す

一階―右に突当りに所長の室あり　図書室共に三室あり一方には標本作成者の室に通す、亦実験助手室あり八席あり此室は第一助手R・クラウゼ博士の室に通す

一階―左はコレクションなり　此処にも机を置き実験助手席を設く

二階―左は講義室、階段教室　但し段々はワルダイエルの教室の如く急ならす　映写装置あり窓は一々黒幕を以て闇くなす　特別の仕掛けなし　右は顕微鏡室なり大なり夏期は顕微鏡実習をなす　ワルダイエル及フリッチュと合せて三ヶ所に於て同一の実習ある訳なり　冬期は胎生

学の実習をなす丁度実習始まるを以て之を傍観す　三〇名実習生出席（内七名婦人）標本は既に制したるものを配り学生は只カナダバルサムにとづるのみ　雲母板に附着せしむる法を用ふ実習中時々講義室にて映写をなし説明して後一々其標本を分配す　グリセリン封入にはクレーニッヒ教授のカバークラス接合剤（金属を熱して之を以て解かして用ふ）標本作成係クーネ氏亦特に標本室に案内して一々説明す　当コレクションは大抵氏の制したるものなりと　聴覚迷路の金属鋳物数多ありて見事なり又側頭骨全体の髄腔の鋳物もあり　腐食標本（ヒュルトル氏の如き）立派なるもの数個あり

午後一時過去てインバリデン通りにて昼食し二時半よりワルダイエル先生の神経学の講義に出席す四時終る帰宿呉秀三氏一寸来る、№8にて晩食し諸氏と出てカフェ・シュテルンに到る　是カフェ・ナチオナルに行く今回始めてなり旧時の如し去て再ひシュテルンに入り少しく食して二時頃帰宿隣室さはがし

十二月九日　日　快晴

午前十時宮本氏来る共に出てノルトウファーの新に落成したるコッホの感染症研究所を見る　二階にペスト研究室あり出入を禁す　総て二階研究に供し一階は治療に充つ一階に創傷熱の治療部あり　パスツールの法に従ふ　注入患一日十五名位ありと背に厩舎二棟あり、地下室に実験済の動物等を焼捨る鑵あり、消毒鑵あり　午後一時帰宿二時プロフェッサー・ラブルーリュクハルト氏招待に依りアウグスブルク通りに到る　氏真影及写真台を贈る五時半帰宿望月惇一郎氏来る　インバリデン通りにて晩食帰宿

十二月十日　月　少雨曇

朝八時半より十時までW先生の神経学講義を聞く終てインバリデン通り自然史博物館に到りプロフェッサー・ドクトル・ヒルゲンドルフ氏を尋ぬ、面会す、旧き知人に逢ひ甚悦ばし　当博物館は一階を展示コレクションとし公衆に観覧せしむ　二階三階は学術コレクションとす　同氏此部を導きて大体を通覧す　標本の色を失はざる為めにカーテンを以て窓を覆ひ薄闇くなしおく　魚類は氏の受持の部なり亦館長枢密顧問官メビウス氏（真白、眼鏡、小柄）にワルダイエル先生の紹介名刺を以て面会す亦折好くドクトル・C・ヘニングス（動物学研究所助手、足不自由）氏に遇ひたれば同氏の案内にて動物学研究所を見る　博物

館と相通す　所長枢密顧問官フラウ・E・シュルツェ氏（真白、小柄、〔＊二語未詳〕）に面会す
二階―所長室、脇に助手室、その前に研究室と図書室、助手居室、小さな講義室。
三階―大きな講義室（階段教室）、収集品室（ガラス製のクラゲ模型など、たいへん良い、授業で用いる多数の図版）、その隣に演習室（顕微鏡および肉眼）学生二五名（うち女性三名）。恰も実習中にしてドクトル・R・ヘイモンス（第一助手）に面会す
一階―演習等の資料収集品室、収集品作業場つき（たいていは常時無水アルコールで保管する方式で昇華・硬化させる）、実習生室三室それぞれ三―四席（女性が一名作業していた）、標本作製室。
最上階―水温調整装置つきの水槽、写真アトリエ、廃品室、屋上庭園。
時刻午後一時となる隣にて昼食し再博物館に入りて展示コレクションを通覧す、三時帰宿　五時半出てヒルゲンドルフ教授をクラウヂウス通り一七番地Iに訪問す　団扇二本贈る令嬢にも面会す　都市鉄道にてフリードリッヒ通りに来りコンヂトライ・ミュルレルに入りてハムサンドを食し九時帰宿
今日博物館より帰宿すれば喜美子の手紙（十月二十二日より十一月二日までの日付）届き居る

十二月十一日　火　曇

朝例の通りアナトミーに到り講義を聞く、ヤブロノウスキー、ハイン、フローゼ、W・クラウゼ、D・ヘルドビッヒ、R・クラウゼ、レーチッヒの諸氏に〝ベッケン〟〔＊骨盤〕論文を贈る、顕微鏡標本のデモンストラチオンなどを見て十二時半シュタイネルトへ行き昼食し帰宿、発送すべき〝ベッケン〟論文を包む、金時計の修繕なるを以て之を受取りフリードリッヒ通りとカール通りの角二階にて晩食し帰りて尚包み漸く終る

十二月十二日　水　少雨

朝講義を聞き終て顕微鏡室に入るドレスレルの案内にて地下室を見る　新規の屍を保管する棚、下にアルコールを入れ置きて蒸気中に貯ふるの法なり未た実験せずと云ふ貯蔵用の長き楕円形の桶（日本にて安く出来るべし）蓋を〆る法一寸注意すべし　人造石箱（大理石？箱、セメントと砂、金網を心とす）縁に溝あり　金属板を蓋とす中途に段あり　金網の上に屍を置きて蒸気の中に貯ふる

こと出来る様にす之亦新造なり、注入料（原料）は亜麻仁油、テレピン油とメニッヒ〔＊鉛丹〕、始め二品を混して貯置き用ふるに当てメニッヒを混す、貯蔵標本に適す、澱粉注入料より価高し、解離室、大なる鉄箱、之は温むる様になす中に小ブリキ缶を入れて此中にて骨を解離する　ベンジン装置を用ふ　公使事務所に到る呉秀三氏に逢ふ共にフリードリッヒ通りハーゼにて昼食し帰りて、〝ベッケン〟発送の住所を書く、喜美子へ手紙及潤三郎於菟二氏へ絵はがきを書く、No.8にて晩食、談話十二時帰宿

十二月十三日　木　少雨

朝アナトミー講義を聞く学生甚少なし始めには僅かに三十五名計　是クリスマス休暇に付つきたる為めならんフローゼ氏の制するところの種々の模型を見る、帰宿、出てシュタイネルトにて昼食し是よりアクアリウム〔＊水族館〕を見る旧時を思出す　ライプチッヒ通りベルトハイム百貨店に入り非常なる混雑なり　鋏小刀等を買ふ是より尚ライプチッヒ通りとフリードリッヒ通りを散歩す　ドロテーン通りの伊太利料理にて晩食し九時半帰宿

十二月十四日　金　曇

早朝解剖所の小使菊花の一束を持ちて来る　即ち今日は良精第四拾三誕生日なるを以てドクトル・ヤブロノウスキー及ドクトル・ハイン二氏より祝詩を添へて贈られたるなり亦家婦よりも祝辞あり　アナトミーへ行きて講義を聞き十時過帰宿　丁度松井直吉氏及時重等の諸氏来る即ち出発のことを相談す　来一月十六日のハンブルク出帆の船にてアメリカへ同行すべきことに決す　諸氏去る直に出てウンテル・デン・リンデン、ハンブルク-アメリカ航路社に到り乗船を約し手付金二〇〇マルクを渡す是よりケーニヒグレッツェル通り民族学博物館に到る　プロフェッサー・ルーシャン氏を尋ぬ、種々談話す又頭骨数個を見る

ペルー人頭骨二、一つは極度の円錐形で、一つは短く変工されている。ニューヘブリデス諸島の変工された近年の頭骨一（ニューヘブリデスでは近年でも変工がなされるが、他の南洋諸島の住民にはみられない）、左右とも完全な頰骨が縫合している韓国人の頭骨一、穿孔痕のあるラリューム〔＊未詳〕頭骨（ニューブリテン島人）四。〔＊一語未詳〕頭頂骨の両側に大きなくぼみのある頭骨一。頭頂骨に垂直の縫合線のあるマカークザル〔＊アジア・北アフリカの尾の短いサル〕の

いくつもの（約一五の）頭骨（きわめて珍しい）。ヒトではこのような縫合線はこれまで確認されていない。ハプスブルク家の王子の頭骨一、気づいたのは二つの泉門と一つのブレグマ〔＊冠矢交差点〕、下の門歯が上の門歯より前にある（フォルデルカウエル〔＊下顎前突、反対咬合〕）。ハプスブルク家の人々は三百年来フォルデルカウエルであった。前頭骨の左に（差し込まれた）ナイフの先端が付いた頭骨一。

プロフェッサー・ルーシャン氏に別れて後博物館の一部分を見て二時頃出てポツダム広場シュルトハイスにて昼食し四時頃帰宿　〝ベッケン〟論文全く包み終りたれば従卒に托して郵便局へ持行く　ルイーゼン通り郵便局にては受けざるを以てマリエン通りへ行一々切手を貼付す甚難渋なり総て八六部内ドイツおよびオーストリア・ハンガリー五九部（一部郵税三〇ペニヒ）外国二七部（一部六〇ペニヒ）なり三三、九〇マルクを払ふ六時発送して帰宿、ルイーゼン広場№8にて晩食賀古桃次氏日本より今日着し同処面会す食後諸氏とカフェ・シュテルンえ行き十一時帰宿

　十二月十五日　土　曇

朝アナトミーの講義を聞き十時半帰宿数日来怠りたる日記を書く　インバリデン通りにて昼食し三時民族学博物館に到り　プロフェッサー・ルーシャン氏の人類学計測実習を傍観し同氏の方法を見る　器具―

ランケのクラニオフォール、最も便利なりと

ランケの側面測角器

フィルヒョウのビームコンパス、グリシエール〔＊スライド式のスティック〕、タステルチルケル〔＊キャリパス〕とR・マルチンの改良品

R・マルチンの木箱入り人体計測器

フランスの人体計測器（木製スティックをねじ込み式に結合するコンパスで、マルチンの測定器の金属製円柱形スティックにならっている）

グリシエール、枝状のコンパスで平行四辺形のフュールング〔＊導溝、ガイド〕がついている

タステルチルケル、――〔＊同上〕がついている。

此二器械は氏自らハマン？―フリーデナン？工房にて製造せしめたるもの　鼻高測定器之も同の考案に成る　下顎を針金にて捻付ける

六時去てシュルトハイスにて晩食し七時再民族学博物館に到る　ベルリン人類学会の会場なり　フィルヒョウ先生良

精客として列席するを悦び之を会員に報ず甚丁寧なりワルダイエル先生遅れて出席、今日は年会にて諸般の報告あり　会員増減会計及役員改選即ち次年度はフィルヒヨウ会頭ワルダイエル及□□□□（空き）代理会頭に選挙せらる是より演舌ありて九時少し過ぎて閉会　カール通りのコンヂトライに入り十時過帰宿

十二月十六日　日　曇風

朝喜美子よりの書留書及十一月八日附手紙を二通受取但し書留の方は為替券（一〇三〇マルク）のみ在中、留守宅無事にて先安心　午後一時過出てインバリデン通りツル・ホーホシューレにて昼食す　誰も来らす終てカフェ・シュテルンへ行く此処にも誰もあらす新聞などよみて去る　途中宮本氏等に逢ふ浅田しげたらう氏の下宿にて談話五時半帰宿、更衣出てハレンゼー、ドクトル・ブレジケ氏の宅に到る　晩食に招待されたるなり時に八時過なり外に来客男四人女九人あり主人夫婦と総て十二人食卓に就く、男客は三人タキシードを着す、食事の終りて女客煙を喫す之は以前はなきことなり　十二時半辞して去るハレンゼーより汽車にて帰る時二時なりき

十二月十七日　月　曇

朝アナトミー（神経学）講義を聞きて十時半帰宿　午後一時半出てツル・ホーホシューレにて昼食帰宿　午前午後共購入すべき書籍のことなど調ぶ　六時半出て入浴シュタイネルトにて晩食し九時半帰宿

十二月十八日　火　快晴

朝十時カフェを喫し居る処へヒルゲンドルフ教授尋ね来る、シュタイネルトにて昼食、書肆ロタッケルへ寄りハンブルク－アメリカ航路会社へ行き乗船切符を受取り是よりドイツ銀行へ行きて留守宅より送り越したる為替一〇三〇マルクを受取りライプチッヒ通りに到り宝石箱二個求めて帰る、更衣ワルダイエル先生の宅に到る　アナトミー・ディナーなり　解剖教室の諸氏悉く招待せらる二十余名なり、結構なる食事なり二時散す　三時頃ヤブロノウスキー氏と同車帰宿

十二月十九日　水　晴雨

朝田代義徳氏来る未た床中に在りたり鈴木孝之助氏の仕事のことに付きハウゼマン教授に図版費証明の件なり次に吾妻勝剛氏来る共に出てツル・ホーホシューレにて昼食して浅田氏と三人にてフリードリッヒ通りにて写真アルバムのブローチを買ふ、帰りて更衣ハンス・フィルヒ

ヨウ氏の許に到りて食事す九時帰宿

十二月二十日　木　晴

朝十時半出てR・フィルヒョウ先生を病理学研究所に訪ふ未た出勤なし　ベッケン論文を置きて去る　是よりプロフェッサー・フリッチュ氏を生理学研究所に訪ふ　二階右を組織学部門とす　フリッチュ氏に面会しベッケン論文を贈る　助手ドクトル・ブリューール氏案内す。顕微鏡講習室、四〇席　大西克孝氏仕事し居る、冬期は少なし、夏期には八〇名実習生あり　二組に分けて実習せしむ、次に助手仕事室あり　グッデンの大きなミクロトームあり　象の臼歯の石灰分を除去して之を以て切りたる断面あり　桿状の〝水晶体〟のついたサケの筋肉標本あり甚奇なり　演習には多くは切片を分配す、学生自ら之を染め、エントベッセルン〔＊水分を抜く〕等をなす、ある程度の塊で分配されることもあるが、実習生が好んで切断することはない。ドクトル・ブリュール氏の居室あり　氏がシュピッツベルゲン諸島探検に預りたる時の種々の獲物あり、次に講義室（元のもの）を見て

特殊生理学部門に到る一階にあり、主任J・ムンク教授、筋肉生理学の研究室を見る　助手ドクトル・パウル・シュルツ氏頻りにエンゲルマンの器具を以て試験し居たり、同氏案内す　レントゲン室あり、次に

物理学部門（感覚生理学）、主任ケーニッヒ教授。助手ドクトル・バイエル？氏案内す　ツパルデーナッケル？製オルファクトメーター（嗅感を計る器）、ヂフーヂオンス・カーステン（同上）などあり

此処を去て午後一時アナトミーに到りH・フィルヒョウ氏の室にて足の骨格と此足の石膏模型とを並べたる標本の頸骨回転、中足骨回転、膝関節標本等を見て二時去てシュタイネルトにて昼食し帰宿す

緒方正規氏及喜美子宛手紙及厳宛絵はがきを認む　出てミュルレルのコンヂトライに入り肉パンを食す　カール通りにて絵はがきアルバム五冊求む、山上栄助氏を訪ふ大勢集り居る　十二時諸氏と共に出てカフェ・シュテルンに到り一時帰宿

十二月二十一日　金　雨

馬車を命し正十二時フリードリッヒ通り二二九番地王立体育教員教育施設に到りブレジケ博士に面会す　予て約束し置きたるなり　施設長G・エクレル教授に紹介せらる種々の印刷物を得る、此施設はプロイセンの外ミュンヘン、カ

ルルスルーエ、ドレスデン、シュツットガルトの都合五ヶ所にあり

ルコウ医学博士（市の体操指導責任者）に紹介札を得て去る　環状線にて帰りツル・ホーホシューレにて昼食す　是よりフリードリッヒ通りに出て釘箱二個を買ひ、ロタッケルに寄りルイーゼン通りにて櫛類を買ひて帰宿、七時和独会年会に出席す、ニーデルバル通りクレブスホテルなり同処にてエロン氏に逢ふ独船ザクセン号以来にて面会す和独の余興あり　十二時過長谷川寛治氏と共に出てカフエ・ナチオラル、カフェ・シュテルンの二ヶ所に寄り二時頃帰宿

十二月二十二日　土　曇

十一時半起く、8にて昼食す三時帰宿、足立文太郎、能勢静太、今村新吉、ミュンヘンの美術店及フォン・ルーシャン教授の来二十九日招待の書面に対し何れも返事を出す　夕刻出て宮本氏と共に公使館に到る時に七時なり日本食の饗応なり藤波□□□大島道太郎久保田の諸氏を始め二十名計なり井上公使夫人の処持する

Berliner Intelligenzblatt（付録）22 Juli 1862 の外国人旅宿表にホテル・ブランデルブルク（シャルロッテン通り）日本使節竹内下野守一行の姓名あるを見たり、十二時帰宿

十二月二十三日　日　曇

十時起く出て十二時過プリンツェン通り七〇番地ルコウ博士を訪問す学校体育の現場参観のことに付てなり　是よりモーレン通り五四番地エロン氏を訪ふ他出、フリードリッヒ通りベーレン通り角プジョールブロイにて昼食し二時半帰宿、去十八日以来の日記を記す　五時再出てワイデンダマー橋詰クリスマス市にて三二の玩物、ブローチなどを買ひて是よりフリードリッヒ通りをライプチッヒ通りに到り　リボン次にナイフ、スプーンなどを買ひてポツダム広場シュルトハイスにて晩食す大混雑す　路面鉄道にてカール通りまで来りコンヂトライに入り十時帰宿

十二月二十四日　月　曇

朝十時頃加琲を喫し居る処へ突然エロン氏尋ね来る　大に当惑す暫時にして去る、十一時半出て馬車にて市役所に到り教育委員会事務局長に面会し学校参観の許可を乞ふ　是よりシュロス広場、リンデンを経てフリードリッヒ通りに来り　一マルク品の店に入り人形四個及小箱二個を買ひて帰宿　直に出て№8に到り昼食し三時過出てロ

タッケルヘ寄り書籍代を払ひて違向ふのカフェ・コンヂトライに入り帰途カール通りの紙舗にて予て注文し置きたる切手アルバム五冊求めて帰る　五時半出て都市鉄道にてハレンゼー、ドクトル・ブレジケ氏の宅に到る　予てクリスマスツリー一覧の為め招かれたるなり　点灯済みて呼びりんの合図に依り飾り付けの室に入る　来客は良精一人のみ、種々進物並べあり両女の悦ぶ様誠に面白し独乙聖夜に於ける家族の様甚賞すべし　良精及皆々にも進物あり注意の程誠に悦ばし尋で晩食し十一時辞して去る　都市鉄道にてレルテル駅に来る馬車なり　進物重くして困る十二時前帰宿

十二月二十五日　火　曇　クリスマス祝日

朝望月惇一郎、岡本梁松、平井毓太郎の三氏来る　午後二時半ドクトル・ヤブロノウスキー氏の宅に到る　昨日途中にて出逢ひ他に約束なければ是非来るべしとのことに付同氏の意に任せ行きたるなり　他にドクトル・ハイン氏及令閨、小女其外一婦人なり　甚ゲミユートリヒ（＊居心地よい）にして遠慮なし十時半過散す　今日市中各買《ママ》店閉つ併し往来なかなか賑はし殊に夜に入り雑沓す曇天なれども乾き居りて且つ寒薄し

十二月二十六日　水　晴

前十時過起く、出てシャルロッテンブルク・シュルーテル通りに丹羽藤吉郎氏を訪ふ　留守直に又都市鉄道にて帰る　一時頃となるを以てインバリデン通りツル・ホーホシューレにて昼食す　望月氏等来る終へて二時半頃出て望月氏と共にレルテル駅より南環状線にてトレプトウの方よりテンペルホーフまで行く　温和にして甚た好天気なり練兵場を通りてクロイツベルク国民記念碑に到らんとす廻り廻りて日暮れて（四時半頃）後漸く記念碑に達す、下りて一カフェ店に入る甚怪しき処なり早々にして去る路面電車にてポツダム広場に来りシュルトハイスにて晩食し是より歩行　ライプチッヒ通りフリードリッヒ通りを経てカフェ・シュテルンに入る　各買店は閉づ往来甚混雑なり九時過帰宿　今朝喜美子より第拾一即ち最終の手紙及在小倉林太郎氏の手紙落手す

十二月二十七日　木　曇少雨

十二時半外出エロン氏をモーレン通りに訪ふ不在、是より徒歩、ポツダム広場に来りカフェに入り時刻を計り出て馬車にてザイスベルク通りハルトマン未亡人の宅に到る時に午後二時半なり　来客は総てにて男四人（元二ユー

ギニア総督、大尉、婚約者及良精）婦人六人（内四人は老婆、他は大尉夫人及婚約者の女性なり）三時食卓に付く四時半卓を離る、七時頃大尉及婚約者（男）は辞して去る八時頃再食卓に付きバターパンを食す終て直に散す　時に八時半頃なりノレンドルフ広場にて路面電車に乗る車を乗り違へたり　ハレシュス・トールにて下り更に環状線にてカフェ・シュテルンまで来り　之に入る新聞を読みて去る途中にて呉秀三、長野純蔵、沢田敬義氏に逢ふ引き返して再カフェ・シュテルンに入り二階に上る音楽を聞き十二時前帰宿

十二月二十八日　金　雨

一時半過外出頻りに雨降り甚悪天なり　シュタイネルトにて昼食し　是よりドイツ銀行へ行く考にてフリードリッヒ通りを南へ行く　小用の為めにアーケードのカフェに入る時刻過ぐ依て是よりブライテ通りのヘルツォークに到る　広大なる店なりシーツ等其外母上へ土産のコートなど種々買ひ求む（一二六・二〇マルク）　是よりフリードリッヒ通りに出てて三二の帽子及靴を求む、七時半No.8に来り晩食す十時前帰宿

十二月二十九日　土　雨

午後一時半、外出甚悪天、風を加ふ、時計師に到りて時計の［ガラス］を注文す不可思議にもガラスなきことを後にて気付きたり　是よりハーゼにて昼食す偶然宮本氏来る、是よりロタッケル書肆に立寄り次にフリードレンデル書肆に到る　医科大学の勘定混雑の件に付てなり但し用弁せずして去る　四時帰宿、五時半前再出て馬車にてバンゼー駅に到りフリーデナウまで行く　フォン・ルーシャン教授の招待なり　車中にて民族学博物館の役員ドクトル・アルベルト・フォン・ルコック氏夫婦に逢ふ同しくルーシャンへ行くを以て同行す　六時メンツェル通りルーシャン氏の宅に到る、尚ほ外に来客令嬢一人及アンケルマン博士、グレーブネル氏（両氏共博物館の役員）ハロルド・W・ウィリアムズ（オークランド、ニュージーランド）の諸氏なり、十一時頃散す諸氏と同行汽車にて戻る　雨は止む少しく寒しポツダム広場より路面電車にて帰る時に十二時少しく前なり　日本より大沢岳太郎氏及吉永虎雄氏の手紙届き居る　此便は十一月三十日横浜発バンクーバー経由にして十二月二十八日ベルリン着したるものなり　二十九日目に付きたるものなり甚だ早し　又ストラスブルク足立文太郎氏より手紙来り居る其中に吉永氏

の手紙封入しありたり

十二月三十日　日　曇

十時半起く荷物の詰め合せを種々工風す　日本より土産物を入れて来りし箱を用ふることとして之に大凡を詰める　二時半過出てツル・ホーホシューレにて昼食す諸氏大勢在り　三時半帰宿四時半再外出恰も丹羽藤吉郎氏尋ね来る辞して馬車にてプリンツェン通りに到る　ベルリン体操連盟日曜部門模範演技およびクリスマス会なり之に陪席して体操術を見る　副会長アウレンド氏極めて丁寧に案内す氏始終付き切りなり反て迷惑に感す　市の体操教員パウル・マルクワルト氏ギムナジウムの体操参観のことを周施す、当体操場は市の処有に属し体操連盟より毎年一〇、〇〇〇マルクの賃借料を払ふ　今夕は即ち日曜部門にして之は種々の職業の徒弟の部なり　十二三歳十八九歳位までの者なり当部に対しては無料にて市より貸す其他に保護なし　小僧は一ヶ月一五ペニヒつつ払ふ教師は無報酬にて勤む　此体操連盟の支部ベルリン内に外に十数ヶ所ありと　日曜部門等の部約四十部計ありと云ふ　種々の体操技術を演し終てクリスマス贈品を分配す八時出て歩行　ライプチッヒ通りカフェ・ケックに入る極めて閑静なり　階下の客は自分十人のみシンケンブロート〔＊ハムパン〕を食す　次にフリードリッヒ通りミュルレルのコンヂトライに入り新聞読み十時頃帰宿す寒さ増す

十二月三十一日　月　曇寒

十時半起く十一時頃H・フィルヒョウ氏亦和服の儘なる処へ入り来る今夕を約して去る　ラブル教授へ明日晩食に招待の返事を出す　十一時半出てドイツ銀行に到る同処にて偶然岡田良平正木直彦等に逢ふ氏等は巡回旅行より帰りたるところなり　信用状七〇ペニヒ即ち一、四二三・八〇マルクを引出し　是よりハンブルク-アメリカ航路社に到りハンブルクより横浜までの船汽車賃全額を払ふ　即ちハンブルク-ニューヨーク間一等三五〇マルク及ニューヨーク-サンフランシスコ間汽車一等及サンフランシスコ-横浜間汽船一等二五〇ドル(一、〇六二・五〇マルク、一ドル＝四・二五マルク)　総計一、四一二・五〇マルクを払ふ是よりフリードリッヒ通りミッテル通り角ビーネルキュッヘにて岡田氏等と昼食す　午後二時出てフリードレンデルへ寄る　例の医科大学勘定のことなり要便せずして去りルイーゼン通りの勝手道具店にて肉挽き器三個ニッケル

の箱などを買ひて三時半帰宿、喜美子へ遣る手紙を認む、田代義徳氏来る直に去る五時半外出恰も松浦氏ブレスラウより出府尋ね来る　辞して路面電車にてブルーメスホーフ、H・フィルヒョウ氏宅に到る　ミュルレル博士（チュービンゲンの解剖主任）来客たり　九時半辞して去る路面電車にてルイーゼン広場まて来り　カフェ・シュテルンへ行かんとす余り寒酷しきを以てフリードリッヒ通りチーゲル通り角まて行きて寒暖計を見る　零下七・五度を示す　是よりシュテルンに入る新聞を読みなどして十一時帰宿、歳末の夜景を見ることを止む　正十二時となるやプロージット・ノイヤール！〔＊新年おめでとう〕の声諸方に聞ゆ

明治三十四年　二千五百六十一年　1901

独乙国伯林府ルイーゼン広場一番地二階に於て

良精満四十二年

一月一日　火　快晴

午前十時半起く　荷物の詰合せの工風をなす　午後一時出てルイーゼン広場No.8に到る諸氏と共に出てフイリップ通り四番地（山上、井上氏等の下宿）に一寸寄り是より石原、長谷川、鶴巻氏等と共にドロテーエン通りイタリア料理へ行きて昼食す　四時頃出てフリードリッヒ通りを通り寒暖計を見る零下八度を示す　寒感著しく強く感す　カフェ・シュテルンに入る諸氏大勢来り居る室内温なり　五時半帰宿六時フロックコート着て出てレルテル駅より都市鉄道にて動物園に下る　スケート場ありスケート甚盛なり　六時半アウグルブルク通り、プロフェッサー・ラブル-リュクハルト氏の宅に到る晩食す　氏の持病今日殊に宜しからす九時頃辞して去る馬車にてニーデルバルト通りクレブスホテルに到る日本人会なり　始て出席す年始会とて出席者多し　七八拾名もありたるべし　福引の余興あり　十一時頃丹羽藤吉郎氏と共に去てカフエ・ナチオナルに入る去て又室遠山に到る大塚氏来る　丹羽氏に別れ大塚氏共に去る二時頃帰宿　寒暖計を見るにマイナス一一度なり　年賀札はエロン、ヤブロノウスキー其他七八枚来る

一月二日　水　快晴

十時半過起く岡本梁松氏来訪　日本へ持ち行く品物の依頼あり十二時半出てフリードレンデルへ行き彼の医科大学勘定混雑の件に付種々相談す　二時間半を費す三時過出てシュタイネルトにて昼食し是よりドロテーエン通り二五番地に到り荷物箱を注文しフリードリッヒ通りを通り懐中時計のガラス出来せるを受け取りて帰宿　七時No.8に到り晩食す　去て独ウンテル・デン・リンデンまで散歩し帰途フリードリッヒ通りチーゲル通り角の寒暖計を見るマイナス一三度を示す驚くべし　是よりカフェ・シュテルンに入り新聞を読み十一時帰宿　旧十三日頃の月皎々渡る

一月三日　木　快晴

十一時外出　岡田良平正木直彦両氏をモスビット（メランヒトン通り）下宿に訪ふ　数刻談話午後一時半頃出てシャルロッテンブルクに到る　福原藤代両氏同行す　ブランデンブルク門より電気鉄道にてシュロス〔＊城〕まで行くマウゾレウム〔＊霊廟〕を見る　ルイーゼ女王夫婦及ウィルヘルム老帝夫婦の墓なり　是よりフローラに入る空腹殊に寒を感す　此処より路面鉄道にてアム・クニーまで来り此処にて昼食す　時に三時頃なり是より徒歩チルガルテン駅に来り都市鉄道にてレルテル駅に下る　ルイーゼン広場八番地に一寸寄り是よりフリードリッヒ通りを独り散歩し寒暖計を見るマイナス一四度を示す、コンヂトライ〔＊菓子店兼喫茶店〕に入る七時半№８に来り晩食す　諸氏とカフェ・シュテルンに到る其前十一時頃寒暖計を見るマイナス一五・五度を示す　一時頃帰宿　荷箱出来す

一月四日　　金　快晴

十二時前出てフリードレンデルへ寄り是よりエロン氏を訪問す折り悪しく亦不在、ロタッケルへ寄り払をなし一時半帰宿　戸口にて岡本梁松氏に逢ふ　是より氏と共に国立薬学研究所に到りて一見す　チームケ博士（第一助手）に面会す　ドクトル・シュトラウヒ（助手）氏案内す当教室は三省の官轄とす即ち内務（警視庁に属する部）司法及文部とす　右翼下は司法の部即ち検屍解剖室などあり上は教室即文部の部所長室、助手室二室、机二台ある検屍解剖室下のものと同し（下の検屍解剖室の天井に金網あり之は音声を低減するためなり　階上に其外図書室（小なり）陳列室などあり、左翼は事務に用するところとす左右翼中間に陳列ホールあり同時に一四遺体置くことを得　族籍不明のものは三日間公衆に観覧せしむと云ふ、土室に屍を貯ふるところあり風呂屋の衣服を入るるところの如く仕切り之に屍を入るる　冷却装置あり亦氷を入れて冷すことも出来る之は万一冷却装置の損したる時の用意なり　三時頃インバリデン通りツル・ホーホシューレに到りて昼食す　岡本氏に別れて帰宿、大箱に荷物を詰める　七時出て№８に到り晩食　十時過諸氏と共に出てカフェ・シュテルンに到る　寒暖計マイナス一二度一時帰宿　月明かなり

一月五日　　土　快晴

十一時前起く　荷物を詰めることを終る箱の大さ丁度適す　一時前アナトミーに到る　ワルダイエル先生の同

所を出るところに逢ふ　明後日アナトミーに会することを約して別る　H・フィルヒョウ氏の室に到る　氏の冷凍法にて手足の骨の位置の変せざる様に鉸鏈する法を見る、アホロートル〔＊メキシコ産サンショウウオ〕の卵、有頭骨と月状骨の間の動きのモデル（ボール紙製）、舟状骨と菱形骨等を見二時去てツル・ホーホシューレにて昼食帰宿　五時半再出てレルテル駅より動物園まで都市鉄道に乗りクアフュルステンダム運送社に到り大箱運送のことを依頼し亦都市鉄道にてフリードリッヒ通りまで来り同町リンデン以南の電気自動レストランに入り晩食す　其仕掛甚妙なり二階のカフェにも登る、是よりカフェ・バウエルに入る是此度始めてなり去て又フリードリッヒ通り橋に近きコンヂトライに入り九時半No.8に到る、宮本氏の誕生日なりと大勢集りてボーレ〔＊果実を混ぜた酒〕を飲む賑かなり　十二時諸氏と共に出てエムベルクに到る二時帰宿　満月皎へ渡る

一月六日　　日　快晴

十一時起く十二時半出てドクトル・コヒウス教授をイフランド通りのマルガレーテンシューレに訪ふ　氏は本年六十四歳なりと絹ハンケチ半ダース贈る　往返共レルテル駅より都市鉄道を用ふ　ツル・ホーホシューレにて昼食し四時帰宿、大荷物の上書きをなす　七時出てシュタイネルトにて晩食しフリードリッヒ通りの寒暖計を見るマイナス一四・五度　コンヂトライに入る次にカフェ・シュテルンに入る丹羽井上両氏あり九時半去て帰宿、丹羽氏を伴ひて帰り談話、十一時同氏去る

一月七日　　月　雪

午前九時起く十時アナトミーに到る　ワルダイエル先生に面会、来十二日先生の宅にて教室の氏を招き送別す云々　亦進物すべし云々　先生今日より授業を始む十一時帰宿　クレンプネル〔＊板金職人〕来りて荷箱を閉づ十二時前出て再アナトミーに到りH・フィルヒョウ氏に一寸面会して直に去り是より予て心算し置きたる如くライピチッヒ通り、シャルロッテ通り角のシュレーデルへ行きて喜美子、田鶴、精へ遣る品物を求む（一六五マルクゆびわ、一五五マルク同上、九五マルクリサク《ママ》、三五マルクとけい、三四・七五マルクゆびわ二個、四八四・七五マルク）同処に一時間を費し二時半去てフリードリッヒ通りベーレン通り角プショールブロイにて昼食しワイデンダンメル橋に近きコンヂトライに入り五時帰宿　五時半運送屋よ

り荷箱受取者来るを以て渡す　ストラスブルク婆様に此頃送り呉れたる人形の礼及暇乞のはがきを認む　出て七時ワインキュッヘ（フリードリッヒ通りミッテル通り角）に到る　木曜会を兼ね野田浅田良精三名近日出発帰朝するに付送別会を催さる総数二十四名十一時同処を出てカフェ・シュテルンに到る　十二時半帰宿

一月八日　　火　快晴

十時半起く十二時前出てアナトミーに到りH・フィルヒヨウ氏の美術解剖講義を一時まで聞く、一時半出て旧および新博物館に到る　三時出て例のプショールブロイにて昼食し例のコンヂトライに入り五時帰宿、来十二日ワルダイエル先生の招待状に対し返事を出す、断髪、入浴（ルイーゼンバード）七時半№8にて晩食し九時帰宿　寒少しく減す夕刻マイナス六度　明日はバンクーバー経由郵便日なるを以て喜美子へ手紙を認む

一月九日　　水　快晴

九時半起く十一時前出てクラインベーレン通りアスカーニエン高等中学校に到り体操教師ハウル・マルカルト氏を尋ねたり　体育館に入る恰も二年生の体操時間なり（十一時より十二時まで）約十二年位の青年なり四拾名計あり手を叩いて跳躍、自由跳躍、行進練習、鉄棒に登る本級生徒の大さ甚差あり拾年位より拾四五年位とす、履き物は多くは特別の体操靴を用ふ、次に交代にて三年生入り来る（一二―一時）先最初自由練習次に歌いながら行進（騎馬戦に向かう若者の歌）、両手をさまざまな位置にして歩行、タウチーエン（綱引き）、陣取り遊戯（左右二組に分れ甲組のもの乙組のものを打つ、少しく不明なり）、平行棒体操、棒登り等の技をなす　今日は特に良精の為めに斯く種の技を演じたり、一時少し前に謝辞を述べて去り馬車を命しプリンツエン通りドクトル・ルコウ氏を訪ひゲマインデシューレ（＊公立学校）体操参観の打合せをなし是より徒歩にてフリードリッヒ通りデーレン通り角プショールブロイに到る（二時頃）昼食す　ワイデンダンメル橋にて松井直吉氏に逢ふ来十四日同時に出発を約す　三時半アナトミーに到る、実習室に入る又た新設のレペチオン博物館を見る　三階にあり帰途ルイーゼンバードのコンヂトライに入る　鳥山氏に逢ふ、帰りて六時半再出てフリードリッヒ通り一号自動販売レストラン（二回目なり）に到り晩食、是よりアーケード蠟人形館に入る（五〇ペニヒ）シャムの多毛女子あり其写真一枚買ふ特別にパレルモの

カタコンベの模像及恐怖の部屋（殺人罪人の初より死刑までの人形なり）を見る　帰途コンヂトライ〝ビザビ〟（チーゲル通り）に入り十時半帰宿

一月十日　木　快晴

八時起く公立学校参観に行く先つプフルーク通り一二番地に到る時に九時なり　ドクトル・ルコウ氏既に来り居る、男女二個学校同所にあり、校長は老人なり随て行き届かざるところありと、九―一〇時二年生女生徒、八―一二歳、体操教師の号令に従ふて種々のグループをなす号令は先行き届くと言ふべし。体育館少し汚く空気はほこりっぽい

［各公立学校に体操器械四通りつつ備へ付くと云ふ］

［革マット一個価一二〇マルクなりと］

次にケッセル通り女学校に到る　一〇―一一時Ⅱクラス三八人計あり、古き学校なり　次にガルテン通りに到る三個学校一所にあり（二個は男女、一個はカトリックなり）男子七年生、女子七年生同時に体操せしむ女教師二人にて指揮す、初級なり　六七年の小き子供なり輪を成し手を打ち歌ふ、ドクトル・ルコウ氏の懇切なる案内を謝し十二時帰宿、ワルダイエル先生の進物来り居る　一時半アナトミーに到りＨ・フィルヒョウ氏に面会す亦階段にてＷ先生に逢ふ　インバリデン通りツル・ホーホシューレにて昼食し三時過帰宿　五時前出てチーゲル通りビザビ・コンヂトライに入り六時チーゲル通りルイーゼン校に到る直に体育館に入る　マルカルト氏既に在り　今日はベルリン体操協会の女生徒部及婦人部の演習日なり即ち六時より八時まで女生徒部（十一歳―十六歳、週二回の演習で月五十ペニヒ）、大抵体操着を着す　鼠色地に赤紐の飾を付したるもの簡単にして甚だ見へ宜し先初めは随意運動をなす即ち吊り輪（〝ブランコ〟の如し但し〝ブランコ〟は時に怪我あるを以て廃したりと）其他、次にグループ、歌いながら行進、バトン練習次に器械体操の練習、吊り輪、スプリングライフェン（独りにてする縄飛の如し）次にゲーム、鬼ごっこ、追いかけっこ、尚少しく時あるを以て回転ブランコ、平行棒、横木渡りザイルシュピンゲン（縄飛び但一人は縄を振り廻はし他の一人がとぶ）ビッペン〔＊シーソー〕梯子を横にして其両端につかまり上下するもの之は好んでなす機械なり但し怪我することありと、跳躍（台よりとび下るなり）バルコルプ等の仕方を見る　次に八時より十時まで婦人部　此部は漸く六年此方発達したり、上流の婦人（妻となりたるものは

なし、別に既婚女性部ありと）及勤労婦人なりと又女子部より進入するものあり、三拾余人来る初めに随意の体操をなす次にグループ、㈠自由練習、㈡行進練習（星形方向転換）、㈢カンテンシュビンゲン〔＊未詳〕次に器械体操、シーソー　横木平行棒、傾斜梯子、跳躍、高跳び（約一メートル）十時前マルカルト氏に謝辞を述べて去りシュタイネルトにて晩食しカフェ・シュテルンに入る野田氏等と一所になり（野田氏は明日出発帰朝す）一時過帰宿

一月十一日　金　快晴

九時起く十時過出て慈善病院内病理学研究所に到りR・フィルヒョウ先生を訪ふ未だ出勤なし次にプロフェッサー・デーニッツ氏をバラッケンに訪ふ不在、是より路面鉄道にて民族学博物館へ行く次に工芸美術館を見る是より環状線にてワセルトル通りの運送会社に到り此頃出したる大箱のことに付尋ぬるところあり　是より市街鉄道にてベーレン通りに来り　フリードリッヒ通りデーレン通り角のプショルブロイにて昼食す　帰途チーゲル通り向かいコンチトライ・ビザビに入り、絵紙を買ひて五時帰宿、手荷物を片付け始む　七時半№８に到り晩食す独ルイーゼンバードのコンヂトライへ行く次にカフェ・シュテルンへ行く十二時前帰宿

一月十二日　土　快晴

十時起、十一時出て自然史博物館に到りヒルゲンドルフ教授に面会し暇乞す同氏出口まで送り来る途中種々の標本に付き説明す　是よりメランヒトン通り岡田良平正木直彦両氏を訪ふ不在、次に公使館事務所に到る、次に公使館に到る井上公使不在に付名刺を置きて去る　午後一時アナトミーに到る　収集品を見る頭骨は八‐九〇〇あり　H・フィルヒョウ氏に一寸面会し二時シュタイネルトに到りて昼食す是最終ならん、帰宿、四時出てトラドウスキー（フィリップ通り九番地故榊氏の下宿）に訪ふ　四時半アナトミーに到る　H・フィルヒョウ氏と同道ドクトル・ライヒ氏をチーゲル通りの官舎に訪ふ　波多野氏より依托されしインスツルメンテン・シャーレ〔＊未詳〕の批評を乞ふ　帰宿すればH・フィルヒョウ氏の餞別（写真アルバム）来り居る　更衣六時半出て馬車にてワルダイエル先生の宅に到る先生良精の為めに特に送別の宴を開かる来客はN・クラウゼ夫婦、H・フィルヒョウ夫婦、コプシュ夫婦、ハルトマン未亡人、先生の令姪某嬢、クラウゼ令妹、ヤブロノウスキー、ハイン、フローゼ（ブレジケ夫

婦は不参、ブレジケ氏病気なりと）　W先生及H・フィルヒョウ氏の送別の辞あり十二時散す、ヤブロノウスキー、フローゼ両氏と同車帰宿す

一月十三日　　日　深霧

十時起く手荷物を詰める　フロックコートを着し十二時半出てレルテル駅より都市鉄道にてハレンゼーに下る　ドクトル・ブレジケ氏夫婦に暇乞なり亦都市鉄道にて動物園にて下りアウグスブルク通りラブル-リュクハルトを暇乞に見舞ふ氏の容体宜しからず気の毒の至なり三令嬢にも暇乞し去る　是よりワルダイエル先生の宅に到り名刺二枚を置きて去る　三時ブルメスホーフ、H・フィルヒョウ氏の宅に到る　来客老フィルヒョウ先生及令嬢の外男二名とす　人形の餞別を贈らる老V先生に明朝八時病理学研究所に訪問することを約束し五時去る　馬車にて帰宿呉沢田二氏来る手荷物を詰める七時半共に出てNo.8に到る　宮本石原呉氏の真目なる伝言あり　十一時諸氏と出てカフェ・シュテルンへ行く是れ最終なり　チキンスープとシンケンブロート〔＊ハムを載せたパン〕を食す（晩食）十二時過呉、石原、吾妻、宮本、山上氏と馬車にてフリードリッヒ通りの南部シュルバンツェルス・レストラン（地下）に到りカエルの後ろ脚を食す　二時帰宿　手荷物を詰め終る四時過ぎて眠に就く

一月十四日　　月　晴

ベルリン発、ハンブルク着

七時起く八時病理学研究所に到る　フィルヒョウ老先生未だ来らず　ユルゲンス教授の解剖演習を傍観して待つ八時半頃フィルヒョウ老先生来る是より先生の案内にて動物小屋を通り抜けて新築の病理学博物館に到る、四階造りなり

一階―第一ホール（骨格室）約八個の小頭症頭骨、交差した萎縮症の骨格一体、骨格一体頭骨船底形　萎縮症の複数の骨格、〔＊一語未詳〕外骨腫の子供の骨格二、〔＊一語未詳〕ケファローメン（大頭）ナノケファーレン（小さな頭骨だが、〔＊一語未詳〕知的に発達）、知的障害のあるミクロケファーレン〔＊小頭症〕、携帯のための紐のついたアンダマン人頭骨（同人種には妻が夫の頭骨を首に掛けて常に携ふる風俗あり）

後者の頭骨は朱色で彩色されている。脊柱後湾、脊柱側湾の骨格数点、最上のものもあり。先端巨大症の骨格。

第二ホール―佝僂病の骨格と骨盤（後者は特に価値あり）骨

軟化症の骨盤、佝僂病の頭骨（乾燥させたばかりの頭骨できわめて有用）フォスフォルネクローゼ〔＊リン壊疽〕の下顎再建（壊死した一片と後に再建された下顎が並べられている！）ドクトル・カイゼルリング氏来り面会す　同氏考案の液体に貯へたるもの色を永く保存す　卒中の脳標本など見事なり　節断裂肝殊によし　骨標本〔＊一語未詳〕カイゼルリングの〔＊一語未詳〕に保存される　同様二階に講義室あり脇にデモンストラチオン教室あり此内に手足などの石膏鋳物拾余個あり　終りにニューブリテン三個を見る之は一墳墓より出たるものにして一は尋常一は過大一は過小但し病的の証なし、著術を贈らる、老先生の懇篤なる実に感するに余あり　別を告けて去る急きてアナトミーに到る時に十一時なり　先ワルダイエル先生の室に到り米国解剖家へ紹介を乞ひ告別す其先生の辞甚厚し　W.クラウゼ、ヤブロノウスキー、コプシュ、ハイン（同氏より当教室の写真其他の写真を贈らる）フローゼ（同氏の耳手術のための石膏模型を見る）氏に暇乞す　終りにH・フィルヒョウ氏に暇乞す同氏より小狭刀及銀色飾を贈らる又解剖実習室に到り雇員のドレスレルをさがして暇乞す、アナトミーを出て獣薬学校裏門にて暫時立止りアナトミーを眺めて去る時に十一時半なり　コンヂトライ（ルイーゼンバート）に入り十二時前帰宿、宿料を払ひ手荷物を閉つ　是よりルイーゼン広場八番地に到り長谷川寛治氏に逢ふ、帰宿、一時二十分前発しレルテル駅に到る同行の松井直吉、鈴木敏の両氏既にあり、H・フィルヒョウ氏見送りに来る且ブローチ一個を喜美子へ贈らる　医学者諸君の見送り呉れたるもの二拾五名計、一、一七発車、天気快晴となる、樹木及地上霜白し　車中食堂車にて昼食す　ビッテンベルゲ及ハーゲノウの二ヶ所に停車せしのみ、四、五七ハンブルク-クロステルトール駅に着オムニブスにてユングフェルンシュティーク・シュライツ・ホテルに投す　高松豊吉氏は既に前に此ホテルに投宿しあり、五階の一室に入る　七時食堂に下りて四人集りて食事す、終て読書室に入り良一宛絵はがきを認む、八時半出て旅行用トランクを買ふ（四八マルク）一寸旅宿に帰り再出てカフェ・ド・リュロップに入り九時半帰宿、手荷物の詰更をなす十一時半眠に就く

一月十五日　　火　快晴

十時前起く下りてカヒーを喫し松井鈴木二氏と共に出てドフェンフレット-ハンブルク-アメリカ会社に到り乗船切

符其他のことを弁す　是より別れて独一寸ホテルに寄りゲンゼマルクトより電気鉄道にてエッペンドルフ新病院に到る、道なかなか遠し三十分計費す、先本部に到り一見を乞ふ、一役員を案内とし管理課より先新設の整形外科に到る外来診療所（マッサージ、電気治療）整形外科の各種電動器具のある室、看護部長説明す、次に外科手術室男女二室及開腹手術室あり、次に見本室、四級外科を見る（一級一日一二マルク、二級七マルク、三級四マルク、四級二マルクなりと而て四級貧民にして種々の救助費より支弁す）約四〇床あり、次浴室を見る　二階に常設バッセルベットト〔＊ウォーターベッド〕あり注意すべし、電気浴は奇なり次にアナトミーに到る　病理解剖主任フレンケル博士に面会す　解剖室に九台あり　屍運搬の法は二人にて担ふか又は車を用ふ特種の法にあらす、焼却所、排水処理所（石灰液を以て消毒す）　調理場、洗濯室此二者甚広大なり即ち患者一千八百人計看護婦等五百人計の賄及洗濯なり之にて巡覧終る　一時半より三時まで費す三時半旅宿に帰る、食事し、読書室にて少時休息し散歩に出る　樹木真白にし花の咲き満るが如し其見事なること実に名状し難し　アルスター川内側の岸ノイエル・ユングフェルシュティークを行きアルスター川外側に到り氷上を渡り橋下を通りてアルスター川内側に来る全く氷張りて自由に歩行するを得る市人大勢氷上に遊ぶ　是より美術館、自然史博物館、実業学校及博物館の建物を見る日暮る　シュタイン通りを通りて旅宿に帰る時に六時なり　諸氏と共に晩餐を食し散歩に出る　欧州市中を散歩するは最終なり当市中は地階住居多し　九時頃帰宿

一月十六日　水　快晴　ハンブルク発

七時起支渡し下りてカヒーを喫し八時過馬車にて四人共に発し八ノーファー駅に到る八、五五発車す　此列車は会社の別仕立なり大に混雑す　二ケ所に一寸停車す十一時クスハーフェン着　汽車桟橋まで行く、混雑を極む、はしけ小汽船二艘を以てす氷を分けて行く甚寒し殆んど堪へ難し　港内の氷誠に珍し十二時本船アウグステビクトリア号に達す　二連スクリューにして速力一八・五ノット有すと亦八千噸以上なり　ザクセン号に比すれば余程大なり、音楽を奏し一二、一〇機関運転を始む、室は八ウプトデック〔＊正甲板〕七三番なり他に合客あり甚不愉快なり　一二、三〇ランチ　散歩甲板甚寒し喫煙室温し船内処々を見廻る、屢々道を迷ふ　乗客は一等八拾名計

二等満員なりと　六、三〇夕食後喫煙室にあり十一時過室に入る　ハンブルク―ニューヨーク三六〇〇マイル

一月十七日　木　快晴

サウサンプトン着　シェルブール着

九時過起きて食堂に到り朝食す（朝食八―一〇時）甲板に上れば本船既にカレー海狭にありドーバーに近き路を行く　ドーバーの白き岩を見る大陸の方は見へす、田鶴子宛本船絵はがきを認め事務長に托す　一、五〇サウサンプトン着入港前に左右に浮要塞を見る其中間を通る　サウサンプトン良港にあらす　左右に洲の如きものあり町は遥かに遠しはしけ汽船来りて乗客を送る二、一五発す　六、五〇仏国シェルブール着是亦良港にあらず町は何処にある哉不明、小汽船にて客を送る直に発す　去九日以来怠りたる日記を記す　十一時過室に入る

一月十八日　金　曇

九時過起く事務長に談して独にて一室を占む　プロムナードデッキ機関の後二等室の上なり二二番　波は少しく高し但し空気寒からす外套なくして散歩することを得　夜に入り波益々高く風強く雨降る　九時過独占の室に入る

一月十九日　土　半晴

九時起く船の動揺なかなか甚し食卓上欄《ママ》を置く船病者多し　松井、高松、鈴木の三氏も弱る　甲板を散歩すること出来す　大西洋冬期の有様なかなか壮快なり　夕刻に至りて少し静かなり、空気温なり外套を用ひすして散歩す是れ温き潮流中に在る為めなるべし　十一時室に入る

航程四〇〇海里

一月二十日　日　曇

九時起く動揺昨日よりも少なし食卓上欄を除く　航程四〇九海里午後に到りて動揺甚し夜に入りて最も強し、時計は昨今共四十分計を戻す

一月二十一日　月　晴曇

波高きこと同様なり　航程三四六海里　喫煙室に於てベデカー〔＊旅行案内〕（アメリカ）を読む

一月二十二日　火　曇

八時起く九時朝食少しく静かなり　航程三九六海里　午後に到り亦た波高し

一月二十三日　水　曇

航程四二四海里

一月二十四日　木　雨霧

朝降雨、左右の動揺甚し卓上のものすべり落つ　歩行特に困難なり　午刻より霧深し船時々汽笛を鳴しつつ進む、航程四四一海里、ニューヨークまで残里三八〇海里、午後船医ドクトル・クライン氏に面会同氏の室にて談話、晩食の際に種々飾付などありて最終ディナーを賑かにす又今夜音楽の催ありて寄附金を募る船員救助の為なり三マルクを投す

一月二十五日　金　雪曇　ニューヨーク着

朝八時起く船汽鑵を弛べて進む既にラバー湾の入口に来る　朝食して甲板に上れば左にサンディー・フックを見る但し霧ありて明かならす　ナローズ〔＊海峡〕に来りて船を止む即ち検疫所ありて検疫船来る亦税関吏も乗り込む暫時にして船除々に進む　少しく雪降る又左右の陸地に少しく雪ありて白し　ナローズの両側に砲台あり船の食堂に於て税関吏一々荷物中有税品あるや否を質し証明記名す且番号札を渡す　其中に本船は音楽の中に埠頭に付く本船を下れば番号札を出して荷物検査所に到る高田商会員クニスケ・セキド氏来り居りて週《ママ》旋す荷物はａｂｃの順序に並列す検査済みて馬車を命し（二頭引き四ドル六〇セント）に乗る　大カバンは運送会社社員に命してホテルまで別に運ばしむ　小なる手荷物は車中に入る四人同乗して発す　渡船は馬車を其儘載せて進むホテル・ウエストミンスター（東一六番ストリート、ユニオン広場の脇）に着したるは午後十二時半なりき　五階の室に入る（米国式にて一日三・五ドル）是より食堂に下りて昼し、手紙を認め緒方正規氏宛並に喜美子へニューヨーク安着及来二月十九日サンフランシスコ発日本丸に乗ることを申送る　三時半頃高松鈴木両氏（松井氏は少しく不快）と外出　ユニオン広場よりブロードウェイ北へマヂソン広場より第二三番ストリート西へ第六番アベニューを曲り戻る　ユニオン広場角にて当市景色及絵はがきを買ひて五時帰宿、六時高田商会員山内某氏及セキド両氏来る是より出て西二五番ストリートの日本料理へ行く同所にて領事内田定槌氏木内氏井上氏等に逢ふ室内甚熱し但し本年当地珍しく温なりと云ふ　十一時帰宿当市中を散歩して目に付きたるは家屋の高きこと（十五階位のもの沢山あり）赤煉瓦造りの店先き人道に品物並べ置くこと、穴蔵住居のこと、家の入口に段々ありて登ること、市内軌道車（電気（多くは無線）又は馬車もあり）及高架鉄道、人道も右行なり、雨中の点灯は旧式瓦斯又は白色電灯な

り、人道敷石の大なるは驚くべし、車馬道は重なるところはアスファルトなり

一月二十六日　土　快晴

九時起く、朝食、十一時高松鈴木両氏と外出、始めて第一四ストリートより第六アベニューの高架鉄道（短くELと称す）に乗りセントラル・パークに到る乗賃総五セントなり　園内岩石あり池あり常高低ありて欧州公園に比し大に風致ありザ・モールと称する大路には数個大理石像あり　ザ・レイクより東に曲りメトロポリタン美術館に入る、入口は南に向ふ、美術館の西にクロトン貯水池との間にオベリスクあり　美術館の建築は単簡なり　第三アベニューのELにて帰宿時に二時なりき　昼食し休息、五時再出て近傍を散歩し一〇セントの売品店に入る又高松氏安全かみそりを買ひたり六時半帰宿晩食後は外出せす　入浴し十一時眠に就く

一月二十七日　日　晴

午前十一時松井高松鈴木氏と外出、第三アベニューのELにてパーク・ロウに到る　此処に市庁あり之に対して郵便局あり近傍高壮なる建物多し　ピューリツァー・ビル（ワールド・オフィス）殊に美なり又三十階計の家あり、是よりブルックリン橋を渡る弘大なること驚くべし中央は人道、其両側に高架鉄道往返の道、其外に電気鉄道往返の道、其外に車馬道往返あり、アパー・ベイの眺望よし　リバティ島、彫像、ガバナーズ島明かに見ゆ　ブルックリンへ渡りて一料理店に入り小用を便し是より電気鉄道に乗り（架線式なり）プロスペクト公園に到る　入口にアーチあり新設なり園内常に高低、池ありファム・ハウスあり此処に少し動物あり帰路も電鉄にてパーク・ロウまで戻る　但し此処は高架鉄道の駅、電鉄の駅、ブルックリン橋の上り口等、混して甚入組む、是よりELにて第三アベニューを戻り二時半帰宿、昼食、三時半独り第六アベニューよりELに乗り第八一ストリート駅にて下りアメリカ自然史博物館に入る

一階―右、民族学新ホール、米国石材見本、木材見本、二階―動物、鉱物、エスキモー民族　氷家の模型及人形、鳥類の天然棲息の有様を模造したるもの（ロンドン・サウスケンジントン博物館の如く）などあり　変工および開頭手術したペルー人頭骨一〇〇個計あり、そのうちのいくつかは極度に変工され巧みに開頭されている（見事なコレクション）その他約二〇〇の普通の頭骨　当館は最新築にして

未た全部の建築を終らさる様見受けたり且つ内部は今頻りに整頓中なり　五時閉館に付亦第八一ストリートよりＥＬにて第八アベニュー第一一六ストリートまで行きて下りモーニングサイド公園に到る　一段高き処にして石垣を積み上げてテラス〔＊段庭〕をなす、市を望む眺極めて佳なり　是より第一〇アベニュー（アムステルダム・アベニュー）を横切りてコロンビア大学の建物を見てブルバールを横切りてリバーサイド公園に入る　是も同し高さの地にして其最も高き処にグラントの墓あり　壮大なる建物なり此公園はハドソン川の岸にして河上の眺望至て佳なり七日頃の月明かにして殊に風景宜し併し風ありて寒し　是より戻りて再ひ第一一六ストリートよりＥＬにて帰る（第一一六より第一四ストリートまで三〇分計費す）上の方のＥＬの高きこと倹《ママ》なるが如し　旅宿に帰りたるは七時なり諸氏も帰り居りて共に晩食す　夜は外出せす

一月二十八日　月　曇晴

午前十時前諸氏と共に出てユニオン広場より電気鉄道にてウォールストリート正金銀行に到り逆為替の残金八七ポンドを受取る即ち四二三・八七ドルなり（之に船中残金二三ドルを加へ四四六・八七ドル着米の際所持す）是より同町の高田商会に到りセキド、山内両氏の外野沢氏ありて切符のことを依頼す時十二時半となる　是より自分等四人の外セキド、野沢両氏と共にパーク・ロウに来りロウ・ビルヂング内のハーンにて昼食す　此建物は当市最高の建物にして三五階計あり食事終てエレベータにて上る　只窓より眺めて下る　是より領事館（ナッソーおよびフィールトン両ストリートの角）に到り領事内田定槌氏に面会す病院への添書三通を得る　是よりブルームストリート三井支店に到る自分は此処に用事なければ下る　今日は到るところ高階なれば常にエレベータを用ふ甚速なり是より独電気鉄道にてバッテリーに到る　時に四時少しく過ぐ水族館あり但し既に閉つ港内の眺望よし併し風強くして寒し此処よりブロードウェイ始まる　其一番地はワシントン・ビルヂングなり再電鉄にて帰る時に五時なりき、室に上るセキド氏来る共に晩食す、夜は外出せず日記を記す十二時眠に就く

一月二十九日　火　晴

八時半起く十時前独外出、第六アベニュー、第一四ストリートよりＥＬにて第一一六ストリートまで行き是よりモーニングサイド公園を登りて西一一三ストリート、聖ルカ

病院に到り領事添書並に名刺を出して一覧を乞ふ時に十時半頃なりき一人の女役員案内す　当病院は丸十年以来の新築なりと入口（南に向ふ）の突当りにチャペルあり毎晩説教ありと先エレベータにて最高の六階に登る　手術室二個あり一はプライベートにして一はクリニック患者なり此方は手術中なりき　階段教室にして数名手術を傍観す　麻酔室手術後患を置く室の患者運般の車之は車を直にエレベータに入る手術室至て明るし

五階に下る　女子結核病室あり本院は男女内外及結核患者の部に別つ臥床総数殆んど五〇〇、在院患者二〇〇―三〇〇　女子室、炊事場毎日患者及其他の賄ひ五〇〇人前なりと

四階―女性療養部門、少年室（一二床）男性療養室（親族の見舞は毎日十時より十二時までなりと即ち丁度其時間中に付見舞人多し）

三階―図書室六〇〇〇巻ありと二室あり一は医書にあらす一は医書なり尚ほ女子室あり但し之は塗り直し中なり化学試験室あり、尿などの験《ママ》査室なり　是より廊下を通りて検死室あり　病理学顕微鏡室あり（七―八席）

一階―ロビー、集会室などあり

地下―洗濯炊事室なり　機械はハンブルクの病院の如し洗濯槽、攪拌機大小二種あり、ハンドプラッテン〔＊未詳〕も用ふ、乾燥設備等　十一時半同所を去る　第一一六ストリートよりELにて第五九ストリートまで来り　同町のコロンビア大学内科および外科カレッジに到る　解剖学教授ハンチントン博士に名刺を通す　解剖学教室は大建物の一部分にして之に新旧の部分あり

二階―教授の仕事室あり大なる室と小なる室とあり小なるは図書室にして兼ねて書机を置く同教授懇切に案内す先つエレベータにて解剖実習室に登る　最上階なり大なる室二個あり台数はベルリンに譲らざるべし台は鉄脚石板なり悉く屍を載甚盛なり　天窓にして甚明し　あまり清潔ではない換気装置は壁の上部の隙より吹き入れて下部より吸取りたるも宜しからざれば止めたりと　現今は只空気を壁より吹き入るるのみ又一室即新築の方は壁に鉄管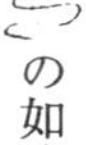の如くに置きて冷却する装置あり　解剖実習の期は十月より五月までにして五月十月などは随分熱きことあれば其節用ふと　隣りて小なる手術演習室あり、実習生は一年生二年生を合して五〇〇位あり死体一ケ年三百位、当州には好き制規ありて困難を感せず施療病院、

貧困者寮等より来る、隣りてデモンストラチオン室あり急なる階段教室なり教員デモンストラチオン中なりき　エレベータにて

地下室に下る屍室なり冷凍設備を有す　華氏一〇度－二〇度なりと壁の鉄管白く氷る之に七〇－八〇の屍を掛けてあり外耳道にクラメル〔＊クリップ〕を付く防腐の注入もなす　此装置甚たよし、二階に講義室あり大なる階段教室なり　博物館は大なる一室なり標本の数なかなか多し佳なる腐食標本数個あり　氏の自ら製したるもの下に同し大さの博物館あり併し之は空なり目下整頓中なりと又戸棚も鉄骨に改むべしと〔顕微鏡室なし〕再地下室に下る　解離室設備甚た大げさなり蒸気を以てす既に解離したる骨格五、〇〇〇以上ありと　集団研究をなす目的なりと但し骨はばらばらなり　同名骨を一所になす但し一々金札番号を付す、教授仕事室に戻る、ベルビュー病院、医科カレッジ及コーネル医学校へ添書二通を請け且つ著述数種を得る、フォトグラビヤと称する複製の法を賞揚す厚く謝辞を述べて去る　ELにて午後一時半帰宿、昼食、室に上り暫時休息三時過再出てワシントン広場まで行き戻りて西第一五ストリート、ニューヨーク病院に到る　領事の添書及名刺を出し一見を乞ふ医員某（二五歳、黒髪）案内す　一階－右に児室あり且模様換等にて混雑、是よりエレベータにて最上階に上る　手術室二個あり一は階段教室にしてクリニックをなす　内科医科カレッジ及コーネル大学医学部の学生来ると（ベルビュー の方は来らす）一は一般患者のものなり、滅菌室、外科女室（二二床）

次のフロアー外科女室（二二床）隣内科女室（病床の総数約二〇〇）、次のフロアー外科男室二個（各二二床）、次のフロアー内科男室二個、是より一ケ月此方開きたりと云ふ　一般病棟に到る事務室等の工事最中にて仮り廊下を通りて行く　エレベータにて最上階に上る　手術室最新にして甚よし手洗器美なり（ガラスよりなる）麻酔室、滅菌室、外に小なる手術室あり之は敗血症手術の為めなり　個室美なり一週間一〇〇ドルのものは浴室付属す七五ドルのものは浴室なし　次のフロア同様なり次のフロアは二等室一日二ドル一室八床あり次のフロアにも病室あり　総一八室あり次のフロア医員住室数個あり次のフロアには種々の室あり　前の仮廊下を戻る四時半去る、外部より一般病棟の建物の階数を数へたるに八

階ありたり　是よりマジソン広場よりグラマーシー公園を通りＡアベニューよりアール川まで行き戻りスタイベサント広場を経て帰宿時に六時なりき　松井氏と晩食八時室に上る十二時過眠に就く

一月三十日　水　雪

八時半起く時に雪降り始む　十時過出て徒歩東第二六ストリートの終ニューヨーク大学メディカル・カレッジと表題したる建物に入る併し受付人居らす　暫時迷ふ其内に人来る此処は一年生学科の部にしてアナトミーは三三八番地なりと　依て去て更に同番地に到る　スチュアート教授不在ドクトル・ラスク氏案内す　病理解剖学博物館を見る一室なり窓に接して顕微鏡仕事席あり（約七席）女学生二名仕事に居たり此席は特別研究を試験済のもののするところなり　是よりアナトミーの部、学生七五名ありと、スタディ・ルームより机椅子を置き模形及標本（多からす）あり　学生の復習室なり　机の引出を開けば中に骨あり又此室に胴体断面数個を石膏に埋め込みしアルコールに積《ママ》けてガラスを以て履ふたるシャウプレパラート〔＊展示標本〕あり（之は他のところにても見たるものなり）、色写真あり　解剖実習室は側面光で（天窓光あれども甚不充分）二〇台　コロンビア大学のものと同様なり、解剖者の戸棚あり隣にデモンストラチオン室あり　段々の急なる小階段教室なり　其外附属室二三個あり（試験室、回転鋸室（骨又は凍体を鋸断する）等）、一階下りて助手の準備室あり　前に記したるスタディ・ルームの外陳列品なし、屍は一ヶ年一〇〇位あり　死体公示所より来る、組織学は病理学に属す故に顕微鏡室なし　生理学の実習室を見る（ラスク氏舎兄其主管なりと）　ミオグラフィ〔＊筋運動記録器〕各席にあり三四十人前あり此処にて鵜飼欽次氏に逢ふ　是より

コーネル大学医学部へ行く　第一アベニュー第二七ストリートと第二八ストリートの間にあり、新しき立派なる建物なり（二年前に落成したりと）階段は大理石なり解剖実習室は最高五階にあり二〇間に一〇間位の大なる室なり天窓光にして甚明し二二台を置く　解剖台はコロンビア大学と同様なり、手洗所甚立派なり、清潔ではない、当室の週《ママ》囲に標本戸棚（たいていは模型）を並ぶ別に収集品室なし　学生グレイのAnatomy及ワイスのPractical Anatomy1899〔＊文献〕を用ひ居たり、主任ウールゼイ不在　ニューヨーク大学及コーネル大学の解剖教室主任は

同時外科をも担任す旁コロンビア大学に大に劣れり又コーネルの方は病院なし（診療所とて外来臥床備台はありと）学生はやはりベルビュー病院へ行くと屍もニューヨーク大学より少なしと

是よりベルビュー病院に到る時に十二時半にて食事なりとのことに付去て小料理店に入り休息し一時再ベルビュー病院に到る　一患者の全快したるもの案内す　一階―右男室薬戸棚あり之は各病室具ふ極必用《ママ》の薬品なり厚き大なる帳簿ありて之に患者の姓名及自己の要点（体温等）を記す　外科室には繃帯兼小手術室附属す女室小児室（外）あり

二階　女室小児室男室、外科小手術室

三階　男室、小手術室（二階より良い）

（四階）五階に大なる手術室あり　階段上の周囲に一般および病理解剖学収集品の戸棚を並ぶ（之は解剖学の主任外科を担任するを以て此の如きことになりおると推察す）見るべきものにあらず只三四個手足のよき水銀注入標本あり（乾燥標本）中国人の奇形化した足あり、大人の奇形の骨格（下肢湾曲手の指只二三本あるのみ）脇に尚一個小手術室あり　是迄は外科の部是より内科の部を段々下る三階女室に教授廻診中にして女学生拾名計随行す　今日の現在患者八一〇名（臥床は凡一、〇〇〇計ありと）

温度は華氏を用ふ

結核患者は全く離れたる二階造りの建物に入る

終りにモルグ〔＊死体公示所〕を見河の中に建つ　展示はなし　大なる室に両側に狭く深き風呂に入れる総て一〇〇も入れ得るかと思はる　外に水死者を入る小なる室あり　又検死室ありて教授頻りに解剖し学生傍観す　再ひ病院に戻りエレベータにて手術室まで上る併し手術なし直に下る二時半去る一食店に入り食す（二五セントを払ふ）頻りに雪降りて困る四時前帰宿荷物整へる　晩国友某（当地に開業し居る医師）及鵜飼欽次の二氏来訪、日記を書し十二時半眠に就く

一月三十一日　木　晴

ニューヨーク発　ワシントン着

八時半起く十時十五分松井氏と共に出発（馬車一・五ドル）西第二三ストリート駅（ペンシルベニア鉄道）到る之より渡し汽船にて向岸ニュージャージー・シティへ渡り本駅に到る　一一、一四発車す汽車は欧州のものに比し少し大なるかと思はる少なくも少しく高し線路は右を行

く午後一時過食堂車へ行きて昼食す（一ドル）　ボルチモア着の節小便に困る、途中は昨日の雪にて地上白し四、一〇ワシントン着　ホテル・オムニブス（自動車）にてアーリントンに投四階の一室に入る広く且美なり（アメリカ式一日五ドル）是より松井氏と共に出て公使館に到り高平公使に面会す六時半去て帰宿、晩食、食堂立派なり、八時散歩に出る　ペンシルベニア・アベニューを行く寒風堪へ難し九時帰宿

二月一日　金　快晴

八時半起九時半出て直に近きコロンビア大学（本通りHストリートと第一五ストリートの角にあり）に到りて医科大学の所を尋ぬ少しく迷ふ　巡査に問ふ直に近く本通りと第一四および第一五ストリート北側にあり　コロンビア大学医学部、歯科治療所と表題す　教員は一人も居らず学生も居らす　シュート博士は六時半より講義すと兎に角黒人の案内にて教室を一見す　突き当りに講義室（階段教室）あり三《ママ》階の解剖室に登る　甚せまし解剖台六個計を置く屋根下にして天窓あり　とても汚い、台の板はブリキにして粗末なり概してめちゃめちゃなり　陳列室は六畳敷計の闇き室なり黒人ガスを点す甚怪し　其外化学実験室あり（さらに薬理学研究室も）及病理学顕微鏡室あり

六―七人の席あり　学生は約二〇〇名ありと又デンタル・インファーマリーとて歯科治療所あり　是より一寸フランクリン広場インター・アティバル大学へよる　十一時出て路面電車（無線電道なり）に乗りジョージタウンに到るなかなか遠し　ジョージタウン大学に到る高地にあり最新築にして美麗なり　二三の粉飾したる室を見る　医科は此処にあらず又路面電車にて財務局まて戻りHストリート第九および第一〇ストリートの間なるジョージタウン大学医学部に到る　教員居らす黒人の案内にて教室を見る　入口の左のところに閲覧室あり　医薬品の標品して戸棚の中にあり、突きあたりに稍大なる講義室（階段教室）あり、地下に屍室あり体を入れ置く大な土製の箱あり二三のひからびたる屍（解剖済のもの）あり甚不潔なり、屍を解剖室に挙ぐるエレベータあり教職員室あり、又一室にごだごだと産科婦人科の標本少しくあり、化学授業準備室あり之は講義室に通す　二階―大きな階段教室あり此腰掛台の下の薄闇きところに戸棚一個あ

りて出す　標本瓶拾個計もあり甚怪し、臨床病理および組織学研究室甚せまし、化学研究室少しく広ろし　三階―解剖実習室、天窓、とても汚い、ブリキの解剖台一八（ケンブリッジ大学のものと同様）其中二台に怪しき干からびた屍あり　二三の学生仕事し居たり　学生の数は一二五―一五〇名位、コロンビア大学及ジョージタウン大学の医科は共に甚不充全なり　ジョージタウン病院は北ストリート、第九五ストリートにありと　一時過帰宿昼食す室に入りて暫時休息し三時再ひ出てホワイトハウスなどを見ながら歩行スミソニアン博物館に入る　二階は南北米先史時代収集品陳列室なり一個の大なる室イリノイ、ウィスコンシン、ミシガンの先史時代の頭骨約一〇、その中に変工された頭骨数個（模範的）、アラバマの頭骨一　前後につぶれたるもの　土、石、骨、貝、青銅器等なり、階下は米国産鳥類、貝類、虫類、下等海生物等、四時半閉場に付去て歩行　絵はがきを買ひて五時過帰宿、西紳六郎氏及海軍人某二氏来訪、六時前松井岩井二氏と共に出て公使館に到る高平公使及婦人より日本食の饗応を受け十時半帰宿　旧十三日の月至て明かなり　種々考案の末明日出発　ボルチモア行と決し十二時頃眠に就く

二月二日　　土　快晴

ワシントン発、ボルチモア着および発、フィラデルフィア着

朝七時起く払をなし（一〇ドル）八時半自動車（五〇セント）にて発す　九時ワシントン発車、一〇、〇八時ボルチモア・ユニオン駅着　巡査にジョンズ・ホプキンス大学医学部の所在を慥めてキャブ（七五セント）に乗りジョンズ・ホプキンス病院に到る　市の東部ブロードストリートとモニュメントストリートの角にあり　病院受付にて暫く待つ十二時半案内にて病院を通り抜けて解剖学研究所に到る　道を隔てモニュメント・ストリートにあり　フランクリン・モール教授（四五歳、ブリュネット、口ひげ、眼鏡なし、痩身）にワルダイエル先生の名刺に自分の名刺を添へて出す　モール氏は総て独乙流を取ると即ち記述解剖学共に組織学及胎生学を合併す他の所にては組織学は多くは病理学又は生理に附属す、当教室に来る学生は一年生二年生を合して一〇〇名計内女学生二〇名計、先つ地下室に下る　製氷機（アンモニア冷凍機）あり隣室は氷屍室にして又寒剤を以て冷却する装置もあり之は製氷機の働かざるときの用意なり、此屍室四〇〇体位も容ると　現に四五拾体積みかさねてあり、屍はグリセリン-フ

エノールを以て注入し布（ガーゼ）を巻き付く（乾かざる為めなり）ニューヨークのコロンビア大学の屍を掛けるの法遥かに優る　屍一ヶ年約三五〇、そのうち多くは黒人当州に於ける規則宜しき為め材料に困難せす即ち親戚なく又ありても公費を以て埋葬するものは解剖することを得但し承諾せねばならぬと云ふ訳にはあらす且つ公費を以て埋葬するときは屍を受取りて後解剖するも知れずして済むと云ふ　折々死体を盗まれることありと之は一体二五ドル位の価になると云ふ、隣室にレンツ（ベルリン）脱脂装置を据へあり　石膏と蠟の彫塑室、厚いプレート模型のための蠟プレートを製するところなり

一階―顕微鏡室、六〇席、机は造りつけなり　各窓に二席つつあり、顕微鏡、手術器具セットの見本あり之は各学生の買求むるに弁なる為めなり多くは独乙出来のものを買ふと独乙の方米国製よりも宜しと　生体解剖教室あり種々の実験的研究をなすところなり（胃排出の如き）、デモンストラチオン教室あり　モール氏教授法は講義をせすデモンストラチオンと実習とのみ故に五〇名以上を容る場所を要せず依て階段教室の講義室はなし　バルデーン博士（眼鏡、ひげなし、ブリュネット、三五歳）の一室に入る女画工ありて頻りに人間の胎児の図を書く　胎児の模型あり　解剖実習室に於て学生に一々神経標本を図せしむ（其用紙は参考の為に一部得たり）大量統計を取る為めなり

二階―第二顕微鏡室、地下のものと同様なり、廊下には仕事着をかける戸棚を並ぶ（之は欧州所々にて見たるものに似たり）　陳列室は小なり氏自から小なりと云へり、顕微鏡のための一般準備室―大なる室にして誰にても来りて用ふ　甚便利なりと薬品其他顕微鏡準備に要するものを備ふ　人工孵化器三個あり、多数の豚の胎児より之は蓄殺場より取る　はらんだ獣を好んで売る之は胎児が目方を増す且つはらんだ獣は一時フェット〔＊脂肪が多い〕になると　モール教授の仕事室も此階にあり

三階―いくつかの小さな実習室、各二～四卓　学生頻りに実習し居たりその中に女性数名あり　台は粗末なる木製にしてブリキを張る　天窓および側面光、明るい、二つの解剖実習室、ハリソン教授の受持なり　デモンストラチオン教室あり之は一個準備室に台を据へたるのみにして此腰掛台は取除くことを得、廊下には仕事着、戸棚を並ぶ、写真および幻灯室あり（図を書く為め）之に尚暗い付属室

あり　此階にハリソン教授（茶髪、眼鏡なし、ラテン系ドイツ人女性）の室あり氏は種々の合体実験をなす　オタマジャクシ異種の合体したる標本数個を見る　当教室はニューヨーク・コロンビア大学より贅沢にはあらず併し之よりも宜し、建物は質素なり、論文別刷数部を得て午後一時去る　ジョンズ・ホプキンス病院を一週《ママ》しモニュメントストリートを戻りカルバートストリートを南へ曲り一ホテルにて昼食（五〇セント）し絵はがき等を買ひボルチモア・ストリートに曲る　此町当市最も立派なる通りなり又チャールズ・ストリートに曲りワシントン記念碑を見てジョンズ・ホプキンス大学の建物（大抵書《ママ》築なり）を見てユニオン駅に戻る　ボルチモア市に九個の医学校ありと併し他皆旧式なりと云ふ　ボルチモア市は奇麗にあらず街路は随分不潔なり、電鉄道は架空式なり市中高低多し、汽車の市街平面を通るとき（カルバート・ストリート駅）は鐘を鳴らす

四、二〇時ボルチモア発車六、四九フィラデルフィア着、先きに送り置きたる手荷物を受取り黒人に持たせて、直に近きホテル・ラファイエットに投す　三階一室に入る二一・五ドルなり少古けれども室の造り上等なり　室の中央に円柱二本あり、衣服室あり、便所手洗所附属す　食堂に下りてディナーを食す（一ドル）音楽あり　日記を書き十二時半心地宜く床に入る

二月三日　日　曇（雪）

九時起く、カヒーを飲み十一時出て市庁舎を見て市の東部を行きデラウェア川岸埠頭を見て戻りインデペンデント・ホールの前を通り折々小路に入りて用便し一時帰宿　市中不潔、家は多くは三四階、赤煉瓦造り、市庁舎の近傍高き家あり（十七八階）、昼食し喫煙室（二階にあり）にて休息、三時半出て西の方へチェストナット・ストリートを通る此町最立派なり　シュイルキル河を渡りて大学の建物を見る　皆新築にして奇麗なり　各研究所も廻りにあり偶然野口英世氏に逢ふ氏の下宿に到り暫時談話、氏と共に出て時雪降り始む　路面電車に乗りホテルに帰り晩食を馳走す又工学士三宅次郎氏偶然面会す氏は同旅宿に泊り居る九時両氏去る　十二時過眠に就く　駅はフィラデルフィア大（丸屋根）ワシントン中（丸屋根）ボルチモア小（丸屋根にあらす）なり

二月四日　月　曇

フィラデルフィア発、ニューヨーク着

朝八時半起く十時出、時に雨降る　ウォールナット・ストリートを路面電車に乗りユニバーシティにて下る　二三の学生らしき人にアナトミーを尋ぬれどもよく解することあたはず　先ウィスター解剖学研究所に入る所長ドクトル・ジェイン氏不在、副所長ドクトル・グリーマン氏（髪少長し、ひげなし、眼鏡なし、四〇才）に面会す氏丁寧に案内す　一階―大きめのホール左にあり　人種頭骨のある棚一、インディアン（カリフォルニア）の複数の頭骨、其他解剖学および病理学の標本　最も注意すべきは学生のための骨学研究展示法は、個々の骨がボール紙に固定され、糸と線を用いて重要なポイントを簡潔に挿し絵のように示している。〔骨以外の〕軟らかい部分もこれに準じている。品数は多からす併し秩序正し　研究者用作業室此処に馬鹿に大なるミトクローム〔＊鏡検用薄片切断器〕あり、又新式鉄骨の戸棚を置く室あり立派なる戸棚なり価五〇〇ドルなりと　ガラスのみにて二〇〇ドル其大さ巾二間高さ七尺深さ四尺位なり、亦骨格を連続せずばらばらにて盆に仕切りて並べ置く法面白し　オランウータンの骨格数拾あり

地下―人骨引出の内非常に沢山あり併し同種の骨を一所に置く　各人の骨皆混合すおしきことなり、アラスカ頭骨二〇個計あり（価値高い）、未整理の多くの動物骨格甚贅沢なるは棚の工房なり蒸気機関を備へて棚の鉄骨を造る

二階―一室に四角なガラスを研磨したるもの及其蓋を固定する仕方並にガラスを置く　位置甚工風をこらしたるものなり　小さな図書館、研究室、印刷室（ラベルなどを印刷するため）大きな収集品陳列室は未だ標本を置かずせいとん中なり　総て当博物館は整頓中なり、是より医科大学へ行く直に向ふ建物なり

医科大学―先事務所に到りピアソル教授に面会を求む

二階―病理学なり　フレックストナー教授兼任なり野口氏に逢ふ　化学および生理学講義室あり

三階―解剖学講義室あり、ピアソル教授（四五〇歳、黒みがかったグレイ、ふくよか）の室あり　同氏講義中にて暫く待つ十一時半氏講義終りて来り面会す是より助手ドクトル・スワン氏案内す　講義室は大なる階段教室なり　収集品室其段々の下の空間にあり甚究屈なり併しよく整った参考標本にして講義用のものなり、大きな骨模型、チーグレル式模型、皮膚病の蠟模型

四階―標準組織学課程室数組に分つ　顕微鏡を貸し出す薬局口の如きところあり　天窓、四八席机は室内一盃《ママ》に並ぶ切片を分配す顕微鏡八〇台あり　顕微鏡準備室あり（之は見ざりし）其外此フロアに病理学デモンストラチオン室と収集品及病理学顕微鏡室あり、尚ほ登りて屋根下に動物室あり甚騒々し、解剖に関する部分は別の建物にあり　先地下に入る焼却炉あり　注入器具（一定圧による）、注入の際屍を固定する器具、氷室（華氏九度）、自動温度記録装置。屍は注入の後、ワセリンを塗られ、クローゼットペーパーを巻きつけられ、その上に繃帯、氷室中に棚を造りて体を置く

五（最上）階―解剖室長き室なり四二台あり皆体を置く、今恰も新学期の始めなり故に実験室是より始むる様準備出来たるところなり　学生は一―二年及歯科学校を合して三五〇名位、屍は一ヶ年二四〇体位、施療病院、養老院などより来る　アナトミカル・ボーズと称して解剖学、外科学、病理学教授等よりなる委員ありて常に屍のことに付心配し其分配方も各医学校学生の数によりて取極めると云ふ、解剖室週囲《ママ》に戸棚あり、採光良くない天窓光と側面光　片端にデモンストラチオンの場所あり　是より市電にて市庁まで来り　カレッジ・オブ・フィジシャンズ（＊医師協会）に到る時に一時過ぎなりき　当所は医学アカデミーの如きものにして会員は一々推選す　之に博物館あり　Ⅰ．メインホール、ヒュルトルの各種民族頭骨、胎盤の乾燥標本（ミュンヘンにあるものと同種）シャム双生児の肝臓、ポリツァーの耳のオリジナル標本。標本の数なかなか多し勿論病理学のものも沢山あり　Ⅱ．（付属）ホール、ヒュルトルのオリジナル腐食標本、亦医学図書館あり之は米国一二と云ふ図書館なり、会議室あり廻りに会長の油絵拾余枚あり、参観簿に記名し二時半旅宿に帰り、昼食、三、五〇時発車、六、四〇時ニューヨーク第二三ストリート着の如く時刻表に見へたれども六、〇〇時頃着、ニューヨークに近つくに従ひて雪多く積むキャブ（一・五ドル）を命してホテル・ウェストミンスター帰着、以前室に入る、晩食松井氏知人米人一名同席

二月五日　　火　晴

ニューヨーク発、ボストン着

午前十時半出て医学大学院に到りドクトル・アインホルン氏を尋ぬ住宅へ行き可然とのことに付是よりELにて氏を宅に訪（東第六二ストリート二〇番地）巴里以来にて面

会す住宅は一軒家にてなかなか立派なり　細君にも面会す是非共に昼食すべしとのことに付昼食の馳走になり二時前別を告ぐ　ELに乗りて来る、高松氏と共に四、〇〇時グランド・セントラル駅発車す　高田商会関藤氏駅まで来りて週《ママ》旋す　パーラー・カー〔＊特別車〕を取（一ドル）スプリング・フィールドにて食堂車を付す時に七時過なり　直に食事す車中少寒冒（咽頭炎）にて熱あり一〇、〇〇少しく過ぎてボストン着　駅甚大なり、馬車は一ドル、パーカーズ・ハウス（スクールストリート）に投す六階の一室に高松氏と同室す（三・五ドル）直に床に入る

二月六日　水　雪

咽頭炎宜しからす天気も悪しければ午前に一寸ワシントンストリート一七〇、通し切符調製を托したるのみにして一切外出せず　食堂にディナーの際軽小なる音楽あり

二月七日　木　晴寒風

十時出てパークストリートより地下鉄に乗り高松氏と共にボイルストン・ストリートの自然史博物館（二五セント）に入る　次に工科大学を見る是より独ハーバード・メディカル・スクールに到る　時に十二時に近し先事務所に入る折好くミノット教授（六〇以上白髪眼鏡なし）来る依て氏に誘れて先組織学および胎生学の部を見る　新しい自動ミクロトーム、図書館、書籍目録（著者別にカード化され、棒を通して引出に入る）　胎生学の顕微鏡標本とても良い！　すべてきちんとしている。組織学の標本は整理されていない。顕微鏡演習室―天窓および側面光、二三五席現在学生二三五名　一々番号の戸棚あり、一部は既成標本を分配す一部は学生に切片を造らしむ、今は丁度試験の時なり新しい研究所を造る計画あり　教室は小さき方宜しと云ふ主義を採る　解剖室、顕微鏡室等皆二三×三〇フィートの広さを以て足る　生理、病理其他の教室にも適すべし云々　午後一時となる依て昼食を進めらる　寒冒にて気分悪し食を辞す併しミノット教授と共に隣家ボストン・アスリート・クラブに到る　同処にて生理学教授に面会す二時再ひカレッジに来る　ミノット教授に別れてドワイト教授（六〇歳位、総ひげ、灰色、鼻眼鏡）を待つ　三時に近頃氏来る甚親切なる人なり　プロフェッサー・デクスター（ブロンド、眼鏡、三七歳）氏にも面会併し氏は試験中なり、総論解剖学―収集品、大きな紙製の骨模型（フィラデルフィアのものも氏の造らしめたるもの）

良き腐食標本、ギャラリーにあり、脊柱のさまざまな異常、〔＊一語未詳〕増殖、障害など、また他の骨異常、手の奇形〔＊一語未詳〕、シュプリンツハイム自身の頭骨。講義室―天窓光と側面光、良き階段教室、隣に講義用標本、D教授による鼻と咽頭腔のデモンストラチオン用の切片作成法。
最上階―解剖実習室〔解剖するにゴム手袋を用ふ、他にても見たることあり〕石板一八台、天窓光および側面光、今は空なり学期の界なればなり　屍は一ヶ年一〇〇―一五〇あり出所は病院と救貧施設　当州の規則は公費を以て埋葬するもの親戚友人の故障なければ解剖す云々此場合に費用を大学より出すやの問に対して答明かならず　終りに地下室に下り屍室の氷室を見る棚を造るストック少なし前学期に多く費したりとドワイト教授に別を告けて去る　地下鉄にて帰る、絵はがきを買ふ四、四五時帰宿　六時晩食室に入る　ボストンは全く雪景を見る市中奇麗にあらす不規則なり　市電は電気高架なり

二月八日　金　快晴　ボストン発

十時半外出パークストリートより地下鉄にてケンブリッジへ行きハーバード大学（三・五マイル計あり三〇分計費す）雪中の景一味あり　メモリアル・ホールを見て大学博物館に到る　ガラス製の花草最有名なり　比較動物学博物館（アガシッツ博物館）も此一部なり、帰りに切符を受取り亦寝台車（一・五ドル）を買ひて一時過帰宿　昼食は米人某の振舞なり、午後三時過出美術館（二五セント）へ行、夫婦の石棺に形を刻したるもの二個ありたり　此美術館はモース氏の日本焼物及フェノロサ氏の日本絵のコレクションを含む　一戸棚根付（五〇〇―六〇〇点）チャールズ・ウェルド博士、ウィリアム・ビゲロー博士等の所有品多し　五時前帰宿勘定し出発に際し大トランク行違ひて他へ送りたりとて甚迷惑す併し慥かにシカゴまで送り置くべしとこと《ママ》に付き其に任せ松井氏と共に六時ボストン発車す　車中にて少し食す（寝車の席にて）咽頭炎宜しからす去五日晩より毎日発熱す、寝具を造らしめて八時頃眠に就く　松井氏明朝未明に車を換ふべし

二月九日　土　雪

ナイアガラ・フォールズ着

八時前起く頻りに雪降る乗客は大なる車中自身一人のみ珈琲を喫すサバンナと云ふ駅を過ぐ　バッファローまで尚一〇〇マイル以上あるべし一二、二〇時バッファロー着此処に寝台車去り普通の車に乗る　一時半頃ナイアガラ・

フォールズ着トランスファー係員に命して馬車及手荷物を托す（馬車、橇　奇麗にして五〇セント荷物五〇セント）プロスペクト・ハウスに投す　三階の粗末なる室に入る（アメリカ式四・五ドル）ディナーを食して室に入る雪頻り降り且咽頭炎宜しからす依て床に入る　晩少しく快し晩食し怠りたる日記を記し十一時過室に入る　未た眠らざる中に松井氏到着し当ホテルに投宿す

二月十日　日　晴

ナイアガラ・フォールズ発

八時半起く窓より日光入り室内を照らす好天気となりたるを悦ぶ　朝食し松井と共に馬橇（二頭引にして奇麗なるもの）を命し瀑布遊覧に出掛ける時に十時頃なり　先ゴート島橋を渡る途中にバス島あり　積雪なかなか深し凡そ一尺余もあるべし此橋は目下石橋に改築中なり　ゴート島に達し右に曲りてルナ島に渡り（小き橋あり）アメリカン瀑布を眺む　是よりゴート島を左へ廻る途中に彼の有名なるケイブ・オブ・ザ・ウィンズへ下る小屋あり寒中は閉つ　テラピンロックへ行く木の橋あり段々もあり　岩の先へ雪を沓して出てホースシュー瀑布を眺む是よりスリー・シスター島を行く第一の橋は石造、第二は最も長く第三と共に鉄造釣り橋なり　カナディアンラピッズの眺め壮なり次にパーティング・オブ・ウォーターズ即ちカナダ及アメリカ両瀑布に水の分かるるところ判然見ゆ　是よりゴート島橋を戻りプロスペクト・ポイントに到る　是より市中を通り抜けて北の方下流三マイルのところにあるワールプール〔＊渦〕に到る　入場料一ドルなれども市中にて前に払ひたるを以て五〇セントなりし水の梯子段を少しく下りて高きところより渦及河の直角に曲るところを見る又此処にて景色図本及絵はがきを買ふ　是より引き返しワールプール・ラッピズに寄る斜面鉄道にて下まで下る　片持ち式橋梁（ミシガン中央鉄道）及サスペンション・ブリッジ（此方河下にあり、釣り橋にあらす広大なるボーゲン〔＊アーチ〕にてささえる）との間にあり　是より旅宿に帰る時に一時半なりき急き昼食し午後二時十五分再出掛ける　サスペンション・ブリッジ（之もボーゲンブリュッケ〔＊アーチ橋〕なり）を渡り（橋銭一人に付一五セント）カナダ領へ行く　クイーン・ビクトリア・パークの門を入り河岸より瀑を眺む　正面にアメリカン瀑布（瀑水五条を分る但しルナ島の他の小岩は氷塊にて出来たるものなるべし）右にホースシュー瀑布

共に瀑の正面を見ることを得る　之よりテーブルロック・ハウスに到り先つ楼上に登りて全景を眺め次に合羽を着しゴム靴を穿てエレベータにて瀑の下に下る　案内者先導しトンネルを通りて瀑を下より眺むる亦壮なり　虹甚明かなり瀑水氷りて広大なるつららとなる（五〇セントなり）戻りてテーブル・ロックよりホースシュー瀑布を見る　恰もプロスペクト・ポイントよりアメリカン瀑布を見ると同様の位置なり　是より引き返し小汽船の着点へ来り　斜面鉄道（五セント）にて下り河を結氷の上を渡る即ち橇は此処にて雇を解く　氷橋より瀑を見る亦一入なり小汽船の発着点に付き是より斜面鉄道の下氷山に上る大に霧をかぶりて之が直に氷り帽子外套全く氷る物好きの至りなり　此処にも斜面鉄道あれども乗らす歩きて上り再ひプロスペクト・ポイントに寄りて旅宿に帰る時に四時半なりき　橇は午前四ドル午後三ドルなり　五、三二時（中央標準時四、三二時）ナイアガラ・フォールズ発す　寝台車の価シカゴまで三ドルなり、サスペンション・ブリッジ駅にて停車す　是よりカンティレバー橋を渡りフォールズ・ビュー駅にて停車す此処より尚名残りに瀑殊にカナディアン瀑布を眺めて発す時に黄昏となる　此駅にて合衆国の税関より差支なきことを証し手下げに札を貼る之にて済む　七時頃食堂車にて食事し九時床に入る

二月十一日　月　雪晴　シカゴ着

六時起きて着衣中央標準時七、五〇時シカゴ着の筈のところ雪降りの為め大に延着し九時過漸くイリノイ中央駅着す　オムニブスにてホテル・アウディトリアム・アネックスに投す　広大なる建物なり三階の一室に入る手洗室付属す　二ドルなり（但しフィラデルフィアのラファイエットの室の方宜し）電灯八個を点す食堂に下りて朝食す時に十一時頃なり　ボストンにて行違ひたるトランク着す先安心す　午後二時頃松井氏と共に出てバン・ブーレン・ストリート駅より汽車にて第五七ストリート（ユース・パーク）駅まで行き　是より第五七ストリート、シカゴ大学に到る　偶々同処にアナトミーあることを知り松井氏に別れてアナトミーに到る　アナトミーは動物学並立す後方に生理学及植物学の建物あり　バーカー教授は目下サンフランシスコへ出張中なり　ドクトル・ジョセフ・マーシャル・フリント（ブリュネット、ひげなし、眼鏡なし、恰幅よくドイツ語少し）氏面会す　当シカゴ市内に一六医学校あり重なるものは三個にして他怪しきものなりと其一六個校の

学生総五、〇〇〇以上　ドクトル・F氏自ら種々のものを示す　学生実習を終れば一々筋肉の原基を記載せし（モールの原理に従う）　後に統計を採る用に供す亦試験には骨を記憶より図せしむ中になかなか立派なるものあり試験には甚便なりと　亦学生に模型を制作せしむることあり　消化標本（トリプシン〔＊膵液中のたんぱく質分解酵素〕）、下顎腺、少し肥大した甲状腺の結合組織、とてもよい。ブタの胎児の肝臓注入標本（当所にては豚の胎児沢山あり）脾臓の結合組織の基質（モールの方式による消化の乾燥標本）、一般解剖学に四〇名の学生、顕微鏡演習に三〇名の学生
此建物は凡そ一階を心理学とし、二階神経学、三階を解剖学とす、四階に解剖実習室あり、三小室に各一台、五階（屋根下）動物小屋なり　尚解剖実習室一個あり　四台を置く台は木制《ママ》なり　屍はラッシュ・メディカル・カレッジより来る甚少しと　学生の用ふる本はGerish, Textbook of Anatomy 1899なり〔＊三語未詳〕講義室（階段教室）の下にも解剖実習室ありて五台計置く　教授法は講義は甚少なし　グローベアナトミー〔＊総論解剖学〕には全くなし直に実習にかかる、陳列室はなし　二階神経学の部に骨学室及神経学室あり此室にいくつかの脳標本、脳断面図、脳模型（シュテーゲル他）などあり、一階に組織学室（顕微鏡室）二八席、其外写真室、備品室、暗室。本教室並に医科大学は未た完成せず即ち診療所の部分全くなし漸々完成の計画なりと　五時に近き頃同処を去てジャクソン公園に入りたれども一尺余の積雪にて道困難、コロンブス博物館の前にて戻る　時に黄昏、湖岸の鉄道にて再ひ帰る　時に六時半晩食しホテル内を彼処此処見廻る　トンネルにて本家に通づ八時過室に入る

二月十二日　火　午前晴後曇

今朝ユニオン・ストック・ヤード見物の序あるよし即ち藤田領事（敏郎）の案内にて木内井上鈴木の諸氏と同行、五マイル余の遠方にて車に乗りて三十分計費す十一時過となる　先スウィフト会社の事務所に到りて記名し是より屠牛の部を見る　次にリビー会社の鑵詰を製するところを見る十二時同処を去て領事館（ワシントン・ストリート商業会議所ビルの七階にあり）に寄り二時頃会社に帰り昼食す　午後四時半頃鈴木氏と出掛け先公会堂の塔に登る（二五セント）時に晴天なれども煙深くして市の方は明ならす併湖上の景よろし是より少しく市中を見る　寒風強し少時にして帰る　晩は鈴木松井（同氏昨夕より

旅行今夜帰宿）と談話十二時過眠に就く

二月十三日　水　晴

前八時過起、十時出てメディカル地区へ行く為めマジソン通りの車を索りて大に迷ふ　ユニオン・デポまて歩行す同所にて温まり且小用を達し漸く右車を見付けて之に乗る　ガーフィールド公園にて下り行路の人に尋ぬれば遠く行き過きたり全くユニオン公園と思違ひたり亦車に乗りて郡病院の前にて下る　之はハリソン通りの南側にあり　薬科カレッジと陳列室、ラッシュ医科カレッジ本部は北側にあり　両校の縦覧甚混雑度々出入上下せり　ラッシュ医科カレッジ（シカゴ大学提携校）と表記す、南側にある其研究所の方へ行きアナトミーを見る　六階に解剖実習室あり主者居らず学生は仕事し居る　天窓とても明るい、大きめの部屋が小さな六室に分割され五つの解剖台（鉄の台架にガラス板）あり、隣に小さなデモンストラチオン室、段差あり屍は布に巻きてあり、学生なかなか多し、多くは帽子をかぶりながら仕事す　一時過一寸小店に入り五セントて飲食す　ラッシュ医科カレッジ本部の最上階にミュージアムあり　学生の溜り所にして机腰掛あり廻りに哺乳類の骨格、猿の骨格二三あり　ミュージアムと云ふ程のものにあらす極めて乱雑なり！　イリノイ大学内科および外科カレッジと題す　五階―解剖学研究所主任者エクレイ博士（四五才、眼鏡なし、ひげなし、額少しく禿）講義中なり大なる階段教室殆んと充つ女生も見へたり助手某案内す　エクレイ氏の室及附属室に若干の神経と脈管標本あり〔＊一語未詳〕の蠟標本、解剖実習室、天窓光暗い、一四台を置く粗末なる木製、今は空なり　学期界なりと側に屍七個計あり袋に入れてあり又室の片隅に箱あり其内に棚を造り、屍を入れて置く　屍の数は一ヶ年凡一五〇位歟　別に女生の解剖実習室あり小なり且闇し三階に組織学科室あり　ミュージアムは極めて不充分ミュージアムと云ふ程のものにあらす　亦た驚くべきことはアナトミーの下の階（三階）にて大なる階段教室に於て頻りクロロホルムを用ひ手術し居たり、亦外来診察所あり病院の入口と記したる戸口あり　ラッシュ・カレッジ本部の方は主として診察所なり　此二医学校は意外に不完全なり　車にて四時過帰宿　六時半松井鈴木両氏と出て晩食す（二〇セントなり）ステート・ストリート美麗なる店を見て八時帰宿

二月十四日　木　晴　シカゴ発

八時起く朝食を喫し荷物をサンフランシスコまでチェック〔＊チッキで送る〕す　トランスファー運賃として一個には二五セント即ち四個にて一ドル払ふ　十一時外出ステート・ストリート・カーに乗り第二四通りとの角なるノース・ウェスタン大学メディカル・スクールに到る（始め第三四通りまで行き過ぎて戻る）二個の建物あり其一を各研究室に充つ
ベイスメント〔＊地階〕—之へオステオロジカル・ミュージアム〔＊骨学博物館〕と書示しあれども閉じてあり無論見る程のものにあらざるべし
二階—医学博物館、主として病理標本あり品数は少なし併し先つミュージアムの体裁をなす　階段教室大なり生理学研究室
三階—薬学、顕微鏡研究室
四階—講義室大なり　階段教室にあらす　化学ミュージアム、細菌学研究室、組織学および病理学研究室（之は広し三方の窓に机を造り付く七八十の席あるべし）
五階—化学研究室、（医化学、生理学等）
六階（屋根下）—解剖学研究室、外科手術室
アナトミーはバーンズ博士主任なりと併不在　解剖実習室は天井光および側面光なれども宜しからす　二〇台を置く粗末なる木製なり、屍は布にて巻く随分乾きおる、室内とても不潔、第二室は外科手術の室なり　小さめ　十二時半旅宿に帰る、午後二時再ひ独出て昼食せんとす併し余り食欲なきを以て止めて美術館に到る入場料二五セント館内にて学生中村藤兵衛氏に逢ふ四時過帰宿、シカゴよりサンフランシスコまで寝台車一四ドル之は前々日に買ひたり　ホテルの払をなし（三日間六ドル）五時半出立す　シカゴ―北西部鉄道駅に到る時刻尚早し待合所に入る　六、三〇時サンフランシスコに向けて発車す車中北里、熊崎両氏に会合す　食事車にて晩食し九時眠に就く

二月十五日　金　晴

八時起く恰も汽車カウンシル・ブラフス着停車中なり暫時にして発しミズーリ河を渡りてオマハに着す　時に此処に二〇分間停車す　八、二〇時発車す此辺雪甚だ少なし大抵地を現はす霜至て白し快晴甚心地よし終日木も山もなき野原を行く　三、二五時ノース・プラット着此処にて時を改む即ち山地標準時にして一時間遅れる二、三〇時発車是より路少し小山となる

二月十六日　土　曇

七時半起く時にグリーン・リバー停車中なり　シャイアンは夜中に過ぐ発してグリーン・リバー河を渡る積雪は昨日より少しく多し　ロッキー山中なれども其様に思はれず只低き砂山の間を行く　午前九時グランジャー着此処にてポートランド行は乗り換へ一一、四〇時エバンストン着至て小部落なり　昼食午後一時エコー着是より山漸く嶮し　エコー・キャニオンなど称する嶮岩の間を通りデビルズ・スライドを右に見て山間を行く　樹木も少しく生ず　ロッキー山らしく思はれて風景宜し又エコーより谷川に添ふて行く此川はソルト・レークに落つる一個のトンネルあり　山脈を越して広き谷に出て午後一、四五時オグデン着　此処にてインディアンの女子二人居たり直にソルト・レークを左に見て暫く行く　見渡す限り只鼠色の枯れたる草を見るのみ是即ちグローセ・アメリカニッシエ・ビュルステ〔＊大アメリカ荒野〕の北部なり十時過床に入る

二月十七日　　日　雨曇

朝七時起カーリン停車中なり昨夜半より此処に停車すサンフランシスコまでは尚ほ五三五マイルあり　其故を尋ぬれば此先に洪水ありて汽車通せず既にサンフランシスコ発列車は其所にて怪我あり三四名の死者と若干名の傷者ありたりと云ふ　此ステーションにてインディアンの男二人（ひげ薄く瞼は二重、肌は暗褐色で日本人より濃く、黄色のトーンなし、髪一人は短く刈り、もう一人はアイノのよう）及女八人内五人成人三人小供皆長髪なり衣服は欧州片田舎の貧人に似たり　午前は頻りに雨降りたれども午後は雨止む　今は午後四時なれども汽車何時発するや更に不明甚困却、日記を車中喫煙室にて書く　カーリンは人家二拾軒計極め小村落なり五、〇〇時発車す　土地はやはり砂漠山なり　ハンボルト川添ふ河水泥濁なり

二月十八日　　月　曇

朝七時起く　コスグレーブ停車中なり昨夜半頃より此処に止る　サンフランシスコまで三九三マイルなり即ちカーリンより一四二マイル来りたるのみ　暫時して発車す汽車怪我の場所にて止る朝食を終へて直に車を下り他の車に乗る時に九時なり　レック〔＊遭難〕の有様実に悚然たり、怪我は昨日朝五時頃にしてフリスコ〔＊サンフランシスコ〕の方より来る列車なり　鉄道不通の為めに相方より此処まで来りて乗客を乗り換へしむ　此処も今朝始めて出来たるなり人夫数百人頻りに働く　死者八名内

乗客三名火夫の屍は尚ほあり　自分の乗りたる列車かカーリンに止りたるは実に幸なりき嗚呼危かりし　此辺見渡す限り砂漠にして人家なし　一〇、五〇時発車す先つ乗船の時刻に間に合ふべし此処にインディアンの女五人小児三人乳児二人見物し居たり乳児を皮の器に収れおく様面白し次の駅はミル・シティなり（フリスコまで三八六マイル）　停車場に破損の車数輛あり此処にて汽関車を前に附す（此処まで後押しにて来れり）一一、三五時なりき　ハンボルトは砂漠中のオアシスとて樹木あり　ラブロック此辺には牧草あり　此処にもインディアン男二人居たり又砂漠となる三、二〇ワズワース着　インディアン一〇人計居る（女は前髪を切る）四、四〇時リノ着小都会と云ふべし是より漸々木を生す夕刻雪降る長き雪履あり（一四マイル）

二月十九日　火　雨　サンフランシスコ着、発

未明にオークランド着、天明を待つて車を下り渡船に乗る（ニューヨークの如き大なる船）六時三十分なり馬車にてパレス・ホテルに到り朝食す（荷物は昨日汽車中にてトランスファーに托し日本丸まで届けしむ）是より東洋汽船会社に到り本切手に取り換へ船中用の煙草及絵はがきなとを買ひてホテルへ戻りオムニブスを命して十一時発し日本丸に乗り込む雨強く降りて困る　右舷拾八号室に入る松井氏と同室なり本船は六千余噸乗客五拾余名内日本人拾二名即ち松井、木内、白石、馬場、井上、鈴木、東郷、渡瀬、熊崎、北里、岩井氏及良精なり　午後二時出船す　雨降り風強く浪高く甚た困る　サンフランシスコ-ホノルル二〇八〇マイル、ホノルル-横浜三四〇〇マイル

二月二十日　水　晴

天気よし航程二八五マイル　断髪入浴す（一ドル）

二月二十一日　木　曇

七時半起、昼は日本料理を食す　船の動揺強し甲板へ出ること叶はす　三三八マイル

二月二十二日　金　晴風

七時起、動揺強し、朝大降雨暫時にして止む　甲板へ出ること出来す甚徒然小説恋慕流しを読む　二八四マイル漸々温暖となる

二月二十三日　土　晴雨

風強く浪高し午後は雷鳴大降雨　二九九マイル

二月二十四日　日　晴

三日間の〝しけ〟にて困り切りたるところ今日は甲板へ出ること出来大に快し　三三四マイル

二月二十五日　月　晴

波静穏三五一マイル　午後運動会の催あり

二月二十六日　火　晴　ホノルル着、発

未明五時前に着五時起く本船は尚港外にあり検疫を終りて港内に入る七時朝食本船はウォーフ〔＊波止場〕に横付けとす　九時前下りて諸氏と共に馬車にてステーションまで行く　一部分はシュガー・プランテーション見物の為め汽車にて出掛ける　良精等は是より領事館に到り領事斎藤三木氏に面会す是より医師小林三三郎氏診察所に立寄る時に十時なり　暫時待つ其内同氏来る伯林以来にて面会す是より政庁の前を通り公園の脇を過ぎて市の東南海岸ワイキキに到る　公園内を馬車にて遊行し日本料理海水浴場□□□□〔空き〕に到る海岸にありて風涼しく甚よし、昼食す、午後三時半出て市中に戻り絵はがき土産物など買ふ　電気鉄道にて山上に登る筈なりしも止む　之は数ヶ月前に出来たるものなりと　夕刻手合亭と云ふ日本料理屋に到る同処に新聞を読み去一月二十九日第二医院焼失のことを知る、九時頃同処を出て正金銀行支配人今西氏の宅に到るやはりワイキキの海岸にあり　八日の月明に風涼しく甚心地よし十時頃本船に帰る　小林三三郎及毛利氏来り訪ふ又小林氏より土人頭骨四個を得る夜半十二時少しく過きて出帆す一時頃室に入る　ホノルルは西南に面し港は至て小なり人口三万計、内日本人一万もあるべし馬車の馭者に日本人多し、ペスト流行の際焼き払ひたる跡は惨なり、芝青く樹木緑りにして種々の花もあり夏の景色を呈す甚珍らし　やしの林、芭蕉の畑、ポイの田などあり亦松の葉の如くにして長き葉を有する木多し亦アイスラバと称するえんじ色の如き木沢山あり(アカチアの一種なる歟)、寒暖計七八度を示せり

二月二十七日　水　晴

七時起く波高し船動揺す併し甲板を散歩するを得　午前は左右に島を見たり　夕刻に至り鳥島（小なる島）を右に見たり是より横浜までは島なし　午後入浴す

二月二十八日　木　晴

七時起く波は昨日より弱し　今朝甲板にてドクトル・テン・カーテ氏に突然面会す　三三七マイル　昼日本食

三月一日　金　晴

昨夜雨降る、風強く波高し、三二六マイル　時に降雨、嵐模様なり又雹を降らす

三月二日　　土　晴

船の動揺昨日の如く強し

三月三日は消滅す

三月四日　　月　晴

午刻頃経度一八〇度を越す、昨日より少しく静なり、三二一マイル　午後運動会の催しあり又晩は音楽会ありたれども出席せず

三月五日　　火　雨

三一七マイル行く、終日降雨、甲板へ出ること叶はず甚た徒然に困しむ

三月六日　　水　半晴

時に降雨海上穏かならす　二四九マイル行く甚少なしと云ふべし

三月七日　　木　晴

少しく静かなり　航程二九一マイル残浬一一九八　午後運動会あり　此頃は日本小説をよむ

三月八日　　金　雨風

悪天を極む　二八一マイル　日を暮らすに困しむ

三月九日　　土　晴

船の動揺昨日より少し航程二九二マイル残浬六三五　午後は二等機関師《ママ》の案内にて機関室を一見す

三月十日　　日　曇雨

表によれば今日横浜着の筈のところ海上不穏のため延着し明日午刻着となるべし、朝七時起く、天晴れて大に快然るところ十時頃より雨降り始め風強くなる　航程三二六マイル残浬三〇九マイル　午後サロンにて日記を書く

三月十一日　　月　風雨　横浜着

午前六時半起、七時過甲板に上る天気悪しくして遠方見へず　八時漸く陸を見る之れ房州なるべし漸々近く陸を望む尋で野島崎灯台を見る又左に伊豆大島を見る　九時頃より少しく晴れる但風の強さは同様なり　十一時半観音崎を過ぐ　十二時半港外に船を止めて検疫を受く約一時間を費す午後二時港内に入りて投錨す手荷物のことは西村に任かす　吉永虎雄氏本船まで迎に来る共に下りて検疫所の小汽船にて税関の裏手に上陸す　関内にて手荷物の来るを待ち居れどもなかなか来らず時に大に雨降る兎に角人車を命し吉永氏と共に西村へ来り一室に入りて休息す　時に阿兄来る兄は昨日良一田鶴を携て出迎

は れ今日再ひ来浜、税関にて出逢ひたりと互に無事を悦ぶ手荷物はなかなか手間取る趣に付一切吉永氏に托し阿兄と共に三時五十五分の汽車にて発す鈴木敏氏同車　新橋には大学の諸氏出迎はる（松井氏も此汽車に乗る）品川まで橋本母堂及節斎氏出迎ふ森潤及於菟氏は新橋にて逢ふ諸氏挨拶し常吉の車に乗る　権兄に別れて発す時に雨止む常盤橋を入り出て府庁の横を過き此角を曲りて明治生命保険会社を廻り一ッ橋を出て水道橋を渡り白山を登りて曙町に到る哲学館の前に田鶴等居たり　六時頃宅に入る既に黄昏なり　一家先無事甚悦ばし三児は大に勇む三二は見知らざるを以て恐れて近よらず見ては泣き出す甚おかし　千駄木母堂来り居らる寿衛造は丁度出京中にて之又来り居る　青山入沢両氏も来宅待ち受けらる共に食事す尋で両氏去る、衣服を着換へ休息す九時頃吉永氏荷物を持ち来る　是より荷を開く児等の悦ぶ様面白し十一時頃眠に就く

三月十二日　火　晴寒

午前在宿　良田鶴は学校へ行く十二時過出て大学へ行く田口大沢岳両氏に逢ひ自身の室に入る事務室より薬物（高橋氏不在）生理衛生教室へ廻り四時頃帰宅　入浴

三月十三日　水　晴寒

昨今殊の外寒さ強し午前十時過大学に到る　自室留守中諸物の置き替へ等を整理し例の会食所にて昼食す　午後三時過歩行帰宅　今日お喜美より昨年十二月二十四日付にて一等官に昇進したることを承知す

三月十四日　木　晴

午前十時出て文部省へ行く帰りに千駄木森家へ寄る　昨夜林氏小倉より出京、三時お喜美等と共に帰宅

三月十五日　金　晴

午前在宿、午後は諸方へ帰朝挨拶に廻る、三宅秀、浜尾、小林、石黒、小松、弘田、榊順、岡田、長谷川、辻、田口、橋本等なり六時頃帰宅

三月十六日　土　晴（晩雨）

終日在宿、晩は児等の幻灯など遊ぶ

三月十七日　日　晴

午前三二漸く慣れて遊ぶ、午後三時植物園に到る山川氏在職満二十五年祝賀会なり　五時過帰宅、寿衛造、魁郎、三三、文郎、野本の諸氏来り居る賑かなり

三月十八日　月　晴

在宿、三二精と庭に遊ぶ　午後五時出て鞘町篤次郎氏の

宅に到る林氏も来り居る是より三人徒歩偕楽園に到る公衆医会なり十一時帰宅　今日一ッ橋附属小学より良一無試験選抜にて中学へ入学の照会来る是にて先附属中学へ入学出来るべし

三月十九日　火　晴

昼中在宿、午後吉永氏来る横浜出迎の入費を勘定す　夕刻より上野公園韻松亭に二年生の会に出席す、十二時頃帰宅

三月二十日　水　晴

午前十時宮内省出張　従四位に叙せらる十一時半帰宅
午後大沢岳氏来訪

三月二十一日　木　晴　祭日

今日は大に暖気なり終日在宿、午前林氏来訪

三月二十二日　金　晴

午前十時過教室に到る　室内を整理す、夕刻より会食所に解剖家諸氏と会合す十一時半帰宅

三月二十三日　土　晴

午前十時出て正金銀行に到り米貨を邦貨に替ふ　是より北里氏鈴木孝氏を訪ふ何れも不在十二時半帰宅、夕刻鈴木孝氏来る伯林にて別れてより始て面会す　晩寿衛造来り泊す

三月二十四日　日　雨

終日降雨に付在宿す吉永氏来りて長崎医学部へ転任のこと話す

三月二十五日　月　快晴

午前十時出て大学へ寄り是より新橋ステーションに到る楼上にて昼食して横浜へ行く開通社に到りて荷物のことを談す又アーゼンス社に到る荷物を引渡すことを承諾す五時頃帰宅、入浴

三月二十六日　火　晴

午前十時出て大学に到る　午後は事務室にてフリードレンデル勘定の紛雑のことに付話す、帰途榊家へ寄り五時半帰宅

三月二十七日　水　晴

大に好時節となる十時出て大学へ行き緒方大沢謙各氏に其教室に於て談話す　午後は帰朝以来の日記を書く

三月二十八日　木　晴

早朝前田一居氏来訪、午後は北蘭と共に田鶴精を携て字提灯花より道灌山へ散歩し土筆を採り諏訪神社にて休息同処にて鰻飯を取りよせて食す四時頃帰宅　晩長岡社例

会に京橋松田に到る　良精帰朝の宴を兼ぬ九時帰宅

三月二十九日　金　晴

午前十時大学に到る　午後は伯林にて差出したる荷物到着のよし宅より知らせ来りたるを以て三時帰宅直に開く児等の悦ぶ様実に面白し

三月三十日　土　曇（昨夜雨）

在宿、児等と土産物を調べなどして遊ぶ　四時頃出て植物園に到る　田口教授の招待なり八時頃帰宅　晩小量の血尿を漏す是実に去明治十八年帰朝以来なりとす

三月三十一日　日　晴

終日在宿

四月一日　月　晴

昼中在宿、晩紅葉館の宴会に出席す　外科諸氏の会なり十一時帰宅

四月二日　火　晴

午前十一時教室に到る午後久々にて向島に到り選手下宿にて練習の模様を見る甚さびし依て茶話会を発起す、夕刻大学会食所に来る　医科教授助教授諸氏より良精帰朝せしに付宴会を開かれたるなり九時帰宅

四月三日　水　曇　祭日

終日在宿、桜井恒次郎氏此度助手となる依て挨拶に来る入浴、断髪

四月四日　木　雨

拝謁に仰付午前十時前に宮城参内す終て賢所参拝し十二時帰宅、椰野馨来る二時頃出て医学会総会に神田錦町青年会館に到る　四時半帰宅終日大に雨降る

四月五日　金　晴

午前牛込小松令閨来訪、午後は良一此度選抜として無試験にて附属中学へ入校したるに付良一田鶴を携て銀座に到り玉屋にて銀時計を買ひて遣る　帰途小川町にて教科書を買ひ遣す五時帰宅

四月六日　土　曇

午前十時教室に到り医学会総会談話会のデモンストラチオンを見て千駄木森家へ寄る　林氏今晩出発小倉へ帰るべし依暇乞し一時帰宅、岡田良平此頃帰朝、尋ね来る、四時植物園に到医学会懇親会なり　七時帰宅

四月七日　日　曇雨

桜花満開、午前小松春三氏来る、三児を携て提灯花より道灌山へ散歩す、午後長谷川駒八来る、向島へ行く此頃

発起したる茶話会なり六拾名計集る大に景気を添ふ　是より九段偕行社に明治医会第三大会に出席、帰途猿楽町へ寄る又安田恭吾氏を尋ねて九時半帰宅

四月八日　　月　曇

午前十時半教室に到る、午後四時帰宅、インフルエンツアにて夕刻三十八度九分の体温あり

四月九日　　火　曇

在宿加養、熱大に減す「ロンドン」にて求めたる更紗二巻高田商会より送り届け呉れたり

四月十日　　水　曇雨

在宿

四月十一日　　木　雨

在宿　良一今日より中学に入りて授業始まると雖も中耳炎の為めに欠席す

四月十二日　　金　晴

午前九時過出て第百銀行に到り伯林書肆フリードレンデルへ四百マルク為替を組む又横浜開通へ荷物運搬諸費参拾弐円拾弐銭を為替に組む　是より一寸教室へ寄り十二時帰宅

四月十三日　　土　晴曇

大学競漕会なり十時出て向島に到る恰も第一番レースを始めたるところなり此日花曇と云ふべき天気にして風なく至て静かなり　第三番レースの舵手となり最初に於てファウルを生し此方の過失なりとて除かれたり愚なることなり、午後の分科レースは医科失敗、工科の勝、選手に於ては医の立派なる勝利となり是より土手向ふにて即時の祝盃を挙け六時頃去る

四月十四日　　日　晴曇

午前長谷文氏を小石川大和町に訪ふ寿衛造のことに付てなり　是より猿楽町へ寄る留守に付直に帰宅時に十二時なり　魁郎来り居る独乙法律書を贈る、午後は田鶴精（良一は未だ耳患宜しからず）を携て道灌山へ散歩、諏訪神社に休む、団子坂にてそばを食し帰る　晩権兄来る　長谷氏より聞きたることを話す尋て寿衛造来り泊す

四月十五日　　月　曇

九時出勤、お喜美三二を携来りて弘田氏の診察を乞ふ気管枝カタルなり　午後は教授会出席（但会食所に於て開会）五時帰宅　フリードレンデルへ為替券入書面を書留にて出す又開通社へも同断

四月十六日　　火　雨

午前九時出勤、午後五時教室より両国伊勢平楼（旧中村楼）に到る　ボート祝勝宴会なり雨天にも関らす百六拾名計出席者あり十一時帰宅

四月十七日　水　晴

午前七時教室に到る未た講義成立たす、

午後三時半帰宅、敷波、久保武、斎藤勝寿の三氏へ贈るべき Haeckel-Bardeleben, Atlas〔＊文献〕を包む又三氏へ手紙を認む

四月十八日　木　晴

午前九時出勤、顕微鏡実習を始む、午刻良一学校より帰途教室へ来る会食所にて昼食し岡田和一郎に乞ふて良一耳患の診察を受く二時過共に帰宅、書斎を片付く

四月十九日　金　晴

記載解剖学講義を始む午刻十二時帰宅　今日は観桜会なり一時半出て浜離宮に到る、午後五時半帰宅

四月二十日　土　雨曇

午前午後共顕微鏡実習す四時帰宅長谷川泰氏教室へ来る

四月二十一日　日　曇

長谷川駒八来る次に長谷文氏及権兄来る共に昼食す　午後二時田鶴を携て道灌山より谷中へ散歩す　やぶそばを食し六時帰宅　途中にて祝辰巳氏に逢ふ日本丸同乗したる以来なり

四月二十二日　月　曇

午後四時半帰宅

四月二十三日　火　雨晴

午後五時帰宅

四月二十四日　水　晴

午後四時教室を出て帰宅更衣、植物園に到る　大学海外派遣者送迎会なり送らるるもの大沢謙、桜井、飯島の三氏迎らるるもの松井、高松、良精外数名なり　往返共三津の山閑道を通る　昨年五月十六日送られしときのことを思出して止まず

四月二十五日　木　晴

午後四時半帰宅

四月二十六日　金　曇

ワルダイエル、H・フィルヒョウ、ブレジケの三氏へ安着兼礼状を認め　ヤブロノウスキー氏へ絵はがきを認め教室より帰途に於て出す　四時帰宅三児を携て小川町東明館へ行く買物をなす又蝙蝠傘を求む是より本郷通りへ来り伊勢利にて晩食し八時帰宅　晩W・クラウゼ、コプシュ、

ハイン、フローゼ、J・コルマンの五氏へ絵はがきを認む

四月二十七日　土　雨

長尾、山崎両医学専門学長教室へ来る、四時半過帰宅

四月二十八日　日　晴

午後二時半出て植物園に到る　越佐同学会に於て藤沢、良精等の為めに歓迎会を開く八時帰宅

四月二十九日　月　晴雨

午後五時帰宅時に雨降る

四月三十日　火　晴

鈴木文太郎氏京都より出京教室へ来る六時帰宅　昨日午後十時過　皇孫御誕あらせらる

五月一日　水　晴

午前七時大学構内に入れば本日休業のよしに付引返へし帰宅　車を命し　東宮御所並に宮城へ参賀す十一時帰宅

午後三時過良一学校より帰り来りたるを以て共に出て飛鳥山へ行く駒本学校運動会なり六時帰宅、午後寿衛造来る

五月二日　木　晴

午後五時過帰宅、桜井錠二氏明日出発洋行に付暇乞に来る　亦晩食後一寸此方よりも行きたり　ラブル-リュクハルト氏及在伯林石原久氏へ手紙を認む

五月三日　金　晴

朝七時より八時までの講義を済せて新橋ステーションへ行きて桜井飯島両氏洋行を送り是より森永友健氏訪ひ次に写真師小川方へ寄りて十時半教室に帰る、五時帰宅

ペルチック、ゲルゲ、フュルブリンゲル、コルニング氏へ絵はがきを認む

五月四日　土　曇

午後五時教室より偕楽園に到る同窓会なり　目下出京中の各医学校長へも通知したれども差支ありて出席なし十時過帰

五月五日　日　雨

皇孫御命名式ありて市中国旗並に提灯を出す　終日悪天に付在宿

五月六日　月　曇

午後六時教室より豊国にて晩食し旧学士会にて鉄門倶楽部役員会に出席す　来十二日横須賀へ遠足を催すの件に付てなり九時帰

五月七日　火　曇雨

午後五時半帰

五月八日　　水　曇

午後文部省にて衛生顧問会議あり洋行中体操に付調べたることを談話す五時帰宅　アインホルン博士（ニューヨーク）宛絵はがきを書く

五月九日　　木　曇雨

午後五時帰宅

五月十日　　金　雨

終日霖雨、午後四時半帰宅、今日書生馬崎来る

五月十一日　　土　雨

終日降雨、午後五時過帰宅

五月十二日　　日　雨

鉄門倶楽部に於て横須賀へ遠足会を催し兼て大沢謙二氏洋行及良精帰朝の送迎会を催す　但し良精は持病宜しからざるを以て欠席、良一を名代として遣る　一年生片桐氏に同行を依頼す、終日在宿

五月十三日　　月　曇雨

遠足会の為めに解剖学講義成立せず　午後は教授会あり上坂熊勝氏の論文審査の結果を報告し可決となる　六時帰宅

五月十四日　　火　晴

午後五時帰宅、晩大沢岳氏より晩食の饗応を受く

五月十五日　　水　晴

五月十六日　　木　晴

五月十七日　　金　晴

五月十八日　　土　雨

午後四時半帰宅、良一は向島に於てボート会ありとて之に赴く

五月十九日　　日　晴

午後涌井邸の庭へ行く亦白山神社臨時祭に付之へ行く西洋にて求めたる写真を台紙に張る、来訪者長谷川駒八、佐藤亀一（奈良坂源一郎氏の添書を持ちて解剖教室助手志願の旨を述ぶ）池田重次郎の三氏なり、入浴、散髪

五月二十日　　月　晴

午後は教授会あり四時半過帰宅、寿衛造明日出発北海道へ帰任すとて来り泊す

五月二十一日　　火　曇

午後五時半帰宅、長尾、菅、田代、山崎の四医学校長宛手紙を認む

五月二十二日　　水　雨曇

精子教室へ来り種痘す、四時半帰宅

五月二十三日　木　晴雨

午後五時半帰宅

五月二十四日　金　曇晴

午後四時過帰宅、今日より植木屋来りて邸前の石垣を積み始む　解剖家諸氏を饗応す即五時過大沢岳、新井、桜井、吉永、杉田五氏来る十時過散す

五月二十五日　土　曇雨

五月二十六日　日　晴

昨夜雨降る、一時頃門を叩くものあり、即ち大学より使来り本日午前九時至急協議すべき件あり云々但し不参、午前児等中黒に至りて撮影す、午後は田鶴、精を携て田端へ散歩、やぶそばを食し日没頃帰宅　山上兼介氏此頃独乙より帰朝来訪

五月二十七日　月　晴

渡辺洪基氏葬式に付休業、午前八時半共に精、三を携て出て田端より三河島村喜楽園に到る時に十一時なり　新に出来たる菖蒲園なれども甚早し、同処にてすしを食し帰途諏訪神社にて休息し四時過帰宅

五月二十八日　火　曇晴

今日出勤すれば一昨日の会議は医科大学内にペスト鼠を出したる件にてありき、解剖教室も消毒的大掃除を執行するに付明日より授業を止むべし、午後四時半帰宅

五月二十九日　水　晴

午後菊池総長より呼ばれ本部に到る　今日昼食の際話頭に上りたるペスト菌系統調査の件に付てなり　此事は既に気付かざるにあらずと雖とも其結果によりては大学の大不利となりなかなか大問題なればよく考ふべし云々五時帰宅

五月三十日　木　晴曇

午後三時半帰宅、田鶴精を携て田端、道灌山へ散歩やぶそばを食し帰る

五月三十一日　金　晴

昨夜雷鳴大雨今朝晴る、午後五時帰宅

六月一日　土　晴

午後三時帰宅

六月二日　日　雨

六月三日　月　雨

一昨夜来下痢、在宿、昨日桂内閣成る菊池総長文部大臣

となる

六月四日　火　雨曇

午後五時教室より一番館に到る大沢謙二氏留別の為め招かる十一時帰宅

六月五日　水　曇

解剖学教室大掃除を始む、二時帰宅　昨夜一回、今午前教室にて一回、各小量の血尿を漏す　直に血尿を三浦謹之助氏へ持行く同氏不在に付置きて去る

六月六日　木　曇

昨日山川健次郎氏大学総長となる、長崎田代正氏へ吉永氏の件に付手紙を出す、教室参せず　午後六時過上野精養軒に到る　開業諸氏より大沢謙二氏洋行、良精、山根等帰朝の送迎会を催さる九時帰宅

六月七日　金　曇

掃除中且つ持病の為め教室不参、在宿

六月八日　土　曇雨

教室不参、在宿

六月九日　日　曇

午後六時半植物園に到る　スクリバ教師帰国に付送別会なり　十時帰宅

六月十日　月　晴

午前八時半教室に到る自分の室等の掃除なり、田口、大沢二氏と助手採用の件に付協議す、十二時過帰宅、金沢山崎幹氏へ森田斉次なる人を助手に採るべきことを申送る又助手志望者佐藤亀一氏へ断り手紙を出す

六月十一日　火　曇

教室不参、午前九時半共に精、三を携て道灌山より諏訪神社へ行く、同処にてすしを食し二時前帰宅

六月十二日　水　曇晴

昨日にて教室大掃除略ほ終る今日全く済む、午前九時教室に到る自分室を整頓す、午後は文部省へ行く衛生顧問会議あり四時半帰宅

六月十三日　木　曇

午前九時教室に到る　午後三時出て大沢謙二氏許へ暇乞に寄りて帰る

六月十四日　金　晴

午前在宿、午食し出て新橋ステーションに到る　スクリバ氏の帰国を送る帰途安田、並に権兄を訪ひて四時帰

六月十五日　土　曇雨

朝六時出て新橋ステーションに到り大沢謙二氏の洋行を

送り尋で守屋、志賀両医学士の洋行を送る　椰野馨も同行発途の筈に付見送らんと欲したれども来らず、大学へ寄り十一時半帰宅時に大に雨降る　在金沢山崎幹氏より助手志望者の履歴書を送り越したり、晩鈴木孝之助氏へ猿骨格に付手紙を出す

六月十六日　日　晴
午前八時大学に到り法科二十九番教場に於て一年生筆答試験を行ふ十二時過帰宅

六月十七日　月　曇晴
午前九時共に精、三を携て出つ、三河島菖蒲園に到る花咲き満つ同処にて寿しを食し帰途諏訪神社に休息三時帰る

六月十八日　火　晴
午前九時教室に到る、金沢の助手候補者の履歴書を添へて申請をなす、十二時過帰る

六月十九日　水　晴
午前在宿、今日より試験答案調に着手す、吉永氏来りて去十五日夜病理教室に於て捕獲したる鼠にペスト菌発見したること通知す　午後は学校衛生顧問会議に出席四時帰宅

六月二十日　木　晴
午後十二時半教室に到る直に教授会出席、終りて山川総長より各医科教授を召集め再ひペスト鼠発見の件に付相談あり五時半帰宅

六月二十一日　金　晴曇
午後四時植物園に到る　菊池旧総長山川新総長送迎会なり、同処に於て今日午後星亭か暗殺されしことを聞く八時帰宅

六月二十二日　土　雨
終日降雨、在宿、午前百瀬達太郎氏来訪

六月二十三日　日　曇
在宿

六月二十四日　月　曇
在宿、朝吉永氏俸給を持ち来る、答案調べ甚退屈す

六月二十五日　火　曇
今朝下痢す、在金沢山崎幹氏より助手志望者森田氏直に上京せしめて宜しきやを問合せ来る　差支なき旨返電す、坂本新七来り猿二三頭探し得たる旨を報す

六月二十六日　水　曇
昨夜大降雨、下痢止まず、終日床中にあり

六月二十七日　　木　曇
終日在宿、坂本来り猿二頭の代価二拾八円渡す
六月二十八日　　金　曇
一年生総代二名来る、講義及実習の遅れたるを補習するの件なり、午後庭の梅一本造る、原秋二氏来る　令閨肺結核にて北里病院へ入院せしめたり云々　夕刻吉永氏一寸来る　試験成績調全く終る正九日間費す
六月二十九日　　土　晴
終日在宿、腹工合稍復す、今日は俄かに熱し　お喜美は良一を伴ひて□医へ行く　晩一年生真鍋、島薗二氏来る
六月三十日　　日　雨
終日在宿　我教室助手志望者森田斉次氏金沢より出京来訪　長崎田代正氏へ手紙を認む
七月一日　　月　雨
午前教室へ行く頃日来より隣の衛生等三教室焼払ひ今日も盛んに焼却中なり、試験評点を出す、午刻帰宅
七月二日　　火　雨
降雨間断なし
七月三日　　水　雨
雨止まず　森田斉次氏解剖学教室助手を拝命す
七月四日　　木　雨
七月五日　　金　雨
在宿
七月六日　　土　雨
午前九時半教室に到る　教授会に出席、十二時過帰宅
良一今日試験終る
七月七日　　日　雨
在宿
七月八日　　月　曇雨
在宿、少しく雨止みたるを以てお喜美児等携て午後浅草公園へ行く然るに時に雨降る、庭園の梅樹を造る　晩森岡、田村二氏来る
七月九日　　火　雨
終日在宿
七月十日　　水　雨
卒業式不参、夕刻吉永氏来る
七月十一日　　木　曇
朝原秋二氏来、十時半教室へ行く学術目録解剖学部清書し終りたるを以て文部省へ送り方を頼む、鈴木孝之助氏

教室へ来る、猿骨格立替金を受取る　十二時過帰宅　良一今朝相州三浦郡へ一泊旅行に出掛ける

七月十二日　金　雨

終日在宿

七月十三日　土　晴

久々にて晴、併し午後は曇り且つ少しく雨降りたり、午前片桐元次に小松春三氏仙台より休暇になりたるを以て出京来訪　良一午前学校へ行きて学期試験成績分る先宜しき方なり、庭園の梅を造る之にて終る、随分熱し

七月十四日　日　雨

終日在宿

七月十五日　月　雨

七月十六日　火　曇

在北海道小樽牧野伯母様今日死去の電報来る

七月十七日　水　雨

牧野へ悔状並に香奠二円を送る

七月十八日　木　曇

夕刻吉永氏会計帳簿を持ちて来る、篤次郎氏来る

七月十九日　金　晴曇

七月二十日　土　半晴

午後百瀬達太郎氏明治生命保険会社診査医斎藤政一氏来る　朝鮮人頭骨一個持参す、鶴、精、三を携て本郷勧工場へ行く

七月二十一日　日　雨

昨夜大降雨、権兄来る

七月二十二日　月　曇

七月二十三日　火　晴

朝岡田良平氏を訪ふ吉永氏の件に付きてなり、午後四時出て諏訪神社へ行くお喜美、ちか、田鶴、精、三二

七月二十四日　水　晴

終日在宿、皆と諏訪神社へ行かんとして止む

七月二十五日　木　晴

解剖学会なり、午前九時教室に到る午刻辞して帰宅、四時頃お喜美と共に四児を携て出て提灯花と字するところより道灌山より諏訪社に到る　日暮れて帰宅、晩原秋二氏来る高等学校入学試験又不合格のよし

七月二十六日　金　晴

午前上坂熊勝、敷波重次郎、鈴木文太郎の三氏来訪種々談話甚興あり

七月二十七日　土　晴曇雨

お喜美第百銀行へ行く、斎藤勝寿氏来訪、午後大降雨甚蒸熱し　寿衛造より配偶適当のものある趣き申越す

七月二十八日　日　曇

晩緒方正規氏来訪

七月二十九日　月　晴

午前教室へ行く午刻帰宅、藤野厳九郎氏来　晩吉永虎雄氏暇乞に来る明日長崎へ向け出発すと

七月三十日　火　快晴

午前八時教室へ行く午後四時帰宅、晩原秋二氏来

七月三十一日　水　晴

在宿

八月一日　木　快晴

八月二日　金　晴

寿衛造へ手紙を出す　今田未亡人来訪

八月三日　土　晴

八月四日　日　晴

本富安四郎、牧野彦太郎来訪

八月五日　月　晴

四五日来の炎暑堪へ難し

八月六日　火　曇晴

高階経本氏洋行に付其為め偕楽会を開く良精幹事として斡旋す十時帰宅

八月七日　水　雨

朝より雨降る俄かに冷気となりて甚心地よし、晩上坂熊勝氏明日出立岡山へ帰任するとて暇乞に来る　在朝鮮京城古城梅渓なる人へ手紙を出す頭骨のことに付きてなり

八月八日　木　曇

午前権兄来、ハンモックを庭の栗梅二樹に掛けて乗る

八月九日　金　曇晴

午前九時共に四児を携て浅草公園へ行く　花屋敷に入るみさ乃にて食事す午後二時過帰宅

八月十日　土　雨

八月十一日　日　曇

午後四時過良、鶴、精を携て本郷通りへ行く　伊勢利にて食事す、医科書記西島氏来

八月十二日　月　晴

教室へ行く午後四時半帰宅、再暑気増す

八月十三日　火　晴

在宿

八月十四日　　水　晴
教室へ行く午後四時半帰宅
八月十五日　　木　晴
共に鶴、精、三を携て諏訪神社へ行く五時帰宅
八月十六日　　金　晴
八月十七日　　土　晴
教室へ行く
八月十八日　　日　晴
午前鈴木孝之助氏来訪
八月十九日　　月　晴
教室へ行く午後四時過帰宅
八月二十日　　火　晴
ラブルーリュクハルト氏へ令嬢の婚約を祝する手紙を認む
午前十一時頃良、鶴、精を携て諏訪神社へ行く五時半帰宅
八月二十一日　　水　晴
教室へ行く午後四時過帰宅、六時前出て偕楽園に到る
橋本左武郎、木村徳衛、佐藤某洋行送別桂秀馬氏帰朝祝迎会なり但桂氏佐藤氏欠席、九時半帰宅
八月二十二日　　木　曇
教室へ行く筋破格の統計々算を始む
八月二十三日　　金　雨
昨日夕刻より雨降り始む冷くなりて心地よし、教室へ行く俸給を受取る、午後四時過帰宅
八月二十四日　　土　半晴
教室へ行く
八月二十五日　　日　晴　時々驟雨
教室不参、午後四時過良、鶴、精を携て本郷通へ行く青木堂にてアイスクリームを食し、伊勢利にて晩食し七時半帰宅
八月二十六日　　月　晴
教室へ行く、在新潟池原康造氏来る氏は近日洋行すと
八月二十七日　　火　晴
教室へ行く、午後四時過帰宅、小林三三氏来り居る
八月二十八日　　水　曇
在宿、芝中の草を採る
八月二十九日　　木　曇
在宿、芝中の草を採る、文部省へ旅行日記を郵便にて出す　両三日来大に凌き克くなりたり
八月三十日　　金　晴

皆々打連れて諏訪神社へ行かんとして弁当を造り出掛けたれどもお喜美道を違ひたる為めに空しく帰宅す、午後四時頃お喜美と共に鶴、精、三を携て浅草公園へ行く午前の埋め合せなり、しるこやに入りて帰る

八月三十一日　土　晴

昨日の出直しとしてすし弁当を製し午前十一時頃出て乗車　諏訪神社へ行く、少しく風立ちて寒き位なり五時半帰宅

九月一日　日　曇雨

午前久々にて牛込小松家を見舞ふ皆在宅にて面会す

九月二日　月　雨

田鶴子今日より駒本学校始業に付通学す、午前小林魁郎氏久々にて来訪文郎氏負債一件の話あり

九月三日　火　雨

教室へ行く、時に大驟雨　京都伊藤隼三来訪

九月四日　水　半晴

教室へ行く、橋本左武郎氏洋行暇乞に来る

九月五日　木　雨

在宿、時に大降雨、青山氏来訪

九月六日　金　雨

教室へ行く

九月七日　土　晴雨

教室へ行く、緒方氏来る、午後四時過帰宅、長岡人島峰徹氏（此度医科へ進入、長岡社生徒）来る　ベルツ氏帰朝面会す

九月八日　日　晴

午前はお喜美外出、豊原又男氏来訪、午後三時半出て共に田鶴、精、三を携て田甫を通りて諏訪神社へ行く

九月九日　月　晴

教室へ行く、橋本節斎、弘田、青山の諸氏来る

九月十日　火　晴

暑気再来る、豊原又男氏来る、午後三時半共に四児を携て諏訪神社へ行く

九月十一日　水　晴

朝八時出勤、卒業試験を始む　午前午後通して十六名つつ試験す

九月十二日　木　晴

前日の通り試験

九月十三日　金　晴

前日の通り試験す終て四時半過出て帰途千駄木へ寄る
於菟氏誕生日の祝なり家族挙て在り、良精も晩食し日暮
に帰宅

九月十四日　土　晴

前日に続き試験す今日は十七人なり五時半帰宅

九月十五日　日　晴

秋冷を催す、終日在宿、庭の草を採る

九月十六日　月　晴

教授会ありしも試験中に付一寸面を出したるのみ、午後
四時半帰宅共に四児を携て提灯花と字するところへ散歩
す折しも神明の祭礼なりき

九月十七日　火　晴

卒業試験終る

九月十八日　水　晴

一年生追試験をなす只一名来りしのみ鉄門倶楽部のこと
に付種々の教室を歩き廻る新薬物学教室へも行く

九月十九日　木　晴

昨日緒方氏学長を罷めて青山氏学長となる、本日時間表
に依り総論解剖学講義を始むる筈なりしも不計失念した
り　解剖教室新築のことに付中村達太郎氏と相談す

九月二十日　金　曇雨

田鶴子附属小学（御茶の水）へ入校絶望のこと一昨日分
り甚当惑す、今日より旧一年生記載解剖学及顕微鏡実習
の残り分を始む、午後五時半帰宅

九月二十一日　土　雨

午後四時半帰宅、岡田良平氏より吉永氏任命遅延のこと
に付て返書、三好一と云ふ人より文郎のことに付書面、
川上元次郎氏より越後片貝の人新一年生久賀六郎氏のこ
とに付書面来る

九月二十二日　日　快晴

稀なる好天気、午後二時半良、鶴、精を携て田端、道灌
山へ散歩　諏訪神社にて休息、六時帰宅、吉永氏へ手紙
を認む、三好一と云ふ人へ挨拶書面を出す

九月二十三日　月　晴

吉永氏（在長崎）へ昨日の手紙及Tillaux, Anat, topograph
を小包にて出す、午後五時半帰宅

九月二十四日　火　曇晴　祭日

お喜美田鶴学校のことに付女子附属小学主事高瀬丈雄氏
を訪ふ、川上元次郎氏へ久賀六郎氏のことに付返事を出
す　午後二時半鶴、精を携て道灌山、諏訪神社へ散歩す

薬学科一年生有賀孝治氏医学科へ転学の件に付来る

九月二十五日　水　晴　昨夜降雨

午後四時過豊国屋に至る鉄門倶楽部役員会なり九時頃帰宅

九月二十六日　木　曇雨

今日より解剖学総論講義を始む（前回一回失念したるため斯く遅れたり又一年生諸氏へ鉄門倶楽部入会のこと話す）猿骨格四具出来したれば箱詰として

Prof. Dr. v. Hansemann, Städtisches Krankenhaus Friedrichshain, Berlin と表書して発送方を命す又鈴木氏へ其趣を報知す

九月二十七日　金　曇雨

午後五時半帰宅

九月二十八日　土　曇

支那人頭に番号札を附す、午後四時半帰宅、長岡社例会欠席す

九月二十九日　日　曇

権兄来る、北海道より帰られて後始めて面会す、終日在宿

九月三十日　月　晴

午後教授会出席評議員を選挙す　高橋順太郎氏当選す、顕微鏡実習を終へ五時半帰宅

十月一日　火　晴

午後四時帰宅直に共に四児を携て動坂下田甫に遊ぶ

十月二日　水　晴

顕微鏡実習を終へ西郷吉弥氏尋ね来る氏は二三日中出発台南へ帰任すと、是より医学会例会に出席、榊保三郎氏神童のデモンストラチオンをなす七時帰宅

十月三日　木　晴

午後四時半帰宅

十月四日　金　雨曇

独乙へ注文せしランケのクラニオフォール〔＊頭蓋固定器〕および測角器到着す　午後四時より鉄門倶楽部第三回総会を解剖学講堂に開く　七時半過帰宅

十月五日　土　曇少雨

新入学生宣誓式挙行但し欠席、独乙シュテチン、ドクトル・ブシャン氏より Centnalblatt f. Anthropologie〔＊学会誌〕編輯者へ加入依頼の書面到る　四時半帰宅

十月六日　日　雨

教室へ行く　ブシャン博士へ編輯者へ加名承諾の返事を出す又在朝鮮京城古城梅渓氏手紙を出す、午後四時半帰宅

十月七日　月　雨

午後顕微鏡実習中教授会より呼ひ来りたれば之に行く助手員数の件なり、午後五時半帰宅

十月八日　火　雨

一昨日来の霖雨甚不快、午後四時半帰宅

十月九日　水　雨霽れる

午後漸々霽れる、今日顕微鏡実習を閉つ　既に闇くなりたり六時半帰宅

十月十日　木　晴

「賜本俸一級俸」令書を受取る（九日の日付け）午後は教授会出席来三十五年九月進入学生百三十名を収容するや否やの件なり終りて五時帰宅

十月十一日　金　晴

在長崎吉永氏より任命速ぎのことに付き昨日電報来りたるに付今午後十二時半教室より文部省へ行きて岡田総務長官並に上田専門学務局長に面会し事情を話す又小山龍徳氏より留学のことに付き依頼ありたれば此事も尋ね模様判明せり　是より久留技師に面会し教室新築の設計に付増坪のことを話す　二時半帰宅、共に良、三（鶴、精は千駄木へ行きたり）を携て諏訪神社、道灌山を散歩す晩吉永氏へ手紙を出す

十月十二日　土　曇

文部秘書官より吉永氏の件に付速に運ぶべしとの報知あり　直に吉永氏へ手紙を出す、迎ひの車来らす依て徒歩にて帰宅

十月十三日　日　雨

大降雨、午前七時半出て教室へ寄りて上野三橋詰写真師大江力太郎方に到る　女子裸体写真三人を写す川崎安氏同行、午後一時帰宅、長崎吉永氏より再び窮迫の電報来る

十月十四日　月　雨

昨夜来下痢す、欠勤

十月十五日　火　雨曇

出勤、昨日より二年生解剖実習を始む

十月十六日　水　曇

顕微鏡を調べて終日す六時前帰宅、鈴木孝之助氏へ猿骨格を「ハンゼマン」氏へ去五日出帆博多丸便にて発送の

旨通知す

十月十七日　木　雨　祭日

教室へ行きて仕事す、午後四時半過帰宅、長崎小山、吉永両氏より来状、上田万年、小山龍徳二氏へ手紙を出す

十月十八日　金　雨

午後五時半帰宅

十月十九日　土　雨

鉄門倶楽部箱根地方へ遠足会を催す　良精は病の為め欠席　去十六日夜より降雨少時も止むことなし、午後六時前帰宅、夕刻に到りて雨止む、終日支那頭骨を測る

十月二十日　日　晴

午前は庭園にありて栗樹の枝を切り下す、午後二時共に精、三を携て諏訪神社、道灌山へ散歩す

十月二十一日　月　晴

遠足会疲労の為め授業成立せず、終日支那頭骨を測る

十月二十二日　火　晴

午後五時半過帰宅

十月二十三日　水　晴

俸給を受取る、五時半過帰宅

十月二十四日　木　曇晴

助手吉永氏昨日長崎医学専門学校教授に転任す　午後五時半帰宅　玉汝来り居る、旧九月十三夜の月甚明かなり縁に座し暫時月を眺む、九時頃より曇りて尋て雨となる事の変遷夫々此の如きもの歟

十月二十五日　金　雨曇

午後五時半帰宅

十月二十六日　土　晴

支那人頭骨測定終る、午後五時過帰宅

十月二十七日　日　曇

良一今日修学旅行と日光地方へ四泊旅行する筈にて昨日準備したれども昨夜中嘔吐腹痛す為めに止めたり　午後二時半頃共に鶴、精、三を携て道灌山へ散歩　胞衣社前の茶店に休み帰る

十月二十八日　月　雨曇

午後海軍々医執行友次氏教室へ来訪

十月二十九日　火　雨

午後五時半過帰宅

十月三十日　水　雨曇

午後理学文書目録委員会に大学本部に出席

十月三十一日　木　晴

午後四時より解剖教室に鉄門倶楽部役員会を開く七時帰宅

十一月一日　金　雨

靖国神社臨時祭に付休業、平日の通り出勤仕事す

十一月二日　土　曇

終日第三倉庫内にて骨格を調ぶ

十一月三日　日　晴

午後共に良、三を携て散歩す諏訪神社にて休み坂を下りて田端ステーションにて乗客混雑の様など見（今日は天長節、日曜日、酉の市と重り且つ久々の晴天とて何処も人出多し）夕刻帰宅　晩に入り稍多量の血尿を漏す　二回にして止む往年独乙留学中の如し

十一月四日　月　晴

午刻又血尿三四回に及ぶ在宿静養

十一月五日　火　雨

在宿、一回小指尖大の血塊を見る

十一月六日　水　雨

在宿、故大橋佐平の葬式に馬崎を代人にやる

十一月七日　木　雨

在宿

十一月八日　金　晴

出勤、午後六時前帰宅

十一月九日　土　晴

陸上運動会に付休業、午前十一時頃共に三二を携て出掛け田端ステーションより人力車にて千住へ行く（汽車は都合悪しく為めに止む）鰻店にて食事す時に三時となる町内を散歩し人車にて田端まて帰り是より歩行、日暮頃帰宅、他の児等は運動会へ行く　晩篤次郎氏来訪

十一月十日　日　晴

今日より植木職磯吉来る、午後は共に四児を携て散歩折好くちか来り居りて同行す　諏訪神社にて休み坂を下りてステーションを通り道灌山を経て日暮に帰る、在ビュルツブルク椰野馨氏書状来る

十一月十一日　月　曇雨

今日より解剖学内臓論を始む、来十六日観菊会御断を出す、教授会出席会議中甚困難併し学位の件に付強て列席す、五時半帰宅

十一月十二日　火　晴

午後五時半帰宅　原信哉氏令閨死去の報来る　お喜美を

悔に遣る
十一月十三日　水　曇
天王寺に於て解剖屍祭執行但し良精不参、五時半過帰宅
十一月十四日　木　晴
理科大学に到りて田中舘氏にレッヒエンタブ〔＊計算尺〕の用法を聞きて覚へたり　佐藤三吉氏教室へ来りて良精病気に付種々懇切に模様を尋ねて談話せられたり　観菊会は来十九日に御延引せられたる旨宮内大臣より通知ありたり　山階宮妃殿下薨去に付学長院長送迎会並にボート競漕会を延引す
十一月十五日　金　晴
五時半過帰宅
十一月十六日　土　晴曇
五時半過帰宅
十一月十七日　日　晴
午前お喜美四児を携へ中黒へ行きて写真を写す、自分は庭園にありて植木職に指図す、長谷川駒八来る　午後は良、鶴、精は千駄木へ行く、自分はお喜美と共に三二を携て諏訪神社へ行く　橋本家族に逢ふ、田端ステーションを通りて日暮に帰宅
十一月十八日　月　晴
インデックス〔＊指数〕計算表を製することを始む六時前帰宅
十一月十九日　火　曇雨風
午後三時頃より風を生し雨降り始む観菊会はさんざんなり
十一月二十日　水　晴
午後六時前帰宅
十一月二十一日　木　晴
六時過帰宅
十一月二十二日　金　晴
ベルツ氏在職満二十五年祝宴を植物園に開く但し良精は病気宜しからさるために欠席す　同氏へは特に書面を以て祝意を表す、午後六時半帰宅
十一月二十三日　土　晴　祭日
午前庭の花壇を造る、午後は共に鶴、精、三を携て諏訪神社、田端へ散歩す
十一月二十四日　日　晴
午前は庭の花壇を造り終る、午後共に四児を携て諏訪神社、田端へ散歩す馬崎同道す

十一月二十五日　月　晴

伯林書商フリードレンデルへ手紙を出す先般預り来りたる学長院長等の書状三通を返す　是にて二千五百マーク計の勘定違の件終局す　午後六時半帰宅　晩黒田某篠田治策氏紹介状を持ちて来る

十一月二十六日　火　晴

ミユンヘン器械舗カッチュへはがきを出す　六時半帰宅

十一月二十七日　水　晴

千駄木母堂教室へ来訪、六時半帰宅

十一月二十八日　木　晴

午後六時半帰宅、晩千駄木母堂来訪　長岡社例会欠席

十一月二十九日　金　晴

午後六時半過帰宅、牛込小松氏来訪染井墓地の件に付談あり

十一月三十日　土　晴

午後六時半帰宅、指数勘定表を製することに毎日帰り遅る

十二月一日　日　晴

学長院長送迎会を向島八州園に開く且つ競漕会を催す但し良精欠席す、午後は鶴、精、三を携て道灌山へ散歩す左程寒くはあらざれども三四日来の降霜にて道悪しきところあり

十二月二日　月　雨

午後六時半過帰宅

十二月三日　火　晴

午後七時前帰宅

十二月四日　水　晴

午後七時前帰宅

十二月五日　木　晴

アーサー・トムスン（オクスフォード）、H・フィルヒョウ、コルマンの諸氏へ日本女子写真三組つつ（即ち九枚）及書面を書留にて出す　同氏にヤブロノウスキー氏舎弟へ令兄死去の悔状を出す

十二月六日　金　晴

午後七時前帰宅

十二月七日　土　晴

三島通良氏教室へ来訪、七時前帰宅

十二月八日　日　晴

午前九時半教室に来り製表す七時前帰宅　先考二十三回

忌日に付石垣老婆昨日より来り泊す、晩遅く権兄来る

十二月九日　月　曇

午後七時前帰宅、教授会欠席、青山氏教室へ来る

十二月十日　火　晴

午後七時前帰宅、今日例に依りすすはきをなす

十二月十一日　水　晴

緒方氏教室へ来る、衛生顧問会議欠席、午後長岡谷口吉太郎氏出京教室へ来る、七時前帰宅、在ストラスブルグ足立文太郎氏より書状来る

十二月十二日　木　晴

午後七時前帰宅

十二月十三日　金　晴

午後七時前帰宅、晩石原喜久太郎氏卒業試験済みたりとて来る

十二月十四日　土　晴

午前建築技師山口氏教室へ来り教室新築に付種々必要の点を協議す、午後鈴木孝之助氏教室に来る、午後七時前帰宅

十二月十五日　日　晴

午前此頃買購ひたる髪刈り器械を以て良一、三二及自身の髪を刈る、午後は精を携て道灌山へ散歩す

十二月十六日　月　晴

午後七時前帰宅

十二月十七日　火　晴

午後七時前帰宅

十二月十八日　水　曇

午後七時過帰宅

十二月十九日　木　雹、寒し

午後七時前帰宅、良一試験済みたりとて悦び勇む

十二月二十日　金　晴

昨夜大降雨、インデックス算出表十一月十八日より着手し今日略終る総て六枚なり　午後六時半帰宅

十二月二十一日　土　晴

来二十五日閉つべき各論解剖学講義、本週に於て時間を増し繰り上げて今日閉つ　七時前帰宅　鈴木孝之助氏教室へ来訪

十二月二十二日　日　晴

午前四児を携て槇町まで遊歩、午後海軍々医平野氏（鳥居氏親戚）来訪、良、精を携て道灌山へ散歩す

十二月二十三日　月　晴

午後七時前帰宅

十二月二十四日　火　晴

本部へ行きて石川千代松氏に面会し博物館所蔵の頭骨借用のことを話し是より人類学教室へ寄り同しく頭骨を借りて帰る　同教室助手松村氏来りて頭骨測定の方法を示さんことを乞ふ　七時帰宅

十二月二十五日　水　雨

午前諸橋勇八郎氏教室へ来る、午後は解剖教室に於て青山、緒方二氏と委員として学科々程改正の件に付相談す　博物館より頭骨格九個借用す、午後六時半過帰宅

十二月二十六日　木　暴風雨晴

昨夜来暴風雨、今朝出勤見合す、午刻風大に穏かになるを以て出勤す、午後に至りて漸々晴となる、午後七時前帰宅す

十二月二十七日　金　晴

午前在宿、午後永々約束の歳暮買に出掛ける良、鶴、精を携ふ、本郷勧工場に入る　種々の物を買ふ、青木堂にてカヒー菓子を食す四時前帰宅、児等悦び勇む

十二月二十八日　土　晴

午前九時出勤、勲章を受取る、即ち「叙勲三等授瑞宝章、十二月二十七日」の日附なり　午後越佐新聞社員斎藤五郎なる人教室へ尋ね来り金子借用したし云々但謝絶す、六時半過帰宅

十二月二十九日　日　晴

午前九時出勤、在ストラスブルグ足立文太郎氏へ手紙を認む又ワルダイエル、ランケ、アイスレルの三氏へ紹介の辞を名刺に書く　ゲプハルト博士、ドクトル・プフィツネル教授、ドクトル・A・フォン・テレク教授、ドクトル・マックス・アインホルン、ドクトル・パウル・レーチッヒ、L・マヌブリエ教授の六氏へ論文寄贈の礼札を出す　午後六時半帰宅、晩石原誠、石原喜久太郎二氏来訪

十二月三十日　月　晴

午前宮城へ叙勲御礼並に歳末参賀、午後新井春次郎氏来り自著解剖書の通読を頼む、四児を携て槇町まで行く、小林文郎来り泊す

十二月三十一日　火　晴

午前在宿、午後四児を携て本郷通りへ行き勧工場に入る、果実店カヒーに入り菓子を食し帰る、晩食後共に四児を携て千駄木へ行く　今日林子小倉より着京、近日結婚の筈なり　八時帰宅入浴、十二時過眠る

明治三十五年　二千五百六十二年
1902　良精満四十三歳

一月一日　水　晴
終日在宿、寒甚し、年賀来訪者小松操、長谷川駒八、小松春三、原秋二、森篤次郎、権兄の諸氏なり　晩小血塊（米粒大）数個を漏す

一月二日　木　晴
豊原又男、小松維直の二氏年始に来る、午後鶴、精、三を携て槇町まで行く

一月三日　金　晴
午前十時半教室へ行く、出掛くるところへ森岡等氏年始に来る　七時前帰宅

一月四日　土　晴
午前十時出勤、午後七時前帰宅、森林氏結婚に付お喜美は千駄木へ行く　自分は持病宜しからさるの故を以て不参、又例年の医科大学年始会（場所は大学構内集会所）にも欠席

一月五日　日　晴
朝出掛けに千駄木へ寄り新嫁に面会す、新夫婦は今夕小倉へ向け出発のよし、十時過教室に来る、午後七時前帰宅

一月六日　月　晴
午前九時半出勤、午後六時半過帰宅、今日などの寒気殆んと堪難し

一月七日　火　晴曇
午前九時半出勤　昨六日の晩に調べたるに今年々賀

名刺　七四
封書　三七
はがき　一七五

午前ベルツ氏教室へ来り自家論文 Die Menschenrassen Ostasiens の別刷を贈らる次に緒方氏来る　午前七時前帰宅

一月八日　水　晴
昨夜雪雨降る　樹木の枝に氷りて附着し甚珍し　漸々晴天となる八時半教室に到る、学生来らざるが為めに授業を始むることを得ず、午後七時前帰宅

一月九日　木　晴

今日も尚ほ授業を始むることを得ず、菊池文郎大臣より来十三日招待されたれども病気の故を以て断りの手紙を秘書官宛にて出す　午後七時前帰宅

一月十日　金　晴

今日も授業始まらず、午後七時前帰宅

一月十一日　土　晴

本堂恒次郎氏独乙より帰朝教室へ来訪、午後は建築技師山口氏来りて新教室設計に付相談す　是にて先一通り相談済みたり　午後七時前帰宅

一月十二日　日　晴

午前十時半過教室へ来る、午後六時半過帰宅、玉汝二児を携て年始旁来る

一月十三日　月　晴

今日講義を始む又実地演習をも始む、午後三宅鉱一氏来る　解剖学専門の意ありや否を尋ぬ、午後七時前帰宅

一月十四日　火　晴

午前上野博物館に到り松浦歓一郎氏に面会し此頃借用したるマレー・ジャワ（原人）頭骨に付尋ぬるところあり午後七時前帰宅

一月十五日　水　晴

午後七時前帰宅

一月十六日　木　晴

博物館へ過日借用したる馬来人種の頭骨拾九個を返し同時に朝鮮人頭骨一個借用す　午後七時帰宅

一月十七日　金　晴

北蘭橋本家族と共に鎌倉へ旅行せらる　午後七時前帰宅

一月十八日　土　晴

午後七時前帰宅

一月十九日　日　晴

在宿、良一、田鶴、精は午前より千駄木へ招ねかれて行く、午後三二携て槇町まで行きたり

一月二十日　月　晴

午後は教授会に出席、七時前帰宅

一月二十一日　火　晴曇

午後七時前帰宅

一月二十二日　水　雪

昨夜来雨雪降る随て寒し、三宅鉱一氏解剖学助手の件は石原誠氏を断る、明日山川総長構内集会所に於て集会を催さるるに付手紙を以て断る　午後七時帰宅　若杉喜三郎氏出京、教室へ来訪

一月二十三日　木　曇晴
在台南西郷吉弥氏より支那人頭壱個送り越されたり　午後七時帰宅

一月二十四日　金　晴
午後は石原誠氏近々留学に付旅装等のことに付教室へ来り長談、其間、附属中学校教員山内繁雄氏解剖実習一覧の為めに来る又大西克孝氏独乙より帰朝来訪　一昨年十一月墺国維納公使館にて紛失したる時計ガラスを持ち帰り呉れたり、午後七時帰宅

一月二十五日　土　晴
昨今の寒気実に甚し　数十年来なきところなりと云ふ
午後七時前帰宅

一月二十六日　日　晴
卒業祝賀会（紅葉館に於て）ありと雖も出席せず　児等を携て槇町まで行きたり

一月二十七日　月　晴
午後学科々程改正の件に付教授会ありたれども欠席　午後七時前帰宅

一月二十八日　火　晴
午後七時前帰宅、長岡社年会なりしも欠席

一月二十九日　水　晴
第二医院火炎一週《ママ》年に付休業、午後天王寺に於て法会執行ありしも不参、在台南西郷吉弥氏へ頭骨受取の書面並にファン・デル・シュトリヒト（ヘント）氏へ著述寄贈の礼札を出す、山口技師に面会して新築のことに付話す
午後六時半帰宅

一月三十日　木　晴　祭日
午前在宿、珍しく暖候に付午後は共鶴、精、三を携て道灌山へ散歩す（良一は潤、於菟二氏と遠足す）

一月三十一日　金　雨
長谷川寛治氏独乙より帰朝来訪　午後七時前帰宅

二月一日　土　雨
山口技師新築のことに付相談に来る、午後七時前帰宅

二月二日　日　雨雪
終日在宿児等と戯る

二月三日　月　晴
午後六時半帰宅

二月四日　火　晴
午後七時前帰宅、北蘭鎌倉より帰京せらる

二月五日　水　晴

朝倉文三氏洋行に付教室へ来り告別す　在長崎吉永虎雄氏厳父死去に付悔状を認む、午後六時半帰宅

二月六日　木　晴

午後七時前帰宅

二月七日　金　曇晴

林春雄氏来る留学命せらるるよし、石原誠氏明日出発に付来り告別す、七時前帰宅

二月八日　土　曇晴

お喜美三二を携て本郷へ買物に来りたりとて立寄る　七時前帰宅

二月九日　日　晴

午後は共に鶴、精、三を携て道灌山へ散歩す

二月十日　月　晴

午後七時前帰宅

二月十一日　火　晴（雪）祭日

田鶴は駒本学校にて談話するの選に当りたりとて午後お喜美と学校へ行く、其跡《ママ》にて良一、精、三を携て道灌山へと散歩に出掛ける馬崎同行、神明社にて芝上にて紙鳶を上げて遊ぶ時に盛んに雪降り始む且甚寒し依て是より帰宅す、午刻安田六郎氏直江津より出京、尋ね来る

二月十二日　水　晴

大西克知氏教室へ来る、午後六時半帰宅

二月十三日　木　雪

終日雪降る、午後入沢教授教室へ来り　養育院のことに付談話す、午後六時半帰宅

二月十四日　金　晴

午後養育院へ行き安達幹事並に中村書記に面談す、午後四時半帰宅

二月十五日　土　晴

午後六時半帰宅

二月十六日　日　晴

午前権兄久々にて来り共に昼食す、午後は共に鶴、精、三を携て田端田甫の芝上に紙鳶を遊ぶ

二月十七日　月　晴

午後七時前帰宅

二月十八日　火　晴

山崎幹氏洋行するに付教室へ来り告別す、午後六時半帰宅

二月十九日　水　晴

午後七時前帰宅

二月二十日　木　晴曇

午後小山龍徳氏愈来二十二日出発洋行に付教室へ来り告別す、午後七時前帰宅

二月二十一日　金　晴

エッゲリング博士（ストラスブルク、アルザス）、医学部卒業予定（実習助手）ラウベル（ウィーン）、ドクトル・ケルベル教授（フライブルク、ブライスガウ）三氏へ論文数部寄贈の礼札を出す、午後七時前帰宅

二月二十二日　土　晴

午後古川市次郎氏出京来訪、来月八日出帆洋行すと　午後七時前帰宅

二月二十三日　日　晴　寒大に減す

午前庭園にあり、午後は共に鶴、精、三を携て道灌山へ散歩す

二月二十四日　月　晴

谷口吉太郎氏長岡より出京近日洋行の途に就くよし来訪
午後は教授会、三十六年度臨時費の件なり、養育院より屍出授のことに付電話の行違を生し不都合の旨書面来る、七時前帰宅

二月二十五日　火　晴

午後教授会ありたれども欠席、下谷区市医宮田哲雄氏屍一体周旋す是始ての例にして其手続をなす　且つ同氏来訪、岡山桂田富士郎氏独乙より帰朝来訪　昨今両日はごたごたして学事の仕事出来ず　美術学校長正木直彦氏同校生徒解剖観覧の件に付来る　午後七時前帰宅

二月二十六日　水　曇晴風

予て解剖教室助手志望者佐藤亀一氏昨日はがきを出し置きたるところ今日教室へ来る　助手に採ることを話す、午後六時半帰宅

二月二十七日　木　晴

午後六時半帰宅　佐藤氏履歴書を持来る直に申請す

二月二十八日　金　晴

午後は予て約束し置きたる通りドクトル・H・テン・カーテ氏来訪、脛骨数個に付調べをなして去る、午後六時半帰宅

三月一日　土　雨

大学紀念日に付休業、式場欠席、終日教室に於て仕事す
支那人頭骨略論終結す直に清書に取りかかる半済む　七

時前帰宅

三月二日　日　晴

終日在宿、鉄門倶楽部にて競漕会を催したれども欠席

三月三日　月　曇

顕微鏡実習の為めに犬を注入す、為に大に時を費す併し論文清書を終る只四枚半のみ　七時前帰宅

三月四日　火　半晴

支那人頭骨論文をCentralblatt f. Anthrop.〔＊雑誌〕に掲載依頼を書留にてブシャン博士へ出す　六時半帰宅

三月五日　水　曇

午後七時前帰宅

三月六日　木　晴

林春雄氏来八日出発洋行に付教室へ来り告別す、午後七時前帰宅

三月七日　金　晴

佐藤亀一氏今日解剖学助手任命となる、六時半帰宅

三月八日　土　晴

浮虜測定論文を編始むる、午後七時前帰宅

三月九日　日　晴雨

在宿、午後は気分宜しからす床に臥す　体温三十八度三分あり　源因《ママ》更に不明或は膀胱カタルの為めならん歟

三月十日　月　晴

欠勤、容体前日の通り

三月十一日　火　晴

欠勤、今日は発熱せざる様に覚ゆ　田鶴附属小学入校の件に付去る日曜日にお喜美奔走し今日返事来りて殆んと望なきが如し甚不快、昨年の本日帰朝したることを思ひ爾来持病宜しからさることなど考へ夜二時半過漸く眠る

三月十二日　水　晴

出勤、刑死体傍島某の面型を採る為めに終日七時半帰宅晩川崎安氏来訪

三月十三日　木　曇雨

午後六時半帰宅、篤氏自分の病気悪しきことを聞きて見舞に来る

三月十四日　金　曇雨

刑死体傍島次郎吉の弟とて面会に来る　膀胱の痛甚だし且つ発熱を覚ゆ気分甚悪し　六時過帰宅　体温三十八度六分あり

三月十五日　土　晴曇

在宿、市川寛繁氏予算のことに付来る、今日も少しく熱

あり

三月十六日　日　晴

在宿、少しく熱あり

三月十七日　月　晴

出勤、午刻帰宅休養、浅田繁太郎氏来訪、依頼に依り弘田氏へ紹介状を出す

三月十八日　火　晴

出勤、弘田氏教室へ来る、午刻帰宅静養

三月十九日　水　晴

病気宜しからさるを以て今明両日処労の届を出す即ち明二十日本期講義を閉つる考なりしも昨日限りとなりたり

三月二十日　木　晴

在宿、一両日来大に暖気となる

三月二十一日　金　曇雨　祭日

やはり毎日三十八度位の熱あり

三月二十二日　土　雨

授業なきを以て出勤せず、橋本にて男子分娩あり

三月二十三日　日　雪

再甚寒し、午後原信哉氏来る

三月二十四日　月　雪

悪天甚寒し、出勤す、午前青山氏教室へ来る　午後死後解剖志願者賀島金助なる人来る　六時半帰宅

三月二十五日　火　曇雨

出勤、今日午前橋本勲死亡、夕刻帰途同家へ悔に寄り七時過帰宅

三月二十六日　水　雨

在宿、田鶴駒本学校にて尋常科卒業式あり　十二時頃帰りてやはり第一番にて硯の賞与あり悦び勇み居る、お喜美は本郷へ買物及附属学校へ様子を聞きに行く

三月二十七日　木　雨

在宿、勲葬式に付良一を総代として出す　亦た千駄木へ行きて一泊す

三月二十八日　金　晴

在宿、林太郎氏小倉より転任帰着す　お喜美千駄木へ行く

三月二十九日　土　曇雨

在宿、医学士大藤正三郎氏来る　長岡病院へ赴任すと

三月三十日　日　曇風

在宿、良一中学一年級を終り今日行きて成績明る　先つ上の部なりと、長谷川弥五八氏駒八同道にて来訪、長崎

吉永虎雄氏より塩ぶり二疋送り越す

三月三十一日　月　曇

篤次郎氏令閨来訪、アラスカ土人頭安田錐蔵より送り来る

四月一日　火　曇

良、鶴学校休みにて此頃は毎日児等賑かなり今日予ての約束にてお喜美鶴、精、三を携て浅草公園へ行く　良一は留守居す、隈川宗雄氏来訪

四月二日　水　雨

在宿、日本聯合医学会発会式上野音楽学校にあり　晩斎藤勝寿氏来訪

四月三日　木　晴　祭日

在宿、近辺桜花満開、千駄木先考七回忌とてお喜美始児皆行く、小血塊を漏す

四月四日　金　晴

在宿、田鶴学校始まる

四月五日　土　晴

医学会は今日閉会となりたるよし

四月六日　日　晴

在宿、夕刻林太郎氏来る

四月七日　月　雨

在宿

四月八日　火　晴

良一学校始まる、精は今日より附属小学へ行く入学式ありとてお喜美同行す、良精は久々て八時半出勤種々用を弁し十二時過帰宅

四月九日　水　晴

在宿

四月十日　木　曇雨

難波要氏来る　選手競漕の景気を聞く

四月十一日　金　晴

大沢謙二氏此頃帰朝来訪、権兄来

四月十二日　土　晴

午前久々にて共に三二を携て諏訪神社より道灌山へ散歩す一時頃帰宅、今日は競漕会なり行くこと叶はざるは残念なり　良一は学校より直に行きたり其帰るを待ち居たり　六時過帰り来りて医科の勝利なりしこと告ぐ甚愉快なり先つ三年間勝利を続けたり

四月十三日　日　晴

在宿、良一、鶴は早稲田専門学校運動会に行く

四月十四日　月　晴

在宿、浅田繁太郎氏来、今日伊勢平楼にて祝勝会あり但し欠席

四月十五日　火　曇

前九時出勤、授業を始むる準備をそれぞれ指図し十二時帰宅

四月十六日　水　晴

在宿、お喜美は田鶴附属小学校入校試験に付同行す、午後は共に精、三を携て諏訪神社へ行く　晩魁郎、文郎二氏及権兄も来り　小林宗家家録遺産のことに付権兄より両氏へ篤と談話あり十一時過散す

四月十七日　木　晴

午前八時過出勤、顕微鏡実習を始む三時間講義す　稍困難なりしも先つ堪へ得たり　兎に角本期間を通したし

四時過帰宅、田鶴今日も試験ありとて行く

四月十八日　金　曇

朝七時出勤各論解剖学講義を始む、午十二時帰宅　田鶴入学試験上出来云々堀越氏よりの私報尋で学校より入学許可の通知あり　第二部なれども附属学校へ行くこと出来たりとて当人大悦なり、夕刻宮本仲氏見舞に来り呉れたり

四月十九日　土　雨晴

八時出勤　フィツネル、レーチッヒ二氏へ論文寄贈の謝礼を出す、午後三時過帰宅

四月二十日　日　晴風

終日在宿

四月二十一日　月　曇

七時出勤　田鶴今日より附属小学へ行く　在独乙椰野馨氏手紙を出す、午後教授会へ一寸出席す　午後四時過帰宅

四月二十二日　火　晴

午前午後共顕微鏡実習にて疲労す　五時帰宅

四月二十三日　水　晴　月蝕皆既

午十二時頃帰宅

四月二十四日　木　雨

岡山菅之芳氏教室へ来る、午後五時帰宅

四月二十五日　金　晴

長崎田代正氏教室へ来、総論解剖学の前期に於て残りたる分を講義す総て三時間以上の講義となる　午後四時帰

宅

四月二十六日　土　雨

午後四時半帰宅　北蘭は権兄同道明日出発、長岡椰野還暦の賀筵に御出の為め今晩猿楽町へ御出になる

四月二十七日　日　雨

終日在宿、屋井琢氏令夫人来訪、在仙台医学校子息英太郎氏学業不進歩の件に付てなり

四月二十八日　月　晴

工合宜しからざるに付欠勤、昨日の屋井氏の件に付仙台敷波重次郎氏へ手紙を出す　橋本節斎氏来訪

四月二十九日　火　曇雨

出勤、午後五時帰宅

四月三十日　水　晴

午刻帰宅休養

五月一日　木　晴

午後宮入慶之助氏独乙留学の為近日出発に付教室へ来り告別　五時過帰宅

五月二日　金　曇

午後総論解剖学残りて講義し二時間以上にして全く終る、三時過帰宅

五月三日　土　晴　昨夜雨

午後五時帰宅

五月四日　日　晴

長岡社生徒栂野明二郎氏先月出京したりとて尋ね来る　午前九時半共に鶴、精、三を携て諏訪神社へ行きてすしを取りて食す　田端ステーションを経て帰宅、大に疲れ且つ発熱す（三十八度五分）

五月五日　月　雨

欠勤、発熱せず

五月六日　火　晴

出勤、大沢謙二氏次に三浦謹之助氏教室へ来る、三浦氏は紀要体裁のことに付てなり五時半帰宅　昨夜降雨中賊入りて庭の植木鉢二個持去る

五月七日　水　曇

午後は田口、大沢教授と会合し本年臨時費五千円計の買物に付協議す　五時頃帰宅

五月八日　木　雨　終日降雨

巣鴨監獄医島述氏来る、六時帰宅　四年生山本三樹氏来る　解剖専門に付談話す

五月九日　金　晴

四年生笠井通夫氏教室へ来る　解剖学を専攻のことに付談話す、午後四時帰宅

五月十日　土　晴

午後五時半帰宅、総長よりの依頼状を安田氏に托し池田有親氏へ送る

五月十一日　日　曇

終日在宿

五月十二日　月　雨

小坂部勇吉氏教室へ来る、午後五時帰宅

五月十三日　火　晴曇

田鶴、精学校運動会とて早朝出かける、午後六時前帰宅

五月十四日　水　晴

午後四時前帰宅、高橋順太郎氏愈来十七日出発洋行に付教室へ来る

五月十五日　木　雨

午後五時半帰宅

五月十六日　金　雨

午後三時半帰宅、宮田哲雄氏教室へ来る　解剖志願者勧誘のことを托す

五月十七日　土　曇

三浦守治高橋順太郎両教授欧州へ向け出発す　午後四時半帰宅

五月十八日　日　曇

早朝より発熱す（三十八度五分）終日在宿静養す　北蘭長岡より帰京せらる

五月十九日　月　曇

欠勤、榊順次郎氏学位申請の件に付来訪

五月二十日　火　晴

出勤、但し少しく熱あり依て顕微鏡実習の午後の分は托して午刻帰宅

五月二十一日　水　晴

ブシャン博士より支那人頭骨論文受領のはがきを見る

午刻帰宅休養

五月二十二日　木　曇

午後五時半帰宅

五月二十三日　金　曇晴

午後四時帰宅、在名古屋奈良坂源一郎氏へ助手志望者浅井猛郎氏に付返書を出す

五月二十四日　土　曇

午後五時過帰宅

五月二十五日　日　晴

良一は遠足とて朝四時出掛ける、午後は共に鶴、精、三携て諏訪神社へ行く、ちか同道す、帰途ばら新へ寄りて五時帰宅

五月二十六日　月　晴曇

午後四時半帰宅、在名古屋奈良坂氏より返事到る依て直に浅井氏の履歴書送附ありたき旨の書面を出す

五月二十七日　火　雨

午後五時半帰宅

五月二十八日　水　曇雨

良一腹痛の為め学校欠席す、田鶴、精は地久節とて学校の奉賀式へ行く、午後四時半帰宅

五月二十九日　木　雨

フリードレンデル（ベルリン）、C・ツァイス（イエナ）、ライツ（ベツラー）、シュテーゲル（ライプチッヒ）、チーグレル（フライブルク、ブライスガウ）へ本年度約五千円の注文書を書留にて出す　午後五時半帰宅

五月三十日　金　雨

午刻帰宅、少しく体温昇る

五月三十一日　土　雨

欠勤、午後体温三十九度二分まで昇る、気甚悪し　晩在岡山上坂熊勝氏出京尋ね呉れたれども面会謝絶す

六月一日　日　曇

在宿静養、体温三十八度二分、上坂氏来訪面会す

六月二日　月　晴

欠勤、清心院十七回忌に付吉祥寺に於て読経す　午前小松維直君来り北蘭同道にて寺へ行かれ又染井へ墓参せらる　午後一時出て文部省へ行く　博士会議なり即ち長尾、萱、山形、熊谷（孝之輔）の四氏に学位を授るの件なり、友人に関することに付熱ありたれども推して出席したり　但否決となる四時帰宅、小林魁郎氏来る穂積陳重氏へ紹介す　森篤次郎氏見舞に来る

六月三日　火　晴

出勤、四時過帰宅

六月四日　水　晴

在名古屋奈良坂氏へ浅井氏履歴書受取りの手紙を出す午後四時過帰宅

六月五日　木　晴曇

午後六時過帰宅

六月六日　金　雨

ワルダイエル、H・フィルヒョウ、ハルトマン未亡人、ラブルーリュクハルト、ブレジケ、シュワルベの六氏へ手紙並に四児及喜美子の写真を出す又ブシャン氏へ Centralblatt f. Anthropologie〔*雑誌〕の送附方の件に付、コプシュへ論文受領の端書を出す　午後四時半帰宅

六月七日　土　雨

朝気分悪し　体温は三十八度あり依て欠勤、顕微鏡実習は大沢教授桜井助手に托す　マダム・リヂンゲルへ大沢謙二氏帰朝の節に托して送り越したる毛糸の礼札を出す

六月八日　日　晴

午前権兄来訪、終日在宿熱さ大に増す

六月九日　月　晴

午後教授会に出席、卒業試験規則改正の件等なり、午後五時帰宅

六月十日　火　晴

常の如く出勤せしところ午前九時前頃より血尿始まる併し一時間余　顕微鏡実習講義をなす出血稍多量となる且つ血塊滞りて出てず　兎に角車を命して十時半頃帰宅、苦悶甚し午後三時頃漸く血塊排出す且つ出血も止む

六月十一日　水　曇晴

欠勤、記載解剖学講義は来十三日に閉づる筈なりしも病気の為め去る九日に閉したることとなりたり

六月十二日　木　晴

朝六時過頃より又出血始まり且つ血塊滞る苦悶一昨日に同し　十一時半頃出去る、出血は日暮に至りて漸く止む、毎日体温少しく昇る　今日は三十八度七分となる

六月十三日　金　曇

午刻牛込小松令閨来訪あり、夕刻大沢岳氏来る氏去りて極小量の出血と指頭大の血塊を漏す

六月十四日　土　晴

午後岡田良平氏病気見舞とて来る

六月十五日　日　雨

静養

六月十六日　月　雨

欠勤、静養

六月十七日　火　少雨

出勤、顕微鏡実習の講義及実習をなす、六時過宅に帰る、疲労す

六月十八日　水　雨
在宿、静養、今日熱なし
六月十九日　木　曇
出勤、顕微鏡実習今日限りにて閉つ、午後一時半佐藤三吉氏を外科に訪ひ病気療養の件に付相談す、三時半帰宅
六月二十日　金　晴
在宿
六月二十一日　土　晴
午前九時より一年生筆答試験をなす、十一時半過帰宅
一年生渡辺房吉氏問題誤解の件に付来る
六月二十二日　日　晴
豊原又男、権兄来る亦渡辺房吉氏昨日の件に付来る　午後四時田鶴子を携て散歩、諏訪神社に到りて帰る　留守中橋本節斎氏見舞に来る
六月二十三日　月　晴曇
在宿
六月二十四日　火　雨
答案を調ぶ
六月二十五日　水　曇晴
答案調、お喜美は附属中学校より第百銀行へ行く、丹羽貞郎氏来訪、午後橋本節斎氏病気見舞に来る　療法に付種々相談す
六月二十六日　木　半晴
答案調、一年生大久保栄来る
六月二十七日　金　曇雨
午前共に三二を携て諏訪神社まで散歩す、十二時過帰宅
答案調
六月二十八日　土　雨
答案調
六月二十九日　日　雨
答案調終る
六月三十日　月　雨
今日は教授会ありたれども処労届を出して欠勤す、試験成績を出す、午後桜井恒次郎氏見舞に来る
七月一日　火　雨
名古屋愛知医学校卒業生浅井猛郎氏着京来訪
七月二日　水　雨
七月三日　木　雨
久々にて教室へ行く種々の用務終へたり、支那人頭骨略

論の別刷二十七部来り居る又 Internationales Centralblatt f. Anthropologie〔＊雑誌〕編纂者中に自分の名の掲けあることを右の別刷にて証めたり　ベルツ氏教室へ来りて種々学術上の談話あり亦早速同氏へ別刷を贈る、午刻十二時教室を出て本郷万木へ寄りてネラトン三本及イリガートル等を買ひて帰宅　浅井猛郎氏昨日解剖学教室助手に任命

七月四日　金　雨晴

欠勤届を出して教授会欠席、在北海道より寿衛造夫婦出席尋ね来る且つ泊す、佐久間兼信氏一年生総代として病気見舞に来る且見舞とし鶏卵切手（拾円）贈らる　今日より愈膀胱の洗滌を始む先つ食塩水を以てす、同法の実行如何と心配し居たれども案外容易なりて一安神《ママ》す

七月五日　土　曇

良一試験済みたりと、片桐元氏来る

七月六日　日　晴

午前お喜美他出に付鶴、精、三を携て槇町まて行きたり石原喜久太郎氏来る

七月七日　月　曇雨

夕刻雷鳴大雨

七月八日　火　晴

夕刻桜井恒次郎氏来る但治療中に付面会せず

七月九日　水　晴

寿衛造夫婦来る　田鶴を誘て上野へ行く、鈴木忠行氏玄関まて来る

七月十日　木　晴雨

児等学校今日限りとて勇む亦試験成績分る　良一は昨年本学期に比し甚不出来、数学は稍可なり　田鶴、精は上出来なり

七月十一日　金　晴

卒業証書授与式なり　行幸ありたり但病気に付欠席　朝千駄木母堂来り田鶴、精を誘ひて帰らる　良一も千駄木へ行く、樫村清徳氏葬式なり大塚を代人として遣る　青山胤通氏来る

七月十二日　土　晴

午前十時久々にて教室へ行きて要務を済せ、支那人頭骨論文を同僚に配る　午後一時前帰宅

七月十三日　日　晴曇

理学文書目録を書く

七月十四日　月　雨

小松春三氏仙台より出京来訪　松井直吉氏へ紹介状を遣る

七月十五日　火　雨

終日降雨、冷気、佐藤助手玄関まで来る

七月十六日　水　雨

夕刻榊順次郎氏玄関まで見舞に来る

七月十七日　木　雨

寿衛造夫婦明日出発北海道へ帰るとて暇乞に来る　午食して去る

七月十八日　金　曇

小原直氏法科大学を此度卒業し静岡裁判所へ赴任すとて来る

七月十九日　土　雨曇

七月二十日　日　曇雨

四時半起く、良一は相州三浦郡宮田水泳場へ出発す　お喜美は弘田を訪問す、午後大降雨

七月二十一日　月　雨曇

七月二十二日　火　曇晴

田鶴今日より増野家へ琴の稽古に行く

七月二十三日　水　雨

鈴木忠行氏に頼みて俸給を受取る、教室より小使、会計帳簿を持ち来る

七月二十四日　木　曇晴

昨日までは大に冷気なりしも今日俄に熱くなる、三十一度五分

七月二十五日　金　晴

お喜美第百銀行へ行く、気温三十二度

七月二十六日　土　曇雨

今日又冷気となる

七月二十七日　日　曇雨

午前弘田氏来る久々にて殊に愉快、午後は牧野彦太郎来る

七月二十八日　月　雨

七月二十九日　火　雨

岡田令閨来訪

七月三十日　水　曇

七月三十一日　木　晴

午前佐藤亀一氏玄関まで来る、午後鈴木孝之助氏来る

久々にて面会甚悦ばし

八月一日　金　晴

再ひ暑気を増す、午前原秋二氏来る岡山専門学校入学出来たり云々、佐藤三吉氏来る病気治療上に付種々相談す、午後今田未亡人来訪

八月二日　土　雨

午後緒方氏来る、又冷気となる

八月三日　日　雨

八月四日　月　雨

桜井恒次郎氏昨日留学命せられたりとて来る

八月五日　火　雨

佐藤亀一氏休暇帰郷するに付暇乞に来る

八月六日　水　晴

午前権兄来る、明日北蘭同道にて日光へ行くと

八月七日　木　雨

在京都鈴木文太郎氏出京来訪、箕作元八氏向側へ引移りたとて玄関まて挨拶に来る　故長尾精一氏香奠を送る

八月八日　金　雨

八月九日　土　雨

屋井琢氏来る但恰も治術中に付お喜美代て面会す　今日は二百倍硝酸銀を以て佐藤三吉氏の言に従ひて試むる

八月十日　日　晴雨

衆議院議員総選挙なり

八月十一日　月　雨

八月十二日　火　雨

北蘭日光より御帰り、市川寛繁氏玄関まて来る解剖学教室一時移転の件なり

八月十三日　水　曇

第二回硝酸銀注入を施す但百倍のものを用ふ　執行は甚容易なり

八月十四日　木　曇

金沢金子治郎氏出京近々洋行に付告別す

八月十五日　金　曇

八月十六日　土　曇

午後久々にて共に鶴、精、三を携て日暮里諏訪神社へ行く　日暮に帰る大に疲れたり

八月十七日　日　曇

昨日の散歩は病を少しく害す、屋井氏子息病気全快――診断書依頼の書面に対し返事を出す　夕刻丹羽貞郎氏来る

八月十八日　月　曇

晩林太郎氏潤三郎氏来る

八月十九日　火　雨

安田六郎氏厳父七回忌に付出京来訪、良一宮田水泳場より帰京す

八月二十日　水　晴

久々にて晴天、少し熱し、午前新井春次郎氏、桜井勉氏来訪、午後はお喜美、四児及ちかを携て浅草公園へ行く、留守中千駄木祖母公来る

八月二十一日　木　晴

八月二十二日　金　曇

桜井恒次郎氏愈々明日出発に付暇乞に来る　ブデルス八イム、カイベル二氏の紹介状及自分の写真を遣る

八月二十三日　土　晴

橋本玉汝小供を連れて午前より来る、二三日此方熱さ強し

八月二十四日　日　曇

又冷気となる

八月二十五日　月　曇

午後梛野博子の夫小林鶴蔵氏来る　長岡半太郎氏令閨葬式に大塚を代人として青山墓地へやる

八月二十六日　火　雨

八月二十七日　水　半晴

午前十一時出て大学医院へ行き佐藤三吉氏に逢ひて治療上の相談をなす十二時過帰宅　午後三浦謹之助氏来る紀要の用件なり

八月二十八日　木　快晴

久々にて快晴、熱さ増す、在ストラスブルグ足立文太郎氏へ留学延期云々の書面に対し返事を出す、又岡田良平氏同件に付手紙をやる、ベルリンのプロフェッサー・ビルヘルム・クラウゼ氏へ頭皮の件に付はがきを出す

八月二十九日　金　快晴

八月三十日　土　快晴

昨日足立文太郎氏より「ミユンヘン」よりはがき到る

八月三十一日　日　晴

午後宮本仲氏来る恰も治療中にて面会せず甚遺憾

九月一日　月　曇

午前鶴、精、三を連れて槙町まて行きたり

九月二日　火　曇

お喜美弘田家へ行く

九月三日　　　水　曇
朝喜美子増野へ行く　巣鴨病院の先まて同行して精と共に帰る

九月四日　　　木　曇
最終の治療Arg.nitr. 1:100を試む、永々の治療も遂に著しき功ありたりとは言ひ難し嗚呼

九月五日　　　金　雨晴
昨夜大沢謙二氏見舞として来訪　今日三間未亡人病気見舞に来る　仙台山形、敷波両氏屋井氏令息再入学の件に付、新発田丸山直方、韓国元山斎藤政一、屋井琢の諸氏へ手紙を出す

九月六日　　　土　雨不定
在ホノルル小林参三郎氏より手紙来る又状紙の進物あり

九月七日　　　日　雨不定

九月八日　　　月　雨不定
小林鶴蔵氏博子を携て来る、小林氏来十五日出発支那保定府へ赴任すと

九月九日　　　火　曇

九月十日　　　水　雨曇
夕刻青山氏来る、次に原秋二氏来り晩食す氏は岡山医学専門学校へ入学し近日出発すべし菅之芳氏へ添書を遣る、屋井英太郎氏仙台医学専門学校へ再入学叶はざる旨山形仲芸敷波重次郎二氏通知あり直に琢氏へ報す、奈良坂源一郎氏へ手紙を出す

九月十一日　　　木　半晴
出勤、午前七時半出かける、総論解剖学講義を始む　其他外国郵便物休暇中来りたるもの多あり之を調ぶ　H. フィルヒョウ氏男子出産の報知、並に過般送りたる家族の写真受取りの手紙と二通、シュワルベ氏よりも写真受取り且つ令姪令嬢の写真一枚来り居る　弘田氏教室へ来る、午後四時帰宅、匆少疲労を覚ふ

九月十二日　　　金　晴
午後四時帰宅

九月十三日　　　土　晴
ベルツ氏韓国へ研究旅行と三日後に出発の由にて教室へ来り告別す、四時帰宅

九月十四日　　　日　曇少雨
終日在宿

九月十五日　　　月　晴雨
追試験一名あり、青山氏教室へ来る、五時帰宅

九月十六日　火　晴雨
佐藤三吉氏を尋ねて治療上の相談をなす、四時半帰宅
博子、玉汝来る居る　女子高等師範学校より公然田鶴を第一部へ転学許可の通知あり悦ばし

九月十七日　水　晴
午前出掛けに千駄木へ寄り林太郎氏に面会し青山氏の意見（高等官一等と云ふことは難事云々）を伝ふ、是より大学へ行き建築掛へ行き山口技師に面会し教室新築の模様を聞く　次に法医学教室へ寄り片山氏に逢ひて測定器械を一見す、四時半帰宅

九月十八日　木　晴曇
午前総論解剖学の卒業試験をなす　午後三時頃帰宅

九月十九日　金　晴雨
午刻本郷通り万木へ寄りてネラトンカテーテルを一本買ひて帰宅、午後共に鶴、精、三を携て乗車諏訪神社へ行く、雷鳴始まる早々にて帰途に就く　田甫より大雷雨となる大に困る　神明社より車に乗りて帰る

九月二十日　土　晴
在宿、近隣童女大勢集まり賑かなり

九月二十一日　日　晴
長谷川駒八郷里より帰りて尋ね来る

九月二十二日　月　雨
諸橋勇八郎、新井春次郎二氏教室へ来る、午後は教授会出席四時過帰宅

九月二十三日　火　晴
午刻帰宅、此頃卒業試験答案調をなす

九月二十四日　水　半晴　祭日
午後はお喜美と共に四児を携て諏訪神社へ行く

九月二十五日　木　半晴
H・フィルヒョウ氏へ厳父死去の悔状を出す　A・トムソン、ビルヘルム・ルー、フュルブリンゲルの三氏へ成書、論文寄贈の礼札を出す

九月二十六日　金　雨
甲野棐氏教室へ尋ね来る　氏は此度大学教授を止めたるなり、午刻帰宅

九月二十七日　土　雨
在名古屋奈良坂源一郎氏教室へ来る、午刻帰宅

九月二十八日　日　大嵐
良一は学校催しの遠足会に行く、終日大風雨、夜に入りても尚ほ止まず、良一は千住より引返したりとて昼頃帰

り来る

九月二十九日　　月　晴

ワルダイエル先生より過日贈りたる喜美子並に児等の写真並に手紙の返書来る、枢密顧問官ハルトマン夫人よりも同断且つ亡ハルトマン先生並に同夫人の写真送り来る

解剖学講義前学年の残りを今日より始む　毎日午後とす

三時過帰宅

九月三十日　　火　晴

青山氏教室へ来る、四時過帰宅

十月一日　　水　曇

二年生解剖実習を始む、三時過帰宅

十月二日　　木　晴

三時過帰宅、卒業試験答案昨日調べ終り今日清書す

十月三日　　金

十月四日　　土　半晴

前学年講義の残り今日仕舞ふ、四時過帰宅

十月五日　　日　半晴

良、鶴、精を携て諏訪神社へ寿しを持ち行きて食す

十月六日　　月　曇

午後四時過帰宅

十月七日　　火　曇

午後三時過帰宅

十月八日　　水　晴

午後三時過帰宅

十月九日　　木　晴

午後三時過帰宅、今日在韓国元山斎藤政一氏へ韓人測定用紙並に其説明等を認めたる書稿を出す

十月十日　　金　晴

午後四時前帰宅

十月十一日　　土　晴

入学宣誓式あり但し欠席、お喜美本郷へ買物に行きて帰途教室へ寄る、午刻帰宅、少しく寒冒

十月十二日　　日　晴

午前十時半頃よりお喜美と共に三二を携て諏訪神社へ行きて寿しを食す　久し振りにて道灌山を廻りて帰る

十月十三日　　月　曇

午後教授会出席、五時前帰宅、在ホノルル府小林参三郎氏へ過日贈品の礼札を出す

十月十四日　　火　雨

午後三時半過帰宅、竹崎季薫氏の令閨葬式に付代人遣る、筋破格の統計、医学会雑誌に掲載すべきもの書き終る

十月十五日　水　曇

午後三時半帰宅、田鶴、精は道灌山にて学校の運動会ありとて之に行く

十月十六日　木　曇雨

午後三時半帰宅

十月十七日　金　雨　祭日

鉄門倶楽部は今日上州伊香保へ一泊旅行をなす　終日在宿

十月十八日　土　半晴

十月十九日　日　晴

青山氏次鈴木孝之助氏教室へ来る、午後三時半帰宅

午前九時四児を携てすしを持ちて諏訪神社へ行く大塚同行、其中に千駄木、鞘町来りて一坐大勢となる又お喜美も来る　児等悦び遊ぶ三時帰宅

十月二十日　月　晴

午後三時半帰宅、本多原二氏教室へ来る（昨日出掛けたるところへ同氏来りたれども明日を約して別る）同氏将来専門とすべきことに付きて相談あり、亦青山氏も一寸教室へ来りたり

十月二十一日　火　晴

教室新築に付其増坪及模様換へに付申請書を山口技師の許へ出す、午後四時前帰宅

十月二十二日　水　晴

午後三時半帰宅、庭師をして穴の脇の栗の木二本切り除かしむ　庭の眺大によくなる

十月二十三日　木　晴

午後三時半帰宅

十月二十四日　金　曇

午後三時過帰宅

十月二十五日　土　雨

午前京都医科大学書記某教室へ来る　午刻帰宅

十月二十六日　日　曇

終日在宿

十月二十七日　月　晴

教授会出席、二時過終りて隈川宗雄氏教室へ来り　明年四月スパニヤ国マドリツド府に於て開かるる第十四回万国医学参列するに付種々談話す

十月二十八日　火　晴

皇后陛下女子高等師範学校へ幸啓に付　田鶴精西洋服を着て勇み行く

十月二十九日　水　晴曇雨

良一学校催遠足に高尾山へ行くと未明に出かける　ツァイスの映写装置および顕微鏡装置此頃到着し今日箱を開きて組立つる、午後四時前帰宅

十月三十日　木　晴

午後四時前帰宅

十月三十一日　金　晴

午後三時半帰宅

十一月一日　土　雨

午後三時半帰宅

十一月二日　日　雨

終日在宿

十一月三日　月　曇

終日在宿

十一月四日　火　曇

今日より記載解剖学講義を始む、午後三時半帰宅、晩長尾美知氏来り訪ふ

十一月五日　水　半晴

午後三時半帰宅

十一月六日　木　晴

午後四時過帰宅

十一月七日　金　晴

午後四時前帰宅

十一月八日　土　晴

陸上運動会に付休業、午前八時常の如く出勤、田鶴、精学校より帰途教室へ寄りて弁当を食し一時半頃会場入口まで誘ひて帰宅、二時半共に三二を携て諏訪神社へ行く

十一月九日　日　晴

午前十一時頃共に鶴、精、三を携て諏訪神社へ行きてすしを食し、道灌山へ廻りて三時帰る

十一月十日　月　晴

午後教授会あり大学予科を二ヶ年とし中学校に補習科として一ヶ年修学して大学に入ると云ふ　文部省の案に付議す　全会其不可なることに決す三時未た終らざりしも去て帰宅す、夕刻市川寛繁氏勲三等の勲記を持ち来り受領す　昨年十二月二十七日叙勲ものなり

十一月十一日　火　晴

東京学士会院より補欠選挙に於て自分当選の趣通牒あり、午後三時半過帰宅

十一月十二日　水　晴

観菊会なれとも御断申上る、学士会院へ差支なき旨返事す、諸橋勇八郎氏教室へ来る、午後四時前帰宅

十一月十三日　木　晴

法医学教室へ行きて Realenzyklopädie〔＊百科事典〕に付きて調ぶるところあり、又婦人科へ行き木下正中に行き胎子二個もらひたり、午後三時半過帰宅

十一月十四日　金　晴

石原喜久太郎氏教室へ来る、午後三時半過帰宅

十一月十五日　土　雨晴

午後三時半帰宅

十一月十六日　日　曇

度々庭園を遊歩す、午後久保猪之吉来る

十一月十七日　月　晴

午後三時半帰宅

十一月十八日　火　晴曇

解剖体祭を例に依り谷中天王寺に於て施行、但良精不参、午後二時頃教室を出て本郷へ廻り「ネラトン」一本購ひて帰る

十一月十九日　水　雨晴

午後三時半帰宅

十一月二十日　木　晴

諸橋勇八郎氏教室へ来る、午後教授会あり　予科変事の問題なり、四時帰宅

十一月二十一日　金　晴

午後四時前帰宅

十一月二十二日　土　曇

午後三時半帰宅

十一月二十三日　日　曇　祭日

午前十一時過田鶴を携て諏訪神社に到り寿しを食し道灌山より久しぶりにて提灯花と字するところを廻りて二時半帰宅

十一月二十四日　月　晴

諸橋勇八郎氏教室へ来る、午後四時前帰宅、三間未亡人へはがきを出す

十一月二十五日　火　晴

宮本叔氏帰朝、教室へ尋ね来る、午後四時帰宅、三間未亡人来る諸橋氏より話の件様子を聞く　双方の云ふとこ

ろ一致せず

十一月二十六日　水　晴　始めて少霜

午後四時帰宅

十一月二十七日　木　晴曇

午後三時過帰宅、長岡梛野直氏出京来り居る

十一月二十八日　金　雨

カイベル、ファン・デル・シュトリヒト（ヘント）、マックス・アインホルン（ニューヨーク）の三氏へ論文寄贈の礼札を出す亦ライツ（ベツラー）へ顕微鏡到着のはがきを出す

三時半帰宅

十一月二十九日　土　曇

菅之芳氏教室へ来る　神保小虎氏を教室に訪ひてTonichiの意Toichiなる否やに付質問す、午後一時半帰宅、天気思はしからず散歩出来ず

十一月三十日　日　雨

原信哉氏来る　亦諸橋勇八郎氏来る

十二月一日　月　晴

有髪頭皮伯林解剖学教室へ寄贈すべきもの運搬方を命す

安田恭吾氏教室へ来る　三間家の件なり午後四時半帰宅

十二月二日　火　晴

森島庫太氏教室へ来る、午後四時前帰宅

十二月三日　水　曇

山川総長より面談の求めあり、午刻前に総長室に到る、千葉、木下両氏内何れか云々質問あり、午後四時帰宅

十二月四日　木　曇

緒方氏教室へ来る、午後三時半過帰宅

十二月五日　金　曇

精子風邪昨日来学校欠席す、午後四時前帰宅

十二月六日　土　曇

午前諸橋氏教室へ来る、之にて三間家対本庄氏の件落着すべし亦青山氏来る、午後四時前帰宅　夜に入りて大降雨に雷鳴を加ふ

十二月七日　日　快晴

寒さ弱し時に庭に出づ、良一は学校催の偽戦とて早朝より出掛ける、明日は父上様忌日なれども何もなさず

十二月八日　月　雨

午後四時帰宅、在フライブルグ桜井恒次郎氏より手紙来る

十二月九日　火　雨

諸橋勇八郎氏教室へ来りて二時間以上話し込む、迷惑なり　午後四時前帰宅

十二月十日　水　晴

安田恭吾氏教室へ来る、午後四時前帰宅　学校衛生顧問会議開会になりたれども昨日断りを出して欠席

十二月十一日　木　曇

午後四時帰宅

十二月十二日　金　雨

学士会院へ来十四日例会に出席すべき旨通知ありたるを以て断りのはがきを出す　午後四時過帰宅

十二月十三日　土　曇

午前図書館へ行き種々書を調ぶ　アイノ魯西亜辞書を引く次に地質教室に到る、後三時半帰宅

十二月十四日　日　雨

終日悪天

十二月十五日　月　曇晴

諸橋氏来る、午後は教授会あり、四時半帰宅　学士会院より会員に選挙したる通報状来る

十二月十六日　火　晴

伯林解剖学教室へ頭皮を送り出したる通知書を入れてワルダイエル先生へ手紙を出す、三時頃帰宅少しく風邪にて心地悪し直に床に入る

十二月十七日　水　晴

諸橋氏来る、午後三時半帰宅、直に床に臥す

十二月十八日　木　晴

午後三時半帰宅、風邪は格別のことなくして去る

十二月十九日　金　曇

青山氏教室へ来る、四時半帰宅

十二月二十日　土　晴

来二十四日まで講義する筈のところ選手競漕者遠漕の為めに昨日限り閉講のこととす、午刻帰宅、良、田鶴、精共に学校は今日限りとて且つ試験も済したれば大に勇む歌かるたなどを出して遊ぶ

十二月二十一日　日　曇寒

午前午後共庭にて焚き火をなす今日庭の面、霜にてくづれたり、夕刻千葉稔次郎氏此度帰朝されて来訪

十二月二十二日　月　雨晴

午後三時半帰宅

十二月二十三日　火　晴

午後三時半帰宅、断髪入浴、甚寒し

十二月二十四日　水　晴

午後三時半過帰宅

十二月二十五日　木　晴

午刻新井春次郎氏教室へ尋ね来る、午後三時半帰宅

十二月二十六日　金　晴

午前お喜美一寸教室へ来る、青山氏長岡人井上勇之丞氏を伴ひ来る　此人は此度清国天津に設立さるる軍医学校の教師となる人にして組織学材料を乞ひ求む　依りて承諾の旨を答ふ　午後四時帰宅

十二月二十七日　土　晴

午後三時半帰宅

十二月二十八日　日　晴

在宿、午前精、三を携て槙町まて歳暮買に行く、又午後は鶴、精は下婢に伴はれて本郷へ歳暮買に行きて悦び帰る、鼻風邪にて晩は床に入り児等歌かるたを取りて遊ぶ

十二月二十九日　月　晴

出勤、諸橋氏教室へ帰る、午後四時帰宅、在長崎吉永氏へ手紙を出す

十二月三十日　火　晴

出勤、井上勇之丞氏教室へ来り本日出発清国へ赴くと午後三時帰宅

十二月三十一日　水　半晴

教室不参、季候《ママ》温和、午前午後共庭にて焚火をなす　午前橋本節斎氏歳暮に来る、午後精、三を携て槙町まで行く、権兄来る、晩良、鶴を携て槙町辺まで行きて夜景を見る　帰りて入浴、直に床に入る

明治三十六年　2563

1903　良精　満四十四年

一月一日　木　半晴

午前七時起く良、鶴、精は各学校へ行く、庭にて焚き火をなす、季候《ママ》甚温和、午前小松操氏年始に来る、午後は春三、秋二氏等並に脇田茂一郎、田村氏等来る

一月二日　金　半晴

午前庭にて焚き火、魁郎氏年始に来る、午後牧野彦太郎来る、脇田金泊す、一切外出せす

一月三日　土　晴

風寒し、三二と庭にて紙鳶を遊ぶ、文郎氏乗馬にて年始に来る、馬崎芳次郎来る、午後小松維直氏来る、夕刻安田恭吾氏来る、良一は箱根辺へ二泊旅行に出掛ける

一月四日　日　半晴

午前九時半教室へ行く、午後三時半帰宅、大学構内集会所にて例の通り医科大学年会ありたれども不参

一月五日　月　晴

午前九時教室へ行く、午後三時半帰宅、千駄木母堂来り居る、良一は帰り居る、晩は児等歌かるたを遊ぶ

一月六日　火　半晴

午前九時教室に到る、午後三時半帰宅

一月七日　水　晴

午前九時出勤、諸橋勇八郎氏教室へ来る　午後四時帰宅

一月八日　木　晴

午前八時半過出勤、組織学講義を始む、午後三時半帰宅

夕刻原秋二氏来る明日岡山へ帰ると昨年十二月の試験甚不出来の由に付大に訓戒す

一月九日　金　晴

解剖実習を始む、午後三時半帰宅

年賀を調べたるに左の如し

封書　四五

はがき　一九五

名刺　七三

一月十日　土　晴

午後三時半帰宅

一月十一日　日　晴

終日在宿、在柳川仙田楽三郎氏旧臘死去に付悔状を出す

一月十二日　月　晴
午後四時帰宅
一月十三日　火　晴
午後四時帰宅
一月十四日　水　半晴
渡部久吉氏卒業し教室へ尋ね来る　午後四時過帰宅
一月十五日　木　曇
午後四時過帰宅、在岡山菅之芳氏へ論文鑑定の為め送り越したるもの昨夜受取りたる挨拶を出す、晩一年生松沢善二氏来る
一月十六日　金　半晴
午後四時帰宅、午後医学会事務所へ行く
一月十七日　土　曇雨
午前図書館へ行きて理学目録昨年十月より十二月までの分を長谷川氏に渡す、午後四時過帰宅
一月十八日　日　晴暖
珍しき暖気なり時々庭に出づ、午後は家内皆千駄木へ行く、石原喜久太郎氏来訪
一月十九日　月　雨
午後四時帰宅
一月二十日　火　雨
横田利三郎氏ペスト病に罹り死亡、本日大学にて葬式執行に付午後一時時計台に到り出棺を見送る、四時帰宅、右に付大学休学
一月二十一日　水　半晴
午後四時帰宅
一月二十二日　木　晴
午後四時過帰宅、夕刻今田未亡人来訪、玄関にて帰り去られたり
一月二十三日　金　晴
午後四時過帰宅
一月二十四日　土　晴
午後四時過帰宅
一月二十五日　日　晴
甚暖、午前庭に出つ、梅花少しく開きて眺めあり、午後は共に道灌山へ行きて鶴、精、三を紙鳶などを昇《ママ》げて遊ばせたり四時帰宅、紅葉館に於て卒業宴会ありと雖も欠席　母上様権兄同伴にて熱海へ御旅行に付午後三崎町へ御出なさる　留守中浜尾新氏病気のことを聞きて見舞に来らる、晩挨拶の書面を出す

一月二十六日　月　雨
午後教授会あり、六時前帰宅
一月二十七日　火　雨
午後四時過帰宅
一月二十八日　水　雨
午後四時帰宅
一月二十九日　木　曇
今日より大学院学生渡部久吉氏の室を小使宿直場を明けて設けたり午後四時過帰宅　在長崎佐伯夫人夏子出京来訪
一月三十日　金　晴　祭日
終日在宿、横浜開通社へ此頃申起したるNorddeutscher Loyd〔＊北ドイツ・ロイド社〕に対する荷物運賃（一昨年帰朝の節のもの）未払云々の返事を出す即ち其当時支払ひたるものなり
一月三十一日　土　雪
午後四時半帰宅　寒さ強し治療を休む
二月一日　日　曇
今朝に至りて雪降り止む、四五寸積る　良一等雪兎など造りて遊ぶ
二月二日　月　晴
午後四時帰宅
二月三日　火　大雪
昨夜より雪降り始め終日止まず　六寸計積る　午後五時頃帰宅、寒さ強し
二月四日　水　晴
午後四時半過帰宅、寒さ強し
二月五日　木　晴
若杉喜三郎氏新潟より出京、教室へ来訪、午後四時半過帰宅、北蘭熱海より帰京せらる
二月六日　金　晴
午後四時帰宅
二月七日　土　晴
午後四時半帰宅
二月八日　日　雨
悪天にて終日在宿、熱海小松精一氏へ手紙を出す
二月九日　月　晴
午後教授会あり　三十七年度予算の件なり、午後五時半帰宅

二月十日　火　晴曇

午後五時前帰宅

二月十一日　水　晴　祭日

終日在宿、甚温暖なり、午後高橋邦三氏来訪但し病気の故を以て面会を謝す

二月十二日　木　曇雨

午前諸橋氏教室へ来る、午後四時半過帰宅

二月十三日　金　雪曇

昨夜来雪降る、但し午前中に止む、午後四時半帰宅

二月十四日　土　晴

午後四時帰宅、断髪

二月十五日　日　晴

午後お喜美と共に四児を携て道灌山に到る紙鳶を遊ぶ

二月十六日　月　曇

隈川氏送別会ありたれども欠席、午後同氏教室へ来る、氏は来二十一日出発、第十四回万国医学会がマドリッド府に開設に付委員として出張せらるるなり

二月十七日　火　曇

午後四時過帰宅、讀賣新聞記者教室へ来る　北蘭の履歴を同新聞に載せたし云々

二月十八日　水　曇

午後四時半過帰宅

二月十九日　木　晴

小松宮殿下昨日薨死に付休業、終日教室にありたり

二月二十日　金　晴

来月八日学士会院例会に於ける演題「日本石器時代の住民」を申送る、午後四時半帰宅　教室小使千田事「チーパー」一件にて警察へ引かる但し同日戻り来る

二月二十一日　土　晴

午前図書館へ行く之にて引用書の調終る且つ日本原始住民と題する論文全く書き終る　是より清書するのみ　昨年十月中旬に起稿したるものなり　午後青山氏教室へ来る、四時半帰宅　プロフェッサー・グスタフ・フリッチ氏眼球所望云々の手紙の返事をはがきにて出す　又チーグレル（フライブルク、バーデン）へ模型到着のはがきを出す

二月二十二日　日　晴

午後お喜美と共に鶴、精、三を携て田甫まで紙鳶挙に行く少し寒し暫時にして来《ママ》る

二月二十三日　月　晴

フリードレンデル&ゾーンへ臨時費注文の一部支払送金

及同注文等に付書面を出す　午後教授会出席　晩菅之芳氏へ論文鑑定に付手紙を出す

二月二十四日　火　晴

又讀賣新聞社員教室へ来る、午後五時前帰宅

二月二十五日　水　晴

午後四時半帰宅少しく風邪の気味に付晩は床に臥す

二月二十六日　木　半晴

故小松宮殿下御葬式に付休業、大学々生は文部省前にて拝する筈なり、終日在宿、日本石器時代の住民清書終る、児等が雛をかざりて遊ぶ、岡山菅氏へ論文を小包にて出す

二月二十七日　金　半晴

午後写真師中黒をして解剖学教室の写真を撮らしむ　四時過出て帰る途よりフローレンツ博士の寓を訪ふ折悪しく病気に付面会せず論文を置きて帰る

二月二十八日　土　曇

午後四時半帰宅

三月一日　日　曇（晩雨）

大学紀念日なれども　小松宮殿下薨去後間合なければ式は一切略せらる、終日在宿、女児等は大沢、桜井恒次郎両氏の女児を招き集めて雛祭をなすとて悦び遊ぶ、庭にて焚火をなす　衆議院議員総選挙なり但し例に依り棄権す

三月二日　月　晴

小使千田チーパー云々件に付きて解傭す、午後五時前帰宅

三月三日　火　曇雨

丸山耕平氏教室へ来り　近日越後新発田直方氏方へ帰るに付医院を一見したき趣に付名刺を以て紹介す、午後四時半過帰宅

三月四日　水　晴

午後五時前帰宅、晩腹工合宜しからす床に臥す

三月五日　木　曇

今朝に至りて下痢す、朝体温三十九度四分あり　気分甚不快　大学へ今日より三日間欠勤の欠《ママ》を出す、午後は体温少しく下る終日半眠

三月六日　金　晴

今日は余程宜し、終日床に在り

三月七日　土　晴

一層宜し只疲労のみ、時に庭に出て梅花を見る、甚だ心知《ママ》よし

三月八日　日　曇

午前庭にて焚火す、森岡等氏来る　午後一時出て上野公園学士会館に到る「日本石器時代の住民」と云ふ題にて講演す正一時半始む　途中二回休息し五時半終る即ち正四時間演舌す、晩疲労したる様に付床に臥す

三月九日　月　晴

午後四時教室出てて坂下より山越してドクトル・フローレンツ氏を訪ふ　二三日鎌倉へ保養に行きたりと空しく帰る　晩発熱す（三十八度）膀胱の為ならん

三月十日　火　雨晴

欠勤、加養

三月十一日　水　曇

諸橋勇八郎氏教室へ来る、午後四時半帰宅

三月十二日　木　雨曇晴

此頃「アラスカ」より帰朝したる池田有親氏へ手紙を出す　午後四時半帰宅

三月十三日　金　曇小雨

帰途三度目にドクトル・フローレンツ氏を訪ふ又折悪し会はず

三月十四日　土　晴

朝出掛けに文科大学に到りドクトル・フローレンツ氏を尋ぬ　漸くにして面会し論文校正のことを頼む、午後三時半帰宅

三月十五日　日　雨

終日在宿

三月十六日　月　雨

午後四時半過帰宅

三月十七日　火　雨

ドクトル・シュテール教授、ドクトル・ルド・マルチン教授、ドクトル・ラウベル（ウィーン）、野口英世医学博士（フィラデルフィア）の諸氏へ論文寄贈の礼札を出す、午後四時半過帰宅

三月十八日　水　晴

三浦守治氏此頃西洋より帰朝、教室へ尋ね来り呉れたり又同時にドクトル・フローレンツ氏来り論文校正の事に付談合す　午後四時半帰宅

三月十九日　木　曇雨

午後四時半帰宅

三月二十日　金　雨

午後教室へ長谷川泰氏来訪、久々にて逢ひ種々面白き話あり、四時半帰宅

三月二十一日　土　晴

午後総論解剖学を課外に講し全部終る且つ今日にて本学期講義を閉つ、四時半帰宅、治療中緒方正規氏来訪、児等今日限り学校休となる

三月二十二日　日　雨晴　祭日

終日在宿、気分悪し

三月二十三日　月　晴

好天気、教授会ありたれども処労届を出して大学不参、午刻共に四児を携て諏訪神社へ行く　千駄木母堂及於菟氏来る道灌山を経て土筆を採りて帰る

三月二十四日　火　雨

教室出勤、午後四時半帰宅　田鶴、精今日学校へ行く両人共成績上の下なりと

三月二十五日　水　晴

ドクトル・フローレンツ氏教室へ来る　過日依頼したる論文校正終る亦此論文を Mitt. d. deutsche. ostasiat. Ges.〔＊ＯＡＧ会報〕に掲載すること承諾の旨を確答す、午後四時半帰宅

三月二十六日　木　晴

昨日お喜美第百銀行に到り伯林フリードレンデルへ送るべき百二十マルク為替に組みたる券を書留郵便にて出す

青山氏教室へ来る、午後五時半帰宅　今日お喜美児等携て上野公園へ行きたり

三月二十七日　金　晴

池田有親氏旅宿へ佐藤亀一氏代理とし遣る且つ骨格採集費四拾円を払ふ　清水彦五郎氏教室へ来る、午後五時半帰宅

三月二十八日　土　晴

教室へ行きて石器時代人民《ママ》の論文アンドレー博士（Globus 編集者）へ送るべきもの清書終る　四時出て帰途よりドクトル・フローレンツ氏を居宅に訪ひ二三の質問をなし Mitt. d. deutsche. ostasiat. Ges. に掲ぐる原稿を置きて帰る

三月二十九日　日　曇

午後二時過共に鶴、精、三を誘ひ提灯花へ行きてたま網を以て小魚を採る　ちか同行す

三月三十日　月　晴

出勤、石器時代の人民なる論文をGlobus〔＊雑誌〕編輯者ドクトル・リハルト・アンドレー氏へ書留郵便にて出す（郵税壱円五十銭）又顕微鏡実習の準備として標本類、屍貯蔵大甕等病理教室新築のところへ移す、解剖実習室新築の模様を始めて一見す先日来地形を始めたり　諸橋勇八郎氏教室来る　加賀栄二郎氏へ紹介名刺を遣る　四時半帰宅

三月三十一日　火　雨

少しく寒冒、在宿

四月一日　水　曇

在宿、書生佐藤来る、大塚は明日去るべし、児等皆午後両書生を誘ひ田端辺へ魚を採りに行く

四月二日　木　雨

在宿、午後佐藤亀一氏来る明日三崎実験所へ行くべし但し浅井氏と同行

四月三日　金　曇

午後鶴、精、三を携て田端、諏訪社へ散歩佐藤同行す

四月四日　土　晴

出勤、午後四時半帰宅、本年度限り学校衛生顧問廃止となりたるに付菊池文部大臣より来六日帝国ホテルへ招待さるると雖も病気断の状を出す

四月五日　日　晴曇

午前池田有親氏来訪、午後は鶴、精、三を携て田端、諏訪神社へ散歩下婢きせ同行

四月六日　月　少雨曇

出勤、シュテーゲル（ライプチッヒ）ギプス模型の荷を開く　岡山坂田快太郎、昨年十二月帰朝、此度出京して教室へ来訪、ドクトル・ハベレル氏のワルダイエル先生添書封入の書面に対し横浜旅宿へ宛返事を出す、午後四時半帰宅

四月七日　火　晴

稀なる好天気、桜花殆んと満開、教室不参、午刻四児を携て提灯花より道灌山、諏訪社へ散歩

四月八日　水　曇

出勤、在桑港領事上野季三郎氏へインヂアン頭骨我教室へ寄附依頼の件に付書面を出す、又富井政章氏大学の職を退きたるに付友人等謀りて氏肖像画を製する云々に付金弐円に写真を添へて岡田朝太郎氏まで送る　今日出勤前に岡山菅之芳氏宅へ来訪、氏は昨日も来りたりと、近

傍桜花開き満つ

四月九日　木　曇雨

出勤、Geographen-Kalender〔＊文献〕の編輯より自分の身分に付照会の返事を出す、午後四時半過帰宅　今村一雄氏大分より出京来訪

四月十日　金　晴曇

ワイルダー（ボストン）、コルマン、H・フィルヒョウの三氏へ著述寄贈礼札、シュテーゲル（ライピチッヒ）に石膏模型請取りの端書を出す　午後四時半帰宅

四月十一日　土　曇雨

午前十一時頃より雨降り始む、大学競漕会なり、良一佐藤を誘ひ午後行きたれども中止となりたりとて帰り来る　庭師今日より来る、庭の樹木植替を始む

四月十二日　日　晴風

終日在宿、風強きが為めに散歩せず、庭師に指図をなす　今日午後一時より前日の続き競漕会あり、良一は佐藤を誘ひて行く、七時半頃帰り来る、医科大に勝ち二艇身余を抜きたりと　是れ第四回の連勝なり亦分科競漕は今年は第二選手一回のみにして之も医科の勝となる　即ち医科往年の連敗を廻《ママ》復し漸くにして法六、医六、工五勝の割合になりたり　病痾の為めに此快事を目撃することあたはさりしは深く遺憾とす

四月十三日　月　晴

出勤、午刻教室を出て途中精子の学校より帰るに逢ひ同車せしめて帰る、是よりお喜美と共に精、三を携て提灯花にて小魚を採り道灌山より諏訪社に到りて帰る

四月十四日　火　曇

出勤、午刻教室を出て途中より精子を連れて帰る、午後は庭にありて庭師に樹木植替への指図をなす、祝勝会欠席

四月十五日　水　曇

出勤、午後四時半帰宅、豊原又男氏来り居る

四月十六日　木　少雨

朝安田恭吾氏来る予て頼み置きたる、ワルダイエル、H・フィルヒョウ両氏に贈るべき漆器を持ちてなり、九時過出勤、午後四時半帰宅

四月十七日　金　雨

午前七時前教室に到る、午後四時半帰宅

四月十八日　土　晴

在新潟長谷川寛治氏教室へ来る、午後四時過帰宅

四月十九日　日　晴

終日在宿、庭にありて庭師に指図す、大松を下へ移す

良、鶴、精は早稲田運動会へ行く

四月二十日　月　晴

記載解剖学講義を始む、午後教授会あり菅氏論文審査報告あり続て議す終に通過す、午後四時過終る　帰途電報を発す、又手紙も出す、同氏昨日出京せしなり　晩同氏来る大に悦びの様子なり

四月二十一日　火　雨

顕微鏡実習を始む　午前二時間午後三時間合せて五時間講し四時止めて帰宅、高野周省氏教室へ一寸来る

四月二十二日　水　雨曇

午後四時半帰宅、清水彦五郎教室へ来る

四月二十三日　木　晴

東韃紀行の写本することを市川寛繁氏托す、午後二時教室去て帰る、庭の樹木植替を指図す

四月二十四日　金　晴

清水彦五郎氏教室へ来る、又午後菅之芳氏岡山へ帰るとて挨拶に来る、午後四時半帰宅

四月二十五日　土　晴

午後教室新築の模様を一見す地形略ほ終る、諸橋勇八郎氏教室へ来る、四時帰宅

四月二十六日　日　曇雨

終日在宿、庭師庭の地ならし全く終る　雨降り始めたるを以て午後二時去る

四月二十七日　月　晴曇

午後四時過帰宅、喜美子青山氏方へ餞別を持ちて暇乞に行く同氏来五月一日出発西行すべし

四月二十八日　火　曇

午後四時半帰宅

四月二十九日　水　雨

午後青山氏教室へ暇乞に来る、四時半帰宅

四月三十日　木　雨曇

青山氏へ暇乞の手紙を出す、午後四時半過帰宅

五月一日　金　曇

青山氏出発に付講義を休む、午後四時半帰宅　鶴、精運動会とて早朝出掛ける、天気甚怪しかりしも夕刻までは雨降らざりき

五月二日　土　曇晴

午後五時過帰宅

五月三日　日　晴

午後鶴、精、三を携て提灯花より道灌山、諏訪神社へ散歩す佐藤同行

五月四日　月　曇

フリードレンデルへはがきを出す、東韃紀行写字出来たり　午後四時過帰宅

五月五日　火　雨晴

午後五時帰宅

五月六日　水　晴

「日本石器時代の住民」演舌速記、校正終りて学芸雑誌へ送る、午後四時過帰宅、玉汝児供を連れて来り居る

五月七日　木　晴

午後五時半帰宅

五月八日　金　曇晴

午前下山順一郎氏を教室に訪ひ同氏来十五日出発洋行の筈に付暇乞し且つストラスブルグ老婆に贈る九谷焼小花瓶を托す又丹波氏に逢ひて「アルコール」のこと相談す、弁当を喫し一時過帰宅　三二を連れて共に提灯花に到りて帰る

五月九日　土　雷雨

在神戸ドクトルテンガーテ氏へ返書を出す、午後四時過帰宅

五月十日　日　晴

早昼を食し共に児等を携て諏訪神社へ行く

五月十一日　月　晴

山越人工体を検す、午後教授会出席、橋本節斎氏教室へ来る　午後五時帰宅

五月十二日　火　曇晴

岩井廉蔵氏教室へ来訪、数年を経て面会す、午後六時帰宅

五月十三日　水　曇

教室小使部屋物置等今日時計台附属建物へ移転す、午後四時半帰宅

五月十四日　木　曇

午後五時半帰宅、顕微鏡実習なかなか疲労す

五月十五日　金　雨曇

午後四時過帰宅

五月十六日　土　晴

鳥居龍蔵氏より依頼の序文森林氏に訂正を乞ひ昨夜清書

して今朝送る、午後五時半帰宅

五月十七日　日　晴曇

道灌山、諏訪神社へ散歩

五月十八日　月　曇雨

諸橋氏教室へ来る、山越長七父子に講義傍聴を許すこと言ひ含めたり、午後四時過帰宅

五月十九日　火　雨曇

午後五時過帰宅

五月二十日　木　曇

午前ドクトル・フローレンツ氏を文科大学に訪ふ、ワルダイエル先生及ビデルスハイム教授、ドクトル・K・トルトの諸氏へ著述贈与の礼札を又ツェーン（ライプチッヒ民族学博物館）氏へ返事を出す、午後四時過帰宅

五月二十一日　木　雨

午後五時帰宅

五月二十二日　金　晴

朝倉文三氏独乙より帰朝来訪、午後四時半帰宅

五月二十三日　土　曇

文学士高橋亨氏教室へ尋ね来る、午後五時帰宅

五月二十四日　日　曇

午前龍の髯を栗樹の基に植付ける、午後共に諏訪神社へ行く

五月二十五日　月　半晴

午後四時過帰宅

五月二十六日　火　曇雷雨

午刻米国ヒラデルヒヤ府バートン博士及婦人二人教室へ来り　大学観覧の案内を乞ふ　是より外科病室より始めて大学構内を誘ひ廻る　午後一時過終て教室に帰る、午後五時半帰宅、時に雷雨

五月二十七日　水　晴

午後四時半帰宅

五月二十八日　木　晴

午後五時帰宅、鶴、精は地久節とて休業、午前学校に式ありて行く、午後浅草及上野の両所へ別れて行きたりとベルリンラブルーリュクハルト氏よりゾフィー嬢代筆の手紙並に写真（同嬢並にメラン別荘のもの）送り来る

五月二十九日　金　曇晴

午後ドクトル・フローレンツ氏教室へ来る　日本原始住民論文愈出版に取り掛る、午後四時半帰宅

五月三十日　土　曇

午後五時過帰宅

五月三十一日　日　曇雨

終日在宿

六月一日　月　晴

越後湯沢の人樋口繁次氏教室へ尋ね来る、午後教授会あり、四時半帰宅

六月二日　火　曇雨

午後五時帰宅

六月三日　水　晴風

午前図書館より、新築場を見たり、午後四時過帰宅

六月四日　木　晴風

午後六時帰宅

六月五日　金　晴風

午後四時帰宅

六月六日　土　晴

午後五時帰宅

六月七日　日　曇

午前久々にて権兄来る、午後は四児を携て提灯花より道灌山より諏訪神社へ行く

六月八日　月　晴

午後教授会あり之に出席

六月九日　火　晴

午後諸橋勇八郎氏教室へ来る、午後五時半帰宅

六月十日　水　晴

Globus〔＊雑誌〕の発行者フィーベク&ゾーンより原稿領収のはがき来る　五月六日付にして六月八日の東京消印あり

六月十一日　木　雨

午後五時帰宅

六月十二日　金　曇

石原喜久太郎氏教室へ尋ね来る、午後四時半帰宅

六月十三日　土　晴

大沢岳氏今日夕刻出発京都へ行く解剖学講義の補助の為めなり、午後六時帰宅

六月十四日　日　晴

喜美子は附属中学校懇話に行く児等と遊ぶ、午後は共に四児を携て提灯花へ行く

六月十五日　月　晴、夕立

沢田敬義氏独乙より帰朝、教室へ来訪、午後四時半帰宅、

根岸錬次郎氏先頃帰朝に付祝賀の手紙を出す

六月十六日　火　晴

午後六時帰宅

六月十七日　水　晴

午後四時半帰宅

六月十八日　木　晴

新井春次郎氏教室へ来る、午後五時帰宅

六月十九日　金　晴

加藤照麿氏教室へ来る、午後四時半帰宅

六月二十日　土　雨

会計検査院官吏二名解剖学教室へ来りて物品を調ぶ　午後五時過帰宅

六月二十一日　日　晴

午後喜美子と供に三二を携て諏訪神社へ行く　向ふの田甫に下りて小魚を採る

六月二十二日　月　曇雨

検査院官吏再び来る、新井春次郎氏教室へ来る　午後四時過帰宅、夕刻雷雨

六月二十三日　火　晴

検査院官吏長岡人牧野鎖三氏教室へ尋ね来る　午後五時半帰宅

六月二十四日　水　不定

コルマン教授およびコーニング教授へ新井春次郎氏紹介を認む、又ドクトル・A・フロリープ教授（チュービンゲン）氏著述寄贈の礼札　ドクトル・ラウベル（ウィーン）にさんしようをのことに付問合せに対し返事を認む、午後四時半帰宅　新井氏一寸教室へ来る

六月二十五日　木　雨

午後六時前帰宅、今日解剖会にて新井春次郎氏の為めに送別会を開く但し病気に付欠席

六月二十六日　金　雨

早朝新井氏明日出発するとて暇乞に付来る　今日解剖学講義を閉つ是第拾八回の講義にして明治十八年九月より第一回の講義を始め、現教室に於て満十八年間職に従ひ今日当講堂に於て最終の講義なるを以て一言所感を述べたり、午後学生の望に依り講堂にて講義の模様を紀念の為め写真す、是学生も一種の感を催したるものと察せらる、久保猪之吉、高山正雄二氏明日出発留学に付暇乞に来る　午後四時半帰宅

六月二十七日　土　雨

朝レーマン氏より Ueber die Urbewohner von Japan 別刷百部並に書面を受る内五十部は注文に依て製したるものにして其代価三円を郵便小為換にて手紙と共に書留郵便にて出す　予期の如く今日顕微鏡実習を閉つ甚忙はし午後六時過帰宅是にて本学年全く終る　試験は規則改正の為め一年生には施行せざることになりたり

六月二十八日　日　雨

終日在宿

六月二十九日　月　晴

今日より毎日八時に出勤すべし、論文別刷を医、法、理科の教授諸氏に贈る　午後四時半帰宅

六月三十日　火　晴

午後四時半帰宅

七月一日　水　雨

午後四時半帰宅、教室にありて甚静かなり

七月二日　木　晴

二三日来準備したる論文を外国へ発送す、亦フリードレンデルへ Helmholtz, Vorlesurgen über theoreti. Physik を不用に付送り返す且つ雑誌の欠号其他二三の注文をなす又グリュブレル（ライプチッヒ）へペックグレーゼル〔＊カバーグラス〕過日到着したること及支払ひたることの通知を出す、午後四時半帰宅　Globus〔＊雑誌〕の新編輯H・ジンゲル氏より手紙来る　論文は七月の分に掲載す又別刷は例規の通り送る云々

七月三日　金　晴

午後四時半帰宅

七月四日　土　雨

午後京都伊藤隼三氏来訪、午後四時半帰宅　良一今日試験済み、女児等は既に二三日前にすみ皆々勇み遊ぶ

七月五日　日　曇雨

庭の栗樹の下にりゆのひげを植へつける、長谷川泰氏久々にて来訪

七月六日　月　雨晴

午後教授会あり、酒井保氏過日入院の上手術を行ひしが通院したりとて教室にて面会す、弘田氏教室へ来りて長談、令女の縁談整ひたるよし、午後六時過帰宅

七月七日　火　雨

高野周省氏へ交換の頭骨並に手紙を遣る、午後四時半帰宅

七月八日　　水　雨

午後四時半帰宅

七月九日　　木　晴

午後四時半帰宅

七月十日　　金　半晴

午後四時半帰宅、児等の学校今日閉校式あり、良一英語稍可とて自身閉口す、鶴、精は例の通り

七月十一日　　土　曇晴

卒業証書授与式なり、臨幸なし、華頂宮御沙汰に依り御臨場あらせらる、良精処労届を出して欠勤す、庭の花壇を造る　午後近藤九満治氏出京来訪

七月十二日　　日　曇晴

午前花壇を造り終る、午後四児を携て供に諏訪神社へ行く、夕刻帰宅すれば原秋二氏岡山より出京来り居る

七月十三日　　月　晴

午後医学会事務所に到り雑誌を調ぶ、是より教室新築の模様を見る、こけら家根を葺きつつあり、午後四時半帰宅

七月十四日　　火　雨

午後四時半帰宅

七月十五日　　水　曇晴

午後五時前帰宅、京都坪井次郎氏死去に付悔状を出す

七月十六日　　木　曇晴

午後四時半帰宅

七月十七日　　金　晴　30°

大に熱さ増す、午前岡山上坂熊勝氏出京教室へ来り長談、午後四時半帰宅

七月十八日　　土　曇晴

文書目録出来たれば差出す、午後四時半帰宅

七月十九日　　日　曇

午前在仙台敷波重次郎氏出京、住宅へ来訪　午後は共に良、三を携て諏訪神社へ行く　晩今村一雄氏来訪

七月二十日　　月　不定

午後四時半帰宅

七月二十一日　　火　曇

午後四時半帰宅

七月二十二日　　水　雨

午後四時半帰宅、在青森市小出篤太なる人より弓光電気灯の為視力を損せしことに付問合に対し返事を出す

七月二十三日　　木　雨

諸橋勇八郎氏教室へ来る、午後四時半帰宅

七月二十四日　金　晴雨

午後四時半帰宅

七月二十五日　土　雨

大森治豊氏福岡医科大学来九月より開始に付差向き大沢岳太郎氏に授業を托するの件に付来る、午後四時半帰宅、晩新海竹太郎氏来訪

七月二十六日　日　半晴

終日在宿、書斎の掃除をなす、午後牧野彦太郎来る

七月二十七日　月　快晴

新海竹太郎氏教室へ来る、午後四時半帰宅

七月二十八日　火　快晴

朝敷波重次郎氏来る仙台帰る暇乞なり　仕事の問題シュバイスドリューゼ・デル・アクセルヘーレ〔＊腋汗腺〕を遣る、九時半出勤　在京都岡本梁松氏教室へ来る、理科大学事務室に到り朝鮮地図を受領す、午後四時半帰宅

七月二十九日　水　晴

午後四時半帰宅

七月三十日　木　晴

午後四時正に帰宅せんとするに際し清水彦五郎山口技師の両氏来り教室移転の件に付談ずるところあり　五時過帰宅

七月三十一日　金　晴

午後四時半帰宅

八月一日　土　曇晴

昨夜降雨、午後四時半帰宅、小松春三氏来る

八月二日　日　少雨

終日在宿、冷気にて凌ぎよし

八月三日　月　雨曇

午後四時半帰宅、豊原又男氏来る

八月四日　火　半晴

午後四時半帰宅、熱さ大に増す

八月五日　水　晴

私立衛生会編輯員関以雄氏教室へ来る、山口技師一寸来る、午後四時半帰宅、炎熱堪難し

八月六日　木　晴

二村領次郎氏洋行に付教室に於て告別す　ハレなるルー教授およびドクトル・ゲプハルト両氏へ紹介状を遣る　午後四時半帰宅、炎熱堪へ難し、良一誕生日とて千駄木潤

於菟両氏来る

八月七日　金　曇晴

午後四時半帰宅

八月八日　土　曇

蒸熱くして昨夜安眠することあたはす、教室不参終日在宿、高野惇一氏死去され今日葬式に付佐藤を代人に遣る、良一は千駄木潤於菟二氏と一泊として鎌倉へ行く

八月九日　日　晴

炎熱例の通り甚し終日在宿

八月十日　月　晴

ワルダイエルおよびフィルヒョウ両先生へ贈るべき荷物を発送の為め商人吉田へ渡す、午後四時半帰宅

八月十一日　火　晴

午後四時半過帰宅

八月十二日　水　晴

清兵俘虜測定の仕事略ほ書き終る　依て午後四時半帰宅し林太郎に種々尋ね度き点あるを以て晩食後千駄木赴かんとす　然るに同氏方より出向すべしとのことに付待ち居れり　晩同氏来る長く談話し十時半同氏去る

八月十三日　木　晴

午前朝鮮人頭骨の研究にそろそろ取りかかるべきを以て蔵《ママ》庫より取り出す、法医学教室へ行く　福岡大森治豊氏手紙来る直に返事を出す　今日教室へ来りしものは清水彦五郎、難波要、石原喜久太郎、渡部久吉（京都医科大学助教授拝命近日赴任すべし）の諸氏なり　午後四時半過帰宅

八月十四日　金　晴

午後四時半帰宅

八月十五日　土　晴

清水彦五郎氏教室へ来る、午後四時半帰宅

八月十六日　日　晴

終日在宿

八月十七日　月　晴

午前諸橋勇八郎氏来る、午後四時半帰宅　在横浜ドクトル・ハベレル氏へ著書（支那人骨論）の礼及書面に対し返書を出す　今日は温度少しく降る

八月十八日　火　晴

朝曇なるを以て在宿、梅のつわいを切る、但し直に晴となる

八月十九日　水　晴

今日より俘虜論文清書を始む　午後四時半帰宅　猪俣為治氏欧米漫遊に付告別に来る居る　氏晩食して去る　少しく夕立し少時にして止む

八月二十日　木　晴

近日教室移転に付其場所を一見す、又田口大沢両氏へ移転の件に付書面を認む　午後四時半過帰宅

八月二十一日　金　晴

少しく冷気にて心地よし、解剖実習室新年の模様を見る内部しつくい塗り最中なり、新海竹太郎氏一寸教室へ来る　俘虜論文清書略ほ終る、午後四時半帰宅

八月二十二日　土　晴

午前は佐藤学長、代理清水彦氏等と移転のことに付談合、午後一時帰宅、二時過出て諏訪神社に到る　鶴、精、三を携ふ

八月二十三日　日　晴

終日在宿、庭師来りて垣根を刈り込む

八月二十四日　月　晴

再ひ熱さ酷し、今日より愈教室移転に取りかかる　先つ標品より始む、午後四時半帰宅

八月二十五日　火　晴

在桑港領事上野季三郎氏より送附し来りたる（アメリカ）インディアンの頭骨（二三日前到達したり）を開き検す　午後四時半帰宅

八月二十六日　水　晴

午後四時半帰宅

八月二十七日　木　雨晴

去三日以来の旱天打続きたるところ今朝雨降る併し午後晴となり未た湿り充分ならず、諸方へ出すべき手紙にて時を費す、移転仕事は休止、午後四時半帰

八月二十八日　金　晴

少しく冷気なるを以て喜美子児等を携て早朝より本郷通りへ買物に行く教室へ立寄り菓子なとを食す　池の辺を通りて帰る自分も移転の模様見分の為め同行す　助手室小使室等移る、午後四時半帰宅

八月二十九日　土　晴

愈自室の移転をなす、午前片付け、午食より運搬す、机等を室に配列す、午後四時半過帰宅　前日認め置きたる上野領事宛書状を出す

八月三十日　日　晴

図書室を移す、其整理に付大に疲労、為めに規則正しく

隔日に治療し来りたるものを三日間休止したり　午後五時帰宅

八月三十一日　月　晴

田口、大沢両氏始めて出勤、移転に付種々協議をなし方針総て確定す、午後は図書室の昨日整頓残り分を終る、之れにて自分に関する骨折り仕事略ほ終る　午後四時半過帰宅

九月一日　火　晴

此頃より認め始めしワルダイエル先生、プロフェッサー・フィルヒョウ氏への手紙書終る　先日両氏へ贈る種々品物を日本船にて差出し其送り状はウヰルヒヨウ氏宛書中に封入し両方共書留にて出す　此春以来心掛け準備したるもの先之れにて終結したり　午後四時半帰宅

九月二日　水　晴

早朝より喜美子四児を携て向島、浅草へ出掛ける、プロフェッサー・ラブル・リュクハルト氏へ令嬢及別荘写真贈与の礼且つ返書を出す　又プロフェッサー・シュテーレル氏へ論文贈与の礼札を出す、午後四時半帰宅　今日より愈朝鮮人頭骨研究に取り掛かる

九月三日　木　晴

此頃残暑堪へ難し、午後四時半帰宅

九月四日　金　晴

午前清水彦氏教室へ来りて談話、午後四時半帰宅

九月五日　土　晴

午後四時半帰宅、良一、田鶴は千駄木へ一泊として夕刻より行く

九月六日　日　晴

久々にてすし持参諏訪神社行を催す、出掛けに榊母堂来訪、依て喜美子は後より来る、午後四時帰宅　熱さ甚たし

九月七日　月　曇

松井専門学務局長の使として某氏来り留学生足立文太郎氏帰朝催しの為め電報を発する哉の件に付相談す、午後四時半帰宅、津田真道氏葬式に佐藤を代人として谷中迄送る

九月八日　火　曇

余り熱さ甚しからさる様思はるるを以て散歩と決し弁当を携帯し午前九時半過共四児を携て出つ　田端停車迄乗車是より汽車にて南千住まて行く　三二始めて汽車に乗

りたることとて悦ぶ、是より千住大橋まで歩行、汽船にて小松島まで行きて手《ママ》に上り一小茶店に入る　時に十一時半なり弁当を食す、是より百花園に入る、田甫を歩し徐々に大川の方へ行く恰も児童十数人にて小川を替へ乾して小魚を採るに会ふ依て之を見物す　児等甚珍しく思ふ　是より又元の如く帰途に就く六時に田端へ着く　歩行して帰る少しく雨降る、大に疲労す、児等は蟹などを採り帰りて大満足なり

九月九日　水　曇

教室不参、鶴、精、三を携て植物園へ行く佐藤氏同行、午後十二時半帰宅、前に引きつづき大に疲る　午後は在宿

九月十日　木　晴

在宿、少しく腹工合を損す、午前大沢岳氏来る氏は今日出発福岡へ行く　福岡医科大学開講に付解剖学教授欠員の為其講師とし行くなり　熱さ堪へ難し、本年の大暑中今日は最高温度を示したりと云ふ

九月十一日　金　曇

授業を始む、大沢岳氏福岡行の為同氏担任の分を引き受く　記載解剖学講義を旧第一医院の仮講堂に於て開く、本年は為めに甚繁忙なり、午後四時半帰宅、昨日に反し甚冷気にして凌ぎよし

九月十二日　土　曇少雨

午後四時半過帰宅　江波氏教室へ来り　一屍に防腐注入を依頼す依て浅井助手を遣る

九月十三日　日　曇少雨

午前大沢氏宅へ行きて夫人に俘虜論文の校正を依頼す、家族皆千駄木へ行く

九月十四日　月　曇

午前四時半帰宅

九月十五日　火　曇

総論解剖学講義を始む、各論の講義と合して三時間はなかなか大義なり、清水彦氏一寸教室へ来る　午後五時前帰宅　日本原始住民の論文西洋へ送りし受取状拾通計到る

九月十六日　水　曇晴

午後ドクトル・ハベレル氏横浜より来り訪ふ　昨日はがき出し置きたればなり、動物学教室へ誘ひ飯島氏に紹介す標品室を見る、H氏自身にて同氏と自分と並びたるところを撮影す　四時過同氏去る、五時帰宅す

九月十七日　木　晴

午後四時半帰宅

九月十八日　金　晴

午前七時より組織学卒業試験をなす、午後は帰宅在宿、此日又堪へ難き熱さなり

九月十九日　土　雷雨

又冷気となる午刻帰宅、午後大沢岳氏宅に到り先日依頼し置きたる論文校正終へたり

九月二十日　日　雨

終日在宿、新入一年生和田某氏撫養円太郎氏の紹介状を持ちて来る、小林文郎昨日の官報にて休職となる

九月二十一日　月　雨

午後教授会出席、浮虜原稿を印刷会社へ渡す　朝出勤前に三浦省三氏来る府会議員選挙の件なり此日34. Deutsches Anthropologen-Kongress in Worms〔＊第34回ドイツ人類学会議（ボルムス）〕よりワルダイエル、ドクトル・フィシャー、G・チレニウス、J・ランケ、R・アンドレー、G・シュワルベ、B・ハーゲン、H・クラーチュ、フォン・ルーシャン、足立、シュラーギンハウフェン外二名（姓名不明）連署の絵端書到達す消印八月十三日なり、甚悦ばし、又ストラスブルクより橋本豊太郎、渡部海旭、足立文太郎三氏連署の絵はがき（八月十八日附）到る、此はがきに足立氏、自分の論文Globus〔＊雑誌〕に掲載せられたること及本号が人類学会議に於て其会員に配布せられたることを記したり　又ケールよりH・クラーチュ氏絵はがきを寄せられたり（消印八月二十日）此日ドクトル・ハベレル氏より同氏教室へ来訪の際撮影したる写真を送り越したり

九月二十二日　火　雨

ドクトル・ハベレル氏へ昨日写真贈附の礼札を出す、午後一時前帰宅、新入生蔵光長次郎来る（菅氏紹介）証人を諾す

九月二十三日　水　風雨

夜来大雨、天明後強き風を生ず、午後〇時半帰宅　終日風大雨

九月二十四日　木　快晴　祭日

稀なる好天、但し熱さ強し、弁当を携へ共に四児を連れて出かける時に九時半過なり　乗車田端停車場に到り汽車にて金町へ行く、江戸川堤上の一茶店にて弁当を食す是より堤上にて遊ぶ　昨日の大雨の為諸方出水す、田甫

中の小川にて小魚を採るなど時を費し午後二時四十六分の汽車にて田端へ帰る　四時過帰宅

九月二十五日　金　半晴

午後〇時半帰宅

九月二十六日　土　晴

午刻帰宅、庭内梅のづはいを切る

九月二十七日　日　雨

終日在宿、答案調ぶ、一通り終る

九月二十八日　月　半晴

午後諸橋勇八郎氏教室へ来る、Globus〔＊雑誌〕自分の論文掲載の号 Bd. 84. 八月十三日発兌のもの一部送り来る但前半分掲載され未完なり之を見て甚満悦

九月二十九日　火　雨

京都大学書記官森春吉氏来りて福岡医科大学の為め大沢岳氏を来十二月まで講義を托し度し付ては同氏の分自分に於て引受け呉るること出来得るや云々即ち承諾すべきを答ふ、午後四時半帰宅

九月三十日　水　雨

少しく寒冒の気味にて半面痛を発す、午前限りにて帰宅、静養

十月一日　木　雨

午前限りにて帰宅

十月二日　金　大雨

教室雨もり甚だ困る、清水彦氏教室へ来る　四時半帰宅

十月三日　土　曇

午後清水彦教室へ来る、三時半帰宅、熱海小松精一氏来訪、久々にて面会、晩食を共にす

十月四日　日　曇

午後良、精、三を携て提灯花と仮称するところえ行きて小魚を採るどぜうの大猟あり

十月五日　月　半晴

午刻教室へ一等軍医牧田太氏来る氏は三年間清国北京在勤、此頃帰朝せり　午後は教授会出席、四時半過帰宅

中秋の望珍らしく明かなり暫く縁側に坐して眺む

十月六日　火　晴

此日再び教室移転仕事を始む過日の残部にして新築の部分愈々出来上りて仕用し得ることとなりたればなり、午後は旧教室の方を廻る事務室へ寄る　清兵論文の第一校正来る但し全部なり　三浦謹之助一寸教室へ来る昨日協

談の医科紀要の件に付同氏は三浦守治氏を住宅に訪ひて其模様を報ず　午後四時半帰宅、明月昨夜の如し、月蝕あり　在仙台藤野厳九郎氏より真綿及林檎を送り来る

十月七日　水　半晴

午後旧教室を廻る、先日来取り毀ち居たるところ　今日頃は最早旧形を失す、即ち是れ旧教室告別なるか　午後四時帰宅、岡田和一郎令閨来訪

十月八日　木　雨

午後四時半帰宅

十月九日　金　曇

今日にて教室の移転悉皆終る、午後四時帰宅

十月十日　土　曇

新入生宣誓式に付休業、終日教室に於て仕事す Globus〔＊雑誌〕へ掲載したる Ueber die Urbewohner von Japan〔＊論文〕の別刷弐拾五部到達す之にて本論に関することは終結す　午後四時過帰宅

十月十一日　日　半晴

午前権兄久し振りにて来る、鶴、精、三を携て十時頃出巣鴨停車場より汽車にて目白まで行き是より雑司ヶ谷鬼子母神に到り弁当を仕ひ目白へ戻り汽車にて田端まで来り　諏訪神社にて休み四時半帰宅

十月十二日　月　雨

新築解剖実習室に於て実習を開始す、午後四時過帰宅、在仙台藤野厳九郎氏へ手紙並に小包を出す是返礼なり

十月十三日　火　雨

Globus 別刷を内国の知友へ発送す、午後四時半過帰宅

十月十四日　水　雨晴

午後四時帰宅

十月十五日　木　晴

午後四時帰宅

十月十六日　金　雨

今朝来下痢す、押して出勤す、午後四時半帰宅　床に臥す

十月十七日　土　雨　祭日

終日在宿、鉄門倶楽部は今明両日に掛けて甲州地方へ遠足す

十月十八日　日　晴

好天に付共に四児を携て十時出かけ巣鴨停車場より汽車にて目白にて下る　鬼子母神にて弁当を食す　先日来会式とて賑ふ寺内を遊覧し午後一時四十六分目白発車田端

にて下り道灌山筑波園にて休憩し帰途につく　途中一植木屋に入りて菊拾《ママ》鉢購ふ、田中浪江氏に逢ふ同氏遊猟の帰途にて獲物を携ふ其内鴨拾《ママ》羽を貰ふ、四時頃帰宅

十月十九日　月　曇

鉄門倶楽部遠足の為め授業なし、午後四時過帰宅

十月二十日　火　晴

午後四時半帰宅

十月二十一日　水　晴

午後四時過帰宅、田鶴、精は学校の運動会に付飛鳥山へ行く、又三二も行く　喜美子は同窓会に久振りにて出席す

十月二十二日　木　曇雨

午後四時半帰宅、玉汝両児を連れて来り居る

十月二十三日　金　晴

午食後一寸史料展覧会を山上集会所に一見す、午後四時半帰宅

十月二十四日　土　晴

午刻帰宅、午後共に鶴、精、三を携て田端より諏訪神社へ散歩す、晩一年生和田氏来訪　清兵論文の校正第四回にて全く了り印刷会社へ出す

十月二十五日　日　晴

鶴、精、三を連れて弁当を携て田端より汽車にて王子に到り飛鳥山に登りて弁当を食し是より滝の川紅葉まで行きて戻り再び汽車にて田端へ帰る　千駄木一行に逢ふ四時過帰宅

十月二十六日　月　晴

午後四時半帰宅

十月二十七日　火　雨

午後五時帰宅、良一二泊旅行に出かける

十月二十八日　水　雨

広瀬佐太郎氏教室へ来る、Globus〔＊雑誌〕発行者フィーベグ＆ゾーン（ブラウンシュバイク）より原稿料三拾八円三銭（独貨八拾マルク二十五ペンニヒ）為替券受取る五時帰宅

十月二十九日　木　晴

四時半帰宅

十月三十日　金　雨

独乙医家二名教室参観す、四時半帰宅

十月三十一日　土　雨

筋論の講義略ほ終る、来月よりは記載解剖学講義は田口

氏と分担することとなる、午後四時過帰宅

十一月一日　日　雨

終日在宿、悪天困る、書斎の掃除をなす

十一月二日　月　晴

旧解剖学教室の方を廻り見る　最早全く取り毀ちて跡方なし、午後四時半帰宅

十一月三日　火　晴　祭日

稀なる好天、昼食後共に良、精、三（田鶴は独り千駄木へ行く）を携て田端停車場に到り汽車にて飛鳥山へ行き公園に遊ぶ　或る女学校の運動会ありて児童面白く見物す、汽車によらずして日暮に帰る　足立文太郎氏より手紙来る

十一月四日　水　曇

午後四時半過帰宅

十一月五日　木　晴

午後四時半帰宅

十一月六日　金　晴

午後五時前帰宅

十一月七日　土　曇

フィーベグ&ゾーン（ブラウンシュバイク）へ別刷弐拾五部及ひ報酬三拾八円三銭受領のはがき及アーサー・トムスン及びR・ビーデルスハイム二氏へ論文寄贈の謝礼を出す　加藤照麿氏論文のことに付教室へ来る

十一月八日　日　雨

終日在宿

十一月九日　月　晴

午後四時半過帰宅

十一月十日　火　晴曇

ドクトル・ル・ドゥブル（ツール）氏へアイノ論全部及書面を出す此頃二回まで問合せ来りたる返答なり　午後四時半過帰宅

十一月十一日　水　晴

橋本左武郎氏独乙より帰朝教室来訪　午後四時半帰宅

十一月十二日　木　晴

P・サラジンおよびF・サラジン両ドクトル（バーゼル）氏手紙を出す　此日午後解剖実習なき日なるを以て午刻帰宅　共に三二を携て田端道灌山を散歩す

十一月十三日　金　晴

O・ペルチック教授（ブタペスト）へ過日絵はがき送附の

返事を出す、午後四時半帰宅

十一月十四日　土　晴

大学陸上運動会に付休業、平日の通り出勤、午刻田鶴、精学校の帰途直に教室へ寄り弁当を食し両児を運動会場へ送り込みて帰宅　時に一時二十分過なり　直に支渡共三二を携て出て田端停車場に到り汽車に乗る王子下る、滝の川紅葉を見る　帰途印東氏の花園へ一寸立寄りて帰る

十一月十五日　日　晴

午後一時鶴、精、三（良一は学校運動会に付早朝より之に赴く）道灌山へ散歩す

十一月十六日　月　晴

朝出勤の途次隣家桜井氏へ立寄り同氏の病気を見舞ふ Messungen an chinesischen Soldaten〔＊論文〕別刷一半即ち一百部受取る　午後四時半帰宅

十一月十七日　火　晴

谷中天王寺に於て例に依り解剖体祭執行ありたり　但し欠席す、午後四時過帰宅

十一月十八日　水　少雨

午後四時半帰宅、在独乙新井春次郎、桜井恒次郎、久保猪之吉、金子治郎の諸氏より手紙はがき来る

十一月十九日　木　晴

午後四時帰宅

十一月二十日　金　晴

午後四時半帰宅、石黒忠悳、足立寛両氏へ清兵測定論文を贈りたる手紙を出す

十一月二十一日　土　晴

午前ベルツ氏教室へ来訪、氏の朝鮮及北清旅行に付種々談話を聞く、午後四時半帰宅

十一月二十二日　日　曇

午後精子及三二を携て道灌山へ散歩す少しく寒し　今村一雄氏来りて児等悦び戯る

十一月二十三日　月　曇　祭日

終日在宿、庭にて焚き火をなす

十一月二十四日　火　晴

午後四時半過帰宅

十一月二十五日　水　晴曇

午後四時半帰宅

十一月二十六日　木　雨晴

数日来準備したる清兵俘虜論文を外国へ発送す　即ち知

人宛八拾七部、フリドレンデル宛小包五拾部なり之先日内地知人へ送りたるもの六拾部を合せて百九拾七部なり
午後菊池大麓氏一寸教室へ来る、午後四時半帰宅

十一月二十七日　金　晴
午後四時半帰宅

十一月二十八日　土　雨晴
午後菅之芳氏岡山より出京教室へ来訪　午後四時半帰宅、晩一年生和田氏来訪

十一月二十九日　日　晴
午後良、精、三を携て道灌山へ散歩す、天気温和にして甚心地よし

十一月三十日　月　半晴
午刻伊藤隼三氏教室へ来訪、午後は教授会出席、四時終る、今村新吉氏一昨日西洋より帰朝　阿久津三郎氏去六月帰朝せりとて来訪、五時帰宅

十二月一日　火　雨
午後四時半帰宅

十二月二日　水　晴
午後四時半帰宅、島峰徹氏一寸教室へ来る

十二月三日　木　晴
午後四時半帰宅

十二月四日　金　晴
午後五時帰宅

十二月五日　土　晴
午後四時半帰宅、今朝霜稍強し庭の面潰る

十二月六日　日　晴
大掃除をなす、終日庭にて焚きびをなし湯を沸かす　夕刻今村一雄氏来る

十二月七日　月　晴
午後教授会出席　育児会の救助患者を大学医院に入るるの件前回の続きなり　H・フィルヒョウ氏より去八月末発送したる贈品受取りの手紙来る　午後四時半帰宅、明日は父上様忌日相当するを以て庭に出て椿、山茶花、菊の花を採りて供へたり

十二月八日　火　曇
午後四時半帰宅

十二月九日　水　晴
午後四時半帰宅、晩新井春次郎氏令閨来訪但し喜美子に面会せしむ

十二月十日　木　晴

午後四時半帰宅、今日第十九議会開院

十二月十一日　金　晴

午後五時前帰宅　議会解散となる昨日の奉答文弾劾的なるが為めなり　実に茶番狂言と云ふべし　歎息

十二月十二日　土　晴

午後四時半帰宅

十二月十三日　日　晴

午後鶴、精、三を携て道灌山へ散歩す

十二月十四日　月　晴

加藤照麿氏教室へ来る過日預り置きたる小児母班の論文に付きてなり、午後五時前帰宅

十二月十五日　火　曇雨

午後五時帰宅

十二月十六日　水　雨

午後四時半帰宅

十二月十七日　木　晴

総論解剖学講義を閉づ、事務室へ行きて種々の用弁ず、島峰徹氏教室へ来る長岡社掛金後半年分六円渡す

十二月十八日　金　晴

解剖学講義を閉つ、午後五時半帰宅　宮本仲氏へ贈品の礼状を認む

十二月十九日　土　晴

解剖学実習を閉つ之にて本学期授業終る、午後三時半帰宅

十二月二十日　日　晴

二三日来睾丸炎再発の気味にて今日は殊に痛を覚ふ　夕刻に到り体温少しく昇る（三十八度）

十二月二十一日　月　晴

在宿静養

十二月二十二日　火　晴

在宿、昨今の寒気甚なる、概して稀なる寒なり云ふ

十二月二十三日　水　晴

在宿、権兄久し振りにて来る

十二月二十四日　木　晴

在宿、田鶴、精学校へ行く閉業式ありにて試験成績解る

午前橋本節斎氏来る

十二月二十五日　金　晴

在宿、午前喜美子外出、留守中児等と遊ぶ、炎症軽快す、午後小林三三氏来る　晩田鶴、精は「クリスマス」に付

大沢岳氏方へ招かれて行く

十二月二十六日　土　晴

出勤す、午後四時半帰宅、晩鬼頭英氏卒業来訪

十二月二十七日　日　晴

常の通り出勤す、在仙台藤野厳九郎氏教室へ来る

十二月二十八日　月　曇

出勤、大沢岳氏福岡より帰京面会す　C・H・ストラッツ博士（ハーグ）、Globus〔＊雑誌〕の編集者H・ジンゲル二氏へ清兵測定の論文を贈る但し別刷にあらず紀要第六冊第二号なり　マックス・アインホルン（ニューヨーク）へ著述寄贈の礼絵はがきを認む

十二月二十九日　火　雨

出勤、終日雨降る、午後四時半帰宅

十二月三十日　水　晴

出勤、午後四時半過帰宅

十二月三十一日　木　晴

午前田鶴、精、三を携て本郷通りに到り勧工場に入りて種々買物し出て近傍を少しく歩き十二時帰宅　午後三時頃今村一雄、長谷川（良一の英語を頼みたる人）来る

四時頃膳を配して歳末を祝す、七時頃散す　入浴、十二時過眠る

明治三十七年　2564
1904　　　良精満四十五年

一月一日　　金　晴

七時半起く、良一、田鶴、精は学校の新年式に行く　午前三二を携て鶴、精の迎へ旁々槇町まで行く　午後は頃日来の風邪宜しからさるを以て床に臥す　権兄、小松春三氏年始に来る

一月二日　　土　晴

在宿、午後は床に臥す、長谷川駒八、原秋二、脇田茂一郎同金、松尾貞次等年始に来る

一月三日　　日　晴

出勤、午後四時半過帰宅、今村一雄氏年始に来り居る児等かるたを遊び悦ぶ

一月四日　　月　晴

出勤、午後四時半過帰宅

一月五日　　火　晴

出勤、午後五時帰宅

一月六日　　水　晴

出勤、午後四時半過帰宅

一月七日　　木　晴

山川総長に面会、此度の卒業井上通夫、杉本元亜両氏共助手に採用するの件に付てなり　午後四時半過帰宅、小林三三氏年始に来り居り　晩食の後児等歌かるたを遊ぶ

一月八日　　金　晴

記載解剖学講義を始む、午後四時半過帰宅　風邪荏苒未た全く去らす、体温三十八度三分ありたり

本年賀調べ左の如し

名刺	七五
封書	三九
はがき	一九二

一月九日　　土　曇晴

人類学上抄録四件並に手紙を書留にてブシャン博士（シユテチン）へ出す、風邪宜しからさるを以て午刻帰宅臥す

一月十日　　日　晴

在宿、静養

一月十一日　　月　晴

一年生解剖実習を始む、佐藤学長代理に面会し学士助手二名採用の件に付話す

一月十二日　火　晴

佐藤学長代理教室へ来り学士助手二名採用の件承諾する旨を通す之にて本件は満足に結局す　午後四時半帰宅

一月十三日　水　晴少雨

午後四時半帰宅、留守中牛込小松維直氏来訪

一月十四日　木　曇

午後四時半帰宅、喜美子同窓会へ出席す

一月十五日　金　半晴

午前医学会事務所へ行き目録調製の為め種々の雑誌を見る、午後四時半過帰宅

一月十六日　土　曇

午後四時半帰宅、北蘭昨日鎌倉の橋本別荘へ行かる、喜美子始児等皆千駄木へ招かれて行く

一月十七日　日　晴

終日在宿

一月十八日　月　晴

午後教授会出席、四時半帰宅

一月十九日　火　晴

在新発田松島鉉太郎氏教室へ来訪、丸山直方氏より養子依頼の件に付てなり、午後五時帰宅

一月二十日　水　曇晴

午後ドクトル・ゲオルグ・コルマン氏ワルダイエル先生の名刺紹介を持ちて教室を尋ね来る、午後五時帰宅

一月二十一日　木　晴

午後四時半帰宅、在バーゼル新井春次郎氏、在ベルリン二村領次郎氏　在ハレ（ザクセン・アンハルト）金子治郎氏へ手紙を認む

一月二十二日　金　晴

新学士井上通夫、杉本元亜二氏教室助手拝命す　午後四時半帰宅、在フライブルク・イム・ブライスガウ桜井恒次郎、久保猪之吉両氏へ詳細の返書を認む

一月二十三日　土　晴

プロフェッサー・コルマン（バーゼル）氏へ新井春次郎の事に付手到りたる其返事を出す　又プロフェッサー・トーマス・ドワイト氏へ論文四種受領の謝札を出すH・フィルヒョウ氏へも同様絵はがきを出す、午後四時半帰宅

一月二十四日　日　晴

終日在宿、寒気酷し今朝などは室内零下二度半なり　午後千駄木潤、於菟二氏来り児等歌かるたを遊ぶ　今日築地水交社に於て医科大学卒業祝賀会ありたれども例に依り欠席

一月二十五日　月　半晴

午後四時半帰宅

一月二十六日　火　晴

午後四時半帰宅

一月二十七日　水　晴

午後五時帰宅

一月二十八日　木　晴

午後四時半帰宅

一月二十九日　金　曇

午後四時半帰宅

一月三十日　土　曇少雨　祭

午前十時前教室に到り「日本石器時代の住民論追加」を書く、午後四時半過帰宅

一月三十一日　日　曇

前日の通り、午後五時帰宅

二月一日　月　晴

午後四時半帰宅

二月二日　火　晴

午後一時山上集会所に到る、田口氏病気宜しからざる由に付入沢、清水と相談の上、二時半中島博士及田口茂一郎氏会合の上入院のこと取計をなす、五時田口氏入院済む、六時過帰宅

二月三日　水　曇

午後松井専門学務局長等教室を検閲す、二時頃田口病気を見舞ふ、益々容体悪、山川総長の室にて相談、午後三時頃在福岡大沢岳太郎氏田口氏危篤の電報を出す、五時半過帰宅　食事を終りたるところへ急使来る、田口教授午後六時死去せらる、直に車を命し医院に到る、是より遺骸は本宅に引取らるるに付同行、十一時帰宅

二月四日　木　晴

常の通り出勤、九時より十時半頃まで故田口教授の経歴及業績の概要を演舌し講義に換へて弔意を表す、助手諸氏と種々相談す、田口氏女婿工学士杉野茂吉氏来り遺骸解剖のこと談す　佐藤学長代理其他と相談愈明日午前解剖と決す、四時半教室を出て巣鴨病院に到り呉氏に逢ひ

て弔辞起稿のことを話し六時帰宅、入浴晩食、八時出て田口家に到る、昇位等のことも済みて愈本日午後六時死亡と発表す、十時半帰宅　京都鈴木文太郎氏明朝着京の電報来り居る

二月五日　金　晴

午前九時出勤、哀悼の意を表する為め本日及来八日葬儀執行の当日の休業の掲示あり　鈴木文太郎京都大学代表者として着京、面会杉野茂吉氏来る、九時半病理学教室に到る、田口氏遺骸剖検に列席す、十二時終る、山極教授執刀に付挨拶し、教室に帰り弁当を食し、午後は事務室へ行きなどして種々相談することあり、三時過教室を出て田口家へ行く、諸方へ通知を出す準備の際なり、自分は独乙解剖家へ通知のことを引受く、七時帰宅　晩鈴木文太郎氏来訪、十時半氏去る

二月六日　土　晴

九時教室に到る、事務室にて種々打合をなす、鈴木文太郎氏来る、教室にて談話、午刻同氏去る、田口氏死去通知を独乙へ出すもの八通認め終り、四時過出て田口家に到る、六時帰宅

二月七日　日　曇

日露の関係愈不調、昨日頃は予備、後備召集とのことにてさわがし、午前九時半出勤、「石器時代住民論追加」を清書す、杉野茂吉氏教室へ来る、井上通夫氏フロックコート一件にて来り相談の上同氏を宅へ遣る　四時田口家へ行く、五時半帰宅

二月八日　月　少雨

午前在宿、午後一時半出て染井斎場に到る　二時頃着棺、良精は解剖学会総代として弔詞を呈す　三時式終る、墓地まで見送り棺を穴に入れるを見て帰る、時三時半過なり、先葬式も順序よく済みたり　晩竹崎季薫氏来る、医術開業試験委員の件なり

二月九日　火　曇晴

平日の通り出勤、午後医海時報田中義一氏来る又山口技師来り教室本館建築のことに付協議あり　又三時頃田口碩臣氏尋て杉野茂吉来りて立合の上故田口氏居室を片《マ》く《マ》、全く終らずして、五時半帰宅

二月十日　水　晴

今朝の新聞に昨日露艦二隻を仁川港外に於て撃ちたりとの電報あり

「日本石器時代の住民論追加」を東洋学芸雑誌に掲載の

為め榎本勝多氏へ送る　午後五時前帰宅、新聞号外にて去八日夜半及九日に旅順口に於て大海戦あり日本海軍大勝利のことを知る　昨日に引き続き田口氏の室を片付く、全く終る　夜十一時半小林文郎氏来る、此度召集に付明日出発、仙台行の暇乞なり

二月十一日　木　雨晴　祭日

昨夜露国に対し宣戦の詔勅下る　此頃は寒気減す、併し天気悪く散歩出来ず　午後は晴となる　児等を携て槙町まで行く、其他在宿、旅順海戦の詳報を待つ、良一をして文郎氏出発を見送らしむ

二月十二日　金　曇晴

一昨日の論文橋本氏より取り戻し博文館へ送る　午後五時帰宅

二月十三日　土　晴

今日より故田口氏受持の時間を講義す　午前久米桂太郎氏来る、午後杉野茂吉氏仙台へ帰任に付暇乞に来る　午後四時半帰宅

二月十四日　日　晴

天気温和、午後鶴、精、三を携て共に道灌山へ散歩、久々にて甚快、晩今村一雄氏来る

二月十五日　月　晴

午後は教授会出席　三十八年度予算の件なり　六時帰宅

二月十六日　火　雨雪

午後安田恭吾氏教室へ来る　小林文郎発程に付金銭上の困難を助けたり云々、五時過帰宅

二月十七日　水　雪曇

昨夜雪降りて一寸許積る、午後四時半過帰宅

二月十八日　木　晴

午後四時半帰宅

二月十九日　金　晴

午後小金井正興と云ふ人教室へ尋ね来る　此人は旧信州小諸藩士にして我家と同族なるべしとて手紙をよこしたる人にして権兄訪問して其然るべきことを確められたり、今回権兄の添書を持ちて病人官費入院のことを頼みたるなり、依て医院へ行き橋本節斎氏に逢ひて其事を謀る　即ち入院許可すべしと云ことに付其趣を小金井氏に話す老人大に悦びて去る　午後四時半過帰宅

二月二十日　土　晴

午刻医事新聞藤根より速記者をよこす　即ち故田口氏に付きて二三の事を話す　午後五時帰宅

二月二十一日　日　半晴強風
異例に温し、終日大風、夜に入りて雨降る、庭に出て土をかきならす、午後長谷川芳次郎氏来る
二月二十二日　月　半晴
宮田哲雄氏教室へ来る、午後五時帰宅
二月二十三日　火　晴
午後藤根常吉氏教室へ来る、午後五時帰宅　北蘭鎌倉より帰らる
二月二十四日　水　曇
午後藤根常吉氏来る、俸給を受取る本月は一〇日より第三講座分担、十六日より第一講座兼担に付二百四十四円〇四銭となる、午後五時帰宅
二月二十五日　木　曇雨
チャールズ・ホーズ（ボルネオ、サラワク州バラム在住）より此頃著述二種並に手紙到る、猩々の骨格其他の標本数種を大学へ寄附したし云々申来る　依て好意甚有り難き旨の返書（長谷川芳次郎氏に頼みて草したるもの）を出す　午後五時帰宅
二月二十六日　金　曇
午後五時帰宅
二月二十七日　土　雪　みぞれ
午後四時半帰宅、悪天寒し
二月二十八日　日　雨
常の如く終日教室にあり、午後四時半帰宅
二月二十九日　月　晴
午後教室会出席学位の件なり良精は坂田快太郎氏の論文調査を報告す、午後五時半帰宅
三月一日　火　半晴
大学紀念日に付休業、式場欠席、午前三二を携て槇町に到り紙凧を買ひて遣る、時に庭に出る
三月二日　水　雨
午後五時帰宅、「石器時代の住民論追加」昨日発兌の太陽に出て今日見る
三月三日　木　曇
藤根常吉氏教室へ来る　故田口氏紀念醵金の件なり、午後五時帰宅
三月四日　金　半晴
午後五時帰宅
三月五日　土　雨

午後四時半過帰宅

三月六日　日　雨

平日の通り教室へ行く　市ヶ谷監獄より刑死体受取る之のゲジヒツマスケ〔*デスマスク〕を採る　午後五時帰宅

三月七日　月　晴

在福岡大森治豊氏来る、国庫債券二百円大学事務室を経て申込む但価格九拾五円拾銭　午後五時帰宅ドクトル・ブレジケ（ベルリン）氏より著書解剖図を小包にて贈り来る又手紙並に氏夫婦の写真を受領す、ダクワース氏より自分の論文を批評せし別刷一葉送附せらる　ベルツ氏より Zur Psychologie der Japaner 寄贈せらる　一読して処感を書して受領書となす

三月八日　火　雨

終日雨降る、五時帰宅

三月九日　水　曇

佐藤三吉氏教室へ来る序に睾丸化膿の気味に付一診を乞へり　午後藤根氏教室へ来る、氏去て直に在福岡大沢岳氏へ手紙を出す、午後五時帰宅

三月十日　木　曇

午食後衛生教室に石原喜久太郎氏を訪ひベルツ氏の論文翻訳のことを相談す　是より図書館に到り Globus〔*雑誌〕を見る帰途喜美子三二を携て来るに逢ふ　室に入りて暫時遊びて去る、四時半帰宅、今村一雄氏来り居る

三月十一日　金　雨

長谷文氏教室へ来る、午後四時半帰宅

三月十二日　土　曇

午後四時帰宅、晩梛野馨氏来る氏帰朝以来始めて面会せり

三月十三日　日　雪

平日の通り教室へ行く、午後五時帰宅、終日雪降りて白景となる、今日賀古鶴所氏へ近々出征の由に付訣別の手紙と餞別とを遣る

三月十四日　月　晴

昨夜の雪三寸計積る、快晴なれども寒し、午後教授会出席、岩井禎三氏副乳の論文を報告す但し否決せらる、四時半帰宅

三月十五日　火　晴

午後四時半帰宅、長岡お保帰京、晩千駄木へ行く、林氏近日出征に付暇乞旁石器時代の人民《ママ》出版に付其緒言のこ

とを相談す恰も賀古氏来る暇乞す　九時帰宅

三月十六日　水　晴

午後四時半帰宅

三月十七日　木　晴曇

午後四時半帰宅

三月十八日　金　雪

午後四時半帰宅

三月十九日　土　雨

授業は今日総て閉つ、午刻佐藤三吉氏来る、午後四時半帰宅、晩喜美子は林太郎氏明日出発戦地へ赴くに付暇乞に行く　児等は学校今日限りとて悦び遊ぶ、三二少しく寒冒

三月二十日　日　曇雨

良一は林太郎氏の出発を新橋まで見送る、午前は三二に木にて舟の形を造り遣る

三月二十一日　月　晴　祭日

午後は田鶴、精を携て道灌山へ散歩す、少しく寒し、四時帰宅、良一は学校の催にて一泊旅行に上総地へ行く

三月二十二日　火　晴

昨夜雨降る、平日の通り出勤、午後四時半帰宅、バズデーン、マヌブリエ、ルド・マルチン、スピッカ、シュチーダ、シュワルベ、ダクワースの諸氏へ論文寄贈の礼札を出す又フラウ・ドクトル・ハインへ配偶死去の悔み並に論文寄贈の礼状を認む、晩馨氏夫婦来る

三月二十三日　水　晴

佐藤三吉氏教室へ来る、午後四時教室を出てドクトル・フローレンツ氏此頃帰朝に付氏住宅を訪ひ名刺を置きて帰る

三月二十四日　木　曇雨

終日図書を調べて製本師に製本を命ず、トーマス・ドワイト（ボストン）、マックス・フュルブリンゲル（ハイデルベルク）二氏へ論文寄贈の礼札を出す又フリードレンデルへ第百銀行為替百二十マルク序に二三の書籍注文を出す　午後四時半帰宅、田鶴、精今日通知簿渡り田鶴は五番、精は三番なりとて晩大に勇み遊ぶ、良一は千駄木に一泊す

三月二十五日　金　晴

午前隈川氏医化学教室に訪ふ、午刻帰宅して共に四児を携て散歩に出る、どぜうを採りなどして道灌山より諏訪神社へ行き例の茶店に休み夕刻帰る

三月二十六日　土　晴

私書籍の製本を今朝製本師に命ず、死刑体を測り且つキプス面型を採る、馨氏一寸教室帰る、午後四時半帰宅

三月二十七日　日　曇少雨

終日在宿

三月二十八日　月　曇雨

田鶴高等小学科卒業式精尋常科第二年修業式に付喜美子と共に出掛ける、九時出勤　ベルリン人類学会より二月二十日の会議に於て良精を通信会員に選挙したる旨の書面受取る是れ学者として一の名誉と云ふべし　午後四時半帰宅

三月二十九日　火　晴

午刻帰宅、三時頃良一、田鶴、三二を携て散歩に出る風強くし寒し、小笹四株買ひて帰る

三月三十日　水　曇

市川氏教室へ来り設備費のことに付相談、午刻帰宅、喜美子と共に田鶴、精、三を携て道灌山へ散歩す、良一は本学年修業成績分る先宜しき方なりとて喜ぶ

三月三十一日　木　曇

朝小松維直氏来訪、十時出勤、ワルダイエル先生より久々にて詳細の手紙来る　過般品物を贈りたる返事なり、又フォン・ルーシャンを手紙、ブシャン氏より抄録受取りのはがき来る、佐藤三吉氏一寸教室へ来る　午後五時帰宅

四月一日　金　曇

午刻帰宅、喜美子は四児の写真を撮りに行く帰りに上野公園へ行き一時頃帰宅、午後三時頃喜美子は歌舞伎座行として出掛ける今日森氏作の演劇を執行するに付千駄木と同行見物せしなり、午後は児等と遊ぶ、喜美子十時半帰宅

四月二日　土　晴

午後四時半帰宅、中村士徳なる人尋ね来る雑誌考古界の編輯者なりと、近頃石器時代有髯土偶に付て記載したる人なり

四月三日　日　晴　祭日

午後は喜美子と共に精、三を携て道灌山より諏訪神社へ散歩、休息し夕刻帰る、他は皆千駄木へ招かる

四月四日　月　曇雨

北蘭は保子を伴ひ鎌倉へ旅行せらる、午後四時半帰宅、大久保栄、潤、於菟の三氏来り居りて甚賑かなり、晩食

を饗応す
四月五日　　火　雨
終日悪天、午後五時頃帰宅
四月六日　　水　晴曇風
菅之芳氏教室へ尋ね来る、午刻帰宅、天気模様悪しくなり風強くして散歩出来ず在宿す
四月七日　　木　晴
教室不参、鶴、精、三を携て共に道灌山辺へ散歩　雑魚を採る、諏訪神社に休む
四月八日　　金　晴
伯林人類学会より会員に選挙したるディプロム〔＊証明書〕を受領す、佐藤学長代理教室へ来り病理学教室に於て標本室明渡し強て請求す云々、午後四時半過帰宅、夕刻千駄木諸氏来る、庭の桜花六分開く明光を以て照し夜花を見る
四月九日　　土　晴
教室にあり、死刑体来る、測定し面型を採らしむ　四時半帰宅、大学競漕会なり、佐藤書生を遣る　七時過帰り来りて法科の勝を報す
四月十日　　日　晴
庭園桜花満開、甚温し、午後喜美子と共に鶴、精、三を携て道灌山へ散歩、諏訪神社に休み夕刻帰る、榊母堂昨日死去の報に接す
四月十一日　　月　晴
青山胤通氏去九日帰朝今日午後教室へ尋ね来りて面会す、午後五時帰宅、喜美子を榊家（順次郎氏宅）及岡田家へ悔に遣る又青山家へ帰朝に付挨拶に遣る　北蘭お保鎌倉より帰る　ストラスブルクのリーヂンゲル老婆より此頃帰朝したる下山順一郎氏托して卓布を贈り来る
四月十二日　　火　半晴
午刻帰宅、喜美子と共に三二を携て散歩、諏訪神社に休む
四月十三日　　水　晴
午前七時出勤、今日より授業を始む、顕微鏡実習を以てす、其定日にあらざるも繰替へたるなり　午刻田鶴、精学校の帰途教室へ寄りて弁当を食し歯科へ行きて治療を受けしむ
四月十四日　　木　曇雨
顕微鏡実習定日の通り午前午後共授業四時半帰宅
露国旗艦沈没のロンドン電報を号外として発す、昨日朝

第七回旅順砲撃のチーフー電報と照合して真なるが如し

四月十五日　金　曇

今日記載解剖学神経中枢の講義を始む　大沢岳太郎氏福岡より帰京教室へ来る

四月十六日　土　雨

終日雨降る、午刻田鶴教室へ来る歯治療の為めなり

四月十七日　日　晴

大奮発して中台村貝塚探検と決する、潤、佐藤両氏は精を伴ひて先つ出掛ける、自分は九時半頃三二を携て弁当を持ちて出る、十一時中台村着、下婢みつ実家磯崎某方休憩皆は既に着し居る　直に弁当を食し貝塚所在の畑に到り掘り返へしして探究す　貝殻は極めて密層をなす但し二尺計の深さに至れば既に尽く、発見物は甚少なし　四時頃同所を発し六時帰宅

四月十八日　月　半晴

午後教授会出席、二時半終る、歯科へ行く田鶴来り居る、自分も石原氏に請ふて歯の検査を受く

四月十九日　火　雨

午後四時半帰宅

四月二十日　水　雨

午後田鶴歯治療に来る、佐藤三吉、藤根常吉二氏来る、観桜会に御召たれども雨天に付止む但し良精は例に依り御断り申す

四月二十一日　木　曇晴

午後三宅米吉氏教室へ来「モミー」を博物館にて一時借用したし云々、午後四時半帰宅

四月二十二日　金　晴

昨日在独乙新井春次郎、小山龍徳、金子治郎の三氏より手紙来る

四月二十三日　土　晴

午刻田鶴歯の治療の為め教室へ来る、午後四時半帰宅

四月二十四日　日　晴

午後共に四児を携て諏訪神社へ散歩す　夕刻丹羽貞郎氏厳父丹羽元亨氏来訪

四月二十五日　月　曇

午後四時半帰宅

四月二十六日　火　曇風

フリードレンデル＆ゾーンへ田口家より解剖学教室へ寄附になるべき書籍の注文書を出す　午後四時半過帰宅

四月二十七日　水　曇雨

病理の三浦氏来る、標本室明け渡しの件なり　午刻田鶴来り弁当を遣ひて歯科へ行く　午後五時帰宅

四月二十八日　木　雨晴

病理教室と標本の件に付往復す、午後四時半過帰宅、今日喜美子田鶴を携て一ッ橋外音楽学校分校へ行く

四月二十九日　金　晴

水産講習所員骨格借用の件に付来る、喜美子音楽学校分校主事を訪問の往返に教室へ寄る

四月三十日　土　曇

午後四時半帰宅

五月一日　日　雨

終日降雨、第一軍鴨緑江を渡り総攻撃を今日未明よりなすべき報第一号外到る是れ始度の大陸戦なり　夜に入りて九連城占領の号外第二号外来る

お保仙台より帰り来る

五月二日　月　雨

午後四時半帰宅、昨日の陸戦詳報号外来る

五月三日　火　快晴

午後五時帰宅、権兄其他の人来る

五月四日　水　曇

田鶴教室へ来り弁当を遣ひ歯科へ行く、後にて共に池の辺を歩す、清水彦氏教室へ来る、午後五時帰宅、旅順第三回閉塞を昨四日実行したりと云ふ　罡果電報の号外報す　お保今朝出発帰郷す

五月五日　木　雨

宮本仲氏教室へ尋ね来る久々にて談ず、五時帰宅

五月六日　金　曇

木村徳衛氏独乙より帰朝来訪、清水彦氏一寸来りて標本移置のことを談す、午刻帰宅、共に三二を携て雑魚を採り道灌山、諏訪神社へ散歩す　花見寺のつつじの花開きて見事なり　精子は学校の運動会なり

第二軍昨五日より遼東某地に上陸を始めたりとの号外出づ

五月七日　土　晴

足立文太郎氏昨夕着帰朝し今日尋ね来る久々にて面会、種々面白き談話をなす　昼食共に弁当を遣ふ　田鶴歯科へ来る今日にて全く終る　午後五時帰宅

五月八日　日　晴

午後田鶴、三二を携て諏訪神社へ散歩、団子坂を廻りて

帰る
鳳凰城占領、金州半島鉄道破壊の号外出づ
今夜大祝勝会あり　良一は佐藤と共に見物に行く

五月九日　　月　晴

午後教授会あり、四時散ず、帰途田口家へ寄る留守に付直に去る、帰宅の上直に三二を携て出て団子に到り根付二個（弐円）を買ひ、森家へ寄りて帰る

五月十日　　火　晴

昨今両日時計台脇庫の骨標本を生理学教室の一室に移す、其模様を一通り見分す　午後五時過帰宅　田鶴子今日一ッ橋音楽学校分校へ通学す

五月十一日　　水　晴

昨日に引続き移置す、午刻田鶴子教室へ来り　弁当を遣ひ歯科へ行く、午後足立文太郎氏来り五時迄談話、帰宅の後精、三を金比羅社まで行きたり　ベルツ氏へ氏論文翻訳の件に付来書の返事を出す　榊保三郎氏の「イムバツコ」論文原稿を印刷会社へ渡す

五月十二日　　木　曇風

午後五時過帰宅

五月十三日　　金　曇

米国篤志家マッギー夫人及其一行教室を観覧す　五時帰宅

五月十四日　　土　雨

午後五時帰宅

五月十五日　　日　雨晴

終日在宿、午後芝中の雑草を取り除く

五月十六日　　月　晴

足立文氏教室へ来る、シュワルベ教授、ビーデルスハイム教授、C.フュルスト教授、ファン・デル・シュトリヒト教授、コプシュ博士、オイゲン・フィッシェル博士の諸氏へ著述寄贈の礼札を出す、午後四時半帰宅

五月十七日　　火　晴

足立文氏教室へ来り共に昼食、午後五時過帰宅

五月十八日　　水　曇

在福岡大森氏教室へ来る　ワルダイエル先生よりのはがきをドクトル・ハベレル氏方へ送る、足立氏教室へ来る四時半帰宅、小松精一氏へ手紙を出す

五月十九日　　木　晴

午後五時半帰宅

五月二十日　　金　晴

去十五日軍艦初瀬敵の水雷に罹り又吉野は春日と衝突して沈没せりとの公報今朝の新聞にて公になり始めて知る
午前生理学教室の一室に移置したる骨標本を査見す、次に清水彦氏に逢ひて新築の件に付様子を聞く　午刻帰宅、共に精、三を携て田端へ散歩し、雑魚を採る

五月二十一日　　土　曇雨

午後五時半帰宅

五月二十二日　　日　晴

午前は庭の栗樹の下に龍の髯を植附ける、午後は良、三及佐藤を連れて散歩に出る　潤、於菟二氏に逢ふ共に道灌山、諏訪神社に到る　田鶴は運動会なりとて早朝より精を誘ひて学校へ行く、二回一等賞を得て勇み帰る

五月二十三日　　月　晴

午後教授会出席、五時帰宅

五月二十四日　　火　曇雨

ワルダイエル先生より贈与の氏の肖像額到着　午後五時半過帰宅

五月二十五日　　水　雨

ドクトル・フィッシェル教授（プラハ）へ「アイノ」頭骨一個小包郵便にて差出す

五月二十六日　　木　雨晴

午後五時半帰宅

五月二十七日　　金　晴

午前ドクトル・フローレンツ氏を訪ひ（文科大学に）青山氏「ペスト」論文再版すべきに付通覧を托す　是より図書館に行き種々の雑誌を見る又衛生学教室に到りベルツ氏論文の翻訳の模様を石原喜久太郎氏に質す　午後は事務室より建築掛へ行く、四時半帰宅

五月二十八日　　土　曇少雨

第二軍昨日金州占領、十六時間大激戦の電公報号外出づ
午後六時前帰宅

五月二十九日　　日　曇

午後精、三を携て道灌山へ散歩す

五月三十日　　月　半晴

午後教授会あり之に出席、六時帰宅

五月三十一日　　火　曇雨

午後五時半帰宅

六月一日　　水　曇

午後五時半帰宅

六月二日　　木　晴

午後五時前帰宅

六月三日　　金

人類学教室所蔵標品の展覧会を法科大学教室に催さる

午前午後共観覧す、甚面白し　午後五時帰宅

六月四日　　土　晴

昨夜十二時半頃出火の警鐘頻りなるに醒めて見るに本郷の方に当りて火煙盛んなり　少時して大学内なりと云ふ報を得、直に乗車大学に赴く　新築の造船学造兵学教室土木学教室焼失す、三時半徒歩にて帰宅し再ひ眠に就く、常の如く出勤、授業す、午後六時帰宅

六月五日　　日　晴　熱さ甚

喜美子は午前附属中学校懇話会に行く、自分は精、三を携てすしを持ちて諏訪神社へ行きて食す二時過帰宅、夕刻今村一雄氏来る

六月六日　　月　雨

午後諸橋勇八郎氏教室へ来る、又医学士山本三樹氏過般南清を漫遊して帰朝、来訪、午後四時半帰宅、時に故稲垣之治氏未亡人来り金三円借用したし云々一円を贈りて謝絶す

六月七日　　火　曇晴

午後五時半過帰宅

六月八日　　水　曇

午後一時半一年生桑原矢六郎氏去二十六日南山攻撃に於て戦死せられたるに付追悼式に運動場に到る　持病の為めに中途辞して去る　四時半帰宅

六月九日　　木　晴

午後五時半帰宅

六月十日　　金　晴

山口秀高氏此頃独乙より帰朝、教室へ来訪、尤も二三日前住宅へ立寄られたれども不在なりき　午後四時半帰宅、三二を携て田甫まで散歩す

六月十一日　　土　曇雨

午後六時帰宅

六月十二日　　日　雨

終日在宿、午後甲野棐氏来訪、厚情の程悦ばし

六月十三日　　月　雨

午後四時半帰宅　学年末になりて講義せはし　記載解剖学三時間講義す

六月十四日　　火　晴

午後六時前帰宅す、此日午後大雷、大降雹ありたり甚珍らしかりき

六月十五日　水　晴

記載解剖学四時間講義す、午後大沢謙氏教室へ来る　医術開業試験委員の件なり、午後四時半帰宅

六月十六日　木　雨

午後横手千代之助氏独乙より帰朝、教室へ来訪　午後六時前帰宅

六月十七日　金　晴

記載解剖学は三時間講義、一時間デモンストラチオンにて全く終る、本学年は当教室に於て第一移転、第二大沢教授の福岡出張、第三田口教授の死去の大なる出来事に遭遇したれども而も自身の不完全なる健康を以て解剖学授業上差支を生ずることなくして今日講義を閉つるは甚悦ばしき旨を述ぶ　午後三時半帰宅、直に精、三を携て田甫へ散歩す　大鯰を採り三二大に悦ぶ　晩石原喜久太郎氏来訪、ベルツ氏論文翻訳愈出来云々

六月十八日　土　雨

古川市次郎氏独乙より帰朝来訪、顕微鏡実習を閉、今年は丁度三十回なしたり、午後五時半帰宅

六月十九日　日　曇

午後四児を携て田甫より道灌山へ散歩す

六月二十日　月　雨

組織学実習試験なり規則改正し始めて第一期試験を第二年生に行ふ、午前午後共費す一日に二十五名の割なれども此日二十名丈出席、山口技師を建築掛へ訪ふ、午後四時半帰宅

六月二十一日　火　曇

午前九時より二年生に総論解剖学筆答試験を行ふ、終りて三浦謹氏を訪ひて榊保三郎氏「イムバッコ」論文の文章困難に付相談す、午刻帰宅

六月二十二日　水　曇

答案調の為め大学不参、午後三二を携て諏訪神社へ散歩

六月二十三日　木　曇雨

組織学実地試験に午前午後共費す、五時過帰宅

六月二十四日　金　曇雨

答案調の為め在宿、権兄来る橋本住居の件なり

六月二十五日　土　曇

在宿、庭の芝を刈る

六月二十六日　日　晴

橋本家へ公債証書一千円貸すことに付お喜美不図意を称ふ依りて母上様と三人相談中権兄来る　色々話の末午後に到り母上様を以て節斎氏又は玉汝両人の中来宅のことを申送る　権兄は四時頃去る、晩玉汝来る、自家の情態を精しく話し後公債千円を渡す十一時頃去る

六月二十七日　月　晴

午前八時出勤、終日組織実地試験をなす　午後四時半帰宅

六月二十八日　火　晴

昨日の通り午前午後共試験、五時帰宅

六月二十九日　水　晴

前日の通り試験、今日にて終る、五時帰宅

六月三十日　木　晴

答案調終りて筆答、実地両試験の評点今朝出だす、教室設備費支用に付種々考案す、四時過帰宅、晩千駄木諸氏来る

七月一日　金　晴

熱さ酷し、島峰徹氏教室へ来る、一年生某の依頼にて顕微鏡の検査をなす、午後四時過帰宅、去二十五日以来毎日庭の芝を刈る未だ終らず

七月二日　土　晴

午前午後共榊氏論文の校正をなす、四時半帰宅

七月三日　日　晴

午後喜美子と共に精、三を携て諏訪神社へ散歩す

七月四日　月　晴

午前午後共顕微鏡標本の調べをなす、四時半帰宅

七月五日　火　晴

設備品に付種々考案す、四時半帰宅

七月六日　水　晴

午後教授会あり之に出席、五時帰宅、良、三の誕生日祝を繰り上げにて今日千駄木諸氏を招く、音次郎来り居りて新築のことを相談す

七月七日　木　晴

四時半帰宅、今村一雄氏来り居る　晩下痢す

七月八日　金　曇雨

腹工合悪しき為め終日在宿

七月九日　土　曇雨不定

終日在宿、良一成績宜しとて大に悦ぶ、又田鶴、精学校今日限り且つ成績知れて大に悦び勇む

七月十日　　日　風雨

悪天、終日在宿

七月十一日　　月　雨

卒業証書授与式あり　行幸あらせらる、欠勤、天気悪し但午刻雨止む、終日在宿

七月十二日　　火　雨曇

昨夜大雨、諸方出水す、出勤、大沢岳氏福岡より帰り教室へ来る、設備器具に付相談消日す　四時半帰宅　今日故田口氏書籍断りの為めグスタフ・フィッシャー、ロタッケルの二書肆へはがきを出す

七月十三日　　水　晴

小山龍徳氏独乙より帰朝、教室へ来訪、午後四時半帰宅

七月十四日　　木　晴

午前事務室より建築掛、清水彦氏等へ廻る　午後四時半帰宅、音次郎来る訂正したる図面を渡す

七月十五日　　金　曇

朝松村瞭氏来りて人類学会第二十年会（来十月）に何か一稿所望のことなり、又片桐元氏来り　明日避暑勉強の為出発すと、九時出勤、午刻帰りて昼食、共に精、三を携て田甫の釣り堀へ行く　喜美子、精は先に帰る、三二残りて金魚二疋を携て悦び帰る時に雨降り始む、晩四年生来りて写真を所望す

七月十六日　　土　曇

午後は商人小林に設備器具のことを談す、四時半帰宅、千駄木及篤氏来る

七月十七日　　日　晴

午後三時良、精、三携て釣り堀へ行く佐藤同行　大鯉二疋釣りて帰る、晩原秋二氏出京来る

七月十八日　　月　曇

教室にて暫く怠りたる種々の雑誌を読む、帰途田口家へ寄り碩臣氏へ顕微鏡標本を贈る、五時帰宅、在戦地小林文郎氏より手紙来る

七月十九日　　火　晴

午後石原喜久太郎氏教室へ来る、ベルツ氏論文翻訳愈々来八月一日「太陽」に掲載云々四時半過帰宅、晩ベルツ氏其通知の手紙を認む

七月二十日　　水　晴

午刻帰宅、三時頃精、三を携て釣り堀へ行、良一、佐藤は既に先に行きてあり

七月二十一日　　木　晴

午後四時半帰宅、原秋二氏来りて児等を撮影す

七月二十二日　金　晴

午前喜美子鶴、精、三を携て本郷まで買物に行きて帰りに教室へ寄る、池を廻りて弥生町門まで送る　熱さ酷し、午後四時半帰宅

七月二十三日　土　晴、大夕立

午後医学会事務所に行きて、目録調製の為め雑誌を見る、時に蒸熱堪難し、教室へ帰りて後大雷雨となる、其止むを待ちて五時半帰宅

七月二十四日　日　曇少雨

午前三二を携て教室へ行く、昨日俸給を受取りて之れを机の引出しに入れて忘れ置きたれば之れを取りて出て本郷勧工場に入り、帰途青木堂へ立寄りて帰る、午後はお喜美と共に三二を携て諏訪神社へ散歩す

七月二十五日　月　大雨

解剖学会なり、朝八時教室へ行く諸氏漸々来る、総人員拾名、良精会頭となる、演説者は岡山八木田氏一人のみ、其他は雑談にて終日す、四時より山上集会所にて会食す、雑談、十時過帰宅　雨天なりしも前日に比すれば大に凌ぎ好し　良一は学校水泳場房州豊浦へ出立す

七月二十六日　火　晴

午前文部属某教室へ来り国定教科書中人体のことに付問合なり、仙台藤野厳九郎氏来る　又山本三樹氏来る約束の清国新設医学校へ寄附すべき顕微鏡標本、脳等を渡す、四時半帰宅

七月二十七日　水　曇

午前図書館へ行く、同所にて偶然フォン・ウエンクステルン氏に面会す、午後三時帰宅、直に児等を伴ひて田甫へ散歩、小魚を採る

七月二十八日　木　曇

午前医学会事務所へ行く又耳鼻咽喉科へ寄る　之にて文書目録先つ終る、午後四時半帰宅　晩小松春三氏来る

七月二十九日　金　雨

午前文部書記教室へ来る　小学教科書の件なり　午後小山龍徳氏来る二三日中に福岡へ赴任すと云ふ、四時半帰宅

七月三十日　土　曇雨

時に驟雨あり、午後四時半帰宅

七月三十一日　日　雨

終日在宿、雷鳴驟雨、午後今村一雄氏来る

八月一日　月　半晴
米山彦郎氏秋田県鉱山へ赴任するに付暇乞に来る　午後四時半帰宅
八月二日　火　晴
午前は設備に付全く消費す午刻帰宅、四時出掛けて釣り堀に到る佐藤同行、鯉一疋釣りて帰る三二悦ぶ
八月三日　水　曇雨
午前病理学教室へ行きて種々の器具を見る、午後四時半帰宅、喜美子小供を連れて上野へ行く　春陽堂より「石器時代人民《ママ》」の校正来る
八月四日　木　曇、少雨
珍しく冷気なり、午後四時帰宅、晩石原喜久太郎氏来訪
八月五日　金　晴
午刻帰宅、午後三時過より鶴、精、三を携て提灯花田甫へ散歩
八月六日　土　晴
午後四時半帰宅
八月七日　日　晴
歯痛の為終日困難す
八月八日　月　晴
歯痛の為め教室不参、午後四時より釣り堀へ行く精同伴、三二、佐藤、明石等は先に行きてあり
八月九日　日　晴
歯科へ行きて石原久氏の診察を受く、午後四時半帰宅
八月十日　水　晴
昨日E・フィッシャー、フュルブリンゲル、フランクリン・モールの三氏へ著述贈付の礼札を出す　又フリードレンデルへ人類学の書籍三種を注文す　午後四時半帰宅
八月十一日　木　晴
早朝山根正次氏来訪、日本医学校創立に付第一講師名義のこと第二解剖学教室稀れに仕用《ママ》のこと、両件共謝絶す、午後四時半帰宅　此頃は日々設備のことに付時を費す、研究のことに従ふことあたはす
八月十二日　金　晴
午後四時半帰宅
八月十三日　土　晴
午後四時半帰宅
八月十四日　日　晴
終日在宿、熱さ堪へ難し、午後諸橋勇八郎氏来る、長坐、

晩食し帰り去る、良一水泳場より帰京
去十日旅艦隊遁逃し出づ黄海に於て大海戦あり　我艦隊大勝利の諸報昨今日両日に来る又今朝浦塩艦隊と対馬沖にて交戦敵艦リユリツクを撃沈の報来る

八月十五日　月　晴

アルフレッド・フィッシェル教授（プラハ）にアイノ頭骨一個過般発送の手紙又ワルダイエル先生へ肖像贈与礼状を出す、諸橋氏教室へ来る、四時半帰宅

八月十六日　火　晴

ベルリン人類学会通信会員に推選の返事、プロフェッサー・Fr・メルケル氏へ二村氏紹介の手紙を出す、文部省図書課士館氏来る　午後四時半帰宅

八月十七日　水　晴

隈川宗雄氏教室へ来る　レーマン－ニッチェ氏へ論文贈与の礼札を出す　ストラスブルグ婆様へ過般下山順一郎氏に托して贈品を寄せたる受取を出す　午後五時帰宅

八月十八日　木　晴

午後四時半帰宅、良、三、精、等釣り堀へ行きて戻らず、夕刻勇みて帰る

八月十九日　金　晴

午後四時半帰宅

八月二十日　土　晴

八月二十一日　日　晴

熱さ酷し、午後四時半帰宅、晩小松春三氏来る

終日在宿

八月二十二日　月　晴

午前小松春三氏教室へ来る顕微鏡のことなり　午後山本三樹氏来る、晩佐藤亀一氏来訪

八月二十三日　火　晴

午後四時半過帰宅　根岸錬次郎氏来訪　来月二日出発倫敦赴任すと云ふ

八月二十四日　水　晴

チャールズ・ホーズ氏（ボルネオ、サラワク州バラム地区知事）より寄贈の動物標本昨日着、今日開く、午前小松春三氏教室へ来り顕微鏡購買の件決定す、山本三樹氏来る清国武昌医学校へ送るべき骨格一具渡す　午後五時帰宅、晩旧十四日の月甚明なり　在戦地小林文郎氏へ手紙を出す

八月二十五日　木　晴

午刻帰宅、午後在宿、夜に入り満月澄み渡る

八月二十六日　金　晴曇

大に冷気を催す、午後五時帰宅、諸橋勇八郎氏教室へ尋ね来る　在北海道旭川寿衛造愈出征に付手紙を出す

八月二十七日　土　晴曇

午刻帰宅、午後三時半喜美子と共に四児を携て久々にて諏訪神社へ散歩、冷気にて心地よし、恰も祭礼にて混雑す、書生佐藤同行す

八月二十八日　日　曇晴

在宿、書生佐藤今日限り去る

八月二十九日　月　曇晴

午後四時半帰宅、喜美子名代として根岸錬次郎氏方へ答礼且つ同氏倫敦へ赴任の暇乞に遣る

八月三十日　火　雨

去四日以来にて漸く雨降る甚心地よし、朝事務室へ一寸行く、午後四時半帰宅

八月三十一日　水　曇少雨

我解剖学会の情態をハンドブック・トゥ・ラーンド・ソサエティ（米国ワシントン市）へ申送る、午後四時半過帰宅

九月一日　木　曇晴風

標本戸棚の見本出来す、午後五時半帰宅、時に橋本豊太郎氏来り居る、談話中遼陽占領の報第二号として来る

九月二日　金　晴

昨日来再び熱さ酷し、午後四時半帰宅　遼陽占領に付祝意を奉する為め国旗を立て提灯を点す、夜に入り四児を携て槇町まで行きて夜景を見る　チャールズ・ホーズ氏（ボルネオ、バラム地区知事）へ動物標本受領並謝状を出す

九月三日　土　雨

午後四時半帰宅、ベルツ氏より別刷訂正は面白からざる旨の手紙来る直に返書を認む

九月四日　日　雨晴

喜美子午前千駄木へ行く、午後三時半共に鶴、精、三を諏訪神社へ散歩小林ちか同行、帰途各戸に国旗を建て提灯を掛く帰宅すれば昨三日より今朝に亘り全く遼陽の我有に帰したりとの公報、時事新報第二号外として来り居る直に国旗を出す

九月五日　月　晴

朝植木屋来り旧家屋改築に付大檜二本を移す為め色々指図し為めに大学不参、弘田令閨来訪、午後四時四児を携て本郷へ行く、伊勢利にて食事し、祝捷の夜景を見、青

木堂にてカヒーを飲みて来る

九月六日　火　雨

足立文太郎氏出京教室へ来る　終日人類学上の談話をなす午後五時帰宅、晩小松春三、原秋二二氏来る九時去る

九月七日　水　晴

午刻帰宅、午後日本医学校幹事某来る、昨日を以て旧家屋を明ける今日より書斎に寝る　大工来り旧家破毀に着手す

九月八日　木　晴

午刻帰宅、腹工合少しく損す

九月九日　金　晴曇

教室不参、喜美子午前外出す、旧屋家根をめくる、入浴、晩千駄木へ行き於菟氏病気のことに付相談す

九月十日　土　晴

午前八時過教室に到る、事務室へ寄る　佐藤三吉丹波敬三両氏来十四日出発洋行に付暇乞に行く　皆面会せず名刺を置きて去る、清水彦氏を訪ふて教室新築遅延のことに付種々事情を聞く、午後一時帰宅、夕刻大久保栄氏来る於菟氏病気の件なり

九月十一日　日　晴

旧屋毀し終る、田中浪江氏来訪、晩湯屋へ行きて入浴、今日水盛りをなす

九月十二日　月　曇雨

記載解剖学及総論解剖学共講義を始む九時より十二時まで講義す、午刻帰宅　今日地形をなす筈なりしも雨降りて止む　在旭川寿衛造より返事の手紙来る

九月十三日　火　晴

午後山口技師に依頼して標本戸棚及顕微鏡実習用机の仕様書調整のことを相談す、五時帰宅　今日使を以て牛込小松家へ贈品を遣る　此頃維直君隠退操氏家督相続の通知ありたるを以て其祝なり又佐藤三吉氏洋行に付其餞別品を贈る　今日地形をつく未だ終らず、晩市中入浴

九月十四日　水　晴

午後教授会あり、四時前帰宅、朝来地形をなし、午後四時半頃より建始む六時半過略ほ終り且日暮となる　灯を点上棟式を挙けて大工仕事師植木師等二十五人計のもの酒を汲みて散す　時に七時過なり

九月十五日　木　晴

午後一時より卒業試験（組織学）をなす　三時前帰宅、今日は物置を組み建つ、又縁側の柱を建て長き円けたを

上げる

九月十六日　金　雨

終日大雨、午後四時半帰宅、夕刻より風を生す

九月十七日　土　曇雨風

昨夜来強風にて嵐模様なり、午後四時半過帰宅

九月十八日　日　晴

熱さ強し、終日在宿、時に普請場へ行く、断髪、市中入浴、今日より「こけら」を葺き始む

九月十九日　月　雨

今日より大沢氏筋論を始む、午後は二年生の第一期試験の残り十三名に付組織実地試験をなす　五時終る

九月二十日　火　雨

午前十一時より十二時まで前日の追試験筆答にてなす、午後四時半帰宅

九月二十一日　水　雨曇

時に大驟雨あり、午後四時半帰宅、晩千駄木母堂潤氏来る

九月二十二日　木　晴

午後は図書館にありき、四時半帰宅　今日森川一夫として匿名の手紙来る、教室小使と三年生青木某と結托して骨格を売る云々

九月二十三日　金　晴　祭日

午前は普請場にあり、授験《ママ》生安部、碓居二氏来る　組織学問題は昨年と同一なりし為めに大に意外にて不出来のもの多数あり云々　午後三時頃精、三を携て散歩に出る、田甫にて雑魚を採り道灌山の一茶店に休み帰る、今村一雄来る

九月二十四日　土　晴曇

山口技師に会して標本戸棚等の仕様に付相談す　午後四時半帰宅

九月二十五日　日　雨

終日悪天、大工二人来りてぬきを入るる、授験生三名来りて此頃の試験成績に付神《ママ》配にて不得要鎮のことを述べて去る

九月二十六日　月　曇

此頃の匿名の手紙のことに付市川氏と相談す、又午後は大沢岳氏と相談す、田口家より教室へ寄附の書籍到着す、屍運搬車注文のことに付商人と談す、五時帰宅

九月二十七日　火　晴

助手諸氏に匿名手紙のこと話す、午後四時半帰宅　今日

「こまへ」半終る　晩小林三三氏此度第二補充兵として召集に付明朝出発新発田へ行くとて暇乞に来る　又夜一時半門を叩くものあり即ち岡部氏も同断に付暇乞に来る

九月二十八日　水　半晴

午後四時半帰宅、片桐元氏来り居る　新家の屋根瓦を葺き始む、こまへ未だ終らず、床柱を入るる

九月二十九日　木　晴

午後四時半帰宅

九月三十日　金

昨日書きたる人類学会満二十年祝賀会に向て祝詞を送る、午後四時半帰宅

十月一日　土　晴

外国の人類学に関する学会を過日来調べたりしが今日之を人類学会へ送る、午刻帰宅、二時半頃精、三を携て道灌山へ散歩、諏訪神社に休みて帰る　留守中棚野透氏欧米漫遊のところ帰朝来訪　今日湯殿のたたきを造る

十月二日　日　曇

終日在宿、只午前精、三を携て槇町まで行き鋏（庭師の用ゆるもの）一丁買ひたるのみ、午後は梅のづあいを切る　今日は人類学会満二十年祝賀会なれども欠席、夕刻潤氏来り其模様を聞く、予て送り置きたる祝詞大野雲外氏代読されたるよし　今日屋根瓦葺き終る　晩市中入浴

十月三日　月　雨晴

午後教授会に出席、高橋（順）評議員満期に付改選の件なり、手続きに欠けたるところあり為めに変則の投票をなす、四時半帰宅　今日より二年生に解剖実習を始む

十月四日　火　半晴

卒業試験の追試験二名に行ふ、午後は博物教室等へ行きて internationale Congresse〔＊国際会議〕へ本邦委員として参列したる人々を聞合す、午後四時半帰宅旧書生佐藤来る　卒業試験答案調べ終る

十月五日　水　雨

フローレンツ氏へ足立文太郎氏の論文校正を頼む　三上参次氏にコングレ・アンテルナショナル・デ・オリアンタル〔＊東洋国際会議〕のことを尋ぬ、小使中沢に辞職すべきことを言ひ渡す　午後四時半帰宅、受験生島薗氏来る　片桐元落第の件なり

十月六日　木　晴

午後人類学教室へ行きて学会原稿の中国際学会の部訂正

のことを申込む、神保小虎氏教室へ来る　午後四時半過帰宅　粗壁略ほ塗り終る、夕市中入浴

十月七日　金　晴

バチエラア氏コロボックル論文（英文）を読む、午後志賀潔、守屋伍造二氏独乙より帰朝来訪、四時半帰宅

十月八日　土　曇晴

入学宣誓式に付休業、前日の続きバチエロル氏論を読み独乙文にて抄録す、神保小虎氏一寸教室へ来る、天谷千松氏出京来訪、又坪井正五郎氏来りてアイノ頭骨の鑑定をなすこと頼まる、四時半帰宅、晩受験生二名来り落第者に付懇談す

十月九日　日　曇

午後二時三二を携て道灌山へ散歩、風寒し

十月十日　月　雨

終日間断なく大降雨、悪天を極む

十月十一日　火　晴

午後四時半帰宅、直に大沢家へ行きて抄録の校正を頼む

十月十二日　水　曇

午後四時半帰宅、田鶴茸狩りに行く

十月十三日　木　雨

終日雨、ブシャン博士へ抄録を書留にて出す、高田畊安氏教室へ来る

近頃奉天方面に於て露軍逆襲を企てたれども撃退の快報来る

十月十四日　金　曇少雨

午後四時半帰宅、精子運動会とて十二社へ行く　小林三三氏過日召集に応し新発田に赴きたりしが帰京、来訪

十月十五日　土　曇

ブシャン博士へ抄録二件を追送す、フローレンツ氏来り足立氏論文校正出たり依て直に同氏へ送る　在熊本吉永虎雄氏へ Bardeleben's Handb. 11 u. 12 Zeif.〔＊文献〕を小包にて送る　清水彦氏教室へ来る氏怒りて去る、午後四時半帰宅　時事新報三回の号外を発す、第三は夜十時半来る、奉天方面大逆襲は去十日より十四日に亘り愈々我軍の大捷に帰す

十月十六日　日　晴曇

鉄門倶楽部今明日日光へ遠足す　午後二時共に精、三を携て散歩に出る、児等は例の通りの散歩は倦して行くことを好まず汽車に乗るを約して漸く承諾す　田端より汽車にて王子に下り飛鳥山にて休み亦た汽車にて田端に下

る大に遅刻して日既に暮るる但し月あり歩きて帰る

十月十七日　月　雨　祭日

悪天、終日在宿

十月十八日　火　雨

終日降雨、午後四時半帰宅、鉄門倶楽部遠足の為め休講

十月十九日　水　曇晴

昨今両日は頭骨内面にあるクリブラ・オルビタリア〔＊眼窩篩〕様のものに気付きて頻りに考に沈む又今日は屍に付きて之を見付けたり、物になる哉如何　午後四時半帰宅

十月二十日　木　曇

今朝歯を磨くの際左門歯一本脱落す、午後石原久氏を教室に訪ひ義歯のことを相談す　午後四時半帰宅

十月二十一日　金　曇

午後四時半帰宅

十月二十二日　土　曇雨

樫田亀一郎氏教室へ来り　学習院生徒体格検査のことを相談に及ぶ、午後四時半帰宅　今日大工二人来り床板を張り始む

十月二十三日　日　晴曇

下総国国府村字堀の内駒形神社貝塚発掘朝六時半出掛ける、精、三を携ふ、田端ステーションに到る潤氏、半平尋で来る、汽車にて松戸に下る車夫一名を雇ひ皆徒歩にて駒形に向ふ　道は小山を上下し畑中を通る、九時頃同所に達す既に拾名余の発掘者あり、直に着手す　午後に到りて発掘者益増す人足共に三拾名もある□しなるべし、三時過発し松戸へ戻り六時頃帰宅、精、三勇み悦ぶ

十月二十四日　月　曇

午後教授会あり学位の件なり、四時半帰宅

十月二十五日　火　晴曇

午後松村瞭氏教室へ来りて貝塚人骨調査のことを望む直に諾す、四時半帰宅、田鶴運動会に行く

十月二十六日　水　晴

午後四時半帰宅

十月二十七日　木　曇晴

十月二十八日　金　晴

十月二十九日　土　曇晴

教室設備の標本戸棚及机入札す、午後四時半帰宅、帰途田口家へ寄る、書籍寄附等のことなり　在新発田丸山直方氏死去の報あり、悔状を認む

十月三十日　日　曇
寒し、終日在宿、普請場にあり、大工二名今日より止宿す

十月三十一日　月　晴
歯科へ行く、義歯出来す始めて用ふ　今日より教室本館の地形を掘り始めたる様子なり　午後四時半帰宅

十一月一日　火　晴
寒さ大に増す、朝降霜白し、午後歯科へ行き石原氏に逢ふてアブドルックスマッセ〔＊石膏型取り〕を得る、四時半帰宅

十一月二日　水　晴
唐沢学士教室へ来り病的脳の説明を乞ふ　午後四時半帰宅

十一月三日　木　晴　祭日
終日在宿　普請場にあり、台所の床を張る

十一月四日　金　晴
午後四時半帰宅、粗壁の返へし壁略ほ終る

十一月五日　土　晴
午後四時半帰宅

十一月六日　日　曇晴風
北風寒し、終日在宿普場《ママ》にあり　焚火などす

十一月七日　月　晴
駒形貝塚人骨調査のこと此頃人類学教室より依任《ママ》され今日書き終り同教室へ行きて渡す　在戦地森林太郎氏より送附の露兵頭骨二個教室へ到達す直に披き見るに極めて好標本なり　実に悦ばし、又同標本採集に付て尽力されたる人に対し総長よりの謝状を受取る、午後四時半帰宅
去八月二十四日在戦地小林文郎へ出したる手紙不着　今日戻し来る

十一月八日　火　晴
寿衛造今日午前十一時頃新宿停車場通り掛り一時間余停車の由　予て手紙、電報にて報知有りしを以て十時より十一時までの講義を一時に切り上げて直に新宿へ行く既に着車してありし　母上様喜美子三二は別に行きたり　権兄、橋本一族皆あり一茶店に入りて暫時談話、出征を送る十二時十三分発車す、なかなか混雑す、茶店へ戻り弁当を食し喜美子は福羽家へ行く、自分は三二を携て電車にて飯田町へ帰り二時頃帰宅　林太郎氏へ礼状を認む、脈管論の講義に移る

十一月九日　水　晴

午後大鳥次郎氏独乙より帰朝教室へ来訪、四時教室を去り田口家へ寄り口タッケル支払の仕末を済ませたること知らせたり、四時半過帰宅

十一月十日　木　晴

午後四時半帰宅、晩市内入浴

十一月十一日　金　晴

石原弘氏札幌病院へ赴任に付告別に来る、四時半帰宅市中入浴

十一月十二日　土　晴

運動会に付休業、平日の通り教室にあり、フリードレンデルへ田口家寄附書籍代 MR.328 支払其他のことに付ロタッケルへ田口家支払の手紙を認む　其外ダクワース（ケンブリッジ）、ビーデルスハイム教授（フライブルク、ブライスガウ）、オイゲン・フィッシェル博士（フライスブルク、ブライスガウ）、G・シュワルベ教授（ストラスブルク、アルザス）、H・フィルヒョウ教授、トーマス・ドワイト教授（ケンブリッジ、マサチューセッツ州）の諸氏へ論文寄贈の礼状を出す　精子学校より直に教室へ寄り弁当を食す、喜美子三二を携て来り運動会へ遣る、四時教室へ寄り是より帰宅、田鶴は音楽学校の演習会へ行く

十一月十三日　日　曇晴

終日在宿、普請場にあり

十一月十四日　月　曇晴

一昨日認めたるフリードレンデル宛手紙を書留にて出す午後四時過帰宅、坪井正五郎氏の厳父君葬儀に付潤三郎氏に托して名刺を出す

十一月十五日　火　曇少雨

認め置きたるロタッケルへの手紙書留にて出す、五時前帰宅　今日寿衛造大阪出発のよし昨日電報ありたり　今日奥八畳及六畳の天井に取掛る茶の間の天井は今日張り終る

十一月十六日　水　晴

京都足立文太郎氏より紀要原稿到る即日印刷会社に渡す、午後四時半帰宅　始めて新築湯殿にて入浴す未だ甚不備

十一月十七日　木　晴

午後四時半帰宅

十一月十八日　金　晴

昨夜来甚寒し、午後四時半過帰宅　今日台所を新築の方

へ移す、渡り廊下家根をトタンにて葺く

十一月十九日　土　晴

午後四時半帰宅、晩今村一雄氏来り児等悦び遊ぶ

十一月二十日　日　晴

午前は渡り廊下前の仮台所の跡を掃除し木くづを焚く

午後於菟、良一、三二を携て散歩に出る、於菟氏下駄を折る、草履を購て間に合はす、田端停車場に到り蒸気車、王子にて下し車中非常に混雑す　旧知土生氏に逢ふ、滝の川紅葉を見て日暮に帰宅　三間の天井張り終る

十一月二十一日　月　晴

午後四時半帰宅

十一月二十二日　火　晴

例に依り今日天王寺に於て解剖体祭祀執行、良精病気に付不参、横手氏より紀要原稿を領受す　午後四時過帰宅

十一月二十三日　水　晴　祭日

昨夜少しく雨降る、今朝に至りて止み漸々晴となる　午前は焚火をなす、午後は田鶴、三二を携て日暮里辺へ散歩す、風吹きて甚だ寒し、少時にして帰る

十一月二十四日　木　晴

横手氏の論文原稿を印刷会社へ渡す、午後四時半帰宅、ドクトル・ベルツ氏へ昨日送附の論文 Über den kriegerischen Geist u. die Todesverachtung der Japaner〔＊文献〕の礼札を出す

十一月二十五日　金　晴

午後四時半帰宅、今よりなげしを付け始む、又音次郎自ら縁側を張り始む

十一月二十六日　土　雨晴

石川貞吉氏清国留学生五十名計伴ひ来りて教室を観覧す、午後四時半帰宅　今日より足立氏論文の校正を始む

十一月二十七日　日　晴

終日庭にあり落葉を焚く

十一月二十八日　月　晴

小菅監獄医長浅田広輔氏来りて解剖を参観す、足立氏論文附属図版見本を同氏へ送る　四時半帰宅、なげし及縁側出来す

十一月二十九日　火　曇

午後四時半帰宅、迎ひの車来らず依て赤門外より乗りて帰る　田鶴、精は今日学校三十年紀念祝賀式ありにて早朝より出掛ける

十一月三十日　水　曇少雨

ドクトル・ウジェーヌ・ピタール教授（ジュネーブ）、G・カプザンメル博士（ウィーン）へ著述寄贈の礼札を出す
午後四時半帰宅

十二月一日　木　曇

午後四時半帰宅、出征寿衛造より手紙来る、去二十日ダルニー着、旅順方面に向ふ云々、二十三日附前牧城駟と云ふ所より出したるものなり　去二十六日より旅順総攻撃を始む、所謂「二〇三」高地昨三十日午後八時召領の号外来る、寿衛造等も定めて参加したることならん、陥落の報の来るも遠からざるべき歟

十二月二日　金　雨晴

ポロジテート〔＊多孔性〕を有する頭蓋のドゥラ・マテル〔＊硬膜〕の顕微鏡標本を始めて製す　未要領を得ず、横手氏紀要の論文第一校正をなす　午後四時半帰宅　床の間かまちを付ける

十二月三日　土　晴

越後長岡在川崎村の人高野某法科大学々生たる保証人のことを承諾す　午後四時半帰宅　晩久し振りにて権兄来り談話、十一時半去られたり

十二月四日　日　晴

午後良一、三二を携て道灌山へ散歩す、鶴、精は音楽学校へ行く夕刻大久保氏両人を送りて来る、談話十時頃去る　新築内部雑作略ほ終る

十二月五日　月　晴

午後四時半帰宅、喜美子三二を伴ひて教室へ一寸立寄る
寿衛造より旅順攻囲軍十一月二十八日午後三時付のはがき来る　其日までは無事なることを知る

十二月六日　火　晴

午後四時半帰宅、したみ板を張り始む

十二月七日　水　晴

午後四時過帰宅、卒業試験の残り三名試験す

十二月八日　木　半晴

美術学校の久米桂一郎氏来る生徒の解剖実習観覧の件なり、午後四時半帰宅　在ゲッチンゲン二村領次郎氏より手紙来る　父上様忌日に当れども普請取込中に付何もせず

十二月九日　金　晴

午後四時半帰宅　左官来りちり漆喰を塗る

十二月十日　土　曇雨

午後四時半帰宅、晩今村一雄氏来る

十二月十一日　日　晴

終日普請場にあり、したみ板略ほ張り終る、左官は茶の間の上塗りなす　昨日ベール・イスト・エス？〔＊人名録〕編集部（ライプチッヒ）より問合せ来りたるを以て自分略履歴を書く

十二月十二日　月　曇少雨

午後教授会あり、又鳥居菅次郎氏病気に付入院云々のこと昨日石黒宇宙治氏より申越し且つ権兄教室へ来り相談、医院へ行きて計り三浦内科へ入院の事に取極む　午後五時帰宅、家根戸樋をかける　石黒宇宙治氏へ挨拶の手紙、在金沢金子治郎氏へ独乙より帰朝祝賀のはがきを出す

十二月十三日　火　雨雪

午後四時半帰宅　春陽堂へ石器時代人民《ママ》論奥付を渡す

十二月十四日　水　雪

終日降雪止まず甚寒し、東洋学芸雑へ石器時代人民論出版のこと通知す　午後四時半帰宅、晩権兄来り長岡椰野より寿衛造戦死云々の書面に付話あり又在箱館婦美子よりは本月三日までのことは分り居りそれまでは無事なるよし　今朝手紙来れり故に未だ半信半疑の中にあり

十二月十五日　木　雨

終日悪天、昨夜寿衛造のこと気に懸りて安眠せず　京都足立氏へ論文第二校正を送る　午後四時半帰宅、暫くして権兄より電報にて寿衛造無事なること報し来りて安心の遑もなく入浴して上がれば権兄来り参謀本部草生氏の報知に慥かに去三十日戦死のことに決定す　皆愁傷す時に七時半なりき　母上様は写真を出して之れに神水を手向らる　十時過臥す十二時頃眠る

十二月十六日　金　雨

午後より霽れる、四時過帰宅、母上様室床の間に仮りに仏段《ママ》を設く、留守中橋本夫婦及安田恭吾氏悔みに来る、又在新発田小林魁郎氏より手紙来り其中に弔詞あり

十二月十七日　土　晴

在小出町竹中成憲氏より弔詞並に新聞切りぬき（馨氏が書きたる寿衛造の履歴）を送り来る、午後四時過帰宅

権兄来り居り在弘前内藤氏より愈戦死の電報あり云々

十二月十八日　日　晴

終日在宿、昨夜喜美子此度の不幸に付在箱館婦美子へ詳細の手紙を認め今日出す　竹中成憲氏挨拶のはがきを出

す　午前大久保栄氏悔みに来る、又石垣貫三、本富憲三両氏同断、晩篤次郎氏も同様

十二月十九日　月　晴

総論解剖学講義を閉つ、午後病室に鳥居菅次郎氏を見舞ふ容体宜しからず丁度橋本氏も来る　三浦謹氏を面会種々意見を聞く　事務室へ寄り教室に帰る、市ヶ谷監獄より死刑体来る、四時半過帰宅　小林未亡人悔に来り居る、権兄へ鳥居氏の様子を書きて送る、夜小林三三氏悔に来る十一時去る　フラウ・メルケル教授（ゲッチンゲン）より夏中二村領次郎氏紹介の手紙を出したる其返事来る

十二月二十日　火　晴

解剖学講義を閉つ、四時過帰宅

十二月二十一日　水　晴

朝権兄教室来り今朝鳥居菅次郎氏死去のことを告げらる又三浦謹之助氏よりも其報知あり依て直に病室に到り医員諸氏に挨拶し、屍を屍室に移し十二時半教室に帰る、南米インヂアン人頭到着、甚頼しきものなり　島峰徹氏へ長岡社懸け金十二円（本年一月より十二月まて）を渡す、森田斉次氏来る　四時頃より再び鳥居氏不幸を見舞ふ、六時帰宅　在旭川平岡少佐の手紙に依り寿衛造戦死の場所は二〇三高地なること慥かとなる

十二月二十二日　木　曇少雨

午前十時出勤、午後鳥居家不幸を医院屍室に見舞ふ、四時半帰宅、足立氏論文第二校正今日同氏より戻し来る直にドクトル・フローレンツ氏へ廻す

十二月二十三日　金　晴

長谷文氏教室へ来り久子送籍の証人の件なり之を承諾す、午後二時過帰宅、断髪、在福岡大森氏より内科講師招聘すべきに付橋本節斎氏に頼みたき云々　今田十五郎氏招集せられたりとて来る

十二月二十四日　土　晴

精、三教室へ来る、大森氏より橋本氏の件に付電報来りたるを持ちて来る、午後四時過帰宅　畳職来りて旧家屋より敷き始む

十二月二十五日　日　晴

午前九時出勤、ドゥラ・マテル〔＊硬膜〕の標本を昨日来製し始めたるを以て其続きの為めなり　在福岡大森氏へ橋本氏を講師に聘し度の件に付同氏謝絶のことを電報にて返事し又書面を出す　午刻帰宅

十二月二十六日　月　晴

教授会ありたれども重要の件にあらざるを以て欠席しドウラ〔＊硬膜〕の標本を製す、午後二時半帰宅、小使三人へ壱円つつ歳暮を遣る、喜美子鶴、精、三を連れて本郷へ買物に行く日暮に帰り来りて児等悦び遊ぶ　新築は今日大工の手全く終る又左官も今日限りとす奥二間の上塗り来春とす　春陽堂より「石器時代人民《ママ》論」製本成りて三部送り越したり

十二月二十七日　火　晴

午前九時半出勤、福島常造なる人（在倫敦）より寄贈になりたる南米インヂヤ種族人頭壱個に対する総長よりの謝状と共に玉井喜作（在伯林）氏へ其届方依頼の手紙を出す、又福岡医科大学へ寄贈のものは小包を以て大森氏宛書面と同時に出す　山口技師へ謝儀を贈る、午後二時過帰宅　畳職四人来りて盛に従事す　片桐元氏卒業して挨拶に来る　内藤氏より廻し来りたる寿衛造戦死に関する書面数通を見る

一寿衛造従卒田中兼太郎氏（既に先に負傷せり）の手紙（消印十二月五日）（函館着十二月十五日）

一歩兵第二十七聯第三大隊（補充大隊）よりの通報、「十一月三十日午後十一時頃某地方面に於て戦闘中云々」（十二月一日附、併し消印十二月十日）

一歩兵第二十七聯隊第三大隊（仮大隊長予備役少尉）伊予田源五郎氏の手紙（十二月六日附）

「十二月一日午前一時云々、最後情況は軍の秘密に付後日に譲る云々」

一寿衛造中隊の歩兵中尉猪野久吉氏（負傷）の手紙、最詳細なり（十二月六日附）

「二〇三高地及赤坂山攻撃部署

友安支隊　歩二八聯隊
　　　　　後歩一五聯隊約二中隊　｝二〇三高地攻撃支部隊
　　　　　歩第一聯隊約二中隊

吉田支隊　歩二五聯隊一大隊半　｝赤坂山攻撃部隊
　　　　　歩二六聯隊

歩二十七聯隊は予備なり

三十日午前八時頃より両縦隊攻撃開始、

午後六時頃歩二十七第二大隊は二〇三高地に増加命ぜらる

午後八時頃に至り第三大隊も二〇三高地に増加を命ぜらん

第十一中隊の戦線に増加せしは、十一時頃ならん

続て第一大隊も増加し…翌日夕刻に至り漸く二〇三高地の一部を占領せり
大尉殿（寿衛造）は多分一日午前一時半と思ふ頃敵弾の為めに斃れたるものならん云々」
猪野氏は其より先に負傷したれば其景況は詳に知らざる趣なり

十二月二十八日　水　晴

教室不参、畳職総て六人其外経師は襖、障子に、建具師はガラス障子等に従事し混雑を極む　夕刻に至り畳を敷き障子を嵌込み先つ大略片付きて部屋の体裁をなす、茶の間は全く引き移りて夕食は此処に於てす　自分、良一、田鶴は今夜より新築の方に寝る　今日の時事新報に寿衛造の略履歴掲載あり　大沢岳氏早速悔状来る、午後名児耶六都氏悔に来る

十二月二十九日　木　晴曇

在宿、今日畳職一人来りしのみ、新家屋の拭掃除をなす、喜美午後第百銀行へ行く　昨夜石黒忠悳氏より悔状、又今日大沢謙二氏より悔札来る共に挨拶を出す　午後足立文太郎氏出京来訪、今日寿衛造の肖像時事新報に掲げあり　鬼頭英、石川未亡人、夜に入りて岡田夫人悔に来る

十二月三十日　金　半晴

在宿、庭師二人来りて家廻りを掃除す　終日新家の拭掃除をなす、縁側ガラス戸を嵌める　朝倉文三氏悔に来る

十二月三十一日　土　晴

ガラス戸を拭ひなどす、午後三時鶴、精、三を携て本郷へ行く勧工場に入り児等に好《ママ》むものを（絵はがき）少し買ひ与へ出て青木堂にて茶果を喫し四時半頃児等悦び帰る　入浴、七時半頃眠に就く　今年は歳末、年始に関すること総て略す

明治三十八年　2565
1905　良精満四十六年

一月一日　日　晴

七時半起く、良一、田鶴、精は例に依り学校へ行く　午前千駄木潤、於菟氏及大久保栄氏来る　午後松尾貞一、小松春三二氏来る、亦権兄も一寸来られたり　書斎を整頓し、全部新築の方へ移る、今夜より喜美子等も新屋に寝る

一月二日　月　晴

今朝旅順口の露将「ステッセル」より開城の通知を昨夜我軍に於て受領したる風説を聞く尋で時事新報号外来る　午刻今村一雄氏来る、食事し氏と共に児等は千駄木へ行く　原秋二氏来る牛込小松家内紛の談あり　橋本豊太郎氏来る

一月三日　火　晴曇

旅順口敵軍降伏に付数度の号外出昨日午後一時彼我全権委員会見し四時半に至り調印を終りたりと云ふ　玉汝年始に来る　市中は旅順陥落を祝して賑はし　児等を連て本郷まで行かんと思ひたれども良一は昨日より千駄木へ行きて帰らず又田鶴は千駄木の人と散歩に行きたれば只精、三二を連れて槇町まで行きたり　長谷川新一郎氏年始に来る

一月四日　水　晴

午前九時出勤、事務室へ行く、ドクトル、スクリバ氏昨日死去のことを聞く、足立文太郎氏教室へ来る　コルマン教授、ファン・デル・シュトリヒト教授、マックス・アインホルン、ルンドバル（解剖学組織学研究所助手、ルンド）の四氏へ著述寄贈の礼札を出す、三時過帰宅　音次郎来り旧屋縁側ガラス戸及門修繕の積りをなす、今日市中賑はし

一月五日　木　晴

九時過出勤、足立氏来る、四時過帰宅

一月六日　金　曇雨

午前長谷川泰氏来訪、午後一時出てドクトル、スクリバ氏の葬式に青山墓地に到る時に雨降り始む墓所式中甚だ困難、未だ全終らずと雖も去る三時半帰宅　晩食後出て大沢謙二氏令息鐘一氏死去に付悔に行く　今日小松維直

氏留守中悔旁来訪

一月七日　土　晴

午後一時出て大沢家葬式に吉祥寺へ行く二時過帰宅、東京市にて旅順口陥落の祝賀式、日比谷公園にて催さる全市国旗を建て提灯を掲げて祝す、天気温和なるを以て四児を連れて本郷通りへ行き弥生亭にて西洋料理を食し児等悦ぶ　帰途千駄木母堂等に逢ふ

一月八日　日　晴

終日在宿、腹工合少しく悪し、緒方正規氏悔に来る
年賀調べ左の通り

はがき　一一六
封書　二七
名刺　六八

一月九日　月　晴

記載解剖学講義を始む、午後四時半帰宅　留守中平野勇氏来訪、同氏病院船神戸丸組《ママ》乗組のところ同船修繕の為め一寸上陸したるよし　晩原秋二氏来る　明朝出発岡山へ帰ると今日福岡大森氏へ橋本氏を講師に云々再応の書面の返事を出す

一月十日　火　晴

解剖実習を始む、足立文氏一寸教室へ来る　午後四時過帰宅　喜美子三二を連れて歯医者へ行く　鈴木孝之助氏此頃帰京に付無沙汰の手紙を出す

一月十一日　水　晴

一月十二日　木　晴

足立氏教室へ来る、国庫債券二百円を受取る

一月十三日　金　半晴

鈴木文太郎京都より出京教室へ来訪、佐藤三吉氏より伯林差出のはがき来る直に其返事を出す　鈴木孝之助氏より返書来る

一月十四日　土　雨

晩藤沢利喜太郎氏来訪、鬼頭家のことに付色々尋ねられたり

一月十五日　日　晴

終日在宿、午前島峰徹氏来る、午後は学生中村某氏来り脈管分類に於ける新考案云々の話あり

一月十六日　月　曇

午後木下広次氏教室へ来訪、解剖に関する法律云々の話あり　喜美子区役所へ行きて寿衛造戦死追善の為め孝子の名を以て弐拾円恤兵部へ寄附す

一月十七日　火　晴

大西克知氏福岡大学へ赴任に付教室へ告別に来る

一月十八日　水　晴

午刻帰宅、今日寿衛造四十九陰に当るを以て仏事を営む、三崎町夫婦、橋本玉汝等来り供に昼食し、午後二時皆揃ひて吉祥寺に到る石垣老母女も来り合せ、読経甚丁寧、四時終りて帰宅　頃日Dr. Hermann Haack, Heraus-geber d. Geographen Kalenders. Gotha. Justus Perthes' Geograph. Anstalt へ左の通り略履歴を書きて送る　去十二月十一日ベール・イスト・エスへ送りたるものと略ほ同様なり即ち

K・Yは、一八五八年十二月十四日新潟県（日本の越後）長岡で生まれ、東京大学で医学を学び、一八八〇年医学部卒業。一八八一〜八五年ドイツで主として解剖学を研究（ベルリン、そしてストラスブルク、最後に再びベルリン）。一八八三〜八五年、ベルリンの解剖学研究所でワルダイエルの助手。一八八五年日本に帰国し、東京大学で解剖学の教授に任命された。一九〇〇〜〇一年、ヨーロッパおよびアメリカへ旅行。モスクワの帝政ロシア自然科学・人類学・民族学友好協会正会員（一八九四年）、ベルリン人類学会通信会員（一九〇四年）、東京学士院解剖学正会員（一九〇二年）など。

著述 Histogenese der Retina (Arch. f. mikroskop. Anat. XXIII.), Bau d. Iris (Ibid. XXV), Physische Anthrop. d. Aino (Mitt. der mediz. Fak. Tokyo II), Berichten der Aino u. d. Japaner (Ibid. IV), Messungen an chinesischen Soldaten(Ibid.VI), Urbewohner von Japan(Globus Bd. 84 u. Mitt deutsch. Ostasiat. Ges. f. Nat -u. Völkerk. IX) など。

一月十九日　木　曇

昨夜少しく雨降る、坪井正五郎氏教室へ来りて南米土人の首を切に所望せらる併し大沢岳氏と相談の上之を謝絶す

一月二十日　金　晴

天候甚温和、此日大学にて旅順口陥落祝捷会を催さる、業を休みて午前九時運動場に於て式を行ふ　十時終りて教室に帰る、本日は各教室の縦覧を許したれば構内雑沓《ママ》す、午後四時半出て帰る途中にて精、三に逢ふ　遅りて運動場に到り宴会の模様を見る　赤門のイルミネーションを見て六時半帰宅

一月二十一日　土　晴曇

午前和田倜氏教室へ悔みに来る、医学会事務所に到り目録調製の為め雑誌を見る一時教室へ来る　四時半帰宅、皆千駄木へ行きて留守なり、今村一雄氏書生中鶴律夫氏を連れて来る其内に北蘭、鶴、精、三帰り来る、喜美子は十一時に帰る、良一は泊る

一月二十二日　日　雨

終日在宿、書生中鶴氏今日より来る

一月二十三日　月　晴

午後教授会あり出席

一月二十四日　火　晴

標本戸棚入札は落札者に於て解約願を出したるが為めに更に注文せねばならぬこととなり事務室に於て種々相談す

一月二十五日　水　晴

午後三時半帰宅、玉汝来り、昨年夏貸したる公債千円返したり　大工今日より来りて門の修繕を始む　断髪、入浴「石器時代人《ママ》民」春陽堂より此頃弐拾部取り寄せ知人に贈りたるが今日郵便にて出すべきもの準備出来たれば明日出すべし　北川乙治郎、佐藤勤也二氏より此頃弔詞を送り越されたるに付其挨拶を認む

一月二十六日　木　晴

晩長谷川新一郎氏来り患者のことを依頼せらる　桜井龍造、小林文郎二氏へ戦地へ宛手紙を認む

一月二十七日　金　雨

一月二十八日　土　曇

晩今村一雄氏来り児等と遊び終に一泊す

一月二十九日　日　晴

於菟氏遊に来る尋で大久保氏来る二氏を伴ひ良一、三二を連れて本郷弥生亭へ出掛ける　途中潤氏に逢ふ之亦伴ひて同亭に到り食事す

一月三十日　月　曇　祭日

終日在宿

一月三十一日　火　曇

二月一日　水　曇

午後山川総長室に到る木下京都総長、片山、青山及岡田朝太郎氏等集りて木下氏より此度解剖に関する法律案を議会に提出すべき考に付種々相談あり、五時半帰宅、万朝報より新聞送り来る、寿衛造のこと今日掲載あり

二月二日　木　曇

昨夜雪降る、今朝止む

二月三日　金　曇

三二両三日来寒冒

二月四日　土　曇

樫田亀一郎氏教室へ来る、故田口氏一週忌《ママ》に付同家へ招かる　五時教室より直に赴く、九時帰宅、児等皆寒冒、精は休校す、良一、田鶴は学校より帰りて療養す、三二宜しからず

二月五日　日　晴

終日在宿、午前大久保栄氏児等の病気見舞に来り投薬す

二月六日　月　晴

田鶴のみ学校へ行く、良一、精は休校す、三二尚ほ宜しからず、午刻外科へ行きて杉寛一郎氏に逢ひて此頃頼み置きたる患者長谷川新一郎氏令弟の病気に付意見を尋ぬ　四時過帰宅時に大久保氏見舞に来り居る　長谷川新一郎氏へ右の患者のことに付手紙を出す

二月七日　火　晴

午後木下広次氏教室へ来り解剖に関する法律案を議会に出すことは見合す云々

二月八日　水　晴

東京医学会に於て「シバロー」種族の乾首「デモンストラチオン」をなす六時帰宅

二月九日　木　晴

此頃寒気強し

二月十日　金　晴

午後四時半過帰宅、時に大久保氏見舞に来り居る、児等寒冒稍全快

二月十一日　土　晴　祭日

午後精、三を携て本郷通りへ散歩、勧工場に入り又絵はがきなどを買ひて徒歩帰宅、天気温和にして快

二月十二日　日　晴

天気好きを以て午後共に精、三を連れて道灌山へ散歩す

二月十三日　月　曇

午後教授会あり、学位の件に付医学史等の著述は万有学たる医学の版囲《ママ》外なるを以て審査すべきものにあらずとの大体の議論をなす但し賛成者なきは意外なり　然るに審査報告ありて後投票の結果日本医学史は否決となる是又意外なり　次に三十九年度概算の件、四時半終り五時帰宅

二月十四日　火　晴

二月十五日　水　晴

二月十六日　木　晴
午後藤沢利喜太郎氏教室へ来る

二月十七日　金　晴

二月十八日　土　晴
午刻隈川氏教室へ来る森氏兵食検査の論文を贈る

二月十九日　日　晴曇
寒気甚し終日在宿

二月二十日　月　晴
昨夜雪降る、今朝に至りて霽れる　学士会院へ来三月十二日講演々題「原始人類の話」を通知す

二月二十一日　火　晴
諸橋勇八郎氏久し振にて教室へ来る

二月二十二日　水　曇晴

二月二十三日　木　晴

二月二十四日　金　晴

二月二十五日　土　晴
午後森田斉次氏教室へ来る、三時頃帰宅、四時頃良一を連れて出て千駄木へ寄り大久保、潤二氏を伴ひて出上野まて歩、是より電気鉄道にて日本橋に下る、偕楽園に到る、先頃良一始児等寒冒の際大久保氏度々見舞呉れたる其謝意なり　帰りは本郷まて電車に乗る　九時帰宅、今日始めて市内の電車に乗る　今村一雄氏来り居る

二月二十六日　日　曇
寒風、終日在宿

二月二十七日　月　雪雨
午前図書館第二回展覧を一寸見る、午後教授会出席

二月二十八日　火　晴

三月一日　水　晴
大学紀念日に付休業、終日教室に在りたり　オイゲン・フィッシャー教授、L・マヌブリエ教授、トーマス・ドワイト教授の三氏へ論文寄贈の礼状を出す　ドクトル・レーマン＝ニッチェ氏へ写真及論文の礼を美術絵はがきに認む

三月二日　木　晴
メデル（ライプチッヒ）へシェーデル・ヂアグラフ（＊頭骨写図器）注文書を出す　コプシュ博士、コルマン教授、ル・ドゥブル教授、ハベレル教授、ダクワースの諸氏へ絵はがきを認む又プロフェッサー・H・フィルヒョウ氏へ七福神絵はがきを送る　今日チャールズ・ホーズ（ボルネオ、サ

ラワク州バラム）氏より猩々を送り出したりと云ふ手紙を受取る又ダクワース氏より著書一冊受領す

三月三日　金　曇

三月四日　土　雨

迎への車来らず徒歩にて帰宅、悪道困難

三月五日　日　晴

終日在宿、午後権兄来り椰野家一件即ち透氏家督相続財産全部譲り渡し云々事に付相談す　結局此処延期して従前の儘になし置き可然と決す

三月六日　月　晴

午後四時半帰宅、晩食後屋井氏神吉町に訪ひ昨日の件に付相談す、同氏別に考なし延期同意なり　九時半帰宅

三月七日　火　晴

一昨日の件に付椰野、近藤両氏へ手紙を認む　故寿衛造生命保険金請求書に保証人として捺印す

三月八日　水　晴

三月九日　木　曇晴

時事新報第二号外にて奉天占領の報あり但し未公報なし

三月十日　金　晴

本日午前十時奉天占領の公報朝日新聞第二号外にて知る時に午後九時半なりき

三月十一日　土　曇

午後予て解剖志願者三上融三郎なる者の刑死体来り之を始末し五時帰宅

三月十二日　日　晴

大に春暖を催す、午後学士会院に於て「原始人類」講演をなす　二時間十五分を費す終て会食し七時帰宅

三月十三日　月　雨

昨日今日奉天会戦の大捷報続々来る

三月十四日　火　晴曇

午後教授会出席、学位の件なり

三月十五日　水　雨晴

庭園梅花開く、喜美子弘田家を見舞ふ

三月十六日　木　曇雨

総論解剖学講義完結、閉講

三月十七日　金　雨晴

昨夜半鉄嶺占領の号外出づ

三月十八日　土　曇

記載解剖学講義今日課外に講義して閉つ

三月十九日　日　晴

好天気、午後三二を連れて本郷通りへ行絵はがきを買ひて帰る、田鶴、精両は上野音楽学校演奏会へ行く

三月二十日　月　曇

三月二十一日　火　雪　祭日

甚悪天、終日教室にありたり　昨夜長岡椰野より家督相続決行のことを申来る　及川良吾氏死去の報に接す直に悔状を出す

三月二十二日　水　晴

迎への車来ず、赤門前にて雇ひ五時頃帰宅　良一今日試験済み之にて皆休となり児等悦び遊ぶ

三月二十三日　木　晴曇

午刻帰宅、二時頃良一、三二を連れて外出、上野公園へ行く自分は実に久し振りなり　先つ動物園に入り次にパノラマ（旅順総攻撃）を見る　殊の外混雑す、出つれば少しく雨降り始む併し直きに止む　広小路より切り通しを上り本郷通りに到り、赤門より車に乗りて五時半帰る晩潤氏来る

三月二十四日　金　雨

俸給を受取る、四時半帰宅、晩児等かるたなどして遊ぶ

三月二十五日　土　少雨

昨日ブシャン博士へ抄録四件及昨年十二月までの論文目録を書にて出す　午後四時半帰宅　良一、精は今日試験成績分る

三月二十六日　日　晴

午前は芝の手入れをなし且つ植ゆる　午後一時頃共に精、三を連れて外出、団子坂より上野まで歩き電車に乗り浅草公園へ行く　先花屋敷に入る両児悦ぶこと甚だし、次しるこやにて休み中見世を通り電車にて上野広小路に下り人力車にて六時頃帰宅、良一、田鶴は千駄木の人々と散歩す　大久保氏田鶴を送りて来り十時まで談話す

三月二十七日　月　曇

午前教授会出席、京都足立文太郎氏手骨論文原稿を受領す

三月二十八日　火　晴

午前出勤、午刻帰宅、好天なるを以て四児を携て散歩に出る田端に到り汽車にて上野へ行く　公園内を歩き擂鉢山上にて休み、日本絵展覧会見て池の端に下り切り通しより本郷通りへ来り　弥生亭にて西洋料理を食し七時過帰宅、汽車の外は皆徒歩す三二よく歩きたり　足立氏論

文をフローレンツ氏へ校正の為め遣る

三月二十九日　水　晴

午後四時過帰宅

三月三十日　木　晴

午後四時半帰宅、喜美子は鶴、精、三を連れて千駄木へ行きたりとて不在、庭に出て鍬を以て土をかき上げるアイノ小刀の鞘を庭にて紛失す甚不思議なり

三月三十一日　金　曇

平日の通り出勤、ワルダイエル先生より故田口氏の脳の重量過大なることに付問合せの手紙来る　斉藤祥三郎氏の厳父君の葬式に付書生中鶴を代理として遣る

四月一日　土　雨

終日雨降る、東京医学会総会なるも欠席、教室にあり岡山上坂熊勝氏出京教室へ尋ね来る長談、昼弁当を共にし二時頃去る

四月二日　日　雨曇

午後雨止む、四児を連れて提灯花へ行き雑魚を採る道灌山を廻りて帰る、或る植木屋てぢんちやうげ五本楓四本買ふ、之を庭に植へる

四月三日　月　曇雨

午前喜美子外出、児等と遊ぶ時々庭へ出る

四月四日　火　雨曇

終日教室に在り

四月五日　水　曇

終日教室に在り、山越良三兵役の為召集せられたるに付入営するとて暇乞に来る、川崎安氏原始人類に関する図を托す

四月六日　木　曇雨

午前一寸工科大学建築学科展覧会を一見す

四月七日　金　半晴

昨夜発熱す体温三八、八、今日在宿、午後大久保氏於菟氏を連れて来る

四月八日　土　晴

本月に入りて始めて天気好し、併し風少しく強し　大学の競漕会なりと雖も在宿、未全く快ならず児等は学校始業式に赴く　午後良一は三二を連れて大久保氏を誘ひ向島へ行く、田鶴、精は緒方家へ招かれて之に行く、午後は甚閑静なり、日暮れて良一、三二勇み帰りて医科勝利のことを聞き甚悦ばし

四月九日　日　晴

午前庭にて焚き火をなす、午後は共に四児を連れて散歩に出る、提灯花より道灌山を経て諏訪神社にて休む、此所に休むは此年始めてなり、例の老婆のところは中□となりたり　喜美子は此処より鶴、精を連れて先に帰る、良一、三二は雑魚を採りて尚ほ遊ぶ

四月十日　月　晴曇

出勤、午前隈川氏を訪ひて助手のことを尋ぬ、午後は学生諸氏向島より、表勝《ママ》旗を携ひ楽隊を連れて構内に入り、先つ運動場内を一週《ママ》す、恰も今日東京、京都両大学選手の庭球大会あり　次に各教室、医院各科等を廻る、医院にてはそれぞれ祝捷の準備あり、就中皮膚科を最とす、時計台前にて開《ママ》散す、時に三時半なりき

四月十一日　火　曇

午後四時半帰宅

四月十二日　水　曇

午前山極氏を教室に訪ひて故田口氏脳のことに付質問す
午後在松山津下寿氏来訪、四時半帰宅

四月十三日　木　曇少雨

ワルダイエル先生へ故田口氏脳重量に付問合せありたるに付其返事を出す　又プロフェッサー・M・フュルブリンゲル氏論文寄贈の礼札を出す、杉本元亜氏助手を辞職するとのことに付手紙を出す、弘田長教室へ来る

四月十四日　金　雨曇

在宿、数日来歯痛を悩む、原始人類速記を直す、庭内桜花殆んど満開

四月十五日　土　晴

在宿、速記校正、午後は良、三を連れて散歩に出る　道灌山より諏訪神社に休み、谷中墓地を通りて上野公園に到る、日露戦争写真展覧会を見る、七時帰宅、何処も桜花満開

四月十六日　日　曇

在宿

四月十七日　月　雨

今日より朝七時出勤、顕微鏡実習を（記載解剖学講義の時を繰り替へて）始む「原始人類」の原稿東洋学芸雑誌へ送る　足立氏論文（手の骨）の直し「フローレンツ」氏より受領す

四月十八日　火　晴

足立氏論文原稿を印刷会社へ渡す　棚野直氏出京来訪、

共晩食し七時去る

四月十九日　水　曇

解剖学講義（神経中枢）を始む

四月二十日　木　晴曇風

四月二十一日　金　晴

四月二十二日　土　晴（雨）

四月二十三日　日　晴

午前梛野直氏来る　明後日出発長岡へ帰ると、共昼食す

午後二時頃より精、三を連れて道灌山へ散歩す田甫にて雑魚を採る、帰宅すれば権兄来り居る、寿衛造遺骨到着、婦美子出京、長岡にて葬式等の事に付相談あり、十時となる

四月二十四日　月　晴曇

チャールズ・ホーズ（ボルネオ）より寄贈の大猩々外一個去金曜日に付到着に付謝状を出す　京都鈴木文及福岡小山氏へ手紙を認む

四月二十五日　火　曇

ファン・デル・シュトリヒト教授（ヘント）へ論文二種寄贈の礼を絵はがきにて又Fr.・フォン・ルーシャン教授へ絵はがきを出す

四月二十六日　水　雨

四月二十七日　木　雨

四月二十八日　金　晴

一昨日牛込小松家より隠居祝の赤飯並に金蒔絵重箱の贈物ありたるに付其礼状を出す又仙台小松春三氏へ手紙を遣る

四月二十九日　土　晴

午前人類学教室へ行き満州刀、台湾生蕃刀同印籠様のもの及煙管二本寿衛造妻ふみ子の名を以て寄附す　晩今村一雄氏来る

四月三十日　日　晴

午前権兄来る、午後は三二を連れて道灌山、諏訪神社へ散歩、書生中鶴同行　田鶴今日音楽学校演奏会に於て箏曲演奏するに付喜美子精を連れて行きたり

五月一日　月　曇少雨

午後教授会あり之に出席、四時教室を出て上野ステーションへ行く　婦美子寿衛造の遺骨を携て四時十五分着、三崎町へ同行、六時過帰宅

五月二日　火　晴

五月三日　　水　曇雨

京都鈴木文太郎氏突然出京、教室へ来る即ち此度辞表を出したり云々、懇談の上氏大に悟るところありて今晩夜汽車にて京都へ帰り明日直に出勤すべしと決定す、種々雑談に時を移し四時半新橋へ向け発す　山越良三氏入営後始めて尋ね来る　営内の談あり、樫田亀一郎氏学習院生徒体格検査の成績を持ち来りて相談あり五時半帰宅

田鶴、精今日靖国神社臨時大祭に付休業、同大祭は三、四、五の三日間にして戦死者第一回の合祀なり

五月四日　　木　晴風、休業

靖国神社大祭に付休業、良一も同断なり　午前書斎の書棚下の戸棚を片付く　午後は良一、三二を連れて道灌山へ散歩、雑魚を採る　諏訪神社に到りて帰る、風甚強し

五月五日　　金　晴

一昨夜福原鐐二郎（専門学務局長）へ鈴木文氏の件に付手紙出し置きたる其返事来る　顕微鏡実習昨日の分を今日取り返へす

五月六日　　土　晴曇

午前大沢謙氏を教室に訪ひて助手位置のことを尋ぬ　青山氏教室へ来る、楠本長三郎氏へ大阪医学校（内科）へ赴任に付暇乞に来る　B・ラウファー（ニューヨーク）氏へ人類学上標品所望に付其返事を出す又ドクトル・ラブル・リュクハルト教授（ベルリン）、ドクトル・O・ペルチック教授（ブダペスト）二氏へ絵はがきを出す

五月七日　　日　雨

悪天にて散歩も出来されば教室へ行きて終日仕事す

五月八日　　月　曇少雨

母上様兄様婦美子等寿衛造遺骨を郷里へ埋葬の為め朝六時発汽車にて長岡へ御越に付上野停車場まで見る　喜美子良一三二も同しく行けり　六時二十分教室に到る

五月九日　　火　曇

在清国天津井上勇之丞氏帰朝、教室へ来訪

五月十日　　水　雨

晩長谷川泰氏来訪、衆議院議員補欠選挙の件なり、氏去り尋て井上勇之丞氏来る今日電話を以て打合せ置きたるなり　ちかを氏の後妻に推薦す、十時頃去る

五月十一日　　木　曇

午刻喜美子ちかの写真を持ちて教室へ寄る、午後井上勇氏来る右写真二枚渡す　精今日学校の運動会にて飛鳥山へ行く

五月十二日　　金　曇晴

朝出勤掛けに写真師望月方へ行きて採影《ママ》す　弁当を食して直に帰宅、諏訪神社へ散歩す千駄木母堂喜美子精、三同行、帰途千駄木へ立寄る　今日客間縁側を取り毀つ

五月十三日　　土　晴

午後四時半帰宅、大久保、於菟、潤氏来り　西洋料理を饗す、今村一雄氏も来り共に食す、晩田村全宣氏来る医科学田村等（元森岡氏）氏戦死の模様を聞く、同氏一泊す　鈴木文太郎氏より小包にて前頭骨内面に存するポロジテート〔＊多孔性〕の標本を送り来る、晩同氏へ手紙を認む

五月十四日　　日　晴

午後良一、精、三二を連れて田端の先の田甫にて雑魚を採り、諏訪神社にて休み六時帰る

五月十五日　　月　曇雨

五月十六日　　火　雨晴

五月十七日　　水　曇

今日長岡に於て故寿衛造の遺骨埋葬式を行ふよし　服師に夏服を注文す

五月十八日　　木　雨

五月十九日　　金　晴

曙方に雷鳴、大降雨あり朝霽れる、午前午後共図書館へ行きて雑誌を見る

五月二十日　　土　曇

田鶴は学校の運動会にて戸山学校予備病院へ行く、晩大久保栄氏来る

五月二十一日　　日　雨曇

終日在宿

五月二十二日　　月　晴

教授会出席、グスタフ・フリッチ教授氏へ依頼の眼球八個小包にて出す

五月二十三日　　火　晴

午前高橋順氏を二回教室に訪ふ　折悪しく面晤を得ず又此頃帰朝せる林春雄氏も来り居らず　旧屋縁側の模様替へ全く終る

五月二十四日　　水　曇雨

林春雄氏教室へ来る、午後大雷雨

五月二十五日　　木　晴

高橋順氏を教室に訪ひ助手のことを尋ぬ

五月二十六日　　金　曇雨

貝塚人骨を処持せる人高島多米治を訪ふことを昨日電話にて約束し置きたるに付今朝出掛けんとす然る間朝来数回下痢す依て止む、終日床中に加養す、夕刻佐藤亀一氏来り腎臓炎に罹りたり云々

五月二十七日　土　晴

所労届を出し、在宿

五月二十八日　日　晴

腹工合大に宜し、午前八時半頃出て高島多米治氏を訪ひ人骨を一見す又二三の測計をなす、十一時半帰宅、午後は焚火をなす　箕作家より露艦隊対馬に来り昨日、昨夜大海戦あり露艦八艘を撃沈し我厳島、和泉大損害を受けたり、和泉は沈没か云々の報あり、又号外にては只有利とのみにて精細は未発表にならず、其真の結果如何

五月二十九日　月　晴

早朝箕作家より二十七日来の対馬附近大海戦大捷の報あり直に国旗を掲けて祝す　隈川氏を教室に三回訪ふ折悪しく会はず助手位置の件なり　午前講義中砲兵工廠に於て火薬の大爆発あり　午後四時半帰宅すれば海戦公報の号外来る　敵艦（十九隻）捕獲又は撃沈したり祝すべ

五月三十日　火　半晴

隈川氏を教室に訪ひ助手のこと尋ぬ、グスタフ・フリッチ教授（ベルリン）へ眼球を発送したることの書面を出す　晩三浦省三氏来訪　夜に入り第二の公報に付号外来る　敵艦十七隻撃沈、五隻捕獲計二十二隻十五万三千四百余頓の損害を与へたり又司令長官ロゼストウエンスキー中将以下三千余名の捕虜あり、凡そ有り得べきところの最大の捷利と云ふべし

今日全市大に賑ふ

五月三十一日　水　雨曇

在南米レーマン－ニッチェ博士（ラプラタ）へ此頃撮影したる写真一枚並に手紙を出す、午後島峰徹氏教室へ来り長談、五時半帰宅、大久保栄氏来り居り専門科選定のことに付相談あり略医化学と決す

六月一日　木　晴

海戦祝捷に付休業、東京市にても今日比谷公園に於て祝捷会を催す市中賑ふ、平日の通り出勤、諸橋勇八郎教室へ来り長談四時半帰宅　晩食後良一、三二を連れて本郷通りへ行く甚た賑かなり、青木堂にてカヒー果子《ママ》を喫し九時帰る

六月二日　金　晴
喜美子名代として染井へ墓参す　北蘭今日晩十時頃長岡より御帰着

六月三日　土　曇
三浦謹之助氏より診察断り来りたるに付其旨小橋宗之助氏へ書面を出す

六月四日　日　曇
午後良一、三二を連れて道灌山、諏訪神社へ散歩す

六月五日　月　曇
午後人類学教室へ行きて大森村王塚氏邸内より六人分の人骨出てたるとのことに付其実検の件に付相談す　松村氏直に出向と決す　文子孝子を連れて今日より泊す

六月六日　火　雨
午後五時半帰宅

六月七日　水　晴曇

六月八日　木　快晴
午前井上勇之丞氏一寸教室へ来る

六月九日　金　半晴
午後四時半教室を出て新橋ステーションに到る　ドクトル・ベルツ氏五時三十分発にて帰国の途に就くを送る、実に久し振りにて同処へ行く去る三十四年帰朝以来始めてなり

六月十日　土　曇

六月十一日　日　雨
米国の媒介に依り露国講《ママ》和のこと号外を以て報表せらる

六月十二日　月　雨
悪天終日在宿、午後権兄来る　梛野家のことを相談

六月十三日　火　晴
午後教授会出席、五時半帰宅

六月十四日　水　雨

六月十五日　木　雨晴

六月十六日　金　雨
ジョン・バチエラア（札幌）氏へ手紙を出す、此頃氏より如何なる行き違ひなるか本の礼を申来るたるに付其間違ひなること云ひ及トンチなる意義に付質問をなせしなり

六月十七日　土　雨
会計検査院の吏員三名教室へ来る検査は甚手軽にて事済む

六月十八日　日　雨
午後少しく雨止みたるとき焚火をなす

六月十九日　月　雨

顕微鏡実習を閉つ、総て二十九回執行したり　独乙フィーベク&ゾーン（ブラウンシュバイク）より原稿料三円六十五銭郵便為替を以て送り来る

六月二十日　火　雨

六月二十一日　水　半晴

午前八時より九時まで法科第三十二番教場に於て二年生第一期試験（総論解剖学）をなす問題はツェレ（ウント・ツー・レーベンスアイゲンシャフテン）〔＊細胞（とその生命特性）〕時間四十五分、九時より一時半まで系統解剖学（脳）を講義して全く完了して閉つ

六月二十二日　木　雨

午前午後共顕微鏡実習試験をなす　丹波敬三氏此頃帰朝に付一寸教室まで行きて名刺を残して置きて帰る　午後七時出て大学集会所に到る、文科諸子の集会なり別に興味なし九時過帰宅　文子今日去て三崎町へ行く

六月二十三日　金　雨

在宿、答案を調査、午後喜美子は橋本へ行く

六月二十四日　土　曇

在宿、午後は庭の芝を刈る

六月二十五日　日　雨曇

在宿、答案調、午後は少しく芝を刈る　法科学生高野氏帰省するに付尋ね来る

六月二十六日　月　雨曇

午前午後共顕微鏡試験、午後教授会あり一寸出席、ワルダイエル先生より手紙来る、弟戦死の悔などあり　昨夜遅く井上勇之丞氏夫人同道にて清国へ出発すると云ふて告別に来る　玄関にて帰りたりと今朝聞く

六月二十七日　火　曇

終日試験、トーマス・ドワイト教授（ケンブリッジ、マサチューセッツ州）へ論文寄贈の礼札を出す

六月二十八日　水　雨

終日試験、丹波敬三氏帰朝教室へ来訪　ストラスブルグ老婆リーヂンゲルよりの贈品（レース）持参せらる

六月二十九日　木　曇

午前試験終る、三時帰宅、在天津西村某氏平賀精次郎氏の紹介を以て教室へ尋ね来る

六月三十日　金　少雨

終日在宿、答案調べ終る

七月一日　　土　曇少雨

試験評点を出すフュルブリンゲル教授（ハイデルベルク）へカール・ゲーゲンバウエル先生の半身像建設費中二十マーク寄付の為替並に手紙及フリードレンデルへ百二十マーク払の為替並に書籍四種注文書を書留を以て出す森田斉次、樫田亀一郎二氏教室へ来る　喜美子同窓会とて児等を連れて千駄木へ行く

七月二日　　日　曇

午前久し振りにて牛込小松家を訪去三十四年帰朝の頃より此方始めてならん、次に原信哉氏を同区原町の新宅に到る　秋二氏咯血、鎌倉にて療養中の由、気の毒千万なり　午後は芝刈り、今村一雄氏来る

七月三日　　月　半晴

大に熱さを増す、島峰氏試験済みたりとて教室へ来る

七月四日　　火　晴

大久保氏の評点を事務室へ行きて見る、四時過帰宅喜美子直に出て千駄木へ行きて報す、夜十時頃大久保氏来る

七月五日　　水　曇雨

七月六日　　木　晴

午前医学会事務所へ行きて諸雑誌を見る目録調製の為めなり　ワルダイエル先生より手紙（六月二日附）来る　大海戦大捷を祝するの件なり先生の厚情実に感すべし　午後教授会出席、五時過帰宅　良一試験済みたり

七月七日　　金　晴

昼弁当を食し直に帰宅、良一、精、三二を連れて上野公園へ行きて動物園に入る、出て三宜亭にて休み、五時半帰宅

七月八日　　土　晴

田口碩臣氏教室へ来る、午後四時過帰宅庭の芝を刈る

七月九日　　日　晴

終日在宿、大に熱さ増す　和田倜氏来る、晩鳥居龍蔵氏来る

七月十日　　月　晴、驟雨

午後四時過帰宅、晩広瀬渡氏来る

時事新報第一、二、三号外を発し我軍去八日樺太上陸、コルサコフ占領を報す

フィッシェル教授（プラハ）より交換品（アイノ頭骨一個と）とし送附のチェチエン頭骨三個到達す直に受領の書面を認む

七月十一日　　火　曇驟雨

卒業証書授与式挙行せらる
陛下御臨幸あらせらる
処労届を出し不参、終日在宿

七月十二日　水　曇雨
休業中と雖も毎日出勤平日の通り　ワルダイエル先生へ返事を出す其他コルマン先生枢密顧問官ハルトマン女史、マダム・ビュー・リーヂンゲルへ絵はがきを認む　晩千駄木母堂次に潤氏来る潤氏早稲田学校卒業試験不結果の件に付てなり

七月十三日　木　曇晴
隈川氏一寸教室へ来る　ヒュッペ教授（プラハ）へ書面並に女子写真九枚差出す　晩大久保栄氏来る

七月十四日　金　曇晴
昨日来文子泊す　在ゲッチンゲン二村領次郎氏へ手紙を出す

七月十五日　土　晴
午前図書館に行きて雑誌を見る　文子今日三崎町へ帰る、二三日中に函館へ帰るとのことなり

七月十六日　日　曇
終日在宿、午前小松維直氏来訪、正午より一時頃までの間に於て賊、書斎に入り伯林に於て購ひたる懐中時計を持ち去る　午後小林鶴蔵氏清国より帰朝来訪、共に晩食す

七月十七日　月　半晴
午前佐藤外科へ行きて同氏帰朝になりたるを以て出勤されしやを尋ぬ未た出勤なきに付田代氏に面会し小林鶴蔵氏入院のことを頼む、教室へ帰へれば恰も佐藤三吉氏来り居り面会し種々欧米旅行中の話あり　又喜美子、田鶴、精、三を連れて教室へ寄る

七月十八日　火　曇
午前小林鶴蔵氏教室へ来る、入院の手続きをなし諸事都合よく運びたり　O・H・メーデル（ライプチッヒ）支払為替並に手紙を整へ明日書留を以て差出すべし

七月十九日　水　曇雨
クリブラ・オルビタリア〔＊眼窩飾〕を有する眼窩上壁等の切片を造る　文子今日函館へ向け出発す

七月二十日　木　半晴
青山、清水二氏教室へ来る、顕微鏡実習室新築着手に付きやりくりの事なり

七月二十一日　金　晴

西村某氏（天津軍医学堂員）教室へ来る、顕微鏡標本及脊髄を渡す　良一今朝水泳の為め房州へ出発す

七月二十二日　土　曇晴、冷

教室不参、冷し、鶴、精、三を連れて上野公園へ散歩、動物園及パノラマに入る氷月にてしるこを食し一時頃帰宅、庭の芝を刈る

七月二十三日　日　曇晴、冷

平日の通り出勤、喜美子は鶴、精、三を連れて日比谷公園行く

七月二十四日　月　曇晴、冷

俸給を受取る、山口技師教室へ来り新築水管、瓦斯管のことに付相談あり、午後一時半帰宅、久々にて精、三を連れて道灌山、諏訪神社へ散歩、中鶴同行

七月二十五日　火　曇

午前小林鶴蔵氏病院に見舞ふ去二十日既に手術済みたり、帰途佐藤三吉氏を訪ふ

七月二十六日　水　曇

珍らしき冷気なり、今日などは二十一度にして袷の時候なり

七月二十七日　木　曇

昨夜雨降る

七月二十八日　金　曇

晩児等を連れて金毘羅の植木市へ行く

七月二十九日　土　雨晴

在清国杉寛一郎氏教室へ来訪

七月三十日　日　晴

夏になりて以来始めての好天気なり、在宿、書籍の虫乾しをなす、玉汝来る

七月三十一日　月　雨

終日降雨

八月一日　火　晴

午刻帰宅、精、三を連れて諏訪神社へ散歩す中鶴同行、同社に工兵二百人計休憩し居る中一人戦地より負傷して帰り再就役したるよしにて種々戦地の話をなす、道灌山を廻りて帰る

八月二日　水　曇少雨

天曇りて甚冷気なり雨の恐れ無きにあらざれども大森行と決し支渡して共に三児を携て出掛ける、上野広小路より電車に乗り品川に下り再び電車にて大森に到る　魚栄

と云ふ海水浴に入る　時に十一時頃なり喜美子は児等連れて直に海に遊ぶ丁度干潮にて遠く砂原に出て貝を拾ひなどして遊ぶ　児等悦ぶこと甚だし　昼食を喫し再び海に出づ　追々上げ潮となり且少しく雨降り始む、二時頃同所を出て電車にて帰途に就く、泉岳寺にて下り義士の墓を見て再ひ電車にて上野に来り人力車に乗りて五時過帰宅、一日電車を利用して遊び児等満足す

八月三日　　木　曇晴

昨夜一時頃賊ありて六畳の雨戸二枚の内一枚をはづし掛ける　喜美子眠を醒めし為めに遁げ去れり

八月四日　　金　雨

高等学校入学試験結果発表になり今日の国民新聞にて見る

敵樺太軍降伏の号外来る

八月五日　　土　半晴

喜美子まり子の入院を見舞ひ教室へ寄る　田鶴千駄木の連中と鎌倉へ行

八月六日　　日　雨

平日の通り終日教室にて仕事

八月七日　　月　曇

小林鶴蔵氏を病院に見舞ふ　今朝喜美子精、三を連れて鎌倉へ行く、晩帰る筈に付待つこと数時、終に十二時頃になりて田鶴のみ大久保氏に送られて帰り来り他は一泊すとのこと

八月八日　　火　晴

午前山口技師を建築掛出張所に訪ひて設備のこと物置のこと等に付話すところあり　福岡大学助手塚口利三郎氏教室へ来り面会す　喜美子今日午前帰京す

八月九日　　水　晴

四五日来熱さ酷し

八月十日　　木　晴

強風終日吹きすさむ

八月十一日　　金　晴

良一水泳より帰る、昨十日より北米「ポーツマス」に於て媾和談判開始

八月十二日　　土　晴

八月十三日　　日　曇

蒸熱堪へ難し、午後良一、三二及中鶴を連れて吾妻橋水泳場に到り水泳す　八年振りにて水に入る甚珍しく感じたり、浅草公園を散歩して六時半帰宅　大に疲労す

八月十四日　　月　雨

又々今日は冷気なり

八月十五日　火　曇

小林鶴蔵氏を病室に見舞ひ且杉寛一郎氏に会ひて武昌医学堂にて職雇入れのことを尋ぬ

八月十六日　水　雨曇

夕刻大久保氏来る

八月十七日　木　大雨

終日大雨、為めに坂下下水汎濫す

八月十八日　金　晴雨

枢密顧問官ハルトマン女史より日本大捷利の祝並に寿衛造戦死の悔み状到る

八月十九日　土　曇

晩食後四児を連れて道灌山へ散歩す　潤氏及中鶴同行

八月二十日　日　雨

終日在宿

八月二十一日　月　雨曇

図書室及助手室の移転をなす顕微鏡室新築着手の為めなり　人足十人を指揮し終日費す　晩食後四児を連れて本郷通りへ行く絵はがき及櫛を買ひ勧工場に入り青木堂にて菓子を食し九時半帰宅

八月二十二日　火　雨

八月二十三日　水　雨

俸給を受取る

八月二十四日　木　雨曇

杉寛一郎氏教室へ来る　近日出発清国武昌赴任に付骨格等の依頼あり、晩食後四児を連れて本郷まで散歩す、潤、於菟二氏同行

八月二十五日　金　雨

八月二十六日　土　雨

杉氏教室へ来る、骨格及顕微鏡標本類拾枚渡す、福岡医科大学武谷広吉氏教室へ来訪　ドクトル・フォン・ルーシャン教授より過日送りたる絵はがきの返書来る

八月二十七日　日　曇、雷雨

在宿、午後今村一雄氏来る、晩大雷雨

八月二十八日　月　曇

晩食後四児を連れて散歩旁於菟氏を千駄木まで送る

八月二十九日　火　曇

晩食後児等を連れて道灌山へ螢採りに行く　帰宅すれば小松春三氏来り居る、氏本年高等学校を終へて農科大学

に入る筈のところ不幸にして落第せり
媾和談判一先つ破裂の号外来る

八月三十日　　水　曇

山越良三愈出征するに付教室へ告別に来る　晩食後山越に贈るため絵はがきを買ひに四児を連れて追分まて行く
小山龍徳氏へ令息死去に付悔状に香奠（弐円）を添へて出す　同時別封として過日同氏出京の節贈品礼状を出す
今朝時事新報外平和成立を報す、午後に到り其甚不満足なること略ほ明る、恐らく沈鬱せざるものはなかるべし

八月三十一日　　木　晴

久し振りの晴にて熱し、教室不参、午後児等を携て諏訪神社へ行く　井上誠夫氏帰朝玄関まで来訪

九月一日　　金　曇

島峰徹氏教室へ一寸尋ね来る

九月二日　　土　曇晴

教室不参、午前八時四児を携て出つ中鶴同行、千駄木へ寄り潤於菟二氏を誘ひて上野より電車に乗り大森海水浴魚栄に到る　時に十時頃なりき直に海に出て舟を借り遊泳す、午食後も海にて遊ぶ、皆々遊に満足す、六時過帰宅

九月三日　　日　曇少雨

終日在宿

九月四日　　月　晴

田口未亡人病気重体のよしに付教室より帰途同家を見舞ふ丁度入沢、小林両氏の来診あり　終て後患者に面会児の依托ありなど時を消し七時帰宅　今日は良、三誕生日祝の意を以て千駄木の人大久保、今村の諸氏来り晩食を饗す

九月五日　　火　晴

熱さ酷し、留守中橋本豊太郎氏来訪　今日日比谷公園に於て媾和条約に付国民大会ありて紛擾を極む

九月六日　　水　晴

田口碩臣氏教室へ来り主治医のことに付相談あり、隈川氏より助手位置のこと内談極まりて大久保氏を採ること出来る旨の話あり　Ｂ・ラウファー博士（ニューヨーク）より手紙来る　昨日来市内大騒乱、大臣官舎、警察署、巡査派出所等襲撃又は焼却す、今朝出勤の際森川町派出所は灰燼となり居れり　夜に入りて浅香町派出所を焼くを縁側より眺む、十時頃良一、中鶴同行にて団子坂まで

行く恰も派出所破壊中なり其終るを見て帰る時に十一時なりき　即ち今日も尚ほ暴挙止まず市中甚不安

九月七日　木　曇雨

昨夜厳戒令布かる、種々不穏の風説あり　杉野茂吉氏教室へ来訪

九月八日　金　曇少雨

橋本左武郎氏教室へ来る　昨夜は格別暴挙なし

九月九日　土　曇

弘田氏を教室に訪ふ、午後四時過帰宅　今日皆千駄木へ招ねかれて行く、晩大久保氏来る

九月十日　日　晴

終日在宿、中村士徳氏来る同時権兄長谷川虎八、同市郎左衛門二氏を誘ひて来り　市郎氏此度第一高等高校入学せしに付保証人たること依頼に付承諾す

九月十一日　月　晴

授業を始む大沢氏骨論を、良精は総論解剖学を始む、午後一時より卒業試験をなす　問題は

1）Zelle u. Zw. Wesentliches Bestandteile

2）Sacrum u. Articulatis sacroiliacum

熱さ酷しく甚困難、旧試験規則に依りて施行するは今回を以て終りとす

九月十二日　火　晴

熱さ酷し

九月十三日　水　晴

九月十四日　木　晴

腹工合少しく悪し、答案調旁在宿　晩田口碩臣氏来る

九月十五日　金　晴

近藤次繁氏今日出発洋行に付外科へ告別に行きたれども出勤なし名刺を托して去る　医学会事務所へ行きて雑誌整頓のことをなす　追試験をなす六名あり、筆答とす

橋本左武郎氏に田口家借用のことを話す

九月十六日　土　晴

答案調の為在宿、又腹工合尚少しく悪し　午後長尾美知氏来り妹女のことに付依頼あり

九月十七日　日　曇

冷気となる、鶴、精は橋本へ行く、良、三は中鶴と共に釣りに行、終日在宿

九月十八日　月　雨

俄かに冷気となる、午刻帰宅、答案を調ぶ　在独乙二村領次郎氏より手紙来る

九月十九日　火　雨

プロフェッサー・M・フュルブリンゲル氏よりゲーゲンバウエルの胸像寄附加入の送金受取りの手紙来る　フリードレンデルへ注文したる書物四種到達す

九月二十日　水　雨

午後顕微鏡実習追試験をなす但五名

九月二十一日　木　曇晴

記載解剖学筋論を始む、午刻帰宅、寒冒発熱す（三十八度）臥床、法科学生高野氏、佐藤亀一（同氏永々病気のことに付職務に関する件ならん）、小林鶴蔵氏（病気全快に付其挨拶ならん）の諸氏順次来訪何れも面会謝絶す

九月二十二日　金　晴

朝大久保氏見舞に来る、在宿加養

九月二十三日　土　晴

レーマン－ニッチェ博士（ラプラタ）より過般写真を贈りたる返書来る、俸給を受取り、午刻帰宅　寒冒、腹工合共稍快し　安田恭吾氏母堂死去に付使を遣る　晩児等を連れて草花市へ行きて六鉢買ひて帰る

九月二十四日　日　晴　祭日

午前は庭にて焚火などす、昨今両日左官来りて上塗りなす　午後は長谷川市郎氏来る誘ひて散歩に行く児等は日暮里火葬場跡の池にて釣りす、諏訪神社にて休み帰る　長谷川氏晩食し去る

九月二十五日　月　晴

大串氏愈々明日出発大阪へ帰りて就職すべし　同氏は満三ヶ年間我教室に於て自修したり　亦同氏に写真像一枚贈る　午後教授会出席

九月二十六日　火　晴

佐藤亀一氏教室へ来り愈今日辞表を出す近々帰郷静かに療養すべしと決神《ママ》す　午後は医学会事務所へ行き雑誌を整理す　在鎌倉原秋二氏へ病気見舞の手紙を認む亦側面観幕末史と云ふ本を一冊贈るべし

九月二十七日　水　曇晴

答案調べ全く終る

九月二十八日　木　雨曇

ドクトル・ラウファー（ニューヨーク）氏人類学会入会等のことに付人類学教室へ行きて坪井正五郎氏に面談す

九月二十九日　金　半晴

朝出勤掛けに瀬川昌耆氏を訪ひ女子高等師範学校及附属学校生徒体格検査のことに付尋ぬるところあり次に田口

家老未亡人危篤のよしに付見舞ふ　卒業試験評点を報告す　ドクトル・ラウファー氏へ書籍並に手紙を、ヒュッペ教授（プラハ）へアイノ写真版数枚並にはがきを、ブレジケ博士（ベルリン）へ絵はがき数枚並にはがきをシュテル教授（ビュルツブルク）へ著述寄贈の札を絵はがきにて、枢密顧問官ハルトマン女史へ戦捷祝賀弟戦死悔の手紙の挨拶を同しく絵はがきにて出す　在熊本吉永氏Bardeleben, Handb. d. Anatomie〔＊文献〕新号を送る　岡山上坂氏へ助手佐藤亀一氏の後任者依頼の手紙を出す

九月三十日　土　曇晴

晩食後鶴、精を連れて本郷通りへ冬帽子を買ひに行く、帰途絵はがきを求め遣る、今村一雄氏来る　田口未亡人昨日死去の趣碩臣氏今朝教室へ来り承知す依て教室の帰途同家へ悔に寄る

十月一日　日　雨

終日在宿、只午前に一寸今村有隣氏を訪ひて高等学校入学者年令のことを尋ぬ

十月二日　月　曇

午刻帰り午後田口家葬式に染井墓地へ行く往返共徒歩す、今日今村有隣氏より報知あり愈高等学校入学年令厳重なること慥かなり　今日より教室出入口廊下を取り毀つ、出入不便を極む

十月三日　火　晴

昨日より解剖実習を始む

十月四日　水　晴

十月五日　木　晴曇

十月六日　金　雨

昨日巣鴨監獄より九月六日頃来りたる屍引取人申出たる趣のところ之は骨格を晒したるものに付小使二人天王寺へ遣り不都合なき様取り繕をなさしむ、昨夜来雨降るは甚好都合なり

十月七日　土　晴

午後一時半頃帰宅、三二を携て上野公園に散歩す動物園に入る、夕立雨降る、一茶店に入り其止むを待つ、帰途根付け一個（象牙の兎、八十銭）を買ひて帰る　遠藤甬作氏夫人三千子来訪、丹波敬三氏へ紹介依頼あり

十月八日　日　晴

好時節の好天気なるを以てはぜ釣りに行くこととし早朝より弁当の支渡をなし、長谷川市郎氏を高等学校寄宿舎

まで迎へにやりしところ同氏直に来る　九時頃出掛ける即ち同氏の外良一、三二、中鶴同行日暮里より汽車にて南千住に下り、大橋北の一舟宿にて舟一艘借り上流へ上りて竿をさす、先弁当を食し十二時半頃より愈々釣り始む、昨日の雨にて増水且濁り為めに成績宜しからず、併し好天快を覚ふ、四時過帰途に就く、往途順を追ひて六時半帰宅　留守中片山国嘉氏来訪、同氏は此頃満州より帰京、小林文郎の様子に付話ありしと　喜美子両女児を連れて向島へ行きたり内及千駄木母堂同行、晩受験生二名順次に来る卒業試験評点に付ての件なり例に依り増点謝絶す

十月九日　　月　曇

ラブル・リュクハルト教授より長き代筆の手紙来る又グスタフ・フリッチ教授より過般眼球を贈りたる受取り礼状来る　片山国嘉氏を教室に訪ふ種々満韓の談あり　今朝出勤前に遠藤甬作氏夫人来訪

十月十日　　火　晴

足立文太郎氏の依頼に付サペイ解剖書よりSulcus orbito-pulpuhalis sup. に関するところを写して遣る　晩二年生原晋、内藤靖二氏来る　新試験規則に付種々質問あり

十月十一日　　水　晴

午後は医学会事務に到り雑誌の整理をなす

十月十二日　　木　晴

隈川氏教室へ来る　佐々木隆興氏の論文を紀要に掲くる件なり

十月十三日　　金　晴

三浦謹、能勢静太二氏教室へ来る　能勢氏学位申請論文の件なり

十月十四日　　土　晴

新入生宣誓式なり、教室不参、終日焚火をなす、朝中村士徳氏来る序文の催促なり　午後敷波重次郎氏仙台より出京来訪、氏此度独乙留学を命せられたるなり

Schädel u. Skelette der Koreaner〔＊朝鮮人の頭骨および骨格〕の清書漸く今日始む　鉄門倶楽部遠足会今夕出発、二泊を以て松島へ向ふ

十月十五日　　日　晴

前日曜日の通り弁当を用意し千住へはぜ釣りに出掛ける精、三を携ふ、良一臨時試験中に付行かず中鶴同行、やはり前回の通り不猟なり七時帰宅

十月十六日　　月　雨

教室にありたり併し授業なし鉄門倶楽部遠足の為めなり、丹波氏教室へ来る、遠藤夫人より依頼の件に付きてなり

十月十七日　火　晴　祭

はぜ釣りに行く、千駄木へ寄り潤、於菟二氏を誘ふ於菟氏行かず潤氏のみ同行、良一、三二、中鶴を合して五人、上野より電車にて金杉橋にて下り釣り舟を雇ふ　浜離宮の下に舟を止むと時に十一時半なり、神、甚爽快、二回はへ縄を試む亦面白し、総て九十疋計を獲る、七時帰宅、留守中長尾美知氏来る令妹の件なり、又田口碩臣氏来る本宅を引き払ひ今日千葉へ行く云々

露国との平和条約去十四日批准、昨日発表

十月十八日　水　雨

喜美子一寸教室へ来る大久保氏の薬物学試験評点のことなり　夕刻遠藤夫人来る　良一若松地方へ修学旅行として今朝出立　ワルダイエル先生より平和になりたることに付手紙来る亦フュルブリンゲル教授（ハイデルベルク）より過日ゲーゲンバウエルの胸像寄附したる二十マークの受取り来る

十月十九日　木　雨

丹波氏を教室に訪ひて遠藤夫人に面談の次第を話す

十月二十日　金　雨

Schädel u. Skelette der Koreaner〔＊小金井論文〕清書終る

十月二十一日　土　曇

長尾美知氏教室へ来り令妹一件鬼頭氏云々の談あり、共に弁当を食す、又樫田亀一郎氏来る　浅井助手肋膜炎に付当分出勤出来ざるべし、井上助手一人となり無人甚困る

十月二十二日　日　晴

今日東郷大将凱旋参内に付市中非常の賑なるべし

午後は長谷川市郎(赳夫と改名)氏を誘ひ潤氏も同行、精、三を連れて道灌山へ散歩、諏訪神社にて休息す

十月二十三日　月　曇晴

横浜港外に於て大観艦式挙行に付休業、未曽有の盛事なるに付陪覧することに決し午前三時家を出て上野まで徒歩、此所にて電車に乗る　既に混雑を始む、新橋に到れば益甚だし、一等往復券を買ひて乗車場に入る、稍もすれば乗車出来ざるに付三等車に入る、五時四十五分横浜着大桟橋入口にて又大に混雑す、供奉艦満州丸に乗込む、

十時頃　御召艦浅間港外に進行す是より　御観閲あり満州丸も最後に尾して進む各艦を一々近く見ることを得、殊に快を感したるは戦利艦五隻艦列中ありたることなり十二時所定の位置に投錨、立食、午後潜水艇の行動ありて式終る尋て　御召艦港内に入る供奉続く、満州丸桟橋に付きて上陸したるは五時半頃なり、直に停車場に馳付たれば甚混雑如何共しがたし只時に任かせ非常、殆んど危険を犯かして乗車、七時半頃新橋着、銀座通りのイルミネーションを見て九時過帰宅、大に疲労、無線電信の装置、潜水艇は特に珍しく感す　良一は学校よりして鶴見え行き十二時過きて帰る

十月二十四日　火　晴

授業成立たず、良精も疲労を覚ひ直に帰宅 フローレンツ氏宅え行きて Schädel u. Skelette der Koreaner〔＊小金井論文〕差置きて帰る後は休息す

今日は東郷大将を東京市が上野公園に歓迎す市中賑ふべし

十月二十五日　水　曇

大久保栄氏教室へ来る、留守中橋本豊太郎氏新婚、細君同道来訪あり、氏は近日韓国京城へ赴任すと　四五日前より顕微鏡実習室地形を掘り始めたる様なり

十月二十六日　木　晴

軍医大尉ワイスバッハ博士（グラーツ）へ論文寄贈の礼はがきを出す

十月二十七日　金　晴

去土曜日フラウ・メルケル（ゲッチンゲン）より日本人頭骨と交換の為め独乙人頭骨二個送附受領せしに依り其返品を調査す　午後は一寸第四回古文書展覧会を見る

十月二十八日　土　晴

良一学校運動会に付喜美子、鶴、精、三を連れて参観す

十月二十九日　日　晴

朝中村士徳氏来りて氏の著書教材の序文催促あり氏の起草せしものを渡す　十時良一、三二、中鶴を連れてはぜ釣りに出掛ける　上野より電車にて金杉橋に下り、舟を出す海に出れば十二時となる　はへ縄数条を下す獲ること百五六十疋、帰途電車何れも満員、依て已むを得ず一先つ品川まで行きて上野行きのものに乗る　日暮れてイルミネーションあり三二大に悦ぶ　七時半帰宅

十月三十日　月　晴

午後教授会あり学位の件なり

十月三十一日　火　曇晴

長谷川新一郎氏弟の病症のことに付外科へ行きて片桐元氏に逢ひて尋ねたり　晩大久保栄氏来る薬物、眼科試験両ながら満点なりと

十一月一日　水　曇少雨

十一月二日　木　曇

朝出勤途上福島甲子三氏を訪ひて年令変更のことに付相談す

十一月三日　金　雨　祭

悪天に付終日在宿、午後長谷川赳郎《ママ》（市郎左衛門）氏来る　晩食、児等と長く遊びて去る　昨日フラウ・メルケル教授へ送付の頭骨二個到達のはがきを出す

十一月四日　土　雨

十一月五日　日　晴

午後良一、精、三を携て道灌山より上野公園へ散歩す

十一月六日　月　晴

ワルダイエル先生へ返書を出す、日露戦争終結に付きての長文なり、小林魁郎氏解隊、新発田より帰京し来る

十一月七日　火　晴

寒気増す今朝始めて庭に霜を見る　丹波氏より来十二日招待を受けたるも断り状を出す

十一月八日　水　晴雨

ラブル・リュクハルト教授へ返書を認む又雑誌「時好」一冊を送る為め包む　G・フリッチュ教授（ベルリン）へ論文数拾種寄贈の礼絵はがきを書く

十一月九日　木　雨晴

メルケル教授（ゲッチンゲン）へ交換品頭骨二個送附の為め商人へ渡す

十一月十日　金　晴

浅井猛郎氏の令兄陸軍二等軍医同延彦氏教室へ来る、午前午後共図書館へ行きて種々の雑誌を見る　在金沢金子氏在名古屋奈良坂氏へ解剖学教室助手推選依頼の書面を出す

十一月十一日　土　晴

大学陸上運動会に付休業、平日の通り教室にあり　田鶴、精は学校の帰り直に寄りて弁当を食し、喜美子三二は北蘭を伴ひて運動場へ行きたり　自分は教室にありて四時半帰宅尋で皆々帰る

十一月十二日　日　晴

四児を携て散歩に出る　各々弁当を持ちて日暮里停車場より十一時十六分発車、赤羽に下り一茶店にて弁当を食し之より荒川岸に到り渡しを渡り砂上に遊ぶ　暮秋気澄みて甚快、三時半赤羽発車田端に下り帰宅　留守中福島甲子三氏来訪、過日依頼せし件出来得べしとの事

十一月十三日　月　晴

長尾美知氏教室へ来り鬼頭氏との縁談望しき旨一決せり、帰宅途次其事を報せし為鬼頭家へ寄る折悪しく皆留守にて空しく去る

十一月十四日　火　晴

伊勢大廟へ御奉告の為め御発輦に付休業、奉送すべき筈なれども宿病の故を以て不参、終日教室に在り　鬼頭氏に教室へ来ることを乞ふて長尾家確報のことを通す　今朝福島氏許に寄りたれども既に出勤後なりしを以て晩食後同氏を訪ふ、時に雨降り始む、先良一年令訂正のことに付相談し次に長尾家のことに及ぶ　英氏も来り両氏喜悦の模様なり　良精に媒酌人たらんことを依頼せらる直に諾す、九時半帰宅

十一月十五日　水　雨

フローレンツ氏より Schädel u. Skelette der Koreaner 〔＊小金井論文〕の校正済みて届け来る直に礼状を出す　長尾美知氏へ鬼頭家へ通じたる模様を不取敢申送る　弘田氏に逢ひて良一年令の件に付医師の証明書入用に付依頼す、承諾を得たり又今日午前喜美子も同家へ行きて頼みたり

十一月十六日　木　晴

午後内科へ行きて○・ビスマルクの脳の重さに付雑誌を調ぶ、弘田氏昨日依頼したる証明書を持ちて教室へ来る

十一月十七日　金　雨　休暇

本日は伊勢太廟御親祭に付官吏一般へ休暇を賜はる　諸学校休業、折り悪しく雨天に付終日在宿、良一年令変更の件に付申請書に戸籍謄本及医師証明書を添へて東京区裁判所判事福岡豊和宛にて書留郵便を以て出す、本郷区役所の労を取り呉れたる人は区会書記益田貫一氏なり

十一月十八日　土　晴

午後一時頃一応帰宅、二時前出て御茶の水附属中学校に到り学芸会の依頼により「脳髄と精神」と云ふ題にて講演す、四時半帰宅

十一月十九日　日　晴

午前石川未亡人及英氏来り会合は予て申置きたる通り自

分方にてなすこと、日は来る二十三日祭日又は二十六日日曜日の中と定めたき旨申出らる、千葉長尾家へ其趣申送る　午後共に精、三を連れて滝の川紅葉へ行く同所にて千駄木母堂及潤氏に逢ふ共に帰る　良一、田鶴は伊勢より還幸に付学校より奉迎に行く

十一月二十日　月　晴

朝浅井猛郎氏郷里へ帰り病気保養するに付暇乞に来る Über Schädel u. Skelette der Koreaner〔＊小金井論文〕原稿を書留郵便にてワルダイエル先生宛にて出す　晩は歯痛の為め臥す

十一月二十一日　火　晴

午後直に帰宅床に臥す歯痛の為めなり、晩は篤次郎氏来る、長尾氏返書来り会合は来月二日に延ばしたし云々時鬼頭氏来り成るべく早くしたし云々

十一月二十二日　水　晴

昨日在金沢金子氏より助手志望者差当り無き旨返書来る千葉長尾氏折り返へし手紙を出す　ファン・デル・シュトリヒト教授（ヘント）へ論文寄贈の礼絵はがきを出す

十一月二十三日　木　晴　祭

午前は庭にて落葉を焚く、午食後滝の川紅葉へ散歩す良、精、三の外に長谷川赳夫、佐藤峰雄二氏同行

十一月二十四日　金　晴

午前図書館へ行く　晩鬼頭氏来る、直に長尾氏へ重ねて手紙を出す

十一月二十五日　土　晴

午後は人類学会に於て鳥居龍蔵氏の満州旅行談を聞く、ラウファー博士（ニューヨーク）より返礼書来る又ヒュッペ教授（プラハ）より手紙来る曽て贈りし写真の礼且頭骨所望のことなり　夜八時頃に在千葉長尾氏より会合の為二十六日に上京の旨申来る依て直其趣を鬼頭氏報す

十一月二十六日　日　曇

午前は庭の落葉を焚く、午後一時半長尾家三人来着、次に鬼頭家二人、総て五人なり、先つ滞なく済む　其他珍らしく来訪者多し、学生北野正、高等師範附属中学校教員斎藤氏、又夜に入り小林三三氏来る　今朝東京区裁判所より来二十八日良一同道出頭すべき旨はがき来る

十一月二十七日　月　雨

早出勤途次福島氏を訪ふ　午後教授会出席

十一月二十八日　火　晴

芝西の久保巴町東京区裁判へ出頭の為め処労届を出し午

前七時半良一同道にて出掛ける途中福島甲子三氏に逢ふ、水道橋より電車に乗る　九時同所へ到着、半時間計待つ、直に非訟部係、判事吉田護の審問あり甚短簡なりしも何の年なりやの尋ねあり良一直に「丑の年」と答ふ又種痘証を出す、其写を代書人に書かせて差出す之にて修る十一時帰宅、午後三二を連れて道灌山へ散歩す、諏訪神社にて休み帰る　長尾氏より一昨日会見の礼並に式日は可成来月二十日頃とすべき旨申来る　今日は天王寺に於て解剖体祭ありたり

十一月二十九日　水　晴

メルケル教授（ゲッチンゲン）へ頭骨二個発送のことを船積証封入し書留郵便にて出す　午後は衛生教室へ行き緒方氏研究の恙虫病源標本を見る　四時半帰宅すれは鬼頭氏母堂来訪、結納のことに付打合せあり晩食を饗す、右結納の件早速長尾家へ申送る

十一月三十日　木　晴

午後医学会事務所へ行きて雑誌を調ぶ

十二月一日　金　晴

午前建築掛りへ山口技師に新築落成の期日並に年内に移転し得るや否や等に付相談し、次に新築本館内を始めて一覧す年内移転迚も六ヶ敷思はる　午後鬼頭氏教室へ来る儀式は先方の前例を評準《ママ》としたし云々此事に付ては晩長尾氏へ手紙を出す　青山氏教室へ来りて在独二村領次郎氏肺病に罹り帰朝すべし云々　今日は亡寿衛造一周忌に当るを以て玉汝子供を連れて来る　東京区裁判所より良一年令変更許可の決定書謄本（二十八日付）来る　晩片桐元氏来る寿衛造霊前へ供物持参せらる

十二月二日　土　晴

喜美子教室へ寄る、区役所へ決定書を添へて届け出で本件全く局を結ぶ、又今朝出掛けに福島氏を訪ひて其事を通じ且礼を述ぶ　隈川氏教室へ来る　晩今村一雄氏来る清国営口与倉中佐より小笠原金三郎勤務の場所を電報を以て問合せ来る本件付き旁小林文郎氏へ手紙を出す

十二月三日　日　晴

終日在宿、大掃除をなす、庭に出て落葉を掃き集めて焚く

十二月四日　月　晴

午後教授会あり授験《ママ》生皆川清太不品行処分の件なり　終て紀要編纂委員会として其掲載すべき材料に付相談あり

帰途鬼頭家へ寄る
十二月五日　火　雨
理学文書目録スリップ長谷川銷一氏へ送る　鬼頭英氏教室へ来る
十二月六日　水　曇少雨
山川総長辞職聞届けらる（去二日附の由）松井農科大学長兼任総長となり一昨四日出勤のよし之より大学内不服の声高まり去四日夜諸教授山上集会所に集まり協議の結果、文部大臣へ出す開陳書出来せりと云ふ　良精は出席せざりし　午後大沢謙二氏と共に緒方氏を教室に訪ひて同氏の業績恙虫病原論を大学紀要に掲載延期のことを告ぐ、五時教室を出て帰途鬼頭家へ寄り結納を受取り且つ晩食の饗応を受けて七時半帰宅　帰宅後是等のこと総て認めて長尾氏へ報知す但し郵便は明朝出すべし
十二月七日　木　雨
午食後山上集会所に到り開陳書、総理、文部二大臣に出すべきもの各へ記名す　四年生二名教室へ来りて大学不穏のことに付語るところあり
十二月八日　金　晴
午前緒方氏教室へ来り一昨日の件一先つ延期すべし而て後掲載すべしとの返答あり、父上様二十七回忌なり
十二月九日　土　晴
午刻前に弁当を食し直に出て電車にて芝公園に到り　隈川氏母堂死去の悔を述べ公園内を少しく散歩し二時半教室へ帰る、晩食後精子を連れて本郷通りまで散歩す　凱旋を祝する為め提灯を点し賑かなり
十二月十日　日　晴
午前鬼頭母堂来る、又授《ママ》験生長谷川弘一郎氏来る解剖学教室助手一時希望云々　午後精、三を連れて道灌山より上野公園へ散歩丁度小林ちか来りて同行す、留守中長尾美知氏結納を持参す
十二月十一日　月　雨
朝出勤掛けに鬼頭家へ寄りて長尾家よりの結納を渡す、大久保氏教室へ寄りて卒業試験略ほ結了云々　喜美子午後鬼頭家へ行く、種々打合せの為めなり　晩喜美子千葉長尾家へ手紙を出す、又石川未亡人来訪
十二月十二日　火　雨
在独乙ゲッチンゲン二村領次郎氏より手紙来る同氏病気の為め帰朝することに決したり云々実に気の毒なり　晩福島甲子三鬼頭英二氏来る

十二月十三日　水　晴
寒を増庭の霜始めて強し
十二月十四日　木　晴
在仙台杉野茂吉氏へ炭依頼の手紙を出す
十二月十五日　金　晴
午前第一期試験の残り追試験八名に付行ふ、鬼頭氏一寸教室へ来る　四時半帰宅すれば長尾母堂来り居る、種々打合せをなす共に晩食す八時過去る　亦弘田夫人新真鍋夫人を連れて留守中来訪あり　一昨日浜尾新氏大学総長となる松井直吉氏辞職、之にて大学の騒擾も沈静すべし
十二月十六日　土　晴
午前新総長浜尾氏を本部事務所へ行きて新任の挨拶を述べんとす未だ出勤なし名刺を置きて去る、教室新築の模様を見る内部大に捗取る　帰途鬼頭家へ寄りて種々打合せをなす　晩今村一雄、小林魁郎二氏来る
十二月十七日　日　雨
終日在宿、今日は東京市が満州軍総司令部及近衛師団凱旋歓迎を上野公園に於てなす好天ならば市中非常の賑ひなるべきも折悪しく悪天なり
十二月十八日　月　雨
前八時出勤、授業を早く閉ん為めに特に八時より九時まで講義す　ブシャン博士（シュテッチン）へ抄録四件及論文目録を書留にて出す　鬼頭氏教室へ一寸来る又四年生委員三名卒業宴会の件に付来る
十二月十九日　火　曇
留守中鬼頭母堂来訪せりと
十二月二十日　水　晴
前八時出勤、講義は繰り上げて記載及総論解剖学共に閉づ　午前図書館へ行きて雑誌を見る、午後四時半帰宅、晩食後直に喜美子と共に鬼頭家へ行きて明日の儀式に付細かに打合せをなし九時前帰宅　良一試験済みたりとて児等集り遊ぶ
十二月二十一日　木　曇少雨
教室不参、早朝長尾母堂来る今日時刻割等のことを話す次に美知氏来る、午食後直に支渡し喜美子と共に一時近き曙町内の小原家へ媒酌人たるを以て新婦の迎ひに行く、伴ふて一時半鬼頭家着、三時半滞りなく儀式を済ませ車を連ねて上野精養軒に到る　新婚披露の宴なり八時頃帰宅　故鳥居萱次郎氏一週《ママ》忌の趣通知ありたれども断る

十二月二十二日　金　晴

常の通り出勤、午前受験生長谷川弘一郎、島峰徹、小川三紀、大久保栄の諸氏来る卒業試験今日終了せしなり

十二月二十三日　土　晴

出勤、島峰徹、大久保栄氏教室へ来る、午刻帰宅四児を携て散歩、谷中より上野公園に到り勧工場に入り鳥又にて晩食、本郷を経て帰宅

十二月二十四日　日　晴

終日在宿、午前小川三紀氏来る、午後福島氏、次に鬼頭母堂、花嫁同道にて挨拶に来る、晩英氏も来る　今日は大久保氏第一番の成績を以て卒業せるを祝せんが為め且児等試験成績先つ宜しとて宅にて西洋料理をなし大久保、潤、於菟、今村一雄氏を招ねきて馳走す、晩鶴、精は大沢家へクリスマスに行く

十二月二十五日　月　晴

午前教授会あり、病理解剖学及解剖学留学生候補者選定其他の件なり、稲田龍吉氏独乙より帰朝来訪、島峰氏来る　晩長谷川赳《ママ》郎氏来る

十二月二十六日　火　雨

島峰氏教室へ来り此頃より種々相談の末愈陸軍々医志願することに決す　弘田氏より真鍋氏が病理学専修として留学のこと謝絶の旨通知ありたるを以て大久保氏の意向を聞かんが為め千駄木へ寄る但し留守、帰宅、大久保氏尋で来る、種々相談、遂に希望と決す、晩食す　此件に付青山氏へ直に手紙を出す

十二月二十七日　水　曇

大久保、布施現之助の二氏教室へ来る、田口碩臣氏千葉より出京

十二月二十八日　木　晴

青山氏教室へ来り万国医学会を日本に於て開くの議世間にあり云々　昨夜良一は千駄木に泊す、田鶴、精は今日行く、大久保氏今日郷里へ帰る

十二月二十九日　金　曇少雪

教室不参、寒し、午後鶴、精、三を連れて上野広小路勧工場に入り是より本郷通へ出て又勧工場に入り歳暮として種々のもの買ひ次に青木堂にて菓子を食し帰る、雪降り始む

十二月三十日　土　曇

昨夜雪寸余積る、寒強し、在宿

十二月三十一日　日　半晴

午前精、三を連れて槙町まで行く道悪し　今村一雄、於菟二氏来り共に晩食す、入浴、八時に床に入る

明治三十九年　2566 1906　良精四十七年

一月一日　月　晴曇

八時前起く、良、鶴、精は既に学校へ行きたり　九時前三二を携て出掛け森川町大学前まで行きて田鶴子に逢ふ共に帰る　午後片桐元、鬼頭英の二氏年賀に来る、晩小林魁郎、脇田金同し、魁郎氏は十時頃まで話して去る

一月二日　火　晴

午後良一、三二を携て散歩、上野公園に到り動物園に入る、園内なかなか賑し、広小路より切り通し、湯島天神を通り本郷通りに到り雑誌を買ひ、青木堂にて休み帰る

一月三日　水　晴

前九時過教室に到る、敷波重次郎氏留学の為め仙台より出京、教室へ来る、四時半過徒歩帰宅、今村一雄氏来り児等かるたを遊び居る　晩食後喜美子と共に付児を連れて千駄木へ行く今村氏も同行す、九時帰る、良一、田鶴は千駄木へ泊る

一月四日　木　晴

前九時過教室に到る、此日山上の集会所に於て医科大学年始会あり久々にて出席す四時半同所に到る　万国医学会を日本に開くなどの談あり七時過帰宅、長谷川赳夫氏来り児等かるたを遊び居る

一月五日　金　曇

出勤、午後四時半帰宅

一月六日　土　晴

前九時過出勤、昼徒歩帰宅、凧を遊ぶ、四時過出て本郷弥生亭に到る四児を伴ふ、児等悦ぶ、六時半帰宅　風強く甚寒し　在足尾銅山小松操、在小樽牧野正雄、在鳥取秋山英麿、在熱海小松精一、小笠原金三郎の五氏へ年賀挨拶のはがきを認む

一月七日　日　晴

午前今村有隣氏来訪、午後は精、三を連れて道灌山に到り凧を遊ぶ、在仙台杉野茂吉氏へ旧臘送り呉れたる炭の代価を明日為替を以て送るべきに付其手紙を認む又帰郷療養中の佐藤亀一、浅井猛郎二氏へ年始はがきを認む

一月八日　月　晴

前九時前出勤、講義を始む　長谷川弘一郎氏帰京来訪、

同氏を助手に採用のことを申請す　過般独乙より帰朝せし中金一氏来る、大久保栄氏今朝帰京せりとて教室へ来る、同氏留学のことは確と内定せしものと見做すことを得べし

年賀調べ左の通り

はがき　一九七

封書　三七

名刺　五七

一月九日　火　晴

午後大久保氏二回教室へ来る、留学のことに付奔走す、又三浦謹氏来る

一月十日　水　曇

午前久し振りにて文部省へ行く　専門学務局長福原鐐二郎氏に面会し井上通夫、大久保栄二氏留学のことに付種々話すところあり、次に野尻氏に会ひて潤氏韓国学校に位置を捜すことを頼む　午後隈川氏を教室に訪ひ大久保氏留学の為めに医化学助手辞退のことを話す　ふみ子函館より出京来る、岩井禎三氏へ仏文の副乳論文送付の礼状を認む　二村領次郎ゲッチンゲンより愈十二月七日出発帰朝の旨手紙来る

一月十一日　木　曇晴

昨夜大雨、大久保氏教室へ来る昨日文部省へ行きたる模様を話す、奈良坂氏より助手志望者のことに付催促し来る

一月十二日　金　晴

午後四時半帰宅、晩食、四児を連れて千駄木へ行く、喜美子は先に行きてあり、林太郎氏凱旋なり、無事を祝し十一時帰宅

一月十三日　土　晴

昨日今日共凸凹を有する研磨を製す　川上元治郎氏より万国医学会に付今十三日会合するに付出席を促すの手紙来る、断りのはがきを出す

一月十四日　日　晴

前九時半出て教室に到る　鈴木孝之助氏旅順より帰京して教室へ来る　久し振りにて緩々談話す、豊国へ行きて午食し再び教室へ戻りて話す　二時半過去る、四時半帰宅　児等悉く橋本へ遊びに行きて居らず

一月十五日　月　晴

今日より解剖実習を始む、屍欠亡の為め遅れたり　島峰氏教室へ来る、大久保氏も来る

一月十六日　火　晴

長谷川弘一郎氏助手任命、晩食後千駄木へ行く　青山氏も来り長談、十二時過帰宅

一月十七日　水　晴

午前医学会事務所へ行きて雑誌を見る、午刻諸橋勇八郎氏久振りにて来る

一月十八日　木　晴

在名古屋奈良坂氏助手採用すべき旨申送る　ラブル・リュクハルト先生伯林に於て去十二月十日死去の報に接す

一月十九日　金　曇晴

ラブル・リュクハルト教授死去に付悔状を遺族及ヘルベルト・フリヘル・ライフリン・フォン・メルデック宛にて出す　野尻氏へ潤氏紹介の手紙を認む

一月二十日　晴

午前田中義一氏教室へ来る　万国医学会を日本に於て開くことに付良精が意見を問へり時弘田氏も来る　理学文書目録スリップを長谷川舘一氏へ送る　カイベル教授（フライブルク）、ブール教授（博物館、パリ）、ブレジケ博士（ベルリン）、マックス・アインホルン教授（ニューヨーク）、ゲプハルト教授（ハレ）、W・L・H・ダクワース（ケンブリッジ）の諸氏へ論文、著書贈付の礼札を出す　喜美子千駄木へ来客の手助けに行く　十一時帰り来る

一月二十一日　日　晴

寒酷し、午前は凧を遊ぶ、午後喜美子児等皆千駄木へ行く名々凱旋祝の贈品を持ちて帰る　午後志賀潔氏来訪万国医学会に付きての話あり

一月二十二日　月　晴

午後教授会あり、万国医学会を日本に於て開くは尚ほ早しと云ふ説大多数（十八名の内四名のみ開くを可とす）なり　帰宅、晩食、一ッ橋学士会事務所に到る　万国医学会に付ての相談会なり　投論《ママ》の末列席者四拾七名中尚早とするもの二十五名あり　良精も大に尚早説を唱へたり　九時半帰宅

一月二十三日　火　晴

午前図書館へ行く、午後関矢充郎氏来る　氏は満州を漫遊し此頃帰京したるなり　種々戦場の面白き談あり

一月二十四日　水　雪

終日雪降り寒酷し

一月二十五日　木　曇

時に雪降る

一月二十六日　金　晴

一月二十七日　土　晴

解剖学助手志望者愛知県人小田脩平氏（奈良坂源一郎氏推薦）へ二月中旬上京すべきことを申送る　田代亮介氏来訪

一月二十八日　日　晴

午後良一、精、三を連れて田端より上野へ散歩、本郷に到り弥生亭にて食事し帰る　両国伊勢平楼にて卒業宴会あり但し良精不参　喜美子、田鶴子を名代として遣る

一月二十九日　月　晴

薬学教室へ行きて下山氏に此頃関矢氏満州より持帰りたる人参標本を渡す

一月三十日　火　晴　祭

午後福島甲子三氏招待に応し同氏の宅へ行く　義士談などの余興あり七時帰宅

一月三十一日　水　晴

在大阪稲葉良太郎氏凱旋、上京、来訪　夕刻鳥居龍蔵氏宅へ来訪　二村領次郎氏病気の為め帰朝の旨郷里愛知県より報に接す又其返事を出す

二月一日　木　曇雨

二月二日　金　曇

晩魁郎氏来り　長坐十一時に到る

二月三日　土　晴

田代義徳氏教室へ来る、午後四時半出てて上野より電車偕楽園に到る　森林氏凱旋に付同窓其他にて会す　出席二十四五名ありて甚盛なりき十時半帰宅

二月四日　日　晴

終日在宿、午後内藤久寛氏細君並に島峰氏同道来訪、喜美子に任せ良精は面会せざりし

二月五日　月　晴

在鎌倉原秋二氏見舞として菓子を送りはがきを出す

二月六日　火　晴

二村領次郎氏帰朝、教室へ来る　露国ポーレンピルスツキ氏教室へ尋ね来る　同氏は十二年間樺太島にありてアイノ其他の人種に付て調べたりと云ふ　晩鳥居龍蔵氏一寸来る　喜美子の和歌一首渡す

二月七日　水　晴

二月八日　木　晴

二月九日　金　雪

雪四五寸積る悪天を極む、二村領次郎氏教室へ来り共にべんたうを食す、午後二時頃約の如くピルスツキ氏来る

二月十日　土　晴

生理学教室へ行きて雑誌を見る、晩長谷川赳郎《ママ》、大久保栄二氏来る

二月十一日　日　晴　祭

終日在宿

二月十二日　月　曇

午後教授会あり、木下東作氏大阪医学校赴任に付暇乞に来る　ワルダイエル先生より十二月三十一日附を以て返書到る

二月十三日　火　晴

午前図書館へ行く、教室助手志望者小田脩平氏上京、尋ね来る

二月十四日　水　晴

小田脩平氏今日より教室へ出勤、午食後会食所に到り青山学長に二村氏の位置のことに付面談す　今日喜美子を名代として鎌倉に療養中の原秋二を見舞ふ朝七時半出かける　晩食の際潤氏来りて老祖母容体甚悪しきよし　承知せり依て四児を連れて千駄木へ行く、病者先つ安静に付八時頃帰宅す　喜美子帰り居りて出かけんとするところなり　併し今夜中は先異状なかるべきを以て止める

二月十五日　木　晴

午前図書館へ行く、午後敷波重次郎氏明後十七日発航、独乙国留学に付来り告別す

二月十六日　金　晴

晩食後鶴、精、三を携て本郷通へ散歩す、今日は第二回の東京市が催せる凱旋歓迎会（日比谷公園に於て）なり但し本郷通にては夜景別状なし青木堂にて休み帰る

二月十七日　土　晴曇

午前図書館へ行く、午後は外科、産科へ行きて雑誌、書籍を調ぶ

二月十八日　日　晴

終日在宿

二月十九日　月　晴

午前衛生学教室へ行きて雑誌を見る　フィーベク&ゾーン（ブラウンシュバイク）より原稿料為替三円八拾五銭到達す

二月二十日　火　雪

終日雪降る、大久保氏脳硬膜の顕微鏡標本を製して教室

へ持ち来る

二月二十一日　水　雨

終日雨降りて困る

二月二十二日　木　雨

二月二十三日　金　雨雪

フリードレンデル＆ゾーンへ書籍三種の注文書面を出す

二月二十四日　土　曇

午前病理教室へ行きて書籍を見る

二月二十五日　日　曇

終日在宿、午前喜美子三崎町へ遣る　権兄病気のことを聞き込みたればなり　午後関矢充郎氏王子村開業医佐久間延二氏を同伴し来る

二月二十六日　月　晴曇

午刻青山学長と面談　二村領次郎氏に付模様如何を尋ぬ未要領を得ず

英国皇族「コンノート」を東京市が日比谷公園に歓迎す市中賑ふべし

二月二十七日　火　雪雨

終日悪天、南部孝一、森安連吉二氏洋行に付告別に来る

二月二十八日　水　雨曇

三月一日　木　晴

紀念日に付休業、平日の通り教室にあり　鶴、精、三は長谷川赳郎《ママ》氏の案内にて高等学校の紀念日余興の飾り付けを見に行く

三月二日　金　晴曇

建築掛へ行きて山口氏に本館落成の模様等を尋ね次に本館内に入りて一見す　人工体の件に付伊東某教室へ来る

三月三日　土　雪晴

昨夜来雪降り二寸余積る、午後より霽れる

三月四日　日　晴

終日在宿、長谷川赳郎氏午前より来りて児等と遊ぶ　長岡の青年田中某来りて食客希望云々、謝絶す

三月五日　月　曇

三月六日　火　雨晴

新築標本室二階へ戸棚を配置すべき筈のところ故障起きて中止す、建築掛りへ行きて山口技師と打合せをなす、高田畊安氏教室へ来る　午後山上会議にて一時より四時半まで松川少将の日露戦争講話を聞く

三月七日　水　晴

生理学教室へ行きて手洗場等の模様を見る

三月八日　木　晴

移転のことに付種々考案す、本館を巡見す

三月九日　金　晴

新標本室に戸棚十一個の配置をなす

三月十日　土　晴

午後は秋山中佐の日露海戦講を聞く一時より五時半に至る　晩大久保氏来る

三月十一日　日　曇雨

朝鎌倉に療養中の原秋二氏死去の電報来る　九時大学に到り松川少将の陸戦講話第二回を聞く　一時半終る、帰宅、長尾美知氏来訪

三月十二日　月　晴

大沢、隈川二氏教室へ来り来年度に於ける学生増加の為めに増したる七千円分配のことを相談す　午後四時教室より直に牛込原町原信哉氏宅に到りて秋二氏死去を弔ふ七時帰宅

三月十三日　火　晴

片桐元氏今日出発、大阪に於て開業の趣にて暇乞に来る

三月十四日　水　晴

午刻帰宅、二時半吉祥寺へ原秋二氏の葬式に行く　四時帰宅、風邪の気味に付床に臥す　喜美子は弘田長氏洋行に付暇乞に行きて餞別を贈る

三月十五日　木　晴

書籍棚の構造に付種々考案す　原家仏事に招かれたれども断りて不参

三月十六日　金　晴

本学期講義を閉つ

三月十七日　土　晴

二村領次郎氏帰省中のところ上京来訪、新教室を案内す

三月十八日　日　晴

甚温暖、少し風吹く、午前庭にあり、午後鶴、精、三を連れて散歩す、長谷川赳郎《ママ》氏同行、提灯花にて雑魚を採り道灌山より諏訪神社に到りて休む、久々にて甚快し

三月十九日　月　晴

午前教室諸氏（大沢岳、二村、井上、長谷川、小川、布施、小田）集りて移転のことに《ママ》相談す、午後は教授会あり

三月二十日　火　晴

午後十二時半教室を出て上野図書館に到り新築落成開館式を見る　四時帰宅

三月二十一日　水　曇　祭日

午後精、三を連れて福島甲子三氏宅へ行く義士談あり四時帰宅　田鶴は千駄木へ行きたり　大久保氏送り来る

三月二十二日　木　曇

去三十六年八月下旬解剖学教室を仮りに旧病室に移し置きたるところ此度本館新築愈々落成に付今日より移転に取りかかる　先つ生理学教室に托し置きたるアイノ骨等より始む　午後美術学校長正木直彦教室へ来り美術解剖を設置の件に付種々談話す　良一今日試験皆済、是にて中学卒業となれり、晩は皆戯れ遊ぶ

三月二十三日　金　曇

腹工合悪し、移転の模様を見て午刻帰宅、床に臥す

三月二十四日　土　雨

雨天なるも廊下出来せしが故に引き続き物品を運ぶ、午後は自分の室を移す、腹工合未全快せず　喜美子は三二を連れて御茶水附属小学校へ行き第二部第二学年入学の試験を受けしむ

三月二十五日　日　曇少雨

庭師来りて大松を植え替へる、終日庭にありて焚き火をなす　風寒し

三月二十六日　月　晴

一昨日に引き続き移転に従事す、物品運搬略ほ終る、今夜より小使宿直を本館に移す、鳥居龍蔵氏教室へ尋ね来る　甚混雑中なり、午後五時半帰宅、三二附属小学校第二部二学年へ入学許可の通知来る　悦ばし、晩皆悦び遊ぶ

三月二十七日　火　曇（雨）

移転一先了る、多年の希望を達し、愉快、但標本室、図書室等総て整頓し了るは尚ほ一年間を要すべし　五時半過帰宅、時に雨降り始む　良一試験成績を知る先前学年に同し　喜美子は鶴、精、三を連れて歯医者へ行き浅草観音へ寄りて帰る

三月二十八日　水　晴

午刻帰宅、四児を携て散歩に出る、諏訪神社（日暮里の）より谷中、上野公園に到り商品陳列館に入り次に日本絵の展覧会を見て広小路の青楊楼にて晩食す　本郷勧工場に入りて帰る　鬼頭英氏明日出発、越後高田病院へ赴任に付今朝出勤掛けに暇乞に寄る　原信哉氏不幸の挨拶に来る門前にて逢ふ

三月二十九日　木　曇

弁当を食し直に帰宅、夕刻まで焚き火をなす

三月三十日　金　雨曇

午後五時半山上集会所に到る　弘田、片山洋行に付送別会なり、九時帰宅

三月三十一日　土　晴

露国の医□□（欠き）氏教室へ尋ね来る、不整頓なるも教室内を案内す　午刻帰宅、午後道灌山、諏訪神社へ散歩す潤氏同行、今朝小松春三氏来る、良一卒業証書授与式に付喜美子参観す

四月一日　日　晴

午前九時過出て先原信哉氏許忌中見舞に行き次に久し振りにて牛込小松家へ寄り夫人の病気を見舞ふ時十二時少し過ぐ　之より弘田氏来四日出発洋行に付告別訪問、帰宅すれば既に四時なり、今日は児等に散歩を約し置きたるも余り遅くなりたれば只本郷通りへ行き弥生亭にて食事し帰る

四月二日　月　晴

午後教授会、四十年度概算の件なり

四月三日　火　半晴　祭日

午後鶴、精、三を携て道灌山、諏訪神社へ散歩、団子坂を通りて帰る　在名古屋久保武氏出京来訪

四月四日　水　晴

弘田氏出発に付朝新橋ステーションへ見送りに行く、十時頃教室へ来る、奈良坂源一郎氏、次に足立文太郎氏、大串菊太郎氏等出京、教室へ来る　晩大久保氏令弟上田氏を伴ひ来る　今日第二回聯合医学会第一総会を音楽学校に開く

四月五日　木　晴

聯合医学会分科会々日なり、解剖学は生理、医化学と合同にて新築解剖学教室に開く、午前午後共演舌あり、六時終る

四月六日　金　晴

朝上坂熊勝氏来訪、教室不参、甚好天なるを以て長谷川赳《ママ》郎氏を迎へに遣り四児を携て出掛ける　中鶴も同行、電車にて金杉橋まで行き網船を雇ひて海に遊ぶ　児等は網漁始めてなれば甚珍しく感したり併し甚不漁なり、風少しく強し　七時帰宅

四月七日　土　晴　庭内桜花満開

午刻喜美子三二を連れて御茶の水小学校へ行きて帰りに

教室へ寄る　大久保氏の弟今日より宿泊す

四月八日　日　曇

午前二村領次郎氏新夫人同道来訪、午後谷口吉太郎氏長岡より出京来訪　同氏帰朝後始めて面会共に午食す、次小林鶴蔵氏小千谷より出京来訪、四時同氏去る　良一、精、三二を連れて弥生亭へ行き食事す　喜美子は田鶴を連れて竹柏会大会へ行く

四月九日　月　雨

田鶴、精、三共に学校始まりて通学す　留守中猪俣氏夫婦子供を連れて来訪、福岡へ赴任の途次なり

四月十日　火　雨

四月十一日　水　晴

昨今共只設備に付終日す

四月十二日　木　晴

顕微鏡実習室落成に付机を持ち込み実習開始の準備をなす　又標本戸棚の置替等をなし未終らす

四月十三日　金　晴

前日に引き続き標本戸棚置替へ等終る　午後権兄教室へ来り文子将来のこと、椰野家のこと等種々相談あり

四月十四日　土　晴

午前十一時頃教室を出て赤門前より精、三の学校帰りより同道帰宅、喜美子は精を連れ向島大学競漕会へ行く　自分は良、鶴、三を連れて田端、道灌山へ散歩、諏訪神社にて休み鮒を採りて帰る　競漕は法科の勝となる

四月十五日　日　晴

午前は庭師の掘りたる塵介穴より揚げたる土の山を直す　午後は道灌山、日暮里諏訪神社へ散歩、今村一雄、長谷川赳郎《ママ》、上田氏等及四児同行

四月十六日　月　雨

終日教室整頓に従事す、青山氏一寸教室へ来る

四月十七日　火　曇雨

顕微鏡実習を始む、之を以て始めて新築講堂を仕用す

午後大に雷鳴降雨す

四月十八日　水　晴

系統解剖学講義を始む、七時前出勤す　晩大久保栄氏来る

四月十九日　木　晴

小使室排水土管閉塞の為め大騒をなす、顕微鏡実習室の排水悪しき為め之又大工事となる、甚困却す

四月二十日　金　晴

観桜会なるも不参、小菅監獄製品販売所員を呼びて標本戸棚多数を注文す

　四月二十一日　土　晴

今日始めて顕微鏡実習室を仕用す甚壮観なり

　四月二十二日　日　曇風

終日在宿、午後二村氏夫婦来訪

　四月二十三日　月　曇風雨

　四月二十四日　火　晴

　四月二十五日　水　晴

午前病理教室へ行きて一屍剖検の際頭蓋の粗糙を見る室内電話、呼鈴の設計をなす

　四月二十六日　木　晴

　四月二十七日　金　曇少雨

小菅販売所員来る　片面戸棚入札のこと及標本置棚を注文す　晩小林魁郎来る　十時半去る

　四月二十八日　土　曇

晩喜美子千駄木へ行く　大久保氏郷里養家との関係六ヶ敷　甚困窮のよしに付相談の為めなり　長谷川赳郎氏来り児等と遊び遂に泊る

　四月二十九日　日　晴

今村一雄氏も丁度来り合せ長谷川、上田氏及四児を連れて各自弁当を持ちて出掛ける　田端より汽車にて赤羽根《ママ》に下り神社の森中にて弁当を食し下りて一茶店にて茶を飲み此処にて桜草の場所精しく尋ねて同所に向ふ　約半道計にして「うきまの渡」に達す　荒川を渡れは直によし野あり　此中に桜草沢山あり、堤上に簾立茶屋あり之て憩ふ　甚風致あり、三時半帰途に就く、赤羽根停車場汽車大に混雑す　明日の大観兵式の為めなり五時半帰宅

　四月三十日　月　晴　休暇

陸軍凱旋観兵式に付午前五時過起き六時前出掛け青山錬兵場に到る　指定桟敷にて陪観す　十二時十分還幸となる　之より帰途に就く案外雑沓少なし、一時頃帰宅、午後在宿　棚野おやす昨夜出京、今日来り泊す

　五月一日　火　曇

病理教室、行きて産褥婦の解剖を見る、大久保氏今留学命ぜらる

　五月二日　水　曇雨

　五月三日　木　雨　休

靖国神社臨時大祭に付休暇、此回寿衛造も合祀になりた

り　終日在宿

五月四日　　金　晴

今日凱旋祝宴会に陸軍大臣寺内、前参謀総長山県両氏の名を以て植物御園へ招待を受けたるも不参

五月五日　　土　晴

晩在函館内藤基氏来訪、之初対面なり

五月六日　　日　晴

午前在神戸西尾あらた来り、十年経りにて出京したるよし　午後喜美子と共に三二を携て花見寺へつつじ見んとて出掛ける時に根津に出火あり　途中より千駄木へ寄りて火を見る　是より花見寺へ行く　つつじ花盛りなり、田鶴、精は二重橋外及靖国神社へ中鶴を案内として見物に行く

五月七日　　月　曇

午後教授会あり、山口技師、大野某氏を伴ひ来る黒板掛けの考案を托す

五月八日　　火　曇

別課生本田伊三次氏骨盤のことに付来る、次に陸軍々医学校安井洋氏来る

五月九日　　水　雨

露西亜人ベニアシュ博士外二名教室へ来る、事務室に到り紀要第二巻アイノ論文を乞ひ受けて贈る　保子と椰野家々事に付長談、夜半に至る

五月十日　　木　半《ママ》

精、三、学校運動会に付日暮里花見寺へ行く　保子明朝出立帰郷に付権兄、玉汝、文子来る

五月十一日　　金　晴

保子今朝出立す　午前十時参内、叙正四位、十一時半帰宅、午食、教室へ行く、去三日休みたる顕微鏡実習を今日取り戻す　田鶴は学校の催にて鎌倉へ遠足す

五月十二日　　土　晴

五月十三日　　日　雨

午前田代亮介氏来り皆川清太氏再入学の件に付相談あり午後は今村一雄、長谷川赳夫二氏来り児等遊ぶ

五月十四日　　月　晴

午前図書館へ行く、午後内科へ行きてエピジアスコープ〔＊実物幻灯器〕の据へ付けを見、次に理科鶴田氏を尋ぬ、同氏同道教室へ帰り映写機据へ付けのことに付相談す、次に片山国嘉氏来る　在天津平賀精次郎氏へ頭骨弐個送付の受領礼状を認む　ドクトル・アルフレッド・フィッシ

エル教授、ドクトル・オイゲン・フィッシャー教授二氏へ著述寄贈の礼はがきを書く

五月十五日　火　晴

五月十六日　水　晴

大沢氏と市中より解剖材料を得ること談す　午食後山上集会所に到り三浦謹、清水彦二氏に電気を仕用するの請求を談す　清水氏返答甚不吉、一週間の後を期して分る

五月十七日　木　曇

五月十八日　金　曇

喜美子今日第一高等学校教授保田棟太と云ふ人を訪問す病理教室と往復、初生児の頭蓋を採る　保子依頼の近藤九満治氏宛手紙を認む

五月十九日　土　晴

図書室書籍棚取り付けの為め甚騒々し　晩牛込小松へ行く、熱海小松精一氏並に大阪故彰君令嬢出京に付尋ねたるなり、同嬢には八九年振りにて逢ひたり　又精一君次嬢即ち市原氏夫人にも同しく久し振りにて逢ふ　十時半帰宅

五月二十日　日　晴

午前島峰徹氏兵役の件に付郷里へ行きたるところ帰京来訪、次小松精一君、同よし子殿来訪、精一君は直に去るよし子残りて昼食し一時過去る　桜井恒次郎氏只今独乙より帰朝、玄関まで来る　是より四児及長谷川赳郎《ママ》氏等と道灌山へ散歩、諏訪神社に休む　夕七時頃土井邸内に出火あり皆々と行きて見物す直に鎮火す、近火見舞方々より来る、大久保氏も来る、小林魁郎氏長談、十時過去る

五月二十一日　月　晴

在横浜マンロー博士を訪問せんとて電話にて先方の都合を尋ぬ、都合宜しからず故に止む　書棚鉄柱取り付け終る

五月二十二日　火　晴

五月二十三日　水　晴

安田恭吾氏教室へ来る令息独乙へ留学せしむ云々の話あり

五月二十四日　木　晴

島峰徹氏教室へ来り歯科専門は如何云々の相談あり

五月二十五日　金　晴

昨日はがきを以て申込み置きたる通り横浜ドクトル・マンロー氏訪問の為め十二時教室を出て電車にて新橋に到

り一時三十分発車、山の手九十一番同氏診察所に到る、一通り挨拶の後氏と共に出て一般病院を見る、建物は古し併し掃除克く行き届き清潔なるは感服すべし　是より氏の病家六十三番へ寄り暫時待ちて後電車にて神奈川に到り山上の氏住宅に到る暫して共に貝塚を見る　此頃頻りに発掘中なり八木氏主として任に当る、戻りて尚ほ発掘人骨を見る頭骨四個あり時に日暮となる、晩食の饗応を受け、種々談話、又偽物土偶を見る、北海道にては土偶の発見未だなし、又蝦夷島奇観と云ふ絵画を見る　此中土偶の図及土家屋の図注目すべし、九時前辞し去るマンロー氏停車場まで送り呉れられたり　十時新橋着十一時帰宅

五月二十六日　土　晴

五月二十七日　日　雨

文子昨夜来り泊す、午前中詳細に将来のことに意見を述べ聞かせたり　午後文科大学生井上某氏来り予て在学保証しある高野氏此頃帰郷し学年試験延期願を出すに付調印す　夕六時出て大学山上集会所に到る、二村、桜井両氏帰朝並に井上通夫氏留学に付送迎会を催す　三氏の他は大沢岳氏を始め教室の人のみ総て九人なり　小集なるも味深し十時帰宅

五月二十八日　月　晴

午後教授会出席、解剖学教室の実習室床たたき　破損に付来年度に於て四百円先取りのことを承諾を受けたり

五月二十九日　火　晴

五月三十日　水　晴

五月三十一日　木　晴

近藤次繁氏帰朝面会す、清水彦氏に電灯のことを催促す

六月一日　金　晴

終日標本室にありて支那人頭骨の記述的特徴を記す

六月二日　土　晴

六月三日　日　晴

午後は多人数にて散歩す、小林魁郎氏も同行

六月四日　月　曇、少雨

午前十時半教室より出て鈴木孝之助氏母堂死去に付悔に行く、同家にて昼食し午後二時教室へ帰る　今日家屋大掃除を行ふ

六月五日　火　晴

大鳥次郎氏死去、今日葬儀に付中鶴を代人として遣す、

広瀬家へ長尾家より結納を持参す

六月六日　水　晴

六月七日　木　晴

京都足立文太郎氏へ返書を出す

六月八日　金　曇

午刻山上集会所に到り青山学長に二村氏のことに催促し清水彦氏電気の件を尋ぬ

六月九日　土　曇

精子今日音楽学校試業会にて箏を演奏す　喜美子田鶴子も行く

六月十日　日　雨

午後長谷川赳郎《ママ》氏来る児等喜ぶ

六月十一日　月　晴

午後教授会出席、皆川清太再入学願の件其他雑件　三二今朝発熱、学校休む、大久保氏に診察を頼む　水痘なるべしとのことなり　在横浜ドクトル、マンロー Dr. Munro 氏よりペーリユー人頭骨及骨格一具（横浜米国海軍病院構内より発掘したるもの）受取る、受領及謝状を認む

六月十二日　火　晴

六月十三日　水　晴

片山国嘉氏洋行に付午前教室より電車にて新橋停車場に到り発途を見送る

六月十四日　木　曇雨

教室より帰途中雨降りて大に濡れる　住宅井水非常に渇るる十年以来始めてなり

六月十五日　金　曇雨

午後甲野棐氏教室へ来る

六月十六日　土　晴

人造石製造人に解剖実習室敷石のことを談す　樫田亀一郎氏教室へ先般氏が注文したる Martin's anthropometrisches Instrumentarium〔＊文献〕を持ち来る一覧す　三二水痘全治今日より学校へ行く

六月十七日　日　晴

午前午後共庭にありて芝中の草を除きなどす

六月十八日　月　曇雨

六月十九日　火　雨

久し振りにて十分降雨ありたり　露国ポーラン人ピルスツキ氏教室へ来る　近日帰国すと云ふ　図書室書籍棚略ほ出来す

六月二十日　水　曇

系統解剖学五官器終り講義を閉づ　鈴木孝之助氏教室へ来る　留守中権兄来り喜美子に寿衛造跡方のことに付種々談話ありしと

六月二十一日　木　晴

午前八時より組織学試験（筆答）をなす、出席人員一〇六人但答案一〇四ありて二の差あり、問題ツェレ［レーベンスアイゲンシャフテン］〔＊細胞（細胞の生存特性）〕、午刻喜美子一寸教室へ来る、ちか米国行の件なり　顕微鏡実習を閉つ

六月二十二日　金　雨

在宿答案調、喜美子夕刻より宮本仲氏方へ行く　ちか米国行に付中林正巳氏等と会合の為めなり十一時帰る

六月二十三日　土　雨

ちかの辞職の件に付木下正中氏へ手紙を認む、発熱、下痢、床に臥す

六月二十四日　日　雨

終日臥す、午後体温三九、八、大久保栄氏を呼びて相談す　長谷川赳郎《ママ》氏午後来り児等遊ぶ

六月二十五日　月　雨

朝大久保氏来る、体温下る

六月二十六日　火　晴

朝大沢岳氏来宅を乞ひて明日より始むべき組織実地試験を代て施行のことを托す、大久保氏来る、今日は熱なし、但下痢止まず

六月二十七日　水　晴曇

答案調に取りかかる

六月二十八日　木　晴

喜美子外、フリードレンデル&ゾーン（ベルリン）へ為替百二十麻を組む　ドクトル・オープスト教授（ライプチッヒ）死去の報知来る

六月二十九日　金　雨

終日答案調

六月三十日　土　雨曇

ドクトル・マンロー氏教室へ来訪の約束に付午前教室へ行く　十時頃八木氏同道来る　教室内を案内す、十二時頃去る、良精も直に帰宅、腹工合未た宜しからず　午後長谷川赳郎氏明日帰郷すとて暇乞旁来る晩食を馳走す児等遊ぶ十時去る

七月一日　　　日　曇

答案調全く終る

七月二日　　月　少雨

腹工合稍全快、出勤、図書室落成に付図書配列をなす

七月三日　　火　晴

朝三崎町権兄を訪ひ此頃留守中来宅相談の件即ち寿衛造跡方のことに付相談す　別に好き方法とてはなし　已むを得ずば分籍すべしとのことなり、教室に到れば既に十二時過ぐ

七月四日　　水　晴

午刻精子学校の帰途立寄りて弁当を食す、三二も来筈のところ来らず　京都足立文太郎氏紀要原稿受取る、六時過帰宅

七月五日　　木　曇雨

井上通夫氏の為めにメルケル教授（ゲッチンゲン）其他紹介を認む、山口技師に面談　毎日図書整理に従事す　足立氏論文をドクトル・フローレンツ氏へ文章校正の為めに廻す

七月六日　　金　曇

午前教授会出席　三二昨日午後より不快インフルエンツア

七月七日　　土　曇

終日図書室にありて整す、午後工学士土屋氏来り教室の建築に付尋ぬるところあり

七月八日　　日　曇

終日教室にありて図書を整理す

七月九日　　月　晴

教室にありて前日の通り　朝桜井恒次郎氏福岡より出京来訪、次に大久保見舞に来る三二病気転快、良一今日より高等学校入学試験始まる、此日数学

七月十日　　火　晴

卒業証書授与式に付大学へ　行幸あり良精式に列せず常の通り教室にありて図書を整頓す　午刻過島峰徹、大久保栄二氏教室へ来る　良一試験今日国語漢文　京都大学加門桂太郎氏此頃帰朝せり今日はがき来る　田鶴、精等今日限りにて休業となれり但し別に平日と異なりたることなし

七月十一日　　水　晴

井上通夫氏等独乙留学出発に付新橋まで見送る　十時半大学へ来り、山口技師に解剖実習室たたきのことを談す

良一試験今日英語。夜十時頃大久保氏来る明朝帰郷すと教室に於てアルコール七罐紛失のこと発表することに決す

七月十二日　木　晴曇雨

朝潤氏来りて昨夜三時老祖母死去せられたることを報す、良一は其前に試験の為め出掛けたり、今日は歴史、植物等なり　喜美子始鶴、精、三千駄木へ行く、自分も悔みを述ぶ　九時半教室に到る、良一試験皆済、区役所へ使に行きたる帰途教室へ寄る　安田恭吾氏教室へ尋ね来り稔氏越後にて病気に罹りたるを以て来二十五日大久保氏同行洋行叶はざること其他雑談あり

七月十三日　金　驟雨

悪天蒸熱甚不快、朝千駄木へ寄る、喜美子及児等も行きたり、本郷署の刑事掛り来りてアルコール紛失一件に付小使金井源蔵を拘引し行きたり、大沢謙二氏教室へ来る　午後プロフェッサー・ドクトル・ゼルハイム氏産婦人科医プロフェッサー・カイベル（フライブルク）氏の紹介状を持ちて尋ね来る　大沢岳氏と共に教室内を案内す、ドクトル・フローレンツ氏より足立氏論文戻し来る

七月十四日　土　雨

今日は千駄木へ行かず、常の通り教室へ行く　昨日二村氏助教授拝命

七月十五日　日　雨

千駄木葬式なり、悪天にて困難此上なし、午前九時同家に到る　式場は谷中斎場なり、十一時帰宅、喜美子児等は午後に到りて帰り来る　午後五時頃出てて烏森湖月に到る　プロフェッサー・ゼルハイム氏歓迎会なり婦人科諸氏の斡旋に依り盛会となり百名以上に及ぶ、フライブルク解剖学教室諸氏へ連名にて絵はがきを出す、十時帰宅

七月十六日　月　曇晴

教室へ行く、今朝より下痢数回、甚不快、午後二時過帰宅静養す、安田恭吾氏教室へ来り稔氏病気の件は格別懸念すべきことなき趣にてやはり大久保氏同行す云々　小使金井今日本郷署より戻り来る

七月十七日　火　晴

霖雨止みて晴天となる、腸カタル宜しからず、在宿　晩小松春三氏来る　此度漸く仙台高等学校卒業、東京理科大学へ進入せり、植物学専門のこと

七月十八日　水　曇晴　30°

在宿加養、午後鈴木孝之助氏来る

七月十九日　　木　曇晴　30°

在宿加養、両三日来熱さ頓に増す

七月二十日　　金　雲晴

在宿

七月二十一日　　土　曇晴

在宿、腸加答児稍軽快、午前大久保栄氏来る　文子昨夜一泊、来二十三日出発函館へ帰る

七月二十二日　　日　晴

教室出勤、頭骨二個ヒュッペ教授（プラハ）へ大久保氏に托して送るべきものを調査す、喜美子保田氏を訪問し（高等学校入学試験の件）帰途教室へ寄る、同氏不在にて便せず　大久保氏教室へ寄る　児等は板橋釣り堀へ行きたり

七月二十三日　　月　曇晴

午前図書館へ行きて長谷川舘一氏に教室図書記帳のことに相談す、午後大久保氏教室へ来る　晩田鶴と共に一寸金毘羅の植木せり売へ行く

七月二十四日　　火　曇晴

大久保氏教室へ来る　ヒュッペ教授へ紹介状を渡す、鈴木孝之助氏教室へ来る　令嬢の写真を受取る　晩共に児等を携て千駄木へ大久保氏暇乞に行く

七月二十五日　　水　雨

午前新橋へ行きて大久保氏の出発を見送る　十時過教室へ来る

七月二十六日　　木　雨

午後五時半過帰宅すれば児等泉水を庭に造るとて大さはぎ

七月二十七日　　金　雨

午後六時帰宅、マンロー博士（横浜）より貝塚人骨に付論文合著の件に付手紙来る

七月二十八日　　土　雨

田代義徳氏教室へ来る

七月二十九日　　日　晴

午後より既に先に半造りたる泉水の仕上げを児等と共になす

七月三十日　　月　晴

教室不参、午前児等を連れて田端より諏訪神社へ散歩す、熱さ酷し正午過帰宅、長谷川弘一郎氏来る　休業中帰郷すと

七月三十一日　　火　晴

ショーテンザック博士（ハイデルベルク）へはがきを出し Chinesische Soldaten〔＊論文〕一部贈る　医学会事務所へ行きて雑誌を調ぶ　晩食後鶴、精、三を携て本郷通りまで散歩す

八月一日　　水　晴

ゼルハイム教授より礼状来る　良一は千駄木と共に大原へ行く

八月二日　　木　曇晴

浅井猛郎、佐藤亀一二氏手紙を出す　ストウィフボ（ワルシャワ）へ著述寄贈の礼札を出す　夕刻に工学士土屋氏より予て豊原氏より依頼し置きたるに依り良一高等学校入学試験の結果を知らせ来る即ち岡山と決定せりと

八月三日　　金　晴

朝事務室にて官報を見る高等学校入学選抜試験の成績発表せらる、医院へ行きて清水氏に電流分配のことを話す　午後四時過帰宅

八月四日　　土　晴　夕立

ドクトル・マンロー氏へ貝塚人骨に就き合著のこと同意の旨返事を出す　熱さ堪へ難し夕刻より夜に入り大に雨降る

八月五日　　日　曇

少しく冷、在宿、庭の芝を刈る、朝良一大原より帰る但し昨夜帰りて千駄木に泊りたるなり、午後小林魁郎氏来る、先般海軍中主計任官せられたるなり

八月六日　　月　曇晴

冷気にて心地よし依て共に四児を連れて大森行と決し八時過出て上野より電車、大森魚栄に登る、昼食前後共海に遊ぶ、帰途銀座通りにて色々買物し、風月堂にて休む、七時帰宅

八月七日　　火　曇

良一教室へ来る共に南江堂へ行きて German Course〔＊文献〕を買ふ、夕刻帰宅ａｂｃを教へ始む

八月八日　　水　晴

八月九日　　木　曇、冷

教室不参、喜美子外出亀井、弘田両家を見舞ふ、庭の芝を刈る、夕刻四児を携て神田川に到り鰻を食す

八月十日　　日　曇

朝田代亮介氏権兄と共に来る、午後六時帰宅

八月十一日　　土　曇晴

在宿、庭の芝を刈る

八月十二日　日　曇晴

在宿、本富安四郎氏出京来訪、午後は児等中鶴、脇田金を連れて旧火葬場池より諏訪神社に到る

八月十三日　月　曇

島峰徹氏教室へ来る、岡山菅氏へ良一在学保証人のこと其他依頼の手紙を出す

八月十四日　火　雨

大野正氏来る黒板掛に付図に付て相す、足立文氏へ第二校正並に図版見本を送る

八月十五日　水　晴

教室内器具置替に終日す、晩食後四児を携て本郷まで行き南江堂にて独和辞書を買ひ、青木堂に寄りて帰る

八月十六日　木　晴

石原久氏を歯科に訪ひたれども不在、電灯会社員来る電灯のことを談す　岡山菅氏より手紙来る、此方よりのと行き違ひたるなり

八月十七日　金　雨

八月十八日　土　晴

午前石原久氏を歯科教室に訪ひ島峰氏に付きて話すところあり、又丁度島峰氏教室へ来り略歯科専修と決す　中山平次郎氏独乙より帰朝来る

八月十九日　日　曇晴

熱さ再び堪へ難し、午後芝を刈る

八月二十日　月　晴

ウエンクステルン来り図書を見る、喜美子一寸教室へ来る　菅氏へ両度の来信に対し礼手紙を、上坂氏へ良一依頼の手紙、大阪斎藤氏へ先頃火災に罹りたるに付見舞手紙、大串氏へ教室図書不明のもの問合せの手紙を出す

八月二十一日　火　晴

大野正氏来り黒板掛け設計確定、注文す　片面戸棚入札を執行す

八月二十二日　水　晴

大標本棚を標本室天井穴より引き上げて据える

八月二十三日　木　曇晴驟雨

前日の標本棚へアイノ骨格を置き並べる、ウエンクステルン氏来りて図書を見る、夕五時前喜美子四児を連れて教室へ来り　今より日比谷公園へ行べしと云ふ　依て持ち来りたる浴衣に着替へ出掛ける　同公園飲食店にて西洋料理を食し其内驟雨降り降、止定りなし、電車にて帰

る九時半なりき、上坂氏良一依頼の手紙に対する返書来る

八月二十四日　金　雨風

朝故彰君未亡人来訪、久々にて面会、午前十時頃より強雨、追々風を生す、又々「アルコール」不審事件を発見す、助手等と相談、今村一雄氏来る、一泊す

八月二十五日　土　晴

昨日の強風雨の後再熱さ酷し、終日標本整頓

八月二十六日　日　晴

冷気となる、終日在宿、庭の掃除をなす

八月二十七日　月　晴曇

歯痛の為め在宿、喜美子北蘭及三児を連れて上野公園へ行く

八月二十八日　火　曇晴

良一は友人と旅行、出発、教室解剖室「たたき」の件に付営繕掛と相談、アルコール紛失の件は全く小使金井源蔵の所為たること自白に及ぶ、直に辞職せしむ、菅氏へ返事を出す

八月二十九日　水　晴

山口氏に面会「セメント」受取りのことを明日と確定す

八月三十日　木　晴

昨今熱さ又々酷し、朝小松春三氏来る保証人とし在学証書に捺印す

八月三十一日　金　晴

森家下婢病気入院のことに付帰途千駄木へ寄る　良一旅行より帰る

九月一日　土　曇、少雨

午前森母堂昨日の件に付教室へ来る、小使野島弥七今日より金井の代として出勤

九月二日　日　雨

足立文太郎氏出京来訪、共に昼食す、午後三時過去る、是より庭の草を取る

九月三日　月　半晴

青山氏教室へ来る、足立氏は今日より教室にて生蕃頭骨の調査を始む

九月四日　火　晴

喜美子今朝鶴、精、三を連れて大磯へ行く　終日教室にあり、日暮に帰る、甚静、良一、中鶴と談話、九時半頃皆帰り来る、大満足な体なり

九月五日　　　水　晴

日暮に帰る

九月六日　　　木　曇少雨

教室不参、権兄来る、良一岡山行に付告別なり、昼食後四児並に中鶴、上田を連れて出掛け日暮里より汽車にて南千住に行き大門にて釣を試む、時に雨降り始む大橋際にて休む、河岸に到る、七時帰宅

九月七日　　　金　雨

ワルダイエル、シュワルベ、ランケ、フォン・ルーシャン、R．マルチン、E．フィッシャーの六人類学者へ足立氏と連名にて絵はがきを出す、又プロフェッサー・シュトール氏へ著述寄贈の謝状を出す、岡山菅氏良一出発云々の手紙を出す　大野正氏代人来りて黒板掛け取り付けに着手す　永井潜氏帰朝教室へ来る　明日は良一出発に付長谷川赳夫、今村一雄、潤、於菟の諸氏来り晩食す　甚賑かなり、夜に入りて尚ほ遊ぶ、散して後手荷物を整ひ十一時半眠に就く

九月八日　　　土　晴

教室不参、庭の草を取る、良一は午前外出し買物等をなす、午後岡田夫人来訪、千駄木母堂同上、岡山上坂、高橋金一郎両氏へ良一持参の手紙を認む　早く晩食を終へ五時半出掛ける　家族の外上田、中鶴、ちか同行、上野広小路に到る、既に電車不通、依て人車七台を傭ひ新橋に到る時に七時、直に車に乗り込む、混雑を極む、良一同行者他に二名あり皆落合ひたり、七時三十分岡山に向け発車す、是より往きの人数に長谷川、今村、潤の三氏を加へ（凡て十一人）大通りを帰途に就く、電車なきを以て不得已なり、銀座資生堂の二階にてアイスクリームを食す　須田町は混乱の為通ることあたはず、廻りて小川町より御茶水橋を渡る、本郷青木堂にて休息、喜美子は三二を連れて是より人車に乗る、他徒歩、十時半過帰宅、大に疲労す

九月九日　　　日　雨（昨夜大降雨あり）

終日在宿、小林文郎氏来る、出征以来始めて帰京し、先頃来りたれども不在なりし為め今日始めて面会したり、昼食を共にし去る、午後は長谷川赳夫氏来り児等遊ぶ、天気悪ければ散歩出来ず、中鶴某碁を打ちなどす、十時頃散ず

九月十日　　　月　雨

足立氏京都へ帰る、桜井恒次郎氏福岡へ向け出発、神戸

より出したる良一のはがき来る

九月十一日　火　雨

卒業試験（旧規定）の残り四名試験す、二村氏系統解剖学講義を始む、黒板掛けは徹夜仕事して今朝に至りて漸く黒板四枚使用し得までになりて開講するを得たり

九月十二日　水　雨

総論解剖学講義を始む、良一より予定通り岡山着　直に寄宿舎に入りたる旨通知あり

九月十三日　木　雨

九月十四日　金　雨

石原誠氏帰朝、教室へ来る

九月十五日　土　晴

喜美子観劇、児等は長谷川赳夫氏方へ行く

九月十六日　日　曇晴

終日在宿、芝中の草を除く

九月十七日　月　曇雨

午後教授会あり矯正外科を正科とすべきや否等の件なり大野正氏来り黒板掛け取り付け方不良のことに付種々談す　喜美子教室へ来りふみ子病気、入院の話あり、三崎権兄を訪ひ相談、帰途橋本へ寄り事情を尋ぬ、時に先刻玉汝安産、男子分娩、七時半帰宅、三崎町へ手紙を出す

九月十八日　火　雨

九月十九日　水　晴

島峰徹氏教室へ来る　私費洋行の方法立たりと　ふみ子今日真泉病院へ入院す

九月二十日　木　晴曇

十一時教室を出て帰宅、腹工合少しく悪し

九月二十一日　金　雨

九月二十二日　土　雨

晩長谷川赳夫氏来り皆連名にて良一へ絵はがきを出す

九月二十三日　日　雨

九月二十四日　月　晴曇　祭日

朝患者の事に付川崎正久（元横浜居留地警察署長）尋ね来る、次に森林氏来る甚珍らしきことなり　まり子同行昼食し帰る、午後三児及長谷川、上田を連れて出掛ける日暮里より南千住まで汽車、大橋より汽船、向島百花園へ行く混雑を極む、浅草公園に入る、尚ほ一層甚し依て電車に乗りて帰る

九月二十五日　火　晴曇

九月二十六日　水　雨

九月二十七日　木　曇

電灯会社へ教室電灯布設を命す

九月二十八日　金　晴

解剖実習室たたき落成に付大掃除並に器具の配置をなす

九月二十九日　土　晴

午刻精、三並潤氏教室へ寄る共に帰宅、庭の草を取る

晩小松春三氏来る

九月三十日　日　曇

朝石原久氏を訪ひ島峰氏歯科専門と決心せしことに付話す　十時半頃長谷川、中鶴、上田等同行、三二を連れて金杉へはぜ釣りに出掛る、帰りて良一へ連名はがきを出す

十月一日　月　晴

解剖実習を始む、午後教授会あり学位令改正の件等なり

島峰氏教室へ来る　石原氏に面会の模様を話す

十月二日　火　雨

今日より電灯取り付けに掛る

十月三日　水　雨

十月四日　木　曇

新（片面）戸棚及旧書籍戸棚を自室に据へる其他片付仕事に終日す

十月五日　金　雨

十月六日　土　曇

今日は指定の大掃除をなす

十月七日　日　快晴

稀なる好天、終日在宿、庭の草取り掃除をなす

十月八日　月　晴

午後教授会あり、谷口吉太郎、桜井恒次郎両氏の学位の件は通過したるを以て晩に両氏へ其趣はがき出す

十月九日　火　晴

午後四時帰宅、散髪す、小林ちか愈米国渡航するに付来り泊す

十月十日　水　曇

十月十一日　木　雨

十月十二日　金　晴

十月十三日　土　晴

午刻精、三教室へ寄り共に帰宅、三児を連れて道灌山へ散歩　長谷川、上田両氏同行、諏訪神社に休む　晩小林魁郎氏来る、今日新入学生宣誓式なり

十月十四日　　日　晴

朝小松春三氏を原町の住居に訪ふ、ツァイスの対物レンズと接眼レンズ過般注文したるもの到達に付持参す、其他終日庭の掃除をなす　鉄門倶楽部は二泊の遠足会を箱根芦ノ湯へ催す今朝出発、自分は例に依り欠席

十月十五日　　月　晴

遠足の為め休業、平日の通り教室へ行く、精、三は学校遠足にて稲毛へ行く

十月十六日　　火　曇

教室不参、終日在宿、庭の掃除をなす

十月十七日　　水　曇、少雨　祭日

終日在宿

十月十八日　　木　晴

珍しき暖気なり、教室八十一度に昇る

十月十九日　　金　晴

解剖実習室排水管閉塞の件に付時を費す、小松春三氏一寸教室へ来る、ふみ子退院、来り泊す

十月二十日　　土　曇

午後愛宕町青松寺に斎藤祥三郎氏葬式に行く再教室へ帰る、千駄木にて老祖母堂百ヶ日法会ありしも不参　A．フィッシェル博士（プラハ）、カプサメル博士（ウィーン）、シュラギンハウフェン博士（チウリヒ）、バーディーン教授（ウィスコンシン州マディソン）の諸氏へ論文寄贈の礼を出す

十月二十一日　　日　曇雨

庭にて焚火をなす、田鶴運動会に付精、三も行き喜美子は午食後千駄木へ行く、甚静かなり又皆々千駄木へ招かれて行きければ晩も同しく静なり八時過皆々帰り来る、田鶴は一等賞を取りたりとて悦ぶ　在岡山、良一へ連名絵はがきを出す

十月二十二日　　月　雨

川崎安氏教室へ来りて頭骨を戻す、午後緒方氏来る　論文を紀要に掲ぐるに付図版の相談なり

十月二十三日　　火　雨

十月二十四日　　水　雨

打続きての雨天甚うつたうし

十月二十五日　　木　晴

午刻山上集会所に到り三浦謹氏紀要の件に付相談　次に「シヤツター」破損に付其修繕を山口技師に依頼す

十月二十六日　　金　晴

十月二十七日　　土　晴

午刻精、三学校帰途教室へ寄る、共に帰宅、午後精三を携て道灌山へ散歩、長谷川赳、上田二氏同行諏訪神社に休む、中鶴、晩に来る児等悦び遊ぶ

十月二十八日　日　晴

終日庭の掃除をなす、午前川崎正久氏氏の夫人病気全快に付挨拶に来る、小林魁郎氏来り午食す、同仁会遊説員某来る　久保猪之吉氏夫人同氏の著述を自ら持ち来るふみ子転地療養として鎌倉へ出発す

十月二十九日　月　晴

午後教授会出席、内藤久寛氏島峰氏同道にて教室へ来訪

十月三十日　火　晴

今日より記載解剖学講義を始む、本年は脈管学、神経学を担任す

十月三十一日　水　曇少雨

午前図書館へ行く

十一月一日　木　晴

十一月二日　金　晴

十一月三日　土　晴

終日在宿、庭の掃除をなす、長谷川赳夫、潤三郎二氏来り明日曽谷村貝塚へ遠足旁々行くことに決す

十一月四日　日　晴

朝七時出発、精、三の外潤、赳夫、定雄三氏同行総て六人、本郷まで徒歩、是より電車にて両国停車場に到り、八時二十五分発車、市川にて下車、是より真間手古奈堂を経て十時曽谷村高橋某方着、同家を休息所として貝塚に到る、午後も同断　採集物は三二の石槌、赳夫氏の石斧其外人骨数片（大腿骨二、橈骨二）等なり、幸に稀なる好天にして甚快を覚ふ、帰途は国分寺、弘法寺を経て五時二十七分市川発車、七時過帰宅

十一月五日　月　晴

留守中榊保三郎氏独乙国より帰朝、来訪

十一月六日　火　晴

十一月七日　水　晴

十一月八日　木　晴

桜井勉氏へ令息恒次郎氏博士となりたる賀状を出す

田村全宣氏教室へ来る良精閲歴を少しく話す　寒気増、今朝始めて霜の降るを見る

十一月九日　金　曇少雨

右第一切歯今日教室に於て脱落す

十一月十日　　土　晴

陸上運動会に付休業、平日の通り教室にあり、小菅監獄製品販売所員来り標本戸棚遷延のことに付大に談す　午刻三児共学校帰りに寄り喜美子弁当持ちて来る、児等之を食して運動会へ行く、終りて教室へ寄りたれは共に帰る　大阪斎藤勝寿氏祖母死去弔詞を認め香奠を贈る

十一月十一日　日　晴

午前庭掃除、午後喜美子と共に三児を携て滝の川へ行く長谷川、上田二氏同行、王子より汽車に乗り田端に下りて帰る、晩連名にて良一へ絵はがきを出す

十一月十二日　月　曇（晩雨）

学生用解剖器械及顕微鏡実習用器械自今学生自弁とすること言渡す

十一月十三日　火　雨

喜美子、きせ離縁の件に付豊原へ行き夜十二時過ぎて帰る

十一月十四日　水　曇

足立文太郎氏へ、氏の側頭骨頂部突起に付はがきにて返事を出す

十一月十五日　木　雨曇

今日教室暖房器を検査と共に仕用す

十一月十六日　金　雨

観菊会なりしも天気悪しければ止む、但良精は例に依り病気に付御断り書を出し置きたり

十一月十七日　土　晴

田鶴学校催しの遠足に深川養魚場へ行く

十一月十八日　日　曇

終日庭にありて掃除をなす、紅葉盛りなり

十一月十九日　月　曇雨

三島徳蔵氏出京教室へ来訪久々にて面会、氏の令息病気治療の為め出京せられたるなり　今日教室電灯を始めて点火す

十一月二十日　火　雨

十一月二十一日　水　晴

午前医学会事務所に到り雑誌を調ぶ、又午刻岡田和一郎氏を訪ふて三島徳蔵氏より依頼令息病症に付意見を聞き直にはがきを以て其事を三島へ報す　午後谷中天王寺に於て解剖体祭祀執事に付同所へ行く四時帰宅　ワルダイエル先生第七十回誕生日（十月六日）に付ては祝賀状を出す

十一月二十二日　木　晴

午後医学会事務所に到り雑誌を調べ終る是より宮本仲氏が外科へ入院し居るを見舞ふ　今日喜美子長尾家訪問の為め千葉へ行く

十一月二十三日　金　晴　祭日

終日庭の掃除をなす、中鶴昨日より来り居り、長谷川趚夫も来り児等庭に遊ぶ、午後林氏まり子を連れて来る

十一月二十四日　土　晴

晩林氏来る　理学文書目録スリップ七月より十月までの分調整し出す

十一月二十五日　日　晴

午前は庭の掃除、且三二を連れて一寸長谷川趚夫氏の住宅に到り午後来ることを約束す、午後は喜美子田鶴精を連れて上野音楽学校へ行く　試業会にして精は箏を一席弾じたり、良精は長谷川、上田、三二を連れて散歩、道灌山より谷中を経て帰る

十一月二十六日　月　晴

午食を終へ石原氏を歯科に訪ひ同科拡張のことに付相談又義歯に付ては明日を約して去る

十一月二十七日　火　曇雨

甚寒し庭は昨今雨朝の強霜にて大に損す　午食後歯科へ行き義歯の型を採る

十一月二十八日　水　晴

再び小菅製作標本戸棚全部二十四個を精査す　三児明日は紀念日に付休業とて遊ぶ、月明かに、気温和なるを以て精、三を連れて長谷川趚夫氏を訪ふ

十一月二十九日　木　晴

Über Schädel u. Skelette der Koreaner〔＊論文〕昨年十一月　ワルダイエル先生送りたるもの Zeitschr. f. Ethnologie〔＊雑誌〕に掲載になり今日到着す又別刷二十五部も同時に受取る　G・シュワルベ教授より此夏足立氏と連名にて出したるはがきの返事来る　三児は学校紀念日に付休業なるも祝賀式あるを以て早朝学校へ行く

十一月三十日　金　晴

小菅製作品販売所員に標本戸棚製作宜しからざる点を一々指摘して精しく説明し其責を質す　午後は芝白金台町なる伝染病研究所を見る　同所新築落成に付案内を受けたるなり、七時過帰宅　昨日落手したる別刷を諸方へ配送す　在ストラスブルグ弘田、南部孝一、大久保栄の三氏へ絵はがきを出す　過日注文したる冬外套出来す

十二月一日　土　晴

午食後歯科へ行く義歯出来す　故寿衛造三回忌なり、玉汝等来る

十二月二日　日　晴

赳夫、定雄及精、三を連れて散歩午前九時過出てて日暮里より汽車に乗る金町にて下る、時に南風強し、時刻早けれども土手の小屋に入り弁当を食す、是より江戸川堤を歩す風強くして困る　帝釈天を過ぎて小岩村停車場に到り是より汽車にて帰る

十二月三日　月　晴

十二月四日　火　曇（晩雨）

三島徳蔵氏教室へ尋ね来る、午後養育院書記小林氏教室来る、材料送附のことに付種々談話あり、又埋葬認許証汚しの件あり

十二月五日　水　晴

島峰氏と教室にて養育院材料のことに付談話

十二月六日　木　晴

小川三紀氏転地療養のところ帰京、愈辞職と決心す云々、又病理より廻附の埋葬証汚れ居りし為め直に同教室へ行きて一昨日養育院より注意し来りたる次第を話す、又小使西川新太郎頭骨のことに付不都合なる行為を発見し即刻辞職せしむ　喜美子千駄木へ行く際鶴学校帰りに逢ひ彼の不審なる学友の付け居ることを発見し共に大に心配す

十二月七日　金　晴

十二月八日　土　晴

午後三時半帰宅、髪を断つ、父上様忌日なるも別段何事をもなさず

十二月九日　日　晴（昨夜少雨）

終日在宿、庭にて焚火をなす、是にて落葉全く焚き尽す

十二月十日　月　晴

事務室佐藤氏の推選にて西川の代人小使来る　足立文太郎氏より本年卒業中解剖学志望者あらば京都の助手に採用したし云々の書面来る　其返事をはがきにて出し且つ直に事務室に到り志望者有無を質す　新井春次郎氏独乙より帰朝教室へ来る互に大に悦ぶ共に昼食し談話、四時去る　卒業生長谷部言人氏解剖学志望の旨申出、不取敢京都に空位あることを話す　島峰氏教室へ来り急に一寸帰京すと　豊国にて晩食、医学会へ出席、理科大学講堂

にて教授長岡半太郎氏の「X線とラジオアクチビテート」の演舌あり種々実検をせられたり、十時帰宅

十二月十一日　火　晴
昨日の小使志願者今日来らず、四年生和田僴氏卒業宴会に付来り相談す、三浦謹之助氏来り学士院事業ゲヒルンフォルシュング〔＊脳研究〕のことに付話すところあり又同氏に昨日受取りたる福岡稲田龍吉氏紀要原稿のことを話す　喜美子昨今両日共広瀬家婚儀のことに付同家へ行く

十二月十二日　水　曇
午前十一時帰宅、昼食、支渡し喜美子と共に橋本家へ行き是より新嫁及長尾家族同道、日比谷大神宮に到る　広瀬家は既に先着、式終りて社前にて写真す、暫時休息、是より皆一列にて下谷伊予紋に到る祝宴なり　八時頃散す、帰宅すれば児等悦ぶ、喜美子は新夫婦を連れて広瀬家まで送る

十二月十三日　木　曇
前夜喜美子と浮世談、深更三時となる

十二月十四日　金　晴
新井春次郎氏教室へ来る

十二月十五日　土　晴

十二月十六日　日　曇晴
午前久々にて権兄来り昼食す、午後は精を連れて上野へ散歩、観工場に入る、本郷を経て帰る

十二月十七日　月　雨
大沢岳教授医学専門学校へ出張に付同氏の講義時間を利用し今日より毎日系統解剖学を講義す　午後教授会あり、学位其他の件

十二月十八日　火　晴
マンロー博士より貝塚頭骨に付手紙を受取る

十二月十九日　水　晴
珍しく暖気なり、総論解剖学講義今日閉つ　ドクトル・マンロー氏より貝塚人骨送り来る、直に手紙を出す　今日卒業生成績発表、京都解剖学助手志望者長谷部言人推選手紙を足立文太郎氏に出す　教室物置、動物小屋建築の件に付其掛りと敷地を見分す、旧病室建物少し防害をなすに付其取払ひのことを清水彦氏と談す　シュワルベ教授、ショーテンザック博士両氏へ著述寄贈の礼を絵はがきにて出す　田鶴教室へ寄る五時共に出て帰宅す

十二月二十日　木　晴

系統解剖学講義を閉つ　午刻安田恭吾氏教室へ来り下宿業継続如何の問題に付長談、三時過去る　精、三両児は学校今日限りとて晩悦び遊ぶ

十二月二十一日　金　半晴

午前事務室へ行きて紀要を整頓す、岡山萱氏出京、教室へ来る　午後は小松春三氏教室へ来る

十二月二十二日　土　晴

朝久し振りにて牛込小松家を訪ふ近日皆鎌倉へ避寒せらるる由、序に弘田家へ寄る同氏洋行中に一回見舞ひたき考にてありしなり、十一時教室へ来る　午後三時頃精、三、上田氏と共に教室へ来る、是より今日良一岡山より帰るに付新橋へ迎へに行く、時刻早きを以て博品館に入る、汽車三十分余延着即ち五時四十三分着、自分は手荷物を引受け皆先に行かしむ、八時頃帰宅、千駄木母堂来られたり、中鶴は泊す

十二月二十三日　日　晴

午前は打寄りて遊ぶ、午後は四児及上田、中鶴等と散歩、日暮里より根岸を経て浅草公園に到る、しるこ屋に入る同所にて潤氏に逢ふ、寒強し、上野を経て五時頃帰る

十二月二十四日　月　晴

平日の通り教室にあり、緒方、石原喜久、両氏来る教室旧戸棚拾個計を衛生教室へ譲る、五時半過帰宅、長谷川赳、潤、於菟氏等来り居りて賑かなり

十二月二十五日　火　晴

石原誠氏福岡より出京来訪

十二月二十六日　水　晴

ワルダイエル先生に脳三個送り出したるに付其船積証と共に手紙を書留にて出す又フリードレンデル＆ゾーンへ雑誌等の欠本注文書面を同しく書留にて出す　メルケル（ゲッチンゲン）先生より井上通夫推選承諾の手紙来る小萱販売所員に標本戸棚六個不合格の旨言渡す

十二月二十七日　木　晴

教室不参、午前十時半頃四児を連れて出掛ける、本郷より電車にて銀座に到る、天金にて昼食し、銀座通りを歩す、博品館等に入る、鞘町篤次郎方へ寄る、是より電車にて本郷へ帰る（良一は途中にて下り同窓会へ行く）種々買物す、靴を名々一足つつ買ふ五時頃帰宅、児等の悦ぶ様面白し

十二月二十八日　金　晴

出勤、青山氏教室へ来る、午後新井春氏一寸来る

十二月二十九日　土　晴

今日より一月三日まで修繕の為暖房中止するに付教室不参　在神奈川ドクトル、マンロー氏明日教室出向して差支なき哉申来り其返事一月六日に延期したしと申送る然るに夕に到り電報にて返事を催し来る　午後外出、四児の他長谷川、上田を連れて千駄木へ寄り於菟氏を誘ひて上野より電車にて新橋にて下り日比谷公園に入る、同所にてすしを食し是より愛宕山に登る

十二月三十日　日　晴

午前島峰徹、石原喜久太郎氏　午後鶴、精、三を携て本郷より小川町へ散歩す、青木堂にて休む　良一は千駄木へ行く　大阪片桐元氏へ土産贈付の挨拶並に熱海小松精一氏へ無沙汰見舞手紙を認む

十二月三十一日　月　晴

終日在宿、長谷川赳夫氏午前より来る、午後は掃除、入浴、四時半頃膳に付、今村一雄氏も来る、食後皆々面白く遊ぶ、十時過散す、少しく風邪の気味に付外出せず、旧十六日の月明かに誠に珍しき良夜なり

明治四十年　2567 1907　良精四拾八年

一月一日　火　晴曇
朝来気分甚悪し、直に床に臥す

一月二日　水　曇、雪
今日も同しく悪し、気甚寒し夕刻より雪降る

一月三日　木　曇
昨夜雪降り、甚寒し、今日気分大に宜し併し咳嗽強き為めに苦し

一月四日　金　晴
容体前日の通り

一月五日　土　曇
今朝床を払ふ併し咳まだ強くして甚苦し　夕刻久保猪之吉氏独乙より帰朝来訪　晩かるた会を催す　樫田十次郎氏、井上、高野二氏、長谷川赳夫、佐藤正四郎二氏外に中鶴、上田、四児、精はインフルエンツアにて傍に臥す
十一時半散す

一月六日　日　曇
予め約束し置きたる通り九時半教室に到る　ドクトル・マンロー氏来りて種々貝塚人骨等に付談話す、十二時別る、自分も帰宅、教室に暖房を焚かず甚寒くして困りたり　長谷川氏来りて児等と遊ぶ、明日良一出発帰岡すべきに付てなり

一月七日　月　晴
午前教室に到る午後一時半帰宅、午後五時前良一送りとして出かける田鶴子同行、上野より電車にて新橋停車場に到る　時刻尚ほ早し併し同行者大体来り居る、長谷川赳夫、中鶴、田村全宣氏等見送る甚雑沓す、七時三十分元気よく出発す、長谷川中鶴と共に帰る中鶴は来り泊す

一月八日　火　晴
総論解剖学講義を始む、新井春次郎氏教室へ来る

一月九日　水　晴
系統解剖学講義を始む
年賀調べ左の通り
はがき　二一五
封書　四〇
名刺　六八

一月十日　木　晴
寒気酷し、併し児等の寒冒稍治す
一月十一日　金　晴
京都足立文太郎氏へ助手採用の件に付催促のはがきを認む
一月十二日　土　晴
マックス・アインホルン（ニューヨーク）へ論文数種寄贈の礼絵はがきを出す、南江堂へ行きて英独辞書一部求む
一月十三日　日　曇
寒威酷し、終日在宿、田代亮介氏来る
一月十四日　月　曇
京都足立氏より長谷部言人を助手に採るの件に付返事来る、直に折り返へして返事を出す
一月十五日　火　晴
一月十六日　水　晴
小菅販売所員来る標本戸棚六個持ち帰り漸く直しと云ふことに取極め日限は三月十五日までと約束す
一月十七日　木　曇雨
医学士久保氏（二村氏と同級）近日米国次に西洋に留学するに付挨拶に来る
一月十八日　金　曇
京都足立氏より長谷部氏の履歴書を送るべきことを申来る直に発送す
一月十九日　土　晴
藤沢利喜太郎氏厳父君の葬式に谷中祭場《ママ》に到る時に午後二時過なりき暫して帰宅す　喜美子千駄木に来客あるを以て其取り持として行き不在なり　晩食の際長谷川赳夫氏来る、大に賑かとなる、十時頃喜美子帰る　元学生水野鉄次郎氏教室へ大学院入学の件に付尋ね来る
一月二十日　日　曇
終日在宿、児等始め皆千駄木へ招かれて行く、甚閑、六時頃皆帰り来る
一月二十一日　月　雨
午後教授会ありて之に出席、是本年第一回なり
一月二十二日　火　晴
昨夜喜美子と据炉にて長談、佐藤三吉氏耳患の由　昨日聞込みたれば今日午前中一寸見舞ふ、午後歯科へ一寸行く歯痛の為めなり但し便せず
一月二十三日　水　曇
小菅より始て戸棚二個直しの為め持ち行きたり

一月二十四日　木　晴曇
晩日本歴史地理学会幹事文学士花見朔巳氏来訪、雑誌材料処望なり併し新説なきを以て断る

一月二十五日　金　晴
昨夜喜美子と北蘭不平談、深更に到る

一月二十六日　土　雨
晩長谷川赳氏来り児等遊ぶ、佐藤三吉氏病気快方に付此頃見舞ひたる挨拶に教室へ来る

一月二十七日　日　曇晴
天気悪く道路泥濘なる為め散歩出来ず終日在宿

一月二十八日　月　晴曇
ヘルマン（チウリヒ）、シャンツェ（ライプチッヒ）、ライツ（ベツラル）の三器械師にそれぞれ器械注文書を発送す　岐阜県人林魁一なる人より此頃石鏃三個寄送に付其礼絵端書を出す　二週間以来歯痛の為困難、依て歯科へ行きて r.o.m_2 抜き去る

一月二十九日　火　曇雨
陸軍々医学校教官大森、秋山の二軍医教室へ来る　屍数個入用の旨相談あり

一月三十日　水　雨　祭
終日在宿、田鶴、精は橋本にてかるた会の催あるに付之に行く

一月三十一日　木　曇

二月一日　金　晴

二月二日　土　晴
午前医学会事務所へ行きて雑誌を調ぶ、午食後歯科へ行きて義歯の型を採る

二月三日　日　晴
此頃寒気酷し、午後精、三を連れて団子坂辺まで散歩す

二月四日　月　晴
午後教授会ありて之に出席、学位の件なり

二月五日　火　曇
少しく雪降る、午食後歯科へ行く、午後メイジャー・チエイン（ダクワース氏（ケンブリッジ）の親戚）来訪、日本語を克す、さんしようを所望云々大沢教授に頼みて贈ることとす

二月六日　水　晴
土田卯三郎氏教室へ来り氏の論文に付種々談話を聞く、午後歯科へ行く、臼歯付き義歯出来す

二月七日　木　晴

ファン・デル・ストリヒト教授（ヘント）、オノディ教授（ブダペスト）両氏へ著述寄贈の礼札を出す

二月八日　金　晴

在天津平賀精次郎氏並に在広東山本三樹氏へ解剖学標本を同仁会に托し発送したるに付手紙を出す　又ゲッチンゲン井上通夫氏及在ビュルツブルク敷波重次郎氏へはがきを認む　鞘町夫人久子大患に付喜美子見舞に行く　帰途橋本へ立寄りたるに栄氏に関することに付談ありたるには共に驚きたり

二月九日　土　晴

メルケル教授（ゲッチンゲン）へ井上通夫氏に関する手紙の返事を出す又コルマン教授（バーゼル）へ新井氏在学中の礼状を出す又エルキンド博士（モスクワ）へ日本人中に猶太人種混入し居るやの問合に付き返事を出す　メイジャー・チエイン氏へダクワース（ケンブリッジ）へ贈るべきさんしようを二疋ブリッキ箱詰にして渡す

二月十日　日　晴

終日在宿、庭の早梅見頃なり

二月十一日　月　曇　祭

寒気実酷し今冬第一の寒さなるべし、散歩も出来ず終日在宿、三児共朝学校へ行く　午後長谷部言人氏来訪、京都解剖学助手に任命になりたる由

二月十二日　火　晴

昨年二月頃出来たる紀要第七冊第一号は未だ外国へ発送せざることを偶然今日知る　事務の怠慢驚くべし

二月十三日　水　晴

新井春次郎氏帰朝、長谷部言人氏京都へ赴任に付教室員等集りて山上会議所にて午後五時より会食す　十時帰宅

二月十四日　木　晴

二月十五日　金　晴

コプシュ博士（ベルリン）へ絵葉書にて解剖書出版を祝す　髪を断つ

二月十六日　土　晴

午後教室を出て鈴木孝之助氏訪ふ　五時帰宅

二月十七日　日　晴

波多野伝三郎氏葬式に付上田を代人とし青山墓地まで遣る、午後三を連れて長谷川赳夫氏を見舞ふ同氏風邪　ブシャン博士（シュテッチン）へ送るべき抄録及目録今日書き終る

二月十八日　月　雪

雪降りて甚寒し、前日認め終りたる書面を書留にてブシヤン博士へ出す　昨在ストラスブルグ大久保氏へ返書を認む

二月十九日　火　雪晴

二月二十日　水　晴

二月二十一日　木　晴

在ミュンヘン二木謙三氏へ大学紀要欠号の分発送したることを端書にて申送る　精子音楽学校帰りに教室に寄り共に帰る

二月二十二日　金　晴

帰途此頃蒙古より帰京中の鳥居龍蔵へ挨拶に寄る

二月二十三日　土　晴

二月二十四日　日　晴

午前学生和田倜氏来る、午後は長谷川赳夫氏、精、三と久し振りにて道灌山へ散歩す、未寒きに過ぐ

二月二十五日　月　晴

午後教授会出席、学位の件なり　大沢謙二氏二十五年祝賀の為め五円出す

二月二十六日　火　晴

午前本部へ行きて中村書記官面会、解剖、病理両教室間に道路を設くるは適当ならざること陳弁す　午後三浦謹之助氏教室へ来る、万国連合学士院の脳研究問題の件なり　二時頃三二学校帰途教室へ寄る、歯科へ連れ行きて乳歯の残留せるもの三本除去す、三時過共に教室を出て帰る

二月二十七日　水　晴

小菅監獄医浅田氏教室へ来る

二月二十八日　木　晴

三月一日　金　晴

紀念日に付休業、終日教室にあり、小林魁郎氏佐世保在勤を命ぜられ明後日出発赴任すと云ひて教室へ立寄る、晩同氏暇乞に来る、十時過去る

三月二日　土　晴

鉄門倶楽部より銅牌を贈らる、山上集会所にて受取る会食は辞退して帰る

三月三日　日　晴

神奈川ドクトル、マンロー氏より貝塚発掘に招かる、早昼を食して出かける、十二時半神奈川に下る、貝塚発掘

甚盛なり、人夫拾二人計、来観者帝室博物館員高橋健自、和田千吉、其他江見、水谷両氏及水上久太郎氏外に外国二三名、一名は「シツトワール」と云ふ人、日暮に至りてマンロー氏宅に引上げ晩食の饗応を受け、種々談話、十一時六分高橋、和田両氏と共に発車、一時前帰宅

三月四日　　月　晴曇

額田氏独乙留学に付暇乞に来る

三月五日　　火　雪晴

朝少しく雪降る、午後は霽れる、布川氏明日出発洋行するに付暇乞に来る

三月六日　　水　晴

ワルダイエル先生より一月二十八日附の手紙来る去十二月二十六日も出したる手紙の返事なり、又G・フリッチ教授より手紙来る、曽て贈りたる眼球に付問合せの件なり　ゴニオメートルに類似の器械を川口に注文す

三月七日　　木　晴

三月八日　　金　晴

ドクトル・H・テン・カーテ氏教室へ来り訪ふ

三月九日　　土　晴

土田卯三郎氏教室来る、片貝の人佐藤氏等島峰氏と共に来る

三月十日　　日　曇

午後三二を連れて上野公園へ散歩す本郷を経て来る、小池正直氏より屍入用云々の手紙来る、其返事を認む

三月十一日　　月　曇

三月十二日　　火　曇

小菅販売所より標本戸棚六個直しのもの持込み終る　検査の末内三個不良に付不合格と決す

三月十三日　　水　曇

小菅販売所員再ひ来りて受諾せんことを乞ふ併し断然拒絶す　医学会例会に寄りて七時過帰宅

三月十四日　　木　曇雨

三月十五日　　金　雪雨

昨夜少しく雪降りて再ひ寒し

三月十六日　　土　曇

三月十七日　　日　晴

寒さ再帰る、午後精、三を連れて上野公園へ行く先動物園に入る、来二十日より東京府勧業博覧会開会に付其前景気を見んとて人出甚多し不忍弁天に到り池の廻りの景況を見る、本郷へ廻り青木堂にて休み帰る　晩佐藤峰雄

氏満州へ赴任するとて暇乞に来る

三月十八日　月　晴

三月十九日　火　晴

組織学講義を閉つ、早く午食を終へ出て新橋停車場に到る弘田氏帰朝を迎ふ午後二時再教室へ帰る　ドクトル・H・テン・カーテ氏尋ね来る、論文別刷二三寄せらる

大沢謙、隈川二氏来り鼎になりて来四十年度に於ける例の学生増加に対する増額七千円の分配方に付きて協議す

三月二十日　水　晴

記載解剖学講義を閉つ　三等軍医正秋山氏来り頭骨二個寄贈す、其交換品として軍医学校へ頭骨二個贈ることとす、助手小田氏辞職云々　鶴、精、三学校今日限りとて晩喜び遊ぶ

三月二十一日　木　晴

標本戸棚置替へ階上丈け確定す　稲垣長次郎氏独乙より帰朝来訪

三月二十二日　金　曇雨　祭

終日在宿、三二少しく寒冒

三月二十三日　土　風雨晴

終日教室の片付け整頓に従事す、宿病の為めに少し悪きかと感す（過度の労働に依り）　足立文太郎氏出京教室へ来る、種々談話、六時半帰宅

三月二十四日　日　曇

午後精を連れて道灌山より諏訪神社に到り例の掛け茶屋に休む、三河島停車場に於て昨夜汽車衝突せしよしに付是より其現場を見に行く　客車四台計全く破壊せらる外に三台計大破損す片付け中なり人夫八拾人計を算す、是より根岸を通り上野公園に到る、博覧会の景況を見る、弁天より観月橋を渡り大学通り抜けて帰る

三月二十五日　月　雨

午後教授会出席、晩大久保氏へ手紙を認む今日教授会に於て長与氏のことに付話あり同氏を助教授に任命することと兎に角申立ること　其他三浦守、山極両氏出のことなど申送る

三月二十六日　火　曇

グスタフ・フリッチ教授（ベルリン）へ返書を出す又ガセル教授（マールブルク）、O・シュラギンハウフェン博士（ドレスデン）へ論文寄贈の礼を出す　ふみ子鎌倉に保養中のところ今日帰り来る

三月二十七日　水　雨

天津平賀精次郎氏より過日送りた《ママ》標本受領の手紙来る

ふみ子今日佐倉へ帰る

三月二十八日　木　晴

終日標本室階上の整頓に従事す

三月二十九日　金　曇雨

梛野やす子近日ひろ子分娩するに付昨夜着京、今朝来る

終日標本を整頓す、五時過出て帰宅す時にみぞれ降りて寒さ強し、良一試験済みて昨日岡山出発し今日午前十一時頃新橋着したり、晩は児等遊び戯る

三月三十日　土　曇晴

大沢謙、緒方両氏と共に去月曜日依頼の件即ち学生三十名増員に対する費用のことに付浜尾総長に面談す、総長は四十年度は勿論、四十一、二年度にても非常なる出来事なき以上は遂年増費の見込なりと明言せり　其他終日標本整理す　晩長谷川赳夫、中鶴両氏来りて児等喜び遊ぶ

三月三十一日　日　曇

午前は庭にあり、午後長谷川、中鶴、上田、四児道灌山、諏訪神社へ散歩

四月一日　月　風雨雪

終日標本整理、悪天此上なし、午後より雪を混す、寒さ従て強し

四月二日　火　晴

標本整理、足立氏教室に来りて仕事す

四月三日　水　晴　祭

午前より長谷川赳氏来る、午後直に上田氏等及四児を連れて散歩に出る、西新井大師まで行き是より汽車にて北千住に下り、或店に入りて鰻飯を食し此処にて日暮る、北千住より汽車にて上野に下り是よりイルミネーションを見る　児等此の如き景は始めて見たることにて喜ぶこと甚し、九時過帰宅、大に疲労を覚ゆ

四月四日　木　晴

午後ベルツ、スクリバ両教師の銅像除幕式に列席す　次に東京医学会総会に法科三十二番教場に到りて列席す、五時半去つて帝国ホテルへ行きマカリスター教授（ケンブリッジ）万国クリスト青年会の為め来朝に付名刺を置きて帰る　ふみ子事昨日たか子を連れて佐倉より出京、今日来り泊す、今日喜美子は其の為め皆々誘ひて浅草公園へ行きたり

四月五日　　金　晴

午前工科大学建築展覧会を見る、午後は史料展覧会へ行く各国との条約本書殊に珍し　赳夫、潤、於菟氏等を招きて家製西洋料理を馳走す、晩皆遊ひ戯れ甚賑かなり

四月六日　　土　曇少雨

在宿、午後赳夫氏来る、天気模様悪しく散歩出来ず　庭のしだれ梅を植え替へる、午後雨降り出す　箕作家より絵はがき集を借り来りて見る

四月七日　　日　晴

庭に出て木の植へ替へなどす、午後は保子玉汝等来る良一岡山へ帰校するに付午後五時過児等を連れて出掛ける、上野にて電車に乗る、赳夫氏新橋へ来る　非例の混雑なり、七時三十分発車す、帰途は赳夫氏と共に上野のイルミネーシヨンを見て帰る

四月八日　　月　晴

教室より文部省へ行きて福原専門学務局長に会ひ新設医学専門学校の解剖学担任者のことに付きて模様を質し布施氏希望のこと話す　児等は今日より学校へ行く但し今日は始業式のみ　ふみ子佐倉より出京、泊す

四月九日　　火　晴

午前予定の通りアレックス・マカリスター教授（ケンブリッジ）教室を来観す、全部案内す、種々学術上の談話あり、次に瑞西国人二名来観　午後十二時半山上集会所に於て会食に列す　マカリスター及シンプソン両氏招待、列席、終て牧野文部大臣浜尾総長其他の諸氏解剖学教室巡覧せらる　精しく案内す、四時頃終る、其れ等の為め今日は仕事不能

四月十日　　水　晴少雨

今日頭骨のクルベン〔＊カーブ〕を画く、漸くにして二個以上

四月十一日　　木　雨雷

午前福原専門学務局長教室へ来り、布施氏官費留学の件は略ほ都合出来可く但満二ヶ年以上は困る云々、其旨を布施氏へ通知　午後大に雷鳴す

四月十二日　　金　晴

午前文部省へ行き福原氏に会ひ布施現之助氏愈留学を昨日の条件にて志望のこと就ては急速に取計のことを談合す、入沢達吉氏教室へ来る

四月十三日　　土　晴

三、精学校の帰りに教室へ寄る、構内を遊歩して帰る、

午後は圧抑するが如き温さにて甚不快、庭にありたり今日は向島にて大学競漕会なるも誰も行かす、晩長谷川赳夫氏来りて、医科の勝利なることを始めて知る、医科万歳、良一へ連名はがきを出す、良一着岡の報、何故にや未だ来らず旁々以てなり

四月十四日　日　晴風

甚不快なる暖気なり、午後長谷川氏等三児を連れて道灌山、諏訪神社へ散歩す　今日頃庭の桜満開なり

四月十五日　月　晴

午後始めて上野の東京府博覧会を見る　余り雑沓に過ぎて殆んど見ること叶はず六時帰宅

四月十六日　火　晴

今日授業を始むる予定なりしも競漕に勝ち夕刻より両国伊勢平楼にて祝勝あり旁々十八日に延す　福原氏より電話にて布施氏留学の件只今決定せしこと並三浦謹氏へ布施体格検査依頼の件を申来る、直に三浦氏を内科に訪ひて明朝執行のことに承諾を得たり、小菅より標本戸棚不合格のもの三個引取り行く　晩一年生桂氏来訪、長談、十一時去る　良一着岡報来らず皆々心配し居たるところ、晩にはがき来り無事なること明り安心す

四月十七日　水　晴

四月十八日　木　晴曇

顕微鏡実習を始む

四月十九日　金　晴

朝川島正久氏夫人眼病のよしに付甲野棐氏に紹介す　弘田氏教室へ来る

四月二十日　土　曇雨

昨日は助手小田信平氏愈辞表を出し今日は布施現之助氏独乙留学命せらる之にて助手は皆無となり又小使山本は本月初に辞職し未代人なし　未曽てなきところの無人となれり、顕微鏡実習等に甚困難なり

四月二十一日　日　曇

午後庭に出て塵山を崩してならす　珍らしき労働と云ふべし

四月二十二日　月　曇

朝七時前教室に到る今日系統解剖学の講義を始む、長岡人佐々木豊七氏来りて患者診察のことを依頼さる、同氏には明治初年以来にて面会したるなり　午後教授会あり教室費を更に分配し直す、学位論文土田卯三郎氏のものを報告す

四月二十三日　火　晴

午前十時より十二時まで顕微鏡実習の講義、午後は四時まで実習、可なり疲れたり、田鶴遠足の帰途教室へ寄る筈なれば待ちて六時半漸く来り共に帰る

四月二十四日　水　晴

午前図書館へ行く、理学目録三月までの分を出す

四月二十五日　木　晴

四月二十六日　金　晴

観桜会なるも不参、午刻弁当を食して直に帰宅　庭に出て掃除をなす

四月二十七日　土　曇雨

午前在名古屋奈良坂源一郎氏出京来訪　夕刻に到り小坂部勇吉氏来る、六時帰宅　喜美子午後より北蘭及三児を誘ひ導きて博覧会へ行きたり、雨降り来りて困りたることとなるべし

四月二十八日　日　晴

不快なる暖気なり、午前三二を連れて赳夫氏を訪ふ不在、午後は庭の掃除手入れをなす、夕刻赳夫氏来る

四月二十九日　月　晴

千葉専門学校卒業熊沢淳治氏助手任命内定し今日より教室へ来る

四月三十日　火　晴

五月一日　水　雨

高等学校長会議に付出京の校長等教室を来観せり　晩在ストラスブルグ大久保氏へ手紙を認む

五月二日　木　雨曇

五月三日　金　晴　休

靖国神社臨時大祭に付休暇、是第三回にして之にて忠死者合祀済みたるなり　早々昼食を喫し喜美子と共に三児を連れて出かける田端より汽車にて赤羽根《ママ》にて下り、是より荒川の浮間渡しを越へて直に桜草の咲ける野に到る、小き柳の影に憩ふ児等は悦びて野の中を馳け廻る、是より川に添て川口町に到る、其前に下駄を履み割りたり、鉄道橋の下なる小茶店に休み下駄を繕ひたり、川口の船橋際にて尚ほ時間あるを以て砂上に憩ひ、五時四十三分の汽車にて帰る

五月四日　土　晴

奈良坂氏一寸来る、在長崎田中民夫氏来訪教室を案内す、又日本救療院幹事高山恒子近藤次繁氏の紹介を持ち来り

救療せる貧者の遺骸を解剖材料に供し度し云々　晩喜美子と共に三児を連れて上野博覧会のイルミネーションを見に行く池畔にて児等の好むものを買ひなどして十一時前帰宅、中鶴来る

五月五日　　日　晴風

蒸し熱くして不快なる天気なり、終日在宿

五月六日　　月　晴風

不快なる天候前日の如し

五月七日　　火　雨

晩保子棚野家々事に付相談す、昨年も丁度此頃の事なりき偶然と云ふべし

五月八日　　水　晴

五月九日　　木　曇

此頃は顕微鏡実習の為め甚忙はし

五月十日　　金　雨

片山国嘉氏今日帰朝せしに付帰途同氏を宅に訪ふ

五月十一日　　土　晴

五月十二日　　日　晴

午前庭にあり、午食を早く終へ三児を携て出かける赳夫、上田氏同行、汽車にて赤羽に下り過日の場所を逆に廻る川口にて少しく雨降り出暫にして止む、堤の鉄橋下にて憩む、げんげ草はまだ奇麗なりしもさくら草は最早なし浮間の渡しを通りて赤羽に帰る

五月十三日　　月　晴、夕立

午後教授会出席、四十一年度学生三十名増加対する一千五百円分配方に付て議論あり終に委員に托することとなる　良精も其一人なり、教授会終りて後五時頃より委員相談す終に調はずして散す七時過帰宅　今日青山内科へ行く小松春三氏依頼の患者のことに付てなり

五月十四日　　火　晴、夕立、降雹

赳夫氏友人二名と共に教室参観に来る　布施現之助氏明日出発独乙へ留学するに付教室のもの学生集会所に於て送別会を催す、九時帰宅

五月十五日　　水　晴

片山国嘉氏留守中玄関まで挨拶に来る

五月十六日　　木　晴

午後大沢謙、緒方、高橋、隈川の四氏教室集来　去月曜日教授会に於ける来年度増額分配方に付相談す

五月十七日　　金　曇少雨

午前青山学長に昨日の件に付会ひて注意を乞ふ即ち多

数決を用ひざること、又同氏の意向は四年経過の後は四四〇〇〇円を教室と医院とに折半と云ふにあり。此趣を昨日集合の四教授へ通知す　午後博覧会を見る、第二、次に第一会場に入る、時に雨降り出す、併し五時頃殆ど止む、徒歩帰宅

五月十八日　土　晴

昨夜大に雨降る今朝霽れる、安田恭吾氏教室へ来る、六郎氏大連に於て腸チフスに罹り危篤のよし　喜美子今日四年生中沢三郎氏の件に付岡田家へ行く

五月十九日　日　晴

散歩せず、終日庭の草を取る

五月二十日　月　晴

午後教授会出席、浜尾総長臨席、前回より囂しき学生三十名増加に伴ふ増額を四十一年度予算編成上必要に付教室、医院分配の件、其分合に付なかなか相談調はず遂に学長に任かせることとなりて決す　三浦守氏満州出張中のところ病気（アルコール中毒歟と云ふ）の趣遼陽軍医某より医科大学へ電報ありたり、又山極氏は一週間程前に喀血し爾来容体宜しからず　当学期中は無論引籠り療養とのこと、病理学教室の不幸歎ずべし

五月二十一日　火　晴

安田六郎氏去十八日大連に於て死去のよしに付午後四時過教室を出て悔に行く

五月二十二日　水　半晴

昼憩の時石原久氏を訪ふ丁度行き違へに同氏教室へ来る、歯科生徒養成のことを申出す時機なることはなす

五月二十三日　木　曇

精、三学校催し稲毛へ遠足の筈のところ天気怪しき為め見合せとなり失望す、本月より職務俸少しく増す

五月二十四日　金　晴

午刻前隈川氏教室へ来り去月曜日教授会に於ける増額分配のことに付談話あり

五月二十五日　土　晴雨

在金沢山崎幹氏出京、教室へ来訪　晩在ストラスブルグ大久保氏へ手紙を認む

五月二十六日　日　晴

終日庭の草取り掃除をなす

五月二十七日　月　晴

ルーゲ教授（チウリヒ）へ布施氏紹介の手紙を出す又グライフスバルトへ転学せる井上通夫氏へ顕微鏡代価三百円

即ち独貨六百拾八マルクの請求証を早速送附ことを申送る、又在ニューヨーク プロフェッサー・マックス・アインホルン氏へ論文寄贈の礼札を出す

五月二十八日　火　晴

浜尾総長明後年還暦に当たらるるに付其祝賀のことに付山上集会所に午後四時より相談あり之に列す、共食事し十時半帰宅

五月二十九日　水　晴

救療院幹事高山恒子来り屍一体解剖願の事に付話あり、精、三大森へ学校遠足会にて行く

五月三十日　木　雨

救療院幹事高山恒子来り屍壱体送り来る

五月三十一日　金　晴

午食後石原氏を歯科に訪ひ上左第三臼歯を抜除く

六月一日　土　晴

隈川氏教室へ来り　衛生学および人口学国際会議（ベルリン）へ委員として同氏派遣になるやも知れず云々　晩食後不斗思ひ立ちて三児を連れて博覧会へ行く　上田氏同行、先日来夜中開場するに付其景況を見る十一時帰宅、喜美子は午後より千駄木へ行きたり

六月二日　日　晴

朝白き菖蒲の花を買ひ「エオジン」水に入れたり　一時間程経て早赤くなり始めたり　午前安田六郎氏の葬式に行く、午後在宿、蒸し熱く甚不快なる天気なり

六月三日　月　晴

午後教授会あり四十一年度予算に付前回以外の件なり其外病理学教室の状態現今の儘には捨置き難きに付福岡中山平次郎氏へ転任のことを青山氏より申送りたる報告あり

六月四日　火　曇

軍医正秋山錬造氏教室へ来る屍三体遣ることを承諾す晩在ストラスブルグ大久保氏へ前日のことを報せし書面を認む

六月五日　水　曇

午前病理教室へ行く　長与氏来七月二十日発洋行すと云へり、本部へ行き浜尾総長に異国人頭骨のことを談す

六月六日　木　雨

六月七日　金　雨

呉秀三氏教室へ来り　国際的脳研究のことに付話あり

六月八日　　土　曇晴

秋山軍医正来る予約束の屍三体遣る、午後隈川氏来り種々慷慨談あり

六月九日　　日　晴

終日在宿

六月十日　　月　晴

三浦謹、呉両氏来り　脳研究中央委員会の件に付会談、午後教授会あり、小児科及皮膚科に患者定員を増すの件、長議の後終に可決

六月十一日　　火　曇

丹波氏誘導にて医科教授諸氏合同、東宮御所拝観す、午後一時出て諸氏と共に御所に到る　片山博士の案内にて順次拝観す　未落成せしにはあらず併し階上第一客室（天井に朝日の女神の油絵あり）大食堂、第二客室、小食堂、舞踏室等略ほ成る（御所の家具は仏国巴里フルビノワと云ふ人なり）　五時教室に帰る、午後顕微鏡室等は大沢氏等に托したり、河本重次郎氏明朝出発洋行に付暇乞の書面を出す

六月十二日　　水　曇晴

柳沢銀蔵氏教室へ来る久々にて珍し連名にて在倫根岸錬次郎氏へ連名はがきを出す

六月十三日　　木　雨

六月十四日　　金　晴

午前理科大学へ行き宮田、水木両氏に会談す、幻灯据へ付けの件なり

六月十五日　　土　晴

宮田、水木両氏教室へ来りて幻灯据へ付けに付種々考案せらる、救療院主幹高山喜内氏来る　鶴、精、三学校より帰途教室へ寄りて弁当を使ひて喜美子北蘭を誘ひて来り落ち合ひて博覧会へ行きたり　喜美子等帰りに又寄りて共に帰宅、時に少しく夕立す

六月十六日　　日　晴

午前庭にあり、午後喜美子と共に児等を連れて久し振りにて道灌山より諏訪神社へ散歩す　赳夫氏同行同氏昨日学年試験済みたりと

六月十七日　　月　曇雨

六月十八日　　火　曇雨

六月十九日　　水　雨

系統解剖学脳の部全く終りて閉つ

六月二十日　　木　曇

午前八時より法科三十二番教場にて総論解剖学試験を行ふ出席者九十八名あり　問題細胞および細胞の二つの本質的構成要素又顕微鏡実習を閉つ

　六月二十一日　金　半晴

在宿、答案調べをなす、俸給令改正になり本俸二級俸（千八百円）となる之に職務俸九百円を合して二千七百円となる（即ち二百九十六円の増額なり）

　六月二十二日　土　晴

在宿、答案調べ、之に倦して庭に出る

　六月二十三日　日　曇

答案調倦して甚不進、午後精、三を連れて赳夫氏此頃移りたる新宅を訪ふ、又庭の草を取る　良一より明朝着の電報静岡にて来る

　六月二十四日　月　曇、少雨

朝七時頃三児学校へ出かける際に良一帰り来る　昨日午後着の筈なりしも静岡にて下車し久能山等を見物せし為め遅れたりと　午前は在宅、午後は教授会出席高須謙一郎氏学位の件に付不計議論やかましく五時過散会す　晩樫田十次郎氏来訪、令兄学位申請論文に付手違ひありたることに付てなり

　六月二十五日　火　曇

答案調べ一と通り終る併し尚ほ整理を要す　晩食後大学集会所に至る　浜尾総長還暦祝発起人会なり、十時帰宅

　六月二十六日　水　雨

午前八時出勤、終日顕微鏡試験

　六月二十七日　木　雨

前日に引き続き試験す、梅雨候甚不快

　六月二十八日　金　曇

終日試験

　六月二十九日　土　晴

終日試験、之にて終る授《ママ》験者百名あり　午刻南江堂まで行き良一使用のベーニッヒ辞書及独乙文法書一冊を購ふ、晩赳夫氏来り児等遊ぶ

　六月三十日　日　晴

蒸熱く甚不快、終日在宿、試験成績を清書す　夕刻より樫田十次郎、同五郎、赳夫、潤（於菟は旅行中）の諸氏を招きて自製西洋料理の晩食す、十時頃散す

　七月一日　月　晴

今日より当分教室整頓に取りかかる、午後教授会あり優

等生選定の件、及久保猪之吉氏学位論文審査を自分も報告す

七月二日　火　晴

午前午後共顕微鏡調べをなす、六時半帰宅

七月三日　水　曇晴

製本すべき図書を調ぶ

七月四日　木　晴

製本師に前日の図書を渡す

七月五日　金　晴

標本整理に取りかかる、午前教授会あり特待生選定の件のみ、森島庫太氏出京、来訪、又松村瞭氏来り　人体測定のことに付談ありスタンゲンチルケル〔＊ビームコンパス〕一個を貸す　晩食後三児を連れて上野の花火を見に行く、潤氏同行　ビーヤホールに入り児等にアイスクリームなどを与へたり　同所にて橋本家族に逢ふ、十時前帰宅

七月六日　土　曇少雨

標本整頓、福岡桜井恒次郎氏出京来訪

七月七日　日　曇雨

午後良一、三二と共に日暮里田甫へ行きて鮒などを捕る時に雨降りて困る、晩赳夫氏来り児等遊ぶ

七月八日　月　雨

標本整頓、桜井恒、森田斉二氏教室へ来る

七月九日　火　雨

標本室整頓、疲労

七月十日　水　雨

標本整頓　晩は児等喜び戯る

七月十一日　木　曇雨

卒業式に付　臨幸、不参在宿、在名古屋の久保武氏出京来訪、氏は此度韓国京城大韓病院へ赴任すと云ふ

七月十二日　金　曇晴

昨夜大降雨、朝在仙台藤野厳九郎氏出京来訪　十時過出勤、標本室整理、昼時刻久保武氏来り　長談四時半去る

七月十三日　土　雨

千駄木老母堂一週《ママ》忌日に付皆千駄木へ行く

標本室整理、来訪者テン・カーテ博士、桜井恒、久保武氏なり　来十五日京都に於て解剖学会開会に付大沢、二村の二氏出席の為め明朝出発のよし

七月十四日　日　半晴

午後児等を連れて諏訪神社に到る赳夫、上田両氏同行、

雑魚を採る　原信哉氏其他来訪者多し、安田恭吾来り午食す　良一発熱す

七月十五日　月　晴

熱さ酷し、午前三浦謹（紀要教材の件）水木（幻灯の件）石原久の諸氏を訪ふ、午後は桜井恒氏次に松村瞭氏の測定法に付談話、之等の為め他の仕事出来ず

七月十六日　火　晴

田鶴子教室へ来り歯科へ伴ひて治療を高橋直太郎氏に托す　在熱田浅井猛郎氏へ此頃贈品の礼旁手紙を出す　今日篤氏来りて良一を診察せられたり

七月十七日　水　曇雨晴

終日標本整理、午後米国人男女二名工学士黒岩某氏の案内にて標本室を参観す　良一未熱去らす、単に腸加答児なるか、心配なりしが夕刻帰宅すれば午後体温平常に下り先安心す

七月十八日　木　雨曇

教室不参、俄かに冷気となり甚心地よし故に博覧会見物と決し精、三（田鶴は歯科へ行く）を連れて出掛ける先体育館を見て次に第一会場に入る、美術館を丁寧に見る、だるまにて寿しを食し又ミルクセーキを飲みて渇を癒す、午後三時頃出て更に第二会場に入る終りに水族館を見て出れば既に六時半なり、茶店にて少し休みて七時にイルミネーションの点火を見て八時頃帰宅、終日の見物大に疲れたり　留守中長与又郎、平山金蔵の二氏来廿日出発洋行に付告別に来る

七月十九日　金　雨

標本整理、アルコール標本に取りかかる、二村、熊沢両氏共に従事す

七月廿日　土　曇晴

二村熊沢二氏とアルコール標本整頓、日本救療院より屍一個送り来る　之に付警視庁検疫委員石井興民氏来りて検視す、讀賣新聞社員渡辺某氏来りて延身器（新聞紙上に見へたる米国発明の器械）のことに付質問す

昨日韓帝譲位になりたること今朝の新聞にて見る彼のハーグ府平和会議へ密使を遣したる件に付きての為めなりふみ子師範学校試験済みて休業となりたるに付来り泊す

七月廿一日　日　晴

良一全回復、今日より独乙文法再始む、午前午後共庭掃除、晩食後良一、田鶴、三二を連れて博覧会夜間開場を見る　在ストラスブルグ大久保氏手紙二通到着す

七月二十二日　月　晴

遂に熱くなる、アルコール標本整理一通り終る　福岡小山龍徳氏出京、来訪、教室を案内す

七月二十三日　火　晴

朝出勤前にふみ子へ故寿衛造石碑のこと等に付話すことあり　遺産の件は昨日ふみ子阿兄より受取りたり

七月二十四日　水　曇

教室不参、ふみ子佐倉へ出発す、甚冷気にして散歩に適すを以て其積りなりしも赳夫氏明日出発帰郷するとて来り旁々終日在宿、庭の草採り

七月二十五日　木　曇

教室不参、上田定雄氏今朝出発帰郷す　昨日に等しき天気なるを以て弁当を用意し四児を連れて玉川行と決す、青山まで電車、是より道玄坂まで歩行、此処にて玉川行電車に乗り一時頃川に達す　向岸に渡り掛け茶屋にて弁当を開き、後河原にて遊ぶ、五時頃帰途に就く七時半帰宅

七月二十六日　金　晴

標本室整頓、米国人ミトワー氏来りて東京医会本部を夜に入りて借用したき旨相談あり依て北里氏へ紹介す　ガセル教授（マールブルク）、マーチン教授（チウリヒ）の二氏論文寄贈の礼を出す

七月二十七日　土　晴

標本整理、之にて一段落とし残は亦追々なすこととす

七月二十八日　日　晴

朝棚野厳着京す、良一出向ひたれども行き違ひたり、玉汝来る、中鶴来る、昼食し良一、三二を連れ中鶴同道、千住へ釣りに行く　往返汽車を用ふ、暑さ酷し併し河上材木の上は比較的快し

七月二十九日　月　晴

教室不参、暑さ酷し、午後大奮発にて四児を連れて上野博覧会へ行く、今日最終の福引の日に当り場内の紛状に出逢ふ　所々休み終に夜間開場まで居る、是より第二会場を通りて九時帰宅

七月三十日　火　晴

水木氏を理科に訪ふて幻灯のことに付話す、電流は愈電灯会社より送ることを慥めたり是より工事に着手すべし　高山喜内氏夫人来る、解剖出願のことなり又下谷、本郷、神田、浅草、本所の五警察署へ宛にて自身の名を以て死体検案を速に取計はれたき旨の書面を渡す　小松春三、

島峰徹氏来る、亦長谷川弘一郎氏恰も来りたれば此頃喜美子岡田家へ行きて愈中沢氏を養子に貰ひたき旨の返事を取り来りたるを以て其事を中沢氏へ通することを托す　晩北蘭に石塔のこと阿兄関せざる趣に付其事を佐倉ふみ子へ申送ることを話す

七月三十一日　水　晴

朝長谷川弘氏より昨日直に中沢氏へ面談の模様を申来る　此縁談大方調はざるべし此手紙封入、岡田へ報することとす　大久保氏より手紙来る去六月四日出したる手紙の返事なり即ち位置は助手にても助教授にても東京を望む福岡は断して辞退す云々　フリードレンデル二千マーク送金の通知はがきを出す

東京勧業博覧会今日閉場

八月一日　木　晴

フリードレンデルへ書籍注文書を認む　ベルリン人類学会へ欠号 Zeitschr. f. Ethnologie〔＊雑誌〕送附方依頼のはがきを出す

八月二日　金　晴

事務室へ行きて昨日のフリードレンデル注文書を書留にて出す　丁度青山氏に会す　長与氏は東京に居る積りならん、中山氏のこと未だ福岡より返事なき為め極らず云々　三浦氏入院中容体の話あり

八月三日　土　曇晴

昨夜雨降る、新井春次郎氏教室へ来り　局所解剖学の切片をバルサムに閉込むことに取りかかる　晩今村一雄氏来る

八月四日　日　晴少雨

納冷台の修繕をなす、晩食後児を連れて池の端博覧会閉場後の景を見る、小香炉一個購ふ（五十銭）大学を通り抜けて帰る

八月五日　月　驟雨

今朝良一、田鶴は千駄木新築別荘大原へ行く　在グライフスバルト井上通夫氏より手紙来る顕微鏡（三百円）の購入受取り書送付

八月六日　火　晴

朝渡辺久吉氏京都より出京来訪　助手志望のことに付話あり　島峰氏明日出発洋行に付教室にて告別　終日標本整頓

八月七日　水　晴

朝島峰氏の出発を新橋に見送る　精、三を携ふ熱甚し、銀座にて休み、教室へ一寸寄りて帰る、午後在宿

八月八日　木　雨曇

今朝高等学校入学者発表になる、上田氏の名は見へす、緒方規雄氏入学に付出勤の途次寄りて悦を述ぶ　標本整頓、蒸熱甚し

八月九日　金　曇

標本整理

八月十日　土　曇

斎藤勝寿氏大阪より出京教室へ来る、水木氏に発電機等の注文を托す、蒸熱甚し、午後大に夕立す

八月十一日　日　晴、昨夜大雷雨

在宿、中鶴来る休暇を得たるに付四五日泊すべし、共に庭の掃除をなす

八月十二日　月　晴

教室不参、庭の草を取る、良一、田鶴大原より帰る

八月十三日　火　晴

シェーデルクルベン〔＊頭骨の曲線〕を画く、全日に三個を終へたるのみ　午刻丹波氏来る、年令訂正の件なり

八月十四日　水　半晴、驟雨

朝喜美子精、三を連れて大原へ出発す　丹波氏昨日の件に付一寸教室へ来る

八月十五日　木　雨

天気悪し、大原へ帰宅を一日延す様今朝田鶴にはがきを出さしむ　高山喜内氏教室へ来る、熊本吉永虎雄氏へ此頃詳細の手紙を寄せられたる返事はがきを出す

八月十六日　金　雨晴

終日頭骨研究、晩喜美子三二を連れて帰宅す、精は残れり

八月十七日　土　晴

終日頭骨研究、福羽子爵死去、今日青山にて葬式に付良一を代人として遣す

八月十八日　日　晴

終日在宿、午前佐々木豊七氏来り子息の診察依頼あり、夕刻芝中の草を除く、晩児等を連れて植木せり売を一寸見る

八月十九日　月　晴

耳鼻へ行きて柳田氏に佐々木子息診察のことを頼む又其旨を豊七氏へ申送る　樋口繁次氏教室へ来る

八月二十日　火　晴

布施現之助氏チウリヒ到着のはがき来る　安田恭吾氏教室へ来り長談

八月二十一日　水　晴雨

少しく腸加答児の気味にて在宿

八月二十二日　木　雨

終日降雨、在宿

八月二十三日　金　雨

斎藤勝寿氏夕刻来訪、在宿

八月二十四日　土　風雨

在宿、箕作氏二男昨日死去、今日葬式に付良一、三二会葬す

八月二十五日　日　曇雨

午前長谷部言人氏京都より出京来訪、腹工合宜しからす今日も在宿

八月二十六日　月　曇雨

在宿、時々驟雨あり、晩中鶴来る当分泊るべし

八月二十七日　火　雨

終日雨、連日の大雨にて府下洪水、数十年来なき大水なりと云ふ

八月二十八日　水　晴

良一、三二午後より南千住へ水見に行く、腹工合稍宜し

八月二十九日　木　晴

出勤、標本整理

八月三十日　金　晴

標本整理、午後樋口繁次氏一寸来る

八月三十一日　土　晴

久保武氏明一日出発大韓病院へ赴任のよし、同所へ宛手紙を出す

九月一日　日　雨

在宿、芝中の草を採る、午後緒方氏来訪

九月二日　月　晴

休になりてより何の催もせざりしに追々始業も近寄るに付急に思ひ立ちて稲毛行と決す　四児を連れて出かける中鶴同行、九時四十七分両国発、十一時頃稲毛海気館に到る、直に海に入る、帰りて昼食す、午後亦た海に到る、両度共小舟を借る、八時過帰宅　ふみ子佐倉より帰り来る

九月三日　火　晴

午後四時過帰りて芝中の草を採る、長谷川赳郎《ママ》氏帰京終

日遊ぶ

九月四日　　水　曇

シェーデルクルベン〔＊頭骨の曲線〕三個画きたり

九月五日　　木　曇（驟雨）

在宿、喜美子福羽家へ悔に行く

九月六日　　金　晴

シェーデルクルベン四個を画く、是一日の仕事として最なるもの

九月七日　　土　晴

臼杵医学士（台北医学校）洋行に付告別に来る　佐世保小林魁郎氏へ此頃寄贈の葉巻壱箱の礼札を出す

九月八日　　日　晴

終日在宿、赳夫、中鶴両氏来り児等遊ぶ

九月九日　　月　晴

教室不参、夕刻より四児を連れて神田川へ行き鰻を食す

留守中アインホルン教授（ニューヨーク）来朝宅へ来訪、懐中小刀の贈物あり

九月十日　　火　晴雨

北尾次郎氏葬式に青山墓地へ行く是より帝国ホテルにアインホルン氏を訪ふ　折好く在宿、久々にて面会互に悦ぶ、談数刻、十二時出て帰る時に雨降り出す、夕刻共に散歩を約したれども天気模様悪しきが故に電話にて断はる　赳夫、中鶴両氏良一へ暇乞旁来り児等賑かに遊ぶ

夕刻榊保三郎氏来訪、共に晩食す

九月十一日　　水　雨曇

講堂へ幻灯据へ付け工事昨日限り出来の約束のところ未だし之が為め授業を始むることあたはず、来週まで延ばす　卒業試験（旧規定により）を二名に（大隅、皆川）行ふ　午後アインホルン氏塩原氏同道教室へ来る　我教室を見て外科病室へ行く近藤氏ありて案内す

九月十二日　　木　曇晴

冷気にて快し、午後二時帝国ホテルにアインホルン夫妻を訪ひ誘ひて浅草公園へ案内す花屋敷に入る是よりホテルまで送り帰す　良一午後三時二十五分発にて岡山帰校す、家族は送らざりき　熱海小松精一氏昨日死去のよし報知到る

九月十三日　　金　晴

午前理科大学へ行き水木氏を尋ぬ未出勤せず、植物園へ電話にて午後参観すべきことを通す、会計課へ行きて名児耶氏に人件費（祭祀料不足の為め）繰り替のことを談

す　病理山極氏永々欠勤のところ本学年より出勤に付一寸見舞ふ、長谷川弘一郎氏教室へ来り中沢一件の談あり　午後一時前出てて約の如く帝国ホテルへ行きアインホルン夫妻を誘ひて植物園へ案内す、松村教授懇切に導き呉れ大に満足、少時休憩にて是より自宅へ誘ふ　喜美子児等出て挨拶す　紅茶を饗す、田鶴の図画、精の琴曲、三の昆虫標本などを余興とす　庭へ出て種々のことを説明す、五時頃出てホテルへ送り　是より牛込小松家へ故精一君の悔に行く　老夫婦在宅、種々談話、八時過帰宅、西郷吉弥氏大連（満鉄会社）へ赴任に付一寸玄関にて挨拶す

九月十四日　土　曇

午後帝国ホテルへ行き暫時談話、アインホルン夫妻を伴ひて上野博物館へ案《ママ》す　塩原氏同行、公園より池畔に下りて広小路にて別れ帰る　喜美子は夕刻より緒方家へ招かれて行く、赳夫、中鶴両氏来りて児等遊ぶ

九月十五日　日　晴

熱海小松家へ悔状（香奠五円券封入）を出す　午前庭にあり、午後は久振りにて道灌山、諏訪神社へ散歩す例の茶店に休む

九月十六日　月　晴

組織学講義を始む　在ストラスブルグ大久保氏より此頃手紙来り其返事を認む

九月十七日　火　雨

終日頭測定

九月十八日　水　雨

昨夜来大降雨、午後四時過帰宅、支渡し人車にて紅葉館に赴く　途中指ヶ飾《ママ》町辺出水、通行困難に付本郷通りを廻る、アインホルン氏歓迎会なり、種々人に久し振りにて会ふ、日本料理の立食は始めてなり十時帰宅

九月十九日　木　晴

水木氏を訪ひ電灯会社へ談判を托す　此頃現在電柱は大学所属のものなりと云ふと雖も其は全く会社のものなること付きてなり　午後顕微鏡実地試験三名に行ふ　帰途安田恭吾氏を訪ひ、西洋人へ贈るべき適当なる品を索む

九月二十日　金　曇

午後箕作元八氏教室へ来り水道を引くことに付話あり

九月二十一日　土　雨

終日雨降る、日露戦争に関する第一回授爵あり

九月二十二日　日　雨

終日在宿

九月二十三日　月　晴曇

午後教授会あり、終て安田恭吾氏許行きて印籠、巻煙草箱を譲り受く　晩中鶴来る当分止宿すべし

九月二十四日　火　曇

庭にありたり、従来の庭師は死亡せしにより此度半平を雇ふ　午後は道灌山、諏訪神社へ散歩す、赳夫、高野綱雄両氏来り居り同行す、又中鶴も同断

九月二十五日　水　雨

鉄門倶楽部委員選定一件に付組織の講義を止む　伝染病研究所へ骨格一具遣る即ち西野忠次郎氏に渡す

九月二十六日　木　晴曇

午前午後共医学会事務所に到り雑誌を調ぶ

九月二十七日　金　晴

午前解剖実習開始の準備としてアルコール積《ママ》大箱標本を標本室へ運搬せしむ、午後は医学会事務所へ行きて雑誌を調ぶ、五時教室を出てて高島多米治氏を訪ひ貝塚人骨を寄附せられたきことを依嘱す　是より新橋停車場へ行きて長井長義氏の洋行を見送る　七時半帰宅

九月二十八日　土　晴

午刻弁当を食し直に教室を出づ赤門前にて三二に会ひ共に帰宅、庭に出て掃除をなす

九月二十九日　日　晴

大掃除をなす、自分は終日庭にあり、橋本小児遊に来る

九月三十日　月　晴

午刻石原氏を歯科に訪ひ同科の件其後如何になりしや様子を尋ぬ、箕作（佳吉）、桜井錠二、真野文二の三教授在職二十五年祝賀の為め各々金弐円を出す

十月一日　火　晴

朝アインホルン氏を帝国ホテルに訪ふ不在、木彫人形一個を贈る、昨夜互に館焼失せし跡を見る　解剖実習を始む、名児耶会計課長来り過日以来《ママ》せし「給与」交換のことに付て承諾の話あり、長谷川弘一郎氏来りて渡辺久吉氏同仁医学校へ週《ママ》旋のこと出来たるよし話あり

十月二日　水　晴

午前「アインホルン」氏と電話にて相談す、明朝訪問すべきことを約す

十月三日　木　雨晴

朝約の如く「アインホルン」氏をホテルに訪ふ、銀座ま

で共に行きて楽譜を買ひ分れて教室へ帰る　ベルツ博士（シュツットガルト）へ人類学会より遣されたる絵はがきの礼及オットー・シュラギンハウフェン（シンプソンハーフェン、ドイツ領ニューギニア）、ダクワース（ケンブリッジ）、H・フィルヒョウ（ベルリン）の諸氏へ著述寄贈の礼札を出す

十月四日　金　晴

朝八時新橋に到りアインホルン氏夫妻出発を送る　高山喜内氏教室へ来る

十月五日　土　晴曇

理学文書目録スリップ九月までの分を出す　在熊本吉永氏へ昨日バルデレーベン解剖書続きを小包にて送り今日はがきを出す　北海道の人高畑某来り石器時代人民に付き話あり　中山平次郎氏福岡より出京、教室へ来る此度東京講師となりたり　午刻児等と共に帰宅、庭にあり

十月六日　日　雨

終日悪天、午後長谷川越夫氏来り児等遊ぶ

十月七日　月　晴

午後教授会、評議員選挙但し開票に至らす　薬学科の科程改正の件但し決議に至らす　岩井禎三氏学位申請論文「副乳」は前回との差只数量のみなることを述ぶ

十月八日　火　晴

京北中学生徒解剖実習室へ来りたる件に付晩両名来り謝す

十月九日　水　雨

終日強雨

十月十日　木　晴

午前図書館へ行く、晩服師来り尺を取る

十月十一日　金　晴

午前図書館にあり、午後二六新聞記者西島某来りて解剖のことに付談話す

十月十二日　土　晴

入学宣誓式に付休業、精、三学校帰りに教室へ寄り弁当を食し之より本郷通りにて三二の帽子を買ひて上野公園へ行き動物園に入る、先頃来りたるキリンを見る

十月十三日　日　雨

終日雨にて甚徒然、在独大久保氏へ送るべきものを箱に詰める　午後長谷川氏来る

十月十四日　月　雨

終日雨

十月十五日　火　晴

出勤途上在ストラスブルグ大久保氏へ送る小包を出す、此頃外国郵便に関する制、改正になり独乙国と小包直接交換実行に付之を用ふ、之は独乙郵船を以て送るものなれば或は大に延着すべき故を疑ふ　図書館へ一寸行く

十月十六日　水　晴

W・E・グリフィス（イサカ）より其著 **Japan Nation in Evolution**〔＊文献〕を寄贈に付其礼状を出す又パウル・レーチッヒ（目下ノルダーナイ）氏より著述送付の礼をも同時に出す　鉄門倶楽部遠足会にては京都へ向け今晩出発すべし、来十九日帰京の筈

十月十七日　木　晴　祭日

田鶴は今日運動会にて朝共に出つ　自分等は三二、中鶴、潤氏と曽谷村貝塚行なり、八時半頃両国橋ステーションを発し、市川にて下り、真間山下を行く道を取り違ひて大に廻る、途中出水にて徒跣、十時過曽谷村高橋方（昨年休みし家）着、貝塚へ行き帰りて弁当を食し、午後は若者の案内にて国府村字下貝塚の其れを見る、或家にて小祠上に石斧あるを見けて其家に入りて乞ふたれども調はず併し外の石斧三個を得る、又貝塚にて打製のもの四個拾ふ　其他高橋方にて貰ひたる骨器などあり　五時半の汽車にて帰る

十月十八日　金　晴

午前中に教室より一寸上野博物館へ行く、午後新井氏来る、又朝日新聞記者来りて解剖に関する談話をなす

十月十九日　土　晴

午後一時半帰宅、庭掃除

十月二十日　日　晴

朝七時家を出て汽車にて神奈川マンロー氏を訪ふ昼食し三時前帰宅、貝塚人骨の残部を貰ふ　精、三学校運動会（今年が始めてなり）にて三二等賞メダルを得たりとて大悦

十月二十一日　月　曇雨

午後教授会、薬学科々程改正の件、甚困難、委員に托す、大久保氏へ手紙を認む

十月二十二日　火　晴

午前請に依り法医教室へ行く　片山氏の外丹波、隈川、高橋の諸氏集り薬学科に於ける内情を丹波氏より聞きて昨日同科の件に付教授会の問題に付相談あり

十月二十三日　水　雨

十月二十四日　木　晴
晩服師来り　試着をなす
十月二十五日　金　曇
十月二十六日　土　晴
午刻精、三教室へ寄り共に帰宅、庭掃除
十月二十七日　日　晴
終日庭掃除をし檜木などの手入れをなす
十月二十八日　月　晴
大に寒くなり今朝芝上に霜を見る、ヘルマン（チウリヒ）へ注文したるアントロポロジッシェ・インストルメンテ（＊人類学関連器械）到着す
十月二十九日　火　晴
十月三十日　水　晴
田口碩臣氏卒業試験済みたりとて千葉より出京明日より教室へ来るべし云々　午後松村瞭氏来りて人類学上測定器械のことを問ふ　是より氏と共に人類学教室へ行きて坪井氏夏中樺太にて採集したる品を見又弥生式土器に付きて種々談話す
十月三十一日　木　晴

十一月一日　金　晴
法医学教室へ行きて永々借用し置きたるフィルヒョウ式人体計測器具を返却し序でに標本室及図書室を見る
十一月二日　土　晴
系統解剖学講義を始む本年は内臓論及五官器論とす　午刻帰りて庭の掃除をなす　在独伯林島峰徹氏より安着の報書来る
十一月三日　日　雨
朝より雨降り始め終日止まず、時に大降りとなる　午後越夫氏来る、晩八時頃盗人玄関より入り三畳間に於ける中鶴の洋服等を持ち去る、巡査を呼び来りなど家中騒ぐ
十一月四日　月　雨
十一月五日　火　雨
昨今共終日雨
十一月六日　水　曇
P・ヘルマン（チウリヒ）へ注文の人類学に関する器械此頃到着に付其旨及支払方に付はがきを出す　午後四時教室を出牛込小松家を訪ふ此頃維直君来訪、何か用事ある趣に付き行きたるなり即ち染井墓地の件に付熱海小松家より申出にて現在の半分を買ひ取りて貰ひたしとのこ

となり　熟考の上返事することとす、七時帰宅

十一月七日　木　曇

コーニング（バーゼル）へ其著

Lehrbuch der topographischen Anatomie 寄贈に対し礼状を出す

十一月八日　金　晴

十一月九日　土　晴

運動会に付休業、平日の通り出勤、昼精、三教室へ来りて弁当を食す、喜美子、森母堂来りて運動会へ行く、精残りて教室へ寄る連れて帰る、田鶴は学校同窓会に行く

十一月十日　日　晴

終日庭の掃除をなす、小春天気にて甚心地よし　喜美子は田鶴学校懇話会に行く、午前より赳夫氏来り児等庭にて遊ぶ

十一月十一日　月　晴

午後石原氏を歯科に訪ひ、貝塚下顎骨に於ける齲歯のことを尋ぬる　久保田譲氏来りたれば再会を約して去る

十一月十二日　火　曇

十一月十三日　水　晴

三二学校懇話に付早く帰り居るを以て午食し帰宅す伴ひて上野公園に到り第一回美術展覧会（文部省催）を見、次パノラマ（奉天会戦）を見て帰る

十一月十四日　木　晴

精音楽学校分校へ寄り帰り遅くなりたりとて教室へ寄る共に帰宅

十一月十五日　金　晴

小松春三氏教室へ来り顕微鏡標本及材料を遣る

十一月十六日　土　曇少雨

権兄法科学生安倍氏を伴ひ来りて大五郎氏入院のことに付相談あり、佐藤外科へ行きて頼む幸に空位ありて直に入院出来たり

十一月十七日　日　曇少雨

終日庭の掃除をなす時に雨降りたれども夕刻まで庭にありたり

十一月十八日　月　晴曇

午後教授会あり四時半閉会、受験生五十嵐氏弟某来りて受験のことに付嘆願す、但し出来べからざることたるを諭す

十一月十九日　火　晴曇

観菊会なりしも不参、樫田亀氏学位の件昨日通過したる

に付同氏挨拶に来る、精音楽学校帰途教室へ寄り共に帰る　台所へ水道を布設す

十一月二十日　水　雨晴

昨夜来大雨なりしも後晴となる

十一月二十一日　木　曇晴

医化学の須藤氏来りて幻灯据付けのことに付相談あり

十一月二十二日　金　曇雨

午後は解剖体祭に付谷中天王寺へ行く、帰途雨降りて困る

十一月二十三日　土　曇雨　祭

終日天気悪しく庭へ出ること叶はず、夕刻田代亮介氏来り森村氏へ紹介の名刺を遣る　長谷川赳夫氏来り児等遊ぶ

十一月二十四日　日　晴

庭掃除、午後赳夫氏来り三児を連れて散歩に出掛けたれども道悪しき為め戻る

十一月二十五日　月　晴曇

午後四時過佐藤外科医局員来りて安倍大五郎氏の病症は喉頭癌なること知らせくれたり依て同氏病室に見舞ふ実に殆んど三十年振りにて会ひたるなり

十一月二十六日　火　晴

十一月二十七日　水　曇

暮方に新井氏教室へ来る

十一月二十八日　木　曇

人類学教室へ行き加曽利貝塚所出人骨を借りたり　晩は明日児等学校紀念日に付装飾の為め檜葉にて額を造り菊花にて「祝」を付す等甚賑かなり

十一月二十九日　金　雨

佐々木豊七氏子息病気全快今日退院すとて挨拶に来る

十一月三十日　土　晴

アインホルン博士（ニューヨーク）へ本二冊寄贈の礼及無事帰府になりたる悦の手紙、シュテール教授（ビュルツブルク）、シュパルテホルツ教授（ライプチッヒ）へ著述贈与の礼、又エルンスト・ライツ（ベツレル）へ支払発送は間違なりしこと、直に発送せし通知を出す

十二月一日　日　晴

今朝庭に少しく白く霜を置く、終日庭掃除をなす一通り片付けたり之が今年庭掃除の仕舞ならんか、池の繕をなす　今日は寿衛造忌日に付ふみ子玉汝等来る　ドクト

ル・アインホルン氏より寄贈の消化器病論二冊橋本へ遣る

十二月二日　月　晴

俄かに寒気を増す、朝日新聞記者に解剖実習を一見せしむ、人類学教室へ行き加曽利貝塚人骨の残部を借る、同所にて不計永田方正氏に十数年振りにて会す　ドクトル・マンロー氏へ約束のシェーデルクルベン〔＊頭骨の曲線〕及問合せの測定数を昨日手紙の返事として晩に出す

十二月三日　火　曇

午刻南部孝一氏独乙より帰朝来訪、急ぎ弁当を食し出て牛込若松町二条公邸に到り野中氏が夏中松島地方にて得たる貝塚人骨其他陳列所を見る　四時教室に帰る、精子音楽学校帰りに寄る　在ストラスブルグ大久保氏より手紙来定雄氏出京の件につきて他家へ托すべきかなどの込み入りたることあり

十二月四日　水　晴曇

加曽利頭骨を継ぎ合はす、二日目なり略ほ出来上る

十二月五日　木　晴

加曽利頭骨仕上げ終る、清洗共四日間費す、精子寄る

十二月六日　金　晴

中山氏一寸教室に訪ひたるも空し、喜美子少しく寒冒

十二月七日　土　晴

諸橋勇八郎氏久振りにて教室へ来り世間雑談、午後二時帰宅、午食、直に植物園に到る桜井錠二氏在職二十五年祝賀会なり、同処にて折好く青山氏に会ひて病理解剖教室の様子を聞くことを得たり　即ち昨日意外にも三浦守氏来りて病気快しきに付来一月より授業す云々と言ひたりと　六時帰宅

十二月八日　日　曇

約の如く午前十時教室へ行く、マンロー氏外一名来り石器時代頭及アイノ頭骨写真を撮る、一時帰宅　寒き天気なるも庭にて焚火したり、父上様忌日なるも別に何もせず、喜美子寒冒快し

十二月九日　月　晴

中山平次郎氏来室明日出発福岡医科大学第一回卒業式に参列の為め同地へ旅行すと、病理の様子を種々尋ぬ　午後生理教室へストラスブルグ留学のもの集りて老婆マダム・リューヂンゲル去十月十六日死去の趣に付何か墓前へ供へては如何に付相談す

十二月十日　火　晴

十二月十一日　水　晴曇

夕刻新井氏来り　ルエル注射器二個を貸す又学位申請方を説きたり

十二月十二日　木　晴　昨夜雨

午後薬学科改正の件に付下山、丹波、高橋、隈川、片山、青山諸氏及自分法医学教室に集る、旧、新科程の得失決し難きに付長井氏帰朝まで延期することとす

十二月十三日　金　晴

此頃はマンロー氏貝塚人骨組直しに従事す

十二月十四日　土　晴

貝塚人骨整理は愈々終る　中鶴氏海軍主計試験愈合格せりと　晩児共と遊びたり

十二月十五日　日　晴

午前庭にて焚火をなす、午後二時植物園に到る　大沢謙二氏在職満二十五年祝賀会なり出席者四百余名、集金二千九百余円なりと、鈴木孝之助氏を伴ひて五時半帰宅、八時同氏去る、氏は去十月より開業したりと

十二月十六日　月　曇

午後教授会あり、学位の件なり、旭憲吉、中金一、上野金太郎三氏通過す、ストラスブルグ老婆死亡に関する醵金五円大沢謙二氏に渡す　帰途中島鋭治氏を訪ひ夫妻に会ひて碩臣氏配偶のことに付陳ぶるところあり

十二月十七日　火　晴

午食後石原氏を歯科に訪ひカリエスに付尋ぬ又韓人頭骨一個交換として持ち帰る、新井春氏手及足の墨汁注入標品を持ち来り一見す

十二月十八日　水　晴

総論解剖学今日閉講、福岡石原誠氏教室へ尋ね来る、午後水木氏来りて投影灯を点じて発電器の試験を行ふ　在ストラスブルグ大久保氏へ手紙を書く

十二月十九日　木　晴

マンロー氏へ返書を認む

十二月二十日　金　晴曇

系統解剖学講義明日の分繰り上げて今日閉つ　午後田口氏を伴ひ芝慈恵医院医学校へ行きて新井、森田氏等の案内にて解剖室始め其他を見る終りて四時頃独り鈴木孝氏を訪ふ、未だ帰宅せず、暫くして帰り来る、六時半帰宅

十二月二十一日　土　晴

突然大風を生す、晩は歯痛にて床に臥す、良一より神戸発にて明日午前十一時新橋着の電報到る

十二月二十二日　日　晴

午前九時過精、三、中鶴も共に出かけ新橋へ迎へに行く正十一時着、手荷物は中鶴氏に托し、急ぎて帰宅す、十二時少し過ぐ　児等歓び家内賑かなり

十二月二十三日　月　晴

小松春三氏午刻教室へ来る　午後教授会、大学院特選給費生（一ヶ月五十円以内を給するもの此度新に設けられたる制なり）選定の件、決定に至らず散会す

十二月二十四日　火　晴

昨日より加曽利貝塚人骨に付きて記述を始む　今朝より良一に独乙を読む、晩鶴、精、三はクリスマスに大沢岳氏方へ行く

十二月二十五日　水　晴

森田斉次氏来る　児等は終日長谷川赳夫氏と遊ぶ

十二月二十六日　木　晴

水木友次郎氏へ幻灯据へ付けの謝儀として五拾円渡す長谷川弘一郎氏来りたり之にスカフォケファルス（＊舟頭症）石丸定助の生前事項を調ぶることを托す、喜美子鶴、精、三を連れて買物の帰りに教室へ寄る、暮方連れ立ちて帰る

十二月二十七日　金　晴

終日教室にあり、来る人もなし、晩は赳夫氏来り児等遊ぶ

十二月二十八日　土　晴

椎野鉎太郎、中原温二の両新学士解剖学教室助手志望に付其履歴書を今日事務室へ遣る　京都長谷部言人氏出京来訪、日暮に千駄木母堂教室へ来り只今篤次郎氏耳鼻科へ入院せりと、就ては帰途一寸見舞ふ

十二月二十九日　日　晴

午前良一に独乙を読むの外、掃除などし、午後は二時頃四児を連れて出かけ本郷足立屋にて三二の靴を購ひ是より浅草へ行きてキネオラマを見る、児等珍しく感す　是より電車にて銀座へ行き天金にて食事し、銀座通りを歩し、博品館に入る、七時半帰宅

十二月三十日　月　晴

十時過教室に到る、喜美子次に千駄木母堂来りて篤氏気管切開を肯せず又母堂、久子も承知せず依て岡田氏に面談の為め電話にて打ち合せをなす、時に亀田とか云ふ人坪井正氏紹介にて此頃より二回来りたれども折悪しく会はざりし人来り之に面会す、弁当を使ひ、一時頃耳鼻科

に到る、二時頃に岡田氏来り相談の結果、林氏帰京の上にて協議することとし其旨を篤氏に通す、時に母堂入り来り愈賀古氏に於て引き受くることとしたれば明日退院することに極たりとのこと　彼是甚混乱、四時頃教室へ戻る、新井春次郎氏来りたり　斯の次第にて今日は仕事は全く出来ず

十二月三十一日　火　晴

午後鶴、精、三を連れて本郷通りへ行く、去夏火災に罹りたる勧工場再築して売り出しに付之に入る、未だ整頓せず、青木堂にて児等に菓子を遣り帰る　晩は家内七人の外長谷川、中鶴二氏を加へて歳末を祝す　後かるたなどを遊ぶ、徐夜の鐘を聞きて眠る

明治四十一年　2568
1908　良精四十九年

一月一日　水　曇

八時半起、鶴、精、三は既に学校へ行きたり、良一も出かける、其中児等学校より帰り来る、良一も長谷川、佐藤二氏を伴ひ帰る、午後小松春三氏年始に来る、夕刻箕作子息来り夕食し皆集り遊ぶ、かるたは賑かなり

一月二日　木　晴

天気好し、午後二時良、三を連れて外出、千駄木へ寄りて於菟氏を誘ひ散歩す、上野より電車に乗る、混雑を極む、浅草にて下り向島へ行く誠に久し振りなり、七時帰宅　晩は児等雑誌など見て遊ぶ

一月三日　金　晴

天気宜し、良一に独乙習読中長谷川氏来る、午後平野勇氏年始に来り久々にて面会す　晩はかるた会の積りなるも来る人少し、樫田十次郎、長谷川の両氏の外隣家桜井の二息来る、十時半散す

一月四日　土　晴

医科年始会は例に依り断る、十時半教室に到る六時帰宅、良一は千駄木へ行く、晩は静かなり

一月五日　日　晴

喜美子は午前賀古氏耳科医院の篤氏を見舞に行く、精、三は赳夫氏迎へに行き連れ立ちて帰る、夕刻於菟氏も来る、怪しき西洋料理を馳走す、晩はかるたを遊び、十一時過散す

一月六日　月　晴

朝篤次郎氏容体悪しき報に接す、九時出て耳科医院に到る、医員内藤氏に面会、呼吸困難の状態にて甚気遣はし、十一時半頃佐藤三吉氏来り診察、愈々気管切開と決し午後一時を約して分る、時刻来りて手術を始め、三十分程にて終る、其後異状なし依て三時半辞し去る、教室不参晩は赳夫氏来り十一時過まで遊ぶ

一月七日　火　雪

今朝より雪降り始む寒殊に強し、十一時前教室に到る、五時半帰宅　良一は午後三時三十分の汽車にて出発岡山へ帰る、中鶴独り新橋まで行きたるのみ　喜美子は篤氏を耳科医院に見舞ふ容体宜しからすと　ふみ子佐倉より

帰京、泊す、明日帰舎すべし

一月八日　水　晴

総論解剖学講義を始む

年賀の調べ次の通り但欧米は除く

はがき　一九二

封書　五四

名刺　七五

午後五時半帰宅、晩千駄木母堂来り篤氏後方の相談

一月九日　木　晴

系統解剖学講義を始む　喜美子篤氏の病気を見舞ふ

一月十日　金　晴

午後喜美子篤氏を耳科医院に見舞ふ　医家諸氏落合て診察し別に異状なしとて六時頃帰り夕食を終りし頃隣家の子息来りて只今電話にて容体悪しき故直に来る様、報ありとのことに付喜美子直に出向ふ、九時半頃に至り自分も来る様にと電話あり故に直ぐ出掛ける既に落命の後、其時刻は七時頃なりしよしにて皆間に合はざりき、最近族にて剖験《ママ》することに決し明日黎明に遺骸を先づ解剖教室にて送り置くこととし自分去りて教室へ寄り十一時半帰宅

一月十一日　土　晴

七時教室に到る既に遺骸は自分の室にありて故人の門生島田氏之を護る、氏を去らしめ九時より十時まで講義して朝食し先つ病理教室へ行きて中山平次郎氏幸にありて執刀を托し時刻を午後二時と取り極めたり（氏は二三日中に福岡へ帰る筈なり）之より電話にて諸方へ其ことを報す。午食し時刻を計りて遺骸を病理教室へ移す、二時十五分中山氏刀を執る陪席者は賀古、青山、橋本、三浦（謹）、三浦守、内藤の諸氏なり、三時半終り後の始末をなし四時少しく過ぎて送り出す、林太郎氏は今日帰京し之又陪席す、自分は電車にて鞘町へ行く　遺骸の着を待ち何かと混雑の中を辞して八時頃に帰宅す、喜美子は午後より行きて手伝し十一時過ぎて帰る

一月十二日　日　晴

終日在宿、上田定雄氏今日出京す　喜美子午後より鞘町へ手伝ひに行く九時半帰る

一月十三日　月　晴

九時より十一時過まで解剖実習に付講義し、弁当を食し急きて鞘町へ行く、一時少し過ぎて出棺、二時半少しく過ぎて漸く向島弘福寺に着、読経将に始まらんとすると

き恰も鶴、精、三学校より直に来る、三時半頃式終る、遺骸は火葬とする筈なり、暫時休息、三児と共に帰宅、喜美子は鞘町へ廻り七時頃帰る、気温珍しく温暖、風少しく強かりしも会葬には甚困難ならざりき

一月十四日　火　曇

高山喜内氏教室へ来る、晩喜美相談ありとて千駄木へ行く

一月十五日　水　雪

終日雪降る寒気強し、弘田氏教室へ悔に来る

一月十六日　木　晴

一月十七日　金　晴

一月十八日　土　晴

病理の草間氏愈伝染病研究所へ行くとて暇乞に来る　喜美子鞘町へ行く、児等は橋本へかるた会に行く

一月十九日　日　晴

天気温和、午後精、三を携て散歩、中鶴、上田同行、先赴夫氏を誘ふ、不在、是より本郷より上野公園に到る氷月にてしるこを児等に食せしむ、山内を歩て夕刻帰る、晩中鶴の弟なる人尋ね来る

一月二十日　月　曇

午後教授会あり、大沢謙二氏生理実習を始むることに付相談あり

一月二十一日　火　晴

講堂に幻灯据付けの為遮光幕装置出来す　ドワイト教授（ボストン）、モリソン博士（人類学研究所助手、チウリヒ）へ論文寄贈の領収はがきを出す

一月二十二日　水　曇晴

一月二十三日　木　晴

昨今両日寒殊酷し、新井氏一寸教室へ来る来月三日除幕式に付打ち合せの為めなり

一月二十四日　金　晴

午刻長谷文氏教室へ尋ね来り鞘町後事に付種々談あり晩其ことに付喜美子千駄木へ行く

一月二十五日　土　晴

マンロー夫人より高畑宜一氏の身分等に付問合せ来り其返事を出し且つ神保小虎氏を訪ふて質すところあり　次に広瀬佐太郎氏重患に罹り昨日入院せしに付病室に見舞ふ　喜美子亀井家へ招かれて行く

一月二十六日　日　晴

長谷川、中鶴氏等児等と遊ぶ、夕刻長谷文氏来り　一昨

日のことを繰り返へす共に晩食す

一月二十七日　月　晴

午後教授会あり特選給費大学院生選定の件前回を決議一名たりしもの二名となり真鍋氏の外更に熊谷（弟の方）を選定す　マンロー夫人より高畑氏を世話することに極めたる旨報知あり

一月二十八日　火　晴

広瀬佐氏を見舞ふ益危篤の様見ゆ　午刻森久子どの教室へ来り故篤氏後方に付甚悲観の談あり二時頃去る　独乙人フォーゲルサングなる人B・ハーゲン氏の紹介状を持ちて尋ね来る　四時半帰宅小林文郎氏（姫路駐在）出京来訪

一月二十九日　水　晴

広東医学堂在勤梅田郁蔵氏山本三樹氏の紹介書を持ちて来り面会す　晩広瀬佐太郎氏死去の電報来る

一月三十日　木　曇　祭

午前広瀬家へ悔みに行く、午後在宿、晩喜美子も広瀬へ行く、午後より赳夫氏来り晩も長く居る

一月三十一日　金　雨

帰途千駄木へ寄る、二児肺炎重体にて混雑、橋本氏西沢氏ありたり、晩食、鞘町一件に付山口法学士来り談合、田口氏銅像除幕式辞の訂正を乞ひ九時帰宅

二月一日　土　晴

大阪医学校助手宮田氏同校より依頼に依り研究生として今日より教室へ来る　午後一時教室より直に広瀬家本宅へ行く葬儀の列に加はる谷中斎場にて神式なり、四時半帰宅　晩西沢氏来りて全家族に種痘を施しくれたり又小林鶴蔵氏来る椰野家の談にて十二時頃去る

二月二日　日　曇

終日在宿、午後より赳夫、正四郎両氏来りて児等遊ぶ正四郎氏は耳疾全快近日江田島へ帰校すとて送別旁来れり、晩鶴蔵氏来りて椰野家財産のことに付談あり

二月三日　月　晴

午後二時より故田口氏銅像の除幕式を行ふ為めに教室賑ふ京都より鈴木文氏出京、仙台より杉野茂吉氏出京、終りて談話、四時半出て千駄木へ行く　故篤次郎氏後方のことに付正式の親族会議なり　森、長谷及良精の方に員外者荒木氏列席す　略ぼまとまりたれども今後果して如何や九時頃終る

二月四日　火　晴曇
午後赳夫、正四郎外一名教室参観す　晩棚野へ銀行株等今の内に名義を書き替へ置く方可然との手紙を認む
二月五日　水　曇晴
朝少しく雪降る寒強し少時して止む、杉野夫人教室へ挨拶に来る　例刻帰宅すれば千駄木より小児死去の報今来れりと云ふ　喜美子先行き自分も食事して行く
二月六日　木　晴
喜美子は千駄木へ手助に行く、例刻帰宅すれば蔵光氏来り居る、腹工帰来宜しからず面会を謝す
二月七日　金　晴
帰途千駄木へ寄る、喜美子終日手助に行く、まり子の模様死期愈迫りたるが如し
二月八日　土　曇晴
帰途千駄木へ寄る、別状なし、喜美子と共に帰宅、晩中鶴、長谷川両氏来る　R・マルチン教授（チウリヒ）、L・W・H・ダクワース（ケンブリッジ）二氏著述寄贈の礼札を出す
二月九日　日　晴
午後三二、中鶴と道灌山へ散歩、凧を遊ぶ、好天にて甚快、自分は田端にて別れて千駄木へ寄る、橋本氏来診、別条変りなし　マンロー氏より著述 Prehistoric Japan 送り呉れたり直に礼札を出す
二月十日　月　晴
午刻弘田氏教室へ来り　森女児の病症ミリアルツベルクローゼ〔＊粟粒結核〕なる診断確実ならすとの談あり　帰途千駄木へ寄り例刻帰宅
二月十一日　火　晴　祭
午後三二を連れて道灌山へ散歩す今村一雄氏久し振りにて来り居り同行す
二月十二日　水　晴
午後二時より産科婦人科病室脇に造立せられたる前の浜田教授銅像除幕式に列す
二月十三日　木　晴
午前医学会事務所へ行きて雑誌を調ぶ　午後は幻灯据付け略ぼ落成にて之が試験を行ふ　先つ満足なる成績なり、七時過帰宅　理学文書目録客年十二月までの分を長谷川舘一氏に遣る　神保小虎氏一寸教室へ来る
二月十四日　金　晴曇
午前医学会事務所へ行きて雑誌を調ぶ
二月十五日　土　晴

二月十六日　日　晴
天候春暖、午後散歩、赳夫、中鶴、上田及精、三を連れて本郷より電車にて亀井戸《ママ》に到り臥龍梅を見て是より木下川へ廻る、浅草より電車にて帰る
二月十七日　月　曇
石原久氏歯科に訪ひ過日交換の韓人頭骨代品を持参す
二月十八日　火　晴
帰途千駄木へ寄る　まり子の病気漸々軽快し一家喜びの体なり
二月十九日　水　晴
晩在伯島峰氏へ手紙を認む
二月二十日　木　晴
H・フィルヒョウ、アインホルン両氏写真贈付の礼を出す又E・フィッシャー（フライブルク）へ論文寄贈の礼を出す　在独乙井上通夫、布施現之助、敷波重次郎三氏へはがきを認む
二月二十一日　金　晴
二月二十二日　土　曇
精、三学校より帰途教室へ寄り弁当を食し歯科へ行きて歯の治療を受く一時半終り教室にて休み是より散歩す、池の端勧工場（旧博覧会外国館の建物を以て新に開きたるもの）に入り、次に動物園を見て帰る時に雨降り始む
二月二十三日　日　曇
午前神奈川マンロー氏より電報にて精養軒に会せんことを申し来る依て十二時半同所に到る　共に食事し博物館に到り高橋健自氏二三の古墳物を見せられたり、格別要用もなし行かざりし方増しなりしものを　晩小林鶴蔵氏来り椰野家の件即ち銀行株を安全にするの策云々
二月二十四日　月　雪
雪天寒し、午後教授会あり
二月二十五日　火　晴
午後は大沢謙二、隈川の両氏来り教室費分配方に付種々相談、精子歯科へ来る
二月二十六日　水　晴
午後四時半教室を出て牛込小松家を訪ひ染井墓地のことに付話す未だ決定に至らず、同家の向側に偶然内藤久寛氏の別宅あることを見たるにより立寄りたれば丁度出京中且在宅に付面会して島峰のことを話して去る八時帰宅
二月二十七日　木　晴
二月二十八日　金　晴

喜美子内藤久寛氏宅へ行く、晩小林鶴蔵氏来る

二月二十九日　土　雪雨

晩赳夫氏来り喜美子と長談、一時過ぎて去る、後共に談して三時を過ぐ

三月一日　日　雨

紀念日なるも大学不参、皆在宿、晩赳夫氏来る其前昼中喜美子と折々相談せり、十時半頃児等就眠、喜美子先意中を陳ぶ、談大に長引く、自分も床中より出る、二時半別る、手段余り深夜に過ぎたる歟

三月二日　月　曇

精学校帰りに寄りて歯科へ連れ行く第三回目なり但し未だ終らす　在ストラス大久保氏へ手紙を書く

三月三日　火　曇

三月四日　水　雪

悪天寒し、精子学校帰りに寄りて歯科へ行く終りに教室にて長谷川氏のことを談す、終に諾す、渡航中に浮ぶ児の無邪気可愛、人車を命して家に帰らしむ時五時に近し

三月五日　木　雨曇

晩赳夫氏来り皆眠に就きてより此度の件に付喜美子へ応諾の答あり　三時過ぎて去る　希くは此幸の永久ならんことを

三月六日　金　曇

晩千駄木母堂、潤氏来る、二条公所有貝塚骨格のことを野中氏へ頼みたり云々

三月七日　土　雪雨

稀なる悪天なり、精子学校帰りに寄り弁当を食し歯科へ行く、長谷川氏の件取り極めたる旨を話したるに之を諾したり人車を命して帰らしむ

三月八日　日　晴

午前出てて原町小松春三氏を久々にて訪ひ次に野中完一氏を訪ひて二条家の貝塚骨格研究したきを以て借用のことを依頼す　大に有望なるが如し、午後在宿　三二一昨日より少しく寒冒、今日は大に快し

三月九日　月　晴曇

午後教授会あり、学科改正の件なり　帰途隈川家へ悔に行き千駄木へ寄りて帰る

三月十日　火　曇雪

午刻より大に雪降り始む地上真白となる

三月十一日　水　大雪晴

今朝に至り雪三寸程積る、昼頃より霽れる　晩在韓桜井龍造氏へ帰朝所望に付其ことを森氏へ依頼し呉るる様申来りたるに付一昨日森氏へ旨頼みたることを手紙に認めたり

三月十二日　　木　晴

精子学校帰りに寄り歯科へ行く時刻遅くなりて空しく去る　同所にて金森辰次郎氏に久々にて逢ひたり　フリードレンデル&ゾーンへ書籍代百マルク為替を書留にて送る出す

三月十三日　　金　晴

午刻野中完一氏教室へ来り貝塚人骨借用の件二条公承諾の報を持ち来る、午後田鶴、精両人共教室へ寄る　歯科へ連れ行きて治を乞ふ五時教室に帰り共に帰宅、赳夫氏来る　W・ルー教授（ハレ、ザーレ河畔）、博士資格者E・フリッチ、S・オッペンハイム、モリソン（いずれもチウリヒ）、ドクトル・E・ロート（ボン、ライン河畔）諸氏へ論文寄贈の礼はがきを出す

三月十四日　　土　晴

午前教室より帝国ホテルへ行き此頃帰朝せるベルツ教師へ名刺を出して帰る

三月十五日　　日　晴

喜美子は午前千駄木小児の葬式に付向島へ行きたり　午後赳夫氏来り道灌山へ散歩、三二、上田同行

三月十六日　　月　晴

午後一時よりは教室のもの学長室に集り先四十一年度教室費を分配し次に四十二年度以降分配法に付協議、困難を極め漸く六時半に到りて調ふ　七時帰宅すれば金森いく子殿来りて太田氏鶴処望の話あり、好意を謝して断る

三月十七日　　火　晴曇

朝川島正久氏来りて綿貫令嬢病気、浜田氏の診察を受けたるところ手術云々話あり、之に付詳細を同氏より聞きとることとの依頼あり　緒方氏教室へ来り昨日諸氏承諾せし分配の中より解剖から別に二百円計を衛生へ移すの懇談あり　断然辞退す、之は同氏の策略拙なきものと推察す　五時教室を出て浜田氏を訪ひたるも不在

三月十八日　　水　雨

朝川島正久氏来る、昨日浜田氏不在なりきを告げ名刺を遣りて同氏直に浜田氏に面談せんこととす　樫田亀一郎氏教室へ来る、学習院生徒測定成績を報告するの件に付相談あり

三月十九日　木　雨

午前緒方氏教室へ来り再教室費の件、即ち類学へ当てたる分より二百円を衛生に百円を病理へ算入したし云々但し不同意を以て答ふ、午後隈川氏来り増額四万四千円を教室、医院分配の掛け引きに付相あり、次に杉野茂吉氏来る　今日使を二条家へ遣り貝塚人骨を借用す

三月二十日　金　雨

記載解剖学講義を閉つ又昨日少しく残りたる総論解剖学も全く終る　大阪水尾源太郎氏洋行暇乞に来る　京都岡本梁松氏来り教室内を案内す　二条家貝塚人骨組立を始む　晩は赳夫氏来り、児等学校今日限りとて歓び遊ぶ

三月二十一日　土　晴　祭日

終日教室にあり

三月二十二日　日　晴

天気好し、風少しく寒し、午食後精、三を連れて外出本郷にて精にリボンを買ひ、不忍池畔の商品陳列所にて三二グローブを買ふ　是より動物園に入り、氷月にて休み、帰る　今日午前内藤久寛氏夫人来訪

三月二十三日　月　晴

大に暖くなる、午前稲葉良太郎氏洋行、教室にて告別、午後教授会出席

三月二十四日　火　晴

喜美子、鶴、精、三を連れて望月にて採影せしむ、鶴、三教室へ寄りて弁当を食し学校へ行く、晩富士前に出火あり

三月二十五日　水　曇

終日教室にあり

三月二十六日　木　曇少雨

終日教室にあり、喜美子北蘭及児等を連れて浅草公園へ行きたり、晩ふみ子来り泊す、明日佐倉へ行く筈　留守中ドクトルベルツ氏此度来朝せしに付来訪せり　晩赳夫氏来り喜美子と長談三時過きて去る

三月二十七日　金　晴曇

骨継ぎ仕事大略終る

三月二十八日　土　曇

喜美子教室寄る児等が写真出来、精のもの一枚赳夫氏に遣る　ふみ子たかを連れて帰る

三月二十九日　日　曇

教室へ行く、貝塚人骨整理全終る、九日間費す　午後五時過帰宅すれば良一着し居る尤も中鶴、三二を伴ひて迎

へに行き途中遊びて帰りたるなり　小林魁郎氏横須賀在勤となり出京来訪、同氏泊す

三月三十日　　月　曇

貝塚人頭骨のクルベン〔＊曲線〕を画きて終る　木下東作氏洋行に付暇乞に来る、ふみ子佐倉へ帰る

三月三十一日　火　晴

朝出勤途上丸山本妙寺に到る　安倍大五郎氏一昨日死去、今日葬式なり、十時教室に到る、午刻帰宅、午後は児等を連れて散歩、諏訪神社にて休み田甫にて雑魚を採りなどす、晩長谷川赳夫氏来り賑かなりき

四月一日　　水　曇少雨

朝松村瞭氏来り著書一部贈らる、在名古屋奈良坂氏教室へ来訪、内科助手増田氏来り臍部静脈標本に付相談あり、五時頃に至り良一、精、三来りて晩食に行かんことを促す併し天気模様悪しければ思ひ止り共に帰宅す

四月二日　　木　晴風

午後三時過帰宅、是より四児及上田を連れて出かけ、銀座天金にて食し、銀座通りを歩き、日比谷公園に入る児等大満足なり、八時頃帰宅、時に赳夫氏より電報来る彼の談国元にて都合好く運びたることを知る

四月三日　　金　曇　祭

午前喜美子外出三越へ買物に行く、午後は児等及中鶴にて田甫へ散歩、晩十時過橋本綱常氏より使来り有栖川若宮殿下薨去に付防腐剤を問合せの為めなり

四月四日　　土　雨

安田恭吾氏及工学士小笠原金三郎氏教室へ来り小氏の児病気に付相談あり

四月五日　　日　雨

教室へ行く、三時帰宅、是より支渡芝公園内三縁亭に到喜美子同道、隣家桜井令嬢と鈴木充美氏令息と結婚披露なり、九時半帰宅、赳夫氏昨夜帰京来りて待ち居る、詳細の談を聞く、三時頃となる、同氏泊す、仙台鬼頭氏出京来訪、恰も出かける際なりしを以て再会を約し辞す

四月六日　　月　曇晴

鶴、精歯科へ行く自分も続ひて行く、精は今日終る　鬼頭氏教室へ来り　新設新潟専門学校のことに付種々談合せり　弘田氏教室へ来りて北里を大学に容るの意見に付陳ぶるところあり

四月七日　　火　晴曇

午後幻灯試験をなす、六時半帰宅　良一は午後七時三十分の汽車にて岡山へ出発す　上田氏を以て送らしめたり

四月八日　水　雨

児等学校始まる　午後坪井正五郎氏母堂の葬式に染井へ行き是より帰宅　夜に入りて雪降り始む、赳夫氏来り泊す

四月九日　木　雪

昨夜来雪降り殆んど終日止まず一尺計積る、寒気酷し、桜花既に過半開きたるに此事あり誠に珍らしき限りなり

四月十日　金　晴曇

晩小林鶴蔵氏来る、近々小千谷中学校へ赴任すと

四月十一日　土　晴

大学競漕会なり、常の通り教室にあり　鬼頭英氏仙台へ帰任するに付暇乞に来る　晩赳夫、中鶴来りて競漕会の模様を報す即ち法の勝、医之に次ぎ、工最後なりと云ふ、明治二十年以来の成績次の如し法九、医八、工五

四月十二日　日　雨　桜花満開

終日悪天甚不快、夕刻赳夫氏来たり

四月十三日　月　雨

ベルツ教師歓迎の件に付午刻山上集会所に到りて相談

四月十四日　火　曇

組織実習を始む

四月十五日　水　曇

記載解剖学講義を始む、七時出勤、午前に甲野棐氏を訪ひて此頃泰造氏去死《ママ》に付弔詞を述ぶ

四月十六日　木　晴

久し振りにて天気好し、午刻ベルツ教師来朝に付歓迎の為め山上集会所にて会食す、終て同氏の銅像を見、次に解剖教室へ案内す、恰も顕微鏡実習中に付之を覧に供し其他教室内を通覧せらる、総長始め其他の諸氏も来る

四月十七日　金　晴

大沢謙氏に此頃起りたる細菌学上研究所と関係を付くると云ふ問題に付相談す　小林鶴蔵氏夫婦小千谷へ赴任に付夕刻より来りて晩八時半出発す

四月十八日　土　晴

ロンドンの人ザクス夫婦A・B・マイエル氏の紹介状を持ちて教室へ来る、飯島教授へ誘ひたれど同氏欠勤に付渡瀬氏に托し去る、午後四時半帰宅、庭を少しく片付く是れ今年始めてなり　長谷川氏来り晩長談、二時となる、赳夫氏泊す

四月十九日　日　晴

久し振りの好天気に付散歩、各々弁当を持ちて九時出懸ける　日暮里より汽車にて北千住に下り荒川堤を歩す辺鄙なるにも関らず人出なかなか多し一茶店に休し弁当を食す　桜は盛を過ぐ併し見栄あり赳夫、中鶴、上田及三児同行皆々大満足なり、小台渡船場にて休む、五時帰宅

四月二十日　月　晴

在名古屋浅井猛郎氏出京来訪、又午後ベルツ教師来りて種々人類学上の談話あり

四月二十一日　火　晴

午刻山上集会所に到り藤沢氏へ此頃依頼の去明治二十二年五月有志者集りて編たる大学独立案を渡し序に穂積八束氏に今年施行の法科入学選抜試験のことを質す　晩赳夫氏へ其事を知せし為め訪ひたるも不在

四月二十二日　水　晴風

医科紀念帖の為めに三越写真師教室に来り自分を採影す、晩赳夫氏来る

四月二十三日　木　雨

浅井氏明日帰郷するとて教室へ一寸来る

四月二十四日　金　晴

四月二十五日　土　晴

午後三時実習を仕舞ひて帰宅、庭の掃除をなす

四月二十六日　日　晴曇

赳夫、中鶴及三児を連れて荒川へ散歩す、弁当を持ちて九時過出懸ける　田端より汽車にて赤羽に下り浮間茅野に到る　桜草見事に開く、此処にて弁当を食し休む、人出昨年尚ほ一層多し、川口まで歩す鉄橋下の茶店にて休む、汽車にて五時過帰宅、又夜を更す

四月二十七日　月　雨

観桜会なるも雨天にて止む

四月二十八日　火　雨

午前久代孝斉氏岡玄卿氏の名刺持ちて来り只今山階宮殿下薨去に付防腐剤注入すべきに付依頼あり之を承諾す、午後三時田口氏を連れて富士見町御邸に到り注入を施す、五時終り教室へ寄り尋で帰宅

四月二十九日　水　曇晴

晩赳夫氏一寸質問に来る

四月三十日　木　晴

野本清一保証人たるため貸与金不納の件に付呼出され工科事務室へ行く

五月一日　　金　晴

昼頃文部省へ行き福原氏に面会し新潟専門学校のことに付尋ね、且つ鬼頭氏のことを頼みたり、高山喜内氏教室へ来る、田鶴子歯科へ行きて立寄る今日にて漸く終る

五月二日　　土　晴

午後六時半過帰宅、赳夫氏来り居る、又々夜一時に帰る

五月三日　　日　晴

午前は焚き火をなす、先日来植木屋来りて柏を刈り込み其枝葉山をなす、昼までに過半を焚きたり　午後は赳夫氏来り三児を連れて共に植物園に到る　是より神田川へ行きて鰻を振舞ふ、昨日有栖川宮家より拾円、過日防腐剤問合せの謝金として遣されたるに付之に当てたり

五月四日　　月　雨

樋口繁氏一寸来室、午後教授会あり、四十二年度予算編成の件なり、昨年来の難問題たりし学生三十名増員に対する増額四万四千円を教室と医院に分配の割合も都合よく運び教室二万四千円、医院二万円と決定せり　之は青山学長が第一に切り出したる数にして亦教室側の案なるも教室は教二万五千、医一万九千と云ふ数を以て幸ひ妥協したる結果なり終りて各教室分配のことも過日の妥協を少しく変じて（之は衛生より不平を起せるに因る）之又確定せり　六時終る　岩井禎三氏より山階宮殿下尊体保存の状態昨夜は入棺まで別状なき旨報知あり

五月五日　　火　晴

昨夜大雨

五月六日　　水　晴

靖国神社大祭に付児等学校休にて在宅なり故に昼弁当を食し帰宅し庭の草を採りなどして暮したり

五月七日　　木　晴

五月八日　　金　晴

三二、大宮公園に学校催し遠足とて早朝勇みて出行きたり　晩赳夫氏来り一時去る

五月九日　　土　晴

昼帰り更衣二時半植物園に到る　箕作佳吉氏在職二十五年祝賀会なり　二時帰宅

五月十日　　日　曇雨

庭にて柏葉を焚く、午後は雨降り出す

五月十一日　　月　雨

安田恭吾氏男児を連れ来り二時間計談話す　片山氏より

三田定則氏仕事原稿を（紀要に載すべきもの）受取る

五月十二日　火　雨

在ストラス大久保氏へ手紙を認む

五月十三日　水　晴

午前文科大学へ行きフローレンツ氏に三田氏原稿の校正を托す

五月十四日　木　晴

五月十五日　金　晴

衆議院議員総選挙日なり、区役所へ行きて山根正次氏に票を入る

五月十六日　土　晴

神奈川モンロー氏帰国出発の日を電話にて問ひ合せたるところ既に去水曜日に出発したりと　晩赳夫氏十二時半まで談す

五月十七日　日　雨

終日在宿、朝遠藤夫人来りて患者を木下正中氏へ紹介のこと頼む依て名刺を遣る

五月十八日　月　晴

晩赳夫氏来る

五月十九日　火　晴

近沢氏に貝塚大腿骨の疵あるものを画くことを托す　夕刻星岡茶寮に到る森医務局長、芳賀軍医学校長を医科諸氏より招待したるなり　十時半帰る

五月二十日　水　晴

理科大学へ行きて関戸雄治氏に貝塚人骨写真のことを依頼す

五月二十一日　木　晴

五月二十二日　金　晴

午前水木、関戸両氏来りて先試にアイノ頭骨を写真す、午後五時前出て偕楽園に到り高階経本氏韓国へ赴任に付送別旁久し振りにて同窓会を催されしなり二十名計集る、種々懐旧談あり、九時半散す

五月二十三日　土　晴

助手中原氏任命以来兎角不精勤に付一応忠告す、晩赳夫氏来る十二時去る

五月二十四日　日　晴

山階宮家より使者来り過日の労に対謝儀（三十五円）外に田口助手の分（十五円）持ち来る　午後橋本母堂二児を連れて来る　終日庭の掃除並に檜葉《ママ》の焚く但し尚一回分程残る

五月二十五日　月　晴

各専門学校長（五名）出京に付山上集会所にて昼会食す、終て教授会あり、陸軍脚気調査会行き悩み文相同意せざること、外国品を購入せざる棟《ママ》内訓のこと等

五月二十六日　火　晴

在仙台鬼頭英氏へ新潟専門校に関し手紙を出す、ベルツ博士の為めに催す六月一日宴会の断りを出す、長岡横田老母殿出京泊す

五月二十七日　水　雨

三二病気、休校す、緒方、大沢謙両氏を教室に訪ひ総長に面談の打合せをなす

五月二十八日　木　雨

昨今両日アプドルックプレッセ〔＊型取り圧縮器〕を以て貝塚人骨長骨中央部の型を取る

五月二十九日　金　雨曇

午食後緒方氏来り大沢謙氏を呼び三人揃ひて浜尾総長に面会し学生三十名増加に対する四万四千円全部支給されたき旨を述ぶ　関戸氏来りて貝塚頭骨を写真す　過つて完全なるもの机より落して破損す、遺憾極りなし

五月三十日　土　曇

午前関戸来り頭骨を写真す、午刻喜美子教室へ寄る、明後日仏事に付牛込小松、原家、春三氏へ通知し且つ配り物をなす　又喜美子吉祥寺へ行きて読経のこと依頼す

五月三十一日　日　雨曇

教室へ行きて此頃破損せし頭骨を継ぐ

六月一日　月　曇晴

昨夜一時半頃渡り縁側の雨戸一枚をはづして盗人入る下婢両人目を覚まし為に直に遁げ去る、何も紛失物なかりしは幸なりき　午前は関戸来り写真す頭骨一通り終り二三の長骨をも試む、午後二時半出て吉祥寺に到る、明日清心院二十三回忌に付読経す、維直君、故彰殿未亡人及北蘭列す、四時頃終りて染井墓地へ行き五時頃帰宅在ストラスブルグ大久保氏より過日千駄木母堂より遣したる手紙の返事吉報来る之にて両女の方針定まる、真正の幸福ならんことを　又赳夫氏祖母容体悪ししとの電報来り今夜出発帰郷すと、又今日は大掃除をなす、帰宅の頃は既に終る　晩食後精、三を連れて赳夫氏許行く、喜美子も来る　此日は如何にも多事なる日なりき

六月二日　火　晴

午刻春三氏教室へ来る次に内科助手井上文蔵氏来り　腹壁静脈のことに付質問あり　腸加答児にて難儀なり二時過帰宅、晩千駄木母堂来り大久保氏のことに付種談話あり

六月三日　水　晴

朝講義難儀に付一時間にて止める、関戸氏長骨を写真す、昼帰宅休養す

六月四日　木　晴

午後一時過帰宅休養す、腸加答児漸々快し　長谷川弘一郎氏教室へ来り養育院事務員不興云々の談あり　児等は明日行啓に付学校休

六月五日　金　晴

稍全快に付常の通り出勤、関戸氏長骨を写真し終る、赳夫氏昨夜帰りて来り居る、祖母堂格別の容体にもなきよし、児等は行啓に付歓びたり

六月六日　土　晴

六月七日　日　晴

午後精、三は赳夫氏方へ行く、喜美子外出、此折に田鶴に大久保氏のことを話す、別に意外とも見えず、承諾せり　終日檜葉を焚く、之にて終る

六月八日　月　晴雨、大雹下る

午後教授会あり、新井春次郎氏の学位論文を報告す全会一致を以て通過す　午後雷鳴大降雨且つ雹を混す甚大なり内に二拇指頭大のものあり　稀有のことと云ふべし

六月九日　火　晴

晩在ストラスブルグ大久保氏へ手紙を認む田鶴のこと承諾になりたる挨拶なり　又上田に地方高等学校の入学試験を受くる方可然を告ぐ

六月十日　水　晴曇

頭骨写真の写し直しをなす、是より引き延しネガチーフを製することかかるべし　保険医学専門三好氏独乙より帰朝来訪　新井氏抄録を持ちて来る　桜井龍造氏及家族越後村松へ転勤の通路出京留守中来訪

六月十一日　木　曇

桜井龍造氏教室へ来る、新井春氏腱注入標本を持ち来り説明す

六月十二日　金　曇

頭骨写真の写し直しをなす、午後入院中なる川島正久氏を見舞ふ、ベルツ氏へ来十八日招待を受けたる断り並に邦人骨格のことに付手紙を出す　コッホ氏今日着京

六月十三日　　土　雨

六月十四日　　日　曇雨

午前庭に在り、午後赳夫氏来る精、三を連れて三河島喜楽園へ行く途中より雨下り始む、寿しを命し雨の止むを待つ、日暮里まで汽車に乗る、下れば此辺は格別降雨の模様なし、七時前帰宅　北蘭玉汝と共に鎌倉へ行かれたり

六月十五日　　月　曇

歯科へ行きて石原氏に同科設置の模様を聞く近頃に到りて反対者起り困難の模様なり、ベルツ氏より返書来る直に骨格二個を小使に命し帝国ホテルまで持ち行かしむ

六月十六日　　火　晴（雨）

午刻ミトベール氏教室へ来り旧歯医者が用ひし道具を得たるに付其説明を乞ふ併し其知見なきを以て富士川游氏を紹介す、コッホ氏歓迎会に付一時半式場音楽学校へ行く　石黒氏紹介の辞、三浦謹氏各学会を代表し歓迎の辞（独乙語）、牧野文部大臣の式辞（英語）原内務大臣の式辞　吉原次官代読、独乙大使ムシム男謝辞、コッホ氏謝辞尋でシュラフクランクハイト〔＊睡眠病〕に就て講演終りに青山氏謝辞を述べて散会す、五時なり、直に歌舞伎座茶屋猿屋に到る　各委員控所なり同処にて弁当を食す七時を少しく過ぎて始まる、第一千本桜、第二曽我兄弟、休憩の後第三二人道成寺、第四踊り国の華にて終る時十一時に近し　電車にて帰る、会者式場千人、戯場千五百人と記せらる、夕刻大に夕立す

六月十七日　　水　晴（雨）

記載解剖学講義聴器全く終り閉つ、午後は顕微鏡実習昨日の分をなす、赳夫氏来る明朝出発帰郷すと

六月十八日　　木　曇雨

朝出勤前喜美子に一昨日上野式場にて笹川氏より偶然赳氏北堂病症に付聞込みたることを話す　昨晩赳氏の言ひ出したることと照合して大に心を悩ましむ、出勤、実習、終日鬱す

六月十九日　　金　晴

出勤前昨日の如く共に談す、八時半教室に到る煩悶に不堪、樫田氏を尋ぬることに決し出て先つ人類学教室に到り野中氏に頭骨破損のこと並に返却のことに付相談せんとす　氏未だ来らす、次に石原氏を訪ひ歯科医会合大紛擾の模様を聞き、終りに樫田氏を病室に見舞ひ談話中遂に病症を確かめたり、時に十一時半なるを以て急ぎ帰宅、

大要を話し、植物園に赴く、即ちコッホ氏を大学にて招待せしなり、三時過帰宅、隠に悩む

六月二十日　土　曇（大夕立）

人類学教室へ行きて野中氏に貝塚人骨返却の打ち合せをなす、煩悶前日の通り、顕微鏡実習を閉つ、六時過愁然として教室を出て帰る、喜美子今日千駄木へ行きて林氏の意見を質す、上田七高入学試験不合格判明す

六月二十一日　日　晴

午前八時より法科三十二番教場にて組織筆答試験をなす問題ゲベーンリヘス・ビンデゲベーベ〔＊通常の結合組織〕、出席者百二十七名、九時半帰宅、留守中内藤久寛氏来訪、ベルツ氏午後六時半出発帰国に付新橋に見送る同時に石川千代松氏も出発せり　今朝赳夫氏より手紙来る、晩共に談して深更に至る

六月二十二日　月　曇

二条家へ貝塚人骨を返却す、弁当を食し直に出て同家に到る公爵は留守、野中氏に請け渡しを済ませ帰途弘田氏先日来亡《ママ》腸炎を悩み居るを見舞ひ教室へ寄りて帰る

六月二十三日　火　雨

大雨、終日在宿、答案調甚捗取らす、七日間考慮の末継続と決し喜美子赳氏へ手紙を出す

六月二十四日　水　快晴

終日在宿、答案調べ

六月二十五日　木　晴

終日答案調、上田三高にて授《ママ》験の為め出発す　良一木曽山中を経て晩九時頃帰着す

六月二十六日　金　雨

答案調、ふみ子学校寄宿難儀に付暫時宿泊の為め今日より来る

六月二十七日　土　雨

組織実習試験を始む

六月二十八日　日　曇晴

終日実習試験、赳夫氏帰京終日来り居る

六月二十九日　月　雨

終日試験、若杉喜三郎氏出京、教室へ来る一寸面会したるのみ、教授会ありたるも出席せず併し試験終りて後学長室へ行く　薬学科々程改正の件に付長井氏より説明あり

六月三十日　火　半晴

実習試験終る、晩答案調も終り、成績整理に時を要し

十二時半に至り尚ほ終らず明日に譲りて眠につく

七月一日　水　雨

成績整頓午後に至りて漸く終る　時刻遅し遂に教室へ行かず、明日出すこととす

七月二日　木　雨

成績表を出す、図書室にありて雑誌の整理などす

七月三日　金　曇

午前午後共理科大学へ行きて貝塚骨の写真引き延しをなす

七月四日　土　雨曇

午前理科へ行き昨日の残り引延し写真をなし終る

七月五日　日　雨曇

庭にて草を取る

七月六日　月　曇

午後教授会あり、特待生選定、本年度留学生の件に於て中泉、三田の両氏に付きて決選投票す　其結果中泉氏先になる片山氏為めに忿激す　六時終る

七月七日　火　曇

製本師へ雑誌類数拾冊を渡す

七月八日　水　曇

午前後共関戸氏来りアイノ及日本頭骨各一個の写真をとる、昼少し過喜美子来り赳夫氏病気は瘧に付橋本節氏の来診相談あり、其旨を電話にて橋本へ通ず但留守にて確答を得ず

七月九日　木　曇

午前午後共理科へ行きてラウヒッヒカイトおよびクリブラ・オルビタリア〔＊粗面と眼窩節〕の写真をとる　橋本氏赳夫氏を見舞ひたれども遂に宿所不明空しく帰りたりとの使来る、喜美子直に橋本へ出かける　在熊本吉永氏の依頼により上顎竇の〔＊一語未詳〕標本を送り出す

七月十日　金　晴（少雨）

午前後共理科へ行きてラウヒッヒカイト〔＊粗面〕等の写真をとる、吉永氏へはがきを出す　晩食後鶴、精、三を連れて赳夫氏を見舞ふ、今日橋本氏診察す、発作日なるも起らず、恐らくは治したるなるべし

七月十一日　土　晴

卒業式に付　臨幸あり、届を出して欠席、平日の通り出勤、午前、後共理科へ行く但し午後敷波重次郎氏独乙より帰朝尋ね来り大に時を費す

七月十二日　　日　晴（大驟雨）

在宿、庭掃除、樫田十次郎氏来り長談、晩食、九時去る高野氏此度卒業、挨拶に来る、良一、田鶴は今朝千駄木と共に下総大原へ行く、北蘭鎌倉より帰らる

七月十三日　　月　晴

関戸氏教室へ来り　アイノ、日本頭骨の写し直しをなす、午後三時過出て帰宅、庭の草を採る　赳夫氏愈全快朝より来り晩九時まで居る、満月澄みて甚美観、皆々と縁側に坐す

七月十四日　　火　曇晴

午前理科へ行きて引き延し写真をなす、之にて全部終る、午後六時頃帰宅、晩ふみ子並に母上に故寿衛造石碑建立の為め二人にて出向可然こと序に家計精算を一年一回明示すること等を話す　又赳夫氏此夏皆々を招待せしことをも漏す

七月十五日　　水　晴

歯痛の為め午後二時頃帰宅、橋本三重、龍二児来り遊ぶ、ふみ子阿兄の許へ相談に行きたるに単独にて行くべし云々　ふみ子困り居る

七月十六日　　木　雨

昨日用達　熊宮に命して弐拾五円関戸氏へ写真の謝礼としてやる但し一写弐拾銭と計算せり　終日悪天、赳夫氏泊す、喜美子越行に付種々相談、出発は略来廿三四日頃と仮定す

七月十七日　　金　曇

七月十八日　　土　半晴

教室不参、二三日来三二少しく不快、喜美子精の帯購ひ旁外出、赳夫氏来る、庭にて草をとる

七月十九日　　日　曇雨

在宿、庭にありたり、赳夫氏来る明日出発帰郷すと又中鶴近日帰郷すと昨日より来り居る晩は賑かなり

七月二十日　　月　晴

七月二十一日　　火　曇

昨今両日にて四肢長骨中央部型横断面のアプドリュック〔＊押し型取り〕終る四十八種、各二枚つつ刷りたれば九十六枚あり　但し前に数枚出来居たり　晩共に精、三を連れて旅行用袋物出来したるに付之を取りに行き槇町を廻りて帰る

七月二十二日　　水　曇

母上三崎町へ行きて長岡行きに付相談ありき権兄大不同

意のよし、晩御話ありて終にそれに係はらず御出と決せらる、良一田鶴日在より帰る

七月二十三日　木　曇

新井氏教室へ来り種々の注入標本を見る　レーマン＝ニッチェ、リピーツ、ストウィフボ（ワルシャワ）、シュワルツ、デニケル、ロート、リサウエルの七氏へ論文受領のはがきを出す

七月二十四日　金　曇

母上ふみ子同伴長岡へ向け御出立、在宿、喜美子越行のことを三二に話す大喜悦なり　他の児等既に略ほ知り居たり直に支渡に取りかかる、千駄木母堂も来家中甚賑かなり、晩鶴、三を連れて本郷まで買物に行く

七月二十五日　土　曇晴

熱し、十六回解剖学会に付前八時出て慈恵医院医学校へ行く、出席者地方より鈴木文、加門、赤座、藤野、塚口、佐口、東京にて大沢、二村、椎野、中原、田口、村田、新井、森田、竹崎、自分総て十六名、演舌は田口氏エピテルケルペル〔＊上皮小体〕、赤座氏ジアヌッチのハルプモンデ〔＊半月板〕、加門氏ゴルジ・ネッツ〔＊ゴルジ網状組織〕及脳下垂体後葉の神経線維、新井氏脳下垂体の〔＊一語不明〕、森田氏分泌毛細管、鈴木氏顔の構造なり　六時半終る是より諸氏は見晴にて懇親会を催す　自分は辞して八時頃帰宅、明朝出立の支渡を助く

七月二十六日　日　晴

喜美子精、三を連れて六時上野を発す、皆上野停車場まで行く、千駄木母堂も来る、中鶴昨日より来り居り之又見送る、同氏は今夕出発帰省の筈なり、家に帰りて家室を片付く、熱さ頓に酷し　四高入学者今日新聞にて見る、厳の名は見へず

七月二十七日　月　晴

三高の入学者今日官報に出、上田の名見へず、二人共失敗、残念なり、加門、新井、赤座、塚口、竹崎、森田の諸氏教室へ来る　教室内を案内す、マルチンのヂオプトログラフ其他を説明す、プロジェクション〔＊投影〕を行ふ、五時頃散す、晩千駄木母堂、潤氏来る

七月二十八日　火　晴曇

博物館よりムーミエ〔＊ミイラ〕戻り来る、川口に其覆を注文す、歯痛を悩み午後四時帰宅　伊賀上野菅野四郎氏今日開業に付其祝電を出す

七月二十九日　水　晴

在宿、晩塚の山皆々より手紙来るよりて三人より返事を出す、又長岡ふみ子へ手紙を遣る

七月三十日　　木　晴

出勤がけに橋本へ見舞に寄る十一時半教室へ来る

七月三十一日　　金　晴

久しく怠りたる手紙を書く　ワルダイエル、H・フィルヒヨウ、ダクワースの三氏へは教室写真五枚封入す、ブレジケ氏へは解剖図贈与を頼む、又セルギ（ローマ）へ先頃ベルツ氏を介して依頼の日本頭骨写真五枚を贈る、六時半帰宅、連日熱さ酷し

八月一日　　土　晴

フリードレンデルへ書籍及雑誌欠本注文書及書肆ブルックマン（ミュンヘン）のスライド〔＊四語未詳〕注文書を事務室へ托す　フラウ・アンナ・ハルトマンに絵はがきを出す　塚の山喜美子より手紙来る、在ストラスブルグ大久保氏より手紙来る、晩少夕立

八月二日　　日　晴

在宿、熱さ酷し、夕刻庭の草を取る、良一を橋本へ見舞にやる

八月三日　　月　晴

神戸書肆ヒルシュフェルトへマイエル大辞典注文書を発す　晩千駄木母堂来る

八月四日　　火　晴

昨日今日理学文書目録を製す　気温少しく降り凌ぎよし

八月五日　　水　晴　凌ぎよし

貝塚人骨に付編み始む、時に驟雨あり　晩千駄木母堂来る

八月六日　　木　晴曇雨

片山氏教室へ来る著書法医学講義の初巻贈らる　喜美子今日帰京、午後十時上野着の筈のところ汽灌車破損の為め大延着、一時半頃上野へつきしよし時に風雨烈し人車破損等の為め漸く二時半家に帰る　三時過ぎて眠に就く

八月七日　　金　晴雨風

在宿、旅中の話などに暮す、母上晩十時上野着の筈、良一迎へに行く、一時間延着、十二時頃母上ふみ子家に達す時に風雨強く嵐となる

八月八日　　土　晴風

午前佐藤三吉氏母堂逝去に付悔に行く、十一時教室へ戻る

八月九日　　日　晴

午前谷中斎場に佐藤家葬式に到る、午後在宿

八月十日　　月　晴

昨日喜美、田鶴を連れて近き仙羽と云ふ人を尋ね英語復習のことを頼み今日より習に行く　ふみ子佐倉へ行く

喜美子午後発熱、殆んど四十度に達す

八月十一日　　火　雨

終日悪天、喜美子発熱せず

八月十二日　　水　雨

アイノ頭骨二十余個をライニゲン〔＊洗う〕す

八月十三日　　木　曇晴

図書室を整頓す

八月十四日　　金　晴

山形おる音山（高橋）金五郎（元解剖小使）尋ね来る

在仙台鬼頭氏出京来訪、金沢校か新潟校か何れかの相談あり　福岡久保猪氏手紙又在韓久保武氏に寄贈陶器の礼状を出す

八月十五日　　土　曇　大夕立

アイノ頭骨曲線を画く、四個終る、時に夕立の為め闇くなりて止むる

八月十六日　　日　晴

在宿、午前石原喜久太郎氏来訪、先般助教授になりたる挨拶旁なり

八月十七日　　月　晴

昨夜大雷雨、教室不参、午後良、三を連れて出かけ諏訪神社にて一寸休み、日暮里より汽車にて三河島に到り喜楽園にて半日を消す

八月十八日　　火　曇晴驟雨

八月十九日　　水　晴

昨今共アイノ頭骨曲線を画く、能勢静太氏来訪

八月二十日　　木　晴

教室甚閑静、終日仕事す

八月二十一日　　金　晴

アイノ頭骨曲線今日まで二十六個画く、一先之れにて休止

八月二十二日　　土　晴

午前教室より出てて弘田氏の病気平癒を見舞ふ　折悪しく夫婦とも留守、併し思ひ悩みたる義務をはたしたり、五時より学生集会所にて熊沢氏辞職帰郷に付送別の会を催す九時頃帰宅

八月二十三日　日　晴

暑気強し、終日在宿、良一の為めにビルヘルム・テルを今日読み終る

八月二十四日　月　雨

朝出勤前に橋本母堂来り玉汝病気のことに歎息話あり、十時出勤、長尾美知氏来り骨格等に付調べの材料を供す、写真闇《ママ》室出来に付顕微鏡写真器械を据へ付けて試検をなす　在広東山本三樹氏来る

八月二十五日　火　雨

長尾氏今日も来りて仕事す　喜美子橋本へ行きて玉汝我家に来り　療養如何に付相談す但し今東京還へすは得策ならずと

八月二十六日　水　曇

今日も長尾氏来る

八月二十七日　木　晴

教室不参、四児を連れて稲毛へ行く、海気館に投す　昼食の後海に入りてあさりを採る、帰途中驟雨の一農家の軒に立ちて其止むを待つ、為めに汽車に遅れ一時間余停車場にて待ち六時三十七分発車す、九時前家に帰る

八月二十八日　金　曇雨

朝長尾氏家に来り訪、今日帰宅すと

八月二十九日　土　晴

アイノ頭骨予定の二十五個測定終る

八月三十日　日　晴

終日庭の草を取り掃除す、ふみ子佐倉より帰る

八月三十一日　月　曇

在宿、昨日に引きつづき庭の掃除をなす、凌きよし

九月一日　火　曇雨

冷気なり

九月二日　水　曇

教室不参、午前庭の掃除、赳夫氏昨夜帰京、尋ね来る、午後同氏及四児を連れて出て日暮里南千住（汽車）大橋小松島（汽船）、百花園、浅草、やつこにて鰻を食し九時前帰宅、天気模様悪しかりしも冷しく散歩に適するを以て出かける　百花園にて少しく雨降りたるのみにて幸なりき児皆満悦なり、赳夫一時過ぎて去る

九月三日　木　雨

中鶴来り泊す

九月四日　金　雨

神戸ヒルシユフェルド書肆よりマイエル大辞典支払催促
に来る

　九月五日　土　曇晴

頭骨測定等に日を暮す

　九月六日　日　晴冷

終日庭の芝中の草を取る、橋本小児来り遊ぶ、晩十一時
過厳着京、来年高等学校入学まで寄宿すべし

　九月七日　月　晴

去五日晩九時頃電柱に火を発し危険なりき旨昨日宿直よ
り通知あり今日出勤、直に法医教室に到り其模様を見る
弁当を食し直に帰宅　四児及厳を連れて植物園へ遊歩す

　九月八日　火　曇

弁当を食し帰宅、鶴、精、三を連れて上野動物園へ行く、
三　皇孫殿下御来園の際なりき本郷へ廻り青木堂にて菓
子を食せしめ鈴虫を買ひて来る、晩良一本郷へ行き萩二
株買ふ

　九月九日　水　晴

好天気に付書籍の虫干しをなす、赳夫氏朝より来る、午
後二時頃仕舞ひて道灌山へ散歩、諏訪神社に憩ふ　少し
く寒し五時帰る、隣家桜井子息、於菟、潤、赳夫等集り
て洋食を饗す、後歌かるたを遊び十時過散ず、旧十四日
の月甚明かなり

　九月十日　木　曇晴

午後三時教室を出て上野彫工会を見る　良一午後三時半
の汽車にて出発す厳新橋まで行きたりと又中鶴も見送り
たりと

　九月十一日　金　晴

児等学校始まる、二村氏例に依り解剖学骨論の講義を始
む　旧十六日の月清し　赳夫氏来り長談十二時過ぎて去
る

　九月十二日　土　雨

山越良三の週《ママ》旋にて樺太露人頭骨三個を購ふ

　九月十三日　日　雨曇

在宿、午後雨止みたれば少しく芝の中の草を取る、午後
赳夫氏来り十一時去る

　九月十四日　月　雨晴

総論解剖学講義を始む、隈川氏教室へ来り談話

　九月十五日　火　晴

追試筆答六名に行ふ　午後一時半教室を出で谷中天王寺
に到る　片山芳林氏令閨の葬式なり同処にて神保文輔氏

に殆んど卒業以来始めて面会す、三時帰宅芝中の草を取る

九月十六日　水　曇

ムーミエ〔＊ミイラ〕の覆出来、据付く、新井春氏来り解剖台に付相談あり

九月十七日　木　雨晴

先頃桂内閣の文相となりたる小松原英太郎氏今日大学巡覧、午後四時過教室へも来る

九月十八日　金　晴

岡本弁次郎氏支那人頭骨一個持参、邦人のものと交換す晩赸夫氏来り遊ぶ　十二時を打ちて帰る

九月十九日　土　曇

終日測定表を製す

九月二十日　日　曇晴

昨夜大に雨降る今朝に至りて止む、中鶴三二を連れて水交社へ釣りに行く、午前高野綱雄氏来る、午後芝中の草を取る之にて一通り終る

九月二十一日　月　晴

顕微鏡追試験六名に行ふ

九月二十二日　火　曇雨

測数を計算す

九月二十三日　水　晴　祭日

終日庭の掃除をなす、午前高野綱雄来り先日依頼せし離籍の件を調べ呉れたり　三二は赸夫氏に伴はれ早稲田へベースボールを見に行く

九月二十四日　木　曇雨

計算に従事す

九月二十五日　金　雨

先頃差出したる枢密顧問官フラウ・R・ハルトマン宛絵はがき不達にて戻り来る、死亡とのこと

九月二十六日　土　晴

例の通り計算、二木氏教室へ来り腎臓細胞のことに付相談あり、五時教室を出て牛込小松家を訪ひ次に弘田氏を見舞ふ　同氏病後未だ全く回復とは行かぬよしに付てなり併し容貌別状なし九時帰宅

九月二十七日　日　晴

午前より赸夫氏来る、早く昼食を終へ外出、厳も同行、日暮里より南千住まで汽車、大橋際にて稲荷すしを買ひ堤を歩す、くずもち屋にて休む、好き時候となり甚快し綾瀬を経て向島百花園に入る　なかなか混雑す直に出て

次に向島花壇とて株式会社なる花園に入る、渡船、電車、七時帰宅

九月二十八日　月　晴雨

午後教授会あり、四時教室を出て橋本へ寄り玉病気の様子を尋ぬ、皆留守なり、時に雨降り出す

九月二十九日　火　雨

午後千駄木馬丁馬に咬まれ其治療の相談を受け外科へ連れ行きて頼む遣りたり

九月三十日　水　晴

昨夜大雨、京都足立氏へ　Lehmann-Nitsche: Beitr., Untersuchungen üb. d. langen Knochen 抜刷返却を請ふはがきを出す、帰途橋本へ寄る

十月一日　木　曇

高島多米治氏より余山貝塚発掘の人骨を寄贈せらる

十月二日　金　晴

邦人骨格を目録に記入す

十月三日　土　晴

午刻三二教室へ寄り共に帰宅、庭の掃除をなす　在ストラスブルグ大久保氏より長き手紙来る、上田尚ほ来年も試験を受けしむるとのこと

十月四日　日　晴

橋本小児二人来り終日遊ぶ、田鶴今朝発熱し午後は土肥慶蔵母堂の葬式に青山墓地へ行く　今日は郊外散歩の予定なりしも種々の故障起りて出来ざりき

十月五日　月　曇晴

二年生解剖実習着手す但分配は去一日既になせり　本邦人骨格標本糸連ぎの為め山越の職工来る又各骨に番号朱書きを中原氏に頼む　熊本吉永氏へバルデレーベン解剖書新冊を小包にて送る

十月六日　火　晴

貝塚骨古墳骨を洗ふ、谷中法受寺にて改葬の際人体を発掘せし旨報知あり　依て椎野田口両氏行きて検す　屍脂なる様子に付兎に角持ち来ることとし田口氏再び人夫を連れて行く

十月七日　水　曇雨

昨日受得のものはアヂポツェレ〔＊屍蠟〕に化した屍なり保存することに決す、片山氏来りて之を所望す、韓人骨等と交換となしたきことを以て答ふ　同氏決答せずして別る

十月八日　　木　曇

三二、稲毛へ遠足に行く、頭部および頭骨のサイズの比較研究の為め頭骨を測る

十月九日　　金　晴

昨日に引き続き頭骨を測り終る総て三十二個

十月十日　　土　晴

高島氏寄贈の頭骨を継ぎ始む、昼菊池京大総長送別の為め山上集会所にて会食、終て麻布紀州徳川家南葵文庫公開式に行く、同所にて久し振りに高橋三郎氏に会ふ、暫時旧談、帰途高島氏を訪ひ骨格寄贈の礼を述へ其発見状態を尋ぬ、七時過帰宅　今日新入学生宣誓式挙行

十月十一日　　日　曇晴

終日教室にありて頭骨を継ぎ殆ど終る

十月十二日　　月　晴

午後教授会あり、此会より山上集会所に於てすることとなす　帰途坪井正五郎氏に会し遂に誘れて同氏の宅に寄り鶴見在古墳発掘模様を聞く　晩在ストラスブルグ大久保氏へ手紙を認む　十二時半となる

十月十三日　　火　晴

終日骨を継ぐ、此度の序に古墳頭骨二個をも継ぐ

十月十四日　　水　晴

古墳骨略ほ継ぎ終る

十月十五日　　木　曇雨

骨継ぎ全く終る　伯林ドクトル・マックス・フレンケル氏夫妻此度来朝来訪　同地解剖教室の談を聞く　上田定雄今日出京再び宿す

十月十六日　　金　雨

鉄門倶楽部催塩原遠足に付休業、教室にありて余山人骨の男女性を極る為めに骨盤の形を研究す　晩ふみ子来り泊す　明朝佐倉へ行くべし

十月十七日　　土　晴　祭日

田鶴、精学校催運動会に付早朝より出掛ける、又喜美子は北蘭、及三二を連れて之に赴く　只一人家にありて庭の掃除をし焚火をなす、夕刻中鶴来る、朝日本救療院高山夫人来り医科同僚諸氏へ紹介名刺を遣る

十月十八日　　日　曇

午前焚火、午後は赳夫、上田、精、三を伴ひ散歩、道灌山より諏訪神社に到る　精蝙蝠傘を途上に置き忘れたに付前路を再び通り帰る但し傘は既になし　晩大阪片桐元氏来り同氏令妹と丹羽元亮氏との婚約なりたるに付其媒

人に立たんことを依頼せらる　ふみ子佐倉より帰りて泊す

米国艦隊今日浜へ入港、此一週間は京浜為めに賑ふべし

十月十九日　月　晴

鉄門倶楽部にては昨夜遠足会より帰京の筈、今日は休業、午前医学会事務所に到り雑誌を調ぶ、午後過日収容したるライヘンワックス〔＊屍蠟〕屍体の遺骸来り之を見る

十月二十日　火　晴

午前は医学会事務所にあり、午後喜美子精の写真を持ちて教室へ一寸寄る、二時半出て上野公園文部省第二回美術展覧会に行きて見る

十月二十一日　水　曇

午前医学会事務所へ行く

十月二十二日　木　雨晴

文書目録調製に従事す、今日は日比谷公園に於て市が米艦員を歓迎するに付児等学校休みなり

十月二十三日　金　晴

寄贈の論文別刷を整理す、夕景橋本へ寄りて帰る

十月二十四日　土　晴

弁当を食し直に教室を去る赤門前にて精、三に会ふ、午後庭の掃除

十月二十五日　日　曇晴

在宿、午前安田恭吾氏来る、庭に出て日を暮す、北蘭精は竹早町府師範学校の運動へ《ママ》行く

十月二十六日　月　曇

午後教授会出席、熊本吉永氏手紙を出す立替たる書籍代106.05mark なること申送る

十月二十七日　火　曇雨

十月二十八日　水　晴

マルチン、カイベル両氏へ著述寄贈礼札を出す

十月二十九日　木　曇

ストウィフボ（ワルシャワ）へ論文礼札、ファン・デル・ボルク教授へアイノ頭に付返事、エルキント博士（モスコウ）アルンヘム・ユウデ人種に付返事、ル・ドウブル（ツール）へ教室写真五枚を発送す、喜美子買物の帰途一寸教室へ寄る、晩赳夫氏来る

十月三十日　金　曇

午前図書館へ行く、長谷川舘一氏に文書目録大部分出来せしを以て渡す

十月三十一日　土　雨

終日大雨、晩赳夫氏来る

十一月一日　日　晴

今朝は霽れ上りて好き天気となる、赳夫氏散歩の積りにて来る、午前は藁灰を製るために空俵を焚く、十一時弁当出来たれば出かける、厳、上田同行、総て七人、滝の川紅葉見とす　康楽園に寄り、滝の川園にて弁当を食す、園内未だ遊覧の人少なし、閑にて反て快し、楓は未だ真青なり、寺の方へ廻り、飛鳥山へ登り、是より山下の道を諏訪神社に到り例の茶店を憩ひ五時帰宅、時に丹羽貞郎氏来り彼の元亮氏結婚のことに付依頼あり

十一月二日　月　晴

此頃より専門学務局長福原氏に面会せんとて度々電話にて尋ねたれども其機会を得ざりしも今日は出勤にて差支なしとのことに付直に文部省へ行く、布施氏留学期一ヶ年延すことは新潟の方運ばざるを以て応諾す寧ろ延期せねばならぬ次第なりと本件は誠に好都合、又井上通夫氏延期のことは異議なきも一応本人願書を差出したる上決定せし云々　午後四時教室を出て帝国ホテルに到る此頃来朝のマックス・フレンケル氏に名刺を置きて去る、往に電車にて新海氏に会ひ彫刻の談話あり、返に草間、片山二学士と同車す　晩中鶴来り泊す

十一月三日　火　曇

終日庭の掃除をなす、児等は午前学校、午後は北蘭と共に千駄木へ菊見に行く、佐倉内藤令閨来る、晩赳夫氏来る、晩ふみ子来り泊す、終日ごたごたす

十一月四日　水　晴

午前一寸図書館へ行きGlobus〔＊雑誌〕を見る　晩在独乙藤田敏彦、布施現之助両氏へ留学延期出来得べき旨の手紙を認む

十一月五日　木　曇晴

今日より系統解剖学講義を始む　今年脈管論及神経論担任なり、昼休時に歯科へ行く石原氏に面談す　晩在独乙島峰、井上通夫両氏へ手紙を認む

十一月六日　金　曇雨

十一月七日　土　晴

山越良三氏符号解説一冊受取る、晩赳夫氏来る

十一月八日　日　晴曇

午前庭掃除、喜美子は附属高女校懇話に行く　午後鶴精を連れて上野公園文部省絵の展覧会へ行く

十一月九日　月　晴

午刻一寸青山氏教室へ来る　紀要材料を教授会にて取捨することとせし云々　二三価値なきもの掲載せられたり云々　午後教授会出席

十一月十日　火　晴

寒くなる、庭の芝上霜降りて白し

十一月十一日　水　曇

マックス・フレンケル氏に来十四日運動会に招きの手紙を出す

十一月十二日　木　晴

アイノ四肢の測定を始む

十一月十三日　金　晴

アイノ四肢骨測る、帰途橋本へ寄りて帰る

十一月十四日　土　晴

陸上運動会に付休業、平日の通り教室にあり、昼精、三来り弁当を食す、喜美子も来る、田鶴は来らす

十一月十五日　日　晴

二三日来の霜にて庭壊れたり、終日庭を掃きがくの葉を落しコスモス、ひめひまはりなどを切り栗の木の下にて焚火をなす　北風強く寒し、これ今年庭掃除の仕舞ならんか　午後四時過鈴木孝氏来る、同氏息女先月結婚せりと

十一月十六日　月　晴

赳夫氏一寸帰郷し今朝帰りたりとて来る

十一月十七日　火　晴

アイノ四肢骨測定終る

十一月十八日　水　晴

午後天王寺に於て解剖体祭祀執行に付之に参席す　四時頃帰宅、歯痛の為め床に臥す

十一月十九日　木　晴

歯痛の為め欠勤、晩十時過橋本母堂来り玉汝容体稍々危篤の様子に就きて種々話あり

十一月二十日　金　晴

前晩のことを北蘭に告げ今日鎌倉行に付き相談末最早訣別するの時機と做なし行くことに決し匆々支渡して出かける、新橋にて節斎氏に会す之より同行、九時発車、鎌倉に到りては我等二人は歩行して後より行く、患者に面会するの件に付種々相談す、其内に橋本母堂も着鎌　相談の結果、患者を感動せしむる虞あるを以て只睡眠中を窺ひ窃に対面することに決す、北蘭は幾分か遺憾の模様

に付一泊せらるることとし四時過橋本母堂、節斎両氏と共去て帰京す　七時半宅に帰る、珍らしき温和なる天気なり、又今朝長岡梛野へ電報を発す

十一月二十一日　土　晴

出勤、午後教室を出て山越工場に到る　人工体に付種々注意の点を示す

十一月二十二日　日　曇

午前庭を掃き焚き火をなす之全く最終ならん、午後は上野韻松亭に於て石器時代遺物展覧を見る　高島氏等の催なり

十一月二十三日　月　晴　祭日

風寒し、橋本二男児来り終日芝上にて遊ぶ、在宿

十一月二十四日　火　曇晴

帰途橋本へ寄りて北蘭鎌倉滞在誠に不得已こと　当人の意に任せたきことを通す

十一月二十五日　水　晴

大阪片桐家（井上家）、東京丹羽元亮氏両家へ祝品を贈る

十一月二十六日　木　晴

昨夜雨降る、フリードレンデルより予て注文せし書籍到着せるを以て之を整理す

十一月二十七日　金　晴

山良教室へ来りて人工頭骨に縫合書入る

十一月二十八日　土　晴

山良来り縫合を書き入る、橋本へ寄りて帰る

十一月二十九日　日　晴

児等は学校紀念日に付出行く、定期の大掃除をなす

十一月三十日　月　晴

朝原馨氏の名を以て牛込より維直君去二十六日脳溢血に罹り甚重症なる旨の手紙来る　長岡梛野やす子玉汝病気見舞の為め夜汽車にて今朝着す　午前中手隙を見て牛込へ見舞に行く　森安学士来診中なり、十二時半教室へ帰る、午後教授会出席、例刻帰宅すれば大阪井上母嬢来訪、来六日の式などに付相談あり

十二月一日　火　晴

午後実習室へ出るとき瓦斯の臭気甚しきを以て孵卵器室に入れば瓦斯ハーン開きありて火は消へ瓦斯盛流出す甚危険なりき、大沢氏始め諸氏と安全の法を談す　昼食の際喜美子教室へ来る　牛込小松家へ見舞に行き、橋本

家へ寄りたりと、玉汝愈容体悪しきよしに付模様によれば鎌倉へ行くやも知れずと云ひて一時頃去りたり、三時電話にて尋ねたるに、橋本母堂喜美子共に鎌倉へ行きたりと依りて四時頃出て帰宅せり　晩萩原氏（丹羽、井上両家媒酌人）来る　喜美子一泊せずして帰るとの電話あり、十二時頃帰りたり

十二月二日　水　晴
晩在ミユンヘン大久保氏へ手紙を認む　此頃長与氏のことに付山極氏と対話の模様を記したり

十二月三日　木　晴
椎名氏寄贈余山貝塚頭骨の曲線を画く　ふみ子鎌倉へ見舞に行く、昨夜より泊る　やす子ふみ子鎌倉より帰り泊す、牛込へ見舞に行く

十二月四日　金　晴
午後下山氏厳父の葬式に向島小梅へ行く　教室へ帰りて仕事す　やす子再鎌倉へ行く　晩赳夫氏来り老祖母病気に付万一の後彼件に付ての相談あり

十二月五日　土　晴
新井春氏教室へ来る、赳夫氏昨夜電報に接し今朝出発帰郷せりと

十二月六日　日　晴
午前は芥溜の脇にて去日曜日大掃除の際集めたる不用品を焚く　今日は予て約束の丹羽元亮氏と井上越子嬢との結婚の日に付早く昼食し共に出て向ひとして井上仁吉氏宅に弥生町に行き誘ひて二時前日比谷大神宮に到る三時式終る是より宴会場高砂町福井楼に到る　来客待ち愈五時半頃宴会に移る、新郎新婦を列坐に紹介のことなどあり、妓九名、十時散す、今朝小松維直君死去せらる

十二月七日　月　晴
午前牛込へ悔に行く又午後四時出て生花一対（五円外に人夫三人）を注文し帰る、晩食、出て牛込へ行く、恰も入棺の際なり、香奠（五円）を備ふ、十時半帰宅　北蘭、やす子一先鎌倉より帰京

十二月八日　火　晴
十一時講義を終へて直に帰宅、食事、支渡、牛込へ行く一時出棺、吉祥寺にて儀式、染井墓地に到る、寒強し四時半帰宅　赳夫氏今朝帰京

十二月九日　水　晴
平日の通り晩まで教室にあり

十二月十日　木　晴

趔夫氏午後教室へ来りて電報に接し帰郷すと、四時教室を出て青木堂へ寄り帰宅、趔夫氏方へ行きて宅より出立をすすめにて帰る、晩来りて一泊す　北蘭、やす子再鎌倉へ行く

十二月十一日　金　晴

趔夫氏今日出発す　午前牛込へ見舞として行く、田代亮介氏教室へ来る

十二月十二日　土　曇少雨

午刻喜美子教室へ来り　趔夫氏祖母今朝死去の電報今達せりと云ふ、悔の電報を発す

十二月十三日　日　晴

小林魁郎氏新婦同伴にて来訪、昼食を饗す、同氏此度旅順の警備艦に乗り組むこととなれりと　橋本児等遊びに来る

十二月十四日　月　晴

午後教授会出席、帰途橋本へ寄る皆不在　北蘭、保子鎌倉より帰る

十二月十五日　火　晴

保子夜汽車にて長岡へ帰る

十二月十六日　水　晴

午前根津に出火あり時に北風強し、近傍まで行きて見る

十二月十七日　木　曇雨

大久保氏送付骨棘頭蓋其他の標品落手す

十二月十八日　金　晴曇

午前安倍四郎氏来り伴氏の女の入院を頼む　青山内科へ連れ行きて手続きをなす

十二月十九日　土　晴

授業を閉づ　趔夫氏より彼の件近親間に発表せし旨手紙来る

十二月二十日　日　晴

三二今日より休業、午後三を連れて動物園を見、次に広小路の新しく開業したる博品館に入る、本郷を廻りて帰る

十二月二十一日　月　晴

朝菊太氏より発表の件に付手紙来る　邦人長骨の測定

十二月二十二日　火　曇

北蘭日曜日夕より胃加答児の徴にて宜しからず　帰途橋本へ寄り今日午後診察せし模様を聞き治療のことに付相談し帰り、晩食後灌腸をなす但し功なし　喜美子病床の側に臥す

十二月二十三日　水　晴（昨夜雨）
甚暖し、朝灌腸をなす、少しく功あり、十時出勤、日本救療院主代人に参拾参円五拾銭（大人三十名小児七名に対する勘定）を教室より贈る　午後三時過帰りて尚ほ一回灌腸す、概して様子甚良し　良一は既に昼着したり、夜は団欒、但し喜美子は重に北蘭に侍す又其側に臥す

十二月二十四日　木　曇晴
児等は午前学校へ行く閉業式なり、朝北蘭尿量を測りなどす、良一は外出、赳夫氏来る帰京後始めて会ふ、折好ければ発表のことなど種々談合す　午後は赳夫氏及良、三を連れて外出、上野まで歩し、電車にて浅草へ行き、活動写真を見、電車にて日本橋に到り中華亭にて晩食、七時帰宅、鶴、精は大沢家へクリスマスに招かれて行く、九時帰り来る　ふみ子来り泊す

十二月二十五日　金　晴
終日教室にあり

十二月二十六日　土　曇
勲章を事務室へ行きて受取る
叙勲二等授瑞宝章　十二月二十五日
京都長谷部言人氏来る又森田斉次氏も同時に来る　ふみ子佐倉へ出発す、北蘭最早心配なし　良一千駄木と日在別荘へ行く

十二月二十七日　日　雨
終日教室にありたり

十二月二十八日　月　晴
午前宮内省へ叙勲の御礼に行く、午後は教室にあり　新井春氏一寸来る、又新卒業生西氏教室助手志望の旨申出す

十二月二十九日　火　雨
悪天、道路泥濘、邦人長骨測量終る

十二月三十日　水　晴
道悪し、午後鶴、精、三を連れて上野広小路博品館へ行き、闘球盤を買ふ（弐円五十銭）、徒歩、本郷を廻りて帰る

十二月三十一日　木　晴
午後三二を携て出、三崎町権兄を見舞ひ、是より橋本家へ寄りて帰る時に四時なり、赳夫氏来り居る又良一日在より帰り居る潤、於菟氏も来り　例年の通り共に食事し、歳末を祝す、かるたなど遊ぶ　十二時除夜の鐘を聞きて散ず

明治四十二年　2569
1909　良精満五十年

一月一日　金　晴

寒し、北蘭御病床を挙げらる、三児は学校祝賀式に行く、良一も出掛ける、夕刻赳夫氏室内野球、標準かるた、雑誌等を持ち来る、晩児等遊ぶ、年賀に挙りたる人なし

一月二日　土　晴

午前十一時頃橋本家より使来り今朝電話にて玉汝容体危篤、最早間に合はざる歟云々通知ありたりと、又橋本両所は既に出向されたりと、午後二時半の汽車にて鎌倉へ行く、午前十一時半に落命せりと、権兄も来り居る、橋本両所と一応相談の後六時四七分発にて橋本両所と共に帰京、権兄は一泊、九時半帰宅すれば赳氏来り居る

一月三日　日　晴

入棺式に付喜美子良一相前後して鎌倉へ行く良一は泊る、自分は午後六時頃橋本家へ行く、節氏は既に鎌倉より帰り居る　母堂も尋で帰らる喜美子同道す、不幸通知のこと、親戚総代自分友人総代岡田和一郎氏の名を以てすること（此承諾は電話を以て得たり）など相談し十二時過帰宅、二時過眠る、安田恭吾氏年始に来る

一月四日　月　雨晴

朝鈴木忠行氏を訪ひて不幸に付きて諸事助力を頼む　午後二時出て緒方氏を訪ふ不在　妻女に面会して来意を述ぶ即ち岡田、榊順両家不和、車夫訴訟を起せしこと去三十一日時事新報に出たる件に付てなり　是より岡田家へ行く、不在、夫人に会ひて更めて友人総代たることを頼む、是より橋本家に到る　時に四時岡田氏来り居る、同氏医科年始会に行きて六時頃再来る、権兄を迎へにやり是又来る、橋本母子と打寄りて相談、新聞広告はなさざる積りなりしをなすこととし、行列順序焼香順序等を一応極めなどし十二時散ず、二時過眠る　遺骸は今夜鎌倉にて火葬す、良一は明日遺骨を護りて帰る筈のところ今朝帰宅す但し厳は残る

一月五日　火　曇

午前緒方氏来る岡田、榊両家の件に付てなり　小松春三氏年始に来る　午後赳夫、佐藤正四郎両氏来る　長居せずして去る。六時半三二を連れて喜美子共に橋本へ行く

すしを贈る、鎌倉より遺骨到着す権兄護送の為め鎌倉へ出向されたり、読経あり、焼香終りて三二を連れて十時帰宅、喜美子は通夜す今日諸方へ通知を発す　熊本吉永虎雄氏より弐拾五円送り来る書籍代立替の一部なり

一月六日　水　曇

喜美子早朝帰る、午後北蘭、田鶴精を連れて始めて橋本へ悔みに行かれたり　香奠拾円、生花壱対、にしめを贈る　島峰徹氏母堂年始に来る　午後二時出て鈴木孝之助氏を訪ふ不在、是より橋本家に到る時に四時頃なり、岡田氏来る共に晩食権兄夫婦も来る、雑談、十二時散す

節斎氏今朝来微恙、今明両日間新聞（時事、報知）広告

一月七日　木　半晴

午前十時橋本家に到る続て喜美子も来る　午後北蘭、ふみ子（今朝佐倉より帰京）来る　両人は泊る、自分は八時半帰りて入浴、喜美子十二時頃帰る、母堂今朝より微恙、節斎氏軽快　鈴木忠行氏来りて墓標、名旗其他に書く

一月八日　金　晴曇

葬式、十時橋本へ行く、大混雑、十一時棺前読経終る、十二時出棺準備全く整ふ、正一時出棺、四時埋骨を終りて帰宅、都合好く済みて安心す、晩食後橋本家を見舞ふ、答礼状既に出し終りたるところなり、会送者五百名、造生花三十対余、盛なる葬礼なりき

一月九日　土　曇

前八時半出勤、緒方氏を教室に訪ひて明十日たから亭にて鈴木孝氏と会談の打ち合せをなす、五時半帰宅、去三十日此方の日記を書く　良一は三時半汽車にて岡山へ出発す　赳夫氏来る

一月十日　日　雪

昨夜来雪降り約四寸積る、寒酷し、橋本より使来り午後二時出て同家へ行く喜美子も来る　二七日饗応等のことに相談あり　自分辞して約束の通り四時半淡路町たから亭に到る鈴木、緒方二氏尋で来る　岡田榊順両家紛云に付相談、鈴木氏去四日榊氏を訪ひたる模様を聞く　緒方氏辞し去る　是より鈴木氏と共に岡田氏を訪ひて本件は自《ママ》談得策なるべきこと告ぐ長談　二時過帰宅時に明月寒し

一月十一日　月　半晴

講義を始む、緒方氏を教室に訪ひて昨夜の顚末を話し来十三日榊順氏訪問如何を問ふ氏は辞退す

一月十二日　　火　晴

昨今寒気特に酷し、此頃佐世保小林魁氏より有田焼花瓶壱個贈り越したる礼状を出

一月十三日　　水　雪

午前より雪降り始む、四等瑞宝章を返納す、喜美子一寸教室へ寄る、岡田和氏来りて車夫訴訟一件は落着すべし云々、四時半教室を出て豊国にて食事し是より電車にて市ヶ谷見付けに到る　降雪甚だし先岡田家へ寄る　鈴木孝氏来る、是より榊順氏方へ同行す、両絶交を止め従前の通り往来しせめて世間に対する体裁にても修むる方可然を告ぐ　なかなか調はず二時を過ぎて去る、往来無人、徒歩にて帰る時に三時二十分なりき

一月十四日　　木　少雨

午前緒方氏を教室に訪ひて昨夜の模様を談し本件は一先中止の已を得ざることを言ひたり　午後四時より橋本家へ行く霊源院二七日の饗応を受く　全家招かる、岡田氏に会ひて昨日の顚末を話す、九時帰宅

一月十五日　　金　晴

在仁川橋本豊氏、福岡桜井恒氏へ弔詞の礼状を又マンローとく子大学入学資格のことに付問合せの返事を書く

一月十六日　　土　晴

吉祥寺に於て読経あり皆行きたるも自分は辞す

一月十七日　　日　晴

終日在宿、午後野本精一氏清国より帰朝来訪

一月十八日　　月　雪

又々大に雪降る、寒強し、伊国震災の為二円二十五銭出す

一月十九日　　火　雨

井上通夫氏留学延期願書事務室より廻し来り之に捺印す、緒方氏教室へ来り岡田、榊家のことに付話あり

一月二十日　　水　晴曇

甚温暖

一月二十一日　　木　雨

連日の悪天甚困る

一月二十二日　　金　曇

一月二十三日　　土　晴

昨夜少し雪降る、今朝久々にて好天となる　椎名氏余山人骨を記述す

一月二十四日　　日　晴

教室へ行く、アイノ頭骨の gr. L: B, gr. S: H を記す　終

りて既に先に記したることを気付きたり一日を徒費したるが如し

一月二十五日　月　曇雨

浜尾総長還暦祝賀会に拾円出す

一月二十六日　火　晴

愈々今日貝塚人骨論記述の準備終る

一月二十七日　水　晴

午後渡辺熙菊池循一両氏教室へ来り岡田榊の両家のことに付談話あり

一月二十八日　木　曇少雪

島峰氏弟某来り頭骨を独乙へ送り方に付尋ねあり

一月二十九日　金　晴

専門局長福原鐐二郎氏井上通夫留学延期願許可されたき旨手紙を出す、又宮田哲雄氏へ材料週《ママ》旋依頼の手紙並に刷物を送る

一月三十日　土　晴　祭日

終日教室にありて貝塚人骨を記述す甚遅々として進まず

一月三十一日　日　晴

前日の通り教室にあり　千駄木のことに付共に談じ深更に至る

二月一日　月　晴

午後教授会出席、本年初めての開会なり　青山氏より来三日帝国ホテルに招ねかれたれども断りを出す

二月二日　火　曇

午前及午後医学会事務所に到り諸雑誌を調ぶ　晩原馨氏来り牛込家跡方のこと、明日愈々正式に遺言書を開封すること等の談あり将来必要に依り相談に加はる様依頼あり

二月三日　水　雨

渡辺熙氏教室へ来り榊氏と会見の模様、同氏要求結局のところなど話あり　中山平次郎氏福岡より出京、先月二十三日頃より講義を始めたりと

二月四日　木　晴風

午後四時鈴木孝氏を訪はんが為め出かけんとせるところへ菊池循一来り岡田氏と会談の模様即ち岡榊対談又は延期云々六時となる　是より鈴木氏方へ行き種々談合の末明夕岡氏訪ひて榊氏に譲歩し名誉を購ふ方得策なることを勧誘すべしと一決し十時半帰宅

二月五日　金　晴

渡辺、菊池両氏へ昨晩の模様を紙面にて申送る　午後岡田氏教室へ来り今夕訪問を中止し更に来八日偕楽園に会合のことを申出され之に応す　但し之は榊氏不平を増す虞なきか　在和歌山山県有恒氏死去に付悔状を出す

二月六日　　土　晴

理学文書目録十二月までの分を出す

二月七日　　日　晴

教室にありたり、午後四時前出て偕楽園に到る岡田氏招待今日に繰上げとなりたるなり　鈴木孝、渡辺、菊池両氏外に増野豊、山口八郎二氏及主人岡田氏会す、車夫訴訟事件今日全く終局、今後和解の方法等に付種々談話あり、始めて小石川指ヶ谷町まで電車に乗る　帰宅すれば既に十二時に近し

二月八日　　月　晴

二月九日　　火　晴

二月十日　　水　晴

クラーチュ（ブレスラウ）へ此頃請求の邦人頭骨二個小包郵便を以て出す　G・フリッチ教授（ベルリン）より大著述 Über Bau u. Bedeutung der Area Centralis des Menschen〔＊文献〕を贈与せらる

二月十一日　　木　晴　祭

三四日来少しく寒冒の気味にて気分宜しからず終日床に臥す、憲法発布満二十周年祝賀にて市中賑ふ

二月十二日　　金　晴

青山氏一寸教室へ来る

二月十三日　　土　晴

午前十時教室を出て養育院へ行き安達幹事小林正金二氏に面会又副医長光田健輔氏とも材料送附の件に付談合す、帰途橋本氏設立小石川病院へ立寄り院内を一見し二時過教室に帰る

二月十四日　　日　曇

終日教室あり

二月十五日　　月　晴

午後教授会出席、二木氏論文既に昨年十二月可決になりたるも其合著なる故を以て浜尾総長に異論あり　臨席陳述ありたるも教授会の実質論、総長の形式論遂に調和せずして六時散会す　晩千駄木母堂来り一家不和の話あり三二寒冒、学校休む

二月十六日　　火　晴

ブルーノ・エッテキング（ドレスデン）、Th・モリゾン（チ

ウリヒ）、サイモン・ヘンリ・ゲージ（イサカ、ニューヨーク）三氏へ著述寄贈の礼を出す又ブレジケ博士（ベルリン）へ解剖図、同書及局所解剖書贈与の礼を出

二月十七日　水　晴

午後三時過浜尾総長より呼びに来る、集会所に到る　大沢謙氏来る、二木氏学位論文に付談あり共著論文に付意見を述ぶ六時半去る

二月十八日　木　晴

午刻石原久氏を歯科に訪ふ又高橋順氏を外科に入院せるを見舞ふ　住宅より使来り三二宜しからざるよしに付小児科へ行きて西沢氏の来診を頼む　福原鐐二郎氏へ井上通夫留学一ヶ年延期願許可になりたる趣に付其挨拶手紙を出す又グスタフ・フリッチ（ベルリン）へ此頃贈り来りたる網膜大著述の礼状を出す　晩西沢氏来診三二の病症愈麻疹と決定す

二月十九日　金　雨

クラーチュ（ブレスラウ）へ頭骨二個発送の手紙又同地留学島峰氏へ右に関する請求手紙の返事を出す

二月二十日　土　晴

二月二十一日　日　晴

教室にあり、午後鈴木孝氏より電話あり尋で同氏来る岡田、榊両家の件なり四時前共に出て榊順氏を訪ふ　夫人列坐の上和解を勧告す　頑として動かず半夜を過きて去る　市ヶ谷見付外にて時計を見れば一時十五分なり即ち八時間三十分の長談終に無功、二時帰宅　三二今日は平温

二月二十二日　月　晴

橋本綱常氏葬式に付午食後直に青山斎場に到る三時前教室へ帰る

二月二十三日　火　晴

二三日来余寒強し、大沢謙氏教室へ来り　合著論文一件及片山教授不平の件に付談あり

二月二十四日　水　半晴

二月二十五日　木　晴

石器時代頭骨、アイノ、日本人の組合せ曲線図二枚画く

二月二十六日　金　晴

午後集会所に於て紀要体裁のことに付各科編纂委員集りて相談　横浜マンロー氏ペーリユー人頭骨寄贈すべきやターナー（エヂンバラ）より頭骨所望のよしに付手紙来り其返事を出す

二月二十七日　土　晴

鳥居龍蔵氏が蒙古より持ち帰りたる土俗品を午後一覧するつもりなりしも仕事に耽りて忘れたり

二月二十八日　日　雨

終日教室にありたり

三月一日　月　晴曇

紀念日式に行かず教室にあり、養育院より直に出棺すべき旨電話あり田口氏之が処方す　喜美子教室へ来り上田発熱に付西沢氏の来診を頼み置きたるも既に平温となりたるに付其要なきを以て西沢氏に断りの相談をなす

三二今日より登校す　鈴木氏より岡田へ行くことを電話にて申来る、四時過出て同家へ行く、又々長談、十二時去る時に雨降る、供せられたる人車に乗り帰る、二時過就眠

三月二日　火　雨

三月三日　水　晴

午後渡辺熙氏教室へ来る

三月四日　木　晴曇

三月五日　金　雨

午後山越良三来り人工体符号に付調ぶ、晩も其訂正に付きて深夜に至る　是れ何が為め歟

三月六日　土　曇晴雨

終日人工体符号を訂正す

三月七日　日　曇

三二を連れて三崎町権兄を見舞ひ教室に到る　三二は暫時して帰る、日暮まで符号の訂正　赳夫氏発熱、喜美子見舞に行き遅く帰る

三月八日　月　雨

午後教授会出席

三月九日　火　半晴

大沢岳氏より来四十三年良精在職満二十五年祝賀を催す旨告げらる　日本新聞社員某来り　二木氏学位論文の始末に付質問す

三月十日　水　雨

大沢岳氏へ祝賀に付油絵肖像に替ふるに著述出版費補助とせられたき希望を陳ぶ

三月十一日　木　晴

温暖となる、赳夫氏病症は昨日橋本節氏診察の上マラリヤと決す、夕刻今田未亡人来訪

三月十二日　金　曇雨

安西清輔の為めに義金醵集に付弐円出す　鬼頭英氏仙台より金沢専門へ転任、出京教室へ来る

三月十三日　土　曇

符号解説訂正終る、是此一週間全く之に従事したるなり　晩食後精子を連れて赳夫氏を見舞ふ

三月十四日　日　晴

午後精、三を連れて散歩、動物園に入る

三月十五日　月　晴

熊本専校谷口長雄氏出京来訪、午後教授会あり　終りてより昨日高島多米治氏より余山貝塚より人骨壱組出たる旨通知ありたるに依り同氏を訪ひて右骨を貰ひ受く、帰途教室へ寄り置きて帰る　晩在「ミユンヘン」大久保氏へ手紙を認む

三月十六日　火　曇

昨日の骨を洗ふ、可幅は頭蓋に欠失の部あり

三月十七日　水　雪

昨夜来大雪、三寸計積る、前日の頭骨組立をなす

三月十八日　木　曇晴

総論解剖学講義を閉つ、余山骨の継ぎ合せ終る

三月十九日　金　晴

解剖学講義を閉つ、余山頭骨の図をヂオプトログラフ〔＊製図用具〕を用ひて画く、安田恭吾氏教室へ来り長談、晩三二を連れて赳夫氏を見舞ふ最早全快なり、喜美子共に出て小泉又一氏を訪ふ三二附属小学校転校の件なり

三月二十日　土　曇雨

早朝喜美子三二学校の件に付堀越、小泉両氏を訪　但し無功、午前美術学校へ行き正木校長に面会し美術解剖学に付談をなし次に安田氏依頼の稔官費留学補助のことに付意見を問ふ但し六ヶ敷様子なり

三月二十一日　日　晴　祭日

朝安田恭吾氏来る昨日正木氏面談の模様を話す、三二を連れて赳夫氏を訪ひ同氏病後渉しからざるを以て慰めんため伴ひ帰る、午後榊保氏福岡より出京来訪、榊、岡田両家のことに種々談話あり、又千葉長尾美知氏此度留学に付告別に来る

三月二十二日　月　晴

午後教授会出席、引き続きの自著合著問題なり　浜尾総長臨席なかなか困難、未だ決せずして八時散会す　続て浜尾総長と立談一時間、九時半帰宅、赳夫氏来り居る食

後同氏病後廻復思はしからざるを以て断然休学すべし云々相談あり甚当惑、差向保養するは必要なるも休学は其上にて決定しても遅からざるべしなど言ひて慰めたり十二時去る、安眠を不得

三月二十三日　火　曇雨

早朝三二を連れて赳夫氏を訪ふ既に登校の後なり空しく帰り直に出勤す　午後丹波氏教室へ来り昨日教授会の件に付相談あり

三月二十四日　水　曇晴

日暮に帰宅すれば赳夫氏来り居る、食後再休学の件に付相談あり　終に休学可然と決す前途尚ほ遠きことなど思へは甚不安の念起る

三月二十五日　木　晴

三二耳患の気味に付学校より教室へ寄り弁当を食し耳科へ行きて広瀬氏に診察を乞ひたり　鉄門倶楽部造艇費金五円を出す又寺尾寿氏在職二十五年に付弐円出金すべきことを申込む　午後四時半教室を出て高島多米治氏を訪ふ又々余山より発掘の人骨二体分持ち帰る直ちに教室に寄りて置く

三月二十六日　金　晴（雪）

午刻精、三教室へ来る、三二耳患を念の為め岡田氏に診察を乞ひたるなり　終日昨日の人骨を洗ひて終る、晩赳夫氏泊る

三月二十七日　土　晴

昨夜雪降り一寸余積る、山越良三氏来り符号の共合をなす

三月二十八日　日　晴

終日教室にありて余山人骨を継ぎ合す、七時頃帰宅すれば良一既に帰り居る　今日正午頃着したりと、晩赳夫氏等打ち寄りて賑かなり

三月二十九日　月　雨

終日骨継ぎ、ワルダイエル先生より小包並に手紙到達す此度変造になりたる伯林解剖学教室写真三枚贈与せらる日暮に田鶴学校より帰り来り愈々卒業生総代に選定せられ明日授与式に於て証書を受取ると、共に悦び談す、赳夫氏泊る

三月三十日　火　雨晴

終日骨つぎ、頭骨二個の組立を終る、一は示数75.8一は79.6なり愈々貝塚人族の「アイノ」なるべきを信じて悦ばし　喜美子は田鶴卒業式へ行きたり千駄木母堂も

行かれ落涙して悦ばれたりと、晩は赸夫氏来り賑かなり

三月三十一日　水　晴

終日骨つぎ、未だ終らず、武谷広吉氏福岡より出京、教室へ尋ね来る同氏去一月帰朝後始めて面会したるなり　喜美子は北蘭及両女を連れて浅草公園へ行きたり　晩は例の通り赸夫氏来りて遊ぶ

四月一日　木　晴

骨つぎ午刻全く終る、全四日半を費す　午後はブレイン・コミッション〔＊脳研究委員会〕会長ワルダイエル氏より学士院へ来書の件に付委員会に出席

四月二日　金　晴

好天気、教室不参、午前は庭にあり、午後良、三を連れて外出、赸夫氏同行、上野公園に到り先つ日本画展覧会を見、次に発明品博覧会に入る、此処にて赸夫氏を見失ふ但し氏は別れて江の島へ行く筈に付其儘になし置きたり　鳥又にて晩食し、博品館を一週《ママ》して帰る、時に榊保三郎氏来り彼の件に付談あり要するに鵜沢氏に会談すべきこととす　留守中大阪片桐元氏来訪、鶴、精は千駄木母堂に伴はれて写真を採る

四月三日　土　雨　祭日

教室にありたり、大学内に医学展覧の催しあり　解剖の顕微鏡室をも之に供し図書を陳列せらる之を一見す　余山頭骨の曲線を画き又測量をなす

四月四日　日　曇

終日教室にあり、二時去る、午刻浜尾総長展覧会見物の序に我室に立寄り長談、弁当を食し之より山上会議所及法医学教室の陳列品を見る

四月五日　月　曇

弁当を食し直に帰宅、四児の外赸夫、於菟を連れて出懸ける不忍池畔工芸展覧会を見る又生花の陳列あり、公園を過ぎて帰る桜花一二開き始む、天気模様悪し

四月六日　火　曇雨

天気模様悪し併し赸夫氏来りたれば急に弁当を調へ桃花見として出懸ける四児、厳と総て七人、両国停車場に一時間余待つ此間に回向院へ行く、大降雨あり、発車の頃止む、十二時頃中山着、法華経寺に到る　時に又雨降る掛茶屋に入りて弁当を使ふ、其間に雨止む　寺長の葬式とて寺内混雑す、二時頃同所を出て市川に向ふ、途中桃花、見るべき程なし市川に到りて一桃園に入り休憩す、

なかなか見事なり、五時発車帰途に就く、赳夫氏泊る

四月七日　水　雨晴、強風

教室不参、午前は桜花を採りて弄ふ、午後田端へ散歩、四児の外、赳夫、上田同行

四月八日　木　晴

好天気となる、精、三は始業式に学校へ行く、喜美子は休学を思ひ止まらしめ得べきやとて赳夫氏を訪ふ、断念の外なかるべき歟、庭の掃除をなす、良一、田鶴は草花の種子をまきなどす　良一は七時半の汽車にて発す

四月九日　金　晴

教室不参、終日庭掃除、午後赳夫氏来る

四月十日　土　晴

大学競漕会なり、教室にあり　福岡石原誠氏出京来訪、病理教室石田某氏辞職に付来学年に於ては中山氏来京援助のことは六ヶ敷かるべしとの注意あり　午後喜美子来りて長談、赳氏休学に付尚未錬を残し彼れ是れと談合す、此日は終日教室に時を殆んど徒費せり、六時頃驟雨来る其止むを待ちて帰宅　山越長七より人工体符号解説訂正の謝儀として弐百円受領す予想の如く保険へ廻すこととすべし先つ本年は是れにて済みたり

四月十一日　日　晴

今朝の新聞にて昨日の競漕は工科の勝たりしことを知る昨夜雨降る、今朝霽れる、桜花昨今が盛りなり　故玉汝百ヶ日且橋本氏不快のよしに付見舞旁行きて教室に到る晩赳夫氏来る休学の件愈々絶望

四月十二日　月　晴

午前午後共工科大学展覧会を見る電気、建築、器械、造船、造兵の諸科に種々珍らしきものありて面白し、四時半出て安田恭吾氏を訪ひ稔氏官費云々の件如何なりしやを尋ぬ　晩赳夫氏来る愈々近日帰郷すべし、良一六番に下りしとの報あり

四月十三日　火　晴

顕微鏡実習を始む　田鶴今日番町の女子学院へ入学専英語を修むることとす

四月十四日　水　晴

記載解剖学講義を始む、余山椎名重造氏へ貝塚人骨謝儀として弐拾五円贈る又高島多米治氏へ五円の切手を贈る

四月十五日　木　雨

昨夜来大雨

四月十六日　金　晴

中沢三郎氏教室へ来る志願兵役務のことなど談あり　パリー教授ラヌロング（第十三回万国医学会の会長たりし人）来朝に付午後五時半教室を出て帝国ホテルへ行き名刺を差置く、晩大久保氏へ手紙を認む、田鶴の写真を共に送る筈なり

四月十七日　土　晴

ラヌロング氏大学へ来観、先解剖学へ来る富井正章青山学長同伴、次医院を見ると併し他の教室へ行かさりしと云ふ、山上御殿にて会食あり

四月十八日　日　晴曇

午前庭にあり、赳夫氏来る、午後は田甫へ散歩す、三河島まで行く

四月十九日　月　曇雨

午刻田鶴教室にて弁当を食し歯科へ行く、今日終る　午後教室会出席、二木論文問題の続き、浜尾総長臨席、自著論文の解釈に付き決を採る多数を以て合著を含まず但し場合により合著を自著と見做すことあるものと決す、次に追加論文に付ては八名に対する九名にて審査せざることに決す　これ三浦謹氏何れにも関せざりしによる　時に八時に近し、帰途大降雨　赳夫氏愈明朝出発帰京すとて泊す

四月二十日　火　晴

早朝赳夫氏出発す、午後鈴木孝氏電話にて打ち合せをなし五時過出て帰宅、食事、外出、七時神田青年会館に到る、鈴木、鵜沢二氏と会合し岡田、榊両家不和の件に付種々相談の末榊氏の言分は法律上は利由《ママ》なし　併し岡田氏の仕方に付きては清浄ならざる嫌あり　依て岡氏に出金せしたるより外に手段なしと決す九時散す

四月二十一日　水　晴

帰途足立屋にて靴を買ひたり

四月二十二日　木　曇

医界よりラヌロング氏招待の件に付其期日五月一日を来二十七日に変更したき旨自分宛にて申来る、山上集会所に到り諸氏と相談す、其件に付尋て宮本叔氏教室来り一切同氏に托す　鈴木孝氏より榊訪問今日夕七時と申越したるに付五時過帰宅、夕食し、同家に到り先達承諾の和解条件を念の為確め次に岡田家に到る　愈最後の訪問として出金（千円計）和解又は不和継続の二途よりなきことを告げて出金せんことを勧む何れ熟考の上確答すべきことを約して去る　時に夜半過一時十五分、二時過帰宅

四月二十三日　金　曇雨

フリードレンデル&ゾーンへ五十マルク為替を出す　ミリソン（チウリヒ）、フリッチ（ウィーン）、H・フィルヒョウ、M・アインホルンの四氏へ著述寄贈の礼其他のはがきを認む

四月二十四日　土　晴

浜尾総長還暦祝賀会に付顕微鏡実習を少しく早く辞して帰宅、更衣、二時半植物園に到る、来会約三百名、集金額一万八千円、出金者二千六百名計とか六時半帰宅

四月二十五日　日　晴

午前は庭の掃除、午後は三二を連れて田甫へ行く理科の材料にたにし入用の由に付之を採んとす併し見当らず困り居るところへ恰も沢山採りて行く人あり之を乞ふて三四個貰ひて帰る　鶴、精は北蘭と共に荒川へ桜草採りに行きたり

四月二十六日　月　晴

観桜会なるも御断りを出す　午後四時帰宅、予め打ち合せ置きたる通り菊太氏出京来訪、贈茶の式執行に付相談あり明後日を約して去る、晩食後三崎へ行き権兄に報告をなす談長引き十一時同所を去る　共に談して二時過眠に就く

四月二十七日　火　晴

午後四時教室にて更衣、上野公園常盤花壇へ行く　有志医師のラヌロング氏招待会なり、会するもの百十五名、山根氏開会の辞、石黒氏式辞（杉田某氏通訳）ラ氏挨拶、次に余興手品、踊等ありて宴に移る、十時散す

四月二十八日　水　晴

救療院高山氏来る、午後三時帰宅、四時頃菊太氏夫妻来着、茶、鰹節、末広の贈品を受け尋て酒肴に移る終りて答贈末広壱対に酒肴料を添へて出す七時半去る、前途を思へばただ愈々遠きを感するのみ　在ミュンヘン栄氏手紙来る又井上通夫のも来る之は留学延期許可の礼なり

四月二十九日　木　曇雨

午後二時半ラヌロング氏姪を携て教室へ来り頭骨数個に付顴骨二分、支那人女子の足などを見又写真す　三浦謹氏通訳す四時半去る

四月三十日　金　雨

終日貝塚人骨に付編述

五月一日　土　晴

実習を終へて直に帰宅、燕尾服装にて帝国ホテル七時着

ラヌロング氏の招待なり　集るもの二十名計、十時過ぎて散す

五月二日　　日　晴

少しく足痛、為めに散歩を見合す、午後は橋本小児等来る　明三日宮野朗氏より招かれたれども断りを出す

五月三日　　月　晴

五月四日　　火　曇晴

午後三時半帰りて和服に更へ五時紅葉館に到る　ラヌロング氏より饗応の返礼として招きたるなり　主人側二十名計一同撮影す、九時半帰宅

五月五日　　水　晴曇

三二学校催遠足に稲毛へ行く

五月六日　　木　雨

ラヌロング氏叙勲のことに付電話を以て山根、富井二氏と談す

五月七日　　金　雨曇

五月八日　　土　曇晴

晩食後精、三を連れて本郷へ行き夏帽子（五円三十銭）を購ふ恰も薬師縁日にて草花沢山出て奇麗なりき

五月九日　　日　晴

午前庭掃除、午後精、三を連れて三河島へ散歩　厳同行、諏訪神社に休む

五月十日　　月　晴

午後教授会あり、平凡の問題なり三時散会

五月十一日　　火　曇

明治医会へ退会届をはがきを以て出す　喜美子橋本へ行きて赳夫のことを発表す

五月十二日　　水　雨

五月十三日　　木　雨

緒方氏一寸教室へ来る

ワルダイエル先生へ手紙を出す、教室写真寄贈の礼など書きたり

五月十四日　　金　雨

五月十五日　　土　雨曇

五月十六日　　日　雨

悪天、終日在宿

五月十七日　　月　晴

五月十八日　　火　晴

朝八時過新橋停車場に到りてラヌロング氏の出発を見送る、邦人の見送るもの外に富井、山根、矢部の三氏のみ、

ラ氏一昨日勲一、瑞宝に叙せらる

五月十九日　水　晴

講義を終へて直に出て四ッ谷左門町に三輪謙と云ふ人を訪ふ不在にて空しく帰る、氏は商船学校医員にして近日遠洋航海に出発の由に付材料採集を依頼せんが為なり

五月二十日　木　雨

五月二十一日　金　晴

午前九段坂佐藤写真店に到り撮影す、医科紀念帖の為めなり、牛ヶ淵公に一寸入る十二時教室に帰る

五月二十二日　土　晴

片山氏教室へ来り例の「モルグ」の件に付依頼談あり

五月二十三日　日　晴

此頃中思ひ立ちたる江の島行を決す、精は学校遠足にて行きたれば止め、鶴、三を連れ弁当を持ちて出かける、電車に故障などありたれど九時発汽車に間に合ふ、十一時鎌倉着　極楽寺前電車留り場茶店にて弁当を食す、閑静にて水車あり、十二時過ぎ発し、七里ヶ浜に出る、珍しき好天にて甚心地よし、江の島にて窟入口まで到る日曜なる為めか人出なかなか多し再ひ登りて茶店に休息す、是より帰途に就く片瀬より電車に乗り藤沢に到り五時十九分の汽車にて八時半帰宅、予望通りの快を覚えたり

五月二十四日　月　晴

午後教授会、学位の件、都筑甚之助氏再否決　菊池循一氏否決

五月二十五日　火　晴

五月二十六日　水　雨

山越符号校正に時を費す、田村全宣久々にて来る　午後より来りて長談せしよし晩食して去る

五月二十七日　木　曇

寺尾氏祝賀会へ金弐円郵便小為替を以て平山氏宛にて送る　留守中小松よし子嬢此度養子結婚のよしにて新夫婦並に養母長子殿同道にて来訪せられたり

五月二十八日　金　晴

午前三輪謙氏を訪ひ遠洋航海中材料採集の件を依頼す、十二時教室に帰る　帰途千駄木へ寄る　女子出産の悦びのためなり

五月二十九日　土　晴

宮本叔氏田口邸借受けのことに付教室へ来る　例期の家屋大掃除なり　晩三二を連れて一寸槇町まで散歩

五月三十日　　日　晴

午前庭にあり、今村一雄氏久し振りにて来訪、此度東京本社勤務となりしよし、田村全宣氏来り　離婚の件に付喜美子に相談急ぎて去る、守屋伍造氏再学位申請せしよし挨拶に来る　午後今村氏を伴ひ三二を連れて三河島喜楽園に行く　菖蒲未た早し

五月三十一日　月　晴

北越新報社員加賀幸三なる人尋ね来り　昨日の同新聞一枚持ち来りて自分在職二十五年に付社説に掲載せり云々

六月一日　　火　晴

昨約束の通り加賀氏へ写真一枚渡す、三輪謙氏教室へ来りたり

六月二日　　水　晴

幻灯を以てデモンストラチオンをなす

六月三日　　木　晴

三輪謙氏へ標本採集依頼状を発す　アルゼンチン共和国大学よりディプロム（＊証書）到達す　フリードレンデルへ弐千マルク発送通知はがきを出す

六月四日　　金　晴

山越符号校正、画家和田氏大沢岳氏同伴来りて自分肖像のことに付打ち合せをなす　長与又郎、土居岩保両氏帰朝

六月五日　　土　曇

岡山上坂氏上京来室

六月六日　　日　雨曇

在宿、夕刻庭に出る

六月七日　　月　曇雨

午前青山氏教室へ来り林太郎作小説「魔睡」につきて談あり又長与帰りて大学へ入るべきなど云へり　松村瞭氏陸前広田村所出貝塚人骨格一具持ち来る　午後教授会出席、照内氏学位の件なり　晩栄氏へ手紙を書く　長と同居にて局を結ばんかなど申し送りたり

六月八日　　火　晴

終日実習に忙はし

六月九日　　水　雨

幻灯を以て「デモンスラチオン」をなす　午後貝塚人骨を洗ふ

六月十日　　木　曇

六月十一日　金　曇雨

貝塚頭骨をつぐ、午前人類学教室へ行く同処にて在札幌河野常吉氏に会ふ、貝塚頭骨三個借り来る

六月十二日　土　晴

貝塚頭骨組立略ほ終る　赳夫氏出京、来る

六月十三日　日　曇

午前小松春三氏を訪ひ先頃よし子嬢養子結婚の祝を贈る又春三氏の新婦に始めて面会す次に中野完一氏を訪ひ二条家所有貝塚人骨借用のことを依頼し且つ贈り物（三円）をなす　菊太老人京阪より帰京来り共に午食す　腹工合少し悪し、静養す

六月十四日　月　曇風

頭骨組立てに従事す、岡山上坂氏より脳顕微鏡標本小包を以て送達す

六月十五日　火　晴

良一は大学へ進入のことなどあれども家計困難のことを思ひて気甚鬱す　赳夫氏来る　帰途橋本家へ行く皆不在、青山氏を訪ふ是又未在らず、三謹奇怪風説に付て談ぜし為めなり

六月十六日　水　晴

赳夫氏泊る殆んど三時まで喜美子と談じ居たり前途甚面倒ならんと思ふ。神経系講義を閉つ　河野常吉氏教室へ来る　尋で青山氏来る三謹の件に付種々談あり但纏りたることに至らず

六月十七日　木　曇

河野常吉氏教室へ来り摂生法などの話をなせり

六月十八日　金　晴

鶏骨頭（人類学教室のもの）の組立をなす、午前より赳夫氏来り遊び居る、菊太老人今日出発帰郷せりと

六月十九日　土　雨

顕微鏡実習を閉つ

六月二十日　日　半晴

午後芝の草を取る、晩食後予て頭を悩み居たる北蘭、権兄間のことに付三崎町へ行きて従前の通り往来せらるることとしたきを述ぶ、温顔、謙譲語を極めて説けり　特に意を用ひて「中直《ママ》り」などの語を避く　彼れ言ふに母上に不足ヶ間敷意ありかかる意を以て来らるるは好まず併し来たければ何時にても御出よし亦た来たくなければ来られざるも可なり亦此方も行きたくば行き、意向かはずば行かざるべし自分も五十四歳なれば何事も心のままにせんと決心せり　五十歳までは充分尽し充分務めたれ

ばなどと頑として解けず遂に慟哭涕泣意を尽して哀願したるも尚且動かざるが如し、これ畢生の願にして再ひせざるべきを言ひて結び十時頃去る、兄に関することは之れにて一切断念と決心す　喜美子と十二時過まで談し、床に入る三時を聞きて後微睡す　ふみ子来りて宿泊したき旨喜美子へ談したるも打捨を思ゐたり

六月二十一日　月　雨

朝七時より組織学試験を行ふ　問題クノルペル〔＊軟骨〕出席人員一一五、終りて天気悪しきも強て出かけ牛込小松老婦を訪ひよし子結婚、春三氏卒業並に新婦決定の悦を述ぶ、休暇前に可成俗事を片付けて研究に従事せし心算なり　午後教授会あり

六月二十二日　火　半晴

午前一寸学校へ行く其他在宿答案調べ　赳夫来る

六月二十三日　水　曇少雨

午後赳夫氏来り今夜出発帰郷すと、来夏令祖母墓参として精を遣るべきことを話す　答案調べ、夕刻庭に出て草を取る

六月二十四日　木　雨

終日答案調べ

六月二十五日　金　雨

終日悪天、答案調べ

六月二十六日　土　雨

答案調べ終る、午前三崎町細君来り　横田四郎長岡逃走、今朝着京せりと

六月二十七日　日　雨

顕微鏡実習試験を始む、午前午後にて三十名終るなかなか疲労

六月二十八日　月　曇

前日の通り試験、横田四郎氏来り泊す　北蘭、鶴、精は女児宮詣りとて招ねかれて千駄木へ行く

六月二十九日　火　雨

前日の通り試験、上田受験の為め岡山へ向け午後三時三十分発にて出発す

六月三十日　水　晴曇

顕微鏡試験終る、良一より名古屋発電報にて明朝着京の旨報あり　夕刻野中完一氏来りて二条家にて貝塚人骨借用のことを頼み置きたるに承諾のよし告げらる　晩試験評点調べ終る

七月一日　　木　曇少雨

朝七時頃良一帰着す、児等は一寸会ひて学校へ行きたり　自分は評点を出し少時して十一時頃帰宅、喜美子は同窓会へ行く、午後は庭の草を取る、晩は千駄木母堂、潤三郎氏来る、時に岡山岩藤より手紙来り　昨日成績発表になり良一四番の報を得たり予め期したることとなれども如何不幸の有り得べきを心配し居たるところ先つ安堵の思をなせり

七月二日　　金　雨曇

午前安田恭吾氏教室へ来り子息の行道に付心配し居たるところ事態判明し安心したりと　片付けものなどして時を消せり

七月三日　　土　半晴

助手諸氏と共に顕微鏡調べをなす、午後二時過帰宅　昨日来三二少しく発熱す　山越良三氏来る解説訂正の件は之れにて終結とす

七月四日　　日　曇

庭の草取り、午後於菟氏来り、厳明日出発等に付晩食す、小松原文部大臣より来八日招待を受けたる断りを認む

七月五日　　月　雨

厳朝金沢へ向け受験の為め出発す　午後教授会あり　特待生選定等及学位の件広木安蔵否決、本堂恒次郎可決、六時第一学生集会所に到る大沢岳氏洋行に付教室員其他新井、森田及山越良三の三氏会す　山越も大沢氏と同行するに付合せて送別す　九時帰宅、終日間断なく雨降る

七月六日　　火　曇

大成丸医員三輪謙氏愈来十日出帆のよし　昨日来室のところ面会せず　今朝暇乞の手紙を出す　五時半帰宅、榊順次郎氏手紙来り居り去四日岡田家にて彼の板塀を破壊せり云々　時に鈴木孝氏来り又喜美子岡田家へ行用ありて行きたるが帰り来り其談あり　茲に至りては最早手段なかるべし　北蘭胃痛、嘔吐など混雑す、灌腸をなす

七月七日　　水　雨曇

大沢岳、山越両家へ近々出発欧行に付餞別を贈る

七月八日　　木　雨

降雨止まず、教室にありて書見、来十日卒業式に付行幸仰出さる

七月九日　　金　雨

終日雨降る、教室にて読書、晩春三氏来る　大学卒業の挨拶なり、北蘭再ひ灌腸す

七月十日　土　曇
卒業式挙行に付　臨幸あり、終日教室にて読書　晩三二
を連れて大観音まで行く
七月十一日　日　晴
朝小松春三の許へ卒業を祝し及結婚を賀し祝品を贈る又
松村任三氏を訪ひて春三氏に付従来を謝し将来を依頼せ
り、又三二を連れて槇町まで行き庭掃除に用ふるものを
買ふ、石原喜久太郎氏横田四郎今村一雄の二氏其他来訪
多し　晩良、三と大観音まで行く　前晩認め置きたる長
岡増井岩三郎氏宛悔状に香奠として弐円券を添へて出す
七月十二日　月　晴
午前石原氏を歯科に訪ひ其後の模様を尋ぬ先つ文部の方
針稍定まりたる如し云々　在独島峰氏へ去三日頃手紙を
出したりと　午後二時頃帰宅、此頃数日教室内大掃除
晩良、精、三を連れて本郷通りへ散歩甚雑沓す
七月十三日　火　曇
午後二時過帰宅、芝中の草を取る　曽て大栄氏が「スト
ラスブルグ」より送り越したる頭□蓋の価十マルク即ち
五円を商人高橋より受取る
七月十四日　水　晴
救療院へ七円五十銭遣る　盆に付一月より今日まで送付
の材料に対する謝礼なり　二条家へ貝塚人骨借用の為め
人夫を遣す　午後二時半帰宅
七月十五日　木　晴
暑気頓に強し、朝大沢家へ告別に行く　同夫妻明朝出発
欧行、良一も共に同家に到る　安田恭吾氏教室へ来る
稔氏製油絵文部省へ審査の為め出すべきもの到達せしに
付それを見せむ為めなり　二条家貝塚人骨を調べ始む
七月十六日　金　晴
朝良、三を連れて新橋に到る大沢氏夫妻及山越良三八時
三十分発にて欧行の途に就くを送る、是より銀座を歩し
電車に乗る　非常の混雑なり、須田町にて氷を食し帰宅、
炎暑堪へ難し、午後在宿　昨夜賊書斎に入り洋書二冊
（Hertwig's Alle. Biologie, Stöhr's Histologie）を持ち去
り今朝門脇垣根内に投げ捨てありしを発見す、別に紛失
物はなかりき　厳授《ママ》験済みて金沢より帰京す
七月十七日　土　晴
リヒャルト・ツルンワルト博士南洋ノイ・ポンメルン〔＊
現ニュー・ブリテン島〕に三年間人類学取調べ帰国の途
次本邦へ寄りて教室へ尋ね来る、種々学事を談じ又人類

学教室へ案内し三時頃去る　岡山菅氏へ良一在学中保証人の礼状を出す又浅井猛郎氏へ土産寄贈の礼札を出す
六高より良一東京医科大学入学と決定せし旨通知あり

七月十八日　日　晴

良、鶴は今朝日在へ行く、終日在宿、夕刻庭に出て草を取る　厳晩出発長岡へ帰る

七月十九日　月　晴

午前工科大学暖房掛り小林某氏を尋ね暖房改良を依頼す、晩元食客たりし原田環尋ね来る

七月二十日　火　曇

少しく冷気にて心地よし、教室不参、精三を連れて上野公園へ行く金工競技会に入る　次に動物園に入りて後氷月にて二児に食せしめ帰途本郷美満津にて三二祖母方より貰ひ置きたる金にてグローブを買ふ、十二時過帰宅、往返共電車を用ふ　大栄氏へ手紙を出、長講師となりしこと、二村井上の関係も同じく難問なること、巴里にて細菌上の研学最適切なることなど申送りたり

七月二十一日　水　曇晴

終日貝塚頭骨組立

七月二十二日　木　晴

頭骨組立、午後はツルンワルト氏来り統計年鑑に付説明す

七月二十三日　金　晴

終日頭骨組立

七月二十四日　土　晴

約の如くドクトル・ツルンワルト氏九時半教室へ来る共に出て不忍池の蓮花を見、午後一時頃精養軒に到りて共に昼食す、長談三時も見、午後一時頃精養軒に到りて共に昼食す、長談三時同処を出て古墳の標本とし擂鉢山に登り是より金工競技会案内す湯沸しを一個購ひ、電車まで導きて分る　時に四時なりき、是より電車にて帰宅　田鶴日在より帰る

七月二十五日　日　晴

終日在宿、午前横田四郎氏妻子を連れて帰る　夕刻庭の草を取る

七月二十六日　月　晴

貝塚人骨組立て終る　書肆ゲオルグ・ライメール（ベルリン）よりグスタフ・フリッチ教授著 Area centralis 寄贈礼状中の文句を広告に用ひ度き旨申来りたるに付差支なき旨の返事を出す　精今朝始紅

七月二十七日　火　晴

貝塚頭骨七個の曲線を画く　朝出勤掛けに郁文館に寄上田六高に於て授検《ママ》せし件に付てなり

七月二十八日　水　晴

貝塚頭骨を測る、喜美子午刻突然教室へ来り厳上田共高等学校入学許可昨日の官報にて発表のことを知らせたり上田は岡山医校へも入学せり依て両校何れに採用せらるるや心配す、一高の一覧を見て同日に発表になりたるときは本人の選択に任かすの条あり大に安心す

七月二十九日　木　晴

終日教室にありき、墺国船医ドクトル・ソーメック氏来り医院参観を望む、外科へ紹介す

七月三十日　金　晴　少驟雨

教室にありき

七月三十一日　土　晴

教室不参、午前三二を連れて道灌山まで散歩す　午後在宿、屋根師来りて玄関屋根を修理す、夕刻庭の草を取る

八月一日　日　晴曇時々少雨

昨夜大雨あり、終日在宿、庭の掃除をなす

八月二日　月　曇晴

教室にあり、見留印愈紛失と決す、多分去二十四日朝上衣着替へたるとき旧衣のかくしに入れ置き洗濯にやりたるなるべし

八月三日　火　曇晴

精三を連れて大森へ行く　魚栄にて息み、昼食す、午後二時頃出鈴ヶ森を見、電車にて帰途につく、日比谷公園に入りて休む、五時帰宅、別に興もなかりき

八月四日　水　半晴、驟雨

教室にあり、夕刻充分なる降雨ありたり

八月五日　木　曇雨

貝塚頭骨に於て上顎両犬歯を除去したりと思はるるもの三個其顎あるもの三個を発見したり　時々驟雨あり

八月六日　金　半晴

教室にあり、驟雨あり

八月七日　土　晴

在京城久保氏返書並に小池氏韓人に付ての著独訳のものを送る　晩良一日在より帰る

八月八日　日　晴

在宅、晩食後四児を連れて日比谷公園へ行に茶店に休憩、銀座通りを散歩して十時帰宅

八月九日　　　月　晴
教室にありき
八月十日　　　火　晴
同上
八月十一日　　水　曇
意外の冷気、在宿、庭掃除、喜美子は北蘭及二女を連れて三越へ行く、又午後は良、三田甫へ行く　午後榊保三郎氏来る、榊、岡田両家の件に付談あり、榊家々庭の面白からざるため同情を減すなど云へり又小林魁郎氏来る長談十一時頃去る
八月十二日　　木　晴
在宿庭掃除、予想に反し再ひ熱し　晩食後四児を連れて本郷通りまで行く　此頃注文し置きたる見留印出来す
八月十三日　　金　晴曇
教室にありき
八月十四日　　土　晴
杉野茂吉氏教室へ尋ね来る　ワルダイエル先生より手紙来る　来年十月伯林大学百年祭に付日本代表者として来伯せんことを望むなどあり
八月十五日　　日　晴
朝渡辺久吉氏出京来訪、仕事上の依頼なり　経師来り玄関脇三畳の壁等を貼る　晩小松春三氏来る、終日庭掃除をなす
八月十六日　　月　晴
終日教室にありき、昨日少しく冷気を催し快し
八月十七日　　火　晴
八月十八日　　水　半晴
蒸熱、レーマン－ニッチェ博士（ブエノスアイレス）より同処大学に於て名誉員に同氏の推選に依り選定せられたる趣の手紙到る
八月十九日　　木　半晴
終日教室、種々疑問を生し為めに仕事遅々として進まず即ちプレグマの位置、アイノ、日本人との差、眉間―後頭部突起点間および前頭部突起点―後頭部突起点間の直径アイノ、日本人との差等
八月二十日　　金　晴曇
終日教室
八月二十一日　　土　曇晴
昨夜少しく雨降る　在名古屋奈良坂源一郎氏教室へ来訪婦美子佐倉より孝子を連れて出京

八月二十二日　日　晴曇

在宿、庭の掃除、午刻より喜美子は婦美子親子等を連れて上野動園、三越等へ行く、中鶴氏出雲艦横須賀へ廻航、尋ね来る

八月二十三日　月　晴曇

教室より多賀良亭へ行く時に六時なりき、保氏の請に応じ鈴木孝、鵜沢氏等会す、榊岡田両家の一件に付種々相談あり結局従前の最終限度より加減出来ざることとす十一時過帰宅

八月二十四日　火　晴　昨夜降雨

保三郎氏午後五時頃教室へ来り今朝来両家の間に奔走、漸く双方承諾、これにて先つ和解出来たる次第なり云々就ては其実行順序等に付き打合せをなす

八月二十五日　水　晴

電話にて鈴木孝氏昨日のことに付談合、午後四時前教室を出て先岡田へ行き手金を懐にして榊へ行く、順、保両氏と共に境界を実測す　其結果現在敷石と終点に於て四寸五分の差あることを認む、可成此儘にて済ませたき意を以て岡田へ行くなかなか六ヶ敷、依てやはり覚書通りと決心し再榊へ行く案外容易に事済む、晩食、火を灯しのみを以て石疵を付け境界点を極めて又岡田へ行く鈴木孝氏も来る　明後多賀良亭会合のことなど取り極め十一時半去る終電車にて十二時半帰宅、三時を聞きて眠る

八月二十六日　木　晴

小松操氏病気危篤の報あり　午後四時過約束の通り教室より岡田家へ立寄り手金を受取り保氏同道にて隣家へ行く順氏留守暫して帰り来る　先つ境界を見分し申分なきを以て金を渡す然るところ受取書を岡田宛にては出さずと言ひて動かず此解決確定の期に望んで危機当るべからず兎に角鈴木孝氏を呼ぶ　食事などして待つ中に同氏来る　早速其旨を以て自分隣家岡田へ行く同氏中《ママ》裁人宛にて苦しからずとのことに付之にて金を渡し領収書を取りて終る　時に九時過直に辞して是より牛込小松家に到り操氏病気の模様を尋ぬ又時に電話にて愈危篤の報あり春三氏母子匆々支渡し出かけんとす自分は辞し去る十一時帰宅

八月二十七日　金　晴

予定の通り午後六時多賀良亭に到る鈴木孝氏岡田夫婦既にあり尋て榊夫婦も来る　外に鵜沢総明氏保三郎、渡辺熙氏総て九名会して食事す　案外都合よく十時過ぎて散

ず、これにて両家の件終局　操氏昨夜十時死去の通知あり

八月二十八日　土　晴

教室不参、午後故操氏葬式に付吉祥寺へ行く、甚静かなるも遠方よりのこととて遅れたることと思ひて待ち居たり　遂に五時となり寺僧に質せば既に一時頃に済みたりと云ふ　思はさる時を費せり

八月二十九日　日　曇　驟雨

終日在宿、喜美子等明朝越後へ向け出発の準備をなす、午後二時頃大雷雨となる、夕刻止む但蒸熱尚ほ去らず、雨中今村一雄氏来る

八月三十日　月　晴

六時十分発にて喜美子精、三を連れて出発す、良一停車場まで行く、午前教室より牛込小松家へ悔みに行き且香奠（弐円）を供ふ　高島多米治氏より貝塚人骨に付報知ありたれば午後三時半教室を出て同氏を訪ふ、既に去りたる後にて空しく帰る　晩隣家子息兄弟来る、満月明なり

八月三十一日　火　晴

腹工合少し悪し又歯痛もあり、新井春氏教室へ来る

九月一日　水　晴風

風強し併し格別のことなし農家歓ぶなるべし　喜美子より安着の報あり

九月二日　木　曇雨

気温降りて凌ぎよし　晩千駄木母堂来る

九月三日　金　晴風

新井春氏頭骨標本数多持ちて教室へ来る　午後高島多米治氏訪ふ余山人骨数具掘り出したりとて其状態の談あり、品物は大学へ寄付の承諾を得て帰る　晩厳金沢四高へ入学の途次着京す

九月四日　土　曇風

田口碩臣氏千葉医学校講師となるべく明日同地赴くよし、余山貝塚人骨数具高島より受領

九月五日　日　曇

終日教室にありて前日の骨を洗ふ、数多く且小破片となりおる故なかなか終らす　救療院より屍一体送附、親族のもの来りて一見す　喜美子赴夫氏同道午後十時半過帰京　晩榊順次郎氏来訪、平和紀念とし置時計壱個（目録）贈与せらる

九月六日　　月　晴、雨

骨洗未終、午後二時半教室を出て帰宅、故榊氏十三回忌法事に付四時巣鴨病院に到る、読経終りて友人として追悼の辞を述ぶ是より富士見に到りて晩食の饗応を饗け九時半帰宅

九月七日　　火　曇

在宿、庭の掃除をなす、赳夫氏借家を探しに出て之を森川町一番地に取極めて帰る、佐藤正四郎氏出京のよしに付同氏の旅宿に到りて泊る

九月八日　　水　曇晴

教室不参、朝良、三と共に白山坂下へ行き萩三株を買ふ、庭掃除、榊順次郎氏寄贈の置時計到来す

九月九日　　木　晴風

在宿、蒸熱不快、良一発熱、扁桃腺炎なり

九月十日　　金　晴（昨夜雨）

骨洗未終又今日高島氏へ通知により使を遣りて人骨一箱受取る　緒方氏教室へ来る　赳夫氏森川町へ引き移る、帰途同処へ一寸寄る

九月十一日　　土　雨曇

午前九時より記載解剖学追試験をなす但二村氏と同時に且つ大沢岳氏の代なり　骨洗漸く終る、帰途赳夫氏の新住に寄る

九月十二日　　日　曇雨

在宿、蒸熱、午後三時頃より大雨、俄かに冷気を催す赳夫氏午前より来り遂に泊る、喜美子と一時半まで談話す、午後中鶴、脇田茂一等来る　休中休止せし晩書見を始む

九月十三日　　月　雨

冷気となる、組織学開講、良一不快を押して登校始めて聴講す　貝塚頭骨の組立を始む　午後岡田和氏教室へ来り榊順、保両氏の間に争ありたり　よし子のことに付て起りたるよし、捨て置く訳にも行かざるべし

九月十四日　　火　晴

終日骨継ぎ、福岡久保猪之吉氏来る　明日出発帰福すと、午刻安田恭吾氏来る、午後榊保三郎氏来りて順氏と争のことに付話あり　よし子の寄宿所取極めの後にて順氏に談ずることとす

九月十五日　　水　曇晴

骨継ぎ合せ、晩歯痛

九月十六日　　木　晴

再熱さ強、骨つぎ、九時より組織追試験をす出席者九名あり、午後保三郎氏来りよし子の寄宿所取り極めたるに付ては今日順次郎氏方へ行きて相談を試みられたし云々、後五時半帰宅晩食、七時順氏方へ行く　例の通りなかなか困難、十時前切り上げて去る

九月十七日　　金　雨

朝教室より保三郎氏を呼びて昨夜の顚末を話す、保氏より行きて詫びることとし且夕七時岡家へ行きて相談に預らんことを約して分る、骨つぎ容易に終らず　帰宅晩食の後七時岡田家に到る保氏等と相談の末保氏隣家へ行きて詫言を述べ　よし子引き取り野口某子方へ寄宿せしむることとするまで纏める予定にて出かける　其結果終局まで至らざりしも温和の模様にして明日又継続のよし、保氏は明日頃は出発帰福のつもりなれば告別し去る十二時前帰宅

九月十八日　　土　雨

箕作佳吉氏死去の報新聞にて見、出勤がけに悔に行く、良、三教室にて弁当を食し赳夫氏を誘ひて横浜碇泊出雲艦を見に行く、同艦は中鶴氏乗り組み居り、来二十日出航、桑港へ派遣のものなり　終日骨継ぎ

九月十九日　　日　雨

朝故箕作氏葬式に谷中斎場に到る　終日悪天甚不快、歯痛を病む、午後赳夫氏来る

九月二十日　　月　雨

顕微鏡実習試験の追試をなす出席八名あり　日日新聞記者某来りて自分の経歴を問ふ　時に講義を始むる際なりしを以て明日を約して別る　午後教授会あり　良一昨夜より再び発熱す

九月二十一日　　火　晴

骨継、午後日日記者立川某来り昨日の約束の通り略歴を話し写真一葉を貸す　赤十字社病院より留学したる吉本清太郎氏帰朝来訪、氏は二三日前自殺したる豊住秀人氏と共に帰朝したるなり　腹工合悪し、良一は登学したるも晩橋本節氏来りて一応診察したり

九月二十二日　　水　晴

好時候となれり、ベルツ氏重患に罹りたるよし一昨日知りたるを以て見舞状を出す但最早快方のよし、骨継ぎ第八日なり未容易に終らず

九月二十三日　　木　晴

故小川三紀氏の為めに三円を出す、骨継ぎ

九月二十四日　金　雨　祭日

終日教室にありて骨つぎ、午前中に安田恭吾氏来る　文部省より稔氏作油絵戻し来りたるよし氏は宅へ来りたるも不在なりしため教室へ廻りたるなり　留守中岡田和一郎氏過日の件に付挨拶に来る

九月二十五日　土　晴

骨つぎ、午後一時教室を出て田口氏宅に到り留守居爺に借家のことを尋ぬ、併し弁せず、橋本へ寄りて帰る、庭芝中の草を採る、晩田口氏へ手紙を出す（但し千葉へ宛て）

九月二十六日　日　晴

午前庭の草取り、横田四郎氏来る、午食後赳夫及四児を連れて日暮里停車場に到る　千住行汽車少しのことにて間に合はず依て上野まで汽車に乗り是より向島百花園に到る　秋の花見事なるも雑沓を極む、往復共電車大に困《ママ》雑せり六時過帰宅

九月二十七日　月　雨

終日大雨、教授会あり、学位の件なり

九月二十八日　火　晴曇

骨つぎ

九月二十九日　水　曇雨

骨つぎ、午後三時過教室を出て田口氏留守へ寄る　家屋既に貸約済みになりたるよしに付直に橋本へ寄りて其旨を通す、是より安田恭吾氏を訪ひて過日大久保氏より送り越したる稔氏に関したること「ミユンヘン」新聞に載りたる切りぬきを遣る　文部官費の件は望なきよし、是より権兄を訪ひ暫時空談、時に雨降始む、七時帰宅　中秋なるも曇り且雨にて月明ならす

九月三十日　木　雨

骨継第十四日なるも未終、安田氏独乙新聞を持ち来る稔氏より送りたるものにして「フランクフォルト」空中船博覧会場日本庭園及茶屋を稔氏が設計したること掲載あるものなり

十月一日　金　晴曇

解剖実習を始む、骨継第十五日、午後四時帰りて庭掃除

十月二日　土　晴曇

骨継第十六日、午後三時帰りて庭掃除　赳夫氏泊す

十月三日　日　晴

赳夫、良、三を伴ひて出かけ赳氏寓に立寄り、本郷より

電車にて金杉橋に下り釣り船を雇ひて海に遊ぶ、釣獲甚少しはへ縄を用ひてマルタ二十疋計採る、天気よし、甚心地よし、六時半帰る　他のものは故玉汝一週《ママ》忌繰り上げ法会に付吉祥寺読経に列す

十月四日　　月　曇

骨継ぎ第十七日

十月五日　　火　雨

ワルダイエル先生より九月十四日附手紙到る五月十三日出したりの返書なり、来年伯林大学百年祭に来独を望む旨再申来れり　骨継第十八日、佐藤外科助手青木氏解剖に無給にて入室志望者某を連れ来る、将来外科専門となる基礎を造らん為め一ヶ年計と云ふことに付謝絶す

十月六日　　水　曇

骨継第十九日

十月七日　　木　曇

骨継第二十日、横田四郎氏教室へ来り患者診察のことを頼む、入沢氏外来へ名刺を遣る

十月八日　　金　曇晴

骨継第二十一日、帰途三角堂へ寄り冬帽子を買ふ（五円八十銭）

十月九日　　土　晴

新入学生宣誓式に付休業、終日教室にありて骨継、第二十二日、頭骨八個まで組立てたり、最早これ以上は望なし、之より四肢骨を整頓すべし　津田久三氏独乙より帰朝教室へ来る

十月十日　　日　雨

終日教室にありて骨継、第二十三日、田口氏千葉より出て教室へ来る、晩在仁川橋本豊太郎氏一寸玄関まで尋ね来る

十月十一日　　月　雨

骨継第二十四日、四肢骨に取りかかる、午後教授会出席人員不足に付文論《ママ》審査の件は出来す、青山氏に伯林大学百年祭に付ワルダイエル先生より参列申来りたることを話す又解剖及病理共彼二名就職の件に付面倒なることを話す

十月十二日　　火　曇雨

骨継第二十五日、北京文科大学清人坪井九馬三氏同道教室参観す、三浦謹氏来紀要表題改正の件に付てなり、又山越長七来る

十月十三日　　水　曇

骨継仕事一応終りを告ぐ、全二十六日間費したり

十月十四日　木　晴

骨継ぎ直し等にて終日す、帰途千駄木へ寄る、三浦謹氏脚気調査委員辞退の件なり　鉄門倶楽部遠足会今夕松島へ向け出発す　明、明後日休業すべし

十月十五日　金　晴

天気好し、午後帰宅、庭掃除、喜美子同窓会へ行く、赳夫、横田四郎、魁郎氏夫妻来る、魁郎氏等晩食

十月十六日　土　晴

午前教室にあり、午後は文、公、美術展覧会を見る

十月十七日　日　晴　祭日

庭師来りて松をつくり始む、午前は庭にありき、早く昼食し十二時出懸ける　赳夫、良一、精、三同行玉川へ行く河畔の茶店にて憩ふ、寿しを食す、好天甚快六時半帰宅、ただ電車の長きに困りたり、喜美子は北蘭田鶴を文公展覧会へ誘ふふみ子も同行したりと

十月十八日　月　雨晴

鉄門遠足昨朝帰京の筈なるも学生等登校せず　講義消滅す、福岡桜井恒氏母堂病気に付出京、教室へ来る　三二運動会に於て一等及二等の賞牌を取りたりとて悦び勇む

十月十九日　火　雨

在徳島若林虎吉氏独乙留学に付暇乞に来る　在独島峰氏よりワルダイエル先生に面会せしよし　手紙及先生、インスペクトルゲルツーン氏連名絵はがき昨日到着

十月二十日　水　晴

寒くなれり

十月二十一日　木　晴

午前理科へ行き関戸氏に頭骨写真のことを頼む、腹工合悪し、三時半帰宅、床に臥す

十月二十二日　金　曇

新井春氏一寸教室へ来る

十月二十三日　土　晴

在京都尾関才吉氏足立氏の添書を持ち来り図書室に入りて書見す、午前関戸氏来り銅駝坊頭骨第二次借用のもの五個を撮影す、午後三時授賞マンローー博士及ブルックリン博物館員キューリン両氏来り貝塚頭骨等を覧に供す　赳夫氏泊す

十月二十四日　日　晴

胃腸を損し散歩を見合す、庭にて焚火をなす　赳、良、三上野へ行く、隣桜井氏来り住宅改築に付一両中に境垣

根を建ることに付相談あり

十月二十五日　月　晴

午後教授会あり、楠本長三郎、浦野文彦（長崎医校出身、ドクトル）二氏学位の件、前者は可後者は否決、緒方氏在職二十五年祝の為め五円出す　在ミユンヘン大久保より手紙来る、十月七日附のものにして愈十日出発巴里へ転学すと

十月二十六日　火　晴曇

午前医学会事務所に至り雑誌を見る　精上州大田へ遠足晩新聞号外来り　伊藤公爵満州ハルピン停車場に於て一韓人に狙撃せらると生死不明とのこと尋で死せし報来る

十月二十七日　水　晴

十月二十八日　木　曇

午前医学会事務所へ行きて雑誌を見る　貝塚人骨発掘送附の謝儀として前回の通り椎名重造氏弐拾五円高島多米治氏へ五円切手を贈る

十月二十九日　金　曇

午前医学会事務所へ行く、雑誌調べ終る、帰途人類学教室へ寄り野中氏に銅駝坊人骨借用期限此月末日に付延期を頼む、十二月まで延期承諾を得たり

十月三十日　土　晴

午前理科大学へ行き関戸氏に頼みて頭骨引き延し写をなす、午後一時半出て上野公園文、美展覧会を見る、これ二度目にして審査既に済み公評も明りて大に興味を覚ふ、同所にて赳夫氏に会ひ同道帰宅す

十月三十一日　日　曇

赳夫氏泊す、喜美子は同氏下婢の件に付此頃一人増野家の方より世話せしもの間に合はず之を去らしむることのために午前森川町同氏宅へ行く、三二前週より寒冒未だ回復せず、午後は庭掃除

十一月一日　月　晴

今日より記載解剖学内臓を始む、大沢氏帰朝まで同氏受持時間をも利用すべし当分は忙しきことなり

十一月二日　火　曇

ブダペストペルチック教授より絵はがき来る、理学文書目録原稿を出す

十一月三日　水　晴

終日庭に出て焚き火庭掃除をなす、京都鈴木文太郎氏出京玄関まで来る、午後は赳夫氏来る

十一月四日　　木　曇雨
日比谷公園に於て伊藤公国葬執行当日に付休業、終日在宿、昼頃より雨降り始む、良一は日比谷へ行きたり、未曽有雑沓なりきと

十一月五日　　金　曇
弘田氏教室へ来る久し振りにて会ふ、別段意味はなかりし

十一月六日　　土　晴
桜井龍造氏陸軍辞職し寺泊へ開業するに付其準備の為め出京、晩来訪

十一月七日　　日　曇
天寒し、午後山極氏大人葬式に青山斎場に到る　同処にて岡田、土肥両氏に桜井龍造氏参観のことを依頼す、四時頃帰宅　晩赳夫氏来り泊る

十一月八日　　月　雨
午後龍造氏室へ来る　外来診察傍観の件承諾を得たることを告ぐ

十一月九日　　火　曇
今日午後権兄不斗来りて北蘭を誘ひ行かれたりと　好子の実母出京の為め之れに引き合はすと云ふ口実のよし、これ一家の為めに重要のことなり　今後二人の間兎も角も継続したきものなり

十一月十日　　水　晴雨風
午刻桜井龍造氏教室へ来る　共に弁当を食し眼科へ行きて外来傍観のことを石原忍氏に頼む

十一月十一日　　木　晴
宇都宮地方に於ける大演習へ　行幸のところ今日午後二時三十分上野御着輦　還幸相成に付文部省勅任官総代として奉迎、三時教室へ帰る、潤三郎氏京都図書館員に就任に付午後七時半新橋発車、良一見送る

十一月十二日　　金　晴
寒増す、霜庭に白し　報知新聞社員来り解剖実習を見たき旨申出、併し其利害に付説明したるところ再考の上来るべしとて標本室を見て去る　桜井龍造氏今夜汽車にて帰郷のよし一寸教室へ暇乞に寄る

十一月十三日　　土　晴
運動会に付休業、今年は誰も行かさりき、平日の通り教室にあり　午前ワルダイエル先生へ二回の手紙の返事を出す明年十月伯林大学百年紀念祭に出張云々の件、宿病の為め実行六ヶ敷からん、自分のことは別として日本よ

り委員参列するの至当なるを以て公然照会ありたし等のことを申送る　午後関戸氏来り先日の頭骨写真不出来に付写し直しをなす　横浜ヘルム商会へ大久保氏の荷物送り方依頼を送り状と共に出す

十一月十四日　日　晴

好天、終日庭に出て落葉を箒き集め焚火をなす　紅葉見頃なるべけれども散歩せず　赳夫一寸来りて去る、三二愈百日咳なるべし、只北蘭のみ午前、午後共出かけられたり

十一月十五日　月　曇

午後教授会あり、緒方知三郎氏卒業成績第二番の筈のところ第三番として遂に銀時計　恩賜に預からさりしは全く評点違等なりしこと此頃発見されたり云々其他は田中友治学位の件、可決、北蘭、田鶴二人は千駄木まり子紐解祝に招ねかれて行く精は学校帰り遅くなるを以て辞したり

十一月十六日　火　晴

北越新報社員加賀幸三氏来り、来一月号の稿として談話を請ふ又二十五年祝賀のことに付話あり、次に報知社員来り実習一覧の件種々談話の末不見して去る　午後二時半となり漸く理科へ行き此頃写直し頭骨写真の引き延しなす、五時となる　ベルツ氏より病気見舞手紙に対し返書到る

十一月十七日　水　晴

解剖体祭に付午後天王寺へ行く、三時半帰宅、庭に出て落葉を掃きよせる、温和なる天気なり　良一寒冒

十一月十八日　木　晴

早朝大沢岳氏午前九時新橋着帰朝の報知を得依て迎へに行く　教室へ来れは十時前十五分、学生散し講義消滅す、午後弘田氏教室へ来る時に大沢岳氏も来る　三二学校催、井の頭へ遠足す、良一欠課

十一月十九日　金　晴曇

観菊会なりしも不参、晩趌夫氏来る

十一月二十日　土　晴

午刻三二学校戻りに教室へ寄り弁当を食し、上野公園文、美展覧会を見る三回目なり

十一月二十一日　日　晴

早く昼食し趌夫氏、精、三を連れて井の頭弁天へ行く温和なる天気にて甚快、六時過帰宅　小石川病院一週年《ママ》祝に招かれ北蘭及田鶴行く　良一未だ快方ならず丹羽貞

郎氏昨日来診せり

十一月二十二日　月　晴

広田村貝塚人頭骨1/2大紙写出来関戸氏持参す

十一月二十三日　火　晴　祭日

午前庭を掃く、午後は赳夫、精、三を連れて植物園へ散歩

十一月二十四日　水　雨

良一未だ快方ならず、丹羽貞郎来診

十一月二十五日　木　晴

授業甚忙し為めに研究の方放棄の有様なり　併し来月より大沢氏に譲り幾分余暇を生ずへし

十一月二十六日　金　晴

十一月二十七日　土　晴

安田恭吾氏、新井春次郎氏教室へ来訪　日暮れて帰途恰も月蝕にて六時頃皆既となる　赳夫氏来り皆々にて見る、橋本節氏来りて良一を診せり、黄疸のよし、追々快方に向ふ

十一月二十八日　日　晴

午前庭を少しく掃きなどす、横田四郎氏来り明日より大宮の方にて牧牛に従事すと　昼食の後赳夫氏及鶴、精、三を連れて新宿十二社へ散歩す、天気温和にて快し但し紅葉は遅し、晩喜美と長談、遂に泊る

十一月二十九日　月　晴、雷雨

晩大雷雨

十一月三十日　火　晴

記載解剖学講義を閉したり　明日より大沢氏に譲る

十二月一日　水　晴

橋本母堂病気兎角軽快せざる趣に付午後三時過教室を出て小石川病院に見舞ふ又良一病気来診の礼を述ぶ　北蘭は権兄の招きにより午前より三崎町へ行かる

十二月二日　木　晴

昨日雑誌を調べ製本師に渡す

十二月三日　金　晴

昨今両日記載解剖講義に付デモンストラチオンをなし之より少しく時を得るを以て銅駝坊貝塚人骨の片付けに取りかかる

十二月四日　土　晴

新井春氏来り明日船底頭小児実験のことを打合す亦関戸氏へ其趣を報す　良一病後始めて登校す

十二月五日　　日　晴

午前少しく庭を掃き焚火をなす、午後は約束の通り新井氏宅に到る件の小児来り居る誠に定型のスカフォケファルス〔＊舟頭症〕なり　先重要なる個所を測る遅れて関戸氏来り前、後、側、頂四通り撮影す、出来如何哉四時頃帰宅

十二月六日　　月　晴

故維直氏一週《ママ》年忌日に付牛込へ行きて仏前へ供物をなす、十二時半教室へ帰る　午後教授会塩田氏帰朝助教授となり外科各論講義一部を担任することとなる其他学位の件

十二月七日　　火　晴

午後養育院書記□□□《（空き）》氏来りて行旅病者引取方願出たるものあり彼是面到になり金三十円出さば事済むべし云々不得已之を渡す　浜町辺の床屋の縁者なるよし　次北越新報加賀幸三氏来る脳髄と智力の関係に付談話す

十二月八日　　水　晴

山極氏を訪ひ解剖体を被服を除きて入棺せしむる云々の件　此度の面到に付て否《ママ》難起りたるに付其ことを相談す

十二月九日　　木　晴

井上誠夫氏再洋行告別に来る

十二月十日　　金　晴

午後より元長岡今朝白隣家たりし山口茂弥氏来り長談、晩食の後面会す　珍客と云ふべし但し水に神力ありなどの話ありき　又昼中横田四郎氏大宮より帰京し来りたりと即ち角倉牧場を辞し去りたるなり　又牛込老未亡人来訪せられたりとこれ亦珍しきことなり故維直君の遺物を贈らる

十二月十一日　　土　晴

朝駿河台龍名館に長野純蔵氏を訪ひ此度助手椎野氏台湾出張に付頭骨採集に尽力せられたき旨を依頼す　午刻某新聞社員来り解剖実習を一見せしことを請け例の通り説明したれば一先去れり　呉秀三氏来り頭骨採集難に付話あり　四時出て帝国ホテルに高木友枝氏を訪ひ呉、長野両氏来り会し懇々依頼す、高木氏は欧州より昨日帰朝したるなり　六時帰宅直に大沢岳氏の許に行く　解剖諸員及ひ医学会役員等招かれたるなり十時半帰宅

十二月十二日　　日　晴

終日在宿、朝中鶴氏桑港派遣艦出雲乗組みのところ帰朝、尋ね来る　安田恭吾氏来る、便所ひらき戸直しなどす

十二月十三日　月　晴曇

養育院主席医員橘氏来り寺の方より漏れざる様注意ありたしなど話あり

十二月十四日　火　晴

午前一寸上野公園へ行きて日英博覧会へ出品になるべき美術品の陳列を見る

十二月十五日　水　晴

総論解剖学講義閉つ　中鶴氏来る、熱海小松政一氏より染井墓地引取り呉れ云々申来る　直に牛込小松家墓地と交換のこと亡維直君意志なるを返事す

十二月十六日　木　晴

午後五時過より山上集会所に到る　菊池大麓氏シビックフォーラムの招待により New Japan と云ふ題にて講演の為渡米に付送別会なり八時半帰宅、会食中左第二前臼歯脱す

十二月十七日　金　晴

十二月十八日　土　晴

昨今頻りに銅駝坊貝塚頭骨の記載をなす但し甚進まず未た終らす

十二月十九日　日　晴

終日在宿

十二月二十日　月　曇

森田斉次氏教室へ来る、午後教授会あり大学院規程改正案に付て議、半程にて散す時五時なり、三二は学今日限りなりとて悦び居る、精子寒冒にて休校す

十二月二十一日　火　晴

午刻新橋に到り菊池氏の渡米を送る　晩小松春三氏来訪、序を以て此頃政一より申来りたる墓地のことを一通り話し置きたり

十二月二十二日　水　晴

昼の頃石原久氏を歯科に訪ひ其後の模様を尋ぬ　安田恭吾氏教室へ来る　稔氏よりツォイクニス〔＊証明書〕到達しこれを持参す　椎野助手呉教授に従ひ台湾へ出張、今日出発す

十二月二十三日　木　晴

熊本吉永氏へバルデレーベン解剖書新着号を発送す　両三日来歯痛にて仕事甚捗取らず、銅骨未だ終らず

十二月二十四日　金　晴

銅骨の記載漸く終る、明日より余山新シリーズの曲線に取りかかるべし　ふみ子学校休となり夜九時頃来り泊す

明朝佐倉へ行くべし　喜美子高木女を三越へ案内す、同処にて結の談あり、痛驚、喜案は伴を諾、結を延の外策なしと、未た要を得ずして十二時頃就眠。今日赳氏来りて明日出発帰郷とか云へりと

十二月二十五日　土　晴

眠不安、今朝も相談、先赳氏を訪ふこととし出かける時に十時半頃なり行けば畳替へなど雑沓す、明日に延すことをすすめて去る、教室に到り打合せの如く了伉寺住職に会ひて埋葬改葬に注意ありたきことを懇談し十二時過帰宅　午後は在宿、庭へ出でなどす、四児は夕刻より中央会堂へ行く十時帰り来るまで喜と対談、赳終に来らす、名案なし

十二月二十六日　日　晴

朝も相談、喜十時出て赳方へ行く十二時前帰り来りて既に昨夜出発せりと、愈喜の推察当れりと思はる兎に角手紙を出すこととす、追遣とまで決す　未だ休になりて何処へも行かされば精、三を連れて銀座へ行く、博品館、十二ヶ月に入りなどして六時帰る　厳金沢より帰省の途次立寄り夜汽車にて立つ十時眠に就く、深夜覚めて甚不安

十二月二十七日　月　晴

十時教室に到り是より榊順氏方へ行きて胎児を貰ひ受け一時教室に帰る、独静に此度のこと、昨年六月のこと、去三月二十四日のことなど思ひて益難に陥るを覚ひ感堪へ難し、一昨日来の記を録し五時出て戸塚巻蔵氏十七年にて独乙より帰朝歓迎のため偕楽園に赴く　集るもの五十名計十時半帰宅

十二月二十八日　火　晴

午前勧めて良一を橋本へ遣り診察を受けしむ　四五日来又々腸病状宜しからす昨日は発熱せり　帰り来りて腸チフスの疑あるを以て入院せざるべからずと由て直に之に決し昼後喜美子同道小石川病院に入る　自分は三児を連れて出かけ上野博品館に到る　休憩所に入りて茶果を喫《ママ》せしむ是より本郷通りを歩きて五時頃帰る　鳥打帽子を買ふ　晩千駄木母堂日在より帰りて尋ね来らる

十二月二十九日　水　晴

数日来咳嗽ありて気分悪し由りて在宿、田鶴午前より病院へ行く　橋本氏回診中田鶴卒倒せりと室内余り暖に過きたるためならん　午後渡辺廉吉、橋本圭三郎二氏来訪久々にて甚珍しく感す　晩九時過橋本より車を以て迎に

来る喜美子行く　良一病症愈腸チフスなりと、就ては充分なる療養を要す　且つ室を移すべしとて之を終りて十一時半頃帰る

十二月三十日　木　晴

午前赳夫氏方へ使をやりしところ既に今朝帰京せりと喜美子病院へ行く、於菟氏等其他友人病室に見舞ひ呉れたりと、体温三十九度まで昇る　潤三郎氏京都より出京来る　晩赳夫氏来り十時まで遊びて帰る

十二月三十一日　金　晴曇

午前槇町まで精を連れて行き福寿草なと買ふ　昼食後田鶴之を持ちて病院へ行く　体温昨日より少降る　晩食後赳夫氏児等皆出て家族合せなど買ひ来りて遊ぶ十一時半去る　晩食は略して常の如く茶の間に於てす、十二時除夜の鐘を聞きつつ眠る

明治四十三年　2570
1910　　良精齢満五十一

一月一日　　土　雨晴

昨夜少しく雨降り始め今朝に至りて愈強し然れども例外の暖を催す、午前小松春三氏年始に来る　精、三学校の式に行き三直に帰る　名刺数枚を持せて近隣へ配らしむ、昼頃より漸々霽るる、午後一時過出て小石川病院へ行く、体温最高七十八度に下り容体総て良、以後異変なくは追々快方に向はれ、七時過出て帰る八時なり　悪道に高足駄をはきたれば歩行甚六ヶ敷、佐藤正四郎氏江田島卒業、赳夫氏と共に来り居り賑かなり　十一時半氏等去る、留守中安田恭吾氏来

一月二十二日午後十時より十一時頃まで書斎で補筆

〔＊このドイツ語による一行は、日記帳の余白に記入されている。なお、補筆部分は特定できない〕

一月二日　　日　晴

珍しき温暖なり、前十時出、先つ橋本家へ行く　母息共在宿、旧臘落成の新築を見、良一入院の礼を述べ十二時出て三崎町権兄方へ年賀、不在、是より牛込小松家へ行く　老未亡人昨夜より病気のよし、面会せす春三氏方へ行きて挨拶す　原馨氏来り合せ種々談話二時となる　脇田茂一郎兄弟年始に来る

一月三日　　月　晴

前十時教室に到る、在巴里大久保氏へ手紙を認む、五時半帰れば赳夫、佐藤正二氏来り居り甚賑かなり、雑煮を饗す、喜美子病院へ行きたり異状なし

一月四日　　火　晴

昼食し精を連れて病院へ行く　体温は平温以下なり六時出て帰る　留守中権兄年始に来る

一月五日　　水　雨

悪天寒し。終日教室にありて余山新セリの頭骨の曲線を画く、五時半帰る赳夫氏来り居る

一月六日　　木　晴

終日教室にありて曲線を画き終る

一月七日　　金　晴

終日教室にて余山頭骨の計測をなす　昨夕大久保氏の荷

物（書籍）壱箱到達す

一月八日　　土　晴曇

終日教室にて頭骨計測、終る　弘田氏教室へ寄る、五時半帰宅すれば赳夫氏来り居る　精、三学校始業

年賀調べ左の通り

はがき　　二四五

封書　　六五

名刺　　八六

ワルダイエル、フィルヒョウ、ベルツ、ル・ドゥブルの四氏へ年始絵はがきを認む

一月九日　　日　晴

昨夜雨降る朝に到りて霽る、赳夫氏泊りて今朝フロックコート高帽の支渡をなし角力へ赴く　皇太子殿下台臨に付特に催したるものにして自分の招待状を利用したるもの、精は午前より自分は午後より小石川病院へ行く　珍らしき暖気なり

一月十日　　月　曇

授業を始む　大久保氏の荷物運賃五拾壱円四拾四銭払ふ

大沢氏より受取りたる百マルク換算四拾七円四拾銭なり

一月十一日　　火　曇

朝よりちらちら雪降り始む夕刻に到りて白し寒強し　帰り掛けに市川寛繁氏病気入院を入沢内科に見舞ふ　氏去月来胃病にて大に衰弱せり

一月十二日　　水　曇晴

朝に至りて雪五寸位積る、一昨及昨の両日講義して今日より実習室に於て解剖を始む　昨年七月借用したる貝塚人骨拾弐箱返却す

一月十三日　　木　雨

悪天困る、朝厳長岡より着京夜汽車にて金沢へ帰校の筈

一月十四日　　金　曇

道悪く寒強し

一月十五日　　土　雪

午後に至りて降雪漸く止む併し曇天にて寒し、石原喜久太郎氏教室へ来り学校衛生事務嘱托などの話あり、北蘭及三児等橋本へ招かれて行く北蘭は一泊のつもりのよし

一月十六日　　日　雪

又々雪降りて寒し精子病院へ行く　前十時過教室に到る五時半帰宅

一月十七日　　月　晴

午刻春三氏小松茂治氏を伴ひ教室へ来る始めて面会す

千葉医校に行きて当分実地を研くと云ふ　午後教授会あり旧臘より引続きの大学院規程の改正案に就てなり　北蘭橋本家に長逗留、少しく斟酌あれがしと思ふ

一月十八日　火　曇晴

帰途橋本家へ寄り北蘭逗留児等饗応の礼を述べなどし良一退院のことをも相談せんとす併節斎氏帰宅なきを以て母堂に其旨を話し帰る、赳氏来り居る　北蘭今日午前帰宅せらる、又良一を病院に見舞はれたりと　留守中島峰氏母堂来訪あり

一月十九日　水　晴

久々にて好天気となる、昨日在巴大久保氏より手紙来る、英国へ転学留学半ヶ年延期の相談あり

一月二十日　木　曇

午後は文部省に於て開かれたる理学文書委員会出席　来七月開催大会に付て協議あり四時半帰宅

一月二十一日　金　雨

増野氏再来り福羽家より田鶴縁談申込に就て話あり　好き話なれども如何とも為し難し、よき程に断りたりと在ブレスラウ島峰氏へ久々にて手紙を認む

一月二十二日　土　雨

朝女児両人婚費に付談あり終日沈鬱、教室仕事更に進まず、午後は人類学教室採集の樺太物品陳列を山上御殿に見る　晩十一時頃再談を始め一時半過ぎて床に入る

一月二十三日　日　半晴

午前より三重子龍雄二児遊に来る、三二は朝より赳氏に連れられて両国大角力（最終日）見物に行く　自分は午後より小石川病院へ行く

一月二十四日　月　晴

ワルダイエル先生より手紙到る　伯林大学百年祭に付ての件にして委員派遣照会は必発する筈云々　自分宿病の為め出張困難なるは甚残念なり　練習艦隊出発の件に付本多忠夫氏へ電話を以て問合す、市川書記病気益重体の由に付優待方に付緒方、中村二氏と相談、学生某顕微鏡購入するに付其検査なす、樫田十次郎氏来りて研究材料に付依頼等彼是混雑す　台湾出張の椎野氏より生蕃頭骨送付到達せり

一月二十五日　火　曇

ライツ東京代理店員シュミット尋ね来る　対物レンズ四個修理を依頼す　晩今村一雄氏来る縁談に付色々相談あり

一月二十六日　水　雪

昨夜来雪降り終日止まず、午後は約束の通り海軍々医学校（築地）本多氏を訪ひ練習艦隊医官根来中監、大貫少監に頭骨採集依頼のことを托す　悪天殊に電車混雑す　四時前教室へ帰る　昨佐藤正四郎氏愈二月一日出帆に付赳夫氏と共に告別に来る

一月二十七日　木　晴

晩食後左第一前臼歯脱す

一月二十八日　金　晴

濠州行練習艦阿蘇軍医長根来祐春氏教室へ来る尚ほ直接頭骨採集のこと依頼す　帰途橋本へ寄り良一入院費の実費として七拾円贈る外に弐拾円、之は小石川病院諸員に遣る図りなれども退院の際にする方可然とのことに付持帰る　帰路泥濘電車を用ひたれども甚困りたり

一月二十九日　土　曇

一月三十日　日　曇雨　祭日

午前内藤久寛氏来訪　島峰氏留学延期の話などあり　午後三二を連れて小石川病院へ行く雨は暫して止みたれど道悪しきこと言ふべからす　晩十時より今日喜、赳氏を訪ひて対談の模様をきき愈自由にさせよと云ふ意なるを察し、慰安の方法に付相談せしも別によき手段なし　二時過ぎて床に入る

一月三十一日　月　晴

終夜一睡もなさず、終日不快、午後教授会あり　島柳二（病気入院）氏学位通過　五時半帰宅、昼頃千駄木母堂来られ共済の方既に一七〇〇余のところ今一〇〇〇位になる云々の話ありしと　晩巴里大栄氏へ書状を認む、英国転学半年延期願異議なきこと、三浦氏休職、長与氏助教授となるべし等のことを書く

二月一日　火　晴

午刻帰宅、昼食、三好晋六郎氏去二十九日死去、今日葬式に付谷中斎場に赴く、同処にて塚原周造氏に会ひ故病翁様伝の有無に付尋ねらる三時半帰宅　喜病院へ行、権兄今日見舞れたりと

二月二日　水　晴

材料の件に付養育院行を思ひたち電話にて都合を問ひ合せたるところ其ことならば今後可成送るべきを以て来院の必要なかべしとのことに付止む　帰途二村氏一昨日来病気引き籠り居るに付見舞ひたれども門の戸開かず空し

く帰る　晩赳氏来る十時半去る、後喜と又々熟談、一時半となる　三時頃眠る

二月三日　　木　晴

三浦謹氏を呼びて紀要表題等に付相談す　帰途二村氏の病気を見舞ふ

二月四日　　金　晴

山越良三氏帰朝教室に於て一寸面会す　印刷会社大西氏を呼びて紀要表紙のことに付口授す　故田口氏七年忌に付碩臣氏千葉より出京教室へ来る

二月五日　　土　曇

赳氏に関する件は数日来考慮の末意志希望全々放棄と決心し今日午後喜行きて熟談の筈、其結果如何や（午前教室に於て記す）　午後五時過喜一寸教室へ来る、晩赳氏来り書斎に於て一応話す、十一時去る、後喜と談深更となる。寂寞、極端、中間の策。氏結卒後、注文は績《ママ》任を重くす、現状維持などあり、後喜と談一時過臥床に入る

二月六日　　日　晴

午後三を連れて小石川病院へ行く　喜、精来書に依り赴く晩食後帰るこれ実行の始めか　自分が昨夜いひしことは本心にあらず、側よりいはしめたるものなど云ひしと、キ語不慎《ママ》、一時過臥す

二月七日　　月　晴

終夜不眠。医学士古瀬監獄医務嘱托教室へ来り　今後材料送附のことなど話あり

二月八日　　火　晴曇

少静、石期頭骨の仕事未だ書直しの部終らす

二月九日　　水　雪晴

昨夜来雨、雪、昼頃より霽れる

昨夜桂主《ママ》相と政友会との間に交渉あり　妥協成る　政友会にては大紛擾、深更二時過ぎて漸く決せりと

増俸〇、二五余

二月十日　　木　晴

午前山越良三氏来り欧州旅行談あり、午後小坂部勇吉氏来り長男某身上に付依頼あり　精、三学校帰りに赳夫氏方へ寄る　これ始めてなり　日暮れて同伴し来る

二月十一日　　金　晴　祭

終日教室あり　石骨研究昨年九月より余山人骨進む為め編直しに従事せしところ漸く取り戻す　これより着々進むこととなれり　今日午後良一退院す但し担荷を用ひたり尚当分静養を要すべし　晩在独井上通夫布施現之助両

氏へ手紙を書く

二月十二日　土　晴

終日石骨仕事

二月十三日　日　晴

午後三二を連れて巣鴨より電車にて新宿に到る　山の手線電車開通し始めて試みたり是より銀世界に入る瓦斯会社の札門に掲けあり　園内休憩所もなしただ随意に人々入る、帰途は市内電車により本郷へ来り青木堂に入り三二菓子を食せしむ、赳夫氏方へ寄る曙町へ行くと云ひて外出のよしに付帰る　ふみ子歯痛の為め来り泊る

二月十四日　月　晴

椎野氏台湾より帰京、教室へ来る　今日教授会あるべき通知書を錯誤の為め見ざりし等のことより昼一寸帰宅報告すべき高木兼二氏論文を持行く、午後会議、五時半散す

二月十五日　火　晴

台湾高木、長野両氏へ椎野氏出張中尽力せられし礼状を出す　午後安田恭吾氏教室へ来り稔氏留学の件に付文部の方は教育図画取調と云ふ名義にて四百円、亦台湾総督府より三ヶ年間五百円つつ給与と云ふことに定りたりとて悦び報したり

二月十六日　水　晴曇

帰途良一入院に付礼旁橋本へ寄りたるも両所とも不在小供に会ひて来る

二月十七日　木　雨

高木兼二氏学位論文の抄録をなす

二月十八日　金　晴

高山喜内氏妻女来り橋本後妻として適当なるべきものありなど話あり時に　青山氏来り額田氏紀要に載べき原稿持ち来る、大久保留学延期を申越したる話あり、病理二人関係、解剖二人の関係難問題なること、増俸は本俸のみなること等の話あり

trüb　○ guter Lauf erster S. (bis Nr. 10)

× gutes Unterkommen erster T.

× gute Beendigung der M. f. Zweite T.

大正二年十二月廿四日朱記す

〔※このドイツ語部分は、直前の青山氏による増俸の事前情報に関連して書かれ、○×は後日その結果を見て加筆されたようだ。ただし、意識的に一部省略しているため、不透明だった増俸が実現したことは読み取れるが、詳細は確認できな

い。四月二十三日参照〕

二月十九日　土　晴

万朝報記者入念舎島尾某伊勢家のことに付尋ね来る　赳夫氏方婢一泊他出の為め留守居に付種々混雑す、赳夫氏泊す　ふみ子一先学校へ帰る

二月二十日　日　晴

在宿、午後天気模様暫時悪しく雪降り始めたれば散歩を止む　但少時にして好くなりたれば一寸近傍をあるきたり　晩愛知医校助手山崎英次氏出京尋ね来る氏二年間我教室へ派遣になりたものなり

二月二十一日　月　晴、寒風

午刻工科関野貞氏を訪ひて審美大観等のことに付き諮ることあり又四時半教室を出て安田恭吾氏を訪ひ同しく質す　次権兄方へ寄りて良一病中見舞はれたる礼を述べ帰る時寒風強し　今日良一始めて試に一寸大学へ行きたり

二月二十二日　火　晴

高山妻女来り去十八日の談取消す、時に安田恭吾氏来る岡田良平氏へ名刺を以て紹介す　午後五時より学生集会所に於て解剖小集を催す　大沢、椎野、山越三氏を賓とす主は二村、新井、西、森田、山崎（英次）及自分とす、九時半帰宅

二月二十三日　水　晴

北蘭橋本へ行きて泊らる

二月二十四日　木　晴

長谷部言人氏滞京病気療養中教室へ尋ね来る

二月二十五日　金　晴

二月二十六日　土　雨

岡田夫人教室へ知人を伴ひ来り　標本室を見物す

二月二十七日　日　晴風

寒風、散歩出来ず終日在宿、今村一雄氏来り婚約成りたりと

二月二十八日　月　晴

風強く寒し、午後教授会あり

三月一日　火　曇風

紀念日に付休業、終日教室にあり、四時頃三二来り、一高の紀念日飾り付け見物を促す直に之に赴く

三月二日　水　晴

田代義徳氏教室へ来る　慈善病院より解剖材料を得る道

を開かんことに付相談す
三月三日　木　晴曇
三月四日　金　晴
マンロー博士（横浜）へ著述寄贈の礼札を出す、小坂部勇吉氏を呼びて此頃依頼の件子息求業に付山越に話したるところ都合出来る旨を通す
三月五日　土　晴
午後三時前先三二精子教室へ来る次に赳夫良一来り　是より京橋審美書院に到り種々美術木版摺りを見る即ち赳氏東洋美術大観を予約せるなり　値五百三十円なり、皆々連れて帰宅
三月六日　日　晴
午前は芝の枯れたるを焼く、午後良、三を連れてふらりと出て浅草公園へ行き花屋敷に入る、やつこにて食し八時帰宅
三月七日　月　晴
小坂部氏来りて息某愈山越徒弟となることを希望の旨確答あり　越後長谷川弘一郎氏へ鴨の礼を認む
三月八日　火　晴
山越良三来りたれば小坂部氏を呼びて氏の息某愈来十一日より山越工場に入るの約束をなしたり且つ種々打合せなす。高橋伝吾（愛知専校教諭）独乙留学の為め近々出発の由、告別に来る
三月九日　水　晴
森田斉次氏来り　マントル・ヨッホバインメール（＊頬骨にピットホール）を有する頭骨一個見付けたり、これ珍しきものなるやの質問あり
三月十日　木　晴
午前医学会事務所に到り諸雑誌を通覧す
三月十一日　金　晴
法医教室に到り先頃深川にて発掘したる屍蠟を一見す
立田章と云ふ人より故病翁様伝記一覧致し度旨来書に付求志洞遺稿る《ママ》旨返事を認む
三月十二日　土　雪
昨夜来大に雪降四寸計積る、小菅監獄医石山憲重氏来り屍運搬、棺の構造等に付打ち合せをなす　午後人類学教室催し土偶研究会へ行く又衛生の石原喜久氏を訪ひて在巴里栄氏より依頼の糞便送り方殺菌の法を尋ぬ　精今日喜美同道、森川町生花家へ行く
三月十三日　日　晴

終日教室にあり石器時骨に従事す　昨日来三二口腔炎にて臥す

三月十四日　月　晴

午後教授会出席、伯林大学百年祭に付公然我大学へ招待状到達す、自分に代表者とし出向の意ある哉の話あり尚ほ再考したき旨を述べて学位の件に移る　会議中に宅より使人来り　三二病気宜しからす医の来診を乞ひたし云々申来る　弘田氏に相談の上氏の助手斎藤秀雄氏に頼む、会議終りて小児科へ行く　斎藤氏既に帰り居りて病症アフタ性口内炎のよしなり　家に帰りて伯林行に付考へ決し得ず

三月十五日　火　晴

午前小児科へ行きて斎藤氏に三二容体を告ぐ　次に文科へ行きフローレンツ氏に独乙より送り越したる長尾美知氏オステオフューテン〔＊骨棘〕関する論文の校正を依頼す

三月十六日　水　晴曇

午食、後歯科へ行く、去月曜日に新外来診察所へ移転せり、歯科近況を尋などす又自分の歯、手入れのことを相談す、斎藤氏三二を来診す

三月十七日　木　晴

昼時間に橋本氏を訪ひて大栄依頼の脚気便に付相談す今は到底六ヶ敷との意見なり　晩伯林行に付尚ほ彼是考慮の後略々応諾と決す

三月十八日　金　晴

講義を閉つ、青山氏教室へ来りて伯林行の確答を促す、前晩の決意を今日午食の際通告の図りなりしところ反て先に促されたり　前途如何　三二大に軽快　在巴里大栄へ脚気便に付昨日相談の結果をはがきを以て報す

三月十九日　土　晴

余山頭骨のベシュライブンゲン〔＊記述〕を始む

三月二十日　日　曇晴

午後良、精と共に出て巣鴨より電車に乗る　故障ありて一時間計待つ、上野に到りて会《ママ》画を見る　粗画のみにて興味なし

三月二十一日　月　晴曇

終日家にあり

三月二十二日　火　曇雪

午後より雪降り晩に至り白くなる　余山頭ベシュライブンゲンを後に廻し先つ四肢骨測定に取りかかる

三月二十三日　水　雨

昼食後直に歯科へ行き石原氏に依りて歯三本を抜き去る

三月二十四日　木　曇

余山四肢骨測る

三月二十五日　金　晴

昼食より歯科へ行きて歯二本抜き去る之にて義歯を試むべし　藤根常吉氏来りて京都にて奨進医会展覧会を開くに付木骨の頭部借用を乞ふ直に諾す　衛生教室へ行きて限外顕微鏡を見る

三月二十六日　土　晴曇

余山四肢骨測り終る之より製表、計算に取りかかる　台湾稲垣長次郎氏出京来訪、午後衛生試験所新築落成に付縦覧案内あり之れは赴く

三月二十七日　日　雨晴風

終日教室にありて仕事

三月二十八日　月　細雨

終日計算等に従事す

三月二十九日　火　曇　細雨

昼食後歯科へ行き石原氏に義歯の相談をなす　未瘢痕充分ならずと

三月三十日　水　曇

昨夜十時過ぎて女子高師附属小学校より三二高師附属小学校へ転学の件に付端書来り　三二便所より飛び出したりなど皆大に悦ぶ　大学不参、天気悪しく寒けれども雨降らざる様に付午後良一、三二を連れて出かける、浅草へ行き水族館に入る汁粉屋にて休む、帰り本郷にて三二に制帽を買ひ与ふ家に帰りて賑かなり　文書目録委員手当五十円の通知来る　重に差を生ず　ふみ子今日卒業、来り泊す

三月三十一日　木　曇

昼食後浜尾総長に面談、伯林大学百年祭に派遣のことはブリユツセルに於て開設せらるべきラヂユム会議に参列の名を以て取計ふべし云々の談あり　家に帰れば良一友人一年生藤田氏病気腸チフスの疑あるを以て医診を受くることに付行き違ひ　終に樫田十次郎氏を頼みたるに幸ひに直に来り同氏の意見によるも愈々疑はしきを以て入院を勧むることとす

四月一日　金　曇

出勤直に三浦内科へ行き藤田入院のことを頼む　伝染室

満員なるも漸く都合し呉れたり　午後藤田氏の兄某来り患者病室に付不満足にて甚困る云々

　四月二日　　土　雨

雨天の教室甚静なり

　四月三日　　日　曇　祭日

午前は庭に出て花壇に用ふる丸木を鋸にてひく　午後は赳夫氏来り　二女児及三二（良一は他出）を連れて上野公園へ行き動物園に入る　尋で浅草へ行き公園内を通りて後やつこにて晩食す　ふみ子谷中小学校訓導に配当せられそれに付きて就任上種々迷ひて決せず、結局永く其任に堪ゆべくとも思はれざるに付休職然るべしと告ぐ

　四月四日　　月　曇

午前庭にあり、午後四児を連れて上野へ散歩、絵の展覧会に入る　帰途団子坂新蕎麦店に寄る

　四月五日　　火　曇

終日教室にあり、喜美子北蘭及四児を連れて三越へ行く

　四月六日　　水　曇

教室不参、児等を相手に花壇を造る半成る　ふみ子今朝佐倉へ出発す

　四月七日　　木　晴

教室不参、花壇造り終る

　四月八日　　金　半晴

教室へ行く、歯科へ行きて義歯の型を取る、弁当を食して帰る、精、三学校始業式へ行く、三二始めて大塚の学校へ行くに付喜美子同道す、赳夫氏来り晩賑かに遊ぶ

　四月九日　　土　曇雨

大学競漕会なり、終日教室にて仕事す　貝塚長骨製表及計算終る再び余山骨格のベシュライブンゲンに戻る

午後より雨降り始む漕者の困難察すべし　良一、三二向島へ行きて帰り競漕の模様を聞く即ち医大敗、法工同時に決勝線《ママ》に入りて勝敗決せず又文農レイスにては出がけに農の艇過て転覆す且つ競漕中撞突《ママ》して中止となる、天気悪しく来観者少なく曽てなき不影気《ママ》なる漕会なりきと

　四月十日　　日　雨曇

精昨日赳夫氏方へ寄りて江の島行のことを聞き受けて帰る、朝頻りに雨降り行止決せず八時過ぎて雨を侵かして出かける　白山にて赳氏に逢ふ、電車中尚雨止まず

十時十分新橋発、六人、車中賑かなり（回遊二等一円四十五銭）雨止む、十二時前藤沢着き直に電車にて江の島に到り金亀楼に入り昼食之は赳氏が振舞ふところ、皆

窟に入る之れ二十五年目なりなど思ひ出す　腰越海岸にて休憩、潮満ちにて砂上歩すべからず、偶鈴木孝氏に逢ふ同氏養療院建設工事を見て此処より電車に乗り鎌倉より汽車にて九時少しく前に帰宅時に又雨降り出す併し徒歩中降らざりしは幸なりき

四月十一日　　月　　晴曇

午刻歯科へ行く型不出来に付取り直す

四月十二日　　火　　雨

顕微鏡実習を始む　山越良三来り小坂部氏只一日出勤せしのみにて引きつづき事故に托し今以て欠勤のよし

四月十三日　　水　　晴

視器講義を始む　昨今庭桜花満開

四月十四日　　木　　晴

午前午後共顕微鏡実習、午後よりは実習室にて織物を鏡検せしむ

四月十五日　　金　　晴

朝直に牛込へ行きて春三氏方へ先寄る　恰も老母殿来り居る故彰殿二十三回忌に付先頃配り物を受けたるに付香奠を供ふ又染井墓地の件は熱海小松氏と談合付かず墓を移す外策なしとの話あり　九時半教室に到る　京都中西亀太郎氏出京一寸教室へ寄る　新設新潟専医校愈開校せらるるに付池原氏校長となり尋ね来る教内を案内す

四月十六日　　土　　半晴

顕実習は緒方氏在職二十五年祝賀に付休む、午前歯科へ行く義歯尚未た出来せず、午刻家に帰り食事して植物園に到る、家族既に来着、余興の講談始まり居る、五時半帰りて晩食を終へ赳夫氏及良、精、三を連れて向島へ赴く　桜花恰も咲き満ちて本年始めて建てたる街灯誠に奇麗なり　長命寺にて休み、渡舟して電車にて十時半帰る

四月十七日　　日　　晴

在宿、檜葉を焚く、午後三輪謙氏来訪、氏大成丸に乗組み南米に遠洋航海をなし一昨日帰帆せりと曽て依頼せし人類頭骨は差当り得ることあたはざりき　時に井上哲次郎氏来る　コロボツクルの談を聴きたしとのことなりしも謝して他日を期せり

四月十八日　　月　　晴

午後四時教室を出て鈴木孝氏を麻布に訪ふ晩食饗け十時帰宅　長野純蔵氏台湾生蕃頭骨二個此度寄贈の為め携て出京に付其旅館へ小使を遣る

四月十九日　　火　　晴

小松春三氏教室へ来り　トラデスカンシア〔＊ムラサキツユクサ〕の談、染井墓所の談、茂治氏内科介補志望等の談あり　事務室員佐藤東氏新潟医専校へ転任に付山上にて送別会あり之に出席す

四月二十日　水　晴

午後五時半教室を出て新橋に到り桜井錠二氏の渡欧出発を見送る　氏は羅馬に於て開設の第四回万国聯合学士院会並に倫敦に於ける理学文書目録各国委員会参列の為めなり

四月二十一日　木　晴

昨日歯科へ行く漸く下義歯出来し之を試む　浅井猛郎氏母堂死去の趣に付弔書を認む

四月二十二日　金　雨

昼休時に山上に到り青山氏に会ひて歯科医養成の件に付談す、本省恰も照会したるに付本日教授会に附すべし云々

四月二十三日　土　晴

本月より彼の官吏増俸実行となる、年額3100にして400の増なり即ち本俸1800の22.2%（1）本25%（2）文書50（3）墓移（4）22.2%（外に院費100）　枢密顧問官ワルダイエル夫人去三月八日死去の報到達す　ふみ子佐倉より帰り泊す　晩W先生へ来十月紀年祭に東大代表者として出張することになるならん等のこと申送るため昨夜書き始めたるものを書き終る

四月二十四日　日　晴

朝認め置きたる手紙を出す、悔状は明日出すべし　午前は檜葉を焚く　十一時昼食し喜美子四児打揃ふて出かける実に稀なることとなり　巣鴨より田端に到り是より赤羽まで汽車、荒川堤萱野に到る、桜草盛りなり川口を経て赤羽に戻る、汽車二等も充満す、乗り得ざるもの夥し、巣鴨まで電車にて帰る

四月二十五日　月　曇

後五時半教室より橋本へ行く、何事か相談したきことあるよしに付行きたるなり少時待ち居る中帰り来る　晩食を共にしつつ三浦謹氏洋行に付て留守中職務引き受け困難なり旁々此際辞職すべきか云々種々相談の末之に同意す十一時半帰宅

四月二十六日　火　晴

昨日下書し置きたるW先生へ悔状を出す　午後は学生体格検査の為め実習を休む又午刻帰宅谷中斎場に田中舘氏

母堂葬式に行く　三時前帰りて庭の掃除をなす

四月二十七日　　水　晴

午後五時教室を出て駿河台旅館に台湾より出京中の長野純蔵氏曩きに生蕃頭骨採集に尽力しくれたるに付挨拶として訪問したり不在に付名刺を置きて去る

四月二十八日　　木　少雨

三浦謹氏教室へ来り橋本氏辞職談今日開陳ありたり付ては再考如何云々　到底断念して他に人を求むる外策なかるべき述べたり　又石原久氏来り歯科の件に付総長の談あり愈教授会に提出さるべく就ては其方宜しく頼む云々談あり　共済の方契約変更のこと千駄木母堂に依頼せしが到底六ヶ敷よし

四月二十九日　　金　晴

井上哲次郎氏教室へ来りコロボックル談をなす

四月三十日　　土　晴

ふみ子諏訪神社脇の下宿、移る

五月一日　　日　晴

檜葉を焚く尚ほ三分の一計残る　権兄十時半頃来り昼食、刀、短刀、鍔を持ちて二時頃帰り去る　良一、三二は芝丸木へ行きて撮影す　四時頃より赳夫、良一、精、三等と久し振りにて道灌山へ散歩す　処々人家を増すのみにて風致愈損す

五月二日　　月　曇り

貝塚齲歯数個を持ちて石原氏に相談に行きたるも不在

五月三日　　火　曇

朝共済引きつづきて打ち行かば今後如何にすべきなど談あり

五月四日　　水　晴

午刻石原氏を歯科に訪ひて貝塚歯数個に付齲歯の判断を質す

五月五日　　木　晴

貝塚の骨格記述終る、四時半帰宅　晩食の後三二を連れて九段靖国神社の祭影にに行きて見る

五月六日　　金　曇晴

帰途千駄木へ行きてまり子の病気を見舞ふ

五月七日　　土　曇

午後鉄門倶楽部運動会あり　顕微鏡実習を早く止めるアインホルン（ニューヨーク）へ写真（教室に於て撮りたるもの）及手紙又フリッチ（ウィーン）、ロート（ハイデ

ルベルク）論文寄贈の礼札を出す

五月八日　　日　曇

智利サンチアゴ駐在公使日置益氏標本採集依頼の手紙を出す　庭に出て笹を除き去りなどす　午後は赳夫氏来り四時頃四児打ち揃ひて日比谷公園に到りつつじ花の咲きたるを見る

五月九日　　月　曇

午前四ッ谷に三輪謙氏を訪ひ航海の折り依頼し置きたる件に付心配し呉れたる挨拶を述ぶ、又午後は軍医学校へ行きて大栄より依頼の脚気糞便を採取を托す、帰途通りかかりて不図遊就館に入りてざつとながら通覧す　鳩山菊池両家慶事に付来十一日華族会館披露え招待されしも断る

五月十日　　火　曇

五月十一日　　水　雨風

終日大雨兼て風強し、軍医学校より脚気便四種送附あり直に衛生へ行きて石原喜久氏に消毒、封装方を托す

五月十二日　　木　晴

石原喜久氏昨日托せし便を封装して持ち来りくれたり

五月十三日　　金　曇

早朝岡田良平氏を住宅に訪ひ欧行のことに付其他新潟新医専校、仙台医科大学開設期などの談あり　午前三浦内科へ行きて青柳氏に脚気便採取方を依頼し序に腸チフスにて入院中の樫田亀一郎氏、一年生藤田𤀹二氏を舞ふ　午刻新潟医専校沢田敬義氏来り教室設備に付て種々説明す　二時過ぎて弁当を食す、衛生教室へ行きて試験管三本貰ひ受けて青柳氏へ送るなと終日用事多し、五時教室を出て岡山菅氏出京に付旅宿三崎町森田館に尋ぬ　不在に付名刺を置きて去る

五月十四日　　土　雨曇

午後五時教室より上野精養軒に到る大沢岳氏令嬢龍子と乾氏結婚披露の宴なり来賓百名余内婦人二十名計、外国人十名計あり、十時過ぎて散す　北蘭三崎町へ行かる先方より迎ひ来れりと

五月十五日　　日　曇

終日在宅、午前蔵光長次郎氏来り岡山婦人科主任欠員を生じたるに付其位置希望の旨菅氏通意頼む云々時に恰も菅氏来るを以て其件に付種々談あり、午後庭に出て草を取りなどす

五月十六日　　月　雨

午後教授会あり浜尾総長臨席、石原久氏列席、文部省照会歯科医養成を医科大学に設置するの可否、其費用等の件に付議す　設置の件勿論可、其他のことは委員に於て調査することに決す即ち大沢謙、岳両氏、片山、石原、田代の三氏及良精とす、次に高等教育会議決議のことに付報告あり、高等中学校とし年限を単縮したるは医科に不都合なりなどの話あり

五月十七日　火　晴

小坂部勇吉氏を呼びて息が山越工場へ更に行かざることに付談す

五月十八日　水　曇晴

昼食直に三浦内科へ行きて西比利亜旅行の話、脚気便等の談をなす　印刷会社へ額田氏紀要原稿を渡す　晩粟田口父子筆三幅対を携て安田恭吾氏を訪ひ其表装直しを托す。時に在ミユンヘン稔氏婚約せしことの話あり婦人より手簡。披露の連名刺などを見る恭吾氏夫妻の悲歎を聞きて十一時頃帰宅

五月十九日　木　晴

青柳氏脚気便を硝子管詰の上持ち来り呉れたるにより直に箱に入れ小包の表装をなす、長尾美知氏原稿を印刷会社へ渡す　五時教室を出て長谷川泰氏を元町の住宅に訪ふ　数年の無沙汰をなし置きたるところ思ひ立ちて出掛けたるに在宿にて二時間計話して去り橋本へ寄り三浦留守引き受け承諾のよしに付其話を聞き、晩食し十時帰宅

五月二十日　金　晴

予ての脚気便を漸く西比利亜便小包にて出す又直に手紙を書きて病症略誌と共に書留にて出す

五月二十一日　土　曇

事なし

五月二十二日　日　晴

檜葉焚き終る、午後三時頃より赳夫、鶴、精、三を連れて植物園へ行く　千駄木母堂より田鶴精両人へ帯を買ひ与へらるるに付三越、松坂屋両店より見本数種つつ持ち来り其選択に皆々打寄る　在巴里大栄より五月二日附の手紙到着、七月下旬渡英九月より十二月まで私費にても延期すべし、山内保不評判などあり

五月二十三日　月　晴

教授会あり総長臨席、呉氏精神病外来診察を大学内に新開に付旧教師館を土肥氏癩病外来と分用のことに付両氏間に居り合つかず教授会に謀る　建物余程頽敗の趣に付

検査の上にて決することとす　浜尾総長より伯林行に付駐独大使より派遣者決定を促し来りたるに二三日前自分と決したることを答置きたりと　其他終日家計に付考慮す、保険期日（二十九、三十日）迫るを以て何れにか決せねばならず、略ほ共済半分中止と決意す

五月二十四日　火　晴

尚ほ昨夜来種々考へたる末共済半減も余り不利、結局千駄木、橋、地半分の外に策なかるべく朝出勤前に喜美子と談す　画家1．和田英作氏午後四時教室へ来り肖像をかき始む六時まで費す

五月二十五日　水　晴

午刻歯科へ行きて石原氏委員会を開かんことを促す　午後四時2．和田氏来る二時間半を費す　夜に入りて世間評判高きハルレイ彗星を始て見る　甚鮮明なり

五月二十六日　木　晴

郵船会社より発着表を取りよせ旅程を考ふ　在ブレスラウ島峰氏へ返書を認む

五月二十七日　金　晴曇

昼晩共旅程に付色々考慮す　午前山越良三教室へ来り耳模型に付訂正すべき個所を指示す、安田恭吾氏教室へ来り稔氏のことを心配す

五月二十八日　土　晴曇

朝先郵船会社へ行きて便船の都合を聞き次に文部省へ寄る岡田、福原両氏共未出勤せず　渡部董之介氏に一寸会ひて去る、三崎町権兄を訪ひて欧行のことを漏す　是より教室に到る時十二時に近し　佐々木隆興氏来り稔氏のこと質す　午後四時教室より上野精養軒に到る　笹川三男三氏招待なり、母堂八十歳祝宴と云ふ名義なり　喜戯、梅坊主、力士の余興あり、来客百二三十名ありたり、九時半帰宅　北蘭は豊辺家へ招ねかれ、其他皆音楽学校演奏会へ行きたり、独三二家に居たりと

五月二十九日　日　雨

在宿、大雨、晩霽れてハルレー彗星甚鮮明なり

五月三十日　月　晴

午刻安田恭吾氏教室へ来り稔より手紙来り　詰責に対し更に閉口の様子なり元気旺盛なれば稍心を休む云々　午後教授会あり　コッホ氏死去に付弔電を発すること、留学生選定のこと、此問題須藤憲三、真鍋嘉一郎二氏の内採決六ヶ敷、浜尾総長臨席、投票の結果多数を以て須藤氏と決す五時過散す　今日例規の大掃除をなす

五月三十一日　　火　晴

佐々木隆興氏来り稔のことに付甚面白からざることを聞き得たり云々　3．和田氏来りて画く、良一傍観す

六月一日　　水　晴

電報新聞記者来り渡欧のことに付聞きたし云々　4．和田氏画く、下絵終る　晩服師来りセル夏服一具、白服三具を注文す　横田四郎氏来る

六月二日　　木　雨

5．和田画師来る、絵具を用ひ始む

六月三日　　金　曇少雨

午前先三越へ行きてトランク及カバンを見是より途中村上へ寄靴一足及上靴を買ひて教室へ帰る、午後池の端工芸品陳列館へ行き土産物の模様を見んとしたれども折悪しく閉館、午後五時より山上に於て大学諸氏催の送迎会あり送らるるものは土方、佐々木忠次郎、三浦謹、長岡及良精五名迎らるるもの数名あり、終て尚ほ談話会あり十時帰宅　北蘭、田鶴撮影す　ワルダイエル先生へ昨日自分選定せられ愈九月中頃伯林到着すべきことの書面を出す又H・フィルヒョウおよびブレジケ両氏へは昨晩認め置きたる手紙を今朝出す

六月四日　　土　曇

石原久氏教室へ来り歯科予算略ほ出来たり云々　新井氏来り渡欧のよし聞込みたり云々　四時より6．和田画家来る、良一傍観、尋で喜美子精三を連れて来る、六時自分は三二と同車帰る他は三角堂へ寄り良一精先帰り喜美子赴夫方へ立ちよりたりと、晩食後四児を相手に茶の間にて雑談　喜美子九時過ぎて帰り赳夫の様子を心配す

六月五日　　日　曇雨

午前長谷川泰氏来訪紙上にて渡欧のことを知りたり云々外出先岡田良平氏を訪ひ七月六日出発と決定したること、手当のことを談す、次に牛込小松家を訪春三方は戸を閉ち留守、隠宅にては老母殿渡欧を聞きて大に驚かる、内藤久寛氏邸へ寄る、島峰母子に逢ふ、午刻帰宅　午後安倍四郎氏来り長談、三時半過良、三を連れて出かける時に少し雨降る、門前にて赳夫氏に逢ふ、置きて出行く浅草に到り三友館に入る、蒸熱堪へ難し、大に雨降る日暮に家に帰る、鶴、精も別に外出し留守中喜美赳夫対談、試験を延期すべきかなど模様穏かならす云々

六月六日　　月　曇晴

郵船会社へ七月六日三島丸を以て出発と決定せし旨をはがきを以て通知す　午前一寸赳夫を見舞ふ胃の工合宜し可成試験を済ませたし云々　午後教授会あり新案高等中学校学科の件　同会に於てウリナール〔＊尿器〕を試みたれど実行出来ず　晩在巴里大栄へ返書認む、山極氏病気に付て留学期短縮か、期限通りか、六ヶ月延期か等問題に付青山学長の意中を叩きて延期しても教室間に合ふべきこと申送る又自分旅程決定をも報す

六月七日　　火　晴

7．和田画家来り二時間半費す

六月八日　　水　晴

春三氏同道にて茂治氏来り三浦謹氏紹介す又自分も行きたれど会はず、介補の件は運びたり　茂治氏と共に昼食し橋本節氏に紹介す　和田画差支のよしにて断り来る池の端工芸品陳列を再び見に行きたるも空しく帰る

六月九日　　木　晴

朝岡田良平氏手紙到る船賃割引券封入、別途手当七〇〇円計請求中、旅費三七八二円云々　安田恭氏教室へ来る、田代亮介氏同断、（8）和田画家来る　赳夫今日試験第一日を済ませ夕刻来り居る

六月十日　　金　曇

午前喜美子と共に三越へ行きて贈品を彼是と選び先四種を購ふ十二時半帰り昼食し教室へ行く　和田画家来る（9）帰途赳夫方へ立寄る試験様子如何と思ひてなり併し不在　山越良三より美麗なる鞄一個餞別として贈付

六月十一日　　土　晴

午前教室に於て栄氏罹病に関する駐仏大使栗野男爵より小松原文相宛通知書を見る　即ち五月二十日附にて栄数日来熱発のところ昨日腸窒扶斯と決定しパスツール研究所病室へ入院せり　目下のところ別に心配すべき模様なし云々　小菅獄医長浅田氏来り患者一名官費入院のことに付相談あり同道して三浦内科へ行きて頼む　午後四時半帰宅、赳夫来り居り且つ喜美子に栄罹病のことを話すなど混雑の中支渡し内藤久寛氏招待に応して同邸に到る、喜美子同道、誠に珍しきことなり、種々饗応を受けて八時半過辞し去る　自分は電車にて帰る

六月十二日　　日　晴

午前喜美子大塚学校に懇談会ありて三二同道にて行く気温著しく昇れり、午後三時頃四児を連れて出て三越へ行く食堂に入る皆歓ぶ六時過帰る

六月十三日　月　晴

在チウリヒ布施現氏より手紙到る留学六月まで延期許可のところ更に三ヶ月延ばしたし其理由は任事終結せず云々（五月十五日付なり）佐藤四郎氏旅行券下附願に自分随行のこと並に自分保証のことを添書す　木村敬義氏も同行するよし申し来る　午後一時少しく過教授会に山上に至れば同僚三四集まりて栄死去せしことを話し居る、午前十時十一時頃本省へ電報到達せりと、医務局森氏へ電話にて報知す、会議は学位三件にて四時前終る室に帰りて歎す　暫時して乗車帰宅　喜美子迎ひに出て書斎にて話す赳夫氏来り居りて試験の模様宜し晩食後同氏去りて田鶴始め児等に知らす皆驚く鶴ただ忙《ママ》然たる様実に可憐、千駄木母堂来られ共に悲嘆す、良一は実父へ宛電報を発す

六月十四日　火　雨

眠不安、出勤前尚ほ共に歎す、長与、島薗氏等来る、和田画家（10）午後五時前出て新橋に至る三浦謹、佐々木忠次郎氏欧州へ出発を送る、帰りて共に歎不尽、田鶴自室に閉居せりと、終日悪天

六月十五日　水　曇

五官器講義全終りて閉つ　在倫敦正木直彦、根岸錬次郎二氏へ渡航のことを報知す、郵船会社へ全航路乗船すべきことを通知す　安田恭吾氏来る稔氏弁明書、満鉄佐竹法学士へ遣したる書面の写を持来る　和田画家第十一回

六月十六日　木　雨

朝千駄木母堂来る、田鶴高女校へ行くと言ひて出かけたり　在千葉田口氏来る　E・フォン・ベルツ、O・ペルチック二氏へ渡欧の旨報知の手紙を認む

六月十七日　金　曇雨

午前七時より四十五分間〔＊軟骨組織〕組織筆答試験を行ふ　問題クノルペル・ゲベーベ、出席一一五名、遅刻二名ありたれど殆んど時に近し故に無論除く　午前池の端陳列館に到る格別のものなし　午後は会計検査官来りて帳簿の検査を行ふ　和田画家第十二回　午後六時より解剖家諸氏催の送別会に山上集会所に到る大沢岳、二村、新井、森田、椎野、西、佐藤（四郎）、山越良三、田口碩臣の諸氏集る、九時頃帰宅

六月十八日　土　曇

午食後石原久氏来り歯科予算等出来せり云々　四時半帰宅　赳夫試験昨日にて皆済なりとて来る

六月十九日　　日　曇晴

午前権兄来り尋で横田四郎氏来る共に午食す四郎氏金談ありたれども断然断る、直田鶴を連れて出かける時二時過なり日本橋木屋へ行きて蒔絵巻煙草入箱三個買ひ次に三越に入り巻莨入三個求む　晩赳夫氏来る

六月二十日　　月　半晴

W先生に贈るに銅花瓶こそ然らんと思ひつきて上野公園に展覧会にてもあらんかと出向きたれどなし　池の端勧業協会へ又々寄りて見たり　午後教授会あり格別の問題を議することなくして歯科設置に関する委員会に移る青山学長大沢謙、同岳、片山、入沢（田代氏欠席に付代理）、石原の諸氏及自分協議の結果、石原氏調査の通り異議なかりき

六月二十一日　　火　晴

顕微鏡実習を閉つ　和田画家第十三回　良一絵を見に来る

六月二十二日　　水　曇

午前家にありて答案調べを始む　小松長子殿嫁子を伴ひて来訪　午後二時教室に到る、和田氏第十四回、赳夫、鶴、精三人にて見に来る　晩佐藤四郎氏来る桜実の贈品なり

六月二十三日　　木　晴

午前答案調べ、午後教室に到る　和田画家第十五回　赳夫良一順次傍観す、六時半帰宅　晩田鶴を連れて散歩し草花を買ふ

六月二十四日　　金　晴曇

午前田鶴を連れて買物に出る　銀座尾張町池田方に到り銅花瓶二個、銀マッチ入二個を買ひ、又田村方にてパナマ帽子を買ひ、村上へ寄りトランク等を注文し昼頃帰る、赳夫氏来り居る　午後広瀬治氏来る　晩食後千駄木より使来りて在宅のよしに付直に共に出向きて栄遺物扱ひのこと又留守中のことなど談合す　九時過ぎ帰宅

六月二十五日　　土　晴

午前在宿答案調べをなす、午後教室へ行く　和田英作氏来り画終結すこれ第十六回なり、ワルダイエル先生より五月二十日附手紙来る、悔状等の返書にして且来伯の望あるを喜ぶ云々　良一、三二白山角力を見に行く

六月二十六日　　日　雨

答案調べ、来訪者榊順次郎、宮本仲二氏あり　村上へ注文せし「トランク」等送り来る　赳夫氏森川町宿を片付けて午刻来る、今夜汽車にて郷里へ帰る

六月二十七日　月　曇

答案調べ、午前一寸大学へ行き浜尾総長に会ひて辞令発表取急ぎのこと等を陳ぶ、教室へ寄り十二時過帰宅　晩ふみ子来りたれば現在の下宿状態誠に面白からざることを談ず寧ろ辞職して佐倉へ帰る方然るべしなど言ひ聞かせたり

六月二十八日　火　雨

終日在宿、答案調べ全く終る、午前安田恭吾氏来り　卍付錫一枚得たり云々

六月二十九日　水　晴

午前出て牛込両小松家（春三氏方は玄関まで、老母殿方は留守）、内藤久寛氏留守宅、弘田家（婦人に面会）、榊順氏方（二方に面会）、岡田家（留守）へ暇乞に廻り之より文部省に到り福原専門に面会、大栄死去の話、新潟医専布施帰朝するやなどの話、現在解剖教室に良助手に名あること、改行辞令急ぎのことなど話し十二時過帰宅、午後三崎町妻女鯛壱対餞別として持参せらる　三時過精を連れて銀座天賞堂へ行き朧銀製巻莨入一個、銀製マッチ箱入二個を買ひて帰る　白耳義、独乙出張辞令受取る

六月三十日　木　半晴

朝小松茂治氏来る、九時出勤、宇野氏還暦高橋順氏二十五年祝各五円つつ鈴木氏に托す又動物教室へ行き谷津氏に故箕作紀念図書基金へ三円、飯島魁氏二十五年祝賀に二円を依托す、是より土方寧氏外科入院せるを見舞ふ　午後教授会あり　優等生選定等の外歯科新設に関する委員の報告あり　田代氏の説ありて種々投《ママ》論の末三ヶ年と修正したり、四時半過帰宅　晩食後三崎町へ暇乞に行き次に安田へ寄りて卍付錫一枚受取る　厳金沢より着京泊す

七月一日　金　晴

朝小林文郎来る　九時教室に到り学術上携帯品を調ぶ、午後一時昨夕通知の通り文部省へ行きて旅費を受取る　即ち白耳義出張2781.80手当1000.00及独乙行の為め402.00手当300.00総額Y4483.80　是より直に日本銀行に到り正貨に換へ次に正金銀行にて信用状レター・オブ・クレジット（250£＝Y2458.37）並に英貨40£（Y392.83）を換へ帰宅時に三時過なりき　新井春氏令閨来訪　夕六時淡路町多賀羅亭に到る、友人大沢謙、緒方、宇野、桜井、片山、森、浜田、鈴木、弘田の諸会して送別の饗く

小団なるも親味ありて悦ばし、九時半家に帰る　旅券送付受領（番号一五六〇九六）

七月二日　　土　晴曇

朝島峰正氏尋で同母堂暇乞に来る　九時頃共に田鶴を連れて出かける先郵船会社に到り乗船切符を買ふ一等倫敦まで四五〇円（六〇〇〇を二割五分減す）是より小舟町第三銀行へ行く電車都合甚悪し次に三越に入り贈品残部（巻莨箱、ウエスト）を買其間に木屋へ行きたれど思はしきものなく再三越へ戻りたり、始め三越にて食堂に入り休憩す二時過家に帰る　晩食後精を連れて槇町より富士神社縁日へ散歩す

七月三日　　日　雨曇

午前九時頃出て橋本へ暇乞に行き是より教室へ寄りて学術品を取揃へ持ち帰る時に十二時過ぐ　午後一応荷物の詰め合せをなす　来訪者原信哉（留守中）、二村氏、青山婦人、新井春氏　柏崎内藤氏へ告別の手紙を認む

七月四日　　月　雨曇

午前九時頃出て緒方、大沢謙、片山三家へ暇乞に寄りて教室に到り、事務室寄り病理教室にて長与氏に面会す十二時帰宅　留守中安田氏来り三幅対出来す　午後荷物詰め終る、鈴木孝氏来り共に晩食す　晩橋本節氏暇乞に来る

七月五日　　火

早朝長谷川泰氏来訪、又赳夫氏出京、九時出て先文部省へ行く諸氏未出勤なし　ただ渡部氏のみに面会す、途中青山家へ寄り夫妻に面会　十時教室に到る恰も命し置きたる荷車来り居り故大栄氏より預りたる荷物（書籍）を千駄木へ送る、諸教室へ廻る、薬学、歯科（石原に面会）佐藤外科、人類教室、物理教室、本部（総長始め其他に告別）薬物学、医化学にて終る　事務室にて出発届（文部、総長、宮内、内閣）を出す、教室に帰りて諸氏に告別、午後一時十五分自室を去る　近隣桜井、箕作両家及大沢岳、二村両家へ暇乞に寄る、権兄来り居る、吉永、敷波、田口三氏より電報を以て告別あり、夕刻千駄木へ暇乞に行く　母堂二三日来胃痛にて臥床、晩横田四郎、小坂部勇吉氏等来る、赳夫、厳、児等集り賑かなり　午前中にトランク及鞄二個を輸送せしむ　児等眠に就きて後喜美子と田鶴前途に付談ず　十二時半過ぎて床に入る

七月六日　　水　曇

六時起く　ふみ子昨夜泊す、庭園を廻りなどして、ゆる

ゆる支渡し七時半過良一、三二同行出発す、白山下電車通り、一ッ橋を入り丸の内を通り、郵船会社前を通り、角を曲りて数寄屋橋を出て新橋に到る　時に八時半頃なり九時発汽車は横浜へ寄らざるに付九時半にせんかなど言ひて其選定を誤りたれども九時発平沼下車と決す、見送り諸氏に告別し発車す、浜尾総長、石黒忠悳、長谷川泰、渡部董之介、岡田夫人、浜田夫人など見へたり、汽車中は良、三の他赳夫、於菟、二村、新井春、山越良三、外に野尾精一氏児等なり　十時半三島丸に達す、船まで見送りくれたる人其他椎野、西、山崎英次、安田恭吾、島峰正、大沢岳の諸氏又川口富次郎、小使山本もあり、ビール、ラムネを饗す（喫煙室に於て）　船室内床第十号（右舷）正十二時船動き始む、良一等桟橋の尖端にて見送る見分け付かざりて船は港外に出づ　喫煙室にて休息す暫くして食事、天曇りおれと冷しくして心地よし、本船に長岡人佐野五十策氏事務長として乗りたる甚都合よし亦船医吉田喜一郎氏を新井氏紹介す　夜に入りて雨降りたり

七月七日　　木　半晴

午前家に遣る手紙を認む、午後三時頃日野岬を廻る、五時過ぎて神戸港着、船を繋ぐ、大阪片桐元氏船まで迎に来る、喫煙室にて談話、大阪行を切にすすめらる晩食を共にし遂に応することとしランチにて上陸、阪神電車にて九時頃大阪着、電車にて道頓堀まで行き、下りて此辺の夜景を見る、茶屋、興業物、芝居等あり賑かなり、是より同氏の宅まで人車、十時頃なり、十二時過ぎて就眠

七月八日　　金　晴

昨夜眠り案外よし、七時半頃片桐氏夫妻に告別し人車にて出かける、心斎橋通りにて蝙蝠傘を買ふ六円九十銭なり、八時過医学校に到る幸に斎藤氏既に出勤、教室内を通覧す、次に病理教室に到る　是又丁度佐多あり是より氏の案内にて病理、細菌等新築中のものを見て向ふの病院に到り各科診察所、病室を通覧す、新築出来上りなかなか広し、終て十一時前斎藤氏に伴はれて停車場に到る尋で大串氏来る十一時十四分京都に向け発す、七条停車場楼上にて昼食し人車にて医科大学に到る時二時に近し、鈴木、足立、加門、長谷部の諸氏皆あり又潤三郎氏も来る、菊池総長を訪問し、病院へ行きて笠原氏の案内にて山極氏の入院せるを見舞ひ、荒木氏を医化学に一寸尋て解剖に帰り教室内を廻る、諸氏の懇切なる勧めもあ

りたれども余りの熱さに堪へ兼ね四時四十八分発にて帰船と決し辞し去る、四氏停車場まで見送り呉れ足立氏は同車、本船まで来る共に晩食す　九時頃別を告ぐ、此日異例なる熱にて汗と塵に苦みたるに湯をつかひ浴衣にて甲板に出てたれば再生を感したり

七月九日　土　晴

京都より長谷部氏、大阪より佐多、水尾、斎藤、宮田、塚口、村田、□の諸氏態々見送りとし船まで来る　ビール、ラムネなどを饗す又大串氏より電報を以て行を祝さる、十一時纜を解く、其前新乗客の見送りにて船中混雑す、本船淡路島と舞子の間を通る、内海の風景何時もながら佳なり、午後に到りて風強し、日暮れて別処《ママ》銅山精製所を左に見る一小島にありて無数の灯火を以て履ふ明日投すべき家へ遣る手紙を認む

七月十日　日　晴

朝板上に到れば恰も干珠、満珠の二島を右に見る尋で門司港に繋ぐ、福岡小山龍徳氏本船に尋ね来る亦餞別を送らる、共に上陸して九時発車、途中枝光八幡両駅に至る有名なる製鉄所を過ぎて十一時三十八分吉塚にて下り直に医科大学に到る　桜井氏あり両氏の案内にて教室内を見る、顕微鏡同写真及附属品（ルーペ）数多し、オブイエクチイフの保存法よし、屍貯蔵箱人造石製のもの六個計あり　弁当を食して後、生理及医化学教室へ行く石原氏案内す、次に病理（中山、田原両氏共不在）標本室を見る　医院の方止めて桜井氏同道大森氏を訪ふ氏脳溢血に罹り稍□症の状態にありて専ら静養中なり大に悦び不知々々長くなりたり　熊谷氏も同病なるも他出中のよしに付榎本氏を訪ふ不在、是より西公園へ行き其佳景を見て電車にて東公園へ帰り一料理店にて夕食の饗応を受く桜井、小山、後藤、石原、石坂、久保猪の六氏会す、諸氏又停車場まで来る　桜井家族も来る其外榊忠三氏もあり七時半発車す、長尾半同車す車中二等軍医石藤文七氏挨拶す、九時半過門司帰着、サンパンにて本船に帰る、此日天晴朗となり熱さ強けれども京都の如く苦しからず

七月十一日　月　晴

早桜井、小山両氏へ礼状を及家へのものと船員に托して出す、本船々長英人モーゼス一等運転士西村庄平神戸より乗客工学士小川量平夫妻（伯林行）小川弥太郎（安倍四郎氏の名刺を持ちたる人）（ボンベイ行、三井物産の人）、京都府事務官香川静一（倫敦行）、三《ママ》木本真珠店支

配人斎藤某（倫敦行）、門司より砲兵少佐原口初太郎（倫敦駐在官）正午十二時門司解纜　工学士太田喜代二郎（英国行）、松尾小三郎

七月十二日　火　晴

終日陸地を見ることなし、波静なれど随分熱し、午後三時頃不図鯨の出没し潮の吹くを見付けたり　三島丸絵はがき六枚を上海より出すべし

七月十三日　水　晴　上海着

早朝起きれば本船は呉湘《ママ》川を上り来り既に上海に着き居る、当地開業吉益東洞氏（太田氏妻の父）本船に来る、二十余年来始めて面会す、主として清人を診するよし患者売買のことなど奇なる話あり、熱さ酷しきため上陸せす

七月十四日　木　晴

昨夜談合の通り蘇州行、同行者原口初太郎、小川量平、中田伝蔵、佐野五十作《ママ》、佐藤四郎、吉田喜三郎、速見の諸氏及自分総て八名、カヒイを喫し「サントウキッチ」を携てサンパンにてウエイサイド・ウォーフ（郵船会社の倉庫あるところ）上陸、人車にて停車場に到り七時三十分発車、蘇州にて二等一円三十銭、五十二哩ありと、九時半頃着、馬車にて日本居留地宿屋月迺屋支店に下る、先領事館を訪ふ、領事代理に面会、代理の案内にて居留地区画を見る　道路の造設成るも家なし、旧家屋も空なる態にて、草茂りきりぎりす鳴き居る様喧すべし、日本雑貨陳列所に入る戻りて昼食す、絵はがきを買ひて四枚出す（良一、潤、於菟、赳夫）、十二時驢に乗りて出かける、一清少年を案内とす先留園に到る　これまでは道よし人車通すべし、園は奇石を以て造る中に蓮池あり、これより道狭隘、漸く驢輛を通するを得、名蹟寒山寺に到る、途中穹隆石橋数多あり中に楓橋最大、汽車中にて一清人に寒山寺如何と問ひしに凋零と答へしが全く然り　是より道愈狭小、半畔道にしてやはり石を敷く、此間驢巧に歩行す虎丘に到れば稍宏大、第一山門に虎阜禅寺の額あり左右に神師あり　第二門を通りて益々登る、古き七階塔あり、是より又畔道を行きて新設車道に出て城内に入り八層塔に登る眺望佳なり　五時半停車場に戻る、甚余喝《ママ》を覚ふ、虎丘にて蟬の声を聞く（ぬかせみ）、上海蘇州間眼界水田のみ中に無数の亭《ちん》の如き小屋あり、これ水中に歯車を廻らしめて田の水を挙るの装置なり、所々に樹木の茂るあり樹間家あり支那風土壁瓦

屋根なり、楊多しとす又墓場ありき（市に棺屋を見るに厚き木を以て造る、臥棺なり）石門あり、石像あり、田畑の他は何処も雑草茂る　六時発車七時半上海帰着、馬車にて（一台四人乗りて四十銭）スュワド・ロード豊陽館に到る日本旅宿なり入浴、邦食し市内を見るため出て四馬路の家を見る、橋下は売店楼上は茶又は書店なり、一茶店を通り貫けて向側寓に入る（入場料三十銭と云ひしを二十銭にねぎりたりと案内者云へり）妓交代に一曲を唱ふ　出て旅宿に立寄り直に波止場に到りてサンパンにて本船に帰る時に十二時過ぎなり　北行九円五十二銭費せり

七月十五日　　金　曇　上海発

葉巻莨（百本四円四十銭）トルコ紙巻莨（百本一円二十銭）を買ふ　家へ手紙を出す、吉益氏船に来り葉巻莨（五十本）及上海地図を餞別として贈らる、四時三十分解纜、夜に入りて大雷雨となる、電光の水面に下る様壮観を極む、船に最近□□□と如きは光響一致して耳聾せんばかりなり十時頃に到りて止む

七月十六日　　土　晴

風あり凌ぎよし、夜に入り十日頃の月明なり　事務長佐野氏へ蘇州行同氏の分と合せて二拾円渡始め辞退したれども強て受けしめたり　又同氏を案内として二等船客陸軍一等軍医谷口留次郎氏を訪ふ、氏はミュンヘンへ留学するよし

七月十七日　　日　曇雨風

午前甲板にて撮影せり、又機関室に入る　今泉鐸次郎著河井継之助伝を読み終る

七月十八日　　月　雨　香港着

少し冷し併甚陰鬱なる天気なり、午刻ペドロ・ブランコなる一小島を左に見るこれより香港にて四時間ありと四時過香港着、夜景を眺め往時を思ひ出したり、家を始め小林文郎氏へ原口氏同船のことを認む、蘇州楓橋を小川氏が写したる写真を家に送る

七月十九日　　火　曇晴雨

天気不定蒸熱甚し、朝食を終り船中にて邦貨三円を支那貨三元四五と換ふ、九時「ラウンチ」を以て上陸、同行者原口、佐藤、小川量、小川弥、中田、速見、吉田、松尾自分其他十名余あり　海岸清風楼と云ふ日本旅館へ一寸立寄り一先つピーク・レールウェイ駅に到る、鉄車往復一等五十銭、轎にて頂上に近きところまで行き（賃

二十銭）是より頂上まて歩く、十年前よりは此辺家屋大に増したるを覚ゆ、時に雲かかりて海を感す、下りて植物園に入る、鶏頭葉ゲイトウ殊に見事なり、ヒモゲイトウ、チヨボウズ、アサガホなどあり、清風楼に戻りて昼食し二時の「ラウンチ」にて船に帰る、熱さ苦し夜に入りて大に雨降る、香港在留医学士橋本基重氏船まて尋来る

七月二十日　水　半晴　香港発

未明に出発の筈のところ荷物等のため遅れて正午発す、今朝橋本諸方へ絵はがきを出したり　大洋へ出て風あり凌ぎよし　午後大雨、時に汽笛をならす、夜に入り十四日頃の月明かに甚爽快

七月二十一日　木　半晴

香港より乗船したる法学士愛久沢直哉なる人と午前種々談話をなす　氏は「シンガポオル」に「ゴム」培養地を有し其見廻りのため同地まで行くと、アモイに住居し台湾支那事業に従事すと云ふ　今日午後も驟雨あり

七月二十二日　金　半晴

午後ブリッヂへ登り一等運転士より説明を聞く　ポート左スターボード右舷、コンパス二個あり一個はリキッド・コンパスと云ひてアルコオルに浮したるもの、汽関室との間の信号機、船艪との間の信号機あり、電話もあり、本船ブリッヂ床面は水面上四十二尺、水面下二十三尺あり　夜に入り望月明なり、九時浴衣に着換へ甲板にて斎藤氏より人工真珠の談を聞く十一時室に入る

七月二十三日　土　半晴曇

独乙医師試験規則読終る、夕日本食

七月二十四日　日　晴

午後アナンバ島を左に見る、一昨日来気温八十三四度にして凌ぎよし、甚珍しく感す

七月二十五日　月　曇　シンガポオル着

朝起れば船既にシンガポオル港内にあり少時して錨を投す、朝食後直に上陸、時に九時過、同行者数名、先日本旅館碩田館に到る（馬車）、予め申合せ置きたる通り写真師へ行く総て十九名、内清人、カルカタ人各一名旅館に帰り昼食、当地駐在官歩兵大尉松本五左衛門氏来り氏の案内にて馬車を命し見物に出かける　先水源池に到る、風景好し、馬車遊行に適す、池中へつき出したる小家あり之れは配水の用ならん、これまて四哩余ありと、次に植物園、前回に見し動物はあらず　其代りに有履植

物陳列所あり、珍しき葉を有するもの種々あり併し花ものは少し、次にラッフルズ博物館に到る、階下書籍を置く其外入りて左に例の保護色を有する種々の昆虫珍し、階上は博物（重に動物）及土俗の部とす　一寸旅宿へ寄り五時半のランチにて帰船す、晩家へ遣る手紙並に小川氏が写せる写真三枚（留園、虎丘、甲板上）及今朝買ひ置きたる絵はがき五枚認む、今朝医学士三浦政太郎氏船へ来り面会す　氏愛久沢氏が経営せるゴム樹栽培地に居留す

七月二十六日　火　半晴

昨日約せし如く碩田館員特に小汽船を以て迎へに来る（小汽船五弗、一円＝〇、八七弗）、同行者七八名、タンク・ロード駅九時五〇分発車、丁度一時間にて終点に着、直に小汽にてジョホールへ渡る、人車を命し先王宮に到る　正殿とも云ふべきところ王座一段高し、下椅子卓多数あり又地下室あり、廻りて食殿を見る、武器庫などあり、階上に宝物あるよしなれど見るを許さず、次に庭苑を廻り見る　是より乗俥、少し離れて墓地に到る、此処に王の墓をマルモル石の以て造り美麗なり英国とあり、総て墓は二枚の石又は木板を頭足に立つ横側より拝するなり、次にモハメツト寺院に到る　四方に四高塔ありなかなか大なる建物なり、瓦石洋式なり、時に十二時なり、土人礼拝の時刻なるよしに付少時待ちて之を見る、寺人高き声にて三四回呼出す、土人傍にある水漕にて洗清し、廻廊に坐す（中に入るを許さずと）、土人上筒袖、下「サロン」（更紗地）を腰に巻く、総て七人内一人首席を占む即ち。 形に坐す坐法を本邦のそれに似ると雖も右足拇指を必床に立つ、顔面を床に接して拝す、坐、拝、経文を唱ふ、これを数回繰り返へす、之より乗俥町中に入り名高き賭場を見る興を添ゆる為め案内者賭を試む　十弗失ふ気の毒に感す、これにて見物終り渡場に戻りジョホール・ホテルに入り昼食す料理甚悪し、終りて岸の小屋にて茶を飲む又家へ絵はがき一枚出す、三時四八分発車船に帰る、往車中小用に困む、風起り波高くランチ甚困難、当地人種甚混雑、ジョホール宮人、衛兵は土民なるべし、邦人よりも色少しく強し、マドラス、カルカタ夏に強し、其外タミール（高利貸し）、鼻翼に金鋲をはめたるもの男女共にあり

七月二十七日　水　曇　シンガポオル発

港内再波静かになる、一昨日の写真出来、当地開業医西

村氏来船面会、上陸せず、午後五時錨を挙ぐ　此地陸上徒歩すれば汗流るるも屋内にて風あれば甚凌ぎよし、本邦暑さよりも好し

七月二十八日　木　晴

午後断髪、夕食後不意の催にて余興あり、蓄音器、剣舞、落語、浪花節、滑稽踊り等、十時半終る

七月二十九日　金　晴　ペナン着

ペナンは小島の東側にあり、船は廻りて北より南に向ひて港に入る故にペナンは右側にマレイ半島は左側にあり、早朝着す、船に売り来れる絵はがきを買ひて家始め其他へ九枚認む、午後二時半上陸同行原口、佐藤、小川夫妻と五名なり、植物園に到る四哩半ありと　馬車四十分を費す、園に水源池あり山上より落る滝水を用ふ、此処にて水を試む、案内者より導く、蘭類の小屋に珍しき花あり　バタフライとて蝶にひげある如き闇紫色の花、蘭の根か幹か芮の尖に赤き細花の葉あるもの、ゴムの木より汁を採るところのもの、マングスチン木に実のなりたるもの（パパイアは市中にありたり、八つ手の如し）タマリンドはねむのきの如し但し葉細かなり実は豆なりグラスプラントとて水草にして葉のすだれの如もの、六時船に帰る

七月三十日　土　晴　ペナン発

仏寺院極楽寺行、五哩半あり、七時弁当を各携てサンパンを雇ひて上陸、同行者前日五名の外に吉田丹氏を加ふ、馬車、五十分費す、門前小川流る仮橋を渡りて境内漸々昇る、観音、廊下、亀池、水槽、花崗岩に彫刻字数多あり、本堂仏を安置す、開山其他教堂あり最上にて休憩、弁当を食し茶を飲み又途中にて買ひたるマンゴスチンを味ふ、十一時波止場に帰る、代理店に到り、ラウンチを用ふ　昨日今日共通路よろし、大樹の並木又はやしの林あり　殊に寺の上堂より見下したるやし林甚珍し　市中にてマンゴスチン拾個一弗にて売りたるに寺の前にて拾仙なりも語通ぜざるために謀りたり又〔＊一語不明〕を拾仙に買ひ試みたり、すずかけの如き木に紅き花咲きて見事なり実はやはり豆なり　午後一時に錨を挙ぐ、船は前を戻りて西に向ふ

七月三十一日　日　晴

午前プロウェイ島を右に見る、良港あり、先年露国が給炭所を置かんとせしところのよし、昼頃アキーン岬（灯台あり）を過ぎて愈々印度洋に入る、モンスウン風吹き

て波たつ

　八月一日　　月　曇

午後船側に紐を張りて球なげ遊に供せり　クイッテは輪投げなり

　八月二日　　火　晴

風前日の通り

　八月三日　　水　快晴

正午頃甲板乗客一名死亡す　病症判明せずと　これは「シンガポオル」より「コロンボ」までの土人なり

気温八二、海水温七九度、凌ぎよし

　八月四日　　木　曇　コロンボ着

朝六時起て見れば船は防波堤内へ入りつつあり、風波静かなれば防波堤の壮観は著しからず　帰航北野丸も続て入港したれば「サンパン」にて行き桜井錠二氏に面会、「シンガポオル」にて写したる乗客紀念写真を托して家へ遣る　家始め其他へ絵はがき拾枚書く　午後二時頃上陸、北野丸乗組高須少佐同行、馬車にて（一台三ルピー）（一£＝一五R）先シナモン・ガーデン博物館に入る階下土俗品、階上天産物、宝石数種あり　クリソペリテ（猫目石）、トパーズ（無色、青）スピネル（尖晶石）、サファイア（無色、青、色々）コランダム（青）（猫の眼の如何れも透明なり）などあり、館側にやしの木の大木あり、次に仏教寺院を見る小寺なり　帰途ヒンズー寺院車上より見て桟橋に帰る、郵便局へ行き、又一市場に入りさるまたを求む　これは船中に水泳場を設けらるるときの用意なり、雑店をひやかし五時半のラウンチにて帰船す、晩桜井氏来り種々談話、又小川氏夫妻等に紹介す、十時同氏去る

　八月五日　　金　雨曇

キャンディ行、クック商店、往復諸費の切符I. U19R.50 II. C110R50（但朝食を除く）即二等をとる、同行者九名（中田、佐藤、小川、原口、太田、斎藤、吉田、香川及自分）サンドウヰツチ弁当を携て七時前棧橋上陸、店員我等を迎ひて切符等の手続きを済ませ電車に乗る時に強く雨降る七時三十五分汽車発す、雨漸々止む、水田多し、ヤシの林又は雑木繁茂せる丘あり、水牛を用ふ、苗は植へたるにあらず只まきちらしたるもの　田をうちかへし居るあり稲尺余にて穂の出たるあり又米種をまきたりと思ふものあり　ポルガハウエラ（鉄道分岐点）にて食堂車に移り茶を飲みて弁当を食す次の停車場にて先車

に戻る、漸々山深くなる、風景愛すべし、岩石多し　バイブル・ロック方形にして奇なり、鉄路大曲線を画く十時半カダガナワ（海抜1689）に達す、此処分水なり、是より鉄路下る　ペラデニヤ（分岐点）に降車、停車場に種々の草花飾りありて美なり　ここに世界一と称する大植物園あり、馬車にて園に入る先園丁の案内にて歩すアッサムゴムの大木二本あり根の地上に現はるる様妙なりドリアン（大木）ラン（例により、珍らし）、フライ・キャッチャー（蝿とり草蔓なり、花の形妙、水さしの如し）サゴヤシ（麻の木の如し）トラベラーズ・パーム（団扇のほねの如し）マホガニー（小葉大木）、マンゴー（大木ゆづりはの如し）パパイヤ（八つ手の如し）、樹上「リス」数疋見る、「トウ」（とげ多くあり、葉パルムの如し）、ジャック・フルーツ（パンノキの類なりと）、竹の大株あり此中に数百フライング・フォックス（大蝙蝠）住む

乗車、四哩にしてカディに達す　仏教寺院に到る　湖辺にあり、釈迦の歯を収むと云ふ、精巧な建築なり花崗石を多く用ふ、井上絵（地獄）壁絵面白し、経庫あり帝王の影あり、又道をへだてて大なる菩提樹あり、これよりファイヤー・ホテルにて昼食、紀念絵はがきを出す、二時発車、五時三五コロンボ帰着

八月六日　土　半晴　コロンボ発

コロンボ着前日死亡せし土人は引き取らざるに付去四日夜港外まで持ち行きて海中に投したりと

八月七日　日　曇

八月八日　月　曇

朝二回計驟雨、気水共温度八十四

八月九日　火　曇雨

波稍高し、晩十一時頃ミニコイ灯台を右側に見る

八月十日　水　半晴

時に驟雨あり気温八二水温八〇

八月十一日　木　晴

波は一昨、昨よりも高し、気温七九、水温七八

昨今日波暫く高し、船の進みために甚悪し二三四浬、気温八二、水温七九

八月十二日　金　晴

波更に強し、船尖に波の打上ぐる様見事なり、午前十時頃後甲板へ大浪打ち入りて暫時海水半満つ、野菜入箱を打ち破しじやが芋無数散乱す、給仕一名負傷す、進航僅かに二〇四浬、気温八〇水七〇、熱さを知らず、印度へ

避暑すなど言へり、午後二時ソコオトラ島を左に見る波大に静まる

八月十三日　土　晴

昨夜甚冷しかりしも朝より漸々熱くなる、午後より益々強し　船前甲板に水泳漕を設く今日は未だ実用せず　七日頃の月明かなり、熱さに困みて十二時半室に入る

八月十四日　日　晴

風稍強し熱さ昨日より凌ぎよし、午後二時アデンの山を遥かに右に望む、断髪

八月十五日　月　晴

昨夜十一時バブエル・マンデブ（左側を）通過す、炎熱堪へ難し　朝夕二回泳、水槽は「ヅック」を以て製し約三間四方、深さ肩に達す、水量四十噸ありと、甚心地よし、就眠に困み下甲板月下に印度洋行の旧談をなす、十二時半室に入る　気温九一、水温九〇　シヤツを脱し白上衣一枚とす

八月十六日　火　晴

炎熱更に強し、朝夕泳、気温九三、水八九、夜は前日の通り甲板船客の如く月下に冷む

八月十七日　水　晴

朝夕泳、昨日より熱さ減す　気温水温共八七、夜は月下に暮す

八月十八日　木　晴

午前十時頃シャドワン（元山にして灯台あり）島を左に見てスエズ湾に入る、左右遥かに大陸を望む、又時に島

〔＊これより八月二十二日までインク滲み判読困難。十九日「ポルトサイド着」、二十一日「満月すみわたる」、二十二日「クレイト島を右に見る」などの記述が断片的に見える。〕

八月二十三日　火　晴

朝五時半メッシイナ海峡を過ぐ、同市大地震の跡明ならすただ海岸の石塀破れおる様に思ふ　ストロンボリ島を右に見る、距離近し、西側に至りて噴火口をよく望みたり、左にエオリア諸島を遠近に見る、海面鏡の如し

八月二十四日　水　晴

運転士西村氏の談に今朝「サルヂニア」「コルシカ」間海峡に入らんとする際風少しく強し為めに船長の命により方向を転し「コルシカ」の東側を通ることとせりとこれが為め七〇浬計の損失なりと　午後コルシカ島バスチア（ナポレオン生地）を左に又ウバ島を右に見る

八月二十五日　木　晴　マルセイユ着

朝六時十五分港口を入る七時十五分バサン・ダレナに船を繋ぐ　巴里留学の山内保氏吉田丹氏迎に来る　朝食を終へ諸氏と上陸、オテル・ド・ジュネーブに到る、是山内氏の案内にて小汽にてシャトー・ヂフ島へ行く昔牢獄として種々名高き人々を幽閉したるところなり、帰りてホテルにて昼食し馬車二台を雇ひロンシャン宮に到る左翼美術（重に絵）右博物、後に動物園あり、暫時休みて水を飲む、次にノートルダムダム・ド・ラ・ガルドへ登る、アサンスール〔＊エレベータ〕を用ふ之は以前なかりき、ホテルに帰り茶を飲み、電車にて船に帰る　晩諸氏は夜景を見んとて行きたれど自分は残りて家への手紙を書、今日山内氏より聞き取りたる大栄発病より死去、後始末まで様子を認む、発病五月十六日頃、入院十九日頃、入院後四、五日の頃促して遺言を聞く、二週間にして熱去る、死去の二三日前より少しく体昇る（三八度位）其原因更に不明、十一日午後八時死去、十三日午後三時解検、十六日葬式、午前九時出発十一時北墓地着　式を終り直に火葬、三十分間にて全く灰と化す　遺言は書籍は病理教室へ寄付すること、但文学に関するものは主婦に贈ること、ダイヤモンド指環は森家へ返すこと、残余金は令弟の学資金とすること、他見を憚る如きものは棄つること、其他のものは養家へ送ること、之れは山内青木両氏にて其通り取り計ひたりと、解剖執刀者ブリヨン教授、又病中常に見舞ひたるは松村菊男（海軍中佐）、今更の如く感慨、十二時過きて室に入る

八月二十六日　金　晴　マルセイユ発

昨日島峰氏より手紙を受取り其返事を認む会合打合せの件なり、昼食し一時佐藤四郎氏と共出て先郵便箱をさがして手紙を投し、釣り渡しを渡り電車に乗り海岸プロムナードをボレリー公園に到る　ボレリー城あり　園内を歩しプラド通りに出る長き直なる並木なり、電車に乗り〔＊二語不明〕に到りカフェに休みて渇を癒す　三十一年前泊りたるグラン・ドテル・ド・マルセイユの前まで行きて戻る襟飾、絵はがきを買ふ、電車にて船に帰る　時に五時半、汽笛を鳴し最早纜を解とす

当地にて上陸せる人小川夫婦、原口、中田、吉田丹、香川、斎藤の七人、残り太田、松尾、沢村、佐藤、自分の五人、絵はがきを出す積りなりしも間に合はす

八月二十七日　土　晴

甚淋しくなる、夕食は牛鍋にて皆浴衣となり下の船員食堂に於てす、後喫煙室に於て蓄音器を聞き十一時室に入る

　八時二十八日　日　晴

殊の外暑し白服を着る、午後五時頃ガス掛り周囲見へす時に汽笛を鳴す三十分計にして晴る　十時頃ジブラルタルを通る、灯台より又本船と頻りに電灯信号なす、左にも灯火無数ありこれセウタならん

　八月二十九日　月　晴

甚冷し、中秋の候と感す、紺服にては寒き位なり、大西洋に入りて俄に変す、気温六八、水温六七　常に五、六隻の汽船視野の中あり盛なりと云ふべし

　八月三十日　火　晴

昨夜八時頃リスボン湾入口灯台を見る　気温六六、水温六四、午後大トランクを室に持運ばしめて荷物を整理す夏服冬服を入れ替ふ、午後七時右に灯台を見る　これよりビスケー湾に入る

　八月三十一日　水　晴

午後断髪、午後十時頃ビスケー湾を過ぎ去りたる筈なるも灯台を見ず

　九月一日　木　半晴

袷服モオニングを着る、午前尚ほ手荷物を整理し且払をなす即ちバー払1ポンド　3シリング　4 1/2、洗濯7シリング　1ペニー、給仕等へ三十五円、更に冷気となる気温六〇、海水同断船中諸費総て一五五円　午後四時セント・キャサリンズ灯台を左に過ぐ、家へ遣る手紙を書く

　九月二日　金　霧曇　倫敦着

昨夜霧のために二時間計船を止むと云ふ　且午後一時の満潮を以て河に入るべし、六時起きれば既にテエムス河にあり併し濃霧のため週《ママ》囲暗く更に見えず時に汽笛を鳴す九時頃グレーブゼンドに達す、十一時本船愈アルバート船渠に入り停止す其入口に水門二個あり、昼を終へ佐野事長及諸氏と共に船を下り手提の検査を受く　煙草少しくありたるため六片を払ふ、汽車にてフェンチャーチ・ストリート駅に到り　是より近き郵船支店に到り根岸氏会ひ互に悦ぶ、店員春田氏案内にて服飾マクシムに行きて夏外套（3ポンドー）冬モオニングコオト（4ポンド16シリングー）を注文し次に高帽（□ポンド3シリング）

丸帽（10シリング6ペンス）を買ひて支店に帰り、是よりタクサメーター〔＊タクシー〕（自動車）にてラッセル広場、インペリアルホテルに到る　二階の一室（一〇六号）朝食付六ポンド、五時頃なり、船にて書たる家への手紙並に大沢岳氏子息腸チフス見舞其他にて絵はがき六枚出す、沢村佐藤二氏と晩食、散歩に出かけオクスフォード・ストリートを通りオクスフォード・ストリート・サーカスを曲りリージェント・ストリートのピカデリー・サーカスに到りカフェ・モニコに入り休み　帰途はモーター・オムニバスを用ふ　十一時に近し、室に入りて今日受取りたる家より及日在よりの田鶴等の手紙、中鶴の手紙、潤氏の絵はがきを熟読す一時頃眠に就く

九月三日　土　晴

朝七時起く、沢村、佐藤、松尾四氏と共に朝食、下書室にて昨日の日記を書き、中鶴へはがきを出す又ダクワース（ケンブリッジ）へ来着挨拶手紙を出す、農科留学生小出満二氏に会し案内を乞ひ日英博見物、時に服師来りて仮縫を以て試む、十二時頃出かける同行者沢村、佐藤、松尾氏、モーターバス（モーターオムニバスの略）にて会場シェパーズ・ブッシュに到る。

人類学――ダクワース「犬、猿、オーストラリア人、ヨーロッパ人の頭骨正中線断面図」

E・コーナー博士「ストーン・ヒル其他四個。ガリー・ヒル一一〇万年前と表記された頭蓋冠」眼窩上隆起が大きく、頭蓋縫合、頭蓋腔の開口部が見えるように展示。ガリー・ヒルで発掘された骨――大腿骨二点（右、ひどく偏平）脛骨二点、上腕骨（偏平）

英国外科医師会「ジブラルタル頭骨」約二〇万年前。頭蓋冠、顔には歯があり、眼窩上隆起が著しく、額は後退し、低い、一八四五年ジブラルタルで発見。

頭蓋測定器（木製、頭骨がついている）

ロンドン熱帯医学大学院
リバプール熱帯医学大学院 }出品あり

リヨン商会にて昼食、日本博覧会に入る、日暮れてイルミネーション奇麗なり、花火あり、ティー・ハウスに入りて晩食時に八時、此処にて絵はがき六枚認めて出す、ウッドレイン・ブリティッシュ・ミュージアムまでチユブを用ふ之始めてなり十時過宿に帰る

九月四日　日　曇

八時起く、沢村、佐藤二氏と共に地下鉄道ホルボー

ン駅よりハマースミス終点にて乗り替へレイブンズ・コート・パークにて下り、小出満二氏を下宿に訪ふ、農学士水野正治、法学士大河内二氏逢ふ、是より汽車にてキュー・ガーデン駅にて下りビクトリア・ゲートより入る　時に十二時頃、十年前に見たる記憶を思ひ起す、テイムス河畔に到り芝上に休む、パゴダ脇にて昼食す、家へえはがきを出す、同門を出て鉄道馬車にてリッチモンドに到る、坂を歩きて上る、随分遠し、途中右側にテイムス河を見下して風景佳、公園の正門を入り芝上に休む、日暮となる、出て先の坂を下り一小店にて夕食す　モーターバスにて日英博まで来り之よりチユブ〔＊地下鉄〕にてシエパード・ブッシュより大英博物館駅にて下る、出て少しく方角に迷ふ、十時半旅宿に帰る、木下東作氏来り居てサロンに於て茶を飲み話す十一時半告別、又午前中根岸氏名刺を置きて去れり

九月五日　　月　曇

九時起、伊丹繁氏来る、沢村、松尾両氏下宿へ移る、佐藤氏単独に見物に出る、十二時頃伊丹氏と共にタクシー（自動車）にて大使館に到る、古谷三等書記官、山座参事官に面会、又原口氏に逢ふ、地下鉄道にて日英博に入り正木氏を尋ね事務所にて岡田良平渡部董二氏へ連名はがきを書く、例のリヨン社にて昼食、時に三時半、伊丹氏に別れて独ポエティク・ジャパンに入る　其体裁甚あわれなり、わらじや、次に地蔵橋を渡り、鍛冶や、桶屋、かざりや、糸繰り機、村役場、草履屋、楊弓店などあり、高足にて歩き笛を吹くもの場内廻る　剣術もあり、次にアイルランドの村、台湾土人小屋数個、踊りあり　アイノこれ又小屋数個あり時六時に近し、これより地下鉄にてスイス・コテージに下りハーリー・ストリート伊丹氏下宿に到る共に根岸氏を寓居に訪ふ、夫妻に会ひ、招客のよしに付草々去り地下鉄チユブを用ひ大英博物館駅に下りオクスフォードストリート、レストラン・フラスカチに入る、大なる上等食店なり、旅宿に帰りて伊丹氏に別る、家へ絵はがき一枚出す

九月六日　　火　曇

九時起、独モーターバスにてバンクまで行き、歩きて郵船支店に到る　根岸氏に導かれて魚類名物スウィーチングス・チープサイドに到り昼食、社へ戻りて社員妹尾氏の案内にて更紗問屋へ行く　佐野同行、四種を選び注文す、又其前に服師方へ寄り出来の外套を早速着す、払を

なす、社へ戻れば既に六時なり、七時帰宿　受取りたる手紙及横浜出帆の際椎野氏が三島甲板にて撮りたる写真を見る、手紙は赳夫、精子八月九日塚山発のもの及喜美子、田鶴子、良一八月十一日附のものなり、大洪水のことなどあり直に赳夫及児等へ絵はがき五枚出す、是より出オクスフォードストリート、ビエンナ・カフェ・アンド・レストランに入りて晩食、出れば佐藤に逢ふ共に旅宿に帰る、十一時

九月七日　水　曇（少雨）

朝椎野氏へ写真の礼はがきを出す、佐藤氏と共にチュブにてサウスケンジントンに到る時に十時先自然史博物館に入る　次に本館ラファエロの有名なる図案七枚を見る、次にロンドン大学の前を過ぎ科学博物館に入る　1829リバプールーマンチェスター間に用ひたる機関車三個あり、出て昼食、是よりアルバート・ホール、アルバート・メモリアルを見てハイドパークに入る、出てハイドパーク・コーナーまでモーターバスに乗り、ウエリントンの像を見、又モーターバスにてウエストミンスターまで行き寺院に入り、橋を渡り、十年前の下宿の前を過ぎ、旧感、又同橋を渡りてホエールホール、トラファルガー広場、ストランドを通りてリンカーンズ・インフィールドに到り外科医師会を眺め、旅宿に帰る、ホテルにて晩食、九時半室に入る

九月八日　木　晴曇少雨　倫敦発

七時起、旅宿六日間の払をなす（4ポンド2シリング）、八時半タクシーにて出立、郵船支店に到る、正金銀行へ行きて20ポンド（即仏貨五〇〇フランと三志六片）を引き出す、十一時五十分リバプール・ストリート駅発車、根岸氏駅まで見送る、佐野同行、十二時半過本船に帰る、直に昼食、午後一時過出帆、怠りたる日記を書き、荷物〆る、晩入浴、九時半室に入る、船中さびし

九月九日　金　晴　アンウエルス着

前六時船を「ウアフ」に繋ぐ、起きて着衣、甲板に上る船は既にウアアフに横付けになりおる、十時頃佐野、佐藤と共に下りてガルデン・シュドより電車にてバンクにて下り領事館に到る　隈部軍蔵氏に面会、プレトリウス博士の宿所を調べ小使の案内にて程近きリュ・ペテル・バヌワト三四番地に訪ふ不在、妻女下り来り午後を約して去る、領事館に戻りて是より三人動物園え行く　中央駅の後にあり広大、新営、二時過レストランに入り昼食、

上等なり、次に博物館に入る食店の続きなり、音楽堂あり、室内庭園あり、階上剥製動物あり、これより独別れてプレトリウスを尋ぬ、二十六年振りにて会ふ共に悦び明日を約して去る、七時船に帰る、絵はがき六枚を書く十時過ぎて室に入る、これ実に最終の船宿なり

九月十日　土　雨曇

アンベルス発ブリユッセル着

九時船諸氏に告別、船を下り先つ程近き博物館に到る、時に雨降る但館を出る頃は既に止む、館階上油絵、殊に有名なるはルーベンスの作品なり、階下に彫刻像あり、出て約束の通り午後一時プレトリウス氏の寓に到る、蒔絵巻莨箱を贈る、又食卓に於てカフス釦を紀念として返贈あり種々ストラスブルグ旧談出、二娘も共に食す、大沢謙、佐々木政吉二氏へ連名絵はがきを書互に抱擁して別る時三時、船に帰りて直に出立、税関は案外手安く済む即ち甲板にて荷物を開かず但し二フランを投す、馬車にて中央駅に到り四時二十七分発車、大トランク一個運賃一フラン六〇サンチーム　五時ブリユッセル北駅着、手荷物人夫一小ホテルに誘ふ併し容れずしてグラン・オテル・ド・ラ・メリーヌに到る、一階の二床一室に入各八フラン、夕食、九時半就眠、寝具薄きにより婢を呼びて毛布一枚を増す

九月十一日　日　曇、少雨

ワーテルロー見物、乗合自動車（コーチ）を用ふ、一名七フラン外に馭に一フラン九時半発す　尚ホテルに寄り客を取る総て八名満員、ボワ・ド・ラ・カンブル、フォレ・ド・ソワーニュを通る高低あり、池あり甚佳、一小店に十分間休、十二時半頃ワーテルロー着、小町なり寺あり、これより獅子山に到る時に一時オテル・ド・ミユゼにて昼食、絵はがき六枚出す、此家に遺物陳列あり、獅子山に登る石段二二六を数ふ、又古戦場紀念碑ゴルドン及ハンノオブエルのもの道の左右にあり、三時発車、前路を通り五時半旅宿に帰る　晩食後近辺散歩、街頭のイルミネーション見事なり人を以て填む

九月十二日　月　晴曇

十時出て先クック旅行社に到り伯林まで汽車切符を買ふ50フラン9、次に放射線学電気学国際会議事務局を尋ねて之れに行く甚分り悪しき町なりダニエル氏に面会、是よりリユ・ド・ラ・ロワに公使館に到る　書記官松田道一及書記生森某氏に面会、三浦謹氏等の宿所を尋ぬ、即ち

程近きマリ・ルイーズ広場に到る、長岡氏のみ居り他は不在　去てポルト・レオポルド近傍にて昼食し、自然史博物館に入る先年も見たれど建築出来上り、陳列整頓すイグアノドン・ベルニサルテンシス十余個、又発見の儘の状態を示したるもの十五六個は優物なり　エレファス・プリミゲニウス稍完全なるもの一個、大亀、鯨など数多あり、人骨は
骨格――ストレピー出土の新石器時代人、頭骨は特に異状なし、眉間隆起および眉上弓はきわめてしっかりしている。大腿骨は両方とも偏平で、第三転子があるが小さい。

骨格――オブルグ出土の新石器時代人、頭骨、眉間隆起および眉上弓はまったくしっかりしている、大腿骨は偏平、脛骨もやや偏平。

新石器時代の頭骨約九〇点。

四時閉館に付出て園内を歩す　解剖、生理、分析、パスツール、〔＊一語不明〕、社会学教室あり　池週《ママ》を廻り出てサンカントネール公園に入る、博覧会附属美術館あれど見ず、三浦謹氏等宿に再行く、未在、待つ、宿者長岡、三浦、石原誠、肥田七郎、本多光太郎（物理）の諸氏なり、夕食し、談話、十一時去る時に雨降り寒し

九月十三日　火　晴雨

七時起く、三浦謹氏迎へに来る、共に出博覧会内サルド・フェートに到る　放射線学電気学国際会議開会式場に到る時に九時半、本邦委員三浦、長岡、肥田、良精の四名外に会員本多氏出席、有名なる「ラヂユム」発見者の一人キユリー夫人臨席、名誉会頭推さる　先つ会長の辞あり、書記ダニエルの辞あり、一人のキユリー夫人を称賛辞あり、伊国委員の式辞あり　これより会員数名の在否を質しこれにて式終る、十時に始まりて十一時終る、在席者約二百、服装随意、総て其簡弁なり、これにて此会に関する義務は略ほすみたるものとす、博見物独乙の部顕微鏡其他精密機器を見る　出て諸氏は午後大学に於ける分科会出席の為め去る　自分は残り佐藤氏と落ち会ひて先昼食す時に雨降り始む、絵はがき五枚出す、ベルギイ国（火災に罹かざる部）及独乙、仏蘭西の部を見る、飛行器白耳《ママ》のもの二三種、仏最良、五六種、独は気球式にして飛行機にあらず、計算器ブクハルト・アリトロメートル〔＊商品名〕加減乗除出来ると、タイプライタアに似たるもの、暮方帰途に就く、電車非常の混雑、七時旅宿に帰る、悪天困りたり

九月十四日　水　雨

朝晴天、十時頃旅宿を出て万国博覧会見物に行く　雨降り始む伊国（襟〆五個五フランにて買ふ）墺国（金小箱二個八フランにて買ふ）日本其他、機械館等を見る偶古市氏其他に会ふ、昼食、催少しく見て三時頃帰途に就く、宿に帰りて甚眠を催す、夕食後佐藤氏とオランピア劇場へ行く（入場一フラン）喜戯なれど更に解からず九時半帰りて眠る、留守中石原誠氏来訪

九月十五日　木　晴　ブリュッセル発

佐藤四郎氏フライブルクへ八時十分発車、見送り宿に帰りて荷物を〆む、払自分の分、82フラン40、九時頃出てマリ・ルイーズ広場二〇番地に到る、長岡氏のみ在宿、共に出て氏は会議に出席、自分はオテル・ド・フランス（ロワイヤル通り）に土肥慶蔵氏をオテル・ド・リュロップ（ロワイヤル広場）に古市氏を訪ふ、皆不在、是よりパレ・デ・ボザールに入る、彫刻及油絵なり　ルーベンス、バン・ダイク等、フランドル派多し、ル・ギヨチネ、〔＊一語不明〕にてアレゴリ・デ・ヴァニテ・デュ・モンド〔＊絵画〕など目につく、偶農学士西垣恒矩氏に会ふ　一時頃レストラン・ストローベにて昼食、三浦、土肥、長岡、肥田、本多（理学博士）等落合ふ諸氏に告別、公使館、ビエルツ美術館に到る　奇抜特色ありて甚面白し（ベデカーを見よ）、四時出てサンカントネール公園、博附属美術館に到る　古美術展等にて珍しき参考品あり　即ち一五世紀のベルギー美術、ルーベンス、バン・ダイクなど見ゆ又古ゴブラン織数多あり六時過旅宿に帰る、時に三浦、肥田二氏来る、夕食後ブルバール・デュ・ノールを歩してイルミネーションを見、九時半宿に帰り日記を書き、十時半過北駅に到る　直向ふなれば甚簡弁なり、旅宿使人へ手当次通り

ボーイ　1＋3＝4フラン

部屋係　2

門衛　3　出発の際荷物を運びて送る

ボート　2　/11フラン

十一時二十四分発車、同乗者六名（満員）、台湾税関長岩政憲三氏に偶然解逅し同室す又土肥慶蔵氏は一等室に乗り居る、常に目を閉じて神を安静にす　併し眠ること出来ず二時半頃エルベスタル着、荷物を検す、漆器、絹品二三出し税六麻五〇片計払、三幅対は見せたれど無税、之にて先安神、六時頃ケルン着、乗替へ、洗面、コヒイ

を喫し、七時半頃発す、ハノーファーを発して食堂車にて昼食定価三麻、佳なり、十五、十六両日稀なる好天気なり

九月十六日　金　晴　伯林着

午後三時四十八分フリードリッヒ通り着、ホテルに三泊し其間に下宿を定むる考なれば何処へも知らせざりしに芳我石雄氏出迎へくれたり之れ少しく不明なれども電報にて承知せりと恐らくは佐藤四郎氏が発せしものならん、先芳我氏の下宿ルイーゼン通り六七番地に到り休息、出てルイーゼン広場に宿を探す　十年前の一番地にも入る、主は換りたりインバリデン通り中泉氏三浦操氏の宿に到る、未適当のものなし、七時芳我氏宿に帰る、晩食、入浴、九時半眠に就く、家へ安着の絵はがきを出す　今日面会せし人西郷吉弥、三浦操一郎、川島慶次郎、伊東徹太（皮膚科）金子工学士

九月十七日　土　曇

安眠、八時半起、十時出、芳我、川島二氏同行、解剖教室に到る、修繕等のため混雑すゲルツーン氏探す、漸く会す、之より又下宿を索む　シューマン通り二番地アダミー婆の住に入る　十年前の婆もあり室もあり併し婆は知ざるが如し、是よりインバリデン通りシュルトハイスに到りて昼食す諸氏例食所なり数氏に会す、是より電車にてワルダイエル先生の住宅に到る今夜旅行より帰らるると、次に近き日本料理店松下方に寄り下宿を尋ぬ直向ふにあるよしに付直に行きて見るに寝室付きて九〇麻「コヒイ」を含む、使賃、瓦斯は別算とす、稍適当するが如し、兎に角程近き長野純蔵氏の下宿に到る氏在宿、早きを望みてこれに極め再行きて直に引越すべきを言ひて去る、自動車を用ひて五時頃カロクレン通り七番地中二階ハーマン方へ引き移る、芳我氏と共に向ふの日本料理へ行きて晩食、同処にて朽木綱貞（砲兵少佐）、日野熊蔵（陸軍大尉）、野村（海軍）、矢部又吉（横浜の人）などに面会す、九時過帰りて新下宿に眠る

九月十八日　日　晴

八時起く少しく荷物を開く、昨夜床虫のあるを気付く故に荷物整頓を見合す、午前日記を書き、倫敦以来の消費勘定などす、一時出てノレンドルフ広場ローテスハウスにて昼食、電車フリードリッヒ通りに下りシュロス広場ビルヘルム一世記念碑まで行きて戻り、菩提樹下を通りフリードリッヒ通りより地下高架鉄道にて帰る、又七時出て

ノレンドルフ広場クラウゼ食店にて晩食直角カフェ・ルイトポルトに入り十時帰る、今日は日曜買物は出来ず、訪問も出来ず

九月十九日　月　快晴

小春日和、十時出て近きワルダイエル先生を訪ふ在宅にて直に面会、十年振りにて再会の喜を交ふ、先生案外元気なり　祝典に付種々話あり　就中宿痾に付きて都合よく取繕ふべし、直に到着を届け置くべし云々、是より力イト通りにフィルヒョウを訪ふ夫婦共不在、馬車にて大学へ行き事務局に到り又総長エーリッヒ・シュミット教授に面会、是より解剖教室へ行く　H・フィルヒョウ、コプシュ、ハイン、バルテルスに面会、家の手紙を受取る、インバリデン通りシュルトハイスにて昼食、留学諸氏在り、次に書留郵便来り居る趣に付マリエン通り第六郵便局に到る　フライブルクよりのものなれば多分佐藤よりならん、証明なき故受取ることあたはず宿へ配達を約して去る、馬車にて大使を訪ふ珍田旅行中に付是より自動車にてクアフェルステンダムにブレジケ氏を訪ふ　妻君のみあり亦二嬢をも見る、客として在泊せしむる積りなりし其ことを書留にて言ひ送りたるも間にあはざりしは残念など談あり　主人留守なれば何れ篤と主人より談あるべし云々　亦自動車にて帰る時に五時、休息、ビッテンベルク広場、ベステンス百貨店へ行き、杖（15マルク）、ブラシユ、銭入れを買ふ、名刺を注文す　書簡用紙を買ふ、髪を切り、夕食（クライストレストラン）、八時宿に帰る、家へ手紙を書く、十二時寝室に入る

九月二十日　火　雨

午前贈品を調べ分配方を定む、田鶴宛絵はがきを書く一時出て昼食、アン・デル・アポステルリッシェに鈴木庸生氏を訪ふ妻君のみ在宿、乞ふて田鶴、精各へ絵はがきを出す、是より馬車にてヂュッセルドルフ通りに小川量平氏を訪ふ妻君着伯以来今尚ほ病気宜しからざるよしに付見舞ふ　妻君病床にて面会、其内量平帰る、航海中処々にて氏が撮りたる写真九枚貰ひて帰る、八時フィルヒョウ氏宅にて晩食、土産を贈る、十一時半帰る

九月二十一日　水　曇雨

午前十一時頃ブルーメスホーフ一二番地大使館事務所に到る、東京より祝辞未到達し居らず、参事官畑良太郎、書記官武者小路公共、同長岡春一、書記生上村哲三の諸氏に会ふ　近着の新聞を読　八月二十九日より九月一日

までのもの、韓国併合発布情況を知る、ポツダム広場にて昼食、電車にてフリードレンデルへ行き二三辞書を注文、フリードリッヒ通り歩行中高橋伝吾氏に逢ふ、共にカフェ・ビクトリアに入り談話、是よりルイゼン通り六番地又芳我氏下宿に到り夕食、九時半帰宿、降雨困る

九月二十二日　木　曇晴

十時解剖に到る、ゲルツーン氏に漆器（莨箱及盃台拾個）贈る、標本室を少しく見る時先生来室、祭典に付談あり又頭骨研究のことを乞ふて許諾を得たり、留学諸氏の昼食所に到りて食す、是より独フリードリッヒ通り散歩、彼是と店の奇麗なるを窺きみる、地下鉄にて帰る、今朝金入れを全部失念して外出したり、ワルダイエル先生方へ土産物持ち行く、在らざるに付置きて去る、是よりポツダム通りを散歩す、ポツダム広場にて夕食、カフェ・ルイトポルトにて休み、新聞を読みなどして十時過ぎて帰る　留守中ブレジケ西郷吉弥二氏来訪　田鶴、精へ絵はがき三枚書く

九月二十三日　金　曇

午前民族学博物館に到りルーシャン、ツルンバルト二氏の宿所を尋ぬ、ローテス・ハウスにて昼食、同処にて京大文科助教坂口昂氏に逢ふ、帰りて手紙を浜尾総長へ、はがきを井上通夫、布施現之助、安田稔、島峰徹又郷地赴夫へ出す、ブレジケ博士より来日曜午餐招待状に対し断りを出す、ローテス・ハウスにて夕食、ポツダム通りを少し散歩しカフェ・ルイトポルト　新聞を読み十一時帰着

九月二十四日　土　半晴

朝警察分署へ行き旅券を出して証明す、是より器械等を持ちて馬車にて解剖へ行く　ザイフェルトの案内にて標本室及新実習室、骨晒場の装置、地下室等を見る、フローゼ氏に面会、腱の手術の説明を聞く、一時出て例処に昼食、是より独フリードリッヒ通りを歩し水族館に入るチンパンジー、大鯰など珍し、是より菩提樹下等を散歩、地下鉄にてノーレンドルフ広場に来り晩食、カフェ・ルイトポルト　橋本みへ子へ絵はがきを出す

九月二十五日　日　快晴

午前藤井寿松、楢木（熊本開業医）二氏来る　藤井氏明日出発　ゲッチンゲンへ転学のよし　自動車にてビルメルスドルフ、プリンツ・レーゲンテン通りコプシュへ行く時に一時十五分なり、昼食に招ねかれたるなり、巻煙草箱（土肥氏餞別品）及ウエストを贈る、解剖書続版の話、

第七版（最初のもの）は三％の謝儀、漸次増し第九版にてはまだ拾％に達せず云々其他著者と出版者との関係に付種々談あり、喜美子及良一各へはがきを出し呉れたり、電車にて七時帰る　再出て近きアイスパラスト〔＊屋内スケート場〕に入る（一麻）、景況を見て出カフェ・ルイトポルトにて少しく食す、於菟、潤、厳、良一へ絵はがきを認めて投し十時帰宿

九月二十六日　月　快晴

十一時過解剖に到る　バルテルス、ザイフェルトに各贈品を渡す、カール通りへ行きて紙、ファイルを買ふ、頭骨を調べ始む、午食後亦解剖に於てグリーンランド人頭骨一個曲線を書き測定す、五時半出てノーレンドルフ広場に来り夕食、八時帰宅

九月二十七日　火　晴

在グライスバルト井上通夫氏より手紙来る故に待ち居り十一時来着、午後二時出てローテス・ハウスにて昼食、カフェ・ルイトポルトに入る、是電気工場を見し為め小川量平氏を訪ひ依頼す、戻りて松下に行き日本食、八時過出て近きリヒトシュピーレ〔＊活動写真〕に入る　家奇麗、写影巧なれど活動写真たることは同様、十時出て又カフェ・ルイトポルトに入り十二時まで談話、井上氏は空間あるを以て之に寝る、小川氏を尋る前に留守中同氏来訪せり

九月二十八日　水　曇

昨日井上氏と相談の上ザルトリウス大ミクロトオム注文と決す　価一四五〇麻余、朝小川氏来りて後刻迎へに来る旨を言ひて去る　十時半過同氏来る共出て地下鉄にてシャルロッテンブルク・ビルヘルム広場まで行き、是より馬車にて有名なるジーメンス＆ハルスケ社工場ノネンダムに到る　陳列場半見て十二時となるに付食事、社より饗く但し極て単簡なり終りて午後主館ベルネルベルクを通覧す、次にレントゲン装置の説明を聞く、三時去りてカフェ・ルイトポルト戻りて休む、是よりフリードリッヒ通りへ行き徐歩、ルイーゼン通り六七番地に到る　芳我氏、及陸軍少佐吉田護朗氏に逢ふ故寿衛造の知人なりと、又土肥慶蔵に会ふ、シュルトハイスにて晩食、シュテチン駅に井上氏を送り九時宿に帰る、留守中河野衢氏来る、在民府安田稔氏より手紙来る　在ストラス長尾美知氏、宮本仲氏、家へはがきを書く　ベルネルベルクに於て、職工賃銀一日八—一〇麻、昼食一五片、ビイル六片、食事

休息時間を除き八時間

九月二十九日　木　快晴

十時外出、河野衢氏来独昨日尋ね来りたるに付同氏を訪ふ不在、ルイーゼン通りハイン博士へ贈品を差置きて解剖教室へ行く　ゴリラ、チンパンジー、ニグリートの頭骨を調ぶ、シュルトハイス例場にて昼食、午後も教室、五時半帰宿、贈品を携てブレジケ氏宅へ行き差置きて帰りローテス・ハウスにて晩食宿に帰りて入浴、十一時寝室に入る

九月三十日　金　曇少雨

朝郵便夫小包を持来るこれ東京大学より伯林大学百年祭に関する祝辞到達せるなり　之を開きて一応検査す受領書認む、又大使館参事官畑良太郎氏より明一日晩餐に招かる之れ亦返事を書く、時十二時に近かし、出て地下鉄にて大学事務局に到り　次第書及び総ての招待券、入場券を受取り、大学内諸掲示場を巡覧す、教務室にて各学期諸講義目録を買ふ（五〇片）一時を過ぐ、是より例場に行きて昼食、時に雨降る、三時過ぎて解剖教室へ行きニグリート頭骨を調べ六時稍闇くなり仕事を止む、前の自室前を通り階段を下りて出て獣医学校を通り抜けてルイーゼン通りに出つ　二十六七年前に立帰りたるかの如く感じ往事を思ひ起す　カフェ・ルイトポルトにて少しく食し、新聞を読み八時帰宿

十月一日　土　晴

十時出て解剖教室に到る、今朝書留にて祝辞の写並に翻訳到達す　郵便配達の誤のため一日遅れたるなり、例場にて昼食、階下陳列頭骨に移る、五時半出てルイーゼン通りハウプトナーとて慈善病院向ふ側に家畜模型店あり、又プファンと云ふ医療器械店あり　ここに顱顬骨の良標本あり、絵はがきを買ひ六時半帰宿　更衣、八時ヒチッヒ通り九番地大使館参事官畑良太郎氏宅に到る　晩食に招ねかれたるなり　珍田大使の外に田所、中野（大蔵省）土肥、三浦操一郎、伊藤徹太氏あり、日本料理、談話の主なるものは尊称に関することなりき、一時過ぎて散す、土肥田所二氏徒歩、カフェ・ルイトポルトに入り二時過ぎて帰る

十月二日　日　快晴

好天気、本邦天長節頃の季候《ママ》なり、土肥氏一寸来る　十時半出て（昨日予め申送りたる通り）シェーネベルク・

ケーニヒスベーク一四番地に西郷吉弥氏を訪ふ共に出てバンゼー湖に到る時に二時、汽船にてスウェーデン館に渡りここにて昼食、人出多きこと驚くべし、是より徒歩、増田二郎氏一行、長岡平太郎氏一行に逢ふ、六時過帰りて休息、八時チルガルテン通り一六番地珍田大使住宅に到る　日本料理の馳走なり来客は昨日の通り、蓄音器あり、十一時半散す　福原専門局長より井上通夫留学延期許可せず云々の書面来る

十月三日　月　晴

午前河野衢氏をフローベン通りに訪ふ久し振りにて面会す一寸帰宅、児童に日本郵便切手を遣る、教室に到る、例場にて昼食、河野氏を在席の諸学士に紹介し、病院参館《ママ》のことなど依頼しやる、午後も教室にあり　五時半出て帰途ワルダイエル先生を宅に尋ぬ折克く在宿、一寸要件祭典のことに付話し帰宿、留守中弓削哲三（書記生）氏来り歓迎会云々書残す　在フライブルグ佐藤四郎氏及家へはがきを出す

十月四日　火　雨

午前十時大学内祝典事務所に到りワルダイエル先生に会ひて尚ほ簡単なる祝辞のことなど談あり、是より解剖教室に到る　フリッチュ氏に面会網膜中心窩殊に自分が先年送りたる眼球の標本、頭皮毛根標本（支那人、ホッテントットのもの）を示して説明せらる、午前後共頭骨調査、悪天にて薄暗くなりたれば止めて五時頃去る、ビッテンベルク広場ベステンス百貨店に入りてメリヤス上下、靴下六足其他要品を買ふ　ローテス・ハウスにて夕食、カフェ・ルイトポルトにて新聞を読み、九時半帰宿す時に隆んに雨降る

十月五日　水　曇晴

朝古城憲治氏来りて来八日木曜会を催すの話あり　出てドイツ銀行に到り信用為替六〇磅を引き出す　一二二四麻二〇片となる、直に同銀行預金部に到りて倫敦郵船会社へ常陸丸乗船賃三七磅一〇志を送る、午十二時に近し故に直ぐ例場に到りて昼食す　同処にて高等師範教授斎藤斐章氏に逢ふ　良一の師なり乞ふて連名にて絵はがきを出す　是より教室へ行く丁度ワルダイエル先生出勤逢ふて依頼したる簡略なる祝辞案を読み聞かせらる　頭骨調べカルムイク人終る、日暮に去りて芳我石雄宿に寄り日本新聞を読み、八時去りて帰る　ノルゲンドルフ・カジノにて晩食、十時前帰宿

十月六日　　木　雨

十一時頃王立オペラハウスへ行き切符を買ふ　一階正面一列目八麻（五〇片を加ふ）、教室に到る、家より手紙来り居る、マルセイユよりの返事を含む（最早手紙来る頃と三、四日以来総務のゲルツーンえ毎々尋ねたり）午後も教室、六時帰りて休、七時半前王立新オペラハウス（クロル）戦勝記念柱の下に到る　服装は随意とのことに付常服、ウリナール〔＊尿器〕を付すこれ試のためなり併し実用せず、演題はカルメンなり往時を思ひ甚興あり十一時前閉場、是より雨止みおれば徒歩ブランデンブルク門を通りカフェ・バウエルに入りて少しく食す、此辺夜半なれどなかなか賑し、地下鉄道にて帰る時に一時カフェ・バウエルより家へ絵はがきを出す

十月七日　　金　曇晴

朝三浦謹、千賀二氏来る式日に於ける発音者に付打ち合せをなす　自分が読むこととなる、出て先フォン・ルーシャン教授を民族学博物館に訪ふ面会、次にベルツ教授出府のよし　今朝聞きたるに付同氏をアスカニッシャー広場ハプスブルク宮を訪ふ　不在に付名刺を置きて是より地下鉄を用ひ大学に到る折好くワルダイエル先生に逢ふ、祝辞は自分が読むこと及三代表者に亙る様に直したきことを話す　先生承諾せらる、食時に近きを以て直に例処に行きて昼食、午後解剖教室に到る　フローゼ博士に土産を渡す、五時宿に帰り、再出てブレジケ博士を訪ふ小眠中のよしなれど数回行き違ひて逢はざりし故強て入る、家族の写真を贈る、妻君二嬢帰り来る、少時談話して去る、髪を切り、ノレンドルフ・カジノにて晩食し十時帰りて、入浴

十月八日　　土　快晴

ベルツ氏より来十日招かれたれと大学のため差支れば其断りを出す、十一時頃解剖へ行けばW先生今去られたりと併し祝辞は封書にして留め置かれたり、例場にて昼食、午後教室、五時帰りて更衣　再出て旧知人ローゼンハイム教授、ホーエンツォレルン通り一一番地に訪ふ、殆ど三十年振りにて面会、甚珍しく感す妻君に紹介せらる再会を約して去り七時日本倶楽部に到る　木曜会とて医家諸氏会合なり、フォン・ベルツ教授も来りて甚喜ばし同氏は昨年大患後全く回復したりと雖も稍老たる様見受けたり、会するもの三十名計、十時半帰宿

十月九日　　日　曇

朝九時ワルダイエル宅に到る　ロミッチ教授（ピサ）あり氏は同処大学代表者として出府せり　三人同車出てオペラ広場、ノイエ・アウラ（＊新講堂）に到りて当大学諸氏の儀式下稽古を傍観し且つ現場の模様を見る、大学祝典事務所に到り当大学歴史二巻及紀念銅牌を受取り再三人同車にて帰る　時に十一時過なり、十二時島峰徹氏来る久々にて面会、同氏昨日ブレスラウより出府尋ねくれたれど不在なりき、少時にして去る、三時ワルダイエル先生方にて昼食、五時前帰りて井上通夫、福原鐐二郎氏へ井上留学延期願聞き届け難き指令ありたる趣手紙来りたれば更に半ヶ年延期出来ざるや云々の件なり、又倫敦郵船会社支店へ船□□□《（空き）》大学ノイエ・アウラに於て参謀本部医官フォン・シェルニング、パッサウ教授（耳科学）、ヒルシュベルク教授、オルスハウゼン教授。賃三拾七磅拾志をドイツ銀行を以て送りたること及根岸氏へはがきを出七時半日本倶楽部に到る伯林大学在学せる人々より此度代表者として出張したる三名及土肥氏歓迎の意なりと、集るもの三十余名、十時西郷吉弥、島峰徹二氏と共に出てカフェ・ルイトポルトに入りて談話、十二時帰る

十月十日　　月　曇

午前九時半約束の通りベルツ先生の宿ハプスブルゲル・ホーフに到る共に民族学博物館に入り種々説明あり別かれて十二時大学に到る　諸国代表者集り式場発言者を極め後にノイエ・アウラに到りて現場に付心得方説明あり一時過きて三浦謹、千賀二氏とフリードリッヒ通り高架鉄道下フランシスカーネルにて昼食　四時帰りて家へ今日より祝典始まるの絵はがきを認め「フロックコオト」にて五時過出かける（今日大学にてルー教授（ハレ）に逢ふ）六時主寺に於て祈禱始まる、寺内充満す、七時十五分終る、是より時刻少し早けれど直に大学に到る、少雨、枢密顧問官クラウゼ教授（王立アウグスタ病院外科医）、ドクトル・F・W・K・ミュルレル教授（民族学博物館東アジア館館長）、P・グレーフ（眼科学）、クラップ教授（外科医）、私講師デーニッツ、ドクトル・アドルフ・ラッソン教授（枢密行政医）の諸氏に逢ふ　八時食堂を開く立食中炬火行列来る、数千の学生音楽を奏し大学前を数回々行す甚勇壮、代表として主一名、副二名（何れも学生正服）章旗持外一名燕尾服、主使祝辞を述ぶ、総長答辞あり、向ふ側にて四個の探照灯を以て大学を照す、中央に立てるヘルムホルツの大理石立像照されて真白に輝く

何となく偉観を呈す、九時過去て帰る、往返共地下鉄を用ふ　翌日に至り炬火行列に女学生十余名が加はり居たることを聞く

十月十一日　火　晴

八時起、少し遅し急ぎて支渡、勲章を佩ふこれ始めてなりウリナールを帯ぶ、自動車、ウンテル・デン・リンデンを通り九時半ノイエ・アウラに到る、十時独乙皇帝皇后皇族着御、直に第一祝賀式始まる、総長エーリッヒ・シュミットの式辞、次皇帝の演舌等順次予定の通り進み各大学代表者は十三組に分ち日本第十三組なり　良精祝辞の主旨を述べ東京大学の祝辞を供呈す次に京都大学のものを千賀氏呈す、午後一時十五分式終る、総て三時間半坐す　終にウリナールを実用せずして済む且格別困難を感ぜさりき、一先帰宿（自動車）、休息、ウリナールを除き去る　家へはがきを出す再自動車にてレールテル駅脇の展覧公園に到る時に三時少しく前、饗宴なり六百余名の大宴会、中にただ一名の婦人ありこれ女学生の代表者なり、ゾンネベルク、ヨハネッセン（クリスチャニア）、W・ヒス、アレックス・マクシモフ（組織学・胎生学教授、ペテルスブルク）、H・A・シュワルツ（数学教授、ベルリン）、オットー・ヤウケル（ベルリン地質学鉱物学研究所長）等の諸教授に会ふ、四時間に亙る、中途一回立つ但し随分混雑し居れば別に差支なし、七時半出、マクシモフ教授（ペテルスブルク）に逢ふ共に自動車に乗り王立劇場に到る　オペラ座は修理中に付これを転用したるなり、フィガロの結婚なり二階正面席に入る　ミッターク・レフレル教授の外三浦謹氏と自分のみ、皇帝も臨席せらる、八時始まり十一時過終る、三浦氏と自動車にて帰る

十月十二日　水　晴

七時半起、十時前日の通り大学講堂に到る　式場の模様前日の通り　皇太子（?）臨席、歴史家レンツ教授の伯林大学歴史演舌あり次に独逸皇帝始め其他の名誉博士号授与式ありて十二時半終る、中途一回立つ、自動車にて帰り急ぎフロックコオトに着替へ、一時半ブレジケ氏宅に到る（自動車）、昼食、同氏家族と共に四時展覧公園、園遊会に赴く、天気温和、園内人を以て満す、学生の仮装せるもの多くあり、学生催し余興場数ヶ所あり其二ヶ所に入る、拾片つつ払ふ、日暮れて出てブレジケ氏宅に寄り、是より動物園脇の展示ホールの酒宴へ行く、大館二室、人を以て填む、新ドクトル、学生諸氏の間に坐を占

む、上席は既に席なし、同会に於て島峰、坂口昂（京大文助教）に会ふ、女学生の卓あり「ビイル」を前に置きてサラマンデル〔＊学生組合流の乾杯〕の式を号令に依りてなすは奇観なり、十一時半島峰氏と共に出て帰途カフエ・ルイトポルトに入り二時半帰宿

十月十三日　木　曇

九時半起、大学祝典済みて心中甚安楽、十二時半招待に依りワルダイエル先生の許に至る、客拾名、食卓の席左の通り

三浦	ルー	ブラセルナ	主人	モンテリウス	フィルヒョウ
	ローミチ	サロモンセン	ヨハネッセン	クロネッケル	良精

ブラセルナ（ピエトロ、教授、上院議員）、サロモンセン（教授、博士、大学学長、コペンハーゲン）、ルー教授（ハレ、ザーレ河畔）、モンテリウス教授（ストックホルム）、ローミチ、ヨハネッセン、クロネッケル（生理学教授、ベルン）、H・フィルヒョウ　三浦、良精、

三時半帰宿、ローテス・ハウスにて夕食、カフェ・ルイトポルトに入る　今朝郵船会社倫敦支店より乗船切符送り来る、根岸錬次郎氏より手紙、ベルツ、潤三郎氏よりも来信、浜尾総長及家へはがきを出す

十月十四日　金　晴

朝九時島峰氏来る、共に出て大学へ行き紀念硬貨（三麻のもの）五個両替へ受取りドローテーン通り歯科教室外科部門及ひ技術部門を見る　主管ビリゲル教授に面会、人工上下顎を用ふ、義歯実習室あり、建物は古く設備充分ならす併し新教室をインパリデン通りに建築中なり、出て同町イタリア・レストランにて昼食、偶然農科沢村真、麻生慶次郎二氏に会ふ、是より出て島峰氏とコンヂトライ〔＊菓子店〕に入り長談、日暮れて七時半冬園に入る、種々の芸あり最初に日本軽業師の一団あり、十一時過終る、カフェ・バウエルに入る　諸方へ絵はがきを出す、家へも一枚送る、次にカフェ・ナチオナルに入る景況旧の如し一寸二階へも上る、次にベッセル通りベッセル・カフェに入る邦人の定処なりと、電車にて二時過帰宅

十月十五日　土　晴

島峰氏写真器を携て来る、十一時出て解剖教室に到る下標本室にて自分を写す又教室入口にてコプシュと自分とを写す（他は不在）、例処シュルトハイスにて昼食、是より都市鉄道を用ひて動物園へ行く、出てコンヂトライに

入り休む、日本料理松下にて夕食、近傍を散歩し十二時頃帰宿

十月十六日　日　晴

朝安田稔ミユンヘン府より出府、共にカフエエを飲む、高橋伝吾、三浦操一郎二氏来訪、イルゼ・ブレジケ嬢来り梨子を籠に入れたるを贈る、十二時半ベルツ先生を八プスブルゲル・ホーフに訪ひ共に汽車にてジュデンデに下る　フォン・ルーシャン教授に導れて客一同氏の寓に到る、鍔、巻煙草入箱及ブルーゼ（＊仕事着）を贈る、招ねかれたる客フォン・ベルツ、ドクトル・アウグスチン・クライネル夫妻（日本へも旅行したる人）、ドクトル・G・シュバインフルト教授、ハイネ（ニューギニア社支配人）外一名及自分なり、五時散す　ポツダム駅に於てベルツ先生に告別す、先生今夜出発、郷に帰ると、帰宿、小川量平氏夫婦来訪、稔帰り来る共にローテス・ハウスにて晩食、カフエ・ルイトポルトに入り十二時半帰宿、稔同宿、恭吾氏へはがきを出す

十月十七日　月　晴

朝九時島峰氏来る共に解剖教室に到りワルダイエル先生及ひH・フィルヒョウ各々自分と並び撮影す、別れて自分は宿に帰る稔と会合す、麻生、沢村二氏尋ね来る四人共にローテス・ハウスにて昼食、是より四人、ポツダム駅より発しステグリッツにて下りダーレム植物園に入る新設（本年五月開きたりと）広大、再汽車にて帰りカフェ・フェルステンホーフに入りて休む、帰宿、珍田大使の招待に依り出て之に行く　ハンブルクに総領事館新設に付之に赴任する沼野領事夫婦、井上雅二氏などあり、土肥氏と共に徒歩十一時半帰宿

十月十八日　火　晴

十二時出、解剖教室へ行く、一時半例場にて昼食、午後も教室、五時頃島峰氏教室へ来り共に去りて宿に帰る稔も帰り来る、三人ローテス・ハウスにて夕食、宿に帰りて稔氏支渡し十時半氏出発「ミユンヘン」へ帰る　アンハルテル駅に見送る、是より島峰と共に地下鉄を用ひカフエ・バウエルに到る、大沢岳氏へはがきを認む、十二時リンデン・カジノに到る、時尚ほ早し一時に開くと、去りてカイゼル・カフェに入る、一時過再リンデン・カジノに到る、燦爛の影堂に満つ、モカ一盃飲みて三時頃出、ブランデンブルク門を通り徒歩四時帰宿

十月十九日　水　晴

十時起、シャルロッテンブルクに三浦謹之助氏を訪ふ既に今朝米国へ向け出発せりと、都市鉄道にて例場に到り昼食、土肥氏と共に島峰氏の案内にて歯科保存治療部門を参観す、椅子の数百個計ありと、カフェ・ビクトリアに入りて休む、別れて独帰宿、少時して島峰氏来る、氏に告別、明朝ブロスラウへ帰るべし、電車にてショセー通りフリードリッヒ・ビルヘルム・シュタット劇場へ行くマウフ博士が贈るところの二階桟敷席切符持参、戯場にてマウフ博士家族及ひ増田二郎氏に会ふ、演題ボルングレーベルのジョルダーノ・ブルーノ（新しい世紀）（悲戯）なり、七時始まり十時過閉場、電車にて帰りカフェ・ルイトポルトに入り少しく食し十二時帰宿

十月二十日　木　晴

朝家へはがきを出す、出て土肥氏宿へ行き大学祝賀に分配を受けたる書二冊あれば一部を土肥氏に贈る、是より教室に到る、例場にて午食、午後も教室、家の手紙を受取る、大久保遺骨は養父神戸にて受取りたり、荷未だ開かず、家よりの送金千五百円計は其実岡田より出したること、遺金三千仏は定雄の手に入るや疑はし云々

帰途フリードリッヒ通りの小間物店にて田鶴、精などの用品百二十麻余のものを買ふ　ローテス・ハウスにて晩食、九時帰宿、入浴、怠りたる日記を書き、又浜尾総長及ひ家へ絵はがきを認め一時寝に就く

十月二十一日　金　晴

九時半出て解剖教室へ行きワルダイエル先生にクリブラ・オルビタリア〔＊眼窩篩〕とエンドクラニアレ・ラウヒッヒカイト〔＊硬膜の黒ずみ〕に付日本より携来りたる標本を示し意見を質問す、又上膊骨、尺骨、腓骨の扁平を示し意見並に新名称の適当なるものを問ふ、次に豪州人及黒人等の尺骨を通見して其形状アイノ式なるや否やを調ぶ、

赳夫よりの手紙を受取る、例場にて昼食同処にて木内幹氏に逢ふ、食後も教室、六時過帰宿、赳夫へはがきを書き、七時半日本倶楽部に到る沼野領事此度新設せられたる「ハンブルグ」総領事館へ赴任、弓削哲三氏同館へ転任、井上雅二氏来伯、楠木俊三氏帰朝に付きての集会なり、カフエ・ルイトポルトに寄り十一時帰宿、日記を録し一時頃寝に就く

十月二十二日　土　晴

朝八時半河野衢氏来りて漸く起く、連名にて在ビュルツ

ブルク田沢敬興氏へはがきを出す、少時して氏去る、出がけにH・フィルヒョウ氏居に寄り家族の写真を置きて去る、教室に到る、エスキモー頭骨（H・フィルヒョウのもの）の他ゴリラ頭骨数個を見る、例場にて昼食、食後も教室、六時帰宿、まり子へ絵はがきを出す　八時H・フィルヒョウ氏方へ行きて晩食、エスキモー頭骨を借りて去り、カフェ・ルイトポルトに入り新聞を読み、十一時帰宿

十月二十三日　日　曇

午前十時出てオペラ座へ行き　今夕歌戯の切符を買ひ（八麻、外に五〇片）一階正面横の席なり、是よりシャルロッテン通りより電車にてテーゲルに下る暫時待つ十二時フローゼ夫人及家族馬車を以て迎へに来る、一時頃同氏の住宅ハイリビル湖に着、途中森林、令兄クローゼ及ビンクレル博士（皮膚科）共に食卓に付く、又二女エルナの誕生日なりとて二三女児来り居る、食後近傍少し歩く、湖辺に到る、四時頃カフェを喫し五時辞し去るフローゼ氏馬車にてテーゲルまで送り呉れたり、六時半伯林へ帰る　尚ほ早きを以て徒歩王立新オペラ座に到る、蝶々夫人を演す七時半始まり十時終る、菩提樹下を通りフリードリッヒ通り角のコンヂトライに入る、是より地下鉄にて帰りルイトポルトにて少し食し、家へはがき二枚書く、十二時半帰宿　今日は更に寒くなれり

十月二十四日　月　曇

午前十時出て解剖教室へ行く、実習始めに付標本分配法を見る　十一時より講堂、ワルダイエル先生先一般心得方を説き次にフィルヒョウ氏分配す　未学期始めに付学生の数多からず　百名位ありしならん終りて実習室にて各標本に付先生、ウヰルヒヨウ、其他方法等に付説明す、例所にて昼食の後教室にてエスキモー頭骨（土曜日に宅へ行き借りたるもの）を調ぶ、五時出てベル・アリアンス広場仕立屋ロベト（ウヰルヒヨウ氏の推選せる者）方へ行き冬外套を注文し、六時半帰宿、八時出てルイトポルトにて少しく食し帰りに浜尾総長へ手紙を認む、一時寝に就く

十月二十五日　火　晴

十一時過出て教室に向ふ時既に十二時なればルイーゼン通り角シュプレーツに入り食せんとす恰もワルダイエル先生も来らる　此家以前屡食事せし処にして今も尚ほあり但持主は数回変りたるか知らず、大に旧を思ひ出す、先

生と種々談話、共に教室に到る、先生今日より講義を始める、之を傍聴す　一時より三時まで但し数日の後は例の通り午前八時より十時まで、後ダヤアク族頭骨二個測り曲線を画く、日暮る帰途ウキルヒヨウ氏宅へ寄借用エスキモー頭骨を返す　子女の写真を貰ふ出てローテス・ハウスにて夕食、九時半帰宿、橋本及家へはがきを書く

十月二十六日　水　曇

島峰氏肋膜炎のよし来信、直に見舞を出す、十一時半出てドイツ銀行に到り八〇磅即ち一六三四麻三〇片を引き出す、最早一時に近きを以て例処へ行き昼食、解剖教室へ行き測定仕事を片付けて去る、服師方へ行き外套下縫を試む又「ヅボン」を注文す、五時半帰宅、六時半過出てマックス・フランケル博士の招待にグルーネバルトービラに赴く、電車を用ふ、なかなか遠し、七時半過ぎて着す、新築の荘奇麗にして贅沢なり、十時辞して去る、ルイトポルトにて新聞を読み十二時帰着、買物等に付調べ一時半寝につく

十月二十七日　木　晴

十二時頃出てベステンス百貨店へ行き買物す、二時頃出てローテス・ハウスにて昼食、一寸帰宅、再百貨店へ行きて買物す、五時過帰宿、支渡、ドクトル・ハイン氏宅に到る　画家フローゼあるのみにて小団、夕食、雑談、十時過ぎて辞し去る

十月二十八日　金　晴

十時半解剖教室へ行きて赳夫のはがきを受取り、器具を持ちて是より民族学博物館へ行く　フォン・ルーシャン教授不在なるも昨日手紙にて申送り置きたればフッテル教授未亡人（博物館補助員）案内しくれ四階の頭骨蔵処に到る、明日より仕事することとし去る時に十二時頃なり　ポツダム通り玩弄物屋に入りて買ひ徒歩、ローテス・ハウスにて昼食、一寸帰宿し金を用意してウンテル・デン・リンデン、フェルジングへ時計買に行く総計M352（田鶴　金時計98. 鎖115. 良一時計60. 鎖8. 三二時計35. 鎖8. 赳夫置時計28マルク）葉巻カッターを買ふ　地下鉄道にて帰宅、丁度服師よりはがき来る依て直に赴く、是より地下鉄道にて動物園まで行きベステンス劇場に入る一階正面第十列六麻四〇片、最上の美人と云ふ題にて甚奇麗なり　八時始まり十時半終る、ルイトポルトにて少し食す十二時帰宿、赳夫及家（常陸丸乗船のこと）へは

がきを出す

十月二十九日　土　晴

甚温暖なる好天、十時出て民族学博物館に到る　フォン・ルーシャン教授に面会、種々の珍奇なる頭骨を見る、後頭骨調査に取りかかる、三時去てポツダム広場にて昼食、四時半約束の如くフィルヒョウ氏方へ行き夫人と同道、リュツォウ通りに到り田鶴の「ウアヰオリン」を買ふ九七・五〇マルク（バイオリン八〇、弓一〇、箱七・五〇）、別れて帰宿、買物総て届け来りたれば之を調ぶ、八時出て髪を切り、ノレンドルフ・カジノにて夕食し帰る、入浴

十月三十日　日　快晴

午前十時頃出河野衢氏を訪ひ、小春の好天気なるを以て郊外へ行くこととし電車にてハレンゼーまで行き自分一寸ブレジケ氏を訪ふ　令嬢「ヂフテリイ」に罹りたるが其模様を尋ぬ夫婦共不在、是再電車にてフンデケーレまで行く、是よりグルーネバルト歩行、路人に度々道をきく二時過シルトホルンに達す　湖辺の食店にて昼食し小機関船にてピヘルスドルフへ渡る且湖上甚快、是より電車にてシュパンダウ停車場へ行き汽車にてフリードリッヒ通りまで来る、カフェ・バウエルに入る路上甚雑沓す、遂に河野氏を失ふ　依りて同氏の下宿に到る、帰り居らず、日本倶楽部に行く同氏此処に在り、共に出てノレンドルク広場活動写真に入る、充満、十時半頃出てカフェ・ナチオナルへ案内す、地下鉄にて往復す、同氏に別れてルイトポルトに一寸よりて一時過帰宿

十月三十一日　月　曇（少雨）

早朝書肆コルンフェルト尋ね来りてブレジケ氏解剖図を日本へ紹介する件に付相談あり、又服師ロベト外套（九五麻）及脚服（三〇麻）出来、持来る、是より博物館へ行く時十一時半、二時半出てローテス・ハウスにて昼食、帰宿、根岸錬次郎、白井枡蔵（常陸丸事務長）、及支店員妹尾の三氏へ手紙を出す、九時出てノレンドルフ・カジノにて晩食、カフェ・ルイトポルトに入り伯馬間汽車を調べ十二時半帰宿

十一月一日　火　雨

久し振りにて悪天、十時出て博物館へ今日は閉場日なるを以て、裏口より入る、二時半出てローテス・ハウスにて昼食帰宿、書肆へ注文を調ぶ、石原誠氏着伯来訪　共

に出てローテス・ハウスにて晩食、是より氏送り旁地下
鉄にてポツダム広場まで行き力フェ・フュルステンホーフ
に入り尚話し別れて帰る雨頻りに降る十二時半となる

十一月二日　水　雨

十時過博物館に到る　二時半去てポツダム広場にて昼食、
解剖教室へ行く、家より手紙来る頃と思ひてなり、一通
在るよしなれど誰が預り居るか知れず、実習室を見て去
る、フリードレンデルへ寄りて教室処用の書籍を注文す
是よりカフェ・カイゼルクローネに入る、昔を思ふ、出
てルイーゼン通りの邦人を訪ふ、川島、肥田、二氏在り
石原誠氏来る、共に出て例場にて晩食住田、西沢二氏合
す、知友数氏へ連名はがきを出す、是より諸氏とインバ
リデン通り活動写真に入る　少時にて石原氏と出て帰途
に就く　独りルイトポルトに入り家へはがき二枚出し、
十一時半帰宅

十一月三日　木　雨晴

朝島峰氏病気再増悪の旨知らせ来る、十一時博物館に到
りて頭骨調べ、二時半出てカフェ・フェルステンホーフに
て少し菓子を食し四時帰りて休息、燕尾服着用九時大使
館に到る　天長節夜会なり　来会者百余名、十二時去る
坂口昂氏と徒歩帰る

十一月四日　金　曇

昨日の書面に依り「ウヰルヒヨウ」氏と共に母堂の許に
行く図りにて十時半解剖教室に到る、同氏不在、日本よ
りの郵書ありとか云ふことに付質したれど間違ひなりき
最早家より手紙来ぬものと思ふ、ワルダイエル先生に会
ひて先生処用文具を餞別として貰ひ受けたきことを懇願
す、快く承諾せらる　時刻迫りたるを以て行き違ひかと
考へ兎に角馬車にてウヰルヒヨウ未亡人の宅シェリング
通り一〇番地Ⅱに走付く時に十二時なり、果して既にＨ・
フィルヒョウ氏あり、是より厳父先生の書室、器具其他
総て遺物を見る　未亡人一々親しく説明せらる、遺物は
全部丁寧に保存せらる、亦此家は先生1864―1902逝去
まで住居せらる、遺物中

インキ壺（墨汁の乾きたるまま）

ペン軸五本（内一本貫ふ）

燭皿（蠟燭のとぼりかけ其ままにあり）

葉巻莨切片入小箱（切片三十計あり）

先生廿歳頃のポメルン旅行記（葉、花など挿てあり）

小学時代の教科書

粗末なる小机
竹製椅子　先生が常に書き仕事をせしもの
瓦斯ランプ、書室につるし用ひたるもの、明甚強からずと
乳児時の絹製靴

未亡人より先生の眼鏡、ペン軸一本、書籍一冊、（背に先生の自記あり）及人類学上報告の原稿の四種を貰ひ受け一時半厚く礼を述べて去る、階下にてH・フィルヒョウ氏母堂が遺品を綿密に保管するが故に少しも散逸せず為めに自分等も得ることあたはずと　是より徒歩ローテス・ハウスに来りて昼食、帰りて島峰氏へ病気見舞の手紙、青山氏へウキルヒヨウ先生の遺物を紀念として貰ひたること、及於菟、家へはがきを出す、八時ローテス・ハウスに到る、法学士佐竹三吾、田上清貞二氏と会合の約束なり、二氏遅れて来る、安田稔氏の行為上に付精しく聞く十二時過帰宿

十一月五日　土　晴

十時半民族学博物館に到る、二時半出てポツダム広場にて食事し是よりベルトハイム大売店に入り写真アルブム六冊其他種々の品を買ひて六時半帰宿　七時半出てシュレスビゲル河岸一二番地Ｉ　Ｐ・バルデス氏の招きに依りて行く　来客はコプシュ氏夫婦等総て拾名、一時散す、馬車にて帰宿

十一月六日　日　曇

朝増田二郎氏来り学士諸氏より送別の催あり、次に坂口昂氏来訪、彼是十二時となる、ローテス・ハウスにて昼食、カフェ・ルイトポルトに入りて帰る、六時半出てブレジケ氏の許に至る、氏と共に近傍を少しく散歩す戻りて夕食に付く　外に□□□（空き）博士夫婦の招かれて来るあり、一時半去る幸にまだ電ありてこれにて帰る

十一月七日　月　雨

九時起、十一時半民族学博物館に到る、二時半去てローテス・ハウスにて昼食、四時過帰宿、去三日蝙蝠傘の柄を折りそれを直しに遣りたれば雨天困る　本国友人へ無沙汰せしところへはがきを書く　即ち潤三郎、椰野、権三郎、橋本、小林魁郎、同文郎、宮本仲、岡田良平、大沢謙二、緒方、岡田和、弘田、家

十一月八日　火　晴

十一時民族学博物館に到る二時去てローテスハウスにて

昼食、是よりベステンス百貨店に入り造花、櫛、鏡其他雑品（価六四麻）買ふ、六時帰宿、再出て高架鉄にてベル・アリアンス通り民衆オペラ座へ行ビルヘルム・テルを演す、八時半始む十一時二十分終る　帰途高架鉄に依りカフェ・ルイトポルトに入り家にはがきを出し一時帰宿、一階正面右第二列、三麻五〇片

十一月九日　水　晴

十一時民族学博物館に到る、此日を以て仕舞とす、頭骨六〇個調べたり、フォン・ルーシャン教授に礼を述べ且告別し器械等を持ち馬車にて帰る時に一時、又直に包み置きたる書籍を本国へ送附せしむるため同馬車にてフリードレンデル持ち行く　インバリデン通り例場シュルトハイスにて昼食、解剖教室に寄る、恰も配達人来り合せ家よりの手紙を受取る（十月二十二日付にて五人よりのもの、平信にて栄荷物を開たるや否やのこと更になきは怪し）、是より再フリードレンデルへ寄り書籍代を払ふ（M154.95）是よりカフェ・カイゼルクローネに入りて家より手紙一読す　直にはがきを出す、六時宿に帰りたるところへ土肥氏来る共にシフバウエルダム新オペレッタ劇場へ出かける八時より始まる、五麻五〇片、ルクセンブルク侯爵と題現代ものなり、第二幕に於て小便に困る、楽半減す、位置は平土間肘かけ椅子第二列なれど遥か後方なり　十時半過終る、是イタリア・レストランにて食事し共に電車にて帰る時に一時

十一月十日　木　雨

十一時解剖教室に到る直にワルダイエル先生に面会し先生の肖像及紀念品（文鎮）を受領し又オルト、ハウゼマン両教授へ紹介名刺を得、次にシュテルンザール女学生解剖実習の様を見る、フィルヒョウ氏と共に講堂に入り材料分配を見る、氏の室に入りて眼の顕微鏡標本を通覧し内九枚を貰ひ受く又頭底及頭蓋の彼のラウヒッヒカイト〔＊黒すみ〕を有するものを得る、教室に残し置きたるもの総てまとめ大紙包なし　馬車にて帰宿、時に二時、直に出てローテスハウスにて昼食、是よりオラニエンブルク通り小包郵便局へ行きパウル・バルテルス氏が出せし小包を受取る、氏が念を入れて書留とせし故斯く手数を要することとなれり、カイゼルクローネにて之を開き見て後フリードレンデルへ寄り昨日のものと共に送り方を托し、小動物を土にて製したるもの六個買ふ（一個四五片）、電車にて帰宿、在ブレスラウ島峰氏病気宜しからず遂に

入院せし趣に付見舞手紙を出す、八時日本倶楽部に到る、医学士及医家諸氏より催されたる送別会なり、十一時帰宿、日記を書き家へはがきを認む、一時寝につく

十一月十一日　金　雪

午前十時出て電車にてルド・フィルヒョウ病院参観に行く、風甚寒し、院に達すれば既に十一時に近し、W先生の紹介名刺を以て病理部ハウゼマン教授に通す、手を明け難きよしにて助手某の案内にて一通り部内を見る　化学室、細菌室、解剖室（一は四台、一は三台、七体同時に剖検することを得、一ヶ年一五〇〇の屍ありと）電灯は天井より反射せしむ装置なり、地下室に生体解剖室あり、屍室ありこれより屍を引上げ器にて解剖室に送る但し病室よりは車にて運搬す、屍室より礼拝堂に通す、患者は健康保険より来る、給費患者あれども少し、消毒室あり、洗濯物は消毒の後、一般洗濯所に送ると、又離れて動物屋あり、顕微鏡室に杉村七太郎氏仕事し居る、フォン・ハウゼマン手隙きて面会　地下室の標本室に到る〔＊二語不明〕頭蓋標本二個（液中に□を貯ふ）を見る、産褥屍大多数のものにありと、くる病の猩々頭骨三個あり、死亡者遺族承諾せされば剖検せず云々、是より杉村氏の導にて炊事場、洗濯場、次に水治療法および機械療法部門に到る　主任ラクゼール氏一々説明す、大降雪甚困難、一時過去て杉村氏と共にインバリデン通りに来りて昼食す、三時半帰宿、雑品の詰め合せを試む、八時ローゼンハイムの晩餐に赴く、旧友ソベール博士（ハノーファー）に連名はがきを書く　十二時辞し去る　カフェ・ルイトポルトに入りて家へはがきを認め出す、一時帰宿、日記を書き二時眠に就く

十一月十二日　土　雨

十時過出て慈善病院参観、ワルダイエル先生の名刺を持ちてオルト教授を病理教室に訪ふ十二時まで講義のよしに付是より解剖教室へ行く、バルテルス氏室に於てホッテントット児の臀部青斑顕微鏡標本を見る、次にフローゼ氏室に於て前鋸筋の破格、肩甲内縁に付かずして脊椎まで行くものを見る、是より再病理教室へ行くオルト教授に面会す助手ドクトル・マルチン氏の案内にて全部見る　化学部門、細菌学部門、実験部門、顕微鏡部門。顕微鏡実習百四十人、冬夏両期行はる、大多数は標本製品を分配す、学生自からも製せしむドッペルメッセル〔＊烏口状のメス〕を用ふ、染色せしむ、机五列、二席に一

個電灯あり、薬品は我教室のものに似たる台に小瓶四個（食塩、ナトロン、酢酸、ヨード）あり、此室にもプロジエクチオン〔＊投影機〕及講段あり、地下室冷蔵装置あり、此部にて古城氏仕事す、是より三階外来病棟（主任クラウス教授）へ行く時一時半、皆不在、川島氏居りて案内す　実験研究室を主として見る、病室は一個見たるのみ併し他も同様なり二時半去てシュルトハイスにて昼食、川島と共にシャルロッテン通り美術商へ行く時にみぞれ盛に降る、四色版複製画九五枚（二五麻）を買ふ別れてポツダム駅へ行きて馬耳塞までの汽車切符を買ふ一等135.60M帰宿、出て髪を切りノレンドルフ・カジノにて夕食十時帰宿、入浴、家へはがきを書く、一時眠に就く

十一月十三日　日　雨曇

昨夜雪降る、午前荷物詰め合せを始む、二時過出てローテス・ハウスにて昼食、是より小川量平氏へ暇乞に行く氏は旅行中なれど全家人なし去てシャルロッテンブルク、ビュランド通り斎藤斐章黒田両氏を問ふ不在但し途上にて逢ふ再戻りて暫時談話、都市鉄道にてベルビューに下りカルビン通り麻布、沢村二氏を訪ふ在宿これ又暫時にして去り帰りて、更衣ブレジケ氏の許に到る　別れの晩餐なりと外にマウフ博士夫妻、増田二郎、書肆生コルンフィルト氏あり餞別の贈品受く、十二時去る、一時眠に就く　今日W先生の許に家族の写真を持参す、家に帰れば明晩晩食の招待来り居る　フィルヒョウ氏の招待断るべくと思ふ

十一月十四日　月　曇

九時起、十一時解剖教室に到りフィルヒョウ氏事情を話し断りてワルダイエル先生に承諾を返答す、是より解剖学生理学研究所に到りプロフェッサー・R・クラウゼ、プロフェッサー・ポルツ氏に面会、ポル氏バスタルト〔＊雑種〕のことに付研究室にて烏頭雑種、草花（ラン）雑種を幻灯にて見る　O・ヘルトビッヒ先生にも面会、去て告別訪問なす十二時なり　自動車を命し先大使、次に大使館事所、次に畑参事官、次にH・フィルヒョウ（夫人に面会）次にコプシュ（夫人に面会）二時帰宿（自動車に七麻五〇片与ふ）、少時して出てローテス・ハウスにて昼食、教室にて受取りたる最後連書はがき（十月廿六日附）及赳夫手紙の返事はがきを出す、ライプチッヒ通りシェーデルへ行きて田鶴、精へ遣る襟止め二個を求む（田鶴の

もの六〇、精のもの一〇六麻）是より地下鉄にてベステン百貨店へ行く　田鶴注文のたぼどめ二個、帽子、帯紐など買ひ六時帰宅、七時ワルダイエル先生の許に到るコプシュ、ハインありしのみ、先生の孫フォン・ボーニン嬢卓に付く、十一時半辞し去る　日記を書き一時就眠

十一月十五日　火　雨

荷物の詰め合せをなす、斎藤、黒田両師範来訪、亦西郷吉弥氏来る、二時出てローテス・ハウスにて昼食、西郷氏と共にベステン百貨店に入り万年筆（15Ｍ）を買ふ、独宿に帰りて鈴木孝之助、佐藤四郎二氏告別はがき及家へも出す。七時半出て地下鉄道にてフリードリッヒ通りに下り此辺を往復す　アーケード街ろう人形館に入る旧時のものもあり、出て自動販売機にてハムサンドなどを食し又コンヂトライに入り、再自動販売に入りなどしカフェ・バウエルにも入る、是より地下鉄にて戻りカフェ・ルイトポルトにて茶を飲み、十二時宿に帰る　日本佐田愛彦、京都三教授、福岡二教授、Ｎ・Ｇ・マンロー又在独井上通夫、布施現、中泉行徳、青木薫、島峰の諸氏へはがきを書く　二時半就眠

十一月十六日　水　雨　伯林出発

十時出てビンテルフェルト通り郵便局に到り昨夜書きたるはがきを投し、電車にて解剖教室に到る、贖罪にて休業、併しコプシュ、ハイン二氏あり検査官ゲルツーン、小使ドレスレル等に告別し教室を去る時に井上通夫グライフスバルトより出府したるに逢ふ共にワルダイエル先生の住宅に到り告別す、再会を期すべきやと思へは転感慨に堪へず。是よりフィルヒョウ氏宅に到る、次にポツダム駅旅行社に到る午後一時半なり故に既に閉づ、必要もなき様なれど出札口に到りて座席指定券を受け取る、次に民族学博物館に到るこれ亦閉つ、ポツダム広場より電車にて例のインバリデン通りシュルトハイスに到りて昼食、肥田七郎氏下宿に寄りて六時頃帰宿。荷物〆める、西郷、芳我、河野衛、西沢、井上通夫氏来る、七時出てローテス・ハウスえ行き晩食、九時宿に帰り宿料（M81.30）を払ひ、自動車を命し西郷芳我二氏同乗アンハルテル駅に到る、見送り呉れたる人々は長野、西郷、芳我、古城憲治、増田二郎、杉村七太郎、若林虎吾、西沢、肥田、川島、緒方知三郎、実吉　荷物運賃M24払ふ案外安く済みたり車中独にて甚気楽なり、直に眠を求む

十一月十七日　木　晴（晩雪）

安眠は出来ず、六時五〇分フランクフルト・アム・マイン着　コフエエを喫し洗面、乗り替へ七時四五分発車明くなる　ライン左岸スパイエルを経て十時頃ストラスブルク着　ミュンスターの高塔を眺め往事を思ひて去る　シュレットシュタットの山上に独帝離宮ホーホケーニヒスブルクを望む　食堂車にて昼食、十二時半ミュールハウゼン着　二時間計停車す且再ひ乗り替へとなる、待合所にてカフエエを飲み家へはがきを出す、二時三八分発車、プチ・クロワ荷物を検査す、単簡に済みたり、日暮より雪降り始む、寒強し併し車中は暖房過ぎて熱し　リヨン着前に暫時乗客一人同室したれども其他は全く独にて甚心よし、稍仮眠して途中を覚へず

　十一月十八日　金　晴　馬耳塞着

午前五時（独時六時）マルセイユ着ホテル・オムニバス〔＊バス〕にてグラン・オテル・デュ・ジュネーブに投す八号室に入る、清かにして良し、直に臥床に入る、安眠、十一時頃起く、朝食を食し潤三郎、於菟、厳、橋本、赳夫及家へはがきを出す、市中散歩、巻莨、香水を買ふカフェ・ド・フランスに入り絵入新聞 La Vie au Grand Air, Le Gaulois du Dimanche, Le Pêle Mêle を見る途中日本より伊予丸にて来着の医学士小池重、高等工業教授安田禄造、大阪芝本徳太郎及在里昂森山弥三郎及常陸丸同船すべき飯塚春太郎、木村八彦六氏に逢ひ共に食店に入り夕食、尋でバリエテ〔＊寄席〕に入り十一時頃旅宿に帰る、日記を書き一時床に入る

　十一月十九日　土　晴

八時半起、下りてカフエエを喫す、飯塚氏室に入りて談話中森山諸氏来り、午後一時過出て港岸店に入り昼食（5フラン60）、出て市中散歩、二大売店に入る、四時頃宿に帰る　森山氏等リヨンに向け発す、七時過飯塚兄弟と食堂に下りて夕食、喫煙室にて新聞を読みなどし十時室に入る、終日本船の入港を空しく待ちたり　北西の風寒けれと市中樹木の葉未落ち尽きず　秋の末頃の景なり、菓《ママ》物店に柿、柘榴あり又街頭に栗を焼きてひさぐ

　十一月二十日　日　晴　馬耳塞発

八時起、九時階を下れば常陸丸今朝六時四〇入港のよし、「カヒイ」を飲み、払を済ませ（室料七仏）オテル・オムニバスにて本船に到る時に十一時なり、同室者外人あり但しこれは「ポルトサイド」までなりと、乗船者多し満員なりと、一等に佐野會輔、亜仏利加旅行せし英人同

行者佐野節《よし》次、英人R・ポンソンビー其外当港より飯塚、木村及自分の五名、外人二十四五人、又二等に工学士鳥潟右一、日吉海軍技師、木部氏船員、船長英人マシソン

一等運転士　永末新次郎

汽《ママ》関長　松尾春蔵

船医　佐藤一

事務長　白井柳蔵

倫敦にて買ひたる更紗の代　4£ -13 - 11（四六円十九銭）を立替ひ呉れたるを返却す　午後五時半纜を解く既に日暮れて週囲《ママ》闇し　十時半室に入る

十一月二十一日　月　雨

昨日より気温昇る、コルシカ、サルチニア二嶼の間を通る、船医佐藤氏の案内にて二、三等室を通る

十一月二十二日　火　曇雨

午後四時頃ストロンボオリ島を左に見て通り過ぐ　午後七時メッシイナ海峡を通る、無数の電灯天を照し夜景殊に奇麗なり

十一月二十三日　水　雨

天気毎日鬱陶し、夕日本料理なれど味佳ならず

十一月二十四日　木　雨曇晴

午前十一時クレタ島を左に見て通過す　夕船員食堂にて牛鍋にて食す味佳なり

十一月二十五日　金　晴雨　ポルトサイド着

佐野法学士船客数名を甲板に於て撮影す、夕ポルトサイド着の筈に付ワルダイエル、H・フィルヒョウ、ブレジケ、コプシュ、ルーシャン及島峰の諸氏へ絵はがきを書く

八時半ポルトサイド着、石炭一千頓積み込むよし、船中に留居こと堪へ難かるべきを察し佐野（法）、飯塚、木村、佐藤一の四氏と上陸、本通りを往復す、紙巻煙草二百本（七志）絵はがきを買ひ、角の「カフヱヱ」店に入り休み、十二時頃船に帰る、気温冷し、冬服に冬外套を着したれば少熱し、屋外の寒暖計を見れば十七度を示す、今日雨降りたれば道路湿り塵挙らず、甚心地よし　船にては石炭粉末散じ大撲なれば二等食堂に遁れて待つ　併し容易に終ざる模様に付二時半頃室に入る、同室の英人此地にて上陸したれば独にて且季候《ママ》適し室を密閉しあるも更に苦しからず安く眠る

十一月二十六日　土　晴　ポルトサイド発

未明に出帆す、八時起きれば船既に運河にあり、熱かるべきを予想して今朝紺せる服を着す　但し毛メリヤス上

下を着る、適度なり夜に入りて寒し故に冬外套を着る、運河拡張工事両岸共大部分出来す　終日両岸を眺む、すすき穂出、樹葉青きも秋の頃と思はる、日没頃の空の色合など殊に奇麗なり、昨夜眠不足なりければ九時室に入る

十一月二十七日　日　晴　スエス着発

昨夜二時半頃スエス着せりと、又未明に出帆す、例に依り入浴のため六時半起きれば既に遠く「スエス」湾を進行しつつあり　小説 Frau Izuna 読み終る、晩日本食、鰻蒲焼あり

十一月二十八日　月　晴

大に暑くなれり、毛メリヤス肌着を脱す又午後四時半手荷物蔵に入り薄きツボン下其他を取り出し毛ヅボン下と替ふ、白衣を着る人もあり

十一月二十九日　火　晴　三〇度

愈々炎暑の候となれり午前に全く白服に着換ふ尚ほ且熱し、前部甲板上に水泳場を設く　近日邦人乗客懇親会を催すべしと談起り二等客の方へ行き相談す

十一月三十日　水　晴　気温二九

向ひ風となり随分強し、昨日より凌ぎよし

十二月一日　木　晴　気温二八

朝七時バブエル・マンデブを通過す此海峡二島を有す、船は其中間を通る本島に灯台其他建築物あり　西島にも家あり、山は砂岩にして草木一もなし

十二月二日　金　晴　気温二八

午後亜仏利加大陸を右に見る、髪を切る

十二月三日　土　晴　気温二七

ジョルダーノ・ブルーノを一昨日来読む、午後に至り冷しきに過ぐ、紺服を着る　外国人等集りて音楽会を催す、十一時過きて終る　自分は喫煙室にありて読書、佐野主計同室者に付不服を唱へ終に自分と同室することとなる甚迷惑なれど仕方なし、十一時半室に入りたれど眠を得ず、一時半頃甲板に上りて散歩す、まだ二組計底声《ママ》に話しおるものあり　自分を見て皆室に入れり、近頃甲板に於ける怪しき話あり

十二月四日　日　晴　気温二八

朝白服を着たれども暫時して紺服に換ふ

十二月五日　月　晴

晩に日本人懇親会を催すに付昼より水夫給仕等其準備を

なす即ち後甲板に舞台を設くなど種々忙しき模様なり八時半余興を始む　大神楽、手品、活人画（西洋婦人演す、紫式部、常盤御前）、落語、茶番（給仕等演す）、浪花節（佐藤船医）などあり十一時半宴に移る、最初に万歳を唱へ可成早く切り上ぐ併し十二時半となりて全く散す、此費用百円、一等乗客五名各拾円つつ二等より五拾円及三等より若干

十二月六日　火　晴

島峰氏著 Sekundare Zement〔＊第二白亜論〕及 Figaro's Hochzeit〔＊フィガロの結婚〕などを読む

十二月七日　水　晴　気温二八

印度洋に入りてより日々北東モンスウン風あり　晩機関長の室に於て牛鍋会を催す、飯塚、木村両氏コロンボにて上陸するに付送別など称したり、終て二等食堂に於て佐藤船医の浪花節を聞く、其他諸氏の演芸あり、二等船客鳥潟、日吉（海軍技師）、木部、杉浦（芸人取締）上村氏二階堂みよ、安村きよ　十一時半一先散し、更に松尾機関長の室にて雑談、室に入りしは殆んど二時なりき

十二月八日　木　曇少雨　コロンボ着

北東風更に強し、終日陰鬱なる天気なり　午後八時半着港繋纜、飯塚、木村二氏当地にて上陸、印度地方を視察すと、雨止み五日頃の月出る　案外冷し、十時過室に入る

十二月九日　金　晴雨　コロンボ発

気温二七度、八時解纜す、当地にて乗客西洋人夫婦のみ、差引空室出来、予定の通り佐野主計下の第二号室に移る、再独占となりたり　午後大に雨降る、九時頃室に入る

十二月十日　土　晴雨

白井事務長か貸し呉れたる雑誌太陽（十一月号）を読む、晩日本食、まぐろさしみ、さわらてりやきなどあり、之れ「コロンボ」にて仕入れたるもの、味佳ならず

十二月十一日　日　雨晴

午前大に雨降る、気温昇る（二九度）、午前中に紺服を脱して白服を着る　島峰氏著 Das Sekundare Zement 読了　午後船の遭難、出火の際に関する演習あり、吹筒の使用方、ボオト卸《ママ》し方等なり

十二月十二日　月　晴曇

天気爽快ならず、時に少し雨降ることもあり　午後手荷物庫に入り白服一具出す　日暮にスマトラ島アチーン岬を右に見て通過す

十二月十三日　火　雨
少し冷し（二七度）紺服を着る、午後に至りて雨止む
十二月十四日　水　晴曇　シンガポール着
朝起れはマレイ半島を左に見る、昨日より熱し、白服を着る、波静かにして船の進み早し、一時間一三、三なりと、昨正午より今正午まで三一六浬を行きたり　これ曽てなきことなり、午後五時シンガポール着、ウォーフ（＊埠頭）に船を付ける筈なるも空所なきため港内遠方に錨を投す、明朝六時ならではウォーフに付ることあたはずと、此夜は空し港内に明かすべし、船よく進みて早く着きたれど無効となりしは遺憾なり　入港の際右側にマレイ水上村あり三四拾戸計あり　これは以前も見たるものなり、此辺数多き島々皆樹木茂る　熱さ強からず（二九度）凌きよし
十二月十五日　木　晴曇雨
朝六時錨を挙げてボルネオ・ウォーフへ行きて繋く　此対岸にマレイ村あり、朝食の後船を下る　佐野曾輔、佐藤船医同行、電車にて暫く行き馬車を索めて之に乗る、植物園、博物館を廻りてウォーフまで帰りて三弗の約束なり（始め船にて拾円を八弗六十仙に両替したり）、先植物園に到る時に少し雨降る、園内縦横に歩く家根の大葉、珍葉の芋の葉、しだ様のもの毎度ながら面白し、一竹叢中に猿数疋放し畜にしたるものあり、りすの樹上に飛び歩くもの、是より博物館に到る、果物の模型ありドリアン（粗大粿粒、臭あるもの）ジャックフルーツ（細粿粒、先達て試みたるもの）、

ココア　青色大サソリ、大蜘蛛、剥製シロテテナガザル（南ジョホール　二疋、小なり）アジルテナガザル（小）、ギボン（黒、大）、フクロテナガザル、シアマング（大）、蛇、トカケ、鰐、
是よりホテル・ド・ユロップに到り馬車を解雇す、時に午後一時なり、英ポンソンビー氏あり共に食事に付く（チフィン（＊昼食）一人に付一弗五〇仙）、中庭に椰子の他パパイヤ樹あり　実数個帯ぶ、葉は八つ手の如し、佐野節次氏来る、皆共に市中を歩き、一大商店に入り写真紙を買ひたる人あり　是よりポンソンビー氏等に別れ、乙宗商店に入りて一覧す　次に同しく雑貨商店永井に到る船医の知人なり　ホテル・ド・ユロップの建築の一部にあり、併し店主の住宅は別にあり店員之れに案内す、暫時談話、去て是よりマレイストリート、マラバルストリー

トを散歩す、この処に支那、欧も少しあり、是より海岸に出て碩田館に一寸立ち寄り水を飲み、海岸を歩く、大樹の並木甚佳、ジョンストン・ピアより電車にて船に帰る、時に六時、船上は凌きよきも陸上歩行すれば流汗す

エリア・トラ（おろせ）、アベース（あげよ）之は荷物挙卸し際用ふところの令語にして日本にても同様なりと

船にては石炭積込、荷挙（石炭八百噸、荷物千四百噸）にて大混雑、ただ甲板を彼方此方と歩き此様を見物す、十時室に入り安く眠る

十二月十六日　金　半晴　シンガポール発

夜を徹して荷挙げをなす、但案外やかましからさりき汽鑵様のもの四個、大挙重機を用ひて挙ぐ　当地開業医は医学士（京都）岩橋某、西村某、其外二名計、歯医数名ありと、午後独り散歩、電車の終点に到りて引返へす、船渠の大工事あり、マレイ村（水上）あり　午後四時過纜を解く、港内大汽船約五六十艘あり盛なりと云ふべし其中独船七八艘

十二月十七日　土　曇

北モンスウン風稍強く波高し、シンガポオルにて採りたる佳なるマンゴスチン日々食卓に上る

十二月十八日　日　曇

紺服を着る、これより追々冷しくなるべし、今日気温二七度、向ひ風にて船進むこと遅し、二四五浬のみ

十二月十九日　月　雨

終日雨降り風強く波高く甚悪天なり　晩五名にて松尾機関長の室にて日本食、終て談話　十一時室に入る

十二月二十日　火　曇

気温少しく昇る（二九度）、白服を着る　髪を切る、午後少し晴る

十二月二十一日　水　半晴

明方に至り急に冷しくなり毛布をかけざりしかば寒を覚ひて醒む腹痛あり便を催す、例の通り六時半入浴の際も腹痛、午前中四回上圊して止む、終日室にありて休養、二回計甲板に出たれど快からす　風波強し、紺服を着る、船の進み甚遅し、二六六浬、動揺甚だし　昼は室内にて紅茶とパンを少しく喫す、晩は牛乳粥を命して之を食す

十二月二十二日　木　曇　香港着

紺服にメリヤス襦袢を着る尚ほ寒し、朝一六度　午刻一八・五度冬外套を着て尚ほ寒し　昨日香港着の筈なるも向ひ風強きため甚遅れたり、正午までに二三一浬、腹

工合最早宜し、但食を注意す　午後に至り遂に冬服に外套を着て甲板を歩す、追々晴天となる、左右に陸島あり風少しく静まる、五時カオルン〔＊九龍〕棧橋に繋ぐポンソンビー、佐野節次両氏当地にて下る　香港夜景を眺め九時半室に入る

十二月二十三日　金　快晴一六・五度　香港発

朝食を終へ九時船を下りフェリーにて対岸香港に渡る（十五仙）ピーク・トラムウエイを用ひ（往復一等五拾仙）其終点ピークホテルより轎に乗る　佐野法学士同行、各三十仙、頂上にアネモメーター〔＊風速計〕あり、其に近く古大砲一門据へあり　其側に坐して佐野氏先つ自分を写し次に同氏坐して自分が撮りたり、他の頂点にも登る、円家根の眺望堂あり、野生白つつじ咲く、白椿の如きもあり、朝顔の如き紺色の花にて葉の「もみぢ」の様なるあり、但し冬のことなれば芝の色は少し枯れ色を帯ぶ、小春日和にて外套を用ひず日向を歩きて丁度心地よし、下りて植物園に入る、中央に公道ありて二分せらる、ケネディ総督の銅像あり、少し枯色あれど稍夏景色を保つ、草花あり、最も目に付くは木にして尖端の葉の六枚計か真紅なるもの、パルメン〔＊ヤシ〕の類諸国より集めてあり　佐野氏二三枚撮影す、園を出れば時一時なり、人車に命じて支那料理杏花酒楼に行かんとす、書して示す、車夫解せずして、日本旅館清風楼に到る、此処にてよく尋ね出行く　尚ほ間違へて杏花茶楼と云ふ家に下す、階上に昇り見れば食店にあらずして茶店なり且数人の支那人阿片煙を喫し居る、下りて更に人車を命し漸く食店に至る、料理各一円二〇仙計、下りて試むるに青葉に香気ありて口中必しも不快ならず、是より歩行、大道に草花を売る、菊花沢山あり（公園には少かりし）、パイプ一本三弗にて買ふ、これは日本に帰りて「きざみ」莨を試んためなり、青物肉類の市場に入りて見る、三時半本船に帰る、冬服に外套を用ひずして適度なり、今朝使人に頼みて茄子二十斤を買ふ土産にせんためなり一円二十銭なり（一斤六銭）木瓜を得ざりしは残念、五時解纜、香港山背に日の没する景を眺めつつ去る、此地にて乗客多数下りて甚さびしくなる即ち外人六人（男一、女五）佐野及良精、外に日本婦人一名あれど室に籠りて出でず、九時室に入る

十二月二十四日　土　晴　一六度

寒し、毛メリヤス着る全く冬支渡となる、船の窓掛類も

冬物に換ふ、北風強、波高し、進行正午まて二一〇浬
晩より暖室の汽を通す

十二月二十五日　日　曇晴

気温昇る、クリスマス祭日に付食堂を装飾す、又午前船長室に於て船長よりシャンペン酒の馳走あり　午後より快晴となる、午前六時より十時頃まで台湾を右に見たりと、行程二五七浬、事務長室へ行き絵など見る、夕食の際特に料理に趣向あり　佐野氏撮影したれども失敗したり、風波大に穏かになる　十一時室に入る

十二月二十六日　月　晴

風波なかなか強し且つ横波をして船のローリング大なり併し船の進み可なり、二八九浬、此分ならば二十八日神戸着すべしとのこと、晩は事務長室にて牛鍋を食し、談話、十一時室に入る

十二月二十七日　火　晴

朝起れば左右に小島嶼数多を見る、風波甚穏かなり、尋で鬼界ヶ島（硫黄島）を近く左に、少し遠く焼島右に見る、硫黄島は小にして尖り頂点及中腹より煙を吐く又黄色に硫黄の流れたる様を呈す、形ストロンボオリに似る、焼島は大なり、又遥か前に薩摩の海門岳《ママ》（薩摩富士）を望む、次に種子島（低き島）を右に、十時佐田岬灯台を過ぐ、気温甚暖、甲板上外套を用ひずして適度なり、又追風となり船の進みよし、正午まで三一九浬、午後小手荷物を詰める、晩九時半室に入る

十二月二十八日　水　晴　神戸着

例に依り六時半入浴、カフエエを喫し出て見れば既に日野岬に来り居る、十時頃紀淡海峡を通る、中央にトマガ島（又友ヶ島）あり、三水道を造る、其左瀬戸を通る、左側淡路島に要塞あり、十二時和田岬に船を止め検疫す、一時昼食を終れば既に「ラウンチ」来り居る、蓬莱屋に荷物を托し上陸、メリケン波止場より人車にて蓬莱屋に投ず、家へ明朝九時着の電報を発す、二時半過出て市中を散歩す、楠公社より山の手を歩きて戻る、東京まで同行を頼まれたる安村きよ子及堀川香山氏と同室、晩食、税関は宿にまかせたるに手荷物総て無税にて通過す、宿のものに其謝儀として壱円投す

午後六時半最急行車を以て神戸三の宮を発す　手荷物（大トランク、中革カバン、更紗紙包及香港に買ひたる茄子一籠）総て無賃なりしは好都合、又一等乗車券は常陸丸にて受取りこれに通行税五十銭及急行乗車券壱円五

拾銭払ひたるのみ

十二月二十九日　木　快晴　帰京

沼津にて天明ぐ、同駅を出て追々富士望む又頂上より漸次日光の照しゆく景甚佳なり　但雪は頂上に少しくあるのみ、山を越して後食堂車に行きて八ムエッグ紅茶等を喫す、十時新橋着、二十分延着す、四児、赳夫、於菟、潤等出迎ふ、其他大沢両氏、緒方、弘田、片山（子息代理）、二村、岡田和、森林、椎野、西、倉光、丹羽貞郎、安田恭吾、山越父子、新井春次郎、二神寛治其外学士学生諸氏数拾名迎へ呉れたり　厚く礼を述べて別る、是より手荷を受取り荷車一台雇ひてこれに積み、田鶴、精と人車に乗る　良一、三二電車を用ふ、七月六日出発のときの通りの順路を経て十一時半帰宅、千駄木母堂北蘭と共に坂下まで出て居らる、良、三は既に帰り居る、屋内の寒き困る、衣を更へてこたつに入る、少くして昼食す、手さげを開きなどして待つ中に一時半頃荷車着す、八畳間に持ち込みて先つ革カバンより開く、予め思ひたる通りに分配す　家へ来りたる人久保武（これは朝鮮より帰りて来りたるなり）石原誠（これは昨日シベリヤ経て帰朝せりと）榊順次郎氏、赳夫氏晩に来る、写真帖、小置時計、ブリーフアウフマッヘル〔＊開封ナイフ〕銭入れ等を贈る

十二月三十日　金　晴

午前小松春三氏帰朝歓に来る、橋本節斎氏同様　青山氏も来り　ウヰルヒヨウ先生遺物を贈る共に昼食す、午後安田恭吾氏来る　稔の模様一通り話す同時に権兄も来る、又晩森林氏来り大栄荷物立合にて開検の談あり　此日きみ子と正金銀行より第三銀行へ廻る

十二月三十一日　土　曇晴

朝少しく曇り雪をも少し降したれど午後よりは快晴となる、終日喜美子と諸方へ返礼贈品の分配方に付彼れ是れと相談し使人、市内小包、地方小包を以てそれぞれ発送す　午後橋本母堂二児を連れて来る、三二熱発す　晩は茶の間にて家族丈にて食事す、良一は散歩に出て十時過帰る、除夜の鐘を聞きて眠る

明治四十四年　2571
1911　　良精満五十二年

一月一日　　日　晴
昨夕以来三二発熱す、午後小松春三氏年始に来る、晩赳夫氏来り十一時半去る

一月二日　　月　晴
於菟来る贈品万年筆等を渡す、近藤次繁氏良精帰朝に付挨拶に来る、午後四時頃斎藤秀雄氏来り三二を診察す、ウルチカリア〔＊蕁麻疹〕との診断なり　但し眼瞼に腫あるを以て尿を検するため持ち帰る、後異状なき報を得たり

一月三日　　火　晴
朝七時半起、片山国嘉氏玄関まで来る、夕刻宮本仲氏同断

一月四日　　水　晴
昨夜一時半白山坂上にて出火あり、朝田鶴精を携て焼跡を見に行く、午後は帰朝に付新橋まで出迎へ呉れたる人又早速家へ尋ね呉れた人々の重なるところへ礼に廻る、即ち浜尾総長（これは出迎へたるにあらず）（不在）、小松春三（家族在宅）同晃（母堂在宅）、内藤久寛、島峰家、弘田長（夫婦共旅行中）、榊順次郎（主人に玄関にて面会）、岡田和一郎（夫人のみ在宅）、宮本仲（夫人のみ在宅、玄関にて面会）、近藤次繁（名刺差置き）、権兄（在宅）、安田恭吾（妻君のみ在宅）、橋本節斎（皆鎌倉行）、青山胤通（夫婦共不在）、新井春次郎（夫婦共在宅）の諸氏にて日暮となり帰宅、晩は持ち帰りたる写真帖に児等の写真を挿みなどす

一月五日　　木　曇雨
午前橋本節斎氏年始に来る、島峰母堂挨拶に来る在ブレスラウ徹氏より十二月十五日附手紙来る　一昨日退院せり云々、赳夫来り共に昼食すこれ近頃珍しきことなり（約二ヶ月来食事せしことなしと）、斎藤秀雄氏来診、三二熱未だ全く去らず、晩帰宅後始めて書斎に入りて日記を録しなどす

一月六日　　金　晴風
午前十時半始て大学教室に到る、教室諸氏皆出勤、千葉より田口氏出京中にて是又教室に来り居る、新井氏もあ

り、新学士山崎氏にも面会これは解剖専門のよし、郵便物机上に山をなす先之を整理す、留守中来翰の重なるものはブレジケ、H・フィルヒョウ、アインホルン、O・ペルチック、フラウ・ゾフィ・ビシェル（旧姓ラブル-リュクハルト）、プレトリウス等其他島峰、阿蘇軍医長根来祐春氏、山内保（数通）、南米チリ駐在公使日置益氏（先般土人頭骨採集を依頼せし返書）等、昼食は豊国へ行きてす、事務室へ寄る、時計台の取毀れたるは先旧に景したり、五時教室を出て片山国嘉（名刺差置）大沢謙（上りて面会）、緒方（玄関にて夫婦に面会）のみ家へ廻りて帰る、三二全快す

一月七日　　土　晴

午前十時教室に到る諸方よりの寄贈書を整理す　大連病院長河西健次氏来り来九日より医学校開始すべきに付解剖講師の推選を依頼す　五時教室を出て弥生亭に到る解剖家諸氏良精帰朝に付小集を催さる即ち大沢岳、二村、椎野、西、山崎春三、山崎英次、新井、森田、田口、山越の諸氏なり十時半散す

一月八日　　日　曇晴

在宅、午後権兄田代亮介氏と共に来る、良一友人を集めてかるた会をなす十二名来る十時半散す

年賀調べ次の通り　　はがき　二二五

封筒内　七〇

名　刺　八六

一月九日　　月　晴

九時出勤、総長、文部大臣、内閣、宮内省へ去月二十九日帰朝届を今日の日付にて出す、歯科へ行きたるも石原氏既に帰宅の後なりき、五時教室を出て帰宅序に隣家桜井へ挨拶及土屋へ長女死亡の悔に寄る

一月十日　　火　曇雪

八時半出勤、授業未た始むるを不得、浜尾総長を官房に始めて訪ふ、次に歯科に石原氏を訪ふ此科新設予算は一ヶ年延期となりたるよし、伯林諸家へ礼状草案に時を費す、椎野氏に満鉄医学校へ転任如何を尋ぬ、午後より少し雪降り始む

一月十一日　　水　曇

授業を始む、先解剖実習に付きて一般心得方を説く　ワルダイエル、ブレジケ両家へ手紙を出す　喜美子一昨日来寒冒、又橋本母堂鎌倉に於て肺炎に罹り危篤なりと良一同家へ行きて帰り報す

一月十二日　木　雨風

今日も一時間解剖実習法に付き説明す、十一時半頃岡田和一郎氏教室に来り只今橋本家へ病気見舞に寄りたるところへ鎌倉より電話にて母堂遂に十時四十分死去の報来れりとところえ都新聞記者来り洋行談を問ふ又幾石、良一来りフオルマリン注入すべきに付注入器を借用したしなど雑混す、フィルヒョウ未亡人、H・フィルヒョウ、コプシュ三家へ手紙を出す又大連河西健次氏へ新設医学校として助手椎野鋳太郎氏赴任承諾の手紙を出す、三時半頃今晩九時十二分鎌倉より帰着の電話あり、四時帰宅、八時出て先元町橋本へ寄る、是より新橋停車場に到る、十時に近き頃着　車十一時に近き頃元町帰着、葬式は十六日と決定、諸方へ通知方、新聞広告の案文等に付相談、一時帰宅、尋て良一も帰る　午後より大雨、風強く、寒酷し

一月十三日　金　曇晴

教室に到り十時より十一時まで総論解剖学を始め、直に元町橋本へ行く、喜美子病気軽快に付強て来る、火葬と決す十時前電車にて帰る、文子佐倉より今夕出京す

一月十四日　土　快晴

午前十時教室に到る、事務室へ行きて橋本の忌引届を書きて貰ふ、佐藤三吉氏教室へ来りて自分帰朝の挨拶す、二時過人類学教室に到る　志賀重昂氏南米旅行談あり次に良精洋行中のことを茶話す、是より四時頃橋本へ行く、良一は勿論、田鶴、精、三皆来り居る、北蘭は十二日以来滞留せらる、又文子も居る、十時文子及三児を連れて電車にて帰る、喜美良一は遅く帰る

一月十五日　日　雪晴

朝より雪降り始め白くなる、髪を切り、午後入浴、安村嬢の父同船帰朝せし挨拶に来る、三時出て橋本へ行く、葬式行列等確定、晩食後入棺式あり、尚ほ初七日法会のことに付相談、十二時電車にて帰る、午後より晴天となる、喜美子は一時帰宅す、良一、文子は泊る

一月十六日　月　快晴

午前十時喜美と共に出て行く、服装フロックコオト、一時出棺我一族より造花三対を供ふ、良精も節斎、岩尾氏と堂礼をなす、田鶴、精、三は直に吉祥寺へ行く、共に三時帰宅す、良一は町屋村火葬場まて送る、寺堂に於て式中の寒酷し

一月十七日　火　曇晴

午後始めて解剖室へ出る、三浦守治氏珍しくも教室へ尋ね来り久し振りにて面会す同氏大に軽快、此頃は日々午後教室へ来り仕事すと　フォン・ベルツ（シュツットガルト）へ手紙並に鳥居氏苗族調査報告を発送す　六時帰宅、喜美、良一は橋本へ行く初七日前晩の仏膳饗応なり、他のものへ料理折詰を贈り来る　晩赳夫来る　書斎に於て精に腋臭ある云々一昨年気付きたる談あり

一月十八日　水　曇

午刻少し前高橋順氏薬物に訪ふ不在に付伯林にて依頼されたる名刺を置きて去り是より坪井正氏を人類に訪ひてブエノスアイレス博物館より寄贈智利国駐在日置公使媒介の人骨請求の談をなす　二時間に亘り遂に不調に終る、五時橋本家へ寄り帰る　フォン・ルーシャンへ手紙を出す　晩ハイン、フローゼ、バルテルス、マックス・フレンケルの五氏へ絵端書を書く、橋本家にては初七日読経ありたるも自分は行かず

一月十九日　木　曇雨

フラウ・ゾフィ・ビッシェル、オットー・ペルチックへ手紙を出す、四時半教室を出て時に雨降るを以て本郷より電車にて帰る　喜美子橋本へ行き混雑の後を一通り整理す

一月二十日　金　雪

昨夜より終日雪降る　プレトリウス及島峰へ手紙をアインホルンへ絵端書を認む

一月二十一日　土　晴

今日始めて Cribra cranii〔＊小金井論文、頭骨の多孔性骨変化〕編述にかかる、四時半帰宅　今朝出勤の際森川町に於て人車の軸、折れて横に倒る　但し負傷せず

一月二十二日　日　晴

十時教室に到る、三時出て橋本へ寄り目下のところ何とか凌ぎをつくべしなどの談あり、喜美子は午前より同家へ行きて遺物分配のことにあづかる、北蘭文子尚ほ同家にあり

一月二十三日　月　晴

二村氏脈管経統《ママ》を終りたるを以て神経経統《ママ》を始む　午後山上集会所に於ける教授会出席、これ帰朝後始めてなり、五時頃出て帰途久保武氏の台町寓に寄り贈品を置く、穂積家の件喜美子千駄木へ行きて同意を得、良一も異議なかるべし、これより談を進むべしと決す

一月二十四日　火　曇晴

西沢真三郎氏千葉より来り岡山医校に小児科教授欠員したるに付菅へ推選頼む云々直に菅へ手紙を出す　喜美子午前穂積家へ行く先方より談を開き本件に付ては他に八分通り談を進めたるものあり云々　在大湊小林魁郎出京尋ね来りたれども皆留守なりき

一月二十五日　水　晴

晩鈴木孝氏来る、伯林談をなす、北蘭今日帰宅せらる

一月二十六日　木　晴

午前ドクトル中島鎌太郎なる人教室に来り　アナキスト刑屍二つ剖検せんことを乞ふ、之を諾す、新聞記者数名来る、又午後浜尾総長より呼び来り山上へ行く同件に付てなり、即ち誤解を来す虞あるを以て剖検せざることに決す時に五時頃なり　これより木挽町加藤病院へ行き中島氏面会し右の趣を通し七時帰宅

一月二十七日　金　晴

新潟専医校書記小川昨日来り　布施帰朝せず解剖学講義差支えるに付二村氏に助力を乞へり同氏今日謝絶せることを午後小川来りこれに通す　午後片山氏教室へ来る、昨日の二棺四時半頃引き取り去れり、精誕生日なりとて赳夫を呼び晩食す

一月二十八日　土　雨

四時半帰宅、時内藤久寛氏来り、在独島峰氏に付談す文子晩に至り橋本より帰り泊す

一月二十九日　日　晴

卒業宴会に上野精養軒に赴く、数年間絶て出席せざりしが不斗思ひ立ちて行きたり、浜尾総長出席活動写真の余興あり十時半帰宅

一月三十日　月　曇　祭日

昨今両日故栄遺書類を調ぶ　午後田鶴、精を連れ三越へ行き食堂に入る、出て大通り歩き銀座通り尾張町より電車にて帰る

一月三十一日　火　雨

四時教室より弓町田口邸に寄り屋敷売や否や尋ね橋本へ行く、留守、言ひ置きて去る

二月一日　水　曇

新潟専医校書記小川氏来り京都三解剖教授の内一人助力承諾のよし報す

二月二日　木　晴

午刻石原氏を歯科に訪ひ島峰確捕《ママ》策に付談す　是より下

谷三井病院へ行き材料の件に付頼む　文子佐倉へ帰る

二月三日　金　晴

午後十二時半教室を出て青山斎場に到る、松井直吉氏葬式なり、同所にて森林、渡辺廉吉氏等に会ふ、四時帰宅

二月四日　土　晴

午刻教室を出て赳夫氏西片町の寓に寄る、友人を待つとの故を以て散歩を断る　帰りて午後二時半良一、三二を連れて出る　巣鴨より山の手電車に乗り渋谷に下り近傍を散歩す小山、林ありてよろし、青山より電車にて銀座に下り新橋橋膳にて天ぷらを食し七時帰宅

二月五日　日　晴

十一時教室に到る、前阿蘇軍医長根来中監尋ね来る　豪州航海談を聞く

二月六日　月　晴

書肆フリードレンデルより昨年十一月伯林にて発送せしめたるもの到達す

二月七日　火　晴

皮膚科に到り蠟細工模型を見る

二月八日　水　晴

午後教室より鈴木孝氏明治生命に訪ひ結核に関する小冊子二種を贈り直に教室に帰る、帰途西片町赳夫氏方へ寄る不在、晩精を遣る、赳夫送りて来る　再彼の腋窩のことを言ひ出す

二月九日　木　晴風

寒風強し、午刻皮科に田中友治氏を訪ひ腋臭のことを尋ぬ

二月十日　金　晴

在ストラス長尾美知氏へ紀要別刷百部発送せしことを端書にて報す、帰途赳夫寓に寄る一年生大橋氏来る　復製《ママ》画を見る、又昨日田中より聞きたることを話す

二月十一日　土　晴

午後田鶴、三二を連れて外出、三越へ行く、食堂に入る銀座まで徒歩、電車にて帰る

二月十二日　日　晴

教室にありたり、晩赳夫来る

二月十三日　月　晴

午後教授会、中原徳太郎学位の件

二月十四日　火　晴曇

本部へ行きて浜尾総長に「ブエノスアイレス」博物館より寄贈人骨人類学教室との関係のことに付談す恰も桜井

理科学長も来れり　橋本母堂三十五日前日に付北蘭、喜美、良一同家へ行く

二月十五日　水　曇晴

昨夜雨降る、田代義徳氏来り脊椎測定に付相談あり

二月十六日　木　晴

ワルダイエル先生より一月十一日出したる手紙の返事来る　大連河西健次氏より返事来り椎野氏採用したし云々

二月十七日　金　晴

長谷川弘一郎氏出京教室へ来る

二月十八日　土　曇晴

偕楽園に同窓会に赴く、田沢氏独乙より高階氏朝鮮より帰京、此日喜美子穂積家へ手紙をやりて返事を促す

二月十九日　日　晴

寒、風、外出せず、橋本児等三人立花来る

二月二十日　月　晴

二月二十一日　火

病理教室へ行きて胎児薦骨皮膚一片を貰ひ受く　晩在独島峰氏へ手紙を認む同氏伊国カルダ湖辺へ転地療養のところ全快し「ブレスラウ」へ帰るよし端書来りたれば其返事なり　又大港《ママ》小林魁氏へ端書を認む先頃出京のところ尋ね呉れたれど会はざりし挨拶なり

二月二十二日　水　晴

大連河西健次氏より椎野氏を採用したき旨の返事来る　晩助教授として赴任出来得るやの件に付青山氏に談す　晩近隣今村有隣松村任三氏来る亦桜井氏呼ぶ来四月より借地賃倍増即ち一坪に付三銭にすると云ふ　通知に対し異議の件なり（前回は去四十年に倍増にしたるものなり）十一時散す

二月二十三日　木　晴

浜尾総長に椎野助教授として大連へ赴任のことにしたき件に付き話す、認容せざるに付其趣を椎野に話し河西氏へ承諾の返事を出す　小磯、箕作両家へ寄りて昨談合の地代のことを話す　三二寒冒休校す

二月二十四日　金　曇雨

穂積より書報あり

二月二十五日　土　曇

晩赳氏精を伴ひ来る

二月二十六日　日　曇

午後良一、三二を連れて散歩、巣鴨より山の手を品川まで電車　是より大森八景園に到る、次に蒲田梅園、両な

が〔ら〕まだ早し、蒲田より汽車にて新橋へ戻り、橋膳にて食事、文子佐倉より出京泊る

　二月二十七日　月　晴

大に春陽を催す、午後教授会あり守屋健造氏学位の件、通過す、但し一点のことにて甚危かりき　喜美子佐々木信綱、宮本仲氏両家へ訪問

　二月二十八日　火　曇少雨

プレトリウス博士より返書来る且つ日本日時計のことに付依頼あり

　三月一日　水　曇晴

紀念日に付休業、終日教室にありたり　喜美子寒冒

　三月二日　木　晴（昨夜雨）

　三月三日　金　曇晴

田代亮介氏教室へ来り愈模型製造者に解剖講義傍聴を始めさしたし云々

　三月四日　土　晴

好天気なり、三二学校より教室へ寄る、弁当を食し、耳科へ連れ行きて耳の掃除をなし貰ふ、池辺に遊ひ、二時帰り去る

　三月五日　日　晴

午後芝を焼く、良一、三二を連れて二時頃出、巣鴨より電車、日暮里より汽車、千住より汽船にて向島に至り百花園に入る　梅花見頃なり、五時半帰る、晩赳夫来る文子佐倉へ帰る

　三月六日　月　曇

午後は衛生にて黴菌学のため講義時間を増すこと及薬学にて時を繰り上げの請求、前回教授会に出て委員を設けられ其委員会を解剖に於て開く　高橋順、隈川、緒方、田代及自分とす、五時散ず　パルテルスより手紙来る、帰着報知の挨拶なり

　三月七日　火　晴風（昨夜雨）

H・フィルヒョウ氏より冬景端かき六枚及手紙来る　喜美子中耳炎になりたれば耳科へ行き診察を乞ふ

　三月八日　水　晴

晩在ストラスブルグ山内保氏へシンパンゼ頭二個送附の礼其他度々通信の返事など認む

　三月九日　木　晴

今朝石原喜久太郎氏来る（出勤後）昨日喜美子病院より帰途立寄りたれば其ためなり　W・ラムゼイ・スミス博

士（アデレード）、J・T・ウィルソン教授（シドニー）両氏へ過般阿蘇遠洋航海の際根来軍医少監を以て依頼せしところ豪州土人頭骨各壱個寄贈せられたるに付其返礼として「アイノ」頭骨一個つつ発送せし通知並に礼を認む

三月十日　金　曇雨

高橋順氏に乞ふてポール氏依頼のフィンゲルアプドリュッケ〔＊指紋〕を製る同氏に家族のものを頼む

三月十一日　土　雪

寒し、晩赳夫、佐藤正四郎氏を伴ひ来る、此頃少尉になれり

三月十二日　日　晴

早朝田代亮介氏来、千駄木森氏へ紹介を乞ふ　同仁会のことに付てなり、十時教室に到る、五時帰宅

三月十三日　月　晴

午後教授会、学位二件（岡山斎藤精一郎否、土肥章司可）晩橋本へ行く　方位悪しきため土蔵其他の模様換へなどの談あり

三月十四日　火　雨

三月十五日　水　曇晴

昨日の新聞に自分二十五年祝賀のことを載す、今日も出たり　日本新聞社員某来る解剖談をききたしと　昨夜大連河西氏より椎野氏履歴書送附すべきを電報にて申送り亦今朝手紙も来る　即日返事を出す

三月十六日　木　曇

近藤庫氏独乙より帰朝教室へ来る、又鳥居龍蔵氏来りて台湾蕃人談などあり、来月より人類学雑誌と改題し自分業績を集め抄録したし、二十五年祝の件にも的当す云々

三月十七日　金　雪

鳥居龍蔵氏来り　自分業績に付話す又人類学上興味を始めて起したるは在伯林中ハルトマン氏に接したるを以てすなど云へり

三月十八日　土　晴曇

午前十時半頃教室小使野島脳溢血にて頓死す　両三日来良一も中耳炎に罹る、喜美子未だ全治に至らす　文子佐倉より出京泊す

三月十九日　日　雪　みぞれ

悪天寒し終日在宿

三月二十日　月　晴

午後教授会、塩田、長与二助教授学位の件可決　文子佐倉へ帰る　喜美子竹田（加藤）家へ行く

三月二十一日　火　晴

閉講、石原喜久太郎氏教室へ来る　来二十六日出発独乙へ赴くよし、ドレスデン衛生博覧会の要務を帯びてなり　晩山上に於て浜尾総長始職員諸氏より帰朝歓迎の宴を催さる　帰朝者古市（欠席）桜井、真野、田中舘、中野、長岡、建部、中島（力造）及良精等なり、伯林大学百年祭の模様を一寸談話す、九時半帰宅　三二試験すみたりとて悦びてあり

三月二十二日　水　曇　休日

朝新橋に到り三浦謹之助氏帰朝を迎ふ其他家にあり　晩皆と団居して談す

三月二十三日　木　曇少雨

三浦謹氏教室へ来る　喜美子鳩山家を訪問す

三月二十四日　金　曇

樺太大泊の人教室へ来り「アイノ」人頭骨一個寄贈す　足立寛氏古稀祝賀会へ弐円出金す　帰途赳夫方へ寄る、精腋軟膏を試み居ることを話す　良一耳科へ行き三二を連れ教室へ寄る

三月二十五日　土　晴

春候を催す、教室不参、午食、直に良、三を連れて出て赳夫を誘ひ本郷より電車にて青山終点に下り渋谷辺の林中に遊び「ゑびす」より電車にて烏森まで来り、橋膳にて食事、是より独石原喜久太郎氏渡欧、六時新橋出発を送る　七時帰宅、赳夫来り居る　昨夜本郷赤門斜向美満津隣出火、白山通りの正方に当りて見へたり

三月二十六日　日　曇少雨

午前大沢岳氏方へ行きてポール氏依頼のフィンゲルアプドリュッケ〔＊指紋〕乞ふ、午刻宮本仲氏の紹介を以て湯浅寛隆氏来る米国渡航すと　晩食後白山薬師寺に到る曙町諸氏の集会なり地代引き上げに付相談会なり　同時に供和倶楽部を組織す、今村、桜井、松村、高橋（作衛）、平塚、水本の六氏を総代に推す　十時帰宅

三月二十七日　月　晴

大学構内桜花開き始む、石原喜久氏を歯科に訪ひ島峰官費にて一年間留学延期のことを尽力あらんことを頼む、ベルツ手紙来る　荷物一箱到着す何人の送りたるものか不明、小供一個と付箋あり種々の疑を生ず、開き見れば土製人形の可愛ものなり

三月二十八日　火　晴

足立文太郎氏出京教室へ来る

三月二十九日　水　晴

病理教室へ行きCribra cranii〔＊頭骨の多孔性骨変化〕に付引用すべき書を調ぶ　ポール教授（ベルリン）へ予て依頼のフィンゲルアプドリユッケ高橋大沢二家族のものを発送す　喜美子等北蘭を誘ひ上野公園へ行く　三二附属小学校卒業、今日式あり

三月三十日　木　曇

臼杵才化氏台北より出京来訪、晩赳夫精を伴ひ帰り十二時去る、明日鎌倉行を略ほ約束す

三月三十一日　金　曇晴

朝風強く曇りて天気あやし併し予報はよし依りて出かける　良一を先に赳夫を誘ひ電車にて新橋に到り八時二十分発す、幸なるかな急行にして九時三十分頃鎌倉着す天気暫よくなる、大仏の桜を見る八分開く、七里ヶ浜に出て茶店に憩ふ、甚熱し、携ふるところサンドウヰツチなと食したり時十一時半頃、海岸砂上を歩す、富士を望む、甚愉快なり、二時頃江の島金亀楼に登る、食事（一人一円五〇）、四時頃出て岩屋に下る、波高し、片瀬より電車、藤沢五時十八分発、途中鶴見町の大火を見る七時新橋帰着、家に帰り赳夫九時過去る　皆満足す

四月一日　土　晴

桜井、八木田、浅井、敷波氏出京、教室へ来る、談話にて暮す

四月二日　日　晴

十時半教室に到り、諸氏に明日のことを打合す、田口氏来る　解剖家諸氏を饗応せんため偕楽園へ打合す　五時帰宅、晩千駄木へ行き栄遺稿を持参、相談す又臼杵氏依頼の某軍医洋行の件に付尋ぬ

四月三日　月　雨

知友諸氏より予て計画せられたる良精在職二十五年を祝せらる、午前入浴し家族其支渡に忙し、佐藤亀一氏郷里より出京来訪、十一時半頃二村氏迎へとして来る　誘はれて先解剖教室に至り暫時控へ居る尋で山上集会所に到る、十二時半式場に入る、岡田和一郎氏開会を告ぐ、大沢岳氏の報告及氏の著述Darmepithelien〔＊文献〕の寄贈あり、二村氏より贈与品の目録を授与あり、学生総代（平松涛平氏）、長岡市医師有志総代谷口吉太郎氏、門弟総代新井春次郎氏、新潟県教育会総代鳥居錦次郎氏、友人総代弘田長氏、専門学校総代八木田氏、福岡医科大

学総代桜井氏、京都医科足立氏、青山学長、浜尾総長順次祝辞あり　次に良精謝辞を述ぶ、終て来会諸氏（二〇〇名計）ビイル盃を挙げて万歳を唱へらる、之にて式終り解剖教室へ引きあぐ　教室にて尚ほビイル及茶菓を饗すこれは住宅まで送るとのことに付それを避けて教室に於て受けたるなり　時に二時、胴挙げなどあり三時過ぎて散ず　これより自室にて休憩、寄贈品等を見、写真などす、五時半再ひ二村氏の案内にて上野精養軒に到る、祝宴なり、ピアノ、物真似などありて食卓につく、浜尾総長の発声にて祝盃をあげらる、良精謝盃をあげて後卓を離れ別室にて余興あり十一時帰宅、二村新井二氏送りくれたり、終日雨降り且つ寒て困りたり

四月四日　火　晴

九時教室に到る、解剖学会なり、十時頃より始む、午後弘田氏来り井上文蔵如何など話あり、クリブラ・クラニイ及び四肢長骨中部横断形につき演舌す、五時閉会諸氏招待のことは大沢氏のと落合たれば明日に延す　紀念品は宅へ運ばる、六時半帰宅

四月五日　水　晴風

十時教室に到り、鈴木、早乙女二書記をも招待す　午後一時教室を出て諸方へ礼に廻る、青山、橋本、三浦謹、佐藤三、岡田（夫人に面会）、榊順、弘田、内藤久（面会）、浜尾、呉の拾軒に帰る三時半なり、四時再出て偕楽園に到る、来会せる人、二村、椎野、西、山崎春、足立、敷波、久保、浅井、長谷部、田口、新井、森田、桜井、八木田、佐藤、斎藤、大串、石川、鈴木、早乙女、山越の二十一名及主人側自分と良一、案外賑かなり石川氏等のうたひなどあり　ワルダイエル、ハンス・フィルヒョウ、コプシュ、シュワルベの四教授へ寄書き紀念絵端書を出す　十時過ぎて散す、此費五拾七円六拾四銭

四月六日　木　晴

教室不参、午後安田恭吾氏来り稔四五日前帰朝せりと如何なる事情か疑はし、赳夫、千駄木母堂及二児、橋本二児を招きて夕食を馳走す

四月七日　金　晴

教室不参、赳夫、良一、精を連れて小金井行、橋際茶店に休む、国分寺より汽車にて帰る

四月八日　土　晴

斎藤勝寿、新井春氏来訪、良一、精、三は向島競漕会へ行く、選手競漕は工の勝、医第二着　晩食後田鶴を連れ

て向島夜景を見る、十日頃の月あり

四月九日　日　晴風

十時教室に到る、五時頃坪井、片山、大沢謙、緒方へ礼に廻りて帰る

四月十日　月　曇風

午後医学会事務所に到り雑誌調ぶ　帰途上野公園内土田卯三郎氏を訪ひ祝賀に付礼を述ぶ

四月十一日　火　雨風

午後医学会事務所にて雑誌を調ぶ

四月十二日　水　晴

始業、七時出勤、先つ顕微鏡実習に付講義す　加門桂太郎氏新潟医専より依頼に依り出張講義せしところ帰途東京に寄り一寸尋ね来る　入沢、賀古両家へ礼に行く　晩、橋本家へ行き新井氏より話の出石娘のことを通ず

四月十三日　木　晴

顕微鏡実習に付講義す、午後は耳鼻、小児科、皮膚、医学会事務所へ廻りて雑誌を見る　晩布施現之助氏帰朝来訪　赳夫来る

四月十四日　金　晴

医学会事務所及内科へ行く文書目録清書す　在台湾桜井某なる人より生蕃骨格二個寄贈せらる留守中安田稔氏帰朝挨拶に来る　藤野厳九郎、久保猪之吉、鬼頭英、吉永虎雄、竹中成憲、上坂熊勝、石原誠、塚口利三郎の八氏へ特に祝電又祝詞を寄せられたるに付紀念絵端書を書き礼を述ぶ

四月十五日　土　曇雨

神保小虎氏一寸教室へ来り鶴のことに付質問あり　池田陽一、天谷千松、加門桂太郎、池上馨一、池原康造、柳瀬実次郎、鈴木文太郎七氏へ祝賀の礼状を認む

四月十六日　日　曇晴

漸々晴となる、新井春次郎氏来り柿内のことを須藤氏より聞きて直に知らせくれたり共に昼食す、氏去て良一、精、三を連れて浮間茅野へ散歩す桜草見事なり　文子出京、泊る　留守中岡田良平氏来れりと　晩赳夫来る十二時に近き頃去る

四月十七日　月　雨

在京都長谷部氏日時計送附、大沢岳氏より柿内談あり

四月十八日　火　晴風

帰途隈川家へ礼に寄り根津神社を通りて帰る　新潟県教育会長鳥居錦次郎宛礼状を谷口氏へ同封にて届方を依頼

す、晩恭吾氏を訪ふ稔氏不在、未面会せず

四月十九日　水　快晴

帰途名児耶六都氏方へ祝賀の礼に行く、これにて先終る、序に長谷川泰氏を訪ふ帰朝後始めてなり不在、晩岡田良平氏を訪ふ、在伯杉村七太郎氏に付質問あり

四月二十日　木　晴風

終日実習にて疲労を覚ゆ、祝賀宴会精養軒にて写したる写真出来す　観桜会なるも不参

四月二十一日　金　晴

歯科へ行き石原氏に会ひて歯科留学成否を問ふ　未要領を得ず、H・フィルヒョウ、バルテルス、G・フリッチ諸氏へ歯、皮膚の研究材料を発送したるに付通知手紙を出す、文子去る

四月二十二日　土　晴

長野純蔵氏帰朝来訪、喜美子岡田へ行き柿内のこと聞く

四月二十三日　日　晴

昼食直に出かける赳夫児等を誘ふ（三二は学校に会あり）荒川茅野へ行く人出多し桜草取り尽されたり

四月二十四日　月　晴風

晩千駄木へ故栄著述集出版のことに付相談

四月二十五日　火　雨

昨日千駄木母堂石龍子を投す　今日喜美子行く

四月二十六日　水　晴

喜美子昨日のところへ行き教室へ寄る

四月二十七日　木　曇晴

四月二十八日　金　曇

晩食鶴、三を連れて日比谷公園へ行きたるに雨降始め三橋亭に入りて其止むを待ちたれど増々強くなり九時に近くなるも止ます　傘を借りて帰る、良、精は赳夫と有楽へ行きたり

四月二十九日　土　曇

三二向島にて競漕会なりとて之に行く

四月三十日　日　雨

鈴木孝氏が七里ヶ浜療養院開院式に招かれ十時二十分新橋発にて赴く十二時半着す　既に食事中なり終て院内を一覧す二時半辞して帰途に就く五時半帰宅、天気悪しく困る

五月一日　月　晴曇

五月二日　火　晴

故栄のために醵金中へ拾円出す又論文別刷残部を長与氏へ渡す　ルー教授（ハレ）より肖像を受領す　晩在ストラス山内保氏へ手紙を書くキアリイ、メチニコフ両先生に紀念辞依頼の件なり

五月三日　水　晴

五月四日　木　晴

五月五日　金　雨

午前人類学教室へ行きベルツ氏へ送るべき鳥居氏著書台湾のものと満州のものと請ふ紀要の分は直に貰ひ、満州の分は満鉄会社に請求することとす、次に動物学へ行き谷津氏ルウ氏肖像を渡し教室内を通覧す、これ新築成て始めてなり、是より歯科へ行き石原氏に島峰留学のことに模様を聞く未だ要領を不得

五月六日　土　曇

昨日より書き始めたる手紙今日出す即ちラヌロング（パリ）著書送附の礼札レーマン＝ニッチェ（ブエノスアイレス）同上、W・ルー（ハレ・アン・デル・ザーレ）肖像贈附の礼状並に自分の写真、ベルツ（シュツットガルト）へ鳥居氏著台湾及満州のもの二冊及手紙を出す　鳥居氏へベルツ氏より送り越したる金六円（苗族論文の代として）渡す　石原久氏教室へ来る　昨日福原氏に面談、半官費位にて出来得べきか云々　大沢岳氏等より二十五年祝賀会の名を以て著述出版費として金壱千五百円受領す　鶴真千駄木の手を経て富士川氏へ遣る　北蘭橋本家へ泊

五月七日　日　雨

文子出京のよし、帝国戯見物なりと

五月八日　月　晴

午前雑誌新公論記者来る

午後教授会、これと云ふ議事なくして終る　H・フィルヒョウ氏より手紙来る　ワルダイエル先生ドクトル五拾年祝賀に際し先生の新旧助手よりマルモル半身像を贈呈することに決定し良精の分弐拾マルクと記入せる趣なり総費額五千マルクなりと

五月九日　火　晴

五月十日　水　晴

早く弁当を食し文部省へ行き（帰朝後始めてなり）福原専門に会ひて先つ西、布施両氏のことなど話し次に歯科及ひ島峰官費のことに付懇談す　半官費ならば出来得べき　兎に角熟考すべければ本月末まで猶余ありたし云々次に岡田次官に一寸逢ひ渡部董氏不在に付名刺を置きて

去る、これより三井銀行に到り祝賀会より贈られたる金壱千五百円を当座預けとなす、次正金銀行に到り独貨弐拾マルクを為替を組む　ワルダイエル先生半身像製作費の分なり三時教室に帰る、甚熱し夏の如き心地す　H．フィルヒョウ氏へ為替封入手紙を出す　晩島峰氏へ文省へ行きたること認む　昨日喜美子加賀美へ托したる柿内のこと早速探りて返事ありたり

五月十一日　木　晴曇

ルー氏より肖像は石川氏へ贈り呉れ云々の端書来る　併し既に谷津氏へ贈りたる後なれば致方なき旨返事を出す

五月十二日　金　曇

本部に浜尾総長訪ふ来客に付中村書記官南米骨格一件に付催促を托す、石原歯科に寄り福原氏と会談の模様を報す　柏崎内藤氏島峰氏官費の件に付依頼の手紙来る直に返事を出す

五月十三日　土　晴

熊本吉永氏助手柏木某出京教室へ来り同氏より寄贈の水平焼花瓶を持参す　晩良、三を連れて橋膳にて食事す、赳夫来る

五月十四日　日　雨

終日雨降り在宿

五月十五日　月　曇晴

三井銀行当座預通帳を大沢岳氏に渡す

五月十六日　火　晴

コプシュ氏より偕楽園にて出したる端書の返事来る　大Exc.〔＊出版せり〕となりたるを祝するの意味なり　大沢岳氏を介して柿内家より吉報あり　晩喜美子千駄木へ行きて相談す

五月十七日　水　曇

大沢氏へ大概の返事をなす　ワルダイエル先生より偕楽園連名絵はがきの返礼来る　熊本吉永氏へ測定器注文依頼のことに付問合せの手紙を出す又解剖書続巻を小包にて出す　気早にも田鶴学校を止め、喜美子と両人衣服見立てに出かける

五月十八日　木　晴

晩橋本へ行き出石のこと、日時計のこと、鶴略決定のことなど話す

五月十九日　金　晴

帰途西片町に赳夫を訪ひたれども人あるを以て黙して去る

五月二十日　　土　晴曇

教室に於て大沢氏へ確答をなす、昨日柿内老人尋ね来り種々話ありたりと　午後四時前教室を去て横浜へ行く広瀬渉氏催新築落成開業式に招かれたるなり　余興は済み、院内を見て直に日盛楼と云ふ西洋料理屋に到り晩食の饗応を受く八時五分発車十時帰宅

五月二十一日　　日　晴

早朝岩井廉蔵氏来る（昨日留守中にも来れり）困究《ママ》談あり、外出青山北町に根岸錬次郎氏妻君を尋ぬ　帰朝後漸く尋ねたり折悪しく不在、岡田家へ寄る岩井女の嫁したる神尾氏に付き且岩井氏一家の物語りをなす、柿内談進行中のことを漏す昼食す　是より原信哉氏を原町に訪ふ在らず妻君に会ひて去る四時帰宅　北蘭昨日大森石垣家へ赴かる帰宅されたるところ赳夫氏来り居る田鶴決定のことを話す　家中なかなか混雑、大沢氏より書面を以て会見廿四日、結納六月六日、式同廿九日とすべし云々申来る

五月二十二日　　月　晴

午前教室にて大沢氏に昨日書面の趣に付返答す　午後教授会、八木田氏論文を報告す全会一致を以て通過す四時半散す其旨を上坂氏へ直に報す　是より権兄を訪ひ鶴婚約決定のことを知らす　晩大沢氏来り今日柿内家を訪ひ種々談合せしよし即ち会見は二十五日とす、式は夕方となりても宜しかるべし云々

五月二十三日　　火　曇

喜美子田鶴子奔走す

五月二十四日　　水　曇驟雨

明日の準備のため喜美子忙はし、又田鶴江木へ行きて写真す

五月二十五日　　木　晴

四時組織実習を終へ急ぎて帰宅、五時前来着、老夫婦、三郎、大沢氏とす、北蘭の部屋に通し紹介すみて客間に移り宴を開く此方列席するもの両人及良一、田鶴とす、九時前散す

五月二十六日　　金　晴

午前柿内三郎氏教室へ挨拶に来る、石原氏を歯科に訪ひ島峰官費の件様子如何尋ぬ　好望なり尚ほ明日行く筈、自分直に文部省へ行く福原氏不在、徒労、四時半家に帰りて二人大沢家に到り尚ほ夫人に媒酌を依頼す　晩食後鶴、精、三を連れて銀座へ行く大通りを日本橋まで歩き

梅園にてしるこを食せしむ、自分は始めて新日本橋を渡る

五月二十七日　土　晴

午前柿内老人教室へ来り日比谷の方愈差支なし時刻は五時半とす。帰途富士川游氏へ挨拶に寄る　晩橋本へ行き出石のこと如何などはなす

五月二十八日　日　晴

昨夜中鶴氏来り泊す、浜須賀に転勤したるなり赳夫氏来り眼かなりしよし　午前蠣殻町に原田貞吉氏を訪ひ礼を述ぶ　午後根岸錬次郎氏夫人来訪　晩田鶴を連れて買物に出る池の端十三屋にて櫛一組及本郷通りて金盥等を求む

五月二十九日　月　曇

午後教授会ありたれども出席者少く学位論文に付議すること叶はず、青山学長教室へ来り椎野助手が商人と結託し云々の一年生手紙持ち来る　家の夏期大掃除を行ふ

五月三十日　火　雨

九時より四時まで打ち通しの授業大に疲労す　山崎英次氏帰郷静養に付見舞品並に端書を出す

五月三十一日　水　晴

フリッチ博士（ミュンヘン人類学研究所助手）昨日来訪のところ授業中にて面会出来ざりしが今日午前九時再来る、ニューギニア探検の途次なりと、人類学教室に到り、是より誘ひて徒歩にて上野精養軒に到り食事、博物館、彫工会を見、是より電車にて浅草公園へ行く、花屋敷に入る、電車にて帝国ホテルに送り告別、六時半帰宅

六月一日　木　晴

六月二日　金　曇雨

文部省へ行かんと思ひ電話にて聞きたるに福原氏不在に付止む

六月三日　土　曇雨

山越より加賀美位置ある報を得、夕刻三二を連れて天金へ行き食、文子佐倉より出京　山内保氏より諸氏と研究旅行に出発の報あり去五月二日発した手紙間に合はざりしは遺憾

六月四日　日　晴

蒸熱、在宿、親類書、結納目録など案を立つ、午後芝中の草を除く

六月五日　月　晴曇雨

午刻文部省へ行き福原氏と会談、島峰官費留学の件　本年度中三百円位にて他は自弁と云ふことにて如何云々、四時過帰宅、先方よりは結納、大沢氏朝持参せらる入浴など混雑の中、大沢氏夫妻見ゆ、結納を渡す、三人は三十分遅れて出発、六時前先方へ着、階上洋室にて挨拶、四郎氏夫婦にも紹介せらる、書斎などを見て七時頃膳に就く大沢氏夫妻、柿内夫妻、及三郎等なり　父子の謡曲仕舞などあり十時去る時に雨降り始む

六月六日　火　曇

午刻医化学教室に到り三郎氏に挨拶、又隈川氏に漏す、午後実習を終へたるところへ大沢氏より、式日に関する種々打合せ談あり、五時半帰宅、赳夫来り居る昨日より試験始まる、模様よし

六月七日　水　曇

午前一寸橋本へ行き出席の件に付昨晩宜しく頼む云々報ありたるにより会談の末、先方財政如何の点、今一応聞きたし云々依て帰途新井へ寄りそれを聞きて教室へ帰る、長谷文氏来りて久子建部の件に付談あり、又島峰正氏教室へ来り内藤氏上京は遅るよし依て直に手紙を出す六時半帰宅、喜美子は建部、久子会見のため不忍弁天へ出向す、晩権兄へ行き来廿九日式を挙るに付宴会に列席を頼む、橋本へ寄り新井夫人より聞きたることを報す十時帰宅、数件の結婚談にて多忙

六月八日　木　晴雨

在大連河西健次氏椎野採用日付けのことを何日とすべきかを昨晩電報にて問合せあり今日可成早くと返電す　長谷文氏教室へ建部、久子の婚約整ひたる礼に来る

六月九日　金　晴曇

午刻浜尾総長と会談、南米人骨の件なりなかなか六ヶ敷模様なり　大沢氏より来廿九日招待すべき人に付双方両親の名を以て招状を発すべし又岡田夫婦をも招くべしとの話あり　ワルダイエル先生、コプシュの両氏へ二十五年祝賀礼絵端書を又ローミッチ教授（ピサ）へ絵端書を出す　ウィルソン教授（シドニー）より「アイノ」頭骨の受取状来る

六月十日　土　晴雨

隈川氏来り須藤留学の件に付応援云々の談あり　午後五時過山上集会所に到り坪井正氏渡欧に付人類学会等の催し送別会なり九時帰宅

六月十一日　日　雨

昨日橋本氏来りて出石家のこと愈々可と決した趣決答ありたれば午前新井家に到り其旨を先方通することを托し橋本へ寄りて帰る　午後精、三を連れて赳夫様子を見んため行きたれど不在、建部、久子の件戸籍上のことに付面倒起る

六月十二日　　月　曇

午後教授会あり学位一件其他雑問題、在智利国公使日置益氏人骨採集に付尽力せられたる礼状を出す

六月十三日　　火　曇

長谷文氏又々教室へ来る、喜美子建部へ出向

六月十四日　　水　晴曇　晩大夕立

六月十五日　　木　雨

長岡川上政八氏より手紙並に金参拾円為替送附あり　これは在職二十五年を祝せんため有志者二十五名より醵出せられたるものにして著述出版費中へ算入すべき指定なり

六月十六日　　金　雨

朝八時より組織試験、四十五分間とす、クノルペルゲベーベ〔＊軟骨組織〕なり　三年同一問題出たるは奇と云べし

六月十七日　　土　曇晴

午後赳夫教室へ来る北田氏同道、選択科目刑法各論の試験取消す云々、時に長谷文来る、腹工合少しく悪し電車にて帰宅　柿内家より帝国ホテルにて披露す云々　大沢氏を以て通知あり、H・フィルヒョウ氏W先生ユビレウム〔＊記念祭〕の半身像費へ二拾マルク送りたる返事来る

六月十八日　　日　曇

腸加答児宜しからす、在宿、午前午後共建部、久子間結納交換あり　午前午後共為めに多事、小林文郎氏出京、午食し去る、連名にて在倫敦原口初太郎氏端書を出す、午後新井春氏来り出石家より断りの報ありたるよし

六月十九日　　月　暴風雨

今日記載解剖学講義を閉つる積りなりしも未全く終らす、答案調べを始む、柿内氏より手紙来り七月二日披露案内状草案などのことなり夜大沢氏方へ相談に行く　邸内檜四五本風のため傾く其他格別損害なし

六月二十日　　火　晴

午前十時叙位のため参内　叙従三位　十一時帰宅、昼食後教室へ行く、顕微鏡実習南満医学堂幹事島根用三氏来り新設校に付種談話あり、大連河西氏へ「椎野、久保速

く頼む」の電報を発す　四時過教室より柿内家へ行き、二十九日及七月二日披露のことに付種々相談す、先大体極りたり七時帰宅　長岡川上政八氏へ礼状及有志各位宛（同氏より送り越したるもの）端書を出す

六月二十一日　水　晴

十時より十二時半まで講義し脳講義を脳膜及血管を残して閉し又顕微鏡実習も終る、急ぎて弁当を使ひ喜美子来る、更衣、共に一時半日比谷大神宮に到る　建部氏、久子結婚媒酌に立つ、式終り帝国ホテルにて宴会あり総て二十四名、六時散す、帰途三崎町へ寄り来二十九日宴会列席のこと確と話す　大連河西氏より今朝返電あり

六月二十二日　木　曇

終日教室にて答案調べ、長岡人山崎庄三郎なる人梛野の名刺を持ちて来る、赳夫今日試験済みたりとて来る当人安堵の様子なり　喜美子田鶴を連れて柿内家を訪問す

六月二十三日　金　曇

終日教室にて答案調べ、六時電車にて帰宅　在ブレスラウ島峰氏へ手紙を書く　名義上官費とすと云ふことになるならん云々

六月二十四日　土　晴

終日教室にて答案調べ、六時電車にて帰る　田鶴学校教師十名計招きて饗応す

六月二十五日　日　晴

教室にあり、田鶴友人四名、其外橋本千駄木など招く　晩都筑むつ赳夫の居動に付穏ならず云々の駐《ママ》進を持ち来る

六月二十六日　月　曇

朝出勤途次赳夫方へ寄りて尚ほ二十九日来会のことを通す　別に応諾の答はなきもそれと推察す、別に異状を認めず、午後教授会あり、優等生選定其他学位一件五時去て電車に依りて帰る車中中鶴氏に逢ふ　赳夫来り居り十一時まで雑談、今日は特に来訪者多かりしと又文子出京

六月二十七日　火　雨

終日顕微鏡実習試験、天候不快　支渡略ほ整ふ、新井よりふとん類持ち来る　晩喜美子雑品残部を本郷へ買ひに行く

六月二十八日　水　風雨

終日試験、今日荷物を送る筈なりしも悪天のため延す、晩千駄木母堂、赳夫来る、田鶴今夜限り訣別、前途如何、

荷物番のため良一、三二と書斎に寝る

六月二十九日　木　雨

降雨止まず、ワルダイエル先生来七月二十二日ドクトル五十年祝賀挙行に付賀状を出す　午後四時今日の試験を終へ更衣五時少し過きて日比谷大神宮に到る、皆揃ふ、双方一列に来りたるなり、午後出発と荷送り打ち合ひて甚混雑せしよし、五時半式を始む、六時十分頃終る徐々帝国ホテルに到る　丁度内藤久寛氏に逢ふ島峰名義官費のこと愈承認のよし。集りたるは双方の親戚及大沢氏夫妻、原田貞吉、富士川游氏、総て二十七名なり、十時散す、帰りて十二時頃眠る

六月三十日　金　雨

終日雨止まず、試験第四日にて全部終る、五時半家に帰りて見れば甚静なり、晩試験成績を調べなどす

七月一日　土　雨

今日も尚ほ雨止まず、評点調べ終り事務室へ遣る　午後三時迎へ来りて帰る、田鶴三日目に付朝より来る　三郎氏送りて教室へ行き午後再来り連れ帰る筈　食事など一切略す、四時迎への車来りて両人去る

七月二日　日　雨

午前横田四郎来り又々福島甲子三氏へ紹介を頼む依て名刺を遣る　午後入浴、支渡、三時半共に出て帝国ホテルに赴く　柿内家催し三郎、四郎両氏結婚披露の宴なり之れ此方も少しく加担す、大学側にては浜尾総長、桜井夫妻、緒方夫妻、青山夫妻、隈川氏、岡田夫妻、大沢岳夫妻、池田夫妻、弘田夫妻、須藤氏なり其他船越衛、山本達雄銀行員とす総人数五十七人、六時食卓に就く　八時十五分全く散す直に辞し九時家に帰る　文子佐倉へ帰る

七月三日　月　雨

午前教授会、特待生四名選定す、良一成積八七、五五席次八番、午後は昨年渡欧旅行日程を書き文部省へ送る

晩赳夫来る

七月四日　火　雨

図書室を整理す、午後四時頃浜尾総長より呼びに来り直に行く　人類学教室との関係、露国土人骨所属の件なりなかなか六ヶ敷、要領を得ずして六時半去る

七月五日　水　晴

永々の降雨漸く霽れる　坪井正五郎渡欧八時十五分新橋発車を送る、是より教室に到る、図書室整理終る、四時

半帰宅、庭の草を取る　潤三郎氏京都より出京来る
　七月六日　木　晴
出勤途次赳夫へ寄り帰郷の期日、我家より立つこと、精を遣る時期のことなどを相談す何れも要領を得す、教室にて寄贈の論文を整理す、五時半帰りて共に大沢家へ礼に行く、又晩食後橋本家へ行き出石の件六ヶ敷きこと通す、十時半帰宅
　七月七日　金　晴曇
寄贈論文調べ、一昨日来石原氏に面談せんこと求むれども其機を得ず、晩赳夫来り客間縁側にて月を見る
　七月八日　土　晴風
寄贈論文整理、六時半帰宅、歯科に石原氏を訪ふ　家事のため未た福原氏に面談の機を得ずと依て文省へ自身行かんと欲し電話にて問合せたるところ福原氏北海道へ出張中のよしに付止む
　七月九日　日　晴
暑酷し、三十三度、終日在宿、晩縁側にて月を見る　赳夫、原馨氏来る　諸方へ祝品返礼をなす
　七月十日　月　晴
暑酷し、教室にあり、喜美子午刻来り金子を持参す、午後三時出て柿内家を訪ふ、式日等の費用精算旁なり、晩食し七時過帰宅
　七月十一日　火　晴
卒業証書授与式に付　臨幸、八時過平日の通り出勤、更衣十時半奉迎のため列に加はる　式後標本古文書等を見て教室に帰る、熱さ酷し、四時命車帰宅、入浴、赳夫帰郷に付共に夕食し、精を連れて上野停車場に送る七時発車、直に帰宅　今朝鈴木文太郎氏出京来宅
　七月十二日　水　晴
熱さ酷しく困る、鈴木文氏午前に教室へ来り共に昼食し談話、電車にて六時帰宅
　七月十三日　木　晴
教室にあり、午前松村瞭氏来り長談、午後新井春次に久保武来る、電車にて帰る　晩少しく雨降る且気温降る
　七月十四日　金　晴驟雨
午刻文部省へ行き、福原氏（今日朝旅行より帰りたり）に面会、島峰氏の件愈決行を頼む　五時より山上集会所に医学会二十五年祝賀に付常議員会に出席、時に大雷雨あり、其止むを待ちて九時過帰宅、電車今朝巣鴨まで開通す　きみ子柿内へ行き二十九日及二日宴費分担の分

百六拾五円余を出す　青山氏教室へ来り三浦守治氏論文、紀要に掲載のことは止むる方然るべし云々の話あり、恰も医学会の際三浦守に逢ひたれば其様に取り計ひたり

七月十五日　土　晴

教室不行、三二試験済みて昼帰る、午後三時三児を連れ出かける、三越へ行く休憩、是より歩き銀座天金にて食事、日比谷公園松本にて休み七時帰る、文子出京

七月十六日　日　晴

午前蠣殻町に原田貞吉氏を訪ひ礼を述ぶ、電車の混雑予想外なりき、喜美子は皆を連れて三越へ行く　気温少し下り凌きよし

七月十七日　月　曇少雨

教室より帰途富士川游氏方へ礼に寄る　三二江の島鎌倉へ遠足す

七月十八日　火　晴

七月十九日　水　晴

ウィルソン（シドニー）に論文数種寄贈の礼札を出す
福原氏へ島峰の件に付模様を尋ね遣る

七月二十日　木　晴

土肥慶蔵氏今朝帰朝に付新橋に迎ふ是より教室に到る、良一今朝戸田水泳部へ出発す　精子学校今日限りにて休となる

七月二十一日　金　曇

朝岡田良平氏永く病気にて引籠り居るに付見舞ふ但し面会せず、帰りて庭に出て終日暮す又草取人夫来る、午前十一時頃田鶴子来り午後四時頃去る　珍しく冷気、甚心地よし

七月二十二日　土　曇

教室へ行く、四時帰宅、晩食後北蘭、精、三を連れて柿内へ行く是始めてなり　北蘭は人車、他は電車

七月二十三日　日　雨

教室へ行く、五時より山上集会所に椎野鋓、森田斉次二氏独乙留、久保武氏奉天医学堂赴任に付同学にて送別を催す、十時帰宅

七月二十四日　月　曇晴

教室、俸給を受取る本月より向二ヶ年間一割即三一〇円済生会へ寄付の分一二、九〇を差引かる、弁当を食し直に帰宅、三時頃精、三を連れて浅草公園へ行く帝国館に入る二児大悦なり　七時帰宅、再ひ熱くなる　今朝赳夫より精越後行見合せ云々申来り重て遣したき旨認め直に

投す

七月二十五日　火　曇雨

教室へ行く、横田四郎氏来り、瓦斯会社集金職を希望に付福島氏に頼み呉れ云々、次に困極殆ど其極に達し六〇金計借用したし云々但し断る、ために午前をつぶす、五時帰途驟雨に逢ひ困る

七月二十六日　水　晴

昨夜暴風雨、庭内樹木倒るもの先達より多し、市内の損害先般より更に大なり　深川辺死者多数あり　教室自室大掃除のため行かず、終日在宿

七月二十七日　木　晴

朝福島甲子三氏を訪ひ四郎氏依頼のことを話し帰りて同氏に手紙を出す　昨日来電車不通、在宿

七月二十八日　金　曇

電車尚ほ不通、教室往復共歩す、晩食後皆々とばら新へ行きばら四種を選む、赳夫より昨日返事来り精子愈々行くこととなり、ばらの注文ありたればなり

七月二十九日　土　雨曇

電車開通す、教室へ行く、横田四郎来り瓦斯会社集金人就職保を請ふ但し断る

七月三十日　日　風雨曇

昨夜来風雨強し、午刻雨止む、午前高橋邦三氏来り心性学の話あり、在宿、晩食後槇町下駄屋まで精、三と散歩

七月三十一日　月　曇晴

朝青山に根岸家を訪ふ両息高等学校入学如何を尋ぬ、是より教室へ行く四時半帰宅　晩食後共に精、三を連れて本郷へ買物に行く、精明朝越後へ出発せしむべし

八月一日　火　晴

精子越後へ六時十分出発、三二を連れて上野に見送る、是より公園内を歩、清風心地よし、七時動物園開園を待ちて入る、過般来りし河馬を見る、八時半帰宅、三二は小鳥を買ひに出行く、坪井正氏妻女来り息の高等学校体格検査に付心配さる依て午刻同校に赴き中山氏に面会し好報を持ち帰る　妻女大に喜ばる、午後荏苒、晩突然柿内全家来る

八月二日　水　晴

午前十一時文部省に到り福原氏に面会、昨日同氏より書面来りたるによる、島峰氏官費留学は一日の日付けを以て辞令を発すべし、学資は一ヶ年五百円、旅費等百五十

円と決定せり云々午刻教室へ帰る、田代義徳氏来り織戸氏論文紀要に掲載のこと申込まる、三浦守治氏来り独乙学者へ書面を以て氏の論に付き意見を聞きたき旨申送る云々　又近沢勝美氏新潟専校画工啞生某を伴ひ来る

八月三日　木　雨

六時帰宅、文部省より島峰氏辞令其他の書類送附、内藤久寛氏へ通知手紙を出す

八月四日　金　雨曇

昨夜来大降雨、時々止むも又降り出す、教室にて在独島峰氏へ手紙を書き辞令書等書留にて出す、四時教室を出て牛込内藤氏別宅に到り島峰氏母堂通知、次に小松家を訪ひ六時帰宅

八月五日　土　晴

教室にあり、晩食後三二を連れて日比谷公園へ行く風冷し

八月六日　日　曇晴

教室にあり、文子佐倉より孝子を連れて来る

八月七日　月　晴

暑中らしくなる、ワルダイエル先生より五十年祝賀状に対し挨拶来る、終日教室ありクリブラ（＊頭骨の多孔性骨変化）の文献調べ終る

八月八日　火　晴

教室にあり、晩片山芳林氏息荘次氏代人として来り同氏令嬢西成甫氏と婚約整ひたるに付式の節媒酌人として列席を頼む云々承諾す

八月九日　水　曇雨

終日教室にあり、午前より雨降り始め午後に至りて愈大雨となる六時頃出て帰る時雨益強く電車に困難す、今日喜美子三二柿内へ行きたれど行き違ひに田鶴子来り、四十五日内に里へ帰りに行くものなりと

八月十日　木　雨曇

昨夜来大雨、電車不通、人車にて新橋に到り椎野鋳太郎氏洋行出発を送り帰る　恰も田鶴子帰り去るところなり時に十時、三二を連れて白山下出火の情況を見に行く、晩十六日の月明かなり

八月十一日　金　晴

大沢岳氏別荘布佐へ行く　柿内若夫婦と三二を連れて上野停車場に会す七時発車、八時半過着、徒歩十五分計にて別荘に達す、皆弁当を持参す、四時辞し去る、七時帰宅すれば中鶴氏来り居る、同氏南方へ航すと、泊る

八月十二日　土　曇

教室へ行く、久保氏来る、同氏今晩出発、大連へ赴任す、朝鮮人研究論文紀要掲載の談あり、昨日会合を約したるも布佐行のため断りたるところ行き違ひて通せず為めに同氏教室に空しく待ち、且宅へも来りたるは気の毒なりき、内藤久寛氏教室へ来り、島峰氏官費留学を命せられたることに付談合

八月十三日　日　晴

終日教室にありたり

八月十四日　月　晴

八月十五日　火　晴

教室不参、西成甫氏片山芳林氏令嬢と結婚の式を挙げらるるに付媒酌人たることを頼まれ、三時過共出て日比谷大神宮に到る　花嫁殿遅刻五時少し前に漸く到着、直に式を始む二十八分にて終る　是より築地精養軒に到る、卓に就くもの二十四名計、九時辞し去る、良一旅行より帰る

八月十六日　水　曇強風

山内保氏（ストラスブルグより）にキアリイ及メチニコフ両氏の序文を依頼せし返書来る

八月十七日　木　晴

在宿、図書曝書に終日す

八月十八日　金　曇少雨

在宿、書斎に白蟻発生せしを駆除す又庭に出て草を採り焚火をなす　片山荘次氏礼に来る

八月十九日　土　曇少雨

教室へ行く

八月二十日　日　雨

在宿、仕事す、来訪者横田四郎、小林雄次郎、長谷文氏なり　長谷氏は建部久子単独にて郷里より帰京、不和一件報知なり

八月二十一日　月　雨晴

風雨強し為めに在宿、但午後は霽る、喜美子千駄木へ行き久子と会談　帰京の事情を聞く

八月二十二日　火　晴

教室へ行く、四時出て赤十字社病院に荒木氏の重患入院を見舞ふ七時帰宅、建部氏へ昨日来妻久子帰京一件に付返書を出す　在ストラス山内氏よりキアリイ教授の大栄文集序文を送り来る

八月二十三日　水　晴

教室にあり、山内氏へ手紙を出、午後三時半三郎氏来り図書室を見る、四時過共に帰宅田鶴は先に来り居り晩食を共にし九時過去る　精子十時二十分上野着の筈に付共に三二を連れて迎へに行く遅れずして着く、電車にて帰る

八月二十四日　木　曇晴

教室にあり、精、三柿内へ行きたり

八月二十五日　金　晴

熱さ強し、教室にあり、Cribra Cranii 論文清書を始む

八月二十六日　土　晴

熱益強し、夕食後精、三を連れて共に日比谷公園へ行く音楽あり、松本に休む、十時帰る　在ストラス山内氏より写真を送り来る又H・フィルヒョウ氏より邦人首を送りたる挨拶あり

八月二十七日　日　晴

在宿

八月二十八日　月　晴

教室へ行く、久子に来宅を乞ひて晩鼎坐して不和一条に付談合す大に悟るところあり心軟らぎて九時去り千駄木へ行きて泊る筈なり

八月二十九日　火　晴曇

昨夜久子去り直に電報を発し且手紙を認めて投す　終日教室にあり

八月三十日　水　曇雨

在宿、芝を刈りたる屑を焚く、午前喜美子が北蘭及精を伴ひて向島百花園へ行く、午後中沢三郎氏長岡に開業するよしにて暇乞に来る、五時良一、三二を連れて浅草やつこへ行き食す

八月三十一日　木　曇

大冷し、教室、建部氏より書面及電報の返事来る其意甚温和ならず　Cribra Cranii 清書一応終る、七日目なり、但し尚要目等を残す

九月一日　金　晴

教室へ行く、精、三学校始まる、山内氏よりメチニコフ先生の序文送り来る直に受取手紙を書く、晩千駄木へ行きて論文集に掲くるキアリイ、メチニコフ両先生の序文を見せ相談す

九月二日　土　曇晴

教室不参、芝の刈り屑を焚き、草を取る　午後三時半良、

三を連れて月島へ行く、是始めてなり　渡を渡り築地を通りて銀座通へ出資生堂にて休み新橋停車場にて西洋料理を食し帰る

九月三日　日　曇晴

教室へ行く、プレトリウス博士（アントウェルペン）へ先達て日時計（長谷部氏より得たるもの）を小包にて送り出したることに付手紙を出す　横田四郎先日来度々の請求あり又昨日手紙にて頼み越したる金計四拾円借用云々のこと今日留守に来り其半額を遣ることを承諾し両三日中に先拾円渡すべきこと話す

九月四日　月　晴

教室にあり、長与氏にキアリイ、メチニコフ両先生の序文を渡し故大久保論文集出版に付相談するところあり、四時半出て牛込小松春三氏を訪ひ染井墓移転の件愈実行すべきこと通ず　熊本吉永氏へマルチン測定器注文せしこと等手紙を認む

九月五日　火　曇

教室にあり、福岡解剖助手□□□（空き）教室へ来訪　本年中に留学するよし　四時帰りて是より染井墓地へ行く　小松春三及加賀美氏既にあり　移転の位置を定め其他打合せをなし愈明日墓石を取り除て明後日発掘すべし

九月六日　水　雨（晴）

教室にあり、認め置きたる外国注文書トラモン（パリ）、F・クランツ博士（ボン、ライン河畔）、P・ザイフェルトおよびR・フリードレンデル（ベルリン）へ書留にて出す、五時半帰宅　午後は雨止みたるに付染井墓石を取り除きたる筈なり　晩在郷建部氏帰京を待つの手紙を出す

九月七日　木　晴

昨夜来下痢す、午前九時半加賀美氏来り掘りて棺に達せること及棺腐朽せず未だ堅牢なることを報す　是より出て先吉祥寺に寄り明日読経のこと頼み染井墓地に到る、棺を検するに其儘移すに差支なし依りて穴に下して春三氏の来るを待つ時に十一時なり、午後一時頃春三氏来り直に土を埋め石を置き始む、二時頃去る、帰りて休養す夜に入り望月甚明なり

九月八日　金　晴

熱さ強し、午前九時吉祥寺に到る、清心院の墓を移したるに付兼て明年二十七回忌に相当するを繰り上げて回向す　北蘭の他牛込老母殿、春三氏妻女、原信哉氏妻女とす　十時終り皆染井墓所へ行きたるも自分は帰宅　腹工

合追々宜し、改葬費読経料共総て三十三円余　在ブレスラウ島峰氏より官費留学辞令書等受取り返事来る　赳夫郷里より帰京喜美精迎へに行く　十一時頃家に着き泊る

九月九日　土　晴

教室にあり、図書整理し製本を命す、四時半帰宅、田鶴午前より来り三越へ買物に行きたりと晩三郎氏母堂と来り三人九時頃去る、赳夫氏万佐へ転す

九月十日　日　曇

在宿、喜美子は午前柿内へ行く新夫婦撮影するに付頼まれたり、午後高山喜内氏来り売薬処方の依頼あり

九月十一日　月　曇

冷しくなる、授業を始む　総論解剖学なり

九月十二日　火　雨

終日悪天、赳夫昨日来泊る、晩例の腋臭のことに付長談、知得以来神病止まず、遺伝を最恐る、国元老人に相談したも要領を不得結局自個の判断に依る外なしとの意見のよし　但破るならば早きをよしとすとの忠告ありたるよし、母のエピレプシー〔＊てんかん〕の話あり祖母大に心配したりと遅くなり且つ雨降に降るを以て強て泊めたり

九月十三日　水　雨

森田斉次氏留学、七時四十五分新橋発を見送る

九月十四日　木　晴

再熱くなる、喜美子赳夫西片町旧屋に移るため早朝より終日奔走す、晩赳夫来る

九月十五日　金　晴雨

組織追試を行ふ、出席者十二名、問題クノルペルゲベーベ〔＊軟骨組織〕

九月十六日　土　雨曇

長谷文氏教室へ来り久子に付懇々頼まる　赳夫来り晩食十一時去る

九月十七日　日　曇晴

庭掃除をなす、良、精は赳夫と三越へ行きたり　晩食後久し振りにて橋本へ行く、香川県在勤女教員の談あり

九月十八日　月　晴

Cribra の写真四種必要に付関戸氏を頼み午後より之れに従事す、倍に拡大する工風に付考案し時を消す　田鶴写真出来したるを持ちて来りたりと　赳夫来り晩食

九月十九日　火　晴

関戸を頼み Cribra の写真五通を採る《ママ》、午前顕微鏡実習追試験十三名をなす

九月二十日　　水　曇

九月二十一日　木　曇雨

午後三枚計写真を写し直す

九月二十二日　金　雨

九月二十三日　土　晴

秋晴甚爽快なり、千葉長尾氏教室へ来る　同氏帰朝後始めてなり　久保武氏朝鮮人計測論文原稿を通覧して此日を費す　晩九時頃三郎氏田鶴を連れて来る、四十五日毎に一泊せしむる習慣のところ今日其日限に当ることを気付き急に送り来りたりと、氏は直に去る、茶の間にて集談、十一時半寝に就く

九月二十四日　日　晴　祭日

稀なる好天なり、午刻前に三郎氏来る田鶴と三人にて散歩す、巣鴨より電、汽車にて北千住に下り堤を歩し、綾瀬を経て百花園に入る、意外にも赳夫氏会す、又権兄夫婦に逢ふ、別れて三人堤上を歩き向島花壇に寄る、雷門より電車、車上に別れて独五時帰宅　晩赳夫来り十時半去る　建部氏帰京の報に依りきみ子早朝出て意中を探る

九月二十五日　月　雨

休後始て教授会あり　Cribra 論文紀要に掲くる承認を得

九月二十六日　火　雨

二村氏夫人昨日死去せられたるに付朝悔に行きて教室に到る、午食後皮膚、婦人科、外科へ書籍調べのため廻る

九月二十七日　水　晴

二村氏不幸に付代りて骨学講義を受持つ繁忙となる、午刻帰宅午食、支渡し出て愛宕下基督教会に到る　二村夫人葬式に列す、終りて新井氏に誘れ慈恵医校に到　解剖の模様を見る　五時過帰宅

九月二十八日　木　晴

関戸氏に写真（五種、度々写し直しあり）の礼参円を贈る、杉野茂吉氏教室へ来り　田口氏配のことに付話あり、確定するならん

九月二十九日　金　晴

晩食後精を連れて柿内へ行く、仕舞稽古を見る

九月三十日　土　晴

四時家に帰りて庭へ出る、赳夫来る又晩横田四郎来る患者大学医院受診察の談あり

十月一日　日　曇晴

午前庭にあり、午後三児を連れて出かける　甲武電車にて柏木に下り近年新設の華洲園に入る「ダアリヤ」移培養しありて奇麗なり、是所にて田中舘氏に会ふ　是より畑道を歩き落合ヶ原を通り高田馬場より電車にて巣鴨に帰る、甚快

十月二日　月　曇雨

解剖実習を始む、御殿に到り　フローレンツ氏に Cribra 論文稿正《ママ》を依頼す、教授会あり伊丹繁、佐藤恒丸二氏学位の件通過、久保武氏朝鮮人計測論文紀要に掲載の件承諾を得たり　田鶴午前より午後まで来り居たりと、晩橋本へ行く配決定のこと、立花のことなど種々話あり、大に雨降り出し俥にて帰

十月三日　火　曇

午後四時教室を出て千駄ヶ谷に建部氏を訪ふ挙式以来の出来事一々聞く、結局今一応考へたる上返答すべしとのことにて別る九時帰宅、時強雨

十月四日　水　雨

十月五日　木　曇

午食後皮膚に土肥氏を訪ひヒュペルヒドロシス〔＊多汗症〕に付尋ぬ　医学会へ久々にて出席、緒方氏恙虫病原の演舌あり　リーベ〔＊恋愛〕は続かず、フェルローブング〔＊婚約〕は悪しきもの、婦権強き家より匹婦出等　コンセルバチーベ〔＊保守的〕なり、六時帰宅、赳夫来り居る、聞き得たることを直に話す　建部氏留守中来り不調の決答あり

十月六日　金　快晴

秋晴爽快なり、近沢来り Cribra の図を書き始む　高橋順を訪ひ救療院依頼の売薬処方を請ふ　徒歩帰る、二村氏を訪ふ留守、晩食後千駄木へ行き故栄論文集に付相談、文子出京泊る

十月七日　土　晴

長与氏を病理に訪ひ故大栄論文集に付話す　午後二時半帰宅、庭に出る、晩食後千駄ヶ谷へ建部氏を訪ふ、在宿の報に依り行きたれど急用にて出かけたりと帰宅すれば柿内若夫婦来り居る、暫時して去る、又久子来る、建部へ電報を出す

十月八日　日　晴曇

午前建部家に到り最後の手段として懇願的に談す　返答を約して去る時十二時　午後は飯島魁氏在職二十五年祝賀に植物園に赴く　建部氏より断然不調の返答あり是よ

り只其手続きをなすべきのみ

十月九日　　月　雨

二村氏出勤再ひ記載解剖学講義を受持つ　午後教授会あり　晩福岡後藤元之助氏へ手紙を認む、肇説諭の件なり

十月十日　　火　曇

図書室にて長骨に関する書を見る、晩建部より電信あり、直に久子へ速捺の電報を出す、趔夫来り九時半頃去る

十月十一日　　水　晴

長骨横断形論文に付考案す、四時出て帰り暫時庭に出て芝の草を採る、晩北蘭、きみ、精柿内へ行く　今日来客あり謡曲仕舞などあるよしにて傍観のためなり

十月十二日　　木　曇

午前午後共医学会事務所に到り雑誌を見る、午刻救療院高山氏来る予て高橋順氏に依頼し製したる処方を渡す、六時帰宅、建部へ離婚状に捺印して送る　趔来り居り要談あるよしに付書斎にて聞く、破談の件なり多く語らず静安を勧めて分る時に八時半頃なりき（今日きみ三宅雄次郎氏許行きて柿再のことを聞込みたり）、きみと相談、老人に面談の必要ありとして咄嗟の間に支渡し十時発にて立つ、自分は帰途趔方へ寄り其趣を知らせて帰る、十時半過ぎなりき、精に話す悲哀の状見るに忍ひず、良一にも話す　十二時近き頃寝に入る、終夜一睡だもせず、五時半頃より隆に雨降り出す

十月十三日　　金　雨

朝大沢岳氏へ寄りきみ不参のことを通す、授業はなし天気悪し、近沢画工は午刻漸く来り甚静鬱なり、午後一時間実習室に出て三時頃帰宅（建部へ電報を荷物引取りの件に付出す）、千駄木母堂来る　五時少過柿内老若夫婦来る、六時連れ立ちて大沢に到る外に西夫婦来り　晩食の饗応あり十時散す、家に帰れば原学生来り居りピアノを遊び賑かなりきと聴き甚困りたり、十時床に入り暫時にて楽界に入る

十月十四日　　土　曇少雨　宣誓式休業

朝きみ子帰宅す良一迎へに行きたり老人と対話の模様をきく　老人へ手紙を出す、久子来り建部へ速達手紙を出、午後共に趔方へ行き老人と対話の模様一通り述ぶ、晩書斎にて共に談す

十月十五日　　日　雨

終日細雨止むことなく鬱陶し、共に談し暮す、精、詫ぶるとて出行く強て止めざりき但し不在にて空しく帰る

鉄門倶楽部員今未明伊勢地方へ向け出発す、良一は友人と伊豆へ行くとて夕刻出かける　午刻千駄木母堂来り赳夫婚のことに付只今日家を訪ひたりと

十月十六日　月　雨

教室不参、終日悪天、午後精、赳方へ行くとて出ゆく（きみ子は千駄木へ行く）四時半となるも精帰らず依て様子如何と出かける、まだ精あり併し直ぐ帰る　自分は残りて談す、遂に食事し九時去る四時間に亙る、決心固し、種々打ち開話あり、帰りて一時過まで共に談す

十月十七日　火　快晴　祭日

昨夜の打合せにより午前きみ子赳方へ行く、露国人人類学者ウラジミール・ヨヘルソン家へ尋ね来り明日大学にて会合を約し別る　十一時過きみ子帰り来る、田鶴心配して来る、千駄木母堂、久子も来る、北蘭は田中へ招かれ之へ行かる、三二独上野文部展覧会へ行く　晩九時半頃突然赳氏来り菊太老人の返書並に自個のそれに対する手紙持参す、老人の意に対し大に不服即ち離婚云々の点、老母心配なりしも哀情を憐察し云々、三年計……今年も滞留、突然離婚は先方を欺く云々等の点なり又病気あらば破談するの条件は老人より言出したるに其こと一言もなしと甚興奮、精を呼びて談することあり、明日老人へ手紙を遣ることを約し十二時近く去る、是より不取敢老人宛手紙赳前以て遣り置くを必要と考へ認めて投す　二時床に入る眠不安

十月十八日　水　快晴

鉄門倶楽部今日帰京の筈、授業を休む、八時過出勤、ヨヘルソン夫妻尋ね来る人類学教室へ誘ふ松村氏案内す、教室へ帰れば同姓正興の親戚其女患者のことに付権兄の名刺を持ちて来る　呉秀三氏へ紹介す、午刻出て家に帰る、菊太老人宛手紙を認め三時赳夫方へ行きて一覧せしむ　満足なりと亦同氏も書きて直に投す、四時帰宅芝の草を取る　文子佐倉へ帰る、良一旅行より帰る　フローレンツ氏よりCribra論文校正済みて昨日送り来り今日受取る

十月十九日　木　晴

午前医学会事務所にて雑誌を調ぶ、之れにて終る　故栄論文集校正を引受く、印刷会社へCribra論文原稿を渡す、緒方正規氏論文図版のことに付教室へ来る

十月二十日　金　晴曇

四時教室を出て赳方へ寄る、老人より出京の電報ありし

や否但し不在

十月二十一日　土　雨

弥五氏より手紙あり老人上京すと

十月二十二日　日　曇

午前赳氏を訪ふ不在、国元より上京になりしよし　午後良一、三二は上野文省展覧会へ行く、一時頃菊太老人来り望なきを告ぐ、混談、三時去る、きみ子千駄木へ行きて林氏と話し帰る（母堂は京都行中）、晩書斎にありて往事を省み将来を思案す

十月二十三日　月　晴

午後は試験規則改正委員入沢、田代、林及良精四名教室に集り立案す尚ほ一回集ることを約して五時散す　晩橋本へ行き婚約に付其後の模様を聞く、式等に付種々相談あり、立花を此機に一先つ謝放する云々　十一時半家に帰る

十月二十四日　火　晴

人類学石膏模型価付けを福岡桜井氏へ送る　理学文書目録スリップ八十枚調成し出す、十一時頃赳教室へ来り善後策云々談あり、吹聴の口実如何など云へり十二時去る、精今日学校へ行く　Cribra 顕微鏡図画近沢書き終る

十月二十五日　水　晴

午後二時教室を出て養育院に到り例の通り屍送付方依頼す　一ヶ月余絶てなきを以てなり、帰途権兄新築場へ立寄り幸兄ありて暫く話す　田鶴午後来りたりと

十月二十六日　木　曇

福岡医科書記来り後藤氏の伝言をもたらす即ち故人養父到底相手になるべき人物にあらず云々　Cribra 論文図版を組立などす、留守中節斎氏来れりと

十月二十七日　金　晴

長与氏に昨日後藤氏より返事のことを通す

十月二十八日　土　曇

弁当後直に帰宅庭に出て萩をかり掃除をなす　久子来り尚ほ残務三件（切形、紺屋、四拾八円）を済ます、建部へ手紙を認む

十月二十九日　日　雨晴

朝雨、十時頃霽れる、日暮まで庭にありたり、きみ子精を連れて音楽学校へ行きたり、三崎町は林町へ引越の由なりしも種々行き違ひたり

十月三十日　月　曇

Cribra 論文図版の種板及原図を印刷会社へ渡す　久保

論文をフロオレンツ氏に校訂を頼む積りにて重きを携て尋ねたれども会はず、午後教授会あり高等師範四十年紀念会にて三二出て行く

十月三十一日　火　晴

出勤かけに九段坂佐藤にて撮影す紀念帖のものなり、午後三時教室を出て三井病院に到り清水書記に面会し屍のことを依頼す、きみ子北蘭三二を連れて上野動物園へ行きたり

十一月一日　水　曇

晩赴方へ品物を持ち行く、留守に付碁盤のみ置きて帰る

十一月二日　木　晴

後藤元之助氏より漸く手紙来る、晩三を連れて槇町まで

十一月三日　金　晴

午前庭にてひばを造る、午後共に精を連れて華洲園へ行く　落合原に到る此処にて良一写生のため三二と先に行居たるに合し高田馬場より電車にて帰る、北蘭は森源三未亡人宅へ行かる、横田四郎一昨夜来り黙して去り昨日手紙にて十、十一月分として拾円送り呉れ云々、応し難きに付五円送りたり　然るに今日又本月中にたのむ云々捨て置くべし

十一月四日　土　晴

記載解剖学内臓論を始む、午刻帰宅、庭に出て松を造る、夕刻田鶴、精同窓会より共に帰り来る、田鶴泊る

十一月五日　日　晴

終日庭にありて松を造る、三二学校運動会あり、午後きみ子北蘭及両女を連れて三越へ行く、田鶴はそれより直に帰る、鳥居きみ子女史来訪

十一月六日　月　晴

久保論文原稿校正をフローレンツ氏面会し依頼す且つ小包として発送す、午後一時より入沢、田代、林三氏と第二回委員会を開く第三案まで案出して四時半散す、晩赴方へ行きて時計及鎖、指環、櫛（二枚）を渡す　家に帰れば横田来り居る但金談にあらずして直に去る　プレトリウス博士およびマックス・エルスカンプ（アントウェルペン）より日時計寄贈の受取り礼状来る

十一月七日　火　曇晴

事なし

十一月八日　水　晴

新井教室へ来り破格頭骨に付談話す

十一月九日　木　曇

昼食し直に大塚窪町に故桂秀馬氏葬式のため悔に行く
五十分費す、H・フィルヒョウ、マダム・ステファニー・
オッペンハイム（クラウド社）へ論文寄贈の礼札を出す
晩千駄木へ行きて後藤元之助氏より返事の次第を話す
岡山熊谷省三氏死報到る悔状を認む

十一月十日　金　曇

午前上野文部美術展覧会を見るこれ此年始めてなり
G・フリッチ、P・バルテルス、H・フリュント（ボン）
論文礼札を認む

十一月十一日　土　晴　休業

運動会に付休業、午刻精、三各学校より直に教室へ来り
て弁当を使ふ　又きみ子は赳方へ寄りて来る、三二は運
動会へ行く、三人は上野文展を見る、団子坂を経て日暮
に家に帰る、文子佐倉より出京泊る

十一月十二日　日　晴

終日庭に出て焚火をなし且松を造る　庭師も来りて略ほ
終りたり

十一月十三日　月　晴

一昨運動会に於て医科選手勝ちたりとて鉄門倶楽部催祝
勝会を運動場に開き余興として運動会あり為めに授業を
休む又教授会も流会となる、二時過帰家、大掃除日なり、
庭に出てがくを切り焚火す

十一月十四日　火　晴

学生、祝勝会疲労のためと言ひて授業を休む　Cribra
論文校正始めて来る、晩安田恭吾氏を訪ふ

十一月十五日　水　曇

学生今日も尚ほ休む、昼頃きみ子歯痛を悩める文子を連
れて教室へ来る歯科へ連れて行く、弁当を使ひ直に谷中
天王寺に到る解剖体祭祀なり、四時家に帰る、晩千駄木
へ行きて栄論文集に題する長与氏の緒言を独文に訳する
件に付相談す、適任者なくして去る

十一月十六日　木　曇

プレトリウス博士、マックス・エルスカンプ両氏へ一昨日
書き始めたる返書を出す、返謝云々の件なり

十一月十七日　金　暖半晴風

午前上野文展第三回見物、午後鈴木孝氏一寸教室へ来る
岡田結婚式に榊順氏列席か否の談なり、喜美昼赳方へ寄
り夕絵画のことなり

十一月十八日　土　曇

榊保氏教室へ一寸来る、午後は家に帰りて庭を掃く　柿内母堂、田鶴来る尋で三郎氏来る、共に晩食

十一月十九日　日　曇雨

朝より庭に出て掃く、北蘭、精は千駄木へ行く柿内若夫婦始めて同家を訪ふよし故に招かる、きみ子は附属中学懇話へ行く三二成績甚不良のよし困る　四時頃榊保氏来り榊、岡両家の件手に及ばざるよし　晩食後出て先つ榊に到り岡田慶事に列席を促す、諾せず、次岡田へ行き妻君に榊へ挨拶に行かんことを勧む　聞かず両家の間を二回往復して遂に不調に終る　加藤照麿、保三郎氏も岡田へ来り合す、十一時過帰宅　雨降りて困る

十一月二十日　月　晴

午後教授会あり、試験規則改正案委員の報告をなす

十一月二十一日　火　雨晴

岡田家に於て養嗣子として横田清三郎氏を迎へ和子殿と結婚の式を挙げらる尋で帝国ホテルにて小宴を催さる之に招ねかれて行く　九時過家に帰る

十一月二十二日　水　晴

午刻赳教室へ絵のことに付来る千駄木へ遣るべき三百円預かる

十一月二十三日　木　晴曇

午前庭にて掃き火を焚く、入浴、昼食、徒歩上野精養軒に到る、北蘭、きみ、せいは人車、岡田家慶事披露なり、帰途幸に森氏に逢ひ、赳よりの三百を渡す、六時帰宅

十一月二十四日　金　雨

朝独乙協会学校に到り谷口幹事に面会し故栄論文集の序文を独文訳することを托す

十一月二十五日　土　晴

午後三時帰宅、支渡共に日比谷大神宮に到る橋本氏結婚式に列す（式四時十五分―四時五十分）、尋で帝国ホテルに於て親戚友人の小宴あり五十名計、終て貞水の講談一席ありて九時散す

十一月二十六日　日　晴風

精子写真をプレトリウス博士（アントウェルペン）送る

十一月二十七日　月　晴

事なし、昨夜北蘭より厳君三十三年忌に付仏事を権兄方長岡へ行きて執行はるるよしなれば其費を分担すべし云々の談あり

十一月二十八日　火　曇雨

北蘭、良一、精は橋本へ招かれて行く

十一月二十九日　水　晴

フロ－レンツ氏へ第二校正（Cribra 論文）通覧を乞ふために送る、留守中田鶴学校記念日へ行きて帰りに寄りたりと

十一月三十日　木　晴

病理教室へ文集の件、長与氏昨日教授に任官せらる　歯科へ（石原氏不在）、衛生教室へ（ピルケエ氏反応に関する論文の件、皆不在）、入沢内科へ行き腹部に横線ある患者を見る、終りに小児科へ行きて斎藤秀雄氏にピルケエ反応に関する論文を依頼し弘田氏に会ひ暫時談話す

十二月一日　金　晴

寒くなる、始めて庭に霜を見る

十二月二日　土　曇

午後三井病院より女児一体来る顕微鏡実習の好材料たるを以て山崎助手と之が処置をなす　五時となる之より山上御殿にて西成甫留学に付解剖家集りて送別す、大沢、二村、新井、山崎、原、山越の諸氏会す、八時過帰宅

精学校帰途本郷にて又々（第五回）逢ひたりと且今日は挨拶したりと嗚々

十二月三日　日　晴曇

午前林町に権兄を訪ひ巌君三十三回忌に付話す、長岡へは行かず云々両方にて相談の上することとす又精のことを話す、意外なり云々、午後は庭を掃く

十二月四日　月　晴

皇太子殿下大学へ行啓あらせらる突然のことなり且つ医科は関係なかりき只教授会中止となれり　歯科に石原氏を訪ひ予算のことを尋ねたれど要領を得ず

十二月五日　火　晴

晩岡田夫人来訪

十二月六日　水　晴

西成甫氏留学、午前八時四十分新橋発を見送る

十二月七日　木　晴

建築掛りへ行き山口技師より解剖学教室総坪数及費額を調べ貰ひたり

十二月八日　金　半晴

寒し始めて霜強し、大栄論文集序独文谷口氏に依頼せしところ出来、晩千駄木へ行きて一応見せたり　今日巌君三十三回忌に付此頃郷里へ贈品発送し又当日はおたちさん来れりと

十二月九日　　土　晴

長与氏に独訳序文を渡す、在ストラスブルグ山内保氏へ予て依頼されたる　ピルケ氏反応に関する論文数種及手紙を出す　五時過家に帰れば田鶴来り居る、精行きて同道したりと　これにて泊ることは仕舞なるべし　晩雑談に消時、十二時半眠る

十二月十日　　日　晴

午前橋本新夫婦始めて来訪、午食後直に鶴精を連れて三越へ行く、水道橋にて別れ家に帰る時に三時前なりき、又独出て田端まで散歩す、これ少くも一年半以上を経てのことなれば処々の変遷著しと云ふべし

十二月十一日　　月　曇

午後教授会あり、他の大学卒業生を副手に採ると云ふことと既に衛生、婦人科に例あり、又今日婦人科より更に第二例をつくらんと云ふ議出て大にやかましくなりたり帰りがけに井上通夫氏に教室入口にて逢ふ、氏一昨日米国を経て帰朝せりと、ただ散歩旁々大学の様子を見に来れりと是より同道にて白山まで来り別る

十二月十二日　　火　晴

井上通夫氏教室へ来る、久保武氏朝鮮人計測論文紀要に掲載するもの印刷会社へ渡す

十二月十三日　　水　曇

四時前家に帰りて髪を切る、文郎氏少佐になりて鴻の台へ転任になりたれば祝の手紙を書く

十二月十四日　　木　晴

Cribra 論校了となる

十二月十五日　　金　晴

朝出勤がけに独乙協会学校へ行き谷口幹事及教員道部某氏に面会し過日依頼せし独乙文の謝儀五円渡す

十二月十六日　　土　晴

ワルダイエル、フィルヒョウ、ブレジケ、コプシュ、ローゼンハイム、ベルツ、プレトリウス、ル・ドゥブル九氏へ年賀絵端書を出す

十二月十七日　　日　晴

午前柿内厳父君歳暮に来る、午後四時過精子を連れて大通りを散歩す須田町より新橋まで歩く　三二は明日より試験なるを以て終日下調べに苦心す

十二月十八日　　月　曇

フラウ・イルゼ・マツノと云ふ人より手紙来る　司祭マウフ博士の名刺封入しあり、挨拶端書を、又マウフ氏へも

絵端書を出す　午後教授会ありこれ納会なり、学位の件福原（大阪医校）澄川、布川興策、吉井（耳科）の四氏皆通過す　小笠原又次郎氏より法事の贈品に対し挨拶且香奠送り来る

十二月十九日　火　雨

明日の組織時間を繰り上げ十二時過まで講義し閉つ　新卒業生より三名解剖助手志望申出、依て彼の教室助手定員一名増減員の除減じ居るに付青山学長と長時間談す要領を不得

十二月二十日　水　晴

浜尾総長面談、教室助手減員不当なることを述ぶ、きみ子教室へ立寄る橋本、立花の件なり

十二月二十一日　木　晴

栄論文集初校丈一通り終る、夕刻井上通夫氏教室へ来り述懐談に興ず　三二試験済み晩本郷より明神年の市へ廻りて帰る

十二月二十二日　金　晴

高橋健自氏より寄贈の貝塚頭骨を継合せ組立つ、昼橋本へ行く、立花のことに付談あり愈下宿せしむることに今日言ひ渡したりと　晩良、精、三を連れて銀座へ散歩す、十二ヶ月に入りて休む家に帰れば十一時に近し

十二月二十三日　土　曇

頭骨組立終る、緒方氏教室へ来る　精、三共通知簿渡る、精は中、三甚悪し　晩文子出京

十二月二十四日　日　晴

終日教室にありたり此頃専ら解剖学教室の沿革を調ぶ厳金沢より出京、夜汽車にて長岡へ向け発す

十二月二十五日　月　曇

終日教室にありたり、故栄論文集全部校了となる、少しく寒冒の気味にて電車にて帰る、入浴、床に入る　田鶴来りきみ子三越へ連れ行きて肩掛けなど買ひ与へたりと又精は千駄木妻君の好意にて本郷座へ招ねかれたりと

十二月二十六日　火　晴

昨夜雨、今朝霽る、心気快ならず、在宿、臥床、文子佐倉へ帰る

十二月二十七日　水　晴

教室不参、大に快し、山越より歳暮として三越切手（二〇）到来、田鶴「コオト」のこと表は夏当時貰ひたるものあるにより裏あれば出来るに付これに決し　きみ子せいを連れて昼食後直に三越へ出かける又自分も良、三を連れ

て散歩に出ると同時となり皆共に三越へ行く、同処にて赳、佐藤二氏に逢ふ、裏地極りて分れ三人浅草へ行く、帝国館に入る、やつこにて晩食、途中上野広小路乗りかへの際、博品館に入り九時頃家に帰る

十二月二十八日　木　曇晴

教室へ行く、鈴木忠行氏来り井上通夫氏講師（八〇〇）に申立る云々打合せあり、昼後赳来り権兄大橋間の話あり一時間余にして去る、印刷会社より別刷明日持参すと云々電話あり、小柴来り論文集仕上げのことに付打合せをなす、井上通夫氏来り将来位置等に付長談あり、六時家に帰る　増俸の辞令（一級俸）受取る（十二月二十六日付）

十二月二十九日　金　晴

教室へ行く、Cribra 論文弐百部印刷会社より受取る、悦ばし、午後二時過教室を出て安川へ行きて一部製本を頼む明日正午までに出来すべし、家に帰りて精三を連れ柿内へ行き論文を三郎氏に贈る、帰りて晩食後三児を連れて神保町へ散歩す、非常に賑かなり、東明館に入る、本郷へ廻りて帰る

十二月三十日　土　晴

教室へ行く、ワルダイエル先生へ「ドクトル」五十年祝賀の意を以て論文を呈する云々手紙を認め、表装せる論文と共に出す　三時半過帰宅、晩食後精、三を連れて銀座の市を見る、十二ヶ月に寄る、九時半家に帰る

十二月三十一日　日　晴

午前布施現之助氏新潟より出京来訪　台所は幾分か忙はし、晩食平日の通り、入浴、八時半頃良一、三二を連れて散歩に出かける、市内電車車掌等のストライキのため今朝より不通、徒歩にて本郷通りより御茶水橋を渡り小川町に到り東明館に入る、神保町を通る此所非常なる賑ひなり、一蕎麦店に入りて休む　寒気強し是より電車道を迪《ママ》りて帰る坂に至れば除夜の鐘響き始む

明治四十五年　2572
大正　元年　1912

良精齢五十三

一月一日　月　晴少曇

七時半起、精、三学校へ行く、良一年始に出る、林町にて赳氏に落合たりと、午前潤三郎、田村全宣二氏来る又柿内四郎氏来り時刻なるを以て昼食を出す、小松春三氏玄関まで来る、夕刻三郎氏教室帰りとて来る　是より林町へ行くと、晩千駄木母堂、於菟来り茶の間にてかるたを取る、終日外出せず、電車尚ほ不通

一月二日　火　晴風

昨夜大に雨降る、今朝に至りて霽れる但し風強し、午前十時出て林町権兄へ年始、是より電車にて橋本へ寄る同氏風邪三重子脊椎炎にてギプスコルセットを用ふ、教室に来れば既に十二時、午後三時教室を出て電車通ずるにより牛込小松家へ年始に行く老母幸ひ健なり、春三氏方亦無事、島峰母堂を一寸訪ふ、是より柿内へ行く、三郎氏帰り居る厳父留守、六時家に帰る　寒風酷しる

一月三日　水　晴

十時教室に到る、六時家に帰る　良一、三二は柿内へ年始に行きたり

一月四日　木　晴

十時過教室に到る、在奉天久保武氏へ手紙を出す朝鮮人体質論文を紀要掲載すべく既に旧臘十二日印刷会社へ渡したることとなり、又熊本吉永氏へ手紙を出す、良一、三二隣家桜井へかるた会に行く

一月五日　金　晴

午前茶の間板戸を直す、きみ子一昨日赳より手紙に依り行く苦学対福羽の件なり、午後教室に到る、寒冒

一月六日　土　雨晴

寒冒、在宿、加養

一月七日　日　晴

在宿、精子近隣の令嬢七八名招きてかるたを取る

一月八日　月　晴

授業を始むる筈なりしも風邪に付教室不参、其ことを二村氏に托して教室へしらす、精、三学校始まる　足立文太郎氏出京、宅へ来訪今夜帰西するとCribra論文を贈る

一月九日　　火　晴

在宿、大に軽快す

一月十日　　水　晴

授業を始む、ザイフェルト（ベルリン）へ注文せし顳顬骨標到達す　エルスカンプ（アントウェルペン）より返書（十二月十八日付）来る　指定の品送る云々　新卒業生池田孝男、宮原虎二氏今日より教室へ出勤す、きみ今朝精一大島の件に付千駄木へ行き林氏に面談す

年賀調べ左の通り

はがき　二七五

封書　八八

名刺　九七

一月十一日　　木　晴

衛生顧問官ドクトル・シュトリュー氏夫妻来朝教室へ来る　リリエンシュタイン博士の名刺を携ふ先年小児頭骨を贈ることを約束せる人なり　シュトリュー氏に托して一個贈る、藤山治一氏同道す

一月十二日　　金　晴

午後御殿に到り浜尾総長及青山学長に井上通夫氏位置俸給のこと及教室助手定員のことに付陳述す　エルスカンプ（アントウェルペン）より予め通知ありたる時計到達す甚美麗なり、悦し、少し寒冒の気味にて心地悪し旁三時教室を出て家に帰る、きみ子良一居る先見せる暫時して精帰り来る、其意外に驚き居たり　文子佐倉より出京、井上通夫氏講師となる

一月十三日　　土　晴

午後直に家に帰る　風邪の気味にて気分悪し　晩良一、友人十五六名招きてかるた会を催す、書斎に眠る

一月十四日　　日　晴

在宿加養

一月十五日　　月　晴

欠勤、加養、柿内大人、小松茂治、榊順氏夫人来訪　風邪に付何れも面会せず　エルスカンプ（アントウェルペン）時計受取りの手紙を出す

一月十六日　　火　晴

欠勤、文子佐倉へ帰る、橋本節斎氏年始に来る

一月十七日　　水　晴

出勤、病理教室へ行き山極氏に会ふ又長与氏に故栄論文集に付最後打合せをなす　プレトリウス（アントウェルペン）より手紙到る　H・フィルヒョウ氏より絵はがき数

枚送り来る

一月十八日　木　晴

解剖実習を始むるに付先其説明をなす　プレトリウス氏へ返事を出す

一月十九日　金　晴

養育書記小林正金氏来り官費患者入院の依頼あり

一月二十日　土　晴

弘田氏教室へ来り　シュバイツェル・ケーゼ〔＊スイス・チーズ〕の贈品あり

一月二十一日　日　晴

庭師来る、屋敷半減実行に着手し其境に檜を移植せしむ三本計植へたり　午後精子を連れて柿内へ行き、是より徒歩九段を通り飯田町二合半坂まで到る　勧工場に入り電車にて六時家に帰る

一月二十二日　月　晴

昨夜雨降る、今朝霽れる、一年生に解剖実習室を開く大沢、二村、井上及自分四人にて時間を極めて分担することとす、即ち隔日に実習室へ出ることとす　午後教授会あり、解剖助手四人が一昨年官吏増俸の際二人となりたる様なる結果となり居たるを一人は井上講師を以て補ひ、他の三人本官助手たるべきことと云ふ申分を教授会にて二人とし一人は雇員と云ふことにて之れに服従す、憤慨

一月二十三日　火　晴

事務室より古書類を持ち来り　教室旧職員を調ぶ

一月二十四日　水　晴

旧職員を調ぶ、昼頃きみ子教室へ来り、屋敷を見に来たる人あり　価を付けたりと依て此方は三四〇〇以下には譲歩せざることに決定す、又新境の檜植へ込み終る

一月二十五日　木　晴

旧職員調べ終る、南満医学堂幹事尋ね来る　久保論文のことに付話し合ひたり、四時過教室を出安田へ行く　稔氏近々渡欧のよしに付てなり六時半家に帰れば　今日午後四時頃北蘭の部屋こたつより火を失し押入襖、夜具布団、畳等を焦がす、大事に至らざりしは幸なりき

一月二十六日　金　雨

悪天

一月二十七日　土　晴

三時教室を出て帰り良、三を連れて銀座へ行き天金にて食す　三二懐中電灯を買ひて帰る　文子佐倉より出京

一月二十八日　日　晴

北蘭は橋本へ行かる、畳職、大工来る、火災の部屋直し、午後見舞旁田鶴来る、四時頃良、三を連れて本郷通りまで散歩す

一月二十九日　月　晴

午後教授会、試験法改正の件、即ち問題を前以て学生に知らすることは全く廃す　終て教室へ戻る、鈴木孝氏来る共に医学会評議員会に出席す、二十五年祝賀に付てなり、食事し八時半帰宅

一月三十日　火　晴　祭日

終日教室にありたり、晩石垣貫三氏来る

一月三十一日　水　晴

昨今両日 Cribra 論文を西洋へ発送す、但し未終らず中泉行徳氏留学中発病し帰朝、今日教室へ来る外見案外健康なるが如し

二月一日　木　晴

真野文治氏電車のため重傷を負ひ佐藤外科に入院せしに依り之を見舞ふ

二月二日　金　雨

午前長谷川泰氏訪ふ氏旧臘来不快にて臥床に逢ふ、解剖局の最初の有様を尋ぬ、要領を不得、医学制度を独乙に則ること発案し決定せしは岩佐にあらず相良知安なりなど談あり

二月三日　土　雨

新卒業生池田孝男、宮原虎二氏去三十一日付を以て教室助手となる　文子佐倉へ帰る

二月四日　日　晴

終日窮余の家屋増築に付考案す、晩食後柿内大人来訪

二月五日　月　晴

在ストラスブルグ山内保氏へピルケエ氏反応に関する論文雑誌二種送る且端書を出す、又在奉天久保氏へ論文（朝鮮人）第一回の校正を送る且つ手紙を出す　留守中田鶴一寸来りしと

二月六日　火　雨

ワルダイエル先生より一月十九日附を以て Cribra 論文贈呈挨拶来る、地半譲り渡しの件昨日略ぼ成立せしよしのところ今日愈約束調ひ手付金百円受取る　弐百五拾坪計にて家屋三拾坪余総価参千四百

二月七日　水　晴

片山氏を隣教室に訪ひ明治三、四年頃医学校の情態に付談話、三郎氏教室へ来りミクロトオムの談あり　家より使来り五時帰る　音次郎来り居り増築に付種々相談す

二月八日　木　晴

午後内藤久寛氏教室へ一寸来訪、今日も音次郎来り増築の設計をなしたりと

二月九日　金　晴

Cribra 論文外国へ発送終る総計百五拾部なり（此費用総計拾八円余）文子佐倉より出京　熱海小松精一氏未亡人死去の報に一昨日接す　今日悔並に香奠弐円送る

二月十日　土　晴

朝石黒忠悳氏を訪ひ解剖教室明治三年頃の状況を尋ぬ種々面白き話あり、帰途長谷川泰氏病気先日訪問せしため障りなきやを玄関にて聞取り去る　西郷吉弥氏独乙より帰朝教室へ来る

二月十一日　日　晴　祭

午後図書大半を車に積みて解剖教室へ運ぶ、これ此度改革の手始めなり　教室に到り片付く

二月十二日　月　晴

午後教授会あり、緒方知三郎脚気血管の仕事懸賞論文として報告あり即ち三百円授賞、三時散会　今朝下山順一郎氏脳溢血に罹り卒然死去らる、片山、隈川二氏と早速悔に行く、四時半教室へ帰る

二月十三日　火　晴

家屋半分譲り渡しの件昨日取り引きを済ませる図りなりしも差配の方面到を生じたるため延ばす、今日差配の方済みたり

二月十四日　水　曇

昨年十月清国革命軍起り漸々内乱拡大し今朝の新聞にて愈共和政体となすの上諭発表されたるを見る

今日愈取り引き済む、即ち三四五〇円、内五〇及二五は中間者に渡し差引く、きみは頻りに押入等の荷物を片付け始む

二月十五日　木　雨

六時家に帰れば既に主屋に移り居る、是より当分混雑すべし

二月十六日　金　曇

故下山氏葬儀に付休業、午前家にありて諸物を片付けなどす、午後一時出て向島小梅へ葬式に行く四時家に帰る

荷物一部を八百長二階を貸《ママ》りて之に運ぶ

二月十七日　　土　曇晴

午後二時半家に帰る、良、三を連れて出かける、浅草へ行き帝国に入るやつこにて食事し九時帰宅、精は千駄木母堂連られて帝国劇場へ行く

二月十八日　　日　晴

午前千駄木へ行き教室沿革の校正を頼む　大工、植木職来り混雑す　精を連れて散歩す　戸崎町念速寺にみき女の墓を尋ぬ

二月十九日　　月　晴

奉天久保氏へ手紙を出す

二月二十日　　火　晴

五時教室を出て長谷川泰氏を見舞ふ、今朝新聞にて同氏重体のよし見たればなり、令弟順次郎氏、石黒斎次あり尋で三浦謹之助氏来り診す、諸氏意見を聞きなどして七時半家に帰る、今日より玄関脇仮浴場に入浴す

二月二十一日　　水　晴

長谷川弘一郎出京教室へ来る

二月二十二日　　木　曇風少雨

二月二十三日　　金　晴　暖

歯科に石原氏を訪ふ本年予算に遂に出ざりしと云ふ　下山丹波両氏在職二十五年祝賀会へ拾円出す　福岡大森治豊氏死去の報に接し悔状を出す　帰途千駄木へ寄り教室史の校閲を頼む

二月二十四日　　土　晴

小林文郎氏教室へ尋ね来る、午後五時半第一学生控所にて井上通夫氏帰朝を祝する宴を催す

二月二十五日　　日　晴

午後独散歩す、巣鴨より雑司ヶ谷に到り池袋より電車に乗りて帰る　昨今庭師、庭の樹木植へ換へをなす

二月二十六日　　月　晴

午後教授会あり、解剖学試験法に付疑問起りなかなかやかまし、浜尾総長臨席

二月二十七日　　火　曇少雨

浅井猛郎氏名古屋より出京、教室へ来訪　来四月出発洋行すと　帰途長谷川泰氏を見舞ふ、益衰弱甚し

二月二十八日　　水　雨

京都長谷部氏出京来訪、新潟医専の聘に応ずべしと云ふ、教室略誌請《ママ》書終り大沢氏へ渡す

二月二十九日　　木　雨

ハンチントン（ニューヨーク）、ロート（ハイデルベルク）

へ著述寄贈の礼状、又在伯林小川量平氏へ端書を出す、新潟布施現氏へ教授の候補適任者に付問合に対し長谷部氏承諾のことを兼て返事を出す

三月一日　　金　雨　紀念日

教室にあり、在独島峰氏へ手紙を出す

三月二日　　土　晴

三月三日　　日　曇雨

終日在宿、午後は新築に付種々考案す、晩きみ子良一と相談す殆ど一時となる、勝手の方は略ほ決すと雖も、書斎の方は甚六ヶ敷

三月四日　　月　雨

三月五日　　火　晴

長谷川泰氏の病気を見舞ふ

三月六日　　水　雨

三月七日　　木　晴

昨今共石膏脳模型の色分等をなす

三月八日　　金　晴

三月九日　　土　晴

脳模型分色今日終る

三月十日　　日　晴

終日在宿、増築に付良一等と種々相談、勝手の部分先決定す、文子昨日出京今日帰り去る

三月十一日　　月　晴

十二時講義を終りたるところへ三浦謹氏来り長谷川泰氏今朝七時死去せるよしを知らせ呉れたり　午後教授会、病理にて福岡卒業者を有給副手に採るの件可とするもの多数、学生希望の副手二年限りの件未決、二年生試験日割は学生希望通りとす　五時終て医学役員投票をなし、是より長谷川家へ惜に行く　隣家町田今日引越し来る

三月十二日　　火　晴

須藤憲三氏明日出発洋行に付告別す　午後一時出て古市公威氏母堂葬式に染井墓地へ行く　教室へ帰りて液を携て長谷川家へ行き竹崎氏と共に防腐注入を施す、入棺式に列し十時帰宅

三月十三日　　水　雪

昨日は好天暖なりしに引き換へ雪降りて寒し

三月十四日　　木　晴

故松井直吉氏奨学資金の内へ弐円出す

三月十五日　　金　曇

五時教室を出て生花一対を注文し長谷川家へ贈ることを命しこれより長谷川家へ行く、六時半帰る

三月十六日　土　曇

午後一時教室を出て染井墓地へ行く　三上参次氏母堂葬式なり　三時半家に帰る、甚寒し

三月十七日　日　雨

長谷川氏葬式に行く、一時出棺、二時半谷中墓地に着、徒歩す、式終て墓所に到り四時家に帰る悪天寒し

三月十八日　月　晴

午後教授会、浜尾総長臨席、学生一同より代表者四名席に出て大学に付意見陳述するを聞く、代表者は額田、高木□□□（空き）なり

三月十九日　火　晴

総論解剖学講義を閉つ、是より本町菊地病院に入院中なる智利駐在公使日置益氏を訪ふ、不在に付大通りを散歩し三越呉服店に入り再び訪ふ、学術材料に付態々依頼し二時過教室に帰る

三月二十日　水　晴

講義を閉つ、三郎氏来り書籍を貸す、午前午後共医学会事務所に到り雑誌を見る

三月二十一日　木　晴風

早く昼食を終へ精を連れて柿内へ寄り、三郎夫婦を誘ひて出かける、渋谷より玉川電車に乗り換へ三軒茶屋にて下り是より徒歩世田ヶ谷松陰神社に到り杉林の中に息ふ風益強し、豪徳寺へ廻りて用賀へ出此処にて電車に乗り六時半家に帰る

三月二十二日　金　晴

午前医学会事務所へ行き雑誌を見る

三月二十三日　土　晴

終日文書目録調制に従事す

三月二十四日　日　晴

午後精を連れて玉川へ散歩す、静かなる天気にて川岸甚快、山の手電車にて帰る

三月二十五日　月　曇晴

文書目録スリップ長谷川氏に渡す午前、午後共久し振りにて図書館にありたり、これ模様換となりてより始てなり

三月二十六日　火　晴

弁当を食し直に帰宅、田鶴来り居て皆々集りて雑談、三二試験済む、早く蕎麦を取りて晩食に替へ、田鶴、精、

三と共に出、田鶴は家に帰る、三人にて錦輝館に入る、九時半帰る

三月二十七日　水　曇

早く昼食を終へ精、三を連れて玉川へ散歩す、山へ登るなど珍しく面白し　日暮に電車終点に戻り家に帰れば八時なり　良一は遊旅行に出かける、三二成績に付心配なるも未だ通知来らず

三月二十八日　木　晴

昨夜雨降る、文書目録委員手当七拾五円の通知あり　きみ子北蘭及三二を連れて上野へ遊行

三月二十九日　金　雨

午前総顕微鏡調べをなす、久保武氏満州より上京、教室へ来り論文に付談す

三月三十日　土　曇

脳模型説明を作る

三月三十一日　日　晴

昨夜雨降る、午後精を連れて羽田へ散策、多摩川河口海頻《ママ》を歩す、晩横田四郎氏来り患者の依頼ありたれども外来診察休中のことを言ひて断る

四月一日　月　晴

布施氏新潟より出京教室へ来り脳研究に付談話す　午後三時半帰宅、東京医学会二十五年祝賀会に上野精養軒に到る、桜花殆んど満開、九時半家に帰る　文子泊る

四月二日　火　晴

脳模型の仕事終る

四月三日　水　雨　祭日

教室へ行く、午前神経学会に出て布施氏脳に付ての演舌を聞く、午後長谷部上京教室へ来る　氏は新潟へ赴任のため京都を引き払ひたりと

四月四日　木　晴

教室不参、良一昨夕帰宅　午後より三児を連れて外出巣鴨より上野まで電車、公園内を歩す花盛りなり、池の端勧業展覧に入る

四月五日　金　晴

午後三時家に帰る、夕食後精、三を連れて日比谷公園へ行く、三二腹痛を発し直に帰る

四月六日　土　雨

朝文子佐倉へ帰る、於菟及二児来る

四月七日　日　晴

教室にありたり、桜井龍造氏上京教室へ来る

四月八日　　月　曇少雨

山越へ脳模型を渡す　三郎氏助教授になり挨拶に来る

鈴木文太郎氏上京、教室へ来る、新着の模型など示す共に弁当を食す、久保武氏へ小品（白唐ちりめん）を贈る、長谷部氏来る愈々新潟へ赴任すと　四時家に帰る、共に亀清に到る、甲野棐氏息謙三氏と箕作元八氏令嬢綾子殿と結婚の披露に招ねかれたるなり、十時半家に帰る　二村氏後妻を迎へられ同道にて訪問せられたりと

四月九日　　火　曇少雨

久保氏今日出発、満州へ帰る、きみ子柿内へ助教授任命の悦に行く

四月十日　　水　曇

桜井龍造氏来り皮膚科及整形外科へ案内す、弁当を共に食す　柿内母堂、田鶴来る途上に逢ふ、きみ子精を伴ひて丸木にて撮影せしむ

四月十一日　　木　曇晴

午前工科大学建築科の展覧会一覧す人類学教室へ寄りて教室に帰る

四月十二日　　金　晴

午前図書館にあり、午刻新潟医専長池原氏来る次に高山喜内氏来りて掌典宮地厳夫と云ふ人森氏面談したきよしに付名刺を遣る　時に喜美子来り森氏より大島件に付早急の談あり家譜を送る、三越へ行きて一時間写真を撮る、田鶴も行くとか混雑せりと　五時教室を出て橋本へ寄り次に長谷川家へ忌中見舞に行く、帰途電車中にて林氏に会ふ

四月十三日　　土　晴

予て約束の通り池袋にて三郎夫婦に会し浮間の茅野に到る時期早きも桜草幾分か咲き、人は居らず静かにてよし村に入り一茅屋にて弁当を食す是より又茅野を通り荒川に沿ひて川口船橋を渡り舟を雇ひて川を下る堤上に上り桜花を見る、人はまだ甚少し併し進むに随て賑かになり豊島渡を渡り王子に到り飛鳥山に登り、王子電車にて大塚に来り三郎等に分れ六時頃家に帰る。文子出京、大島家へ行きて泊る。北蘭は橋本へ行きて泊らる、良、三は向島競漕会へ行く、医科の勝

四月十四日　　日　晴

文子帰りて種々話あり尋で千駄木へ行きて林氏に難点に付陳ぶるところあり

四月十五日　　月　曇晴
ボオトに勝ちて学生講内にて楽隊を率ひて巡る、高山喜内氏来り　宮地家の件に付芳賀栄次郎氏に面談すべきことを依頼さる　晩食後芳賀氏を麹町平河町に訪ふ

四月十六日　　火　晴
顕微鏡実習を始むる筈なるも学生不来　赴夫来り森氏を以て絵を頼みたるもの一部出来したるに付礼を依頼さる依て帰途千駄木へ寄りて之を届く

四月十七日　　水　晴
弁当を食し直に帰宅、精を連れて荒川茅野へ行く　江川へ廻りて七時過帰る

四月十八日　　木　晴
顕微鏡実習を始む学生出席者約三分の一なりき　晩山上集会所に於て穂積陳重氏辞職に付晩餐会に出席、九時半家に帰る

四月十九日　　金　晴曇風雨
宮地厳夫なる人高山喜内氏同道にて此頃芳賀氏関係の件に付挨拶に来り菓子折を贈らる、午後に至り風雨となる夜に入りて霽れる、晩人類学会催坪井正氏帰朝宴会出席、八時半家に帰る

四月二十日　　土　晴
鉄門倶楽部にて向島に於て祝勝競漕を催したりと

四月二十一日　　日　晴
午後精を連れて山の手線にて中野へ行き近傍の田畑を散歩す

四月二十二日　　月　曇
系統解剖学講義を始む、七時出勤　新潟医専書記小川為造氏の骨格一具懇望に付不得已遣る、午後顕微鏡実習講義欠席者の為めに二時間半講義す、三時半出て水道橋歯科医学校展覧会を一見す

四月二十三日　　火　曇晴
今日より顕微鏡室に於て仕事を始む

四月二十四日　　水　少雨曇
シユミツト商店主来る、毎日新聞赤川源一郎氏来り入墨のことに付談話す

四月二十五日　　木　晴
長与氏来り故大栄論文集のこと先つ結了、三拾円計余れりこれを養家へ送るべし云々　六時半新橋に到り長谷敏氏維納へ赴任を見送る

四月二十六日　　金　晴曇

観桜会なるも不参、午後三時半頃小石川原町に出火のよしに付家に帰りて見れば林町に近きを以て直に権兄方へ見舞に行く、小林幹氏出京、此度休職となりたるよし在小田原能勢静太氏死去の報あり直に悔状を出す

四月二十七日　土　晴

昨夜芳賀氏より水野—宮地の件有望云々報あり　趣を高山氏へ申送る

四月二十八日　日　晴

終日在宿、午後音次郎より勝手の部材木を運び来り又服部方大工来りて書斎の方水盛りをなして設計す　精子茶の湯の稽古を今日始む

四月二十九日　月　晴

午後教授会あり、学生より申出の数十件に付論談す　浜尾総長も臨席せり　今日大工来り元渡りを取り毀つ、是より愈困難となる

四月三十日　火　雨

勝手の困難言語に絶す　殊に悪天のため然り

五月一日　水　晴曇

午後三時半家に帰る

五月二日　木　雨曇

田口碩臣氏結婚の祝儀を贈る又鳥居龍蔵氏朝鮮旅行より帰京に付是又贈品（鰹節切手弐円）

五月三日　金　曇

高山喜内氏来る宮地水野間の件目出度纏まりたりと　晩食後柿内を見舞ふ老夫婦旅行より帰宅されたるによる晩千駄木令閨来り大島件来六日上野精養軒云々、又きみ子尋で千駄木へ行く　服部方大工書斎の水盛りなす

五月四日　土　雨晴

上棟の筈なりしも又々雨天にて延引、昼前後は風雨強かりしも漸々霽れる、四時実習を終へて家に帰る　良、三を連れて天金にて食す、家に帰れば九時に近し時に三郎夫婦来る又同時に文子佐倉より来る

五月五日　日　晴

平野勇暇乞に来る、又片山庄次氏来り西氏結婚届に捺印す　終日在宿、勝手の部上棟す、夕刻に至り三十分計にて終る、大工三人、仕事師五人（但し一昨日地形せしものを合て十人）植木屋二人、皆へ祝儀を遣る　午後文子大島家へ行く、本件は中間者に於ての取り計ひ多きが如し　晩三二を連れて湯屋へ入浴に行く

五月六日　月　晴

四時過教室を出て家に帰る、精子事文子同道にて示《ママ》定の時刻に上野精養軒へ行きたり

五月七日　火　晴

旧主屋との続きのため屋根を破す、文子佐倉へ帰る　千駄木母堂の来報に大島の件好き模様なりと

五月八日　水　曇

午前平野勇氏を青山の住宅に訪ふ同氏英国へ出張に付告別のためなり、内君等に面会す　田鶴来る筈に付二時過教室を出て帰る併し皆外出の後なりき、三二帰り連れて入浴に行く

五月九日　木　雨曇

P・ヘルマン（チウリヒ）へ人類学器械拾三種の注文書を発す

五月十日　金　晴

伯林に於てプロフェッサー・デーニッツ氏死去のよし時事新報記者来り始めて知る、我大学に在職中のことを話す

五月十一日　土　晴

午後二時半教室を去て上野精養軒に到る丹波氏在職二十五年祝賀会なり、五時過解散、是よりまだ時刻少し早きを以て公園内散歩して後常盤花壇に到る田口碩臣氏今日結婚式を挙げ其披露なり、きみ子既に来り居る、総人員十五名、八時散ず

五月十二日　日　曇

普請場を見廻るなどす、床を張り始む、午後は故下山氏追悼に向島小梅に赴く、晩食後三二連れて神明脇に入浴す

五月十三日　月　晴

昨夜大雨、午後教授会、浜尾総長臨席、助手副手交代、員数等に付委員より報告あり、これに付論議せり　六時過決定せずして散ず

五月十四日　火　晴

大工音次郎普請始病気に罹り甚困りたるに遂に昨夜死去せり、精学校催にて鎌倉へ遠足す

五月十五日　水　晴

衆議院議員総選挙当日なり

五月十六日　木　晴

北蘭田中家へ行きたる序に権兄方へ寄り夕食せらる　婢を迎へに出すなどす是今年始めてなり

五月十七日　金　晴

晩独入浴に行く

五月十八日　土　晴

平野勇氏洋行発車を新橋に見送る教室へ来れば既に十一時半なり　書斎の方建築の地形準備をなす

五月十九日　日　晴

在宿、地形をなし、材木を運び込む、田口新夫婦来訪

五月二十日　月　晴曇

午後教授会、助手副手定数及年限のこと略ぼ決す　若杉喜三郎氏学位の件投票の結果意外にも通過せず（可十一、否七）六時半過散会、書斎の方上棟、仕事師十一人、大工三人来れりと

五月二十一日　火　雨

朝雨降り出す、建てたる柱等雨に濡れて惜し、きみ子柿内へ三郎氏従七位に叙せられたる祝に行く

五月二十二日　水　雨

雨降りて書斎の方普請甚困る、六時過帰宅すれば先刻森氏来りて大島の件愈先方にて望む就ては媒酌に付相談あり云々　晩食中三郎氏来る叙位挨拶なり、留めて共に晩食す、九時過ぎて大雨中きみ子千駄木へ行きて返答をなす、聊不安の感あり

五月二十三日　木　晴

帰途千駄木へ昨日の挨拶に寄り七時家に帰る

五月二十四日　金　晴

青山学前長に先日の布施二村の件に付時機を待つの外なき旨を返答す　六時家に帰る食事中千駄木母堂来りて媒酌のことは双方より石黒家に頼むこととす、結納は早く、式は九月とす、石黒家は当日限りとし一切のことは矢島、本堂二医正にて処弁すること云々の報あり、直に千駄木へ行きたるも林氏睡眠中に付去る

五月二十五日　土　晴

早朝千駄木へ行きて直に石黒家へ行きて頼むべきやを謀る、先方へ一応打合せの上にて可然とのことに付其ことにす　帰りて出勤、昨年の今日は柿内家始めて来宅会見せし日なり一種の感あり　五時家に帰る田鶴午前より遊びに来り既に帰り去りたる後なりき　精、三を連れて銀座天金にて食す、通りを散歩し九時帰る

五月二十六日　日　晴

内玄関とすべき部を取毀つ屋内塵埃甚し　午後三時より井上通夫氏並に達一氏結婚披露に築地精養軒に到る六時帰宅、文子佐倉より出京泊る　三二発熱し臥す

五月二十七日　　月　　晴

午後教授会あり総長臨席、本年新入学生定員以外に入学せしむるやの件可決、次に助手副手問題に付議す、年限のこと、大学院関係のこと、現在助手副手処分のことを決す八時半散会　文子大島家へ行く、案外先方にて話進み居らず　呉れるや否やなどの問あり、媒酌の談など更になし、写真を持ち帰る

五月二十八日　　火　　曇

新井孝氏教室の弥生式土器を教室へ持ち来る　文子再大島へ行きて佐倉へ帰る、晩入浴に行きたり　本堂夫人千駄木を訪問せりと　条件三あり即ち祖先を崇拝すること地方に行き不服なきこと、中尉の妻たること

五月二十九日　　水　　雨曇

片山国嘉氏来りて昨日評議会終る頃報あり助手副手不穏、月曜日教授会決議の結果を聞きて集会し徹宵して終に総辞職の決議をなし昨日中に辞表を各主任まで出したり云々　浜尾総長、青山学長、佐藤院長と本件に付相談せりと、来月八日までに裁断なくば挙て出勤せず云々
理学士石井重美なる人来り頭骨計測仕事をなしたし云々

五月三十日　　木　　晴

始めて新湯殿にて入浴す

五月三十一日　　金　　晴

きみ昼頃教室へ来り千駄木母堂見へて本堂夫人より二十八日に陳べたる三条件承諾の上確答を促さる、結納は鰹節魚現品、其他目録、六月二十一日、結婚式は十一月二十二日、当日まで労を採る仲介者を定むること云々依りて相談に陸省へ森氏を訪ふ　四時家に帰りきみ子に三条件承諾のこと、月日同意のこと、結納目録用意のこと仲介者は追て定めたきことを認めして其手紙を千駄木へ持ち行きて本堂家まで足労を頼む

六月一日　　土　　雨晴

朝大に雨降る漸々霽れる、きみ子朝千駄木へ行きて模様を聞き行く午刻教室へ来る　伊丹繁氏教室へ来り養育院の話あり　三時教室を出て入沢達吉氏洋行出発の見送りに新橋へ行きたるも時遅し空しく去り是より本堂氏を四谷右京町に訪ふ夫婦とも不在、晩八時半頃本堂氏より速達にて来書、明朝出向云々普請中乱雑にて之を謝絶し此方より行く旨を速達にて返事す

六月二日　　日　　晴

七時半出て時間あるを以て左門町に三輪謙氏を訪ふ久し振りなり　大成丸本月下旬西洋へ向け出帆すと　時刻を測り九時本堂家に到る夫婦に面会して談話中要点は仲介者は親戚にても宜しかるべしとのこと　就ては森夫婦及本堂夫婦に労を頼むとしては如何の意を漏す、先方にてはこれに異議なきが如し　結納は鰹節、魚、酒は現品他は目録云々十一時帰宅　夕刻千駄木へ行きたるも皆不在、晩再行きて模様を話し且つ夫婦の労を頼む

六月三日　　月　晴

無事

六月四日　　火　晴

森氏より依頼の月経初発年令に付婦人科岩瀬氏を訪ひて尋ぬ且彼の助手副手総辞職の件は岩瀬塩田両助教授の斡旋に依り皆辞表を取り戻して治まりたりと　夕刻家に帰れば千駄木よりの報に昨夜本堂氏来りて結納其他詳細の個条に付打合せありたりと即ち其書類を見る　プレトリウス（アントウェルペン）より写真数葉到達

六月五日　　水　雨

きみ子晩千駄木へ約束書交換方等打ち合せのため行く

六月六日　　木　晴

新勝手の部砂壁を塗る又旧主屋の家根葺き替へを始む等屋内非常なる混雑なりきと又田鶴来れりと

六月七日　　金　晴

浜尾総長を南米頭骨及電話の件に付訪ひたるも不在、五時頃家に帰れば旧家屋根替のため埃夥たし

六月八日　　土　曇

五時過家に帰る、此日午後本堂夫婦来宅、陸太郎氏よりの約束書持参せらる、きみ子精子は音楽学校演奏会へ行きて不在　北蘭良一にて応接せりと、晩きみ子報告のため千駄木へ行く　北蘭今夜より新部屋へ移られたり

六月九日　　日　曇雨

午前八時出て西大久保に矢島柳三郎氏を訪ひて約束書交換、本堂森両家にて斡旋の労を採ることを承諾になり本件一段落を告げたるに依り謝意を述ぶ、地理不明のため新宿電車終点より往復共廻り道をなし大に徒労す　序に林町権兄へ行き一応本件を披露し同意を得たり　家に帰れば一時半過ぎたり　喜美子は既に外出の後なり昨日の返礼として本堂家を訪問せり、午後より少雨降り出す

旧屋根葺き替へ未終

六月十日　　月　雨

午後教授会、学位の件、秦佐八郎、西盛之進、佐々木隆興、岩川克輝の四名皆通過す　帰途千駄木へ寄る、森氏今日此方約束書を大島家へ持ち行き呉れたり　途上にて同氏に出合ひたり氏も亦我家へ立寄りたりと　瓦斯点灯器を客間へ取り付く

六月十一日　火　曇少雨

梅雨の候となり甚不快、家根葺き替へ半にて困る　晩横田四郎氏来り患者診察のことを頼む

六月十二日　水　雨曇

？

六月十三日　木　晴曇雨

八時より四十五分間組織筆答試験をなす　問題白血球、出席者百四十七名未曽てなき多数なりとす　昼三郎氏来り田鶴少しく不快、昨日橋本氏の来診を乞へり、去月曜以来熱発三十八度四分まで昇りたり云々　晩柿内へ行き様子を見るに別断心配を要せざるが如し　今日始めて台所等に瓦斯を点火す、居間は未だし

六月十四日　金　曇晴

昼頃浜尾総長に面会、教室に電話を設くること、南米頭骨に付人類教室と関係のことに付述ぶるところあり　喜美子柿内へ行く田鶴病気快方最早心配なし

六月十五日　土　晴

精子柿内へ行く田鶴子病状は体温三七、六なりと　晩食後銀座へ散歩す精、三同行

六月十六日　日　晴

終日在宿　旧屋根葺き替へ漸く終る

六月十七日　月　雨

終日大に雨降る、田鶴容体三郎氏問合せたるに熱未全去らぬよし

六月十八日　火　晴

三郎氏教室へ来り田鶴昨日は全平温のよし　露国人五島清太郎氏案内にて教室へ来る

六月十九日　水　晴

系統解剖学聴器まで講じ終りたれば閉講す　午後四時教室を出て市谷田町に千葉稔次郎氏死去に付悔に行く　遺言に依り葬式は執行せざるよし　是より柿内へ寄る田鶴愈回復の様子なり　晩千駄木へ行きて明後日のことに付種々打ち合せをなす

六月二十日　木　曇

結納現品に付きみ子二回教室へ来る　顕微鏡実習を閉つ

晩千駄木へ行かんと思ひたるところへ母堂請書を持参せらる

六月二十一日　金　雨晴

昨夜来雨降つづきて今朝尚止まず困りたることと思ひしに九時頃より止む　増野氏来り尋で加賀美嬢も来る　待ち居る中十一時に本堂氏宰領を連れて来着、席に付きて一通り挨拶を述ぶ、昆布するめ吸物にて盃を進む、十二時近き頃去る、昼食、一時増野氏出かける　種々狼狽混雑す　二時過教室に到りて幻灯の予習をなす　五時半家に帰れば増野氏使を終へて帰り寄る　やなぎたるとなしたる話などあり、三時半先方へ着したりと　晩千駄木へ行かんと思ひおるところへ母堂来る、来週土、日曜両日の内日選んで招待の交渉あり

六月二十二日　土　晴

午前幻灯デモンストラチオンをなす、これにて此期授業全く終る、五時教室を出て千駄木へ寄り昨日の挨拶並に応招の日を来日曜（三十日）となしたき旨を通ず　晩文子佐倉より出京、大島へ寄りて来る

六月二十三日　日　晴

午前本堂へ行きて一昨日の挨拶並に結納品の幾分か華美なりし事情弁明す　午後二時頃良、三を連れて堀切へ菖蒲を見に行く　やつこにて食し八時帰る文郎氏少女を携て来り居る直に去る

六月二十四日　月　曇

答案調べに取りかかる、午後教授会、優等生選定の件（栗山、平松二名）、旅費分配の件（井上氏岡山解剖学会へ、助手三崎へ）、学位の件に入りて辞し去り答案を調ぶ

六月二十五日　火　曇

答案調べ

六月二十六日　水　曇

顕微鏡試験を始む、午前後にて三十八名、六時帰りて夕食、急ぎて内山下東洋協会に到る先つ坪井九馬三氏のモンロオ主義に付て演舌あり次に鳥居龍蔵氏朝鮮南北咸鏡道間島旅行談を聞きて十一時帰宅　石垣いよ子死去のよし報あり

六月二十七日　木　晴

終日試験

六月二十八日　金　晴

終日答案調べ

六月二十九日　土　晴

第三日試験、午前午後各二十一名、六時過ぎて終る

六月三十日　日　曇

ヂーク教授より島峰氏を助手に採りたきに付尽力せよとの依頼状来る　午前八時半教室に来りて答案調べをなす、二時半去り夕刻出向の準備をなす、それは明日記すべし　高橋信夫新婦を伴ひ来訪せられたるも混雑の際にて玄関にて謝絶したりと　入浴などし五時十分前三人出かける　千駄木まで行きて一列に新宿大島家に赴く六時五分前着、子爵夫婦陸太郎義三両氏及夫人母堂に紹介せらる　本堂夫婦は既に来着、洋食饗応受く、卓に就けるもの十二人其終る頃雷鳴、驟雨、急に止む模様なきにより九時半頃辞す　林氏自分は人車を返へしたるため電車まで車を乞ふ　十時半家に帰る、我家との差甚しきが故に一種怪しき感に打たる

七月一日　月　晴　雷雨

答案調べ通覧終る、午後三時頃より大雷雨　六時半帰宅晩挨拶旁千駄木へ行く

七月二日　火　晴雨

午前午後にて三十九名試験す　これにて皆済、実習の方授《ママ》験者総て一四四名時に五時半　今朝四時エクスプレス〔＊速達〕にて在伯島峰氏ヂーク助手云々手紙到達す、きみ子本堂へ挨拶に行く

七月三日　水　曇

評点調べ終りて事務室へ出す　午後帰りて三時共に電車（青山行に乗違ひなどしたり）にて大島家に挨拶旁訪問す、全家族（義三氏を除く）に面会、種々今後のことに付談あり、精学校のことは到底思ひ止まらざるを得ざるべし、六時前家に帰る、あやしき天気なりしも雨降らざりしは幸なりき

七月四日　木　雨晴

午前ワルダイエル先生より島峰氏デイク教授助手に採用のことにならん様尽力せよとの依頼状到達す　福原次官出勤のよしに付昼食後本省へ行きて委細面談す　松浦局長旅行中にて要領を得ざるも篤と協議し置く以てこれより牛込内藤家に到り島峰氏母堂に話し又内藤氏上京中のよしに付何れ面会すべきことを約して去る、小松両家序に訪問す　春三氏新小川町の方へ移転せり　五時教室へ帰る、不取敢島峰氏へはがきを出す

七月五日　金　雨晴

朝出勤途次池の端宮内に到り撮影す卒業生紀念帖のためなり　野本清一氏来る宮原氏に逢ひたし云々、内藤久寛氏来る島峰氏件に付委細話す、氏承諾、且つ万不得已場合には学費を出してもよし云々　午後教授会あり特待生選定、吉本清太郎氏学位の件通過、二時半散す

七月六日　　土　晴

昨日宮本叔、宮入慶之助両氏教室へ来り宮入氏亡室の厳父死去に付防腐注入を依頼せらる因て池田助手に托せり紀要校正の溜まりたるものを終へて印刷会社へ送る　新に晒したる骨格を調べなどし午後三時家に帰る　夕食後精、三を連れて錦輝館へ行く、一店に入り水菓を食せしめ九時半帰宅

七月七日　　日　晴

午前橋本圭三郎氏を青山南町に訪ふ、留守に付妻君に会ひて大島家のことに付話す未た知らざるものの如し将来のことなど頼みて十一時帰宅、午後二時半頃千駄木より使来り大島家三人にて来訪吉報をもたらす、早急に片付けなどする中来着、全家族を引き合す、新築の部など見物せらる、大混雑を極む、横田四郎氏来りて昼食す　夕食の際なぎのより電報来る　披き見れば直氏死去の報なり、四時三十分発信なれば本日午後のことなるべし尋で在金沢厳より端書来り五日付にて卒業式済みたること危篤に付帰郷せよとの電報ありたること但し既に時刻遅れたれば明朝即ち六日一番にて出発のことあり　此方にては良一を出立せしむることに決し就ては権兄方へは自分橋本へは喜美子行きて其事を知らせんとす　権兄不在、但し桂方へ招ねかれて行かれたるものなれば使を遣りたれとも帰宅なかりしかば其まま去る　家に帰れば喜美子帰り居り良一支渡をととのへて九時出かける　十時発車の筈なり　何と多事なる日ぞ

七月八日　　月　曇晴

昨夜雨強く降る、五時家に帰り直に大沢岳氏を訪　此頃高橋信夫氏結婚新夫婦来訪の答礼なり

七月九日　　火　晴

石原氏を歯科に訪ひ島峰助手となり延期のことを話す又昨夜破損したる義歯の直しを托す　家に帰りて昼食し、谷中斎場に呉秀三氏室の葬式に行く帰途千駄木へ寄る、蒸熱、島峰氏より杉村大使帰朝云々の手紙来る

七月十日　　水　晴

卒業式なり同時に新に落成したる正門を開通す十時四十

分　着御、無線電話、ニコルプリスマの光線彩色実験、古文書等　天覧あらせらる、一時家に帰る　蒸熱甚しきを以て休息、芝中の草を取る

七月十一日　木　曇

朝麻布市飯倉片町相良邸に杉村大使を訪ふ　島峰助手として留学延期の件なり十時教室に到る　山越大猩々の頭骨を持ち来る　書室の方普請は今日大工の手を離る

七月十二日　金　曇

六時家に帰る、晩柿内へ中元贈品を持ちて行く

七月十三日　土　雨曇

朝良一帰京す、椰野病症、葬式の模様など聞く（晩良一林町へ報告に行く但し権兄は留守なりきと）十時頃田鶴来る、精、三昼限りなれば是又帰り来り久し振りにて皆集る、遂に教室不参、午後新書室の拭き掃除をなす、畳を敷き込む

七月十四日　日　半晴

在宅、新書室へ移る、芝の草を取る、片山荘次氏来る西氏結婚届書不備の点を充たす　晩文子泊る

七月十五日　月　半晴

午前九時より臨時に教授助教授の集会あり、浜尾総長昨夏枢密顧問に任せられ以来一年間は総長を兼任せしも此度は去らざるべからざる期に迫まりたるに付其留任を請願するの件なり、十時去て文部省に到り松浦（鎮次郎）局長に面談、詳細事態を述ぶ、愈々島峰氏全官費として一年間延期することの決定を得、十二時教室に帰る　早速在柏崎内藤氏、島峰母堂、杉村駐独大使（虎一）氏へ報知手紙を出す

七月十六日　火　雨晴

ヂーク教授、枢密顧問官ワルダイエル（古郵便切手処望に付数十枚封入）島峰延期許可なりたるに付返事を出す又島峰氏へも書す　晩は三二試験済みたれば精と銀座へ散歩す三二水筒を買ふ

七月十七日　水　晴

熱さ強し三十一度まで昇る、標本室を整頓す

七月十八日　木　晴

顕微鏡標本を整頓す、午前赳来り林氏へ絵の催促並にノオトの依托のためなり

七月十九日　金　晴

一年間諸方よりの寄贈論文を調べこれに蔵書印を捺す、炎熱強し三十二度半（九十度）

七月二十日　土　晴

敷波氏仙台より出京教室へ来る

聖上陛下　御不例公表せらる、夕刻号外にて知る

七月二十一日　日　晴

在宿、片付けものをなす、八百長に預け置きたる荷物を運ぶ、これにて普請事件一通り終る　午後在ボルネオ元島策太郎なる人尋ね来る　頭骨採集のことを依頼す　午後六時出て　天機伺として宮内省へ参内す、七時半帰宅

晩田口碩臣氏夫婦来訪

七月二十二日　月　曇雨

昨日来下痢す、在宿、本堂夫人来り式日服装の談などあり勿論此方の随意、但し長岡夫人のときの談あり、午後四時頃より雨降り始む、庭師此頃は新築週《ママ》囲を頻りに片付く

七月二十三日　火　雨

冷気にて快、昨夏来の寄贈論文調べ終る

外人論文　七二種

邦人欧文論文　一二〇種

七月二十四日　水　曇

気温二十五度まで降る、歯科医山本元義氏古墳物を持ち来りて之を見る松村氏を呼びて鑑定を乞ふ

七月二十五日　木　半晴

教室不参、田鶴来る、又加賀美嬢を仕事に頼みてあり午後三時頃きみ子は両女児を連れて三越へ行く、自分は両男児を連れて浅草行、吾妻橋より永代橋まで汽船にて往復す、此頃落成したる新大橋下を通りて見る戻りて公園に入る花屋敷に入る、六区は　御不例のため常より静なる様に感す、やつこにて食事し九時家に帰る

七月二十六日　金　半晴

佐藤、青山両氏二十五年祝賀会拾円出す　六時半家に帰る

七月二十七日　土　晴

再熱酷し、教室自室大掃除のため不参、午後きみ精を連れて大島へ行く、陸太郎氏両三日中に宇都宮へ赴任の筈に付てなり、庭芝中の草をとる、晩陸氏返訪せり

七月二十八日　日　晴

教室へ行きたれど未だ自室の掃除終らす直に家に帰る

熱さ特に強し家の寒暖計九十三度を示す、晩食後三児を連れて池の端納涼博覧会へ行く帰りに氷月にて休む、家に帰れば号外来る、午後七時の拝診によれば愈危険の

御容体に陥らせ給へるよしを報す、十一時一段眠に就きたるに十二時速達便にて大学より　天機伺可然云々に直に支渡し参内す二時少しく過ぎて家に帰る　深更に至りても宮城内の光景人車の往来等其非常を示す

七月二十九日　月　晴

新聞号外四回計出る　御容体益御危険

七月三十日　火　曇雨

未明四時頃号外の響きこえわたる取りて見れば零時四十三分　崩御を報す

朝教室へ行くべきやと躊躇し居るところへ速達にて奉伺すべき旨通知あり直に参内す（喪章を用ふ）新聖上、皇后、皇太后の三ヶ所設けらる、昨夜一時　践祚式ありたるなり東車寄其他城内混雑す　十一時家に帰る、新聞遅れて配達したりこれを読みて昨夜宮中の御模様を漏れ承る

午後芝中の草を取る、二村氏長崎へ旅行のところ帰りたりとて来訪、五時頃より大雨

七月三十一日　水　曇

新聞を読み時刻遅れ教室へ行かず

元号大正と改まる、今三十一日より八月四日まで五日間廃朝、歌舞音曲同日間停止

八月一日　木　曇晴雨

福岡桜井恒氏出京、教室へ来訪

八月二日　金　曇晴

熊本吉永氏へ手紙を出す同時に解剖書続篇を送る、バルデレエベン解剖書代支払の件なり　在独鈴木文氏よりドクトル・ヂッセ教授死去報あり五時になりてW・レーレン（ニュルンベルク）、ボゲルン&ルイス・ジャクソン（鉄道技師）尋ね来る、レエレン氏は人類学者なり、石器時代に付き種々談あり、七時家に帰る

八月三日　土　曇驟雨

時に大驟雨あり、蒸熱、教室不参、書棚を整理す　良一、三二は千駄木母堂と日在へ行く

八月四日　日　雨曇　非常なる冷気

ベルツ氏へ手紙を書く又鳥居氏生蕃論を送る、在維納石原喜久氏へ手紙を出す　四時過家に帰れば柿内若夫婦来り共に晩食す　書室壁上塗りをなす

八月五日　月　曇　二四度

レーレン氏尋ね来る人類学教室へ案内す坪井恰も出勤にて石器、古墳時代物を精しく説明す、午後二時を過ぐ是

よりレエレン氏と同道帝国ホテルに到り中食し五時頃となる伴ひ出て銀座中村（池田）美術店に入り尋で博品館に入る、ホテルにて別れ九時家に帰る　きみ子本堂へ行く

八月六日　　火　曇

前九時半レエレン氏来り石器土器等を贈る、ワルダイエル、ベルツ、Ｈ・フィルヒョウ三氏へ連名にて絵はがきを出す、是より徒歩不忍池蓮花を見、納涼博覧会に入る、一時過西洋軒にて昼食し博物館に案内す、大に時を費す、五時過出て門外茶店に息ふ、公園内を遊歩し園を出て別を告げ七時家に帰る　晩桜井錠二氏来訪

八月七日　　水　半晴

朝内藤久寛氏来訪、島峰官費云々の挨拶なり　十時教室に到る　教室図書室に預け置きたる書物を荷車に積みて持ち帰る、時に一時過なり、これより図書を整頓す、これにて今回の普請一条全く終結と做すべし

八月八日　　木　晴

再熱くなる、高山喜内氏一寸教室へ尋ね来る　屍の解剖願取り消し一件なり　夕刻文子佐倉より孝子を連れて出京す

八月九日　　金　晴

休業になりてより始めて貝塚人骨仕事の続きに取りかかりたり

八月十日　　土　晴

帰途千駄木へ寄る、林氏在宅、きみ子本堂へ行きて式に関し異変ありや否やを尋ねたること但し未返事なきことを話す

八月十一日　　日　晴

浜尾総長辞職、桜井錠二氏事務取扱となる

八月十二日　　月　晴

新井春、田中義成、印刷会社等教室へ来る

八月十三日　　火　晴

晩食後二階へ葉巻煙草を取りに行きて闇きところを不図四畳に入らんと思ひて過て階段を踏みはづし下まで墜落す　薦骨部を強く打ちて痛甚し、氷嚢を以て冷す

八月十四日　　水　晴、夕立

打撲部の痛なかなか強し、氷嚢を用ふ、午後四時頃大驟雨、大雷鳴、其最中附近に失火あり、これ落雷より起りたりと

八月十五日　　木　晴

朝三郎氏見舞に来る、きみ子林町へ岡山八木田氏より贈り来りたる桃を持ちて暑中見舞に行く、午後尚ほ氷嚢を用ふ、痛は少しつつ減す且つ痛部は薦骨及左足に限画《ママ》す、小説不如帰を読む

八月十六日　金　晴

始めて母家に下る、千駄木二児来り遊ぶ

八月十七日　土　晴

少しつつよろし

八月十八日　日　晴

入浴す、小林文郎氏来り晩食を共にす

八月十九日　月　曇少雨

きみ子買物に出る

八月二十日　火　晴

午前小林魁郎氏来る、大湊より横須賀へ転任せしなり　昼食を共にし長談夕刻去る、精終日柿内へ行きたり　置時計二個共修繕なる

八月二十一日　水　晴

朝出勤を試みて止む　晩きみ、せいと共に白山まで散歩を試む　露店をひやかし短冊、籠など買ふ

八月二十二日　木　少雨、曇

午後小林幹氏来る　此頃再ひ出京せしこと文郎氏より聞たり、共に晩食す、氏の前途甚覚束なし

八月二十三日　金　晴

鈴木忠行ら俸給を持参し呉れたり

八月二十四日　土　晴

夕刻良一、三二日在より帰る

八月二十五日　日　晴

午後四時谷中天王寺に到る片山芳林氏母堂葬式なり負傷後始めて人車を試む、工合思はしからず　夕刻電車を試みんため旁柿へ行かんと三二を連れて門前まで出たるところへ母堂若夫婦に出逢ひて戻る　又十時頃文子孝子鎌倉より帰り来る

八月二十六日　月　晴

午前本堂夫人来訪、式等のことは別に変更なし云々　予て通達の通り午後六時より九時まで御通夜のため殯客奉仕として時刻前参内す（フロックコオト喪章）、六時半より七時半まで奉仕し中村達太郎氏と交代又八時より八時半まで奉仕してこれにて終り

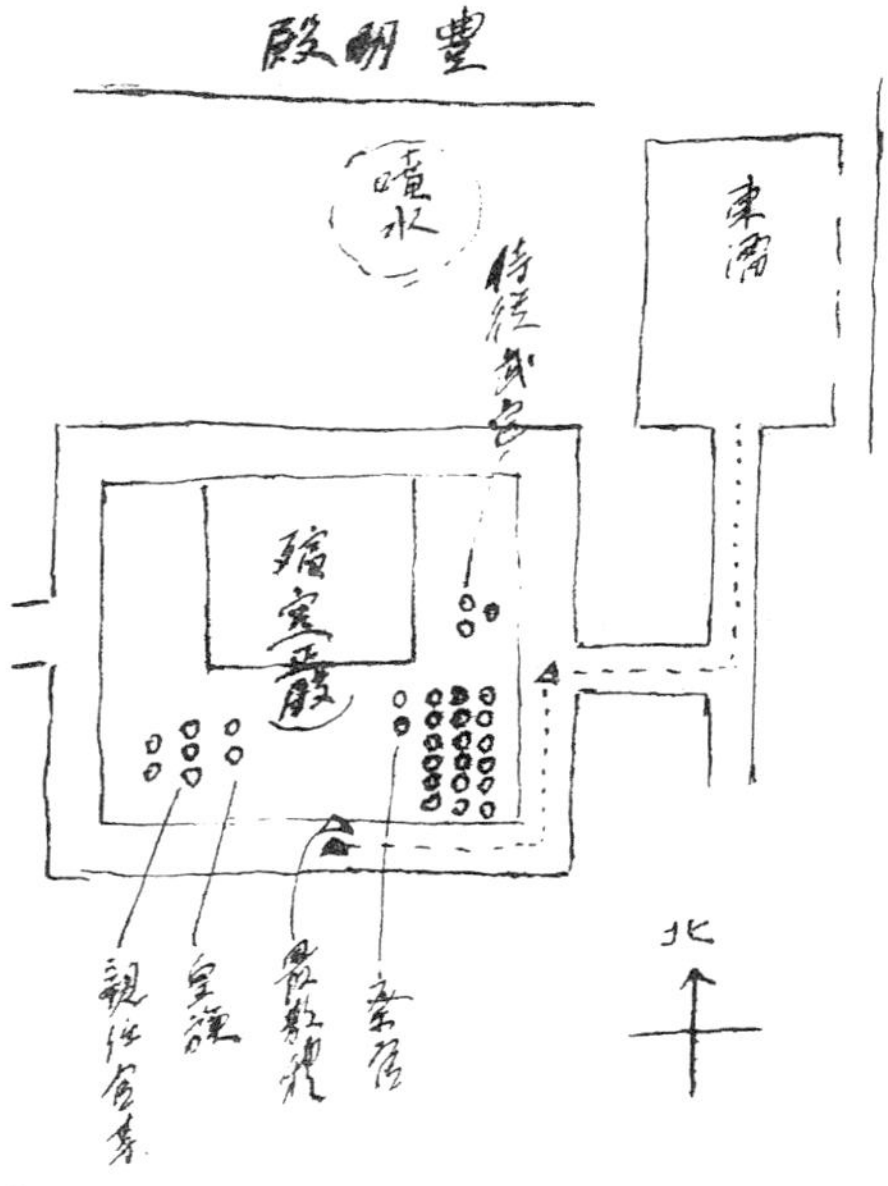

九時辞し去る

八月二十七日　火　晴

出勤、十三日間欠勤せり、ヂーク教授より七月十六日差出手紙の返事来る　桜井恒次郎、八木田九一郎、在朝鮮木浦橋本豊太郎氏へ何れも物品寄贈の礼状を出す

八月二十八日　水　晴曇

朝文子孝子佐倉へ帰る

八月二十九日　木　曇晴

八月三十日　金　曇晴

四時帰りて精、三を連れて浅草やつこにて鰻食

八月三十一日　土　曇風少雨

弘田氏教室に来る、一昨日きみ子訪（葉巻煙草を贈る）ひたる挨拶なり、新井春氏一寸来る一昨日新住宅へ移りたりと　田鶴昨日日在より帰り今日来りたりと

九月一日　日　風雨

終日雨降り風強し併し被害などなし、家にありたり

九月二日　月　晴

厳医科大学入学せしに付出京泊す、三二今日より学校始まる

九月三日　火　晴

午後きみ子教室へ寄る、三時出て牛込横寺町に甲野家を訪ふ息謙三氏洋行に付餞別（三越切手五円）を贈る

九月四日　水　晴

晩きみ子と共白山坂下古道具屋へ小箪笥を見に行きたり

九月五日　木　曇

潤三郎氏（此頃京都より上京）教室へ来り工科紀要法隆寺及日光の大図を遣る

九月六日　　金　曇

午前谷中天王寺に永井潜氏室の葬儀に行く　午後二時頃出て林町権兄を訪ひて厳のことを相談す　陸軍依托学生志望せざるを得ざるべし　保子母子三人生計困難なること、透と関係のことなど話にのぼる、談一時間半に及ぶ、四時頃去て蠣殻町原田貞吉氏を訪ふ侍医の談に及び二時間に亙る、七時去て家に帰る

九月七日　　土　雨冷

青柳登一氏教室へ来り学位論文に付相談あり　ワルダイエル先生より七月十六日差出手紙の返事来る　山越良三来り耳小骨模型訂正す

九月八日　　日　雨

終日雨降り外出せず、厳来り谷口方寄宿のことを話す国元へ相談の上極めることとす　夜に入りて雨少しく止む柿若夫婦遅く来る　千駄木へ別荘仕用せし挨拶に行きたりと

九月九日　　月　曇

歯科へ行きて石原氏に乞ひて下切歯一本抜き去る　これにて下顎は右犬歯一本のみとなれり、これにて下大義歯を造ることとなる　晩潤氏来る明日京都へ帰ると

九月十日　　火　風雨

但し被害を起す程にあらす

九月十一日　　水　雨

始業は御大葬後即十六日よりとす

九月十二日　　木　雨曇

午後四時家に帰れば田鶴来り居る

九月十三日　　金　曇晴

朝八時大学に到る、運動場に於て　奉弔式挙行せらる職員学生多勢集る　桜井総長事務取扱奉悼文を朗読す九時家に帰り更服再教室に到る時に十時　今日より三日間大喪儀に付廃朝、歌舞音曲停止せらる　五時家に帰り晩食後良、三を連れて出かける電車にて新橋まて行きここにて下り桜田本郷町の方へ行く　予想通の雑沓を極む、大通りを歩行し日本橋より電車に乗るなかなか困難なりき、商店総て休業しただ多数の人往来するのみ、但中心を遠かれば甚静かなり、九時半家に帰る、十二時に於て全国通信機関を三分間休止すこれ青山葬場殿に於て陛下の拝御あらせらるる時刻なり、即ち此時刻を待ちて三分間黙禱し後眠に就く

九月十四日　　土　曇　夜に入りて雨

朝新聞にて昨夜八時即ち轜車宮城を発するの時刻に於て乃木大将夫妻自宅に於て自殺すと何たる壮烈、この稀なる誠実人にしてこの事あり、感激して涙降る、大将の誠実の一片だも我軍人学者等にあらばと、近代人心の浮薄、風紀の頽敗に付きては歎かはしき極なるが此回大将の死により て多少覚醒するものあり哉　終日家にありたり、夜になり厳来る又新潟県人石川兄弟来りて弟医科入学せしに付保証人となること頼む直に諾して押印す

九月十五日　日　雨

気候不順、甚冷し、晩新橋に甲野謙三氏洋行出発を送る八時半帰宅

九月十六日　月　雨、曇

講義を始む、歯科へ行きて宮下氏に頼みて義歯の型を取る

九月十七日　火　曇少雨

再歯科へ行きて型を合せ試む　養育院医局長橘卓郎氏四日市へ転任すとて告別に来る

九月十八日　水　曇

文科にフロオレンツ氏を尋ねたるも電話の不行届のため徒労に属せり即ち氏目下帰国中にて十月半頃帰任すと、木村男也氏論文の校正を頼まんためなり　午後一時半家に帰り直に更衣、車を命し青山斎場に到り乃木大将夫妻の葬式に臨む、天段々晴る、人出夥し既に駒込辺より電車溢れる、赤坂御所裏手を廻り車を御所脇に置きて斎場に達す、通過困難、葬場殿拝観と葬式を見んことを兼ねてかかる人出なるべし、橋本圭三郎氏に久し振りて会ふ、我心の様なる感を以て弔ひたるものも夥あるべし玉串を供へることとなるべく控へられたしとの掲示もあり　ここまで来りたれば私に満足して五時家に帰る

九月十九日　木　晴

午前八時より組織筆頭追試験をなす出席者ただ四名のみ、トルト・ジュニア（ウィーン）、セルジオ・セルジ（ローマ）論文寄贈礼札を出す、四時半教室を出富士川游氏方無沙汰見舞に寄りCribra論文及教室略史を置きて去る同氏不在なりき、又緒方家へ寄る夫婦共留守　晩余り無沙汰せしを以て橋本へ行く九時半帰る

九月二十日　金　半晴

歯科に行きて義歯出来せるを受取る　午後三時半出て新宿大島家を訪　夫妻共在宅にて面会せり

九月二十一日　土　晴

午前八時より顕微鏡実習追試験をなす出席七名あり　成績甚不良、十一時終る、午後二時出て家に帰る

九月二十二日　日　雨

昨夜来雨降り終日止まず　諒闇第二期に入り最早喪章を付けるに及ばざる旨発表せらる

九月二十三日　月　台風　祭日

昨夜半風強くなり明方に愈台風となる、雨又強し午後二時頃稍弱くなる又霽れる、庭の檜五六本傾く又煉瓦八九枚吹き飛ばす、新築二階は少しく動揺す、仙台永井徳寿氏死去の報あり直に弔書を認む、夜に入り明月、精、三を連れて槇町まで散歩

九月二十四日　火　晴

歯科へ行きて義歯の咬み合せを直す又四円を払ひたり福岡桜井氏よりピテカントロプス〔＊直立猿人〕等の型文鎮を寄贈せらる　養育院伊丹繁氏へ屍写真の件教室にて引受くる云々の手紙を出す、庭師来りて檜などの傾きたるを直す

九月二十五日　水　曇

九月二十六日　木　雨

昨今は諸人種の尺骨を調ぶ、石器時代人骨研究に当り種々必用《ママ》生し四肢女子のものも測るべきかなど考起れとも思ひ止まる　日暮より霽れ上りて十六日の月明かなり又八時頃より月蝕始まる但し極少度なり

九月二十七日　金　晴

晩精を連れて大通りへ散歩、白牡丹へ寄る、福岡桜井氏へ文鎮寄贈の礼状を認む　きみ北蘭を連れて葬場殿参拝に行く

九月二十八日　土　晴

午刻教室を出て家に帰り一時半精、三を連れて外出、巣鴨終点まで電車、これより山の手線にて渋谷にて玉川電車に乗り替へ玉川岸を散歩す　秋冷甚爽快なり、山へ登り越して一農家に入りて道を尋ぬ、再び前路を戻りて二子渡場に帰る時に六時過ぎ、是より銀座に到り竹葉支店にて食す　八時過なり九時半家に帰る

九月二十九日　日　曇

午前新井春氏新住宅大崎池田邸内に訪ふ十二時半帰宅、橋本三児午前より遊びに来り夕刻去る

九月三十日　月　雨

午後教授会、病院拡大の件将来龍岡、茅町に向て進み、旧寄宿舎はやはり大学寄宿舎の敷地に当ると云ふ　浜尾

前総長の考案は病院新築の甚遷延する虞あるを以てやはり旧案寄宿舎敷地を病院に当ることにせんと云ふ件にして前総長臨席あり遂にこれに決す、六時半散す

十月一日　　火　晴曇

帰途片山国嘉氏の病気を見舞ふ　きみ精を連れて大島家へ行く、陸氏宇都宮より帰京の筈に付てなり

十月二日　　水　曇雨

昨日より例に依り実習を始め先屍各部を分配す　今日より仕事にかかる　昨日ブエノスアイレスレーマン－ニッチェ氏より同地新聞二種、一は西牙語、一は独乙語のもの、七月三十日発行、陛下御登避の記事並御肖像掲載あり、崩御日時を二十九日正午と記しあり　今日其礼札を出すきみ子精を連れて日本橋方面へ買物に行きたり　これにて大体買入れ済みたりと

十月三日　　木　雨

エドワルト・ロート（ハイデルベルク）へ論文 Negermuskel 外二種寄贈の礼札を出す　今日田鶴来りたりと

十月四日　　金　曇晴　甚暖

農科岸上鎌吉氏論著処望―又在新潟長谷部氏学位申請可然との返書を出す

十月五日　　土　晴

久々にて好天気となる、午後四時より医学会出席井上通夫氏顔面破裂の演舌あり　七時家に帰る

十月六日　　日　晴

午前出て赤十字病院に荒木老人の病気を見舞ふ、ところが既に昨日退院せりと依りて尚ほ入院中なる山口善六氏を見舞ふ、青山行電車非常の混雑のよしに付き広尾を廻る、帰途駿河台に浜田玄達氏大病のよし聞き込みたれば見舞ふ　十二時半家に帰る　三二昨日柿内へ行き帰りて寒冒の気味にて臥す、本富老婆泊、文子佐倉より出京

十月七日　　月　晴　昨夜雨降る

気分悪し由て午後二時頃家に帰る　老婆方集りて混雑

十月八日　　火　晴

長谷部言人氏生徒修学旅行監督として出京、午刻教室に寄り二十分計にして去る又赳来り西片、六に移転したり云々　留守中田鶴来りたりと

十月九日　　水　晴雨

午刻前歯科へ行き旧義歯再ひ破損せしを掛け替へとして必要に付大修繕を宮下氏に托す、午刻帰宅、穂積八束氏

葬儀に染井に到る、雨降り出し皆困る殊に式中土砂降りとなり天幕下ありても漏りて衣を濡す　四時過家に帰る

十月十日　木　曇

新潟藤田敏彦教室へ一寸寄る、歯科へ行きて精子歯手当のことを石原氏に托す　三二修学旅行として茨城地方へ出発す

十月十一日　金　曇　夜雨

精子教室へ来り歯科へ連れ行きて降幡氏に托す

十月十二日　土　晴

今朝になりて快晴となる、午前は医学会事務所にて雑誌を調ぶ、午刻新潟布施氏教室へ来り　ブレイン・コミッションより脳大図編纂の挙アリモナコフ教授より合著の申込を受けたり　就ては一年間位彼地渡航の必要あり工風如何云々共に弁当を食し二時去る　これより文部省美術展覧会へ行く　今日出懸けに郵便局へ寄り仙台山形、内田二氏在職二十五年祝賀へ参円送金す　六時頃三二修学旅行より帰る

十月十三日　日　晴

午後は一寸高島多米治氏催石器等の展覧会へ南鍋町へ行く、鳥居龍蔵氏又々朝鮮研究旅行として明日出発すとて告別に来る　精は茶の会ありとてこれに赴く、北蘭は留守居として昨夜三重子の帰ると共に橋本へ行きて一泊せらる

十月十四日　月　晴

午前文省へ行きて松浦専門局長に布施の件に付懇談す、午後教授会あり辻高俊否、下平用彩可決、終て青山学長に布施の件を話す　ベルツ教授へ岸上氏著 Prehistoric Fishing in Japan 及考古資料図を発送す

十月十五日　火　晴

藤沢利喜太郎氏在職二十五年祝賀のため弐円出金す　一昨日約束せし伊国大使館参事官ゴンザーガ氏教室へ来りアイノ頭骨など覧に供す

十月十六日　水　晴

午前医学会事務所に到り雑誌を調ぶ

十月十七日　木　晴　祭日

珍しき好天、朝早く三二を連れて上野公園へ行く園内散歩し両大師などに入り九時開館を待ちて文展に入る　午刻帰る　文子今朝佐倉へ帰る、良一鉄門倶楽部遠足会塩原へ行く、午後は在宿、庭の芝の草を取る

十月十八日　金　曇

午前九時過精を連れ市川行、先中山まで行きて寺内を歩き、遊園に入る時に十二時に近し庭中にて携帯の弁当を食し、後休憩所に入りて茶を飲む、某女学校の遠足ありて園内雑沓す　是より徒歩市川に到り文郎氏宅を訪ふ昨夜のはがきにて同氏不在なるを知るも予想通り訪ひたるなり　妻女に会ひて三十分計にして辞し去る　両国に帰りてまだ早きを以て国技館菊花を見五時過家に帰る此日天気曇り風寒かりき

十月十九日　土　晴

教室に到り直に出て不忍池畔拓殖博覧会へ行く　これ始めてなり　あいにく樺太の「オロッチヨン」及「ギリヤアク」の居らざりしは残念、又それ等の小屋まだ不出来、十二時教室に帰る、午後医学会事務所にて雑誌を見るこれにて終る、晩精、三を連れて銀座へ散歩、十二ヶ月に入る九時半帰る、良一尋で塩原より帰り来る

十月二十日　日　晴

教室にありたり、ベルツ氏書籍二種発送せし手紙を出す

十月二十一日　月　晴

伊国大使館ゴンザーガ氏へ日本及アイノ頭骨の写真六枚送、午後きみ子一寸教室へ来り本堂夫人来りて両親及本人戸籍上の名の文字尋ねられたるに付区役所へ行き謄本を採るべし云々、二時前出て養育院へ行く　此度発布になりたる行旅死亡者を火葬することを得るの件に付火葬料のことを相談す　伊丹医長、安達幹事に面会す四時出て途中飛行船の飛ぶを望みたり　夜遅くきみ子精腕手術の件に付懇談せり

十月二十二日　火　晴

午刻山上御殿にて佐藤氏前夜のこと懇談に及び同氏承諾し呉れたり可成来金曜日に実行のことを頼む　小松春三氏来り妻女婦人病治術のことに相談あり　山越良三教室へ一寸来る脳髄模型検査の件なり　伯林書肆フリードレンデル＆ゾーンへ百マルク為替（第百銀行）を書留にて送る　在欧椎野、西、浅井、森田、石原喜久の諸氏へ文展絵はがきを出す　帰途千駄木へ寄る

十月二十三日　水　曇

ヘルマン（チウリヒ）へ注文せし人類学器械此頃到着今日検査す、午刻佐藤氏教室へ寄り愈来金曜に実行すべし云々、婦人科へ行き磐瀬氏面会し内膜炎のこと尋ぬ序に皮膚へ寄り雑誌を見る　きみ子精を連れて青山葬場殿より上野文展へ行きたり　帰途千駄木へ廻り厳の陸軍依托

学生志願保証人となることを頼む

十月二十四日　木　晴

午前本堂氏教室へ来り陸軍より許可を得るに付精身元調書なるもの区長より取りてこれに戸籍謄本を添へて出す必要あるに付早速差出様云々　午刻家に帰りて弁当を食し其ことを相談す　きみ子は女学校へ行きて証明書を取る、四時半家に帰りて案を作る　晩加賀美氏を頼みて書類成る　理学文書目録九十一枚長谷川錞一氏に送る

十月二十五日　金　雨

午前十時加賀美氏教室へ来り区役所の方済みたりと　但し形式は陸省より照会ありてこれに回答する訳なりと直に本堂氏に電話にて問合せ軍医学校へ行きて渡す十二時教室へ帰る　午後六時前家に帰る　きみ、せい未だ不帰　雨頻りに降る七時頃に到りて漸く帰る人車を用ふ、予想の通り実行せり、一時間程かかりたりと　大島大人より手紙来る　宮内省へ出願のため精子の同意書を添ふる必要あり、就ては捺印の上別紙返戻云々申来る依りて良一雨中精子実印を注文に行く　九時過出来す、書面は明朝速達便にて出すべし

十月二十六日　土　晴

ワルダイエル、フィルヒョウ、コプシュ、ブレジケ（ベルリン）及在欧大串菊太郎、佐藤四郎へ文展又は拓殖絵はがきを出す　小松春氏教室へ来る妻女病症に付磐瀬氏より聞き置きたることを話す　二時家に帰る田鶴来り居る、三二を連れて青山へ行く先乃木大将の墓に詣で榊を供へ次に葬場殿を拝観す、時に遥か西に当りて飛行船の空に飛を望む三二大に悦ぶ、出て信濃橋て眺む暫時にして近つき品川の方へ飛ぶ、是より電車にて外濠線を行く途中牛込にて頭上を過ぐるを望む　五時過家に帰る、晩旧十六日の月明かなり

十月二十七日　日　曇

三二の十四まつ四疋斃死すこれ餌を与ふるを忘れたるためなり　三二大に悲む、午後独巣鴨辻村農園へ行きて菊ダアリヤの花を見る花を買ひて持ち帰る　晩食は良、三を連れて浅草やつこへ行きて食す後見世物の部を一週《ママ》す其点灯等の盛なるに驚く　北蘭田中家へ行途中、権兄方へ立寄られたりと

十月二十八日　月　曇晴

教授会出席者少なきため流会となる、佐藤氏に手術の模様を聞く

十月二十九日　火　雨

歯科へ行きて義歯のこと及精子病気のことに付打合せたり　午刻第一高等学校へ行きユンケル氏に面会し木村男也氏論文の校正を托す

十月三十日　水　曇晴

工科教授中村達太郎氏在職廿五年祝賀のため金弐円出す　木村貞吉氏へ送る　京都足立文氏より来翰、Zentralblatt f. Anthrop.〔＊雑誌〕へ抄録すべし云々直に名刺を封入（ブジャン宛のもの）返書を出す又P・ヘルマン（チウリヒ）へ器械到着、支払のこと及フリードレンデルへ特に急ぎとして書物三種注文の端書を出す　午前本堂夫人来訪、愈来月二十二日のこと、当日列席者のこと、時刻のこと、荷送りのこと等打合せあり

十月三十一日　木　雨

Cribra 論文内地配送漸く調べ定む　大学内十部郵便二十三部、其外既に折に触れて贈りたるもの十六部総計四十九部

十一月一日　金　曇雨

フリードレンデル＆ゾーンへ教室注文書を書留にて発す　午刻電話の件に付中村書記官と会談、本郷区役所より電話にて宮内省より照会なりとて精子の職業及学校に付問合せあり　五時前教室を出て電車にて林町へ行く、来二十二日式に列席のことを頼む権兄大に立腹、平素両女児を遣らさること、田鶴の時暇乞にも礼にも遣らざりしことなどを何と思ふ礼儀を知らざること、三十年来の怨云々、暴行、辛じて逃がる、帰路は裏道を選ぶ雨降り道悪し、六時半頃家に帰る皆々驚く、きみ子は精を連れて常盤病院へ行き糸を除き去る数刻前に帰りたりと、負傷は顔面打撲腫張擦過、上義歯破損、上左右外門歯脱失等なり　直に臥床に入る、明治十八年独乙より帰朝の際自ら固く誓て今日まで権兄と争はざりしも今日測らずも此暴行を受く遺憾千万、心中甚不快、終夜殆んど不眠、秋雨しくしく、雨だれの響点々を聞くのみ

十一月二日　土　晴

欠勤、上唇の傷痛にて食事に困る牛乳を飲む、顔及右手関節に湿布繃帯を試む　午後陸太郎氏来訪明日演習に出発すと面会せず　晩きみ子本堂へ行き当日列席者此方より九名なること及其他雑事を通す　文子佐倉より出京、厳見舞に来る、稍眠る

十一月三日　　日　晴（好天）

軽快、屋内を歩き廻る、午後良一便所の戸を付け直すを見るなどす、三郎夫婦早速見舞に来る（今日祝物を持ちて使のもの来りそれによりて知れたるなり）、夕刻横田四郎氏来る林町へ寄りたるも皆留守なりしと、精子始めて外出、茶の稽古に行きたり

十一月四日　　月　晴、晩雨

四日間の欠勤届を出す、行商に戯れに菓子鉢二個修理せしむ、これ全く詐欺なりき、きみ子片山国、山口鋭両家へ祝儀を持ちて行く、片山へは息結婚披露来七日催されこれに招ねかれたるを断る昼過ぎて帰る、北蘭は甲野より橋本へ廻はり昼帰らる（但負傷のこと話されざりしを後にて知る）、文子の妹来りて一泊す

十一月五日　　火　曇晴

午前一年生石川一佐久氏見舞に来る、精の雑品を取り集めなどす、午後きみ精第三回に病院へ行く繃帯を去り絆創膏とす　きみ帰りに橋本へ寄りたり

十一月六日　　水　雨　明治天皇百日祭

昨夜来雨、十時半人車にて歯科へ行く、車に母羅《ママ》をかけたれば人に逢はず好都合なりき　午後厳見舞に来る、精の寝具上の方一組にて不備ならんなどの話起る、きみ柿内へ招待のこと通知のため行きたるに大人病気のよし

十一月七日　　木　半晴

午前電車にて歯科へ行く精も来る数日間中止のところ今日より再通ふ　午後本堂夫人来り里帰りのこと、当日星岡より新夫婦を馬車にて本邸へ送る云々自分は面会せざりき　北蘭、文子靖国神社祭典に付参詣す　湿布繃帯を撤す

十一月八日　　金　晴曇

昨夜精子漆塗り諸道具出来す、今日これに種々の器具を容れなどす、早く昼食し歯科へ行く上顎義歯出来す（四円四拾銭）工合宜し、これ宮下氏が特に急ぎて製しくれたりなり　精子柿内大人病気の様子を尋ねに行く容体宜しからざるよし　午後きみ精第四回に病院へ行く　佐藤氏診しこれにて終る　治費三円五十銭払ひたりと、又精始めて全身浴を用ふ

十一月九日　　土　曇

運動会に付休業、午前先柿内大人の病気を見舞はとす《ママ》三郎氏途上会ひて委細を聞く由て家に入らずし去る、軍医学校へ寄り本堂氏に会ふ、里開きを三十日（土曜）と仮定、

当日は先方より招待のこと、其他の件に付談合、十一時教室に到り一日以来の日記を書く　午後六時拓殖博覧会催領土内各人種懇親会出席カラフトアイノ四人（男二女一少女一）北海道アイノ二人（夫婦）オロッコ一人、ギリヤアク三人（男二女一）台湾生蕃五人（夫婦及児三人）、宴酬なるに及びて各芸を演す、生蕃女の脚芸、腹芸最奇、八時半去て帰る　精子学校友を十名計招ねきて告別の意を表す

十一月十日　日　晴

十時教室に到る、六時家に帰る、精子の先生方を招きて饗応す四名来りたりと　本堂氏来り一昨日の返事あり

十一月十一日　月　晴

午後教授会、学位の件木下東作、国友鼎、和田豊種三氏通過、五時散会、これより柿内へ見舞に行く　三郎氏も一昨日来発熱、大人少しつつ宜し

十一月十二日　火　晴

今日漸く系統解剖脈管の講義を始めたり　午後四時教室を出て学士院例会出席これ始めてなり、授賞の件に就てのためなり即ち上坂熊勝氏を提出したり食事し九時家に帰る

十一月十三日　水　晴曇

駒八氏卒業のよし通知ありたれば其慶をはがきにて送る、四時家に帰り髪を切り晩食後精を連れて銀座へ行き文房具など買ひ本郷に来り　金盥其他雑品を買ふ九時半家に帰る　文子佐倉へ帰る

十一月十四日　木　曇

精歯科へ行きこれにて終る、きみ子と教室にて落ち合ひ池の端にて髪を結びたり　午後は谷中天王寺に於て解剖祭執行、これに赴く　二時半終り帰途千駄木へ一寸寄りたるも留守、母堂のみ在りたり、皆々留守中片山芳林西両家より祝物を持西夫人来訪　北蘭面会せられ甚工合悪しかりき　晩三二を連れて上野広小路へ買物に行く

十一月十五日　金　晴

三二早朝川越地方に於ける大演習陪観のため出発す、午前上野西洋軒へ行きて来三十日小宴を催すべきことを打合す、是より文展に入る第三回なり午刻教室に帰る　きみ子本堂へ行き又柿内へ見舞に寄る　晩精を連れて神保町へ雑品買物に行く

十一月十六日　土　晴

俄かに寒くなる氷張り庭の霜白し、教室電話愈特設許可

になりたる旨鈴木忠行氏来り報す　長く人類学教室との間に未決になりおりしアルゼンチン国より送り来りたる頭骨三個今日受取る　帰途千駄木へ寄る夫婦とも在宿、来三十日里開きのことなど話す

十一月十七日　日　晴

午前青山北町に根岸錬次郎氏を訪ふ同氏此度帰朝し本社重役となりたるなり恰も移転のところにて混雑なり早々辞し去る、柿内へ寄る三郎氏最早全快、大人も大に宜し、先安心なり十一時家に帰る　午後在宿、昨今両日夜具の綿を入るるに付職人来り茶の間を専用す、平野夫人祝物を持ちて来訪、晩精を連れて槇町へ行き実印サックを受取る、三二保証人会あり良一行く　成績甚宜しからす

十一月十八日　月　晴

午前逓信省へ行き村上秘書官に面会し教室電話架設の件に付配慮せられ一昨日管理局より架設すべき旨通知ありたるにより其礼を述ぶ　十二時教室に帰る、六時家に帰る　長持二竿持込む　昨日文子佐倉より出京

十一月十九日　火　雨

昨夜来雨、五時半家に帰る、橋本圭三郎氏来祝、其他本堂夫人、緒方夫人等多数来客ありて終日混雑せりと、衣服は悉皆出来せり　田鶴来り居る又三郎氏帰途寄りたり、晩食を供す同氏全く本復せり九時頃両人去る

十一月二十日　水　晴曇

五時半家に帰る、今日は格別来客とてはなかりきよし荷造りにて終日混雑、夜に入りても頻りに工風す、書斎にありたるも十時頃下りて手伝す終りて十二時半床に入る

十一月二十一日　木　曇

早朝人夫来る常吉に委任す宰領は加賀美氏妻女の父に依頼す　十一荷なり（簞笥四棹、長持二棹、釣台五荷）八時十分前列をなして出発す、屋内甚空虚になりたるの感あり　八時半出て教室に到る、雨降らざりしは幸なり五時教室を出て帰る、精子友人玄関に来り居る　紀念品（小花瓶）の贈与あり、晩は明日用ふる服装を斉ふ　自分は書斎にて書を読むも落付かず　後茶の間にて雑談、十一時眠に就く

十一月二十二日　金　雨

昨夜来雨、五時池の端の髪結来りて醒む、七時前床を出る直に入浴、教室は授業なき日なれば不参、十一時頃良一帰る、十二時千駄木夫人来る、ゐい女は衣服を持ちて

先発す、一時十五分前出かける四名一列なり　雨頻り降る人車は母衣を覆ひたれば人に見らるることなし、水道橋より三崎町斜に横切り飯田町中坂下より曲り九段坂を登り堀端を行き三宅坂にて林氏と落ち合ひ同列にて星岡茶寮に達す、時に一時三十五分、雨中車を出て坂を上る困る、恰も本堂夫婦来着、精子は支渡室に入る、他は二階の一室に休憩す、なかなか寒し、隣室は大島家に充てらる、少時にて大島家来着、尋で長谷川大将夫婦着間の襖を払ひて同夫婦に紹介せらる即ち今日の媒酌人なり、これより同席す、三時式を始む、これは媒介者のみ立合ひて夫婦の盃式なり、終て親子の式盃あり、先方夫婦及此方夫婦並に新夫婦との間に盃を交換す、長谷川夫婦立合ふ、これにて式終る、時に四時、其内に家母始め追々来る、一堂にて雑談休憩、五時桂公夫婦来着、直に宴に移る、階下の式室に充てたる広間なり、正面長谷川夫婦、桂夫婦、向側森夫婦、森母、家母、守永御隠居、佐久間母堂、本堂氏、大島夫婦、此側自分夫婦、柿内夫婦、良一、義三氏、本堂夫人、新夫婦総て二十二名、大将等は式中正装、後和服自分及三郎氏小礼服、長谷川大将及桂公の祝辞あり八時散す、九時家に帰る、三二、文子留守居、厳来り居る、茶の間にて雑談、十一時半旧書室にて両人尚ほ感談《ママ》す、十二時過ぎて眠る

十一月二十三日　土　雨曇、祭日

七時過ぎて起く、ぐづぐづ暮す、きみ子は片付けものなどす　北蘭は朝より青山牧野へ招かれて行かる、午後二時頃本堂夫人祝物を持ちて来らる、大島夫人昨夜三時頃コリイクを起されたりと、晩良一、三二を連れて銀座へ散歩す、千駄木母堂来りて精子より電話にてゐい女を留め置く云々申来りたりと

十一月二十四日　日　曇

今朝も七時過ぎて起く、九時前きみ子と共に出て先牛込早稲田町に長谷川（好造）子爵方へ礼に行く　千駄木より恵まれたる石版刷雪州画巻物を謝儀として贈る　恰も大島大将来訪中のよしにて面会せず　来三十日来駕を乞ふ旨名刺に書遺して去る、これより本堂家に到る幸ひ夫婦共在宅、礼を述べて紋羽二重一疋贈る　亦来三十日先方皆来駕ありたき旨を述ぶ、次に程近き守永御隠居を一寸訪ひ玄関にて挨拶し十二時家に帰る、午食後良一、三二を連れて拓殖博覧会へ行く　帰途千駄木へ寄る夫婦共在宅、礼を述ぶ四時半家に帰る、留守中長谷川大将馬

車を駆りて来訪、今朝は全く新聞記者と思ひ違ひてつい失礼したりとて其詫を述べられたりときみ子面接したりと　岡山上坂氏出京、留守中二回来訪せりと

十一月二十五日　月　晴曇

上坂氏教室へ来る共に弁当を食し種々談話す、医専校ごたごた桂田休職一件にて上京せりと、午後教授会あり宮下左右輔、唐沢克徳外一名皆通過、五時教室を出て橋本へ寄り三十日来事のこと乞ふ、七時帰宅、ゐい女今日大島家を去り帰途寄りて種々様子を話したり

十一月二十六日　火　半晴

昨日申送りたる通り精養軒事務長教室へ来る　料理酒其他のことを注文す、電話架設掛りの人来り位置を確定す、近日架設になるべし　ふみ子夫人病気見舞旁大島へ行く、大島大人より手紙来り二十八日に新夫婦を遣る云々又三十日招待に応す云々、直に返事を出す

十一月二十七日　水　晴

学士院書記来り擬賞の件に付委員会開会の打合せをなす帰途千駄木へ寄り食卓着席順序を相談す、精子明日来る筈のところ日悪しき故止むる云々の電話ありたりと　今日の国民新聞に新郎新婦の肖像を掲げて記事あり　これにて広く世間に知れるならん結果如何

十一月二十八日　木　晴

午後三時半教室を出て大島家に到皆在宿、夫人病気追々宜し其他様子を見て去る

十一月二十九日　金　晴

午後文省へ行き専門局松浦氏に面会し布施氏渡欧の件に付如何なりたるやを尋ぬ先文省にては留学生として一ヶ年位派遣することにすべし云々　精養軒へ明日は二十五名なること電話にて確答す　教室電話愈架設済、下谷九四、夕刻より開通六時家に帰る、大島家より里開きに付名々に土産物を送らる、晩布施氏手紙認む明朝投すべし

十一月三十日　土　晴

俄に寒くなる氷厚し、講義デモンストラチオンを終へ急ぎ弁当を使ひ電車にて家に帰る時三時、精子始めて来り田鶴も来り居る、料理数人前の土産あり精子十一時頃馬車にて来れりと、家中大混雑、直に入浴す、良一昨夜産泊なりしも三時頃帰り来る、自分は四時電車にて出かける、加賀美を頼む、五時二十分前既に大島夫人来着、家族は反て遅れたり、来集者長谷川大将、大島大将夫婦、

本堂夫婦、森夫婦、新夫婦、橋本夫婦、柿内夫婦、義三氏、於菟、佐久間母堂、家母、厳、守永御隠居、森母堂、文子、良一、三二、自分夫婦総て二十五名、五時半過ぎて食卓に付く、良精先つ挨拶を述ぶ　次に長谷川子爵の挨拶あり、七時半卓を離る、八時十分前長谷川大将先去る尋で追々散す、良、三等と徒歩家に帰る　時に九時頃なり先滞りなく里開の小宴も終へ安堵す、茶の間にて雑談十時頃寝室に入る尚二人にて談じ、十二時頃眠る

十二月一日　日　晴

七時過ぎて起く、贈品を開きて見る、千葉長尾美知氏祝品を携て来る、在ブリユツセル長岡春一氏夫婦に新縁挨拶の手紙を出す、千駄木へ行く一段落の礼を述ぶ、此度の件に付費用不足のこと種々混乱す、晩母堂来り解明す

十二月二日　月　晴

朝教室電話にて精子不例にはなきやを尋ぬこれ教室電話仕用《ママ》の始めなり、午刻佐藤三吉氏教室へ来る　上坂論文審査の件なり、手術の礼を述ぶ　五時教室を出て青木堂に寄りエヂプト紙巻煙草二百本即ち二箱（拾円）を買ひて佐藤氏方へ行きて贈る　氏在宅なりしも玄関にて去る是より千駄木へ行き皆在宅四百円受取る　これ此度の件に付不足を生し不得已借用す、此事に付種々込入りたる事情あり三百円の公債を入れ置くなど又これを売るなどの件伴ふ、六時半家に帰る、来年中に此整理出来るや否や

十二月三日　火　晴

秋期大掃除なり、歯科へ行きて予備義歯に付宮下氏に依せし下顎のものを受取る上顎のは未だ不出来、午後毎日新聞記者来り解剖教室の始めに付種々談話す、四時半教室を出て青木堂に寄り五円の切手を造らしめこれを持ちて真砂町に内藤楽氏方へ手術の礼に行く不在に付置きて去る

十二月四日　水　晴

事なし、六時過ぎて家に帰る、文子佐倉へ帰る　なかなかのんき気なり、今日午後守永御隠居及本堂夫人小宴の礼として来訪せられたりと

十二月五日　木　晴

新潟布施氏より再留学に付申送りたる返事並に京都林喜作氏紀要論文に付返事来る　北越新聞加賀幸三氏来り緒方、片山、田代三教授へ紹介す　午後三時より授賞候補

者上坂氏業績に付審査委員会を教室に於て開く、三宅、緒方、青山、石川千代松、佐藤三、良精の六名（三浦謹氏欠席）、良精説明す模様宜し　恩賜賞を授くべしと決し六時二十分前散会す直に電車にて帰宅、精来り居る、夕食を終りたるところへ赳突然来る客間に通す金若干を包みたるものを祝として贈る云々　その請け難きを述べて謝絶す　なかなか承知せず併し此方は充分謝意を表して断るの外なしと一点張りに屈せず遂に七時半より十時まで彼是言ひて帰り行きたり、今日来りたりとは生憎のことなり　是より皆茶の間に集りて雑談、精子行てより始めて緩々話したり、十一時寝室に入る

十二月六日　金　晴

授業なき日なれば午前在宿、精を連れて槇町まて買物に行く、珍客桜井某来る十三、四年前居たる松尾の友人なりと、昼食後教室に到る、五時半帰宅、精子は三時頃帰り行きたりと

十二月七日　土　曇

喜美子大島へ行くとて午刻一寸教室へ寄る　吉永氏解剖書代催促手紙を出す甚緩怠にて困りたる男なり　五時教室を出て柿内へ行き大人の病気を見舞ふ先日一寸再発気味なりしも此度は愈々宜しとのこと

十二月八日　日　晴曇

九時出て西大久保に矢島柳三郎を訪ひ礼を述べ鰹節切手五円を贈る　是より青山南町に橋本圭三郎方を訪ふ留守に付妻女に会ひて祝品贈与の礼を述べ一時半家に帰る千駄木母堂来る、家中静になりたる感あり

十二月九日　月　曇晴

午後教授会、山内、田中敬助、柴田長道皆通過、山内氏のことは不取敢ストラスブルグへ通報す又宇野朗氏へも一寸知らせたり

十二月十日　火　晴

午前家より電話にて今日大島若夫婦来る早く帰れ云々十一時講義を終へて聞く、尋できみ子教室へ来り大島大将去る三十日の礼に来られたり　きみ子は千駄木へ行きて留守、電話に接し直に帰宅玄関にて大将に挨拶したりと、午後三時半教室を出て電車にて家に帰る　精子今来り髪を結び真中、ところへ陸太郎氏来る、良一も帰り居り皆々雑談、其間きみ子より無名書のことを聞き驚く土曜日の日付けのよし又去二十二日饗応の礼を述ぶべき筈のことも聞く　食事後良一室にて尚暫時談話、八時少

し過ぎて両人電車にて帰り去る、是より千駄木へ行き礼にゆくことを頼む　十時半寝室に入り悲哀対話、赴かならんか兄ならんか赴なるべし……終夜不眠、煩悶限りなし、成行き如何、此度の件に付きては最初より慶の側を不安の念一刻も離れざりしが遂に此事ありああ

十二月十一日　水　晴

講義を終へ柿内氏を教室に訪ひ大島へ礼に行くことを頼む様子穏かならず教室へ帰ればきみ、たづ両人来る　昨夜手紙受取りて大人等とこれを見て其感情を害せし次第を聞く難交々来る、電話にて精子に昨夜の模様を尋ぬ別に悪しきことなしとの返事なり　喜美子これより陸省に森を訪ふとて去る　時に十二時小松春三氏来り入院治療（妻女の）は来年とす云々　午後実習中赴教室へ来り去五日のことを繰り返へす、又々謝絶すこれ或は自個の無名書に関係なきを示すためならんか　法科談などして一時間計の後去る　六時帰宅　きみ子森氏を陸省に訪ひ該書のことを話す次長谷川大将方へ礼に行く夫人に面会したりと（大将は旅行中）、又良一は大島へ行きたり、九時半床に入る昨日来の病にて直に眠る

十二月十二日　木　晴

橋本母堂三回忌（繰り上げ）に北蘭赴かる、たづは単独大島へ行くとて午前に来りそのことを通じ昼食して帰り去れりと

十二月十三日　金　晴

講義なき日にて昼中ことなし、精子が泣きて帰り来たりたるときの悲惨如何など空想に耽ける　真の楽しみは、研究室での成果が印刷されるのを見ることである。五時半家に帰る、晩義三氏来る良一も帰り来る九時頃まで談して帰る、田鶴より昨日大島へ行きたり云々はがき来る

十二月十四日　土　晴

ワルダイエル先生へ故ギッセ氏伝寄贈礼葉書を出す、弁当を食し帰宅更衣、二時吉祥寺に到る松村任三氏令閨葬式なり三時帰宅、諸方へ鶴の子餅を配る、車夫の談に精子単独にて柿内又本堂へ行き居たりと、晩きみ子は担任教員尾田夫人を訪問せり、晩はローゼンハイム、バルテルス、ワルダイエル、フィルヒョウ、ブレージケ、コプシュ、ハイン、フローゼ、ベルツ、プレトリウス、アインホルン十一氏へ年賀絵葉書及在倫敦原口初太郎氏へ返へしのはがきを認む

十二月十五日　日　雨

終日雨降り陰鬱、在宿、事なし

十二月十六日　月　晴

ル・ドゥブル（ツール）へ年始はがきを出す、午後一時春木町中央会堂に元良勇次郎氏葬式に到る名刺を置きて去る教授会出席、人員不足にて学位の件は議することあたはず三時散す、六時帰宅、午後長谷川大将夫人来訪ありたりと、晩精子の手紙来る先別条なきよし

十二月十七日　火　晴

午後新井春氏教室へ来る　要件にあらず精婚嫁などの談あり

十二月十八日　水　晴

組織学講義は軟骨を終へて閉つ　厳陸軍依托学生志願のところ今日身体検査ありて丙種不合格のよし困る　きみ子橋本圭、及平野勇氏方を訪問す

十二月十九日　木　曇雨

昨夜雨降り道悪し、在伯島峰氏へ手紙を出す

十二月二十日　金　曇

二年生馬場達雄樺太頭骨一個持参す　これアイ人《ママ》頭骨なるを以て邦人のもの交換す

十二月二十一日　土　曇雨

系統解剖学講義を閉つ、築地レオリヨミツシユ来る　R・クラウゼの冷凍装置付ミクロトーム〔＊顕微鏡用薄片切断機〕一個注文す　弁当を食し直に家に帰る　三二試験済みて帰り居る、田鶴子来り居る、天気模様悪し少しく雨降り出す、田鶴は四時頃帰り去る、厳千駄木の配慮により陸軍依托学生に採用のことになる又今夜出発長岡へ帰る夜に入り大に雨降る、良、三はそれにも係らず活動写真を見るとて出かける、十時帰る

十二月二十二日　日　雨

終日家にありたり　橋本三児午前より来りて遊ぶ　赳より歳暮として鮭一疋贈り来る

十二月二十三日　月　晴

前十時教室に到る、午後教授会あり西郷吉義、額田豊二氏学位の件通過、三時散す

西園寺内閣去五日辞表奉呈のところ紛擾遷延漸く一昨日桂内閣の親任ありたり

三二大島へ行きて七時過帰り来る

十二月二十四日　火　晴曇

俸給を受取るほつといきをつく、箱中空かりしが此年が極度なるや如何、五時家に帰る　三二試験成績発表、き

み子出頭、甚悪、不可2、稍可2科あり、英最悪、級第絶望、愛意交々来る

十二月二十五日　水　晴

歯科へ行く掛替へ義歯上下共出来す（弐円七拾銭）石原氏に会ひ歯科に就きての談あり、弁当を食し一時半家に帰る精子来り居る、千駄木へ寄りて来りたりと今日も馬車を用ひたり　歳末の品々を持参す　自分には葉巻煙草なり、其後別条なしと、髪を洗ひ、湯に入るなど紛雑の中三時少し過ぎて人車にて帰り行きたり

十二月二十六日　木　晴

教室へ行かず、早く昼食を終へ十二時前出て先大島へ行く　年賀差控へ等の為めなり夫人及精子のみあり精等の居室へ通る二十分計話して去る次に本堂へ寄る不在、母堂に面会して去る、是より柿内へ寄る、次に牛込小松、老母殿障りなし、春三氏方へも一寸寄る皆留守、妻女帰り来り一寸挨拶して去る、四時半家に帰る、良一、三二を連れて浅草やつこへ行き食す、帰途上野広小路博品館を一週《ママ》し九時家に帰る

十二月二十七日　金　曇

教室にありたり、午前弘田氏教室へ来りて在独真鍋氏より送り来りたりとてケーゼ〔＊チーズ〕一包贈らる　きみ子大島へ行く　五時半家に帰る、晩卒業生佐藤彰氏来訪

十二月二十八日　土　曇雨

教室大掃除に付不参、午後雨降り出し為めに外出せず、本堂夫人歳暮に来る

十二月二十九日　日　雪

昨夜来雪となり、今朝四寸計積る、夜電灯消へたり、電車にて十時教室に到る、電話線の切れたるもの多し、午前は電話交換局出でざりし、午後印刷会社へ通したり、大島へは不通　小使三人へ壱円つつ歳暮を遣る　此頃は紀要の校正輻輳し大にこれに時を費す　今日も全てこれに宛てたり　終日雪止ます六七寸も積りたるならん　五時過出て家に帰る往来困難

十二月三十日　月　晴

九時半教室に到る、大島へ電話尚ほ通せず、大阪塚口利三郎氏出京、教室へ来る、氏は来三月頃洋行すべしと、其折には最早余暇なかるべきを以て此度出京したりと三時出て家に帰る　大島より使来り昨日皆小田原へ行きたりと　お好さん越後より突然出京し泊る、新井春次郎氏

留守中来宅、精子婚嫁の祝品を贈らる　五時頃良、三を連れて銀座へ行き天金にて食し、銀座通りを往復す、良一は友人を訪ふとて別る、三二と尚ほ日本橋まで歩く是より電車にて帰途に就く、乗換所にて神保町の景気を見る東明館に入る、概して甚淋しき年の暮なり　諒闇中にて何人も万事差控るため不景気を極む、九時半家に帰る

十二月三十一日　火　晴

九時教室に到る、道路尚ほ悪きこと言ふべからず　此度教室副手を志望せる新卒業生工藤喬三氏一寸教室へ来る、三時半出て家に帰る　又来る年は如何　晩食、入浴、市中散歩に出かけんかと言ひたるも寒く且つ道悪ければ遂に止める、茶の間にて四人雑誌を見などし十一時頃寝に就く

登場人物簡略説明

【あ】

青木誠四郎（あおきせいしろう、一八九四―一九五六）
長野出身、児童・教育心理学者。

青木貞三（あおきていぞう、一八五八―一八八九）
信濃（長野）出身、官吏、実業家。

青木良悌（あおきりょうてい、一八四四―一九〇四）
肥前（長崎）出身、医師、離島振興に尽くす。

青山胤通（あおやまたねみち、一八五九―一九一七）
江戸（東京）出身、医学者、日本医学界の指導者。

青山徹蔵（あおやまてつぞう、一八八二―一九五三）
長野出身、外科学者、胆石症、胃潰瘍を研究。

赤川菊村（あかがわきくそん、一八八三―一九六二）
秋田出身、本名源一郎、新聞記者、郷土史家。

赤堀英三（あかぼりえいぞう、一九〇三―一九八六）
群馬出身、人類学者、松村瞭の元で研究。

赤松則良（あかまつのりよし、一八四一―一九二〇）
江戸（東京）出身、海軍軍人、造船技術者。

秋月左都夫（あきづきさつお、一八五八―一九四五）
日向（宮崎）出身、外交官。

秋山恒太郎（あきやまつねたろう、一八三〇―？）
長岡（新潟）出身、官僚、師範学校長を歴任。

秋山錬造（あきやまれんぞう、一八七二―一九四二）
東京出身、外科医師、軍人、陸軍軍医学校長。

愛久沢直哉（あくざわなおや、一八六六―一九四〇）
伊予（愛媛）出身、実業家、マレー半島ゴム園の三五公司の設立者。

阿久津三郎（あくつさぶろう、一八七三―一九三二）
福島出身、泌尿器科医師、東京神田に阿久津病院開業。

朝香宮鳩彦王（あさかのみややすひこおう、一八八七―一九八一）　皇族、陸軍軍人。久邇宮朝彦親王の第八王子。

朝倉外茂鉄（あさくらともてつ、一八六三―一九二七）
金沢（石川）出身、衆議院議員、弁護士。

朝倉文三（あさくらぶんぞう、一八六三―一九三五）
上野（群馬）出身、医師、日本泌尿器病学会創立、会長。

浅田一（あさだはじめ、一八八七―一九五二）
大阪出身、法医学者、血清学を研究。

旭憲吉（あさひけんきち、一八七四―一九三〇）
京都出身、医学者、皮膚病学、梅毒学を研究。

朝比奈泰彦（あさひなやすひこ、一八八一―一九七五）
東京出身、薬学者、和漢薬の薬効成分、地衣類を研究。

浅山郁次郎（あさやまいくじろう、一八六一―一九一五）
江戸（東京）出身、眼科学者。日本眼科学会創立に参加。

足立寛（あだちかん、一八四二－一九一七）
遠江（静岡）出身、医学者、陸軍軍医学校長。
足立文太郎（あだちぶんたろう、一八六五－一九四五）
伊豆（静岡）出身、解剖学者、人類学者。軟部人類学の開拓者、日本人の脈管の研究は世界的に著名。
吾妻勝剛（あづまかつたけ、一八六七－一九二三）
出羽（秋田）出身、産婦人科医、東京で吾妻病院設立。
姉崎正治（あねざきまさはる、一八七三－一九四九）
京都出身、宗教学者。
安部磯雄（あべいそお、一八六五－一九四九）
筑前（福岡）出身、社会運動家。
阿部信行（あべのぶゆき、一八七五－一九五三）
石川出身、陸軍軍人、政治家。
天谷千松（あまやせんまつ、一八六〇－一九三三）
江戸（東京）出身、医学者。筋生理学原論、心臓・肺臓の神経機能を研究。
新井正治（あらいしょうじ、一八九九－一九八八）
長野出身、人類学者、解剖学者。
新井春次郎（あらいはるじろう、一八五六－一九三一）
武蔵（埼玉）出身、外科学者。
荒木貞夫（あらきさだお、一八七七－一九六六）
東京出身、陸軍軍人、政治家。
荒木寅三郎（あらきとらさぶろう、一八六六－一九四二）
上野（群馬）出身、生化学者。
有坂鉊蔵（ありさかしょうぞう、一八六八－一九四一）
江戸（東京）出身、軍人。学生時代に向ヶ岡貝塚、弥生町貝塚を発見、壺形土器（弥生式土器）も発見。
有栖川宮威仁親王（ありすがわのみやたけひとしんのう、一八六二－一九一三）皇族、軍人、有栖川宮幟仁親王の第四王子。
有栖川宮熾仁親王（ありすがわのみやたるひとしんのう、一八三五－一八九五）皇族、政治家、軍人、有栖川宮幟仁親王の第一王子。
有馬英二（ありまえいじ、一八八三－一九七〇）
福井出身、医学者、政治家。中央結核研究会会長、日本胸部疾患学会会長。
安東貞美（あんどうていび、一八五三－一九三二）
信濃（長野）出身、軍人。

【い】

飯島魁（いいじまいさお、一八六一－一九二一）
遠江（静岡）出身、動物学者。
飯盛挺造（いいもりていぞう、一八五一－一九一六）
肥前（佐賀）出身、物理学者、微量天秤の先駆者。
池田謙斎（いけだけんさい、一八四一－一九一八）
越後（新潟）出身、医師、東京大学医学部初代綜理。

池田成彬（いけだしげあき、一八六七－一九五〇）
米沢（山形）出身、銀行家、政治家。
池辺義象（いけべよしかた、一八六一－一九二三）
肥後（熊本）出身、国文学者。
石神亨（いしがみとおる、一八五七－一九一九）
肥後（熊本）出身、医師、細菌学を研究し伝染病研究所（のち石神病院）を開設。
石川千代松（いしかわちよまつ、一八六〇－一九三五）
江戸（東京）出身、動物学者。
石川哲郎（いしかわてつろう、一八七九－一九六三）
岩手出身、法医学者、窒息の病態生理などを研究。
石川知福（いしかわともよし、一八九一－一九五〇）
愛媛出身、労働衛生学者。
石川日出鶴丸（いしかわひでつるまる、一八七八－一九四七）
富山出身、生理学者、大津臨湖実験所（現生態学研究センター）を創設。
石黒五十二（いしぐろいそじ、一八五五－一九二二）
加賀（石川）出身、官僚、海軍技監、貴族院議員。
石黒宇宙治（いしぐろうちゅうじ、一八五四－一九二三）
越後（新潟）出身、海軍軍人、海軍軍医総監。
石黒忠篤（いしぐろただあつ、一八八四－一九六〇）
東京出身、石黒忠悳の長男。官僚、政治家。
石黒忠悳（いしぐろただのり、一八四五－一九四一）
陸奥（福島）出身、医師、軍人。貴族院議員、日本赤十字社長、近代軍医制度の確立につとめる。
石坂音四郎（いしざかおとしろう、一八七七－一九一七）
熊本出身、法学者。
石田収蔵（いしだしゅうぞう、一八七九－一九四〇）
秋田出身、人類学者。樺太のアイヌ、ウィルタ、ニヴフなど北方諸民族の先駆的研究者。
石橋松蔵（いしばしまつぞう、一八八三－一九五四）
茨城出身、病理学者。実験腫瘍学、黄疸発生の病理学、内分泌異常などを研究。
石原喜久太郎（いしはらきくたろう、一八七二－一九四四）
島根出身、医学者、細菌学、衛生学が専門。
石原謙（いしはらけん、一八八二－一九七六）
東京出身、キリスト教学者、東京女子大学学長。
石原忍（いしはらしのぶ、一八七九－一九六三）
東京出身、眼科学者。
石原久（いしはらひさし、一八六六－一九四一）
武蔵（埼玉）出身、歯科医学者。
石原誠（いしはらまこと、一八七九－一九三八）
兵庫出身、生理学者。心臓前房の電流曲線の研究、コイやフナの血清学的研究。
石本巳四雄（いしもとみしお、一八九三－一九四〇）
東京出身、地震学者、東京帝大地震研究所所長。

板倉武（いたくらたけし、一八八八－一九五八）
千葉出身、内科医で日本の治療学の確立者。
板倉中（いたくらなかば、一八五六－一九三八）
上総（千葉）出身、弁護士、政治家。
伊丹繁（いたみしげる、一八八〇－一九二一）
埼玉出身、医学者。
市川篤二（いちかわとくじ、一九〇二－一九九三）
東京出身、泌尿器科学者。
一木喜徳郎（いちききとくろう、一八六七－一九四四）
遠江（静岡）出身、法学者、政治家。
市村瓚次郎（いちむらさんじろう、一八六四－一九四七）
常陸（茨城）出身、東洋史学者、鷗外らと新声社を結成。
伊藤鋳之助（いとういのすけ、一八三一－一九〇七）
鶴岡（山形）出身、新聞経営者、『函館新聞』を創刊。
伊東徹太（いとうてつた、一八七八－一九一九）
岡山出身、医学者。
伊藤隼三（いとうはやぞう、一八六四－一九二九）
因幡（鳥取）出身、外科学者、日本医学会副会頭。
伊東盛雄（いとうもりお、一八五四－一八九九）
医師、大阪衛生試験所勤務。侍医。
稲田龍吉（いなだりゅうきち、一八七四－一九五〇）
愛知出身、内科学者、細菌学者。第二次世界大戦中に日本医療団総裁、日本医師会会長。
稲葉君山（いなばくんざん、一八七六－一九四〇）
中国歴史学者、仏教学者。
稲葉良太郎（いなばりょうたろう、一八七七－一九一九）
埼玉出身、軍人、陸軍軍医。
稲村坦元（いなむらたんげん、一八九三－一九八八）
福井出身、曹洞宗僧、郷土史家、埼玉県の郷土史研究を主導。永平寺副監院、埼玉県郷土文化会名誉会長。
稲村真里（いなむらまさと、一八六七－一九六一）
静岡出身、宮司、祝詞研究家として有名。
犬養毅（いぬかいつよし、一八五五－一九三二）
備中（岡山）出身、政治家。
井上円了（いのうええんりょう、一八五八－一九一九）
越後（新潟）出身、仏教哲学者。雑誌『東洋哲学』創刊、妖怪学の租、哲学館（のちの東洋大学）を設立。
井上嘉都治（いのうえかつじ、一八七六－一九四四）
京都出身、医化学者。鯨の生化学的研究、胃液の研究。
井上毅（いのうえこわし、一八四四－一八九五）
肥後（熊本）出身、官僚、政治家。
井上善次郎（いのうえぜんじろう、一八六二－一九四一）
讃岐（香川）出身、内科学者。
井上達三（いのうえたつぞう、一八七七－一九五〇）
宮城出身、軍人、陸軍中将。
井上達也（いのうえたつや、一八四八－一八九五）

阿波（徳島）出身、眼科学者。東京神田駿河台に済明堂眼科病院を開設。
井上哲次郎（いのうえてつじろう、一八五五－一九四四）
筑前（福岡）出身、哲学者。杉浦重剛らと『東洋学芸雑誌』発行、哲学辞典の先駆け『哲学字彙』を著す。
井上通夫（いのうえみちお、一八七九－一九五九）
徳島出身、解剖学者。口蓋の発生機構や顔面の形成などを研究。
井口在屋（いのくちありや、一八五六－一九二三）
加賀（石川）出身、機械工学者、機械学会の創立に参加。
猪子吉人（いのこきちんど、一八六六－一八九三）
神戸（兵庫）出身、薬学者、猪子止戈之助の弟。
猪子止戈之助（いのこしかのすけ、一八六〇－一九四四）
但馬（兵庫）出身、外科学者。日本初の喉頭がん手術に成功、大津事件で負傷したロシア皇太子を治療。
今田見信（いまだけんしん、一八九七－一九七七）
島根出身、出版経営者、医歯薬出版社長。
今村明恒（いまむらあきつね、一八七〇－一九四八）
鹿児島出身、地震学者。
今村次吉（いまむらじきち、一八八一－一九四三）
官僚、実業家、今村有隣の次男。大日本蹴球協会初代会長、大日本陸上競技連盟顧問。
今村新吉（いまむらしんきち、一八七四－一九四六）
石川出身、精神医学者、今村有隣の長男。妄想性精神病、神経症など精神病理学を研究。
今村有隣（いまむらゆうりん、一八四五－一九二四）
加賀（石川）出身、フランス語学者。箕作麟祥に師事、横須賀造船所通訳兼翻訳掛。
入沢達吉（いりさわたつきち、一八六五－一九三八）
越後（新潟）出身、内科学者、医史学者。医学教育の確立につとめ日本医史学会を創設。
岩崎久弥（いわさきひさや、一八六五－一九五五）
土佐（高地）出身、実業家。岩崎弥太郎の長男、三菱合資を設立し社長となる、東洋文庫を設立。
磐瀬雄一（いわせゆういち、一八七五－一九四六）
東京出身、産婦人科学者。
巌谷立太郎（いわやりゅうたろう、一八五七－一八九一）
近江（滋賀）出身、鉱山学者。
印東玄得（いんどうげんとく、一八五〇－一八九五）
紀伊（和歌山）出身、医師。わが国最初の保険会社「明治生命」の設立にかかわり、その保険医となる。

【う】

上田万年（うえだかずとし、一八六七－一九三七）
江戸（東京）出身、国語学者。日本語の歴史的研究の端緒を開く。

上田常吉（うえだつねきち、一八八七－一九六六）
解剖学者。
上田敏（うえだびん、一八七四－一九一六）
東京出身、評論家、翻訳家、詩人。
上野金太郎（うえのきんたろう、一八六六－一九三六）
薬学者、実業家、東京薬専（現東京薬科大学）校長。
上野季三郎（うえのすえさぶろう、一八六四－一九三三）
出羽（秋田）出身、官僚。宮内省で宮内大臣秘書官、式部官などをへて大膳頭。
植村尚清（うえむらひさきよ、一八八一－一九六三）
内科医師。
宇垣一成（うがきかずしげ、一八六八－一九五六）
備前（岡山）出身、陸軍軍人、政治家。
鵜沢総明（うざわふさあき、一八七二－一九五五）
千葉出身、弁護士、政治家。戦後東京裁判の日本側弁護団長、明治大学総長。
臼杵才化（うすきさいか、一八七六－一九一七）
三重出身、医学者、小児科医。
内田定槌（うちださだつち、一八六五－一九四二）
小倉（福岡）出身、外交官、トルコ駐剳大使。
内田清之助（うちだせいのすけ、一八八四－一九七五）
東京出身、鳥類学者。
移川子之蔵（うつりかわねのぞう、一八八四－一九四七）
福島出身、民族学者。
宇野円空（うのえんくう、一八八五－一九四九）
京都出身、宗教学者、宗教民族学の分野を開拓。
宇野朗（うのほがら、一八五〇－一九二八）
伊豆（静岡）出身、医学者。
梅錦之丞（うめきんのじょう、一八五八－一八八六）
出雲（島根）出身、眼科学者。日本人で初めて眼科の講義と診療をおこなう。
梅原末治（うめはらすえじ、一八九三－一九八三）
大阪出身、考古学者、浜田耕作、内藤湖南らに師事。銅鐸、中国青銅器、古墳などの研究によって東洋考古学の基礎を確立。

【え】

英照皇太后（えいしょうこうたいごう、一八三五－一八九七）
九条尚忠の六女、孝明天皇の皇后。
江上波夫（えがみなみお、一九〇六－二〇〇二）
山口出身、考古学者、東洋史学者。生化学者江上不二夫の兄、古代オリエント博物館長。
江間俊一（えましゅんいち、一八六一－一九三三）
遠江（静岡）出身、政治家。
遠藤至六郎（えんどうしろくろう、一八八五－一九四二）
新潟出身、歯科医学者、大日本歯科医学会会長。

遠藤柳作（えんどうりゅうさく、一八八六－一九六三）
埼玉出身、官僚、政治家。青森、愛知の県知事。

【お】

及川奥郎（おいかわおくろう、一八九六－一九七〇）
岩手出身、天文学者、七個の小惑星を発見。
生沼曹六（おいぬまそうろく、一八七六－一九四四）
石川出身、生理学者。
汪兆銘（おうちょうめい、一八八三－一九四四）
中国広東省出身、政治家。
大岡育造（おおおかいくぞう、一八五六－一九二八）
長門（山口）出身、政治家。
大賀一郎（おおがいちろう、一八八三－一九六五）
岡山出身、植物学者。千葉県検見川遺跡で約二千年前の古代ハスの種子を発見。
大隈重信（おおくましげのぶ、一八三八－一九二二）
肥前（佐賀）出身、政治家。
大倉喜八郎（おおくらきはちろう、一八三七－一九二八）
越後（新潟）出身、実業家、大倉財閥の創設者。
大里俊吾（おおさとしゅんご、一八八八－一九七四）
福岡出身、内科学者。
大沢岳太郎（おおさわがくたろう、一八六三－一九二〇）
三河（愛知）出身、解剖学者。両生類や爬虫類の比較組織学で業績を残す。
大沢謙二（おおさわけんじ、一八五二－一九二七）
三河（愛知）出身、生理学者、近代生理学の基礎を築く。
大島正満（おおしままさみつ、一八八四－一九六五）
北海道出身、動物学者。
大島道太郎（おおしまみちたろう、一八六〇－一九二一）
陸奥（岩手）出身、金属工学者。
太田正雄→木下杢太郎（きのしたもくたろう）
太田弥太郎（おおたやたろう、一八五九－一九三五）
東京出身、海軍軍人、海軍軍医総監。
大竹貫一（おおたけかんいち、一八六〇－一九四四）
越後（新潟）出身、政治家。日露戦争では対露強硬論を唱え、講和反対の日比谷国民大会を主催。
大谷周庵（おおたにしゅうあん、一八五九－一九三四）
江戸（東京）出身、内科医。肺ジストマによる脳病を発見し、コレラ菌を研究。
太田原豊一（おおたわらとよいち、一八八九－一九四八）
岡山出身、衛生学者。
大槻菊男（おおつききくお、一八八七－一九七七）
宮城出身、外科学者。
大槻文彦（おおつきふみひこ、一八四七－一九二八）
江戸（東京）出身、国語学者。
大鳥次郎（おおとりじろう、？－一九〇六）

薬物学者、大鳥圭介の次男。
大西克知（おおにしよしあきら、一八六五－一九三二）
伊予（愛媛）出身、眼科学者、日本眼科学会創立に参加。
大野正（おおのただし、一八七二－一九二六）
新潟出身、発明家。大野式自働防火扉、回転軸抵抗測定機などを発明。
大場磐雄（おおばいわお、一八九九－一九七五）
東京出身、考古学者。
大橋佐平（おおはしさへい、一八三五－一九〇一）
長岡（新潟）出身、博文館の創設者。
大橋新太郎（おおはししんたろう、一八六三－一九四四）
長岡（新潟）出身、大橋佐平の三男、父とともに博文館創設。
大森治豊（おおもりはるとよ、一八五二－一九一二）
江戸（東京）出身、外科学者、腹部外科の開拓者。
大森房吉（おおもりふさきち、一八六八－一九二三）
越前（福井）出身、地震学者。日本の近代地震学の指導的開拓者、震災予防調査会委員としても活躍。
大山柏（おおやまかしわ、一八八九－一九六九）
東京出身、父は大山巌。考古学者、陸軍軍人。
丘浅次郎（おかあさじろう、一八六八－一九四四）
遠江（静岡）出身、動物学者。
岡玄卿（おかげんきょう、一八五二－一九二五）
石見（島根）出身、医師。
岡正雄（おかまさお、一八九八－一九八二）
長野出身、民族学者。
岡落葉（おからくよう、一八七九－一九六二）
山口出身、本名悳介、画家。
岡倉天心（おかくらてんしん、一八六三－一九一三）
相模（神奈川）出身、美術指導者、思想家。
岡島敬治（おかじまけいじ、一八八二－一九三六）
富山出身、解剖学者。
岡田朝太郎（おかだあさたろう、一八六八－一九三六）
美濃（岐阜）出身、刑法学者、川柳研究家。
岡田啓介（おかだけいすけ、一八六八－一九五二）
越前（福井）出身、軍人、政治家。
岡田満（おかだみつる、一八八六－一九六二）
滋賀出身、歯科医。
岡田良平（おかだりょうへい、一八六四－一九三四）
遠江（静岡）出身、文部行政官、政治家。
岡田和一郎（おかだわいちろう、一八六四－一九三八）
伊予（愛媛）出身、耳鼻咽喉科学者、大日本耳鼻咽喉科学会の設立に尽力。
緒方章（おがたあきら、一八八七－一九七八）
大阪出身、緒方洪庵の孫、緒方知三郎の弟、薬学者。わが国における内分泌化学の創始者。

緒方知三郎（おがたともさぶろう、一八八三－一九七三）
東京出身、病理学者。
緒方規雄（おがたのりお、一八八七－一九七〇）
東京出身、細菌学者。
緒方正規（おがたまさのり、一八五三－一九一九）
肥後（熊本）出身、医学者。内務省衛生試験所に細菌室を創設、細菌学の基礎をつくる。
岡野敬次郎（おかのけいじろう、一八六五－一九二五）
上野（群馬）出身、法学者、政治家。法典調査会委員となり、梅謙次郎らと商法典の起草にあたる。
小川琢治（おがわたくじ、一八七〇－一九四一）
紀伊（和歌山）出身、地質・地理学者。
小川睦之輔（おがわちかのすけ、一八八五－一九五一）
東京出身、解剖学者。肺の解剖や眼の再生などの実験発生学的研究。
小川鼎三（おがわていぞう、一九〇一－一九八四）
大分出身、解剖学者、医史学者。
小川正孝（おがわまさたか、一八六五－一九三〇）
松山（愛媛）出身、化学者、東北帝国大学総長。
小川三紀（おがわみのり、一八七六－一九〇八）
静岡出身、鳥類学者。剥製や鳥卵の標本をあつめて日本の鳥類学の基礎を築く。
小川芳樹（おがわよしき、一九〇二－一九五九）
東京出身、小川琢治の長男、湯川秀樹の兄、金属工学者。
荻原雲来（おぎわらうんらい、一八六九－一九三七）
紀伊（和歌山）出身、僧、サンスクリット学者。
奥田義人（おくだよしと、一八六〇－一九一七）
因幡（鳥取）出身、官僚、政治家。
小口忠太（おぐちちゅうた、一八七五－一九四五）長野出身、眼科学者、夜盲症の異型である小口氏病を発見。
奥村円心（おくむらえんしん、一八四三－一九一三）
唐津（佐賀）出身、真宗大谷派の僧。
小倉伸吉（おぐらしんきち、一八八四－一九三六）
宮城出身、海洋物理学者。航海図表、日本近海同時潮汐図、潮汐表などを作成。
小此木忠七郎（おこのぎちゅうしちろう、一八六六－一九三九）
教育者、考古学者。
尾崎行雄（おざきゆきお、一八五八－一九五四）
相模（神奈川）出身、政治家。
小沢儀明（おざわよしあき、一八九九－一九二九）
山梨出身、地質学者。
押田徳郎（おしだとくろう、一八七五－一九七三）
細菌学者。
小田内通敏（おだうちみちとし、一八七五－一九五四）
秋田出身、地理学者。
越智貞見（おちさだみ、一八七九－一九七一）

愛媛出身、眼科医、アイヌ民族眼疾患の調査・研究。
尾中守三（おなかもりぞう、一八七七－一九二〇）
山口出身、内科医。
小野直治（おのなおじ、一九〇五－一九四五）
医学者、長崎の原爆で死去。
小野塚喜平次（おのづかきへいじ、一八七〇－一九四四）
越後（新潟）出身、政治家、東京帝大総長。
小原直（おばらなおし、一八七七－一九六六）
新潟出身、司法官、政治家。

【か】

柿内三郎（かきうちさぶろう、一八八二－一九六七）
東京出身、生化学者。妻は良精の長女田鶴。
賀古鶴所（かこつるど、一八五五－一九三一）
遠江（静岡）出身、医師。森鷗外と東大同窓で親友。
河西健次（かさいけんじ、一八六八－一九二七）
信濃（長野）出身、医師。東京新宿に武蔵野病院開業。
笠井新也（かさいしんや、一八八四－一九五六）
徳島出身、考古学者。
笠原光興（かさはらみつおき、一八六一－一九一三）
駿河（静岡）出身、医学者。
樫田亀一郎（かしだかめいちろう、一八七〇－一九一五）
大和（奈良）出身、内科医、東宮の侍医をつとめる。

樫村清徳（かしむらきよのり、一八四八－一九〇二）
米沢（山形）出身、医師、神田駿河台に山龍堂病院を開く。
柏村貞一（かしわむらさだいち、一八六一－一九一〇）
長門（山口）出身、医学者、新潟県長岡病院長。
片山国嘉（かたやまくにか、一八五五－一九三一）
遠江（静岡）出身、医学者、清韓両国との医学交流のため同仁会を設立。
片山国幸（かたやまくにゆき、一八八四－一九六二）
東京出身、片山国嘉の長男。整形外科学者。
片山芳林（かたやまほうりん、一八五五－一九二一）
江戸（東京）出身、医師、東宮付きの侍医、侍医頭。
勝間田稔（かつまたみのる、一八四三－一九〇六）
萩（山口）出身、武士、官僚。愛知、愛媛、宮城、新潟の県知事を歴任。
桂秀馬（かつらひでま、一八六一－一九一一）
越後（新潟）出身、外科医、宮内省侍医。
桂田富士郎（かつらだふじろう、一八六七－一九四六）
加賀（石川）出身、病理学者。神戸に熱帯病船員病研究所および付属病院を設立、所長兼院長。
加藤元一（かとうげんいち、一八九〇－一九七九）
岡山出身、生理学者。
加藤玄智（かとうげんち、一八七三－一九六五）

東京出身、神道学者。
加藤高明（かとうたかあき、一八六〇－一九二六）尾張（愛知）出身、外交官、政治家。
加藤照麿（かとうてるまろ、一八六三－一九二五）江戸（東京）出身、加藤弘之の長男。小児科医、貴族院議員、六男は古川緑波。
加藤友三郎（かとうともさぶろう、一八六一－一九二三）安芸（広島）出身、軍人、政治家。
加藤豊治郎（かとうとよじろう、一八八二－一九六七）三重出身、内科学者。
加藤弘之（かとうひろゆき、一八三六－一九一六）但馬（兵庫）出身、政治学者、教育者、東京大学綜理。
加藤義夫（かとうよしお、一八八四－一九六四）三重出身、内科学者、日本内科学会理事・監事。
金井延（かないのぶる、一八六五－一九三三）遠江（静岡）出身、経済学者、対露強硬論七博士の一人。
金杉英五郎（かなすぎえいごろう、一八六五－一九四二）下総（千葉）出身、耳鼻咽喉科医学者。東京慈恵医大初代学長、大日本耳鼻咽喉科学会会頭。
金関丈夫（かなせきたけお、一八九七－一九八三）香川出身、人類学者、解剖学者。
金森虎男（かなもりとらお、一八九〇－一九五七）福井出身、歯科医学者。
金子丑之助（かねこうしのすけ、一九〇三－一九八三）埼玉出身、医学者、解剖学者。
樺山資紀（かばやますけのり、一八三七－一九二二）薩摩（鹿児島）出身、軍人、政治家、初代台湾総督。
神山閏次（かみやまじゅんじ、一八七〇－一九四三）肥後（熊本）出身、内務・農商務官僚。
亀井英三郎（かめいえいざぶろう、一八六四－一九一三）肥後（熊本）出身、官僚。
加門桂太郎（かもんけいたろう、一八六四－一九三五）備前（岡山）出身、解剖学者。
河井継之助（かわいつぎのすけ、一八二七－一八六八）長岡（新潟）出身、長岡藩家老上席、軍事総督。
川上法励（かわかみほうれい、一八八一－一九四四）新潟出身、衆議院議員、ジャーナリスト。
川崎安→原安民（はらやすたみ）
川村麟也（かわむらりんや、一八七九－一九四七）山梨出身、病理学者、類脂質の研究で学士院賞。
閑院宮載仁親王（かんいんのみやことひとしんのう、一八六五－一九四五）皇族、軍人、伏見宮邦家親王の第一六王子。
神田知二郎（かんだともじろう、一八五四－一八八九）京都出身、医師、神戸医学校長。
簡野松太郎（かんのまつたろう、一八八二－一九四五）

東京出身、陸軍軍医。

【き】

菊池山哉（きくちさんさい、一八九〇－一九六六）東京出身、郷土史家、多麻史談会（のち東京史談会）を創立。

菊池循一（きくちじゅんいち、一八七五－一九六〇）宮崎出身、耳鼻咽喉科医師、岡田和一郎の指導を受ける。

菊池大麓（きくちだいろく、一八五五－一九一七）美作（岡山）出身、数学者、教育行政家。東京帝大、京都帝大総長。

菊池常三郎（きくちつねさぶろう、一八五五－一九二一）肥前（佐賀）出身、医師。兄菊池篤忠とともに大阪堂島に回生病院を設立、韓国の大韓病院長。

菊池安（きくちやすし、一八六二－一八九四）常陸（茨城）出身、地質学者、鉱物学者。

木腰安綱（きごしやすつな、一八五四－一九三二）加賀（石川）出身、軍人、貴族院議員。

岸宇吉（きしうきち、一八三九－一九一〇）越後（新潟）出身、実業家。第六十九国立銀行（現北越銀行）の創始者の一人。

岸田久吉（きしだきゅうきち、一八八八－一九六八）京都出身、動物学者。

岸上鎌吉（きしのうえかまきち、一八六七－一九二九）尾張（愛知）出身、水産学者。水産動物の分類・生態・漁法などを研究。

喜田貞吉（きたさだきち、一八七一－一九三九）阿波（徳島）出身、日本史学者。考古学・民俗学の資料を駆使して古代史研究に新機軸を開く。

北豊吉（きたとよきち、一八七五－一九四〇）文部官僚、医学博士。

北尾次郎（きたおじろう、一八五三－一九〇七）出雲（島根）出身、気象学者、物理学者。論文「大気運動と台風の理論」（独文）は海外で評価。

北川乙治郎（きたがわおとじろう、一八六四－一九二二）近江（滋賀）出身、医師、名古屋市医会会長。

北川岸次（きたがわがんじ、一八三六－一八八二）越後（新潟）出身、工匠、わが国初の人体解剖模型を完成。

北川正惇（きたがわせいじゅん、一八八五－一九四八）愛媛出身、泌尿器科学者、性的神経衰弱について研究。

北里柴三郎（きたざとしばさぶろう、一八五二－一九三一）肥後（熊本）出身、細菌学者。ペスト菌を発見、北里研究所を設立。

北島多一（きたじまたいち、一八七〇－一九五六）加賀（石川）出身、細菌学者、北里研究所の創設にあたる。

北白川宮永久王（きたしらかわのみやながひさおう、一九一〇－一九四〇）北白川宮能久親王の王子北白川宮成久

王の第一王子。皇族、陸軍軍人、貴族院議員。
北白川宮能久親王（きたしらかわのみやよしひさしんのう、一八四七－一八九五）皇族、軍人、伏見宮邦家親王の王子。
北村一郎（きたむらいちろう、一八八四－一九六八）長崎出身、歯科医、愛知県歯科医師会長。
木戸幸一（きどこういち、一八八九－一九七七）東京出身、政治家。
鬼頭少山（きとうしょうざん、一八二二－一八九六）越後長岡藩の武士、教育者。
鬼頭悌二郎（きとうていじろう、?－一八九四）越後（新潟）出身、鬼頭少山の長男、外交官。
木下季吉（きのしたすえきち、一八七七－一九三五）熊本出身、物理学者。α線の写真作用に関する研究で学士院恩賜賞。
木下正中（きのしたせいちゅう、一八六九－一九五二）若狭（福井）出身、木下東作の兄。産婦人科学者、財団法人賛育会を設立し母性保護事業につとめる。
木下東作（きのしたとうさく、一八七八－一九五二）京都出身、生理学者、スポーツ評論家、人見絹枝を育てる。
木下広次（きのしたひろじ、一八五一－一九一〇）肥後（熊本）出身、法学者、教育家、京都帝大初代総長。
木下杢太郎（きのしたもくたろう、一八八五－一九四五）静岡出身、詩人、劇作家、医学者。
木原卓三郎（きはらたくさぶろう、一八九二－一九六九）千葉出身、解剖学者。
木村男也（きむらおなり、一八八三－一九五四）山口出身、病理学者。末梢神経、中枢神経の病理、結核や梅毒の研究に業績。
木村孝蔵（きむらこうぞう、一八六〇－一九三一）越前（福井）出身、外科学者。
木村哲二（きむらてつじ、一八八四－一九六九）岡山出身、病理学者。
木村正路（きむらまさみち、一八八三－一九六二）兵庫出身、物理学者。
清野謙次（きよのけんじ、一八八五－一九五五）岡山出身、病理学者、人類学者。先史時代の人骨を収集・分析し、現代日本人とアイヌの祖先を日本石器時代人とする日本原人説を提唱。
桐渕道斎（きりぶちどうさい、一八三四－一九二〇）旧津山藩御典医（眼科）。
金城朝永（きんじょうちょうえい、一九〇二－一九五五）沖縄出身、沖縄研究家、方言学者。
金田一京助（きんだいちきょうすけ、一八八二－一九七一）岩手出身、言語学者、国語学者。アイヌ語研究とユーカラの学問的研究を大成。

【く】

日下部弁二郎（くさかべべんじろう、一八六一－一九三四）近江（滋賀）出身、巌谷小波の兄。土木技師、実業家。

草野俊助（くさのしゅんすけ、一八七四－一九六二）福島出身、植物病理学者、日本における菌学研究の先駆者の一人。

草間滋（くさましげる、一八七九－一九三六）長野出身、病理学者。

久慈直太郎（くじなおたろう、一八八一－一九六八）岩手出身、産婦人科学者。

楠本長三郎（くすもとちょうさぶろう、一八七一－一九四六）長崎出身、内科学者。大阪帝大の創立に尽くす、微生物病研究所、産業科学研究所を設置。

朽木綱貞（くつきつなさだ、一八七五－一九二九）陸軍軍人、政治家。

沓沢重吉（くつさわじゅうきち、一八九三－一九六五）考古研究家。

忽那将愛（くつなまさちか、一九〇八－一九九五）医学者、リンパ系解剖学を専門、人類学的研究も行う。

工藤得安（くどうとくやす、一八八八－一九五五）東京出身、解剖学者。「オオサンショウウオの発生基準段階表」をドイツで出版、日本で螢光顕微鏡を創案した一人。

久邇宮邦彦王（くにのみやくによしおう、一八七三－一九二九）皇族、陸軍軍人。久邇宮朝彦親王の第三王子。

国光勉造（くにみつべんぞう、一八八〇－一九二二）山口出身、内科医。樫村清徳の山龍堂病院をついで院長。

久原躬弦（くはらみつる、一八五六－一九一九）美作（岡山）出身、化学者。わが国の理論的有機化学研究の基礎を築く。

久保猪之吉（くぼいのきち、一八七四－一九三九）福島出身、耳鼻咽喉科学者、歌人。手術法、機器を開発して近代耳鼻咽喉科学を開拓。

久保武（くぼたけし、一八七九－一九二二）石川出身、解剖学者。

窪田治輔（くぼたじすけ、一八八六－？）山口出身、内務・文部官僚。

久保田譲（くぼたゆずる、一八四七－一九三六）但馬（兵庫）出身、官僚、貴族院議員。

熊谷玄旦（くまがいげんたん、一八五三－一九二三）周防（山口）出身、内科学者。

熊谷幸之輔（くまがいこうのすけ、一八五七－一九二三）出羽（秋田）出身、医師、教育者、名古屋市医会会長。

熊谷省三（くまがいしょうぞう、一八五一－一九一一）長州（山口）出身、医学者。

熊谷岱蔵（くまがいたいぞう、一八八〇－一九六二）
長野出身、医学者、東北大学総長。
隈川宗悦（くまがわそうえつ、一八三八－一九〇二） 陸奥（福島）出身、医師。海軍養生所初代所長、高木兼寛らと有志共立東京病院（現東京慈恵医大付属病院）を設立。
隈川宗雄（くまがわむねお、一八五八－一九一八） 陸奥（福島）出身、原有隣の次男、隈川宗悦の養子、医学者。
久米金弥（くめきんや、一八六五－一九三二）
江戸（東京）出身、内務、逓信、農商務官僚。
久米桂一郎（くめけいいちろう、一八六六－一九三四）
肥前（佐賀）出身、洋画家。東京美術学校（現東京芸大）教授、美術行政、美術教育に携わる。
蔵光長次郎（くらみつちょうじろう、一八八一－一九七一）
松江赤十字病院初代院長。
栗山重信（くりやましげのぶ、一八八五－一九七七）
兵庫出身、小児科学者。日本小児科学会理事長など歴任。
呉建（くれけん、一八八三－一九四〇）
東京出身、呉文聰の長男、叔父に呉秀三。内科学者、画家。
呉秀三（くれしゅうぞう、一八六五－一九三二）
江戸（東京）出身、精神病学者。日本の精神病学の基礎を築き、富士川游とならぶ医学史研究の草分け。
黒田清輝（くろだせいき、一八六六－一九二四）
薩摩（鹿児島）出身、洋画家。
桑木彧雄（くわきあやお、一八七八－一九四五）
東京出身、桑木厳翼の弟。物理学者、科学史家、日本科学史学会初代会長。
桑木厳翼（くわきげんよく、一八七四－一九四六）
東京出身、哲学者。西田幾多郎と並び日本哲学界の指導的役割を果たす。娘素子は良精の長男良一と結婚。
桑田衡平（くわたこうへい、一八三六－一九〇五） 高麗（埼玉）出身、医師。桑田立斎の娘壻となり江戸で開業。

【け】

慶松勝左衛門（けいまつしょうざえもん、一八七六－一九五四） 京都出身、薬学者。大豆製油法、石炭の低温乾留、サルバルサンの工業化などの研究で知られる。

【こ】

小池敬事（こいけけいじ、一八八九－一九五九）
埼玉出身、解剖学者、人類学者。
小池正直（こいけまさなお、一八五四－一九一三）
鶴岡（山形）出身、陸軍軍人、医師。
小泉策太郎（こいずみさくたろう、一八七二－一九三七）
静岡出身、新聞記者、政治家。
小泉親彦（こいずみちかひこ、一八八四－一九四五）
福井出身、軍人、政治家。

上坂熊勝（こうさかくまかつ、一八六七－一九三四）
金沢（石川）出身、解剖学者。脳神経起首の研究で学士院恩賜賞。
甲野勇（こうのいさむ、一九〇一－一九六七）
東京出身、考古学者。
甲野棐（こうのたすく、一八五五－一九三二）
越後（新潟）出身、眼科学者。日本眼科学会創立に参加。
河野常吉（こうのつねきち、一八六三－一九三〇）
信濃（長野）出身、歴史家。北千島、樺太実地調査、『北海道史』編纂主任。
河本重次郎（こうもとじゅうじろう、一八五九－一九三八）
但馬（兵庫）出身、眼科学者。日本眼科学会創立に参加、初代会長。
古在由直（こざいよしなお、一八六四－一九三四）
京都出身、農芸化学者。東京帝国大学総長。
小島憲之（こじまのりゆき、一八五七－一九一八）
下野（栃木）出身、建築家、教育家。
五代龍作（ごだいりゅうさく、一八五八－一九三八）
紀伊（和歌山）出身、鉱業家。
古武弥四郎（こたけやしろう、一八七九－一九六八）
岡山出身、生化学者。
児玉作左衛門（こだまさくざえもん、一八九五－一九七〇）
秋田出身、解剖学者、人類学者。アイヌ民族学研究の基礎を築く。
巨智部忠承（こちべただつね、一八五四－一九二七）
肥前（長崎）出身、地質学者。
小藤文次郎（ことうぶんじろう、一八五六－一九三五）
石見（島根）出身、地質学者。地学会、東京地質学会（現日本地質学会）を創立。
後藤朝太郎（ごとうあさたろう、一八八一－一九四五）
愛媛出身、言語学者。
後藤七郎（ごとうしちろう、一八八一－一九六二）
福岡出身、外科学者。
後藤守一（ごとうしゅいち、一八八八－一九六〇）
神奈川出身、考古学者。
後藤新平（ごとうしんぺい、一八五七－一九二九）
陸奥（岩手）出身、官僚、政治家、東京市長。
五島清太郎（ごとうせいたろう、一八六七－一九三五）
長門（山口）出身、動物学者。日本の寄生虫学の創始者。
後藤文夫（ごとうふみお、一八八四－一九八〇）
大分出身、政治家。
小西信八（こにしのぶはち、一八五四－一九三八）
越後（新潟）出身、教育者、東京盲唖、聾唖学校校長。
近衛文麿（このえふみまろ、一八九一－一九四五）
東京出身、政治家。
木場貞長（こばさだたけ、一八五九－一九四四）

薩摩（鹿児島）出身、文部官僚、教育行政家。

小林参三郎（こばやしさんざぶろう、一八六三－一九二六）
播磨（兵庫）出身、医師、開業医の免許を取得した後、近代医学を米国で学ぶ、仏教に関心をもつ。

小林貞一（こばやしていいち、一九〇一－一九九六）
大阪出身、地質学者、古生物学者。

小林虎三郎（こばやしとらさぶろう、一八二八－一八七七）
長岡（新潟）出身、武士、教育者。号は「病翁《へいおう》」。

小林雄七郎（こばやしゆうしちろう、一八四六－一八九一）
長岡（新潟）出身、小林虎三郎の弟。政治家。

小林義直（こばやしよしなお、一八四四－一九〇五）
備後（広島）出身、医師、蘭学者。

小松彰（こまつあきら、一八四二－一八八八）
信濃（長野）出身、実業家、官僚。維直は義弟。

小松宮彰仁親王（こまつのみやあきひとしんのう、一八四六－一九〇三）　皇族、陸軍軍人。伏見宮邦家親王の第八王子。

小松原英太郎（こまつばらえいたろう、一八五二－一九一九）
備前（岡山）出身、官僚、政治家。

小山吉郎（こやまきちろう、一八六〇－一九二九）
長岡（新潟）出身、造船技術者。

小山正太郎（こやましょうたろう、一八五七－一九一六）
長岡（新潟）出身、洋画家。川上冬崖、フォンタネージに学ぶ、青木繁、坂本繁二郎らの弟子を育てる。

小山龍徳（こやまりゅうとく、一八六〇－一九三三）
肥後（熊本）出身、解剖学者、日本解剖学の権威。

今裕（こんゆたか、一八七八－一九五四）
青森出身、病理学者、細胞の銀反応の研究で学士院賞。

近藤勘治郎（こんどうかんじろう、一八八二－一九四九）
新潟出身、考古学研究家。

近藤次繁（こんどうつぎしげ、一八六六－一九四四）
信濃（長野）出身、外科学者。駿河台病院を設立、院長。日本外科学会などの創立にかかわる。

近藤平三郎（こんどうへいざぶろう、一八七七－一九六三）
静岡出身、薬学者。

近藤基樹（こんどうもとき、一八六四－一九三〇）
江戸（東京）出身、近藤真琴の長男、造船技術者。

【さ】

西園寺公望（さいおんじきんもち、一八四九－一九四〇）
京都出身、公家、政治家、教育者。

西郷吉弥（さいごうきちや、一八七二－？）
医学博士、陸軍軍医総監、日本赤十字病院長。

西郷元善（さいごうもとよし、一八三九－一八九五）
信濃（長野）出身、東京大学一等書記、海軍省横須賀鎮守府建築部属員。

西郷吉義（さいごうよしみち、一八五五－一九二七）信濃（長野）出身、医師、東京衛戍病院長、陸軍軍医学校長。
斎藤潔（さいとうきよし、一八九三－一九七一）山梨出身、公衆衛生学者、小児科学者。
斎藤仙也（さいとうせんや、一八五八－一九二〇）京都出身、医学者。
斎藤博（さいとうひろし、一八八六－一九三九）新潟出身、外交官、駐米大使。
斎藤実（さいとうまこと、一八五八－一九三六）水沢（岩手）出身、軍人、政治家。
斎藤真（さいとうまこと、一八八九－一九五〇）宮城出身、脳外科学者。X線による血管撮影法、診断法にすぐれた、日本外科学会会長。
斎藤茂吉（さいとうもきち、一八八二－一九五三）山形出身、歌人、医師。
榊順次郎（さかきじゅんじろう、一八五九－一九三九）沼津藩蘭方医榊令輔(綽《ゆたか》)の次男､兄は榊俶､弟は榊保三郎。産婦人科医、日本産婆看護学校を設立、校長。
榊俶（さかきはじめ、一八五七－一八九七）江戸（東京）出身、榊令輔の長男。精神医学者、巣鴨病院医長。
榊保三郎（さかきやすさぶろう、一八七〇－一九二九）駿河（静岡）出身、榊令輔の三男、精神医学者。
坂口勇（さかぐちいさむ、一八八〇－一九五八）愛知出身、泌尿器科学者、日本泌尿器科学会会長。
坂口康蔵（さかぐちこうぞう、一八八五－一九六一）東京出身、内科学者、貴族院議員。
坂口昂（さかぐちたかし、一八七二－一九二八）京都出身、歴史学者。
坂口仁一郎（さかぐちにいちろう、一八五九－一九二三）越後（新潟）出身、坂口安吾の父。政治家、漢詩人、新潟新聞社長。
坂田快太郎（さかたかいたろう、一八六五－一九三一）備中（岡山）出身、外科医、漢詩の西川吟社《せいせん》を主宰。
坂田昌一（さかたしょういち、一九一一－一九七〇）東京出身、物理学者。柿内三郎の次女信子の夫。
相良知安（さがらともやす、一八三六－一九〇六）肥前（佐賀）出身、医師、文部省初代医務局長。
桜井郁二郎（さくらいいくじろう、一八五二－一九一五）上野（群馬）出身、産婦人科学者。産科婦人科研究会を創設、会長。助産婦育成と母性衛生の向上につとめる。
桜井省三（さくらいしょうぞう、一八五四－？）加賀（石川）出身、造船技術者。海軍御用掛となり、横須賀造船所勤務。
桜井錠二（さくらいじょうじ、一八五八－一九三九）加賀（石川）出身、化学者。理化学研究所、日本学術研究会議、日本学術振興会設立に携わる。
桜井勉（さくらいつとむ、一八四三－一九三一）但馬（兵庫）出身、官僚。内務省地理局長、徳島、山梨県知事。
桜井恒次郎（さくらいつねじろう、一八七二－一九二八）兵庫出身、解剖学者。「桜井体操」という学校体操考案。
笹川三男三（ささがわみおぞう、一八六三－一九三五）竹内英二、北里柴三郎らと共に、体温計を量産するための会社「赤線検温器」を設立、初代社長。
佐々木隆興（ささきたかおき、一八七八－一九六六）東京出身、医学者。癌研究会癌研究所長、結核予防会結核研究所長。
佐々木忠次郎（ささきちゅうじろう、一八五七－一九三八）越前（福井）出身、昆虫学者。
佐々木東洋（ささきとうよう、一八三九－一九一八）江戸（東京）出身、医師、東京駿河台に杏雲堂医院設立。
佐佐木信綱（ささきのぶつな、一八七二－一九六三）三重出身、佐佐木弘綱の長男。歌人、国文学者。
佐々木文蔚（ささきぶんい、一八五二－一八九二）陸奥（青森）出身、島根県医学校総長、軍艦千鳥軍医。
佐々木政吉（ささきまさきち、一八五五－一九三九）江戸（東京）出身、佐々木東洋の養子、内科学者。
佐多愛彦（さたあいひこ、一八七一－一九五〇）鹿児島出身、病理学者、日独文化協会会長。
佐武安太郎（さたけやすたろう、一八八四－一九五九）和歌山出身、生理学者。
佐谷有吉（さたにゆうきち、一八八四－一九五七）京都出身、皮膚科、泌尿器科学者。
貞宮多喜子内親王（さだのみやたきこないしんのう、一八九七－一八九九）明治天皇第一〇皇女。
佐々廉平（さっされんぺい、一八八四－一九七九）津山（岡山）出身、臨床医学者、杏雲堂病院長。
佐藤勤也（さとうきんや、一八六四－一九二〇）三河（愛知）出身、産婦人科医。
佐藤邦雄（さとうくにお、一八八六－一九四八）広島出身、皮膚泌尿器科学者。
佐藤幸三（さとうこうぞう、一八八九－一九五九）宮城出身、医師、教育者、常盤木学園高女創立。
佐藤三吉（さとうさんきち、一八五七－一九四三）美濃（岐阜）出身、外科学者、宮内省御用掛。
佐藤昌介（さとうしょうすけ、一八五六－一九三九）陸奥（岩手）出身、農業経済学者。
佐藤進（さとうすすむ、一八四五－一九二一）常陸（茨城）出身、医学者、陸軍軍医。
佐藤正四郎（さとうせいしろう、一八八六－一九五八）新潟出身、海軍軍人。
佐藤佐（さとうたすく、一八五七－一九一九）

佐倉（千葉）出身、佐藤尚中の養子、医師。
佐藤達次郎（さとうたつじろう、一八六八－一九五九）
若狭（福井）出身、外科学者、教育者。
佐藤恒丸（さとうつねまる、一八七二－一九五四）東京出身、軍人、内科医。京城衛戍病院長、日本赤十字病院長。
佐藤伝蔵（さとうでんぞう、一八七〇－一九二八）
肥後（熊本）出身、地質学者。地質学会、地学会会長。
佐藤敏夫（さとうとしお、一八七六－一九三四）
新潟出身、耳鼻咽喉科学者。
佐藤愛麿（さとうよしまろ、一八五七－一九三四）
弘前（青森）出身、外交官。
佐野常民（さのつねたみ、一八二二－一九〇二）
肥前（佐賀）出身、武士、政治家、日本赤十字社を創設。
沢田敬義（さわだけいぎ、一八七三－一九五二）
新潟出身、医学者、新潟医科大学長。
三田谷啓（さんだやひらく、一八八一－一九六二）
兵庫出身、教育者。
三内多喜治（さんないたきじ、一八八七－一九五五）
東京出身、口腔外科学者、陸軍軍医少将。

【し】

塩谷不二雄（しおのやふじお、一八八二－一九六三）
愛知出身、内科学者。

志賀潔（しがきよし、一八七〇－一九五七）
宮城出身、細菌学者、志賀菌を発見。
志賀重昂（しがしげたか、一八六三－一九二七）
三河（愛知）出身、地質学者、評論家。三宅雪嶺等と雑誌『日本人』を発刊。
志賀泰山（しがたいざん、一八五四－一九三四）
伊予（愛媛）出身、林学者。
敷波重治郎（しきなみじゅうじろう、一八七二－一九六五）
石川出身、解剖学者。
志田林三郎（しだりんざぶろう、一八五六－一八九二）
肥前（佐賀）出身、物理学者、電気工学者、電気学会創設。
幣原坦（しではらたいら、一八七〇－一九五三）
大阪出身、教育者、官僚。台北帝大初代総長。
篠田治策（しのだじさく、一八七二－一九四六）
静岡出身、法学者、拓務官僚。
柴五郎（しばごろう、一八六〇－一九四五）
会津（福島）出身、陸軍軍人。
斯波忠三郎（しばちゅうさぶろう、一八七二－一九三四）
石川出身、工学者。わが国最初の海底電線敷設船を設計。
柴田桂太（しばたけいた、一八七七－一九四九）
東京出身、植物生理・生化学者。
柴田常恵（しばたじょうけい、一八七七－一九五四）

愛知出身、考古学・文化財保護行政の専門家。
柴田雄次（しばたゆうじ、一八八二－一九八〇）
東京出身、化学者。
柴山五郎作（しばやまごろうさく、一八七一－一九一三）
栃木出身、伝染病学者。
渋沢栄一（しぶさわえいいち、一八四〇－一九三一）
武蔵（埼玉）出身、実業家。大蔵省、退官後第一国立銀行、王子製紙、大阪紡績などの設立に関与。
島柳二（しまりゅうじ、一八七四－一九一〇）
東京出身、医学者。
島薗順次郎（しまぞのじゅんじろう、一八七七－一九三七）
和歌山出身、内科学者。脚気の原因がビタミンB1欠乏によることを解明。
島田剛太郎（しまだごうたろう、一八六七－一九四五）
越前（福井）出身、官僚。埼玉、岐阜、長崎の県知事。
島田三郎（しまださぶろう、一八五二－一九二三）
江戸（東京）出身、新聞人、政治家。東京横浜毎日新聞社（のち毎日新聞社）に入社、のち社長。
島田重礼（しまだちょうれい、一八三八－一八九八）
武蔵（東京）出身、漢学者、号は篁村。
島峰徹（しまみねとおる、一八七七－一九四五）
新潟出身、歯科医学者。東京高等歯科医学校（現東京医科歯科大学）の創立に尽くす。
島村俊一（しまむらしゅんいち、一八六一－一九二四）
精神医学者、京都府立医科大学学長。
清水彦五郎（しみずひこごろう、一八五五－一九一三）
築後（福岡）出身、官僚。
清水由隆（しみずよしたか、一八八〇－一九五四）
佐賀出身、婦人科学者。
下田光造（しもだみつぞう、一八八五－一九七八）
鳥取出身、精神医学者。
下平用彩（しもだいらようさい、一八六三－一九二三）
紀伊（和歌山）出身、外科医。
下山順一郎（しもやまじゅんいちろう、一八五三－一九一二）
尾張（愛知）出身、薬学者、日本薬剤師会初代会長。
蒋介石（しょうかいせき、一八八七－一九七五）
中国浙江省出身、軍人、政治家。
昭憲皇太后（しょうけんこうたいごう、一八四九－一九一四）
明治天皇の皇后、女子教育を奨励。
庄司義治（しょうじよしはる、一八八九－一九八一）
神奈川出身、眼科学者。
白井光太郎（しらいみつたろう、一八六三－一九三二）
江戸（東京）出身、植物学者。
白井柳治郎（しらいりゅうじろう、一八八二－一九六六）
教育者、アイヌ民族の教育や福祉に尽くす。
白木正博（しらきまさひろ、一八八五－一九六〇）

長野出身、産婦人科学者。
白鳥庫吉（しらとりくらきち、一八六五－一九四二）
上総（千葉）出身、東洋史学者。
白野夏雲（しらのかうん、一八二七－一九〇〇）
甲斐（山梨）出身、物産研究家。内務省、農商務省などにつとめ、日本各地の物産を調査して図譜などを作成。
新海竹太郎（しんかいたけたろう、一八六八－一九二七）
出羽（山形）出身、彫刻家。
新宮涼庭（しんぐうりょうてい、一七八七－一八五四）
丹後（京都）出身、医学者、儒者。
神中正一（じんなかせいいち、一八九〇－一九五三）
兵庫出身、整形外科学者。
神保孝太郎（じんぼこうたろう、?－一九三八）
山形出身、医学者、斎藤茂吉の友人。
神保小虎（じんぼうことら、一八六七－一九二四）
江戸（東京）出身、地質鉱物学者。

【す】

末岡精一（すえおかせいいち、一八五五－一八九四）
周防（山口）出身、法学者。
末広恭雄（すえひろやすお、一九〇四－一九八八）
東京出身、魚類学者、随筆『魚の履歴書』。
菅之芳（すがゆきよし、一八五四－一九一四）江戸（東京）出身、内科学者、岡山医専（現岡山大学医学部）校長。
菅原佐平（すがわらさへい、一八八五－一九六九）
岩手出身、軍人、政治家。
杉栄三郎（すぎえいざぶろう、一八七三－一九六五）
岡山出身、官僚。
杉寛一郎（すぎかんいちろう、一八七五－一九二三）
愛媛出身、医学者、青森県立病院院長。
杉敏介（すぎとしすけ、一八七二－一九六〇）
山口出身、教育者、第一高等学校校長。
杉浦重剛（すぎうらじゅうごう、一八五五－一九二四）
近江（滋賀）出身、教育者。三宅雪嶺らと政教社を結成。
杉田直樹（すぎたなおき、一八八七－一九四九）
東京出身、精神科学者。
杉村七太郎（すぎむらしちたろう、一八七九－一九六〇）
静岡出身、泌尿器科学者。
杉山茂丸（すぎやましげまる、一八六四－一九三五）
筑前（福岡）出身、国家主義者。
杉山寿栄男（すぎやますえお、一八八五－一九四六）
図案家、縄文土器やアイヌ工芸の研究者・収集家。
鈴木梅太郎（すずきうめたろう、一八七四－一九四三）
静岡出身、農芸化学者、栄養化学者。
鈴木貫太郎（すずきかんたろう、一八六八－一九四八）
和泉（大阪）出身、軍人、政治家。

鈴木券太郎（すずきけんたろう、一八六三－一九三九）
備中（岡山）出身、ジャーナリスト、教育者。
鈴木孝之助（すずきこうのすけ、一八五四－一九四五）
三河（愛知）出身、医師。鎌倉に鈴木療養所（七里ヶ浜結核療養所）を設立。
鈴木重武（すずきしげたけ、一八九八－一九五五）
青森出身、解剖学者。
鈴木尚（すずきひさし、一九一二－二〇〇四）
埼玉出身、人類学者。
鈴木文助（すずきぶんすけ、一八八七－一九四九）
福島出身、生化学者、油脂の研究で学士院恩賜賞。
鈴木文太郎（すずきぶんたろう、一八六四－一九二一）
加賀（石川）出身、解剖学者。著書『解剖学名彙』は我国の解剖学用語の基礎をなす。
鈴木万平（すずきまんぺい、一九〇三－一九七五）
静岡出身、実業家、政治家。
鈴木充美（すずきみつよし、一八五四－一九三〇）
伊勢（三重）出身、政治家、外交官、弁護士。
須田昭義（すだあきよし、一九〇〇－一九九〇）
東京出身、人類学者。
須田哲造（すだてつぞう、一八四八－一八九四）
信濃（長野）出身、眼科学者。
須藤憲三（すどうけんぞう、一八七二－一九三四）
山形出身、医化学者、金沢医大学長。
住田正雄（すみたまさお、一八七八－一九四六）
兵庫出身、整形外科学者。

【せ】

瀬尾貞信（せおさだのぶ、一八八六－一九四六）
新潟出身、外科学者。
瀬川昌耆（せがわまさとし、一八五六－一九二〇）
江戸（東京）出身、小児科学者。
瀬川昌世（せがわまさよ、一八八四－一九六一）
東京出身、小児科学者。
関口蕃樹（せきぐちしげき、一八八〇－一九四二）
東京出身、外科学者。
関野貞（せきのただし、一八六八－一九三五）
越後（新潟）出身、建築史家。美術史、考古学にも精通。
関場不二彦（せきばふじひこ、一八六五－一九三九）
会津（福島）出身、外科医師。
妹沢克惟（せざわかつただ、一八九五－一九四四）
石川出身、地球物理学者、地震学者。

【そ】

草郷清四郎（そうごうせいしろう、一八四六－一九二四）
紀伊（和歌山）出身、経営者、小田原電気鉄道（現箱根登山鉄道）社長。
相馬又二郎（そうままたじろう、一八七四－一九二一）
香川出身、産婦人科学者。
副島八十六（そえしまやそろく、一八七五－一九五〇）
佐賀出身、南洋探検家、日印協会理事。
曽我部道夫（そがべみちお、一八四九－一九二三）
阿波（徳島）出身、内務官僚、岐阜、島根、福岡県知事。
曾禰武（そねたけ、一八八七－一九八八）
東京出身、物理学者。

【た】

高木逸磨（たかぎいつま、一八八四－一九六〇）
長崎出身、細菌学者。
高木兼寛（たかきかねひろ、一八四九－一九二〇）
日向（宮崎）出身、医学者。海軍軍医総監、脚気の栄養原因説を主張、麦飯の採用など兵食の改善で海軍の脚気を撲滅。
高木謙二（たかきけんじ、一八八一－一九一九）
高木兼寛の次男、医師。
高木耕三（たかぎこうぞう、一八九二－一九七九）
解剖学者。
高木逸雄（たかぎとしお、一八八六－一九七九）
東京出身、生化学者。
高木友枝（たかぎともえ、一八五八－一九四三）
陸奥（福島）出身、医学者。台湾総督府研究所長、台湾電力社長を歴任。
高杉新一郎（たかすぎしんいちろう、一八八〇－一九五八）
岡山出身、医師。
高田畊安（たかたこうあん、一八六一－一九四五）
丹後（京都）出身、内科医。東京神田駿河台に東洋内科医院設立、茅ヶ崎に結核診療のためサナトリウム「南湖院」を開設。
高田忠周（たかだただちか、一八六一－一九四六）
江戸（東京）出身、書家、説文学者、漢学者。
高田蒔（たかだまき、一八九二－一九七八）
新潟出身、医学者。
高野岩三郎（たかのいわさぶろう、一八七一－一九四九）
長崎出身、社会統計学者。
高野椋一（たかのりょういち、一八六二－一九〇三）
蠟模型製作者。
高野六郎（たかのろくろう、一八八四－一九六〇）
茨城出身、公衆衛生学者、北里研究所長。
高橋明（たかはしあきら、一八八四－一九七二）
愛知出身、泌尿器科学者、初代日本医師会会長。
高橋金一郎（たかはしきんいちろう、一八六六－一九一九）
上野（群馬）出身、外科学者。

高橋健自（たかはしけんじ、一八七一－一九二九）宮城出身、考古学者。考古学会を主宰、『考古学雑誌』を刊行。
高橋是清（たかはしこれきよ、一八五四－一九三六）江戸（東京）出身、銀行家、財政家、政治家。
高橋作衛（たかはしさくえ、一八六七－一九二〇）信濃（長野）出身、法学者。桂太郎首相に対露強硬論を提出した七博士の一人。
高橋順太郎（たかはしじゅんたろう、一八五六－一九二〇）金沢（石川）出身、薬理学者。
高橋伝吾（たかはしでんご、一八六六－一九一七）駿河（静岡）出身、内科学者、愛知病院医長。
高橋亨（たかはしとおる、一八七八－一九六七）新潟出身、朝鮮文化研究者。
高橋信美（たかはしのぶよし、一八八四－一九五八）長野出身、医学者。
高橋秀松（たかはしひでまつ、一八五四－一九一四）米沢（山形）出身、薬学者。
高橋理一郎（たかはしりいちろう、一八八七－一九四四）千葉出身、建築家。
高松豊吉（たかまつとよきち、一八五二－一九三七）江戸（東京）出身、応用化学者。
高松宮宣仁親王（たかまつのみやのぶひとしんのう、一九〇五－一九八七）大正天皇の第三皇子。
高安右人（たかやすみぎと、一八六〇－一九三八）肥前（佐賀）出身、眼科学者。高安病（大動脈炎症候群）で知られる。
高山正雄（たかやままさお、一八七一－一九四四）信濃（長野）出身、法医学者。
滝精一（たきせいいち、一八七三－一九四五）東京出身、美術史学者、東方文化学院理事長、院長。
田口卯吉（たぐちうきち、一八五五－一九〇五）江戸（東京）出身、日本史学者、経済学者、政治家。
田口和美（たぐちかずよし、一八三九－一九〇四）武蔵（埼玉）出身、解剖学者、日本解剖学会創立、初代会頭。
田口碩臣（たぐちひろとみ、一八八〇－一九二三）解剖学者。
田口茂一郎（たぐちもいちろう、一八六一－一九三〇）佐野（栃木）出身、書家、号は米舫。金石学、仏典を学び、清で書道を研究。
武石弘三郎（たけいしこうざぶろう、一八七八－一九六三）新潟出身、彫刻家。
竹内松次郎（たけうちまつじろう、一八八四－一九七七）福井出身、細菌学者。
竹内道之助（たけうちみちのすけ、一九〇二－一九八一）

東京出身、翻訳家、実業家、三笠書房創業者。
竹崎季薫（たけざきとしゆき、一八五六－一九三二）
八代（熊本）出身、病理学者、解剖学者。
武田二郎（たけだじろう、一八八七－一九五七）
大阪出身、製薬化学者、実業家、武田薬品社長。
竹田宮恒久王（たけだのみやつねひさおう、一八八二－一九一九）皇族、陸軍軍人。
竹田宮恒徳王（たけだみやつねよしおう、一九〇九－一九九二）皇族、陸軍軍人。
建部遯吾（たけべとんご、一八七一－一九四五）
新潟出身、社会学者、政治家。
田子勝弥（たごかつや、一八七七－一九四三）
福島出身、動物学者。
田沢金吾（たざわきんご、一八九二－一九五二）
兵庫出身、考古学者。
田沢鐐二（たざわりょうじ、一八八二－一九六七）
愛知出身、内科学者。東京市の結核療養所（現国立療養所）初代所長。
田島錦治（たじまきんじ、一八六七－一九三四）
江戸（東京）出身、経済学者。
田代正（たしろただし、一八六〇－一九一八）
越前（福井）出身、歯学者。
田代義徳（たしろよしのり、一八六四－一九三八）
下野（栃木）出身、整形外科学者。肢体不自由児施設「柏学園」を創設。
立作太郎（たちさくたろう、一八七四－一九四三）
東京出身、国際法学者。
田所美治（たどころよしはる、一八七一－一九五〇）
高知出身、文部官僚、内務官僚、貴族院勅選議員。
田中義一（たなかぎいち、一八六四－一九二九）
長門（山口）出身、陸軍軍人、政治家。
田中国重（たなかくにしげ、一八七〇－一九四一）
薩摩（鹿児島）出身、陸軍軍人、国家主義団体明倫会総裁。
田中敬助（たなかけいすけ、一八六二－一九四五）
出羽（秋田）出身、医師。風土病の恙虫病を研究。
田中耕太郎（たなかこうたろう、一八九〇－一九七四）
鹿児島出身、法学者、裁判官。
田中芳男（たなかよしお、一八三八－一九一六）
信濃（長野）出身、博物学者、官僚。
田中芳雄（たなかよしお、一八八一－一九六六）
埼玉出身、応用化学者。
田中義成（たなかよしなり、一八六〇－一九一九）
江戸（東京）出身、日本史学者。
田中義麿（たなかよしまろ、一八八四－一九七二）
長野出身、遺伝学者。
田中舘愛橘（たなかだてあいきつ、一八五六－一九五二）

陸奥（岩手）出身、地球物理学者。
棚橋源太郎（たなはしげんたろう、一八六九－一九六一）
美濃（岐阜）出身、理科教育指導者。
谷謹一郎（たにきんいちろう、一八四九－一九一四）
豊後（大分）出身、実業家。日本勧業銀行理事、監査役。
谷口腆二（たにぐちてんじ、一八八九－一九六一）
新潟出身、旧姓は藤田。細菌学者、鼠咬症の病原体の研究で、二木謙三らとともに学士院賞。
谷口長雄（たにぐちながお、一八六五－一九二〇）
伊予（愛媛）出身、医学者。
玉井喜作（たまいきさく、一八六六－一九〇六）
周防（山口）出身、新聞記者。
玉真岩雄（たまいわお、一八七二－一九四一）
福岡出身、教育者。
田村憲造（たむらけんぞう、一八八九－一九五三）
愛知出身、薬学者。
田村春吉（たむらはるきち、一八八三－一九四九）
東京出身、医学者。
俵国一（たわらくにいち、一八七二－一九五八）
島根出身、金属工学者、日本鉄鋼協会会長。
田原良純（たわらよしずみ、一八五五－一九三五）
肥前（佐賀）出身、薬学者。
丹波敬三（たんばけいぞう、一八五四－一九二七）
神戸（兵庫）出身、薬学者。

【ち】

秩父宮雍仁親王（ちちぶのみややすひとしんのう、一九〇二－一九五三）皇族、大正天皇と貞明皇后の第二皇子。
千葉稔次郎（ちばとしじろう、一八六四－一九一二）
長門（山口）出身、産婦人科学者。

【つ】

塚原周造（つかはらしゅうぞう、一八四七－一九二七）
下総（茨城）出身、官僚、実業家。東洋汽船を設立。
辻新次（つじしんじ、一八四二－一九一五）
信濃（長野）出身、官僚。大日本教育会初代会長。
津田真道（つだまみち、一八二九－一九〇三）
美作（岡山）出身、法学者、官僚。
土田卯三郎（つちだうさぶろう、一八六五－一九三二）
美濃（岐阜）出身、大正天皇御典医。
筒井八百珠（つついやおじゅ、一八六三－一九二一）
紀伊（和歌山）出身、医学者。岡山県立病院長。
都筑甚之助（つづきじんのすけ、一八六九－一九三三）
三河（愛知）出身、細菌学者。
都筑正男（つづきまさお、一八九二－一九六一）
兵庫出身、外科学者、海軍少将。

坪井九馬三（つぼいくめぞう、一八五八－一九三六）
大坂（大阪）出身、歴史学者。
坪井正五郎（つぼいしょうごろう、一八六三－一九一三）
江戸（東京）出身、人類学者、『人類学報告』を発刊。
坪井次郎（つぼいじろう、一八六三－一九〇三）
薩摩（鹿児島）出身、衛生学者。
坪井速水（つぼいはやみ、一八六二－一九二三）
美濃（岐阜）出身、医学者。
鶴田賢次（つるたけんじ、一八六八－一九一八）
江戸（東京）出身、物理学者。文章にもすぐれ、尾崎紅葉、川上眉山と交遊。
鶴田禎次郎（つるたていじろう、一八六五－一九三四）
肥前（佐賀）出身、陸軍軍医。

【て】

寺内正毅（てらうちまさたけ、一八五二－一九一九）
周防（山口）出身、軍人、政治家。
寺尾亨（てらおとおる、一八五九－一九二五）
筑前（福岡）出身、法学者。
寺尾寿（てらおひさし、一八五五－一九二三）
筑前（福岡）出身、天文学者。東京天文台初代台長、日本天文学会初代会長。
寺田寅彦（てらだとらひこ、一八七八－一九三五）
東京出身、物理学者、随筆家。
寺田勇吉（てらだゆうきち、一八五三－一九二一）
江戸（東京）出身、教育者。
寺野精一（てらのせいいち、一八六八－一九二三）
江戸（東京）出身、造船、航空工学者。
暉峻義等（てるおかぎとう、一八八九－一九六六）
兵庫出身、労働科学者。

【と】

湯爾和（とうじわ、一八七八－一九四〇）
浙江杭州人、中華民国の政治家、医師。
藤信夫（とうのぶお、一八六四－？）
対馬出身、医師、釜山で三圭堂医院を開業。
東条英機（とうじょうひでき、一八八四－一九四八）
東京出身、陸軍軍人、政治家。
頭山満（とうやまみつる、一八五五－一九四四）
筑前（福岡）出身、国家主義者。
遠山郁三（とおやまいくぞう、一八七七－一九五一）
岐阜出身、皮膚科学者。
戸刈近太郎（とがりちかたろう、一八九六－一九七七）
愛知出身、解剖学者。
戸川篤次（とがわとくじ、一八八五－一九四三）
東京出身、小児科学者。

常盤大定（ときわだいじょう、一八七〇－一九四五）
宮城出身、中国仏教史研究者。
徳川頼貞（とくがわよりさだ、一八九二－一九五四）
東京出身、徳川頼倫の長男、政治家。楽譜、音楽文献、古楽器類の収集家。
徳富蘇峰（とくとみそほう、一八六三－一九五七）
肥後（熊本）出身、本名猪一郎。ジャーナリスト、評論家。
床次竹二郎（とこなみたけじろう、一八六七－一九三五）
薩摩（鹿児島）出身、官僚、政治家。
土肥慶蔵（どひけいぞう、一八六六－一九三一）
越前（福井）出身、皮膚科学者。日本皮膚科学会、日本性病予防協会を創設。
土肥章司（どひしょうじ、一八七六－一九六〇）
岐阜出身、土肥慶蔵の養子。皮膚科学者、日本皮膚科学会名誉会頭。
富井政章（とみいまさあきら、一八五八－一九三五）
京都出身、民法学者。梅謙次郎、穂積陳重とともに民法典の起草に参与。
富沢有為男（とみさわういお、一九〇二－一九七〇）
大分出身、洋画家、小説家。
戸水寛人（とみずひろんど、一八六一－一九三五）
加賀（石川）出身、法学者、政治家。
友枝高彦（ともえだたかひこ、一八七六－一九五七）
福岡出身、倫理学者。
外山正一（とやままさかず、一八四八－一九〇〇）
江戸（東京）出身、教育家、社会学者、詩人。
豊島直通（とよしまなおみち、一八七二－一九三〇）
東京出身、司法官。
豊原又男（とよはらまたお、一八七二－一九四七）
新潟出身、社会事業家、東京府職業紹介所所長。
豊辺新作（とよべしんさく、一八六二－一九二七）
越後（新潟）出身、陸軍軍人。
鳥居龍蔵（とりいりゅうぞう、一八七〇－一九五三）
徳島出身、人類学者、考古学者。

【な】

内藤久一郎（ないとうきゅういちろう、一九〇五－一九八九）
新潟出身、政治家。内藤久寛の子。
内藤久寛（ないとうひさひろ、一八五九－一九四五）
越後（新潟）出身、実業家。山口権三郎らと日本石油を設立、社長。
中井猛之進（なかいたけのしん、一八八二－一九五二）
岐阜出身、植物学者。
永井久一郎（ながいきゅういちろう、一八五二－一九一三）
尾張（愛知）出身、永井荷風の父。官僚、実業家、漢詩人。
長井長義（ながいながよし、一八四五－一九二九）

阿波（徳島）出身、薬学者。日本薬学会を創立、初代会頭。

永井潜（ながいひそむ、一八七六－一九五七）
広島出身、生理学者。

永井道明（ながいみちあき、一八六九－一九五〇）
常陸（茨城）出身、体育学者。

中泉行徳（なかいずみゆきのり、一八七一－一九四五）
東京出身、眼科医。

長尾精一（ながおせいいち、一八五一－一九〇二）
讃岐（香川）出身、医師、教育者。

長尾優（ながおまさる、一八八七－一九七五）
香川出身、歯科医学者、日本歯科医学会初代会長。

長岡春一（ながおかはるかず、一八七七－一九四九）
山口出身、外交官。

長岡半太郎（ながおかはんたろう、一八六五－一九五〇）
肥前（長崎）出身、物理学者。

中沢岩太（なかざわいわた、一八五八－一九四三）
越前（福井）出身、応用化学者。

中島鋭治（なかじまえいじ、一八五九－一九二五）
仙台（宮城）出身、土木工学者。

永田方正（ながたほうせい、一八四四－一九一一）
江戸（東京）出身、教育者、歴史家。『北海道蝦夷語地名解』を編集。

長戸路政司（ながとろまさじ、一八八四－一九八〇）
千葉出身、弁護士、教育者。

長沼守敬（ながぬまもりよし、一八五七－一九四二）
陸奥（岩手）出身、彫刻家。

中根半嶺（なかねはんれい、一八三一－一九一四）
江戸（東京）出身、医師、書家。

長野純蔵（ながのじゅんぞう、一八七〇－一九二五）
肥後（熊本）出身、医師。

中橋徳五郎（なかはしとくごろう、一八六一－一九三四）
金沢（石川）出身、実業家、政治家。

中浜東一郎（なかはまとういちろう、一八五七－一九三七）
江戸（東京）出身、医師、東京衛生試験所長。

中原徳太郎（なかはらとくたろう、一八七一－一九二七）
京都出身、整形外科医。

長町耕平（ながまちこうへい、一八五六－一九一九）
讃岐（香川）出身、医師、香川県立高松病院長。

長松英一（ながまつひでかず、一八九二－一九五三）
東京出身、解剖学者。

中村秋香（なかむらあきか、一八四一－一九一〇）
駿河（静岡）出身、詩人、歌人。

中村恭平（なかむらきょうへい、一八五五－一九三四）
三河（愛知）出身、教育者、東京物理学校（現東京理科大学）校長。

中村精男（なかむらきよお、一八五五－一九三〇）

長門（山口）出身、気象学者、東京物理学校（現東京理科大学）校長。
中村清二（なかむらせいじ、一八六九－一九六〇）越前（福井）出身、物理学者。
中村達太郎（なかむらたつたろう、一八六〇－一九四二）江戸（東京）出身、建築学者、日本建築学会会長。
中村道太（なかむらみちた、一八三六－一九二一）豊橋（愛知）出身、実業家。
中村弥六（なかむらやろく、一八五五－一九二九）信濃（長野）出身、林学者、政治家。
中村豊（なかむらゆたか、一八八八－一九七四）東京出身、細菌学者。
中谷宇吉郎（なかやうきちろう、一九〇〇－一九六二）石川出身、物理学者、随筆家。中谷治宇二郎は弟。
中谷治宇二郎（なかやじうじろう、一九〇二－一九三六）石川出身、考古学者。
中山福蔵（なかやまふくぞう、一八八七－一九七八）熊本出身、弁護士、政治家。
中山平次郎（なかやまへいじろう、一八七一－一九五六）静岡出身、病理学者、考古学者。
長与称吉（ながよしょうきち、一八六六－一九一〇）肥前（長崎）出身、長与専斎の長男、内科医。
長与専斎（ながよせんさい、一八三八－一九〇二）肥前（長崎）出身、医師、初代内務省衛生局長。
長与又郎（ながよまたお、一八七八－一九四一）東京出身、長与専斎の三男。病理学者、癌研究会癌研究所を創設し所長。
椰野直（なぎのただし、一八四二－一九一二）長岡（新潟）出身、医師、長岡会社病院の初代院長。良精の妹保子の夫。長男透は長岡市公会堂の設計者、次男巌は軍医。
名倉重雄（なぐらしげお、一八九四－一九八五）東京出身、整形外科学者。
名児耶六都（なごやむつ、一八四六－？）長岡（新潟）出身、官僚、教育者。
梨本宮守正王（なしもとのみやもりまさおう、一八七四－一九五一）皇族、陸軍軍人。久邇宮朝彦親王の第四王子。
奈良坂源一郎（ならさかげんいちろう、一八五四－一九三四）仙台（宮城）出身、解剖学者、博物学者。

【に】

新居敦二郎（にいあつじろう、一八四九－一九一七）阿波（徳島）出身、教育者、官僚。
西周（にしあまね、一八二九－一八九七）石見（島根）出身、思想家。
西紳六郎（にししんろくろう、一八六〇－一九二三）

江戸（東京）出身、西周の養子、海軍軍人。
西成甫（にしせいほ、一八八五－一九七八）
東京出身、解剖学者、エスペラント運動家。
西川義方（にしかわよしかた、一八八〇－一九六八）
和歌山出身、内科学者。
西野忠次郎（にしのちゅうじろう、一八七八－一九六一）
山形出身、内科医学者。
西村庚子（にしむらかのえこ、一九〇〇－一九九三）
女性の医学博士の第一号。
西村真次（にしむらしんじ、一八七九－一九四三）
三重出身、歴史学者。
西村安敬（にしむらやすたか、一八七〇－一九三七）
新潟出身、医学者。
二条基弘（にじょうもとひろ、一八五九－一九二八）
華族、宮中顧問官、九条尚忠の八男。
新渡戸稲造（にとべいなぞう、一八六二－一九三三）
盛岡（岩手）出身、農業経済学者、教育者。
丹羽藤吉郎（にわとうきちろう、一八五六－一九三〇）
肥前（佐賀）出身、薬学者。

【ぬ】

額田晋（ぬかだすすむ、一八八六－一九六四）
岡山出身、兄は額田豊、内科学者。
額田豊（ぬかだゆたか、一八七八－一九七二）
岡山出身、内科学者。
沼田頼輔（ぬまたらいすけ、一八六七－一九三四）
相模（神奈川）出身、歴史学者。

【ね】

根岸博（ねぎしひろし、一八八九－一九八〇）
東京出身、泌尿器科学者。

【の】

野口英世（のぐちひでよ、一八七六－一九二八）
福島出身、細菌学者。
能勢静太（のせしずた、一八六四－一九一二）
備中（岡山）出身、内科学者。
野間五造（のまごぞう、一八六八－一九四六）
備前（岡山）出身、衆議院議員。
野村貞（のむらてい、一八四五－一八九九）
長岡（新潟）出身、武士、海軍軍人。
野村博（のむらひろし、一八八六－一九六九）
愛知出身、化学者。
野村靖（のむらやすし、一八四二－一九〇九）
長門（山口）出身、政治家。

【は】

芳我石雄（はがいしお、一八八〇－一九一八）
愛媛出身、細菌学者。
芳賀栄次郎（はがえいじろう、一八六四－一九五三）
会津（福島）出身、軍人、外科医。日本にはじめてレントゲン装置を導入。
垪和為昌（はがためまさ、一八五六－一九一四）
江戸（東京）出身、化学者。
芳賀矢一（はがやいち、一八六七－一九二七）
越前（福井）出身、国文学者。
萩野由之（はぎのよしゆき、一八六〇－一九二四）
佐渡（新潟）出身、国文学者、日本史学者。
萩原三圭（はぎわらさんけい、一八四〇－一八九四）
土佐（高知）出身、医学者。
橋田邦彦（はしだくにひこ、一八八二－一九四五）
鳥取出身、生理学者、教育行政家。
橋本圭三郎（はしもとけいざぶろう、一八六五－一九五九）
越後（新潟）出身、官僚、実業家。
橋本綱常（はしもとつなつね、一八四五－一九〇九）
越前（福井）出身、外科学者。
長谷川弘一郎（はせがわこういちろう、一八七八－一九二〇）
長岡（新潟）出身、病理学者、解剖学者。
長谷川駒八（はせがわこまはち、一八八四－一九四二）
新潟出身、医師。
長谷川泰（はせがわたい、一八四二－一九一二）
越後（新潟）出身、医学者、政治家。
長谷川赳夫（はせがわたけお、一八八六－一九八〇）
長岡（新潟）出身、官吏、錦鶏間祇候。
長谷場純孝（はせばすみたか、一八五四－一九一四）
薩摩（鹿児島）出身、政治家。
長谷部言人（はせべことんど、一八八二－一九六九）
東京出身、人類学者、解剖学者。
秦佐八郎（はたさはちろう、一八七三－一九三八）
島根出身、細菌学者。
畑良太郎（はたりょうたろう、一八六七－一九三七）
信濃（長野）出身、外交官。
畑井新喜司（はたいしんきし、一八七六－一九六三）
青森出身、動物生理学者。
波多野伝三郎（はたのでんざぶろう、一八五六－一九〇七）
長岡（新潟）出身、政治家、経営者。
八田三郎（はったさぶろう、一八六五－一九三五）
肥後（熊本）出身、動物学者。
八田善之進（はったぜんのしん、一八八二－一九六四）
福井出身、内科学者。
服部一三（はっとりいちぞう、一八五一－一九二九）
長門（山口）出身、官僚。岩手、広島、長崎、兵庫の県知事。

服部宇之吉（はっとりうのきち、一八六七－一九三九）
二本松（福島）出身、中国哲学者
服部健三（はっとりけんぞう、一八八五－一九四二）
大阪出身、薬学者、日本衛生化学会の創立常務委員。
花井忠（はないただし、一八九四－一九七三）
茨城出身、弁護士、検察官。
花見朔巳（はなみさくみ、一八八一－一九四六）
福島出身、歴史学者。
浜尾新（はまおあらた、一八四九－一九二五）
但馬（兵庫）出身、教育行政家、東京帝大総長。
浜田玄達（はまだげんたつ、一八五五－一九一五）
肥後（熊本）出身、産婦人科学者、日本婦人科学会創立、初代会長。
浜田耕作（はまだこうさく、一八八一－一九三八）
大阪出身、考古学者。
林魁一（はやしかいいち、一八七五－一九六一）　岐阜出身、考古学者。坪井正五郎の指導をうけ、研究をはじめる。
林銑十郎（はやしせんじゅうろう、一八七六－一九四三）
金沢（石川）出身、軍人、政治家。
林泰輔（はやしたいすけ、一八五四－一九二二）
下総（千葉）出身、歴史学者。
林忠正（はやしただまさ、一八五三－一九〇六）
越中（富山）出身、美術商。
林曄（はやしはじめ、一八六六－一九四四）
江戸（東京）出身、整形外科学者。
林春雄（はやしはるお、一八七四－一九五二）　愛知出身、薬理学者、逓信病院、国立公衆衛生院の初代院長。
原桂仙（はらけいせん、一八四一－一八八九）
医師、陸軍軍医から産婦人科開業。
原安民（はらやすたみ、一八七〇－一九二九）
神奈川出身、旧姓は川崎安。鋳金家、雑誌『日本美術』刊行。
原龍太（はらりゅうた、一八五五－一九一二）
陸奥（福島）出身、原有隣の長男。土木工学者。
原口初太郎（はらぐちはつたろう、一八七六－一九四九）
東京出身、陸軍軍人、政治家。
原田貞吉（はらだていきち、一八五二－一九三二）
医師、わが国医学思想の発展のために貢献。
原田豊吉（はらだとよきち、一八六一－一八九四）
江戸（東京）出身、地質学者。
原田直次郎（はらだなおじろう、一八六三－一八九九）
江戸（東京）出身、洋画家。
原田淑人（はらだよしと、一八八五－一九七四）
東京出身、考古学者、中国服飾史の研究。

【ひ】

日置益（ひおきえき、一八六一－一九二六）

伊勢（三重）出身、外交官。

東伏見宮依仁親王（ひがしふしみのみやよりひとしんのう、一八六七－一九二二）皇族、海軍軍人。伏見宮邦家親王第一七王子。

樋口繁次（ひぐちしげつぐ、一八七六－一九二九）新潟出身、産婦人科医、東京芝区田村町に樋口病院開設。

土方寧（ひじかたやすし、一八五九－一九三九）土佐（高知）出身、法学者。

日高謹爾（ひたかきんじ、一八七七－一九二八）栃木出身、軍人、海軍軍事知識の普及につとめる。

日高壮之丞（ひだかそうのじょう、一八四八－一九三二）薩摩（鹿児島）出身、軍人、海軍大将。

一柳平太郎（ひとつやなぎへいたろう、一八五〇－一九一五）会津（福島）出身、戊辰戦争に参加、その後北海道余市地区の開拓に従事、政治家。

平井毓太郎（ひらいいくたろう、一八六五－一九四五）三重出身、小児科学者。

平沼騏一郎（ひらぬまきいちろう、一八六七－一九五二）美作（岡山）出身、司法官、政治家。

平野勇（ひらのいさむ、一八七〇－一九四一）阿波（徳島）出身、海軍軍人。

平山金蔵（ひらやまきんぞう、一八七六－一九三二）茨城出身、内科学者、日本消化器医学会会長。

平山松治（ひらやままつじ、一八六六－一九二五）美濃（岐阜）出身、薬学者。

広川広四郎（ひろかわひろしろう、一八六四－一八九六）越後（新潟）出身、長岡学校を拠点にした自由民権運動家。鉄道技師として鉄道建設にも活躍。

広田弘毅（ひろたこうき、一八七八－一九四八）福岡出身、外交官、政治家。

弘田長（ひろたつかさ、一八五九－一九二八）土佐（高知）出身、医師。養育院院長、宮内省御用掛。

【ふ】

福井準造（ふくいじゅんぞう、一八七一－一九三七）相模（神奈川）出身、衆議院議員。

福士政一（ふくしまさいち、一八七八－一九五六）山口出身、病理学者。

福田邦三（ふくだくにぞう、一八九六－一九八八）岡山出身、生理学者。

福地復一（ふくちふくいち、一八六二－一九〇九）伊勢（三重）出身、美術家。

福羽逸人（ふくばはやと、一八五六－一九二一）津和野（島根）出身、園芸家。

福原鐐二郎（ふくはらりょうじろう、一八六八－一九三二）伊勢（三重）出身、官僚、貴族院議員。

藤井健次郎（ふじいけんじろう、一八六六―一九五二）
加賀（石川）出身、植物学者、遺伝学者。
藤井宣正（ふじいせんしょう、一八五九―一九〇三）
越後（新潟）出身、僧。大谷光瑞のインド仏跡調査に参加。
富士川游（ふじかわゆう、一八六五―一九四〇）
安芸（広島）出身、医学者、医史学者。
藤崎三郎助（ふじさきさぶろうすけ、一八六八―一九二六）
仙台（宮城）出身、実業家。
藤沢利喜太郎（ふじさわりきたろう、一八六一―一九三三）
越後（新潟）出身、数学者。
藤田恒太郎（ふじたつねたろう、一九〇三―一九六四）
三重出身、解剖学者。
藤田敏彦（ふじたとしひこ、一八七七―一九六五）
鳥取出身、生理学者。
藤田秀太郎（ふじたひでたろう、一八七五―一九六〇）
福岡出身、眼科学者。
藤浪鑑（ふじなみあきら、一八七〇―一九三四）
尾張（愛知）出身、病理学者。
藤浪剛一（ふじなみごういち、一八八〇―一九四二）
愛知出身、放射線医学者。日本レントゲン学会、日本医史学会、日本温泉気候学会の創設に加わる。
伏根弘三（ふしねこうぞう、一八七四―一九三八）
アイヌ名ホテネことチヤンラロ、農業を学び、開拓、事業に尽力。
藤野厳九郎（ふじのげんくろう、一八七四―一九四五）
福井出身、医学者。
伏見宮博恭王（ふしみのみやひろやすおう、一八七五―一九四六）　皇族、海軍軍人。伏見宮貞愛親王王子。
藤山治一（ふじやまはるかず、一八六一―一九一七）
肥前（佐賀）出身、ドイツ語学者。
布施現之助（ふせげんのすけ、一八八〇―一九四六）
北海道出身、解剖学者。
二木謙三（ふたきけんぞう、一八七三―一九六六）
秋田出身、細菌学者。
船越衛（ふなこしまもる、一八四〇―一九一三）
安芸（広島）出身、武士、官僚。千葉、石川、宮城県知事、貴族院議員。
古市公威（ふるいちこうい、一八五四―一九三四）
江戸（東京）出身、土木工学者。
古川竹二（ふるかわたけじ、一八九一―一九四〇）
長崎出身、教育学者、心理学者。
古畑種基（ふるはたたねもと、一八九一―一九七五）
三重出身、法医学者、血清学者、人類遺伝学者。

【へ】

辺泥五郎（ぺてごろう、一八七八―一九五四）

北海道釧路出身、キリスト教伝道師。

【ほ】

星一（ほしはじめ、一八七三－一九五一）福島出身、実業家、政治家。妻は良精の次女精、長男は作家星新一。
星野恒（ほしのひさし、一八三九－一九一七）越後（新潟）出身、歴史学者、漢学者。
細川潤次郎（ほそかわじゅんじろう、一八三四－一九二三）土佐（高知）出身、法制学者、教育家。
細谷雄太（ほそやゆうた、一八八二－一九五〇）山形出身、耳鼻咽喉科学者。
穂積陳重（ほづみのぶしげ、一八五六－一九二六）伊予（愛媛）出身、法学者。
穂積八束（ほづみやつか、一八六〇－一九一二）伊予（愛媛）出身、穂積陳重の弟、法学者。
堀進二（ほりしんじ、一八九〇－一九七八）東京出身、彫刻家。
堀口九万一（ほりぐちくまいち、一八六五－一九四五）越後（新潟）出身、外交官。堀口大学の父。
本多光太郎（ほんだこうたろう、一八七〇－一九五四）三河（愛知）出身、物理学者、金属学者。
本多庸一（ほんだよういつ、一八四九－一九一二）弘前（青森）出身、宗教家、教育者。
本堂恒次郎（ほんどうつねじろう、一八六五－一九一五）盛岡（岩手）出身、陸軍軍人。陸軍軍医監、近衛師団軍医部長。

【ま】

前田友助（まえだともすけ、一八八七－一九七五）愛知出身、外科学者。
槇哲（まきあきら、一八六六－一九三九）長岡（新潟）出身、実業家。
牧亮四郎（まきりょうしろう、一八五三－一八九二）鍋島家派遣ドイツ留学生、医学者。
牧田太（まきだふとし、一八七二－一九三七）越前（福井）出身、陸軍軍医中将、陸軍軍医総監。
牧野菊之助（まきのきくのすけ、一八六七－一九三六）江戸（東京）出身、司法官。
牧野毅（まきのたけし、一八四三－一八九四）信濃（長野）出身、陸軍軍人。
牧野忠篤（まきのただあつ、一八七〇－一九三五）長岡（新潟）出身、長岡藩主牧野忠恭の五男。貴族院議員、長岡市初代市長、日本中央蚕糸会会長。
牧野忠毅（まきのただかつ、一八五九－一九一八）長岡（新潟）出身、長岡藩主牧野忠恭の四男。明治時代の大名。

牧野忠永（まきのただなが、一九一一－一九七六）越後長岡藩牧野家第一六代当主、貴族院議員。
牧野富太郎（まきのとみたろう、一八六二－一九五七）土佐（高知）出身、植物学者。
牧野伸顕（まきののぶあき、一八六一－一九四九）薩摩（鹿児島）出身、大久保利通の次男、政治家。
正木直彦（まさきなおひこ、一八六二－一九四〇）大坂（大阪）出身、美術行政官、教育者。
間島利行（まじまりこう、一八七四－一九六二）京都出身、有機化学者。
増本量（ますもとはかる、一八九五－一九八七）広島出身、金属物理学者。日本金属学会会長。
町田則文（まちだのりふみ、一八五六－一九二九）常陸（茨城）出身、教育者。東京盲学校初代校長。
松井直吉（まついなおきち、一八五七－一九一一）美濃（岐阜）出身、化学者。
松浦有志太郎（まつうらうしたろう、一八六四－一九三七）肥後（熊本）出身、医学者、社会運動家。
松浦鎮次郎（まつうらしげじろう、一八七二－一九四五）愛媛出身、官僚。
松岡洋右（まつおかようすけ、一八八〇－一九四六）山口出身、外交官、政治家。
松方正義（まつかたまさよし、一八三五－一九二四）薩摩（鹿児島）出身、政治家。
松田秀雄（まつだひでお、一八五一－一九〇六）近江（滋賀）出身、政治家、東京市長。
松田正久（まつだまさひさ、一八四五－一九一四）肥前（佐賀）出身、政治家。
松平正直（まつだいらまさなお、一八四四－一九一五）越前（福井）出身、武士、官僚。
松永琢磨（まつながたくま、一八九〇－一九五七）佐賀出身、医学者、昭和天皇侍医。
松原新之助（まつばらしんのすけ、一八五三－一九一六）松江（島根）出身、水産学者、生物学者。
松村任三（まつむらじんぞう、一八五六－一九二八）常陸（茨城）出身、植物学者。
松村龍雄（まつむらたつお、一八六八－一九三二）肥前（佐賀）出身、海軍中将。
松村瞭（まつむらりょう、一八八〇－一九三六）松村任三の長男、人類学者。民族学、考古学にも造詣が深い。
松本喜三郎（まつもときさぶろう、一八二五－一八九一）肥後（熊本）出身、人形師。
松本順（まつもとじゅん、一八三二－一九〇七）江戸（東京）出身、医師。初代陸軍軍医総監、貴族院議員。
松本信弘（まつもとのぶひろ、一八九七－一九八一）民族学者、歴史学者。

松本彦七郎（まつもとひこしちろう、一八八七－一九七五）
栃木出身、動物学者。
松本亦太郎（まつもとまたたろう、一八六五－一九四三）
上野（群馬）出身、心理学者。
真鍋嘉一郎（まなべかいちろう、一八七八－一九四一）
愛媛県出身、物療内科学者。
真野文二（まのぶんじ、一八六一－一九四六）
江戸（東京）出身、機械工学者。
丸茂文良（まるもふみよし、一八六二－一九〇六）
甲斐（山梨）出身、医学者、世界初レントゲン撮影成功。

【み】
三浦謹之助（みうらきんのすけ、一八六四－一九五〇）
陸奥（福島）出身、内科学者。日本内科学会、日本神経学会の創設に関わる。
三浦操一郎（みうらそういちろう、一八六九－一九二八）
熊谷（埼玉）出身、小児科学者。
三浦守治（みうらもりはる、一八五七－一九一六）
陸奥（福島）出身、病理学者。先天性奇形、脚気の病理などを研究。
三上参次（みかみさんじ、一八六五－一九三九）
播磨（兵庫）出身、日本史学者。
三上次男（みかみつぎお、一九〇七－一九八七）
京都出身、東洋史学者。
三島億二郎（みしまおくじろう、一八二五－一八九二）
長岡（新潟）出身、実業家。長岡洋学校、長岡病院を創立。徳蔵は長男。
三島通良（みしまみちよし、一八六六－一九二五）
入間（埼玉）出身、医学者。日本の学校衛生の生みの親。
水尾源太郎（みずおげんたろう、一八七六－一九一三）
愛媛出身、眼科医。
水木友次郎（みずきともじろう、一八七四－一九四六）
大阪出身、放射線技術者。
水野幸吉（みずのこうきち、一八七三－一九一四）
淡路（兵庫）出身、外交官。
溝淵進馬（みぞぶちしんま、一八七一－一九三五）
土佐（高知）出身、教育者。
三田定則（みたさだのり、一八七六－一九五〇）
岩手出身、法医学者。
三田村篤志郎（みたむらとくしろう、一八八七－一九六三）
和歌山出身、病理学者。
箕作佳吉（みつくりかきち、一八五七－一九〇九）
江戸（東京）出身、動物学者。
箕作元八（みつくりげんぱち、一八六二－一九一九）
江戸（東京）出身、箕作佳吉の弟、西洋史学者。
光田健輔（みつだけんすけ、一八七六－一九六四）

山口出身、ハンセン病専門医、国立療養所長島愛生園の初代園長。
三間正弘（みつままさひろ、一八三六―一八九九）
長岡（新潟）出身、警察官、陸軍軍人、政治家。
美濃部達吉（みのべたつきち、一八七三―一九四八）
兵庫出身、法学者。
宮入慶之助（みやいりけいのすけ、一八六五―一九四六）
信濃（長野）出身、寄生虫学者。
宮岡恒次郎（みやおかつねじろう、一八六五―一九四三）
江戸（東京）出身、法学士。
宮川米次（みやかわよねじ、一八八五―一九五九）
愛知出身、内科学者。
三宅鉱一（みやけこういち、一八七六―一九五四）
東京出身、精神医学者。
三宅雪嶺（みやけせつれい、一八六〇―一九四五）
金沢（石川）出身、本名雄二郎、哲学者、歴史家。
三宅速（みやけはやし、一八六七―一九四五）
阿波（徳島）出身、外科学者。
三宅秀（みやけひいず、一八四八―一九三八）
江戸（東京）出身、医学者。
三宅宗悦（みやけむねよし、一九〇五―一九四四）
京都出身、人類学者、考古学者。
三宅米吉（みやけよねきち、一八六〇―一九二九）
紀伊（和歌山）出身、歴史学者、教育者。
宮崎洪（みやざきひろし、一八九七―一九六三）
長野出身、医師。
宮地厳夫（みやじいずお、一八四六―一九一八）
土佐（高知）出身、国学者。
宮下左右輔（みやしたそうすけ、一八八二―一九四八）
東京出身、眼科学者。
宮田哲雄（みやたてつお、一八六七―一九二八）
常陸（茨城）出身、医師。
宮本璋（みやもとあきら、一八九七―一九七三）
東京出身、宮本仲の長男、生化学者。
宮本叔（みやもとしゅく、一八六七―一九一九）
信濃（長野）出身、細菌学者。
宮本仲（みやもとちゅう、一八五六―一九三六）
医師、正岡子規の主治医、佐久間象山研究家。
三好鐘二郎（みよししょうじろう、？―一九〇六）
書家。
三好退蔵（みよしたいぞう、一八四五―一九〇八）
日向（宮崎）出身、司法官。
三輪徳寛（みわよしひろ、一八五九―一九三三）
尾張（愛知）出身、外科学者、千葉医大初代学長。

【む】

武者小路公共（むしゃのこうじきんとも、一八八二－一九六二）東京出身、武者小路実篤の兄。外交官。
武藤喜一郎（むとうきいちろう、一八六八－一九四三）静岡出身、獣医学者。
村尾元長（むらおもとなが、一八五四－一九〇八）江戸（東京）出身、北海道の紹介や移民誘致に尽力した郷土史家。
村岡良弼（むらおかりょうすけ、一八四五－一九一七）下総（千葉）出身、法制学者、地理学者。
村上武次郎（むらかみたけじろう、一八八二－一九六九）京都出身、金属工学者。
村川堅固（むらかわけんご、一八七五－一九四六）熊本出身、西洋史学者。
村田謙太郎（むらたけんたろう、一八六三－一八九二）陸奥（福島）出身、医学者。
村田正太（むらたまさたか、一八八四－一九七四）高知出身、医学者。
村松常雄（むらまつつねお、一九〇〇－一九八一）東京出身、村松剛の父、精神医学者。

【め】

明城弥三吉（めいじょうやさきち、一八七七－一九五九）兵庫出身、産婦人科学者。

【も】

毛利元徳（もうりもとのり、一八三九－一八九六）長州藩の最後の藩主、公爵。
持地六三郎（もちじろくさぶろう、一八六七－一九二三）福島出身、植民地官僚、錦鶏間祗候。
望月圭介（もちづきけいすけ、一八六七－一九四一）安芸（広島）出身、政治家。
望月周三郎（もちづきしゅうさぶろう、一八九二－一九六七）千葉出身、解剖学者。
本島一郎（もとじまいちろう、一八八三－一九五二）群馬出身、整形外科学者。
本山彦一（もとやまひこいち、一八五三－一九三二）肥後（熊本）出身、新聞経営者。
元良勇次郎（もとらゆうじろう、一八五八－一九一二）摂津（兵庫）出身、心理学者。
物部長穂（もののべながほ、一八八八－一九四一）秋田出身、土木学者。
森篤次郎（もりあつじろう、一八六七－一九〇八）石見（島根）出身、森鷗外の弟。劇評家、筆名三木竹二。
森於菟（もりおと、一八九〇－一九六七）東京出身、森鷗外の長男、解剖学者、随筆家。
森源三（もりげんぞう、一八三五－一九一〇）

長岡（新潟）出身、武士、官吏。
森潤三郎（もりじゅんざぶろう、一八七九－一九四四）
東京出身、森鷗外の弟。近世学芸史研究家、『鷗外全集』編纂。
森富（もりとむ、一九二一－二〇〇七）
森於菟の次男、解剖学者。
森茉莉（もりまり、一九〇三－一九八七）
東京出身、森鷗外の長女、小説家、エッセイスト。
森林太郎（もりりんたろう、一八六二－一九二二）
津和野（島根）出身、陸軍軍医、小説家。妹は良精の妻喜美子。
森類（もりるい、一九一一－一九九一）
東京出身、森鷗外の三男、随筆家。
森島庫太（もりしまくらた、一八六八－一九四三）
美濃（岐阜）出身、薬学者。
森田秀一（もりたしゅういち、一八九三－一九七四）
解剖学者。
森田斉次（もりたせいじ、一八七七－一九四三）
解剖学者。
森田正馬（もりたまさたけ、一八七四－一九三八）
高知出身、精神医学者。
守屋源次郎（もりやげんじろう、一八七七－一九三九）
京都出身、官僚、教育者。茨城県知事。

【や】

矢追秀武（やおいひでたけ、一八九四－一九七〇）
奈良出身、細菌・ウィルス学者。
安川清三郎（やすかわせいざぶろう、一八七七－一九三六）
福岡出身、実業家。
保田棟太（やすだむねた、一八五六－一九一九）
九州豊国出身、教育者、東京物理学講習所（現東京理科大学）の創立者の一人。
柳田国男（やなぎたくにお、一八七五－一九六二）
兵庫出身、民俗学者。
柳田直平（やなぎたなおひら、一八四九－一九三二）
信州（長野）出身、柳田国男の養父、司法官、大審院判事。
柳瀬実次郎（やなせさねじろう、一八七五－一九二三）
愛媛出身、小児科医。
矢野文雄（やのふみお、一八五〇－一九三一）豊後（大分）出身、ジャーナリスト、新聞経営者、筆名龍渓。
矢吹慶輝（やぶきけいき、一八七九－一九三九）
福島出身、宗教学者、社会事業家。
矢部又吉（やべまたきち、一八八八－一九四一）
神奈川出身、建築家。
山内繁雄（やまうちしげお、一八七六－一九七三）
山形出身、生物学者。

山県有朋（やまがたありとも、一八三八－一九二二）
長門（山口）出身、陸軍軍人、政治家。
山県伊三郎（やまがたいさぶろう、一八五八－一九二七）
長門（山口）出身、官僚。叔父山県有朋の養子。
山形仲芸（やまがたなかき、一八五七－一九二二）
越前（福井）出身、医学者。
山川義太郎（やまかわぎたろう、一八六〇－一九三三）
入間（埼玉）出身、電気工学者。
山川健次郎（やまかわけんじろう、一八五四－一九三一）
会津（福島）出身、教育者。
山川黙（やまかわしずか、一八八六－一九六六）
東京出身、登山家。
山川章太郎（やまかわしょうたろう、一八八四－一九四一）
香川出身、内科学者。
山極勝三郎（やまぎわかつさぶろう、一八六三－一九三〇）
信州（長野）出身、医学者。
山口鋭之助（やまぐちえいのすけ、一八六二－一九四五）
出雲（島根）出身、物理学者。
山口権三郎（やまぐちごんざぶろう、一八三八－一九〇二）
越後（新潟）出身、政治家、実業家。
山口虎太郎（やまぐちとらたろう、一八六六－一九一六）
江戸（東京）出身、医師、台湾総督府医院長。ドイツ文学、哲学の造詣が深い。

山口秀高（やまぐちひでたか、一八六五－一九一六）
江戸（東京）出身、眼科医。
山崎朝雲（やまざきちょううん、一八六七－一九五四）
筑前（福岡）出身、彫刻家。
山崎直方（やまざきなおまさ、一八七〇－一九二九）
土佐（高知）出身、地理学者。佐藤伝蔵と『大日本地誌』を著す。
山崎正董（やまざきまさただ、一八七二－一九五〇）
高知出身、産婦人科医。
山階宮菊麿王（やましなのみやきくまろおう、一八七三－一九〇八）　山階宮晃親王の第一王子、海軍軍人。
山田三良（やまださぶろう、一八六九－一九六五）
大和（奈良）出身、法学者。
山田珠樹（やまだたまき、一八九三－一九四三）
東京出身、フランス文学者。森鷗外の娘茉莉の最初の夫。
山田鉄蔵（やまだてつぞう、一八六四－一九二五）
出羽（山形）出身、内科医、脳神経科医。
山根正次（やまねまさつぐ、一八五七－一九二五）
長門（山口）出身、医師、政治家。
山内清男（やまのうちすがお、一九〇二－一九七〇）
東京出身、考古学者。
山羽儀兵（やまはぎへい、一八九五－一九四八）
三重出身、植物学者。

山本五十六（やまもといそろく、一八八四－一九四三）
長岡（新潟）出身、海軍軍人。
山本権兵衛（やまもとごんべえ、一八五二－一九三三）
薩摩（鹿児島）出身、軍人、政治家。
山本達雄（やまもとたつお、一八五六－一九四七）
豊後（大分）出身、銀行家、政治家。
山本有三（やまもとゆうぞう、一八八七－一九七四）
栃木出身、劇作家、小説家。
山本良吉（やまもとりょうきち、一八七一－一九四二）
石川出身、倫理学者、教育者。
八幡一郎（やわたいちろう、一九〇二－一九八七）
長野出身、考古学者。

【よ】

横井時敬（よこいときよし、一八六〇－一九二七）
肥後（熊本）出身、農学者。
横尾安夫（よこおやすお、一八九九－一九八五）
人類学者。
横手千代之助（よこてちよのすけ、一八七一－一九四一）
東京出身、衛生学者。
横山健堂（よこやまけんどう、一八七二－一九四三）
山口出身、評論家。
横山重（よこやましげる、一八九六－一九八〇）
長野出身、国文学者。
横山又次郎（よこやままたじろう、一八六〇－一九四二）
肥前（長崎）出身、地質、古生物学者。
与謝野晶子（よさのあきこ、一八七八－一九四二）
大阪出身、歌人、評論家。
与謝野鉄幹（よさのてっかん、一八七三－一九三五）
京都出身、本名寛。歌人、詩人。
芳川顕正（よしかわあきまさ、一八四二－一九二〇）
阿波（徳島）出身、官僚、政治家。
吉田貞雄（よしださだお、一八七八－一九六四）
福岡出身、寄生虫学者。
吉田貞準（よしださだとし、一八五二－一九一三）
越前（福井）出身、海軍軍医総監。
吉田三郎（よしださぶろう、一八八九－一九六二）
金沢（石川）出身、彫刻家。
吉田彦六郎（よしだひころくろう、一八五九－一九二九）
備後（広島）出身、化学者。
吉田増蔵（よしだますぞう、一八六六－一九四一）
筑前（福岡）出身、漢学者。
吉田章信（よしだゆきのぶ、一八八四－一九五六）
岡山出身、医学者。運動の生理、衛生の研究。
米内光政（よないみつまさ、一八八〇－一九四八）
岩手出身、海軍大将、政治家。

米原雲海（よねはらうんかい、一八六九－一九二五）
出雲（島根）出身、彫刻家。
米村喜男衛（よねむらきおえ、一八九二－一九八一）
青森出身、在野の考古学者、理容師。

【わ】

若杉喜三郎（わかすぎきさぶろう、一八六四－一九一六）
越後（新潟）出身、医師、衆議院議員。
若槻礼次郎（わかつきれいじろう、一八六六－一九四九）
松江（島根）出身、政治家。
若山鉉吉（わかやまげんきち、一八五六－一八九九）
海軍軍人、三井芝浦製作所所長。
和島誠一（わじませいいち、一九〇九－一九七一）
東京出身、考古学者。
和田英作（わだえいさく、一八七四－一九五九）
鹿児島出身、洋画家。
和田豊種（わだとよたね、一八八〇－一九六七）
大阪出身、精神科学者。
和田雄治（わだゆうじ、一八五九－一九一八）
二本松（福島）出身、気象学者、海洋学者。
和田垣謙三（わだがきけんぞう、一八六〇－一九一九）
但馬（兵庫）出身、経済学者。
渡瀬庄三郎（わたせしょうざぶろう、一八六二－一九二九）
江戸（東京）出身、動物学者。
渡辺海旭（わたなべかいぎょく、一八七二－一九三三）
東京出身、僧、仏教学者。
渡辺久吉（わたなべきゅうきち、一八八八－一九四〇）
福島出身、地質学者。
渡辺洪基（わたなべこうき、一八四七－一九〇一）
越前（福井）出身、官僚、政治家。東京帝国大学初代総長。
渡辺錠太郎（わたなべじょうたろう、一八七四－一九三六）
愛知出身、陸軍軍人。
渡辺雷（わたなべらい、一八六〇－一九一五）
下総（千葉）出身、内科学者。
渡辺廉吉（わたなべれんきち、一八五四－一九二五）
長岡（新潟）出身、法学者。
渡辺渡（わたなべわたる、一八五七－一九一九）
肥前（長崎）出身、鉱山学者。

【西洋人】

ガンベタ（レオン・ガンベタ、一八三八－一八八二）
フランスの政治家。
キュリー夫人（マリ・キュリー、一八六七－一九三四）
ポーランド出身、物理学者、化学者。
コッホ（ロベルト・コッホ、一八四三－一九一〇）
ドイツの医師、細菌学者。

シュワルベ（グスタフ・シュワルベ、一八四四－一九一六）
ドイツの人類学者、解剖学者。

スクリバ（ユリウス・スクリバ、一八四八－一九〇五）
ドイツの外科医。

ディッセ（ヨーゼフ・ディッセ、一八五二－一九一二）
ドイツの解剖学者。

ハルトマン（ニコライ・ハルトマン、一八八二－一九五〇）
ドイツの哲学者。

ヒルゲンドルフ（フランツ・マルチン・ヒルゲンドルフ、一八三九－一九〇四）　ドイツの博物学者。

フィルヒョウ（ルドルフ・フィルヒョウ、一八二一－一九〇二）　ドイツの病理学者。

ペッテンコーファー（マックス・フォン・ペッテンコーファー、一八一八－一九〇一）
ドイツの衛生学者、化学者。

ベルツ（エルヴィン・フォン・ベルツ、一八四九－一九一三）
ドイツの医師。

ホッペ＝ザイラー（フェリクス・ホッペ＝ザイラー、一八二五－一八九五）　ドイツの医師、生化学者。

マンロー（ニール・ゴードン・マンロー、一八六三－一九四二）　イギリスの医師、考古学者、人類学者。

レックリングハウゼン（フリードリッヒ・フォン・レックリングハウゼン、一八三三－一九一〇）
ドイツの病理学者。

ワルダイエル（ハインリッヒ・ウィルヘルム・ワルダイエル、一八三六－一九二一）　ドイツの解剖学者。

小金井良精日記解説

西田泰民

小金井良精の生涯に関する資料

小金井良精は一八五九年一月一七日(安政五年一二月一四日)、現在の新潟県長岡市今朝白《けさじろ》に生まれ、一九四四(昭和一九)年一〇月一六日東京都本郷区駒込曙町（現・文京区本駒込）の自宅で生涯を閉じた。その生涯のうち、約三／四を占める期間の日記が残されているわけである。孫の星新一がこの日記を元にまとめた『祖父・小金井良精の記』は数ある伝記の中でも評価が高く、これまで小金井良精について知る第一級の資料ともなっていた。星新一によれば、伝記を執筆していた昭和四〇年代後半の時点で一八八〇（明治一三）年から一九四二（昭和一七）年までの日記のほかに小金井自身が自らについて綴ったノートが少なくとも二冊存在したと見られる。一つはドイツ留学中の持病の腎臓疾患の治療に関する記録であり、もう一つにはドイツ留学前の主な出来事を記録したもので、幼少期から戊辰戦争、東京移住、大学東校入退学と医学校入学、その後の学生時代の出来事などについて記されていたらしい。ただし、これら二冊のノートは現在所在不明となっており、一八八〇年から八二年までの日記三冊も確認されていない状況にある。

そのほか本人が思い出を語った記録がいくつかある。その最晩年のものは新潟の新聞に掲載された半生記で、これには、母である小金井幸の語った内容を妻の喜美子が書き記した『戊辰のものがたり』とほぼ同じ内容の長岡落城後、会津、米沢を経て仙台に至る戊辰戦争時の逃避行のほか大学入学の頃の思い出が語られている。特に九才であった戊辰戦争時の旅についてはかなり詳しく語っており、「戊辰のものがたり」にはない情報もあるので、本人も何らかの記録をとどめてあったのかと想像される。また、しばらく書いていなかった日記をまとめて記した旨の記述が日記中に散見されるところから、備忘録に出来事などを書き込んでおき、整理して日記に書くこともあったようである。こうした日記以外の手帳は、現在のところ第二回の洋行時のもの一冊と、退官前後の大正末期から昭和初期に行われた発掘調査のフィールドノート三冊が確認されている。

以上は本人によるものだが、横尾安夫による詳細な年譜など弟子や後進研究者による経歴紹介や回想が多数ある[1]。一九五八年には日本医事新報において偲ぶ座談会が催され、語られた生前のエピソードのうちいくつかが星の伝記にも紹介されている。また、森鷗外の弟、森篤次郎が妹・喜美子と小金井が結婚するに当たって小金井の人となりを留学先の兄に報告しており、結婚後間もない時期の生活についても、事細かに書き送っている。

太平洋戦争末期、駒込の自宅は空襲にあい全焼した。星の伝記の終章ではすべてが失われたような印象をうけるが、その際一部の遺品は持ち出されていて焼失を免れたようである。一方、空襲の被害を受けなかった東京大学解剖学教室には小金井の遺品が長期間保管され、大学に届いた郵便物や教室関係の資料、抜刷類、論文原稿、人骨計測データなど学術面に関わる資料は比較的多く残されている。日記の一部も大学に置かれていたようで、しばらくは関係者が手に取ってみることができたのか、横尾の作成した年譜は日記の記述を参照していると見られる。星は伝記執筆の際、小金井の長男家と医学部に分散していた日記を揃えて参照したという。執筆終了後、日記は長男家へ返却されたと推定される。蔵書は小金井文庫として医学図書館に収蔵され、その他解剖学教室にあったほとんどの資料は長岡市の市史編纂事業にともなって長岡市に移管され、同市中央図書館文書資料室と郷土史料館に収蔵されている。

現在、長岡市に所在される資料は件数としては一七〇〇件ほどで、そのうち一二〇〇件は抜刷やカタログ類である。手紙類はまとめられていた束毎に一件と数えており、実数は約五五〇通を確認している。大学に保管されていた手紙であるため、自宅宛に届いた手紙は例外的に含まれているのみとみてよい。そのためか海外からのクリスマスカードや新年の挨拶状はあるが、国内からの年賀状はない。また日本人からの手紙はその中で一割程度であり、それもほとんどが留学先や調査先からの挨拶状である。本来ならば本人宛の手紙だけが残るのだが、手紙の下書きが四〇通あり、恩師ワルダイエルとの手紙のやりとりを一部たどることができる。

さらに本人に関わる資料を挙げるならば、東京大学文書館の所蔵する留学生関係綴りに国費留学生が提出を課せられていた申報書、留学延長願関係書類が綴じられている。

以下、日記と関連資料から判明する事柄のいくつかを記して解説とする。大正編の前書きにある略年譜も参照されたい。なお、ドイツ人名の表記はワルダイエル、フィルヒョウなど慣用に従ったものがある。また、年月については基本的に新暦で記す。

大学入学まで

小金井良精の生家は当時の長岡城の東側にあたる今朝白にあった。文政年中長岡城下絵図に小金井の名がみえ、現在の今朝白一丁目一三番地付近とみられる。伯父の小林虎三郎の住居は八〇〇メートル程離れた現在の城内町にあり、河井継之助の住居のほぼ向かいにあたっていた[2]。父は小金井良達《よしみち》、母・幸は小林虎三郎の妹であった。良達は小笠原家から入った養子であり、先の小林、河井の家と小笠原家は近所で互いに見知った同士であった。小金井の祖父にあたる良和も家老職・山本家からの養子であった。当時は家名を継ぐための事情があり、その後良和は山本家に戻り、家を継ぐが子がなく、安田家より養子、義路を迎えて、家老職を継がせた。これが山本帯刀として戊辰戦争史上よく知られている人物で、会津で捕縛処刑された。戦争の責任を取る形で山本家は一旦廃絶されたが、後に再興を許されたものの跡継ぎに恵まれなかったところ、一九一六（大正五）年高野家から養子を迎える。これが山本五十六であるので、系図上は小金井と山本五十六は親類関係にある。

一八六八（慶応四）年六月、河井継之助と官軍との小千谷での交渉が決裂し、羽越列藩同盟に加わった長岡藩と官軍との戦闘が始まり、七月八日長岡城は落城、父は藩主に付き添い会津へ向かうが、母の幸は身重でありながら男子三人を連れて、長岡の西の山中の村へ身を隠すこととなる。約二ヶ月後、長岡城奪還の報をうけて、安心した母子は名勝八木鼻に出かけるなどするが、帰ってみると城は再度落城しており、難所の八十里峠越えを経て会津へ逃れる。[3] この時、『戊辰のむかしがたり』でも、小金井の回想でも楢戸を経て、只見にはいったとするが、地図上では越後側から見て楢戸のほうが只見より奥に位置するので、なんらかの混乱があるように思われる。会津の落城により、秋が深まる中、さらに母子は米沢、上山、山形を経て仙台にまで旅を続ける。若松から喜多方方面へ向かう途上の川の渡し場で、小金井は葵の紋のついた長棹を日光から担いで来た武士数人を目撃したという。現在の奥州市に他の長岡藩士・家族らと一ヶ月とどめ置かれた後、二〇日ほどの旅を経て、翌年一月すでに二メートルの雪が積もった長岡に帰る。都合約半年の逃避行は小金井幼少時の最大のエピソードである。

戊辰戦争前、小金井は藩校崇徳館で学んでいた。小金井の記憶によれば、維新後は伯父の小林虎三郎が昌福寺に開設した学校に通ったが、その後一八七〇（明治三）年六月に阪之上に移転して開校した国漢学校には通ってはおらず、開校式のみ覚えているという。同年夏に秋田家の養子となって上京し、東京永田町の旧藩主牧野家で玄関番となったので、当然かもしれない。

学生時代

学生時代の小金井良精について、現在は星の伝記の記述と小金井の語った回想によるしか知るすべがないが、関連する実物資料として、当時の講義筆記ノートとスケッチが現存する。一九四二（昭和一七）年一二月一二日の日記に、甥の梛野透を通じて、自分の書いたものを長岡市に保存したいと要望があったので、学生時代の動物学筆記、鶏胎生学図版、医学的物理学のノートを送ったとあるのがこれにあたり、運良く長岡空襲を免れ、現在

写真１

写真２

は長岡市立中央図書館文書資料室に保管されている。また、長男家には学生時代に各学年毎に撮影したとみられる集合写真がある。裏面には2533、2534、2535という数字が書かれてあり、おそらく皇紀を示しているものであろう。すなわち一八七三（明治六）年から一八七五（明治八）年に相当し、写っている人物の見た目も十代後半の学生たちとして矛盾がない。写真１は5.2535とメモのある写真で一八七五年五月であろう。中央が小金井で、右に座っているのは弘田長であろうか。また卒業証書も保存されていて（写真２）、当時はそれぞれの科目の評価が記された形式であった。そのほか珍しいものとして、医学図書館所蔵になる小金井の学生時代の寄宿舎の札がある。一九三九年一〇月二日「東京医学校の焼印ある門鑑、明治七、八年ごろのものなるべし。これを横尾氏へ渡す。教室内へ保存の意味」という記述に対応する。

人類学・考古学への関心

もともと医学の分野でも解剖学・組織学の研究を行うためにドイツへ留学した小金井がいつから人類学への関心を持ったのか、すでに学生時代にベルツから示唆を受けていたのではないかとの鈴木尚の推測もあるが、確実となったのは留学中であるのは間違いない。しかし現存する日記をみる限りではそのきっかけをおぼろげにしか知ることはできない。鳥居龍蔵が小金井の在職二五年祝賀に際して人類学雑誌に寄稿した文章によれば、小金井は留学中にベルリン大学解剖学教授のハルトマンの影響を受けて人類学に興味を持ったと語ったという。そして、ハルトマンの人骨計測方法をみて研究法を学び、その紹介でフィルヒョウとの知己を得てベルリン人類学会に出席したとも伝える。しかし日記にはハルトマンの人骨計測についての記述は見られないのである。直接人類学会の会合に小金井を案内したのは当時私講師（Privatdozent）であったラブル・リュッカルトであり（一八八三年一一月一五日）、一一月一七日開催の人類学会会合後のラブルとの夕食の際に会長のルドルフ・フィルヒョウや前会長アドルフ・バスティアンと知り合ったと日記にある。ハルトマンから自宅に招待されたこともあったようだが、日記にハルトマンの名が出てくる回数は意外に少ない。なお、小金井文庫にあるハルトマンの著作はHandbuch der Anatomie des Menschen（人体解剖学提要）一冊のみであり、これは購入された図書で、ハルトマンのサインもない。さらに帰国後のドイツからの手紙の中にはハルトマンからの手紙は一通もないため、影響を受けたことは確かなのであろうが、親密な間柄であったとはいえないようである。

同じく、鳥居はベルツが日本人の生体計測をもとに論文を発表したことを留学中の小金井が知り、「ああ我が日本人の調査はベルツ氏に手をつけられたり」と叫んだというエピソードも紹介している。ベルツの論文発表は一八八三（明治一六）年二月であるので、現在確認できる日記の期間内の出来事であるはずだが、日本人の形態学的研究をベルツに先んじられたことを嘆いたのがいつのことであったのか、これも該当する記述は見当たらず、確認できない。

人類学というより考古学的な興味をずっと以前から持っていた可能性を示すのが、一八八七（明治二〇）年の夏、留学から帰国後初めて長岡に帰省した時の小金井の行動である。夏休みの約二ヶ月を小金井は、郷里で過ごし、母と寺泊、弥彦などを廻り、また一人で海水浴と読書をして過ごし、八月二一日に一旦長岡に戻るが、八月二四日、九満治、藤井とともに片貝（現・小千谷市）に出かけ、そこで戸長の安達基一郎、佐藤信四郎、丸山恭二郎（正しくは恭次郎）と合流して、遺跡での土器片や石鏃の表面採集、いわゆる百塚[4]の一つの発掘、周辺の出土物の見学をしている。九満治とは近藤九満治のことで、長岡で搾乳業を始めた酪農の草分けと言われる人物であり、幕末から活躍していた文化人が結成した清娯会に属し、文芸活動にも携わっていたことが知られている。藤井については人物の特定が出来ていない。片貝の三名の内、安達は当時の大小区制による戸長を二期つとめ、後に村長にもなった人物である。丸山は片貝で江戸時代中期からの伝統を引く私塾耕読堂、そして一八七四（明治七）年それが片貝小学校となった後もその教師であった人物である。また佐藤は地元で造酒業を営み代々佐平治を名乗った大地主の佐藤家の縁者とみられる。いずれにせよ、三名とも地元では有力者である。夏休み前にこれらの人々と連絡をとっていた記述は日記には一切ない。また調査は人骨を求めてというよりは、発掘品に注意が向けられているようで、あまり計画性は認められない。帰省中に郷里の知人である近藤らと話をするうちに古物に関心のある人々と発掘を行う話にまで発展したのであろうか。一つの可能性として、長岡にいたときから小金井には遺跡や遺物に対する関心があり、そうした仲間を知っていたのではないかとも想像できる。

なお、東京人類学会が坪井正五郎らによって設立されたのは小金井の留学時代の一八八四年であり、小金井の入会は一八八七年一二月である。

小金井と鉄道

マルセイユに上陸後、パリを経由してベルリンまで鉄道で移動し、日本とまるで異なる、まばゆい世界を直接目にした当時の留学生達の受けた衝撃を小金井も経験したことであろう。ビリヤードやカフェでの楽しみを新たに知った小金井であったが、乗り物にも関心を引かれていたようである。たとえば、乗った馬車の種類をきちんと書き留めている。また彼には鉄道への興味があったことをうかがわせる日記の記述がいくつかある。たとえば、一八八三年五月一五日、ストラスブルグからウィーンへ向かう際の記述では、

「一時二十二分 Insbruck 着車　是より谷狭く汽車登る　景色良　Matrey 迄に十三箇のトンネルを数ふ　Brenner

は最高の地にて河水の境介なり鉄道大に下る此地及ひSterzing間大湾曲を為　是即ち有名のBrenner Bahnなり」とある。いつもは比較的淡々と出来事を記録する文章が目立つ日記の中で、車中から楽しみにしていた情景をみながら心躍る中で書き記したような文章である。オーストリア、イタリア国境のアルプス越えのルートとして有名なブレンナー峠を鉄道が通るようになったのは一八六七年であった。そして、五月二〇日、現在でも人気のある世界初の山岳鉄道であるゼンメリング鉄道を利用したときもその情景を実況するようにドイツ語で記述している。ここでも高揚感を隠しきれない様子が見られる。

うがちすぎかもしれないが、先に触れた一八八七年の長岡への帰省時、行きは高崎を経て三国峠越えをしているが、帰りは直江津から前年に部分開業した信越線を使うルートを通っているのは意図したものではないだろうか。

一九〇〇（明治三三）年、パリを訪れたときは開業一週間後の地下鉄に早速乗っている。

ついで、かなり高齢になってからのことであるが、一九三三（昭和八）年七月一七日、小金井は清水トンネルの開通によって新潟まで全通した上越線を使って帰省する。

「湯桧曽手前の駅にて電気機関車を附す、ロープを描きてトンネルに入る　急に冷二五℃に降る、心地よし、十四分計かかる、越地に於ては雨降りたる模様、第二のロープは気付かざりき」ロープはループのドイツ語である。事細かにトンネルの通過を記録しているところに、鉄道への興味を持ち続けていたことをうかがえないであろうか。

横尾安夫の「小金井良精先生小伝」には一八七〇（明治三）年東京に出たばかりの頃、開通したての汽車を見物に住まいのあった永田町から新橋に通った旨の思い出話が紹介されている。

ただし、パリを訪れた翌年の一九〇一（明治三四）年アメリカの各地の大学の視察を行い、大陸横断鉄道を使ってシカゴからサンフランシスコへ移動した時の記述は平常通りで鉄道に関するさしたる感情的表現はない。単調な旅であったためであろうか。ちなみに、このときサンフランシスコの手前で悪天候による列車の脱線事故があり、その影響で小金井等の乗っていた列車が大幅に遅れ、サンフランシスコ出港の船にぎりぎり間に合うというアクシデントに見舞われている。

大学教育

一八八六（明治一九）年の帰国からただちに講師に任命された小金井は退官する一九二一（大正一〇）年まで、講義を担当した。東京大学医学部一五〇年史などに解剖学講義中の小金井の写真や木下杢太郎によるスケッチが掲載されている。長岡市の小金井資料には明治後半期の時間割数枚があり、たとえば一八九九～一九〇〇（明治三二～三三）年の時間割はすべてドイツ語で記され、秋に始まる三学期制であったこと、講義時間は四月から六月の三学期は朝七時から三時半まで、それ以外の期間は八時から四時半までであったこと、土曜日の午後にも講義があったことがわかる。小金井は一年の解剖学と組織学を担当し、この年度は二学期と三学期は毎日講義があった。試験は個別の面接式でカードを引き、その内容について説明をさせるというものであったことを卒業生が思い出として語っている。その時に使われたと見られるWirbelsäule（脊柱）、Augenhöhle（眼窩）などと書かれたカードの束も残されている。

またびっしりとドイツ語が書き込まれた本人の解剖学の講義ノートがある。当時の学生による講義についての思い出話では、多数の葉書大の紙片をもって講義にのぞみ、ばらばらになるので、講義中にしばしばその紙片を拾い集めていたというが、この講義ノートと同一かどうかはさだかでない。このノートも背表紙が切れて、ぼろぼろの状態である。また最近、小金井の講義を聴講していた学生による一八八九年頃の組織学総論を主とした講義ノートが紹介されている。当時としては最新の研究が反映された講義内容であった。

コロボックル論争

医学教育に従事する中で人骨の研究を進めた小金井と坪井正五郎との間で、日本列島の先住民に関する学史上有名な論争が始まる。坪井が最盛期には一三万部を発行したグラビア雑誌『風俗画報』に連載して自論のコロボックル説を紹介したため、世に広く知られる論争となった。二人を代表者とする論争と言われるが、著作の数を比較すると坪井は一八八七年から一九〇三年までに二二本も発表しているのに対し、小金井の著作は四本しかない。この論争の始まる前の一八八六（明治一九）年、二人は共に北海道に調査に行っており、お互いをどのように思っていたのか興味深いところであるが、旅行中の日記には坪井についての記述が実に少ない。教員と学生という立場関係もあったかもしれないが、宿舎で互いの考えについて意見交換を行った様子も見られない。

論争が始まって一〇年ほど後、コロボックル説への反論が相次ぐ中で鳥居龍蔵の千島アイヌの物質文化についての報告が最大の反証となった。小金井がその資料を初めて見た時の様子を一八九九（明治三二）年九月四日の日記にとどめている。その日の記述によると鳥居が千島調査から帰京後初めて当日朝に小金井の教室に挨拶に訪れ、用事を済ませた小金井が人類学教室に出向き資料を見ている。ただし、そのときすでに坪井は千島アイヌの事例が持論への反証とならない新たな解釈を用意して、鳥居に伝えていたようである。

長く論争を展開した両者であるが、一九一三（大正二）年一〇月五日の坪井の追悼会で小金井が述べた如く、両者は決して仲違いしていたわけではなかった。一九〇〇（明治三三）年六月二日、小金井がヨーロッパにむけて出発する際は、見送りに来た坪井が新橋から品川まで汽車に同乗したと日記にある。小金井もまた、一九一一（明治四四）年七月に坪井が世界一周の旅に出るときも、最後の旅となった一九一三（大正二）年四月二〇日のペテルスブルグへの出発時にも新橋駅へ見送りに出かけた。

星の伝記に小金井が坪井の留守中家族の相談にのったことがあったと記述しているのは、一九一一（明治四四）年八月一日の日記に、坪井の妻が[5]息子の学校体格検査を心配して小金井を訪ねて来たのに対し、学校に自ら赴き、そこで得た好報を伝えて、妻が大いに喜んだとあるのがそれにあたる。

東京大学情報学環が所蔵する坪井家資料中に坪井正五郎宛の年賀状綴りが数年分あるが、その中には小金井からの賀状はない。ただし、この綴りは坪井が毎年四～五〇〇枚受け取っていた賀状から、気に入ったものを三～四〇枚選んだものと見られるので、小金井から賀状が送られていなかったことを示すわけではない。

ベルツ・フィルヒョウ・ワルダイエル

明治政府がドイツ医学を採用したため、小金井が医学校に学んだ当時はほとんどの講義をドイツ人教師が担当していたが、やがて彼らは日本人と交代し帰国していった。その中でのちに小金井の同僚となったベルツは最も長く日本に滞在した。

ベルツは、当初生理学、次いで内科学を主に担当した。日本滞在中、各地に旅し、ことに草津温泉との結びつきは有名である。一八七八（明治一一）年夏には新潟でツツガムシ病の調査を行った。緒方規雄によるとそのとき小金井や榊俶も同行したという。榊が通訳をかねてベルツの旅行に同行を依頼されていたことは榊の日記にあり、行き先が新潟ならば小金井を伴ったことは十分考えられる。ただし小金井自身がそのときのことを記した記録はない。

ベルツは政府高官の診療にあたることも多く、侍医も務めるなど政界とのつながりが強かった。一九〇四（明治三七）年、日露戦争のさなかに雑誌「太陽」に「日本人の心理について」と題する彼の論文が掲載されたが、その翻訳の仲立ちを小金井が行ったことが日記からわかる。五月一二日に翻訳についての依頼の手紙が小金井に届き、小金井は翻訳を衛生学教室の石原喜久太郎に依頼したようで、六月一七日それがほぼ完成したことを石原が伝えに来ている。さらに七月一九日、石原からベルツ論文が八月一日発行の太陽に掲載決定したことを伝えられ、それをベルツに知らせる手紙をしたためている。

ベルツは早くから日本人の身体の地域的違いに気づき、現在の日本人が混血により形成されたという考え方を持つ一方で、アイヌは先住民という認識であった。小金井のアイヌ説もこれに近似する。一九〇五（明治三八）年六月九日新橋駅で帰国の途につくベルツを見送ったのちも交友は続いた。その三年後、来日したベルツの歓迎会が四月一二日に開催され、小金井が各教室を案内し、四月二〇日にはベルツが教室を訪れ、人類学の話題で会話が弾んだようである。そして六月二一日再び新橋駅にベルツを見送る。一九一〇（明治四三）年、ベルリン大学創立記念式典のため小金井が訪欧したのが二人が会う最後の機会となった。それと前後した時期のベルツからの手紙五通が残っており、青柳正俊が紹介している。人類学・民族学に関するベルツの考えや文献の情報が主な内容であるが、特に明治天皇崩御後のベルツの手紙が興味深く、日本人の考え方が物質主義に染まっていくことへの危惧が書かれている。死去のおよそ二ヶ月前に書かれた一九一三年七月五日付けの最後の手紙には、Körperlichen Eigenschaften der Japaner（日本人の身体的特徴）だけはまとめあげたかったとあり、終生の研究テーマであったことがわかる。

またベルツの帰国後の日記に一九一一年九月ドレスデンの衛生学博覧会で日本の展示のために来ていたかつての教え子達に会ったことが記されている。その際、ベルツや石津利作ら教え子達と連名で小金井宛に送った絵はがきが残っており、ハナ夫人の署名もある。

留学から帰国後も小金井と交流の続いたドイツ人は少なくない。ルドルフ・フィルヒョウとはベルリン人類学会で初めて知己を得たのち、日記にはそれほど多くの回数登場せず、本人からの手紙も現存しない。しかし、実際には特別な交わりがあったらしく、一九一〇年一一月四日に小金井がフィルヒョウ未亡人を訪れた際、死後八年経っているにもかかわらず、そのままに夫人が保存していた故人の部屋で記念としてメガネ、ペン軸、書籍、報告書原稿の四件を貰い受けた。それを見た息子で同じく解剖学者であったハンス・フィルヒョウが自分でも貰うことができないのにと語ったという。このときの書籍と報告書原稿に当たる資料が現存している。年末に帰国後、青山胤通に遺品の一部を渡しており（一九一〇年一二月三〇日）、それがメガネとペン軸であったのだろうか。ベルリン時代の知人で最も長くつきあいがあったのが、このハンス・フィルヒョウで最多の四二通の手紙類が残されている。小金井より七才年上であったが、気の合う同士であったのか、家庭についての記述も多い手紙の内容から親密さがうかがえる。一九四〇（昭和一五）年五月五日、彼の訃報を聞き、小金井は「これにて自分伯林時代友人知人悉皆去る」と日記に記した。

海外からの手紙で次に多いのが恩師ワルダイエルからの手紙である。一八八五年九月二六日から一九二〇年九月五日まで四一通が確認されている。この間、第一次大戦があり、ドイツからの手紙は一九一四年以降ほとんど途絶えてしまう。ようやく一九二〇年五月付けの手紙を恩師から受け取り、その無事を知ったのであった。その二通後が最後の手紙となり、その手紙は 4 monaten vor seinem Tode（亡くなる四ヶ月前）と書かれた紙に包まれ保存されていた。二度の洋行時とも、小金井はワルダイエルと面会し旧交を温めた。一九一〇年一〇月一七日に解剖学研究室で二人で並んで記念撮影をした写真を次に述べるワルダイエル文庫の蔵書票のデザインに使うことになる。

ワルダイエル文庫

東京大学医学図書館史料室に所蔵されている約二千点の図書・文献からなる文庫であり、小金井の恩師ワルダイエルの旧蔵書である。その入手の経緯を巡っては、星の伝記では、第一次大戦後の経済混乱により困窮したワルダイエルの遺族が日本での買い取りを希望し、小金井がその購入のため奔走したとする。また、養老孟司も同様の記述を行っており、解剖学教室では遺族から小金井へ購入の打診があったと伝えられていたようである。しかし、日記には、大学からの連絡があって、その購入の希望有無を尋ねられたという一九二一（大正一〇）年八月二六日の記載後にしか、この文庫については触れられておらず、直接遺族から連絡があった形跡がない。また、残されている書簡類にはワルダイエルの遺族からの書簡は訃報の一通しか見当たらないのである。

日記をたどると、当初は「買入六ヶ敷きか」(九月六日)という状況であったが、九月一三日に古在総長との面談があり、ついで九月一九日入澤医学部長より、佐藤、入澤、岡田、近藤、土肥の五名で一万二千円を用意するとの連絡が入ったことから、九月二〇日総長に三カ年賦での支払いの相談を行い、またこの日、京大の足立文太郎あてに文庫について手紙を出している。九月二五日、文部省の江部氏から京都で全部買うとの連絡を受け、また二七日に足立氏からの手紙を受けとる。そこで、日記には「此上の手段は自身出向きて直接懇談の外なし」と綴り、直ちに夜行寝台の切符を手配している。そして翌日は休講とすることとして、その夜慌ただしく京都へ旅立つのである。

この部分を星の伝記では「京大で全部ひきとっても良い」と足立から連絡があったと解釈し、その後の京都行きについては詳しく触れていない。ここで、なぜ小金井が急遽京都へ向かわなければならなかったのかの事情を物語る文書が、小金井資料にある。一つは文部省専門学務局の江部氏からの書簡で、かねてより小金井が東大で購入することを希望していたワルダイエル文庫について、京大の小川教授[6]から購入の申し出があり、その方向で事態が決したと外務省に報告するようだがそれでよいかという内容である。おそらく九月二五日の電話でも同様のことが伝えられたものと考えられる。足立からの手紙は残されていないが、それも京大での購入を伝える内容であったとみて良いであろう。それをうけて、小金井は京大に自ら出向き交渉の必要ありと判断したわけである。九月二八日京大の荒木総長室で足立、小川両教授を交えての交渉の末、小川氏の了承を得、その夜、「快く寝台に昇り」帰京、翌日入澤学部長に首尾を報告して、ここで東大による購入が決した。

購入元は神戸に本店のあったヒルシュフェルト合名会社で、ワルダイエルだけでなく、小金井とは師弟関係のないボン大学のリッベルト旧蔵書も合わせての購入となっている。日記からヒルシュフェルトの東京出張所の渡辺氏が支払いの件で何度か小金井を訪れたことがわかるが、そのときに入手したと思われる神戸から東京出張所への手紙の写しが小金井資料にある。九月一七日付けの書簡には、文部省では京大で購入することに決したとし、代金についての指示が続いている。小金井の京大訪問の一〇日前には決定と見なされていた案件をとんぼがえりの直接交渉でひっくり返したわけである。

翌年一月に、ヒルシュフェルトの本店から小金井宛に独文の手紙が届けられた。日記によると、出張所の渡辺が持ってきたようである。その手紙が小金井資料にあり、その内容は日記にある九〇〇〇円の支払いを求めるほかに、ドイツからの発送についての記述がある。すなわち、学術的価値の高いコレクションであるためドイツから持ち出すための許可に時間がかかり、それには日本大使館はあまり力にならず、ホフマンというドイツでの代表者が交渉にあたったこと、ライプツィヒでの積み出しには日本領事の確認があったこと、そして小金井がMax Weg（ライプツィヒの古書籍商）より入手していた目録はワルダイエル旧蔵書のうち別の一群であり、今回東大が購入した図書の目録ではないので新たに目録を送ることが書かれている。

そのほか小金井資料のワルダイエル文庫関係書類の中に細長い紙片が入っていた。これにはvon Koehler (Leipzig) 現在 — durch Lamm (Leipzig) — gekauft Hoffmann (Lübeck) と鉛筆で書かれている。おそらく文庫の購入経路の説明を受けたときのものであろう。ワルダイエル遺族から手を離れて、古書店商の間で転売されていたのであろうか。Koehlerは一七一九年創業のライプツィヒでも著名な書籍・古書籍商であった。

不思議なのは大学で購入のはずであるのに、請求先が小金井個人宛になっていることである。実際に、小金井は入澤学部長や同僚から数千円づつ小切手を集め、当時の銀行員初任給の一八〇倍にも当たる九〇〇〇円を立替え払いしている。

小金井は届いた文庫に欠落があることを不審に思いつつ、七月二日残金三〇〇〇円の支払いを済ませたが、結局、ワルダイエル旧蔵書の行方について小金井がその全容を知るのは年末になってからであった。一二月一九日に小金井に面会した渡辺の説明によると、ワルダイエルは生前の一九一四年に蔵書の一部を売却しており、その後一九二〇年にも美術関係の書籍を売却、そして没後売却されたのが、東大が購入した図書ということであった。

マンローとバチェラー

小金井が交流した外国人はドイツ人だけではない。この二人はともに北海道に住まい、アイヌ研究に深い関わりをもったイギリス出身者である。マンローについては、横浜で医師として働いていた時に共に発掘調査を行ったこともあり、星の伝記に特に詳しく日記からの抜き書きが記述されている。その中に、一九三〇（昭和五）年七月マンローから届いた英語の手紙を孫の柿内賢信に読ませたという部分がある。残念ながらこの手紙は曙町の小金井宅にあって焼失したらしく現存しない。今残るのは、一九三五（昭和一〇）年六月マンローの自宅が火災に遭ったときの手紙と翌年一月熊祭りに小金井を誘った手紙の二通と横浜時代に小金井に宛てたスイスの人類学者モンタンドンの紹介状である。マンローについての日記の記述は一九三九（昭和一四）年に年始の挨拶状を受けとり、その返事を出したというのが最後であり、一九四二（昭和一七）年四月にマンローが亡くなった知らせは届かなかったのか全く記載がない。

バチェラーとの関わりは勘違いから始まったらしい。一九〇五年六月一六日の日記に、最近バチェラーという人物から書籍の礼が届いたが先方の勘違いであること、またトンチの意味を尋ねる手紙を出したと記している。バチェラーからの礼状の方は残っていないが、小金井が出した、まさしく同じ日付の手紙の下書きが残っている。Dear Sir で書き出した後、手紙はローマ字となり、日本語で用件が書かれている。樺太アイヌがコロポックルのことをトンチと呼び、北海道アイヌはトンチ・カムイと呼ぶが、このトンチは同じ意味だろうかという問いである。また、バチェラーの辞書の刊行を楽しみにしており、予約したことを伝え、そして英語は不得手なので、「Nihon no kotoba de gomen kudasai」と末尾にある。[7]辞書とは日本語―アイヌ語―英語の対訳辞書でこの年に刊行された。一九二六年第三版が出版されたときも小金井はこの辞書を購入している（一二月六日）。果たしてこの手紙の返事が来たかどうかは定かでなく、同年の日記にはバチェラーからの返信があったという記述は見当たらない。つきあいは続いていたようで、一九二五（大正一四）年七月一四日札幌訪問時にバチェラーと面会し、その翌年開催される汎太平洋学術会議における北海道旅行に協力を依頼する。

一九三六（昭和一一）年四月八日バチェラーの夫人の訃報を新聞記事で見た小金井が悔やみ状を送り、返信が四月一三日に届いたことが日記に見える。その葉書がバチェラーから小金井宛の手紙として残る唯一のものである。

発　掘

二〇代の頃の帰郷時の発掘について先に述べたが、石器時代の研究者であることから、当然ながら遺跡に出向いて発掘を行った記述が日記の中に散見される。坪井正五郎らが結成した人類学会は時折遠足会と称し、会員に呼びかけて、東京近郊の貝塚遺跡での一日限りの集団発掘を行っていた。その様子は特に初期においては宝探しさながらであり、およそ学術的調査とはほど遠い姿であったらしい。東京人類学会創立二〇周年を記念した行われた一九〇四（明治三七）年一〇月二三日の堀之内貝塚での遠足会を皮切りに、

一九〇六年一一月一一日　園生貝塚（千葉市）
一九〇七年一〇月二〇日　加曽利貝塚（千葉市）
一九一四年一一月一五日　中妻貝塚（取手市）
一九一五年一〇月一七日　加曽利貝塚（千葉市）
一九一七年一一月二三日　堀之内貝塚（市川市）
一九二五年一〇月二五日　犢橋貝塚（千葉市）
一九二六年五月九日　姥山貝塚（市川市）
一九二七年一〇月二三日　山崎貝塚（野田市）

一九二八年一〇月二八日　下新宿貝塚（市川市）
一九三二年一一月三日　鰭ヶ崎貝塚（流山市）
一九三四年一〇月一四日　真福寺貝塚（さいたま市）

で遠足会を催した記録が残る。小金井は第一回には次女・精と次男・三二および森鴎外の弟で人類学会会員でもあった森潤三郎を伴って参加しているが、二回・三回は参加していない。そのかわりそれらの遠足会が開催された両年とも秋に市川の曽谷貝塚へ子どもらや潤三郎と採集に出かけている。第四回は大雨のため傍観、第五回も雨にたたられ、一九一七年の堀之内貝塚の遠足会も格別な出土品がなかった。ただし自ら掘るのではなく、人夫を雇っての発掘であった。その六日後、平日だが、潤三郎、次男・三二とともに堀之内貝塚へ再び出かけて発掘をしたことが日記に見える。一九二五年の犢橋貝塚での遠足会には九〇名弱の参加者があり大盛会であったが、本人は発掘には参加せずに表面採集を行ったと日記にある。翌年の姥山貝塚の遠足会は日本で初めて竪穴住居が確認されるきっかけとなった発掘である。このときにももっぱら状況を見ていたようだが、人骨出土の報をうけて現場で取り上げに立ち会った。この年の一一月汎太平洋学術会議のエクスカーションとして参加者を連れて加曽利貝塚での発掘をアレンジしている。下新宿貝塚を最後にそれ以降の遠足会には参加していない。

研究室に収集された人骨の研究にとどまることなく、小金井が自ら遺跡の調査を盛んに行ったのは一九一八（大正七）年の大境洞窟から一九二五（大正一四）年の岩手県内の遺跡調査で、六〇代になってからであった。それには東大人類学教室のメンバーや内務省にいた柴田常恵、大山史前学研究所を開設した大山柏が参加した。これらの調査については先に述べたフィールドノートがあり、自分が計画した発掘については全体経費も含めて記録されている。このうち一九二二（大正一一）年の伊川津貝塚と一九二四（大正一三）年の加曽利貝塚の調査については筆者が紹介を行ったところであり、その他の調査についても今後紹介する予定にしている。日記で調査後の記述をたどると、いずれの調査でも終了後関係者を自宅に招いて慰労会を催している。

発掘方法はドイツで経験した様子はなく、帰国後人類学教室のメンバーと調査をするうちに身につけたのであろうか。ほぼ同時期に人骨採集のために発掘を行っていた京都大学の清野謙次の調査とは異なり、発掘区を設定して図面をとる正当な方法が取られているのは、考古学専門のメンバーが調査に加わっているためであろう。

人骨研究

小金井のアイヌ説の根拠となった石器時代人骨資料の研究は一八九〇（明治二三）年九月三日に医学会総会、一〇月五日に人類学会で初めて公表されている。この頃人類学教室に所蔵された人骨の研究を行っていると講演では述べているが、この時期の日記には帰宅時間しか書かれていない日が多く、いつからどの程度の時間をかけて古人骨資料を計測していたのかは全く分からない。

後年、小金井は人骨資料に番号をつけて整理をし、その番号は一二〇に達した（一九二五年六月三日）。資料の第一号は加曽利貝塚で坪井正五郎等が一九〇四（明治三七）年に採集した人骨で、頭骨と四肢骨が比較的良く残る。この人骨は現在は東京大学総合研究博物館の人類先史部門の管理となっている。詳細な観察ノートが小金井資料にあるが、この記載は公表されることはなかった。Schädel（頭骨）、Erhaltungs Zustand（状態）、Form u. Beschaffenheit des Schädels（頭骨の形態と組織）などの表題のもとに計測値や観察所見がドイツ語で二二頁にわたって書き込まれている。

骨の計測に当たっては、どの点を計測点とし、どの点間の長さを指数とするか様々な組み合わせがあり得る。横尾によると小金井の計測方法はライプツィヒ大学のシュミットが提示した方法と一八八二年フランクフルトでのドイツ人類学会で結ばれた人骨計測に関する協定に基づいているという。

石器時代人骨について小金井の行った重要な指摘としてはその形態的特徴だけでなく、抜歯習俗の存在の指摘を挙げることができる。これは一九一八（大正七）年二月に行った講演で初めて明らかにされた。一月二一日の日記に「頬りに石器時代人に犬歯を抜き去る風習ありしことに付記述す」とあるが、いつ気づいたのかは日記には記していないようである。さらに、歯を抜くだけでなく、前歯をフォークのように削る歯牙変形の例も小金井が初めて国府遺跡出土人骨で報告した。ただし、それに最初に気づいたのは柴田常恵であったようで、一九一九（大正八）年四月七日夕方、国府遺跡の調査中数日前から体調不良であった小金井に柴田がその新事実を伝えると、小金井はその後の調査を柴田に頼んで検査入院のため病院へ向かった。

小金井の研究成果は一九二七（昭和二）年の御前講義で昭和天皇にも披瀝された。六月二〇日に行われることが侍従によって知らされたのが、六月一二日でそれから約一週間、原稿や写真、持参する資料の準備に追われている。それよりも前に打診があったと思われ、星の伝記にも昭和二年の初め頃としているが日記には記述がないようだ。既に教室には骨の整理のためだけに通っていた時期であり、この進講の原稿準備は自宅で行っていたらしく、該当すると思われる資料は全く残っていない。ただ一通、菊の紋章のある封筒があるが、宛名が東京帝国大学医科大学教授小金井良精殿となっており、一九一九年に東京帝国大学医学部と名称が変わる前のものであり、夫妻宛になっているので進講の依頼に使われた封筒ではない。

一九三五（昭和一〇）年七月新潟医科大学を会場とした解剖学会には出席する代わりにレコードを再生し、特別講演の代わりとした。蓄音機の担当は甥の森於菟であった。講演をレコードに録音するのが誰の発案だったのかは不明だが、六月四日の日記に最初の記述があり、レコード会社の関係者に説明をうけたとある。六月一八日にエヂソンレコード社で録音、二九日にできあがった録音盤を受け取っている。本人も、それを聞いた子ども達も声が若いと感じたという。星新一は覚えるくらい繰り返し聞いたと伝記に書いている。日記からはこのレコードが五枚はあったと見られ、幸いそのLP版一枚が次男家に再生できる状態で保存されている。小金井本人の声を知る故岸敬二氏によれば、確かに実際より高い声に聞こえるとのことであった。「石時代人の人骨指示」と題されたレコードの内容は、石器時代人頭骨の形態的特徴とアイヌとの共通性、抜歯と叉状研歯の存在、頭骨に見られる赤変の要因、尺骨・大腿骨・頸骨・排骨の特徴とアイヌとの共通性、アイヌ頭骨後頭部の損傷理由の九項目で、人骨研究成果の要約となっている。

小金井の研究姿勢は確実なもののみ発表し、それ以外は保留するというものであったことを、鈴木尚が述べている。また自らの説にこだわるのではなく、次世代の研究者の意見にも注意を払っていた。退官以降も若手の研究者がしばしば小金井の研究室を訪れて指導をうけている。[8] そのなかでも清野謙次の研究に刺激を受けていたように思われる。[9] 一九二二（大正一一）年五月六日には「清野氏を教室に訪ひ談稍長くなる、快感」とある。ただし、清野が主張し始めた原日本人説には困惑した様子が見受けられる（一九三五年一一月二五日）。

小金井は研究成果の海外への発信を意識し、奨励していたことから、初めからドイツ語で論文を執筆するか、日本語で発表した内容から新たにドイツ語の論文を書くスタイルであった。そのため海外での引用件数も多い。論文発送先リストを記したノートが数冊残っている。論文寄贈の礼状が多く届いていて、その中には Oscar Montelius や Franz Boaz などの大家の名もある。発表に用いたドイツ語については十分な能力を持っていたはずだが、論文投稿の際は獨逸学協会学校や第一高等学校講師であったユンケルらにチェックを依頼し慎重を期していた。

日常生活

森篤次郎から兄・林太郎宛の手紙に、喜美子との結婚間もない頃（一八八八年）の小金井家の食事のことが書かれている。朝は牛乳二合と卵のみで、「麺包にて肉切を包みたるもの」、つまりサンドイッチを弁当として出かけたとある。日記にも昼はサンドイッチやパンといった記述がしばしば見られる。小金井は朝昼飯は洋風が好みであったと見える。この嗜好はドイツ留学によるものと考えてよいのであろうが、それ以前の寄宿舎生活も影響しているかもしれない。明治政府は牛乳の飲用を奨励し、比較的急速に牛乳の飲用は広まったようで、ブリキ次いでガラスの容器による配達は明治前期に始まっていた。小金井が習慣として牛乳を飲むようになるのは持病の治療に関わるのか、ストラスブルグ留学中の一八八四年一月一二日「今日より牛乳一リーテルづつ午後服用することを始む」とあるのがきっかけかもしれない。五月一四日の日記には「今日より午後六時牛乳半リテルづつ飲始むる」とある[10]。

星は小金井に正月休みという意識がほとんどみられないこともドイツ生活の影響であって、正月も出勤することが生涯の癖になったとしている。一八八六年以降の日記をたどってみると、確かに一月二日や三日から出勤していることが多く、特に大正年間と一九三三（昭和八）年まではほとんど元日か二日に教室へ出向いている。ただし、喜美子との結婚二年目の正月（一八九〇年）から自宅でカルタ会を催すことが恒例となり、出勤は講義開始日である第二週からの年がしばらく続いている。この会は一〇年ほど続いた後に小金井の第一回の洋行で中断し、一九〇七、一九〇八年は復活したが、一九〇九年は妹・玉汝の急逝のため催されず、その後開かれなくなった。一六名ほど集まることもあり、夜を徹して続くことも珍しくなかった。小金井が記す数少ない娯楽の一つである。趣味といえるのは星や喜美子によれば庭いじりや根付のコレクションくらいであったようだ。子どもや孫の相手をしたことは日記によく出てくる。紙鳶（たこ）遊びも好きで、次男・三二がドイツから凧を土産に送ったというエピソードが星の伝記にある。

小金井良精日記が関心を持たれるのは本人の興味深い経歴のみならず、森鴎外、星一、星新一をはじめとする家族関係や日本の近代医学史上あるいは人類学史上重要な人物が多数登場することにあろう。たとえば森鴎外についてはいわゆる舞姫事件に関わり、小金井の日記が星の伝記を通じて間接的にたびたび引用されてきたところである。巻末に挙げられた人名リストは九三〇名余りにのぼるが、もちろん全てではなく、外国人はわずかしか挙げられていない。日本国内だけでなく、海外に駐在していた人物たちもいて、思いがけず自分の祖先の名をこの日記に発見する読者もいるかもしれない。

日記からそうした個々人の小金井との関わりを拾い出す読み方もあろうし、明治二〇年代から昭和前期までの時期をカバーすることから東京の町としての変遷や交通体系の変化、さらにまた日本人の近代化による生活習慣の変化もさぐることができよう。各地方への旅行記はその時にしか存在せず、また地元住民が珍しいとも思わない事物の貴重な記録となっていることもありうる。

プライバシーに関わる記述も種々含んでいるにもかかわらず、こうした史料としての重要性を理解され、日記の刊行に同意された関係者の皆様に敬意を表する次第である。

注

1）ただし、第二回の北海道調査について、長谷部言人は単独で行ったとし、山口敏の解説では妻の喜美子が同行したとしているなどの誤りもある。

2）小林虎三郎は一八五四（安政元）年長岡に謹慎を命じられ、今朝白裏町のはずれに蟄居となる。

3）この八十里越えを体験する催しが時折開催されているが、現在のルートは明治期に行われた大規模な改修を経ており、幕末時のルートはあまり残っていない。

4）百塚は一八八四（明治一七）年、東京人類学会の最初の会合で佐藤勇太郎が一八七五（明治八）年に行われた調査について紹介した遺跡であり、一八八六（明治一九）年に刊行された人類学会報告第一号に掲載された。小規模の塚が列をなすもので、新潟県の中越地域に分布しており、中世以降のものと考えられるが、はっきりした年代や構築の目的についてはいまだ定説がない。

5）年齢からすると坪井の次男のことであろう。

6）小川睦之輔は京都帝国大学を一九〇九（明治四二）年卒業後、大学院、助手、助教授を経て一九二一（大正一〇）年に解剖学教室教授となった。ワルダイエル旧蔵書の意義を理解して購入を希望したことは間違いないが、略年譜を見る限り、留学は一九一九（大正八）年からで、留学先もアメリカ、イギリス、スイスであったので、ワルダイエル本人とは特に個人的結びつきがあったとは考えにくい。

7）英語の手紙や論文には所々ドイツ語の単語が書き込まれていることがあり、英文を読むときは英独辞書を用いていたことがわかる。

8）清野謙次の父・清野勇は小金井の一期上で、卒業後は岡山県病院長、大阪府立医学校長などを務めた。一九二四年一〇月一九日京都で二人は再会し、日記に「卒業後始めてかと思ふ、懐旧談感深し」とある。

9）七〇代後半になってからも鈴木尚の研究をサポートしている。また高校生の江上波夫が日記に登場する。

10）ストラスブルグでは飲乳所に立ち寄ったことが日記にあるが、どのような施設であったのか解明に至っていない。

参考文献

青柳正俊「ベルツから小金井良精への手紙」『長岡郷土史』五三、二〇一六年
エルヴィン・ベルツ『ベルツ日本再訪―草津・ビーティヒハイム遺稿／日記篇』東海大学出版会　二〇〇〇年
緒方規雄「日本恙虫病研究の先鞭者たる川上清哉の遺稿」『東京医事新誌』七六―六、一九五九年
小金井喜美子『鴎外の思ひ出』八木書店、一九五六年
小金井良精「わが半生を語る」『新潟県中央新聞』、一九四二年七月一八日〜二四日
『榊俶先生顕彰記念誌』榊俶先生顕彰会、一九八七年
塩田広重ほか「小金井良精先生を偲ぶ－座談会」『日本医事新報』一八〇六、一九五八年
鈴木尚「小金井良精先生の思い出」『月刊考古学ジャーナル』二月号、一九七三年
鈴木尚「小金井良精先生と Erwin von Baelz 博士」『人類学雑誌』八二、一九七四年
近藤次繁ほか「緒方正規先生を偲ぶ夕」『日本医事新報』九三〇、一九四〇年
桜井奈穂子「小金井良精とワルダイエル先生　蔵書票をめぐる旅」『長岡郷土史』四六、二〇〇九年

東京大学医学部・医学部付属病院　創立一五〇周年記念アルバム編集委員会『医学生とその時代』中央公論新社、一九九八年
鳥居龍蔵「小金井博士と其研究論文」『人類学雑誌』二七―一号、一九一一年
中津川直和編『小川睦之輔先生を偲ぶ』　一九六五年
西田泰民「1924年の加曽利貝塚調査」『Anthropological Science　(Japanese)』一二二―二、二〇一四年
西田泰民「1922年伊川津貝塚調査：小金井良精調査野帳より」『古代文化』六六―四、二〇一五年
西田泰民「長岡への道」『長岡郷土史』　二〇一五年
日本近代文学館『日本からの手紙　日本近代文学館蔵　滞独時代森鷗外宛1886―1888』(財) 日本近代文学館、一九八三年
長谷部言人「小金井良精先生」『人類学研究続篇』、小金井博士生誕百年記念会、一九五八年
星新一『祖父・小金井良精の記』河出書房新社、一九七二年
山口敏「第2巻『小金井良精』解説」『日本の人類学文献選集　近代篇　第2巻　小金井良精』クレス出版、二〇〇五年
養老孟司『涼しい脳味噌』文藝春秋、一九九五年
横尾安夫「小金井良精先生小伝」「小金井良精先生年譜」『解剖学雑誌』三三、一九五八年
横尾安夫「小金井良精」『越佐が生んだ日本的人物』新潟日報社、一九六七年

(新潟県立歴史博物館)

〔編集協力者紹介〕

藤村美織　ドイツ語翻訳、通訳。日本ＤＤＲ（東ドイツ）文化協会に勤務の後、日独交流の分野で活動。訳書に、『パパ・ヴァイト～ナチスに立ち向かった盲目の人』（汐文社 2015）など。

北村孝一　ことわざ研究者、エッセイスト。学習院大学非常勤講師。論考に「俚言集覧の成立と増補過程」（『俚言集覧　自筆稿本版』第十一巻、クレス出版、1993）、『ことわざの謎――歴史に埋もれたルーツ』（光文社新書、2003）など。

小金井良精日記　明治篇 1900 ～ 1912

平成 28 年 12 月 25 日　発行

著　者　　小金井　良　精

発行者　　椛　沢　英　二

発行所　　株式会社 クレス出版

東京都中央区日本橋小伝馬町 14-5

☎03-3808-1821　FAX03-3808-1822

印刷所　　互恵印刷株式会社

製本所　　有限会社 佐久間紙工製本所

落丁・乱丁本はお取り替えいたします。

ISBN978-4-87733-915-9（セット）C3323 ￥26000E